Handbuch
theologischer Grundbegriffe
zum Alten
und Neuen Testament
(HGANT)

Handbuch theologischer Grundbegriffe zum Alten und Neuen Testament (HGANT)

Herausgegeben
von
Angelika Berlejung
und
Christian Frevel

Studienausgabe

5. Auflage

WBG
Wissen *verbindet*

Die Deutsche Nationalbibliothek verzeichnet diese Publikation
in der Deutschen Nationalbibliografie;
detaillierte bibliografische Daten sind im Internet über
http://dnb.d-nb.de abrufbar.

Studienausgabe
5. Auflage 2016

Die Herausgabe des Werkes wurde durch
die Vereinsmitglieder der WBG ermöglicht.
Satz: Janß GmbH, Pfungstadt
Gedruckt auf säurefreiem und alterungsbeständigem Papier
Printed in Germany

Besuchen Sie uns im Internet: www.wbg-wissenverbindet.de

ISBN 978-3-534-26774-3

Elektronisch sind folgende Ausgaben erhältlich:
eBook (PDF): 978-3-534-74161-8
eBook (epub): 978-3-534-74162-5

Inhalt

Vorwort

Mit dem „Handbuch theologischer Grundbegriffe zum Alten und Neuen Testament" (HGANT) wird ein neuartiges Nachschlage- und Studienwerk vorgelegt, das unter Mitarbeit international anerkannter Wissenschaftlerinnen und Wissenschaftler auf dem neuesten Stand der Exegese und Theologie erarbeitet wurde. Das „Handbuch theologischer Grundbegriffe zum Alten und Neuen Testament" ist nicht nur ein biblisches Fachwörterbuch, sondern auch ein Kompendium Biblischer Theologie. Damit wird dem vielfachen und berechtigten Wunsch entsprochen, die Ergebnisse der Exegese auch für die anderen theologischen Disziplinen aufzubereiten. Das Handbuch bietet aktuelle und umfassende Informationen zu zentralen Themen und Begriffen der Theologie des Alten und Neuen Testaments. Auf dem aktuellen Stand der Forschung wird das von Altertumswissenschaften, Sozialgeschichte, Philologie, Religionsgeschichte, Ikonographie und Exegese in den letzten Jahrzehnten Erarbeitete einbezogen und verständlich dargestellt. Als Ergänzung werden auch neuere traditionsgeschichtliche und mentalitätsgeschichtliche Fragestellungen aufgenommen. Ziel ist es, hauptamtlich in der Seelsorge Tätigen, Religionslehrerinnen und -lehrern, Studierenden der Theologie sowie allen theologisch Interessierten und auch Fachkolleginnen wie -kollegen der Theologie und ihrer Nachbardisziplinen den neuesten Stand der Exegese in ansprechender und verständlicher sprachlicher Form zu erschließen. Theologisch relevante Begriffe werden im Kontext dargestellt und in ihrem Sprachgebrauch übersichtlich beschrieben. Dabei stehen Literatur- und Zeitgeschichte sowie die Verbindungslinien zur zeitgenössischen Umwelt im Hintergrund. Häufig finden sich ergänzende Ausführungen zum Gebrauch einzelner Begriffe oder zu theologiegeschichtlichen Entwicklungen in Qumran und Hinweise auf außerkanonische frühjüdische und antike Schriften. Ein besonderer Schwerpunkt liegt auf der Präsentation der theologischen Aussagen in ihrer Entwicklung und in ihren Kontexten sowie auf der Vermittlung der kultur- und mentalitätsgeschichtlichen Zusammenhänge. Ein weiteres Anliegen der Konzeption ist, dass dabei der sprachliche, inhaltliche und theologische Zusammenhang von Altem und Neuem Testament deutlich wird.

Das Handbuch ist in zwei Teilen organisiert, die sich konzeptionell unterscheiden:

Der erste Teil bietet einen einleitenden Überblick, der zwölf zentrale Themen der Theologie als „Dachartikel" essayartig entfaltet.

Der zweite Teil ist lexikalisch aufgebaut und präsentiert zentrale Begriffe als „Begriffsartikel" in kompakter Form:

Als Dachartikel dienen

- ausgewählte Begriffe, die einen bestimmten Diskurs (auch interdisziplinär) oder ein Begriffsfeld repräsentieren oder repräsentativ bestimmen.
- Die Dachartikel ermöglichen der Leserin und dem Leser einen schnellen Zugriff auf übergreifende Begriffs- und Themenfelder sowie auf aktuelle Diskurse in der Exegese, die in kompakter und verständlicher Form dargestellt werden.
- In den Dachartikeln werden Altes und Neues Testament in der Regel getrennt behandelt. Wenn diese Trennung dem Gegenstand nicht gerecht wird (Kultur und Mentalität, Schrift/Schriftverständnis), sind die Artikel inhaltlich-thematisch gegliedert. Grundsätzlich ist festzustellen, dass allen Artikeln jeweils eine gesamtbiblische übergreifende Konzeption und Fragestellung zugrunde liegen. Um dies deutlich herauszustellen, werden manche Dachartikel mit einer „Vorbemerkung" eingeleitet,

die Wesentliches für den gesamten Artikel enthält.
- Die Dachartikel bilden hintereinander gelesen ein Kompendium oder ein kurz gefasstes Lehrbuch der Biblischen Theologie.

Jedem Dachartikel ist ein geschlossenes Set von Begriffsartikeln zugeordnet, die im zweiten, lexikalischen Teil in alphabetischer Ordnung dargeboten werden. Die Zuordnung wird jeweils in der Artikelunterschrift angegeben.
Als Begriffsartikel dienen
- ausgewählte signifikante Begriffe, die zum jeweiligen Dachartikel gehören und dazu geeignet sind, das Thema des Dachartikels zu vertiefen.
- Die Begriffsartikel bieten konzentrierte Informationen zu theologisch relevanten Stichwörtern. Zentrale Spitzenthemen der Biblischen Theologie werden so kompakt erschlossen.
- Auch die Begriffsartikel werden in der Regel nach Altem (I. AT) und Neuem Testament (II. NT) unterteilt, wenn es sich sachlich nahe legt. Sie bieten dann zunächst Hinweise auf Lexeme, Wortfelder und den sprachlichen Gebrauch des Begriffs. In den folgenden, arabisch bezifferten Abschnitten (z. B. I.2., I.3. oder II.2.) werden seine Kontexte, Hintergründe und theologischen Entwicklungen bzw. Differenzierungen jeweils im Traditionszusammenhang von AT bzw. NT erläutert.
- Wenn die Trennung nach biblischen Kanonteilen dem Artikelgegenstand sachlich nicht angemessen ist (z. B. „Einheit/Vielheit"), so wird eine inhaltlich-thematische Gliederung vorgezogen.
- Allen Begriffsartikeln liegen eine gesamtbiblische übergreifende Konzeption und Fragestellung zugrunde. Diese werden in manchen Artikeln durch eine einführende »Vorbemerkung« erläutert, in der der übergreifende Zusammenhang oder grundlegende Bemerkungen zum Gesamtartikel vorangestellt werden.
- Die Begriffsartikel sind durch Verweise (z. B. → Abendmahl) eng untereinander und mit dem jeweils zugeordneten Dachartikel vernetzt. Die Begriffsartikel ergeben zusammen mit dem jeweils zugeordneten Dachartikel eine solide Einführung in den Themenbereich, der anhand ausgewählter Begriffe durch Spezialwissen erweitert wird.
- Die Begriffsartikel ermöglichen den leichten Zugriff in kurzer Zeit und bilden für sich allein genommen ein biblisches Fachwörterbuch.

Abgeschlossen werden Dach- und Begriffsartikel jeweils durch weiterführende Literaturangaben. Hier ist bewusst auf Vollständigkeit verzichtet worden. Insbesondere die einschlägigen Lexika (z. B. Theologische Realenzyklopädie, Neues Bibellexikon, Biblisch-Historisches Handwörterbuch, Biblisches Reallexikon, Theologisches Wörterbuch zum Alten Testament, Theologisches Wörterbuch zum Neuen Testament, Exegetisches Wörterbuch zum Neuen Testament, Lexikon für Theologie und Kirche, Religion in Geschichte und Gegenwart, Lexikon für Antike und Christentum, Neuer Pauly u. a.) werden nicht eigens aufgeführt. Die genannten ausgewählten und zentralen Literaturangaben sollen in die weitere Beschäftigung hinein führen.
Während griechische Wörter im Text meist neben einer begleitenden Übersetzung auch mit Akzenten wiedergegeben werden, wurde auf den Abdruck hebräischer Zeichen verzichtet. Hebräische und aramäische Wörter werden in vereinfachter Umschrift (angelehnt an E. Jenni, C. Westermann, Theologisches Handwörterbuch zum Alten Testament Bd. 1, München/Zürich 4. Aufl. 1984, XX–XXII) dargestellt. So wird auch dem breiteren Adressatenkreis eine ungehinderte Lektüre des Textes ermöglicht. Die Schreibung der Orts- und Personennamen folgt den „Loccumer Richtlinien".
Das Handbuch wird abgerundet durch Abkürzungsverzeichnisse, ein ausführliches Glossar und ein Namens- und Stichwortregister, das das gesamte Kompendium in beiden Teilen umfassend erschließt. Durch diese Hilfsmittel, wie durch die am Anfang abgedruckte Lemmataliste, die das schnelle Auffinden eines Begriffs ermöglicht, soll die Benutzung des Handbuchs erleichtert werden. Einigen Artikeln sind Abbildungen beigegeben, auf die im Text durch einen Abbildungsverweis hingewiesen wird. Die Quellennachweise zu den Abbildungen finden sich in den Bildunterschriften. Für die Abdruckgenehmigungen der Bilder sind wir vor allem Prof. Dr. Othmar Keel

sowie Prof. Dr. Wolfgang Zwickel, dem Calwer Verlag, dem Mohr-Siebeck Verlag, dem Beck Verlag, der Wissenschaftlichen Buchgesellschaft und den Staatlichen Museen Preußischer Kulturbesitz zu großem Dank verpflichtet.
Von der Konzeption bis zur Fertigstellung hat dieses Handbuch eine lange und über manche Strecke auch bewegte Geschichte hinter sich. Viele haben sich in den letzten fünf Jahren am Gelingen des Projektes ihren Anteil erworben, wofür wir als Herausgeber aufrichtig Dank sagen möchten. Zu allererst sind die Autoren zu nennen, die spontan das Unternehmen, ein wirklich „anderes" und neuartiges Kompendium zu schaffen, durch ihre Mitarbeit unterstützt haben. Der Verlag hat das Projekt von Beginn an begleitet. Stellvertretend danken wir dabei vor allem dem Lektor Dr. Bernd Villhauer.
Unser besonderer Dank gilt dem engagierten und unermüdlichen Einsatz der Mitarbeiter in Leipzig, Köln und Bochum. Eigene Projekte wurden selbstlos zurückgestellt, um das Handbuch von den Korrekturen über die Abbildungen bis hin zu den Verzeichnissen und Registern gelingen zu lassen. Ohne die tatkräftige Unterstützung von Jan Dietrich, Johannes Klemm, Miranda de Schepper (Leipzig) sowie Stefan Gathmann, Sabine Jostock, Norá Molnár-Hídvégi und Katharina Pyschny (Köln/Bochum) hätten die beiden Herausgeber die Arbeit kaum meistern können. Mit Hilfe aller Genannten wurde dem vorliegenden Handbuch eine Form gegeben, die uns zuversichtlich macht, dass es über eine lange Zeit vielen auf vielfältige Weise hilfreich ist, sie zu weiterer Lektüre anregt und so interessierte, kritische und wohlwollende Leserinnen und Leser findet.

Leipzig/Bochum im Februar 2006

Angelika Berlejung Christian Frevel

Vorwort der vierten Auflage

Das HGANT hat seit dem ersten Erscheinen 2006 eine erfreuliche Aufnahme gefunden. Mehrere Nachdrucke der ersten Auflage waren erforderlich und schon bald erschienen eine italienische und eine portugiesische Lizenzausgabe. Besonders gut angenommen wurden die gesamtbiblische Ausrichtung und das damit konzeptionell verknüpfte neue Format aus übergeordneten Dachartikeln und ihnen zugeordneten Begriffsartikeln (s. Vorwort zur ersten Auflage). Für die hier vorgelegte vierte Auflage wurden die weiterführenden Literaturangaben zu allen Dach- und Begriffsartikeln wo nötig aktualisiert, die Bebilderung erheblich erweitert und viele Einträge ergänzt oder grundlegend überarbeitet. Der lexikalische Teil wurde durch eine Reihe von neuen Begriffsartikeln erweitert, sodass das Kompendium jetzt noch vollständiger ist. Ein herzlicher Dank gilt den Autoren, die sich an der Überarbeitung beteiligt haben, besonders denen, die sich der Mühe unterzogen haben, neue Artikel zu schreiben. Ohne die vielfältige Unterstützung der Mitarbeiterinnen und Mitarbeiter an den beiden Lehrstühlen hätten die Herausgeber auch diese Auflage nicht zustande bringen können. Namentlich und mit großem Dank erwähnt seien Annika Neurath und Katharina Pyschny in Bochum sowie Judith Filitz, Felix Hagemeyer, Robert Neuwirt und Octavia von Roeder in Leipzig. Möge auch die Neuauflage viele interessierte, kritische und wohlwollende Leserinnen und Leser finden.

Leipzig/Bochum im Februar 2014

Angelika Berlejung Christian Frevel

Alphabetisch sortierte Lemmaliste des HGANT

(Dachartikel kursiv)

Abendmahl/Eucharistie
Abgabe/Steuer/Zehnt
Ahnen
Alt/Neu
Altar
Alter/Jugend
Amt/Charisma
Anfang/Ende
Angesicht/Schauen Gottes
Angst/Furcht/Mut
Anthropologie
Apokalyptik/Apokalypse
Apostel/Jünger
Arbeit/Mühe
Armut/Reichtum
Askese
Auferstehung
Barmherzigkeit
Berg
Beschneidung
Besitz/Gut/Eigentum
Bild
Bilderverbot
Blut
Böse
Bote/Sendung/Mission
Bund
Buße
Dämon
Dekalog
Diaspora
Ebenbild
Ehe
Ehre
Ehrfurcht
Eigenschaften Gottes
Einheit/Vielheit
Einsicht
End-Gericht
Engel
Entrückung/Himmelfahrt
Erde/Land
Erkennen
Erlösung
Ermahnung/Paränese/Predigt
Erstgeburt/Erbe
Erwählung
Erziehung/Schule
Eschatologie
Essen/Trinken
Ethik
Evangelium
Ewigkeit
Exegese
Exil/Verbannung
Exodus
Familie/Eltern
Feind
Fest
Feuer
Fleisch/Geist
Frau/Mann
Freiheit
Fremder
Freude
Fülle
Fürbitte
Gebet
Geburt
Gedächtnis/Erinnerung
Geduld
Gefühle/Emotionen
Geist
Gemeinschaft/Individuum
Gerechtigkeit
Gericht
Geschichte/Geschichtsdarstellung/Heilsgeschichte
Gestirne
Gewalt
Gewissen
Glaube
Gnade
Göttin
Götze
Gottesbilder
Gottesknecht
Gottesnamen
Gottesvorstellungen
Gotteswort
Grab
Heer/Militär
Heil
Heiligkeit
Heimat
Hermeneutik
Herrlichkeit
Herrschaft/Königsherrschaft/Reich Gottes
Herz
Himmel
Hoffnung
Intertextualität
Israel/Juda
Jesus Christus
Jungfrau
Kanon
Kind
Kirche/Gemeinde
Klage
Klugheit
König
Körper
Krankheit/Heilung
Kreuz
Krieg/Frieden
Kult

Kultur und Mentalität
Laster/Fehlverhalten
Leben
Leid
Leidenschaft
Licht/Finsternis
Liebe
Lob/Dank
Lohn
Macht/Ohnmacht/Vollmacht
Meer/Flut/Urflut
Messias
Mischwesen/Kerub
Mitte
Monotheismus
Nachfolge
Nächster/Nächstenliebe
Name
Normativität
Offenbarung/Inspiration
Ohr/Hören
Opfer
Ordnung/Chaos
Paradies/Garten/Lebensbaum
Parusie
Passion
Person
Priester
Prophet
Rache
Rat
Recht
Rechtfertigung
Reinheit/Unreinheit
Rest
Rettung
Ritus/Ritual
Sabbat
Scham
Schicksal
Schönheit
Schöpfung
Schreiben/Schrift
Schrift/Schriftverständnis
Seele
Segen/Fluch
Selbsttötung
Sexualität
Sicherheit
Sklave/Sklavin
Soteriologie
Sozialstatus/Gesellschaft und Institution
Staat
Stadt
Strafe
Sühne
Sünde
Taufe
Tempel/Heiligtum
Theophanie
Thron
Tod
Tora
Torheit/Irrtum
Tradition
Trauer
Treue
Trost
Tugend
Umkehr
Unterwelt/Jenseits/Hölle/Scheol
Väter
Verantwortung
Verbrechen/Unrecht
Vergebung
Verheißung-Erfüllung
Versöhnung
Versuchung
Verwerfung
Volk
Vorsehung
Wahrheit
Weg
Weisheit/Gesetz
Weisung
Weltbild/Kosmologie
Widersacher/Satan/Teufel
Wille
Witwe
Würde
Wüste/Steppe
Wunder
Zeichen
Zeit
Zion
Zorn
Zweifel

Dachartikel

Anthropologie (A.)

Zugeordnete Begriffsartikel: Alter/Jugend, Blut, Ebenbild, Essen/Trinken, Fleisch/Geist, Frau/Mann, Freude, Geburt, Gefühle/Emotionen, Grab, Herz, Körper, Krankheit/Heilung, Leben, Leid, Sexualität, Tod, Trost, Wille, Würde, Zorn.

Vorbemerkung: Was ist der Mensch? Die Frage nach dem Menschen, die schon im AT mehrfach an prominenter Stelle auftaucht (Ps 8,5; 144,3; Ijob 7,17; 15,14; Sir 18,8), ist prinzipiell eine offene Frage. Als einziges Wesen reflektiert der Mensch mittels seiner Vernunft über sein Verhältnis zur Welt und sucht nach einer Bestimmung, die über die begrenzte Welt hinausweist. Die Frage nach dem Menschen kann aus unterschiedlichen Perspektiven gestellt werden: etwa aus philos., soziologischer, hist., kulturanthropologischer, naturwiss., ethischer oder theol. und auch bibl. Perspektive. Keine Perspektive kann für sich alleine stehen oder darf verabsolutiert werden. Die Unabgeschlossenheit der Frage zeichnet wie der unlösbare Zusammenhang von A. und Theol. sowohl die moderne theol. als auch die bibl. Perspektive aus.

Von den bibl. Grundlagenthemen ist die Frage nach dem Menschen, seiner Herkunft, seinem Wesen und seiner Bestimmung eine der wichtigsten. Das christl. Verständnis des Menschen ist grundlegend von der Schrift her und durch den Rückgriff auf die Bibel geprägt. Von daher ist der Blick auf die bibl. A. unverzichtbar. Dabei gibt es aber nicht *das* bibl. Menschenbild, sondern nur sich ergänzende und z. T. auch in Kontrast stehende Aspekte, die von Seiten der Bibel in die Diskussion um die Frage nach dem Menschen eingebracht werden. Die anthropologischen Aussagen der Bibel dürfen nicht im Sinne einer essentialistischen Festlegung des Wesens der Menschen missverstanden werden. Vielmehr setzt die christl. Bibel den normativen und formativen Rahmen, in dem Menschsein im Horizont der christl. Rel. gedacht werden soll (→ Hermeneutik). Die Bibel hält keine Lösungen auf konkrete moderne ethische, philos. oder naturwiss. Fragen des Menschseins bereit. Darf der Mensch Menschen klonen? Wo verläuft die Grenze des → Todes? Wann beginnt Menschsein? Wie lässt sich die unveräußerliche → Würde des Menschen begründen? Gibt es die → Freiheit des menschlichen Handelns? Derlei drängende Fragen, die sich in der Frage „Was ist der Mensch?" wie in einem Brennpunkt fokussieren, lassen sich nicht mit Hilfe der Bibel eindeutig beantworten. Das hieße einem fundamentalistischen Zugriff auf die Bibel das Wort reden. Dennoch wird eine christl. Antwort nicht ohne Rückgriff auf die bibl. Botschaft vom Menschen zu formulieren sein. Die Bibel ist als Ausgangspunkt anthropologischer Reflexionen im christl. Kontext notwendig, aber nicht unbedingt zureichend. Andere Perspektiven treten für die Antwortversuche hinzu. Auch gilt es zu beachten, dass die bibl. Aussagen zum Menschen weder umfassend noch immer eindeutig sind. Die Bibel macht Aussagen über das, was Menschsein ausmacht, worin es sich verfehlt und wo es gelingt sowie über die Stellung des Menschen gegenüber seinen Mitgeschöpfen und gegenüber Gott. Die bibl. A. bildet so ein Koordinatensystem oder einen Rahmen, in dem sich eine christl. Antwort über den Menschen formiert und verortet. Dabei ist es wichtig, die Aussagen beider Testamente in ihrer Fülle wahrzunehmen und nicht vorschnell zu systematisieren. Die Vielstimmigkeit bildet einen prinzipiell unabgeschlossenen, z. T. kontrastiven, z. T. komplementären Dialog. Da dieser hier nur sehr begrenzt besprochen werden kann, wird eine thematisch orientierte Einführung gegeben. Dabei erscheint es geboten, die in der Forschung vorherrschende

Orientierung an der Semantik (A. wird an Begriffen entwickelt) aufzubrechen.

I. AT: Die wichtigen anthropologischen Aussagen des AT finden sich schwerpunktmäßig in der Weisheitslit. (Ijob, Ps, Koh, Spr, Sir, Weish) und in der Urgeschichte (Gen 1–11,26). Sie sind weder syst. noch ergibt sich aus ihnen eine Systematik bibl. A. Möglich sind Gliederungen nach *Lebensphasen* (→ Geburt, Kindheit, Jugend, Erwachsenenalter, → Alter, → Tod), *Textgattungen* (Schöpfungsaussagen, → Klage, Spruchweisheit), *anthropologischen Begriffen* (→ Herz, → Leben/ → Seele, → Fleisch/Geist u. a.) oder nach *Themen* (→ Arbeit, → Freiheit, → Kultur, → Sexualität). Keine der Gliederungen wird einer Besonderheit der bibl. Aussagen gerecht, die mit einem aus dem → Weltbild herrührenden Ansatz im Denken zusammenhängt.

I. 1. Bibl. Aussagen werden in narrativen und poetischen Kontexten entfaltet, sie sind nicht abstrakt, sondern konkret, es gibt keine einheitliche Perspektive, keine abschließende Synthese und keine begriffliche oder analytische Durchdringung. Vielmehr sind sie auf einzelne, z. T. sich ausschließende, sich ergänzende oder sich überlagernde Aspekte bezogen (aspektiv und komplementär) und somit immer mehrdimensional. Dem „hebr. Denken" liegt es wie dem ao. nicht, die Komplexität der Welt analytisch zu reduzieren, sondern diese wird im Zueinander der Aussagen in ganzheitlicher Vielgestaltigkeit aufrechterhalten. „Sowohl – als auch" oder „einerseits – andererseits" sind dem „hebr. Denken" angemessener als ein „auf den Punkt bringen": Denken in relationalen Konstellationen und komplementären Zugängen, vernetzten Perspektiven und Konnexionen. Auch wenn jeweils nur Aspekte thematisiert werden, führt das zu einer gewissen Unschärfe, die sich eben nicht an einem Begriff oder einer geschlossenen Konzeption/Definition festmacht. Unter dieser Voraussetzung ist z. B. die Aufteilung des Menschen in → Körper und Geist (Leib-Seele-Dichotomie) oder in Körper, Geist und Seele (Trichotomie; → Leben) dem AT und AO fremd. Deutlich wird das, wenn man auf eine anthropologische Topographie schaut: Das Denken wird, anders als bei uns, nicht im Kopf, sondern v. a. im → Herzen, dem Organ des Verstandes *und* der Gefühle, aber auch im wertenden und urteilenden Auge verortet. → Gefühle beschränken sich nicht auf das Herz, sondern werden mit dem gesamten Inneren und verschiedenen Organen (Niere, Leber) oder dem Hals- und Kehlbereich verbunden (→ Körper). Augen und → Ohren werden als Organe verstanden, die kommunikativ und zugleich sozial sind. Die Körperbegriffe sind durch eine „semantische Weiträumigkeit" (B. Janowski) geprägt, was sich z. B. daran zeigt, dass *ʾaf* sowohl für Nase als auch für Zorn oder *ræḥæm* sowohl für den Mutterschoß als auch für das Erbarmen steht. Der Unterschied wird deutlich, wenn man die Assoziationen der Übersetzung von Ps 16,9 in der Einheitsübersetzung (1979) ansieht, die eine Leib-Seele-Trennung nahe legt. „Darum freut sich mein Herz und frohlockt meine Seele; auch mein Leib wird wohnen in Sicherheit". Für den Begriff „Seele" steht hier im Hebr. aber die *Leber (kābēd)* als Organ starker emotionaler Empfindungen. Das → Herz (*lēb*) ist viel mehr als nur ein Gefühlsorgan, sondern es ist weit mehr Verstandesorgan. So drückt der Vers durch Verstand (noëtische Dimension), Gefühle (emotionale Dimension) und Physis (vegetative Dimension), die zusammen eine ganzheitliche Einheit bilden, das Ganze des Menschen aus, das bei Gott Geborgenheit findet.

Der Mensch wird als psychosomatische Einheit verstanden, in der Körperlichkeit, Emotionalität und Geist keine Gegensätze sind. Wollen und Sein fallen nicht auseinander, Funktion und Bedeutung stehen immer zusammen. Entsprechend ist eine Leibfeindlichkeit der atl. A., die in weiten Teilen mit der ao. A. übereinstimmt, fremd (→ Körper). Dieser Grundzug der ganzheitlichen, komplementären Auffassung vom Menschen macht die atl. A. in hohem Maße für eine neuzeitliche Moderne anschlussfähig.

I. 2. → Leben ist für den Menschen im AT immer ein In-Beziehung-Stehen, und ein Leben ohne Bezug auf (einen) Gott ist nicht vorstellbar. Weder der Beginn noch das Ende des menschlichen Lebens sind ohne das Handeln Gottes zu denken, denn Geburt und Tod liegen in Gottes Hand. Zu den Grundkonstituenten des Menschseins gehört bibl. seine Geschöpflichkeit, d. h. seine radikale Abhängigkeit und Verwiesenheit auf Gott. Das bringt die zweite, ältere Schöpfungserzählung (Gen 2,4b-3,24) in dem formenden, handwerklichen Tun Gottes und in der Belebung durch den göttlichen Lebensatem (Gen 2,7) zum Ausdruck. Wenn dieser Atem fehlt, kehrt der Mensch zurück zum Staub (Ps 104,30, vgl. Gen 3,19; Koh 3,20; 12,7; Ijob 10,9). Im Wortspiel zwischen *ʾ*ª*dāmā* „Ackerboden" und *ʾādām* „Mensch" kommen die vom Schöpfer abhängige Formgebung ebenso wie die Vergänglichkeit des Menschen zum Ausdruck. In der Menschenschöpfung werden Individualität und Personalität des Menschen begründet. Im Schöpfungsakt „im Mutterleib" (Ijob 31,15; Jes 44,2.24; Jer 1,5; 2 Makk 7,22f) – am genauen Zeitpunkt des Werdens menschlichen Lebens hat das AT kein Interesse (Ps 139,13–16) – sieht der atl. Glaube ein personales und unverlierbares Gottesverhältnis begründet (→ Würde), auf das in der Notklage Bezug genommen wird (Ijob 10,8–14; Ps 22,11; 71,6). Neben die Geschöpflichkeit und das damit verbundene Geschaffensein in eine Beziehung mit Gott tritt konstitutiv die Mitgeschöpflichkeit. Wiederum ist es die anthropologisch gewichtigere zweite, vielleicht in Grundzügen bereits im 8. Jh. entstandene Schöpfungserzählung, die die anthropologisch wichtigen Aussagen formuliert. Nur im zweigeschlechtlichen, dialogischen Zueinander von → Frau und Mann entfaltet sich volles Menschsein (Gen 2,20.23). Dabei steht der Mensch in einem verantwortungsvollen Gegenüber zu seinen Mitgeschöpfen. Seine Sprache (Gen 2,19) und Kulturbeherrschung (Gen 2,15) heben ihn über die Tiere heraus, die – anders als der Mensch selbst – als soziales Gegenüber des Menschen defizitär bleiben (Gen 2,20). Die Schöpfungs- und die Gartenerzählung konzipieren die → Schöpfung anthropozentrisch, d. h. auf den Menschen hin ausgerichtet, und begrenzen die Stellung des Menschen durch Verantwortung und seine in der Freiheit gegenüber Gott gründende sittliche Autonomie (→ Ethik), ohne dabei die Verwiesenheit auf Gott aufzugeben. Auch die erste, nach Tagen gegliederte Schöpfungserzählung (Gen 1,1–2,4a) gibt dem Menschen eine begrenzte Sonderstellung. Durch die Aussage der Gottebenbildlichkeit (Gen 1,26–28; → Ebenbild) und den Herrschaftsauftrag wird noch stärker auf die Verantwortung des Menschen abgehoben. In der ihm aufgetragenen → „Herrschaft", die der Mensch nicht einzeln und allein, sondern im Kollektiv, in der → Gemeinschaft (Gen 1,26) ausübt, soll der Mensch in lebensförderlichem Handeln als Repräsentant Gottes die in die Schöpfung eingestiftete gute → Ordnung (Gen 1,4.12.18.21.25.31) aufrechterhalten und das lebensbedrohliche Chaos zurückdrängen. „Herrschaft" ist das auf Gerechtigkeit und die Erhaltung der lebensförderlichen Ordnung gerichtete Handeln des Menschen. Dieses königliche Handeln zielt auf Gerechtigkeit, Nachhaltigkeit und Wohlergehen im Wachstum. Entscheidend ist, dass dieses auf die Bewahrung der Schöpfung gerichtete Handeln zur Grundbestimmung des Menschen zählt. In beiden Schöpfungserzählungen ist Menschsein mit einem Ethos der Verantwortung (→ Ethik) verbunden. Auftrag und Bestimmung des Menschen sind durch die Beziehung zu Gott gegeben und welt- und kulturgestaltendes Menschsein findet im AT seine Grenze in Gott und seiner lebensförderlichen Ordnung (Gott, Schöpfung, Freiheit). Die begrenzte Sonderstellung des Menschen in der Schöpfung darf nicht als Anthropozentrismus verstanden werden, die den Menschen als „Krone der Schöpfung" verabsolutiert. Vielmehr ist der Mensch in den Aussagen des AT funktional konnotiert und immer in eine Verantwortlichkeitssphäre einer Mitgeschöpflichkeit gestellt.

I. 3. Neben die Geschöpflichkeit tritt die Vergänglichkeit als atl. Konstituente des Menschseins (1 Chr 29,14f). Kein anderer Aspekt wird – mit Schwerpunkt in der Weisheitslit. – stärker reflektiert als die Unverfügbarkeit des Todes (→ Tod). Der Mensch vergeht wie Gras (Ps 90,5f; 103,15f; vgl. 102,5.12; Jes 40,7f), seine Tage sind vergänglich und schwach wie ein Schatten (Ijob 8,9; 14,2; 17,7; Ps 39,7; 102,12) und er kehrt zum Staub zurück (Gen 3,19; Ijob 10,9; 7,21; 34,15; Ps 30,10; 90,3; 103,14; 104,29; Koh 3,20; 12,7 u. a.). Mit der Einsicht in die für den Menschen unumgehbare Sterblichkeit ist im AT eine radikale Diesseitigkeit verbunden. Der atl. Mensch lebt ganz im Hier und Jetzt und in seinen je neu zu aktualisierenden Beziehungen. Gelungenes Leben zielt auf die heilvolle Gottesnähe und Gottesgegenwart im Diesseits (Ps 37,7; 38,16; 42,6.12; 43,5; 62,2.6; 130,6; 131,3; Klgl 3,24 u. a.). Ein Jenseits, das mit einer Form „ewigen Lebens" verbunden wäre, ist dem atl. Glauben ebenso wie die Überwindung der Todesgrenze lange Zeit fremd (→ Auferstehung).

Mit dem → Tod bzw. nach dem durch Trauer, Totenpflege und Bestattung gekennzeichneten Trennungsprozess (→ Grab), tritt der Mensch ohne Wiederkehr ein in das „Land der Finsternis und des Todesschattens" (Ijob 10,21, → Unterwelt). Damit hört in der Frühzeit auch die Beziehung des Menschen zu seinem persönlichen Gott mit dem Tod auf (Ps 88,6; 115,17; Jes 38,18). Erst allmählich, vorsichtig beginnend mit der spätvorexil. Solarisierung Jhwhs (→ Gestirne) und stärker werdend ab dem 5. Jh., setzt sich der Gedanke der Ausdehnung der Macht Gottes auf das Todesreich durch, wodurch die → Hoffnung im „Licht der Lebenden" (Ps 56,14, vgl. 27,13; 142,6) sich über das Schattenreich des Todes hinaus auf eine postmortale Vollendung richtet (Ps 16,9f; 22,28–32; 49,10.16; 73,23f; 2 Makk 7,14).

I. 4. Menschsein ist im AT ausgespannt zwischen → Würde und Elend. Keiner der beiden Pole wird ausgespart oder verabsolutiert. Obwohl der Mensch nur wenig geringer als Gott erschaffen ist und mit unverlierbarer Würde und königlicher Hoheit ausgestattet ist (Ps 8,6), bleibt er ein schwaches und begrenztes Wesen (Ps 22,7), das radikal auf Gott angewiesen und auf ihn hingeordnet ist. Nicht nur sein Leben, sondern auch seine Erkenntnis ist begrenzt, wie bes. die späte Weisheit (Ijob, Koh) betont. So ist die Existenz des Menschen ausgespannt zwischen der Unendlichkeit Gottes und der Endlichkeit der Welt. Die Zerrissenheit und Ortlosigkeit, die in der Gottesferne zum Ausdruck kommen, gehört ebenso zum Grundgefühl des Menschen im AT (Ps 42,6; 43,5; 119,146; Ijob 14,1; 17,3) wie die Erfahrung des Glücks (Ps 37,11; Koh 2,24–26; 5,17f) und die Hoffnung auf Besserung (Ps 62,6; 71,5; Spr 23,18; Ijob 4,6 u. a.). Zu der physischen Hinfälligkeit, die sich in → Krankheit und Tod zeigt, treten die moralische Unvollkommenheit und Sündhaftigkeit des Menschen (→ Sünde). Die Einsicht in die Fehlbarkeit wird nüchtern in Gen 3,1–8 reflektiert und als Nicht-Sein-Sollendes vor der Folie eines moralisch integren → „Paradieses" reflektiert. Fakt ist die in der Urgeschichte konstatierte Verderbtheit des Menschen (Gen 4,3–16; 6,5–13; 8,21; 9,11), die zu Gewalttat und Unordnung führt. Da der Mensch von Geburt an sündigt und Fehlbarkeit zu den unaufhebbaren Konstituenten des Menschseins gehört (Ps 14,3; 51,7; 53,4; 58,4; 130,3; 143,2; Ijob 4,17; 14,4; 15,14–16; 25,4–6), bedarf er der → Tora (Gesetz, → Ethik) als Begrenzung und des → Kultes als Möglichkeit der Entsühnung (→ Sühne). Aus der realistischen Einsicht in die Fehlbarkeit des Menschen folgt im AT nur an wenigen Stellen eine Auffassung des Menschen, der der diesseitigen, verderbten Welt entfliehen muss, um dem Bösen zu entkommen. Die realistische Sicht des Menschen im AT zielt auf → Umkehr und Besserung des Verhaltens, um dem Ziel gelingenden Lebens, das in diesseitig erfahrener Gottesnähe besteht, näher zu kommen (Ps 73,28). Das Menschenbild im AT ist über weite Strecken geprägt von einer positiven Grundstimmung. Menschsein wird zwar von den Grenzen her und auf diese hin entworfen, aber nicht als defizitär empfunden.

II. NT: Auch im NT wird keine eigenständige oder syst. A. entfaltet. Während in den meisten Schriften anthropologische Aussagen implizit gemacht werden, entwickelt einzig Paulus auf der Basis einiger spezifischer Begriffe (→ Fleisch/Geist, → Sünde, → Gnade, → Tod) anthropologische Grundaussagen. Dabei sind A. und → Soteriologie bzw. weitergehend A. und Christologie im pln. Denken nicht zu trennen. Auch das joh. Schrifttum geht von einer tiefen Bezogenheit des Menschen auf Gott aus. Wie im pln. Denken ist → Jesus Christus der Fluchtpunkt, von dem her Menschsein entworfen wird. An der Entscheidung für oder gegen Christus entscheidet sich das Gelingen des Menschseins.

II. 1. Das Menschenbild Jesu spannt sich aus zwischen → Würde und Elend und ist von zwei Polen bestimmt. Einerseits hält Jesus an der schöpfungstheol. begründeten Würde fest, sieht aber den Menschen zugleich radikal als erlösungsbedürftig an: Er hält an der atl. Grundüberzeugung des gut geschaffenen und von Gott angenommenen Menschen sowie an seiner Verantwortung gegenüber der Schöpfung fest (Mt 15,11), auch wenn er die Spitzentexte des AT nicht explizit in seine Verkündigung einbezieht. Das schließt den ganzen Menschen in allen Lebensphasen und Lebenslagen ein. Es umschließt seine Sozialität und Kulturalität ebenso wie seine Verfehlung und seine Endlichkeit. Allen Menschen kommt dabei der gleiche hohe Wert (Mt 12,12; Mk 2,27) und die gleiche unveräußerliche Würde zu, die unabhängig von Herkunft, Status oder Geschlecht ist. Dies zeigt sich beispielhaft in der Zuwendung Jesu zu Frauen und Kindern, seinem Zugehen auf die Zurückgesetzten und Benachteiligten der damaligen Gesellschaft und in seinem Wirken an Kranken und Behinderten (→ Krankheit). In seinem Handeln spiegelt Jesus die Fürsorge Gottes wider, die dieser allen Menschen zuteil werden lassen will (Mt 5,45; 6,25–32; 10,29–31). Im Anschluss an die in den Schöpfungserzählungen und der Weisheitslit. entfaltete A. eines königlich-hoheitlichen Menschen stellt Jesus den Menschen radikal in den Mittelpunkt (Mk 2,27) und in das barmherzige Interesse Gottes.

Zugleich ist das Menschenbild Jesu von dem Gedanken des unmittelbar bevorstehenden Gerichts geprägt („die Zeit ist erfüllt" Mk 1,15; → End-Gericht). Der Mensch ist vor die letzte und endgültige Entscheidung gestellt, sich auf die Gottesherrschaft einzulassen oder sich ihr zu verweigern. Der Mensch selbst – und in seiner Predigt richtet sich Jesus zunächst ausschließlich an das „Unheilskollektiv" Israel – ist so verstrickt in Verschuldung, dass es aus ihm selbst heraus kein Moment der Rettung geben kann. Er ist ohnmächtig, arm und bedürftig vor Gott. Im Anbruch der Gottesherrschaft (→ Herrschaft) tritt Gott in seinem Gnadenhandeln dem Menschen so entgegen, dass vollgültiges, befreites Menschsein wieder möglich wird. Das ist nur aufgrund der überreichen → Gnade und → Liebe des barmherzigen Gottes möglich (Mt 18,23–33). In der Vorordnung der Gnade Gottes vor die → Gerechtigkeit steht Jesus im Anschluss nicht nur an die Urgeschichte (vgl. Gen 6,5–13 mit 8,21f; 9,11), sondern auch an die in Tora und → Propheten belegten Kernaussagen von der wesenhaften Gnade Gottes (vgl. die Gnadenformel in Ex 34,6f; Ps 103; Hos 11 u. a.).

Entscheidend für das jesuanische Menschenverständnis, das in den synopt. Evv. aufgenommen und weitergeführt wird, ist sein Gottesverständnis. Wie in der gesamten Bibel hängen Gottesbild und Menschenbild eng miteinander zusammen. Im Vater sieht Jesus den fürsorglichen Gott, der den Menschen nah und unmittelbar sein will (→ Gottesbilder). Diese Nähe sagt Gott in Jesus zu. Der enge verwandtschaftliche Zusammenhang, der ein enges familiäres Verhältnis zwischen Gott und Mensch begründet und seine Wurzeln bereits im AT hat, hebt Jesu Gottesverhältnis in keiner Weise, schon gar nicht *radikal*, vom Frühjudentum ab. Die Gotteskindschaft, die den Menschen in die heilsame Nähe Gottes stellt, bedeutet gleichermaßen einen sehr hohen ethischen Anspruch (Mt 5,48; Lk 6,36; Lev 11,44; 20,26; Dtn 7,6–11). In der Gotteskindschaft und der Liebe als Wesensmoment Gottes wird das Ethos der Liebe begründet (Mt 5,44; 19,19; Lk 10,27; Joh 13,34; 15,12; Eph 5,2; Lev 19,18). In der Brieflit. und in den Evv. wird von dieser Grundlage her Jesus als exemplarischer Mensch aufgefasst und entfaltet (Joh 19,5; Lk 23,47; Mt 9,8; Mt 27,27–31), von dem aus Menschsein neu bestimmt werden kann. Er ist Bild Gottes (Kol 1,15; 1 Kor 15,49 → Ebenbild) und in ihm – und das heißt in seinem Menschsein – wird Gott sichtbar (Joh 12,45; 14,6–9). Er ist Bindeglied und Mittler zwischen Gott und den Menschen (1 Tim 2,5). Das zuletzt Gesagte bestimmt v. a. die pln. A.

II. 2. Die Singularität des Menschen Jesus, der sich am → Kreuz hingegeben hat und dort als Sohn Gottes geoffenbart worden ist (Röm 1,4), steht für Paulus außer Frage, auch wenn das Menschsein Jesu und der hist. Jesus für Paulus kaum eine Rolle spielen. Er denkt vielmehr konsequent zu Ende, was im exemplarischen Menschsein Jesu und seiner Gottesnähe sowie in dem Gedanken der radikalen Abhängigkeit von Gott angelegt ist. Dabei geht er von zwei Voraussetzungen aus:

Über allem steht die Annahme, dass Gott das Heil des Menschen will: Gottes Heilswille ist universal und sein Handeln zielt auf → Rettung. Der Mensch, so die erste Grundvoraussetzung, steht unter dem gerechten und gerechtfertigten → Zorn Gottes (Röm 2) und er wird angesichts seiner Verfehlung im Gericht nicht bestehen können (→ End-Gericht). Wie im atl. Gerichtsgedanken ist das endgültige Verderben aber nicht geschöpflich bedingt, sondern steht als dauerhafte und nicht mehr aufhebbare Folge des eigenen Tuns und verfehlter Freiheit als „Lohn der Sünde" (Röm 6,23) im Anschluss an das gerechte Gericht. Die zweite Voraussetzung der pln. A. ist, dass *alle* Menschen unter der Sünde zu sehen sind und Menschsein von Beginn (Gen 3) an nur im Modus der Verfehlung greifbar wird. Kein Mensch kann als gerecht bezeichnet werden, weil keiner der Gerechtigkeit Gottes in vollem Maß entspricht (Röm 3,9–20). Auch darin steht Paulus durchaus im Anschluss an Aussagen des AT, die die universelle Sündhaftigkeit des Menschen betonen (Ps 14,3; 51,7; Ijob 14,4; 25,4–6; Gen 6,5). Die Welt ist verderbt und voller Sünde und niemand ist davon ausgenommen. Paulus nennt das κατὰ σάρκα („dem Fleisch nach"), worin menschlich, weltlich, wirklich, falsch und unausweichlich zusammenkommen. Dem stellt er das κατὰ πνεῦμα („dem Geist nach") gegenüber, was Aspekte des Gottgeschenkten, Gnadenhaften, Erlösten und Unverschuldeten in sich aufnimmt (→ Fleisch/Geist). In Christus steht ein „neuer Adam" dem verderbten und sich verfehlenden „alten Adam" gegenüber. In midraschartiger Exegese von Gen 2f stellt Paulus Typos und Antitypos gegenüber. So wie der Tod durch die Übertretung des einen für alle in die Welt kam, kommt das Heil durch den Tod des einen für alle (1 Kor 15,21f.45.47; Röm 5,12–19). Der Mensch, der im Glauben an die heilende Zuwendung Gottes *Subjekt* bleibt, wird durch die Tat Gottes im Menschen Jesus Christus gerettet und vom Sünder zum Gerechten verwandelt. Dabei kommt es nicht „auf das Wollen und Streben des Menschen an, sondern auf Gottes Gnade" (Röm 9,16), die er in Jesus Christus geoffenbart hat. Die Torheit des Kreuzes entspricht dem elenden und erniedrigten Menschsein und widerspricht zugleich dem Gottsein Gottes zutiefst (1 Kor 1,25). Für Paulus gehört das Christusgeschehen von nun an zum Menschsein hinzu (Röm 8,29; 1 Kor 15,49), insofern das Heilshandeln Gottes in ihm sichtbar wurde und im → Glauben an ihn für den Menschen Gottes Gnade erfahrbar wird. In Christus (im „Mit-Sterben" und „Mit-Auferstehen", Röm 6,8; Gal 2,19f; 2 Kor 13,4; 2 Tim 2,11; Kol 2,12f.20; 3,1.3) ist somit schöpfungsgemäßes Menschsein – und in pln. Theol. „neues" Menschsein – für alle Menschen ermöglicht. So kann Paulus von der Neuschöpfung des Menschen in Christus sprechen (2 Kor 5,17; Gal 2,20; Röm 6,3–11). In der Befreiung von der Sünde erlangt der Mensch in Christus seine schöpfungsgemäße → Heiligkeit (als Heiligung ἁγιασμός) und Herrlichkeit (δόξα) zurück (Röm 6,19.22; 1 Kor 1,2; 2 Kor 3,18). Dabei ist dieses neue Menschsein nicht außerhalb der Welt, sondern in dem mit → Geist und von Gottes Gerechtigkeit erfüllten, irdischen Leib (→ Körper). Selbstverständlich hat die Transformation und Neukonstitution des Menschen in Christus auch Konsequenzen für das Handeln des Menschen (→ Ethik). Ausgerichtet auf das in Christus erkannte Gute, handelt und verwirklicht der Mensch sein Menschsein aus dem Geist der empfangenen Gnade heraus (Röm 8,9–16) in Glaube, Liebe und Hoffnung (1 Kor 13,13). In Christus erfährt der Mensch seine gottgeschenkte Freiheit (2 Kor 3,17; Röm 8,21) und erlangt seine schöpfungsgemäße Gottebenbildlichkeit (→ Ebenbild) zurück (2 Kor 4,4; Röm 8,29; 1 Kor 15,49). Das Sein in Christus hebt diskriminierende Unterschiede in Status und Geschlecht auf (Gal 3,27f) und lässt so die in der Schöpfung grundgelegte gleiche → Würde des Menschen hervortreten. Bei aller auch eschatologischen Orientierung der Erlösung findet Paulus in diesem Gedanken zum ganzheitlich orientierten Menschenbild der Schrift zurück. Der Mensch ist ganz auf Gott ausgerichtet und von ihm abhängig. Seine A. hat weniger einen schöpfungstheol. und vom Anfang her entworfenen als einen soteriologischen und vom Ende her entworfenen Ansatz. Darin aber denkt Paulus bibl. Linien konsequent vom Christusereignis aus weiter.

II. 3. Auch das Joh sieht in der Menschwerdung den entscheidenden Akt der Zuwendung des Vaters im Sohn. Indem das Wort Fleisch geworden ist und unter uns gewohnt hat (ὁ λόγος σὰρξ ἐγένετο καὶ ἐσκήνωσεν ἐν ἡμῖν Joh 1,14), hat Gott das Menschsein in einer neuen Weise geoffenbart. Das „von Gott" des Menschensohns bestimmt das Sein und das Wesen des Sohnes. Er ist auch als Mensch ganz und gar durch die Liebe des Vaters bestimmt und gibt sich für den Menschen hin. In Jesus und seiner Hingabe wird wahrhaftiges Menschsein exemplarisch sichtbar. Das ist das *ecce homo* (ἰδοὺ ὁ ἄνθρωπος) in Joh 19,5. Menschsein steht nach der Inkarnation in einer dualistischen Entscheidungssituation. Glaube und Unglaube stehen sich als mögliche Ausrichtungen der menschlichen Existenz antithetisch gegenüber. Dabei werden Unglaube und Welt einander zugeordnet, weshalb sich Menschsein als im Modus des Glaubens stehend von der Welt distanzieren muss (Joh 12,25; 15,19; 17,14.16). Glaube hingegen wird mit dem → Geist auf die Seite Gottes und der „Kinder des Lichtes" gestellt

(Joh 3,21; 6,63; 12,36). Die Welt Gottes und die Welt des Menschen sind hingegen nicht getrennt oder einander fremd, sondern – in der Inkarnation radikal zu Ende gedacht – aufeinander bezogen. Menschsein wird ganz von seinem Ursprung her bestimmt (Joh 1,13).

II. 4. Stärker von seiner Sündhaftigkeit her bestimmt wird der Mensch in den deuteropln. Schriften. Die Universalität der Sünde wird noch stärker als anthropologisches Grunddatum betont und das Tun der Tora (Röm 7,12) ist nicht mehr Maßstab gelingenden → Lebens (Eph 2,15): Der Mensch steht in der „Macht der Finsternis" (Kol 1,13) und ist dem → Tod durch die Sünde verfallen (Eph 2,1). Der Glaube an Jesus Christus und daraus abgeleitet die → Taufe (Kol 2,12; Eph 2,5) markieren die Wende hin zu einem neuen gewandelten Menschsein. Neben die christologisch begründete anthropologische Wende, die den Menschen zwar nicht dem Gericht entzieht, ihn aber der Macht des Todes entreißt, tritt die durch die Erneuerung ermöglichte aktive Umkehr des Menschen: Wie ein Kleid werden Verblendung und Begierde als Kennzeichen des alten Menschen abgelegt und Geist und Sinn erneuert (Jes 57,15; Ps 51,12; Ez 11,19; 36,26). So wird der „neue Mensch" angezogen (Eph 4,24); der Mensch wird so wieder seiner schöpfungsgemäßen Bestimmung der als Würde verstandenen Ebenbildlichkeit zugeführt (Gen 1,26; Kol 3,10), die durch Gerechtigkeit und wahrhaftige Heiligkeit bestimmt ist (Eph 4,24; vgl. Lk 1,75). Das neue Menschsein äußert sich in der Liebe (Eph 3,17) und mitmenschlichen Zuwendung, die die Sozialität des Menschen über die Leibmetapher auf die ekklesiale Gemeinschaft (→ Kirche) hin ausrichtet (Eph 4,1f).

III. Überblickt man beide Testamente, fallen der Reichtum anthropologischer Aussagen, aber auch ihre unterschiedlichen Perspektiven und Schwerpunkte auf. Als Grundlinie von weitestgehend unwidersprochenen Kernaussagen ist die Orientierung an Gott und dessen belebender Wirklichkeit erkennbar. Durchgehaltene Konstanten sind die Geschöpflichkeit und die damit eng verbundene Einsicht in die Vergänglichkeit des Menschen, die unvergängliche Würde eines jeden Menschen und die personal im Schöpfungsvorgang konstituierte Gottesbeziehung jedes Einzelnen. Seine Fehlbarkeit und Unvollkommenheit lassen ihn das Ziel gelingenden Lebens, verwirklichte und erlebte Gottesnähe, verfehlen und ihn damit radikal abhängig von und verwiesen auf Gott und sein Handeln sein. Umfassend gut gelingendes Menschsein bestimmt sich in beiden Testamenten in Relation zur göttlichen Wirklichkeit und Gottes Zuwendung. Nimmt man diese Aussagen als Grundlinie einer bibl. A., fällt auf, dass den Aussagen des AT hier größeres Gewicht zukommt. Aussagen über die Geschöpflichkeit des Menschen, seine Vergänglichkeit, seine Geschlechtlichkeit, seine Sozialität und die Bezogenheit auf eine Kultur, seine Zeitlichkeit und seine Würde haben ihren Ort v. a. im AT. Demgegenüber ist im NT – und hier entfaltet der pln. Entwurf eine enorme Gravitationskraft – die universelle Sündhaftigkeit und Erlösungsbedürftigkeit jedes einzelnen Menschen stärker betont. Eine postmortale Perspektive des Menschseins ist hingegen im AT deutlich weniger ausgeprägt, wo Menschsein leben in innerweltlich verwirklichter Beziehung heißt und mit dem Tod die Beziehungslosigkeit Raum ergreift. Unbibl. und verkürzend wäre nun die Reduktion auf eine einheitliche anthropologische Linie, die beide Schwerpunkte zu einer linearen Entwicklung zusammenfügt. Demgegenüber ist an der Komplementarität der anthropologischen Aussagen beider Testamente festzuhalten. Trotz kontrastiver Züge dürfen die Testamente nicht gegeneinander ausgespielt werden. Die ntl. Aussagen wollen und müssen von den atl. her verstanden werden. Obwohl das NT Menschsein sehr stark von Christus und dem Christusgeschehen her entwirft, behalten die atl. Aussagen ihre Geltung und Bedeutung. So behalten etwa die Aussagen zur Vergänglichkeit des Menschen ihren Wert auch gegen und neben der Auferstehungshoffnung des NT. Die Orientierung an der Gerechtigkeit und das Leiden an der Unvollkommenheit der diesseitigen Welt werden nicht durch die Jenseitshoffnung und die Hoffnung auf ewiges Leben abgeschwächt. Aufgabe und Bestimmung des Menschseins bleibt es, dem universalen Heilswillen Gottes zu entsprechen (→ Ethik) und die diesseitige Welt in seinem Sinn zu gestalten.

Der unverzichtbare Wert der bibl. A. besteht in der Wahrnehmung des Menschen und des Menschseins in ganzheitlicher Perspektive. Ausgespannt zwischen Elend und Würde, tritt neben seine Autonomie seine radikale Verwiesenheit, neben seinen Gestaltungsauftrag seine Unvollkommenheit und neben seine Begrenztheit und Vergänglichkeit seine Hoffnung. In der Bezogenheit aller anthropologischen Aussagen auf Gott entfaltet die bibl. A. im christl. Kontext ein anregendes und kritisches Potential, das im modernen gesellschaftlichen Diskurs um Fragen des Menschseins zwar keine substantiellen Antworten, aber den Rahmen für eine christl. Antwort vorgibt.

I. *C. Frevel* (Hg.), Biblische Anthropologie, Freiburg 2010; *B. Janowski*, Konfliktgespräche mit Gott, Neukirchen-Vluyn [3]2009; *ders.* Was ist der Mensch: Biki 67 (2012) 4–9; *ders./K. Liess* (Hg.), Der Mensch im alten Israel, Freiburg 2009; *A. Wagner* (Hg.), Anthropologische Aufbrüche, Göttingen 2010; *H. W. Wolff*, Anthropologie, Gütersloh 2010.
II. *C. Frevel/O. Wischmeyer*, Menschsein, Würzburg 2003; *B. J. Malina*, Die Welt des Neuen Testaments, Stuttgart 1993; *E. Reinmuth*, Anthropologie im Neuen Testament, Tübingen 2006; *U. Schnelle*, Neutestamentliche Anthropologie, Neukirchen-Vluyn 1991.

Christian Frevel

Eschatologie (E.)

Zugeordnete Begriffsartikel: Apokalyptik/Apokalypse, Auferstehung, End-Gericht, Fülle, Hoffnung, Lohn, Parusie, Verwerfung, Zeichen.

Vorbemerkung: E. (von griech. ἔσχατον, „das Letzte", „Ende") ist ein Begriff der syst. Theol., der sich im 19. Jh. als „die Lehre von den letzten Dingen" durchsetzte. → Tod, → Auferstehung, → End-Gericht, Ende der Welt und der → Zeit sind die traditionellen Themen. Da die Anwendung der syst.-theol. Fragestellung auf bibl. Aussagen problematisch ist, bleibt eine Definition *bibl.* E. schwierig. Von E. ist immer dann zu sprechen, wenn ein neues Zeitalter mit radikal veränderten Verhältnissen im Vergleich mit der Gegenwart im Blick ist. Dabei kann unterschieden werden zwischen national-eschatologischen (auf die Zukunft → Israels) und universal-eschatologischen (auf die Zukunft der Welt bezogenen) Weissagungen. Bibl. E. ist keine abgeschlossene Lehre, sondern ein Komplex von oft unausgeglichenen Erwartungen und Vorstellungen, die sich im Laufe der → Geschichte in unterschiedliche Richtungen entwickelten.

I. AT: Für die Frage nach einer hist. Entwicklung eschatologischer Vorstellungen ist die kontroverse Datierung vieler Texte ausschlaggebend. Umstritten ist, inwieweit die → Verheißungen des Landes und zahlreicher Nachkommenschaft (die Verheißungen an die Väter im Buch Genesis) in die vorexil. Zeit, vielleicht auch in die Zeit vor den klassischen → Propheten datiert werden können, oder ob diese Hoffnungsvorstellungen erst nach dem → Exil als Trostbotschaft und Reaktion auf den Verlust des Landes bzw. der nationalen Eigenständigkeit Israels formuliert werden. In der klassischen Prophetie (z. B. Jesaja von Jerusalem, 8. Jh. v. Chr.) und in der Zeit bis zum Exil (587 v. Chr.) dominieren Gerichtsansagen über den bevorstehenden Untergang Israels und Judas/Jerusalems (z. B. Am 2,4–16; 3,9–15; Zef 1,2–13; Jer 3,1–13; 4,5–31; 7,1–15 u. a.; Ez 4,1–5,17; 7,1–27; 8,5–10,7 u. a.). In dieser „negativen E." werden Grundlagen einer guten Zukunftserwartung wie → Erwählung, ewiger Bestand von → Stadt und → Tempel negiert und das Ende („Eschaton") des → Staates, der Stadt und des Tempels angekündigt. Der Untergang von 597/587 v. Chr. und das bab. Exil bedeuten eine radikale Wende für die prophetische Botschaft: An die Stelle des Gerichts tritt mit zunehmender Dauer des Exils der → Trost (vgl. Jes 1 mit Jes 40, dem Anfang des „DtJes"). Die unmittelbar bevorstehende heilvolle Zukunft besteht in der Wende des Exilsschicksals, die als neuer → Exodus (Rückkehr nach Israel/Jerusalem in ein blühendes Land, z. B. Jes 35; 41,17–20; 43,1–7) bzw. als neue → Schöpfung (z. B. Jes 65,16f; 66,22, rezipiert in 2 Petr 3,13; Offb 21,1) dargestellt wird. Doch diese Heilsbotschaft realisiert sich nicht in dem erhofften Ausmaß in der nachexil. Zeit: Die als bedrückend empfundene Realität (große soziale Ungleichheiten, wirtschaftliche Krise, pers., griech.-röm. Fremdherrschaft) gerät in große Spannung zu den Verheißungen. Daher wird die E. dieser Zeit von der → Hoffnung auf ein radikales Eingreifen Gottes aus der Transzendenz dominiert, das diesem Äon (Weltzeitalter) der Unterdrückung, des Leidens (→ Leid) und der → Sünde ein Ende bereitet und eine neue Weltzeit des → Heils und der → Gerechtigkeit heraufführt (z. B. Jes 60,18–21;

65,17; 66,22; Joël 3,1–5). Der eschatologische Dualismus formuliert die Vorstellung von zwei Äonen: Nach dem Gericht und dem „Ende" kommt ein neuer Anfang. Damit ist die E. in ein Vorstellungskonzept übergegangen, das als → Apokalyptik bezeichnet wird. Apokalyptik beinhaltet immer das Moment des göttlichen Eingreifens und die Vorstellung zweier gänzlich verschiedener Weltzeiten, deren erste sich nie innergesch. weiterentwickelt, sondern in katastrophalen Zusammenbrüchen untergeht, um dem allein von Gott heraufgeführten Äon Platz zu machen. Die Apokalyptik impliziert stets eschatologische Vorstellungen, doch umgekehrt ist nicht jeder als „eschatologisch" zu qualifizierende Text notwendig auch apokalyptisch (z. B. Jes 24–27; → Apokalyptik.

I. 1. Der Begriff E. ist als Beschreibung *lit.* Phänomene eher ungeeignet. Im Blick auf die prophetische Lit. bietet sich als Alternative der Begriff der Utopie (griech. οὐ „nicht" und τόπος „Ort") an: ein nur in gedanklichen Konstruktionen in einer imaginierten, räumlich oder zeitlich entfernten Welt erreichbarer Idealzustand von Menschheit, Staat oder Gesellschaft. Die Utopie sprengt das Vorhandene auf und erweitert die Sicht auf das maximal Vorstellbare. Als „vertikale Utopie" (P. Tillich) schließt sie Verheißung und Geschenk Gottes mit ein und verhindert so ein Umschlagen in blinden Aktionismus oder permanente Revolution. Dennoch steckt hinter den prophetischen Utopien der Bibel eine Pragmatik, die das gerechte Handeln des Menschen in Richtung auf das ewige Heil hin motiviert und unterstützt (z. B. Mi 4,1–5/Jes 2,2–4; Jes 11,4f; Jes 55,1–5; Jes 58; Jer 31,31–34; Mal 3,1–5).

Religionsgesch. Versuche, die bibl. E. aus Israels Umwelt (Ägypten, Mesopotamien) herzuleiten, sind weitgehend fehlgeschlagen. Die Quellen liegen vielmehr im Glauben Israels selbst: (1) die Traditionen der *Verheißungen an die „Väter"* (Land und zahlreiche Nachkommenschaft; Schlüsseltexte: Gen 12,1–3; 15,18–21 u. a.); (2) die *David-Zion-Traditionen*: Verheißung an David, stets werde einer seiner Nachfolger auf Israels → Thron sitzen (2 Sam 7), und ihre Fortführung in der Erwartung eines davidischen Gesalbten (→ Messias), der ein Reich des Friedens und der Gerechtigkeit aufrichtet (z. B. Jes 9,1–6; 11,1–16); (3) die *Bundes-Traditionen* (Sinaibund): Die Vorstellung der → Offenbarung der Weisung Gottes am Sinai als Grundlage des → Bundes zwischen Gott und Israel konstituiert eine Gemeinschaft, deren Wohl und Wehe an der Beachtung der Weisung des → Bundes (der → Tora) hängt (Schlüsseltexte: die Fluch- und Segensverheißungen in Lev 26; Dtn 27f). Diese drei Ebenen göttlicher Verheißungen, deren Erfüllung unvollendet ist bzw. noch aussteht, sind als Quellen bibl. E. Israel-spezifisch und lassen sich nicht aus den Kulturen der Umwelt Israels ableiten. Zugleich ist zu betonen, dass E. kein gesamtisraelit. Phänomen ist. Es gibt durchaus Kreise, die keine derartigen Zukunftserwartungen formulieren, etwa die Tradenten bibl. Weisheitslehren (Spr, Ijob, Koh), die Kreise, die hinter den Büchern 1/2 Chr und Esra/Neh stehen, sowie die für die priesterlichen Texte des Pentateuch Verantwortlichen. Während diese Gruppen offenbar in der Oberschicht und in Leitungsfunktionen anzusiedeln sind, scheinen sich eschatologische Erwartungen v. a. jenseits gesellschaftlicher und polit. Institutionen zu entwickeln (vgl. z. B. Jes 55,1; 58,3–5; 61,6a; Jer 31,34; Mal 2,1–9; aus vielen dieser Stellen spricht die Kritik an überkommenen Institutionen).

Folgende Beispiele illustrieren eschatologische Themen (Utopien) aus *kollektiver* Perspektive in der prophetischen Lit. Dabei spannt sich die Bandbreite von einem neuen Verhältnis zwischen Israel und Gott, das ein neues rel. und ethisches Denken einschließt und auch für die Völker der Erde attraktiv ist, bis hin zu einer gänzlich neuen → Schöpfung: (1) *Der neue Bund*: Nur Jer 31,31–34 spricht von einem neuen → Bund zwischen Gott und Israel, der auf ganz anderen Voraussetzungen beruht als der Sinaibund. Die Weisung Gottes ist nicht mehr auf Stein, sondern auf den → Herzen der Menschen geschrieben, sodass Gottes → Weisung und innere Überzeugung des Menschen zur Deckung kommen und Lesen, Belehrung und Auslegung entfallen können. (2) Eine *neue Gesinnung verbindet rel. Tun und soziale Gerechtigkeit.* Statt veräußerlichte Riten zu pflegen und gleichzeitig ausbeuterisch und gewaltsam zu handeln, weist Jes 58 (vgl. auch Sach 7) den Weg zur wahren Frömmigkeit: Fürsorge für die Armen, Befolgung der Tora (Sabbat). (3) Die

Völkerwallfahrt zum → Zion: In Jes 2,2–4(5) und parallel dazu Mi 4,1–5 (vgl. auch Ps 47,10; 72; 87) geht es nicht um das Weltende, sondern um eine Wende, um eine radikale Weltveränderung: Sie ist möglich durch die Tora Gottes, die den Zion als Ort der Belehrung für alle Völker attraktiv macht und zu umfassendem Frieden („Schwerter zu Pflugscharen") anregt. Diese Heilsprophetie aus dem 5. Jh. v. Chr. kämpft gegen lähmende Resignation und Verzweiflung unter der Fremdherrschaft in Jerusalem. Gegen eine Tendenz zur Abschottung gegenüber anderen Völkern (z. B. bei Esra/Neh) wird hier eine Sicht des zukünftigen, universalen Heils Jhwhs für *alle* Völker vertreten (vgl. auch Jes 60–62). In eine ähnliche Richtung wie die Völkerwallfahrtstexte geht Jes 25,6–8: Bei dem Festmahl auf dem Zion wird auch die eschatologische Vernichtung des Todes „für immer" verheißen, was in Offb 21,4 erneut als Zukunftserwartung in Kraft gesetzt wird. (4) *Der neue Herrscher: Frieden, Recht und Gerechtigkeit:* Jes 9,1–6 und 11,1–16 kündigen einen zukünftigen Herrscher auf Davids Thron an (→ Messias), der den göttlichen Frieden bringt und mit dem Geist der → Weisheit, der Stärke, der Erkenntnis und der Gottesfurcht begabt ist. Seine Friedensherrschaft wird mit den Bildern des Tierfriedens illustriert. Weitere Stellen, die von dem kommenden neuen König sprechen, sind Ez 34,23f; Jer 23,5f; Sach 9,9f sowie die Pss., die vom ersehnten König auf dem Zion sprechen (z. B. Ps 2; 72; 110). (5) *Wiederherstellung des Jerusalemer → Tempels*: Eine umfassende Restitution formuliert die Zukunftsvision von Ez 40–48: ein neuer Tempel, eine Neuordnung der kultischen Dienste, eine neue Verteilung des Landes, Fest- und Opfervorschriften für die Zukunft, die Vision eines fruchtbaren, von der Wasserquelle im Tempel gespeisten Landes und der heiligen Stadt Jerusalem. (6) *Das künftige Heil bedeutet → Leben in → Fülle:* Dazu wird die Vision „blühender Landschaften" und wunderbarer Heilungen von Blinden, Tauben und Lahmen beschrieben (Jes 35,1–10; aufgegriffen in Mt 11,2–6/Lk 7,18–23). Dieses von Gott bereitete Heil ist kostenlos (Jes 55,1–5) und zeigt sich auch in reichen Ernten (Am 9,13f). (7) *Die neue Schöpfung*: Die gegenwärtige Situation der nachexil. Zeit wurde vielfach als so verfahren empfunden, dass man sich nur einen radikalen Neuanfang in Form einer „neuen Schöpfung" vorstellen konnte. Ein neuer Himmel und eine neue Erde werden erwartet (vgl. Jes 65,17–25: hinzu kommt das Bild des Tierfriedens). Auch die Menschheit wird erneuert: Ez 36,22–36 verheißt ein neues → Herz, einen neuen Geist für die Menschen (→ Fleisch), eine Reinigung des Landes. In ähnlich radikaler Weise stellt Ez 37 in einer Vision die Wiederherstellung Israels als Nation in Form einer Wiederbelebung ausgetrockneter Knochen dar. Dieser Text setzt bereits den Glauben an die Macht Gottes über den Tod voraus (→ Auferstehung).

I. 2. Die prophetischen Verheißungen bleiben wirksam: In hell.-röm. Zeit (ca. 4. Jh. v. Chr. – 1. Jh. n. Chr.) entstehen jüd. Schriften, die z. T. breit ausgefaltete eschatologische, meist apokalyptische Vorstellungen entwickeln. Nur z. T. werden diese Schriften in den jeweiligen → Kanon von Juden und Christen aufgenommen. Einige Beispiele seien angeführt: Im *Buch Daniel* (1. Hälfte des 2. Jh. v. Chr.) entfaltet Kapitel 7 die Vision von vier Tiermonstern als Allegorien der damaligen „Weltreiche" – sie werden im → End-Gericht des „Hochbetagten" (Gott) vernichtet, und ein Menschenähnlicher als Repräsentant der Getreuen in Israel (der „Menschensohn") übernimmt die ewige Weltherrschaft. Diese Vision wird in christl. Rezeption auf → Jesus Christus gedeutet (z. B. Mt 24,30; Mk 13,26; 14,62; Lk 22,69; Offb 1,13; 14,14).

Das *Buch Tobit* legt das Schwergewicht auf die endzeitliche Wiederherstellung Jerusalems als heilige und herrliche Stadt der Gerechten (Tob 13,10–17; 14,5). Auch der Weisheitslehrer *Jesus Sirach* (Ben Sira) entwickelt endzeitliche Vorstellungen: Wie in Mal 3,23f wird der Prophet Elija wiederkommen, um in der Endzeit für Versöhnung im Volk und für eine Beschwichtigung des göttlichen Zornes zu sorgen (Sir 48,10). Ferner erwartet Ben Sira eine Wiederherstellung der davidischen Dynastie (47,11.22), und in der Verbindung von ewigem Davidsbund mit dem ewigen Priesterbund mit Pinhas (45,24–25) werden der gesalbte König und der gesalbte Priester miteinander verknüpft (vgl. Sach 4,14), was für die spätere Entwicklung messianischer Vorstellungen bedeutsam ist (→ Messias). In *2 Makk* findet sich beim Martyrium der sieben Brüder und ihrer

Mutter (2 Makk 7) die eschatologische Hoffnung auf eine → Auferstehung der (getöteten) Gerechten, die die Tora Gottes befolgen (vgl. auch 2 Makk 12,45). Für den verbrecherischen Seleukiden-König (Antiochus IV. Epiphanes) gibt es hingegen keine Auferstehung.

Die Unsterblichkeit der Gerechten ist ein wichtiges Thema im *Buch der Weisheit*. Insbes. Weish 1–6 reflektieren in dualistischer Sicht das Schicksal der Frevler (der „Bösen") und der Gerechten (der „Guten"), v. a. unter dem Gesichtspunkt des vorzeitigen, durch Krankheit oder Kriegsgewalt bedingten Todes der Gerechten: Sie sind über den → Tod hinaus in Gottes Hand und dürfen die Unsterblichkeit erhoffen (Weish 3,1–9), während die Bösen den Untergang (totale Auslöschung) erleiden und zu spät erkennen, wie verfehlt ihr Tun war. Das Motiv der Unsterblichkeit der Gerechten begegnet auch in den *Psalmen Salomos* (PsSal 3; 13; 14; 15).

Für *1Hen* (1Hen 1–35; 85–105, das sog. äthiop. Henochbuch) ist das kommende große Gericht ein durchgängiges Thema: Wie einst bei der Sintflut wird dieses Gericht die gesamte Menschheit bis auf einen → Rest gerechter Menschen vernichten. Diese kleine Gemeinschaft der Gerechten erhält eine Offenbarung über Gut und Böse und über Belohnung und Verdammung im End-Gericht. Der Lauf der Geschichte wird als vorherbestimmt angesehen, die eigene Gegenwart gilt als das festgelegte Ende der Zeit. In den Parabeln 1Hen 37–71 wird als Ausführender des Gottesgerichtes eine transzendente Gestalt vorgestellt, die Elemente des davidischen Königs, des → Gottesknechtes aus DtJes und des Menschensohnes aus Daniel 7 in sich vereinigt.

I. 3. Die jüd. Sondergemeinde, deren lit. Zeugnisse in den Höhlen von Qumran gefunden wurden, verstand sich nach vielen Aussagen ihrer Schriften als einzigartige Gemeinschaft der Endzeit („Gemeinschaft des erneuerten Bundes", CD 6,19; 8,21). Gott hat alles vorherbestimmt und eine geordnete Abfolge der Zeiten aufgestellt. Dies wird v. a. durch eine eschatologische Auslegung der Propheten, deren Aussagen auf die Endzeit bezogen werden, dargelegt (z. B. 1QpHab 7,1–5). Insbes. sagten – in der Deutung dieser Gemeinschaft – die Propheten eine letzte Epoche voraus, in der Gott einen Rest reuiger Gerechter bestimmt, denen das wahre Verständnis der Tora geoffenbart wird (z. B. durch die rätselhaften Gestalten des „Lehrers der Gerechtigkeit" und des „Tora-Lehrers", die als eschatologische Figuren auch heilswirkende, soteriologische Bedeutung haben, indem sie zu → Buße und Gehorsam gegenüber Gottes Gebot aufrufen). Erwartet wird das Kommen des Messias im Anschluss an das ewige davidische Königtum, mitunter ist auch die Rede von zwei Messiasgestalten mit priesterlichen bzw. königlichen Aufgaben („der/die Gesalbte/n aus Aaron und Israel"; z. B. 1QS 9,11; CD 12,23–13,1; 14,19; 20,1). Nach dem Gottesgericht erfolgen die endgültige Vernichtung der Frevler und das ewige Leben der Gerechten. Die Gemeinschaft sieht sich selbst als den Ort des eschatologischen → Segens an, während außerhalb von ihr Tod und Verdammnis herrschen. Dieser charakteristische Dualismus betrifft auch die Zukunftserwartung, die in einem endzeitlichen Kampf (→ Krieg) zwischen den guten und den bösen Mächten (→ Engeln) und dem Sieg der guten Seite, mit der man sich selbst identifiziert, besteht (1QM).

Diese und andere jüd. Schriften aus hell.-röm. Zeit sowie die Qumran-Texte erhellen den Hintergrund, vor dem sich christl. Vorstellungen über → Jesus Christus und dessen Kommen und Wiederkunft sowie die christl. Zukunftserwartungen entwickeln.

II. NT: Generell ist festzuhalten, dass sich die Zukunftshoffnungen des NT aus den Utopien des AT speisen, die zu unterschiedlichen Zielen aufgegriffen werden: Teils gilt die prophetische Ankündigung mit dem Kommen Jesu als erfüllt, teils steht die endgültige Erfüllung noch aus, sodass der ntl. Text die atl. Verheißung als bleibend gültig neu in Kraft setzt (vgl. z. B. Jes 8,23–9,1 mit Mt 4,13–16; Jes 11,10 mit Röm 15,12; Jes 55,1–5 mit Mt 11,28f; Joh 4,7–15; 7,37; Am 9,11f mit Apg 15,16f).

II. 1. Die ntl. Texte zeigen eine gewisse Offenheit, wie die Heilszuwendung Gottes zeitlich vorzustellen ist. Das Kommen des Reiches Gottes ist eine Erwartung, die in der frühjüd. apokalyptischen Lit. eher selten begegnet, umso charakteristischer ist dieses Motiv für die Predigt Jesu, v. a. in den synopt. Evv. (→ Herrschaft). Die Spannung zwischen den Zukunfts- und den Gegenwartsaussagen über das Reich Gottes vermittelt den Eindruck, dass Jesus einerseits Repräsentant des göttlichen Heilswirkens ist, dass andererseits die endgültige Ankunft dieses → Heils noch aussteht und als unmittelbar bevorstehend gedacht wird (Naherwartung). Ähnlich differenziert stellt sich der Gebrauch des Titels „Menschensohn" dar: Der Menschensohn ist gegenwärtig und Jesus selbst (z. B. Mk 2,10), der Menschensohn muss leiden (z. B. Mk 8,31), und er wird wiederkommen (z. B. Lk 17,22–37). Die Bezeichnung fungiert bisweilen nur als Umschreibung für „ich" (z. B. Mt 8,20par.; 9,6par.; 11,19par.; Lk 22,48), andererseits wirkt sie wie ein Hinweis auf eine von Jesus verschiedene zukünftige Erlösergestalt (z. B. Mt 10,23; 13,41; 24,30par.; 25,31par.; Mk 8,38/Lk 12,8; Lk 17,22–24.30). Die Formulierung der Jesus-Tradition unter dem Eindruck von Ostern verschmilzt die Erwartung einer kommenden Rettergestalt (in Anlehnung an Dan 7,13f) mit der Wiederkunft Jesu Christi.

In den *synopt. Evv.* erscheint die von Jesus verkündete Gottesherrschaft bisweilen als rein zukünftig (z. B. Mt 6,9f; 25,1–13; Mk 9,1), bisweilen als gegenwärtig und im Kommen Jesu realisiert (z. B. Mk 1,15; Lk 4,21: „realisierte" E.). Vielleicht aber war schon die irdische Verkündigung Jesu von der Grundspannung zwischen dem *Schon-jetzt* des anbrechenden Heils und dem *Noch-nicht* der Vollendung des Heils gekennzeichnet („antizipierte" E.). Insbes. die Gleichnisreden, die eine unmittelbare Nähe Gottes und des Heiles andeuten, sowie die Dämonenaustreibungen (→ Dämon) und Krankenheilungen Jesu (→ Krankheit) als Vorzeichen des anbrechenden Heils (z. B. Mt 12,28; Lk 11,20) bezeugen die dynamische Relation zwischen wahrgenommener Realität und erhoffter Zukunft – sowohl in der Verkündigung Jesu als auch in der späteren Rezeption, Tradition und Verkündigung im frühen Christentum. Im Blick auf die Wortüberlieferung Jesu in *Q* oder im *Thomasevangelium* tritt die eschatologische Erwartung in den Hintergrund: Jesus begegnet hier als Prediger ethischer Maximen und als Weisheitslehrer. Man könnte darin eine gewisse Distanz zur → Apokalyptik und den damit bisweilen verbundenen, in rel. und polit. Hinsicht überspannten Zukunftserwartungen sehen.

Die gesamte Botschaft der synopt. Evv. und damit auch ihre E. sind entscheidend von → Tod und → Auferstehung Jesu bestimmt. Aus dieser (nachösterlichen) Perspektive werden Person und Botschaft Jesu dargestellt. Hier beginnt die ausdrückliche Verkündigung des Heils an alle Völker (z. B. Mt 28,16–20), und aus der Ostererfahrung heraus resultiert auch die Erwartung der Wiederkunft (→ Parusie) Christi (z. B. Apg 1,9–11) sowie demzufolge die Mahnung zur Wachsamkeit (Naherwartung).

II. 2. Stärker als die Synopt. betont das *Joh* die *individuelle* Perspektive und die Gegenwärtigkeit des Heils: Das eschatologische *Leben* wird den Glaubenden jetzt schon zuteil (Joh 3,15.36; 4,14; 5,24 u. a.), insbes. in der mystischen Einheit der Christen mit Christus und dem Vater (Joh 17,21–23; auch 14,23 u. a.). An der Person Jesu und dem Glauben an ihn entscheidet sich die Anteilnahme an dem ewigen Leben (Joh 11,25–27; 20,30f), es kommt darauf an, in dem gekommenen Jesus den erwarteten Messias zu sehen (Joh 1,41; 4f; 7f; 9,22; 10,24–28), wobei der Messiastitel in Bekenntnistexten verwendet wird (Joh 11,27; 20,31). Die joh. E. entspricht der Vorstellung vom Anfang der Welt im Prolog (1,1–18), der die Abschiedsreden (Joh 13–17) korrespondieren: Der ewige Logos ist Fleisch geworden und auf die Erde herabgestiegen (Joh 1,14). Durch Tod und Auferstehung steigt er dann wieder zum Vater auf, er geht seinen Freunden voraus und bereitet ihnen eine Wohnung (Joh 14,2–3.28; 16,28). Nach kurzer Zeit wird Jesus wiederkehren (Joh 16,16.19) und alle, die ihm vom Vater gegeben sind, zum Vater führen (Joh 17,24). Die „kurze Zeit" ist eine Spur der joh. Naherwartung und der Überzeugung von der Gegenwart des Heiles, die sich auch darin zeigt, dass die endzeitliche Gabe des → Geistes Gottes (vgl. Joël 3,1) durch die Verheißung des Beistandes (Parakleten) in Form des Heiligen Geistes (Joh 14,16.26; 15,26; 16,7; 20,22) in die Gegenwart der Adressaten hereingeholt wird.

II. 3. Für *Paulus* sind → Kreuz und Auferstehung die Wende der Zeiten und der Schlüssel zum Heil: Im → Sühne-Tod Jesu sind alle den eschatologischen Tod gestorben und haben mit Jesus Christus Zugang zum neuen eschatologischen Leben (z. B. Röm 6,3; 7,4; 2 Kor 5,14–17). Selbst die Gottlosen werden allein aus Glauben gerechtfertigt, alle werden von der versklavenden Macht der Sünde befreit (Röm 7f); auch die Schöpfung wird in dieses kommende Versöhnungshandeln Gottes einbezogen (Röm 8,20–23). → Parusie, Auferstehung und → End-Gericht (→ Rechtfertigung) sind bei Paulus eng miteinander verknüpft. Die christl. Hoffnung auf die Auferstehung der Toten formuliert Paulus in 1 Thess 4,13–18 und 1 Kor 15,12–22. Der Zeitpunkt der Wiederkunft Christi ist offen und nicht berechenbar, sodass unklar bleibt, ob Paulus selbst noch erwartet hat, diesen Zeitpunkt zu erleben. Vielmehr fordert Paulus zu ständiger Wachsamkeit und Bereitschaft auf (1 Thess 5,1–11). Er geht davon aus, dass die neue christl. Existenz parallel zum alten Äon verläuft. Zwar kann der irdische Tod den Christen nichts mehr anhaben, dennoch müssen sie ihn erleiden. Paulus weiß, dass er selbst wie alle anderen noch in dieser Welt lebt, doch er lebt im Glauben an den Sohn Gottes (Gal 2,20) – die Rettung geschieht in Hoffnung, die man noch nicht erfüllt sieht (Röm 8,24).

Die *übrige ntl. Brieflit.* entfaltet ebenfalls die Erlösung durch Christi Kreuz und Auferstehung. Zwar ist das Heil gewirkt (Hebr 8,1–10,18), aber es bleibt eine zukünftige Größe (Hebr 2,5; 9,11; 13,14). Überspannte Naherwartungen sowie Zukunftsberechnungen werden immer wieder abgelehnt zugunsten der Ermahnung zu einem gerechten Leben in der Gegenwart, das durch den Anbruch der eschatologischen Heilszeit gefordert ist (z. B. 2 Petr 3,8–13). Auch die *Offenbarung des Johannes* (Apokalypse) geht davon aus, dass die Christen bereits grundsätzlich erlöst sind (Offb 1,5–6), doch sie müssen sich im von Verfolgung bestimmten Alltag bewähren (Offb 12,17; 13–17), was ihnen in der → Gemeinschaft mit Christus gelingen wird. Die Vollendung des Heils besteht in einem neuen Himmel und einer neuen Erde sowie dem neuen (himmlischen) Jerusalem (Offb 21,1–22,5 mit Rückgriff auf Jes 25,8; 55,1; 65,17; 66,22; Sach 14,8; Ez 40–48 und zahlreiche andere atl. Passagen; → Schöpfung). Im → Paradies der Zukunft (Offb 22,1–5) wird es eine innige Gemeinschaft mit Gott und dem Lamm (Christus) geben. Am Ende (Offb 22,6–21) werden die baldige Wiederkunft Jesu und die enorme Bedeutung der *geschriebenen* Botschaft (der Offb bzw. der gesamten christl. Bibel) betont, die letztlich die universale Teilhabe aller (zu allen Zeiten, an allen Orten) am Heil Gottes ermöglicht.

I. *A. Deissler*, Was wird am Ende der Tage geschehen?, Freiburg 1991; *H.-J. Eckstein/C. Landmesser* (Hg.), Eschatologie – Eschatology, Tübingen 2011; *M. Evang* u. a. (Hg.), Eschatologie und Schöpfung, Berlin u. a. 1997; *T. Hieke*, „Dann wohnt der Wolf beim Lamm ...“ (Jes 11,6): LebZeug 54 (1999) 245–264; *K. Koenen/R. Kühschelm*, Zeitenwende, Würzburg 1999; *H.-P. Müller*, Ursprünge und Strukturen alttestamentlicher Eschatologie, Berlin 1969; *H. D. Preuß*, Eschatologie im Alten Testament, Darmstadt 1978; *R. Rendtorff*, Theologie des Alten Testaments 2, Neukirchen-Vluyn 2001; *W. H. Schmidt/J. Becker*, Zukunft und Hoffnung, Stuttgart u. a. 1981.

II. *A. Deissler*, Was wird am Ende der Tage geschehen?, Freiburg 1991; *M. Evang* u. a. (Hg.), Eschatologie und Schöpfung, Berlin u. a. 1997; *J. Frey*, Die johanneische Eschatologie, Tübingen 1997–2000; *A. L. A. Hogeterp*, Expectations of the End, Leiden 2009; *A. Huldgård* (Hg.), Le jour de Dieu, Tübingen 2009; *H.-J. Klauck*, Weltgericht und Weltvollendung, Freiburg 1994; *K. Niederwimmer*, Zur Eschatologie im Corpus Johanneum: NT 39 (1997) 105–116; *H. Graf Reventlow* (Hg.), Eschatology in the Bible and in Jewish and Christian Tradition, Sheffield 1997; *T. Schmidt*, Das Ende der Zeit, Bodenheim 1996; *J. G. van der Watt* (Hg.), Eschatology of the New Testament and Some Related Documents, Tübingen 2011.

Thomas Hieke

Ethik (E.)

Zugeordnete Begriffsartikel: Arbeit/Mühe, Askese, Barmherzigkeit, Böse, Ermahnung/Paränese/Predigt, Freiheit, Gewalt, Gewissen, Krieg/Frieden, Laster/Fehlverhalten, Nachfolge, Nächster/Nächstenliebe, Rache, Selbsttötung, Strafe, Sünde, Treue, Tugend, Verantwortung, Verbrechen/Unrecht, Versuchung.

Vorbemerkung: Während man unter Ethos die konkrete, sich im Handeln äußernde sittliche Gesinnung versteht, so ist E. deren Theorie, Grundlage und Begründung. Ethos und E. stehen mit den Grundüberzeugungen eines Menschen und denen der Gesellschaft, in die er akkulturiert wurde, in engster Beziehung. Beide sind Ausdruck der jeweils geltenden Wertordnungen, Normen, Überzeugungen und Grundsätze einer sozialen Gruppe und ihrer Mitglieder. Ethische Konzeptionen sind für die Handlungsorientierung des Menschen in allen Lebensbereichen (von → Ehe über → Familie, Hauswesen, Gemeinde, → Kirche, → Arbeit, Eigentum, Wirtschaft, Gesellschaft, Politik, → Staat bis zum Umgang mit → Fremden und → Feinden, jedoch auch mit der Natur und ihren Geschöpfen) notwendig. In der Gegenwart kommt noch das der Antike unbekannte Problem des Umgangs mit den Möglichkeiten der künstlichen Herstellung oder Verlängerung von Leben hinzu. Die dem Ethos zugrunde liegenden ethischen Anschauungen und Motivationen sind zeit-, kultur-, gesellschafts- und weltanschaulich gebunden. Dies gilt auch für die Bibel. Dabei ergibt sich aus der Zusammenschau der atl. und ntl. Texte kein geschlossenes, homogenes, ethisches Konzept, sodass die gesch., soziologischen und theol. Prämissen der ethischen Aussagen jeweils einzeln zu erheben sind. Dies lässt sich in einem Handbuch nur skizzenhaft leisten. Als Basisorientierung mag daher gelten: Voraussetzung der atl. praktischen Handlungsorientierungen war die Lebensauffassung, dass es einen engen Zusammenhang zwischen Tun und Ergehen gibt. „Gutes“ Handeln des Einzelnen wurde dabei im Wesentlichen an Gemeinschaftstreue (*ṣᵉdāqā*; LXX δίκαιος, δικαιοσύνη), Solidarität (*ḥæsæd*; LXX ἔλεος) und → Treue (*ʾæmæt*; LXX ἀλήθεια, seltener δικαιοσύνη) gemessen (→ Kultur und Mentalität; → Sozialstatus), wohingegen gemeinschaftsschädigendes Verhalten als Verkehrtheit (*ʿāwōn*; LXX ἁμαρτία, ἀνομία, ἀδικία), Verbrechen (*pæšaʿ*; LXX ἀσέβεια, ἁμαρτία, ἀνομία) und Sünde (*ḥaṭṭāʾt*; LXX ἁμαρτία, gelegentlich ἀδικία) geächtet war. Die „schlechte“ Tat fiel auf den Täter zurück, schädigte jedoch auch die soziale Gruppe, der er angehörte. Desgleichen auch die „gute“ Tat, jedoch mit umgekehrtem Vorzeichen, sodass der/die Gerechte = Gemeinschaftstreue den Zuspruch von Ehre und Lohn von seinen/ihren Mitmenschen erwarten konnte. Wie im Bundesbuch (Ex 20,22–23,33*) greifbar, wurden die Normen des Alltagslebens wohl seit der Königszeit als Ausdruck des Jhwh-Willens verankert und somit theol. legitimiert. Atl. Ethik kann auf dem Hintergrund von Rechts- und Solidaritätsbeziehungen und der Gesetzgeberschaft sowie Solidarität Jhwhs, schöpfungstheol. (z. B. Ps 15; 24), weisheitlich (z. B. Spr), geschichtstheol. (dtn.-dtr. Lit.), basierend auf Kategorien der kultisch-priesterlichen (z. B. Heiligkeitsgesetz) oder der eschatologisch-apokalyptisch ausgerichteten Theol. (z. B. Dan) begründet und ausdifferenziert werden. Priesterschriftliche Theol. führt nachexil. den Begründungszusammenhang der Gottebenbildlichkeit des Menschen (Gen 1,27; 9,6; → Ebenbild) ein, der zur Universalisierung des atl. sozialethischen Programms führt, das nicht mehr auf das Gottesvolk eingeschränkt werden kann (so noch Lev 25,44–46). Dabei zeigen die verschiedenen atl. Schriften, dass sich menschliches ethisches Handeln (gleichwohl ob individual- oder sozialethisch motiviert) zwischen den beiden Polen des vorlaufenden, unbedingten und unauflöslichen Gnadenaspekts des Handelns Jhwhs und seiner Zusagen (vor-dtr. Dtn; P) und der eingeforderten Gehorsamsforderung (dtr. Dtn/Heiligkeitsgesetz) befindet.

Das NT ist dagegen in seiner E. Jesus verpflichtet, der mit seiner Person und Botschaft Quelle und Bezugspunkt christl. E. ist. Die christl. Gemeinden, wie sie sich in den ntl. Schriften spiegeln, entwickelten ihre ethischen Konzeptionen aus der Orientierung an Jesu Botschaft und seinem Vorbild. Zugleich werden auch Elemente der atl.-jüd. Ethik und → Weisheit (Mt 6,19ff; 25ff) sowie der allgemeinen antiken Ethik rezipiert (Tugend- und Lasterkataloge, Haustafeln). Paulus greift hingegen in seiner Begründung der christl. E. nur selten auf Jesu Wort und Leben zurück, sondern denkt von der Grundlage des Heilsgeschehens in → Kreuz und Auferweckung Jesu (als Indikativ des Heilshandelns Gottes; 2 Kor 5,18ff; Röm 6,1ff) her, das er auf die christl. Existenz hin auslegt. Aus dem Indikativ des Heilshandelns Gottes leitet sich pln. der Imperativ bzw. Hortativ des geforderten ethischen Handelns des Menschen (= Pflicht) ab, sodass E. und Ethos Antwort des Gläubigen auf das von Gott gewährte und aus → Gnade geschenkte → Heil sind (→ Glaube). Auch hier finden sich also die beiden o. g. Pole, allerdings in modifizierter Form, wieder.

I. *Grundlinien.* Zwischen dem Blickpunkt der Menschen früherer Zeiten und dem heutiger Menschen liegen Welten, Kulturen und Erfahrungen, die alle den Blick geändert haben (→ Kultur und Mentalität). Zu der Fremdheit der bibl. Texte aufgrund ihres hist. und sozialen Kontexts tritt die eigene Wahrnehmung der gegenwärtigen Rezipienten, die wiederum von ihrem eigenen Kontext geprägt sind. Es begegnen sich durch die Zeiten Fremde, Texte und Menschen. Allerdings eignet bibl. Texten eine Besonderheit: Sie werden von ihren Lesern, so sie der jüd.-christl. Tradition verbunden sind, als Bestandteil ihres eigenen rel. Lebens angenommen; die Schriften haben kanonischen, d. h. verbindlichen Charakter (→ Normativität). Im Akt des → Glaubens – dies ist die Annahme der Schrift als Wort Gottes – vollzieht sich eine transhist. Aneignung der Texte, die durch die Rezeption eine gegenwärtige Dimension erhalten. Demnach ist es mehr als verständlich und theol. legitim, von diesen Schriften Auskunft über ethische Probleme und Orientierung zu erwarten. So haben soziale christl. Bewegungen, etwa die Friedensbewegung, die ökologischen Gruppen und die Kirchenasylgruppen, immer wieder Impulse aus der Schrift gewonnen. Allerdings bleibt dabei zu beachten, dass man der Intention der Schrift nur dann gerecht werden kann, wenn man der Distanz zwischen dem Gestern und dem Heute Rechnung trägt. Nach bibl. Überzeugung ereignet sich menschliches → Leben vor und mit Gott. Diese Bezogenheit durchdringt das gesamte individuelle wie gesellschaftliche Leben; eine Aufteilung in einen rel. und profanen Bereich kennt die Bibel nicht.

II. AT: Gott als der Schöpfer des Menschen und seiner Welt hat dieser Schöpfung eine → Ordnung eingeschrieben, die dem Menschen zugänglich ist: Die Ordnung ist mit der Trias → Barmherzigkeit, → Friede und → Gerechtigkeit in ihren Grundzügen gekennzeichnet. Die Barmherzigkeit Gottes erweist sich darin, dass der Mensch lebt. Der Gedanke, dass die menschliche Existenz sich ganz und gar Gott verdankt, sie demnach Zeugnis der Barmherzigkeit des Schöpfers ist, die je neu erfahren wird, durchzieht die ganze Schrift (→ Anthropologie). Friede meint in der Schrift den vollendeten Zustand des Heilseins, das zwischen Gott und Menschen sowie den Menschen untereinander herrschen soll. Gewiss ist Friede mehr als die Abwesenheit von → Gewalt und → Krieg, aber dennoch ist ihre Anwesenheit eine der schwersten Verletzungen des von Gott Gewollten. Gerechtigkeit beschreibt das Wesen der → Herrschaft Gottes über seine → Schöpfung. In seiner Gerechtigkeit nimmt Gott sein Wächteramt so wahr, dass die Schöpfung davor bewahrt wird, im Chaos zu versinken. Aufgrund des dialogischen Prinzips der Gottesbeziehung ist es nach bibl. Auffassung dem Menschen aufgegeben, diese Trias in seinem Leben zu verwirklichen. Er tut das, was er selbst geschenkweise empfangen hat. Darin vollzieht sich dankbare Anerkenntnis des Schöpfers. Wenn der Mensch in und durch Barmherzigkeit, Friede und Gerechtigkeit lebt und den Anderen daran teilhaben lässt, wird die Ordnung Gottes Wirklichkeit. Dieses Handeln ist grundsätzlich jedem Menschen möglich. Die bibl. Autoren konstatieren, dass die Ordnung der Schöpfung immer wieder so nachhaltig gestört ist, dass sie als abwesend empfunden werden könne. Sie heben zugleich hervor, dass diese Störung nicht zu Lasten Gottes geht, sondern der Menschen. Deren → Freiheit beinhaltet die Möglichkeit, sich gegen Gott zu entscheiden, wenn sich auch diese Entscheidung in letzter Konsequenz gegen sie selber richtet. Die Freiheit zum → Bösen bringt dem Menschen Elend und Not. Trotz dieser Sündenverfallenheit (→ Sünde) des Menschen aber hält die Bibel daran fest, dass Gott seine Schöpfung nicht alleine lässt, sondern sie trotz und wegen der Sünde der Menschen schützend bewahrt: Gott nimmt nach der Sünde der Stammeltern, nach dem Mord des Kain und nach der Sintflut den Dialog mit den Menschen auf. Menschen verlassen Gott, nicht Gott die Menschen. In Gottes Handeln ist dem Menschen der Ermöglichungsgrund zum Gutsein und Tun des Guten gewährt. In der → Tora besitzt Israel die Anleitung zum Leben mit Gott, das als einziges die wahre Qualität des Lebens hat. In ihr sind die Grundzüge der Ordnung der Schöpfung enthalten und entfaltet. Der Mensch vermag mittels der Tora mit und von dieser Ordnung zu leben. Die Tora ist theonomes Recht. In ihr begegnet Israel Gottes Willen und Wort selbst. Die behauptete Unmittelbarkeit der Gesetzgebung am Sinai beinhaltet, dass die Einhaltung und der Bruch des Gesetzes sich vor Gott vollziehen. Damit wird das ethische zwischenmenschliche Handeln zu einem, in dem sich die Beziehung des Menschen zu Gott offenbart. Wenn der Mensch sich gegen seinen → Nächsten vergeht, vergeht er sich zugleich gegen Gott. Die Tora kennt eine Teilung der → Verantwortung gegenüber Gott und dem Nächsten nicht. Beides ereignet sich im Tun des Gesetzes. Gehorsam gegenüber Gott wird Wirklichkeit im sozialen Handeln. Es kann keinen wahren Gottesdienst, keine wahre Frömmigkeit geben, wenn gleichzeitig der Nächste bedrängt wird. Die Kult- und Sozialkritik der → Propheten setzt daher bei der falschen Vorstellung der Frömmigkeit an, die meint, man könne Gott dienen und den Nächsten verachten. Genau diese Urversuchung jeder Frömmigkeit wird kritisiert und bloßgestellt.

Dennoch konstatiert das AT eben auch, dass die gute Gabe der Tora keineswegs von allen in Israel dankbar angenommen und gehalten wird. In der Weisheitslit. wird dieser Befund mit einem rel. und intellektuellen Defizit erklärt: Die Nichteinhaltung der Tora wird als ein Wesenszug der Unvernünftigen und Toren qualifiziert (Spr 13,19–20; Ps 53). Zwar gelingt es auf diesem Wege, die theol. Dissonanz, die darin besteht, dass es überhaupt einen Menschen geben kann, der in der Lage ist, das objektiv Gute auszuschlagen, durch einen Mangel des Menschen zu erklären, aber das theol. Problem, aus welchem Grund Gott diese Entscheidung überhaupt zulässt, ist damit nicht geklärt. Auf Grund der Verschränkung zwischen Gottes Wort und menschlichem Tun ist damit zugleich eine anthropologische Frage aufgeworfen. An diesem Punkt setzt der Gedanke der Wahlfreiheit, der freien Entscheidung zwischen Gut und → Böse ein. Der Mensch ist von Gott als seinem Schöpfer ins Vermögen gesetzt, sich gegen ihn zu entscheiden, obwohl er sich damit selbst dem Verderben anheim gibt. In Dtn 30 wird die Entscheidung geradezu inszeniert. Israel kann sich gegen Gottes Gebot entscheiden, aber trägt dann auch die Folgen seines Tuns: „Siehe, ich habe dir heute vorgelegt das Leben und das Gute, den Tod und das Böse“ (Dtn 30,15). Der Gedanke der Freiheit des Menschen kann bibl. erklären, aus welchem Vermögen der Mensch sich gegen Gottes Willen entscheidet. Aus welchem Grund er es tut, ist der Bibel trotz verschiedener Erklärungsansätze – Neigung zum Bösen, Versuchung, Lust an der Sünde – in letzter Konsequenz unbegreiflich. Der Prozess der Selbst- und Gottesentfremdung in der Sünde bleibt der Schrift als Anthropodizee unbeantwortbar.

Die Tora nimmt den Menschen in die Verantwortung für sein Tun, da die Ausflucht, man kenne den Willen Gottes nicht, durch sie verunmöglicht ist. Mi 6,8 bringt die ethische Regel auf den Punkt: „Es ist dir gesagt, Mensch, was gut ist und was der Herr von dir fordert, nämlich Gottes Wort halten und Liebe üben und demütig sein vor deinem Gott.“ Dieser Satz bringt die Elemente ethischen Handelns auf eine Kurzformel, indem Anspruch und Möglichkeit zugleich benannt werden: Was immer der Mensch tut, er kann es nicht in Absehung Gottes.

III. NT: Das NT übernimmt weitgehend die Konzeption des AT. Dieser Befund zeigt sich insbes. da, wo das NT Vorstellungen der paganen Umwelt, z. T. vermittelt durch das hell. Judentum, rezipiert. Es bleibt dabei oft bei der Übernahme des Begriffs ohne die vorgegebenen Begriffsinhalte. Ob es sich um → Askese, → Gewissen oder → Tugend handelt, die Begriffe erhalten im Kontext der jüd. Tradition des NT eine neue Bedeutung, wobei sie theologiegesch. nach der Rehellenisierung in der christl. Spätantike wirksam wurden. Die theol. Begründung der E. wird vom NT ebenfalls übernommen, allerdings setzt hier die weitreichendste Modifikation ein: Die Christologie ist das Interpretament, von dem her die → Tora und die Praxis wahrgenommen werden. → Jesus Christus ist für die, die ihn als Christus glauben, der Ermöglichungsgrund, den Willen Gottes zu tun. Dabei ist zu beachten, dass die E. nicht ein dem → Ev. nebengeordnetes Themenfeld ist, sondern dass die Praxis des Ev. mit diesem selbst eng verflochten ist. Die neue Praxis des Ev. ist die Verifikation des Glaubens an das Ev., da sich dieses im Leben der Glaubenden realisiert. Auch hierin ist das NT dem AT gefolgt. Die sich auf Jesus von Nazaret berufende E. ist die des Glaubens an ihn als den Christus, den Sohn Gottes. Die → Nachfolge geschieht nicht, weil Jesus ein bes. Exempel ethischen Handelns ist, sondern da sich in seiner gesamten Praxis der → Wille Gottes zeigt.

Deshalb ist es hist. und theol. wenig sinnvoll zu behaupten, Jesus habe das Gesetz gebrochen, etwa durch Heilungen am → Sabbat. Hist. wird eine Objektivität behauptet, die es nicht gegeben hat. Man nimmt dabei die Position der Gegner ein (Mk 3,2), als sei sie verbindlich. Jesu Selbstwahrnehmung als Bote der kommenden guten Herrschaft Gottes schließt die Vorstellung, er könne das Gesetz als Wort Gottes gebrochen haben (etwa durch Heilungen am Sabbat), aus. Noch weniger fügt sich diese Vorstellung in eine Theol.

ein, die Jesus als Sohn Gottes glaubt. Vielmehr verstehen die Evv. Jesus als den verbindlichen Interpreten des Willens Gottes. Sich an seine Lehren zu halten, ist die vollkommene Erfüllung des Gesetzes. Dabei setzt nachösterlich eine Umwertung ein: Nicht mehr die Tora steht im Mittelpunkt der ethischen Reflexion, sondern Jesus Christus als ihr Lehrer (Mt 28,18–20). Die Argumentation wird dabei personalisiert, freilich um den Preis, dass außerhalb des Glaubens an Jesus Christus diese Begründung nicht evident ist. Sie kommt aus dem → Glauben und führt auf ihn zu. Die Tora besitzt Würde, da Jesus sie ausgelegt und gelebt hat. Dass diese Position dafür offen ist, einerseits eine strenge Observanz zu begründen, andererseits die Heilsbedeutung der Tora in Frage zu stellen, belegt die Geschichte des Christentums.

Die verschiedenen ethischen Modelle des NT, die sich jeweils auf Jesus beziehen, erklären sich u. a. auch aus den verschiedenen Textgattungen: In den *Evv.* ist Jesus von Nazaret, als irdischer Sohn Gottes, die Norm der E. der → Nachfolge. Er ist das Vorbild, an dem die Gläubigen sich ausrichten können, da an ihm ablesbar ist, was es heißt, den Willen Gottes in aller Konsequenz zu tun. Die Paränese Jesu (→ Ermahnung) – etwa in der Bergpredigt – ist Explikation des Wortes Gottes, die nicht das Gesetz aufhebt, sondern es zu seiner eigenen, von Gott gewollten Bedeutung bringt. Das Halten des Wortes Jesu und die Nachahmung seiner Praxis sind der Weg zur Praxis des Reiches Gottes, die es trotz aller Anfeindungen durchzuhalten gilt.

Die mimetische Ausrichtung der E. in den Evv. ist an die Prämisse des Glaubens gebunden. Diesen Aspekt betont nun die *Brieflit.* noch stärker. Der Glaube an Jesus Christus ist die Voraussetzung, um am Ermöglichungsgrund der gebotenen Praxis teilzuhaben. Durch das Wirken Gottes zur Rettung seiner → Schöpfung in und durch Jesus Christus ist es dem Menschen, der dieses Heil im Glauben annimmt, ermöglicht, nun vom Zwang zur Sünde befreit ein Leben im Einklang mit Gottes Willen zu führen.

Paulus hat insbes. in Gal und Röm den Gedanken einer E. entfaltet, die durch den Glauben an Jesus Christus erst möglich, aber daher unabweislich notwendig für ein Leben im Glauben ist, mithin das Schema von „Indikativ und Imperativ". Die pln. E. hängt unmittelbar mit den Kernaussagen der Christologie zusammen. Da nach Paulus das Gesetz aus der Sündenverfallenheit nicht retten kann, sondern vielmehr von der Sünde instrumentalisiert wird, um die Begierde (→ Laster) zu wecken (Röm 7), ist angesichts der allgemeinen Sündenverfallenheit Rettung nur durch Gott möglich, der diese in Jesus Christus wirkt. Dem Menschen, der diese Rettung annimmt, ist es nun als aus der Sünde Geretteter möglich, das Gesetz, das sich im Liebesgebot zusammenfassen lässt (Gal 5,14), zu erfüllen (Gal 5,22f). Allerdings zeigen die Probleme der pln. Gemeinden, dass das Kriterium der Liebe ein notwendiges, aber kein hinreichendes ist, um alle anfälligen Probleme zu lösen (1 Kor). Daher ist die konkrete Paränese keineswegs material neu. Neu ist die Begründung durch Jesus Christus. Durch die enge Verknüpfung von Glaubensgrund und Glaubenswirklichkeit besitzt die ntl. Sozial- und Individualethik eine bes. Eindringlichkeit. An ihr ist ablesbar, ob der Glaube den Menschen zu einer neuen Wirklichkeit geführt hat, die seiner Glaubensüberzeugung entsprechen muss. Ein Glauben ohne Praxis ist dem NT genauso fremd wie dem AT. Die ntl. E. zeichnet sich nicht so sehr durch ihren Inhalt aus, sondern durch ihren Anspruch, nach dem die Gegenwart und ihre Gesetzlichkeit im eschatologischen Vorgriff in der Gemeinde aufgehoben werden. Die Negierung von sexuellen, sozialen und ethnischen Unterschieden (Gal 3,28) ist ein Kennzeichen dieser eschatologischen E., die damit auf die Gnade Gottes für alle hinweist und das Empfangene und Erfahrene wiederum erlebbar macht. Ntl. E. besitzt wegen ihrer Herleitung aus dem Heilshandeln Gottes einen Verweischarakter im Hinblick auf dieses Heilsgeschehen; sie ist als Praxis des Lebens Bezeugung dessen, was möglich ist, wenn man sich auf Gott einlässt.

Die hist. überraschend schnelle Verbreitung des Ev. ist vielen Bedingungen zuzuschreiben. Sie wäre allerdings angesichts einer völligen Diastase (= Trennung) zwischen Anspruch und Wirklichkeit kaum möglich gewesen. Die Gemeinden müssen für viele Menschen ein Ort einer neuen, anderen und besseren Wirklichkeit gewesen sein, weil sie dort etwas erfuhren, was sie außerhalb nicht kennenlernen konnten. Ntl. E. ist damit Teil der Realisierung der → Hoffnung, dass nichts so bleiben muss, wie es ist, weil Gott sich seiner Schöpfung in Jesus Christus aufs Neue gnädig annimmt. Darauf antwortet die ntl. E.; sie ist Praxis dieses Glaubens, ohne den sie ihren Grund und ihre Begründung verlöre.

IV. *Hermeneutik:* Die Vergegenwärtigung ethischer Modelle der Bibel machen Nähe und Distanz zugleich einsichtig. Die Nähe ist begründet in der gleichen Glaubenstradition, die Distanz in der Zeit und ihren Läufen. Eine vor der eigenen Freiheit verantwortete E., die sich auf die bibl. beruft, hat beides zu bedenken. Dabei gilt es insbes. auf die Begründungszusammenhänge zu achten, um nicht Unerhebliches mit theol. Relevantem zu vermengen. Eine Begründung etwa für Todesstrafe und Krieg kann nicht mit dem Hinweis, beides sei in der Bibel bezeugt, gewonnen werden. Hist. liegt hier ein Fehler vor: Es wird ein gesch. Phänomen unter dem Vorwand seines rel. Kontextes perpetuiert. Todesstrafe und Krieg gehören so wenig wie Zinsknechtschaft oder Sklaverei zu den Wesenszügen der bibl. Botschaft, sondern verbleiben im hist. Bereich der gesellschaftlichen und rechtlichen Praxis. Wollte man dennoch die bleibende Gültigkeit solcher Phänomene behaupten, müsste das für das Gesamtphänomen gelten, also stünde auch die hist. vorgegebene Praxis unter dem Vorzeichen des Erhaltenswerten. Hist. unpräzise ist diese Argumentation auch im Hinblick auf die Gegenwart. Denn es wird hier ebenfalls eine Entsprechung behauptet, die keinesfalls gegeben ist. Hier sei nur darauf verwiesen, dass Christen in weiten Teilen der Welt keine verschwindende Minderheit darstellen, sondern an der Gestaltung der Wirklichkeit beteiligt sind. Ein gesellschaftlicher Rückzug, wie ihn die frühen Christen teilweise notgedrungen leben mussten, kann keine Alternative mehr sein. Diese Situation hat ganz konkrete Auswirkungen auf die ethische Praxis, wie sich am Begriff des → Nächsten zeigen lässt. Die Globalisierung, die Kommunikationsmöglichkeiten und die grenzenlose Mobilität haben den Begriff des → Nächsten zu einem Universalbegriff werden lassen. Wenn Nächster-Sein bedeutet, jedem in Not Geratenen zum Nächsten zu werden, dann ist gegenwärtig keine Grenze mehr gesetzt außer der des eigenen Vermögens. Selbst ein so zentraler Begriff wie der des Nächsten ist keineswegs unabhängig von hist. Prozessen. Es kann sehr wohl nötig sein, ihn vor Entleerung durch Überlastung zu schützen, und zwar um der Nächstenliebe willen. Darin aber wird ein eigener Aspekt der bibl. E. greifbar: der kreative Umgang mit dem Vorgegebenen, das sich als gut erwiesen hat. Was man sehr wohl aus der bibl. E. lernen kann, ist die Freiheit, mit ihr zu leben. Sie ist keineswegs statuarisch, sondern als → Weisung zum Leben eignet ihr Lebendigkeit, die sich in konkreter Lebenswirklichkeit entfalten kann. Es geht eben nie um die einfache Umsetzung, sondern um die je neu zu findende Form, sie in die Gegenwart zu bringen. Dass dies gelingen kann, ist letztendlich nicht anders begründbar als die bibl. E. selbst: Diese Praxis kann nur aus der Gewissheit im Glauben geschehen, dass der Mensch nicht allein gelassen ist, sondern Gott mit ihm ist. Das ist demnach das Unveränderliche der bibl. E.: Sie ereignet sich vor Gott und kann gelebt werden, weil sie nur das bezeugt, was Gott vorher schon gegeben hat.

I.+II. *F. Crüsemann*, Maßstab: Tora, Gütersloh 2003; *W. Dietrich*, „Theopolitik", Neukirchen-Vluyn 2002; *R. K. Harrison* (Hg.), The Encyclopedia of Biblical Ethics, New York 2003; *M. Heimbach-Steins*, Bibel und Ethik – im Gespräch: ThGl 101 (2011) 315–337; *E. Otto*, Theologische Ethik des Alten Testaments, Stuttgart 1994; *ders.*, Wirtschaftsethik im Alten Testament, in: *ders./S. Uhlig* (Hg.), Kontinuum und Proprium, Wiesbaden 1996, 331–341; *S. Riecker*, Altes Testament und allgemeingültige Ethik, in: *ders./J. Steinberg* (Hg.), Das heilige Herz der Tora, Aachen 2011, 325-367; *J. Schreiner*, An deinen Geboten habe ich meine Freude, Würzburg 1998.

III.+IV. *J. Beutler* (Hg.), Der neue Mensch in Christus, Freiburg u. a. 2001; *F. Blischke*, Die Begründung und die Durchsetzung der Ethik bei Paulus, Leipzig 2007; *A. M. Ritter*, Altchristliche Ethik zwischen Bibel und stoisch-platonischer Tugendlehre, in: *A. Briskina-Müller/A. Drost-Abgarjan/A. Meißner* (Hg.), Logos im Dialogos, Berlin 2011, 489–500; *W. Schrage*, Ethik des Neuen Testaments, Göttingen [2]1989; *ders.*, Kreuzestheologie und Ethik im Neuen Testament, Göttingen 2005; *G. Theißen*, Gesetz und Goldene Regel, in: *P. Lampe* u. a. (Hg.), Neutestamentliche Exegese im Dialog, Neukirchen-Vluyn 2008, 257–273; *M. Theobald*, Wie die Bergpredigt gelesen werden will: ThQ 192 (2012) 256–280; *J. G. van der Watt* (Hg.), Identity, Ethics, and Ethos in the New Testament, Berlin/New York 2006; *M. Wolter*, Theologie und Ethos im frühen Christentum, Tübingen 2009.

Angelika Berlejung (Vorbemerkung) /
Rainer Kampling (I–IV)

Geschichte (G.) / Geschichtsdarstellung / Heilsgeschichte

Zugeordnete Begriffsartikel: Anfang/Ende, Diaspora, Erwählung, Ewigkeit, Exil/Verbannung, Exodus, Israel/Juda, Väter, Verheißung-Erfüllung, Vorsehung, Zeit.

I. AT: Für das AT wie für den vor-hell. AO gab es weder die Subjekt-Objekt-Spaltung noch die Differenz zwischen Zeichen und Bezeichnetem und damit auch nicht die Unterscheidung von *story* und *history*. Im Gegensatz zu Herodot, der das in Erfahrung Gebrachte kritisch kommentiert, können sich bibl. Autoren zwar selbst in den Text hineinschreiben, sich aber nicht kritisch über das Überlieferte äußern. Weder die Bibel noch der Alte Orient kennen zudem eine Trennung von → „Schöpfung" einerseits und „G." andererseits. Dies wird bes. daran deutlich, dass auch die Schöpfungsordnung nicht beschrieben, sondern erzählt (vgl. Gen 1,9f P; nicht-priesterliche Texte in Gen 2–4 und 8) oder hymnisch gefeiert wird (z. B. Ps 8; 19,2–7; 33,6–9; 74,12–17; 89,11–13; 95,3–5; 96,5.10; 102,26–28; 104; 136,4–9; 146,6). Unbekannt war ferner die Möglichkeit, die Welt in Vergangenheit, Gegenwart und Zukunft ohne die sie begründenden, erhaltenden und korrigierenden Götter zu denken. Ein Wort für „G." gibt es im bibl. Hebr. nicht. Hebr. *dābār* ist das „Wort" wie die „Sache", um die es dem Wort geht. In der P wird *tōlēdōt* „Genealogie" als Überschrift von Geschichtsabschnitten und damit zu einer Epochen-Gliederung verwendet (Gen 5,1; 10,1; 11,10; 25,12; 36,1.9; anders 6,9; 11,27[!]; 25,19; 37,2[!]). Hier deutet sich ein an der Mehrung und Bewahrung von Leben orientiertes Verständnis der G. im Sinne der Entfaltung des in Gen 9,1.7 wiederholten und modifizierten Schöpfungssegens von Gen 1,28 an, ergänzt um strafende (Gen 6,11–13; Ex 14,4.17f) oder Heil setzende Eingriffe Gottes (Gen 17; Ex 6,2–8; 25,8f; 29,43.45f; Jos 18,1).

I. 1. Für die ao. Historiographie galt das „Tiglatpileser-Prinzip" (B. Halpern): Da die Götter mitlesen, kann man nicht direkt die Unwahrheit sagen, dem menschlichen Publikum ist die ganze Wahrheit aber nicht zumutbar. Im Zuge der Entstehung des AT bildeten sich Traditionskerne heraus, die von späteren Bearbeitern berücksichtigt werden konnten und manchmal mussten, aber – im Rahmen ihres Welt- und Wirklichkeitsverständnisses – keine hinter den Erzählungen zu vermutende „Fakten". Vielmehr konnte jede G. auch ganz anders nach- oder eher neuerzählt werden (vgl. noch 2 Makk 2,1–8; Jdt 1f; Tob 1,3–22; 14,12–15 und die ntl. Evv.). Theol. entscheidend sind bibl. Erzählungen nicht als *bruta facta*, sondern ist die Zeichenhaftigkeit des Erzählten im Rahmen des jeweiligen rel. Systementwurfs. G. ist somit stets „durchsichtig" auf Gott hin. Bibl. Geschichtsdarstellung folgt ferner dem Grundsachverhalt rel. Rede, wonach von Gott und seinem Handeln niemals deskriptiv (objektivierend beschreibend), sondern immer nur adskriptiv (engagiert zuschreibend) die Rede sein kann: als Lob des göttlichen Handelns in einer als → Gnade erfahrenen Welt bzw. als → Klage über das Ausbleiben oder die Unerkennbarkeit solchen Handelns in einer als Verhängnis erfahrenen Welt. Aus der Aporie, dass deskriptive Rede von Gott schlechterdings nicht möglich ist, führt die Bibel nicht hinaus, sondern mitten in sie hinein. Wie im AO oder in Ägypten so entwickelt sich auch im Alten Israel ein Bewusstsein vom Fortschreiten der → Zeit als unumkehrbarer Prozess: Das AT kennt nicht nur eine „stiftende Urzeit" als Entstehungszeit der „tragenden Ordnungen" (K. Koch), von der die qualitativ andere „Jetztzeit" unterschieden ist, sondern weiß auf dem Hintergrund dynastischer Königsfolge und unter dem Eindruck polit.-militärischer Ereignisse auch um das unwiederbringliche Fortschreiten der menschlichen Zeit. Neben dieser fortschreitenden Zeit gibt es freilich auch die menschliche Existenz beeinflussenden Ereignisse und Gegebenheiten, die ohne augenscheinliche Progression regelmäßig wiederkehren (Ernte, Vegetationszyklen). Da sowohl Ereignisse der progressiven Zeit (etwa Thronbesteigung) als auch regelmäßig wiederkehrende Gegebenheiten (z. B. Jahresfeste, → Fest) rituell begangen wurden, bindet der → Kult zyklische und lineare Elemente wahrgenommener G. zusammen. Nicht umsonst ist im AT die Kombination heilsgesch. (im Sinne der „stiftenden Urzeit") begründeter Motive mit zyklisch-jahreszeitlich verankerten Elementen bei der Ätiologie der großen Feste zu beobachten (z. B.

Abb. 1: Der kriegerische Month-Onuris als „schlagender Gott". (Megiddo 7. Jh. v. Chr.). Quelle: *O. Keel/C. Uehlinger*, Göttinnen, Götter und Gottessymbole, Freiburg u. a. [5]2001, Abb. 340b.

Dtn 16,1–15; Ex 12f; Lev 23,42f; Ps 81; Dtn 5,12–15). Die „aufgeklärte Skepsis" eines Koh, wonach es für die menschliche Existenz zwischen Wechsel, Dauer und Vergessen „nichts Neues unter der Sonne" gibt (Koh 1,4–11) ist in dieser Hinsicht durchaus eine Ausnahme.

I. 2. Die Vorgeschichte → Israels beginnt mit dem anbrechenden Zerfall des „ersten mediterranen Wirtschaftssystems" (2000–1150 v. Chr.). Primärbeleg für „Israel" ist ein Siegeslied des Pharao Merenptah 1208 v. Chr., der einen zentral- oder nordpaläst. Stamm dieses Namens vernichtete. Gruppen von „outlaws" (die *ḫapiru* der äg. und akkad. Texte) bildeten Banden im Bergland und lebten von den Überschüssen des städtischen Systems. Unter verstärktem äg. Druck (→ Exodus) schlossen sich seit dem 13. Jh. v. Chr. die bislang sippen- oder bandenmäßig organisierten Lokalnomaden zu Stämmen zusammen. Diese gerieten im 11./10. Jh. v. Chr. in den Einzugsbereich wieder auflebender polit. und ökonomischer Machtzentren an der Küste. Nach der Ablösung der Philister als regionaler Machtfaktor begann der Aufstieg des zentralpaläst. Israel bzw. Juda. 724–720 v. Chr. kamen Israel (als Provinz Samaria) und 597/587 und 582 v. Chr. Juda unter das Diktat fremder Mächte (Assyrer, Neubabylonier), später unter das Diktat von deren polit. Erben (Perser, Griechen und Römer). All dies bildet zwar den hist. Rahmen, nicht aber den unmittelbaren oder alleinigen Stoff bibl. Geschichtsdarstellung. Vielmehr ist diese zugleich „mythisch", als sie Erzählungen mit göttlichen Protagonisten darstellt, und „ätiologisch", als es ihr um die Legitimation von polit. Ordnungen (z. B. Priestertum, Königtum, → Priester, → König), rel. Praktiken (z. B. → Sabbat, Pascha; Feste) oder ethischen Haltungen (Sorge um Arme; → Ethik) in ihrer damaligen Gegenwart geht. Die bibl. Geschichtsentwürfe sind stets auch „rückwärtsgewandte Prophetie", in der die erzählte Welt der Gegenwart ein Ideal (oder einen Spiegel) vorhält, um sie zu motivieren, ihre polit. Zukunft den Vorstellungen der Erzähler entsprechend zu gestalten.

Formal bestand Geschichtsschreibung im AO und damit auch in Israel und Juda v. a. aus Annalen (hebr. *dibrē hajjāmīm* „Tagebücher", „Tagesereignisse"), die am Hof geführt wurden. Im Fall von Israel, Juda und ihren Nachbarn liegen uns nur noch Annalenexzerpte vor in Inschriften (Mescha, Schiloach) und, mit weithin unsicherer Identifikation und Abgrenzung, in der Bibel (vgl. 1 Kön 15,7 u. a.). „Veröffentlichte G." bestand aus Prunkinschriften, in denen ein Herrscher seine Leistungen und seine Gerechtigkeit (als Vollstrecker und Vollender der Weltordnung) der göttlichen wie menschlichen Mit- und Nachwelt mitteilte. Die Bücher Sam-Kön stellen durch die redaktionelle Anordnung und Auswahl des Materials einen Geschichtskommentar dar mit dem Ziel, durch den Aufweis menschlicher Schuld den Untergang der Staaten Israel und Juda zu erklären und den Grund für einen auch nach 515 v. Chr. (Weihe des zweiten → Tempels) und sogar nach 398 v. Chr. (Inkraftsetzung der → Tora durch Esra) noch ausstehenden Neubeginn zu legen. In P und Chr liegt „gelehrte Historiographie" vor. P betreibt „Mythochronographie", wie bes. aus dem Umgang mit der Zeit hervorgeht: Deutlich markierte Epochen (von Adam bis Noach; von Noach bis Terach/Abraham; von Abraham bis Mose; von Mose bis zum Tod Josuas) enden mit Israels Eintritt in sein Land, womit die „Jetztzeit" beginnt. Zugleich betont P: Israel bedarf als Gottesvolk und Tempel-Gemeinde keines Königtums (gegen Sam-Kön), und Jhwh ist der Schöpfer und Erhalter der ganzen Welt, nicht nur der Nationalgott Israels, und als solcher kein Kriegsgott (gegen Ex 14). Durch den Titel *dibrē hajjāmīm* ist Chr als Historiographie charakterisiert. Zugleich ist Chr aber Midrasch, d. h. kreativ-narrative Auslegung des ihr bereits vorgegebenen → Kanons von Tora und → Propheten. Neben P und Chr finden sich Erzählkomplexe, für die kein besserer Ausdruck als „Historien" im Sinne von ursprungsmythischen Geschichtserzählungen zur Verfügung steht: die Väter-, Exodus-Josua-, Retter- und Davidhaus-G. Indem diese Geschichten von der Vergangenheit erzählen, entwerfen sie zugleich Modelle für die Existenz Israels/Judas in Gegenwart und Zukunft.

I. 3. Die Arten und Mittel göttlichen Handelns in Schöpfung und G. stellen sich wie folgt dar: Eigenhändig formt Gott den → Himmel (Jes 45,12), den Menschen, die Tiere und die Frau (Gen 2,7.19.21f), macht dem ersten Menschenpaar Kleider (3,21), schließt die Arche hinter Noach ab (7,16), beeinträchtigt das Fahrvermögen äg. Streitwagen (Ex 14,25) und bewirft seine Feinde mit Steinen (Jos 10,11). Als kriegerischer Gott steht Jhwh in Kontinuität zu ao. und äg. Traditionen (*Abb. 1*). Weiterhin handelt – und redet (Ps 19,2–5; 104,4)! – Gott durch Mächte, die wir als Naturgewalten ansprechen würden, wie Wind (Ex 14,21), Regen (Hos 6,3; Am 4,7; Joël 3,23), Dürre (Jes 9,17–20; Am 4,6–9; Joël 1,17–20; Jer 14,12 u. a.), Heuschrecken (Am 4,9; Joël 1,2–11) und andere wilde Tiere (2 Kön 17,25; Jer 12,9; Ez 33,27), Erdbeben (Am 4,11) und Epidemien (Am 4,9.10; Jer 14,12 u. a.). Weiterhin handelt – und redet – Gott durch Menschen, nämlich Völker (Jes 9,10f; Jer 51,7; Hab 1,5–11), Könige (2 Sam 3,18; 2 Kön 14,27; Jer 27,8; 2 Chr 12,7), Häuptlinge (Ri 6,37) und Propheten (1 Sam 28,15.17; 2 Sam 12,25; 1 Kön 12,15; 16,7.34; 17,16; 2 Kön 14,25; Hos 6,5; 12,11). Insbes. die Tora und ihre Bestimmungen hat Jhwh „durch Mose" erlassen (z. B. Lev 8,36; 10,11; 26,46; Num 4,37.45.49; 9,23; Jos 14,2; 22,9; Ri 3,4; 1 Kön 8,53). Weiterhin handelt Gott durch → „Engel" (Gen 16,7–12; Ex 14,19; 32,34; Jos 5,13–15; Ri 2,1–5; Ri 13,3–5; 2 Sam 24,16f; Tob 3,16; 12,12–15). So wie der Engel in manchen Kontexten auftritt, um den vorexil. Anthropomorphismus Jhwhs zu mildern, werden die Engel von Ps 103,20f in Ps 104,4 ihrerseits deanthropomorphisiert. Abstrakter ist das göttliche Handeln durch das „Wort" (bzw. den göttlichen Befehl; Ps 33,6), wodurch das „Wort" zu einem göttlichen Agens wird (Jes 55,11; vgl. Ps 147,18). Für uns weniger abstrakt erscheint göttliches Handeln durch den → „Geist" (Ez 3,12–15; Sach 4,6) bzw. die → „Weisheit" (Spr 8,22–31). In Weish 6,22–8,18; 10,15–11,4 ist sie einzige göttliche Wirkkraft in Schöpfung wie G. Im NT konzentrieren sich zahlreiche dieser Wirkweisen Gottes auf → Jesus Christus, Gottes Boten und Repräsentanten (Hebr 1,1f). Anthropomorphismen werden zurückgedrängt bzw. verbinden sich nun mit Jesus (Lk 11,20).

I. 4. Das Handeln Gottes in der G. ist eng mit dem Problem des → Monotheismus verbunden (→ Gottesvorstellungen): Nur bei oberflächlicher Betrachtung ist die Bibel monotheistisch. Sie ist dies erst in ihrem Entstehungsprozess geworden, freilich keineswegs vollständig. P vertritt einen „inklusiven Monotheismus": Der für Israel unter seinem Eigennamen Jhwh ansprechbare Gott ist den übrigen Nachkommen Abrahams unter dem Namen „El-Schaddai" bekannt, den übrigen Kindern Noachs unter seiner generischen Bezeichnung „Gott" (so auch die nachpriesterlichen Texte in der Tora: Gen 16,13f; 21,33). Die dtn-dtr. Tradition verficht demgegenüber einen „programmatischen Henotheismus" (Ex 20,3; 34,14–16; Dtn 5,7; 6,14; Jos 23,7; 24,2.15; Ri 11,24 u. a.), d. h. Israel soll nur *einen*, nämlich seinen, Gott verehren und keinen anderen. Konsequent monotheistische Texte in der Bibel finden sich nur in redaktionsgesch. ganz späten Texten (Dtn 4,35.39; 1 Kön 8,60; Jer 2,11; 10,11.15; Jes 44,6–8; 45,18–25).

Im Rahmen des Polytheismus begrenzen sich die Götter gegenseitig: In Jos 10,12f* beschwört Josua den Sonnen- und Mondgott, Jhwh nicht zu behindern; in Ri 11,24 begrenzen Jhwh und Kemosch gegenseitig ihre „Länder". Ein Gott kann aktuell (so in Jos 10,12f*) oder generell als „Höchster Gott" sich anderen als überlegen erweisen (Ex 15,11; Dtn 32,8f; Ps 29; 82; 86,8; 135,5). Der sich als Sieger im Chaos-Drachenkampf (Ps 74,13f) als „Höchster Gott" qualifizierende Schöpfergott versieht nicht nur im AT zugleich die Rolle des Bewahrers des Imperiums, indem er dessen aktuelle Feinde als „Chaosmächte" immer wieder niederwirft (Ps 47; 96; 98 u. a.). Die theol. Rede vom „Handeln der Götter in der G." ist vor-bibl. und vor-monotheistisch. Im Rahmen des Monotheismus führt sie zu dem Problem, ob alles, was geschieht, Gottes Willen entspricht. Dieses Problem hat der Ijob-Dichter als einer der Ersten thematisiert.

I. 5. In der Rolle der von Gott begrenzten, ihn aber auch ihrerseits begrenzenden Widersacher fungieren in der Bibel das Chaos sowie die Menschen. Das bei der Schöpfung eingegrenzte Chaos (Gen 1,1–5 *tᵉhôm*) behält auch in der Schöpfung seinen Platz (vgl. Ps 104,20–23; vgl. Behemot und Leviatan in Ijob 38–41). Gottes Absichten mit den Menschen (Gen 2–8) und mit seinem Volk (vgl. Hos 2,4–17 mit Ez 20,6–38; Hos 5,13–6,6; 9,10) werden von diesen immer wieder durchkreuzt, sie bereiten ihm „Mühe" (Jes 43,24). Zugleich weist P jedem Menschen die königliche (Gen 1,26!) Rolle des Mit-Bewahrers der Schöpfung zu (→ Ebenbild).

Den Weisen des AO war die in Kosmos und → Staat erkennbare → Ordnung zureichende Richtlinie göttlichen und menschlichen Handelns (→ Weltbild). Mit der Einschaltung der Gesetzessammlungen (Bundesbuch, Heiligkeitsgesetz, Dtn) in die Ex-Jos-Gesch. und die nachpriesterliche Tora sowie mit der Tora als Offenbarungsinhalt nimmt eine „Verrechtlichung" des Gottesverhältnisses ihren Anfang. Gott wird nun gleichzeitig Protagonist in der G., Schiedsrichter wie auch Verfasser der Regeln, an die er sich als Schiedsrichter zu halten hat. Man kann nachpriesterlich die Gabe der Tora als eine gnädige Selbsteinschränkung Gottes verstehen (Ps 44; 77), analog zu seiner Anwesenheit und Ansprechbarkeit im Heiligtum (→ Tempel). Problematisch wird die Dreiheit von Gott, Volk und Tora dann, wenn Israel die Tora nicht mehr empfängt in Stellvertretung aller Welt (anvisiert in Jes 2,3/Mi 4,2; Jes 24,5; 42,4), sondern zur Steigerung des eigenen Selbstgefühls (Ps 147,19f). Dieser Gefahr will Dtn 7,7f; 9,4–8 begegnen. Bemerkenswert ist die dtr. Konstruktion, wonach das Verhältnis zum Gesetz (Dtn 12) über Wohl und Wehe der Staaten Israel und Juda entschieden haben soll, wobei alle anderen Teilnehmer der Weltgesch. nur Mittel sind, deren sich Jhwh zum Zweck der Auseinandersetzung mit dem eigenen Volk bedient. Hier droht eine Berechenbarkeit Gottes, gegen die sich Ps 44 (betroffen) und der Jona-Autor (ironisch) auflehnen. Die dtr. Ideologisierung der eigenen Partikularität wird letztlich überwunden durch die gegenseitige Durchdringung von Tora und Weisheit, die am Ende zu ihrer Gleichsetzung führt, sodass Tora nun in der Schöpfung kodiert und damit allen Menschen (guten Willens) zugänglich ist (Ps 19; 119; Sir 1,1–10; 16,24–17,14; 24,23).

Das paradigmatische Geschichtsverständnis, in dem die Vergangenheit bereits die Modelle für jede mögliche Zukunft enthält, erwartet, dass Gott in der Gegenwart (oder der nahen Zukunft) so handelt, wie er es nach den überlieferten Geschichten bereits zuvor getan hat (vgl. die Rede vom „neuen → Exodus"). Dieser Erwartung treten allerdings P (und Koh) entgegen: Mit dem Abschluss der „Urgeschichte" Israels Jos 18,1 ist die Welt geworden, wie sie ist und zukünftig bleiben soll. Das „Ende der G." hat sich bereits in der Sintflut ereignet, an deren Ende Gott den Bogen, mit dem er Israels Kriege geführt hat, zum „Bogen in den Wolken" umwidmet. Nachdem Tora und Landgabe einmal zum Zentrum von Israels G. geworden waren, erforderte der Gedanke eines „Endes der G." die Überbietung oder Ablösung von Sinaibund und Tora (Jes 42,6; 49,8; 54,10; 55,3; 59,21; 61,8; Jer 31,31–33.40; Ez 34,25f; Hos 2,18). Schließlich wird in der → Apokalyptik die ganze bisherige G. zum determinierten Monodram eines allmächtigen Gottes, aus deren mechanischem Ablauf auch die Zukunft vorhersagbar und jegliche → Freiheit Gottes wie der Menschen geopfert wird.

Erkenntnis göttlichen Handelns und der Vergangenheit ist nur durch → Offenbarung möglich (Jes 43,9; vgl. 1 Chr 29,29; 2 Chr 9,29; 12,15; 13,22; 26,26; 32,32), oder sie ist, wenn Offenbarung als Erkenntnisquelle abgelehnt wird (Koh 5,6; 6,12; 10,14), eben gar nicht mehr möglich (Koh 1,11; 3,11; 7,24; 9,4).

Obwohl die Unterscheidung zwischen „Geschehen" und „G." den bibl. Autorinnen und Autoren nicht zur Verfügung stand, werden Rollenzuweisungen an Gott schon im innerbibl. theol. Diskurs problematisiert (Ps 44; Koh 7,10 gegen 1 Kön 3–10; Koh 1,4–11; 3,1–8.14f; → Gottesvorstellungen). Für Koh ist die G. schlicht *miqrœ* „Zufall" (2,14f; 3,19f; 9,2f). Gottes Hand in der G. ist auch nach prophetischer Auffassung nur für jene zu erkennen, denen er sie offenbart (Jes 43,9). Erkenntnismöglichkeiten des Gotteswillens und Gotteshandelns sind kultisch (1 Sam 28,3.6) oder prophetisch und stehen nicht immer zur Verfügung (Dan 3,37 LXX) bzw. widersprechen sich (1 Kön 22; Jer 23,9–32; 28). Die Lösung des Prophetengesetzes (Dtn 18,9–22), wonach die Zukunft zeigen wird, welche Prophetie in Erfüllung ging und so erweist, welcher → Prophet

„wahr" gesprochen hat, verhalf nicht zur sicheren Entscheidung bei Problemen. Die Erfüllung einer Vorhersage des Propheten kann nicht *sui generis* auf alle Vorhersagen des Propheten übertragen werden. Überzeugte Anhänger eines angezweifelten Propheten konnten entgegnen, dass bei der Falsifikation einer Vorhersage der Zeitrahmen zu eng gewählt worden ist (Tyrus wurde nicht, wie Ez 26–28 erwarten lässt, von Nebukadnezzar erobert, aber dafür 332 v. Chr. von Alexander).

II. NT: Wie der jüd. Glaube ist auch der christl. geschichtsbezogen. Zahlreiche Schriften des NT erzählen G., andere beziehen sich in pragmatischer oder päd. Absicht auf Ereignisse in der G. Doch wird dabei nirgends G. „an sich" thematisiert. Der Gott des NT ist nicht in bloß allgemeinem Sinn als „gesch. Gott" zu begreifen, sondern ganz spezifisch als der Gott Israels, der in der konkreten G. des *irdischen* Jesus von Nazaret als dem Christus (→ Jesus Christus) für alle Menschen handelt. Das für das NT materiell und konzeptionell primäre gesch. Ereignis sind Leben und Wirken Jesu von Nazaret, die – zumindest nach Paulus – geradezu die „Selbstbestimmung Gottes" (U. Luz) darstellen. Das Ineinander von Partikularität und weltumspannendem Horizont ist untrennbarer Bestandteil des frühchristl. Geschichtsverständnisses und setzt so unter neuem Vorzeichen das atl. Geschichtsverständnis fort. Wo G. im NT thematisiert wird, wird sie stets zugleich gedeutet und Gottes Handeln darin bekannt (vgl. die Geschichtsrückblicke in Apg 7; 13 mit jeweils christologischer Spitze). So konfessorisch und tendenziös ein solcher Umgang mit G. auch anmuten mag (und so wenig „objektiv" er im modernen Sinne tatsächlich auch ist), er schafft nicht zuletzt immer wieder den Freiraum, die von Gott her und auf Gott hin transparente G. gegen die konkret erfahrene G. zu wenden und Geschichtsbetrachtung zum Motiv konkreten kritischen Handelns und Hoffens zu machen. Geschichtsdeutung ermöglicht in bibl. Tradition immer zugleich Orientierung in der Zeit und Gestaltung der Gegenwart.

II. 1. Zentraler Inhalt ntl. Geschichtsdarstellung sind das Wirken und das Geschick Jesu von Nazaret (Evv.), daneben auch Ereignisse aus dem Leben der ersten Zeugen (Apg). Schriftliche Darstellung und mündliche Verkündigung der Ereignisse um Jesus stehen dabei in einem komplementären Wechselverhältnis (vgl. Mk 1,1 mit 16,7; 1 Kor 15,3–5.11), ihre Bezeichnung als „Ev." bindet den kommunikativen Prozess von Verschriftlichung und Vermündlichung im Horizont der voranschreitenden G. Gottes mit den Menschen zusammen (vgl. Mk 1,14f; 8,35; 10,29; 13,10; 14,9). Die G. Jesu wird nicht als bloß vergangene Historie verstanden, sondern stets als präsente Wirklichkeit, als Anrede an die Menschen und als Zeitansage. Doch ist nicht das „Kerygma" Grund und Beginn christl. Geschichtsdarstellung, sondern das erinnerte Leben des irdischen Jesus bleibt Grundimpuls und Inhalt des Kerygmas. Vor einer isolierenden Überbewertung der → Auferstehung als angeblich „produktiver Initialzündung" christl. Geschichtsdenkens ist daher zu warnen. Ebenso schließt der Prozess vergegenwärtigender Erinnerung nicht aus, sondern ein, dass Traditionen „erfunden" werden können. Insofern impliziert der bibl. Traditionsbegriff nicht nur die sorgsame Weitergabe von Überliefertem, *sondern eben immer auch* seine kreativschöpferische Gestaltung. Faktum und Fiktum sind zwei Elemente innerhalb desselben Traditionsprozesses, die sich nicht trennen lassen. Das NT unterscheidet sich hier nicht vom AT und dem zeitgenössischen Judentum.

Die Methoden der Geschichtsdarstellung (Evv. und Apg) sowie der Geschichtsdeutung (bes. Paulus; Hebr; Offb) sind im NT überwiegend atl. geprägt, wenn auch die Rezeption des AT im Christentum als *„Altes Testament"* dessen lit. Eigenart wie theol. Intention verschiebt, zumal für die meisten ntl. Autoren nicht der hebr. Textbestand, sondern die griech. Übersetzung (Septuaginta = LXX) als Grundlage eigenen Nachdenkens maßgeblich war. Dennoch stellt das AT mit seinem unerschöpflichen „Reservoir an Metaphern" (E. Reinmuth) weiterhin die konzeptionelle und materielle Basis für eine höchst komplexe Aneignung und Deutung bibl. Heilsgesch. bereit. Die Rezeption des AT durch das frühe Christentum vollzieht sich in „selektiver Kontinuität", in Anknüpfung und Abgrenzung zu den Geschichtstraditionen Israels wie auch in kreativer Auseinandersetzung mit konkurrierenden, sich auf das gleiche gesch. Erbe berufenden Gruppen des Judentums. Die Bedeutung dieses Prozesses für die

Formierung des frühen Christentums kann nicht überschätzt werden. Der Bezug auf die gemeinsam-umstrittene G. hat unweigerlich zugleich soziale Implikationen. Indem gedeutete und vergegenwärtigend beanspruchte G. Sinn und Legitimität für konkrete Menschen und ihre Lebensweise vermittelt, konstruiert sie zugleich deren eigene Identität wie auch die der jeweils Anderen. Das Postulat, das NT sei die *lineare* oder gar vom AT her einzig *notwendige* oder legitime „Fortsetzung" atl. G., ist angesichts der vielfältigen Nachgeschichte der hebr. Bibel anachronistisch und hist. gesehen pure Fiktion. Das ἔδει, „er musste", in Lk 24,26 ist eine für die Selbstdefinition des frühen Christentums freilich zentrale *Glaubensaussage* aus der Rückschau (vgl. auch Joh 2,22), keine Beschreibung unausweichlich ablaufender hist. Entwicklungen (→ Verheißung und Erfüllung).

Mit U. Luz kann man die G. Jesu als „stiftende Urzeit" begreifen, von der aus vergangene Gottesgeschichte neu interpretiert wie auch gegenwärtige Praxis legitimiert wird (vgl. 1 Kor 11,23–25). Bei der Neuinterpretation treten nicht nur zentrale Elemente der Geschichtsüberlieferung Israels zurück (Landnahme, → Exodus; vgl. aber Apg 7; 13,16–25; Hebr 11) oder verlieren ihre Eigenständigkeit (vgl. die Reklamierung der Davidstradition in christologischen Hoheitstiteln oder der Priestertheol. im Hebr). Oft wird die G. Israels der G. und Bedeutung Jesu sogar akzentuiert gegenübergestellt (vgl. 2 Kor 3,4–4,6; Röm 10,4–15; Joh 1,17; Hebr 3,1–6; 4,1–13) oder werden atl. Heilstraditionen perspektivisch auf Christus und die Christen bezogen (Gal 4; Röm 4: Abrahamtradition). Daneben findet sich jedoch auch eine positive Anknüpfung an Gottes Verheißungen an Israel (Röm 9–11; Mt 1–2).

Im griech. Sprachraum gab es zwar eine beeindruckende Praxis der Geschichtsschreibung von Thukydides bis Diodor, aber keine gleichwertige Theorie der Historik. Bei Herodot heißt ἱστορίαι noch „meine gesammelten Interviews und Nachforschungen", für Aristoteles (poet. 9,1451a36–b11) schreiben Historiker einfach auf, „was gewesen ist". In hell. Zeit entwickeln sich unterschiedliche Gattungen von Historiographie (Universalgesch., Monographie, Lokalgesch., Memorabilien, Biographien) mit z. T. ganz eigener Tendenz („tragische", „mimetische" oder „pragmatische" Geschichtsschreibung). Hell. Historiographie liegt in 1 Makk vor, erbauliche Popular-Historiographie in 2 Makk, hist. Romane etwa in Judit und Tobit. Für Josephus (Ios. c.Ap. 1,37–43) sind die „prophetischen Historiographen" des AT ihren nichtjüd. Kollegen bei diesem Geschäft dadurch überlegen, dass ihnen die göttliche Inspiration zu Widerspruchsfreiheit und Irrtumslosigkeit verhilft (→ Offenbarung).

Die ntl. Evv. lehnen sich an Biographien an und gehören daher zum weiten Bereich antiker Geschichts*darstellung*. Von bes. Bedeutung für Mk als der ältesten Evangelienschrift ist dabei der Versuch, Tradition zu sichern *und* durch die Betonung des Leidens Jesu, der als verborgener, aber wiederkommender Menschensohn gilt (vgl. die Färbung der Jesusüberlieferung durch Motive der Passionsgesch.), zu deuten und für die Gemeinde so Orientierung zu schaffen. Mt ist ihm darin im Prinzip gefolgt, betont aber noch stärker die Verwurzelung seiner Jesusgeschichte in der Gottesgeschichte mit Israel (Reflexionszitate), wenn er dem konkreten Judentum auch deutlich kritischer gegenübersteht (Mt 23). Joh entwirft durch seine inhaltliche Eigenständigkeit nicht nur eine von den Synopt. möglicherweise unabhängige Fassung der Jesusgeschichte, er stellt mit seiner eigenständigen Sprache und seiner tiefsinnigen theol. Durchdringung darüber hinaus eine stark vergegenwärtigende Interpretation vergangener G. dar. Die Jesusgeschichte wird kaum in ihren gesch. Kontext eingeordnet (wie bes. bei Lk), sondern ist stets transparent auf die G. des präexistenten Gesandten des Vaters hin.

Allein das lk. Doppelwerk präsentiert sich im NT als Geschichts*schreibung* im eigentlichen Sinn und greift dabei sowohl Elemente atl. Geschichtsdarstellung („LXX-Griechisch"; „heilsgesch." Rückblicke) als auch hell. Historiographie auf (Proömien Lk 1,1–4; Apg 1,1–3; Synchronismen wie z. B. in Lk 3,1f; Reden). Zudem sind Affinitäten zum hell. Roman (Reisebericht, Schiffbruch) und zur Triviallit. (großzügiger Gebrauch des Stilmittels → „Wunder") vorhanden. In Lk 1,4 nennt der Verfasser klar die Intention seines Werkes und reflektiert dadurch zumindest indirekt über seine eigene Rolle als „Historiker". Mit dem offenen, weil ausstehenden „Ende der G." steht

Lk zudem in der Tradition der Geschichtsreflexion von Röm 9–11 und transzendiert das im NT sonst vorherrschende einfache Schema von (vergangener) → Verheißung und (gegenwärtiger) Erfüllung. Lk ist bes. daran interessiert, die konkrete Lebenswirklichkeit seiner handelnden Personen zu beleuchten und lässt Raum für Bezüge der G. Gottes zu der mit ihr verlaufenden Profangeschichte (Lk 3,1f; Apg 14,8–18 u. a.). In diese G. hinein ergeht die „Rede" Gottes (Lk 3,2; vgl. Hebr 1,1f), die – ganz im Unterschied zu den in ihrer Beweiskraft ohnehin strittigen Wundern und Mirakeln (Lk 11,14–23 nach Mk 3,22–30) – allein verbürgen kann, dass es wirklich Gott ist, der handelt.

II. 2. Die Tatsache, dass Paulus in seinen Briefen keine eigene Jesusgeschichte erzählt, darf nicht als Unkenntnis oder theol. motiviertes Desinteresse am „hist. Jesus" missverstanden werden. Wichtige Grunddaten des Lebens und v. a. der Passion Jesu sind Paulus aus der Tradition durchaus bekannt (1 Kor 15,3–5). Als Gesandter Gottes „von einer Frau geboren" (Gal 4,4f), als Präexistenter, der sich erniedrigt hat und am Kreuz starb (Phil 2,6–11), als Davidssohn (Röm 1,3–5) und Offenbarer eschatologischen Wissens (1 Thess 4,15) ist ihm Jesus durchaus wichtig. Ob Paulus über diese „kerygmatischen Grunddaten" hinaus noch weitere Traditionen über Jesus kannte, muss offen bleiben. Zu Recht aber sagt U. Luz: „Paulus teilt die grundlegenden Denkstrukturen der Evangelien: Die Geschichte Jesu ist auch ihm nur als Geschichte des geglaubten, erhöhten Herrn wirkliche Geschichte." Insofern kann Jesu Geschick auch transparent werden für die Erfahrungen und das Selbstverständnis des Apostels und der Christen (2 Kor 4,7–18; Phil 2,5).

Das atl. Erbe, hier bes. die → Tora, und die spezifische Deutung der G. Jesu von Nazaret werfen auch ein prägnantes Licht auf die gesch. Wirklichkeit des Menschen insgesamt. Der Mensch wird nicht „an und für sich" gesehen, sondern immer schon im gesch. Bezug auf den Gott, der ihn geschaffen hat und dessen Gebot er übertritt. Die tatsächliche Wirklichkeit des Menschen ist die der Entfremdung und Knechtschaft (Gen 3f; 6–8; Röm 7). Hinweise auf diese Situation des Menschen finden sich in allen Teilen des NT (→ Anthropologie). Wenn nach Gal 4,4 mit dem Kommen Jesu die → „Fülle der Zeit" eingetreten ist (→ Eschatologie), dann bedeutet dies freilich nicht, dass die Situation der Welt „objektiv" das Eingreifen Gottes in bes. Weise erfordert hätte. Das alle menschliche Erwartung und Planung durchbrechende Kommen Jesu ermöglicht nicht nur die Rettung aus der Verstrickung, sondern ermöglicht auch produktive Erkenntnis der Beschaffenheit von Welt und G. (Röm 3,21–30). „Das Neue Testament berichtet das Handeln Gottes nicht, um zu behaupten, dass dadurch die Welt 'besser' geworden sei, sondern um ihr seine Rettung zu bezeugen" (E. Reinmuth). Röm 9–11 steht in der Tradition „prophetischer Geschichtskonstruktionen" wie Hos 2; Ez 16 und 20, während das Schema → Verheißung/ Erfüllung des NT ohne den Kontrapunkt atl. → Klage (Ps 44; 89) in die Gefahrenzone illusionistischer Wirklichkeitsblindheit gerät. So bleibt auch stets die visionäre Darstellung der heilvollen Zukunft in der Offb an die Bedrängnis der Gegenwart gebunden, die es konkret zu bewältigen gilt. V. a. aufgrund des apokalyptischen Erbes des Judentums wird G. in frühchristl. Lit. nicht einfach von dem einen, alles entscheidenden Ereignis „Jesus von Nazaret" absorbiert, sondern behält seine weltumspannende Perspektive. Freilich wird G. in christl. → Apokalyptik zugleich zugespitzt auf die Person des Erhöhten (Offb; Mk 13), der der Herr der G. und Bewahrer der Seinen ist. Selbst die Offb verzichtet auf eine bloße Darstellung der „Endzeitereignisse", statt einer zeitlichen Abfolge bietet sie eine „visionäre, auf den großen Umbruch in Kap. 19 hin sich dramatisch steigernde bildhafte Verschlüsselung" (U. Luz; → Eschatologie).

Indem das NT wie auch das AT die Zukunft auf Gottes souveränes Handeln beziehen, bewahren sie davor, dass → Hoffnung zur Ideologie funktionalisiert wird. Sosehr bibl. Autoren die Wendung der unheilvollen Gegenwartsgesch. durch Gottes zukünftiges Eingreifen ganz konkret erwarten, so wenig ist sie trotz aller Hoffnungen auf → Rache und Vergeltung einfach bloße Projektion menschlicher Bedürfnisse. Die Unverfügbarkeit göttlichen Handelns entlastet den Menschen, der seine Zukunft nicht selbst schaffen muss, und weist ihn in seine Schranken, damit er sich nicht an die Stelle Gottes setzt und sich über seinen Nächsten erhebt (Gen 4; Röm 12,19–21).

I. *J. Assmann*, Herrschaft und Heil, München 2000; *ders.*, Das kulturelle Gedächtnis, München ^{4}2002; *J. Barr*, History and Ideology in the Old Testament, Oxford 2000; *E. Ben Zvi*, Malleability and its Limits, in: *L. L. Grabbe* (Hg.), Like a Bird in a Cage, Sheffield 2003, 73–105; *M. Bommas* (Hg.), Cultural Memory and Identity in Ancient Societies, London u. a. 2011; *E. A. Knauf*, Die Priesterschrift und die Geschichte der Deuteronomisten, in: *T. Römer* (Hg.), The Future of Deuteronomistic History, Leuven 2000, 101–118; *A. de Pury* u. a. (Hg.), Israel Constructs Its History, Sheffield 2000; *D. Ritschl/H. Jones*, „Story" als Rohmaterial der Theologie, München 1976; *G. Sauter/J. Barton* (Hg.), Revelation and Story, Aldershot 2000.
II. *L. Alexander*, The Preface to Luke's Gospel, Cambridge 1993; *J. Frey/S. Krauter* (Hg.), Heil und Geschichte, Tübingen 2009; *J. Jeska*, Die Geschichte Israels in der Sicht des Lukas, Göttingen 2001; *O. Lendle*, Einführung in die griechische Geschichtsschreibung, Darmstadt 1992; *U. Luz*, Geschichte/Geschichtsschreibung/Geschichtsphilosophie IV: Neues Testament: TRE 12 (1984) 595–604; *D. Marguerat*, The First Christian Historian, Cambridge 2002; *A. Mehl*, Römische Geschichtsschreibung, Stuttgart u. a. 2001; *E. Reinmuth*, Neutestamentliche Historik, Leipzig 2003; *J. Schröter*, Historische (Re-)Konstruktion und theologische Wahrheit, in: *E. Ebel/S. Vollenweider* (Hg.), Wahrheit und Geschichte, Zürich 2012, 13–33; *B. W. Winter/D. Clarke* (Hg.), The Book of Acts in Its Ancient Literary Setting, Grand Rapids u. a. 1993.

Ernst Axel Knauf (AT) / Jürgen Zangenberg (NT)

Gottesvorstellungen (G.)

Zugeordnete Begriffsartikel: Angesicht/Schauen Gottes, Bilderverbot, Bund, Eigenschaften Gottes, Feuer, Geist, Gnade, Göttin, Götze, Gottesbilder, Gottesknecht, Gottesnamen, Herrlichkeit, Herrschaft/Königsherrschaft/Reich Gottes, Macht/Ohnmacht/Vollmacht, Monotheismus, Schöpfung, Segen/Fluch, Theophanie.

I. AT: Gottheiten sind auf der Ebene komplexer Kulturen immer als handelnde Personen vorgestellt und damit in plausible Schemata eingebunden: Sie üben → Herrschaft aus, sie reagieren in → Zorn und → Barmherzigkeit, sie verbinden sich in → Liebe mit anderen Göttern und auch Menschen, sie kämpfen, sie planen, sie altern und sie sterben sogar. Ihr Handeln lässt sich je nach *Bereich* und *Funktion* auffächern. Während Naturgottheiten (z. B. der Sturm- und Wettergott Baal) und Ortsgottheiten (z. B. Apollo von Delphi) an ihren jeweiligen Bereich gebunden sind und diesen repräsentieren, wird bei den „großen" persönlichen Göttern das Verhältnis von Gottheit und Bereich/Funktion neu konzipiert. Es entstehen dabei Typologien der *punktuellen Zuwendung* (→ End-Gericht und Erbarmen), der *generellen Steuerung* (Herrschaft, → Schöpfung/Erhaltung) sowie der *temporären/dauerhaften Erscheinungsweise Gottes* (→ Offenbarung/Verborgenheit). Diese Typologien sind das Ergebnis von Reflexionen, die sich als Vorstellungskomplexe bzw. Leitmotive in entsprechenden lit. Zusammenhängen (Erzählungen, Hymnen, → Gebete, Rituale, Visionen u. a.) niedergeschlagen haben. Im Folgenden stehen das Alter bzw. der Ursprung (1.), die Entwicklung (2.), die Leitmotive (3.–4.) und die → Einheit/Vielfalt (5.) der atl. G. im Vordergrund.

Abb. 2: Der kämpferische Gott Baal-Seth.
Quelle: *O. Keel/S. Schroer*, Schöpfung, Fribourg 2002, Abb. 117.

I. 1. Die Frage nach dem *Ursprung der Gottesvorstellung(en)* in Israel ist schwierig zu beantworten, weil sich Ursprünge rel. Vorstellungen in der Regel wiss. Beobachtung und damit auch Beschreibung entziehen. Sie treten auch im AT immer schon in reflexer Gestalt, d. h. immer schon lit. geformt auf. Zum Überlieferungskern der ursprünglichen Jhwh-Rel. dürfte die mit dem Exodusereignis verbundene Erfahrung eines rettend eingreifenden Gottes gehören (Mirjamlied Ex 15,21b, vgl. die Rezeption in Num 24,6; Hos 11,1; 12,14 u. a.), die die späteren Schilfmeer- und Exodusüberlieferungen aus sich herausgesetzt hat. Das hinter dieser Rettungserfahrung greifbare religionshist. Substrat scheint auf das positive Widerfahrnis vom Kommen und Eingreifen Jhwhs am Schauplatz der Not seiner Verehrer („Exodusgruppe") zu verweisen, für die es Strukturanalogien in den rel. Kriegserzählungen des AO gibt. Im Unterschied zu dem „Ortsgott" Jhw/Jhwh, der als Berggott an seine südostpaläst./nordwestarab. Heimat gebunden war, ist der Gott des → Exodus ein „ortsunabhängiger Bezugsgott", der die an ihn Glaubenden

Abb. 3: Beamtensiegel mit Flügelsonne (8. Jh. v. Chr.; s. auch *Abb. 12*).
Quelle: *O. Keel /C. Uehlinger*, Göttinnen, Abb. 263b.

befreit und durch die Geschichte begleitet. In der frühen E-Zeit (1250–1000 v. Chr.) haben sich einer neueren Theorie zufolge zwei Gottestypen miteinander verbunden: der dynamische, temporär in Erscheinung tretende *Sturm- und Kriegsgott* vom Typ des kämpferischen Baal-Seth, zu dem der südostpaläst. Exodusgott zu rechnen ist (vgl. Ex 15,21b; Ri 5,4f; Ps 68,8f und *Abb. 2*), und der beständige, die ganze Welt erhellende *Sonnengott*, der sowohl in Mesopotamien (Šamaš) als auch in Ägypten (Re bzw. Amun-Re), Kleinasien (Sonnengöttin von Arinna) und möglicherweise im vordavidischen Jerusalem verehrt wurde. Die Sonnengottheit von Jerusalem ist als Gott der → Gerechtigkeit (vgl. die alten Ortssagen aus der Umgebung Jerusalems wie Gen 19*, Namen wie Adoni-Zedek Jos 10,1 oder Texte wie Jes 1,21–26) auch der Gott der Daviddynastie (vgl. die judäischen Beamtensiegel mit der geflügelten Sonnenscheibe, s. *Abb. 3*). Der Weg Jhwhs an die Spitze des Pantheons und damit zur *Vorstellung vom „einzigen Gott“* (judäischer → Monotheismus, → Bilderverbot) war allerdings weit. Er führte über die sog. „Jhwh und nicht Baal“-Bewegung des 9. (?) Jh. v. Chr. (vgl. 1 Kön 18,21), die prophetische Kritik am Baal-Kult (Hos 13,4), den religionsinternen Pluralismus von Ḫirbet el-Kōm und Kuntilet ʿAǧrūd (Polyjahwismus) zum monojahwistischen Bekenntnis von Dtn 6,4f und den Reformnotizen von 2 Kön 23*. Am Ende der komplexen Entwicklung stehen die monotheistischen Aussagen von Jes 43,10f; 44,6.8; Dtn 4,35.39 u. a. sowie die theol. Begründungstexte Ex 20,2–4par. Dtn 5,6–8, vgl. Dtn 4,12.15ff u. a. (s. → Bilderverbot). Der judäische Monotheismus war deshalb durchsetzungskräftig, weil er integrativ war, d. h. weil es ihm gelang, die Ebenen des polit., des sozialen und des rel. Lebens aufeinander zu beziehen.

I. 2. Mit dem Stichwort „judäisch“ ist angedeutet, dass es traditions- und motivgesch. Differenzen zwischen Israel (Nordreich) und Juda (Südreich) gab. Sie zeigen sich u. a. bei der *Frage nach dem Herkunfts-/Wirkungsort Jhwhs*. Bewegt man sich auf der Ebene der erzählten Zeit und nicht auf der Ebene der – in der Regel späteren – Zeit des Erzählers, wie sie von der Literarkritik und Redaktionsgesch. rekonstruiert wird, so bietet sich etwa folgendes Bild: In der Frühzeit der Erzeltern- und Moseüberlieferungen stand als Leitmotiv die Rede vom „Mit-Sein“ Gottes im Vordergrund (Gen 28,15, vgl. Gen 26,24; 31,3; 46,3 u. a.; Ex 3,12, vgl. die entsprechende Erklärung des → Gottesnamens in Ex 3,14 und die Beistandsformel in Jos 1,5; Ri 6,13; 1 Sam 20,13 u. a.). Während die Theophanieberichte (→ Theophanie) von einem Gottesberg im Süden als Herkunftsort Jhwhs wissen (Ri 5,4f; Hab 3,3; Ps 68,9), ist Jhwh nach Ex 3; 19–34 der „Gott vom Sinai“ bzw. Horeb (Bedeutung: „wüst liegend > Ödland, Wüstengebiet“ als Ersatzname für Sinai in der dtn.-dtr. Tradition, vgl. Dtn 1,2ff u. a.). Mit der allmählichen Sesshaftwerdung verschiedener Stammesgruppen im mittelpaläst. Bergland, die u. a. den → Glauben an den Gott Jhwh mitbrachten, änderte sich auch die Vorstellung vom Wohnort Gottes: Ist Jhwh zunächst dort, wo die Lade als bewegliches Symbol der Gegenwart Gottes bei den Seinen weilt (Jos 3,15; 1 Sam 3,3; 4,10ff u. a.), so gewinnt die Gegenwart Gottes mit dem Salomonischen → Tempel gleichsam Stabilität und Dauer: Jhwh „thront“ auf den Keruben (1 Sam 4,4; 6,2; 2 Kön 19,15; Ps 80,2; 99,1 u. a.; → Thron), und der Tempel/→ Zion ist die „Wohnung“ Jhwhs (1 Kön 8,12f; Jes 8,18; Ps 46,6, vgl. Jhwhs Sitzen auf einem hohen und erhabenen „Thron“ Jes 6,1, vgl. Jes 2,2; Ez 43,7 u. a.). Mit der Zerstörung des ersten Tempels (587 v. Chr.) und ihrer folgenreichen Rückwirkung auf das rel. Symbolsystem zieht sich Jhwh gemäß dem vertikalen → Weltbild in den → Himmel zurück, wo er nunmehr „thront“ (1 Kön 8,27–30; Jes 66,1f, vgl. Ps 11,4; 103,9 u. a.) und von wo aus er hört, sieht, spricht und handelt (vgl. Ex 19,18; 20,22; Dtn 26,15 u. a.). Der Schritt von dieser Konzeption zur Vorstellung von der Allgegenwart Jhwhs (Ps 139,8f, vgl. Am 9,2 [nachexil.?]) ist nicht mehr weit.

Abb. 4: Der äg. Sonnengott als Hüter der Weltordnung. Quelle: *O. Keel/S. Schroer,* Schöpfung, Abb. 116.

I. 3. Die skizzierte Traditionsgesch. lässt sich noch von einer anderen Seite, nämlich vom Motiv der *Einwohnung Gottes im Tempel/in Israel* („Schekina") her beleuchten. Unter Rückgriff auf ao. Vorgaben von der Einwohnung der Gottheit in ihrem Kultbild (→ Bild) tritt die Vorstellung der *Schekina* wohl zuerst in Jes 8,18 auf, wo vom „Wohnen" Jhwh Zebaoths (→ Gottesnamen) auf dem Berg Zion die Rede ist. Die Gottesstadt mit dem Gottesberg Zion ist gemäß dem horizontalen Weltbild der Nabel der Welt (*axis mundi*), an dem die kosmische → Ordnung gefestigt und vom Königsgott Jhwh gegen das andrängende Chaos bewahrt wird (vgl. Ps 46,6, → Herrschaft). In der Prophetie des 8. Jh. wird die Vorstellung einer dauerhaften Einwohnung Jhwhs auf dem Zion/im Tempel allerdings als Ideologie der Heilssicherheit gebrandmarkt, was dann bei Jeremia (Jer 7; 26) zur Kritik an der nationalrel. Tempelideologie und bei Ezechiel zur Vision vom Auszug der → Herrlichkeit Jhwhs aus dem Tempel führt (Ez 10f*). Während die exil. *Schekina*-Theol. (ab 587 v. Chr.) aufgrund der Zerstörung des Tempels von der Einwohnung Jhwhs „inmitten der Israeliten" spricht, also die Orientierung an Israel als dem → Volk Gottes in den Vordergrund rückt (Ez 43,7.9, vgl. Ps 74,1f; 1 Kön 6,12f; Ex 29,45f), kehrt die *Schekina*-Theol. der pers. Zeit (538–333 v. Chr.) wieder z. T. zum Paradigma der tempelorientierten *Schekina*-Theol. der vorexil. Zeit zurück, bringt aber auch neue Elemente mit ein (Sach 2,9.14f; 8,3; Joël 4,17.21 u. a.). Eine letzte Stufe stellt die *Schekina*-Theol. der hell. Zeit (ab 333 v. Chr.) dar, die eine Verbindung von → Weisheit und Zion leistet: Die Weisheit, die seit Spr 8,22ff als Mittlerin (Person, Hypostase, → Göttin?) zwischen Gott und Welt auftritt, schlägt in Jakob ihr „Zelt" auf und hat in Israel ihren „Erbbesitz" (Sir 24,7–12). Damit ist der Boden sowohl für die frühjüd. (11QT 29,8–10; Jub 1,17 u. a.) als auch für die urchristl. Rezeption (Joh 1,14 u. a.) der atl. *Schekina*-Vorstellung bereitet.

I. 4. Mit dem Thema „Jerusalem/Zion" ist die Vorstellung verbunden, dass *Jhwh ein Gott der Gerechtigkeit* ist. Zwar ist das Gerechtigkeitsmotiv älter, es hat aber im Jerusalem der mittleren Königszeit (8./7. Jh. v. Chr.) seine bes. Gestalt erhalten und dann die gesamte bibl. Tradition geprägt. Einer der zentralen Gerechtigkeitstexte des AT ist der (wohl nachexil.) Ps 82, der aufgrund der engen Verbindung von Gott und Gerechtigkeit (das Wesen Gottes wird geradezu von der Gerechtig-

Abb. 5: Der mesopotamische Sonnengott Šamaš bei seinem Aufgang im Himmelstor. Quelle: *O. Keel/S. Schroer,* Schöpfung, Abb. 50.

keit her definiert) sowie der Einbeziehung aller Völker in Jhwhs → Gericht einen entscheidenden Schritt in der Geschichte der bibl. G. markiert. Ps 82 ist ein Erbe der prophetischen Gerechtigkeitstheol., wonach Jhwh, die Quelle der Gerechtigkeit, die Elenden und Armen aus der Gewalt der Frevler rettet. Mit dieser Vorstellung einer *rettenden Gerechtigkeit* wird das ao. Motiv vom Sonnengott als Hüter der Weltordnung, der gegen die Mächte des Feindlich-Bösen einschreitet und diese niederhält (s. *Abb. 4–5*), rezipiert, aber im Horizont des Jhwh-Glaubens transformiert (→ Gestirne). Man kann diese Transformation als „Theologisierung der Gerechtigkeit" bezeichnen, weil die Gerechtigkeit aus der sozialen und polit. in die theol. Sphäre transponiert und dem unmittelbaren Willen Jhwhs unterstellt wird. Dieses Motiv der göttlichen „Sonne der Gerechtigkeit" (Mal 3,20) ist bereits in der vorexil. Prophetie (Licht-Recht-Relation Hos 6,3.5; Jes 1,21.26; Zef 3,5) und Namengebung belegt (vgl. die Beamtensiegel aus der Zeit Hiskijas mit dem Namen „Jhwh ist aufgestrahlt"). Die Beziehung Jhwhs zum → (Sonnen-)Licht hebt zum einen den Aspekt der *Universalität Gottes* (vom Himmel herabblickend sieht der Sonnengott alles) und den Aspekt der *Gerechtigkeit Gottes* hervor (als himmlischer Richter ordnet der Sonnengott alle Bereiche der Wirklichkeit). Jhwh rückt v. a. dort in die Rolle des Sonnengottes ein, wo er bzw. der → König als sein irdischer Repräsentant (Ps 72) als soziale Instanz gegen Ungerechte und Frevler gefordert war.

I. 5. Abschließend drängt sich die Frage nach der → *Einheit der G.* bzw. der → „Mitte" des AT auf. Wenn mit der „Mitte" die *eine Idee* gemeint ist, unter der die *verschiedenen Überlieferungen* der Bibel Israels/des AT zusammengefasst werden sollen, dann gibt es keine „Mitte", weil eine pluriforme Textsammlung wie die Bibel Israels/das AT nicht auf einen einzigen Begriff (wie → Bund oder Gerechtigkeit) oder auf eine bestimmte lit. Größe (wie das 1. Gebot oder das Buch Dtn) reduziert werden kann. Wenn mit der „Mitte" aber die *Sach- und Wirkmitte eines Geschehens* gemeint ist, so ließe sich dieses Geschehen als *Jhwhs Hinwendung zu Israel und Israels Antwort an Jhwh* bestimmen (was sachlich der zweiseitigen Bundesformel von Dtn 26,16–19 entspricht). Unterhalb dieser Bezugsgrößen lassen sich alle theol. Leitmotive und zentralen Begriffe einordnen, die bei der Diskussion um die „Mitte" des AT eine Rolle spielen. Leitend ist dabei die Einsicht, dass der bibl. → Kanon eine komplexe Größe ist, die so etwas wie eine „kontrastive Einheit" darstellt. Darin entspricht er der Polyphonie des atl. Redens von Gott, die ein Spiegel der Einheit Gottes in der Vielfalt seiner Äußerungen und der Vorstellungen von ihm ist. Eine Theol. des AT muss diese Polyphonie als einen im vorliegenden Text des AT stattfindenden Diskurs beschreiben (Diskurshermeneutik) und seine hist., sozialen und anthropologischen Aspekte zur Geltung bringen.

II. NT: Im Vergleich mit den Schriften des AT, die eine jahrhundertelange Rezeptionsgeschichte unterschiedlicher G. dokumentieren, ist das ntl. Zeugnis in einem sehr kurzen Zeitraum entstanden (ca. 50–110 n. Chr.).

II. 1. Ausweislich der späteren Bezeichnung „Neues Testament" ist *die entscheidende Bezugsgröße* der ntl. G. das AT, aus dessen Sicht die Sendung Jesu, sein → Tod und seine → Auferstehung gedeutet werden. Die *Gottes*botschaft des Juden Jesus von Nazaret steht grundlegend in der Kontinuität des bibl. → Monotheismus, sie hat teil an dem vielschichtigen Gotteszeugnis Israels und setzt es durchgehend voraus: Der Gott Jesu ist der eine und einzige „Gott Abrahams und der Gott Isaaks und der Gott Jakobs" (Mk 12,26; vgl. Mk 2,7; 10,18; 12,24–31; Apg 3,13–15; 24,14), der „Gott Israels" (Mt 15,31), dem als „Pantokrator" alle → Macht zukommt (Offb 1,8; vgl. Lk 1,32.35 „der Höchste"; 1,49 „der Mächtige"; Mk 14,62 „die Macht"; vgl. Röm 1,20; Eph 3,20f; 1 Tim 6,15; 1 Petr 4,11; 5,11; Offb 5,13). Dies zeigt sich an den schöpfungstheol. Aussagen (Röm 1,18–32; 8,18–22; Mk 2,27; 10,6; Mt 6,26–30; Joh 1,1–18; Apg 17,24; Hebr 1,1–3; 1 Tim 4,4) und dem darin verwurzelten bibl. Menschenbild (der auf Gott hin geschaffene, erlösungsbedürftige Mensch) ebenso wie an dem durchgehenden Anspruch, in der Kontinuität der bibl. Verheißungsgeschichte zu stehen (Gal 3; Röm 4; 9–11; Hebr 1,1–3; vgl. die bibl. Geschichtstheol. in Mk 12,1–12; vgl. Neh 9,26). Nach ntl. Zeugnis ist es derselbe Gott, der in → Treue und in Übereinstimmung mit seinem Handeln an Israel und zu seinen → Verheißungen sich im Wirken Jesu von

Nazaret seinem auserwählten Volk zuwendet, um es für die angebrochene Königsherrschaft Gottes zu sammeln. Es ist der Gott Israels, der in der Auferweckung Jesu „aus den Toten“ an Jesus selbst handelt und so den unwiderruflichen Beginn der endzeitlichen Totenerweckung initiiert (1 Kor 15), der in seinem → Messias Jesus den neuen Bund schließt und die eschatologische Heilsgemeinde des Neuen Bundes auch für Glaubende aus den Völkern öffnet.

II. 2. Die *Sendung Jesu* zielt in allen ihren Dimensionen auf die verbindliche, heilsentscheidende An- und Zusage der in seinem Wirken schon jetzt Platz greifenden *Königsherrschaft Gottes* (Mk 1,15; 2,19; 4,1–34; Lk 7,22–23; 10,23–24; 11,20.31–32; 17,20; → Herrschaft). V. a. anderen geht es Jesus darum, dass allein Gottes heiliger → Wille geschehe (Mk 14,36; Lk 11,2). Die Einzigkeit und Prärogative Gottes gilt es allen anderen Ansprüchen gegenüber zu bewahren, zu achten und zu ehren (Mk 2,7; 10,18; 12,29f [= Dtn 6,4]; 12,32; Mt 23,9). Die Durchsetzung der vollendeten Gottesherrschaft hängt nach bibl. Überzeugung unmittelbar an der Anerkennung und wirksamen Achtung der Einzigkeit Gottes (vgl. Jes 43,11–13.14f.21; 44,2.6; 45,5–7; 52,7; Dan 2,35; Sach 14,9). Allein dieser Gottesherrschaft dient Jesu proexistentes Wirken in Wort (Gleichnisse, Streitgespräche) und Tat (→ Wunder, Zeichenhandlungen), im → Leben und im Sterben (→ Tod). Charakeristisch für die Reich-Gottes-Verkündigung Jesu ist seine einfache, konkrete Rede von Gott, die Gottes Wirken mit alltäglichen Vorgängen und Erfahrungen vergleicht (Mk 4,3–9.26–29.30–32; Mt 6,25–34; 7,7–11; Lk 15,1–32). Jesus verkündet Gott als gütigen, verzeihenden und überreich beschenkenden Vater (Mt 7,11; Lk 6,38; 11,5–13; 15,1–32). Im Wirken Jesu wird eine unableitbare, einzigartige Sendungsautorität erkennbar, die in der radikalen Theozentrik und Proexistenz Jesu auf eine ihm eigene Gottesbeziehung und Gottunmittelbarkeit verweist (vgl. die Anrede Gottes mit „Abba, Vater“ in Mk 14,36 und ihre Entfaltung in Joh). Die einzigartige Gottunmittelbarkeit Jesu wird nicht dadurch infrage gestellt, dass die Gottesanrede „Abba“ in seltenen Fällen auch frühjüd. belegt ist (→ Gottesbilder). Der Blasphemievorwurf gegenüber Jesus (Mk 2,7; 14,61–64; Joh 5,18; 10,33) zeigt in aller Schärfe, dass im Autoritätsanspruch Jesu die Einzigkeit Gottes angesprochen ist. Nach ntl. Zeugnis wurzelt die Vollmacht Jesu in seiner unmittelbaren Sendung durch Gott und erweist sich in rettenden Machttaten und einer verbindlichen Auslegung des Willens Gottes, wie er sich in der → Tora und im → Zeichen der nahen Gottesherrschaft für Jesus letztgültig zu erkennen gibt (→ End-Gericht, → Feuer). Von diesem Gott verkündet Jesus, dass er Israel jetzt in seinem Wirken „zum Gegenstand seines eschatologischen Erwählungshandelns macht“ (H. Merklein).

II. 3. Die vier kanonischen Evv. nehmen bei allen eigenen Akzenten die Gottesverkündigung Jesu auf und integrieren die nachösterliche Verkündigung Jesu als Messias und Sohn Gottes. Ausweislich ihrer je eigenen Schriftauslegung im Horizont des Osterglaubens stellen sie das von ihnen verkündete Ev. Jesu Christi in die Gottesoffenbarung an Israel: In der Sendung, dem Leben, Sterben und Auferstehen Jesu offenbart sich der Gott Israels selbst in letzter, die Zeiten wendender Gültigkeit und Verbindlichkeit. Die Evv. verkünden den → Messias Jesus als den Offenbarer Gottes schlechthin; bes. Joh profiliert Jesus als Selbstoffenbarung Gottes, in der Gott sich selbst auslegt (vgl. die Immanenzaussagen Joh 10,38; 14,10f.20; 17,21.23). Vor diesem Hintergrund wird die Übertragung von bibl. Prärogativen und Prädikationen Gottes (→ Gottesbilder) auf → Jesus Christus verständlich (Schöpfungsmittler, Herr, Retter, Richter, König, Hirt, Sündenvergeber, Lebensspender, vgl. die christologischen Hoheitstitel und die Vater/Sohn-Titulatur). Ohne Jesus Christus mit Gott zu verschmelzen, finden sich Spitzenaussagen über die Teilhabe Jesu Christi am Wesen Gottes (im Sinne einer distinkten Identifikation) (vgl. Röm 9,5; Joh 1,1.18; 20,28; 1 Joh 5,20; Hebr 1,8–12; Tit 2,13; umstritten: 2 Petr 1,1; 2 Thess 1,12).

II. 4. Die Kontinuität der ntl. Gottesverkündigung mit dem bibl.-frühjüd. Credo wird auch an der bes. bei *Paulus* aufgenommenen Gegenüberstellung des einen Gottes und der vielen → Götzen erkennbar (vgl. schon Jer 10,1–16; Jub 21,3–5; Sib 3,760–763; JosAs 11,8–10): In der Annahme des Ev. trennen sich Heiden von ihrem bisherigen „Götzendienst“ und wenden sich dem einen, wahren und lebendigen Gott zu (1 Thess 1,9f; 1 Kor 8,4–6; Gal 3,20; Röm 1,23–25; vgl. Apg

14,15; 15,19–20; 19,26; Eph 4,6; 1 Tim 2,5). Paulus wahrt in seiner Evangeliumsverkündigung die Selbigkeit und Einzigkeit Gottes (1 Kor 8,5f; 2 Kor 4,6). Dieses pln. Insistieren auf dem „einen Gott und Vater“ (εἷς θεὸς ὁ πατὴρ; 1 Kor 8,6; vgl. Röm 3,29f; Eph 4,3–6) kann an jüd.-hell. G. anknüpfen (Sib 3,11–23; 3,545–561) und verletzt auch in der christologischen Verkündigung „ein Herr Jesus Christus“ (εἷς κύριος; 1 Kor 8,6) aufgrund der durchgehaltenen Theozentrik (Phil 2,11; 1 Kor 3,23; 11,3; 15,27–28; Röm 6,10–11) nicht die Matrix des bibl. Monotheismus.

Dem jüd.-christl. → Monotheismus kommen zudem auch monotheistische Tendenzen in der griech. Philos. entgegen (Cic. rep. 3,22; vgl. die Rezeption in Weish 13,5–10; Ios. c.Ap. 2,164–171; Philo spec. 1,41). Wie schwierig sich das Gespräch zwischen der christl. Verkündigung und der stoischen bzw. epikureischen Philos. erwies, zeigt sich in Apg 17,16–34, wo der lk. Paulus griech. „Dichter“ zitiert (Arat.; Kleanthes' Zeushymnus) und damit in frühjüd. Tradition steht (Philo LA 1,44; 3,4; Ios. ant.Iud. 8,4,2). An der Inkulturation des jüd.-christl. Monotheismus ist auch der Hebr interessiert, wenn er implizit das Gespräch mit den metaphysischen Traditionen des Mittelplatonismus führt.

Für Paulus ist Jesus Christus der „Kyrios“ (in Aufnahme der Gottesprädikation der LXX), der „Sohn Gottes“ und die „Ikone Gottes“, in der Gott sich selbst offenbart (2 Kor 4,4; vgl. Kol 1,15; Hebr 1,3). In dem von Paulus verkündigten Ev. kommt „Gottes Kraft“ zur Geltung (1 Kor 2,4f; Röm 1,16); „Gottes Wort“ ist wirksam und mächtig (1 Thess 1,5; 2,13; 1 Kor 1,18; vgl. Hebr 4,12). In der Gegenwart des erhöhten Kyrios → Jesus Christus und im Wirken des → Geistes (vgl. 1 Kor 3,16; 12; 14) – Paulus bezieht den Kyrios Christus und das Pneuma sehr eng aufeinander (2 Kor 3,17; vgl. Joh 4,24) – wird die Nähe Gottes, „unseres Vaters“ (Röm 1,7; 1 Thess 1,3), für die Christen in bes. Weise erfahrbar.

II. 5. In dem Spitzensatz bibl. Theol. „Gott ist Liebe“ (ὁ θεὸς ἀγάπη ἐστίν; 1 Joh 4,8.16; vgl. Joh 3,16) wird das Wesen Gottes als sich hingebende, sich verschenkende → *Liebe* bestimmt: „Es ist das Sichverströmen der stets sie selbst bleibenden Unendlichkeit“ (W. Thüsing). Schon Paulus hatte das Moment der schenkenden Liebe Gottes als primäres Charakteristikum seiner Gottesverkündigung betont (1 Thess 1,4; Gal 5,22; 2 Kor 13,11; Röm 1,7; 5,1–11; 8,31–39; 9,13; 11,28). Als liebender Gott erweist der „Vater“ sich in seinem „Sohn“, der wiederum aus Liebe für die Rettung und Versöhnung der Menschen sein Leben hingibt (Gal 2,20; Joh 3,16) und so die Einsetzung in die „Sohnschaft“ ermöglicht (Gal 3,26; 4,4–7; Röm 8,14–17) bzw. die Gotteskindschaft der Menschen erneuert (Phil 2,15; Joh 1,12f; 8,39.41; 11,52; 1 Joh 3,1–5.10; 5,2). Zu den Kennzeichen Gottes, die ihn selbst näher bestimmen, gehören nach ntl. Aussagen sodann: Geist („Gott ist Geist“, Joh 4,24); → Licht („Gott ist Licht“; 1 Joh 1,5); → Gerechtigkeit (Röm 1,17; 3,21–26; 10,3); die Macht, Tote lebendig zu machen (Röm 4,17.24; 8,11; 2 Kor 1,9; 4,14; Hebr 11,19; Mk 12,24 (→ Tod); Gericht (Röm 1,18–32; → End-Gericht); → Versöhnung (2 Kor 5,18–21); → Treue (1 Kor 1,9; Röm 11,1–10); → Frieden (Röm 15,33; 2 Kor 13,11); → Barmherzigkeit und → Trost (2 Kor 1,3); → Gnade (1 Petr 5,10).

II. 6. Im ntl. Zeugnis ist *Gottes Geist* die hintergründige Wirkkraft allen Heilsgeschehens: Er ruht in bes. Weise auf Jesus (Mk 1,10f; Joh 1,32; vgl. Jes 11,2); er führt ihn auf seinem Weg zu den Menschen; er erweckt ihn von den Toten (Röm 1,4) und leitet die apostolische Verkündigung (Apg); er begabt und inspiriert die getauften Glieder der Ekklesia (1 Kor 12) und „führt“ die Gemeinschaft der Glaubenden (→ Kirche) „in die ganze Wahrheit“ (Joh 14,16f.26; 15,26; 16,7–14). Die Reflexion auf die Gottesoffenbarung in Jesus Christus und die geistgeleitete Wegführung der christl. Ekklesia führt zu prototrinitarischen Aussagen im NT (1 Kor 12,4–6; 2 Kor 13,13; Mt 28,19; Joh; 1 Petr 1,2; vgl. die textkritisch sekundäre Erweiterung in 1 Joh 5,7), die Gottes beziehungsreiches Wirken im Kyrios und im Pneuma vielschichtig auszusagen vermögen (→ Monotheismus).

Zusammenfassend lassen sich die ntl. G. als Jhwhs liebende, eschatologische Hinwendung zu Israel in seinem Sohn Jesus Christus bestimmen, die als Antwort der Menschen → Umkehr (→ Vergebung), → Glaube und → Nachfolge fordert und sich nachösterlich auch für die Heiden öffnet. Ermöglicht, getragen und weitergegeben wird diese endzeitliche Gottesbotschaft vom Wirken des heiligen Geistes im irdischen und auferweckten Kyrios Jesus sowie in den Menschen, die sich im Glauben für Gottes Wirken öffnen. Bei allen konkreten Aussagen über den Gott Jesu Christi weiß die Gottesverkündigung der ntl. Schriften um den *deus semper maior*, dessen unauslotbare Größe sich bei aller Zuwendung zu den Menschen menschlicher Verfügung und intellektueller Erkenntnis entzieht (Röm 11,33–36).

I. *W. Brüggemann*, Theology of the Old Testament, Minneapolis 1997; *B. Gladigow*, Art. Gottesvorstellungen: HRWG 3 (1993) 32–49; *F. Hartenstein*, Jahwes Wesen im Wandel: ThLZ 137 (2012) 4–19; *B. Janowski*, Die rettende Gerechtigkeit, Neukirchen-Vluyn 1999; *ders.*, Der Gott des Lebens, Neukirchen-Vluyn 2003; *ders.* (Hg.), Theologie und Exegese des Alten Testaments/der Hebräischen Bibel, Stuttgart 2005; *O. Kaiser*, Der Gott des Alten Testaments, Bd. 1–3, Göttingen 1993/1998/2003; *O. Keel/C. Uehlinger*, Göttinnen, Götter und Gottessymbole, Freiburg u. a. 52001; *B. Lang*, Jahwe, der biblische Gott, München 2002; *M. Leuenberger*, Gott in Bewegung, Tübingen 2011; *R. Rendtorff*, Theologie des AT, Neukirchen-Vluyn 2001.
II. *G. Lohfink*, Gott in der Verkündigung Jesu, in: *ders.*, Studien zum Neuen Testament, Stuttgart 1989; *N. Lohfink* u. a. (Hg.), „Ich will euer Gott werden", Stuttgart 21982; 27–44; *H. Merklein*, Die Einzigkeit Gottes als die sachliche Grundlage der Botschaft Jesu, in: *ders.*, Studien zu Jesus und Paulus 2, Tübingen 1998, 154–173; *E. Peterson/C. Markschies* (Hg.), Heis Theos, Würzburg 2012; *W. Schrage*, Unterwegs zur Einzigkeit und Einheit Gottes, Neukirchen-Vluyn 2002; *T. Söding* (Hg.), Der lebendige Gott, Münster 1996; *W. Thüsing*, Gott und Christus in der paulinischen Soteriologie 1, Münster 31989; *ders.*, Studien zur neutestamentlichen Theologie, Tübingen 1995; *A. Yehoshua* u. a., Der eine Gott der beiden Testamente, Neukirchen-Vluyn 1987.

Bernd Janowski (AT) / Klaus Scholtissek (NT)

Kult (K.)

Zugeordnete Begriffsartikel: Abendmahl/Eucharistie, Ahnen, Altar, Beschneidung, Bild, Buße, Fest, Gebet, Glaube, Heiligkeit, Klage, Lob/Dank, Opfer, Priester, Prophet, Reinheit/Unreinheit, Ritus/Ritual, Sabbat, Sühne, Taufe, Tempel/Heiligtum, Trauer.

Vorbemerkung: Der K. ist die praktische Seite der Rel. Das lat. Wort *cultus*, abgeleitet von dem Verbum *colere*, bezeichnet den Dienst für die Götter in allen seinen Vollzügen. Der Gottesdienst ist an feste Orte und Zeiten gebunden, äußert sich in ritualisierten Handlungen und Sprechakten und verlangt ein entsprechend ausgebildetes Personal. Das alles ist für den ao. Raum reichlich und anschaulich dokumentiert. Kultplätze und → Tempel galten als die Wohnung der Götter, wo der Verkehr mit ihnen stattfinden und praktiziert werden konnte. Götterbilder repräsentierten die Gegenwart der Götter und waren Gegenstand der Verehrung. Auf Altären in Privathäusern und an den öffentlichen Kultplätzen wurden den Göttern zu bes. Anlässen und an den Festtagen → Opfer dargebracht, um sie zu nähren und gnädig zu stimmen. In der → Familie war das Familienoberhaupt, im Stamm der Stammesführer, im → Staat der → König oberster → Priester. Letzterem unterstanden die verschiedenen Klassen der Priester, die an den Tempeln alle möglichen Dienste von der Tempelaufsicht bis zum Altardienst versahen.

I. AT: Der K. in den vorexil. Monarchien → Israels (ca. 1000 bis 722 v. Chr.) und Judas (bis 587 v. Chr.) ist nicht ganz so gut dokumentiert. Aus den wenigen archäologischen, epigraphischen und ikonographischen Zeugnissen, die sich gefunden haben, geht jedoch hervor, dass er sich nicht wesentlich von dem seiner ao. Nachbarn unterschied, mit Ausnahme der Dimensionen. Anders als die Großreiche in Kleinasien, Mesopotamien und Ägypten oder die Großstadt Ugarit am Ende des 2. Jt. v. Chr. bildeten Israel und Juda wie die angrenzenden Nachbarn (Aram, Ammon, Moab, Edom, Philister), die sich im 1. Jt. im syr.-paläst. Raum etablierten, nur verhältnismäßig kleine Stadt- oder Flächenstaaten. Dementsprechend waren auch die kultischen Einrichtungen und Aktivitäten eher bescheiden.

I. 1. Der K. konzentrierte sich in der Regel auf nur eine Gottheit, allenfalls ein Götterpaar oder eine Trias von Vater, Mutter und Kind. In Israel und Juda waren dies der Gott „Jhwh und seine Aschera", ein Götterpaar (→ Göttin), von dem es vermutlich auch bildliche Darstellungen gab. Woher der Gott Jhwh kommt, ist genauso schwer zu sagen und vielleicht auch müßig zu fragen wie bei den meisten Göttern der Nachbarstaaten (→ Gottesvorstellungen). Seinem Wesen nach handelt es sich bei Jhwh um den Typ des syr.-kanaan. Wettergottes, der mit der Zeit solare, astrale und lunare Züge äg.-phön. und mesopotamischer Prägung annahm (→ Monotheismus). Jhwh war

Dynastie- und Staatsgott und zugleich persönlicher Gott. Im familiären Rahmen und bei der kultischen Verehrung der verstorbenen → Ahnen dürften neben „Jhwh und seiner Aschera" weitere numinose Wesen, unter aram. und ass. Einfluss zunehmend astrale Mächte, eine Rolle gespielt haben, worüber wir aber nur wenig wissen (→ Gestirne). Auch die Götterbilder (→ Bild) weisen eine große Vielfalt auf. Außer dem Hauptgott und dem Götterpaar waren theriomorphe, symbolische und anikonische Objekte, z. B. ein leerer → Thron, Gegenstand kultischer Handlungen.

An den über das Land verstreuten Kultstätten trat die Hauptgottheit in einer lokalen Manifestation in Erscheinung, als der Jhwh von Samaria, der Jhwh vom → Zion usw. (→ Gottesvorstellungen). Die Kultplätze und mit ihnen die gesamte vorexil. Rel. Israels und Judas lassen sich nach soziologischen Gesichtspunkten in drei Ebenen differenzieren: den staatlichen, den regionalen und den privaten K. Der vom König unterhaltene, überregionale Staatskult fand an zentralen Kultstätten mit Tempel, → Altar und fester Priesterschaft statt. Hier waren neben den Priestern auch die → Propheten und andere Kultbeamte tätig, gelegentlich auch Frauen, die man v. a. unter den Propheten und im Zusammenhang von Trauerzeremonien (→ Trauer), hingegen nicht unter den Opferpriestern findet. Für regionale Kultveranstaltungen der Familien und Sippenverbände, etwa das Schlachtopfer mit dem dazugehörigen Kultmahl (→ Opfer), waren die sog. Höhenheiligtümer mit oder ohne Altar und ohne feste Priesterschaft bestimmt. Der private Hauskult fand innerhalb der Familien und Sippen statt. Öffentlicher, regionaler und privater K. unterschieden sich in der Ausstattung und den Dimensionen, soweit wir sehen aber nicht in den rel. Praktiken oder theol. Vorstellungen.

Die konkreten Kultpraktiken waren an bestimmte Anlässe und v. a. an feste Zeiten gebunden. An den Tempeln muss man zwischen dem Alltagskult und dem K. zu bes. Festtagen (z. B. Neumond und → Sabbat) oder Festzeiten (→ Fest) unterscheiden. Auch im regionalen K. bestimmten regelmäßige und außerordentliche Opferfeste und der agrarische Festkalender, im privaten K. die familiären und persönlichen Anlässe wie Hochzeiten, Todesfälle (→ Trauer) oder andere Übergangsstadien mit entsprechenden Riten (z. B. die → Beschneidung), den Rhythmus. Im Zentrum aller kultischen Handlungen stand das Opfer, die Gabe an die Gottheit, die auf vielfältige, im → Ritus festgelegte Weise dargebracht wurde. Begleitet wurde das Opfer von → Gebeten, die je nach Anlass → Klagen und Bitten oder → Lob und Dank enthielten, in der privaten Frömmigkeit und im Alltag allerdings auch ohne das Opfer auskamen.

Insbesondere an den zentralen Heiligtümern, den Tempeln, an denen Priester den Altardienst versahen, herrschten strenge Regeln, was den Kontakt zur Gottheit und die göttlichen Bereiche anbelangt. Die Priester wachten über die verschiedenen Zonen der → Heiligkeit und gaben Auskunft über rein und unrein (→ Reinheit). Nur sie konnten den Kontakt zur Gottheit vermitteln, die diversen Anliegen der Kultteilnehmer vor Gott bringen und, wenn es nötig war, → Sühne verschaffen. Außer der Kontaktaufnahme mit der Gottheit diente der von ihnen vollzogene und aufrechterhaltene K. der Stabilisierung der natürlichen und polit. → Ordnung. Damit war die Schaffung von Identität in dem von der Gottheit gegründeten und vom König und seinen Beamten verwalteten Staatswesen verbunden. Der offizielle Tempelkult hatte somit auch eine Ausstrahlung in die anderen Bereiche der regionalen und privaten Frömmigkeit und das ganze Leben im israelit. und judäischen Gemeinwesen.

Unter den archäologischen Zeugnissen für den vorexil. K. in Israel und Juda fehlt eine lit. Überlieferung so gut wie ganz: Priesterordnungen und Opferrituale, Hymnen und Gebete, im K. rezitierte Mythen und Epen, Vorschriften für → Abgaben und Zuteilungen, Spendenlisten, Abrechnungen etc. sind kaum erhalten. Vieles dürfte in mündlicher Überlieferung als Priesterwissen oder Allgemeingut überliefert worden, anderes verloren gegangen sein.

Reste sind jedoch in die Überlieferung der Bibel eingegangen. Es handelt sich um alte Opferrituale in der priesterlichen Überlieferung, Hymnen, Bitt- und Dankrituale in den Pss., Einzelsprüche in den Propheten sowie Angaben über die kultischen Einrichtungen und Verhältnisse der alten Zeit, z. B. den Altarbau oder den Festkalender, wie sie sich in einem alten Rechtsbuch (Ex 20,22–

23,19), in der Erzählüberlieferung (bes. in Gen, Ri und 1–2 Sam) sowie vereinzelt in der Weisheit finden. Die Überlieferungssplitter können für die Rekonstruktion der vorexil. K.- und Religionsgesch. herangezogen werden, sofern sie mit den archäologischen Zeugnissen und den ao. Rahmenbedingungen übereinstimmen.

I. 2. Das Gros der bibl. Überlieferung stammt jedoch nicht aus der vorexil. Königszeit. Es verdankt sich der schriftgelehrten Arbeit jüngerer Generationen, die auf den Trümmern des ersten Tempels und der 722 bzw. 587 v. Chr. beendeten israelit.-judäischen → Geschichte einen neuen K. und im Laufe der Zeit eine neue Rel., die Rel. des Judentums, begründeten. Diese hat sich – nach gewissen Ansätzen in der Zeit zwischen 722 und 587 v. Chr. – in der Zeit des zweiten Tempels von Jerusalem (520 v. Chr. – 70 n. Chr.) formiert und war geeignet, auch die Krise des K. zu bewältigen, die durch die Zerstörung im Jahre 70 n. Chr. und die damit einhergehende Einstellung des Opferdienstes entstanden war.

Es ist das Verdienst des Alttestamentlers und Orientalisten Julius Wellhausen, den entscheidenden Wendepunkt in der Überlieferung entdeckt und in seinen „Prolegomena zur Geschichte Israels“ anhand der Entwicklung der lit. Tradition die K.- und Religionsgesch. Israels und Judas auf der einen, des Judentums auf der anderen Seite in ihren Grundzügen zutreffend rekonstruiert zu haben. Den Wendepunkt in der Gesch. des K. markiert das Buch Dtn, und hier insbes. die Forderung der Kulteinheit in Dtn 12 (V. 13ff). Danach darf es in Israel und Juda nur noch ein zentrales Heiligtum geben, an dem die Opfer dargebracht werden und Jhwh kultisch verehrt wird. Schlachtungen in den Ortschaften bleiben unter bestimmten Bedingungen, v. a. der Tabuisierung des → Blutes, erlaubt, verlieren aber ihre Bedeutung als Opfer „für Jhwh“. Der Einheit des Kultortes korrespondiert die Einheit der Gottheit Jhwh in dem berühmten „Höre, Israel“ in Dtn 6,4, das die lokalen Manifestationen der Hauptgottheit aufhebt.

Die programmatische Forderung der Kultzentralisation wird aufgrund von 2 Kön 22f gerne in die Zeit des Königs Joschija in das ausgehende 7. Jh. v. Chr. datiert, setzt wahrscheinlich aber schon den Verlust des Königtums, d. h. das Datum 587 v. Chr. voraus. Die Regelung trägt dem Umstand Rechnung, dass es danach keine verbindliche Mitte mehr gab, die die verstreuten, orientierungslos gewordenen Glieder des Volkes in Israel und Juda zu einen vermochte. An die Stelle des Königs, der die Einheit des Volkes und den Zusammenhalt der an verschiedenen Orten praktizierten K. stiftete, tritt der eine Kultort, an dem nicht der König, sondern die eine Gottheit im Zentrum steht. Nach diesem Maßstab ist in Sam-Kön die Geschichte vom Aufstieg und Fall des israelit.-judäischen Königtums erzählt.

Sowohl die Forderung der Kulteinheit im Dtn als auch die davon abgeleitete Darstellung der Gesch. des israelit.-judäischen Königtums in Sam–Kön sind ein theol. Programm im Rahmen der bibl. Lit. Seit wann und inwieweit dieses Programm in die Realität umgesetzt wurde, entzieht sich unserer Kenntnis. Eindeutige Belege für die konkrete Umsetzung dieses Programms in die rel. Praxis im Rahmen von frommen Zirkeln wie der Gemeinschaft von Qumran, an den Tempeln von Sichem (Garizim) und Jerusalem sowie in den Synagogen im Land und in der → Diaspora finden sich erst in hell.-röm. Zeit. Bis dahin kann man die religions- oder richtiger: theologiegesch. Entwicklung lediglich anhand der Literargesch. der bibl. Lit. nachvollziehen, die aber nicht ohne Weiteres mit der Rel. gesch. Israels in exil.-nachexil. Zeit identifiziert werden kann. Die Rel. des „alten Israel“, d. h. die angestammte, vorbibl. Gestalt der Rel. Israels und Judas, ist nicht nur auf die vorexil. Zeit der beiden Monarchien beschränkt, sondern hat es durch die gesamte Gesch. der beiden Reiche wie der beiden Provinzen gegeben. Das nachstaatliche, bibl. Judentum löst das „alte Israel“ nicht einfach ab, sondern hat sich daneben entwickelt, zunächst in den Schriften und anschließend im Leben.

In der vom Dtn inspirierten, daher dtr. genannten Lit. ist aus dem theol. Programm der Kulteinheit das Ideal der Kultreinheit geworden. Danach darf es außer dem einen Jhwh und dem einen Kultort auch keine anderen Götter mehr geben. Daraus wiederum folgt die Forderung der Zerstörung aller Heiligtümer, Gottesbilder und sonstigen Zeichen göttlicher Präsenz im Land, die, auch wenn sie Jhwh galten, als Requisiten eines kanaan. Fremdkults gedeutet und behandelt werden. Von

der Reinigung ist auch der K. Jhwhs in Jerusalem betroffen. Sämtliche kultischen Installationen und Bräuche, die auch nur von Ferne an die „anderen Götter“ erinnern, sollen abgeschafft werden.
Das Ideal der Kultreinheit wird programmatisch wiederum in Dtn 12 (V. 1ff.29ff) u. ö. im dtn. Gesetz erhoben und an vielen Stellen in der erzählenden Lit. in Gen-Kön (bes. Ex 23,20ff sowie Ex 32–34; Jos 23f; Ri 2,6–3,6; 2 Kön 17 sowie 2 Kön 22f) und darüber hinaus im AT wiederholt. Es setzt das erste Gebot und bald auch das davon abgeleitete → Bilderverbot im → Dekalog (Ex 20/Dtn 5) voraus. Nachdem die prophetische Überlieferung nach den Erfahrungen von 722 und 587 v. Chr. dem Verhältnis Jhwhs zu seinem → Volk Israel den institutionellen und damit auch den kultischen Rahmen genommen und es von der verpassten → Umkehr abhängig gemacht hatte, ist im ersten Gebot in Anlehnung an das „Höre, Israel“ positiv formuliert, worauf es nunmehr ankommt: auf die Bindung an den Gott, der Israel aus Ägypten herausgeführt hat, unter Ausschluss der „anderen Götter“.
Das dtn.-dtr. Ideal der Kulteinheit und Kultreinheit bildet wiederum die Voraussetzung für die priesterliche Überlieferung im Pentateuch (Priesterschrift = P) und im übrigen AT (Ez, Chr, Esra-Neh). Sie geht davon aus, dass es nur einen einzigen Gott und ein legitimes, zentrales Heiligtum gibt. Viel Mühe wird auf die Beschreibung des dem einen und einzigen Gott angemessenen Heiligtums verwendet. In der P wird der Baubericht des in die Wüste projizierten Zeltheiligtums im weltgesch. Zusammenhang geboten. Das Heiligtum (Ex 25–40) krönt das Schöpfungswerk Jhwhs, das mit der Erschaffung von → Himmel und → Erde beginnt (Gen 1), und löst die Verheißung des → Bundes an Abraham und seinen Samen ein (Gen 17). In Lev-Num schließen sich die Kultgesetze an, die auf älteren, aber neu interpretierten, stark überarbeiteten und fortgeschriebenen Ritualtexten basieren und in das theol. System des Sühnekults gebracht sind. In Ez 40–48 ist die Vision des neuen Tempels von dem Gedanken des Wiedereinzugs der → Herrlichkeit Jhwhs und späten Reinheits- und → Heiligkeits-Vorstellungen beherrscht. 1–2 Chr und Esra-Neh stimmen ersten und zweiten Tempel aufeinander ab und rekapitulieren die in Gen-Kön erzählte Geschichte Israels aus der Perspektive des zweiten Tempels und nach Maßgabe der in der bibl. Überlieferung bis dahin aufgestellten theol. Grundsätze.
Überall ist das Gesetz, die → Tora des Mose oder Tora Jhwhs, die entscheidende Referenzgröße, an der sich die Sicht der Geschichte Israels (und der Welt), die Vorstellungen von persönlicher Frömmigkeit und Lebensführung und eben auch die Vorschriften für den K. orientieren. In der Überlieferung, auf der das Judentum basiert, wandelte sich die Rel. des Alten Israel in eine Rel. des Gesetzes. Sie war keineswegs für alle Teile des Judentums zur Zeit des zweiten Tempels verpflichtend. Die harsche Kritik am Fremdgötterkult im Land, die den vorexil. Propheten seit Mose in den Mund gelegt wird und bis in nachexil. Zeit nicht verstummt, und der jüd. Tempel auf der Nilinsel Elephantine, der seit dem 7./6. Jh. bestand, im Jahre 410 v. Chr. auf Betreiben der äg. Chnum-Priester zerstört und mit Wissen der Jerusalemer Priester wieder aufgebaut wurde, sprechen für sich.
I. 3. Wie der K. am zweiten Tempel wirklich ausgesehen hat, wissen wir nicht, es sei denn aus zweiter und dritter Hand. Unsere Kenntnis beruht nicht auf authentischen Quellen, sondern auch hier auf der lit. Tradition. Schon während der Zeit des zweiten Tempels und endgültig nach seiner Zerstörung setzte sich freilich der bibl. → Kanon und mit ihm die mosaische Rel. als maßgebliche, sozusagen orth. Form des Judentums durch.
Ein wichtiger Schritt auf diesem Wege war neben der Überlieferungsbildung, die den praktizierten K. und seine ihm inhärente (nicht-bibl.) Theol. in die lit. Tradition überführte, die Entstehung jüd. Gruppierungen. Eine dieser Gruppen stellen die samarischen Jhwh-Verehrer dar, die uns in Inschriften aus hell. Zeit begegnen. Sie haben im Gebiet des ehemaligen Nordreichs auf dem Berg Garizim bei Sichem ein kultisches Zentrum gegründet und einen Tempel erbaut, der für die Zeit seit dem 5. Jh. v. Chr. archäologisch nachgewiesen ist. Aus den Jhwh-Verehrern von Sichem ist die Gemeinschaft der Samaritaner hervorgegangen, die mit Jerusalem um den „Ort, den Jhwh erwählen wird“ bzw. „erwählt hat“ (Dtn 12) in Streit geriet. Im Unterschied zum übrigen bibl. Judentum erkannten sie ausschließlich die Tora des Mose,

den Pentateuch, als heilige Schrift an. Andere, wie die Gemeinschaft von Qumran oder die frühchristl. Gemeinde, haben sich neben dem Jerusalemer Tempelkult oder als Alternative dazu formiert und auf der Grundlage der bibl. Schriften eine eigene Überlieferung hervorgebracht.

Die Gruppenbildung wurde durch äußere Anlässe initiiert oder befördert. Nach dem Wiederaufbau des Tempels in Jerusalem und der Restauration der Provinz Juda in pers. Zeit brachen in spätpers. und v. a. in hell. Zeit polit., soziale und zunehmend auch rel. oder theol. Konflikte zwischen rivalisierenden Interessengruppen inner- und außerhalb des Landes auf. Sie kulminierten in der durchgreifenden, hell. geprägten Reform des Kultes unter dem seleuk. König Antiochus IV. (175–164 v. Chr.), der nicht ohne Unterstützung einflussreicher und wohl auch weiter Kreise der judäischen Bevölkerung einen Aufsatz für den griech. Gott Zeus Olympius auf den Brandopferaltar im Jerusalemer Tempel anbringen ließ. Er soll auch das jüd. Gesetz außer Kraft gesetzt haben. Ähnliches wird von dem Tempel auf dem Berg Garizim berichtet. Gegen diese Maßnahmen richtete sich der Widerstand der Makkabäer, eines Priestergeschlechts aus dem nördlich von Jerusalem gelegenen Ort Modeïn. In ihrem bewaffneten Kampf erreichten sie, dass die „Reform" rückgängig gemacht werden musste. Sowohl die Gruppe der „Frommen" (Chasidim), aus denen die späteren Pharisäer hervorgingen, als auch die Jerusalemer Priester aus zadokidischem Geschlecht, die späteren Sadduzäer, gaben sich mit dem Erreichten zufrieden.

Nicht so die Makkabäer. Sie wollten mehr und kämpften erfolgreich weiter gegen die seleuk. Besatzungsmacht. Aus diesem Kampf ging das hasm. Königtum hervor, in dem der König gleichzeitig der Hohepriester war (→ Amt). Nach Alkimus, dem 159 v. Chr. verstorbenen letzten Hohepriester aus zadokidischem Geschlecht, wurde im Jahr 152 v. Chr. Jonatan, der Bruder des Judas Makkabäus, der erste der hasm. Hohepriester. Die Hasmonäer hatten das Amt bis in herod. Zeit inne und bereiteten dem samaritanischen Tempel ein Ende; um 110 v. Chr. wurde er von Johannes Hyrkan zerstört.

Hintergrund der Auseinandersetzungen war der Kampf um das Amt des Hohepriesters, bei dem es primär um polit. und wirtschaftliche Interessen ging. So ist es im Zuge der Kultreform unter Antiochus IV. auch zur Vertreibung der (ptolemäerfreundlichen) Oniaden aus dem Hohepriesteramt in Jerusalem durch (seleukidenfreundliche) Priesterkreise gekommen, die um 160 v. Chr. zur Gründung des Tempels im äg. Leontopolis (bei Heliopolis) durch einen Nachfahren der Oniaden (vermutlich Onias IV.) führte. Dieser Tempel hat rund 200 Jahre bestanden und wurde erst nach der Zerstörung des Jerusalemer Tempels 70 n. Chr. im Zuge der jüd. Kriege von den Römern geschlossen.

Einen anderen Weg ist die rel. Bewegung gegangen, die uns in den Texten vom Toten Meer (Qumran) begegnet und sich selbst „die Gemeinschaft" (*ha-Jachad*) nennt. Von der modernen Forschung ist diese Gemeinschaft mit der aus Josephus und anderen antiken Quellen bekannten Gruppe der Essener identifiziert worden, was nicht ganz falsch sein dürfte, aber hist. zu differenzieren ist. Die Wurzeln dieser Bewegung gehen wohl schon in die Zeit vor der makkabäischen Revolte zurück. Ihre rel. und lebenspraktische Orientierung an der Tora und den übrigen bibl. Schriften wurde von den Makkabäern bzw. Hasmonäern im Kampf für ihre polit. Ziele erfolgreich eingesetzt und haben so zur Verbreitung und Etablierung des bibl. Judentums am Tempel zu Jerusalem beigetragen. Die Gemeinschaft von Qumran selbst hat sich jedoch von den führenden Kreisen in Jerusalem distanziert und eine Art Gegenkult zu Jerusalem gegründet. Theoretisch und programmatisch hielt man am Tempelkult in Jerusalem fest, praktisch wurden jedoch Alternativen entwickelt, um fern vom Tempel am K. der → Engel im Himmel zu partizipieren.

II. NT: Vom Tempelkult in Jerusalem nicht getrennt, sondern eng mit ihm verbunden war die frühe christl. Gemeinde. Der äußere Anlass zu ihrer Bildung waren der → Tod Jesu am → Kreuz und eine Erfahrung besonderer Art, die sich im → Glauben an seine → Auferstehung manifestierte. Beides brachte die frühen Christen in Konflikt mit ihrer eigenen Herkunft aus dem Judentum. Zwar nahmen sie wie selbstverständlich am Tempelkult teil oder hielten (durch Kollekte und → Abgaben) die Verbindung dazu und sahen in dem Evangelium von Tod und Auferstehung Jesu noch keine Konkurrenz zum K. als der praktischen Seite der Rel. und hergebrachten Form der Gottesverehrung. Doch schon sehr bald wurde deutlich, dass das Evangelium in Konkurrenz zum Gesetz des Mose stand, insbes. dadurch, dass es sich nicht nur an die Juden, sondern auch an die Heiden wandte, für die das Gesetz des Mose keine Bindungskraft besaß. Dadurch entfernten sich die frühen Christen zunehmend vom jüd. K. und dem Judentum insgesamt.

II. 1. Der Erste, der dies in aller Schärfe erkannt und unmissverständlich zum Ausdruck gebracht hat, war Paulus. An die Stelle des Gesetzes als Weg zu Gott setzte er den Glauben an → Jesus Christus (→ Glaube), in dem er als erfüllt ansah, was man sich vom Gesetz versprach. Der K. und seine Ordnungen werden nicht abgelehnt, aber in ihrer Heilsbedeutung nivelliert. Die Evv. zeichneten diese theol. Einsicht in das Leben Jesu von seiner Geburt bis zum Tod ein. Als Jude geboren und nach dem Gesetz aufgewachsen, weiß sich der Jesus der Evv. als der Christus, der über dem Gesetz und den Ordnungen des K. steht und sich im Angesicht des kommenden Gottesreichs auch darüber hinwegsetzt, um auf seine Weise zu erreichen, was Gesetz und K. auf ihre Weise garantieren: die unbedingte und unmittelbare Nähe Gottes. Vom K. blieben einige wenige Riten (→ Abendmahl; → Taufe) sowie die theol. Sprachmuster und Vorstellungswelten, die als Bilder und Symbole Eingang in die ntl. Christologie (→ Jesus Christus), Ekklesiologie (→ Kirche) und → Ethik sowie in die → Eschatologie fanden.

II. 2. Die Gruppenbildung im hell.-röm. Judentum bis einschließlich der frühen Christen bedeutete zwar eine Zersplitterung des Judentums. Dennoch trug sie zu dessen Profilierung und Überleben bei. Die Gemeinschaft von Qumran wie die frühe Christenheit machten zur Zeit des zweiten Tempels vor, was dem Judentum im ganzen noch bevorstand: die Transformation der jüd. Rel. in eine Form rel. Denkens und Lebens jenseits des praktizierten K. Nach der Zerstörung des Tempels 70 n. Chr. stellte sich diese Aufgabe auch dem übrigen Judentum. Es schied verschiedene Richtungen, darunter die samaritanische, die essenische, die apokalyptische und die christl. Richtung, aus und machte sich an das Werk der Selektion und Auslegung seiner normativen Überlieferung. In ihr ist und bleibt die Tora, im weiteren der hebr. → Kanon der bibl. Bücher, die Grundlage, die das Judentum mit allen seinen Gruppierungen teilt. Darüber hinaus geht die auf die mündliche Tradition zurückgeführte Überlieferung der Rabbinen, in der der K. nach wie vor einen zentralen Stellenwert einnimmt. Außer den praktischen Ordnungen für einen fiktiven oder zukünftigen Tempelkult behalten die kultischen Gesetze, Sprachmuster und Vorstellungen auch hier ihre Bedeutung für die Neugestaltung des Gottesdienstes wie des alltäglichen Lebens in tempelloser Zeit.

I. *O. Keel/C. Uehlinger*, Göttinnen, Götter und Gottessymbole, Freiburg [5]2001; *M. Köckert*, Vom einen zum einzigen Gott: BThZ 15 (1998) 137–175; *ders.*, Wandlungen Gottes im antiken Israel: BThZ 22 (2005) 3–36; *ders.*, YHWH in the Northern and Southern Kingdom, in: *R. G. Kratz/H. Spieckermann* (Hg.), One God – One Cult – One Nation, Berlin/New York, 2010, 357–394; *R. G. Kratz*, Historisches und biblisches Israel, Tübingen 2013; *J. Maier*, Zwischen den Testamenten, Würzburg 1990; *J. Renz*, „Jahwe ist der Gott der ganzen Erde", in: *M. Pietsch/F. Hartenstein* (Hg.), Israel zwischen den Mächten, Münster 2009, 289–377; *M. Weippert*, Jahwe und die anderen Götter, Tübingen 1997; *J. Wellhausen*, Prolegomena zur Geschichte Israels, Berlin [6]1905 = 2001; *ders.*, Israelitisch-jüdische Religion (1905), in: *R. Smend* (Hg.), Julius Wellhausen. Grundrisse zum Alten Testament, München 1965, 65–109.

II. *A. Böckler*, Jüdischer Gottesdienst, Berlin 2002; *G. Delling*, Der Gottesdienst im Neuen Testament, Göttingen 1952; *I. Elbogen*, Der jüdische Gottesdienst, Frankfurt/M. [3]1931 = 1995; *L. Trepp*, Der jüdische Gottesdienst, Stuttgart [2]2004; *P. Wick*, Die urchristlichen Gottesdienste, Stuttgart u. a. 2002.

Reinhard G. Kratz

Kultur und Mentalität (K./M.)

Zugeordnete Begriffsartikel: Alt/Neu, Angst/Furcht/Mut, Besitz/Gut/Eigentum, Ehre, Ehrfurcht, Gedächtnis/Erinnerung, Geduld, Heimat, Leidenschaft, Liebe, Name, Person, Scham, Schicksal, Sicherheit, Umkehr.

Vorbemerkung: Die Lebenswelt, in der die bibl. Schriften wurzeln, nämlich der antik-mediterrannahöstliche Kulturraum, unterschied sich fundamental von der westlich-neuzeitlichen, individualisierten, industrialisierten und fortschrittsorientierten K. Es handelte sich um eine – aus unserer Sicht – grundsätzlich als nichtindividualistisch und agonistisch zu bezeichnende K., die den Geschlechtergegensatz betonte, hierarchie- und autoritätsfixiert, konservativ und konformistisch war, d. h. sich am Alt(hergebracht)en orientierte, in deren Wertekodex → Ehre und Schande die zentrale Rolle spielten. Diese wesentlichen Züge der mediterranen K. und M., die die Vielzahl der Einzelkulturen des Mittelmeerraumes und des Vorderen Orients wie auch die hist. Entwicklungen übergreifen, werden im Folgenden näher dargestellt. Eine getrennte Behandlung von AT und NT ist dabei nicht sinnvoll.

I. *Agonismus* (*Challenge-Response*-Prinzip): Typisch für die mediterrane M. ist eine agonistische Lebensauffassung (von griech. ἀγών = Wettstreit, Kampf). Das soziale → Leben wird begriffen und erlebt als permanentes Kräftemessen, als stete Folge von Herausforderungen und Erwiderungen (engl. *challenge* und *response/riposte*). Herausforderungen können positiv (Gaben, Wohltaten) oder negativ (Provokationen, Drohungen) sein. Nur sozial Gleichgestellte können im eigentlichen Sinn miteinander konkurrieren und einander herausfordern. Wer eine Herausforderung nicht angemessen erwidern bzw. vergelten kann, erleidet einen Status- und Gesichtsverlust. Grundsätzlich ist jeder *Challenge* (aber ebenso der Verzicht auf jegliche Herausforderung) mit diesem Risiko behaftet. Tendenziell begünstigt die agonistische M. aggressives Verhalten (offensives *Challenge*-Verhalten) und eine Ideologie der Konkurrenz und der Herrschaft der Starken über die Schwachen, aber genau dies kann auch explizit abgelehnt werden. Das Konkurrenzdenken ist nämlich eher Folge als Ursache des *Challenge-Response*-Prinzips. Grundlegend ist vielmehr der „Bühnencharakter" des Lebens in den antiken *Face-to-Face*-Gesellschaften, in denen der Kreis der relevanten sozialen Akteure überschaubar war und sich gegenseitig kannte. Nicht anonyme Strukturen und Mechanismen, sondern die unmittelbaren persönlichen Beziehungen und Interaktionen waren entscheidend. Es gab auch keine vergleichbare Trennung von öffentlicher und privater Existenz, von „Selbst" und „Rolle", wie sie für die modernen westlichen Gesellschaften typisch ist. Das Verhalten jedes/r Einzelnen unterlag permanent der sozialen Beobachtung, Kontrolle und Zensur, dem Vergleich mit anderen, dem Verdacht und dem Gerücht und somit dem Zwang zur Selbstbehauptung und Selbstdarstellung. Eine wichtige Rolle spielt auch noch die Vorstellung von den „begrenzten Gütern" (→ Besitz), die besagt, dass der Vorrat an Ansehen, Ehre und Ruhm begrenzt ist, eine Vermehrung der eigenen Position oder Reputation also stets auf Kosten anderer geht. Eifersucht (→ Leidenschaft) und Neid sind daher starke Triebkräfte. Unter diesen Voraussetzungen besteht in der *Face-to-Face*-Gesellschaft ein Zwang sowohl zur Kooperation wie zur Konkurrenz. Das *Challenge-Response*-Prinzip fördert einerseits Rivalität und Vorrangstreben („andere übertreffen"), andererseits fordert es strikte Reziprozität („anderen nichts schuldig bleiben"). Unverhülltes Gewinnstreben ohne die Bereitschaft zur Gegenleistung gilt als antisozial, parasitär und unehrenhaft. Einseitige Profitmaximierung und Ehre schließen sich gegenseitig aus (Aristot. NE 8,14,3, 1163b; vgl. damit die Metapher vom Lohn in Mt 6,2.5.16). Kooperation und Konkurrenz können unterschiedlich gewichtet werden. Einige mediterrane Gesellschaften, bes. die griech. Polisgesellschaften, erhoben den Wettstreit der männlichen Bürger um den ersten Platz regelrecht zur Ideologie und institutionalisierten und dramatisierten den *Agon* in Veranstaltungen wie den olympischen Spielen; sie „demokratisierten" das zunächst in erster Linie aristokratische Streben nach Ehre/Ruhm und die Obsession, der „Erste"/„Beste" zu sein. Andernorts dagegen, gerade auch in den bibl. Schriften, wird das offene Konkurrieren um den ersten Platz und das Einander-Herausfordern verworfen (Mk 9,33–35par.; Gal 5,26; 6,3–4; vgl. auch die Mahnung zur „Demut" Spr 18,12; Sir 3,17–20; Phil 2,3; 1 Petr 5,5; Jak 4,6). Die Ächtung des Vorrangstrebens entspricht zwar zunächst eher der M. egalitärer Gesellschaften ohne institutionalisierte Herrschaft, doch auch in hierarchischen Gesellschaften, wie es Welt und Umwelt der Bibel spätestens seit der Etablierung der staatlichen Ordnungen waren, wird egalitäres und anti-agonistisches Gedankengut tradiert. Es spielt oft die Rolle einer kritischen oder utopischen Gegenideologie, deren soziale Funktion darin besteht, dass sie den persönlichen Ehrgeiz und damit den Konkurrenzkampf so weit eindämmt, dass diese nicht den sozialen Frieden oder gar die Existenz des Gemeinwesens gefährden. Gerade die griech. Polis illustriert, wie in derselben Gesellschaft agonistische und egalitäre Werte koexistieren. Egalitäre Werte kommen sowohl in der Verfassungsform der Demokratie zum Ausdruck wie auch in dem für die griech. Welt grundlegenden Ideal der Freundschaft (φιλία), dem zufolge Freundschaft Gleichheit (ἰσότης) bedeutet und Freunde alles gemeinsam haben (Diog. Laert. 8,10; Aristot. NE 9,8,2, 1168b; Xen. mem. 2,6,23). Umgekehrt ist Freundschaft nur zwischen Gleichen möglich (Aristot. NE 8,7,4, 1158b/1159a). Der Agonismus beschränkt sich dann zum einen darauf, „Erster unter *Gleichen*" zu sein, zum anderen prägt der Agonismus auch die Freundschaftsbeziehung selbst. Das Ethos der Freundschaft fordert nämlich, einander nichts schuldig zu bleiben (Aristot. NE 8,13,9, 1163a); sie ist ein regelrechter Wettkampf darin, einander Gutes zu tun (vgl. Aristot. NE 8,13,2, 1162b; Xen. mem. 2,6,35). Eine weitere Beschränkung des Agonismus bedeutet es, dass überall in der mediterranen Welt, zumindest der sozialen Ideologie nach, der Wettstreit um Ehre und Prestige nur die Interaktionen mit Personen bestimmen soll, die nicht der eigenen Familie oder Verwandtschaft angehören. Nach innen wird dagegen die (strukturierte) Einheit beschworen, z. B. mit dem Bild des Leibes (vgl. Liv. 2,32,9–12; 1 Kor 12,12–30). Allerdings ist der Agonismus habituell so tief verankert, dass in der Realität die Konkurrenz als universales Prinzip z. B. auch und gerade das Verhältnis von Brüdern und Verwandten untereinander bestimmt (vgl. Kain/Abel, Esau/Jakob, Josef und seine Brüder, Davids Söhne). Nichtsdestotrotz kann gleichzeitig im Verhältnis nach außen ein starker Zusammenhalt vorhanden sein. (Ein beduinisches Sprichwort sagt: „Ich gegen meinen Bruder; ich und mein Bruder gegen meinen Vetter; ich, mein Bruder und mein Vetter gegen die Welt.") Eine weitere Größe, die in der griech. Welt den Agonismus begrenzt und reguliert, ist die Tugend der → Scham (αἰδώς), nämlich das Gefühl für die eigene ebenso wie die fremde → Ehre und → Würde. Sie verbietet, andere unnötig oder in übertriebener Weise herauszufordern und gewährleistet die Balance zwischen konkurrenzorientierten und kooperativen Verhaltensweisen. Der mutwillige Angriff auf die Ehre eines anderen durch körperliche, verbale und sexuelle Gewalt heißt ὕβρις (Überhebung, Gewalttätigkeit, Beleidigung) und gilt als schlimmer Frevel und schweres Verbrechen. In der athenischen Demokratie konnte ὕβρις gerichtlich verfolgt werden; hier wurde sie bes. mit den Exzessen und mutwilligen Übergriffen der (betrunkenen) Reichen auf andere Bürger in Verbindung gebracht. (Dagegen gilt im röm. Recht, wo die vergleichbare Verfehlung *iniuria* heißt, als bes. schweres Vergehen der Mangel an Respekt gegenüber Höhergestellten.) Empfindlich reagiert die mediterrane M. auch darauf, dass jemand mehr Ehre beansprucht, als er „wert" ist. Das ist ebenso schlecht wie das gänzliche Fehlen von Ehrenbewusstsein (Aristot. NE 4,3,35–4,4,6, 1125a/b). Vor dem Hintergrund dieses höchst differenzierten antiken Diskurses über die Ehre ist die bibl. Mahnung zur „Demut" dann nicht als Negation, sondern als (defensive) Strategievariante des *Challenge-Response*-Prinzips zu verstehen. (Eine offensive Strategie liegt dagegen den zahlreichen im AT geschilderten Eroberungskriegen zu Grunde.) So wird vor unbedachter Selbstexposition und großspurigem Auftreten gewarnt, das schnell zur Blamage führen kann (Lk 14,7–11). Streitlust wird kritisiert (Spr 20,3) und es gibt Beispiele für den dezidierten Verzicht auf Herausforderung und Konkurrenz (1 Sam 24; 26). Gleichwohl wird die Bereitschaft zur (notwendigen) *Response* jederzeit vorausgesetzt. Dabei kann es eine bewusste *Response*-Strategie sein, Provokationen der Gegenseite ins Leere laufen zu lassen (vgl. bShab 30b/31a über die Unmöglichkeit, den demütig-friedfertigen Rabbi Hillel zu provozieren; ähnlich im AT schon Moses als Vorbild der Demut, Num 12,3; vgl. Mt 5,38–41). Die gänzliche Unfähigkeit zur *Response* bedeutet hingegen eine Blamage, die im Extremfall (für den Gekränkten, aber auch für den Herausforderer) tödliche Folgen haben kann (vgl. die Unfähigkeit zur Antwort in der gelehrten Diskussion, bBQ 117a/b; bBM 84a). Tödlicher → Zorn über eine erlittene Kränkung ist schon im AT keine ungewöhnliche Reaktion (vgl. 1 Sam 25) und auch das NT setzt keineswegs undifferenziert das widerstandslose Hinnehmen von Demütigungen voraus (Joh 18,23; Apg 16,37).

II. *Ehre und Schande/Scham* (engl. *hono[u]r and shame*): Im Wertkodex der mediterranen Gesellschaften sind Ehre und Scham bzw. Schande die zentralen Größen (vgl. Cic. Tusc. 2,14). Ehre kann ererbt sein, d. h. auf Geburt beruhen („zugeschriebene“ Ehre), oder erworben werden, z. B. durch kriegerische Heldentaten. Sie hat immer eine kollektive Dimension, d. h. der/die Einzelne partizipiert stets an der Ehre der sozialen Gruppe, in die er/sie „eingebettet“ ist, den Klischees und Vorurteilen ihr gegenüber (Familie, Clan, Dorf, Stadt, Volk; vgl. Ez 16,44; Joh 1,46; Tit 1,12), ebenso wirkt sein/ihr Verhalten auf das Ansehen der Gruppe zurück. Bekannt war, dass die verschiedenen Völker in vielem gegensätzliche Auffassungen über Ehre und Schande hatten (Dissoi logoi 2,9–18). Auf die Ehre/Reputation, die permanent auf dem Prüfstand stehen, fokussiert sich in der *Face-to-Face*-Arena die gesammelte Aufmerksamkeit der sozialen Akteure. Dabei gelten für das Verhalten von Männern und → Frauen entgegengesetzte Normen: Von Männern wird Stärke, Durchsetzung und Behauptung in der Öffentlichkeit erwartet, von Frauen Zurückhaltung und Scham (Sir 26,15; 42,11f; Tit 2,9–12; Thuk. 2,45,2; Philo spec. 3,169–171). Männliche Ehre wird symbolisiert durch den Phallus bzw. die Testikel, die sowohl für „Potenz“ und Eroberungskraft wie für Zeugungskraft und Fruchtbarkeit stehen, weibliche Ehre („Unberührtsein“, „sexuelle Reinheit“) durch die Verhüllung vor dem Blick fremder Männer. Dem entspricht die räumliche Trennung von Männer- und Frauensphäre (öffentlicher Raum vs. Haus, vgl. Philo spec. 3,169–177; 2 Makk 3,19). Männliche Ehre/Reputation wird bewährt oder verloren, vermehrt oder vermindert im beständigen Wechselspiel von *Challenge* und *Response*. Ehre kann sich dabei sowohl im Sinne von → „Tugend“ wie von „Status“ entfalten: Der kooperativen Reziprozität entspricht Ehre als „Ehrbarkeit“/„Verlässlichkeit“ (engl. *honor-virtue*), dem Konkurrenzagonismus Ehre als „Ruhm“/„Vorrang“ (engl. *honor-precedence*). Die Ehre eines Mannes hängt darüber hinaus entscheidend von der Ehre der ihm angehörigen Frauen (Mutter, Ehefrau, Schwester, Tochter) ab. Den Männern obliegt es also, diese Frauen zu überwachen, ihre Ehre/→ Reinheit zu verteidigen oder ihre Entehrung zu rächen (→ Rache), die sie selbst stets mitbetrifft (vgl. die differenzierten atl. Regelungen und die nicht unkritischen Erzählungen Gen 34,25–31; 49,5f; Lev 20,10; Dtn 22,13–29; 2 Sam 13). Da verlorene weibliche Ehre (Unberührtheit) im Gegensatz zu männlicher Ehre (Ansehen) nicht wieder hergestellt werden kann, sind die Frauen der verwundbarste und darum bes. angstbesetzte Teil jeder sozialen Gruppe. Im Rahmen dieser Geschlechterasymmetrie ist jede Verkehrung und Aufweichung des Geschlechtergegensatzes schandbar, d. h., wenn ein Mann sich wie eine Frau benimmt und umgekehrt, wobei auch und gerade das sexuelle Verhalten einbegriffen ist: Von Männern wird erwartet, dass sie „oben“ und „aktiv“ sind, Frauen haben „unten“ und „passiv“ zu sein (→ Frau/Mann; → Sexualität). Ebenfalls als „männlich“ gelten aber auch die „Regierungstugenden“ Selbstbeherrschung, Mäßigung und → Weisheit, unbeherrschte → Leidenschaft dagegen als „weiblich“. Darum wird nicht nur „Impotenz“, sondern vielfach auch zügellose Sinnlichkeit als Schande für einen Mann betrachtet. Die definitive und irreversible Entehrung eines Mannes ist seine Vergewaltigung (vgl. Gen 19,4–8), denn dies bedeutet, ihn „zur Frau zu machen“, seine (symbolische) Kastration. Von hier erklären sich die bibl. Invektiven gegen die Vertauschung der Geschlechterrollen (Lev 18,22; 20,13; Dtn 22,5; Röm 1,26f).

III. *Hierarchisches Denken:* Die antiken Gesellschaften waren auf allen Ebenen der sozialen Organisation hierarchisch strukturiert (Herren/→ Sklaven, Herrscher/Beherrschte, → Alte/Junge bzw. Eltern/→ Kinder, Männer/Frauen, vgl. Gen 3,16; Dtn 21,18–21; Spr 13,24; 29,17; Eph 5,21–6,9; Kol 3,18–4,1). Wo solch klare Verhältnisse der Über- und Unterordnung bestehen, ist kein Konkurrieren und Herausfordern im eigentlichen Sinn möglich, höchstens Ungehorsam und Auflehnung. Der agonistischen M. entspricht hier die demonstrative Zur-Schau-Stellung und autoritäre Ausübung von Macht, die als Zeichen von Stärke galt (→ Gottesbilder). Auch der bibl. Gott wird in Analogie zur irdischen Sozialordnung selbstverständlich als Vater, Herr und Patron seiner „Kinder“ und Anhänger oder als → König „seines“ Volkes vorgestellt. Nichthierarchische Beziehungen sind v. a. Freundschaftsbeziehungen (vgl. bibl. die „ideale Freundschaft“ von David und Jonatan).

IV. *„Dyadische Persönlichkeit“, „konstellativer Personenbegriff“:* Da im moralischen Diskurs der Antike nicht Schuld und Gewissensqualen, sondern Ehre und (Vermeidung von) Schande die entscheidende Rolle spielen (vgl. Aristot. rhet. 2,6,26, 1385a), hat man die antiken Gesellschaften als „Schamkulturen" und die Menschen der Antike als „außengeleitet" bezeichnet. Die modernen individualisierten Gesellschaften wurden dagegen als „Schuldkulturen" bzw. als „innengeleitet" etikettiert. Doch wurde auch in der Antike die Internalisierung moralischer Imperative entschieden angestrebt (vgl. Dtn 5,1; 6,4f; Mt 6,1–6.16–18; vgl. auch die Figur der „Scham vor sich selbst", Demokr. Frgm. 264 DK, und die Opposition „gut sein wollen" vs. „gut scheinen wollen", Plat. rep. 361a–d). Besser ist daher die Bezeichnung „dyadische Persönlichkeit" (von griech. δυάς = Zweiheit), die darauf abzielt, dass der einzelne Mensch zur Bildung und Aufrechterhaltung seiner Identität (→ Person) immer auf das Urteil der anderen (eines „Zweiten") angewiesen ist und nicht „aus sich selbst heraus" weiß und wissen kann, wer er ist. Das heißt auch, dass der Antike moderne psychologische Kategorien und Fragestellungen ganz fremd sind. Nicht die individuelle und unverwechselbare Persönlichkeit mit ihrer Biographie, sondern die sozialen Rollen konstituieren die Identität eines Menschen. Menschen werden daher als Rollenträger identifiziert und beschrieben, d. h. mithilfe von Stereotypen. Auch in der Antike gab es aber „Individualismus" in dem Sinn, dass Menschen ihren eigenen, (mindestens z. T.) auf freier Wahl beruhenden Lebensentwürfen und Ansichten folgten und sich als eigenständige und eigenwillige Persönlichkeiten verstanden und stilisierten und keineswegs nur monoton und unausweichlich vorgegebene Verhaltens- und Rollenmuster reproduzierten. Die agonistische M. zumal der Griechen mit ihrem Kult des Ersten/Besten konnte solche Tendenzen in gewisser Weise sogar begünstigen (paradigmatisch in Athen; anders die anti-individualistische Gesellschaft Spartas, das Militärkollektiv der „Gleichen"). Diese Selbststilisierung und -thematisierung bleibt im AO zunächst ein aristokratisches bzw. königliches Privileg, erst deutlich später, zumal in griech.-hell. Zeit, wird auch das nichtaristokratische Individuum fassbar in seiner Reflexion über sein individuelles Dasein und Geschick (im AT vgl. Ijob, Koh). Allerdings erwächst

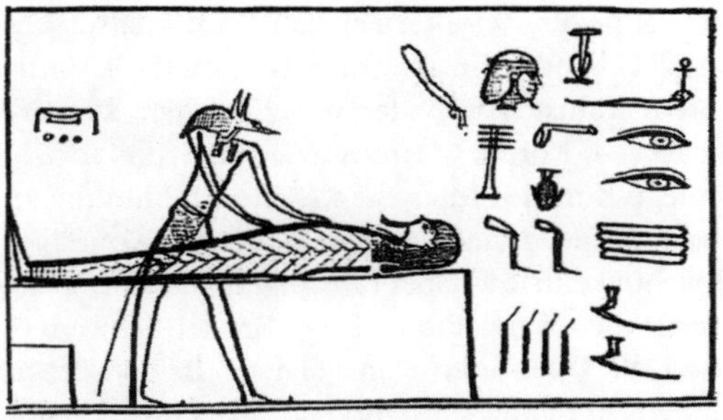

Abb. 6: Mythologische Repräsentation der „Rekonstellation" des Verstorbenen: Der Totengott Anubis setzt aus den verstreuten Gliedern den Mumienleib des Osiris zusammen. Vignette aus dem spätäg. Papyrus Jumilhac.
Quelle: *J. Assmann*, Tod und Jenseits im Alten Ägypten, München 2001, 32.

daraus nirgendwo eine dem neuzeitlichen Individualismus vergleichbare zusammenhängende ideologische Konzeption. Nicht das individuelle Subjekt ist Grundlage und Ausgangspunkt der erkenntnistheoretischen, moralischen und polit. Reflexion, vielmehr ist das „Ganze" (die Polis, der Kosmos, der „Logos") das Primäre und der Einzelne empfängt seinen Wert als Teil davon und mit Beziehung darauf. So kennt die Antike keine „abstrakten" (von konkreten Beziehungen losgelösten) Menschenrechte, sondern nur konkrete Sozial- und Rechtsbeziehungen, aus denen sich jeweils spezifische und unterschiedliche Rechte und Pflichten gegeneinander ergeben. Auch praktisch ist es für einen antiken Menschen nahezu ausgeschlossen, als Individuum zu (über)leben. Nur als Teil und Glied eines sozialen Ganzen, eines Beziehungs- und Solidaritätsnetzes (meist familiäre oder Patron-Klient-Netzwerke), kann der Einzelne existieren (vgl. das in bTaan 23a überlieferte jüd. Sprichwort „Gefährtenschaft oder Tod"). Dieser Tatsache trägt in bes. Weise der sog. „konstellative Personenbegriff" Rechnung, der darauf verweist, dass für die antiken K. Menschsein oder „Leben" im Vollsinn die Einbindung des Einzelnen in soziale Lebenszusammenhänge („Konstellationen") bzw. die „Verknüpfung" mit anderen (Prinzip der „Konnektivität") voraussetzt (→ Anthropologie). Mit dem Begriff der „konstellativen Persönlichkeit" soll zunächst und primär die altäg. Auffassung des Menschen und des menschlichen Selbst beschrieben werden, die in doppelter Weise „konstellativ“ ist: Menschsein bzw. Lebendigsein setzt hier sowohl die koordinierte Konstellation der verschiedenen Körperteile (→ Körper) voraus wie auch die soziale Integration des Menschen, seine Einbindung in bestimmte soziale Konstellationen. Von bes. Wichtigkeit sind dabei (aus männlicher Perspektive) die Mann-Frau- bzw. Bruder-Schwester- und die Vater-Sohn-Konstellation. Beide werden jeweils mit einem spezifischen Aspekt der Person in Verbindung gebracht, insbes. mit deren Restitution, Reintegration und Rehabilitation in den Totenritualen (*Abb. 6*), nämlich die männlich-weibliche Beziehung mit dem „Körperselbst“ und die Vater-Sohn-Beziehung mit dem „Sozialselbst“ (Status, Würde, Ehre, Nachruhm) des Menschen (= des Mannes). Diesem doppelten Selbst entspricht eine doppelte → „Seele“ und eine gewissermaßen doppelte Form des Fortlebens nach dem Tod. Nur ein im Diesseits wie in der Götterwelt bleibend konstellativ integriertes Selbst hat Aussicht auf solches Fortleben. → „Leben“ im Vollsinn ist also Eingebundensein und „Zusammenhang“. Der → Tod bedeutet dementsprechend das Prinzip des auflösenden und isolierenden Zerfalls, der Disjunktion. Auch ein Lebender kann in diesem Verständnis schon todesbetroffen („lebendig tot“) sein. Umgekehrt ist „Leben“ als die belebende Kraft der Verknüpfung ein die Generationen und auch die Todesgrenze übergreifendes Prinzip, das durch die inschriftlich vielfach bezeugte Sentenz ausgedrückt wird: „Einer lebt, wenn sein → Name genannt wird.“ Diese Beobachtungen lassen sich wegen der Besonderheiten des äg. Menschenbildes zwar nicht allgemein auf die bibl. oder generell die mediterrane Welt übertragen, aber das grundsätzliche Prinzip der „konstellativen Vertäuung“, der Einbindung des Einzelnen in Solidaritätsnetzwerke, ist für alle antiken K. grundlegend. Die Bibel teilt mit der übrigen antiken Welt darüber hinaus das „konstellative Ideal“ des Patriarchen (vgl. Gen 25,8f; Ps 128,3; 1 Tim 3,2–4), der Ehefrau und Mutter (Spr 31,10–31; 1 Tim 2,15) und insgesamt der einträchtigen Familie (Ps 133). Zum neuzeitlichen Individualismus steht dieses konstellative Denken in diametralem Gegensatz. Die neuzeitliche (disjunktive) Ideologie des Individualismus wäre der Antike im höchsten Maße asozial und zerstörerisch erschienen. „Individualismus“ über den jeweils gesellschaftlich akzeptierten Grad an persönlichem Ehrgeiz hinaus konnte nur als destruktiv und als Grund oder Symptom von Niedergang und moralischem Verfall begriffen werden (vgl. ein kabylisches Sprichwort: „Nur der Teufel sagt ‘ich’“). „Individualistische“ Fragestellungen und Reflexionen tauchen v. a. da auf, wo sich der einzelne Mensch über seine soziale Rolle und seinen Platz im Ganzen der Welt nicht (mehr) gewiss ist. In der Bibel geschieht dies in der sog. „Krise der Weisheit“ (Koh, Ijob), als erkennbar die alten Gewissheiten und Plausibilitäten in Bezug auf den Zusammenhang von → „Gerechtigkeit“ und Wohlergehen brüchig werden und die Frage nach dem *individuellen* Geschick des Menschen und der *individuellen Vergeltung* von Gut und Böse und damit das Problem der Theodizee in zuvor nicht da gewesener Weise aufkommen (Ijob, vgl. auch Ez 18). Wirkungsgesch. ist die wichtigste Antwort darauf der → Glaube an die → Auferstehung der Toten bzw. das Fortleben der Seelen, verbunden mit der Vorstellung vom → End-Gericht, das den Tun-Ergehen-Zusammenhang nach dem Tod bzw. außerhalb der → Zeit wieder herstellt (vgl. Dan 12,2f; 2 Makk 7,9.14.29; Weish 3,1–9; → Eschatologie).

V. *Soziale Konformität und Konservativismus, High-Context-Gesellschaften:* „Individualismus“ im Sinne einer Wahlfreiheit in Fragen der Lebensführung bleibt in der Antike das Privileg einer sozialen Elite. Für die Masse der einfachen Bevölkerung war dagegen stets die Einbindung in die jeweilige soziale Gruppe (→ Familie, Clan, Dorf, Polis, → Volk) und der daraus resultierende Konformitätsdruck das Entscheidende, dem eine am Alt(hergebracht)en (→ Alt/Neu) orientierte sozialkonservative M. entsprach. Es ging nicht um Selbstverwirklichung und Neuerungen, sondern darum, den Erwartungen und sozialen Normen der Gruppe zu entsprechen. Die antiken Gesellschaften waren (trotz der Existenz so entwickelter Systeme der methodischen Selbst- und Problemreflexion wie der antiken Philos.) *High-Context*-Gesellschaften, in denen eine sehr weitgehende Übereinstimmung über das bestand, was als „normal“ und „natürlich“ galt und unausgesprochen vorausgesetzt wurde (auch in den bibl. Texten!).

VI. *Rel. als kulturelles Symbolsystem:* Ein wichtiger und integraler Bestandteil antiker K. ist die Rel., die sich nicht wie in der Moderne losgelöst von den übrigen Elementen und Vollzügen der K. als eigenständiger Erfahrungsbereich und autonomes kulturelles Subsystem mit spezifischer Funktion (z. B. Kontingenzbewältigung) verstehen lässt. Antike Rel. ist grundsätzlich eingebettet in andere Lebensvollzüge und Lebenskontexte, in soziale Institutionen (Familie, Verein und Polis) und Performanzen (Theaterspiele, Eröffnung und Beendigung von Feindseligkeiten, wirtschaftliche Unternehmungen, Bankette). Die „rel." Vollzüge (wie → Opfer und → Gebete) sind deren integraler und oft sogar konstitutiver Bestandteil (→ Kult) ohne dass man sie selbst deshalb genuin „rel." nennen dürfte. Wegen der Einbettung der Rel. in die K. ist auch die Wahrnehmung von Judentum, Christentum und „Paganismus" primär oder ausschließlich als „Religion(en)" ein Anachronismus. Für die eingebettete Rel. geht der soziale und kollektive (oftmals ethnische) Aspekt dem individuellen voraus. Zugehörigkeit und Loyalität (gegenüber dem eigenen Volk, der eigenen Polis oder Familie und deren Tradition und Gottheiten) ist das Primäre, die individuelle „rel. Erfahrung" und Überzeugung (engl. *commitment* und *faith*) das Sekundäre. Gerade diese Dinge (wie der persönliche Glaube), die für uns das „eigentlich Religiöse" sind, spielen in der antiken Rel. vielfach nur eine nachgeordnete Rolle oder sind anderen Größen zugeordnet. So sind → Ethik, Lebensführung und innere Überzeugung in der griech.-röm. Welt viel mehr eine Sache der Philos. als der Rel.; entsprechend können sich das hell. Judentum und frühe Christentum selbst als Philos. bezeichnen. Auch die für den modernen Religionsdiskurs grundlegende *kategoriale* Entgegensetzung von empirischen und transzendentalen Aussagen hat in der Antike keine Entsprechung und ist nicht mit der antiken Unterscheidung zwischen „natürlich" und „übernatürlich" identisch. Neuere Versuche, ein Konzept der Rel. zu entwickeln, das nicht einseitig und normativ am (neuzeitlichen) Christentum orientiert ist, schlagen vor, Rel. als „symbolisches System" oder als „kulturelles Zeichensystem" zu betrachten, nämlich als ein kulturspezifisches System von aufeinander bezogenen Mythen, Ritualen und Symbolen, das wie andere kulturelle Zeichensysteme (z. B. Sprache) der sinnhaften Orientierung des Menschen in der Wirklichkeit dient, indem es die Welt mit einem Netz sinnhafter Strukturen und Bezüge überzieht. Auf dem Wege der Symbolisierung werden konkrete Begriffe, Gegenstände und Vorgänge zu Trägern einer weit über sie hinausgehenden Bedeutung (z. B. die Wolken als Gefährt Jhwhs, Ps 104,3). Dieser Vorgang spielt im AT wie insgesamt im AO für die sinnhafte Ordnung und Durchdringung der Welt eine herausragende Rolle. Das Spezifische an „rel." Symbolsystemen ist dabei, dass sie die Vorstellung einer umfassenden (die alltagsweltliche Erfahrung transzendierenden) Seinsordnung und einen bestimmten Lebensstil bzw. ein „Ethos" miteinander verknüpfen (→ Ethik). → Weltbild und alltägliche Wahrnehmung wirken in komplexer Weise aufeinander ein und färben wechselseitig aufeinander ab. So stützen sich Weltbild und Ethos, Sein und Sollen, Wissen und Erleben gegenseitig und bestärken einander in ihrer Plausibilität (oder auch in ihrer partiellen Fragwürdigkeit). Alle wichtigen Elemente der mediterranen M. (Agonismus, Bedeutung des Ehre-Schande-Diskurses, Geschlechterasymmetrie, Hierarchiefixierung, autoritärer Herrschaftsstil, Rolle von sozialen Netzwerken und Patron-Klient-Beziehungen, soziale Konformität) sind dementsprechend in vielfacher Weise mit der Welt der Mythen, → Riten und heiligen Symbolen verwoben, ohne dass in dieser Hinsicht ein grundsätzlicher Unterschied zwischen paganer Antike und bibl. Tradition bestünde.

J. Assmann, Konstellative Anthropologie, in: *B. Janowski* (Hg.), Der ganze Mensch, Berlin 2012, 35–56; *ders.*, Tod und Jenseits im Alten Ägypten, München 2001; *P. Bourdieu*, Ehre und Ehrgefühl, in: *ders.*, Entwurf einer Theorie der Praxis auf der ethnologischen Grundlage der kabylischen Gesellschaft, Frankfurt/M. 1976, 11–47; *S. Burkes*, God, Self, and Death, Leiden u. a. 2003; *P. Cartledge*, Die Griechen und wir, Stuttgart u. a. 1998; *K. Erlemann* u. a. (Hg.), Neues Testament und Antike Kultur, Neukirchen-Vluyn 2004ff; *C. Geertz*, Religion als kulturelles System, in: *ders.*, Dichte Beschreibung, Frankfurt/M. 1983, 44–95; *C. Giordano*, Der Ehrkomplex im Mittelmeerraum, in: *L. Vogt/A. Zingerle* (Hg.), Ehre, Frankfurt/M. 1994, 172–192; *B. Janowski*, Konstellative Anthropologie, in: *ders.* (Hg.), Der ganze Mensch, Berlin 2012, 109–152; *ders.*, Das biblische Weltbild, in: *ders./B. Ego* (Hg.), Das biblische Weltbild und seine altorientalischen Kontexte, Tübingen 2001, 3–26; *B. Lang* (Hg.), Anthropological Approaches to the Old Testament, Philadelphia

u. a. 1985; *H. Lloyd-Jones*, Ehre und Schande in der griechischen Kultur: AuA 33 (1987) 1–28; *B. J. Malina*, Collectivism in Mediterranean Culture, in: *D. Neufeld/R. E. DeMaris* (Hg.), Understanding the Social World of the New Testament, London/New York 2010, 17–28; *ders.*, Die Welt des Neuen Testaments, Stuttgart u. a. 1993; *D. E. Oakman*, Das Verhältnis von Kultur, Gesellschaft und „eingebetteter" Religion in der Antike, in: *G. Gelardini/P. Schmid* (Hg.), Theoriebildung im christlich-jüdischen Dialog, Stuttgart 2004, 13–33; *J. J. Pilch/B. J. Malina* (Hg.), Handbook of Biblical Social Values, Peabody [2]1998; *J. Rüpke*, Die Religion der Römer, München 2001; *W. Stegemann*, Kulturanthropologie des Neuen Testaments: VF 44 (1999) 28–54; *ders.*, Religion als kulturelles Konzept, in: *ders.* (Hg.), Religion und Kultur, Stuttgart 2003, 43–69; *G. Theißen*, Die Religion der ersten Christen, Gütersloh [3]2003.

Klaus Neumann

Schrift (S.) / Schriftverständnis

Zugeordnete Begriffsartikel: Einheit/Vielheit, Evangelium, Exegese, Gotteswort, Hermeneutik, Intertextualität, Kanon, Mitte, Normativität, Offenbarung/Inspiration, Schreiben/Schrift, Tora, Tradition, Wahrheit.

Vorbemerkung: Eine getrennte Behandlung von AT und NT legt sich im Sinne einer gesamtbibl. Perspektive nicht nahe.

I. *Zum Begriff „Schrift":* Für die christl. Theologen ist S. die zweigeteilte Bibel (griech. βιβλία „Bücher, Schriften"), d. h. die normative Sammlung der heiligen S. Israels (als AT) und die in den christl. Kirchen entstandene Sammlung (NT). Ihr Umfang ist im Christentum, aber auch im Judentum umstritten. In Israel war die Aktualisierung der göttlichen → Offenbarung im gesprochenen Wort viel wichtiger als die geschriebene, wie der Begriff *hammiqrā* („Lesung"; vgl. Neh 8,8) als Bezeichnung für die S. im nachbibl. Judentum belegt. Erst hier bürgert sich auch die Bezeichnung *miqrā* („S.") oder *kitbē haqqōdæš* („heilige Schriften") ein, letzteres bereits in 1 Makk 12,9 und 2 Makk 8,23 vorgeprägt. Ansonsten erhält beim Fehlen des Adjektivs die S. kontextuell ihre theol. Dignität durch Syntagmen wie „Buch der Weisung des Herrn" (Neh 9,3; 2 Chr 17,9; Dtn 28,61; 30,10) oder „Buch, die Weisung Gottes" (Jos 24,26); vgl. Dtn 17,18: Der König soll sich „eine Abschrift dieser Weisung in ein Buch/auf einer Schriftrolle aufschreiben". Hier wird das Dtn bereits lit. fixiert und als normativ vorausgesetzt (vgl. auch die Fixierformeln in Dtn 4,2; 13,1), weil „Gott es durch Mose gebot" (Neh 8,14). Es ist „das Buch der Weisung: *sēfœr hattōrā*" (Jos 8,32.34; vgl. Dtn 28,61; 29,20; Jos 1,8; 23,6; 24,26; 1 Chr 16,40; Dan 9,11).

S. bedeutet in der Regel die einzelne Schriftstelle, der Plural *Ketubim* kann aber auch alle heiligen Schriften bedeuten, bezeichnet nach der Fixierung von → Tora/Gesetz und Nebiim/Propheten (→ Prophet) aber nur die im dritten Teil gesammelten Schriften (Ps, Ijob, Spr, Rut, Hld, Koh, Klgl, Est, Dan, Esr, Neh, 1–2 Chr).

Im NT ist der Plural „die Schriften" vielfach belegt, noch häufiger der Singular „die Schrift". Wie die Wendung „die ganze S." (2 Tim 3,16) unterstellen die Begriffe ein Einverständnis über Umfang und Akzeptanz. Dies gilt auch für die beliebte Formel „Gesetz und Propheten" (Mt 5,17; 7,12; 11,13; 22,14; Lk 24,44; Apg 13,5; Röm 3,21 u. a.) bzw. für „Mose und die Propheten" (bevorzugt von Lukas, vgl. Lk 16,29.31; 24,27; vgl. 24,44; Apg 28,23). Wie viele S. und welche Edition jeweils gemeint sind, bleibt jedoch unklar, da erstens der Umfang der *Ketubim* bis in die talmudische Zeit (ca. 4. Jh. n. Chr.) umstritten war und zweitens variierende Textüberlieferungen selbst der Tora, wie die Texte aus Qumran belegen, im Umlauf waren. Zudem wurden in der jüd. Theol. Texte (wie die Jubiläen- und Henochbücher u. a.) wie heilige S. zitiert, ähnlich auch im NT (vgl. Hen 1,9 in Jud 14; vgl. auch die im AT nicht belegbaren Zitate in 1 Kor 2,9 und Mt 1,23). Während Tora/Gesetz und Nebiim/Propheten zur Zeit Jesu und der ntl. Verfasser der Anzahl nach unbestritten waren, galt dies für „die S." nicht; allein die Pss. mit David als ihrem inspirierten Dichter (vgl. 2 Makk 2,13) galten als prophetische S.

II. *Zur theol. Dignität der S. als Kanon:* Aufgrund der Überzeugung, die durch die obigen Wendungen wie „Weisung/Gesetz, Wort Gottes" u. a. bestätigt wird, demzufolge „die S." auf den Tafeln „Gottes Schrift war" (Ex 31,18; 32,15f), die Tora insgesamt → Gottesworte enthält, hat sie für jüd. Gläubige normative Bedeutung. Daher wurde die Tora von allen jüd. Gruppen (einschließlich der Samaritaner und Sadduzäer) anerkannt. Ihr wurde eine weit höhere Offenbarungsqualität zuerkannt als den prophetischen S. (*Nebiim*), die als

Aktualisierung der absolut verbindlichen Tora gedeutet wurden. In der Hierarchie an letzter Stelle standen „die S." (*Ketubim*), über deren Anzahl und Akzeptanz erst in einem mehrere Jh. dauernden Prozess der Sammlung (2. Jh. v. bis 2. Jh. n. Chr.) entschieden wurde. Trotz der Sonderstellung der Tora und einer erkennbar hohen Textstabilität um die Zeitenwende lag auch bei ihr der genaue Wortlaut der Texte nicht fest (wie die vorntl. Belege aus Qumran bestätigen), zumal Schriftgelehrte zur Zeit Jesu wie auch dieser selbst keineswegs die Tora nur kommentierten und auslegten, sondern deren Themen für die eigene Situation fortschrieben, aktualisierten und umschrieben. Nur so bleibt → Offenbarung lebendiges Wort Gottes.

Christen haben sich klarzumachen, dass hier ein anderes Verständnis von heiliger S. und damit von Offenbarung vorliegt. Nicht erst das II. Vatikanische Konzil verpflichtet die kath. Exegeten zwar auch auf eine hist.-kritische Auslegung der einzelnen S., bindet diese aber sofort zurück an „den Inhalt und die Einheit der ganzen Schrift" (DV 12) und an die verbindliche Auslegung der S. durch das „lebendige Lehramt der Kirche" (DV 10). Demgegenüber betont ref. Schriftverständnis eher die Klarheit der S. und deren richterliche Funktion gegen lehramtlich vorgetragene → Traditionen. Beide Sichtweisen haben v. a. mit dem Begriff → Kanon zu tun, den es im strengen Sinn des Wortes in der jüd. Theol. nicht gibt. Entsprechendes gilt für „bibl. Theol." und „kanonische Auslegung". Als christl. *terminus technicus* aus dem Rechtswesen und für liturgische Rubriken im 4. Jh. n. Chr. entstanden, wurde er erst im 18. Jh. auf die heiligen S. der Bibel übertragen, setzte sich dann aber rasch durch. „Kanon" im späteren Sinn des kodifizierten unabänderlichen Wortlauts auf die Zeit des NT oder gar der damaligen jüd. Theol. zu übertragen, ist nicht nur anachronistisch, sondern auch sachlich unangemessen, da so christl. Begrifflichkeit anderen aufoktroyiert wird. Dies spricht nicht nur gegen die hist. → Wahrheit, sondern v. a. auch gegen jüd. und urchristl. Glaubensüberzeugungen. An den S. aus Qumran kann man studieren, dass dort weder die spätere dreiteilige Sammlung normativer heiliger S. der Rabbinen bekannt war noch ist eine Diskussion um den exakten Umfang eines evtl. „Kanons" belegt. Hinsichtlich des jüd. Schriftverständnisses ist festzuhalten, dass dies vor 70 n. Chr. alles andere als einheitlich war.

III. *Zur Vorgeschichte des christl. Kanons:* Für ein angemessenes Schriftverständnis unter Christen ist es nicht unerheblich, auf den unterschiedlichen Umfang des Kanons in der röm.-kath. sowie orth. Tradition und der reformatorischen, v. a. ref. Kirchen hinzuweisen. Es gibt einen unterschiedlichen Umfang zwischen der jüd. Sammlung heiliger S. und dem christl. Kanon. Die jüd. Sammlung in hebr., teils auch in aram. Sprache (22 bzw. 24 Bücher – je nach Zählung) wurde durch Akzeptanz, nicht durch einen Synodenbeschluss festgelegt, und zwar erst nach der Zerstörung des Tempels und der Stadt Jerusalem (70 n. Chr.) in der Zeit von Jabne (70–132 n. Chr.) und der von Uscha (135–200 n. Chr.). Dies geschah in bewusstem Rückgriff auf die traditionelle grund-legende Basis jüd. Glaubens zur Wahrung der Identität der Offenbarung an Mose (wohl auch gerichtet gegen die griech. Sprache der röm. Besatzermacht und begründet in den traumatischen Erfahrungen der erzwungenen Hellenisierung in der Makkabäerzeit im Kampf gegen den syr. König Antiochus IV. in den Jahren 175–164 v. Chr.). Die Besinnung auf das genuine, an Mose ergangene → Gotteswort war der theol. Grund, dass pharisäisch-rabb. Theologen die heiligen S. der Juden in griech. Sprache ablehnten. Übersetzungen der Tora gab es seit dem frühen 3. Jh. v. Chr., der prophetischen S. ab dem 2. Jh. und zwar nicht nur in der → Diaspora (Alexandrien), sondern auch im Mutterland. Die bekanntesten sind die später von Christen gesammelte *Septuaginta* (LXX) und als Verbesserung vorliegender griech. Übersetzungen im 2. Jh. n. Chr. die Editionen von Aquila, Theodotion und Symmachus. Als originale griech. S. wurden in den christl. Kanon des AT aufgenommen: Tob, Jdt, Bar, Weish, Sir, 1–2 Makk u. a. – nicht als Teile eines jüd. Kanons von Alexandrien, den es nicht gab, wie man früher annahm, sondern als jüd. S., die durch ihre normative Funktion in der Akzeptanz durch christl. Gemeinden zu kanonischer Gültigkeit gelangten. Wichtig wurden sie bes. für das → Gottesbild, die Christologie (→ Jesus Christus), für Schöpfungs- und Auferweckungsglauben (→ Schöpfung, →

Auferstehung). Zur reichen jüd. Lit. aus griech. Zeit gehören auch die Werke des jüd. Historikers Flavius Josephus und Philos von Alexandrien, der bei einigen Kirchenvätern fast „kanonische“ Geltung genoss.

Die Geschichte dieser zweifachen Sammlung jüd. heiliger S. in hebr. und griech. Version ist für das christl. Schriftverständnis von entscheidender Bedeutung, da zwar Jesus und seine Jünger die hebr. Schriftrollen lasen, alle Verfasser der ntl. S. jedoch die griech. heiligen S., auch wenn bei ntl. Zitaten aus „der S.“ nicht immer klar ist, ob eine aktuelle Übersetzung vorliegt bzw. welche der keineswegs einheitlichen Handschriften der Juden zitiert wird. Generell gilt, dass für die christl. Theol. die griech. heiligen S. schlechthin als normativ galten und später kanonisiert wurden.

IV. *Der Umfang der christl. Bibel:* An diesem Stand der Bibelüberlieferung änderte grundsätzlich auch die schriftgelehrte Arbeit des Origenes im 3. Jh. nichts, der in seiner sechsspaltigen *Hexapla* die Unterschiede der hebr. und griech. Überlieferungen der heiligen S. verdeutlichte. Konsequenter ging Hieronymus vor, der ab 391 die *Vetus Latina*, eine altlat. Übersetzung aus dem 2./3. Jh. wegen ihrer mangelnden Qualität gemäß den hebr. Vorlagen überarbeitete und bei der Auslegung des AT dem hebr. Text den Vorrang einräumte (*veritas hebraica*). Die von ihm geschaffene *Vulgata* war seit dem 8. Jh. im weström. Reich kanonisch anerkannt, während die oström./orth. Kirchen – bis heute – an der *LXX* festhalten.

Die Reformatoren im 16. Jh. komplizierten den Befund, da sie aus humanistischen Gründen gemäß der Devise „Zurück zu den Quellen!“ und demzufolge zur *veritas hebraica*, aber auch aus kirchenkritisch-dogmatischen Motiven (sie bevorzugten einseitig die pln. Theol.) einerseits allein den hebr. Text des AT als heilige S. anerkannten, im NT gemäß der dogmatischen Norm Luthers „was Christum treybet, odder nit“ zwar keine S. ausschlossen, sie aber nicht mitzählten und folglich nicht zu den „Heubtbüchern des newen Testaments“ rechneten; ihre Position als Anhang legt ihnen eine deutlich geringere theol. Normativität zu. Betroffen waren Hebr, Jak, Jud, Offb (vgl. die Vorrede Luthers zu seiner ersten vollständigen Bibelausgabe von 1534).

Analog werden von Luther im AT Tob, Jdt, Bar, Weish, Sir sowie 1–2 Makk als *Apocrypha* gewertet mit der Begründung: „Das sind Bücher, so nicht der heiligen Schrift gleich gehalten, und doch nützlich und gut zu lesen sind.“ Heute differenziert man angemessener zwischen „apokr.“ S., die nicht in der Liturgie der damaligen Gemeinden eingesetzt und daher nicht in die Bibel aufgenommen wurden, und „deuterokanonischen“ S., die nur in der LXX stehen.

Es ist also nüchtern festzuhalten, dass die Anzahl der heiligen S. in den christl. Kirchen bis heute ungeklärt ist. Das Konzil von Trient kanonisierte in Reaktion auf die Reformatoren 1546 die LXX-Sammlung, der sich die orth. Kirchen etwa 1672 anschlossen. In der kath. Bibel sind im AT gemäß der Vorlage der LXX mehr Texte enthalten als in der Bibel der Reformierten gemäß der hebr. Vorlage, während die Lutheraner die „deuterokanonisch“ genannten S. des AT – als solche sind sie auch deklariert – immerhin drucken. Allerdings: Auch die deutschen kath. Bibelausgaben des AT (etwa die Einheitsübersetzung) bieten die Übersetzung des hebr. AT, also nicht die Übersetzung derjenigen Texte, die die Verfasser der ntl. S. lasen. Für ein angemessenes Schriftverständnis ist dieses Faktum nicht ohne Probleme. Was für das christl.-jüd. Gespräch einerseits von Vorteil ist, erweist sich andererseits als großer Nachteil, da das im hell. Frühjudentum sich entwickelnde differenzierte Gottesbild (mit Wirkweisen, Personifikationen bzw. Hypostasen wie → Geist, → Weisheit, Logos, Wort – verbunden mit der Vorstellung ihrer Präexistenz, aber auch der der Tora, des → Messias u. a.) absolute Voraussetzung ist für die hell. Konzepte der Christologien im NT. Sie können nur über die griech. Texte der LXX und der Theol. Philos verstanden werden.

Was sprachgesch. für die christl. Theol. zunächst einfach aussieht, wird verkompliziert durch die Tatsache, dass Jesus von Nazaret selbst, seine ersten Jünger und ein Teil der Jerusalemer Urgemeinde (vgl. Apg 6,1) Aramäisch sprachen, ihre theol. Vorstellungen demnach der hebr.-aram. Theol. und ihren S. verdankten. Auch nach Ostern verkündeten die christl. Missionare in dieser Tradition, wie die vor-mk. und die Belege aus Q bestätigen, die mündliche Heilsbotschaft Jesu weiter. Da lit. Zeugnisse für die urchristl. Gottesdienste fehlen, ist die Verwendung der liturgischen Sprache umstritten (zum aram., in griech. Transskription belegten *Maranatha* vgl. 1 Kor 16,22 und Offb 22,20; zur griech. Homologie „Herr ist Jesus" vgl. etwa Röm 10,9; 1 Kor 12,3; Phil 2,11). Es ist wohl von verschiedenen sprachlichen Entwicklungen auszugehen, je nach der Herkunft der Schreibenden.

Im Übrigen hat sich die in dieser vielfältigen Kanondiskussion vorliegende theol. Problematik als Frage nach der Funktion und → Normativität bestimmter Kanonteile im Sinne des hebr. AT neu gestellt. Zu erinnern ist an die Vorrangstellung der Tora, des Pentateuch, und ihrer Offenbarungsqualität (→ Gotteswort, → Offenbarung). Die ntl. Theologen hielten an dieser Vorgabe fest, auch wenn die Gesamtstruktur des griech. AT mit der hebr. Vorlage nicht übereinstimmt. Für ein angemessenes Schriftverständnis, erst recht im jüd.-christl. Dialog, sei eigens daran erinnert.

V. *Zur Struktur der hebr. und griech. heiligen Schriften Israels:* Im Kontext des christl. Schriftverständnisses kommt es nicht auf Details, sondern auf die Grobstruktur an. Die *Ketubim* enden im hebr. AT programmatisch mit 2 Chr 36,22f, dem Erlass des Perserkönigs Kyrus, dem zufolge die exilierten Juden nach Jerusalem zurückkehren konnten, da Gott „mit seinem Volk" geht, seine → Treue unerschütterlich ist, er am Bund und an Zion als „Jhwhs Wohnsitz" festhält. Es geht um jüd. Identität, zugleich um Zentrierung auf Jerusalem hin (vgl. die Fort- und Umschreibung von 2 Chr 36,22f im Manifest Mt 28,18–20, allerdings von Jerusalem weg zu allen Völkern).

Bis ca. 400 n. Chr. hielten die christl. Theologen auch in ihrer griech. und lat. Bibelüberlieferung an der hebr. Anordnung fest. Erst in der von christl. Autoren erstmals so benannten LXX findet sich eine andere Struktur, „die als *innere Erweiterung* der älteren Struktur von Tora und Propheten angesehen werden kann" (C. Dohmen), was u. a. für ihre christl. Entstehung sprechen dürfte: Hier endet die heilige S. prophetisch mit Mal 3,20–24. Die Stelle enthält zwar einen Rückverweis auf die Tora des Mose, aber zugleich eine Ankündigung der Sendung des Propheten Elija und des dann kommenden Tages Jhwhs. Überhaupt entwirft jetzt der gesamte prophetische Teil (anders als in der hebr. Vorlage: dort gehörten die Bücher von Josua bis 2 Könige zur prophetischen Lit.) eine positive Vision der zukünftigen Geschichte Israels und der Völker, die nach Jerusalem ziehen (so schon programmatisch in Jes 2,1–5; entsprechend wird der Gott Israels schon seit Am 9,7 als der „Gott für alle" geglaubt, der Knecht Gottes nach Jes 42,1–9 u. a. als „Licht für die Völker" gedeutet). Ntl. Theologen konnten an diese Hoffnungsvorgaben nahtlos anknüpfen (vgl. die Einspielung von Mal 3,22ff in Mt 17,10–13; Mk 9,11f; Lk 1,17), indem sie Johannes den Täufer als den für die Endzeit verheißenen Elija deuteten (so v. a. Mt 3,4; 11,10.14), Jesus entsprechend als „Immanuel, d. h. übersetzt: Gott ist mit uns" (Mt 1,23). Bedenkt man die sonstigen christologischen Lesarten der heiligen S. Israels, ist nachvollziehbar, dass erstens Aram. und Griech. sprechende Juden nach 70 weder den Aufbau noch den Text der LXX als heilige S. akzeptierten und dass zweitens die Reformatoren zwar auf den hebr. Text zurückgriffen, aber an der Struktur der LXX festhielten.

VI. *Lesen Juden und Christen dieselbe Bibel?* Mit Blick auf die Zeit Jesu und des Paulus kann man diese Frage schon allein im Hinblick auf die variierenden Überlieferungen der heiligen S. Israels in Hebr. und Griech. sowie im Hinblick auf die unterschiedliche Akzeptanz ihrer Offenbarungsqualität in den verschiedenen rel.-polit. Richtungen global nicht beantworten, da wir den exakten hebr., aram. und griech. Text der als heilig anerkannten S. nicht genau kennen. Gelten für Jesus und für den Aram. sprechenden Teil der urchristl. Gemeinden die heiligen S. in Hebr. als vorgegebenes Glaubens- und Lebens-Buch, so für den Griech. sprechenden Teil die heiligen S. in Griech. Verschärft wird die Frage durch die Schwerpunktverlagerung von der theozentrischen Verkündigung der → „Herrschaft Gottes" durch Jesus, durch die Boten aus Q und durch die Theol. der vor-mk. Traditionen zur Christologie, genauer zur Christologisierung des Gottesglaubens, der ohne die Vorgabe der Denkkategorien des hell. Judentums (bes. in der LXX und in den S. Philos) nicht zu denken ist, geschweige denn zu glauben. Durch diese Verlagerung entsteht eine zweite Leserichtung aufgrund der neuen Glaubens-Erfahrungen. Dabei ist gegen alle christologischen Engführungen (bes. in liturgischen Texten und in vergangenen system. Traktaten) festzuhalten, dass alle Theologen des NT streng theozentrisch denken (zu Joh vgl. die „Gesandten-Christologie"). Vom jüd. Grundbekenntnis „Gott ist Einer" entwirft auch Paulus seine gesamte Theol. (zur Auferweckung Jesu vgl. 1 Thess 1,10; Gal 1,1; 1 Kor 6,14; 15,15; 2 Kor 4,14; Röm 4,24; 8,11; 10,9, zur Versöhnung vgl. 2 Kor 5,19, zur Rechtfertigung vgl. Röm 4,5, zur Vollendung der Zeiten vgl. 1 Kor 15,23–28; Röm 11,1–10.29–36; 15,9–13; → Monotheismus). Der jüd. Glaube an die dynamische Hinneigung Jhwhs zur Welt, zu Israel und zu allen Menschen (im Hinblick auf die Christologie wäre auch von jüd. Seite das Sprechen und Handeln Gottes durch Propheten verstärkt neu zu bedenken) erfährt in der Christologisierung zwar eine Radikalisierung und Konkretisierung (in Anknüpfung und Weiterführung des jüd.-hell. Gottesbildes), aber Gott bleibt auch für alle ntl. Theologen die Mitte ihres Glaubens und ihrer S. (woran die pln. Präpositionen-Christologie mit „durch Christus" und „in Christus" den Leser durchgehend erinnert).

Diese christologische Radikalisierung des Gottesglaubens liefert – analog zu den Glaubensüberzeugungen der anderen rel. und polit. Gruppen im Frühjudentum – eine neue Leseweise der heiligen S. Israels. Die Rede vom „doppelten Ausgang des Alten Testaments in Judentum und Christentum" (K. Koch) kann nur in einem ersten Anlauf heuristisch dienlich sein, denn erstens identifiziert es – zumindest in der Überschrift – anachronistisch die heiligen S. Israels mit dem christl. AT, zweitens setzt es eine kanonische Perspektive des 2.–4. Jh. n. Chr. voraus und drittens beachtet es nicht die vielfältigen sonstigen Ausgänge der hebr. heiligen S. Genauer ist vom doppelten Ausgang der heiligen S. Israels in die jüd. Bibel einerseits und in das christl. AT andererseits zu sprechen. Aber auch dies ist noch idealtypisch. Denn: Die vielfältigen, in sich differenten theol. Konzeptionen und ihre jeweilige, sehr unterschiedliche Nachgeschichte (etwa in der Toratheol. und in den eschatologischen Erwartungen bis hin zur → Apokalyptik) werden ebenso idealtypisch vereinheitlicht, wie die Nachgeschichte der hebr. heiligen S. Israels. Diese wurden seit dem → Exil ins Aram. übersetzt (*Targumim* = Erklärungen, Übersetzungen), in die syr. *Peschitta* (= Übersetzung) und in die Lit. des rabb. Judentums, früher schon in die griech. Übersetzungen des hell. Judentums, in deren → Tradition die ntl. Theologen stehen. Selbst im Blick auf das NT kann nicht im Singular vom „Ausgang" gesprochen werden, da selbst bei Paulus aufgrund einer biogr. Wende verschiedene Lesarten nachweisbar sind (vgl. in Gal 1f seine strenge tora-/sinaizentrische Theol. vor seiner Berufung und die dazu im Widerspruch stehende Haltung zur Zeit des Jerusalemer Apostelkonvents mit der reinen Gnaden- und Glaubenstheol. gemäß dem Vorbild Abrahams nach Gen 12–18 in Röm 1,16f).

Dennoch hat auch die undifferenzierte Rede vom „doppelten Ausgang" hermeneutisch nicht nur für die hist.-kritische → Exegese bzw. für religionswiss. Forschungen, sondern auch für die Grundstruktur der christl. Theol. überhaupt grundlegende Bedeutung, wenn die pharisäisch-rabb. Lesart in ntl. Zeit als theol. gleichwertig angesehen wird. So im Dokument der Päpstlichen Bibelkommission von 2001, die die jüd. Interpretation nicht nur als Verstehens-Hilfe für christl. Exegeten interpretiert, sondern feststellt: „Die Christen können und müssen zugeben, dass die jüdische Lesung der Bibel eine mögliche Leseweise darstellt, die sich organisch aus der jüdischen Heiligen Schrift in der Zeit des zweiten Tempels ergibt, in Analogie zur christl. Leseweise, die sich parallel entwickelte. Jede dieser beiden Leseweisen bleibt der jeweiligen Glaubenssicht treu, deren Frucht und Ausdruck sie ist. So ist die eine nicht auf die andere rückführbar." (Nr. 22) Die Rezeption von S. als heilige und normative durch eine Glaubensgemeinschaft gehört zum Wesen dieser S. selbst, wie hier zum ersten Mal durch ein offizielles Dokument des Vatikans festgestellt wird. Auf der Basis dieser elementaren Erkenntnis lassen sich die vielfältigen innerjüd. und innerchristl. Lesarten einordnen.

Hist.-kritische Exegeten des AT fragen produktionsorientiert und entstehungsgesch. nach dem Ursprungssinn der Texte (ohne deren Rezeption im NT). Im kanonischen Wechselspiel der beiden Testamente in der einen christl. Bibel gibt es für sie eine zweifache Leserichtung: vom AT zum NT und vom NT zum AT. Hermeneutisch sind beide gleichberechtigt, der erste Teil der christl. Bibel ist jedoch unaufhebbare *Voraus*-Setzung für alle ntl. Theol., die „Wurzel“, die uns „trägt“ (Röm 11,18).

Für Theologen u. a. in Qumran, der Pharisäer, der Jesusgruppe, der Reformatoren im 16. Jh. gilt eine grundsätzliche hermeneutische Regel (→ Hermeneutik): Verstehen heißt lesen, was da steht. Doch der Sinn selbst steht nicht da. Der Text kann also nicht nur betrachtet werden, sondern ist im Akt der Rezeption auszulegen und – v. a. bei theol. Texten – sich anzueignen. So offen der Akt des Lesens ist, eine absolute Willkür subjektiver Aneignungen verhindert der Text aufgrund seiner Leserlenkungen. Dennoch gilt auch im Hinblick auf bibl. Texte eine Grunderkenntnis aller Rezeptionstheorien: „Auch ein ‘offener’ Text ist doch immer ein Text, und ein Text kann unendlich viele Interpretationen anregen, erlaubt aber nicht jede beliebige Interpretation.“ (U. Eco) Text und Leser stehen in einem unaufhebbaren Wechselspiel, was aber voraussetzt, dass es auch bei den heiligen S. Israels nicht nur faktisch ein sehr unterschiedliches Schriftverständnis gab, sondern dass dies gar nicht anders sein konnte. Hier ist nicht der im 20. Jh. von christl. Theologen vielstrapazierte „Sinnüberschuss“ bzw. „Tiefensinn“ der heiligen S. Israels zu bemühen (im Rückgriff auf den *sensus plenior* der Kirchenväter), um deren christologische Auslegung zu begründen. Es sind vielmehr die Voraussetzungen einer Glaubensgemeinschaft, die nicht nur bestimmte Texte als heilig und normativ, im christl. Bereich als Kanon behauptet, sondern damit auch die die Identität dieser Glaubensgemeinschaft bestimmenden Überzeugungen nicht in die tradierten Texte hineinliest, aber doch die eigene aktualisierende Aneignung der heiligen S. von ihnen sich eröffnen lässt. Dies ist ein kompliziertes Wechselspiel (→ Hermeneutik), bei dem reformatorische Traditionen mehr die Klarheit der Schrift und ihre Selbstauslegung betonen, die keiner externen Auslegungsinstanz bedarf, da der heilige Geist, der die heiligen Schriften hervorgebracht hat, im Herzen der Glaubenden wie in der kirchlichen Verkündigung zur Wahrheit führt (M. Luther), während die kath. und die orth. Kirchen die regulative Funktion des Glaubenssymbols, die Traditionen und das unter dem Wort Gottes stehende (DV 10) → Amt betonen. Beim Prozess der Rezeption kann es sich jeweils nur um einen sehr selektiven Vorgang handeln, was für ein angemessenes Schriftverständnis elementar ist.

VII. *Einheit der Schrift?* Dass nach Abschluss einer normativen Sammlung heiliger S. für eine Glaubensgemeinschaft (Samaritaner, Sadduzäer, Pharisäer, christl. Juden, christl. „Heiden“) die These von der „Einheit der S.“ eine angemessene, die eigene Identität als *regula fidei* stärkende Funktion hat, ist unbestritten. Diese Rede darf nur nicht anachronistisch auf frühere Situationen übertragen werden, wie es üblicherweise bei den Begriffen „Kanon, Bibel, AT, NT“ geschieht. In hist. bzw. entstehungsgesch. Perspektive ist sowohl bei den heiligen S. Israels wie bei den ntl. S. nicht nur eine spannungsreiche, kontrastive Einheit festzustellen, sondern es zeigen sich auch Widersprüche, die sich nicht ausgleichen lassen (→ Einheit). Dennoch kann man letztlich von einer → Mitte aller vielfältigen theol. Konzeptionen sprechen, da alle Verfasser der Bibel die Wirklichkeit Gottes zur Sprache bringen wollen. Ihre Antworten, wie sie sich in den atl. und ntl. Texten finden, sind jedoch unaufhebbar unterschiedlich, da alle – ob Juden oder Christen – die Offenbarung, die Anrede Gottes (DV 6), die Gottesworte anders hören. Die Konsequenz lautet: Die je andere Lesart ist zu akzeptieren, die eigene nicht als objektiv „richtig“ zu deklarieren (was linguistisch nicht möglich ist): „Die Geschichte des Heiles liegt, von heiligen Verfassern vorausverkündet, ... als wahres Wort Gottes in den Büchern des Alten Bundes vor; darum behalten diese von Gott eingegebenen Schriften ihren unvergänglichen Wert.“ (DV 14 mit Verweis auf Röm 15,4) Diesen theol. Eigenwert der heiligen S. Israels als Sammlung (etwa der 150 Pss.), aber auch jeder einzelnen S. (etwa jeden einzelnen Psalm), haben Bibelausleger synchron und diachron zu erheben.

Da eine bestimmte Sammlung heiliger S. für die christl. Kirchen, ob definiert oder nicht, zum → Kanon geworden ist, haben die Exegeten nicht nur den einzelnen Text auszulegen, vielmehr „erfordert die rechte Ermittlung des Sinnes der heiligen Texte, dass man mit nicht geringerer Sorgfalt auf den Inhalt und die Einheit der ganzen Schrift achtet, unter Berücksichtigung der lebendigen Überlieferung der Gesamtkirche und der Analogie des Glaubens“ (DV 12). Nicht eine einzelne Schrift aus der Bibel ist Maßstab, sondern ihre

Summe ist „bleibendes Fundament" und „Seele der Theologie" (DV 24). Da gemäß röm.-kath. Überzeugung der Grundgestus der Kirche darin besteht, „auf das Wort Gottes zu hören" (so der Anfangssatz von DV: *Dei verbum audiens*), bildet die Bibel als Einheit für diese Glaubensgemeinschaft trotz ihrer vielfältigen und disparaten theol. Konzeptionen den einzigen theol. Maßstab. Dies impliziert eine ökum. Herausforderung, bes. für die lat.-röm.-kath. Kirche, für eine Ökumene nach innen: Der ungeheure Wille zur grundsätzlichen Einheit im Prozess der Kanonisierung ist der ntl. Maßstab für die Offenheit der christl. Kirchen und für ihre Ökumene nach außen. Die reformatorischen Kirchen leben aufgrund ihrer gesch. Entwicklung diese Vielfalt, leiden aber an der Einheit. Ziel wäre nicht eine „Wiedervereinigung" der Kirchen mit Rom, sondern die Wiederherstellung der → Gemeinschaft der christl. Kirchen auf der Basis der heiligen S. Die Vielfalt, die κοινωνία, ihre *communio*, ist anzustreben. Nimmt man das NT als Maßstab, dann gehört ekklesiologisch zur κοινωνία wesentlich die Vielfalt dazu. Man kann nicht die „Einheit der ganzen Schrift" als kanonischen Maßstab postulieren und gleichzeitig die konfessorische Spaltung der Kirchen aus dem 1. und 2. Jt. mit der theol. Vielfalt eben dieser S. legitimieren. Bei einem angemessenen kanonischen Schriftverständnis ist nicht die Vielfalt der Kirchen zu beklagen, wohl aber ihr Mangel an κοινωνία.

VIII. *Heutige Bibelauslegung:* Im obigen Kontext kann es Bibelauslegung im Sg. nicht geben. Nur mühsam hat sich die röm.-kath. Kirche vom Anspruch auf ein Lese- und Perspektivenmonopol befreit und zwar in einer sehr leidvollen Geschichte der → Exegese bis ins 20. Jh. Heute sind ein Perspektivenpluralismus sowie ein wiss. abgesichertes Methodenensemble auch von der kath. Kirche anerkannt (Text-, Literar-, Form-, Gattungs-, Motiv-, Traditions-, Überlieferungs-, Kompositions- und Redaktionskritik). In den letzten Jahrzehnten sind weitere Aspekte aus der (Sozio-)Linguistik, Semantik, Psychologie, Rezeptionstheorien, Sozialgeschichte, feministischer Theol., Befreiungstheol., populärer Lektüre u. a. hinzugekommen und offiziell anerkannt. Allerdings fehlte in den hist.-kritischen Methoden vielfach die hermeneutische Dimension. Nicht nur die Auslegung ist Sache der Exegeten, sondern auch die Aneignung der bibl. Texte auf der Basis einer reflektierten → Hermeneutik.

Für ein angemessenes Schriftverständnis heute müsste eine integrative, umfassende Auslegung Ziel sein, wobei nicht jeder Exeget alle Schritte zu gehen hat. Textorientierte, lit. Methoden haben ihren Eigenwert, ebenso religionsgesch. wie archäologische Aspekte, aber auch rezeptionsorientierte Zugänge, seien diese individuell oder gruppensoziologisch (ekklesiologisch) orientiert. Alle diese Leseweisen haben letztlich das Ziel, die → Normativität der heiligen S. Israels und der Gemeinden im NT, die an Gottes Handeln in Jesus von Nazaret glauben, als → Gotteswort, als → Ev., als → Offenbarung für damalige Menschen zu ergründen, sie aber auch heutigen Menschen neu zu erschließen. Dabei ist jede Aktualisierung gebunden an die je unterschiedliche Glaubensgemeinschaft (jüd., kath., orth., prot.), weil diese für die spezifische Anerkennung als heilige Schrift konstitutiv ist. Im Mittelpunkt gegenwärtiger Bemühungen stehen hermeneutische Fragen, v. a. das Bemühen um ein angemessenes Verhältnis von jüd. und christl. Lektüre der heiligen S. Israels und ihrer Relevanz für die christl. Theol.

F. Crüsemann, Das Alte Testament als Wahrheitsraum des Neuen, Gütersloh 2011; *C. Dohmen*, Die Bibel und ihre Auslegung, München 1998; *ders.* (Hg.), In Gottes Volk eingebunden, Stuttgart 2003; *ders./G. Stemberger*, Hermeneutik der Jüdischen Bibel und des Alten Testaments, Stuttgart 1996; *U. Eco*, Die Grenzen der Interpretation, München 1992; *S. Gillmayr-Bucher*, Bibel verstehen, Freiburg 2008; *W. Groß*, Der doppelte Ausgang der Bibel Israels und die doppelte Leseweise des christlichen Alten Testaments, in: *ders.* (Hg.), Das Judentum, Mainz 2001, 9–25; *F.-L. Hossfeld* (Hg.), Wieviel Systematik erlaubt die Schrift?, Freiburg 2001; *H. Karpp*, Schrift, Geist und Wort Gottes, Darmstadt 1992; *Päpstliche Bibelkommission*, Die Interpretation der Bibel in der Kirche, Stuttgart 1995; *dies.*, Das jüdische Volk und seine Heilige Schrift in der christlichen Bibel, Bonn 2001; *W. Pannenberg/T. Schneider* (Hg.), Verbindliches Zeugnis, Freiburg u. a. 1992–1998; *L. Schottroff/M. T. Wacker* (Hg.), Kompendium feministische Bibelauslegung, Gütersloh 1998; *J. Schreiner*, Das Alte Testament verstehen, Würzburg 1999; *P. Stuhlmacher*, Vom Verstehen des Neuen Testaments, Göttingen 1979; *M. Weinrich*, Prinzipien protestantischer Schriftauslegung, in: *W. Langer* (Hg.), Handbuch der Bibelarbeit, München 1987, 162–167; *E. Zenger*, Heilige Schrift der Juden und der Christen, in: *C. Frevel* (Hg.), Einleitung in das Alte Testament, Stuttgart ^{8}2012, 11–36.

Hubert Frankemölle

Soteriologie (S.)

Zugeordnete Begriffsartikel: Entrückung/Himmelfahrt, Erlösung, Fürbitte, Gerechtigkeit, Heil, Jesus Christus, Jungfrau, Kreuz, Messias, Passion, Rechtfertigung, Rest, Rettung, Seele, Vergebung, Versöhnung, Wunder.

Vorbemerkung: Die Bezeichnung S. hängt mit den griech. Begriffen σωτήρ („Retter") und σωτηρία („Rettung") zusammen und bedeutet „Lehre von der → Rettung, → Erlösung". Im christl.-theol. Sprachgebrauch wird damit in einem engeren Sinne die Lehre von der Erlösung durch → Jesus Christus bezeichnet. In einem weiteren Sinne meint S. alle Konzepte darüber, was → Heil ist und wie es zu finden ist. Auch wenn die ganzheitliche Ausrichtung als Konsens bibl. S. festzuhalten ist (das Heil des Leibes gerät nie ganz aus dem Blick), ist die Bibel doch auch im Bereich der S. eine Schule der Pluralität. Die bibl. S., die heutige Heilserwartungen eindeutig normieren könnte, gibt es nicht. Die Vielfalt der bibl. Konzepte ist schwer zu systematisieren, aber die Frage nach dem jeweiligen Ort der Heilserfahrung erlaubt eine zumindest grobe Unterscheidung, wobei freilich zeitliche und inhaltliche Überlagerungen und Verknüpfungen vorliegen.

I. AT: 1. *Die individuelle Biographie und die Geschichte des Volkes.* Im AT wird (wie auch sonst im AO) unter Heil oft das Gelingen des diesseitigen → Lebens verstanden, und zwar auf der individuellen wie auf der kollektiven Ebene. Es geht dabei um → Frieden, Harmonie und → Gerechtigkeit innerhalb der → (Groß-)Familie, zwischen den Sippen und dann im königlichen → Staat. Der Durchbruch zur persönlichen Frömmigkeit (in Ägypten ca. 13. Jh. v. Chr.) wird generell vorausgesetzt. Zahlreiche Texte, v. a. Pss., bezeugen eine persönliche Gottesbeziehung (vgl. Ps 23), sprechen von Unheilserfahrungen, die aus der Ordnung gelingenden Lebens herausreißen, z. B. Verfolgung durch → Feinde (Ps 3f u. a.) oder Gefährdung durch Chaosmächte (→ Ordnung) wie → Krankheit und → Tod (Ps 38; 41; 91 u. a.). Die Überwindung solcher Nöte wird der Rettungsmacht Jhwhs zugetraut. Er schenkt Lebensdauer und Lebensfülle. Er gibt Kinderlosen Nachwuchs, unerwartet (Ri 13: Mutter des Simson) oder auf ein Gelübde hin (1 Sam 1: Hanna). Er ruft auf die → Fürbitte des Elija hin ein totes → Kind zurück ins Leben (1 Kön 17,17ff). Er befreit von Schuld (Ps 6; 32 u. a.; → Vergebung), die nicht nur ein innerliches Problem ist, weil sie die göttliche Ordnung stört und so zu konkret erfahrbarem Unheil führt. Das individuelle Geschick ist stets mit dem Geschick der → Gemeinschaft verbunden: Unheil auf der kollektiven Ebene beeinträchtigt das Leben der Einzelnen und umgekehrt. So hat das Vertrauen auf die Rettermacht Gottes immer auch eine kollektive Dimension. Jhwh kann → Israel retten vor jeder Gefahr (vgl. den Katalog in 1 Kön 8,33ff: Dürre, Hungersnot, Pest, Getreidebrand, Rost, Heuschrecken und Ungeziefer, innere und äußere Feinde, → Exil). Dabei kann er sich erwählter Menschen bedienen: z. B. Mose (Ex – Dtn), Debora (Ri 4f), Gideon (Ri 6–8), Simson (Ri 13–16), David (1 Sam 17; als König: 2 Sam 3,18), Ester und Judit. In der Exodustradition wird die Retterqualität Jhwhs zur Erinnerungsikone verdichtet. Der → Exodus wird zum identitätsstiftenden Mythos: Israel ist *das* befreite → Volk und Jhwh ist *der* Gott der Befreiung. Wo er Gehorsam fordert, wird auf diese Heilstat verwiesen (vgl. z. B. Dtn 6,4ff). Aus dem Zusammenhang von Ungehorsam/Schuld und Unheil macht die dtr. Geschichtsschreibung ein universales Erklärungsmuster für das Ergehen Israels und knüpft so das Heil an das Festhalten an Gottes Willen.

I. 2. *Die Endzeit.* Eine entscheidende Transformation der S. im AT hängt zusammen mit der Erfahrung des → Exils und des Zusammenbruchs der königlich-staatlichen Ordnung (722 v. Chr. Zerstörung des Nordreiches, 597/587 v. Chr. bab. Eroberung Judas, Deportation der judäischen Oberschicht, Zerstörung Jerusalems und des Tempels). Diese Katastrophen erschüttern das Vertrauen, dass die Ordnung stiftenden Institutionen Heil (individuell und kollektiv) garantieren können und dieses sich in der Gegenwart realisieren lässt. Die Erwartung einer heilvoll geordneten Welt wird mehr und mehr auf die Zukunft verlagert. Von einer eschatologisch orientierten S. (→ Eschatologie) ist dort zu sprechen, wo die Zukunft, für die das Heil erwartet wird, nicht einfach nur eine kommende Zeit ist, sondern den Rahmen dessen, was nach menschlichem Ermessen möglich und erwartbar ist, deutlich übersteigt. Die exil.-nachexil. Tendenz zum Transzendieren des Möglichen zeigt sich z. B. bei Ez. Dort wird das neue Heil mit dem göttlichen Geschenk eines neuen → Herzens und eines neuen → Geistes verbunden (Ez 36,26) und die Befreiung Israels aus dem bab. Exil als Wiederbelebung von Toten beschrieben (Ez 37,1–14). Und auch in der Jes-Schule wird das angekündigte Heil als etwas völlig Neues (→ Alt/Neu) verstanden und dem Früheren gegenübergestellt (Jes 43,18f). Inhaltlich ist das Heil v. a. kollektiv verstanden, wobei die Erneuerung Israels (z. T. unter Einbeziehung der Völker) natürlich auch individuelles Heil bedeutet. Jerusalem wird zum Zentrum der universalen → Herrschaft Gottes, der entweder direkt oder durch seinen → Messias regiert. Die → Fülle des Lebens knüpft an den paradiesischen Urzustand der → Schöpfung an und dokumentiert sich z. B. in zahlreicher Nachkommenschaft (Jes 49,19ff; 60,22), hoher Lebenserwartung (Jes 65,20ff), der Beseitigung von Krankheit und Tod: Taube hören, Blinde sehen, Lahme gehen, Stumme reden (Jes 29,18; 35,5f) und Tote erstehen zum Leben (Jes 26,19; auch 25,8). Der Friede der Gottesherrschaft ist so umfassend, dass er auch die Tierwelt einbezieht, wie Jes 11 mit seinen paradoxen Bildern deutlich macht. All das geht über die Logik der Alltagserfahrung deutlich hinaus, zielt aber nicht auf ein jenseitiges Heil, sondern auf einen neuen → Himmel und eine neue → Erde (Jes 65,17; 66,22). Der Rahmen erfahrungsweltlicher S., die sich auf Individual-Biographie und Israel-Geschichte bezieht, wird hier zwar überstiegen, aber nicht aufgegeben. Die endzeitliche S. wird in der → Apokalyptik radikalisiert. Die gegenwärtige Welt scheidet als Ort der Heilsverwirklichung aus. Das Heil wird mehr und mehr das ganz Andere, das in Opposition zu dieser Welt steht und deren Ende voraussetzt. Diese S., wie sie im AT durch das Buch Daniel (ca. 165 v. Chr.) vertreten ist, bearbeitet die Erfahrung andauernder Fremdherrschaft, welche mit der Gefährdung rel. und kultureller Identität durch die zunehmende Dominanz der hell. Weltkultur einhergeht. In den frühjüd. Apokalypsen wird der Unheilszustand der bösen Gegenwart der Heilsfülle der Endzeit diametral gegenübergestellt. Im Äthiopischen Henochbuch (1Hen 72,1) und der „Sektenregel" von Qumran (1QS 4,25) wird sie als Neuschöpfung erwartet. Die erhofften Heilsgestalten (Messias, Sohn Gottes, Menschensohn) dienen der Durchsetzung der göttlichen Heilsordnung und stehen immer in Opposition zu den Herrschern dieser Welt, die Gottes Volk unterdrücken. Das Heil ist das Gegenteil des polit. *Status quo* und setzt dessen Vernichtung voraus. Das → End-Gericht hat insofern Heilsqualität, als es das Böse vernichtet und gerechte Ordnung als Basis für das Heil des Gottesreiches schafft.

I. 3. *Der innere Mensch.* Wo die vorexil. Rel. den inneren Menschen thematisiert, sind entsprechende S.-Konzepte kollektiv eingebunden. Wird diese Bindung schon durch die Krise des Exils erschüttert, so führt der hell. Individualisierungsschub zusätzlich zu einer Verinnerlichung, die als Psychologisierung oder Vergeistigung der S. gefasst werden kann. So kreist die Frömmigkeit der späten Weisheitslit. (Ijob; Spr 1–9; Sir; Weish) um Glaube und Erkenntnis des Einzelnen, um → Trost und Sicherheit in Lebenskrisen. In Sir bietet die göttliche → Weisheit geistig-geistl. Speise und Trank an (Sir 24,19f, vgl. Joh 6,35!). In erotischer Metaphorik wird die Beziehung zwischen der Weisheit und dem Weisheitssucher als Hingabe und Vereinigung beschrieben. Es geht darum, den Durst der → Seele (Sir 51,24) zu stillen und Ruhe (Sir 51,27) zu finden. Die lebensweltliche Orientierung wird dabei aber nicht aufgegeben. Die Weisheit führt zur Beachtung des göttl. Gesetzes, welches der Schöpfung zugrunde liegt, und ermöglicht so ein gelungenes Leben hier und jetzt. Dies gilt auch für Philo von Alexandrien (in etwa ein Zeitgenosse Jesu). Diesem hell.-jüd. Theologen geht es v. a. um die Gemeinschaft des Einzelnen mit Gott. Seine Seele muss zur reinen Jungfrau werden, frei von allen irdischen Bindungen, empfänglich für die göttliche Wirklichkeit, welche durch den Logos vermittelt wird, der seine Würde als königlicher Gottessohn an die Weisen weitergibt. Diese rel. Transformation beschreibt Philo z. T. mit der Sprache paganer Mysterien, die die Statusveränderung der Eingeweihten (z. B. Horus-Werden) z. T. mit der Würde königlicher Gottessohnschaft umschreiben.

I. 4. *Das Leben nach dem Tod.* Im AT ist die Rettung vor dem Tod wichtiger als das Leben nach dem Tod. Auch wenn es Ahnen-Kult (→ Ahnen) gab, ist die Schattenexistenz in der → Unterwelt nicht vergleichbar mit der Lebensfülle der äg. Jenseits-S. Die Bestattungsriten zeigen keinen Versuch zur Erhaltung des Leibes als Basis jenseitigen Lebens (→ Grab). Wo die Knochen bes. behandelt werden, steht der → Glaube an die → Auferstehung dahinter, keine Jenseits-S. Auch die Wiederkehr des Vaters im Sohn (Sir 30,4ff) ist eine Unsterblichkeitshoffnung ohne Jenseits. Zum zentralen Thema wird die jenseitige Existenz im Hellenismus, v. a. in der populären Philos. Die Seele ist unsterblich, weil sie einen göttlichen Geist in sich trägt. Das Weisheitsbuch kombiniert solche Vorstellungen mit jüd. Eschatologie. Die paradiesische Unsterblichkeit der S. ist zwar durch den Sündenfall verloren gegangen, aber „die Seelen der Gerechten sind in Gottes Hand" (Weish 3,1) und werden zu königlichen Gotteskindern und Endzeitrichtern eingesetzt. Auch Philo sieht die naturgemäße Unsterblichkeit als verloren an. Aber die Seelen der Weisen, die dem Körperlichen und seinen Begierden absterben, erlangen bei Gott „das unkörperliche und unvergängliche Leben" (Philo gig. 14).

II. NT: 1. *Die individuelle Biographie und die Geschichte des Volkes.* Die S. des NT steht ebenso wie die der frühjüd. Schriften – in Übereinstimmung und Abgrenzung – unter dem Einfluss der hell.-röm. Weltkultur. In Griechenland und Rom ist die Erwartung eines gelungenen Lebens zunächst auch an die existierende Ordnung der Gesellschaft und ihrer Götter gebunden. Das Zerbrechen dieser Ordnung im Hellenismus führt zu neuen, individuellen Religionsformen (Votivrel., Mysterienkulte). Deren S. zielt überwiegend auf das Diesseits ab: Menschen wenden sich in einer Notlage an ihre Gottheit, machen Gelübde und bedanken sich für erfahrene göttliche Zuwendung, wie Tausende von Votivgaben bezeugen. Den Herrschenden geht es um Erfolg im → Krieg, die Themen der anderen sind: berufliche Risiken, Hungersnot, die Gefahren auf Reisen (vgl. auch Apg 27,14–26), Probleme von Schwangerschaft, → Geburt oder Kinderlosigkeit (vgl. auch Lk 1: Elisabet; → Kind) und immer wieder Krankheiten und Gebrechen. Heiltempel von wirkmächtigen Gottheiten ziehen Tausende an, die das → Wunder der Genesung suchen. In dieser Welt ist die christl. Botschaft nur kommunizierbar, weil sie die Sehnsucht nach → Heil und Heilung aufnimmt und sie mit dem Christus Jesus verbindet. Heilung ist ja schon bei Jesus ein wichtiges Element der S. Im Rahmen der Reich-Gottes-Botschaft bezeichnen Exorzismen und charismatische Heilungen die Gegenwart als Ort des Heils. Auch für Paulus sind Heilung und Heil eng verbunden: → Krankheit weist auf eine Störung des Gottesverhältnisses hin (1 Kor 11,30), Genesung auf göttliches → Erbarmen (Phil 2,26; vgl. Jak 5,14f). Von den (erschließbaren) alten Wundersammlungen bis hin zu den Evv. ist das Heilen vieler Kranker ganz wesentlich für das Jesusbild. Lk lässt darüber hinaus die → Apostel das heilende Wirken Jesu fortführen. Selbst der Schatten des Petrus besitzt Heilsmacht (Apg 5,15). Die Vielzahl der ntl. Wundererzählungen lässt eine frühkirchliche Praxis charismatischer Heilungen erschließen. Zwar wird die S. im NT vorwiegend eschatologisch akzentuiert, da allerdings die Lebensfülle der Endzeit in die Gegenwart hineinragt und ganzheitlich verstanden wird, wird das gegenwärtige Leben als Ort der S. wiedergewonnen; Eschaton und Erfahrungswelt nähern sich einander an (→ Eschatologie). Individuell-biogr. und kollektive Ebene können verbunden werden durch die Konzeption der → Kirche als Ort der Erweiterung der Heilsgeschichte Gottes mit Israel (vgl. Röm 1,2; Apg 3,1–10, heilsgesch. gedeutet durch Apg 3,12ff).

II. 2. *Die Endzeit.* Im NT ist die apokalyptische S. durch *Johannes den Täufer* vertreten. Johannes sieht ganz Israel als Unheilskollektiv an (ähnliche Vorstellungen gibt es u. a. auch in Qumran), welches das Zorngericht Gottes verdient hat (→ End-Gericht). Dieses vernichtende Strafgericht steht unmittelbar bevor, „die Axt ist schon an die Wurzel gelegt" (Lk 3,9). Israel kann sich auf nichts mehr berufen, Gott könnte selbst aus „diesen Steinen Kinder Abrahams machen" (Lk 3,8). Wenn es überhaupt noch eine Heilschance gibt, dann ist es die radikale, tatkräftige → Umkehr. Die Heilswirksamkeit der Bußtaufe, zu der Johannes aufruft, ist streng an die Umkehr gebunden (→ Vergebung). *Jesus von Nazaret* steht unter dem Einfluss der Botschaft des Johannes, von dem er sich taufen lässt. Wie Johannes geht Jesus davon aus, dass Israel Gottes → Zorn verdient hätte, sieht aber die Heillosigkeit sogar noch radikaler: Die Bosheit der Menschen lässt Umkehr gar nicht mehr zu. Gott selbst muss „umkehren", sich neu seinen Geschöpfen zuwenden und ihnen ganz unverdient seine Gnade schenken. Der apokalyptische Heilspessimismus wird so radikalisiert, dass er umschlägt: In einer ungeheueren Wende wird deshalb nicht das Gericht betont, sondern die Nähe der βασιλεία τοῦ Θεοῦ (Königsherrschaft Gottes; → Herrschaft). Für Jesus ist das Heil der Endzeit jetzt schon als Lebenschance gegenwärtig. Die Spannung von „doch schon" und „noch nicht" kennzeichnet seine S. und durchbricht damit das lineare Nacheinander von Unheil und Heil. Auch wenn die Vollendung des Heils noch aussteht, ist es doch schon gegenwärtig (vgl. das Senfkorngleichnis Mk 3,31f). Deshalb können jetzt schon Arme, Hungrige und Trauernde selig gepriesen werden. In seinen charismatischen Heilungen und Exorzismen (→ Wunder) wird das ganzheitliche Heil der gegenwärtigen Gottesherrschaft für die Einzelnen punktuell und situativ erfahrbar (Lk 11,20). Die neuere Forschung betont wieder, dass das Gericht untrennbar zur Gottesreich-Botschaft Jesu gehört, auch wenn es in den Hintergrund tritt. Wer das letzte Angebot der → Versöhnung ablehnt und die Umkehr als angemessene Reaktion verweigert, verfällt dem Vernichtungsgericht (vgl. Lk 10,13–15; → End-Gericht). Ist die S. Jesu ganz auf Gott als den eigentlichen Handelnden konzentriert, so tritt in der christl. Jesustradition ein christologisches Moment hinzu. Es gilt, die Rolle Jesu im Heilshandeln Gottes zu klären. Q versteht den erhöhten Jesus als Menschensohn, der als endzeitlicher Richter wiederkommen wird. Weil die Worte des irdischen Jesus der Maßstab im Gericht sind, müssen seine Worte gesammelt und verkündet werden. Durch die Übertragung der endzeitlichen Richterrolle auf Jesus nähert Q die Heilserwartung wieder stärker an apokalyptische Muster an, ohne freilich den präsentischen Aspekt der jesuanischen S. aufzugeben. Das gilt auch für die *synopt. Evv.*, welche sich aber stärker auf Jesus als → Messias und Gottessohn konzentrieren. Sie betonen die Errettung aus der Macht der → Sünde (vgl. z. B. Mt 26,28; Lk 1,77), doch bleibt ihre S. ganzheitlich.

Kirchengesch. von bes. Bedeutung (Paulusrezeption Luthers und anderer Reformationstheologen!) ist die S. des Paulus. Sie kreist um den Sühnetod Jesu am → Kreuz, der die → Vergebung der Sünden, die Versöhnung des Menschen mit Gott bewirkt. Das Heil besteht in der von Gott geschenkten Gerechtigkeit (d. h. in der → Rechtfertigung der Sünder) und kann auch als In-Christus-Sein, als → Freiheit oder Gotteskindschaft umschrieben werden. Paulus durchbricht damit ebenfalls das lineare apokalyptische Schema. Für ihn leben die Glaubenden schon in einer neuen Welt, sind neue Schöpfung (2 Kor 5,17; Gal 6,15), auch wenn die Getauften noch im alten Zeitalter (Äon, → Zeit) leben müssen und entsprechende Bedrängnis erfahren. Im Glauben ist ihnen die Heilswirksamkeit von Tod und → Auferstehung Jesu Christi schon zugänglich geworden. Gleichwohl betont Paulus, dass die daraus resultierende rel. Statusveränderung noch nicht die → Fülle des Heils ist. Deshalb kritisiert er jene, die behaupten, dass sie im Glauben den Existenzwechsel vom Tod zum Leben schon vollendet haben. Dagegen hält Paulus an der endzeitlichen Auferstehung des Leibes bei der (baldigen) Wiederkunft (→ Parusie) Christi fest.

II. 3. *Der innere Mensch.* Auch für Paulus sind Heil und Unheil des inneren Menschen ein Thema (z. B. Röm 7,22). Allerdings ist die heilsame Wirkung des Glaubens nicht nur innerlich. Gotteskindschaft und „Sein in Christus" beziehen sich auf die gesamte Existenz. Das Konzept des unsterblichen, „pneumatischen" Leibes (1 Kor 15,44) zeigt zwar hell. Einfluss (→ Fleisch), aber die S. des Paulus bleibt ganzheitlich und eschatologisch. Eine radikal vergeistigte S. vertreten dagegen Gegner in Korinth, die behaupten, „eine → Auferstehung der Toten gibt es nicht" (1 Kor 15,12). Dabei deuten sie ihren Glauben enthusiastisch als inneren Übergang vom Tod zum Leben, als rel. Transformation. Darin wird die Fülle des Heils als Steigerung der Lebensqualität gegenwärtig („realized eschatology"), was die endzeitliche Totenerweckung, die im Rahmen hell. → Anthropologie ohnehin sinnlos ist, überflüssig macht.

Strukturell ähnlich ist die S. der joh. Tradition, die hell.-jüd. Weisheitstraditionen aufnimmt. Die Stunde des → End-Gerichts ist mit Jesus schon gekommen. Wer sich jetzt für den menschgewordenen Logos entscheidet und ihn annimmt, wird Kind Gottes und erhält Anteil am Leben, das der

Christus in Person ist: „Wer glaubt, *hat* das ewige Leben" (Joh 6,47; vgl. auch Joh 3,36 u. a.). Diese gegenwartsorientierte S. birgt die Gefahr einer radikalen Spiritualisierung des Heils. Dagegen geht die joh. Redaktion an, indem sie korrigierend die Ganzheitlichkeit des Heils (1 Joh 3,14) und die Zukünftigkeit der Vollendung betont: „[...] und ich *werde* ihn auferwecken am Letzten Tag" (Joh 6,44; vgl. auch 6,39 u. a.).

II. 4. *Das Leben nach dem Tod.* Wenn im NT Jenseits-S. thematisiert wird, dann in Kombination mit eschatologischen Mustern. Im Allgemeinen ist das Leben nach dem Tod nur ein Zwischenzustand bis zur endzeitlichen Vollendung (→ Auferstehung; → Entrückung). So rechnet Paulus damit, nach dem Tod „bei Christus" zu sein (Phil 1,23). So sieht die Offb die Seelen der Blutzeugen (Offb 6,9f) im Himmel auf das Ende warten. Und Lk erzählt, dass der reuige Sünder am Kreuz „heute noch" mit Jesus „im Paradies sein" wird (Lk 23,43; vgl. auch das Lazarusgleichnis, Lk 16,19–31).

I. *R. Albertz*, Religionsgeschichte Israels in alttestamentlicher Zeit, Göttingen 1992; *G. Fischer/K. Backhaus*, Sühne und Versöhnung, Würzburg 2000; *W. Schrage*, Unterwegs zur Einzigkeit und Einheit Gottes, Neukirchen-Vluyn 2002; *J. Schreiner*, Theologie des Alten Testaments, Würzburg 1995; *S. Schroer*, Die Weisheit hat ihr Haus gebaut, Mainz 1996.

II. *C. A. Eberhart*, Kultmetaphorik und Christologie, Tübingen 2012; *G. Fischer/K. Backhaus*, Sühne und Versöhnung, Würzburg 2000; *H. Frankemölle* (Hg.), Sünde und Erlösung im Neuen Testament, Freiburg u. a. 1996; *H. Kessler*, Erlösung als Befreiung, Düsseldorf 1972; *J. Kügler*, Der Sohn als Abbild des Vaters: BN 107/108 (2001) 78–92; *ders.*, „Denen aber, die ihn aufnahmen, ..." (Joh 1,12): JBTh 17 (2002) 163–179; *C. Landmesser*, Jüngerberufung und Zuwendung zu Gott, Tübingen 2001; *H. Merklein*, Jesu Botschaft von der Gottesherrschaft, Stuttgart ³1989; *F. R. Prostmeier* u. a. (Hg.), Jesus als Bote des Heils, Stuttgart 2008; *H. J. Sellner*, Das Heil Gottes, Tübingen 2007; *B. Studer/B. Daley*, Soteriologie in der Schrift und Patristik, Freiburg u. a. 1978.

Joachim Kügler

Sozialstatus / Gesellschaft und Institution (G./I.)

Zugeordnete Begriffsartikel: Abgabe/Steuer/Zehnt, Amt/Charisma, Apostel/Jünger, Armut/Reichtum, Bote/Sendung/Mission, Ehe, Erstgeburt/Erbe, Erziehung/Schule, Familie/Eltern, Feind, Fremder, Gemeinschaft/Individuum, Gericht, Heer/Militär, Kind, Kirche/Gemeinde, König, Sklave/Sklavin, Staat, Volk, Witwe.

Vorbemerkung: Die Schriften des AT und des NT sind von Menschen und für Menschen geschrieben worden, die im Vorderen Orient und antiken Mittelmeerraum gelebt haben. Die Welt der Personen, von denen sie handeln und die an ihrer Schaffung, Sammlung, Überarbeitung und Überlieferung beteiligt waren, ist nicht nur in einem geographischen Sinn in diesen Regionen zu suchen. Die Protagonisten, Autoren, Redaktoren und Traditionsträger der bibl. Texte waren Kinder ihrer G. und fühlten, dachten, urteilten und handelten in Übereinstimmung mit den Strukturen und kulturellen Leitfäden derselben. Das Wertegefüge ihrer Kultur und ihrer Zeit war der Referenzrahmen, der ihnen und ihren zeitgenössischen Lesern/Hörern selbstverständlich war (→ Kultur und Mentalität). Wenn die atl. oder ntl. Autoren bzw. Redaktoren daher in ihren Schriften von → Familie, → Ehe, → Feind oder → Staat etc. sprechen, dann verbinden sie implizit mit diesen Begriffen Bedeutungen, die ihnen als Angehörige ihrer Kultur und ihrer Zeit schon von Kindheit an (durch Enkulturation) vermittelt worden sind. Das komplexe Ganze von kulturellen Werten, inneren Einstellungen, Vorstellungswelten und I. ihrer eigenen Kultur wird von ihnen als selbstverständlich und beim Leser/Hörer als bekannt vorausgesetzt. Ihr Referenzrahmen ist nicht zwangsläufig mit dem unseren (d. h. dem europäischen des 21. Jh. n. Chr.) identisch!

I. AT: In Palästina hatten sich aus den bäuerlichen Stammesgesellschaften mit lokalen Häuptlingen (so besser statt „Richter", z. B. Gideon Ri 6–8) der vorstaatlichen Zeit über vereinzelte Stammesstaaten (z. B. Sauls Häuptlingstum über die Stämme Gilead, Benjamin, Efraim; Davids Häuptlingstum über Juda 2 Sam 2,1–11) spätestens im 9. Jh. v. Chr. das Nordreich (= Israel) und im 8. Jh. v. Chr. das Südreich (= Juda) zu zentralen Staaten entwickelt. Dies lässt sich archäologisch am Auftreten von Monumentalarchitektur, Luxusgütern und der Häufigkeit von Schriftdokumenten ablesen. Damit war nicht mehr der Stamm (= die polit. Organisationsform nicht-urbaner G., nicht zu verwechseln mit der Abstammungsgemeinschaft Familie), sondern der Staat (= die polit. Organisationsform urbaner G.) machtpolit. bestimmend. Im Rahmen dieser Umgestaltung vollzog sich der Wandel von dem lokalen Handel wie der Tausch- und Subsistenzwirtschaft zum Außenhandel und zur Geldwirtschaft (Silber und Gold als Wertmesser, ab der Perserzeit Münzgeld). Weiter wurde neben dem Unterhalt des → Königs zunehmend ein differenzierter (und teurer) Verwaltungsapparat notwendig (1 Sam 8,10ff), der das Zusammenleben der Menschen regelte. Die → Abgaben, die benötigt wurden, um den Staatsapparat mit den I. Palast und → Tempel (hier anzusiedeln: Archive und Schreiberschulen) funktionieren zu lassen, belastete die Bauern und die ländliche Bevölkerung u. U. bis zum Absturz in die Schuldknechtschaft. Mit der Einführung des Rentenkapitalismus, der zur Folge hatte, dass die Mehrheit der Bauern das Land als Pächter eines Grundbesitzers bewirtschaftete, der von deren Erträgen profitierend selbst in der → Stadt lebte (und den das Land nicht mehr als konkreter, unveräußerlicher Ackerboden, sondern als Ertragsgrund seiner Rente, als sein Kapital und seine Geldanlage interessierte), wurde die Entwicklung in eine sozial zerklüftete G. beschleunigt, was sich auch durch die sozial- und gesellschaftskritische Prophetie eines Amos (2,6–8; 5,7.10–12) oder legislative Einschränkungen des Bankgeschäftes (Ex 22,25; Lev 25,36f) nicht aufhalten ließ. Darlehen waren Verbrauchsdarlehen (keine Investitionsdarlehen) und führten damit beim Darlehensnehmer allenfalls zum Kontoausgleich, oft jedoch in Verschuldung, keinesfalls zur dauerhaften Verbesserung seiner Lage. Trotz der Entwicklungen, die die Umwandlung in einen territorialen Staat (→ Israel/Juda) mit einem Königshaus an der Spitze mit sich brachte, blieben die vorstaatlichen Stammesstrukturen mit Sippenoberhäuptern, die sich zur ländlichen Elite an der Spitze von Ortschaften (und später zur Feudalelite) entwickelten, auf dem Land intakt. Wer von diesen Bauern und Herdenhaltern für den städtischen Markt Überschuss produzierte, wurde zu einem Großbauern und Großherdenhalter (s. Am 1,1; 7,14; 1 Sam 25,2; Ijob 1,3) und damit zum Teil einer ländlichen Oberschicht, die sich zunehmend in ihrem Marktzentrum eine Niederlassung zulegte, jedoch aufgrund ausgeprägter Eigeninteressen eine ständige Quelle des Widerstands gegen das Königtum (Ri 9,7–15) und der Stärkung des Regionalismus gegen den zunehmenden Zentralismus der Hauptstädte war. Neben diesen sesshaften Bevölkerungsteilen sind in Palästina Nomaden, also nicht-sesshafte Viehzüchter, nachgewiesen, die in Familien- (seit dem 6. Jt. v. Chr.), Sippen- (z. B. die Schasu-Lokalnomaden des 2. Jt. v. Chr. im paläst. Bergland) oder Stammesverbänden (z. B. die Kamelnomaden der syr.-arab. → Wüste seit der 1. Hälfte des 1. Jt. v. Chr.) organisiert waren.

I. 1. Die Veränderungen der Königszeit änderten nichts daran, dass die antike G. der Levante eine Agrargesellschaft war, d. h. eine Ansammlung von Dörfern, die von Landwirtschaft oder Fischfang lebten und mit den Städten ihrer Region in sozialer Hinsicht verbunden waren. Die Städte dienten den Dörfern, die jeweils unter ihrem Einfluss standen, als administratives, rel. und wirtschaftliches Zentrum, d. h. als Markt- und Umschlagplatz für Waren aller Art (Güter, Informationen etc.; → Stadt). Die Hauptstadt des territorialen Staatsgefüges, Samaria (in Israel), Jerusalem (in Juda), war *das* Zentrum, das als imperialer Mittelpunkt fungierte und mit dem alle anderen Städte (und durch diese die dazugehörigen Dörfer) polit. verbunden waren. Dörfer, Städte, Hauptstadt und Staaten waren jeweils in sich geschlossene, funktionierende Systeme, die jedoch aufeinander bezogen waren, da sie zur selben Zeit denselben Raum (den Vorderen Orient) teilten, miteinander in sozialer Interaktion standen, sich wechselseitig beeinflussten, voneinander profitierten, miteinander zusammenarbeiteten oder konkurrierten. Nach der Auslöschung der Staaten Israel (722 v. Chr.) und Juda (587 v. Chr.) gab es zwar keine Hauptstädte mehr, jedoch blieben Samaria und Jerusalem Zentren der Region, was sich weder in pers. Zeit mit den Provinzen Samaria und Jehud, noch in hell. Zeit mit den Hyp- oder Eparchien Samaria und Judäa änderte. Die alte Rivalität zwischen Israel/Samaria und Juda/Jerusalem verband sich in nachexil. Zeit mit der Ablehnung der ansässig vorgefundenen Bewohner des Landes (*ʿam hāʾāræṣ*) durch die judäischen Rückwanderer aus dem bab. Exil (Ez 33,24–29; Hag 2,10–14) und konkretisierte sich u. a. im Neubau des Jerusalemer Tempels (520–

515 v. Chr.) als rel. Zentrum der von ehemaligen (und von Persien unterstützten) Exulanten dominierten Gemeinde in Juda unter Ausschluss der Landeseinwohner (Esra 4,1–5; 6,7). Die zunehmenden Spannungen führten zur Spaltung in Samaritaner (seit 450 v. Chr. mit einem eigenen Heiligtum auf dem Garizim bei Sichem, 2 Makk 6,2) und Juden (→ Kult). Der Wandel von Israel/Samaria und Juda/Jerusalem als rivalisierenden Staaten der vorexil. Zeit in ebensolche Kultgemeinden in der nachexil. Zeit war damit vorläufig abgeschlossen. Entsprechend dieser Transformation von polit. in rel. Einheiten spielt die I. Palast gegenüber der I. Tempel in den späteren Schriften des AT eine immer kleinere Rolle (vgl. 1 Kön 6f; Ez 40–48; Ex 25–31; 35–40; Hag; Sach), wobei es jedoch vereinzelt zu Kritik an der Fixierung auf das Menschenwerk „Tempel" und der veräußerlichten Begrenzung der Jhwh-Gemeinde kam (Jes 66,1f). Seit der exil. Zeit war der → Familie immer größere Bedeutung zugewachsen, da die Gemeinden in Babylonien anscheinend nach Abstammungsgemeinschaften in Vaterhäuser/Familienbünde mit Ältesten an der Spitze (Esra 2; Neh 7,5ff) organisiert waren. Die Bedeutung der verwandtschaftlichen Kontinuität spielte eine große Rolle und wurde in der nachexil. Konstruktion der eigenen Identität als → Volk zur Grundlage des Neubeginns. In nachexil. Zeit vollzog sich die Restauration auf der Grundlage der Vaterhäuser/Familienbünde, und die „Familienhäupter des ganzen Volkes" (Neh 8,13) spielten als Leitungsgremium des „ganzen Volkes" (Neh 8,1.3.5.8.11f) eine herausragende Rolle.

I. 2. Nur der kleinere Teil der Gesamtbevölkerung lebte im 1. Jt. v. Chr. in Städten. Diese waren eher klein: In der Mitte des 8. Jh. sind nur 8 Orte nachgewiesen, die größer als 10 ha sind und deren Einwohnerzahl (bei 250 Menschen pro Hektar Stadtfläche) zwischen 2500 (Dor) und 15 000 (Samaria) anzusetzen ist. Erst nach der Zerstörung des Nordreichs 722 v. Chr. wuchs Jerusalem von ca. 30 ha zur größten Stadt der Region auf ca. 70 ha = 17 500 Einwohner. Innerhalb der urbanen Bevölkerung herrschte eine klare soziale Trennung, die sich u. a. in den Wohnbezirken ausdrückte. So wohnte die geringe Zahl der Angehörigen der urbanen Elite (= polit., administrative und/oder rel. Führungsschicht; Großgrundbesitzer, nicht mehr als ca. 1–2 % der Bevölkerung) in eigenen Vierteln. Diese gebildete Stadt-Elite, in die man im Regelfall nur hineingeboren werden konnte, war die Trägerin der Normen und Werte, die den Idealen der G. Kontinuität und Substanz verliehen. Sie hatte Vorbildcharakter, wirkte „Trend-setting" und orientierte ihre Lebensbedürfnisse an den geltenden internationalen Standards (z. B. sichtbar an Luxus-, Prestige- und Importgütern; vgl. die Elfenbeine aus Samaria *Abb. 7, 43* und *48*), wodurch ein starkes soziales Gefälle von der Hauptstadt und den städtischen Zentren hin zu den Dörfern und Gehöften entstand. Diese Elite dominierte die Innen- (die Eintreibung von → Abgaben/Steuern, Organisation, Verwaltung, Aufrechterhaltung von offiziellem → Kult) wie die Außenpolitik (Bündnisse, → Kriege, Tributzahlungen). Eine Mittelschicht im heutigen Sinn gab es nicht, sodass Händler, Handwerker und Tagelöhner zur Unterschicht zu zählen waren, von der nochmals die → Sklaven und Bettler abgegrenzt wurden. Von diesen urbanen Gesellschaftsschichten sind die nichtstädtischen Bevölkerungsteile der ländlichen Ortslagen zu unterscheiden, die die vereinfachte und veraltete Form der gesellschaftlichen Normen und Werte tradierten (u. a. Aufrechterhaltung des Gewohnheitsrechts oder des lokalen Kults) und außerhalb der städtischen Lebenswirklichkeit und ihrer Ideale und Trends standen, an der sie sich nichtsdestotrotz orientierten, die aber jeweils vereinfacht und verspätet an sie vermittelt wurden. Aus dieser Diskrepanz konnten sich zwischen den städtischen Zentren und der ländlichen Peripherie überall da Konflikte ergeben, wo sich die Interessen und Wertvorstellungen kreuzten und unvereinbar waren (→ Kultur und Mentalität). Dies war z. B. in Bezug auf das Bodenrecht der Fall, da es einerseits noch sippenbäuerlich denkende Kleinbauernfamilien gab, denen das Land als unverkäufliche Gabe galt, während mit dem Königtum der Gedanke des staatlichen Grundeigentums Einzug hielt (1 Kön 21) und in den Hauptstädten Samaria und (später) Jerusalem (bereits ab dem 8. Jh. mit steigender Tendenz) Großgrundbesitzer saßen, die in ihrem Land (nur) eine Kapitalanlage sahen.

I. 3. Die verschiedenen Groß- (Städter, Bauer und Nomade) und Kleingruppen des sozialen Systems

Abb. 7: Die Elfenbeine aus Samaria (8. Jh. v. Chr.), Luxusware des israelit. Königshauses, zeigen den typischen Mischstil, der syr.-phön.-äg.-paläst. Elemente kombinierte (s. auch *Abb. 48*).
Quelle: *O. Keel/C. Uehlinger,* Göttinnen, Abb. 260.

(= der G.) wie Familie oder Sippe und seine Einzelbereiche wie Wirtschaft, → Erziehung und Rel. interagierten im Idealfall auf kooperative Weise, sodass sich die G. in einem Gleichgewicht befand. Der einzelne Mensch wurde durch seine → Geburt Mitglied einer bestimmten Familie und eines Volkes sowie in einen bestimmten sozialen Kontext platziert, der ihm soziale Rollen, Rechte und Verpflichtungen anderen gegenüber zuteilte. Diese überindividuell vorgegebenen, gesellschaftlich zugewiesenen und unterschiedlich bewerteten Rollen setzten den einzelnen Menschen in Beziehung zu anderen, gaben ihm einen bestimmten sozialen Status (= das Ensemble der Rechte und Pflichten eines Menschen) und wiesen ihm einen Platz in der Statusleiter der Gemeinschaft zu. Eine G. (= ein soziales System) stellt sich so als ein strukturiertes Arrangement von Rollen dar, von verschiedenen Status (und damit auch Hierarchien), die innerhalb dieser G. anerkannt, vergeben und praktiziert werden. Die Bewahrung des ererbten (= zugeteilten) sozialen Status eines Menschen war zugleich sein Lebensziel, an Veränderungen bestand kein Interesse. Aufstiegsmöglichkeiten durch eigene Leistungskraft oder -steigerung (etwa vom Pächter zum Kleinbauern) gab es innerhalb dieser G. der sozialen Immobilität kaum. Auch in Zeiten erheblichen sozialen Unfriedens und der Destabilisierung des sozialen Systems, wie es z. B. durch die Rückwandererwellen der Exulanten aus Babylonien in pers. Zeit geschah, hatten soziale Reformen (Neh 5) oder auch die späteren Aufstände der traditionalistischen Kleinbauern gegen die hell. akkulturierte Oberschicht der Stadt (1 Makk) nur den Sinn, zum alten Standard und sozialen Status zurückzukehren, nicht etwa einen neuen zu erreichen.

I. 4. Die sozialen Strukturen einer G. gestalten das alltägliche Leben des Einzelnen. Sie bringen Menschen zusammen (z. B. Angehörige einer Familie oder Sippe) oder halten sie voneinander fern (z. B. Verbot der „Mischehe" Esra 9f; Neh 13; → Ehe), sie definieren Unterschiede und Gemeinsamkeiten, ermöglichen Interaktionen, geben ihnen bestimmte Abläufe vor (z. B. die Aufnahme eines Gastes im Rahmen der Gastfreundschaft) oder schränken sie ein. Diese Strukturen und die Zuweisung sozialer Rollen, die ihrerseits mit der Geschlechtertrennung verbunden waren, bestimmten das Leben und Verhalten der Männer und Frauen (→ Frau) im vorchristl. Palästina. Geschlechterrollen und der dazugehörige geschlechtsspezifische Status referieren (auch heute noch) auf das, was laut geltendem gesellschaftlichen Konsens von einem Mann bzw. einer Frau erwartet wird. Die paläst. G. war wie alle ao. G. patrilokal, patrilinear und patriarchal organisiert. Innerhalb der geltenden geschlechtlichen Trennung der Arbeitsbereiche waren Frauen mit Aufgaben innerhalb der privaten Sphäre des Hauses betraut (→ Kind, Altenversorgung, Haushalt), während die Männer die Pflichten außer Haus übernahmen (Vertretung von → Ehre und Interessen vor → Gericht; Verhältnis der Familie zum König bzw. Hof; Aufbau und Aufrechterhaltung des sozialen Netzwerks; Voran- und Einkommen [→ Amt]). Die Lebensbereiche von Mann und Frau waren daher weitgehend voneinander getrennt. In der ao. patriarchalischen G. war ausschließlich der (männliche) Hausvorstand für den → Namen, das Ansehen und die Ehre (= Anspruch auf sozialen Rang und dessen gesellschaftliche Anerkennung) verantwortlich. Eine Frau konnte ihre Ehre oder Interessen nicht selbstverantwortlich vertreten: Vor ihrer Ehe war das Sache ihres Vaters bzw. Hausvorstandes, nach der

Heirat die ihres Gatten. Prostituierte galten als ehrlos. Sie respektierten keine Grenzen, besaßen keine → Scham und symbolisierten Chaos und Gefahr. Sie lebten im Grenzbereich zwischen geordneter und chaotischer Welt (u. U. konkretisiert als Stadtmauer, Jos 2,15). Vor Gericht (ausgeübt von der lokalen Elite = Ortsvorsteher am Tor, s. Rut 4,1–11) waren sie in Ermangelung eines männlichen Vormunds selbständig rechtsfähig (1 Kön 3,16ff).

I. 5. Ehre und Ansehen wurden primär durch Geburt zugeschrieben und durch Blut(sverwandtschaft) oder Namen symbolisiert (→ Kultur und Mentalität). Die Ehrenhaftigkeit der Eltern machte die Kinder ehrenwert und wurde in der Erblinie weitergegeben (Ez 16,44). Eine Angabe der Herkunft ist zugleich eine Information über den sozialen Status und den Ehrenwert einer Person. Der angeborene Status und Ehrenwert konnte durch eine Person in Machtstellung (König) oder Gott verändert werden (Beförderung/Erhöhung z. B. David; Aberkennung/Verwerfung z. B. Saul). Die Kultur der Mittelmeerwelt gilt als eine agonistische Kultur, d. h. jede soziale Interaktion außerhalb der Familie oder der Ersatzfamilie (Freundes-, Schüler-, Jüngerkreis) wurde als Wettbewerb um Ehre verstanden, also als Versuch, die Ehre eines sozial Gleichgestellten (nicht eines Höheren oder Unterlegenen!) zu erwerben (nur für Männer möglich). Indem sich einander ebenbürtige und sozial gleichgestellte Personen in Wort und/oder Tat herausforderten (= *challenge*) und anschließend eine entsprechende Reaktion (= *response*) eintrat, gewann oder verlor der Herausforderer oder der Herausgeforderte an Ehre. Die Übertragung von Ehrentiteln von einer Person auf eine andere ist ein Transfer von Ehre und Status, zu beobachten bei der Übertragung verschiedener kulturell gängiger Hoheitstitel auf den Perser Kyrus (Jes 45,1; Gesalbter) oder den erwarteten → Messias (Gottessohn, Sohn Davids, Hirte, Herr etc.).

II. NT. In ntl. Zeit war fast der gesamte Mittelmeerraum Teil des *Imperium Romanum*, wobei die Römer je nach polit. Stabilität, Hellenisierungs- und Urbanisierungsgrad der Gebiete verschiedene Formen der direkten und indirekten Machtausübung wählten und in unterschiedlichem Maße einheimische I. bestehen ließen. Nebeneinander bestanden senatorische Provinzen (keine Legionen stationiert, geleitet im Auftrag des Senats von einem jährlich wechselnden *proconsul* mit administrativem Stab; Paulus traf z. B. nach Apg 18 in Korinth auf den *proconsul* der Provinz Achaia Lucius Iunius Gallio Annaeanus), Provinzen des Kaisers (der von diesem auf unbestimmte Zeit benannte *legatus pro praetore* hatte neben der Statthalterschaft auch den Oberbefehl über die Legion; Lk 2,2 nennt Quirinius, den Legaten von Syrien), ferner tributpflichtige Klientelfürsten-/königtümer (z. B. Teile Palästinas), Stadtrepubliken und röm. Kolonien (urspr. Garnisonen, Neugründungen oder Städte, in denen Veteranen und andere röm. Bürger angesiedelt wurden, z. B. Philippi und Korinth). Der von Augustus nach Beendigung des Bürgerkrieges ausgerufene Friede (*pax Romana* oder *pax Augusta*) sollte den gegenüber der röm. Herrschaft loyalen Bewohnern des Imperiums Sicherheit nach außen und Frieden nach innen garantieren, ungestörten Handel, wirtschaftlichen Wohlstand, rechtliche Sicherheit und kulturelle Entfaltung ermöglichen. Seine Aufrechterhaltung war oberste Priorität der röm. Autoritäten und der mit ihnen zusammenarbeitenden lokalen Eliten, sei es durch Verleihung von Privilegien und ostentative Wohltätigkeit (sog. Euergetismus), sei es durch rücksichtslosen Einsatz von Militär (→ Heer) und Justiz (→ Gericht). Was jeweils aufgeboten wurde, entschied sich an den lokalen Gegebenheiten oder an der Persönlichkeit des Amtsinhabers.

II. 1. Palästina und seine Teilgebiete wurden im 1. Jh. n. Chr. im röm. Auftrag teils *indirekt* durch Klientelkönige und -fürsten der idumäischen Dynastie der Herodäer regiert (Archelaos, Ethnarch von Judäa und Samarien 4 v.–6 n. Chr.; Herodes Antipas, Tetrarch in Galiläa und Peräa 4 v.–39 n. Chr.; Agrippa I. 41–44 n. Chr. König über ganz Palästina), teils *direkt* durch röm. Präfekten bzw. Prokuratoren aus dem Ritterstand (z. B. Pontius Pilatus 26–36 in Judäa und Samarien); ab 44 kam ganz Palästina unter röm. Verwaltung. Jüd. I. besaßen auf lokaler Ebene und in kultischen Fragen eine gewisse Autonomie (→ Tempel, → Gericht). Um diese auszuüben, waren die einheimische Führungsschicht (Landadel, Tempelaristokratie und Hohepriester) und ihre Gefolgsleute (Soldaten, Beamte, Zöllner, Schriftgelehrte) auf die Zusammenarbeit mit den Römern angewiesen und kompromittierten sich dadurch in den Augen des Volkes fortwährend, denn weder die von Roms Gnaden abhängigen Herodäer noch die Römer selbst wurden von der Bevölkerungsmehrheit als legitime Machthaber angesehen. Die in bäuerlichen Traditionen wurzelnde, theokratische Grundüberzeugung, dass alle Herrschaft im Einklang mit Jhwh, dem einzigen Gott und Herrn, dem eigentlichen Besitzer des Landes, ausgeübt werden musste, dass daher Anerkennung der röm. Herrschaft und Steuerzahlung an sie (→ Abgabe) letztlich als Götzendienst (→ Götze) zu gelten habe, war durch Judas Galilaios anlässlich der Erhebung des Zensus unter Quirinius 6 n. Chr. formuliert worden und blieb auch nach der Niederschlagung des Aufstands durch Quirinius die ideologische Basis des jüd. Widerstands. Palästina befand sich im 1. Jh. n. Chr. in einer rel. motivierten, permanenten Verfassungskrise (→ Staat), die durch sozio-ökonomische, rel. und sozio-kulturelle Spannungen verschärft wurde (wachsende → Armut; ein Gefühl kultureller Überfremdung durch die von Herodäern und Römern forcierte Hellenisierung im eigenen Land und die Sogwirkung der großen hell. Städte [→ Stadt] in unmittelbarer Nachbarschaft). Dadurch war das gesellschaftliche Gleichgewicht über Jahrzehnte gestört. Dieser Zustand brachte – lange bevor er im jüd. Aufstand (66–70 n. Chr.) kulminierte und die Verwüstung des ganzen Landes einschließlich Jerusalems und des Tempels zur Folge hatte – mehrere jüd. Widerstands- und Erneuerungsbewegungen hervor, die alle eine Wiederherstellung Israels unter der → Herrschaft Gottes oder eines einheimischen Herrschers (→ Messias, → Eschatologie) erhofften, unter ihnen die (pazifistisch orientierte) Jesusbewegung. Diese Bewegungen boten für den Einzelnen auch eine Alternative zur patriarchalen Familie als primärer Institution und zu den Rollenangeboten und Statuszuschreibungen der G. Die im paläst. Milieu beheimateten Jesusüberlieferungen haben darum oft einen stark familien- und gesellschaftskritischen Zug. Die sich um den von Römern gekreuzigten Charismatiker Jesus sammelnde jüd. Erneuerungsbewegung entstand im polit. instabilen und wirtschaftlich ausgebeuteten ländlichen Palästina; die daraus hervorgehende (für Nichtjuden offene) hell. Kultbewegung breitete sich dann aber in den prosperierenden, polit. stabileren Städten der Mittelmeerwelt aus und profitierte dabei von der Stabilität und reichsumspannenden Administration und Infrastruktur des röm. Imperiums (Straßen etc.).

II. 2. Außerhalb von Palästina war es den Römern meist besser gelungen, die lokalen Eliten in ihre Machtausübung einzubinden und die als Klientel von ihnen abhängige Bevölkerung durch sie zu kontrollieren. Das als Regulativ sozialer Beziehungen eingespielte Patronatssystem basierte auf dem Prinzip der Reziprozität (des Austauschs) verschiedenartiger Güter zwischen rang- bzw. statusungleichen Personen. Patrone gewährten ihren Klienten (meist Einzelnen, aber auch Gruppen wie Vereinen, selbst Städten oder Provinzen) so genannte Wohltaten (*beneficia*) wie finanzielle Zuwendungen, Sachleistungen (Land, Bauwerke), Vertretung vor Gericht, Unterstützung bei beruflichen Belangen etc. und verpflichteten diese im Rahmen eines fest etablierten Verhaltenskonnexes zu Dank- und Loyalitätsbezeugungen (morgendliche *salutatio*, Begleitung in der Öffentlichkeit, bei Freigelassenen auch vertraglich festgelegte Dienstleistungen aller Art), die das Sozialprestige und die Macht des Patrons erhöhten. Zu den Oberschichten (*honestiores*, d. h. Ehrenwerteren im Vergleich zu den *humiliores*, den Niedrigeren) im röm. Reich (unter 5 % der Bevölkerung) zählten neben der röm. Reichsaristokratie (Kaiserhaus und Senatoren, Ritter = *ordo senatorius/equester*) und den Angehörigen der Herrscherhäuser in Vasallenstaaten und Provinzen auch die nicht dem Ritterstand angehörende lokale Elite, bestehend aus den Inhabern polit. Ämter (nach den Dekurionen = Stadträten *ordo decurionum* genannt) und Menschen, die aufgrund großen Reichtums oder familiärer Verbindungen die Privilegien der Oberschicht genossen, polit. Einfluss ausüben konnten und Ansehen besaßen. Schließlich sind als Anhang der Oberschicht deren Gefolgsleute („*retainers*") zu nennen, d. h. Freie, Freigelassene und → Sklaven in herausgehobenen polit., administrativen, militärischen oder kultischen Funktionen, bes. Angehörige der *familia Caesaris* (Phil 4,22). Während die Oberschichten in den Städten lebten, ihren

Reichtum aber meist durch Großgrundbesitz auf dem Land erwirtschaften ließen, sind ländliche und städtische Unterschichtgruppen zu unterscheiden (*plebs rustica/urbana*). Auf dem Land hatten die Landessprache, regionale Kulte, alte Rechtsbräuche etc. einen größeren Stellenwert als in der Stadt, wo Griech. die Verkehrssprache war. Dort partizipierten die (wegen der Bevölkerungsmobilität) ethnisch oft inhomogenen Unterschichten an der durch die Eliten vermittelten, internationalen hell. Kultur. Dies ermöglichte z. B. die Verbreitung neuer, überregional organisierter Kultbewegungen (wie der Dionysos- oder Isismysterien, des Christuskultes). Innerhalb der Unterschichten sind nach rechtlichem Status Sklaven, Freigelassene und Freigeborene (*servi, liberti, ingenui*) zu unterscheiden, wobei die Zugehörigkeit zu diesen Gruppen keinerlei Aussage über die ökonomische Situation zulässt. Angehörige aller drei Gruppen fanden sich unter den Bettelarmen, die unterhalb des Existenzminimums lebten; sie konnten es jedoch im Einzelfall zu Wohlstand und Ansehen bringen, in die *Retainer*- oder selbst die Oberschicht aufsteigen. Keine antike G. ließ so viel soziale Mobilität nach oben zu wie die röm. der Prinzipatszeit, keine produzierte so häufig das Phänomen der „Statusinkonsistenz", das eine Inkongruenz von verschiedenen statusbestimmenden Elementen beschreibt. Dies trat bes. häufig bei Freigelassenen und reichen Frauen auf. So führte der kaiserliche Freigelassene (Antonius oder Claudius) Felix 52–60 n. Chr. als Prokurator das Imperium über Judäa (als solcher behandelte er die Anklage gegen Paulus: Apg 24). Er heiratete nach Suet. Claud. 28 drei Königinnen (u. a. die Herodäerin Drusilla, Schwester Agrippas II., vgl. Ios. ant.Iud. 20,143), doch der Geschichtsschreiber Tacitus spielt auf den bleibenden Makel seiner unfreien Geburt an, wenn er ihm die Ausübung von „Königsrecht in Sklavengesinnung" vorwirft (hist. 5,9). Reiche Frauen konnten als Wohltäterinnen, Inhaberinnen von Ehren- und hohen Priesterämtern oder als Haushaltsvorstand, wenn sie z. B. als → Witwe verantwortlich für die angestammte Klientel einer Familie wurden, gesellschaftlichen und selbst polit. Einfluss gewinnen, der ihnen durch die Beschränkungen, die ihnen die Geschlechterrolle auferlegte, eigentlich vorenthalten war.

II. 3. Zwischen der Hausgemeinschaft (→ Familie, → Ehe, → Kind) als primärer sozialer Institution und den übergeordneten polit. Organen, gewann die freiwillige, oft vertraglich geregelte Mitgliedschaft in Vereinigungen aller Art eine zunehmende Bedeutung für die Gestaltung des sozialen Lebens (z. T. als Ersatz für polit. Mitwirkungsrechte), für Identitätsfindung und Statuserhöhung (durch Mitgliedschaft, Übernahme von Ämtern und Patronatsfunktionen). Hier sind im 1. Jh. n. Chr. u. a. zu nennen: Vereinigungen von Handwerkern und Händlern (*collegia opificium/mercatorum*), landsmannschaftlich getragene Vereine, Begräbnisvereine (*collegia funeraticia*), Kultgenossenschaften (*cultores*) bestimmter Gottheiten, im weiteren Sinne auch Philosophenschulen (Epikureer, Neopythagoreer) und jüd. Religionsparteien (Pharisäer, Sadduzäer, Essener usw.; → Weltbild).

II. 4. Ein wichtiges statusverleihendes Element war nicht zuletzt in den Provinzen das röm. Bürgerrecht, das in vielen administrativen und zivilrechtlichen Angelegenheiten (z. B. Eheschließung, Grunderwerb, Testamente, Steuerrecht) Vorteile verschaffte, in Strafrechtsverfahren vor entehrender Behandlung und Strafe schützte (Fesselung, Geißelung, Kreuzigung, *damnatio ad bestias* waren ausgeschlossen) und die Appellation an den Kaiser ermöglichte (Apg 25,10f). Es wurde vererbt und konnte in der frühen Kaiserzeit auf verschiedenen Wegen erlangt werden: nach Ableistung des 25-jährigen Dienstes im röm. Heer, von Sklaven röm. Bürger durch Freilassung, vom Kaiser durch Verleihung an Kolonien oder an einzelne für Dienste am röm. Staat vergeben, gelegentlich wohl auch durch Kauf (Apg 22,28) erworben. Doppelbürgerschaft für Provinzialen war seit dem 1. Jh. n. Chr. möglich, Inschriften lassen einen beständigen Anstieg der Zahl führender Familien mit röm. Bürgerrecht in den lokalen Eliten der Provinzstädte erkennen. Ob Paulus tatsächlich, wie die Apg behauptet, röm. und tarsisches Bürgerrecht besaß (Apg 16,37f; 22,25–59; 23,27), wird angesichts der Häufigkeit, mit der röm. und jüd. Instanzen Prügelstrafen gegen ihn verhängten (2 Kor 11,24–25; Apg 16,22f), von vielen bezweifelt. Andere halten es für möglich, dass die Behörden den Bürgerstatus mangels Unterstützung durch andere Statusindikatoren (wie Reichtum, ein mächtiger Patron) ignorierten oder dass Paulus ihn aus missionsstrategischen und theol. Erwägungen heraus nicht ins Spiel brachte.

Zweifelsohne ist es ein hervorstechendes Merkmal der christl. Gemeinden (→ Kirche), die innerhalb eines agonistischen, rang- und statusbewussten Gemeinwesens existierten, dass in ihnen *alle* gesellschaftlich relevanten Statusmerkmale, seien es Reichtum, Macht, Bildung, aristokratische und ethnische Abkunft (→ Volk), freie Geburt, Geschlecht, Bürgerrecht, relativiert wurden zugunsten der neuen Einheit in Christus und des durch Gott zugewiesenen, allen gemeinsamen Status als Kinder Gottes (1 Kor 1,18–31; Gal 3,28; Phil 3,20; Kol 3,11; Jak 2,1–9).

I. *P. L. Berger/T. Luckmann*, Die gesellschaftliche Konstruktion der Wirklichkeit, Frankfurt/M. 1998; *F. Crüsemann* u. a. (Hg.), Sozialgeschichtliches Wörterbuch zur Bibel, Gütersloh 2009; *M. Häusl*, Geschlechterordnung, symbolische Ordnung, Götterordnung, in: *B. Heininger* (Hg.), Geschlechterdifferenz in religiösen Symbolsystemen, Münster 2003, 15–25; *R. Kessler*, Sozialgeschichte des alten Israel, Darmstadt [2]2008; *ders.*, Staat und Gesellschaft im vorexilischen Juda, Leiden u. a. 1992; *ders.*, Studien zur Sozialgeschichte Israels, Stuttgart 2009; *E. A. Knauf*, Die Umwelt des Alten Testaments, Stuttgart 1994; *D. A. Nestor*, Cognitive Perspectives on Israelite Identity, London u. a. 2010; *D. E. Oakman*, Das Verhältnis von Kultur, Gesellschaft und „eingebetteter" Religion in der Antike, in: *G. Gelardini/P. Schmid* (Hg.), Theoriebildung im christlich-jüdischen Dialog, Stuttgart 2004, 13–33; *J. Oesch*, Sozialgeschichtliche Auslegung des Alten Testaments: Protokolle zur Bibel 1 (1992) 3–22; *E. Otto*, Theologische Ethik des Alten Testaments, Stuttgart 1994; *ders.*, Kontinuum und Proprium, Wiesbaden 1996; *D. Schloen*, The House of the Father as Fact and Symbol, Winona Lake 2001; *W. Schottroff*, Arbeit und sozialer Konflikt im nachexilischen Juda, in: *F. Crüsemann/R. Kessler* u. a. (Hg.), Gerechtigkeit lernen, Gütersloh 1999, 52–93; *R. de Vaux*, Das Alte Testament und seine Lebensordnungen 1–2, Freiburg u. a. [2]1964/[2]1966.

II. *K. Erlemann/J. Zangenberg* u. a. (Hg.), Neues Testament und Antike Kultur 1–4, Neukirchen-Vluyn 2004ff; *H.-J. Klauck*, Religion und Gesellschaft im Frühen Christentum, Tübingen 2003; *B. J. Malina*, Die Welt des Neuen Testaments, Stuttgart u. a. 1993; *W. A. Meeks*, Urchristentum und Stadtkultur, Gütersloh 1993; *T. Schmeller*, Hierarchie und Egalität, Stuttgart 1995; *J. E. Stambaugh/D. L. Balch*, The New Testament in Its Social Environment, Philadelphia 1986; *E. W.* und *W. Stegemann*, Urchristliche Sozialgeschichte, Stuttgart u. a. 1995; *G. Theißen*, Die Jesusbewegung, Gütersloh 2004; *J. B. Tucker/A. B. Coleman* (Hg.), Handbook to Social Identity in the New Testament, London u. a. 2014.

Angelika Berlejung (AT) / Annette Merz (NT)

Weisheit / Gesetz (W./G.)

Zugeordnete Begriffsartikel: Dekalog, Einsicht, Erkennen, Klugheit, Ohr/Hören, Rat, Recht, Schönheit, Torheit/Irrtum, Weg, Weisung, Zweifel.

Vorbemerkung: Unter W. versteht man die Fähigkeit zu einer erfolgreichen Lebensführung auf der Grundlage handlungsleitenden Orientierungswissens über Tatsachen, Werte und Regeln des menschlichen Handelns wie der Abläufe in der sozialen und der natürlichen Welt; auch dieses Orientierungswissen selbst kann als W. bezeichnet werden. G. sind rechtliche Regeln für das Zusammenleben in einer → Gemeinschaft, insbes. für die Bereinigung von Konfliktfällen, die für alle Angehörigen der Gemeinschaft gelten und deren Nicht-Einhaltung durch Sanktionen geahndet wird. (Daneben spricht man auch von moralischen oder von Natur-G., was hier außer Betracht bleiben soll.) W. und G. vermitteln also auf je verschiedene Weise Regeln und Orientierung für die Lebensführung des Menschen und zielen beide auf gelingendes → Leben. Das G. hat v. a. das Zusammenleben in der Gemeinschaft und sein Konfliktpotential im Blick; es stellt dafür Regeln auf, die für alle Angehörigen der Gemeinschaft verbindlich sind, und versucht deren Einhaltung durch Strafandrohung durchzusetzen. Demgegenüber zielt die W. in erster Linie auf die Lebensführung des einzelnen Menschen in der Gemeinschaft; sie vermittelt ihm dafür hilfreiche Einsichten auf der Grundlage von → Traditionen und Erfahrungen und versucht, ihn von diesen Einsichten zu überzeugen, was ihr aber nicht bei allen Menschen gelingt, sondern nur bei den „Weisen" oder den für W. empfänglichen „Einfältigen" (im Gegensatz zu den „Toren" oder den „Spöttern"). Im AT entwickeln sich W. und G. zunächst als eigene theol. Traditionen nebeneinander in der Weisheitslit. der Hebr. Bibel und im Pentateuch (das schließt aber keineswegs aus, dass hinter beiden Traditionen dieselben Tradenten und Rezipienten stehen). Im Zuge der Entwicklung der beiden Traditionen werden zunehmend auch Verbindungen zwischen ihnen hergestellt; in den jüngeren Schriften des griech. AT werden W. und G. in Sir 24 und Bar 3f ausdrücklich miteinander identifiziert.

I. AT: 1. Der gewöhnlich mit „W." übersetzte hebr. Ausdruck *ḥokmā* (vgl. *ḥkm* „weise sein", *ḥākām* „geschickt, kunstfertig, erfahren, weise") bezeichnet nicht nur W., sondern auch das Geschick, die technische Fertigkeit und das Berufswissen von Handwerkern, Klagefrauen, Kriegern, Magiern oder Mantikern sowie die Klugheit von Herrschern und ihren Ratgebern, die es ihnen erlaubt, ihre Ziele zu erreichen, selbst wenn diese moralisch verwerflich erscheinen (vgl. Ex 1,10; 2 Sam 13,3). Als Lebenshaltung, die nicht nur die Wahl der Mittel sondern auch die der angestrebten Ziele bestimmt, begegnet *ḥokmā* v. a. in der sog. „Weisheitslit." des AT, den Büchern Sprüche Salomos (dessen Einleitung in Spr 1–9 wohl erst aus dem 3. Jh. v. Chr. stammt, während die Spruchsammlungen in Spr 10ff älteres Material enthalten), Ijob (das wahrscheinlich auf die pers. Zeit zurückgeht, aber jüngere Nachträge wie die Elihu-Reden Ijob 32–37 enthält), Koh (Ende 3. Jh. v. Chr.), Jesus Sirach (Anfang 2. Jh. v. Chr.) und Weisheit Salomos (vielleicht um die Zeitenwende, jedenfalls aber nach Sir entstanden), aber auch in anderen Textbereichen des AT aus der pers. und hell. Zeit wie der Josefsgeschichte, den Danielerzählungen, den Büchern Tob und Bar oder in den Pss. (z. B. Ps 37; 49; 73). Formal zeigt die Weisheitslit. eine große Variationsbreite von kurzen Weisheitssprüchen über längere Lehrgedichte, Dialoge und Reflexionen bis hin zu ausführlichen Abhandlungen. Darin eingebettet finden sich „autobiogr." Abschnitte, Beispielerzählungen und Allegorien, Gebete und Hymnen oder „Midrasch"-ähnliche Kommentare zu bibl. Texten. Als soziale Institutionen im Hintergrund der Weisheitsschriften sind die familiäre → Erziehung, die Ausbildung von Beamten und → Priestern, aber auch die Diskussionen bei Gastmählern wohlhabender Bürger zu vermuten. Für regelrechte W.-„Schulen" finden sich in Israel erst relativ spät eindeutige Hinweise (vgl. Sir 51,23).

Thema der Weisheitslit. ist zunächst die alltägliche Lebensführung im Umgang mit anderen Menschen, vom → König (Spr 16,12ff) über den Nachbarn (Spr 25,17f), die Ehefrau (Spr 31,10ff) und die Kinder (Spr 13,24) bis zu den Armen und Hilfsbedürftigen (Spr 17,5). Dabei werden die Menschen typisiert als „Weise und Toren" (Spr 10,1), „Gerechte und Frevler" (Spr 10,3), „Reiche und Arme" (Spr 10,15), „Faule und Fleißige" (Spr 10,4) u. a. Die empfohlene Lebenshaltung der W. schließt → Gerechtigkeit (Spr 15,21) und Frömmigkeit („Jhwh-Furcht": Spr 10,27) ein, aber auch → Tugenden wie Fleiß (Spr 12,24), Zurückhaltung (Spr 12,16), Bescheidenheit (Spr 11,2), Verlässlichkeit (Spr 20,6) und die Bereitschaft, Belehrung und Kritik anzunehmen (Spr 10,17). In diesem Sinne empfehlen die Spr eine Lebensführung mit Respekt vor Gott und vor den Mitmenschen (aber auch den Tieren: Spr 12,10), in Orientierung am traditionellen Ethos (Spr 15,5), aber auch im Bewusstsein der Grenzen menschlicher Lebensgestaltung (Spr 21,30f). Dabei sind sie getragen von dem Vertrauen, dass in der Regel gutes Handeln (→ Ethik) dem Menschen auf lange Sicht Wohlergehen (langes Leben, Gesundheit, Reichtum, Ansehen, zahlreiche Nachkommen) verschafft, während schlechtes Handeln ihm Unglück bringt (Spr 10,24ff). Bei der Sicherung dieses „Tun-Ergehen-Zusammenhangs" wirken Jhwh und die Sozialgemeinschaft zusammen (vgl. z. B. Spr 11,25–27: gutes Handeln wird einem Menschen durch seine Mitmenschen mit einem entsprechenden Handeln bzw. mit Segenswünschen vergolten und sichert ihm zugleich das Wohlgefallen Gottes). Ggf. sind aber W., Gerechtigkeit und Frömmigkeit wertvoller als äußerer Wohlstand (Spr 28,6).

Während Spr 1–9 das Vertrauen auf den „Tun-Ergehen-Zusammenhang" bekräftigt und entsprechende Erwartungen der „Weisen" gegenüber Spr 10ff noch steigert (vgl. Spr 3), konfrontiert das Ijobbuch seine Leser mit der Erfahrung des unverschuldeten Leidens (→ Leid) eines exemplarischen „Gerechten". Damit stellt sich die sog. Theodizeefrage: Wie ist die erfahrbare Ungerechtigkeit der Welt mit der Annahme der Gerechtigkeit Gottes vereinbar? Das Buch Ijob diskutiert verschiedene Erklärungsansätze: Gott lässt Menschen leiden, um ihre Frömmigkeit unter Beweis zu stellen (Ijob 1f); vor Gott ist kein Mensch völlig „gerecht" (sodass es letztlich gar kein „ungerechtes" Leiden geben kann: Ijob 4,17ff); Gott ist ein grausamer Sadist (Ijob 9,22f); Gott erzieht den Menschen durch Leiden (Ijob 33,14ff); Leiden ist ein Bestandteil der Welt als → Schöpfung Gottes (Ijob 38ff) u. a. Letztlich wird aber keine dieser Erklärungen als „Lösung" des Ijobpro-

blems präsentiert. Vielmehr bewegt am Ende Ijob – durch seine Klagen und Anklagen Gottes oder durch seine Kapitulation vor dessen Übermacht? – Gott dazu, sein Leiden zu beenden.
Die Frage nach der Gerechtigkeit der Welt und Gottes wird dann bei Koh im Rückgriff auf die Urgeschichte (Gen 1–11) in dem Sinne beantwortet, dass kein Mensch wirklich gerecht ist (Koh 7,20) und deshalb alle Menschen dem Zufall und der Vergänglichkeit als dem „Gericht“ Gottes ausgesetzt sind (Koh 3,16ff). Statt sich darüber zu beklagen oder vergeblich dagegen anzukämpfen, sollte der Mensch die Möglichkeiten zur → Freude und zum Genuss, die Gott ihm gleichwohl gewährt, ergreifen (Koh 5,17f) und auch andere Menschen an diesem höchsten und einzigen „Gut“ teilhaben lassen (Koh 11,1f). Demgegenüber hält Sir an der Gerechtigkeit Gottes und der Welt im Sinne einer unterschiedlichen Behandlung von „Gerechten“ und „Frevlern“ fest, die im Laufe der Zeit (Sir 39,12ff), spätestens aber beim → Tod eines Menschen zu Tage tritt, der das gesamte Leben noch einmal umwerten kann (Sir 11,25ff). Während Ijob (14,7ff; anders 19,25ff?), Koh (3,19ff) und Sir (41,3f) die Möglichkeit einer Vergeltung nach dem Tode ausdrücklich ausschließen, wird eine solche in Ps 49 und 73 und dann im Buch der Weisheit (3,1ff) zur „Lösung“ des Theodizeeproblems. Damit muss dann allerdings die von Koh und Sir verteidigte Güte und Schönheit der „irdischen“ Schöpfung Gottes (Koh 3,11; Sir 39,16) problematisch werden.
Die kritische Reflexion weisheitlicher Traditionen führt bei Ijob und Koh auch zur Einsicht in die Grenzen der Erreichbarkeit von W. für den Menschen (Ijob 28; Koh 3,11; 7,23f; 8,16f). Aufgrund dieser Einsicht wird die dem Menschen zugängliche W. hier von der W. Gottes unterschieden. Demgegenüber rechnen Sir und Weish damit, dass Gott den Frommen Anteil an seiner W. gibt (Sir 1,1–10; Weish 7–9). Spr 1–9 stellt die W. (nach dem Vorbild der äg. → Göttin Isis?) als Person in der göttlichen Sphäre dar, die den Menschen direkt selbst anspricht und belehrt. Weil sie schon bei der Schöpfung anwesend war (Spr 8), ist ihr nichts in der Welt unbekannt oder unzugänglich. Als Gegenbild zur W. kann dann auch die → Torheit als Frau personifiziert werden (Spr 9,13ff).

Unter den theol. Traditionen des AT zeichnet sich die Weisheitstradition aus durch ihren Bezug auf das alltägliche Leben des einzelnen Menschen, ihren „internationalen“, nur wenig durch spezifisch israelit. kulturelle Traditionen geprägten Charakter (vgl. Spr 30f; Ijob und die Parallelen zu Spr 22,17–24,22 in der äg. Weisheitslehre des Amenemope) und durch ihre Bereitschaft, das traditionelle Ethos im Lichte neuer Erfahrungen und vernünftiger Überlegungen kritisch zu reflektieren und weiter zu entwickeln. Im Zuge dieser Entwicklung nehmen die späteren Weisheitsschriften (Sir und Weish) dann allerdings zunehmend Elemente aus anderen theol. Traditionen (G., → Geschichte, → Prophetie, → Kult) auf und entwickeln (verschiedene!) Entwürfe einer spezifisch israelit. W., die das gesamte kulturelle Erbe des Alten Israel zu integrieren versuchen.
I. 2. Das AT kennt eine Reihe von Termini zur Bezeichnung von G., die bereits einen Eindruck von der Vielfalt ihrer Funktionen geben (*tōrā* „Weisung, Lehre, G.“, *ḥōq* „Maß, Verpflichtung, Anspruch, Schranke, G., Ordnung, Bestimmung, Regel, Vorschrift“, *mišpāṭ* „Schiedsspruch, Rechtsentscheid, Rechtsbestimmung, Rechtsanspruch, → Recht“, *miṣwā* „Auftrag, Gebot, Anrecht“). „Kasuistische“ G. nennen für verschiedene Fälle und Unterfälle die entsprechenden Rechtsfolgen („wenn …, dann …“, z. B. Ex 21,18ff). Davon unterschieden werden die sog. „apodiktischen“ G. wie z. B. Todesrechtssätze (z. B. Ex 21,12.15–17) oder Ge- und Verbote ohne Strafbestimmungen („du sollst [nicht] …“). Der Pentateuch enthält eine Reihe von Gesetzessammlungen wie etwa das „Bundesbuch“ (Ex 20,22–23,33), das Privilegrecht (Ex 34,17–24); das dtn. G. (Dtn 12–26) oder das „Heiligkeitsgesetz“ (Lev 17–26), die z. T. ihrerseits ältere Teilsammlungen enthalten. In ihnen sind Recht und Ethos eng miteinander verbunden. Sie fungierten wahrscheinlich nicht als kodifiziertes, direkt anzuwendendes Recht, sondern als Rechtsbücher, die anhand exemplarischer Urteile, Regeln und Grundsätze die Kompetenz zu eigenständiger Rechtsprechung vermitteln sollten (vgl. Ex 18,13ff; Dtn 1,9ff). Dies gilt jedenfalls für den Pentateuch als Ganzes, der z. T. unübersehbar widersprüchliche Bestimmungen enthält (z. B. über das Pascha in Ex 12 und Dtn 16 oder

über Schuldenerlass und Sklavenfreilassung in Ex 21; Lev 25 und Dtn 15).

Im vorliegenden Textzusammenhang sind nahezu sämtliche G. des Pentateuch (sekundär) als Offenbarung Jhwhs am Sinai/Horeb verstanden. Anders als die ethischen Grundbestimmungen des → Dekalogs, die Gott dem gesamten Volk verkündet hat, sind die G. dem Volk aber durch Mose übermittelt worden. Zumindest das Bundesbuch und das dtn. G. wurden nach Ex 24,3ff; Dtn 26,16ff; 28,69 dem Volk zur Annahme vorgelegt und durch einen Bundesschluss in Kraft gesetzt. Damit wird unterstrichen, dass Israel das G. nicht aus Zwang befolgen soll, sondern aus → Einsicht (vgl. Dtn 30,11ff). Dass Israel dies nicht getan hat, wird in Dtn 29,3 (vgl. 31,21.29; 32,6) rückblickend auf die staatliche Zeit damit erklärt, dass es zu dieser Einsicht erst von Jhwh befähigt werden muss, was Dtn 30,6 für die Zeit nach der Katastrophe von 587 v. Chr. ankündigt. Das entspricht prophetischen Erwartungen wie der von Jer 31,31ff, nach der Jhwh den Israeliten das G. auf ihr → Herz schreiben wird, oder Ez 36,26f, wonach Jhwh ihnen ein neues Herz und einen neuen Geist geben wird, sodass sie seine G. befolgen können und werden. Wenn die Sprecher von Ps 37,31; 40,9 das G. in ihrem Herzen bzw. in ihrem Inneren zu haben behaupten, nehmen sie für sich damit vielleicht nicht nur in Anspruch, das G. den Anweisungen von Dtn 6,6 entsprechend verinnerlicht zu haben, sondern auch, dass sich die Verheißung von Jer 31 an ihnen erfüllt hat. Die sog. „G.-Pss." Ps 1; 19; 119 dokumentieren eine „G.-Frömmigkeit", die das G. nicht nur als Rechtsordnung für Israel, sondern als umfassende Lebensorientierung („Weisheit") für den Einzelnen versteht und die mit dem G. verbundenen Erwartungen von → Segen und Fluch (Lev 26; Dtn 28) auf den einzelnen Menschen bezieht.

Die Entstehung der mosaischen → Tora wird im Pentateuch als ein längerer Prozess dargestellt. Jhwh übermittelt Mose das G. auf dem Sinai in mehreren Etappen (vgl. Ex 20,21; 24,12; 34,1ff). Danach empfängt Mose weitere Bestimmungen im Zeltheiligtum (Lev 1,1; Num 1,1), z. T. *ad hoc* angesichts konkreter Problemfälle (Lev 24,10ff; Num 15,32ff; 36). Im Dtn verkündet Mose nach vierzigjährigem Aufenthalt in der → Wüste einer neuen Generation von Israeliten noch einmal die ganze Tora. Dabei wird in Dtn 5 wie in Ex 20 der Dekalog als grundlegende ethische Orientierung den ausführlichen und detaillierten Rechtsbestimmungen vorangestellt. Die sog. „Kanonformel" (Dtn 4,2; 13,1) schreibt dann zwar das mosaische G. fest; Jos 24,25f scheint demgegenüber aber mit der Möglichkeit einer weiteren „Fortschreibung" des G. zu rechnen. Im vorliegenden kanonischen Kontext des AT stellen prophetische Aussagen wie Jer 7,22; 8,8; Ez 20,25 aber auch Ez 40ff klar, dass die Tora nicht nur der Auslegung und Fortschreibung, sondern einer kritischen Rezeption bedarf.

Sir 24,23 und Bar 4,1 identifizieren W. und G. miteinander. Während Sir 24 das G. als unausschöpfliche Quelle der W. für alle daran Interessierten betrachtet, ist nach Bar 3f W. nur für Israel und für Israel nur im G. zu finden. Eine Verbindung von W. und G. bahnt sich in der Weisheitslit. schon vorher an (vgl. Spr 3,1; 3,3 mit Dtn 6,8; Spr 30,5f; Koh 12,13). Im Pentateuch ist sie angelegt in Aussagen über die Vernünftigkeit und Einsichtigkeit des G. (Dtn 4,6ff; 30,11ff) und über die für seine Anwendung (Dtn 1,13) und Lehre (Dtn 34,9) erforderliche W. Auch in den sog. „G.-Pss." Ps 19 und 119 werden G. und W. eng miteinander verbunden.

II. NT: 1. Im NT ist mehrfach von der W. (σοφία) Gottes (Röm 11,33; 16,27; Offb 7,12) oder Jesu (Lk 2,40.52; Mk 6,2; vgl. Offb 5,12) die Rede. Nach den Evv. wirkte Jesus u. a. als Weisheitslehrer, der seine Hörer mit Weisheitssprüchen, Gleichnissen und Lebensregeln belehrte. Nach Mt 12,42par. übertraf er dabei den exemplarischen Weisen Salomo. Mt 11,19par. betrachtet wahrscheinlich Jesus als die personifizierte W. (vgl. 1 Kor 1,24.30; Kol 2,3 und die Deutung Jesu als inkarnierter göttlicher Logos in Joh 1). Ihr kritisches Potenzial zeigt die von Jesus gelehrte und verkörperte W. darin, dass sie die (vermeintlich) „Einfältigen" überzeugt, während sie den (vermeintlich) „Weisen und Klugen" unzugänglich bleibt (Mt 11,25par.). Entsprechendes gilt nach 1 Kor 1–3 für die am Geschick Jesu zu gewinnenden Einsichten, die in der (vermeintlich „törichten") „Predigt vom Kreuz" vermittelt werden (→ Torheit). Jak 3,13ff stellt die – von Gott zu erbittende (Jak 1,5) – W. „von oben", die zu einem guten Lebenswandel führt, der „irdischen“ W. gegenüber, die Neid und Eifersucht verursacht. Hier wird – mit je verschiedener Zuspitzung – der kritische und selbstkritische Zug der atl. Weisheitstradition (bes. bei Ijob und Koh) im NT aufgenommen und weiter entwickelt.

An anderen Stellen des NT ist eher ungebrochen von der W. der Christen die Rede (vgl. Apg 6,3.10; 1 Kor 3,10; 6,5). Lk 21,15 verheißt ihnen für den Fall der Verfolgung W., mit der sie ihre Gegner überzeugen können. 1 Kor 12,8 rechnet die „Weisheitsrede“ zu den Gnadengaben Gottes (vgl. 1 Kor 2,6f). Die von Gott geschenkte W. (Eph 1,8.17; Kol 1,9) vermittelt nicht nur ein Verständnis des Heilshandelns Gottes in Christus, sondern leitet auch an zu einer weisen Lebensführung (Eph 5,15ff). Spezielle W. ist nach Offb 13,18; 17,9 für das Verständnis der Visionen der Johannesapokalypse erforderlich. 2 Tim 3,15 weist auf die weise machende Kraft der „heiligen Schriften“ hin, 2 Petr 3,15f auf die (offenbar: begrenzte) W. des Paulus, die dazu führt, dass seine Schriften z. T. schwer verständlich sind.

II. 2. Jesus hat, soweit dies aus den Evv. noch zu erkennen ist, dem mosaischen G. (νόμος) und seinen Geboten (ἐντολαί) nicht grundsätzlich ablehnend gegenübergestanden, sie aber – im Rahmen der Bandbreite des damaligen Judentums – vergleichsweise „liberal“ interpretiert. Die Evv. überliefern verschiedene Versuche einer knappen Zusammenfassung der göttlichen Gesetzesforderungen, die ihre Grundintention herausstellen: das Doppelgebot der Gottes- und Nächstenliebe (Mk 12,28ff.par.; vgl. Dtn 6,5; Lev 19,18), die sog. „goldene Regel“ (Mt 7,12), eine Auswahl von Geboten (der sog. „zweiten Tafel“) des → Dekalogs (Mk 10,17ff.par.) oder → „Recht, → Barmherzigkeit und → Treue“ (Mt 23,23). Die ethische Bedeutung des G. wird gegenüber den Reinheits- und Kultbestimmungen (→ Kult) betont (Mk 7,15ff.par.). Auf dieser Linie werden einerseits Ausnahmen von der Sabbatruhe im Interesse des Wohles der Menschen zugestanden (Mk 2,23ff; 3,1ff.par.), andererseits wird im Blick auf die Ehescheidung das G. verschärft (Mk 10,2ff.par.). Mt lässt Jesus in der Bergpredigt dezidiert die Geltung des G. verteidigen (Mt 5,17ff), dieses aber zugleich auch in den sog. „Antithesen“ in eigener Vollmacht neu interpretieren (Mt 5,21ff). Nach Mt 28,20 hat Jesus die → Apostel nach seiner → Auferstehung beauftragt, alle Völker zu lehren, „alles zu halten, was *ich* euch geboten habe“. Das mosaische G. wird so für Mt in der jesuanischen Lebensweisung im doppelten Sinne „aufgehoben“ (erfüllt und überboten). Lukas sieht die christl. Lebensführung in Kontinuität mit dem mosaischen G.: Das Tun des G. führt zum (ewigen) Leben (Lk 10,28). Paulus wird als gesetzestreuer Jude dargestellt (Apg 16,3; 21,18ff). Hingegen sind die Heidenchristen nicht verpflichtet, die gesamte Tora zu befolgen (Apg 15). Demgegenüber steht Joh dem atl. G. distanziert gegenüber (vgl. Joh 1,17). Jesus setzt sich über das Sabbatgebot hinweg (Joh 5) und spricht „den Juden“ gegenüber von „eurem G.“ (Joh 7,19ff). Das Liebesgebot Jesu wird ohne jede Anknüpfung an das AT (vgl. z. B. Lev 19,18) als „neues Gebot“ verstanden (Joh 13,34).

Bes. vielseitig, differenziert und auch in sich spannungsvoll sind die Reflexionen über das G. bei Paulus (v. a. in Gal und Röm), von denen hier nur einige Grundlinien skizziert werden können. Im Hintergrund dieser Überlegungen stehen einerseits die persönliche Biographie des Paulus, der durch ein visionäres Erlebnis vom gesetzestreuen Pharisäer und Verfolger der Christen zum christl. Heidenmissionar wurde (Gal 1,11ff; Phil 3,4ff), andererseits Auseinandersetzungen mit Christen in Galatien, die sich durch Beschneidung (Gal 5,2ff; 6,12f) dem mosaischen G. unterstellen und u. a. zur Einhaltung der darin vorgesehenen Feiertage (Gal 4,10) verpflichten wollten. Grundlegend für das pln. Gesetzesverständnis ist der Gegensatz von → „Gerechtigkeit aus Glauben“ und „Gerechtigkeit aus Werken des G.“ (Gal 3,1ff; Röm 3,21ff). Der Versuch, durch die Erfüllung des G. Gerechtigkeit zu erlangen (→ Rechtfertigung), scheitert nach Paulus nicht nur daran, dass kein Mensch das G. wirklich erfüllt (Röm 1,18–3,20; anders Phil 3,6?). Das G. vermag gar nicht zum Leben zu führen (Gal 3,21), weil es gegen das von der → Sünde bestimmte → „Fleisch“ nicht ankommt (Röm 8,3). Das G. reizt vielmehr gerade dazu, es zu übertreten (Röm 7,7ff) und vergrößert damit noch die Sünde (Röm 5,20). Es kann dem Menschen zwar die → Einsicht in das Gute vermitteln, ihn aber nicht dazu befähigen, diese Einsicht auch in die Tat umzusetzen (Röm

7,13ff). Dies vermag nur eine radikale Neuschöpfung des Menschen „in Christus“ (2 Kor 5,17), durch die er für das G. „stirbt“ (Röm 7,1ff) und nun nicht mehr durch das „Fleisch“ und die Sünde bestimmt wird, sondern vom Geist Gottes (Röm 8,1ff; → Anthropologie). Dann steht er aber nicht mehr unter dem G. (Gal 3,15ff). Ob Röm 10,4 auf dieser Linie so zu verstehen ist, dass das G. mit Christus an sein „Ende“ (τέλος) gekommen ist, ist in der Forschung umstritten; die Aussage kann auch in dem Sinne interpretiert werden, dass das G. auf Christus (als sein „Ziel“) verweist. In der im Glauben gewonnenen → Freiheit von der Sünde kann das G., das an sich ja „heilig, gerecht und gut“ ist (Röm 7,12), nach Paulus durchaus als Leitlinie der christl. Lebensführung dienen (Röm 8,4; 13,8ff; Gal 5,14; 6,2). Dabei sieht Paulus den Kern des G. im Gebot der Nächstenliebe (→ Nächster) und blendet die Kult- und Reinheitsgebote (→ Kult, → Reinheit) faktisch als für (Heiden-)Christen irrelevant aus (vgl. Hebr).

Wenn der Jak gegen einen Glauben ohne Werke polemisiert und die Bedeutung des G. auch für Christen unterstreicht (Jak 2), kann dies im kanonischen Zusammenhang des NT als Mahnung verstanden werden, die christl. Freiheit vom G. nicht als „Deckmantel der Bosheit“ zu missbrauchen (1 Petr 2,16; vgl. Gal 5,13).

I. *M. Limbeck*, Das Gesetz im Alten und Neuen Testament, Darmstadt ²2002; *I. Müllner*, Das hörende Herz, Stuttgart 2006; *E. Otto*, Das Gesetz des Moses, Darmstadt 2007; *M. Saur*, Einführung in die alttestamentliche Weisheitsliteratur, Darmstadt 2012.

II. *R. Bergmeier*, Gerechtigkeit, Gesetz und Glaube bei Paulus, Neukirchen-Vluyn 2010; *M. Limbeck*, Das Gesetz im Alten und Neuen Testament, Darmstadt ²2002; *H. von Lips*, Weisheitliche Traditionen im Neuen Testament, Neukirchen-Vluyn 1990; *R. Smend/U. Luz*, Gesetz, Stuttgart 1981.

Thomas Krüger

Weltbild / Kosmologie (W./K.)

Zugeordnete Begriffsartikel: Berg, Dämon, Engel, Erde/Land, Gestirne, Himmel, Licht/Finsternis, Meer/Flut/Urflut, Mischwesen/Kerub, Ordnung/Chaos, Paradies/Garten/Lebensbaum, Stadt, Thron, Unterwelt/Jenseits/Hölle/Scheol, Widersacher/Satan/Teufel, Wüste/Steppe, Zion.

I. AT: Für das AT wie für seine Umwelt ist zwischen dem vertikalen und dem horizontalen W. zu unterscheiden. Übergangsmöglichkeiten zwischen den verschiedenen Ebenen und Raumachsen sind gegeben. Ganz grundsätzlich gilt, dass die Welt der Menschen auf die Welt der Götter hin transparent war und beide als miteinander vernetzt begriffen wurden. Ebenso ist es durchaus möglich, verschiedene Vorstellungen nebeneinander zu finden, da keine Notwendigkeit der einlinigen Systematisierung gegeben war.

I. 1. Das *vertikale* W. beinhaltet den → Himmel, die → Erde, die → Meere und die → Unterwelt (Ps 139,8ff; Am 9,2f), Verkürzungen auf Himmel, Erde und Meer (hebr. meist *jām*, nicht die Urflut *t^ehōm* oder Unterwelt) (Ps 8,8f; 33,6–8; 104,1b–26; 146,6, s. jedoch Ps 115,15–17) oder Himmel und Erde (die Meere und Unterwelt beinhaltet) sind möglich (Gen 1,1; 2,1.4a; Dtn 3,24). In Mesopotamien findet sich häufig die Dreiteilung Himmel, Erde und Süßwasserozean *apsû*, in Ägypten seit dem Neuen Reich hingegen Himmel, Erde und Unterwelt. Himmel und Erde scheinen seit der Frühzeit im Vorderen Orient und Ägypten das Basispaar (meist Vater Himmel, Mutter Erde; in Ägypten umgekehrt) gewesen zu sein, während die Teile der unterirdischen Erde erst später (in Ägypten seit dem Mittleren Reich) ausdifferenziert wurden. Unter der Erde kann sich atl. auch das untere Urmeer befinden (Gen 7,11; 8,2; 49,25; Dtn 33,13), über dem Jhwh die Erde gegründet hat (Ps 24,2). Säulen (Ps 75,4; 1 Sam 2,8), Gestelle (Ps 104,5) oder Fundamente (Ps 82,5) können die Erdscheibe tragen. Das genaue Verhältnis zwischen unterirdischem Urozean *t^ehōm* und Totenreich Scheol ist ebenso wie das Verhältnis von *apsû* zu *arallu* in Mesopotamien unklar. Die Unterwelt ist atl. kein Wohnsitz Jhwhs und auch nicht seine explizite → Schöpfung. Anders der Himmel: Dieser erscheint als Feste, an dem die → Gestirne befestigt sind; er trennt das obere Urmeer von der Erde (Gen 1,6–8; Ps 148,4–6). In späten Texten kann er Wohnsitz Jhwhs sein (Ps 115,3; Koh 5,1). Analog zu Babylonien kann auch im AT von mehreren Himmeln die Rede sein (Ps 148,4; Dtn 10,14). Der

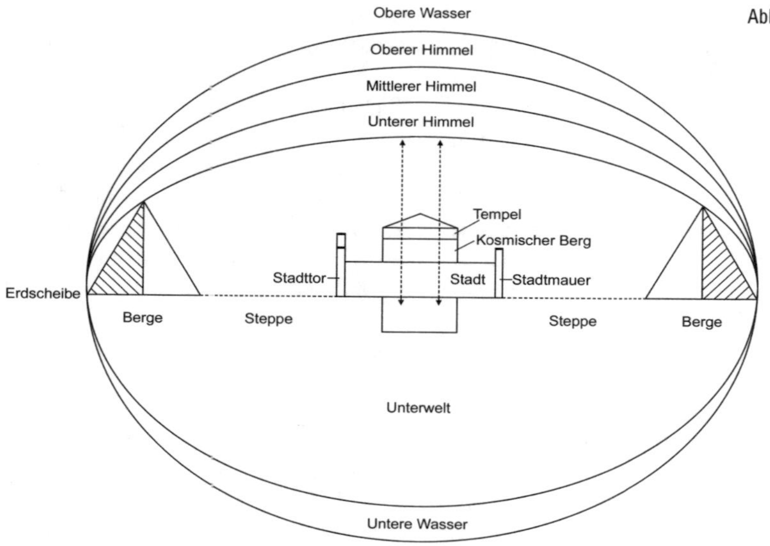

Abb. 8: Das ao. Weltbild.

Himmel kann als auf den → Bergen des äußersten kreisrunden Horizonts ruhend vorgestellt werden (Ijob 26,10f), während die Erde ihrerseits auf den Säulen der Unterwelt steht (Ijob 9,6; Ps 75,4). Die äußersten Horizontberge sind Grenze zwischen → Licht und Finsternis, daher sind dort die Tore des Sonnenauf- und -untergangs angesiedelt (Ps 65,9), was sich ikonographisch in Darstellungen des mesopotamischen Sonnengotts (*Abb. 5*) oder des äg. Sonnentors niederschlägt. Oberes und unteres Wasser sind das vom Schöpfergott gebändigte Chaos, das in verschiedenen Monstern personifiziert werden kann (Jes 27,1; Ijob 40,25ff; Ps 74,13f; 89,10ff), die in der Vorzeit frei waren, jedoch von Gott bei der Schöpfung besiegt wurden (Ps 104,7f). Verschiedene Mythen im AO, so z. B. das bab. Weltschöpfungsepos *enūma eliš*, nehmen auf diese Vorgänge Bezug. Die Urflut bleibt (bis Offb 21,1) eine beständige Gefahr für die Erde und ihre Bewohner, da sie versucht, ihre Grenzen zu sprengen. Jhwh muss daher seine gute Schöpfung beständig erhalten und gegen akute Bedrohung eingreifen (Ps 104,27–30). Aussagen über die Weltentstehung finden sich im AT häufig, wobei sich folgende Motive systematisieren lassen: Die Weltentstehung wird nicht als Schöpfung aus dem Nichts (*creatio ex nihilo*) geschildert, sondern als Eingriff in eine bereits vorhandene Situation, in der ungeformter Stoff (Weish 11,17) oder tiefe Wassermassen (Gen 1,1) bestanden. Die Schöpfergottheit, im AT ausschließlich Jhwh, kann die bewohnbare Welt durch einen Kampf (Jhwh als Krieger) gegen die Wassermasse (als Wassermonster personifiziert) schaffen (Ijob 7,12; Ps 74,13f). Eine andere Möglichkeit wurde darin gesehen, dass die Schöpfung auf einen gestalterischen Akt zurückginge (Gen 1,6ff; Spr 8,27–29), bei dem Jhwh den Wassermassen Grenzen ziehen oder über ihnen die Erdoberfläche ausspannen würde (Jhwh als Baumeister). Als „Herr der Tiere" und der Vitalität schließlich ist er es, der seine Schöpfung bewahrt und segnet (Gen 1,22.28ff). Da die Wassermassen in den beschriebenen Entwürfen nicht eliminiert, sondern nur begrenzt und zurückgedrängt wurden, bleibt die Schöpfung dauerhaft bedroht. Atl. gilt die → Ordnung der Schöpfung zwar als stabil und für ferne Zeit (Gen 8,22; 9,8–17), jedoch auch als prinzipiell vergänglich (Koh 3,20), woran die verschiedenen Vorstellungen der → Eschatologie und → Apokalyptik anknüpfen konnten.

I. 2. Das *horizontale* W. des AT beinhaltet die Erde, vorgestellt als kreisrunde Scheibe (Jes 40,22), als Lebenswelt der Menschen und deren äußerste angenommene Grenzen (Inseln [Jes 41,5], Horizontberge [Ijob 26,10], umfließender Ozean [Ps 72,8]). Die vier Säume der Erde (Jes 11,12; Ez 7,2; Offb 7,1) als Ende derselben gehen von den vier Himmelsrichtungen (Ijob 23,8f) aus. Grundrisszeichnungen von Städten, → Tempeln etc. zeigen, dass seit dem 3. Jt. v. Chr. in Mesopotamien der Lebensraum quantifiziert, vermessen und berechnet wurde. Dass der Stadtgrundriss Jerusalems den Bewohnern im 6. Jh. v. Chr. ein Begriff war, zeigt Ez 4,1. Städte- und Tempelbau gehörten in Mesopotamien, Ägypten und auch im AT zu den Aufgaben des → Königs, der die Wünsche seines Gottes in die Tat umsetzte. So konnten die entsprechenden Gründungen als göttlich angesehen werden (Ps 87,1.5b). Das horizontale W. ist häufig vom Gegensatz → Stadt – Steppe (→ Wüste) bzw. Zentrum – Peripherie oder Innen – Außen gekennzeichnet. Dies trifft insbes. für Ägypten und Mesopotamien (*Abb. 8*), jedoch z. T. auch für das AT zu, insofern dort städtische Traditionen zugrunde liegen. Für Israel, Juda, Jerusalem wie für die Umwelt des AT war es selbstverständlich, jeweils selbst im Zentrum der Erde zu wohnen, während die → Fremden am Rand und damit im Umfeld von Unordnung, → Wüste und dämonisiertem Land zu Hause waren. Die Stadt wird als Lebensraum der Sicherheit und der Bewahrung der Ordnung angesehen. Sie ist als Wohnsitz und Wirkungsbereich der Götter eindeutig positiv qualifiziert. Die Steppe steht dagegen für Gefahr und Gefährdung, da sie durch ihre Verbindung mit der Unterwelt und den unberechenbaren → Dämonen selbst von den Göttern gemieden wird. Das festumgrenzte Stadtgebiet wird von den Göttern bewahrt, sodass die allseits präsente Steppe nicht eindringen kann. Erst wenn ihr Zorn dazu führt, dass die Dämonen ihren Wohnort, die Steppe, verlassen, gerät dieses Gleichgewicht außer Kontrolle, sodass eine Stadt der ständigen Bedrohung unterliegt und selbst zur Wüste wird. Die Ordnungen werden dann außer Kraft gesetzt, sodass die Dämonen sich auch hier frei bewegen können. Häufig wird die Stadt als ein Bereich charakterisiert, der rein gehalten werden soll, während alles, was im Verdacht steht, unrein zu sein, der Steppe überantwortet wird. Hinter dieser Vorstellung sind nicht nur hygienische, sondern auch weltanschauliche Gründe zu vermuten. Das Zentrum des inneren Bereiches (= Stadt) liegt im Tempel. Er stellt durch seine Identifikation mit dem „Heiligen Hügel" in Mesopotamien oder dem kosmischen → Berg (als Zentrum der Erde und Gegenpol zu den Horizontbergen), konkret dem → Zion in Jerusalem, die Verbindung zwischen der horizontalen und der vertikalen Raumachse her, da er sowohl Teil der kosmischen Bereiche des Süßwasserozeans, der Erde und des Himmels als auch der irdische Wohnort der Gottheit ist. Über den irdischen Wohnsitz Jhwhs kennt das AT verschiedene Traditionen. Bezeugt sind recht konkrete geographische Angaben, wie in Seïr (Ri 5,4; Dtn 33,2) oder auf dem Berg Zafon, Sinai/Horeb oder Zion, der durch den Jerusalemer → Tempel eine Sonderstellung innehatte. Dessen ikonographisches Programm, das allerdings nur atl. bezeugt ist, umfasste Lebens-, Himmels- und kosmische Symbolik (1 Kön 6f). Tempel sind vorderorientalisch auch Nukleus aller → Reinheit, Ordnung und Beständigkeit. Diese Ordnung strahlt mit abnehmender Intensität in die Stadt und die Umgebung aus. Doch ist jede Schwelle und jedes Tempeltor eine Grenze, die die Konzentration an Ordnung nach außen hin schwächt. Als weitere Grenze ist die Stadtmauer mit den Stadttoren zu nennen, die Innen und Außen, Stadt und Hinterland trennt. Entsprechend der Rolle der Stadttore als Schwellen- und Übergangsbereiche werden dort bei Prozessionen → Opfer, Rituale (→ Ritus) und Beschwörungen vollzogen, die den Übertritt in die nächste Zone sichern sollen. Torheiligtümer, die in diesen Kontext gehören, sind in Palästina archäologisch (z. B. Betsaida, Dan) gut belegt. Der unmittelbare Bereich hinter den Stadttoren ist ein Gebiet mit stark herabgesetzter Ordnung, das als Wohnsitz für Menschen und Götter gleichermaßen ungeeignet ist und daher nur als unkultiviertes, ungeordnetes und dämonisiertes Land in den Blick kommt. Die bewahrende und sichernde Wirkung des Tempels und seines göttlichen Bewohners erreicht die Steppe oder Wüste nur noch in äußerst abgeschwächter Form. Zudem ist sie ein Gelände, das gegenüber der Unterwelt durchlässig ist. Daher halten sich hier zahlreiche Dämonen auf, die jedem Menschen schaden, der sich nähert. Diese negative Sicht der Wüste teilt das AT mit seiner Umwelt. Die äußerste Grenze des horizontalen W. des vorderorientalischen Städters, der Umland und Steppe schon als fremd empfand, sind die Gebirgszüge, die den jeweiligen Kulturraum abschließen. Die Berge sind daher „das Ende der Welt". In diesem geheimnisvollen Lebensraum existieren die ag-

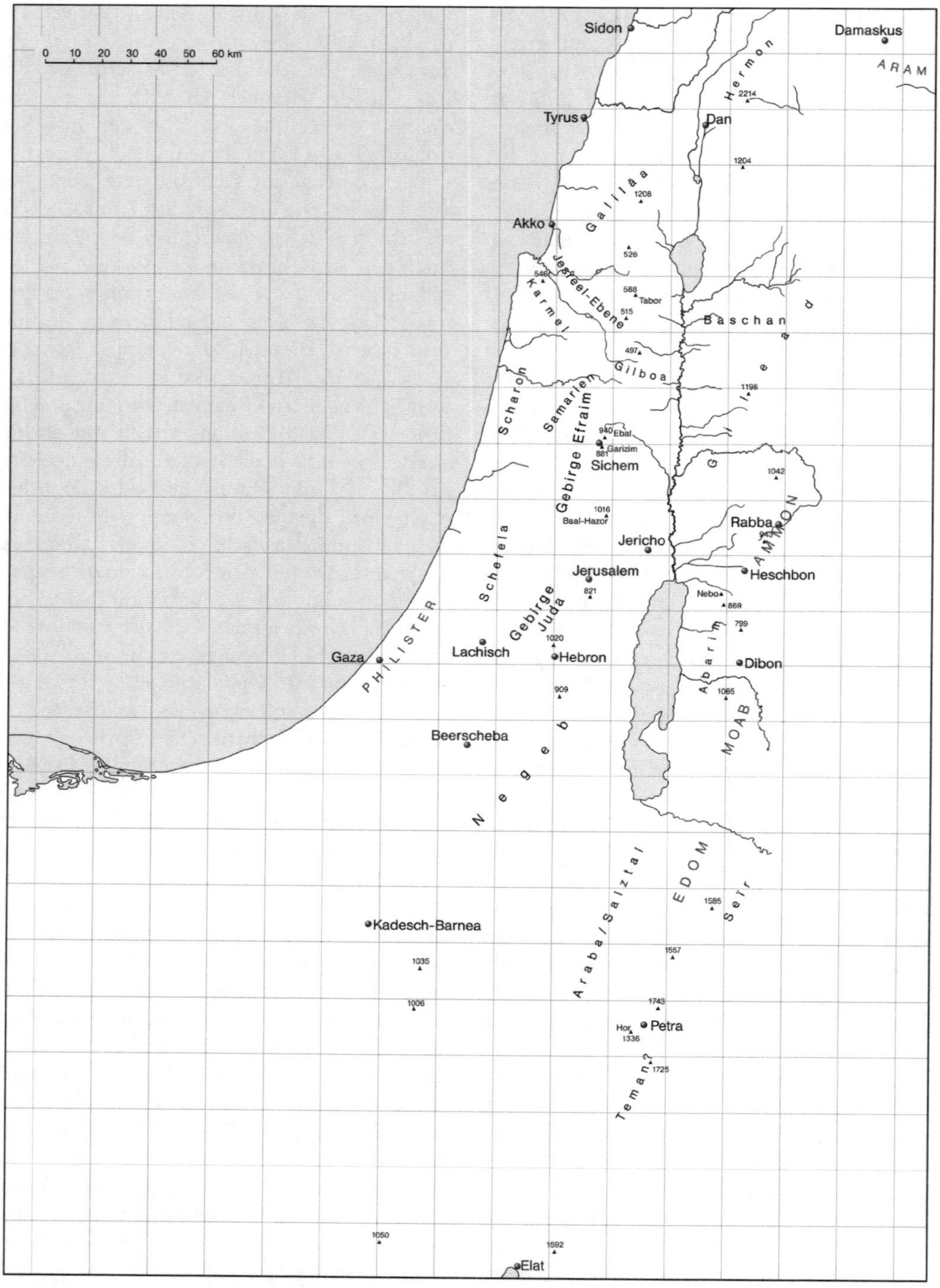

Abb. 9: Palästina und seine Regionen.
Quelle: *W. Zwickel,* Einführung in die biblische Landes- und Altertumskunde, Darmstadt 2002, Abb. 8.

gressiven Gegner der bewahrenden Ordnung, die z. T. in polit. Feinden konkretisiert werden konnten. Da außenpolit. → Feinde die Stadt jeweils vom Gebirge und von der Steppe aus angriffen, wurde dieses Gelände als der Ausgangspunkt und geradezu als „Nest" ständiger Gefährdung und Feindschaft erlebt, das den Frieden der Stadt bedrohte (Jes 13,4; Joël 2,2 u. a.). Neben den städtischen (= v. a. Jerusalemer) Traditionen des AT finden sich auch Vorstellungen, die die Stadt von außen sehen, und für die das Land den heimatlichen Bereich darstellt. Hier wird die ummauerte Stadt zum Feind und Fremden, was in Bezug auf die soziale Verortung dieser Texte auf einen ländlichen Trägerkreis schließen lässt. Hintergrund der atl. Ambivalenz zur Stadt mag sein, dass das Bergland Palästinas für die Bildung städtischer Siedlungen eher ungeeignet war. Die kleinkammerige Landschaft war von sippenbäuerlichen Dörfern und Strukturen geprägt, sodass die Errungenschaften des urbanen Lebens (Schrift, Kapital) auf nur wenige städtische Zentren beschränkt blieben, bevor sie sich von dort aus im traditionell-konservativ geprägten Hinterland ausbreiteten. Rivalisierende Interessen zwischen Staats- bzw. Stadtverwaltung und nicht-urbaner bäuerlicher Oberschicht bzw. Landelite (→ Sozialstatus) verschärften seit der Königszeit den sozialen Konflikt zwischen denen, die das Land von der Stadt aus nur als Kapital mit Rendite betrachteten und denen, die mit und in dem Land lebten, es eigenhändig bebauten, den Ertrag selbst genossen und nur evtl. vorhandene Überschüsse verkauften.

Zum horizontalen W. gehört auch die Vorstellung von Raum und → Zeit. Ganz konkret gilt: Der *geographische* Raum, den das AT kennt, ist mit Tarschisch im fernen Westen, Elam und Medien im Osten, Saba und Hadramaut im Südosten und den Grenzgebirgen des syr.-mesopotamischen Tieflands im Norden beschrieben. Er umfasst das Mittelmeer mit der Levante als Zentrum. Die großen Nachbarreiche Ägypten, Assyrien, Babylonien etc. werden als Randgebiete begriffen (*Abb. 9*). Der *zeitliche* Rahmen, den das AT darstellt (ohne dass die dargestellte Zeit mit der Entstehungszeit der lit. Darstellung identisch sein muss), deckt sich bis auf wenige Ausflüge in die Vorzeit mit dem → Anfang durch die Schöpfung

1 Mio Jahre–20.000	Paläolithikum
20.000–12.500	Epipaläolithikum
12.500–9400	Natufium
9400–6400	Akeramisches Neolithikum A-C
6400–5800	Keramisches Neolithikum
5800–3300	Chalkolithikum
3300–3000	Frühbronzezeit I (FB-Zeit)
3000–2700	Frühbronzezeit II
2700–2200	Frühbronzezeit III
2200–2000	Frühbronzzeit IV = Mittelbronzezeit I (MB-Zeit)
2000–1750	Mittelbronzezeit IIA
1750–1550	Mittelbronzezeit IIB
1550–1400	Spätbronzezeit I (SB-Zeit)
1400–1300	Spätbronzezeit IIA
1300–1200/1150	Spätbronzezeit IIB
1200/1150–1000	Eisenzeit I (E-Zeit)
1000–926/900	Eisenzeit IIA
926/900–722/700	Eisenzeit IIB
722/700–587	Eisenzeit IIC
587–539/8	Babylonische Zeit
539/8–450	Perserzeit I
450–333/2	Perserzeit II
333/2–63	Hellenistische Zeit
63–324 n. Chr.	Römische Zeit

Abb. 10: Chronologische Tabelle (alle Angaben verstehen sich v. Chr., sofern nicht anders angegeben).

von Himmel und Erde (Gen 1,1) und der Endzeit (Jes 60,19), die als Neuanfang mit einigen charakteristischen Änderungen begriffen wird, weitgehend mit dem, was die Archäologie Palästinas als E-Zeit sowie bab.-pers. Zeit beschreibt (ca. 1200/1150 – 332 v. Chr., *Abb. 10*).

I. 3. Nur wenige Bücher sind erst im hell. Zeitalter verfasst worden und reflektieren Ereignisse dieser Epoche (Dan; 1/2 Makk), in der das W. wichtige Veränderungen erfuhr. Seit dem Alexanderzug (334 – 331/323 v. Chr.), in dem die Griechen das Perserreich erobert hatten, hatte sich die griech. Kultur über den gesamten Mittelmeerraum bis nach Indien und Afghanistan verbreitet. Dabei hatte sie sich seit den Diadochen (= Nachfolgestaaten Alexanders des Großen) von einer Kultur der Stadt/Polis zur Kultur einer Reichselite transformiert, die auf die eroberten Kulturen Einfluss nahm („Hellenisierung") bzw. weltweite Akkulturationsprozesse auslöste. Griech. Sprache, Bildung, Lebensart, Technik, Weltsicht, Philos. und Kultur wurden maßgeblich und durch das gymnasiale Ausbildungssystem (→ Erziehung) auch verbreitet. In Judäa brach unter der Herrschaft der Seleukiden im 2. Jh. v. Chr. offener Widerstand gegen die Hellenisierung Jerusalems und Judäas aus. Der Aufstand der Makkabäer (167–164 v. Chr.) richtete sich erfolgreich gegen die gewaltsame Hellenisierung Jerusalems durch Antiochus IV. Epiphanes. Das röm. Reich führte den Hellenismus (griech. Sprache, Dichtung, Philos. und W., Herrscherkult) fort und sah sich in Palästina diversen Religionsparteien gegenüber (Sadduzäer, Qumran-Essener, Pharisäer, Zeloten), die sich unterschiedlich stark von der hell. bzw. röm. Welt abgrenzten. Waren sich die verschiedenen Gruppen in Sachen Weltentstehung noch weitgehend einig, so vertraten sie in Bezug auf das Weltende oder die Bedeutung des Jerusalemer Tempels unterschiedliche Positionen. Die *Sadduzäer* waren eine theol. konservative, am Tempelkult und der schriftlichen → Tora orientierte, polit. nationale und im Lebensstil liberale Oberschicht, die die Vorstellungen von → Engeln und Dämonen, → End-Gericht und → Auferstehung ablehnte (Mk 12,18par.). Ihr Einfluss ging 63 v. Chr. mit der Eroberung Jerusalems durch Pompeius zurück, erst 6. n. Chr. gelangten sie als lokale Verbündete der Römer wieder zu Macht und dominierten mit den reichen Laien („Ältesten") das Synedrium (→ Gericht). Die *Essener* kommen zwar im AT/NT nicht vor, sind jedoch durch Josephus und die Funde aus Qumran gut belegt. Sie bildeten als das „wahre Israel" eine geschlossene → Gemeinschaft mit festen Regeln, in der rituelle Normen (bes. → Reinheit) und Kalenderfragen (Sonnenkalender) in Abgrenzung zum kritisierten Jerusalemer Tempel (Mondkalender) eine herausragende Rolle spielten. Ziel war es, bereits im unreinen Diesseits mit der reinen himmlischen Welt in Gemeinschaft zu leben. Ihr W. war dualistisch (irdische Welt *vs.* himmlische Welt), und ihre Theol. war eschatologisch ausgerichtet, geprägt von einem starken Determinismus und der Lehre von den zwei gegensätzlichen und aufeinander folgenden Weltzeitaltern (= Äonen). Am Übergang zwischen dem aktuellen und dem künftigen Äon wurde ein endzeitlicher Kampf zwischen den Söhnen des Lichts (= Qumrangruppe) und den Söhnen der Finsternis erwartet (1QM). Die *Pharisäer* kamen evtl. aus dem Kreis der „Frommen" (1 Makk 2,42; 7,13), die die Makkabäer unterstützt hatten. Sie akzeptierten neben der schriftlichen auch die mündliche Rechtsüberlieferung und wollten im alltäglichen Leben das Ideal priesterlicher Reinheit verwirklichen (durchaus in Distanz zum Tempelkult). Das fromme Leben des Einzelnen stand für sie (nach diversen Konflikten mit den Hasmonäern) stärker im Vordergrund als polit. Einfluss. Im Unterschied zu den Sadduzäern vertraten sie eschatologische Lehren mit Messiashoffnung (→ Messias), Auferstehung und End-Gericht (Apg 23,8). Die *Zeloten* entstanden wohl 6. n. Chr. (als Judäa in einen Teil der röm. Provinz Syrien umgewandelt wurde, d. h. unter direkte röm. Herrschaft gelangte) und verstanden sich als Kämpfer für die Alleinherrschaft Gottes im Gegensatz zur röm. Besatzungsmacht (Mk 12,13–17), was zu polit. Konsequenzen in Form von Aufständen führte. Ihr Widerstand kulminierte im ersten Jüd. Krieg (66–70/73 n. Chr.). Sie erwarteten die nahe Gottesherrschaft, die durch kämpferisches Engagement in der Tradition des „Heiligen → Krieges" herbeigeführt werden sollte.

I. 4. Die paganen Rel. der hell.-röm. Zeit waren polytheistisch geprägt, wobei sich das rel. Leben im offiziellen, lokalen und privaten Kult abspielte. Drei Aspekte sind für die spätantike Religiosität von Belang, mit denen sich auch die jüd. und christl. Schriften auseinander setzten:

(a.) Der Kult des als Kosmosgott verstandenen Zeus, der mit Jupiter (v. a. als Jupiter Capitolinus) gleichgesetzt und als eine Art Reichsgott verehrt wurde. Er hatte Beziehungen zum (b.) Kaiserkult, der die Staatsgewalt rel. legitimierte. Im Herrscher manifestierte sich (seit Alexander d. Gr. von den griech. Königen beansprucht und von den Römern übernommen) göttliche Macht, sodass er für die Pflege und Umsetzung der göttlichen Ordnung verantwortlich war. (c.) Die Heil-, Mysterien- und Heilungsrel. kamen der inzwischen stark individualisierten Religiosität und ihrem Anliegen entgegen, dem Einzelnen persönliche göttliche Hilfe und Nähe zuzusprechen. Zudem wurden dem Individuum rel. Orientierung und die positive Lösung des Problems des individuellen → Todes in Aussicht gestellt, indem auf ein wunderbares jenseitiges Leben verwiesen wurde. Zugleich banden diese Rel. ihre Anhänger in eine feste Gemeinschaft (bis zu Geheimzirkeln mit komplexen Initiationsritualen), wie man es in paganen Kreisen bis dahin nicht kannte, es in Zeiten der individualisierten Gesellschaft aber zunehmend als Halt schätzte. Die meisten Gottheiten, um die sich diese Kulte rankten, wurden aus dem Orient importiert (Isis, Osiris, Kybele, Attis, Dea Syria, Adonis, Mithras u. v. a.). Judentum und Christentum, die einen persönlichen Gott verkündeten, auf die Frage nach dem Tod eine positive Antwort hatten, von einer geschlossenen Gemeinschaft getragen wurden und mit einer lebensorientierend verbindlichen → Ethik aufwarten konnten, hatten in dieser Zeit eine hohe Attraktivität. Diese wurde jedoch durch ihren exklusiven → Monotheismus, der sie u. a. in Widerspruch zum Kaiserkult brachte, oder durch die als unsozial empfundene jüd. → Tora-Observanz geschmälert.

I. 5. Das W. der hell.-röm. Zeit war stark von philos. Weltdeutung (vgl. Apg 17,18; Kol 2,8) bestimmt. Drei wichtige Richtungen sind zu unterscheiden:

(A.) Epikur/Epikureer. Epikur (341–270 v. Chr.) hatte 306 v. Chr. seine Schule in Athen eröffnet. Sein Ideal war die Gemütsruhe (ἀταραξία), d. h. das stille Glück des sich mit dem Vorhandenen begnügenden Weisen, der ohne Todesfurcht und Götterangst lebte. Dies war das wahrhaft gelingende → Leben und rechter Lebensgenuss. Maßstab war das subjektive Wohlempfinden, die Existenz der Götter (und des Todes) wurde nicht geleugnet, war aber für den Menschen weitestgehend irrelevant.

(B.) Stoa/Stoiker (Vertreter Seneca, Marc Aurel, Epiktet). Die Stoa, die im 1. Jh. n. Chr. große Bedeutung hatte, führte alles auf ein Prinzip zurück: In der Ordnung der Welt war der göttliche Logos zu erkennen. Aus dieser Erkenntnis ergab sich für den Einzelnen, dass er eine Daseins- und Handlungsorientierung hatte: Der Weise sollte dem erkannten göttlichen Logos entsprechen, der die Welt durchwaltet, also mit ihm in Übereinstimmung leben. Die Daseinsorientierung des Einzelnen, der seine Affekte beherrscht und von äußeren Wechselfällen möglichst unabhängig ist, war das Ziel der stoischen Ethik. Sie gab dem Einzelnen festen Halt und persönlichen Seelenfrieden.

(C.) Plato/Platoniker. Diese Richtung, die ab dem 1. Jh. n. Chr. ihre Wirkung entfaltete, war dualistisch ausgerichtet und unterschied zwischen der Idee und der Erscheinung, dem wahren Sein und dem Seienden. Der transzendente Gott stand jenseits des sinnlich erfahrbaren Seienden. Gott und Welt, Transzendenz und Immanenz wurden scharf voneinander getrennt, die Unsterblichkeit der → Seele wurde der Sterblichkeit des Leibes gegenübergestellt. Das Ziel der Lebensführung war die Angleichung an den transzendenten Gott und die Überwindung des Leibes, zu der der Mensch aufgrund der in ihm waltenden göttlichen Vernunft auch fähig sei.

I. 6. Entscheidend für das Weltbild der Spätzeit ist jedoch, dass die griech. verfassten Schriften der LXX den griech. Kosmosbegriff einführten (Weish 2,24; 2 Makk 7,9), der z. T. als Ersatz für die ältere Bezeichnung „Himmel und Erde“, aber auch (wie αἰών) zur Wiedergabe des hebr. Wortes *ʿōlām* (→ Ewigkeit) diente. In Übernahme hell. Vorstellungen wurde das Universum als geordneter Kosmos (d. h. als räumliche Einheit, geprägt von immanenter ewiger Ordnung, Schönheit und Harmonie) gesehen und so bezeichnet. Für den entstehenden bibl. Kosmosbegriff ist typisch, dass er die im Wort Kosmos enthaltenen räumlichen Vorstellungen mit dem heilsgesch.-zeitlichen Aspekt verbindet. Als typisch für die Spätzeit können die Spekulationen über das bevorstehende Weltende betrachtet werden, das eine vollständige Welterneuerung vorbereiten würde. Unter dem Einfluss einer dualistischen Weltsicht, die streng in zwei gegensätzliche Pole (Gut und → Böse, → Licht und Finsternis, Engel und Dämonen, Gott und Satan, → Wahrheit und Lüge) unterschied, wurde in der jüd. Apokalyptik das göttliche Werk der geordneten Schöpfung als durch die → Sünde, das Chaos, den → Widersacher/Satan, die Dämonen und andere lebensfeindliche Mächte korrumpiert und verdorben betrachtet (4Esr 4; Jub 10,1–9). Man sah die ganze Welt und → Zeit auf eine große, endgültige Auseinandersetzung zusteuern, aus der die gegenwärtigen Mächte des Bösen als Verlierer, Gott hingegen als siegreich hervorgehen würden (1QM). Dem Pessimismus gegenüber der gegenwärtigen Welt, gleichgesetzt mit dem aktuellen Weltzeitalter, stand zunehmend die Hoffnung auf ein neues Zeitalter bzw. Äon und eine erneuerte Welt gegenüber (1QS 4,16ff; 1Hen 48,7; 71,15; 2Bar 15,7). Erst im Eschaton würden sich die göttliche Ordnung und Herrschaft vollenden und ohne weitere Anfechtungen realisieren. Den Übergang zwischen den beiden Welten/Äonen stellte man sich entweder als ein großes End-Gericht (Dan 7; Mt 25,31–46) oder als kriegerische Auseinandersetzung vor (Ez 38; Dan 10–12; Mk 13), wobei auch beide Szenarien zu einem großen apokalyptischen Drama verbunden werden konnten (Offb), das nach einem festgelegten Drehbuch ablaufen würde.

II. NT: Das W. des NT ist weitgehend den atl. und jüd. Traditionen verpflichtet. → Himmel und → Erde (Mt 5,18.34f.par.), z. T. auch → Unterwelt (Mt 11,23par.; Röm 10,6f; Phil 2,10f), bezeichnen die drei vertikalen Raumebenen. Himmel und Erde können als Merismus die ganze Welt meinen (Mt 5,18; 28,18; Apg 4,24; Kol 1,16), die jedoch durch den Gebrauch des Begriffs „Kosmos" auf dem Hintergrund der entsprechenden hell.-jüd. Vorstellungen verstanden wurde. Diese wurden ntl. mit heilsgesch.-christologischen Aspekten verbunden, die ihnen ihr spezifisches Gepräge geben.

II. 1. Kosmos bezeichnet im NT das Weltall, das Universum in seiner Einheit (Apg 17,24; Joh 21,25), das als Ganzes Gottes → Schöpfung ist (Röm 11,36; 1 Kor 8,6) und an dem der Logos maßgeblichen Anteil hat (Joh 1,3.10; Kol 1,15f). Der Kosmos untersteht Gottes → Vorsehung (Apg 17,26ff), ist Ort natürlicher Gotteserkenntnis (Röm 1,19f; Apg 17,27), ist als Gottes Schöpfung prinzipiell gut (1 Kor 10,26; Röm 14,14.20) und besitzt einen → Anfang und ein Ende (Mt 13,40; 24,21; 25,31ff; 1 Kor 7,31). Ntl. ist er noch stärker als atl. von der Vierzahl bestimmt, da es vier Winde (Mt 24,31par.), Himmelsrichtungen (Offb 7,1–8), Weltenden (Offb 7,1; 20,8) und Vierergruppen von Engeln (Offb 7,1; 9,14f) gibt. Der Himmel ist Wohnort Gottes, des auferstandenen Christus, der → Engel und auch Metapher für das kommende Zeitalter, während die Erde für den Wohnort der Menschen, der → Kirche und das gegenwärtige Zeitalter steht (Mt 6,10; 16,19; 18,18). 2 Kor 12,1–5 nimmt die jüd. Tradition auf, nach der es mehrere Himmel gab. Aufenthaltsort der Toten war der Hades unter der Erde. Dort wurde auch die Gehenna vermutet. Sie galt als der feurige Abgrund, in dem der Engel des Abyss als König (→ Widersacher) residierte (Offb 9,1f.11; 20,1.3), und in den die von Gott Verworfenen hinabgestürzt werden (Mt 18,9).

Insgesamt ist das NT weniger an kosmologischen Entwürfen der gegenwärtigen Welt interessiert als vielmehr an der heilsgesch. Zukunft. Erwartet wird die → Auferstehung der Toten (1 Kor 15,12–34; 1 Thess 4,13–18), ein → End-Gericht mit → Heil für die Gerechten sowie Verdammnis für die Frevler (Mt 25,31–46; Röm 14,10; 2 Kor 5,10) und die → Erlösung der Schöpfung (Röm 8,18ff; → Soteriologie). Wie in den zeitgenössischen jüd. Vorstellungen spielten ntl. Engel und → Dämonen eine große Rolle, in denen positive bzw. negative Kräfte und Mächte (z. B. → Krankheit) personalisiert wurden, die jedoch alle Gott unterstanden (2 Kor 12,7–9). Das NT hat die pessimistische Weltsicht und Zwei-Äonen-Lehre (Mt 12,32; 13,39ff; 24,3; 28,20; 1 Kor 10,11; Hebr 9,26; Gal 1,4) der jüd. Apokalyptik weitgehend rezipiert und ihr in → Jesus Christus eine neue Mitte gegeben. Entscheidend ist, dass die Herrschaft der Sünde und der lebensfeindlichen Mächte bereits im Jetzt durch die Herrschaft Christi abgelöst wurde, wenngleich noch nicht in der endgültigen Form, die erst im Eschaton oder dem nächsten Äon zu erwarten ist (Joh 12,31; Röm 8,21f; Hebr 6,1f; Offb 11,15).

II. 2. Bei Johannes, der ähnlich wie Paulus die gegenwärtige Welt pessimistisch betrachtet, stehen sich Gott bzw. Christus und Kosmos bzw. Menschenwelt dualistisch gegenüber. Der Kosmos ist an sich Schöpfung Gottes und seines Logos (Joh 1,3f.10f; 17,5.24), doch Bereich der Finsternis (Joh 1,5; 3,19). Ihm steht der Logos als das → Licht gegenüber (Joh 1,9; 8,12). Der Kosmos hat sich geweigert (Joh 1,10f), das Licht aufzunehmen, das Gott aus Liebe in Gestalt seines Sohnes gesandt hat, um ihn zu erlösen (Joh 3,16f; 4,42; 9,5). Der Kosmos wurde damit als gottfeindlich erkannt (Joh 12,31; 16,9–11), sodass das Kommen Christi ihm nicht zur Rettung, sondern zum Gericht gereichte (Joh 3,18ff; 5,27; 9,39). Der Kosmos ist folglich Schauplatz des Kommens, Rettens und Richtens Christi. Er steht im Gegensatz zu Gott und seinem Logos, da er lieber vom Bösen und Fürsten dieser Welt regiert wird. Der dualistische Gegensatz betrifft auch den Kosmos und die Jünger bzw. die → Kirche. Die Glaubenden sind zwar noch in dieser Welt, aber nicht mehr aus dieser Welt (Joh 15,19; 17,15ff). Sie sind aus Gott geboren und leben in Christus (Joh 1,12f; 3,5; 15,1–8).

II. 3. Paulus stellt auf der Grundlage der Zwei-Äonen-Lehre den Gegensatz zwischen dem gegenwärtigen Kosmos/Äon gegenüber dem Kommenden heraus. „Dieser Kosmos" (1 Kor 3,19; 5,10; 7,31) bzw. „dieser Äon" (Röm 12,2; 1 Kor 1,20; Eph 1,21) ist gleichbedeutend mit der jetzigen diesseitigen Welt, die einer bösen Macht bzw. den Weltelementen (Gal 4,3.9; Kol 2,8.20) unterworfen ist, und sich nach Befreiung sehnt (Röm 8,18ff). Sie ist der → Sünde und dem → Fleisch verfallen und muss vom → Tod erlöst werden (Röm 5,12ff). Der Gegensatz zwischen Gott und Welt ist durch Christus offenbar worden, der die diesseitige Welt erlöst hat (2 Kor 5,19), sodass der Kosmos mit Gott versöhnt ist (Kol 1,18–23; Röm 8,20ff; 11,15; 2 Kor 5,17ff). In Christus hat der neue Äon für die Glaubenden bereits begonnen (Gal 1,4; 6,14–16), die jetzt schon dem Reich Christi angehören (Kol 1,13f; 2,9ff). Die Gemeinde lebt in der Überzeugung, dass die Macht des künftigen Äons durch Jesus Christus bereits im Jetzt wirkt, sodass der Satan zwar schon prinzipiell gestürzt wurde, doch noch nicht gänzlich unschädlich gemacht worden ist (Kol 2,8.15; Eph 2,1ff). Das endgültige Reich Gottes beginnt mit der → Parusie Christi und steht für das Eschaton noch aus.

II. 4. Am stärksten wird das Ende der ersten Schöpfung und der Zusammenbruch des gestuften W. in der Offb ausgearbeitet, in deren Visionsbeschreibungen die alte Schöpfung mit diversen Naturkatastrophen (Verfinsterung der Sonne, Rötung des Mondes, Verrücken der Berge, Herabfallen der Gestirne bzw. Lichtverlust) ihrem spektakulären Ende entgegengeht (Offb 6,12ff). Die Himmelsfeste bricht über der Erde zusammen, Finsternis bricht herein, sodass die uranfänglichen Schöpfungswerke Gottes zusammenfallen, um durch eine neue, zweite Schöpfung ersetzt zu werden.

I. *W. Horowitz*, Mesopotamian Cosmic Geography, Winona Lake 1998; *B. Janowski*, „Du hast meine Füße auf weiten Raum gestellt" (Psalm 31,9), in: *A. Loprieno* (Hg.), Mensch und Raum von der Antike bis zur Gegenwart, München u. a. 2006, 35–70; *ders./B. Ego* (Hg.), Das biblische Weltbild und seine altorientalischen Kontexte, Tübingen 2001; *O. Keel*, Das sogenannte altorientalische Weltbild: BiKi 40 (1985) 157–161; *R. G. Kratz*, Gottesräume: ZThK 102 (2005) 419–434; *J. P. Weinberg*, Die Natur im Weltbild des Chronisten: VT 31 (1981) 324–345; *H. Weippert*, Altisraelitische Welterfahrung, in: *H.-P. Mathys* (Hg.), Ebenbild Gottes – Herrscher über die Welt, Neukirchen-Vluyn 1998, 9–34.

II. *E. Adams*, Constructing the World, Edinburgh 2000; *K. Erlemann/J. Zangenberg* u. a. (Hg.), Neues Testament und Antike Kultur, Neukirchen-Vluyn 2004ff.; *H.-J. Klauck*, Die religiöse Umwelt des Urchristentums, Stuttgart u. a. 1995/1996; *ders.*, Religion und Gesellschaft im frühen Christentum, Tübingen 2002; *K. Müller*, Das Weltbild der jüdischen Apokalyptik und die Rede von Jesu Auferstehung: BiKi 52 (1997) 8–18; *T. Nicklas* u. a. (Hg.), Other Worlds and Their Relation to This World, Leiden 2010; *J. T. Pennington/S. M. McDonough* (Hg.), Cosmology and New Testament Theology, London 2008; *R. Schwindt*, Das Weltbild des Epheserbriefes, Tübingen 2002; *D. Ulansey*, Die Ursprünge des Mithraskults, Darmstadt 1998; *J. Zangenberg* (Hg.), Neues Testament und Antike Kultur 3, Neukirchen-Vluyn 2005; *D. Zeller* (Hg.), Religion und Weltbild, Münster 2002.

Angelika Berlejung

Begriffsartikel

Abendmahl / Eucharistie (A./E.)

(→ Dachartikel: Kult)

Vorbemerkung: Der Begriff A. geht auf die Bibelübersetzung Luthers, der Name E. (griech. εὐχαριστία, „Danksagung“) auf den bibl. Sprachgebrauch in den Einsetzungsworten zurück. Das NT spricht vom „Brechen des Brotes“ oder „Herrenmahl“, die christl. Väter von der E. und ab dem 4. Jh. vom Mysterium bzw. Sakrament.

Die Religionswissenschaft unterscheidet zwei Arten von sakralen Mahlfeiern: eine, bei der die Gottheit als anwesend gedacht, die Mahlzeit in ihrem Namen abgehalten oder als Opfergabe mit ihr geteilt wird; und eine andere, bei der die Gottheit in der Speise selbst anwesend ist und die Teilnehmer sich mit ihr die göttliche Kraft einverleiben. Das christl. A. hat von beidem etwas. Es verbindet die Bräuche des jüd. Tisch- und Festmahls, das kein Opfermahl ist (→ Opfer), aber, wie das Paschamahl (griech. πάσχα, → Fest) und die Mahlzeiten der Gemeinde von Qumran (1QS 6,4f; 1QSa 2,17–22) zeigen, sakralen Charakter annehmen kann, mit dem Zweck der hell. Kultmahle, bei denen die Vergegenwärtigung der Gottheit selbst im Mittelpunkt steht.

II. NT: 1. Von der Einsetzung des A. durch Jesus handeln vier Texte: Mk 14,12–26; Mt 26,17–30; Lk 22,7–23; 1 Kor 11,17–34. Sie repräsentieren zwei Fassungen der Einsetzungsworte: 1.) Mk 14,22–25 und Mt 26,26–29, 2.) Lk 22,17–20 und 1 Kor 11,23–26. Die vielen wörtlichen Übereinstimmungen im Grundbestand sprechen gegen die Annahme verschiedener Traditionen und lassen auf einen gemeinsamen Ursprung schließen, von dem sich die beiden Fassungen sowie die individuellen Zusätze theol. und liturgischer Art abgezweigt haben.

Eine feste Tradition hat sich im Brotwort behauptet: „Er nahm das Brot, dankte (oder: sprach den Lobpreis) und sprach: Das ist mein Leib“. Größere Differenzen weist das Kelchwort auf, das in Mk und Mt parallel zum Brotwort eingeleitet, bei Paulus und Lk (Langtext) „nach dem Mahl“ und ohne die Einleitung gesprochen wird. Die erste Fassung kombiniert zwei Schriftstellen, Ex 24,8.11 und Jes 53,12, und sagt: „Dies ist mein → Blut des → Bundes, das für viele vergossen wird“. In der zweiten Fassung wird der Kelch mit Jer 31,31 als „der neue Bund in meinem Blut“ gedeutet und bei Paulus das ganze Geschehen ausdrücklich als Verkündigung des Todes Jesu bezeichnet.

Nur eine der beiden Fassungen des Kelchworts kann ursprünglich sein. Die Verallgemeinerung („dies ist“ statt „dieser Kelch ist“) und Angleichung an das Brotwort in Mk und Mt sprechen für die Priorität der zweiten, pln.-lk. Fassung, von der die erste durch weitere Schriftexegese abgeleitet ist. Diese erste, durch Mk und Mt bezeugte Fassung verschiebt den Akzent in der Deutung des Todes vom „Bund“ auf das „Blut“ und verleiht dem Geschehen sakramentalen Charakter. Zum selben Schluss führt der Vergleich des eschatologischen Ausblicks. 1 Kor 11,26 begnügt sich mit einer kurzen Andeutung („bis er kommt“; vgl. 16,22; Offb 22,17.20). In Mk 14,25 ist der eschatologische Ausblick, der Szene angepasst, für Jesus selbst, in Mt 26,29 für die Jünger ausgeführt, in Lk 22,16–18 nach vorne gezogen. Die Erwartung des himmlischen Mahls entspricht jüd. Eschatologie (vgl. Jes 25,6; Mt 8,11–12; Mt 22,2ff.par.).

Der Ursprung der Einsetzungsworte wird für gewöhnlich bei Jesus selbst gesucht. Das setzt voraus, dass Jesus von seiner → Auferstehung und den Folgen, die diese für die theol. Interpretation seines Todes haben würde, gewusst hat, und ist daher ganz unwahrscheinlich. Sehr viel wahrscheinlicher ist, dass er in der Nacht vor seinem

Tod mit seinen Jüngern ein Mahl gehalten hat, dem im Licht von Ostern nachträglich eine neue Bedeutung zugeschrieben wurde. Schon Paulus führt die Überlieferung auf den erhöhten Herrn zurück, dem er die Worte des irdischen Jesus („in der Nacht, da er verraten ward") in den Mund legt (1 Kor 11,23). Die Evv. ordnen die Überlieferung dementsprechend in die nachösterliche Biographie ein und stellen einen Zusammenhang mit den sonstigen Mahlgemeinschaften Jesu (z. B. Mk 2,15.18f.par.), die einen Vorgeschmack vom Gottesreich geben, und mit dem Erscheinungsmahl in Lk 24,30.35 her.

Ob das letzte Mahl Jesu ein Paschamahl war und was Jesus dabei gesprochen hat, lässt sich nicht mehr feststellen. Die nachösterliche Überlieferung hat die Erinnerung vollständig transformiert, um einen neuen → Ritus zu installieren. Brot und Kelch wurden auf den Tod Jesu bezogen und dieser nach der Schrift zunächst als „neuer Bund" und davon abgeleitet als mit dem Bundesblut erwirktes, stellvertretendes Sühnegeschehen (→ Sühne) „für euch" bzw. „für viele", das Mahl selbst als christl. „Pascha" (vgl. 1 Kor 5,7; Lk 22,15) und als Verheißung der Mahlgemeinschaft im Reich Gottes interpretiert (zur eschatologischen Dimension vgl. auch Offb 3,20).

II. 2. Die theol. Interpretation schlägt in der Polemik des Paulus durch. 1 Kor 11,17ff kritisiert die Verrohung der Sitten beim Sättigungsmahl und unterwirft das „Herrenmahl" darum bes. strengen Maßstäben. 1 Kor 10,14–22 ist vom Gedanken der „Teilhabe" beherrscht. Wie der Opferdienst Israels die Teilhabe am → Altar, so stiftet die Teilhabe an Leib und Blut Christi, am „Tisch des Herrn", die Teilhabe an der Gemeinde als dem „einen Leib" Christi und schließt die Teilhabe an anderen Kulten, dem „Tisch der → Dämonen", kategorisch aus (so auch Hebr 13,10). 1 Kor 10,1–4 bietet eine typologische Deutung von Manna (Ex 16) und Wasser aus dem Felsen (Ex 17) auf das A., das mit der ebenfalls in einer Typologie dargestellten → Taufe parallelisiert wird. Das Bindeglied ist der → Geist des präexistenten Christus, der in dem Manna und dem Felsen ebenso präsent ist wie in Brot und Kelch.

Auf das Manna rekurriert auch die Brot-Rede Jesu in Joh 6, allerdings nicht im positiven Sinne, sondern um der Abgrenzung und Überbietung willen. Hier bezeichnet sich Jesus selbst als „das Brot des Lebens" (V. 35), das „wahre Brot", das vom Himmel gekommen ist (V. 32). Sollte das A. im Blick sein, wäre nicht der Tod Jesu, sondern die Inkarnation die heilsstiftende Tat Gottes, an der diejenigen partizipieren, die glauben, dass Jesus der Sohn Gottes und vom Vater gesandt ist. In Joh 13 sind die Einsetzungsworte durch die Fußwaschung ersetzt, die ebenfalls Teilhabe an Jesus gewährt (13,8). Der Zusatz in 6,51–58 bringt wieder den Tod Jesu ins Spiel und empfiehlt als „wahre Speise" und „wahren Trank" aber nicht Brot und Kelch, sondern → Fleisch und Blut des Menschensohnes. Hier sind die joh. Formulierungen, an die sich der Zusatz anschließt, wörtlich genommen und sakramental ausgelegt.

II. 3. Über die urchristl. Praxis des A. wissen wir nicht viel. Aus Apg 2,46 erfährt man, dass das A., hier wie sonst in der Apg (2,42; 20,7; vgl. 1 Kor 10,16) kurz als „Brot brechen" bezeichnet, in Privathäusern stattfand und mit einem Freudenmahl verbunden war. Die Hausgottesdienste schlossen den Besuch des → Tempels und der Synagoge nicht aus, solange es möglich war, an diesen Orten das Ev. von → Jesus Christus zu verkündigen (Apg 2,46; 5,42). Hinweise auf die nachapostolische Praxis und die aufkommende Deutung der E. als Opferhandlung finden sich in der Didache (9,2.3–4; 10,2–6; 14), im 1. Clemensbrief (44), den Ignatius-Briefen (IgnEph 5; 20,2; IgnMagn 7; IgnPhld 4; IgnSm 6,1; 7,1), und bei Iustin (Iust. Mart. apol. 65; 66).

M. Haarmann, „Dies tut zu meinem Gedenken!", Neukirchen-Vluyn, 2004; *J. Jeremias*, Die Abendmahlsworte Jesu, Göttingen [4]1967; *M. Klinghardt*, Gemeinschaftsmahl und Mahlgemeinschaft, Tübingen 1996; *B. Kollmann*, Ursprung und Gestalten der frühchristlichen Mahlfeier, Göttingen 1990; *H. Lietzmann*, Messe und Herrenmahl, Bonn 1926.

Reinhard G. Kratz

Abgabe / Steuer / Zehnt (A./S./Z.)

(→ Dachartikel: Sozialstatus/Gesellschaft und Institution)

I. AT: 1. Das AT bezeugt eine Vielzahl von Spezialausdrücken für A., wovon *middā* II („Abgabe"), *b^{e}lō, h^{a}lāk, ᵓæškār* („regelmäßiger Tribut") und

ʾnwš („Steuer, Landabgabe") akkad. Lehnwörter sind. Weiter sind *t^{e}rūmā* („Kultabgabe"), *maśśāʾ* („Last, A.") und *minḥā* zu nennen, wobei Letzteres allgemein das Geschenk an eine höherrangige Person oder an eine Gottheit (= Opfergabe) bedeutet.

I. 2. Eine A. ist eine freiwillige oder unfreiwillige Zahlung (eines Einzelnen oder einer Gruppe) von Naturalien oder Geld an eine polit. Obrigkeit oder rel. Institution. A. an polit. Obrigkeiten (= Steuern) wurden vielleicht schon mit dem Aufkommen von Stammesstaaten (nach atl. Darstellung auf freiwilliger und gelegentlicher Basis, Ri 8,24f; 1 Sam 10,27), jedoch sicher seit der Entstehung von territorialen Staaten mit Königen regelmäßig nötig (1 Sam 8,10ff), um die Verwaltung und das Herrscherhaus zu finanzieren. Nach 1 Kön 4,7ff wurde das Land in 12 Bezirke eingeteilt, um ein Abgabensystem in Naturalien zu etablieren. Eine Kopf-S. wurde nur in bes. Fällen erhoben (2 Kön 15,19f; 23,35), um außergewöhnliche Kosten zu decken. Nach dem Ende der Staaten → Israel (722 v. Chr.) und Juda (587 v. Chr.) mussten die Provinzen den neuen Landesherren (Assyrer, Ägypter, Babylonier) Tribut (in Naturalien) zahlen (2 Kön 15,19f; 17,3; 18,14; 23,33), Statthalter erhielten regelmäßige Steuern (Neh 5,14f). Die Finanzpolitik des Perserreiches stellte für die judäischen Kleinbauern ein Problem dar, da die Grund- und Kopfsteuer in Geld zu entrichten war (das Tempelpersonal war davon befreit, Esra 7,24). Dies führte zur Verelendung der Bauern und in der Konsequenz zu Reformprogrammen (Neh 5), Reformen des Boden- und Schuldrechts (Lev 25,8–55; Dtn 15,1–18). Unter den Ptolemäern und Seleukiden rückte der Hohepriester Jerusalems in die Funktion des Ethnarchen mit den entsprechenden Steuerverpflichtungen gegenüber den Oberherren und Einzugsbefugnissen bei den Untertanen ein. Steuerfreiheit war ein gelegentliches Privileg, das begrenzt verliehen werden konnte (1 Makk 10,29ff; 11,33; 13,39). Fronarbeit (*mas, sēbæl*, s. 1 Sam 8,11.16f.; 2 Sam 20,24; 1 Chr 22,2; 1 Kön 9,20f; 11,28; 12,18) und Zoll (= A. für Personen und/oder Waren an Straßen, Toren und Brücken) sind weitere A. an die polit. Obrigkeit, die die Bauern belasteten und im AT nicht grundsätzlich abgelehnt werden (z. B. 1 Kön 5,27f mit Korrektur in 1 Kön 9,20–22), solange sie nicht für unsinnige Projekte oder im Übermaß eingesetzt werden (Jer 22,13–15). Der Zehnte (*ma^{ca}śer*) ist eine alljährliche A. von den Bodenerträgen (bzw. später dessen Geldwert) an den → Tempel (Dtn 12,6; 14,22ff; Ausnahme 1 Sam 8,15.17; 1 Makk 10,31; 11,35). Die Erträge zeigten den göttlichen Segen an, für den man Jhwh (im Rahmen einer Erntedankfeier) mit einem Anteil der Ernte dankte. Nach Dtn 14,28f und 26,12ff sollte der Zehnt in jedem dritten Jahr an die Armen gehen. Nach Num 18,20ff ist der Zehnt eine A. an die Leviten, die davon 10 % an die Priester abgeben (Neh 10,38f). P und der Chronist fordern darüber hinaus noch von den Herdenhaltern den Viehzehnt (Lev 27,32f; 2 Chr 31,4ff), der sich jedoch nach Neh 10,36ff nicht durchsetzte. Neh 13,10ff und Mal 3,8.10 belegen Unregelmäßigkeiten in der Zehntabgabe. Zu den weiteren A. an das Heiligtum und sein Personal gehörten die Erstlinge (= erste Früchte der Ernte von Acker, Baum und Rebe und die → Erstgeburt des Viehs) als jährliche A. an das Heiligtum (Ex 22,29; Num 18,11ff; Dtn 15,19–23) und die Kultabgabe (so besser statt „Hebe" für *t^{e}rūmā*, z. B. Num 18,8ff). Die Tempelsteuer als Kopfsteuer jedes männlichen Israeliten, die er ab seinem 20. Lebensjahr regelmäßig an den Tempel zu entrichten hatte, diente der Aufrechterhaltung des → Kults und setzte das Ende des Königtums (der → König war in Palästina wie im AO für die Pflege des Tempels und seines Betriebs verantwortlich, s. 2 Kön 12,5ff) voraus (Ex 30,11–16: $^1/_2$ Schekel; 2 Chr 24,6.9; Neh 10,33f: $^1/_3$ Schekel). Bibl. Ideal der nachexil. Zeit mit der Bürger-Tempel-Gemeinde um den zweiten Jerusalemer Tempel war die freiwillige Abgabe für einen als sinnvoll akzeptierten Zweck (vgl. die Stiftshütte als paradigmatischen Tempel in Ex 25,2; 35,21ff), d. h. die zweckgebundene, gern gegebene Spende, die gemeinschaftsstiftend wirkte und mit Gott verband.

II. NT: Im NT sind prinzipiell staatliche Steuern (1.) und rel. A. (2.) zu unterscheiden, deren in ihrer Legitimität umstrittene Addition in Palästina zu Unruhe und einer erheblichen Belastung der Bevölkerung führte.

II. 1. Die Fülle der vom röm. → Staat bzw. seinen tributpflichtigen Klientelfürsten erhobenen S. (direkte Steuern: Grund- und Kopfsteuer; indirekte Steuern: Salz-, Verkaufs-, Gewerbesteuer;

verschiedenste Zölle, Fron, Militärabgaben u. a.) werden im NT zusammenfassend als φόρος (Steuer, Röm 13,6) bzw. in Röm 13,7; Mt 17,25 mit den Wortpaaren φόρος bzw. κῆνσος und τέλος (Steuer und Zoll) bezeichnet. Eingetrieben wurden sie in Palästina teils von den Magistraten, teils von Abgabenpächtern, die dies Recht meistbietend von den Machthabenden ersteigert hatten und durch jüd. Angestellte oder Unterpächter ausüben ließen. Die im NT genannten Zöllner (meist Pl. τελῶναι) sind abgesehen vom ἀρχιτελώνης (Oberzöllner) Zachäus, der als Vorsitzender einer Pachtgesellschaft vorzustellen ist, solche untergeordneten Bediensteten, deren Hang zur unrechtmäßigen Bereicherung notorisch war, weswegen sie gesellschaftlich ausgegrenzt und stereotyp in einem Atemzug mit Sündern genannt wurden (Mt 11,19; Mk 2,15–16; Lk 15,1; vgl. Lk 18,13; Mt 5,46; 18,17). Unter den Täuflingen des Johannes (Lk 3,12; Mt 21,31–32) und den Anhängern Jesu (Mk 2,13–17; Mt 10,3; Lk 19,1–10) befanden sich viele zur → Umkehr bereite Zöllner. Weil Tribut-/Steuerzahlung von Provinzialen an die Römer gleichbedeutend mit der Anerkennung ihrer Oberherrschaft war, bemühte sich der jüd. Widerstand darum, deren Illegitimität rel. unter Berufung auf die Alleinherrschaft Gottes zu begründen und zur Steuerverweigerung aufzurufen. Von der beim Übergang Judäas in direkte röm. Verwaltung 6 n. Chr. gegen Judas Galilaios und seine Anhänger mit Waffengewalt durchgesetzten Steuerschätzung des Quirinius (Ios. bel.Iud. 2,117f; ant.Iud. 18,4ff.23–25; fälschlich als weltweite ἀπογραφή = Steuerschätzung bezeichnet in Lk 2,2) führt eine blutige Spur (Apg 5,37 verschmilzt wohl den Widerstand der nach Ios. ant.Iud. 20,102 unter Tiberius Alexander in Galiläa gekreuzigten Söhne des Judas Galilaios mit dem Wirken des Vaters) bis zum jüd. Krieg, dessen Fanal die Einstellung der Steuerzahlung war (Ios. bel.Iud. 2,403f). Echos auf diese angespannte Situation im NT sind die Betonung der Steuerloyalität der Familie Jesu durch Lk 2,1–5 und der Gläubigen durch Paulus (Röm 13,6f) sowie das Streitgespräch mit Jesus über die Erlaubtheit der Steuerzahlung (Mk 12,13–17). Jesus entlarvt die Fragenden als Heuchler, indem er sie einen röm. Silberdenar (Mt 22,19 zugespitzt als „Steuermünze“ bezeichnet) bringen lässt. Wer das Geld des Kaisers besitzt und verwendet, erkennt seine Herrschaft an und muss folglich auch Steuern zahlen; worauf es aber ankommt ist, Gott zu geben, was Gottes ist. Jesus fordert eine jegliche irdischen Ansprüche transzendierende Hingabe, lehnt eine Vergleichbarkeit und Verkoppelung der jeweiligen Ansprüche gerade ab, während Paulus in Röm 13,1–7 Steuerzahlung als Verpflichtung der Gläubigen bezeichnet aufgrund einer theol. nicht unproblematischen Bestimmung der Staatsmacht als göttlicher Setzung.

II. 2. Im NT begegnen die beiden wichtigsten direkten rel. A., die Tempelsteuer und die für die Leviten bestimmte Zehntabgabe (δεκάτη = der Zehnt, ἀποδεκατεύειν/-τοῦν = den Zehnt geben/auferlegen), ferner vereinzelte Hinweise auf Primitialabgaben (Loskauf der männlichen Erstgeburt: Lk 2,22–24; ἀπαρχή = Erstlingsopfer nur in übertragener Verwendung). Dem pharisäischen Ideal konsequenter Verzehntung über das in der → Tora Geforderte hinaus (Lk 18,18: den Zehnten „von allem“; Mt 23,23/Lk 11,42: Minze, Dill, Kümmel/Raute, allerlei Gemüse) stand Jesus, was im Einklang mit seiner sonstigen Überordnung ethischer Forderungen über kultische Belange steht, skeptisch gegenüber. Sein im Rahmen der sog. Tempelreinigung berichtetes aggressives Vorgehen gegen die im Auftrag der Hohepriester tätigen Geldwechsler (κολλυβιστής in Mk 11,15 ist wörtlich der Provisionsnehmer), die gegen 8 % Aufschlag die lokalen Währungen in den tyrischen Halbschekel umwechselten, mit dem die jährliche Tempelsteuer (im Wert einer Doppeldrachme, vgl. δίδραχμον Mt 17,24) bezahlt werden musste, sowie seine Bezeichnung des Tempels als Räuberhöhle (Mk 11,17), lassen harsche Kritik an der mit Selbstbereicherung verbundenen Handhabung der Eintreibung der rel. A. durch die Elite erkennen. Nach Q (Mt 23,23d) und Mt 17,24–27 haben die Judenchristen die rel. A. auf freiwilliger Basis bezahlt. Eine gewisse Analogie zu den traditionellen rel. A. stellt die in den pln. Gemeinden durchgeführte Kollekte für die Armen in Jerusalem dar (2 Kor 8–9; Gal 2,9f; Röm 15,25–28), die 1 Kor 16,1–2 λογεία (Steuer, aber auch freiwillige Geldsammlung sakraler Art) genannt wird.

I. *F. Crüsemann*, Der Zehnte in der israelitischen Königszeit: WuD 18 (1985) 21–47; *ders.*, „... wie wir vergeben unseren

Schuldigern“, in: *M. Crüsemann/W. Schottroff* (Hg.), Schuld und Schulden, München 1992, 90–103; Gott und Geld: JBTh 21 (2006); *H. Klinkott* (Hg.), Geschenke und Steuern, Zölle und Tribute, Leiden 2007; *J. Schaper*, Geld und Kult im Deuteronomium: JBTh 21 (2006) 45–54; *ders.*, Schatzhaus, Bank und Prägeanstalt: Welt und Umwelt der Bibel 47 (2008) 28–33; *ders.*, The Jerusalem Temple as an Instrument of the Achaemenid Fiscal Administration: VT 45 (1995) 528–539; *W. Schottroff*, Der Zugriff des Königs auf die Töchter, in: *F. Crüsemann/R. Kessler* (Hg.), Gerechtigkeit lernen, Gütersloh 1999, 94–114.
II. *N. Förster*, Jesus und die Steuerfrage, Tübingen 2012; *F. Herrenbrück*, Jesus und die Zöllner, Tübingen 1990; *W. Stenger*, Gebt dem Kaiser, was des Kaisers ist ...!, Bonn 1988.

Angelika Berlejung (AT) / Annette Merz (NT)

Ahnen (A.)

(→ Dachartikel: Kult)

Vorbemerkung: Als A. werden Verstorbene verehrt, die entweder in einem über mehrere Generationen reichenden genealogischen Zusammenhang mit den Lebenden stehen oder eine herausgehobene Stellung als Herrscher oder Adlige in einer Gesellschaft innehatten. In der Umwelt des AT waren der A.- und bes. der königliche Totenkult weit verbreitet. Am besten ist er für die nordsyr. Stadt Ugarit in der 2. Hälfte des 2. Jt. v. Chr. bezeugt. Einschlägige Belege finden sich aber auch im 1. Jt. für den gesamten syr.-paläst. Raum. So wird man davon ausgehen können, dass es Entsprechendes auch in → Israel und Juda gab. Nur ist es noch nicht gelungen, dafür den archäologischen Nachweis zu führen. Bis auf weiteres muss man sich daher mit den verstreuten Nachrichten behelfen, die sich in der Polemik des AT gegen den als „kanaan.“ gebrandmarkten, aber offenkundig praktizierten israelit.-judäischen Ahnenkult erhalten haben.

I. AT: 1. Einen ersten Hinweis gibt das hebr. Wort *r^{e}fāʾīm*, das an einigen Stellen die in der → Unterwelt existierenden Toten bezeichnet (Jes 14,9; 26,14.19; Ps 88,11; Ijob 26,5; Spr 2,18; 9,18; 21,16). Wie aus den Texten von Ugarit hervorgeht, handelt es sich um den Oberbegriff der vergöttlichten A. Jes 14,9 ruft den Zusammenhang mit dem königlichen Ahnenkult in Erinnerung. Das Wort Refaim leitet sich von der Wurzel *rpʾ* „heilen“ ab und bringt damit vermutlich die heilvolle Wirkung der verstorbenen A. auf die Lebenden zum Ausdruck; es ließ sich allerdings auch leicht mit der Wurzel *rph* „schwach werden“ in Verbindung bringen, sodass es seine ursprüngliche Bedeutung verlor (der Sache nach Jes 14,10). An anderen Stellen werden die Refaim historisiert, d. h. auf einen Stammvater Rafa zurückgeführt (2 Sam 21,16.18.20.22) und unter die Urbevölkerung Palästinas gezählt (Gen 14,5; Dtn 2,11 u. a.).

Vermutlich von derselben Wurzel wie *r^{e}fāʾīm* leitet sich der Begriff *t^{e}rāfīm* ab. Er bezeichnet figürliche Hausgötter, von denen das AT einige Male berichtet (Gen 31,19.34f; Ri 17,5; 18,14.17f.20; 1 Sam 15,23; 19,13.16). Als Objekte des öffentlichen → Kults sind Terafim in Hos 3,4 und 2 Kön 23,24, als Mittel der Orakeleinholung in Ez 21,26 und Sach 10,2 erwähnt. Die Wurzelverwandtschaft mit den Refaim spricht sehr dafür, dass man darunter Statuetten von A., je nachdem der → Familie oder des Königshauses, zu verstehen hat.

Über die kultisch-rituellen Praktiken, die mit diesen Ahnenstatuetten verbunden waren, erfahren wir nichts. In Ugarit und anderswo wurden den A. → Opfer dargebracht. Zu den wesentlichen Bestandteilen des Ahnenkults gehörte eine Libation, ein Getreideopfer und die Anrufung des → Namens des Toten. In der Regel hatte der Familienvorstand dies für seine A. zu leisten. In einem größeren Kreis wurden von den → Königen, in den Familien und in eigens dafür gegründeten Kultvereinen Kultmähler zum Andenken oder im (vorgestellten) Beisein der A. veranstaltet. Inwieweit die Aufstellung von Stelen zum Andenken an Verstorbene (vgl. 2 Sam 18,18) damit etwas zu tun hatte, ist unklar. Eine entfernte Reminiszenz an das ugaritische Totenopfer könnte das im AT gewöhnlich mit „Leichnam“ übersetzte Wort *pgr* in Lev 26,30 und Ez 43,7.9 sein.

I. 2. Ein bes. Zweig der Ahnenverehrung war die Totenbefragung, die sog. Nekromantie. Sie geht davon aus, dass die Toten mehr wissen als die Lebenden. Hierzu erzählt das AT in 1 Sam 28 (vgl. 1 Chr 10,13) eine ganze Geschichte, die zwar so tut, als sei die Totenbefragung in Israel verboten gewesen, aber gleichzeitig von der in vor- wie in nachexil. Zeit offenbar üblichen Praxis berichtet. Ein indirektes Zeugnis davon geben auch das fingierte gegnerische Zitat in Jes 8,19, der Vergleich in Jes 29,4, die Gesetzesbestimmung in Dtn 18,11; Lev 19,31; 20,6.27 sowie die dtr. Geschichtskonstruktion in 2 Kön 21,6 (2 Chr 33,6); 2 Kön 23,24. Das an allen Stellen meist in Verbindung mit *jiddᵉʿōnī* („Wahrsagegeist") gebrauchte Wort *ʾōb* („Totengeist") ist etymologisch mit *ʾāb* („Vater") verwandt und weist somit eindeutig auf den Ahnenkult. In 1 Sam 28,13 und Jes 8,19 heißen die A. auch „Gott", ebenso wie die Terafim in Gen 31,30.32. Das aber widersprach dem ersten Gebot und dem Gesetz im AT.

II. NT: Im NT spielen die A. keinerlei Rolle, wohl aber in der paganen Umwelt des Urchristentums. Im röm. Hauskult kommt den Laren eine große Bedeutung zu, hinter denen die Geister der verstorbenen Familienmitglieder zu vermuten sind. Ihnen waren im Haus Altäre und Schreine geweiht, in denen sie figürlich (→ Bild) vergegenwärtigt sein konnten.

I. *D. Kühn,* Totengedenken bei den Nabatäern und im Alten Testament, Münster 2005; *O. Loretz,* Ugarit und die Bibel, Darmstadt 1990; *B. B. Schmidt,* Israel's Beneficient Dead, Tübingen 1994; *J. Tropper,* Nekromantie, Neukirchen-Vluyn 1989; *T.-S. Tsan,* Ahnenkult im Alten Israel, Diss. Berlin 1999.

II. *H.-J. Klauck,* Die religiöse Umwelt des Urchristentums, Stuttgart u. a. 1995; *R. MacMullen,* Christian Ancestor Worship in Rome: JBL 129 (2010) 597–613.

Reinhard G. Kratz

Alt / Neu (a./n.)

(→ Dachartikel: Kultur und Mentalität)

I. Das „Alte" (A.) kann mit folgenden Vokabeln wiedergegeben werden: mit hebr. *jāšān* („a., vorjährig"), *rīšōn* („erster, vorangehend, früher, vormalig"), *qadmōnī* („urzeitlich, früher, vormalig"), *blh* („sich abnützen, verbraucht sein"), *ʿtq* („fortrücken, altern, a. werden"); mit griech. παλαιός und ἀρχαῖος („a."); davon zu unterscheiden ist πρέσβυς („a., bejahrt, ehrwürdig"), ähnlich auch γηραιός und hebr. *zāqēn*. Das „Neue" (N.) kann wiedergegeben werden mit hebr. *ḥādāš* („n., frisch"), griech. καινός, νέος, πρόσφατος und Komposita/Ableitungen. νέος ist das N. im temporären Sinn („jung, noch nicht lange da"), καινός das qualitativ N. („unverbraucht, frisch, fremd, anders"). Eine Aufteilung in AT und NT ist nicht sinnvoll, da die Unterscheidung zwischen a. und n. im Wesentlichen durch die Zeiten konstant bleibt.

II. *Das N., das Gott schafft:* Die Verheißung und Erwartung des N., das Gott schafft (n. → Bund, n. → Schöpfung, n. → Herz, n. Mensch), spielt im AT, verstärkt in der exil.-nachexil. Heilsprophetie (Jes 43,18f; 65,17; Jer 31,31f; Ez 36,26), im Frühjudentum (1Hen 91,16 = 4Q212 4,23–25; 2Bar 44,12; CD 8,21; 19,33f; 20,12; 1QS 4,25) und im NT (Lk 22,20; Röm 6,4; 2 Kor 5,17; 2 Petr 3,13; Offb 21,1–5) eine entscheidende Rolle. Dieses N. ist aber zugleich das A. und Anfängliche, nämlich die überbietende Restitution des ungetrübten Verhältnisses von Gott, Mensch und Kreatur im Urzustand (Apg 3,21). Die Erwartung des N. in der Bibel ist daher nicht Indiz eines linear-prozessualen Zeit- und Geschichtsverständnisses (Gesch. als irreversible Fortentwicklung), sondern zeichnet sich in die zyklische und statische Wahrnehmung von → Zeit und → Geschichte im AO ein, wie sie sich artikuliert in dem verbreiteten Urzeit-Endzeit-Schema, der Vorstellung vom periodischen Entstehen und Vergehen der Welt (z. B. der Ekpyrosislehre der alten Stoa) oder auch der Diagnose, dass unter der Sonne nichts Neues geschieht (Koh 1,9f). Auch zerfällt die Zeit für antikes Empfinden nicht in Vergangenheit, Gegenwart und Zukunft als Stationen einer irreversibel verstreichenden „abstrakten Zeit" (*abstract time*), sondern in eine „ausgedehnte Gegenwart", die „erfahrene Zeit" (*experienced time*), d. h. der Spanne des (noch) überschaubaren Vergangenen und Künftigen, und in eine außerhalb der normalen menschlichen Erfahrung liegende „imaginäre Zeit" (*imaginary time*), die mythische Vor- und Endzeit. Beide trennt kein messbarer zeitlicher Abstand, sondern ein qualitativer Sprung wie die göttliche Neuschöpfung. In der prophetischen Ansage bzw. im Glauben an Christus ist dieses N. aber bereits „präsent" und drängt auf die Erneuerung von Herz und Sinn (Ps 51,12; Ez 18,31; 36,26; Röm 12,2; vgl. auch Mk 2,21f.par.).

III. *Das N., das der Mensch schafft:* Im Hinblick auf von Menschen initiierte Neuerungen nimmt die Bibel im Rahmen des Dreierschemas von Urzustand, Verfall und Restitution eine überwiegend negative Haltung ein (vgl. paradigmatisch

Gen 11,1–9). Solche kulturellen Verfallstheorien sind in der Antike gängig (z. B. Hes. erg. 106–201), ebenso das Gefühl, dass die Welt a. und dekandent geworden ist (vgl. 2 Tim 3,1–8; Hor. carm. 3,6,45–48; relativierend Koh 7,10; Sen. epist. 97). Nur punktuell, bes. im Griechenland des 5. Jh. v. Chr., entwickelte sich eine Art von Fortschritts- oder Verbesserungsbewusstsein, wonach das N. *per se* dem A. überlegen ist (Thuk. 1,71,3) und der Mensch an der Verbesserung seiner Lebensverhältnisse arbeiten kann und soll (Xenoph. Frgm. 18). V. a. die Athener gelten als geradezu versessen auf Veränderung und alles N. (Thuk. 1,70,2; Apg 17,19–21), aber darum zugleich als notorische Störenfriede. Nur im Hinblick auf Wissenschaft und Technik, bes. die militärische, setzte sich solche Innovationsfreundlichkeit aber auf Dauer allgemein durch (vgl. Aristot. pol. 7,10,8, 1331a; Sen. epist. 33,10f; nat. 7,25,3–7; Plin. nat. 2,62). In der Bibel gibt es wenig Spuren einer solchen Einstellung (Ijob 28,1–11; 2 Kön 20,20; Sir 48,17). Von etwas N. ist im AT ohnehin nur auffallend selten die Rede (Ri 15,13; 1 Sam 6,7; 2 Sam 6,3; 21,16); ein Wort für „Neuigkeiten" fehlt gänzlich. Die alltäglich vorherrschende Erfahrung ist die des stets wiederholten Althergebrachten und Bewährten; das A. gilt als das Bessere (vgl. Sir 9,10; Lk 5,39; Sifra 26,10). Diese Einstellung betrifft bes. soziale Ordnung, polit. Organisation und rel. → Kult; fast durchgehend ist diese sozialkonservative Mentalität in der Antike verbreitet (Ausnahme Athen). Sie prägt in den durch soziale Immobilität gekennzeichneten „Bauerngesellschaften" (*peasant societies*) nicht nur die ländliche Bevölkerung; auch die röm. Eliten orientierten sich an den *mores maiorum* (Sitten der Vorfahren). Diese sozialkonservative Mentalität äußert sich im AT in der Warnung vor Veränderungen zumal auf dem Gebiet des Kultes (Dtn 13,3.7.14; 32,17; Ri 5,8; Ps 81,10) und der sozialen Beziehungen (Spr 27,10; Sir 9,10). Auch die atl. Xenophobie (vgl. Dtn 7,1–5) ist für *peasant societies* typisch (anders in hell. Zeit, vgl. Apg 10,34f), ebenso, dass man dem N. und Unbekannten grundsätzlich mit Misstrauen begegnet und ihm bes. (gefährliche, magische) Kräfte zuschreibt (Ri 16,11f). Am bezeichnendsten ist aber, dass auch *de facto* revolutionäre Neuerungen wie die Kultreform durch Joschija (2 Kön 22–23) sich – unter Berufung auf die Autorität eines im → Tempel „wiedergefundenen" Gesetzbuches – als Wiederherstellung eines a. Zustandes präsentieren. So werden die vielfachen Innovationen im Prozess der Entstehung der bibl. Überlieferung in dieser selbst syst. verleugnet, indem das N. als Rückkehr zum Alten und Ursprünglichen dargestellt wird; auch der „Neue Bund" beruft sich beharrlich auf das „Alte Testament" (Röm 3,21, vgl. Jer 31,31–34).

B. J. Malina, Christ and Time: CBQ 51 (1989) 1–31; *C. Meier*, „Fortschritt" in der Antike: GGB 2, Stuttgart 1975, 351–363; *H. von Sass* (Hg.), Wahrhaft Neues, Leipzig 2013; *I. Willi-Plein*, Am Anfang einer Geschichte der Zeit: ThZ 53 (1997) 152–164; *dies.*, Zeit, Zeitlichkeit und die Geschichte der Zeit in der Bibel: BiKi 54 (1990) 150–155.

Klaus Neumann

Altar (A.)

(→ Dachartikel: Kult)

I. AT: 1. Archäologisch sind für das Palästina der E-Zeit verschiedene Typen von A. (hebr. *mizbē*^{a}*ḥ*, „Altar"; griech. θυσιαστήριον, βωμός) belegt. Die Hauptformen sind der aus (behauenen oder unbehauenen) Steinen gebaute A., der auf einer Kulthöhe (*bāmā*) oder im Vorhof vor dem → Tempel stand, und der kleinere, aus einem Block bestehende A., oft aus Kalkstein gefertigt und mit Schalenvertiefung sowie vier Hörnern versehen. Von dem ersten Typ hat sich ein Exemplar in der Tempelanlage von Arad gefunden, der zweite Typ

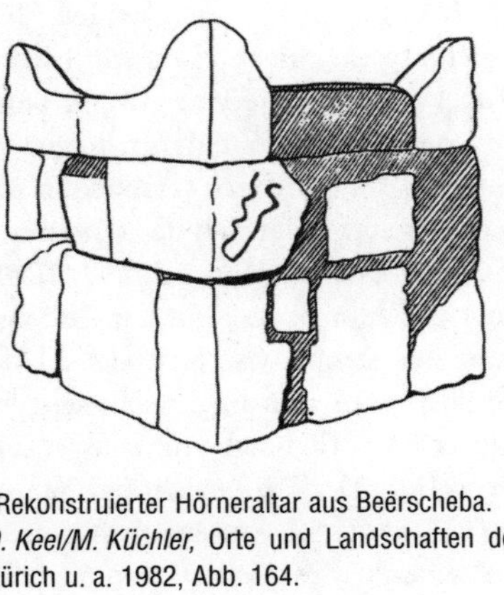

Abb. 11: Rekonstruierter Hörneraltar aus Beërscheba.
Quelle: *O. Keel/M. Küchler*, Orte und Landschaften der Bibel. Band 2, Zürich u. a. 1982, Abb. 164.

ist ebenfalls in Arad und an vielen anderen Orten belegt. Eine gewisse Ausnahme stellt der (in Spolien erhaltene) große Hörneraltar von Beërscheba dar (*Abb. 11*). Sämtliche Typen, dazu noch ein dem ersten Typ nahestehender Lehmziegelaltar, sind auch aus Megiddo bekannt. Während auf den größeren, offen stehenden A. entweder nur Schlachtopfer (so vermutlich in Arad) oder Schlacht- und Brandopfer dargebracht wurden, waren die kleineren für das Räucheropfer aus tierischen (Fett) und pflanzlichen Substanzen (Speiseopfer, Aromata, → Opfer) bestimmt und fanden sowohl in Tempeln als auch im Privatkult Verwendung.

Den ersten Typ hat das Altargesetz in Ex 20,24–26 vor Augen. Es schreibt für die verschiedenen Orte, an denen Jhwh seinen → Namen genannt haben, also angerufen werden und zum Segnen erscheinen möchte, eine Schlachtstätte aus Erde (vielleicht ist an getrocknete Lehmziegel gedacht) oder unbehauenen Feldsteinen vor (vgl. Dtn 27,5f; Jos 8,30f; 1 Kön 18,32; 4Q158 Frgm. 7–8,6.8). Hier sollen die tierischen Opfer, Brand- und „Heils"-Opfer, dargebracht werden. Aus Gründen der → Scham sind Treppenstufen, die zu dem A. führen, grundsätzlich verboten.

Unbeschadet späterer Vorstellungen, die in die Formulierungen des Altargesetzes mit eingeflossen sein mögen, spiegelt es ebenso wie die vielen Altarbauten der Vorfahren Israels – Noachs (Gen 8,20f), der Erzväter (Gen 12,7f; 26,24f; 35,7), des Mose (Ex 17,15), der Richter einschließlich Samuels (Ri 6,24.26; 13,20; 1 Sam 7,17) und der ersten Könige (1 Sam 14,35; 2 Sam 24,18.21.25; vgl. auch 1 Kön 3,4; 12,32f) – die Verhältnisse der vorexil. Königszeit treffend wider. Niemand dachte sich etwas Schlechtes dabei, Jhwh „auf jedem Hügel und unter jedem grünen Baum" anzurufen und ihm Opfer darzubringen. V. a. mit den kleineren, mit Hörnern versehenen A. für das Räucheropfer verbindet sich der *Usus* der Asylsuche am A. (Ex 21,14; 1 Kön 1,50f.53; 2,28f).

I. 2. Einer der Altarplätze, mit der Zeit der wichtigste, war der Tempel von Jerusalem. Über seine Altäre erfährt man allerdings nicht sehr viel, und was man erfährt, fügt sich nur schwer zu einem stimmigen Bild. Der Baubericht des Tempels in 1 Kön 6,20.22 berichtet von einem A. aus Zedernholz im Inneren des Heiligtums, der mit Gold überzogen und vor dem Allerheiligsten aufgestellt war. Es handelt sich vermutlich um einen Räucheraltar, der neben dem goldenen Schaubrottisch stand (1 Kön 7,48); mit einem solchen rechnet auch Jes 6,6. In der Parallele 2 Chr 3 wird dieser A. nicht erwähnt. Dafür ist in 2 Chr 4,1 von einem großen, bronzenen (d. h. wenigstens teilweise mit Bronze überzogenen) A. im Vorhof des Tempels die Rede, von dem wiederum die Vorlage in 1 Kön 7 nichts weiß. Doch auch der ältere Bericht in Könige setzt in 1 Kön 8,64 (2 Chr 7,7) sowie 1 Kön 9,25 (2 Chr 8,12–16) einen A. für Schlacht- und Brandopfer im Tempelhof voraus. Er soll nach 2 Kön 16,10–16 von → König Ahas durch einen weiter nördlich aufgestellten A. nach aram. Muster ersetzt worden sein. 2 Kön 12,10 erwähnt einen A. (LXX: Massebe) am Eingang zum Tempel.

Die etwas undurchsichtige Beleglage hat zu allerlei Mutmaßungen Anlass gegeben; mancher meint, dass schon vor der Neuerung des Ahas zwei A. im Vorhof des Tempels gestanden hätten, andere vermuten, dass es zunächst nur einen (am Eingang des Tempels plazierten) Räucheraltar für das Speiseopfer und das Verbrennen des Fetts der Schlachtopfer gegeben habe und erst Ahas den Brandopferaltar im Vorhof und mit ihm das Brandopfer in Israel eingeführt habe. Da aber die detaillierten Beschreibungen des Heiligtums, von denen sich weitere in den priesterlichen Texten finden (Ex 27,1ff; 30,1ff; Ez 43,13ff), ohnehin spät sind und stark differieren, darf man keine allzu präzisen oder verlässlichen Informationen erwarten.

I. 3. Für den zweiten Tempel belegt Esra 3,2f (vgl. Neh 10,35) die Existenz eines Opferaltars in Jerusalem. Nach Dtn 12,27 hätte es der einzige bleiben sollen. Andere werden als A. fremder Götter diffamiert (1 Kön 16,32; 2 Kön 21,3–5) und der Zerstörung preisgegeben (Dtn 12,3; 2 Kön 11,18; 23,12). Dass man es aber nicht überall mit Dtn 12 hielt, beweist der A. im Tempel der jüd. Kolonie auf der Nilinsel Elephantine. In Jerusalem ließ Antiochus IV. einen A.-Aufsatz (den „Greuel der Verwüstung") auf dem A. des zweiten Tempels errichten (1 Makk 1,54; vgl. Dan 9,27; 11,31). Der entweihte A. wurde 164 v. Chr. niedergerissen und durch einen neuen, gemäß dem Gesetz aus unbehauenen Steinen erbauten A. ersetzt

(1 Makk 4,44–47; 2 Makk 10,3). Dieser wiederum wurde im Zuge der Umbauten des Herodes durch den A. abgelöst, den Josephus (Ios. bel.Iud. 5,225) beschreibt.
II. NT: Sowohl die Gemeinschaft von Qumran als auch die frühen Christen setzen den jüd. Altardienst voraus, die einen, indem sie ihn für bessere Zeiten neu ordnen (11Q19–20), die anderen, indem sie mit ihm selbstverständlich rechnen (Lk 1,8–11) oder ihn in ihrer Polemik erwähnen (Lk 11,51; Röm 11,3 mit Zitat von 1 Kön 19,10). Als Ersatz für den Altardienst, von dem man ausgeschlossen ist, gelten in Qumran der Gesetzesgehorsam (CD 6,12f = 4Q266 Frgm. 3,II,18f) und der Lobgesang (11Q05 18,9–11; begleitend zu den täglichen Opfern 11Q05 27,5–8; vgl. Sir 50,11–21). Ähnlich empfiehlt auch Hebr 13,15f das Gotteslob und die guten Taten als Opfer, die Gott wohlgefällig sind, setzt sich aber deutlich von dem jüd. Altardienst ab (Hebr 13,10). In der christl. Tradition löst zunächst der „Tisch des Herrn" zum Gedenken an → Tod und → Auferstehung Jesu im → Abendmahl den A. ab, bevor im Laufe des 3. Jh. s auch aus diesem „Tisch" der christl. Opferaltar wurde.

I. *K. Galling*, Der Altar in den Kulturen des Alten Orients, Berlin 1925; *S. Gitin*, Incense Altars from Ekron, Israel and Judah: ErIs 20 (1989) 52–67; *ders.*, The Four-Horned Altar and Sacred Space, in: *B. M. Gittlen* (Hg.), Sacred Time, Sacred Space, Winona Lake 2002, 95–123; *W. Zwickel*, Räucherkult und Räuchergeräte, Fribourg u. a. 1990.
II. *B. Ego* u. a. (Hg.), Gemeinde ohne Tempel, Tübingen 1990; *G. Klinzing*, Die Umdeutung des Kultus in der Qumrangemeinde und im Neuen Testament, Göttingen 1971; *S. Krauter*, Bürgerrecht und Kultteilnahme, Berlin 2004.

Reinhard G. Kratz

Alter / Jugend (A./J.)

(→ Dachartikel: Anthropologie).

Vorbemerkung: Zwar ist auch im NT das Leben in seiner ganzen Breite präsent, doch wird über die anthropologischen Fragen nach A. und J. nahezu ausschließlich im AT reflektiert. Deshalb ist es geraten, die wenigen ntl. relevanten Belege im Teil AT mit zu behandeln.
I. AT: 1. Das menschliche → Leben durchläuft verschiedene Phasen, die zeitlich und sachlich nicht immer randscharf voneinander abgrenzbar sind. Das Sprichwort „Man ist so alt, wie man sich fühlt" fängt diese Relativität ein. Die bis heute geläufige Phaseneinteilung findet sich auch bibl.: Säugling (*jōnēq*), → Kind (*jælæd*), Jugendlicher (*naʿar, naʿ^{a}rā, baḥūr, b^{e}tūlā*), Erwachsener (*ʾīš, ʾiššā, gibbōr*), Greis (*śēbā, zāqēn*) (Jos 6,21; Ez 9,6; Jer 6,11; 51,22 u. a.). Während Kindheit und Erwachsenenalter bibl. unterrepräsentiert sind, reflektiert die Bibel ausgesprochen viel über das A. Das hängt mit der sozialen Wirklichkeit zusammen, in der die materielle Versorgung nicht mehr erwerbsfähiger Menschen ein zentrales gesellschaftliches Problem darstellt, da es weder Altersheime, Rente noch Sozialhilfe gab, die Altersarmut abdämpften. Ohne den familiären Rückhalt durch die eigenen männlichen Nachkommen war ein erträgliches Überleben kaum möglich. Das Ethos aller antiken Gesellschaften umfasst daher die Hochschätzung des A. und die Verantwortung der Söhne für die Versorgung ihrer Eltern.
I. 2. Das A. wird so durchaus positiv besetzt, auch wenn gerade bibl. die Schattenseiten des A. klar und deutlich gesehen werden. Unabhängig von Gebrechlichkeit und → Krankheit galt ein Mensch mit 60 Jahren als alt. Da die durchschnittliche Lebenserwartung mit etwa 50 Jahren (und vielleicht noch darunter) deutlich geringer lag als heute, waren 90-Jährige die Ausnahme (2 Makk 6,24), 100-Jährige eine absolute Seltenheit (Sir 18,9; Jes 65,20). Realistisch beschreibt Ps 90,10 die Ausdehnung eines erfüllten Lebens mit 70, wenn es hoch kommt 80 Jahren (vgl. 2 Sam 19,33). Die Altersangaben der Erzeltern (Gen 23,1; 25,7; 35,28) und Protagonisten der Urgeschichte (Gen 5,5) sind dabei ebenso unrealistisch wie die in Gen 6,3 festgelegte Maximalausdehnung auf 120 Jahre (vgl. Dtn 34,7). Alt und lebenssatt zu sterben, war eine bes. Auszeichnung (Gen 25,8; 1 Chr 29,28; 2 Chr 24,15; Ijob 42,17; Jdt 16,23; 2 Makk 6,18; Lk 1,18 u. a.).
Säuglingsalter und frühe Kindheit reichen von der → Geburt etwa bis zur Vollendung des vierten Lebensjahres. Das deutet zumindest Lev 27,5f an, wo ein Kind ab dem A. von fünf Jahren mit anderem Gegenwert aufgerechnet wird als ein Säugling ab dem ersten Monat. Auch dass man einen Fruchtbaum erst mit dem fünften Jahr

wirtschaftlich nutzen darf (Lev 19,25), deutet auf diesen Zeitpunkt als bedeutsame Schwelle hin. Die Kindheit reicht dann bis zur Volljährigkeit, die mit dem zwanzigsten Jahr erreicht wird. Ab dem zwanzigsten Lebensjahr muss die → Abgabe für das Heiligtum (→ Tempel) entrichtet werden (Ex 30,14; 38,26), beginnen die Wehrfähigkeit (Num 1; 26; 1 Chr 27,23) und die volle Verantwortung (Num 14,29; 32,11; 1 Chr 23,24; 2 Chr 23,17). Josef zählt mit 17 als jung (Gen 37,2). Joschija wird mit 8 Jahren König und gilt mit 16 Jahren immer noch als jung (2 Chr 34,1.3), mit 20 ist er so handlungsfähig, dass er Kultreformen eigenständig durchführt (2 Kön 22f).

Mit 60 Jahren überschreitet der Mensch die Schwelle des A. (Lev 27,3.7; 1 Tim 5,9). Die Dienstzeit der Leviten am Offenbarungszelt soll vom dreißigsten bis zum fünfzigsten Lebensjahr reichen (Num 4; 8,25). An den Rändern des Erwachsenenalters wurden demnach im sensiblen Bereich des → Kultes je zehn Jahre abgerechnet. Normalerweise begann das Erwerbsleben allerdings früher, häufig (wie bei Jesus) im Beruf und an der Seite des Vaters. Der patriarchalen Gesellschaftsordnung entsprechend (→ Sozialstatus) blieb der Sohn dem Vater gehorsamspflichtig, solange der Vater lebte. Die Frau unterstand bis zu ihrer Verheiratung dem Willen der Eltern und der Brüder, danach ihrem Mann. Ältere werden den Jüngeren immer vorgeordnet (Dtn 21,15–17). Die Erzählungen der Genesis zeigen bei Isaak (Gen 16; 21,9ff), Jakob (Gen 27), Juda (Gen 49,9f), Josef (Gen 37,3; 41) und Efraim (Gen 48,14) die Umkehrung dieser Grundoption. Neben einer typischen Familienkonfliktsituation wird daran deutlich gemacht, dass → Erwählung keinem festen Gesetz folgt und nicht berechenbar ist (→ Gnade).

I. 3. Die J. wird einerseits als kraftvolle, vitale und agile Zeit beschrieben (Ps 128,2; 144,12; Klgl 4,7; Ijob 20,11; 33,25; Spr 20,29; Jes 40,30; 1 Sam 8,16 u. a.), andererseits wird gerade die Unerfahrenheit Jugendlicher bes. betont (1 Kön 3,7; 1 Chr 22,5; 2 Chr 13,7; Spr 1,4; 7,7; Jer 1,6f; 1 Makk 1,26). Im Kontext von Kampf und → Krieg scheint oft die Unerfahrenheit junger Männer auf (Ri 8,20; 2 Sam 18,5.12.32). Wenn gerade die Jungen im Krieg fallen, gilt dies als Zeichen bes. Grausamkeit (Jer 51,3.38; Klgl 2,21; 1 Makk 2,9 u. a.). Überhaupt ist der Verlust der nachwachsenden Generation bes. schmerzlich (Ps 78,63; Klgl 1,18; 2,21; Ps 105,36 u. a.). Säuglinge und Kleinkinder bilden das empfindlichste und schützenswerteste Glied in der Generationenkette (Ijob 24,9; Klgl 2,11; Jdt 7,27). Auch die Weihe von Kindern und Jugendlichen im Nasiräat (Ri 13; Am 2,11) und die symbolische Übergabe von Kindern oder jungen Erwachsenen in einem Feuerritus an den Moloch (Lev 18,21; 20,1–5; Jer 32,35) zeigen die Wertschätzung der J. Die Ausgelassenheit und Fröhlichkeit der Jugendlichen wird mehrfach betont. Sie musizieren (David; Sach 8,4; Ijob 21,11f; Ps 68,26; Klgl 5,14) und verstehen es zu feiern (Ri 14,10; Weish 2,6; Koh 11,9), sind aber zugleich frech (2 Kön 2,23; Jes 3,5). In ihrer frisch erwachten sexuellen Begierde sind sie unersättlich (2 Tim 2,22) und v. a. die jungen Männer protzen mit ihrer Sexualkraft (1 Kön 12,10/2 Chr 10,10; Rut 3,10). Neben der weisheitlichen Empfehlung, die J. auszuleben (Spr 5,18; Koh 11,9; Weish 2,6), steht die Mahnung vor den Jugendsünden, die unter der Voraussetzung des Tun-Ergehen-Zusammenhangs (→ Weisheit; → Ethik) im A. folgenreich sind (Klgl 3,27; Ps 25,7; Jer 31,19f; Sir 6,18; Lk 18,21). Schon von J. an soll die → Tora die Orientierung übernehmen (Ps 119,9). Für die Unterweisung in der Tora sind zuallererst die Eltern zuständig (Dtn 6,20f; 32,7; Ps 92,15f). Von daher ist Gehorsam gegenüber den Eltern von den Kindern in bes. Weise gefordert (Spr 23,22; Dtn 21,18–21; Eph 6,1; Kol 3,20). Das Elterngebot des → Dekalogs (Ex 20,12; 5,16) und die vielfältige Aufforderung zur Elternehrung (Lev 19,3; Dtn 27,16; Ex 21,15.17; Spr 19,25; 20,20; Sir 3,2.6.16; 7,27 u. a.) gehören jedoch nicht in den Bereich der Kindererziehung und das Eltern-Kind-Verhältnis in der Phase der Adoleszenz, sondern beziehen sich auf die Sorge für die alternden Eltern (→ Familie).

I. 4. Da es kein Sozialsystem gab, das Altersarmut von staatlicher Seite verhindert hätte, sind die alternden Eltern auf ihre Kinder, insbes. die wirtschaftlich eigenständig handelnden Söhne angewiesen. Zu den Sohnespflichten des Erstgeborenen gehörte demnach die Versorgung von Vater und Mutter im eigenen Haushalt bis zu deren → Tod und Begräbnis (Tob 4,3f; Rut 4,15). Durch das Gebot der Elternehrung (s. o.) wird der Generationenvertrag im appellativen Recht gefestigt. Sanktionen bei Verstößen gab es jedoch nicht. Mit der Wertschätzung und Ehrung des A. wird zudem die Bedeutung der Alten in der Gesellschaft gefestigt (Lev 19,32; Sir 8,6; 32,9; Spr 31,23). Insbes. ihr Rat, ihre Weisheit und ihre Lebenserfahrung werden geschätzt (Sir 8,9; 25,4–6; Weish 4,8f; Spr 20,29, vgl. die weisen Frauen in 2 Sam 20,13–22), weshalb man sie nicht nur ausreden, sondern auch zuerst reden lassen soll (Ijob 32,4.7; Sir 32,3; 6,34). Vor grauem Haar, das im Unterschied zum jugendlichen schwarzen, glänzenden Haar mehrfach synonym für das A. steht (vgl. das deutsche „Greis"), sollen die Jüngeren aufstehen (Lev 19,32). Das A. wird häufiger mit Weisheit gleichgesetzt (Spr 16,31; 20,29; Ijob 12,2; Sir 25,4, vgl. 1 Tim 4,12), wobei die Weisheit wichtiger bleibt als hohes A. (Weish 8,4) und A. nicht vor → Torheit schützt (Ijob 12,12; Sir 25,2; Dan 13).

Bei aller Wertschätzung des A. werden die damit verbundenen Minderungen keineswegs ausgeblendet (Ps 71,9). Dazu zählen v. a. körperliche Gebrechlichkeit (1 Sam 4,18; 1 Kön 15,23; Koh 12,1.3; Sach 8,4), Kraftlosigkeit (Ps 71,9.18; 2 Chr 36,17), Altersblindheit (Gen 27,21; 48,10; 1 Sam 3,2; 1 Kön 14,4; Koh 12,3), Zeugungsschwäche (1 Kön 1,1f.4; 2 Kön 4,14; Koh 12,5) bzw. Gebärunfähigkeit (Gen 18,11f; Rut 1,12; Lk 1,7), Schwerhörigkeit (Koh 12,4), Zahnlosigkeit (Koh 12,4), mangelnder Geschmackssinn (2 Sam 19,36) und Kurzatmigkeit (Koh 12,5). Auch dass die geistigen Kräfte schwinden, wird in Sir 3,13 als Altersminderung bezeichnet.

Weder A. noch J. werden beschönigt, mit beiden geht die Bibel unbefangen um und erkennt in beiden Vor- und Nachteile. Es gibt – und das ist vielleicht der stärkste Impuls aus der Heiligen Schrift – insgesamt ein starkes Bemühen um einen Generationenausgleich und das harmonische Zusammenleben aller Generationen in dem von Gottes Gegenwart bestimmten Lebensraum.

J. Conrad, Die junge Generation im AT, Stuttgart 1970; *K. Erlemann* (Hg.), Neues Testament und Antike Kultur Bd. 2: Familie – Gesellschaft – Wirtschaft, Neukirchen-Vluyn 2005; *S. Ernst*, Segen – Aufgabe – Einsicht, St. Ottilien 2011; *C. Frevel*, „Du wirst jemanden haben, der dein Herz erfreut und dich im Alter versorgt" (Rut 4,15), in: *R. Kampling/A. Middelbeck-Varwick* (Hg.), Alter – Blicke auf das Bevorstehende, Frankfurt u. a. 2009, 11–43; *E. S. Gerstenberger*, Lebenslauf und Lebensphasen im Alten Testament: EvErz 42 (1990) 254–265; *T. Pola*, Vom Kleinkind bis zu den „Ältesten". Zu den Lebensaltern im AT: ThBeitr 42 (2011) 127–142; *W. Schottroff*, Alter als soziales Problem in der hebräischen Bibel, in: *F. Crüsemann/R. Kessler* u. a. (Hg.), Gerechtigkeit lernen, Gütersloh 1999, 115–133.

Christian Frevel

Amt / Charisma (A./C.)

(→ Dachartikel: Sozialstatus/Gesellschaft und Institution)

I. AT: 1. Ein abstrakter Amtsbegriff ohne funktionale Konkretion ist dem Hebr. ebenso fremd wie dem griech. Begriff χάρισμα („Geschenk").

I. 2. In den Stammesgesellschaften der vorstaatlichen Zeit gab es das A. der „Alten" oder „Ältesten" (*zᵉqēnīm*). Dies waren die Familien- oder Sippenoberhäupter mit Aufgaben der lokalen Führung (Ri 11; 1 Sam 4) und Rechtsprechung, die einen Teil ihrer Kompetenzen an den von ihnen betrauten und anerkannten Führer abgaben und so aus ihren Reihen (wenigstens im Nordreich) das A. (nicht den Beruf!) des Häuptlings (*šōfēṭ* = traditionell „Richter") eines Stammes schufen. Dies war eine dauerhafte Amtsposition mit polit. → Macht, die traditionell in der Forschung durch den Zusatz „kleiner Richter" von den sog. „großen Richtern" unterschieden wird, bei denen es sich um Stammeshelden oder Retter aus einer einmaligen Notlage handelte, deren Wirken im AT auf eine Geist-Begabung durch Gott zurückgeführt wurde.

I. 3. Mit Jiftach und Saul skizziert das AT Personen, die an der Schwelle zwischen lokalen Helden und stammesübergreifendem polit. Herrscher und → König stehen (1 Sam 11; Ri 11f). Weitere Übertragungen einer bestimmten Funktion und Stellung, die ein Einzelner für ein Kollektiv mit Autorität und Vollmacht übernahm (was ihm Statusgewinn verschaffte), waren das Priesteramt (mit Amtskleidung; → Priester) und das Prophetenamt (evtl. Amtskleidung Prophetenmantel; → Prophet). In der staatlichen Zeit wurde der König (zu Anfang durch Anerkennung durch Stammesvertreter, 2 Sam 2,4; 3,17f; 1 Kön 12, später Erbfolge) Amtsträger. Er ernannte seine Hofbeamten

Abb. 12: Beamtensiegel des 8. Jh. v. Chr., das einen judäischen Beamten mit Szepter zeigt (s. auch Abb. 3).
Quelle: *O. Keel/C. Uehlinger*, Göttinnen, Abb. 263a.

(*śārīm*) für sich immer weiter differenzierende Amtsbereiche (2 Sam 8,16–18; 20,23–26; 1 Kön 4,2–6), darunter Richter (hier: Justizbeamter; → Gericht) und Militärführer (auch *śārīm*, → Heer). Siegel, die neben dem ikonographischen Motiv den hebr. Namen (und Titel) des Siegelbesitzers (z. T. mit Filiation) nennen, treten Ende des 9. und Anfang des 8. Jh. v. Chr. auf und sind als Beamtensiegel zu interpretieren (*Abb. 12*). Ausweislich der angegebenen Amtsbezeichnungen war das Beamtenwesen in den verschiedenen paläst. Kleinstaaten parallel aufgebaut. Die Amtstitel auf den Siegeln entsprechen denen, die man aus dem AT kennt, sodass man über die Staatsorganisation recht gut informiert ist: Neben dem König sind Sohn und Tochter des Königs, der Diener/Minister (*ʿbd*) des Königs, Stadtkommandant (*śr hʿr*), Palastvorsteher (*ʾšr ʿl hbyt*), Fronvorsteher (*ʾšr ʿl hms*), Herold (*mzkr*), Schreiber (*spr*) und Priester (*khn*) bezeugt. Aus dem A. als Stellung und Funktion (die man neben dem Broterwerbsberuf ausüben konnte) war schnell ein Beruf (= Arbeitsbereich und Tätigkeit zum Erwerb des Lebensunterhalts) geworden. Die von der Geschlechtertrennung bestimmte Gesellschaft des AO (und damit auch Palästinas) trennte die Lebens- und Arbeitsbereiche von Männern (Außenwelt) und Frauen (Haus) klar voneinander, sodass nur Männer die Möglichkeit hatten, öffentliche Ämter (mit der Ausnahme von Frauen der Herrschaftsfamilie) zu übernehmen.

I. 4. Neben den Ämtern der königlichen Zentralverwaltung gab es in der Königszeit weiterhin das traditionelle tribale A. der „Ältesten", das sich allerdings gewandelt hatte, da der Begriff nun auf die Mitglieder einer lokalen Ortselite zu beziehen ist. Diese hatte in den Landstädten und Dörfern die Leitung der Gemeinschaft inne (1 Kön 21,8ff). In ihren Händen lag (wie schon in vorstaatlicher Zeit) die örtliche Gerichtsbarkeit (Dtn 21,2ff; 25,5–10; Rut 4,1–12) aber auch die lokale Interessenvertretung nach außen v. a. gegenüber dem König. Oberschichtsangehörige der Hauptstadt (2 Sam 12,17), ebenfalls Älteste genannt, konnten dort dem König als Aristokratenversammlung bzw. Stadthonoratioren in Rat und Tat beiseitestehen. Diese Differenzierung des Ältesten-A. nach → Stadt oder Land, zwischen Stadtverwaltung und Stammesselbständigkeit lässt sich auch in Ebla, Mari oder Ugarit belegen. Mit dem Ende der Staatlichkeit wurden die königlichen Amtsinhaber des Nord- und Südreichs mehrheitlich ins → Exil deportiert, während die regionalen Amtsstrukturen der Ältesten im Land noch intakt blieben. Älteste scheinen auch die Exilsgemeinde(n) organisiert zu haben (Ez 8,1; 20,1; Esra 2,68). Dennoch scheint hier eine Entwicklung begonnen zu haben, die zur Erstarkung des Priesterstands führte, sodass in nachexil. Zeit der mit königlichen Kompetenzen und Insignien ausgestattete Inhaber des Hohepriester-A. in Jerusalem zum Haupt der Theokratie wurde und in hell. Zeit in die Funktion des Ethnarchen (= Volksbeherrscher) einrückte. Das Institut der Ältesten als Repräsentanten des gesamten Volkes oder (des Konstrukts eines) Zwölfstämmeverbandes (Num 11,16.24f, vgl. Ex 3,16.18; 4,29–31; 12,21; 18,12; Dtn 27,1) scheint ein Ideal zur Demokratisierung der Leitung der nachexil. Gemeinde um Priester und → Tempel zu sein, das (theol.-heilsgesch.) die Einheit und Geschlossenheit des wahren Gottesvolkes symbolisieren sollte. Realisierungsversuche traten jedoch hinter das erstarkende Priester-A. zurück.

I. 5. Die Weihe ist die offizielle und rituelle Amtseinführung von Königen, Priestern oder Propheten, die im AO wie im AT (1 Sam 10,1; 16,1.13; 1 Kön 1,39; Ps 2,2; Lev 4,3; Ex 29,1–19; 30,30; 40,15; Lev 8,1–36; 1 Kön 19,16; Jes 61,1) meist mit einer Salbung mit Öl (Verb: *māšaḥ*) und einem Einkleidungsritual (Ex 29) vollzogen wurde (→ Ritus). Diese Salbung übertrug dem Gesalbten (→ Messias) göttlichen → Geist und → Heiligkeit (1 Sam 10,1.6; 16,13; Ex 30,29) und stellte ihn unter göttlichen Schutz, was ihn zu seinen Aufgaben (erst) befähigte. Mit dem Anziehen der Dienstkleidung wechselte man in die neue Identität als Amtsträger über. Im Akkad. wie Hebr. findet sich für die Betrauung mit Amtsgewalt noch der Terminus „jemandem (mit Macht) die Hand füllen" (Ri 17.5.12; 1 Kön 13,33; Sir 45,15).

I. 6. Amtsinhaber haben Verpflichtungen, jedoch auch → Ehre, Prestige, → Besitz und Rechte, was zur Tendenz der Ausweitung der Amtsbereiche und Ämterakkumulation führt wie zum Versuch, Ämter in der Familienlinie weiterzugeben. Machtkonzentration und Amtsmissbrauch suchen Amtsgesetze (Dtn 16,18–18,22) zu begrenzen. Die Belege für Amtsmissbrauch sind im AO wie im AT häufig. Das AT prangert Missstände und rel. Fehlverhalten in Bezug auf Älteste (Ez 8,11ff), Könige, Beamte, Propheten und Priester wiederholt an (Jes 1,21–23; Zef 3,1–5; Ez 22,25ff) und kennzeichnet eine vorbildliche Amtsführung als gottgefällig. In eschatologischer Szenerie wird Jhwh selber das Königs-A. antreten und im Kreis seiner Ältesten regieren (Jes 24,23).

II. NT: 1. Staatliche Amtsträger im Dienst des röm. → Staates sind ntl. als ἀρχή, ἐξουσία oder ἡγεμών („Führer, Statthalter"; vgl. Lk 12,11; 20,20; Tit 3,1) bezeugt, wobei ἀρχή wie ἐξουσία im Sg. und Pl. den einzelnen Beamten, die Behörde, Obrigkeit und deren Machtbefugnis oder Amtsgewalt bezeichnen können. Der wandernde Jüngerkreis um den hist. Jesus (Mk 6,7ff.par.) tat aus göttlicher bzw. jesuanischer Vollmacht Dienst an der Verkündigung und der Verwirklichung des nahen Reichs Gottes (Austreibungen von → Dämonen und Heilungen; → Herrschaft). Eine Sonderstellung, die nicht mit A. gleichgesetzt werden kann, hatten Jesus, die von ihm eingesetzten zwölf → Apostel, Petrus und die Dreiergruppe Petrus/Jakobus/Johannes inne. Jesus wurden prophetische Vollmacht (ἐξουσία; Mt 7,29 vgl. auch Lk 13,33; Joh 6,14) und erst nachösterlich hohepriesterliche Würde (ἀρχιερεύς Hebr 2,17; 3,1 u. a.) zugeschrieben; als Christus ist er der eigentliche Auftraggeber seiner Funktionsträger (Röm 1,5; 1 Kor 4,1ff; 5,4). Die ersten Christen sammelten sich in Hausgemeinden, die in Privathäusern auf private Gastgeber angewiesen waren (Apg 1,13; 2,46; 12,12; 16,15; 20,8). Ämter als rechtlich fest definierte Positionen im Rahmen einer Institution gab es hier noch nicht. In den urchristl. Gemeinden wurden die Aufgaben zwar verteilt, doch hatten die Funktionsträger kein A. auf Lebenszeit und waren einander auch nicht unter- oder übergeordnet. Das A. war keine juristisch-administrative-verfassungsrechtliche Größe, sondern eine theol.-christologisch-pneumatische. Dementsprechend überwiegen ntl. Aspekte des A., die durch die Begriffe χάρις, χάρισμα (→ „Gnade/Gnadengabe"), διακονία („Dienst"), οἰκονομία („Verwaltung") und ἐξουσία („Vollmacht") oder πνεῦμα (→ „Geist") charakterisiert sind.

II. 2. Gegenüber der früheren These, dass sich die Ämter als Institution entwickelt haben (A. Harnack), nachdem die Geistpräsenz aus den Gemeinden gewichen war, wird heute stärker betont, dass sich das A. aus dem Zusammenspiel der pneumatischen Dimension mit der hist. bedingten Konkretion der Kirchenentstehung und der damit verbundenen Ausdifferenzierung der Aufgaben entfaltet hat. Zeitlich wie räumlich ist dabei mit unterschiedlichen Entwicklungen zu rechnen. Der wandernde Kreis um den hist. Jesus oder die ersten Gruppen in der Nachfolge Jesu in Palästina waren theol. anders ausgerichtet und gesellschaftlich anders organisiert als die ersten christl. Gemeinden, die Nicht-Juden gegenüber offen waren oder gar außerhalb von Palästina in Kleinasien und Europa gegründet wurden.

II. 3. Verschiedene innergemeindliche Aufgabenverteilungen und Amtskonzeptionen finden sich v. a. in den pln. Briefen, in der Apg und den Past. Aus der ntl. Naherwartung heraus ergab sich für die ersten Gemeinden keine Notwendigkeit, Ämter als Institutionen mit geregelter Nachfolge einzurichten. Die Gemeindeaufgaben waren Funktionen, die die Funktionsträger in den Gemeinden stellvertretend für Christus ausübten, bis er wiederkommen würde (1 Kor 13,8ff; 2 Kor 5,20; Lk 10,16). Die Hingabe und der Dienst am Anderen wurden als Nachfolge Christi verstanden. Brüder- und Schwesterlichkeit sollten das christl. Gemeindeleben kennzeichnen (Mt 23,8–10; Apg 2,1–21; Gal 3,28), in dem das Tragen eines Titels, das den einen über den anderen erhoben hätte, unbedeutend war.

Für die Ausübung der Gemeindefunktionen im Auftrag Christi war die göttliche Gnade ausschlaggebend, die am stärksten von Paulus im Sinn einer Charismenlehre reflektiert und systematisiert wurde (1 Kor 12; Röm 12,3–8). Der Begriff des Charismas bezeichnet in der hell.-jüd. Lit. eine mildtätige Gabe (Sir 7,33) oder ein Gottesgeschenk (Philo LA 3,78). Bei Paulus und den von ihm beeinflussten Texten (1 Tim 4,14f; 2 Tim 1,6; 1 Petr 4,10f) ist es eine Gnadengabe bzw. die empirische Äußerung der vorhandenen Gnade Gottes. 1 Kor 12,28–30 nennt als Träger von Kirchenfunktionen Apostel, → Propheten und Lehrer; zu den Charismen zählen Wunderkräfte, Heilungsgaben, Hilfeleistungen, Leitungsaufgaben sowie mancherlei Sprachengaben. Das Kriterium für die Hierarchisierung der diversen Charismen hängt pln. davon ab, inwiefern sie zum Dienst (Erbauung, → Ermahnung und → Trost) an den Brüdern und in der → Kirche geeignet sind, wo alles zur Ehre Gottes in Christus zu geschehen hat (1 Kor 14). Bes. Wert legt Paulus darauf, dass alles in der Gemeinde (→ Kirche) geordnet vonstatten geht. Ekstatische Auftritte und Zungenreden (Glossolalie) sollten in Korinth durch die verständliche Auslegung für alle ergänzt werden. Die Charismen sind im Übrigen zwar verschieden, kommen jedoch alle aus *einem* → Geist (1 Kor 12,4.7.11). Da jeder Christusgläubige nach Paulus den Geist hat (Röm 8,9ff; 12,4ff; 1 Kor 12,7), hat *jeder* eine bes. Aufgabe in der Gemeinde. Die Dienste in derselben sind zwar unterschiedlich, haben jedoch alle in Christus *einen* Herrn (1 Kor 12,5).

Die wichtigsten Vollzüge der urchristl. → Kirche waren für Paulus die Wortverkündigung und Unterweisung (Röm 12,6f; 1 Kor 12,8.28f; 13,1f), Armenfürsorge (Röm 12,8f; 1 Kor 12,28; 13,3), Gemeindeleitung (Röm 12,8; 1 Kor 12,28; 1 Thess 5,12, vgl. 1 Tim 3,1f; 5,17) und die Wirkung von Wunderkräften (1 Kor 12,9f.28). Frauen übernahmen in der ersten Generation viele Aufgaben in den Hausgemeinden, denen sie auch vorstehen konnten (Röm 16,1–7; Apg 12,12; 16,14; Kol 4,15). Auch weibliche Apostel, Diakone und Missionare sind belegt (Röm 16,1.3.7; Apg 18,18.26). In der Folgezeit wurden sie zurückgedrängt, als die Hausgemeinden durch „Vollversammlungen" ersetzt und dort die geltenden patriarchalen Gesellschaftsstrukturen zu ihrer Organisation übernommen wurden.

II. 4. Die Jerusalemer Urgemeinde leiteten um 48/50 n. Chr. die drei „Säulen" Petrus, Jakobus (nicht der aus dem Zwölferkreis, sondern der Bruder Jesu) und Johannes (Gal 2,9), später anscheinend Jakobus allein (Apg 12,17; Gal 2,12). Die Darstellung der Leitung der Urgemeinde durch die zwölf Apostel unter Führung des Petrus in Apg 1–6 ist eine Fiktion des Lk, der damit die durch Augenzeugen garantierte Traditionskontinuität zwischen der Zeit Jesu und der Zeit der Kirche darstellt (Apg 1,1–8.21–26; vgl. Lk 1,1–4). In (hell.-)judenchristl. Gemeinden scheinen (zuerst neben den Aposteln, später an ihrer statt) nach jüd. Vorbild Gremien von Ältesten (πρεσβύτεροι) in Gestalt eines kollegial-patriarchalen Presbyteriums entstanden zu sein, die (Apg 11,30; 15,2.22f; 16,4) die Gemeindeleitung übernahmen. Im griech.-hell. Raum entwickelte sich der episkopale Typ, der urspr. auch ein Kollegium vorsah, sich jedoch zum monarchischen Episkopat entwickelte. Der Bischof (ἐπίσκοπος = wörtl. „Aufseher") war zu Anfang in den urchristl. Gemeinden ein Vorsteher, der die Aufsicht führte, wobei in einer Gemeinde mehrere Bischöfe sein konnten. Bischöfe erscheinen ntl. meist im Pl., wechselweise mit den Presbytern (Apg 20,17–28) und zusammen mit den Diakonen (1 Tim 3; Phil 1,1). Sie waren ebenso wie Presbyter und Diakone verheiratet. Je stärker die pln. noch favorisierten Apostel, Propheten und Lehrer in nachpln. Zeit zurücktraten, desto stärker wurde das A. des Bischofs (Did 15,1f; Ignatius von Antiochien), auf das denn auch noch der Gedanke der apostolischen Sukzession übertragen wurde (1Clem 42–44; datiert ca. 96 n. Chr.).

II. 5. In den Past. werden die Kriterien für die Amtsvergabe sowie die Notwendigkeit der dauernden und ununterbrochenen Gewährleistung der wichtigsten Funktionen in den Gemeinden reflektiert. Durchgesetzt haben sich hier (gegenüber dem „Vorsteher" Röm 12,8; „Evangelisten", „Hirten" Eph 4,11; „Führer" Hebr 13,7.17.24) die Amtsbezeichnungen „Bischof" (Aufgabenprofil: Vorsteher, Administrator, Leiter und Lehrer), „Presbyter" (Aufgabenprofil: Vorsteher, Administrator, Leiter, Prediger und Lehrer), „Diakon" sowie der Stand der → „Witwe" (1 Tim 3.5; Tit). Die nötige Amtssukzession wurde durch Handauflegung im Sinn einer Ordination gewährleistet (1 Tim 4,14; 2 Tim 1,6). Die Amtsträger waren (anstelle jedes Einzelnen der gesamten Gemeinde) für das intakte Gemeindeleben, Heil und die Lehre verantwortlich. Die Past. verwenden den Begriff des C., um die Amtsgnade für das kirchliche A. zu bezeichnen, die dem jeweiligen Amtsträger durch die Handauflegung übertragen wurde. Die Gemeinde war nicht mehr durch Charismen strukturiert, die *jeden* Christusgläubigen zu etwas Spezifischem befähigt hatten, sondern durch die Amtsträger, die die Gnadengaben in gewisser Weise monopolisierten.

I. *L. L. Grabbe*, Priests, Prophets, Diviners, Sages, Valley Forge 1995; *H. Niehr*, Rechtsprechung in Israel, Stuttgart 1987; *H. Reviv*, The Elders in Ancient Israel, Jerusalem 1983; *U. Rüterswörden*, Die Beamten der israelitischen Königszeit, Stuttgart u. a. 1985; *ders.*, Amt und Öffentlichkeit im Alten Testament: JBTh 11 (1996) 55–68; *E. Ullrich* (Hg.), Priests, Prophets and Scribes, Sheffield 1992; *V. Wagner*, Beobachtungen am Amt der Ältesten im alttestamentlichen Israel: ZAW 114 (2002) 391–411 und 560–576.

II. *N. Baumert*, Charisma – Taufe – Geisttaufe, Würzburg 2001; *U. Heckel*, Hirtenamt und Herrschaftskritik, Neukirchen-Vluyn 2004; *H.-J. Klauck*, Gemeinde, Amt, Sakrament, Würzburg 1989; *U. Luz*, Charisma und Institution in neutestamentlicher Sicht: EvTh 49 (1989) 76–94; *T. Rendtorff* (Hg.), Charisma und Institution, Gütersloh 1985; *T. Schmeller* u. a. (Hg.), Neutestamentliche Ämtermodelle im Kontext, Freiburg u. a. 2010; *E. Schüssler Fiorenza*, Frau und Amt, in: *dies.*, Grenzen überschreiten, Münster 2004, 152–166; *T. Söding*, Charisma und Amt des Apostels: LebZeug 57 (2002) 5–13; *ders.*, Geist und Amt, in: *T. Schneider/G. Wenz* (Hg.), Das kirchliche Amt in apostolischer Nachfolge 1, Freiburg u. a. 2004, 189–263; *J. Wagner*, Die Anfänge des Amtes in der Kirche, Tübingen 2011.

Angelika Berlejung

Anfang / Ende (A./E.)

(→ Dachartikel: Geschichte/Geschichtsdarstellung/Heilsgeschichte)

I. AT: 1. Vom A. (*rēšīt*) von Welt und → Geschichte redet die P in Gen 1,1–3, insofern Gott aus der Urflut (*tehōm*) den Kosmos und damit auch Raum (das Werk des zweiten Schöpfungstages, Gen 1,6–8; → Schöpfung) und → Zeit (das Werk des ersten Schöpfungstages Gen 1,3–5) sowie alle Lebewesen und Naturgewalten erschafft. Das Dasein der Welt verdankt sich allein der unvergleichlichen Schöpfermacht Gottes. Das v. a. in P (Gen 1,1.21.27; 2,3f; 5,1f) und bei DtJes (Jes 41,20; 42,5 u. a.) auftretende Verb *br'* wird nur in diesem Zusammenhang verwendet und unterstreicht die Analogielosigkeit des göttlichen Handelns. Andere Ausdrucksweisen sind deutlich vermenschlichend: So „baut", „gründet" oder „macht" Gott die Welt wie ein Baumeister (*bnh, kūn, qnh* Ps 24,2; Jes 45,18; 9,6), „knetet" sie wie ein Töpfer (*jṣr* Am 4,13) oder „breitet" sie aus wie ein Zelt (*nṭh* Jes 40,22). Dabei sollte man keinen grundsätzlichen Gegensatz zwischen der → Schöpfung aus Gottes Wort oder aus Gottes Tun (Gen 1f) konstruieren, da das eine nicht „stofflos" gedacht werden muss, während das andere durchaus metaphorisch gemeint ist und nicht auf einen „Urstoff" hindeuten muss. Dem AT genügt es, dass Gott in alleiniger Souveränität selbst A. und E. setzt; eine Spekulation über „Urstoffe" oder den Zustand vor der Schöpfung ist dem AT fremd. Selbst dort, wo aufgrund gemeinorientalischer Bezüge der bibl. Schöpfungsaussagen mythische, primordiale (= uranfängliche) Größen erwähnt werden („Urflut", Leviatan, → Meer), steht ihre Unterordnung unter Jhwh und ihre Einordnung in das Gefüge der geschaffenen Welt im Vordergrund.

I. 2. Dem A. der Welt korrespondiert ein E. der „Urgeschichte" in Jos 18,1 (mit Rückverweis auf Gen 1,28), das aber kein E. der → Geschichte (*qēṣ hajjāmīm* „Ende der Tage") ist (nach anderen Entwürfen ist der → Tod des Mose in Dtn 34 (P) die Grenze zwischen „Urzeit" bzw. „Vor-Zeit" und „Jetztzeit", während für diejenigen, die die Priestergrundschrift mit Ex 40* oder Lev 9* enden lassen, die beiden Zeiten unvermittelt einander gegenüberstehen). Damit ist in P die Jetzt-Welt zu dem geworden, was sie bleiben soll. Die Endzeiterwartung der prophetischen Lit. wird abgelehnt, indem sie in Gen 6–9 (P) als Vergangenheit integriert wird (vgl. Gen 6,13 mit Am 8,2; Ez 7,2). Das „offene Geschichtsbild" von P teilen Ijob (implizit) und Koh (explizit: Koh 1,4–11; 3,1–15) sowie Sir (Sir 16,24–18,14; 43,1–50,24). Das mit der Schöpfungsordnung einmal gesetzte → Heil bleibt gültig (und setzt sich immer wieder durch), auch wenn es von Menschen (Sir) oder Chaosmächten (Ijob; der „Zufall" bei Koh?) immer wieder gefährdet wird. Daher wird Gottes Schöpfermacht dauerhaft auch im Sinne der *creatio continua* gepriesen (Ps 93).

Die prophetische Erwartung einer zukünftigen Heilszeit auf der Basis der „innergesch." Heilszeit, verbunden mit David/Salomo (kritisiert: Koh 7,10), führt letztlich zur Abwertung der gegenwärtigen Welt und ihrer Geschichte, die mit einer apokalyptischen Totalvernichtung und der folgenden „Neuen Schöpfung" ihr E. findet, in der dann Geschichtslosigkeit herrscht (Jes 24–27; 40,1–11; 41,17–20; 43,18–20; 54,10–17; 60,11–22; 65,16b-66,24; → Apokalyptik). Zwischen A. und E. spielt sich das „Ganze" ab (vgl. die Quellenverweise der Chr in 1 Chr 29,29; 2 Chr 9,29; 12,15; 16,11; 20,34; 25,26; 26,22; 28,26; 35,37); Gott selbst ist der begründungslos Erste und ungefährdet Letzte (Jes 41,4; 44,6; 48,12), dessen Existenz die seiner Schöpfung behütend umschließt.

Die Gewalttat der Menschen setzt das „E. aller Wesen aus Fleisch" durch die große Flut im Sinne eines göttlichen Strafgerichts in Gang (Gen 6,13), doch bleibt die schöpfungsgemäße Zusage an die Menschheit als Ganze durch den „ewigen → Bund" Gottes mit Noach und seinen Nachkommen erhalten (vgl. Gen 1,27–30 mit 9,1–17). Relative Anfänge setzen die → Erwählungen Abrahams (Gen 12f und 17), Israels (Hos 11,1; Ez 16) und Davids (2 Sam 7). Während die ersten beiden Erwählungen „katastrophenresistent" sind und damit kein innergesch. E. haben (vgl. Hos 2), stellt Ps 89 fest, dass die Davidverheißung hinfällig geworden ist. Überhaupt kann menschlicher Ungehorsam die Existenz staatlicher Institutionen wie das Königtum (→ König) oder selbst den Besitz des verheißenen Landes infrage stellen (z. B. Am 8,1–3). Ihre Restitution erwartet man ebenfalls von Gott (was v. a. bei DtJes in auffälliger sprachlicher Analogie zu Schöpfungsaussagen ausgedrückt wird). Insofern verbindet man mit dem „E. der Tage" v. a. in späten Texten nicht selten die Rückkehr idealer, nun aber für immer bleibender Zustände einer imaginären Vergangenheit (Mi 4,1–5).

II. NT: 1. In Weiterführung atl. Rede spricht auch das NT vom Zeitpunkt der Schöpfung als A. (ἀρχή, ἀπ' ἀρχῆς/τέλος, συντέλεια, ἔσχατος καιρός; vgl. z. B. Mk 10,6; Mt 24,21 aus Dan 12,1; Joël 2,2; Hebr 1,10 aus Ps 101,26 LXX), wobei dabei nicht nur der zeitliche Aspekt eine Rolle spielt, sondern immer auch ein Moment bes. Autorität und Modellhaftigkeit impliziert ist (z. B. Mk 1,1; Mt 19,4.8; vgl. den Satan als „Mörder von A. an" in Joh 8,44). Dem Verweis auf den A. kommt daher auch in nicht mit der → Schöpfung verbundenen Zusammenhängen bes. argumentative Kraft zu (vgl. Lk 1,2; Joh 15,27; Apg 11,15; Phil 4,15; 1 Joh 1,1; 2,7.24; 3,11; Hebr 2,3; 5,12). Der zeitliche Vorrang des Christus vor Abraham in Joh 8,58 impliziert eine höhere Autorität. Analog zum A. kann aber auch das E. eines Menschen paradigmatische Bedeutung besitzen (Hebr 13,7).

Wie zahlreiche andere mit der Strukturierung von Welt und Geschichte zusammenhängende Kategorien wird auch die Spekulation über A. (ἀρχή) und E. (τέλος) der Welt im NT mit Christus verknüpft. Dabei wird Christus, wenn auch nicht terminologisch, so aber zumindest inhaltlich als → „Mitte" (Conzelmann), Höhepunkt oder Wende der → Zeit verstanden. A. und E. stehen nicht mehr nur in Bezug *zu*einander, indem das von Gott heraufgeführte E. etwa den ursprünglich intendierten A. wiederherstellt wie zuweilen in der jüd. Apokalyptik, sondern A. und E. werden durch Christus wie durch ein Prisma gefiltert und neu bestimmt. Insofern ἀρχή sowohl zeitlich als auch bzgl. erfahrener Wirkmächtigkeit „Vorrang, Primat" meint und je nach Kontext mit A. und „Macht" übersetzt werden kann, nimmt es nicht Wunder, dass Jesus als der von Gott gesandte Christus im NT sowohl am kosmischen „Beginn" entscheidend involviert als auch Herr über alle „Mächte" ist (Röm 8,38f; Eph 1,29–22; 6,12–16; Kol 1,16). So wird Christus weniger in die neutral ablaufende Zeit eingeordnet als vielmehr als entscheidendes Agens des A. (Schöpfungsmittlerschaft) und E. (z. B. als Menschensohn und endzeitlicher Richter) verstanden. Bes. gut ist dies in der joh. Lit. zu beobachten, in der allein 18 von 55 Belegen des Wortes ἀρχή im NT vorkommen. In 1,1–10 qualifiziert Joh nicht nur Jesus als das *vor* der Schöpfung existente Wort und setzt ihn so über Zeit und → Geschichte, sondern bestimmt die Schöpfung dadurch zugleich als ersten Akt der → Erlösung des Kosmos. Die Schöpfungsmittlerschaft des Christus propagiert auch Kol 1,15–20; Offb 3,14. Waren Schöpfung und Erlösung in jüd. Lit. ausschließlich Gotteshandeln, so schiebt sich im NT somit Christus an Gottes Seite, ohne jedoch dessen Überordnung aufzuheben (1 Kor 15,23–28). Offb 1,17; 2,8; 21,6; 22,13 greift gar Gottesprädikate aus DtJes 44,2.6 auf und wendet sie auf den Erhöhten an (vgl. auch Offb 3,14 aus Spr 8,22). Sachlich analog liegt die

Aussage in Hebr 7,3, wonach Melchisedek als „Abbild des Sohnes Gottes" weder A. noch E. hat (→ Ebenbild).

II. 2. Einen deutlich verschobenen Akzent zum AT zeigt das NT in Bezug auf das E. Während Ankündigungen über die Zukunft (→ Strafe, → End-Gericht, → Heil) im AT ganz überwiegend als innergesch. Ereignisse verstanden werden, kennt das NT im Anschluss an die jüd. → Apokalyptik ein tatsächliches E. der bestehenden Welt und Geschichte (2 Petr 3,5–13 steht zudem unter Einfluss nichtjüd. Kosmologie). Das Heil ereignet sich diesen Entwürfen zufolge erst in einer transzendenten Zukunft, die man sich quasi „über- und unzeitlich" vorstellt. Den Eintritt des E. sieht man im Gefolge der apokalyptischen Gedankenwelt mit gesch. und kosmischen Umwälzungen verbunden (vgl. den „A. der Wehen" in Mk 13,8). Am „E. der Zeiten" wird Christus wiederkommen (1 Petr 1,20; Hebr 9,26; → Parusie). Eine bes. Rolle spielt die → Auferstehung (1 Kor 15,20–22), die in jüd. Apokalyptik zu den Endzeitereignissen gehört und das Erscheinen der Toten zum Gericht sicherstellen soll. Da nun aber Jesus als „Erster der Toten" auferstanden ist, ist das E. angebrochen und die Gewähr dafür gegeben, dass auch die übrigen Toten auferstehen werden (1 Kor 15). Bei dem Begriff E. (τέλος) schwingt sowohl das Moment des Abschlusses bzw. Abbruchs des Vorangegangenen (Mt 13,39) als auch dessen Vollendung mit, wodurch sich nicht selten Schwierigkeiten bei der Interpretation ergeben (vgl. klassisch Röm 10,4). Die Durchsetzung dessen, was bisher punktuell angebrochen ist, nämlich der Sieg über → Sünde und → Tod (so bei Paulus oder in der Offb), wird am E. („im Eschaton") in kosmischer Weite eintreten (Röm 8,35–39; 1 Kor 6,2f; 15,23; Kol 1,20; 2,15) und ist zumindest für Paulus daher „neue Schöpfung" (2 Kor 5,17; Gal 6,15; vgl. auch Offb 21,5; vgl. auch die pln. Gegenüberstellung von „erstem" und „letztem" Adam in Röm 5,12–21; 1 Kor 15,45). Der wiederkommende Christus wird Gericht halten und die Seinen sammeln (Mt 13,39f; 1 Thess 4,15–17; 1 Kor 15,23–28; Offb), sein Reich wird „kein E." mehr haben (Lk 1,32f). Die Christologisierung des → End-Gerichts ist somit das sachliche Pendant zur Schöpfungsmittlerschaft am A.

Die Wachstumsgleichnisse (z. B. Mt 13,31–34) betonen, dass das Kommen des Reiches trotz seiner aktuellen Unscheinbarkeit mit dem Wirken Jesu bereits irreversibel in Gang gesetzt wurde. Insofern qualifiziert der Beginn des E. zugleich die noch verbleibende Zeit als Zeit der Vorbereitung und der Bewährung, des Ausharrens trotz Irrungen und des Glaubens (Mt 10,22; 1 Kor 13,13; 2 Petr 3,3–7; Offb 2,26). Auf verschiedene Art und Weise ist Christus jedoch auch bis zu seiner Wiederkunft (→ Parusie) bei den Seinen präsent (Mt 28,20; Joh 12,34; 14,16.26; 15,26 Paraklet; Joh 13,34; 1 Joh 2,7f).

I. *M. Bauks*, Die Welt am Anfang, Neukirchen-Vluyn 1997; *T. Hieke* u. a., Zeit schenken – Vollendung erhoffen, Freiburg 2013; *K. Löning/E. Zenger*, Am Anfang schuf Gott, Düsseldorf 1998; *H.-P. Mathys*, Vom Anfang und vom Ende, Frankfurt/M. 2000; *H.-J. Stipp*, Anfang und Ende: ZAH 17/20 (2004/2007) 188–196; *B. Trimpe*, Von der Schöpfung zur Zerstörung, Osnabrück 2000; *M. Weippert*, Schöpfung am Anfang oder Anfang der Schöpfung?: ThZ 60 (2004) 5–22.

II. *K. Erlemann*, Naherwartung und Parusieverzögerung im Neuen Testament, Tübingen 1995; *ders.*, Endzeiterwartungen im Frühen Christentum, Tübingen u. a. 1996; *G. Röhser*, Hat Jesus die Hölle gepredigt?: ZNT 9 (2002) 26–37.

Ernst Axel Knauf (AT) / Jürgen Zangenberg (NT)

Angesicht (A.) / Schauen (S.) Gottes

(→ Dachartikel: Gottesvorstellungen)

I. AT: 1. Entgegen der These, dass das Alte Israel eine Kultur des Hörens und das Alte Griechenland eine Kultur des Sehens sei (Th. Boman), geht die → Anthropologie des AT von einem Zusammenhang von Hören und Sehen aus, denn beide, das „hörende → Ohr" wie das „sehende Auge" (→ Körper) hat Jhwh geschaffen (Spr 20,12). Auch im Blick auf die atl. → Gottesvorstellungen ist nicht einfach mit einem Primat des Hörens (auf Gott bzw. sein Wort) zu rechnen. So zeigt etwa Ijob 42,5f, wo die „Reue Ijobs" auf eine visionäre Gottesbegegnung zurückgeführt wird, dass das S. Gottes eine Form der personalen Gotteserfahrung ist, die über das Hören hinausgeht, weil es zur direkten Begegnung mit dem lebendigen Gott führt. Daneben gibt es einen anderen Traditionsstrang, wonach die Transzendenz Jhwhs die wahre Form des israelit. → Kultes begründet und demzufolge das → Bilderverbot zusammen mit dem Fremdgötterverbot das Hauptgebot des Jhwh-Glaubens ist (Ex 20,4par., vgl. Dtn 4,12.15.16.23.25). In diesem Sinn zielt die Horebtheophanie auf das Hören Israels, nicht aber auf das Sehen (*r'h*) der Gestalt Jhwhs (Dtn 4,9–31). Ältere Überlieferungen wie Ex 3,6 oder 1 Kön 19,13 sprechen davon, dass Mose bzw. Elija ihr Gesicht verhüllt haben aus Furcht, Gott „anzublicken". Die Geste der Gesichtsverhüllung ist Ausdruck der → Ehrfurcht vor Gott und zugleich Bewahrung des Menschen vor dem Anblick seiner verzehrenden Majestät. Was hier unausgesprochen als Grundmotiv wirkt, wird in Ex 33,20 als allgemeiner Grundsatz formuliert: Nicht kann der Mensch das A. Gottes (hebr. *p^enē ^{>æ}lōhīm*; griech. πρόσωπον Θεοῦ; vgl. Gen 33,10) sehen und am Leben bleiben.

I. 2. Dass Menschen Gott schauen und dennoch am Leben bleiben, wird im AT aber mehrfach berichtet, nicht nur in Überlieferungen über die Erzeltern (Gen 12,7; 17,1; 18,1, 26,2 u. a.), sondern an exponierter Stelle auch innerhalb der Sinaiperikope (Ex 24,9–11, vgl. Ez 1,22.26; 10,1 u. a.). Vom S. Gottes bzw. seines A. ist aber v. a. im Psalter die Rede. Bei einigen Stellen steht dabei die Vorstellung von der „Sonnenhaftigkeit Jhwhs" (→ Gestirne) im Hintergrund wie in dem nachexil. Zionslied Ps 84,11–13, dessen Metaphorik eine solare Präsenz Jhwhs im Tempel voraussetzt und auf den rettenden und schützenden Aspekt Jhwhs (Audienzvorstellung) hinweist. Von einer ähnlichen Gottesschau im → Tempel spricht auch Ps 42,2f, wonach das Sehen des göttlichen Gesichts im Heiligtum auf dem → Zion so lebenswichtig ist wie das Wasser für die vom Verdursten bedrohte Hinde (vgl. dazu judäische Namenssiegel des 8. und 7. Jh. v. Chr. mit entsprechenden Bildmotiven). Schwieriger zu deuten sind demgegenüber Ps 11,7; 27,4.13; 63,3 und v. a. Ps 17,15. Im morgendlichen „Sättigen an der Gestalt Jhwhs" (Ps 17,15) macht der Beter eine Erfahrung, die dem Sehvorgang von Ex 24,10 in nichts nachsteht. Allerdings ist der Vorstellungshintergrund ein anderer, wie der Terminus *t^emūnā* „sichtbare Gestalt" (Ex 20,4par., vgl. Dtn 4,12 u. a.), das polemische Leitwort der Bilderverbot-Texte, andeutet. Das S. der Gestalt Jhwhs meint aber auf jeden Fall eine Vision, in der sich Gottes rettende → Gerechtigkeit für den Beter sinnenfällig manifestiert, indem sie für ihn sichtbar und erlebbar wird. Der LXX-Psalter hat an dieser wie auch an anderen Stellen (Ps 16; 49 u. a.) die Gottesschau eschatologisiert und als → Hoffnung auf ein Leben nach dem → Tod umgedeutet (*visio beatifica*).

II. NT: Wie das AT kennt auch das NT trotz Röm 10,17 keine Prävalenz des Hörens vor dem Sehen – auch nicht in Bezug auf die Gottesbegegnung im engeren Sinn. In personalen Bezügen stehen „sehen" bzw. „schauen" und „hören" oftmals für ganzheitliche Begegnungen und Wahrnehmungen. Die Gottesbegegnung und -offenbarung lässt sich nicht auf einen menschlichen Sinn beschränken oder fokussieren.

Die Schau Gottes als personale Gotteserfahrung wird im NT nicht explizit wie in den Pss. mit dem → Gebet im Tempel (vgl. Jes 1,12; Ps 11,7; 17,15; 42,2f u. a.) in Verbindung gebracht, sondern als beglückend (*visio beatifica*) auf das eschatologisch-unmittelbare „Sehen von A. zu A." (1 Kor 13,12) bezogen (vgl. 1 Joh 3,1–3; Offb 22,4). Im Himmel „sehen die Engel der Kleinen das A." Gottes (vgl. Mt 18,10) – als Ausdruck des bes. göttlichen Schutzes für die „Kleinen". Ebenfalls im himmlischen Heiligtum tritt der Hohepriester → Jesus Christus „vor dem A. Gottes für uns" ein (Hebr 9,24). Das A. (πρόσωπον) Gottes bzw. des Menschen wird hier metonym verwendet für Gott (vgl. auch Mk 1,2; Apg 3,20; 2 Thess 1,9; 1 Petr 3,12; Offb 6,16) oder den Menschen.

Im NT verbreitet ist die christologische Vermittlung der Schau Gottes: Für Paulus leuchtet den Glaubenden im Antlitz des auferstandenen Christus die → Herrlichkeit *Gottes* auf (2 Kor 4,6; vgl. zuvor die komplexe Schriftargumentation des Paulus in 3,7–18, die einen Ausgangspunkt im strahlenden A. des Mose nach Ex 34,29f hat; vgl. Ex 33f). Weil Christus das „Bild Gottes" (→ Ebenbild) ist, können sie „das Leuchten des Ev. von der Herrlichkeit Christi sehen" (vgl. *ex negativo* 2 Kor 4,4). Gesehen mit den Augen des → Glaubens strahlt nach Paulus in den → Herzen der Glaubenden die Erkenntnis auf, dass der auferstandene Jesus Christus in einer so engen Gottesbeziehung und -verwandtschaft lebt, dass sein A. für immer Gottes Herrlichkeitsglanz widerspiegelt.

Eine ausgearbeitete Theol. des pneumatischen Sehens (vgl. die vier Verben des „Sehens" im Joh:

βλέπω; θεωρέω; θεάομαι; ὁράω), eine feinsinnige Ästhetik der christologischen Gottesoffenbarung, entwickelt Joh: Im „Sehen“ Jesu lässt sich der Vater „sehen“ (Joh 14,9). Der transzendente Gott, „seine Herlichkeit voll → Gnade und → Wahrheit“, wird ansichtig im inkarnierten Logos Jesus Christus (Joh 1,14). Der → Weg des nachösterlichen Zum-Glauben-Kommens wird als Seh-Weg und Blinden-Heilung durchbuchstabiert (Joh 9,1–41). Joh 20,29 verurteilt gerade nicht das gläubige Sehen, sondern die Forderung eines manifesten Beweises für die Wirklichkeit des Auferstandenen. „Sehen“ und „schauen“ meinen im *Corpus Johanneum* ein ganzheitliches, die äußere und innere Wahrnehmung umgreifendes, auf eine Sinngestalt bezogenes Erfassen.

Auch das Sprach- und Motivfeld der Epiphanie (ἐπιφάνεια; ἐπιφαίνω; → Theophanie) steht in einem engen Zusammenhang mit der Schau Gottes (Tit 2,11; 3,4 u. a.; vgl. Lk 1,79).

I. *F. Hartenstein*, Das Angesicht JHWHs, Tübingen 2008; *B. Janowski*, Konfliktgespräche mit Gott, Neukirchen-Vluyn ^{4}2013, 85–97; *J.-M. Vincent*, Das Auge hört, Neukirchen-Vluyn 1998.
II. *C. Hergenröder*, Wir schauten seine Herrlichkeit, Würzburg 1996; *O. Schwankl*, Licht und Finsternis, Freiburg 1995.

Bernd Janowski (AT) / Klaus Scholtissek (NT)

Angst / Furcht / Mut (A./F./M.)

(→ Dachartikel: Kultur und Mentalität)

I. AT: 1. Die Begriffe für A. und F. gehen im Hebr. zurück auf die Wurzeln *jrʾ* („[sich] fürchten/scheuen“), *ḥrd* („zittern, beben“), *pḥd* („beben, sich fürchten“), *ṣrr* („zusammenschnüren, einengen“) *ḥtt* („mutlos/erschrocken sein“), *gūr* („zurückschrecken, sich fürchten“), *hmm* („verwirren, in Schrecken versetzen“), Subst. *ʾēmā* („Schrecken“). M. (*ḥzq* = „stark/fest sein“; *ʾmṣ* = „stark sein“; *gᵉbūrā* = „Kraft, kriegerische Tüchtigkeit“) erscheint bes. im Kampf und → Krieg (1 Sam 14,1–14; 2 Sam 23,8–23; Ijob 39,19–25; 1/2 Makk), er zeigt sich allgemein als Entschlossenheit, Furchtlosigkeit und Zuversicht, die v. a. auf dem Vertrauen zu Jhwh beruht (Jos 1,6–9; 1 Sam 17,37.45; Jes 43,1–5; Jer 1,8.17–19).

I. 2. A. und F. haben im AT konkrete Auslöser wie → Feinde und physische Bedrohung (Gen

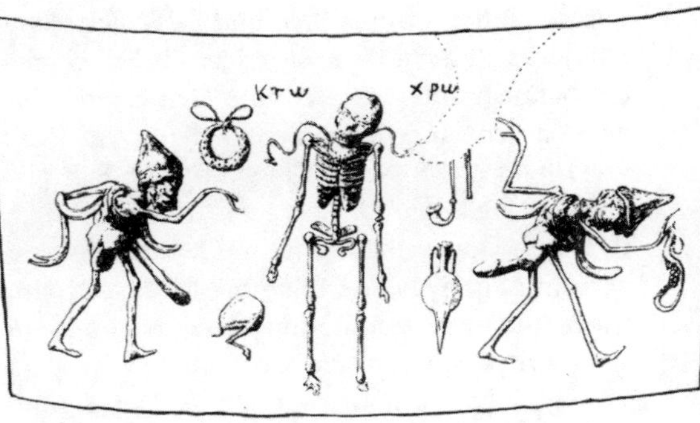

Abb. 13: Umzeichnung der Motive auf einem Tonbecher aus dem späten 1. Jh. v. Chr.: Symbole der Vergänglichkeit des Lebens und der Festfreude als Mahnung, das kurze Leben zu genießen; die beiden buckeligen Zwerge mit den riesenhaften Phalloi sind wahrscheinlich apotropäisch gemeint; Inschrift: „Erwirb [und] nutze es“.
Quelle: *K. Vierneisel* (Hg.), Römisches im Antikenmuseum, Berlin 1978, S. 197.

32,8.12; Ri 7,3; 1 Sam 17,11; Am 3,8), die Gewalt eines Mächtigen (Sir 9,13; → Ehrfurcht), die Vollstreckung exemplarischer → Strafen (Dtn 13,11f; 17,12f; 19,18–20), das Numinose und Unheimliche (Gen 28,17; Ijob 4,12–17; Ps 91,5f) oder ein schlechtes → Gewissen (Gen 3,10f; 43,18). Sie äußern sich als körperliche Schreckens- oder panische Fluchtreaktion (Ex 15,14–16; Jos 5,1; 2 Kön 7,6f.15) und als Mutlosigkeit (Num 13,31–14,4). An Gott wendet sich der Mensch mit seiner A. in der lit. Gattung „Klagelied des Einzelnen“ (Ps 55,1–9). Darauf antwortet im Rahmen der kultischen Dramaturgie das priesterliche oder prophetische Heilsorakel „Fürchte dich nicht“ (Jes 43,1; Klgl 3,57). F. vor/von Jhwh überfällt dagegen seine Feinde, so der panikartige „Gottesschrecken“ als Topos in der Überlieferung von den Jhwh-Kriegen (Gen 35,5; Ex 23,27f; Jos 10,10; Ri 4,15; 1 Sam 7,10; 14,15; 2 Kön 7,6f) und grundsätzlich F. und Schrecken vor Israel als dem → Volk Jhwhs (Ex 15,13–16; Dtn 2,25; 11,25; analog für das Verhältnis der Tierwelt zum Menschen Gen 9,2). Generell setzt Dominanz in der Antike die Fähigkeit voraus, F. zu erwecken, d. h. das Potenzial, die eigenen Ansprüche und die eigene → Ehre erfolgreich zu verteidigen und sich bei Freund und Feind Respekt zu verschaffen. A. im Sinne einer von konkreten Anlässen abgelösten Welt- oder Lebensangst ist dem AT dagegen fremd. Das → Gefühl der Machtlosigkeit gegenüber → Tod, Naturgewalten und → Schicksal artikuliert sich nicht als A., sondern als Schicksalsergebenheit, und resultiert im Allgemeinen in einer starken Augenblicksbezogenheit (vgl. Koh 9,1–10; Jes 22,13; Weish 2,1–9; Mt 6,34; Eur. Alk. 779–789, vgl. *Abb. 13*).

II. NT: 1. Die am häufigsten verwendeten Vokabeln für A. und F. sind φόβος („A., F.")/φοβέομαι („sich fürchten") und Komposita, ταράσσομαι („verwirrt/bestürzt/erschreckt werden"), μεριμνάω („[angstvoll] besorgt sein"). Der Stamm φοβ- bezeichnet sowohl die ängstlich-panische Reaktion auf eine aktuelle Bedrohung wie auch die bloße Befürchtung und Vorstellung von etwas Schlechtem. Die Vokabeln für M. sind ἀφόβως („furchtlos"), θαρρέω oder θαρσέω („mutig/kühn/zuversichtlich sein"), θάρσος („M., Kühnheit, Zuversicht"), παρρησία („Freimut, Zuversicht"), τολμάω („wagen, sich getrauen, den M. haben").

II. 2. Die Philos. schränkt die Bedeutung von A. und F. tendenziell auf die bloße Befürchtung und Vorstellung von etwas Schlechtem ein (Aristot. NE 3,6,2, 1115a; rhet. 2,5,1, 1382a; Philo Abr. 14). Sie lobt → Ehrfurcht vor Autoritäten und F. vor Schande (Aristot. NE 3,6,3, 1115a), aber die meiste F. gilt als unbegründet und soll durch die Aufklärung über das „wahre Gut" besiegt werden. Während in der Rhetorik und der Tragödie („Furcht und Mitleid") die Affekte (→ Leidenschaft; → Gefühle/Emotionen) gezielt geweckt und dienstbar gemacht werden, ist die Überwindung der A. als Grundbefindlichkeit des Lebens, die auf der menschlichen Todesverfallenheit (Lucr. 3,37–40) und der Unberechenbarkeit des → Schicksals beruht, das große Thema der Philos. in der hell.-röm. Epoche (→ Weltbild). Die Stoiker wollen ihr durch die innere Distanzierung von allen äußeren Gütern den Boden entziehen (Epikt., Dissertationes 2,13; 4,1, 81–85; 4,7), die Epikureer raten zum trotzig-unbeschwerten Genuss des Augenblicks, da die F. vor dem Tod und den Göttern auf einer bloßen Illusion beruhe (Lucr. 1,146–158; 5,1161–1240; 6,50–83). Im hell. Judentum wird die Disposition zur grundlos-vernunftwidrigen F. mit dem Götzendienst in Zusammenhang gebracht (Weish 17), im NT kennzeichnet sie die Existenz in der sünden- und todverfallenen Welt; die Glaubenden werden davon durch Christus erlöst (Röm 8,19–22; Hebr 2,14f). Meist allerdings ist A. im NT durch konkrete Anlässe wie die Bedrohung durch Naturgewalten (Mt 14,30; Mk 4,40par.; Lk 21,25f) oder den Tod (Mk 14,33–36par.) ausgelöst, doch auch die ängstliche Sorge um das tägliche Überleben (Mt 6,25–34par.) spielt eine Rolle. F. kann im Gegensatz zum Vertrauen auf Gott stehen (Mk 4,40par.; Lk 21,28), aber auch Ausdruck berechtigter Bedenken sein (Lk 14,31–32; Apg 27,9f). Mit dem sozialen Leben hat die F. vor → Strafe (Mt 25,24f.par.; Röm 13,3–5; 1 Joh 4,18) und der negativen Reaktion anderer (Lk 20,19; Joh 7,13; 9,22; 19,38; Gal 2,12) zu tun. Theol. bes. signifikant sind das Entsetzen/Erschrecken angesichts numinoser Erscheinungen, → Theophanien und Wundertaten (→ Ehrfurcht) und die A. in Situationen der Verfolgung auf Grund des Glaubens, speziell in den apokalyptischen Drangsalen. Dieser wird sowohl das „Fürchte dich nicht" des Glaubens wie auch die viel berechtigtere F. vor dem Gericht Gottes entgegengesetzt (Mt 10,26–33par.; Mk 13,11par.; Offb 2,10).

II. 3. Kriegerischer M. wird im NT nur metaphorisch thematisiert (Eph 6,10–17). Selbstüberschätzung (Mk 14,29–31) und Frechheit (2 Petr 2,10; Jud 12) sind falscher M., rechter M. ist identisch mit dem Vertrauen auf Gott und dem Bekenntnis zu ihm (Lk 1,74; Joh 16,33; Apg 9,27; 27,22–25; 2 Tim 1,7), nur er bewirkt Standhaftigkeit (→ Geduld). Da die A. durch das Gottvertrauen und nicht durch die eigene Stärke besiegt wird, fehlt im NT der für den Tapferkeitsdiskurs der griech. Philos. zentrale Begriff ἀνδρεία („Mannhaftigkeit/Tapferkeit"; vgl. Plat. rep. 427e als Ursprung der Lehre von den vier Kardinaltugenden der → Weisheit, Besonnenheit, → Gerechtigkeit und Tapferkeit; im NT nur 1 Kor 16,13 ἀνδρίζομαι „mannhaft/tapfer sein"; vgl. dagegen die intensive Rezeption des F.-Affekt- und → Tugend-Tapferkeitsdiskurses als Teil des Vernunft-Leidenschaft-Diskurses unter Gleichsetzung von Vernunft und Gottesfurcht in 4Makk 1,3–6; 5,23; 7,23).

I. *J. A. Loader*, „Trembling, the Best of Being Human": OTE 14 (2001) 260–280; *K. Seybold*, In der Angst noch Hoffnung, in: *ders.*, Studien zur Psalmenauslegung, Stuttgart u. a. 1998, 288–304.
II. *C. Böhme*, Ängste und Hoffnungen, in: *P. Dinzelbacher* (Hg.),

Europäische Mentalitätsgeschichte, Stuttgart 1993, 275–285; *A. Kneppe*, Metus temporum, Stuttgart 1994, 9–52; *M. Matjaz*, Furcht und Gotteserfahrung, Würzburg, 1999; *T. Vogt*, Angst und Identität im Markusevangelium, Göttingen 1993.

Klaus Neumann

Apokalyptik (A.) / Apokalypse

(→ Dachartikel: Eschatologie)

Vorbemerkung: Der Begriff A. stammt von griech. ἀποκάλυψις, „Enthüllung", → „Offenbarung" und bezeichnet bestimmte religions- und geistesgesch. Phänomene, die ihren lit. Niederschlag in Apokalypsen finden. Die Apokalypse ist eine lit. Gattung, die meist in einem narrativen Rahmen eine Offenbarung schildert, die ein jenseitiges Wesen einem menschlichen Empfänger zuteil werden lässt und eine transzendente, neue Realität vermittelt, die sowohl überzeitlich ist, weil sie eine endzeitliche → Rettung und → Erlösung beinhaltet, als auch überräumlich, da eine andere, übernatürliche Welt hereinbricht. Als geistesgesch. Phänomen markiert die A. eine völlig geänderte Auffassung vom Lauf der → Geschichte und dem erwarteten Ergehen der Welt und des Individuums (→ Weltbild).

I. AT: 1. In weiten Teilen der hebr. Bibel richtet sich die Zukunftshoffnung auf ein langes → Leben, Erfolg und Nachkommenschaft. Auch die Prophetie sah in ihren utopischen Zukunftsvisionen (→ Eschatologie) innerweltliche Veränderungen bzw. Verbesserungen *dieser* Welt voraus, die sich z. B. auf einen „neuen David" (Jes 9; 11; → Messias), einen „neuen → Exodus" (Jes 35), einen „neuen → Bund" (Jer 31,31–34) bezogen oder in Bildern eines friedlichen Lebens (Jes 11,6–9; 65,25; Mi 4,4) formulierten. Dagegen ist es für die A. charakteristisch, dass in einem radikalen Bruch die gegenwärtige Weltzeit (*ʿōlām hazzæ*) und ihre Königreiche in katastrophenhaften Ereignissen zu einem völligen Ende geführt werden, woraufhin die bisher verborgene und dann nicht mehr aufzuhaltende → Herrschaft Gottes im neuen Äon (*ʿōlām habbāʾ*) zum Vorschein tritt (vgl. z. B. Dan 2,28–49). In der A. kommt die Erlösung nicht innerhalb der Geschichte und nicht durch menschliches Handeln (vgl. Dan 2,34.45; 8,25) zustande, sondern nur durch einen souveränen Einbruch Gottes in diese Weltzeit, der einen grundlegenden Umsturz aller Verhältnisse bewirkt (z. B. Dan 7,7–12.23–27). Die Hoffnung des Einzelnen richtet sich auf ein Leben in ewiger Herrlichkeit zusammen mit den → Engeln nach einem → End-Gericht Gottes, das die → Treue belohnt und die Bösen bestraft (z. B. Dan 12,1–3).

Der gesch. Hintergrund dieser Vorstellungen dürfte in der ersten Hälfte des 2. Jh. v. Chr. zu suchen sein: Angesichts der polit., kulturellen, gesellschaftlichen und rel. Auseinandersetzung der jüd. Tradition mit der hell. Oberherrschaft kam es zu erheblichen Spannungen innerhalb der jüd. Gemeinde, die das bisherige Selbstverständnis, die Berufung auf die Heilsgeschichte und die → Tora, sehr in Frage stellte. Der Hellenisierungsdruck wirkte auch auf andere Kulturen, in denen sich ebenfalls strukturanaloge Erwartungen formulierten. Angesichts der militärischen wie kulturellen Dominanz der seleuk. Herrschaft (v. a. seit Antiochus III.) konnte sich eine innergesch. → Eschatologie (ein Handeln Gottes in naher Zukunft) nicht mehr halten, sodass sich eine *apokalyptische* Eschatologie entwickelte, die ein analogieloses, völlig neues Handeln Gottes „am Ende der Tage" (Dan 2,28) erwartete. Ein zweiter Schub apokalyptischer Lit. entstand im Gefolge des jüd. Aufstands gegen die röm. Besatzung (66–70 n. Chr.).

Das apokalyptische Gedankengut ist weder eine Fortführung der Prophetie unter anderen Vorzeichen noch eine Weiterentwicklung des weisheitlichen Denkens im Sinne einer Garantie des Tun-Ergehen-Zusammenhangs über den Tod hinaus, sondern – sicher gespeist aus beiden geistesgesch. Strömungen – ein gedanklicher Neuansatz, der auch eigene lit. Formen hervorbringt bzw. andere als die bisherigen Redeweisen verwendet. Charakteristisch für die A. ist das plötzliche Auftreten der *Pseudepigraphie*: Die Autoren schreiben unter Pseudonymen, wobei sie an die großen und geheimnisvollen Gestalten der Frühzeit anknüpfen: an „Henoch", der entrückt wurde (Gen 5,21–24) und von daher als Experte für die Geheimnisse des Himmels galt, ähnlich an „Elija", „Danel/Daniel" (Onkel des Henoch, vgl. Jub 4,20–21; Ez 28,3), „Noach" (vgl. Ez 14,14.20), aber auch an die Propheten, Mose oder Esra. Diese „Ahnherren“ der eschatologischen Apokalypsen formulieren nach der Fiktion der mit ihrem Namen versehenen Schriften in ferner Vergangenheit Zukunftsaussagen, die mit der unmittelbaren Vergangenheit oder der bedrängenden Gegenwart kompatibel sind: Sie formulieren *vaticinia ex eventu* (= Weissagungen vom Ereignis her). Diese lit. Form soll nicht nur mit der Autorität der vorgeblichen Autoren die Glaubwürdigkeit der Schriften stützen, sondern sie dient auch dazu, die neue Erwartung eines analogielosen Eingreifens Gottes bereits in den nachvollziehbaren Ereignissen der Vergangenheit zu verankern.

I. 2. Bei den apokalyptischen Texten sind mindestens drei Bedeutungsebenen zu unterscheiden: (a) die mythologische Ebene der Bildsprache, die sich sowohl aus bibl. Quellen als auch aus mythisch-rel. Material der Umwelt speisen kann, (b) die hist. Ebene, insofern sich die polit. Geschichte der Entstehungszeit in den Texten widerspiegelt, (c) die theol.-pragmatische Ebene, die das ethische und paränetische Anliegen der Texte vermittelt.

Im bibl. Bereich ist es v. a. das Buch Daniel, das stark apokalyptische Züge trägt. Sinnvoller als die traditionelle Bezeichnung „Jesaja-Apokalypse“ für Jes 24–27 ist die Titulierung als eschatologische, schriftgelehrte Prophetie liturgischer Prägung. Insofern ist festzuhalten, dass (auch im Blick auf das NT) vergleichsweise sehr wenig apokalyptische Lit. in den → Kanon aufgenommen wurde. Außerhalb des Kanons, aber meist stark auf bibl. Texte bezogen, gibt es sowohl im frühjüd. als auch im frühchristl. Bereich eine Fülle apokalyptischer Lit. Nicht immer ist eindeutig erkennbar, ob es sich um eine → Schrift jüd. oder christl. Herkunft handelt, oft sind jüd. Schriften christl. rezipiert und erweitert worden. Insofern sind die folgenden Zuordnungsversuche, bei denen keine Vollständigkeit angestrebt ist, nicht unproblematisch: Frühjüd. Apokalypsen: das Jubiläenbuch (Jub; eine stark überarbeitete Nacherzählung von Gen bis Ex 20), das vierte Esrabuch (4Esr), das syr. Baruchbuch (2Bar), die Apokalypse des Abraham (ApkAbr), das äth. Henochbuch (1Hen), das slawische Henochbuch (2Hen), die hebr. Elija-Apokalypse (ApkEl; Sefer Eliahu), die Himmelfahrt des Mose (AssMos). Frühchristl. Apokalypsen (oft christl. Bearbeitungen jüd. Schriften): der Hirt des Hermas (Herm); die griech. Esra-Apokalypse (ApkEsr/4Esr), die griech. Baruch-Apokalypse (3Bar), 4. Baruch-Apokalypse (4Bar/Paralipomena Jeremiae); 5. Esra (christl. Apokalypse, auch gezählt als Kap. 1–2 von 4Esr), Paulus-Apokalypse (ApkPl[griech.]); Offenbarung des Petrus (äth.); die kopt.-gnost. Petrus-Apokalypse (ApkPetr [kopt]); die Elija-Apokalypse (ApkEl[kopt]); die Himmelfahrt des Jesaja (AscJes[äth.; griech. Fragmente]).

II. NT: 1. Im NT finden sich (bis auf Offb) wenige zentrale Passagen mit apokalyptischem Gedankengut: 1 Thess 4,13–18 (kosmologische Begleiterscheinungen der allgemeinen Totenauferstehung: Entrückung in die Luft); 2 Thess 2,1–12 (Warnung vor der bösen Macht des Satans und der Verführung zur Ungerechtigkeit); 1 Kor 15,23–28 (die Vernichtung aller Macht, Gewalt und Kraft am „Ende“, schließlich auch des Todes). Insbes. Mk 13 schildert die Katastrophen, die dem Ende vorausgehen: Kriege, Erdbeben, Hungersnöte, aber auch Verfolgung der Nachfolger Jesu und das Auftreten falscher Messiasse. Die Zeit vor dem Ende wird hier bes. als Zeit des Zeugnisses, auch des Blutzeugnisses (Martyriums) bezeichnet. Der Abbruch der Weltzeit wird durch kosmische Umstürze (Verfinsterung von Sonne und Mond, Fallen der Sterne vom Himmel; → Gestirne) markiert. Dies sind die → Zeichen, die dem Kommen Gottes zum Gericht vorausgehen (vgl. Jes 13,10; 34,4; Joël 2,10; 3,4; 4,15–16). Die Folgerung aus diesen Ankündigungen ist die Ermahnung zur Wachsamkeit. Dass den Tag und die Stunde des Ereignisses nicht einmal der Sohn kennt (Mk 13,32), soll ausdrücklich davor warnen, die verbleibende wichtige Zeit mit unsinnigen Endzeitberechnungen zu verschwenden. Wer den Zeitpunkt der → Parusie berechnen will, zeigt, dass er den überraschenden Charakter des Endes und die Souveränität Gottes nicht verstanden hat. Gefordert ist vielmehr stete Wachsamkeit (Mk 13,33–37).

II. 2. *Apokalypse/Offenbarung des Johannes.* Das letzte Buch des NT hat seinen Titel von seinem ersten Vers, der das Buch als Offenbarung Jesu Christi, die „Johannes“ zuteil geworden ist, qualifiziert. Von hier leitet sich auch die Gattungsbezeichnung ab. Von der späteren Tradition wurde der Verfasser in unzutreffender Weise mit dem Zebedaïden Johannes (Mk 1,19par.), der auch der

Evangelist sein soll, identifiziert. Er nennt sich zwar nicht so, tritt aber als ein echter Prophet auf, dessen Autorität aus unmittelbarer göttlicher Berufung stammt (Offb 1,1–2.9–20). Vermutlich war er, da er mit frühjüd. apokalyptischer Lit. vertraut scheint, Judenchrist und wirkte in Kleinasien. Sein Buch schrieb er in der Verbannung auf der Insel Patmos, wahrscheinlich gegen Ende der Regierungszeit des röm. Kaisers Domitian (81–96 n. Chr.). Domitian forderte überall die göttliche Verehrung des Kaisers als „Herr und Gott" ein, was zu schweren Verfolgungen der Christen führte. Diese Situation der Bedrängnis ist die treibende Kraft des Buches. Von seinem Rahmen her (Offb 1,1–3; 22,21) gibt der Text in Anlehnung an die schematischen Formeln der Paulusbriefe vor, ein Brief zu sein. Doch die folgende Berufungsvision (Offb 1,9–20) rückt den Text wieder in die Nähe der Prophetie und qualifiziert die Botschaft als aus unmittelbarer göttlicher Quelle stammend. Die Sendschreiben in Offb 2,1–3,22 ermutigen sieben Gemeinden in Kleinasien mit lobenden und tadelnden Worten. Der apokalyptische Hauptteil (Offb 4,1–22,5) reiht Visionen über Christus, das Gotteslamm sowie über die endzeitliche Drangsal aneinander. Dabei geht es grundsätzlich nicht um Schreckensbilder, sondern um → Trost und Ermutigung der bedrängten Gemeinden. Die Standhaftigkeit der Christinnen und Christen wird sich auszahlen (vgl. z. B. Offb 6,9–11; 7,4–17). Am Ende steht unter Rückgriff auf einschlägige Jesaja-Passagen (vgl. Jes 65,17; 25,8; 52,1 u. a.) die Vision eines neuen → Himmels und einer neuen → Erde sowie des himmlischen Jerusalem, in dem die Gläubigen zur Vollendung gelangen werden (Offb 21,1–22,5). Als „polit. Theol. in antiker Fassung" wird in Offb die zeitgesch. Situation der Christenverfolgung als endzeitlicher Kampf der Guten gegen die Bösen interpretiert. Dabei wird die gesch. Macht des röm. Kaisers mit angeblich göttlicher Legitimation als nichtig und widergöttlich entlarvt. In apokalyptischer Manier wird die Gegenwart subversiv auf den Kopf gestellt, wobei jedoch das künftige → Heil nicht anders vorstellbar ist als durch die Vernichtung aller widergöttlichen irdischen Mächte. Ziel des Buches ist die Ermutigung, stets auf Gott und Christus zu vertrauen – Gott wird gegen alle Erfahrung als nahe vorgestellt, die Wiederkunft Christi in Bälde in Aussicht gestellt (Offb 22,7.12.17.20; → Parusie). Gott wird den Sieg sicher in Händen halten und seine Herrschaft über alle Welt aufrichten. Der abschließende Metatext (Offb 22,6–21) betont die Zuverlässigkeit des Geschriebenen und kann auch als Schlussstein der christl. Bibel gelesen werden: Die Textsicherungsformel (Offb 22,18f) ergibt als Wort Christi mehr Aussagekraft, wenn man es nicht nur auf Offb, sondern auf die gesamte Heilige Schrift („die Worte der Prophetie dieses Buches") bezieht. Dass die „Offenbarung" (jetzt im breitesten Sinn des Wortes) *schriftlich* und *unversiegelt* (Offb 22,10; anders als in Dan 12,4.9!) vorliegt, macht sie über alle Grenzen von Raum und Zeit hinweg allen Menschen zugänglich, sodass sich der abschließende Segenswunsch („Die Gnade des Herrn Jesus sei mit allen") auf alle Zeiten ausdehnen lässt.

I. *A. I. Baumgarten* (Hg.), Apocalyptic Time, Leiden 2000; *A. Bedenbender*, Der Gott der Welt tritt auf den Sinai, Berlin 2000; *L. DiTommaso*, Apocalypses and Apocalypticism in Antiquity: Currents in Biblical Research 5 (2007) 235–286.367–432; *D. E. Gowan*, Eschatology in the Old Testament, Edinburgh 2000; *D. Hellholm* (Hg.), Apocalypticism in the Mediterranean World and the Near East, Tübingen ²1989; *B. U. Schipper/G. Plasger* (Hg.), Apokalyptik und kein Ende?, Göttingen 2007; *M. Tilly*, Apokalyptik, Tübingen 2012.

II. *J. J. Collins*, The Apocalyptic Imagination, Grand Rapids ²1998; *H. Giesen*, Die Offenbarung des Johannes, Regensburg 1997; *B. J. Malina*, Die Offenbarung des Johannes, Stuttgart 2002; *G. S. Oegema*, Zwischen Hoffnung und Gericht, Neukirchen-Vluyn 1999; *ders.*, Apokalypsen, Gütersloh 2001.

Thomas Hieke

Apostel / Jünger (A./J.)

(→ Dachartikel: Sozialstatus/Gesellschaft und Institution).

I. AT: 1. 2 Chr 17,7–9 bezeugt wandernde Gesetzeslehrer, die (laut Kontext vom → König, nach der Datierung des Texts aber erst in spätnachexil. Zeit) zum Unterweisen des → Volks entsandt wurden, doch scheinen eher die atl. „Abgesandten Gottes" im Kontext prophetischer Beauftragung (Mose [Ps 105,26], Gideon [Ri 6,14], → Propheten [Jes 6,8; 2 Sam 24,13; Jer 7,25; 25,4; 26,4f; 44,4; 2 Kön 17,13]) als Vorläufer des christl.

Apostels (= von griech. ἀποστέλλειν „entsenden") in Frage zu kommen. In die Prophetie weist auch der Begriff des J., des Schülers eines Propheten (*limmūd*) oder Angehörigen eines Prophetenkreises (*b^e^nē hann^e^bîʾîm*), der mit seinem Lehrer/Meister das Leben teilte, ihm diente und ihm folgte, aber nach 2 Kön 4,1ff auch eine → Familie haben konnte.

I. 2. Derartige J.-Kreise sind belegt um Samuel (1 Sam 19,20), Elija (1 Kön 19,19ff), Elischa (2 Kön 2; 4,38; 6,1; 9) und Jesaja (Jes 8,16f). Die J. hörten die Weisung ihres Lehrers und gaben sie an Ratsuchende weiter (Jes 50,4f). Die Zusammenkünfte und Mahlzeiten fanden im Haus, wohl dem des Meisters, statt (2 Kön 6,1; 1 Sam 19,18f). Die J. führten Aufträge aus (2 Kön 9,1), bewahrten die Aussprüche und Lehren ihres Propheten und wurden zu Überlieferern und Interpretatoren seiner Botschaft sowie zu Trägern seiner Tradition (Jes 8,16). Indem sie seine Worte sammelten und aufschrieben, lieferten sie die Bausteine für die Entstehung so mancher Prophetenbücher (Hos, Am, Jes, Mi, Ez). Die J. entschieden, was sie aufschrieben und was nicht, sodass sie bereits die erste Auswahl und Deutung vornahmen. Die königskritischen Propheten und ihre J. wurden wohl von lokal-ländlichen Oberschichtskreisen (im AT „Älteste" genannt) oder einflussreichen Familien in der Hauptstadt selber (Jer 26,24) unterstützt. Im → Exil fanden weitere Zusammenkünfte in den Häusern der anerkannten Propheten (= deren Prophezeiungen eingetreten waren) statt (Ez 8,1; 20,1). J. eines Prophetenlehrers wurde man, weil man von ihm dazu aufgefordert wurde, nicht weil man sich selbst anbot. Der Meister designierte seinen Nachfolger (in Absprache mit Gott) selber (1 Kön 19,16. 19ff.).

II. NT: 1. Das von μανθανειν abgeleitete Substantiv μαθητής (ca. 264 Belege nur in Evv. und Apg, meist im Pl., einmal fem. μαθήτρια, Apg 9,36) bezeichnet im profanen Gebrauch den Schüler oder Lehrling, die gebräuchliche Übersetzung „J." zeigt an, dass im NT der alle anderen Bindungen relativierende, persönliche Anschluss an Jesu Jüngerschaft entscheidend ist (→ Nachfolge). J. Jesu sind in den Synopt. meist die ihn auf seinen Wanderungen begleitenden Männer und Frauen (Mt 12,49f; Lk 8,1–3; 15,40f), eine Gruppe, die nicht auf „die zwölf" J./A. zu beschränken ist, diese jedoch umfasst. Doch auch ihm nur zeitweise zuhörende Anhänger können als J. bezeichnet werden (Lk 6,17; 19,37; Joh 6,60.66); die Apg nennt alle Mitglieder der Gemeinden J. (6,1f; 9,1.10.19 u. a.), in der joh. Tradition steht der J. für jeden Christen (Joh 8,31; 13,35; 15,8) und Mt 28,19 fordert, alle Völker zu J. zu machen (μαθητεύω). Demgegenüber bezeichnet das vom Verb ἀποστέλλειν („senden") abgeleitete Wort ἀπόστολος („A.") im christl.-jüd. Sprachgebrauch immer Personen mit einem bes. Sendungsauftrag (vgl. die Abstraktbildung ἀποστολή = „Apostelamt"), was im Griech. ansonsten so nicht nachgewiesen ist. Während Mt und Mk die A. mit „den Zwölfen" identifizieren (Mk 6,7.30; Mt 10,2), umfasst der A.-Begriff in der pln. Lit. einen weiteren Personenkreis. Der Sprachgebrauch des Lk ist nicht konsistent, einerseits sind A. allein die zwölf A./J. (Lk 6,13–16; 9,1.10), die als Begleiter des irdischen Jesus und Zeugen der → Auferstehung (vgl. Apg 1,15–26 zur Nachwahl des Matthias für Judas) als Gründungsautorität der Urgemeinde in Jerusalem (→ Kirche) fungieren und deren Aufgaben neben der Kirchenleitung (Apg 4,35.37; 6,6) innergemeindliche Lehre und → Gebet (2,42; 6,4) und die von → Wundern und → Zeichen begleitete (2,43; 5,12.15f) Verkündigung der → Auferstehung Jesu an Außenstehende sind (1,22; 4,33; 10,41); eine größere Gruppe von A. setzen Apg 14,4.14; Lk 11,49, evtl. Lk 17,1.5; 24,9f voraus.

II. 2. Der hist. Jesus selbst war zunächst Anhänger des Täufers gewesen. Aus dem Jüngerkreis des Johannes (Mk 1,5; Mt 11,2; 14,12; Apg 18,25; 19,1–6) stammten nach Joh 1,35–40 auch die ersten J., die Jesus um sich scharte, nachdem er sich (bei oder nach der Taufe) seiner Bestimmung bewusst geworden war, als prophetisches Sprachrohr Gottes sein Leben als wandernder Umkehrprediger der Ansage des bevorstehenden Reiches Gottes (→ Herrschaft) zu widmen. Jüngerschaft bedeutete bei Jesus Anteilhabe an diesem Auftrag, daher hatte die Berufung zum J. oft einen radikalen Bruch mit dem sesshaften Leben, mit → Familie und Beruf zur Folge (Mk 1,16–20; 2,13f; QLk 9,57–60; 12,22–31; 14,26) und erforderte die Bereitschaft, auch feindliche Reaktionen auf diese Botschaft bis hin zum Martyrium zu ertragen

(Mk 8,34–38; Mk 13,9–13; QLk 6,22f; 8,4–6; 12,11f.51–53; 14,27; 17,33). Aus dem Kreis der ihn begleitenden J. wählte Jesus zwölf aus, die das erneuerte Israel repräsentierten und augenfällig machten, dass Jesu Sendung an das Zwölfstämmevolk → Israel gerichtet war (Mk 3,13–19). Den Zwölfen wird in dem Logion Mt 19,28f.par. für die Heilszukunft eine Inthronisation zusammen mit Jesus versprochen und die Aufgabe zugewiesen, die zwölf Stämme Israels zu richten. Sie übernehmen damit eine Aufgabe, die in jüd. → Eschatologie dem → Messias zukam (PsSal 17,26.29.43). Jesus „demokratisierte" den Messiasgedanken. Dieser „Gruppenmessianismus" war nicht auf die Zukunft beschränkt, sondern äußerte sich darin, dass Jesus seine J. an seinem Wundercharisma und seiner vollmächtigen Verkündung teilhaben ließ. Er sandte sie in demonstrativer Besitz- und Schutzlosigkeit paarweise aus, um durch sie die Königsherrschaft Gottes in Predigt, Dämonenaustreibungen, Heilungen und Tischgemeinschaften präsent werden zu lassen (Mk 3,14f; 6,7–13; Lk 10,2–16par., in Lk 10,1–20 ausgestaltet zur Aussendung von 72 J.).

II. 3. Die pln. Gemeinden kennen A. als Gesandte der Gemeinden mit spezifischem Auftrag (Phil 2,25; 2 Kor 8,23). Meist jedoch ist A. Bezeichnung für diejenigen, die sich als Gesandte Jesu Christi der Evangeliumsverkündigung widmen. Dieser Kreis ist größer als „die Zwölf" (vgl. 1 Kor 15,5.7), namentlich genannt werden neben Paulus selbst der Herrenbruder Jakobus (Gal 1,19), Barnabas (1 Kor 9,5f) und das offenbar zusammen missionierende Apostelpaar (und Ehepaar?) Andronikus und Junia (Röm 16,7). Paulus gründet seinen Apostelstatus (Röm 1,1; 1 Kor 1,1; Gal 1,1) auf eine Erscheinung des Auferstandenen mit Berufung zur Mission unter den Heiden (1 Kor 9,1; 15,9–11; Gal 1,12.15f) und betrachtet dies „Apostolat unter den Heiden" als dem petrinischen „Apostolat der Beschnittenheit" gleichwertig (Gal 2,8). Er musste sich jedoch zeitlebens mit konkurrierenden A. und Apostolatskonzeptionen auseinandersetzen, deren Charakter aufgrund der polemischen Darstellung des Paulus oft nicht sicher erkennbar ist („Superapostel": 2 Kor 11,5; 12,11f; „Pseudoapostel" und Satans Diener, die sich als Apostel Christi verstellen: 2 Kor 11,13–15; die Auseinandersetzung prägt große Textkomplexe, vgl. Gal; 1 Kor 9; 2 Kor 2,14–7,16; 10–13; Phil 3). Charakteristisch für das pln. Verständnis sind Verzicht auf apostolische Unterhaltsrechte und Zurücknahme der eigenen Person (1 Kor 9,4–23; 2 Kor 11,7–12), die Erfüllung der Apostelrolle in persönlicher Schwachheit und unter Inkaufnahme von Leiden und entwürdigenden Umständen, was als → Nachfolge des Gekreuzigten verstanden wird (1 Kor 4,9–13; 2 Kor 4; 6,3–10; 11,22–33; 12,1–13).

I. *K. Hruby*, Die Stellung der jüdischen Gesetzeslehrer zur werdenden Kirche, in: *ders.*, Aufsätze zum nachbiblischen Judentum und zum jüdischen Erbe der frühen Kirche, Berlin 1996, 349–414; *R. Lux*, Die Weisen Israels, Leipzig 1992.

II. *G. Klein*, Die zwölf Apostel, Göttingen 1961; *M. Lohmeyer*, Der Apostelbegriff im Neuen Testament, Stuttgart 1995; *M. Tiwald*, Wanderradikalismus, Frankfurt/M. 2002; *G. Theißen*, Gruppenmessianismus, in: *ders.*, Jesus als historische Gestalt, Göttingen 2003, 255–281.

Angelika Berlejung (AT) / Annette Merz (NT)

Arbeit / Mühe (A./M.)

(→ Dachartikel: Ethik)

I. AT: 1. Im hebr. AT stehen für A. und M. die Begriffe *m^{e}lā'kā* („A."), *ʿ^{a}bōdā* („A., Werk, Dienst") und bes. *ʿāmāl* („mühevolle Arbeit, Bemühung, Mühsal, Elend").

I. 2. Das atl. Verständnis der A. ist weitgehend durch die agrarische Prägung von Wirtschaft und Gesellschaft bestimmt. Geldwirtschaft spielt dagegen eine nachgeordnete Rolle, die dem Verdacht des Ausbeuterischen ausgesetzt bleibt (Am 2,6; 5,12; Lev 23,35f; Dtn 23,20). Zu den Berufen wie (Klein-)Bauern und Hirten treten in Palästina die Handwerker (z. B. Bauleute, Bäcker, Töpfer etc.). Der Fernhandel hatte an der Küste und den Städten seinen Ort. Die Arbeit wurde weitgehend in Familien oder zunftähnlichen Verbänden organisiert; eine geschlechtsspezifische Arbeitsteilung ist bezeugt (Spr 31,10–31, → Ethik, → Sozialstatus).

Das AT betrachtet die A. realistisch: Sie wird weder verklärt noch verachtet. (Sir 38,24–34 bildet eine Ausnahme, die sich durch die Rezeption hell. Vorstellungen erklären lässt.) Dies gilt nur für die A. von Freien, da Fron-A. als Entrechtung und Ausbeutung angesehen wird (Ex 1,11; 1 Sam

8,11–18; Jer 22,13–19). A. gehört zur menschlichen Existenz, ohne sie ist dem verfluchten Ackerboden (Gen 3,17) keine Frucht abzugewinnen. Durch menschliche A. wird die → Schöpfung Gottes bewahrt und gehegt (Gen 2,15.18; in Gen 1,26.28 wird der Gedanke der Herrschaft, nicht der der A. betont). A. bestimmt den ganzen Tagesablauf (Ps 104,23; Ijob 7,4) und die gesamte Lebensspanne (Ps 90,10). Dass die A. keineswegs als sinnerschöpfend für das menschliche → Leben angesehen und damit zum Selbstzweck wird (→ Kult), ist atl. durch Gegenentwürfe und immanente theol. Kritik gewährleistet. Die gewichtigsten Gegenentwürfe zur körperlichen A. sind der → Priester und der Weise. Beide widmen sich einer unproduktiven Tätigkeit, die dennoch gesellschaftlich relevant, angesehen und unbefragt ist. Während der Priester stellvertretend für das → Volk am Heiligtum wirkt (→ Kult), durch sakrale Akte für die Wohlfahrt des Volkes eintritt und ihm daher auch Anteil an der A. zukommt (Neh 10,37–40), ist das Torastudium des Weisen (Ps 1) eine individuelle Beschäftigung, die durch die Lehre kollektiv nutzbar wird. Beide Institutionen führen zwar nicht zu einer Abwertung der A., bewahren sie aber vor einer theologisierenden Überhöhung und die menschliche Existenz vor einer Beschränkung auf die Dimension der A.

I. 3. Der → Sabbat mit seinem strengen Verbot von A. jeglichen Geschöpfes (Ex 20,8–10; 23,12; Dtn 5,12–15) distanziert den Menschen von der A., die er ruhebringend unterbricht (Ex 34,21; 35,2) und setzt ihn in Erinnerung an Gottes Tun (Gen 2,2f; Ex 20,11) frei für die Hinwendung zu ihm. Die Nicht-A. am Sabbat ist Vergegenwärtigung der Fürsorge Gottes und Realisierung des von Gott dem Menschen und den Geschöpfen Zugedachten. Auch wenn es hist. zweifelhaft ist, ob das Sabbatjahr (Lev 25,1–7; Dtn 15,1–11; Neh 10,32) jemals begangen wurde, so verweist es doch auf den Gedanken der völligen Hinordnung der Schöpfung auf Gott in der Ruhe von der A. Ein weiterer Aspekt immanenter theol. Kritik an einer Absolutsetzung der A. ist die Konzeption des → Segens Gottes, der für das Gelingen menschlicher A. eine Notwendigkeit darstellt (Ps 90,17; 127,1f; Spr 10,22), da ohne ihn aller menschlicher Fleiß (Spr 6,6–11) vergeblich wäre. Auch im Rahmen der A. wird der Mensch auf Gott als Bezugspunkt und Ermöglichungsgrund verwiesen (→ Schöpfung). Sie ist kein gottferner Ort. Theol. problematisch ist freilich die Zusage des Erfolgs der A. bei Toragehorsam (Dtn 28,1–14). Diese Theologisierung der A. in dem Sinne eines Erweises der Orthopraxie entspricht zwar durchaus theol. Konzepten der → Weisheit, konnte aber auch zu einer kognitiven Dissonanz führen. Koh 3,13 trifft die Lebenswirklichkeit eher, wenn er es für eine Gabe Gottes erachtet, die Früchte der A. zu genießen.

II. NT: 1. Im NT stehen für A. und M. bes. der Begriff κόπος („A., M.") sowie das Verb κοπιάω („müde werden, sich abmühen, sich plagen").

II. 2. In ntl. Zeit bleibt die Produktionsweise weitgehend unverändert; das NT zeigt jedoch ausdifferenziertere Berufsgruppen in Handel und Verwaltung. Jesus, der Bauhandwerker (Mk 6,3), und sein Kreis, Fischer und Zöllner, belegen das. Die Nennung der Tagelöhner (Mt 20,1–14) verweist auf die Folgen der wirtschaftlichen Verelendung von Kleinbauern und Handwerkern (→ Armut). Für das NT ist die Haltung *Jesu* zur A. nicht prägend geworden. Während seines öffentlichen Auftretens hat er zweifelsfrei nicht in seinem Beruf gearbeitet und war mit seinem Kreis auf materielle Unterstützung anderer (Lk 8,3) angewiesen. Die von ihm praktizierte und geforderte Sorglosigkeit um materielle Dinge (Mt 6,25–34par.) ist im Kontext seiner Verkündigung der guten → Herrschaft Gottes verortet. Sie betont den Vorrang der Gottesbeziehung des Menschen vor jeder Sorge um die Existenz und der damit einhergehenden A. (Lk 14,16–21). Auch wenn Jesus in seinen Gleichnissen immer wieder auf Bilder aus der agrarischen A. zurückgreift, so dürfte die dort behauptete Fahrlässigkeit (Mk 4,3–8) kaum der Realität entsprochen haben. Die jesuanische Strategie der Umwertung macht auch vor der A. nicht halt.

II. 3. Prägend für die ntl. Auffassung der A. wurde insbes. die *Brieflit.* Durch A. wird die eigene Existenz (1 Tim 6,6–8) und die der Bedürftigen in den Gemeinden (2 Kor 8,3–4; Eph 4,28) gesichert, sodass die A. zu einem Akt der Solidarität wird. Die Interpretation der Verkündigung des Ev. als A. (Mt 9,38; Mt 1,17) führt mit einhergehender Unterstützung durch die Gemeinden (1 Kor 9,6–14; Phil 4,15) zu einer Aufwertung der

A., die noch durch das Ideal der finanziellen Unabhängigkeit der Verkündiger durch eigene A. (1 Thess 4,11–13; Eph 4,28) gestützt wird. In einer Gemeindeordnung des 2. Jh. wird die A. zum Ausweis des wahren → Propheten (Did 12,3–5). A. und M. bringt *Paulus* in einen Zusammenhang mit der Evangeliumsverkündigung (1 Kor 4,2; 15,10; 2 Kor 6,4; 11,23–25). Die M. gilt dem Aufbau der Gemeinde (2 Kor 10,15) und geschieht in Hinblick auf Gott (Röm 16,6.12). Daher eignet ihr bes. Würde (1 Kor 16,16; 1 Thess 5,12). Einen eschatologischen → Lohn für alle M. verspricht Offb 14,13.

Als sich im 4. Jh. ausgehend von Ägypten der Brauch in christl. Gemeinden einbürgert, den Sabbat und den Sonntag als rel. Feiertage frei von A. zu praktizieren, wird dem staatlicherseits bald Einhalt geboten.

I. *V. Hirth*, Der Wandel des Arbeitsverständnisses in Altisrael beim Übergang zur Königszeit: BN 55 (1990) 9–13; *D. C. Hopkins*, „All Sorts of Field Work": Agricultural Labour in Ancient Palestine, in: *R. B. Coote* u. a. (Hg.), To Break Every Yoke, Sheffield 2007, 149–172; *H. Irsigler*, „Umsonst ist es, daß ihr früh aufsteht ...": BN 37 (1987) 48–72; *B. Lang*, Der arbeitende Mensch in der Bibel, in: *V. Postel* (Hg.), Arbeit im Mittelalter, Berlin 2006, 35–56; *L. und W. Schottroff* (Hg.), Mitarbeiter der Schöpfung, München 1983; *W. Zwickel*, Leben und Arbeit in biblischer Zeit, Stuttgart 2013.

II. *G. Agrell*, Work, Toil and Sustenance, Lund 1976; *I. Engel*, Bebauen und bewahren, Hannover 1988; *C. Hezser* (Hg.), The Oxford Handbook of Jewish Daily Life in Roman Palestine, Oxford 2010, 229–324.

Rainer Kampling

Armut / Reichtum (A./R.)

(→ Dachartikel: Sozialstatus/Gesellschaft und Institution).

I. AT: 1. In A., Not (*rēš*, *ᶜºnī*) bzw. R., Vermögen (*ᶜōšær* oft neben *kābōd*, *hōn*) war man geboren. In der ao. Gesellschaft, in der die Bewahrung des *status quo* das höchste Ziel war, wurden soziale Ungleichheiten (A./R.) als „normal" betrachtet.

I. 2. Arm-*sein* und reich-*sein* gehörten auch für das AT zum Gesellschaftsalltag dazu und waren akzeptiert, in der Weisheitslit. sogar als schöpfungsmäßig gegebene → Ordnungen legitimiert (Spr 22,2; 29,13; Sir 11,14). Als problematisch galt jedoch, wenn jemand aufgrund unglückseliger Umstände (Unfall, → Krankheit, Verletzung, Behinderung, Invalidität, → Tod, Missernte, Enteignung, Betrug) seinen ererbten Status, also seinen Anteil an zugeteilten Gütern (welchen Ausmaßes auch immer), nicht bewahren konnte und arm *wurde*. Dies traf v. a. → Witwen und Waisen, die durch den Tod des Ehemannes/Vaters ihre wirtschaftliche Absicherung verloren (2 Kön 4,1–7), aber auch Menschen, die durch Missernten, Enteignung oder unbezahlbare Steuerforderungen in die Schuldknechtschaft getrieben wurden (Lev 25,39–41; Dtn 15,12–18; Jer 34,8–22). Diesem Verarmen korrespondierte auf der anderen Seite das unrechtmäßige Reich-*werden* (Hos 12,9; Spr 23,4), bedeutete es doch eine Umverteilung der (zuvor anders) verteilten Güter, was nur auf Kosten eines anderen (durch Betrug, s. Am 8,4–6b; Mi 6,10f; durch Zwang, s. 1 Kön 21; Mi 2,1–3) geschehen konnte. Menschen, die von Zwischenhandel, Zoll, Pacht, → Abgaben/Steuern, Pfand oder Zinsen profitierten (Am 5,11f; 2,6b.8), also mit Geld Geld machten, galten als gottlos, unehrenhaft und geldverliebt (Koh 5,9). Dies trug den handelstüchtigen Phöniziern einen denkbar schlechten Ruf ein (Ez 26–28). Um ökonomischen Erfolg, Ehr- und Statusgewinn gegen den Verdacht der Betrügerei abzusichern und zu legitimieren, schrieb man den Gewinn dem Glück oder dem Eingreifen Gottes (Gen 41,37ff; Ijob 42,10; 1 Kön 3,13) zu. Im solcherart strukturierten Gesellschaftssystem war es auch möglich, sich an eine höherrangige Person (als Patron) zu wenden, um durch diese Zugang zu einer anderen sozialen Schicht oder zu anderen Ressourcen zu erhalten (z. B. Bitte an Elischa als Patron 2 Kön 4,1–7). Auf der Grundlage der Vorstellung vom Zusammenhang zwischen Tun und Ergehen (→ Ethik, → Weisheit) sieht die Weisheitslit. A. (hier: Verarmung und Statusverlust) als Folge von Faulheit oder Verschwendung (Spr 6,9–11; 10,4f; 21,17.20; 23,20f), bzw. R. (hier: Statuserhalt, keinesfalls Bereicherung!) als Folge von gutem Verhalten gegenüber Gott und Menschen (Spr 10,4; 23,4; 28,20), Weisheit und → Einsicht (Spr 3,16; 8,18) oder als Gabe Gottes (Koh 5,18; 6,2). Die Kritik durch die Empirie, angekündigt durch Ijob, jedoch erst ausgeführt durch Koh, zieht diesen traditionellen Zusammenhang in Zweifel (Koh 5,9–6,12; 9,11). Entgegen der höfischen

Weisheit trug die prophetische Lit. der Situation Rechnung, dass Menschen seit der Königszeit verstärkt verarmten und von Elite und → König (Jer 21,11–14; 22,13–17), entgegen der eigentlichen Aufgabe des Schutzes der Armen (Ps 72,2–4.12–14), unterdrückt und ausgebeutet wurden (→ Sozialstatus). Sie fordern daher, dass das Recht der Armen (*ʿānī/ʿānāw*), gering Begüterten (*dal*) und Notleidenden (*ʾæbjōn, rāš, miskēn*) geachtet wird (Am 2,6f; 3,9–15; 5,7–12; Jes 5,8–10; 10,2; Hos 12,8f; Mi 3,1–3.9–11; 2,1–3; Jer 5,26–28; 17,11; Ijob 34,28f; Sir 4,1f). An einen sozialen Ausgleich im Sinn einer allen gleich zuzuweisenden Güterverteilung ist nicht gedacht, auch wenn die soziale Gesetzgebung des Dtn (Dtn 16,18–20: Schutz des Armen vor → Gericht; Dtn 24,14f: Schutz vor Ausbeutung; Dtn 23,20f: Zinsverbot; Dtn 24,10–13.17b: Pfandrechtbeschränkung, deren Notwendigkeit Ostrakon 1 von *Məṣad Ḥăšăvyāhū* [7. Jh. v. Chr.; Renz/Röllig, Inschriften I.1, 315–330] bezeugt) die größten Missstände beheben wollte. Schuldenerlasse und Jobeljahrgesetze waren eher Programm, kaum Realität (Ex 21,2; Lev 25,39–41; Dtn 15,1–18 vgl. Jes 61,1–3; Jer 34,8–22; Neh 5), sodass sich die sozialen Probleme in der nachexil. Zeit (Neh 5; Sach 7,10; Mal 3,5; drastisch geschildert in Ijob 24,2–4.9–12), verschärft durch die Rückkehr der kapitalstarken (Esra 2,64–69) Heimkehrer aus dem → Exil und die pers. Finanzpolitik, nahezu ungehindert zuspitzen konnten.

Ganz ähnlich wie in Israels Umwelt stehen die Armen im AT unter göttlichem Schutz. Ist es in Mesopotamien der (gerecht richtende) Sonnengott, so übernimmt bibl. Jhwh diese Aufgabe (Jer 20,13; Jes 57,15; Ps 9,13.19; 68,6f; Spr 23,10f; Jdt 9,11). Mit Zef 2,3; 3,12 erhält die A.-Terminologie einen moralischen und endzeitlichen Aspekt. Die Armen werden idealisiert und identifiziert als diejenigen Israeliten, die dem Willen Gottes ergeben sind. Nach Jes 61,1 wird der → Messias zu den Armen gesandt. Er ist es erst, der ihr Recht verwirklichen wird (Jes 11,1–5; Jer 23,5f; 33,15).

II. NT: 1. Im NT wird nur an einer Stelle (2 Kor 9,9) in einem Zitat von Ps 111,9 das in der LXX sonst häufigere profangriech. Wort πένης gebraucht, das den Mangel an materiellem Besitz zum Ausdruck bringt. Ansonsten wird A. durchgehend mit Wortbildungen mit dem Stamm πτωχ- (sprachgeschich. Zusammenhang mit πτη- „zusammengekauert", vgl. hebr. *ʿnh* „niedergedrückt, gebeugt") benannt. Dabei findet sich nahezu ausschließlich das Adjektiv πτωχός „(bettel)arm". Das Nomen πτωχεία („A.", 2 Kor 8,2.9; Offb 2,9) und das Verb πτωχεύω („arm werden", 2 Kor 8,9) sind ausgesprochen selten. Πτωχός bezeichnet den materiell Armen, der nicht in der Lage ist, sich selbst zu versorgen und auf Unterstützung und Hilfe angewiesen ist („bettelarm"). Als Oppositionsbegriffe dazu dienen das (wiederum am häufigsten belegte) Adjektiv πλούσιος „reich", und seltener – dabei v. a. in der ntl. Brieflit. – auch πλοῦτος „R." und πλουτέω bzw. πλουτίζω „reich werden" bzw. „reich machen". Auffallend ist das weitestgehende Fehlen der Terminologie im joh. Schrifttum und den kath. Briefen. Die Wortfelder werden v. a. außerhalb der Evv. auch übertragen für den R. Gottes (Röm 11,33), seine übergroße → Gnade (Röm 10,12; 1 Kor 1,5; 4,8 u. a.) oder die *Kenosis* („Entäußerung") Gottes in der Inkarnation (2 Kor 8,9, vgl. Phil 2,6ff) u. a. gebraucht. In den Evv. aber steht überwiegend das Fehlen lebensnotwendiger materieller Güter und Ressourcen bzw. deren erwirtschafteter oder überkommener Überfluss im Vordergrund.

II. 2. Die für die ntl. Texte relevanten antiken Gesellschaften des Mittelmeerraums des 1. Jh. n. Chr. zeichnen sich durch starke Stratifizierung aus. Es gab nur eine schmale Oberschicht, die die herrschende Elite bildete (weniger als 10 % der Gesamtgesellschaft). Darunter gab es nur einen sehr geringen Prozentsatz (ca. 1 %) an wirklich Reichen, die materielle Güter im Überfluss besaßen. Meist handelte es sich um aristokratische Großgrundbesitzer, deren Einnahmen aus Bewirtschaftung und Pacht stammten (vgl. Mk 12,1–12; Mt 20,1–16). Eine bürgerliche Mittelschicht fehlte nahezu vollständig. Das breite und größte Segment bildete die weitgehend macht- und prestigelose Unterschicht, die in sich allerdings sehr heterogen war. Sie bestand aus relativ Armen, die oberhalb des Existenzminimums durch → Besitz oder Erwerbseinkommen mehr oder minder ihre Subsistenz erwirtschafteten (Handwerker, Dienstleister, Händler, Bauern mit geringem Landbesitz). Daneben standen die absolut Armen, deren Existenz von fundamentalen Mängeln an den lebenswichtigen Gütern (Nahrung, Wohnung, Kleidung) gekennzeichnet war. Da ein ausreichender Lebensunterhalt nicht dauerhaft selbständig erwirtschaftet werden konnte (Bauern ohne eigenen Landbesitz, Fischer, Lohnarbeiter, Tagelöhner, Schuldknechte, → Sklaven, auch alleinstehende Frauen, → Witwen, Prostituierte), waren diese Armen auf familiäre oder gesellschaftliche Unterstützung angewiesen (Armenfürsorge und Almosen, → Barmherzigkeit). Als weitestgehend schutzlose Glieder der Gesellschaft waren alleinstehende → Frauen, Witwen und v. a. → Kinder bes. von A. betroffen. Es gab mehr Reiche in den → Städten als auf dem Land und umgekehrt mehr Arme in den nichtstädtischen, bäuerlich geprägten Gebieten (→ Stadt). Den Armen fehlte es nicht nur an Gütern, sondern auch an Prestige (→ Ehre). Ein Durchbrechen der Armutsgrenze war, wenn man einmal unterhalb des Existenzminimums angelangt war, sowohl wirtschaftlich wie sozial nur schwer und selten möglich (→ Kultur und Mentalität).

Im 1. Jh. n. Chr. führten die polit. instabilen Verhältnisse, die Besitzkonzentration und die hohe staatliche Abgabenlast in den Tetrarchien (→ Abgabe) zu zunehmender Verarmung durch Verschuldung von Kleinbauern und Pächtern. Die drastischen Maßnahmen gegen verarmte Schuldner haben sich mehrfach im NT niedergeschlagen (z. B. Mt 5,25f.par.; Mt 18,23–35). Angesichts dieser ökonomisch zugespitzten Situation verwundert die im NT durchgehend bezeugte Distanz gegenüber kumuliertem → Besitz und R. an Gütern (vgl. Mk 10,31par.; Jak 1,10f; 5,1ff; 1 Tim 3,8; 1 Petr 5,2 u. a.) und der Ablehnung jeglicher unsozialer Habgier (Röm 1,22; Eph 5,3; Hebr 13,5; Tit 1,11 u. a.) nicht. Sie gehört zu den in sich nicht hinterfragten Wertvorstellungen der ntl. Welt und entspricht dabei nicht nur der ökonomischen Realität in Galiläa und Judäa im 1. Jh. n. Chr., sondern stimmt zugleich mit einer frühjüd. Rezeptionslinie zusammen, in der die Armenfrömmigkeit der Pss. und Jesajas weitergeführt worden ist (vgl. aus Qumran die Selbstbezeichnung „Gemeinde der Armen" in 4Q171,II,10; III,10; vgl. 1QM 11,9; 13,13f; 14,6f; 1QpHab 12,3.6.10 u. a.). Grundüberzeugung war dabei, dass Gott sich den Armen in bes. Weise widmet (Jak 2,5).

II. 3. Dass sich Jesus bes. den armen und rechtlosen Nicht-Eliten zugewandt hat, stimmt mit der Überzeugung einer „Option für die Armen" des Gottes Israels (d. h. die Armen stehen unter dem bes. Schutz Jhwhs) und der eschatologischen Erwartung einer → Erlösung der Armen überein (Jes 61,1f; vgl. Jes 41,17; 49,13; 66,2). Dabei ist weniger – wie bei den atl. Propheten – ein sozialkritischer Zug leitend, sondern ein proklamatorischer. In seinem Handeln und seiner Predigt setzt Jesus das Ev. als „Frohbotschaft für die Armen" um (Lk 4,18f; 7,22). Die mit seinem Auftreten bereits angebrochene βασιλεία (→ Herrschaft) sagt er den Armen (Lk 6,20par.) zu. Diese Zusage darf wegen des Zusammenhangs mit der Person Jesu, seinem Anspruch und seinem Heilshandeln nicht als Vertröstung der Armen missverstanden werden. Der → Trost besteht vielmehr in der eschatologischen Umkehrung der Verhältnisse und ist im Wesen Gottes begründet (→ Barmherzigkeit). In der ursprünglichen jesuanischen Form der Seligpreisung ist wie in Q nicht eine übertragene, sondern die materielle Bedürftigkeit der Armen gemeint (vgl. Lk 6,21). Mit der mt. Umdeutung zu den „Armen im Geiste" (οἱ πτωχοὶ τῷ πνεύματι) ist eine Abschwächung verbunden, die zugleich vor der Missdeutung schützt, dass materielle A. schon eine Heilsgarantie darstellt. In Mk 10,17–22.23–31par. wird → Nachfolge radikal als Besitzverzicht zugunsten der Armen konkretisiert. Dass Almosen geben wie im AT und im Frühjudentum der → Barmherzigkeit Gottes entspricht (vgl. Lk 6,36), nimmt der von der Naherwartung bestimmten Aufforderung, sich der Gottesherrschaft im Handeln der Nachfolge ganz zu verschreiben, nicht die Schärfe. Das vielleicht ursprünglich selbständige, jetzt kommentierende Sprichwort vom Kamel und dem Nadelöhr (Mk 10,25par.) macht deutlich, dass der Vorrangstellung der Armen die Zurücksetzung der Reichen entspricht (vgl. Mk 10,31par.), auch wenn daraus keine generelle ethische Verurteilung oder Herabsetzung des R. abgeleitet werden kann.

Lk gilt als „Ev. der Armen", nicht nur, weil dort die Armen als Adressaten des Heilshandelns eine noch größere Rolle spielen, sondern auch, weil Elemente der Armenfrömmigkeit im gesamten

Ev. von der Kindheitsgeschichte (Lk 1,5–2,52) an auftauchen und die Komposition bestimmen. In seiner Besitzethik zeigt sich eine deutlichere Distanz gegenüber jeglichem R. (Lk 1,52f; 6,24f), der als „Mammon" (Lk 16) in diametraler Opposition zum Ev. steht, welches den totalen Besitzverzicht erfordert (Lk 12,15.16–21; 12,33; 14,33; 18,22 u. a.). Die Aufforderungen zielen auf die Armenfürsorge, wobei der reiche Zöllner Zachäus (Lk 19,8f), der zumindest die Hälfte seines Vermögens den Armen gibt, zum Paradigma für die Nachfolge wird. Entsprechend der Vision einer Welt ohne Arme (Dtn 15,4) nimmt Lk das pythagoräisch-platonische Ideal der Gütergemeinschaft in Apg 2–5 als sozialethischen Impuls auf („alles ist allen gemeinsam", vgl. Apg 2,44; 4,32). Die sprachliche Stilisierung der Aufgabe des Privateigentums zugunsten des Gemeinschaftslebens als „Liebeskommunismus" (E. Troeltsch) ist einerseits irreführend, weil es nicht um die Vergesellschaftung von Produktionsmitteln geht, andererseits zutreffend, weil das umverteilende Handeln zugunsten der Armen (Ideal der → Gerechtigkeit) im Liebesgebot gründet. Ob das Ideal der Gütergleichheit Apg 4,34f in der Jerusalemer Urgemeinde eine fiktive lit. Utopie des Verfassers der Apg blieb oder der Verkauf von Privatbesitz zugunsten der Gemeinde tatsächlich für einen bestimmten Zeitraum praktiziert wurde, ist in der Forschung umstritten (→ Gemeinschaft).

II. 4. In Apg 6,1f wird ein in der Jerusalemer Gemeinde aufgetretener Streit bzgl. der Unterversorgung von → Witwen aus der Gruppe der „Hellenisten" erwähnt, der durch die Wahl der Sieben (→ Amt, → Kirche) gelöst wurde. Daraus lässt sich nicht nur schließen, dass in der Jerusalemer Urgemeinde durch die Aufgabe der sozialen Bindungen der ersten Jüngerinnen und Jünger (→ Apostel) gemeindliche A. als Problem entstanden war, sondern auch, dass diese durch eine Armenfürsorge auf gemeindlicher Ebene gelindert wurde (vgl. die Wohltaten der begüterteren Tabita zugunsten der Witwen in der Gemeinde in Joppe Apg 9,36–43). Auch in der (einmaligen) Kollekte des Paulus ist eine ökum. Dimension und eine zumindest symbolische Fürsorge für die Armen belegt. Die in den pln. Gemeinden durchgeführte Sammlung für die „Armen in Jerusalem" (Gal 2,10; 1 Kor 16,1–4; 2 Kor 8f; Röm 15,25–32, vgl. Apg 24,17 und vielleicht auch Apg 20,35), die in der Forschung z. T. in losem Zusammenhang mit dem Ideal der Gütergemeinschaft gesehen wird, ist eine freiwillige Abgabe, die von Paulus als ein im Apostelkonzil in Jerusalem vereinbartes (Gal 2,9f) und als Dank geschuldetes Zeichen der Einheit von Heiden- und Judenchristen (Röm 15,26f, κοινωνία Gemeinschaft) verstanden wird.

I. *U. Berges*, Arm und Reich, Würzburg 2009; *F. Crüsemann*, Gottes Ort, in: *ders.*, Kanon und Sozialgeschichte, Gütersloh 2003, 175–181; *ders.*, Israel, die Völker und die Armen, ebd. 146–153; *ders.*, Armut und Reichtum, in: *ders.*, Maßstab: Tora, Gütersloh 2003, 208–221; Gott und Geld: JBTh 21 (2006); *E. Otto*, Theologische Ethik des Alten Testaments, Stuttgart 1994; *J. Renz/W. Röllig*, Handbuch der althebräischen Epigraphik, Darmstadt 1995; *M. Schwantes*, Das Recht der Armen, Frankfurt/M. 1977; *F. Stolz*, Aspekte religiöser und sozialer Ordnung im alten Israel: ZEE 17 (1973) 145–159; *W. Thiel*, Die soziale Entwicklung Israels in vorstaatlicher Zeit, Neukirchen-Vluyn [2]1985; Welt und Umwelt der Bibel 47 (2008).

II. *M. Ahrens*, Der Realitäten Widerschein, Münster 1995; *C. Böttrich*, Ideal oder Zeichen?: NTS 49 (2003) 372–392; *B. Malina*, Wealth and Poverty in the New Testament and Its World: Interp. 41 (1987) 354–367; *K. Mineshige*, Besitzverzicht und Almosen bei Lukas, Tübingen 2003; *V. Petracca*, Gott oder das Geld, Tübingen 2003; *L. Schottroff/W. Stegemann*, Jesus von Nazareth – Hoffnung der Armen, Stuttgart [3]1990; *E. W. Stegemann/W. Stegemann*, Urchristliche Sozialgeschichte, Stuttgart 1997.

Angelika Berlejung (AT) / Christian Frevel (NT)

Askese (A.)

(→ Dachartikel: Ethik)

Vorbemerkung: Die Konnotationen, die sich mit dem Begriff A. verbinden, sind weitgehend nicht bibl. begründet, sondern leiten sich in der christl. Theologiegesch. aus stoischem und neuplatonischem Gedankengut und dem monastischen Ideal ab, in dem eine asketische Lesart die Rezeption von Texten wie Num 6,21; Weish 8,21; Mk 10,14–15.29par.; Mt 19,12; 22,30; 1 Kor 7 bestimmt.

I. AT: 1. Bezeichnenderweise begegnet ἐγκράτεια („Selbstbeherrschung, Enthaltsamkeit") relativ selten in der LXX.

I. 2. A. als Mittel der Selbstbeherrschung im Rahmen einer Tugendlehre ist dem AT fremd, da es der grundsätzlichen Lebensbejahung des Schöpfers widerspräche und dem Konzept eines → Lebens aus der → Tora zuwiderliefe. Diese macht eine Anleitung zum gelungenen Leben, wie sie in der hell. Philos. verbreitet war, im eigentlichen Sinne überflüssig. Selbst Weish 8,21 versteht die Fähigkeit zur A. nicht als menschliches Tun, sondern als Gabe Gottes. Eine breitere Übernahme der hell. A.-Konzeption findet sich im hell. Judentum (4Makk 5; Philo von Alexandrien), von dem wiederum ein Einfluss auf das NT (z. B. Gal 5,23) anzunehmen ist.

Im AT findet sich eine situative und funktionale A., die an bestimmte Zeiten, Aufgaben und Personen gebunden ist. Sexuelle Enthaltsamkeit ist für → Priester im Kontext der kultischen Praxis geboten (Lev 15,16–18; Ex 19,15; → Kult). Hier fließen verschiedene Vorstellungen zusammen: Sorge um Verunreinigung, apotropäische Vorsichtsmaßnahmen und der Wille zur Konzentration auf das Heilige (→ Reinheit). Fasten als Enthaltsamkeit von Speisen hat seinen Platz bei persönlicher und kollektiver → Trauer (1 Sam 7,6; 2 Sam 1,11f), in Notsituationen zur Unterstützung des Bittgebetes (Neh 1,4; Esra 8,21), zur Abwendung der Not (1 Sam 14,24) und an verschiedenen Feiertagen (Lev 16,29.31; Sach 7,3). Allerdings gibt es an dem Fasten ohne Konsequenz prophetische Kritik (Jer 14,12; Jes 58,3–7). Die Speisegesetze (Lev 11; Dtn 14,3–21) mit ihrem Verbot des Verzehrs von Unreinem sind ebensowenig als A. zu bewerten wie der Verzicht auf → Sexualität während der Periode der Frau (Lev 18,19; 20,18) oder vor der → Ehe. Diese Verhaltensweisen werden keineswegs als Ausnahmen begründet, sondern als gesellschaftlich anerkannte Normen vorausgesetzt, die keiner Begründung über das Gebot hinaus bedürfen. Auf sexuelle Enthaltsamkeit der Frau den Begriff Keuschheit anzuwenden, ist bezogen auf das AT problematisch, da es keinen einheitlichen Begriff zur Beschreibung der normgerechten Sexualität kennt. Erst unter hell. Einfluss entwickelt sich die Vorstellung der Keuschheit als Zeichen der Beherrschung der menschlichen Triebe. Gleichwohl kennt auch das NT trotz der eschatologisch geratenen Ehelosigkeit (1 Kor 7) das Ideal einer dauernden Keuschheit nicht.

A. zur Vorbereitung bzw. Herbeiführung von Visionen und Auditionen, eine in fast allen Rel. gebräuchliche Praxis, ist auch atl. bezeugt (Ex 34,28; 1 Sam 28,20; 1 Kön 19,8; Dan 10,3; Mt 4,1f.par.). A. ist Kennzeichen des Nasiräers, der sich alkoholischer Getränke enthalten muss, sein Haar nicht scheren und keine Leichen berühren darf (Num 6,1–7). Sexuelle A. gehört nicht zu den Auflagen. Der Nasiräer war durch die asketische Praxis ein auf Zeit (Ausnahme: Simson Ri 13–16) Ausgegrenzter, der dem Heiligen geweiht war. Aber auch in diesem Fall ist die A. nicht Selbstzweck, sondern geschieht aufgrund eines Gelübdes (→ Opfer) und ist damit mit dem Fasten zur Unterstützung des Bittgebetes verwandt. Zur Zeit des 2. → Tempels erfreute sich das Institut einiger Beliebtheit.

II. NT: 1. Wie in der LXX, so begegnet auch im NT ἐγκράτεια relativ selten.

II. 2. Nach Apg 18,18 war Paulus Nasiräer, was aber weder auf Johannes den Täufer noch auf Jesus zutrifft. Letzterer hat während seines öffentlichen Wirkens keine A. gehalten. Dagegen spricht nicht nur die Fremdmeinung (Lk 7,34: Fresser und Weinsäufer), sondern seine gesamte gesellschaftliche Praxis (Mk 2,18; Mt 11,18–20; Lk 8,1–3). Das Faktum der Ehelosigkeit (→ Ehe) und der Verzicht auf familiäres Leben ist kein Erweis der A., sondern im Rahmen der Praxis der Gottesherrschaft zu verordnen.

Nachösterlich machen sich Tendenzen einer A. bemerkbar, die sich aus verschiedenen Quellen speisen. So ist der Vegetarismus in Korinth (1 Kor 8) und Rom (Röm 14,1–3) am ehesten aus Sorge um die Verletzung der Speisevorschriften zu erklären. Paulus definiert zur Lösung des gemeindlichen Konflikts Enthaltsamkeit um: Enthaltsamkeit ist im Hinblick auf die Speisen unsinnig, im Hinblick auf den gemeindlichen Frieden wertvoll. Nach 1 Tim 4,1–4 fordert eine Gruppe nicht nur Speise-A., sondern auch Ehelosigkeit. Hier ist allerdings zu erwägen, dass die jesuanische Lebensweise als asketisches Ideal uminterpretiert wird.

Das Thema der Ehelosigkeit wird von Paulus in 1 Kor 7 behandelt, wobei es ihm auch hier um einen Kompromiss geht. Er erachtet Ehelosigkeit unter den eschatologischen Vorzeichen und für die Arbeit als Verkündiger des Ev. als erstrebenswert, ohne daraus eine Norm zu machen oder die eheliche Sexualität abzuwerten. Dies geschieht erst in der späteren Rezeption, die die pln. Vorbehalte unberücksichtigt lässt. Da das NT die strenge Sexualmoral des Judentums übernimmt, musste die Bewertung anderer Vorstellungen verneinend ausfallen (Röm 1,24–27) und konnte als Negativfolie dienen (1 Thess 4,5). Allerdings setzte sich infolge der stoischen und neuplatonischen Philos. (Musonius, Diatriben) und der konservativen Ehegesetzgebung des Augustus ein Trend zu einer konservativen Sexualmoral durch, der die Akzeptanz der jüd.-christl. erleichterte. Nicht übersehen werden sollte, dass Keuschheit in Zeiten einer Pansexualisierung auch ein emanzipatorischer Akt sein kann.

I. *B. Janowski/H. Lichtenberger,* Endewartung und Reinheitsidee: JJS 34 (1983) 31–61; *M. J. H. M. Poorthuis* (Hg.), Purity and Holiness, Leiden 2000.
II. *P. Brown,* Die Keuschheit der Engel, München 1991; *S. J. Joseph,* The Ascetic Jesus: Journal for the Study of the Historical Jesus 8 (2010) 146–181; *J. A. Kelhoffer,* Early Christian Ascetic Practices and Biblical Interpretation, in: *J. Fotopoulos* (Hg.), The New Testament and Early Christian Literature in Greco-Roman Context, Leiden 2006, 439–444; *A. Rousselle,* Der Ursprung der Keuschheit, Stuttgart 1989; *H.-U. Weidemann* (Hg.), Asceticism and Exegesis in Early Christianity, Göttingen 2013.

Rainer Kampling

Auferstehung (A.)

(→ Dachartikel: Eschatologie)

I. AT: 1. Die verschiedenen Vorstellungen, die mit dem Begriff A. nur unzureichend erfasst werden, können mit den hebr. Verben *ḥjh* Qal („lebendig sein, werden"), *ḥjh* Piel („beleben"), *qūm* Qal („auf[er]stehen"), *pdh,* („loskaufen, erlösen"), *lqḥ,* („nehmen") und *qīṣ* Hifil („erwachen") formuliert werden.

I. 2. Viele atl. Texte teilen die Vorstellung, dass der Mensch nach dem irdischen → Tod als Schatten in der → Unterwelt (Scheol) weiterexistiert. Doch diese Existenzweise hat nichts mit → Leben zu tun, denn die Toten sind von der Welt der Lebenden und auch von Gott total abgeschnitten (vgl. z. B. Ps 6,6; 30,10; 115,17; Sir 17,28; Jes 38,18); die Scheol ist ein Land des Vergessens und des Staubes. Nach und nach entwickelt sich die Vorstellung, dass Gott doch auch Macht über die Toten hat. Deutet man die Sätze in Ps 88,11–13 nicht als (zu verneinende) rhetorische, sondern als echte Fragen, dann erwartet der Beter, der sich bereits im → Grab sieht, die Hilfe Gottes als ein echtes → Wunder. Die Vision von der Wiederbelebung des Totengebeins in Ez 37 (s. *Abb. 14*) ist eine Metapher für die Wiederherstellung Israels als Nation, setzt aber für das Funktionieren des Bildes die Überzeugung voraus, dass Gott tatsächlich die → Macht hat, Tote aufzuerwecken. Diesen Gedanken drücken auch 1 Sam 2,6 (Danklied der Hanna) und möglicherweise auch Jes 53,12 (viertes Lied vom Gottesknecht) aus. Die → Hoffnung auf eine Gemeinschaft mit Gott über den Tod hinaus formulieren Ps 22,30 und Ps 49,16. In dem letztgenannten Text deutet das unscheinbare Wort „aufnehmen" (*lqḥ*) auf die Entrückung von Henoch und Elija hin, die zu Lebzeiten in den → Himmel aufgenommen wurden (Gen 5,21–24; 2 Kön 2,11). Auch Jes 26,19 äußert in rätselhafter Sprache die Hoffnung auf eine A. der „Bewohner des Staubes". Begrifflich eng damit verbunden ist Dan 12,2.13: Am Ende der Zeiten wird der Erzengel Michael zum → End-Gericht auftreten und für die Gerechten wird es eine A. zum ewigen Leben geben, für die Bösen dagegen zu ewigem Abscheu (in Dan 12,2 mit *qīṣ* Hifil, „erwachen", in Dan 12,13 mit *ʿmd,* „stehen", formuliert). Noch einen Schritt weiter geht Jes 25,8 mit der Hoffnungsaussage, dass Gott einst den Tod für immer vernichten wird (aufgegriffen in Offb 21,4).
Es sind nur wenige Spuren in der Hebr. Bibel, die von einer A. von den Toten sprechen. Die Daniel-Stelle Dan 12,1–3 aus der ersten Hälfte des 2. Jh. v. Chr. zeigt aber, dass zu dieser Zeit die Vorstellung bereits ausgeprägt war. Dies wird durch eine Reihe deuterokanonischer Schriften bestätigt. Die Hoffnung auf eine A. von den Toten wird in der jüd. Märtyrerlegende von 2 Makk 7 klar artikuliert: Die Standhaftigkeit der jungen Männer basiert auf der Überzeugung, dass Gott für seine Diener eintreten wird (Dtn 32,36) – und das auch über den Tod hinaus. Weil es undenkbar ist, dass Gott diejenigen, die treu zu seiner Weisung stehen, in einem gewaltsamen Tod untergehen lässt, wird die Hoffnung auf eine Auferweckung zu einem neuen ewigen Leben formuliert (2 Makk 7,9). Die Mutter der sieben Brüder betont in der Abschiedsrede, dass Gott die Welt aus dem Nichts erschaffen habe (2 Makk 7,28) und daher auch die Macht habe, tote Menschen zum

Abb. 14: Die Vision von Ez 37 nach der Malerei der Synagoge von Dura Europos (3. Jh. n. Chr.; Ausschnitt). Die geflügelten Figuren, Psychen, beleben die Leichen.
Quelle: *R. Comte du Mesnil du Buisson*, Les peintures de la synagogue de Doura-Europos: 245–256 après J.-C., Rom 1939, pl. XLII und XLIII (zusammengeführt und bearbeitet von Felix Hagemeyer).

Leben zu erwecken. Dieses Kapitel hat eine breite Wirkungsgeschichte entfaltet. Das philos. 4 Makk fußt ganz auf diesem Text. Auch die → Selbsttötung des Ältesten Rasi in 2 Makk 14,37–46 (um der sicheren Tötung durch die Folterknechte zu entgehen) zeugt von der Hoffnung auf eine leibliche A., ebenso die Fürbitte des Judas Makkabäus für die Toten in 2 Makk 12,42–45. Das Buch der Weisheit hat die Hoffnung auf die A. als einen theol. Zentralinhalt: In der Auseinandersetzung zwischen den Guten (Gerechten) und den Bösen (Frevlern) stellt sich die herausfordernde Frage, wie ein vorzeitiger, gewaltsamer Tod der Gerechten zu deuten ist. Hier bietet Weish 3,1–4 gegenüber der landläufigen Vorstellung, dass ein früher Tod eine → Strafe sei, eine Alternative: Der frühe Tod der Gerechten sei eine Wohltat, da sie in Gottes Hand geborgen sind. Der Gerechte geht in Gottes Ruhe ein (Weish 4,7–20). Auch in der griech. Kultur sagte man: „Wen die Götter lieben, der stirbt jung" (Menandros). Während die Frevler ewiger Vergessenheit anheim fallen, erhalten die Gerechten das ewig gültige → Heil (Weish 5,15–16). Entstehungs- wie geistesgesch. stehen diese Aussagen an der Schwelle zum NT. In der außerbibl. frühjüd. Lit. ist die A. der Toten ein weit verbreitetes, tragendes Motiv (vgl. u. a. 1Hen 51,1; 104,1–6; 2Bar 21,23–24; 30,1; 42,7; 50,2; 51,10; PsSal 3,12; 13,11; 14,10; 4Esr 7,32; LibAnt 3,10; 1QS 4,7–8.12–14; 4Q521 Frgm. 2,II; 1QH 14,34).

II. NT: 1. Der Begriff A. stammt von griech. ἀνάστασίς. Die Vorstellung der A. kann auch mit den Verben ἐγείρω („aufrichten, auf[er]wecken") und ἀνίστημι („auf[er]stehen") formuliert werden.

II. 2. Das NT ist stark vom Gedanken der Überwindung des Todes geprägt. Jesus teilt die Hoffnung auf eine A. der Toten und steht damit auf der Seite der Pharisäer, während hingegen die Sadduzäer diese Auffassung nicht teilen (vgl. Mk 12,18–27par.; → Weltbild). Jesus verweist dazu auf die atl. Formel der Gottesoffenbarung „Ich bin der Gott Abrahams, Isaaks und Jakobs" und schließt daraus, dass die Patriarchen leben, denn Gott ist doch kein Gott von Toten. Ihre Daseinsweise gleicht der der → Engel im Himmel (vgl. Mt 22,30par.). Die Vorstellung einer Weiterexistenz nach dem Gericht im Himmel oder in der Hölle setzen Worte wie Mk 9,43–48; Mt 7,21; 8,11par.; 10,32f.par.; 12,41par. als selbstverständlich voraus. Durch die A. Jesu hat die allgemeine Hoffnung konkreten Anhalt an einer Person gefunden. Ausgedrückt wird dies im *Joh*: „Ich bin die Auferstehung und das Leben" (Joh 11,25f). Der → Glaube an Jesus führt demnach zum ewigen Leben, der irdische Tod ist überwunden. Die Akzente einer präsentisch-eschatologischen A. der Toten (Joh 5,21.24–26) mischen sich mit einer futurisch-eschatologischen Sicht, die das Tun des Guten bzw. Bösen als Kriterium für das Ergehen nach der A. betont (Joh 5,28f).

II. 3. *Paulus* arbeitet in pastoraler Fürsorge und theol. Tiefe die → Hoffnung auf eine A. der Toten in 1 Thess 4,13–18 heraus: Die A. Jesu ist der Grund der Hoffnung, dass Jesus die Verstorbenen zusammen mit ihm in die → Herrlichkeit Gottes führen wird. Die Lebenden werden den Verstorbenen beim → End-Gericht nichts voraushaben. In 1 Kor 15,12 reagiert Paulus auf entsprechende Zweifel in seinen Adressatenkreisen und stellt den Glauben an die A. der Toten als den zentralen christl. Glaubensinhalt schlechthin dar, denn ein solcher Zweifel würde auch die Auferweckung Jesu in Frage stellen. In der Adam-Christus-Parallele macht Paulus deutlich, dass die A. einer Neuschöpfung gleichkommt: Durch *einen* Menschen (Adam) kam der Tod, durch *einen* anderen (Christus) entsteht das neue Leben. Letztlich aber wird am Ende der Zeiten auch der Tod selbst entmachtet (1 Kor 15,26.54). Die genaue Vorstellung, wie die Auferweckten sein werden, lässt Paulus offen und hilft sich mit der Metapher vom Samenkorn (1 Kor 15,42–44) und der Rede von der Verwandlung in einen himmlischen Leib (→ Körper). Auch in den nachpln. Schriften des NT ist die A. der Toten in Verbindung mit dem End-Gericht vorausgesetzt (z. B. 2 Tim 4,1; 1 Petr 4,5). Das Gericht über die Toten bei ihrer A. beschreibt die Vision in Offb 20,11–15, ebenso die Vorstellung eines *endgültigen* Todes (zweiter Tod), den der Tod selbst, die → Unterwelt und alle, die nicht im Buch des Lebens verzeichnet sind, erleiden müssen. Durch diese Vorstellung wird zwischen der heilvollen Erwartung der A. und der apokalyptischen Auffassung vom End-Gericht vermittelt.

II. 4. Die A. *Jesu* ist nach Gestalt und Art der ntl. Texte von vornherein als eine Glaubensaussage charakterisiert, die sich zunächst in formelhaften Bekenntnissen (Apg 2,24.32; 3,15; 4,10; 5,30 u. a.) artikuliert. Erst später folgen Erzählungen über die Auffindung des leeren Grabes. Die Initialzündung für die Aufstellung des Bekenntnisses besteht in der persönlichen Überzeugung der Jünger, Jesus nach seinem Tod *gesehen* zu haben. Dies wird zunächst in formelhaften Bekenntnissen geäußert, erst später kommt es zu *Erscheinungs*erzählungen.

Einen direkten Augenzeugen für das A.-*Geschehen* als solches gibt es nicht, daher kann davon nicht in empirischer Begrifflichkeit geredet werden. Immer geht es um das Glaubenszeugnis der frühen Nachfolger und Nachfolgerinnen Jesu, das bis heute den eigenen Glauben an Jesus Christus herausfordert. Analysiert werden kann und muss die sprachliche Gestalt der Bekenntnisformeln und Erzählungen, was angesichts des komplexen Befundes hier nur skizzenhaft geschehen kann: (1.) *Eingliedrige Formeln* begegnen meist in der pln. Brieflit. als partizipiale Gottesprädikation (τὸν ἐγείραντα Ἰησοῦν … ἐκ νεκρῶν, „[Gott], (der) ihn/Jesus aus Toten erweckte", z. B. Röm 4,24; 8,11; 2 Kor 4,14) oder Aussagesatz („Gott erweckte ihn aus Toten", z. B. Röm 10,9; 1 Kor 6,14), ferner als Relativsatz (1 Thess 1,10) oder Passivsatz mit → Jesus/Christus als Subjekt (z. B. Röm 6,4.9; Joh 21,14). Diese Formel bekennt Gottes wirkmächtiges Handeln an dem getöteten Jesus aufgrund der göttlichen Verfügungsgewalt über die Toten, die in einem Schattenreich (Scheol; → Unterwelt) räumlich angesiedelt werden (daher „aus" Toten). Gleichzeitig wird so Jesu Anspruch auf eine unmittelbare Beziehung zu diesem Gott bestätigt und die irdische Verkündigung Jesu legitimiert. (2.) *Mehrgliedrige Formeln* entfalten das christologische Geheimnis zur Glaubensverkündigung und Taufdeutung. Am bekanntesten ist das Grundbekenntnis des Paulus in 1 Kor 15,3–5, das den Sühnetod Jesu, das Begräbnis und die Auferweckung (jeweils „gemäß der Schrift") sowie die Erscheinung vor den Zeugen einschließt. Weitere Beispiele sind Röm 8,34; Eph 1,20; 1 Petr 1,21. Auch die rettende Funktion Jesu aus dem → End-Gericht wird mit der A.-Formel begründet. (3.) Das früheste Zeugnis für die *Erscheinungen Jesu* findet sich in 1 Kor 15,5–8, wo nur die Tatsache des Ereignisses festgestellt wird, jedoch keine näheren Umstände geschildert werden. Die Formulierung mit dem Passiv (ὤφθη „er wurde gesehen" bzw. „er ließ sich sehen") greift den atl. Sprachgebrauch vom Erscheinen Gottes vor den Patriarchen, vor Mose u. a. auf. Dadurch erhält die Wendung erhebliche theol. Bedeutung. Die Äußerungen des Paulus über seine Ostererfahrung (z. B. 1 Kor 9,1; Phil 3,8.10; 2 Kor 4,6) lassen weniger einen empirisch-visionären, sondern eher einen inneren Vorgang der Herzensumkehr („Erkenntnis") vermuten. Paulus spricht auch von einer Enthüllung (ἀποκάλυψις) des Sohnes (Gal 1,12.15f) und verwendet damit einen Begriff der → Apokalyptik. In diesem Kontext dürfte der ursprüngliche Charakter der A.-Visionen liegen: Jesus ist der endzeitliche → Prophet, seine Botschaft das entscheidende Kriterium im Weltgericht (Lk 12,8f), und seine Jünger wissen ihn und sich durch das entscheidende Handeln Gottes legitimiert und aufgerufen zur Weiterführung seiner Verkündigung. Wie auch immer man hist. oder psychologisch die A.-Visionen innerweltlich aufschlüsseln will, entscheidend bleibt die Deutung durch den Glauben als von Gott gewirkte rettende und legitimierende Handlung. Der durch Jesus in seinen Nachfolgern geweckte Glaube an den Gott, der die Entrechteten rettet, erwies sich als stärker als das irdische Scheitern Jesu, der selbst nach seinem Abschiedswort in Mk 14,25 davon überzeugt war, nach dem irdischen Tod von Gott legitimiert zu werden. (4.) Die *Ostergeschichten der Evv.* kreisen einerseits um die Entdeckung des leeren Grabes und die Botschaft der dort sitzenden → Engel (z. B. Mt 28,1–8; Mk 16,1–8; Lk 24,1–12; Joh 20,1–10), andererseits um die Begegnung mit dem Auferstandenen, die formal als Erzählungen der Wiedererkennung (z. B. Lk 24,13–31; Joh 21,1–14; auch 20,14–18) und Beauftragung (Mt 28,16–20; Lk 24,36–49; Joh 20,19–23; Mk 16,14–20) zu beschreiben sind. Diese Ostergeschichten sind wichtige Zeugnisse frühchristl. Glaubenstraditionen, die in narrativer Theol. das „unglaubliche" Osterereignis ihren Adressaten anschaulich vermitteln wollen. Je nach ihren Fähigkeiten und Zuhörerkreisen greifen sie auf unterschiedliche Überlieferungen und Deutungsmetaphern zurück, sodass unterschiedliche Gestalten, mitunter Widersprüche entstehen, die jedoch nur dann zum Problem werden, wenn man diese Texte irrtümlich als „Augenzeugen-" und „Tatsachenberichte" wertet. Hingegen ist gerade bei diesen bibl. Texten nach ihrem theol. Gehalt und ihrem Glaubenszeugnis zu fragen sowie nach den Identifikationsmöglichkeiten, die eine existenzielle Aneignung der Erzählungen und der Inhalte für die je eigene Glaubensgeschichte bieten.

I. *C. Barth*, Die Errettung vom Tode, Stuttgart u. a. 1997; Biki 61 (2006); *P. David/H. Rosenau*, Auferstehung, Berlin/Münster 2009; *U. Kellermann*, Das Gotteslob der Auferweckten, Neukirchen-Vluyn 2001; *T. Nicklas/F. V. Reiterer* (Hg.), The Human Body in Death and Resurrection, Berlin/New York 2009; *J. Schnocks*, Rettung und Neuschöpfung, Göttingen 2009; *F. Zeilinger*, Der biblische Auferstehungsglaube, Stuttgart 2008.
II. *S. Alkier*, Die Realität der Auferweckung, Tübingen 2009; Auferstehung: ZNT 10 (2007); *F. Avemarie* (Hg.), Auferstehung – Resurrection, Tübingen 2001; *D. Bauer*, Der Tod von Märtyrern und die Hoffnung auf die Auferstehung: BiKi 57 (2002) 82–86; *J. Becker*, Die Auferstehung Christi nach dem Neuen Testament, Tübingen 2007; *P. Hoffmann*, Studien zur Frühgeschichte der Jesus-Bewegung, Stuttgart 1994; *M. Labahn/M. Lang* (Hg.), Lebendige Hoffnung – ewiger Tod?!, Leipzig 2007; *T. Nicklas/A. Merkt* (Hg.), Gelitten, gestorben, auferstanden, Tübingen 2010.

Thomas Hieke

Barmherzigkeit (B.)

(→ Dachartikel: Ethik)

Vorbemerkung: B. gehört zu den zentralen theol. Begriffen der gesamten Bibel, der die bibl. → Ethik wie kaum ein anderer bestimmt. Dieser Befund ist dadurch begründet, dass B. sowohl auf Gott wie auf den Menschen angewandt wird und damit zu einer Letztbegründung ethischen Handelns wird: Aus B. handelt Gott an den Menschen in B.; der Mensch antwortet darauf, indem er die selbst erfahrene göttliche B. wiederum durch barmherziges Handeln am Mitmenschen bezeugt.

I. AT: 1. Im AT sind die Begriffe *ḥæsæd* („Liebe, Gunst, Gnade, Güte, Wohlwollen, B.") und *ræḥæm/raḥ^{a}mīm* („Mutterleib; Eingeweide, Erbarmen") zentral.

I. 2. Menschliche B. ist nach der Schrift Nachahmung Gottes. Aussagen über Gottes B. gehören zu den festen Titulaturen des AT (Ex 34,6; 2 Chr 30,9; Ps 86,15; 103,8; 145,89; Joël 2,13), die in bundes-, schöpfungs- und geschichtstheol. Kontexten begegnen. In der hymnischen Tradition wird B. gleichsam zu einer Erscheinungsform Gottes, der durch seine B. als gegenwärtig im Gottesvolk Israel erfahren wird (Ps 36,6; 40,12; 61,8; 51,3). Gott ist der Erbarmer (Jes 49,10; 54,10), d. h. B. gehört zu seinem innersten Wesen, was v. a. in der sog. Gnadenformel zum Ausdruck kommt. Die Gnadenformel Ex 34,6f, mit der die Vorordnung der göttlichen B. vor dessen → Gerechtigkeit begründet wird, gehört im AT zu den am häufigsten aufgenommenen Texten (vgl. Num 14,18; Jona 4,2; Joël 2,13; Ps 103,8; 11,4; Sir 2,11 u. a.). Qualifiziert ist diese B. durch → Treue und Verlässlichkeit, die dem Menschen von Gott zukommt. Dass das hebr. Äquivalent *ræḥæm/raḥ^{a}mīm* für das deutsche Erbarmen im Wortstamm verwandt mit dem Begriff für Mutterschoß ist, verweist auf eine Emotionalität der B., die sich

bes. auf die Schwachen der Gesellschaft erstreckt (Ps 68,6; → Gefühle). Hier zeigt sich auch ein sozialkritischer Zug der Konzeption der B., da Gott tut, was den Menschen zukommt.
Durch die B. Gottes ist menschlichem Handeln ein Modell vorgegeben, das die Menschen dankbar im Leben miteinander praktizieren sollen. Aufgrund der eigenen Erfahrung ist der Mensch in das Vermögen gesetzt, die empfangenen Wohltaten zu teilen. Dieser Kausalzusammenhang taucht u. a. in der prophetischen Kritik auf, in der die B. Gottes mit der Unbarmherzigkeit der Menschen kontrastiert wird (Am 2,7–10) und den sozialethischen Aspekt des Sabbatgebotes (Ex 20,9–11) trägt. Ethisches Handeln aus B. ist Handeln in erinnernder Vergegenwärtigung der sich je neu erweisenden B. Gottes und ist Zeichen der menschlichen Treue zu Gott (Ijob 6,14). Durch diese theozentrische Begründung wird das Objekt der B. aufgewertet, da die ihm erwiesene B. gleichsam eine Bringschuld des Glaubenden ist.
II. NT: 1. Im NT ist der Begriff ἔλεος („Mitleid, Erbarmen, B.") zentral.
II. 2. Das NT folgt der atl. Konzeption weitgehend (Lk 1,54; 6,35; Mt 5,45–47; Tit 2,11), erweitert sie freilich um die christologische Komponente in dem Sinne, dass sich das → Heil und die B. Gottes in Jesus präsentisch konkretisieren (Lk 2,11.29–32). Nach Paulus ist das Rechtfertigungsgeschehen Akt der B. (Röm 11,25), durch die Gott in Kontinuität seines Handelns an Israel und den Völkern Heil schafft.
Ntl. wird jesuanisch die B. Gottes zur Richtschnur der menschlichen B. bestimmt (Lk 6,35; Mt 5,48), die damit als unbegrenzt aufgezeigt wird. Die Werke der B. sind katalogartig in der Erzählung vom Weltgericht aufgezählt (Mt 25,31–46; hier wird nicht das Tun der Werke der B., sondern der Urteilsspruch christologisch begründet). Sie entsprechen weitgehend der Vorstellung des Judentums, das bereits relativ früh eine planmäßige Armenfürsorge als Form der Caritas kannte, die dann in den christl. Gemeinden übernommen wurde (→ Armut). Die Caritas als gegenseitige Hilfeleistung und Erweis der geschwisterlichen → Liebe ist zunächst binnengemeindlich ausgerichtet; eine außergemeindliche Aktivität hätte sowohl das finanzielle wie das organisatorische Vermögen gesprengt. Dem Almosen kommt dabei eine bes. Aufgabe zu; wenn auch seine Begründungen unterschiedlich sind (eschatologisch: Mt 6,2.19; kulttheol. im Sinne eines → Opfers: Spr 10,12; 1 Petr 4,8), so ist der Zusammenhang mit dem Gedanken der B. immer greifbar: Der Besitzende gibt von dem ihm geschenkweise zugekommenen Vermögen ab. Neben dem individuellen Almosen, das der einzelne einem Bedürftigen gibt (Apg 10,2), tritt das Almosen, das der Gemeinde zur Verwaltung übergeben wird (idealtypische Schilderung in Apg 4,34–35). Eine bes. Rolle spielte im frühen Christentum die Kollekte für die Armen Jerusalems (Gal 2,9). Paulus, der sogar einen Vorschlag für die Organisation unterbreitet (1 Kor 16,1–4) und sich intensiv um die Umsetzung der Kollekte sorgt (2 Kor 8–9), sieht darin das Abtragen einer Dankesschuld gegenüber Jerusalem (Röm 15,26–27) und den Erweis des Willens zur → Gemeinschaft der Gemeinden untereinander (Röm 15,26; → Abgabe). Unzweifelhaft ist, dass die gelungene Caritas in den Gemeinden ihre Attraktivität erhöhte, da dadurch der Anspruch, eine Gemeinschaft in Christus zu sein, wahrnehmbar realisiert wurde.

I. *R. Feldmeier/H. Spieckermann*, Der Gott der Lebendigen, Tübingen 2011; *M. Franz*, Der barmherzige und gnädige Gott, Stuttgart, 2003; *R. Kampling*, „Wer Barmherzigkeit seinem Nächsten verweigert, der verlässt des Allmächtigen Furcht" (Hiob 6,14), in: *ders.* (Hg.), Deus semper maior, Berlin 2001, 88–101; *R. Scoralick* (Hg.), Das Drama der Barmherzigkeit Gottes, Stuttgart 2000; *M. Weigl*, Die rettende Macht der Barmherzigkeit: BZ 50 (2006) 212–243.
II. *C. Breytenbach*, Der einzige Gott – Vater der Barmherzigkeit: BThZ 22 (2005) 37–54; *S. Dybowski*, Barmherzigkeit im Neuen Testament – ein Grundmotiv caritativen Handelns, Freiburg 1992; *R. Scoralick* (Hg.), Das Drama der Barmherzigkeit Gottes, Stuttgart 2000; *M. Zehetbauer*, Die Polarität von Gerechtigkeit und Barmherzigkeit, Regensburg 1999.

Rainer Kampling

Berg (B.)

(→ Dachartikel: Weltbild/Kosmologie).

I. AT: 1. B. oder Gebirge (hebr. *har*; griech. ὄρος) kommt atl. als geographische Bezeichnung (Gebirge von Naftali [= Obergaliläa], von Gilboa, von Efraïm [= Samarien] und von Juda; Libanongebirge; als Einzelberge: → Zion, Ebal, Garizim,

Hermon, Sinai/Horeb, Karmel, Tabor usw.) und in verschiedenen Verbindungen vor, die eine Beziehung zwischen Jhwh und einem B. herstellen. „Gottesberg“ (Ex 3,1; 4,27; 18,5; 24,13; 1 Kön 19,8) und Jhwh-Berg in Num 10,33 meinen den B. der Sinai/Horeb-Tradition, wohingegen der Jhwh-Berg (*har Jhwh*) in Jes 2,3 = Mi 4,2; Jes 30,29; Sach 8,3; Ps 24,3 der Zion ist. Der (heilige) B. Gottes (*har qōdæš ʾælōhīm*) in Ez 28,14.16 bezeichnet den mythischen Götterberg im Norden, der mit dem B. der Zusammenkunft (der Götterversammlung) von Jes 14,13 identisch ist. Wenn parallel zum Zion vom heiligen B. (Ps 2,6; 110,2f) Jhwhs die Rede ist, so ist im allgemeinen der Tempelberg (*har habbajit; har bēt-Jhwh*) in Jerusalem gemeint (Mi 3,12 = Jer 26,18). Nach Hab 3,10 sind die personifizierten Berge mit der Urflut (→ Meer) als Paar im Sinn eines Merismus zu verstehen.

I. 2. Da B. markante Punkte in der Landschaft darstellen, die durch ihre Höhe eine größere Nähe zum → Himmel suggerieren, spielten sie im → Weltbild als Achsenkreuze, an denen sich die horizontale und vertikale Raumebene schneiden und eine Verbindung von Himmel, → Erde und → Unterwelt hergestellt wird, eine zentrale Rolle. Im Kontext der ao. Kosmologie, Schöpfungs- und Tempeltheol. kommt dem B., der in der Vorzeit aus dem Urwasser herausragte und Zentrum der Welt ist, als Götterberg bes. Bedeutung zu. Er ist der Ort des ersten → Tempels, an dem die Lebensquelle entspringt, der Lebensbaum wächst und als solcher ein Zentrum der Vitalität mit idealen Lebensbedingungen (→ Paradies) und sakraler Ort. Als „heiliger Hügel“ spielte er in der mesopotamischen Tempeltheol. eine große Rolle, da dieser Urhügel unter jedem Tempel angesiedelt bzw. die Tempel mit diesem Hügel identifiziert wurden, was sich auch in der Namengebung der Tempel spiegelte (z. B. sumerisch É.KUR = „Berghaus“). Neben dem B. des Uranfangs, der zugleich als stabiles, nicht wankendes Weltfundament angesehen wurde, dem B. als Wohnort der Götter, gab es noch die Vorstellung vom B. als Versammlungsort der Götter, die z. B. in Ugarit (Zafon) oder in Griechenland (Olymp) eine große Rolle spielte. Aufgrund der sakralen Sphäre von B. lag es nahe, sie zu vergöttlichen (z. B. Zafon), sie mit einem Berg- und/oder Wettergott zu verbinden (z. B. Baal-Hermon, vgl. Ri 3,3; 1 Chr 5,23; Baal-Zafon in Ugarit) und/oder sie zum Ort von Kultanlagen zu machen (so nachgewiesen für den Zion, Ebal, Garizim, Hermon, Karmel, z. T. mit Kontinuität des Kultorts bis in christl. Zeit). Berge werden auch atl. als heilige Räume begriffen, wenn sie zu den ersten Werken der → Schöpfung (Ijob 15,7; Spr 8,25) gezählt oder als für immer existent bezeichnet werden (Gen 49,26; Hab 3,6). Sie sind Orte der Gottesnähe, → Theophanie und Gottesbegegnung (1 Kön 19,8f.11f), sodass sich hier Kulthandlungen nahelegen (Gen 22; Ez 18,6; Hos 4,13). Auch Jhwh hat bes. Beziehungen zu B. (1 Kön 20,28; Gen 31,54; Ri 5,4f). Im AT lässt sich eine gewisse Rivalität zwischen den Jhwh-B. Sinai/Horeb, Zion und Garizim ausmachen. Der Sinai ist der (bislang nicht eindeutig lokalisierte) B. der Selbstoffenbarung Jhwhs, des Bundesschlusses (→ Bund) und der Gesetzgebung (Ex 19 – Num 10) sowie Ort der Theophanie Jhwhs und somit sein Wohnsitz. Alle wichtigen Gesetzeskorpora des AT werden hier (literarhist. sukzessiv) verortet. Horeb ist ein Alternativname für den Sinai, der von der dtn.-dtr. Tradition geschaffen wurde, ohne den älteren Sinai zu verdrängen. Der Zion in Jerusalem ist zwar eine geographisch lokalisierbare Größe, doch liegt seine Bedeutung in seiner theol. Dimension. Er ist Weltberg, Paradiesberg, mit dem Götterberg im Norden identifizierter Tempelberg und Wohnsitz Jhwhs (Ps 46; 48). Der lokalisierbare B. Garizim südwestlich von Sichem (in der Nachbarschaft des B. Ebal) war nach Dtn 11,29; Jos 8,33 Ort der Proklamation des Segens. Hier entstand im Zuge der Auseinandersetzungen um den nachexil. Jhwh- → Kult in Jerusalem 450 v. Chr. ein Jhwh-Tempel, der Kultort der Samaritaner war. Er wurde zwar von Johannes Hyrkanus Ende des 2. Jh. v. Chr. zerstört, doch war damit die Heiligkeit und Kontinuität des Kultorts nicht gebrochen, der bis heute den Samaritanern als Zentrum dient.

II. NT: Der Traditionskomplex des B. (zu den Begriffen s. o.) spielt im NT keine dem AT vergleichbar große Rolle. Vereinzelt wird in der Darstellung des Lebens Jesu in den Evv. an der Tradition des B. als exemplarischer Ort der Gottesnähe angeknüpft, wenn hier verschiedene B. erwähnt werden, die nicht notwendig als geographische Angabe zu verstehen sind (B. des Gebets [Mk

6,46par.; Lk 6,12], B. der Versuchung [Mt 4,8], der Verklärung [Mk 9,2–8par.; 2 Petr 1,18] und der Sendung [Mt 28,16]). Mt verlegt (im Unterschied zu Lk) die erste große Predigt Jesu auf einen B. (Bergpredigt; Mt 5,1), der somit zum Ausgangspunkt seiner Botschaft (vgl. Mt 28,16) wird. An geographischen Größen kennt das NT die B. Sinai (Apg 7,30.38; Gal 4,24f), → Zion (Hebr 12,22; Offb 14,1) und den Ölberg (Mt 21,1). Joh 4,20f diskutiert die Frage der rechten Anbetung Gottes in Jerusalem oder auf dem Garizim, die von Jesus als irrelevant abgetan wird, da es nicht auf den Ort, sondern auf den Geist der Anbetung ankommt. Sinai und Zion werden in Hebr 12,18ff (präfiguriert durch Gal 4,24f) antitypisch gegenübergestellt: Der Sinai steht für das Gesetz, der Zion für den neuen Bund. Die eschatologischen Vorstellungen, die im AT, Judentum und Qumran (11Q05 22) mit dem Zion verbunden wurden, finden sich nur in Offb 14,1 modifiziert aufgenommen, wenn am Ende der Zeit das Lamm mit seinen Getreuen auf dem Zion stehen und von dort aus die Erneuerung des Gottesreichs beginnen wird.

I. *C. Breytenbach*, Zeus und Jupiter auf dem Zion und dem Berg Garizim: JSJ 28 (1997) 369–380; *G. Fischer*, „Der Fels", in: *C. Karrer-Gruber* u. a. (Hg.), Sprachen – Bilder – Klänge, Münster 2009, 23–33; *V. Haas*, Vorzeitmythen und Götterberge in altorientalischer und griechischer Überlieferung, Konstanz 1983; *H. Irsigler* (Hg.), „Wer darf hinaufsteigen zum Berg JHWHs?", St. Ottilien 2002; *B. Jacobs*, Bergheiligtum und Heiliger Berg, in: *J. Hahn/C. Ronning* (Hg.), Religiöse Landschaften, Münster 2002, 31–47; *M. A. Klopfenstein*, Auszug, Wüste, Gottesberg, in: *W. Dietrich* (Hg.), Leben aus dem Wort, Bern u. a. 1996, 137–158; *M. Metzger*, Gottheit, Berg und Vegetation in vorderorientalischer Bildtradition: ZDPV 99 (1983) 54–94.

II. *K. P. Fischer*, „Der Berg" in den Evangelien – Zeichen für die Völker: BN 99 (1999) 42–54; *T. Söding*, Die Predigt Jesu und die Kirche auf dem Berg der Seligpreisungen: GuL 73,6 (2000) 405–415; *A. Standhartinger*, Jesus, Elija und Mose auf dem Berg: BZ 47 (2003) 68–85.

Angelika Berlejung

Beschneidung (B.)

(→ Dachartikel: Kult)

Vorbemerkung: Unter B. versteht man verschiedene operative Eingriffe an den Geschlechtsteilen von Jungen und Mädchen, in der Regel das Entfernen der Vorhaut beim männlichen und der Klitoris beim weiblichen Geschlecht. Der Brauch ist seit dem Neolithikum belegt und heute außer im jüd. und muslimischen Bereich v. a. in Afrika und im ozeanisch-australischen Raum verbreitet. In den meisten Fällen handelt es sich um einen → Ritus beim Übergang zur Geschlechtsreife, der bei Jungen aber auch in das Säuglingsalter vorverlegt werden kann und dem Zweck dienen soll, den Mann zum Mann und die → Frau zur Frau zu machen.

I. AT: 1. Das Judentum kennt nur die männliche B. (hebr. *mûlā*). Aus Hdt. (2,104,1–3) erfahren wir, dass sie in der Antike bei Kolchiern, Ägyptern, Äthiopiern sowie Phöniziern und Syrern üblich war; zu letzteren gehören die Israeliten und ihre Nachbarn, die in Jer 9,24f aufgezählt werden. Für Ägypten ist die B. auch ikonographisch bezeugt (*Abb. 15*). Bei den Ostsemiten und den Philistern (vgl. 1 Sam 18,25–27 u. a.) scheint sie hingegen nicht Brauch gewesen zu sein.

Über die Praxis und Bedeutung der B. im vorexil. → Israel wissen wir nichts. Die einschlägigen Belege im AT stammen aus nachexil. Zeit. Gen 17,23f; 34,24 und Jos 5,2ff schildern die (nachgeholte) B. bei Erwachsenen, Gen 17,25 bei einem dreizehnjährigen Jungen; Gen 34 und Ex 4,24–26 stellen einen Bezug zur Heirat her, die Exodusstelle schreibt dem Beschneidungsblut (→ Blut) apotropäische Wirkung zu. Das alles erlaubt vielleicht den Schluss, dass die B. in alter Zeit, wie fast überall auf der Welt, ein Mannbarkeitsritus war.

I. 2. In nachexil. Zeit ist dem Ritus eine theol. Bedeutung als Identitätsmerkmal Israels zugewachsen. Diese ist im AT durchgängig vorausgesetzt. Am deutlichsten ist das in den priesterschriftlichen Texten zu greifen. In Gen 17,10–14 wird die B. eingeführt als „Zeichen des Bundes", der Abraham und die von Sara abstammenden Nachkommen von allen anderen trennt (V. 19–21). Alles Männliche im Hause Abrahams soll sofort an der Vorhaut beschnitten werden, alle Nachkommen am achten Tag nach der → Geburt (vgl. Lev 12,3). Das Gebot erklärt den „ewigen → Bund", zu dem sich Gott verpflichtet hat (Gen 17,7), zum Bund „an eurem Fleisch" (V. 13) und fügt damit der → Verheißung Gottes die Verpflichtung Israels hinzu. Wer sie unterlässt, hat

den Bund gebrochen und soll aus der → Gemeinschaft ausgeschlossen werden (V. 14). In Gen 17,23–27 und 21,4 wird die Anweisung genauestens befolgt. Die B. heißt im Judentum bis heute „der Bund" und gilt als Inbegriff des Gesetzesgehorsams. In der rabb. Lit. wird dem Beschneidungsblut gelegentlich (über Ex 4,24–26 LXX) soteriologische Wirkung zugeschrieben; wie das → Blut Jesu in den Einsetzungsworten (→ Abendmahl) wird es mit dem „Blut des Bundes" in Ex 24,8 in Beziehung gesetzt.
Konstitutiv für die B. als Identitätsmerkmal ist der Gegensatz zu den „Unbeschnittenen". Er besteht in der Kultfähigkeit, wie sich bei der Teilnahme am Pascha zeigt, wofür die B. Voraussetzung ist (Ex 12,43–49). Aus diesem Grund müssen auch Nichtisraeliten, die in der jüd. Hausgemeinschaft leben oder in dieselbe eintreten wollen, beschnitten sein (Gen 17,12.23; 34). Die B. ist Teil der kultischen → Reinheit (vgl. Esra 6,19–22; Jes 52,1; Ez 44,7.9; im Bild Lev 19,23). Als bes. grobe Verunreinigung gilt die Bestattung unter Unbeschnittenen, die in Ez 31,18; 32,19ff den (beschnittenen) Ägyptern und in Ez 28,10 Tyrus angedroht wird.
I. 3. Als Merkmal der Kultfähigkeit ist die B. schließlich zu einer Metapher für die innere Befähigung oder Bereitschaft zum Gottesgehorsam geworden. In diesem Sinne ist von der B. des → Herzens (Lev 26,41; Dtn 10,16; 30,6; Jer 4,4; 9,25; Ez 44,7.9; Jub 1,23–25; 1QpHab 11,13; 1QS 5,5) oder von unbeschnittenen → Ohren (Jer 6,10; 1QH Sukenik 18,20) und Lippen (Ex 6,12.30; 1QH Sukenik 2) die Rede. Die Metapher erlaubt es, unter den „am → Fleisch" Beschnittenen zwischen Frommen und Sündern zu unterscheiden.
Bes. Bedeutung als Unterscheidungsmerkmal und Akt des Bekenntnisses hat die B. „am Fleisch", ebenso wie die Sabbatobservanz (→ Sabbat) und die Einhaltung der Speisegesetze, in hell.-röm. Zeit erlangt. Unter Antiochus IV. war sie zeitweise bei Androhung der Todesstrafe verboten (1 Makk 1,48.60f; 2 Makk 6,10). Reformfreudige Juden ließen sie operativ rückgängig machen (1 Makk 1,15), während Mattatias und seine Anhänger unbeschnittene → Kinder mit Gewalt der B. zuführten (1 Makk 2,45f). Für die Frommen in Israel bedeutete sie nicht nur die Absonderung von den Völkern und den Frevlern in Israel zum Zwecke der kultischen Reinheit, sondern zugleich die Befreiung von den bösen Mächten dieser Welt (Jub 15,25ff; 30,12f; CD 6,4–6).

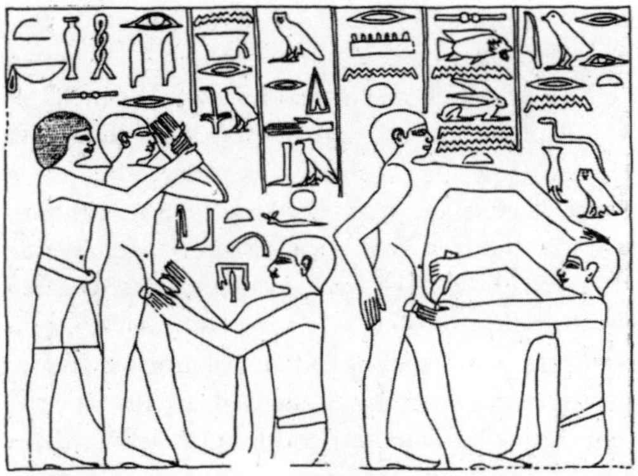

Abb. 15: Auch im alten Ägypten war die Beschneidung üblich.
Quelle: *O. Keel/M. Küchler*, OLB 2, Abb. 356.

Die Erfahrungen der makkabäischen Krise hatten eine rigorose Praxis zur Folge. Wer in eine jüd. → Familie einheiraten, zum Judentum übertreten oder auch nur auf jüd. Territorium wohnen bleiben wollte, musste sich beschneiden lassen (Est 8,17 LXX; Jdt 14,10; Ios. ant.Iud. 20,145; 13,257f.318f.397). Dagegen forderten manche Erleichterung für die Proselyten (vgl. Ios. ant.Iud. 20,38–48; Sib 4,162–170). Andere versuchten, den Ritus ihren griech. Lesern verständlich zu machen (Philo spec. 1,1–12).
II. NT: Über die Frage der B. (griech. περιτομή) beim Übertritt von Proselyten kam es auch unter den frühen Christen auf dem sog. Apostelkonzil zum Streit (Gal 2; Apg 15; vgl. 11,1–18). Jesus war Jude und nicht Christ. Darum wurde er ebenso wie Johannes der Täufer, Paulus und viele andere am achten Tag beschnitten (Lk 1,59; 2,21; Phil 3,5). Als jedoch das Evangelium auch unter den „Unbeschnittenen" immer mehr Zulauf fand, stellte sich die Frage, ob diese in das Judentum eintreten, sich beschneiden lassen und das Gesetz des Mose auf sich nehmen sollten.
Aufs Ganze gesehen setzte sich die Meinung des Paulus durch, dass es nicht darauf ankomme, beschnitten oder unbeschnitten zu sein, sondern darauf, die Gebote Gottes zu halten (→ Weisheit), und dass folglich jeder so bleiben solle, wie ihn der Ruf Gottes getroffen habe (1 Kor 7,18; vgl. Gal 5,6; 6,15; Apg 16,3; 21,21ff). Die pragmati-

sche Lösung basiert auf der theol. Einsicht, dass Gott den Menschen allein durch den → Glauben befähigt, die Gebote Gottes zu halten (Röm 3,21–31). Paulus legt daher großen Wert auf die B. des Herzens, die nicht einfach mit der B. „am → Fleisch" gegeben sei (vgl. Apg 7,8.51), sondern von Gott durch den → Geist vollzogen werde (Röm 3,25–29). Die B. Abrahams, das Zeichen des Bundes von Gen 17, wird mit Gen 15,6 als Siegel der → Gerechtigkeit aus Glauben interpretiert (Röm 4). An die Stelle der B. „am Fleisch" tritt die → Taufe in den Tod Jesu Christi als Ritus zum Eintritt in das neue → Leben (Röm 6; Phil 3).

I. *D. A. Bernat*, Sign of the Covenant, Atlanta 2009; *A. Blaschke*, Beschneidung, Tübingen u. a. 1998; *K. Grünwaldt*, Exil und Identität, Frankfurt/M. 1992; *G. Schneemann*, Die Deutung und Bedeutung der Beschneidung nach Exodus 4,24–26: CV 32 (1989) 21–38.

II. *J. M. G. Barclay*, Paul and Philo on Circumcision: NTS 44 (1998) 536–556; *F. W. Horn*, Der Verzicht auf die Beschneidung im frühen Christentum: NTS 42 (1996) 479–505; *N. E. Livesey*, Circumcision as a Malleable Symbol, Tübingen 2010.

Reinhard G. Kratz

Besitz / Gut / Eigentum (B./G./E.)

(→ Dachartikel: Kultur und Mentalität)

Vorbemerkung: In der Antike gibt es wie in anderen vorindustriellen Gesellschaften nicht die Vorstellung eines unbegrenzten Wachstums, sondern vielmehr die der „begrenzten Güter". Die durchgängige Erfahrung und allgemeine Annahme ist, dass von (fast) allen Gütern, materiellen wie immateriellen, in der Welt nur ein begrenztes und meist (zu) knapp bemessenes Quantum existiert. Da also nur die Verteilung der Güter variabel ist, muss die Vermehrung des eigenen Anteils an begrenzten Gütern wie Land, Reichtum (→ Armut) oder → Ehre stets auf Kosten anderer gehen. Jeder plötzliche oder stetige Zuwachs erscheint unter dieser Voraussetzung „unnatürlich" und erklärungsbedürftig; er weckt nicht nur den Neid der anderen, sondern auch den Verdacht, auf unlautere Weise durch übernatürliche Mittel (Magie) oder Betrug erworben zu sein. Eine übernatürliche Quelle anderer Art ist der göttliche → Segen, dem der Fromme seinen Reichtum verdankt (vgl. Gen 30,27; 39,2–5). Dieser Segen als Ausdruck der göttlichen Patronage kann seinerseits als begrenztes Gut vorgestellt werden und Neid erwecken (vgl. Gen 4,3–8). Neben der Disposition zu Eifersucht/Neid (vgl. Koh 4,4; Mt 20,15) verbindet sich mit der Vorstellung der begrenzten Güter ein prinzipieller moralischer Vorbehalt gegen die als Selbstzweck betriebene Besitzakkumulation. Akzeptiert wird hingegen die prestigefördernde demonstrative Zur-Schau-Stellung von Reichtum, Überlegenheit und → Macht (wozu auch das großzügige Verschenken gehört), sofern die betreffende Autorität als legitim gilt (vgl. 1 Kön 10). Zum Image des ehrbaren Mannes gehört die Bereitschaft, großzügig zu geben (Spr 3,27f). Nur wenige Güter, die meist (wie das → Licht der Sonne) der göttlichen Sphäre angehören, unterliegen nicht der Begrenzung und können und sollen neidlos weitergegeben werden, z. B. die → Weisheit (Weish 7,13f); allgemein „unbegrenzte Güter" bleiben einer paradiesischen *imaginary time* (→ Alt) vorbehalten. Nur Gott als der Vollkommene kann alles und allen jederzeit reichlich schenken und neidet niemandem das Gute (Mt 5,45; Philo Cher. 119.123; vgl. auch den Einspruch der philos. Theol. gegen die in der griech.-röm. Welt weit verbreitete Furcht vor dem Neid der Götter bzw. des → Schicksals, Plat. Tim. 29e; Aristot. metaph. 1,2,13, 982b/983a).

I. AT: 1. Das AT kennt keinen abstrakten Begriff für E. Die zahlreichen Begriffe des Wortfelds nehmen E./B. jeweils unter konkreten Aspekten in den Blick. So wird z. B. die Art der Aneignung benannt: Kauf durch die Wurzel *qnh* („erwerben, kaufen" mit den Derivaten *miqnœ̄* = „Erwerb, B., bes. Viehbesitz"; *miqnā* = „Erwerb, Kauf"; *qinjān* = „B., Habe, E., Vermögen"), Erbschaft oder (auch: kriegerische) Inbesitznahme durch die Wurzeln *jrš* („in B. nehmen, unterwerfen, aus dem B. verdrängen, beerben" mit den Derivaten *j*^{e}*rēšā*, *j*^{e}*ruššā* und *mōrāš[ā]* = „B."), *nḥl* („als B. erhalten, in B. nehmen, als B. verteilen, Besitzer werden, E. haben" mit dem Derivat *naḥ*^{a}*lā* = „B., unveräußerlicher Erbbesitz"; hier ist im Allgemeinen die reguläre Erbfolge und gleichzeitig der individuelle Anteil an einem Gesamterbe gemeint). Mit der Aufteilung eines (gemeinsamen)

B. haben zu tun *ḥēlæq* („Teil, Besitzanteil, B., Gewinn"; von *ḥlq* = „[zu/ver]teilen, Anteil erhalten/geben"), *ḥæbæl* („Seil, [Mess-]Schnur" mit der Bedeutung „das Abgemessene, abgemessener Landbesitz") und *gōrāl* („Los[teil]" mit der Bedeutung „Anteil, Erbteil"). Die Verfügungsgewalt des Eigentümers betonen *ʾaḥuzzā* („E., Grundbesitz", von *ʾḥz* = „ergreifen, fassen, festhalten") und *baʿal* („Herr, Besitzer"). Im Sinne von „Potenz" und „Vermögen" können *kōaḥ* („Kraft, Gewalt, Fähigkeit") und *kābōd* („Gewicht, Ehre, Herrlichkeit") auch den B. meinen. Weiter sind zu nennen *ʿōšær* („Reichtum"), *hōn* („Güter, Vermögen"), *ṭūb* („G., Wohlstand, Glück, Güte, Schönheit"; von der Wurzel *ṭōb* = „gut sein"). Umfassend für den gesamten B. stehen auch metonymisch *bajit* („Haus") und Umschreibungen wie „alles, was deinem → Nächsten gehört" (Ex 20,17; Dtn 5,21). Dem Begriff des individuellen Privateigentums am nächsten kommt *sᵉgullā* („E.; bes. königlicher Privatbesitz", 1 Chr 29,3; Koh 2,8; am häufigsten für → Israel als Jhwhs „Privateigentum" Ex 19,5; Dtn 7,6; 14,2; 26,18; Ps 135,4; Mal 3,17).

I. 2. Grundsätzlich wird im AT der B. positiv bewertet. Gottes Segen verheißt Reichtum (Dtn 15,4; Ps 112,1–3), ein Leben in Armut dagegen ist unerträglich (Sir 40,28f). Gewarnt wird aber vor Habsucht (Sir 31,5–8), Hartherzigkeit (Dtn 15,7) und blindem Vertrauen auf den unsicheren B. (Spr 23,4f; Sir 11,18f). Legitimes E. ist zu achten und steht unter Gottes Schutz (Ex 20,15.17; Lev 19,11; Dtn 5,19.21; vgl. auch Dtn 19,14; 27,17; Spr 22,28), Regelungen für den Fall der absichtlichen oder unbeabsichtigten Schädigung fremden G. finden sich im Bundesbuch (Ex 21,18–22,16). Als wichtigster B. und Reichtum (auch als Zahlungsmittel) galt den viehzüchtenden (Teil-)Gesellschaften des AO Viehbesitz (Gen 13,2.5; 26,13f; 1 Sam 25,2), den bäuerlichen der Landbesitz. Dabei ist E. im Israel der atl. Zeit nicht zuerst individuelles Privateigentum, sondern das Nutzungs- und Zugriffsrecht sozialer Gruppen auf Güter aller Art, an dem der Einzelne partizipiert. Das Land z. B. gilt als der gemeinsame Erbbesitz ganz Israels (Dtn 12,9f; dagegen ist es im Heiligkeitsgesetz Jhwhs bleibendes E. und den Israeliten nur als „Beisassen" zur Nutzung überlassen, Lev 25,23); die einzelnen Sippen und → Familien partizipieren daran mit ihrem jeweiligen Besitzanteil (vgl. die ideale Szene der Landverteilung Jos 13–21). Eine Verfügung über diesen familiären Erbbesitz ist nur eingeschränkt möglich, denn die konservative bäuerliche Mentalität mit ihrer Sippenethik fordert, dass das Land als unveräußerliche Lebensgrundlage der Familie unbedingt erhalten bleiben muss (Lev 25,23; Num 36,6–9; 1 Kön 21,3). Die Verfügungsgewalt über jeden B. wird dadurch eingeschränkt, dass Vermögen immer zur Unterstützung der bedürftigen Mitglieder des jeweiligen sozialen Netzwerkes verpflichtet. Dieses traditionelle gemeinschaftsbezogene Verständnis des E. begründet auch eine Reihe von Ansprüchen der Armen in Israel (Ex 23,10f; Lev 19,9f; 23,22; Dtn 14,28f; 24,19–22; → Armut). Eine einschneidende Veränderung bedeutete das Aufkommen bzw. die Ausweitung der Geldwirtschaft in staatlicher Zeit, da nun handel- und akkumulierbare Güter immer wichtiger wurden. Diese neue Mentalität war v. a. Sache der städtischen Eliten (→ Sozialstatus). Ihr Streben nach Besitzakkumulation führte zu sozialen Verwerfungen und brachte die schwächeren und „rückständigeren" Teile der Bevölkerung teilweise in Elend und Abhängigkeit. Verurteilt wird dies in der prophetischen Sozialkritik (vgl. Am 8,4–8; positiv dagegen die Darstellung von Josefs Handeln in Gen 47,13–26). Der Widerspruch der traditionellen Mentalität richtete sich insbes. gegen die neue Einstellung zum immobilen B., also gegen den Handel mit dem ererbten Grund und Boden (1 Kön 21; Jes 5,8; Mi 2,1f). Überhaupt wird es im AT abgelehnt, Güter auf die Qualität von Handelswaren zu reduzieren und mit ihnen nur zum Zweck des Profitmachens umzugehen. Das betrifft neben den Akkumulationspraktiken der Großgrundbesitzer und polit. Mächtigen auch das Zinsnehmen (Ex 22,24; Dtn 23,20f) und den Handel (Sir 26,29); beides gilt wegen des erzielten Profits bei fehlender eigener Wertschöpfung prinzipiell als betrügerisch (vgl. ähnlich die Ablehnung des „schmutzigen Handels" bei Cic. off. 1,42,150f, dort allerdings mit der Unterscheidung von „vulgärem" Krämertum und ehrenhaftem Groß- und Fernhandel; vgl. auch Aristot. pol. 1,3,10–22, 1256b-1258a). Die Abneigung gegen den Handel bestimmt die nachexil. bibl. Überlieferung v. a. in Auseinandersetzung mit dem phön. Mittelmeerzwischenhandel der pers.-hell.

Zeit. Positiv wird der Handel nur beurteilt, wo er zum Reichtum Israels bzw. seiner Könige beiträgt (1 Kön 10,15). Die an der bäuerlichen Mentalität und am Sippendenken orientierten Programme einer Sozialreform im Dtn/DtrG, Heiligkeitsgesetz und ChrG wollen den dauernden Erhalt des Familienbesitzes durch Schuldenerlass, Freilassung aus Schuldsklaverei und die Rückgabe von verkauftem/verpfändetem Familienbesitz nach Ablauf einer bestimmten Frist sichern (Lev 25,8–55; Dtn 15,1–18; Neh 5,1–13; 10,32; vgl. außerdem die Anordnung einer regelmäßigen „Sozialabgabe" Dtn 14,28f; 26,12f). In der Realität fanden diese Bestimmungen freilich kaum Beachtung (1 Makk 6,49–53; Jer 34,8–17; das Jobeljahr blieb eine rein lit. Utopie; vgl. auch die rabb. Bestimmungen zur Umgehung der Rückgabeverpflichtung, den Verjährungseinspruch [Prosbul] Hillels, mShevi 10,3–6). Als gelebte Utopie wird das Prinzip des kollektiven B. in der institutionalisierten Gütergemeinschaft der Essener bzw. in Qumran zeichenhaft umgesetzt (vgl. Philo apol. 11,4; prob. 85f; Ios. bel.Iud. 2,122; ant.Iud. 18,20; 1QS 6,19f). Vergleichbare Ideale gibt es in der griech.-hell. Welt (Diog. Laert. 8,10; Plat. rep. 416d-417b; Plat. leg. 5,739b-e), aber auch entschiedene Befürworter des Privateigentums (Aristot. pol. 2,1,1–2,2,16, 1260b-1264b; Diog. Laert. 10,11).

II. NT: 1. Für B. sind v. a. folgende Vokabeln wichtig: κλῆρος („Los, Anteil, Erbteil"), κληρονομία („Erbe, Erbteil, B."), πλοῦτος („Reichtum"), θησαυρός („Schatz"), μαμωνᾶς (aram. *māmōn[ā]* = „Mammon, B., Reichtum, Vermögen").

II. 2. Anders als im AT werden B. und Reichtum im NT überwiegend kritisch bis negativ thematisiert. Während dies im AT nur der Fall ist, wo B. durch Beraubung, Ausbeutung und Unterdrückung erworben ist, gilt im NT weithin (bes. in Q, im lk. Sondergut und bei Jak) der Reichtum *per se* als Gefahr für den Glauben (Mt 6,24par.; Mk 4,19par.; 10,17–25par.; Lk 12,15–21). Das AT ist geprägt von der Ausgangserfahrung einer kleinteiligen bäuerlichen Gesellschaft ohne allzu große Besitzunterschiede („ein Mann, ein Haus, ein Erbanteil", vgl. Mi 2,2), das NT dagegen von der Erfahrung größter Besitzungleichheit, da sich in der extrem stratifizierten Gesellschaft des röm. Imperiums das Vermögen in den Händen einer kleinen sozialen Elite konzentrierte, die auf nur 1–5 % der Bevölkerung veranschlagt wird, während die Angehörigen der unteren Schichten vielfach am Rande oder unterhalb des Existenzminimums lebten; eine Mittelschicht im modernen Sinn gab es nicht. Die Anhänger der Jesusbewegung und die Mitglieder der frühen christl. Gemeinden gehörten zumeist den unteren Schichten an. Sie waren zwar nicht alle im engeren Sinne arm und bedürftig, d. h. besitzlos bzw. bettelarm (→ Armut), zählten aber jedenfalls nicht zur Macht- und besitzenden Elite, sondern allenfalls zu deren Gefolgsgruppen. Immerhin setzt die Besitzlosigkeit Jesu (→ Jesus Christus), der → Apostel und urchristl. Wandercharismatiker ebenso wie das spätere System entlohnter gemeindlicher Funktionsträger voraus, dass es eine gewisse Anzahl von Anhänger/innen bzw. Gemeindegliedern gab, die in der Lage waren, sie zu unterhalten wie auch die absolut Armen zu unterstützen (vgl. Mt 6,2–4; 27,57; Mk 6,7–11par.; Lk 8,1–3; 10,3–9par.; Apg 17,4.12; 1 Kor 9,13f; 1 Tim 5,17f; 6,17–19). Schon bald musste das Anrecht auf solche Unterstützung geregelt werden (2 Thess 3,6–12; 1 Tim 5,3–16; Did 11,3–13,7). Der Unterschichtperspektive des NT entspricht die kritische Sicht auf die Reichen und die Seligpreisung der Armen (Lk 6,20.24; Jak 2,5; 5,1–6). „Arm" und „reich" beinhalten auch klischeehafte Charakterzuschreibungen, nämlich „demütig" vs. „hoffärtig" (Mt 5,3; Lk 1,46–55; vgl. schon Ps 37). Die Reichen werden pauschal der Ausbeutung (Jak 2,6; 5,4) und Habsucht geziehen. Das kommende Gottesreich wird diesen ungerechten Besitzverhältnissen ein Ende machen (Lk 6,24f; 16,25). Christus ist das Vorbild für die → Liebe (2 Kor 8,9), die bereit ist zu unbegrenztem Geben (Lk 6,29f.par.), zum Besitzverzicht (Mk 10,21par.; Lk 12,33f; 14,33; 19,8) und zum solidarischen Teilen (Lk 3,10f; 14,12–14; Apg 2,44f; 4,32–37; 2 Kor 8f, Hebr 13,16; Jak 2,15–17; Did 4,5–8). Die Warnung vor Habgier ist fester Bestandteil der Paränese (1 Kor 6,10; Eph 5,3.5; Hebr 13,5). Nur im Gleichnis werden die Praktiken der Besitzakkumulation und sogar betrügerische Verhaltensweisen als Bildspender fruchtbar gemacht (Mt 25,14–30par.; Lk 16,1–9). Als wünschenswert gilt nicht der Reichtum, sondern das Nötige (1 Tim 6,6–10; vgl. schon Spr 30,8f). Die geforderte innere → Freiheit vom B. hat eine gewisse Ähnlichkeit mit dem Topos der Unabhängigkeit von den zeitlichen Glücksgütern in der hell. und kaiserzeitlichen Philos. (Sen. epist. 17 und 98; vgl. 1 Kor 7,29–31; Phil 4,11–13), doch ist im NT die Autarkie kein Wert an sich. Wichtiger ist der Gedanke, dass aller B. nur von Gott anvertraut ist (vgl. Mt 25,14–30par.; vgl. auch den Topos vom treuen Verwalter, Lk 12,42–46par.; 1 Kor 4,2; 1 Petr 4,10; laut Philo Cher. 108–123; spec. 1,295 ist nach Lev 25,23 und Ijob 1,21 die gesamte menschliche Existenz und Lebenszeit so zu betrachten; vergleichbare Gedanken finden sich bei Sen. epist. 88,12). In Kontinuität zum AT steht das NT mit alledem, insofern nur B., der der Verpflichtung zur solidarischen Unterstützung des → Nächsten nicht entzogen wird, als legitim gilt. Unter sozioökonomischen Gesichtspunkten kann man von „Mutualismus" (lat. *mutuus* bzw. engl. *mutual* = gegenseitig) sprechen, der sich sowohl als alternative ökonomische Überlebensstrategie wie auch als explizites Gegenmodell zu den dominierenden hierarchischen Relationen darstellt, d. h. zum Patron-Klient-Modell und zum Euergetismus (zur Schau gestellte Wohltaten, vgl. Lk 22,24–27). Der Topos von Gottes Eigentumsvolk (→ Volk) wird im NT auf die Gemeinde übertragen (Eph 1,14; Tit 2,14; 1 Petr 2,9); ihr Erbteil ist bei Gott (Apg 20,32; Röm 8,17; Gal 3,29; 4,7; Kol 1,12; 1 Petr 1,4). Doch auch die (ungehorsame) Welt insgesamt ist Gottes E. (Joh 1,11).

I. *R. Kessler*, Arbeit, Eigentum und Freiheit, in: *ders.*, Studien zur Sozialgeschichte Israels, Stuttgart 2009, 231–250; *ders./E. Loos* (Hg.), Eigentum: Freiheit und Fluch, Gütersloh 2000; *J. Pastor*, Land and Economy in Ancient Palestine, London 1997; *R. Westbrook*, Property and the Family in Biblical Law, Sheffield 1991; *C. J. Wright*, God's People in God's Land, Grand Rapids 1990.

II. *M. Hengel*, Eigentum und Reichtum in der frühen Kirche, Stuttgart 1973; *B. J. Malina*, Die Welt des Neuen Testaments, Stuttgart u. a. 1993; *J. J. Meggitt*, Paul, Poverty and Survival, Edinburgh 1998; *V. Petracca*, Gott oder das Geld, Tübingen u. a. 2003; *E. W. Stegemann/W. Stegemann*, Urchristliche Sozialgeschichte, Stuttgart u. a. [2]1997; *G. Theißen*, Soziologie der Jesusbewegung, München [6]1991.

Klaus Neumann

Bild (B.)

(→ Dachartikel: Kult)

Vorbemerkung: In sämtlichen Kulturen des AO wurden die Götter in B. (hebr. *pæsæl*, „Schnitzbild, Skulptur, Götterbild", *massēkā* „Gussbild" oder *sæmæl* „Bild"; griech. γλυπτός, aber auch εἰκών oder εἴδωλον), d. h. in anthropomorphen und theriomorphen Götterdarstellungen verehrt. Formen der anikonischen Götterverehrung, wie die steinernen Masseben und hölzernen Ascheren, standen nicht in Konkurrenz zum Bilderkult, sondern waren eine parallele Erscheinung.

I. AT: 1. Es wäre ein Wunder, wenn es sich im alten → Israel und Juda anders verhalten haben sollte. Doch genau das behauptet die Bibel, die mit aller Macht gegen die Götterbilder und andere Kultsymbole polemisiert und im Hauptgebot des → Dekalogs Darstellungen der anderen Götter wie der eigenen Gottheit streng verbietet (Ex 20,4; Dtn 5,8; vgl. Dtn 4,15–18). Doch wogegen polemisiert und was verboten werden muss, das liegt im Bereich des Möglichen, und so ist damit zu rechnen, dass man auch in Israel und Juda seine Götter ursprünglich in diversen Arten von B. (Schnitzbildern, Repräsentationsbildern usw.) und verwandten Objekten verehrte, wozu es in der Sprache der Bibel eine überaus differenzierte Terminologie gibt (s. o.).

Für diese Annahme spricht aber nicht nur die scharfe Polemik der bibl. Schriften, die einen Anlass gehabt haben muss, sondern auch der archäologische, ikonographische und epigraphische Befund. Auch er ist nicht über jeden Zweifel erhaben. So wurde bisher kein B. gefunden, das durch eine zugehörige Inschrift eindeutig als Darstellung Jhwhs ausgewiesen wäre. Doch hat dies nicht allzu viel zu besagen: Auch von Milkom, dem Gott der Ammoniter, oder Kemosch, dem Gott der Moabiter, haben sich, soweit unsere Kenntnis reicht, keine Plastiken oder andere Darstellungen erhalten. Vielleicht hängt das Fehlen von Belegen damit zusammen, dass die Kultbilder der syr.-paläst. Kleinstaaten nach ihrer Eroberung von den Assyrern und Babyloniern abtransportiert wurden, wie es Reliefs und Inschriften für Gaza (s. *Abb. 16*), Aschdod, Aschkelon und Samaria dokumentieren. Vor Ort haben sich im kultischen Kontext (bisher) Masseben (Arad) sowie eine Farissa und Terrakot-

Abb. 16: Wegführung von Götterbildern durch ass. Soldaten nach der Eroberung einer Stadt (Gaza?) durch Tiglatpileser III. (745–727 v. Chr.).
Quelle: *A. H. Layard,* The Monuments of Nineveh from Drawings Made on the Spot, London 1849, pl. 65.

ten (Tel Motsa) gefunden. Wie die Ausgrabungen des (edom.?) Heiligtums *Ḥorvat Qiṭmīt* im Negev aus dem späten 7. Jh. v. Chr. beweisen, schließen sich Masseben- und Bilderkult keineswegs aus. Im Übrigen dürften angesichts der bescheidenen Dimensionen der Kleinstaaten ohnehin nicht sehr viele Exemplare der teuren Kultbilder in Gebrauch gewesen sein. Nach dem Untergang der Monarchien ist gegen Ende der E-Zeit denn auch eine deutliche Tendenz zur Bevorzugung von Kultemblemen, -standarten und -symbolen zu verzeichnen. Ob diese Tendenz mit der in den bibl. Schriften einsetzenden Polemik und Kritik der B. unter dem Vorzeichen des ersten Gebots Hand in Hand geht oder andere Gründe hat, ist schwer zu sagen.
Deutlichere Hinweise als aus dem Bereich der Staatsrel. haben sich für die private und regionale Frömmigkeit gefunden. Vereinzelt haben sich bronzene Statuetten von Göttern (seltener → Göttinnen), wie sie in der B-Zeit üblich waren, auch in der E-Zeit im 1. Jt. v. Chr. erhalten. Verbreiteter waren jedoch, nicht zuletzt wieder aus ökonomischen Gründen, Statuetten aus Stein, Terrakotta und Holz. Bei den Kleinterrakotten dominieren im 1. Jt. die weiblichen Darstellungen gegenüber den männlichen. Bes. auffällig sind die judäischen Pfeilerfigurinen aus dem 8./7. Jh. v. Chr., bei denen allerdings nicht klar ist, ob es sich um Darstellungen einer Göttin (Aschera) und Objekte der Verehrung oder um einfache Symbolträger der Fruchtbarkeit, also um Amulette und Hilfsmittel der Götterverehrung handelt. Immerhin kennt man die Darstellung eines Götterpaares aus dem 8. Jh. v. Chr., die das inschriftlich für dieselbe Zeit belegte Götterpaar „Jhwh und seine Aschera" darstellen könnte (*Abb. 17*). Aber auch Tierdarstellungen, darunter der in der E-Zeit II wieder vermehrt auftauchende (Apis-) Stier, sind belegt. Der Befund ist also sehr vielfältig und lässt auf ein ungebrochenes Verhältnis zu bildlichen Darstellungen von Göttern und Göttinnen schließen. Doch ist auch er nur als indirektes Zeugnis für die Existenz von Kultbildern in Israel und Juda zu werten, da der kultische Kontext in den meisten Fällen fehlt.

I. 2. Ein indirektes Zeugnis bieten, zieht man die Polemik ab, auch die bibl. Texte. Sie wissen davon, dass und wie Kultbilder behandelt wurden: dass sie aus allerlei Materialien von Fachleuten hergestellt, durch kultische Riten belebt und geweiht werden mussten, damit die Gottheit ihnen einwohnt (Jes 44,9–20; Jer 10,3–5.8f), und dass sie bekleidet (Jer 10,9; Ez 16,18), mit Speiseopfern genährt (Ez 16,18f), mit Rauchopfern gnädig gestimmt (Jes 66,3; Ez 8,11) sowie durch Proskynese und → Gebet verehrt wurden (Jes 2,8.20; 44,15.17.19). Ganz unbefangen erzählt Ri 17–18 von der Anfertigung eines Kultbildes für den privaten Gebrauch. Aus 1 Kön 12,26–33 erfährt man, dass Jerobeam zwei Stierbilder, eines in Bet-

El und eines in Dan, aufgestellt haben soll, die Jhwh repräsentierten (V. 28). Späte Reflexe darauf sind die berühmte Geschichte vom goldenen Kalb in Ex 32 sowie die Polemik des Hosea in Hos 8,5f; 10,5f, 13,2. Man kann fragen, ob der Baal von Samaria (1 Kön 16,32) und der Baal von Jerusalem (2 Kön 23,4) in Wirklichkeit nicht (nur) den Baal, sondern (auch) Jhwh verkörperten. Dass Aschera nicht nur ein hölzernes Symbol der Fruchtbarkeit, sondern eine Gottheit, und zwar vermutlich die Gattin Jhwhs war, geht aus 1 Kön 15,13; 2 Kön 23,4.6f hervor. Die „eherne Schlange" im Tempel zu Jerusalem (2 Kön 18,4) und die Andeutungen in Ez 8,10 lassen auch an Tierbilder als Gegenstand der kultischen Verehrung denken.

I. 3. Die Ablehnung der Götterbilder im AT gründet auf dem frühestens in exil. Zeit entstandenen ersten Gebot, der Forderung der Ausschließlichkeit Jhwhs, und dem monotheistischen Bekenntnis → Monotheismus (zu einer anderen Einschätzung der Entstehung des ersten Gebotes und des Bilderverbotes → Bilderverbot). Unter dieser Prämisse wurden zuallererst die fremden Götter und ihre B. geächtet und mit der Zeit wurde ihre Ausrottung aus Israel verlangt (Dtn 12; vgl. 2 Kön 23). Mit den B. der fremden Götter fielen aber auch die Kultbilder Jhwhs und der anderen in Israel und Juda verehrten, einheimischen Gottheiten in Ungnade. Sämtliche B. aus Silber und Gold, Holz und Stein wurden zum Fremdkult gerechnet und unter Verbot gestellt, nicht zuletzt um Verwechslungen auszuschließen und sich, um als Einheit überleben zu können, von allen anderen zu unterscheiden. Die Polemik nach innen und außen wurde zunächst mit dem ersten Gebot auf der theol. Ebene geführt. Mehr und mehr nahm sie jedoch „rationalistische" Züge an und führte den Bilderkult aus sich selbst *ad absurdum* (Jes 40,18–20; 41,6f; 44,9–20; 45,15–17.20; 46,5–8; Jer 10,1–16; Ps 115,4–8; 135,15–18). Namentlich attackiert werden Dagon von Aschdod (1 Sam 5) und die bab. Götter Nebo und Bel/Marduk (Jes 46,1; Jer 50,2; 51,44). Der Theol. des Kultbildes wurde ihre Grundlage, die göttliche Herkunft und die in Mesopotamien durch das Ritual (→ Ritus) der „Mundöffnung" bewirkte „Belebung" des Gottesbildes, entzogen, womit die B. auf die Materialien begrenzt und als leblose Artefakte von Menschenhand der Lächerlichkeit preisgegeben werden konnten.

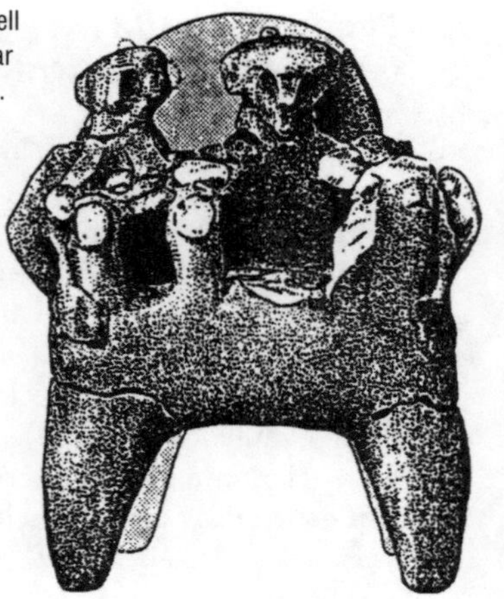

Abb. 17: Terrakotte aus Tell Bet Mirsim. Ein Götterpaar auf einem Sphingenthron. Quelle: *O. Keel/C. Uehlinger*, Göttinnen, Abb. 395.

Diese Entwicklung setzt sich in hell.-röm. Zeit fort und trifft sich hier mit der philos. Götterkritik von innen (Bar 6; Weish 13–15). Daneben hat sie in dieser Zeit jedoch v. a. identitätsstiftende Bedeutung in der Auseinandersetzung mit dem Hellenismus (Jub; Zusätze zu Dan) und gehört zum Programm des makkabäischen Widerstands (1 Makk 5,68; 13,47). An die Stelle der Kultbilder trat die → Tora (1 Makk 3,48). Zeitweise und je nach kulturellem Kontext wurde im späteren Judentum das Bilderverbot auf bildliche Darstellungen aller Art ausgedehnt (vgl. Dtn 4).

II. NT: Für das NT (zur Terminologie s. o.) ist die Ablehnung und Polemik gegen den Bilderkult selbstverständlich. Kultbilder gelten als Inbegriff des Heidentums (Röm 1,23), als menschliches Machwerk (Apg 17,24f; 19,26) oder Ort der → Dämonen (1 Kor 10,20f). Die Bekehrung zu Christus ist gleichbedeutend mit dem Abschwören von den → Götzen, Götzendienst folglich Abfall von Christus (1 Kor 10,7; Gal 5,20; 1 Thess 1,9).

I. *A. Berlejung*, Die Theologie der Bilder, Fribourg 1998; *C. Frevel*, Du sollst dir kein Bildnis machen!, in: *B. Janowski/N. Zchomelidse* (Hg.), Die Sichtbarkeit des Unsichtbaren, Stuttgart 2003, 81–93; *O. Keel/C. Uehlinger*, Göttinnen, Götter und Gottessymbole, Fribourg [5]2001; *M. Köckert*, Vom Kultbild Jahwes zum Bilderverbot: ZThK 106 (2009) 371–406; *K. van der Toorn* (Hg.), The Image and the Book, Leuven 1997.

II. *I. Baldermann* u. a. (Hg.), Die Macht der Bilder, Neukirchen-Vluyn 1999; *F.-W. Eltester*, Eikon im Neuen Testament, Berlin 1958.

Reinhard G. Kratz

Bilderverbot (B.)

(→ Dachartikel: Gottesvorstellungen)

I. AT: 1. Das B. ist weder ein allgemeines Kunstverbot noch verbietet es die bildliche Darstellung bestimmter Phänomene der sichtbaren Welt. Es richtet sich ausschließlich gegen die Anfertigung bzw. den Gebrauch von materiellen Kultbildern (hebr. *pæsæl* „Skulptur“, *massēkā* „Gussbild“), seien es solche des eigenen Gottes oder solche anderer Gottheiten (→ Bild). Für die Frage nach seiner Herkunft gibt es unterschiedliche Modelle, von denen das religionsgesch. Modell die größte Wahrscheinlichkeit besitzt. Archäologische, epigraphische und ikonographische Zeugnisse sowie bibl. Texte lassen keinen Zweifel daran, dass auch im → Israel und Juda des 1. Jt. v. Chr. Gottheiten in Gestalt ihrer Kultbilder (→ Bild) verehrt wurden. Die Distanzierung des Jhwh-Glaubens vom Bilderkult seiner Umwelt bzw. von jeder Form eines „baalisierten“ Jhwh-Kults (Hosea) hängt eng mit der Ausschließlichkeitsforderung und dem (späten) monotheistischen Bekenntnis zusammen (→ Monotheismus).

I. 2. Die Geschichte des B. lässt sich wie folgt skizzieren: Im Kult der vorstaatlichen und frühköniglichen Zeit gibt es keinen Hinweis auf ein Jhwh-Kultbild. Lade (1 Sam 3,3; 4,4 u. a.), Keruben (1 Kön 6,23ff; 8,*1ff) und Stierbild von Bet-El (1 Kön 12,26–32dtr.) ist die Funktion gemeinsam, die Präsenz einer nicht abbildbaren Gottheit anzuzeigen (anikonische Jhwh-Verehrung). Die prophetische Kritik an Kultbildern (Hos 13,2 u. a.) hat ihren Ursprung in der Forderung der Alleinverehrung Jhwhs, die als intolerante Jhwh-Monolatrie zuerst im Nordreich (1 Kön 18,21) auftrat. Der Alleinverehrungsanspruch Jhwhs des 9./8. Jh. v. Chr. hat als „Spezialfall“ die erste Bilderkritik (Hos 13,4; Ex 32,2–4.20–24) und als deren Konsequenz das spätere B. (Ex 20,4par.) geboren. Mit der dtn. Forderung der Verehrung des einen Gottes Jhwh (Dtn 6,4) an der einen Kultstätte (Dtn 12,4–7) ist der entscheidende Schritt vom Polyjahwismus (vgl. Kuntilet ʿAǧrūd, Ḫirbet el-Kōm) zum Monojahwismus getan. Für das Verständnis des B. in den beiden → Dekalogen (Ex 20,4par.) sind zwei Aspekte entscheidend: Das B. verbietet die Herstellung von Kult-/Götterbildern aus Stein, Holz, Ton oder Metall (Ex 20,4; 34,17; Dtn 4,16.23.25; 27,15 u. a.). Zudem steht das B. im Zusammenhang mit dem Fremdgötterverbot (Ex 20,3; Dtn 5,7), ist also eine Konkretisierung der Forderung nach Alleinverehrung Jhwhs. B. und Fremdgötterverbot haben eine gemeinsame Geschichte, die in den bes. → Gottesvorstellungen Israels gründet (zu einer anderen Akzentuierung der Entstehungsgeschichte → Bild). Spätestens im 8. Jh. v. Chr. wird die prophetische Bilderkritik als Kritik an der Ambivalenz des Kultbildes zu einer Funktion des Alleinverehrungsanspruchs Jhwhs. Sie verfolgt das Ziel, die Bildlosigkeit und damit die Unverfügbarkeit Jhwhs zu wahren.

In nachexil. Zeit lassen sich unterschiedliche Tendenzen erkennen: Begründet wird das B. nur in der Paränese Dtn 4,15–18: Israel habe am Horeb keinerlei „Gestalt“ (*tᵉmūnā*) gesehen, Jhwh aber habe zu ihm aus dem → Feuer gesprochen. Deshalb solle es kein Kultbild (*pæsæl*) von der Gestalt irgendeines „Standbildes“ (*sæmæl*) nach dem „Vorbild“ eines Mannes, einer → Frau oder eines Tieres machen und auch die → Gestirne nicht verehren. Nicht die Gestalthaftigkeit Gottes wird bestritten, sondern deren sichtbare Wahrnehmung in der → Theophanie am Gottesberg. Seit der hell. Zeit schließlich wird die mit dem B. verbundene Ausschließlichkeitsforderung von paganen Autoren als herausragendes Spezifikum der jüd. Rel. verstanden, sei es negativ als Ausdruck ihrer Fremdartigkeit, sei es positiv als Zeichen einer „philos.“ Gottesvorstellung. Bis heute wird sie als Argument für die prinzipielle Andersartigkeit der bibl. Gottesvorstellung angeführt.

II. NT: 1. Das NT setzt sowohl das atl. B. als auch das Fremdgötterverbot durchgehend voraus, da es in der Kontinuität zum AT die Alleinverehrung Gottes fordert. Auf diesem Hintergrund greift Paulus auf die jüd.-hell. Götzenpolemik zurück, wenn er in 1 Thess 1,9 und 1 Kor 8 und 10 scharf zwischen christl. Gottesverehrung und heidnischem Götzendienst (εἰδωλολατρεία) unterscheidet (vgl. εἴδωλον „Gestalt“, → „Bild“, → „Götze“). Das NT übernimmt hier den Sprachgebrauch der LXX (vgl. εἴδωλον als „Götze“ in Apg 7,41; 15,20; Röm 2,22; Offb 9,20 u. a.). Analog kann auch εἰκών (im Griech. für „Abbild“, „Statue“, „Gleichnis“, „Manifestation“; vgl. Hdt. 2,130,4; Plat. leg.

11,931a) in der LXX für von Menschenhand gemachte Götterbilder verwendet werden (vgl. LXX Dtn 4,16; 2 Kön 11,18; 2 Chr 33,7; Dan 2f). Im NT findet εἰκών Verwendung als „Münzbild" des Kaisers (Mk 12,16par.), das im Kontext des verwerflichen Kaiserkultes wahrgenommen wird (vgl. das „Bild des Tieres", vor dem die Menschen zur Proskynese gezwungen werden, in Offb 13,14f; 14,9.11; vgl. die Nähe zu Dan 3), und als „Gestalt" bzw. „Götzenbild" eines vergänglichen Menschen, mit dem die Götzendiener „die Herrlichkeit des unvergänglichen Gottes" vertauschen (Röm 1,23; vgl. LXX Ps 105,20).

II. 2. Grundlegend für das NT ist die Aufnahme des atl. Motivs der Gottebenbildlichkeit (→ Ebenbild) des Menschen (vgl. 1 Kor 11,7 mit der schwierigen, in Gen 1,26–28 so nicht vorgegebenen Zuordnung der Geschlechter). Im Zusammenhang der Adam-Christus-Typologie hält Paulus fest: Diejenigen, die aufgrund ihrer menschlichen Geburt „das Bild des Irdischen tragen", werden durch → Gnade auch „das Bild des Himmlischen tragen", d. h. an der verklärten Herrlichkeit des Auferstandenen teilhaben (1 Kor 15,49; vgl. 2 Kor 3,18; Röm 8,29: „Gleichgestaltetwerden mit dem Bilde Christi"; vgl. zu dieser Vorstellung mit anderen Akzenten auch Philo LA 1,31f; opif. 134).

Als Höhepunkte christologischer Bekenntnisaussagen deuten 2 Kor 4,4 und Kol 1,15 → Jesus Christus als „Ikone" (εἰκών) Gottes: Gott selbst ist gegenwärtig und offenbart sich in ihm. Der unsichtbare, nicht in einem Kultbild abbildbare transzendente Gott wird ansichtig in menschlichem Fleisch (vgl. in Joh 1,14 die Fleischwerdung des Logos und die Schau seiner Doxa (= → Herrlichkeit); in den Past. das „Erscheinen" „der Gnade Gottes" bzw. „der Güte und Menschenliebe Gottes, unseres Retters", Tit 2,11; 3,4). Auch Philo ordnet dem Logos – anders als Paulus allerdings in eingeschränkter Repräsentanz – als εἰκών Gottes „die hypostasierte Erkennbarkeit Gottes" (H. Jonas) zu (vgl. Philo conf. 96f; 148; LA 3,100).

I. *A. Berlejung*, Die Theologie der Bilder, Fribourg/Göttingen 1998; *C. Dohmen*, Das Bilderverbot, Königstein/Bonn [2]1987; *C. Frevel*, Du sollst dir kein Bildnis machen! – Und wenn doch?, in: *B. Janowski/N. Zchomelidse* (Hg.), Die Sichtbarkeit des Unsichtbaren, Stuttgart 2003, 23–48; *F. Hartenstein*, Weltbild und Bilderverbot, in: *C. Markschies/J. Zachhuber* (Hg.), Die Welt als Bild, Berlin/New York 2008, 15–37; *S. Schroer*, In Israel gab es Bilder, Fribourg/Göttingen 1987.

II. *I. Baldermann* u. a. (Hg.), Die Macht der Bilder, Neukirchen-Vluyn 1999; *F.-W. Eltester*, Eikon im Neuen Testament, Berlin 1958; *O. Keel*, Das biblische Kultbilderverbot und seine Auslegung im rabbinisch-orthodoxen Judentum und Christentum, in: *P. Blickle* u. a. (Hg.), Macht und Ohnmacht der Bilder, München 2002, 65–96; *R. Zimmermann*, Christologie der Bilder im Johannesevangelium, Tübingen 2004.

Bernd Janowski (AT) / Klaus Scholtissek (NT)

Blut (B.)

(→ Dachartikel: Anthropologie)

I. AT: 1. Wie in den meisten anderen Kulturen auch, ist B. in der Bibel „ein bes. Saft". Das B. (hebr. *dām*, griech. αἷμα) steht für Vitalität und die individuelle Persönlichkeit des Menschen, es gilt als Sitz der Lebenskraft aller höheren Lebewesen (Gen 9,4–6; Lev 17,11; Dtn 12,33, → Leben). Deshalb genießt B. eine bes. hohe Wertschätzung, in der das Bemühen zu erkennen ist, das B. der Verfügung durch den Menschen zu entziehen. Die gerade am AT geübte Kritik, es werde zu leichtfertig und zu viel B. vergossen, verkennt die gleichzeitig gegebene hohe Wertschätzung und Tabuisierung des B. Neben die physische treten die soziologische und die kultische Dimension des B.

I. 2. Das Wissen um die Grundsubstanz des Lebens war in der Antike begrenzt. Unmittelbar einsichtig war nur der Zusammenhang von Blutvergießen und Auslöschung des Lebens. Als Sitz der Lebenskraft war B. daher nahe liegend. In den Erzählungen von der Menschenschöpfung spielt B. häufig eine zentrale Rolle, etwa in dem akkad. *Atramḫasīs*-Mythos, wo das B. eines Gottes mit Lehm vermischt wird oder im bab. Mythos *enūma eliš*, wo Marduk aus dem B. des Gottes Kingu den Menschen formt. Demgegenüber fällt für den bibl. Bereich auf, dass dort B. weder in den Schöpfungserzählungen Gen 1–3 noch in Menschenschöpfungspassagen (z. B. Ps 139,13f; Jes 44,2; Jer 1,5; Ez 37,5f) eine Rolle spielt. Erst in Weish 7,1f, aus dem 1. Jh. v. Chr., wird die beobachtete Gerinnung des B. (unter hell. Einfluss) mit der Entstehung des Menschen im Mutterleib in Verbindung gebracht. Möglicherweise steht diese Vorstellung auch in Ijob 10,10 und später in Joh 1,13 im Hintergrund.

I. 3. Verwandtschaft wird – aufgrund der Unkenntnis des physisch-genetischen Zusammenhangs – bibl. nicht über den Terminus B., sondern über → „Fleisch" ausgedrückt (Gen 2,23; Lev 18,6; Ri 9,2). Erst im Zusammenhang der Institution der Blutrache wird B. quasi zur sozialen Kategorie. Dem nächsten männlichen Verwandten eines Mordopfers ist es danach als „Auslöser des B." (*gōʾēl haddām*) erlaubt, den Mörder zu töten, es sei denn, dieser flüchtet in eine Asylstadt, um sich einem ordentlichen Rechtsverfahren zu stellen (Num 35; Dtn 19; Jos 20). Das Instrument der Blutrache ist nicht als maßlose → Rache, sondern als Begrenzung der Vergeltung zu verstehen. Vom Ursprung her ist ihr Ziel der (durch Abschreckung und Tabuisierung wirksame) Schutz des Lebens in einem Kontext, in dem eine staatlich organisierte Strafverfolgung (→ Verbrechen; → Strafe) fehlt. Da das Vermeiden von Blutvergießen oberstes Ziel ist, kann B. als Synonym für → Gewalt, insbes. Mord stehen. Für absichtliche Tötungsdelikte steht häufig der Plural (Ex 22,1f; Dtn 19,10; Hos 4,2) und Mörder werden als „Blutmenschen" bezeichnet (2 Sam 16,8; Ps 26,9 u. a.). Das unschuldig vergossene B. stellt eine die Dynamik des Lebens noch weitertragende Macht- und Gefahrensphäre dar. So „schreit" das B. von der Erde, auf die es vergossen wurde, wenn es unbedeckt bleibt (Gen 4,10; 37,26; Num 35,33; Dtn 21,1–9; Ijob 16,18 u. a.). Von dem Glauben an eine bes. Wirksphäre des B. zeugt auch die formelhafte Wendung „das B. komme über jemandes Haupt" (Jos 2,19; 2 Sam 1,16; 1 Kön 2,33; Ez 18,13; Mt 27,25; Apg 5,28; 18,6 u. a.), mit der eine symbolische Schuldübernahme für den Tod eines Menschen zum Ausdruck gebracht wird.

Der Pascha-Ritus, bei dem Türsturz und Türpfosten mit B. zur Abwehr eines lebensbedrohlichen Nacht-Dämons (→ Dämon) bestrichen werden (Ex 12,20), wie auch die dunkle Erzählung von der → Beschneidung des „Blutbräutigams" (Ex 4,24–26) zeigen archaische Reste von apotropäischen (Unheil abwehrenden) Blutriten. In *kultischem* Kontext, in dem Blutriten eine herausragende Rolle spielen, ist B. hochgradig mit → Reinheit und → Heiligkeit konnotiert. Durch den physischen Kontakt durch Besprengen oder Bestreichen wird der Gegenstand oder die Person geheiligt (Ex 29,20f; Lev 8,23f) bzw. bes. deutlich in dem Aussatzritual Lev 14 gereinigt. Die Ausgießung des B. kommt bei allen blutigen Opferarten (→ Opfer) vor. Sie wird stets am *Brandopferaltar* vorgenommen. Dennoch ist das Ausgießen des B. am → Altar selbst kein Opfervorgang, denn auch das B. einer profanen Schächtung soll am Altar ausgegossen werden. B. ist also im engeren Sinn *keine* Opfermaterie. Sie ist es nur insofern, als dass das B. an Gott, den Geber allen Lebens, zurückgegeben wird. Zugleich soll das B. als „Sitz des Lebens" der magischen Manipulation entzogen werden, wobei es einen rituellen Umgang mit B. im → Kult durchaus gibt. Bes. herauszustellen ist die Blutapplikation im Kontext der Sühneriten an Vorhang, Altar oder der Deckplatte der Lade/*kappōrœt* (Ex 29,16; Lev 1,5.11; 3,2.8.13; 4,6.17; 7,2; 16,14; Num 19,4 u. a.). Durch den Kontakt überträgt sich die reinigende und damit sühnende Heiligkeit des B. auf die Symbole der Gottesbeziehung, an denen (durch die → Sünde) Unreinheit haftet (→ Versöhnung). Im Kontrast zu der sühnenden Funktion des B., die für die ntl. Rezeption des B. Christi von Bedeutung ist (1 Petr 1,2.19; Hebr 9f u. a.), steht die verunreinigende Kraft des B. Diese gilt nicht nur für das unschuldig vergossene B. (Num 35,33f; Ez 22,4; Ps 106,38 u. a., vgl. den Blutacker Apg 1,19), sondern auch für das Menstruationsblut oder das bei einer → Geburt austretende B., das die Frau ohne Zutun unrein, d. h. kultunfähig werden lässt (Lev 12,7; 15,19). Der Sexualkontakt mit einer Menstruierenden ist deshalb nach Lev 20,18; Ez 18,6; 22,10 untersagt. Die durch den Blutfluss unreine Frau kann durch den liminalen Kontakt mit der Heiligkeit des vollkommen Reinen wieder gesund, d. h. auch rein werden (Mt 9,20–22; Mk 5,25–34; Lk 8,43–48).

Da die Lebenskraft im B. sitzt (Lev 17,11; Dtn 12,23), ist bibl. der Genuss von Menschenblut tabuisiert (vgl. 2 Sam 23,17; 1 Chr 11,19), auch wenn manche Kriegsschilderung vom Trinken des B. spricht (Ez 39,18f; Sach 9,7.15; Jes 49,26; Offb 16,6). Auch der Genuss tierischen B. bleibt generell untersagt (Gen 9,4; Ex 22,30; Lev 11,8; 19,26; Dtn 12,16.23–25; 15,23 u. a., vgl. im Apostelkonzil Apg 15,20.29; 21,25). Vor der Kultzentralisation im 7. Jh. v. Chr. soll die Schächtung von Tieren nur an Heiligtümern stattfinden. Das B. soll aufgefangen und am Altar ausgegossen werden. Damit soll das B. jeglicher Manipulation entzogen und dem Geber allen Lebens zurückgegeben werden, der am Altar in bes. Weise präsent ist.

II. NT: 1. Die engen Verbindungen zwischen beiden Testamenten in der Auffassung vom B. (griech. αἷμα) wurden bereits aufgezeigt. Hier geht es um wenige ergänzende Aspekte, wobei der Bundeskontext des AT mit eingebunden wird. Wenn im Kontext des → Abendmahls (Mk 14,24; Mt 26,28; Lk 22,20; 1 Kor 11,25; Joh 6,48–58) vom Trinken des B. Jesu die Rede ist, kann das in jüd. Sicht als anstößig empfunden werden, weil der Blutgenuss untersagt ist. Traditionsgesch. Hintergrund des Kelchwortes ist die Verbindung des Segensbechers beim Paschamahl mit dem Bundesschluss am Sinai. Der Bundesschluss bedient sich mit dem Blutritus in Ex 24,8 der Symbolik zweier gleicher Teile, um beide Vertragspartner gleichwertig einzubinden (vgl. die beiden Tierhälften Gen 15 oder das Zwei-Tafel-Motiv im Sinaibund), formt daraus aber einen singulären → Ritus. Der Altar vertritt den göttlichen Partner, mit der anderen Hälfte des B. wird das Volk nach der Verlesung der Bundesurkunde als Bundespartner besprengt und so der → Bund geschlossen. Das Besprengen mit dem B. des Opfertieres hat neben der Symbolisierung des Bundesschlusses zugleich reinigende und heiligende Wirkung für das → Volk (vgl. den Bezug zu Ex 19,6). Im Kelchwort wird der Zusammenhang des Bundesblutes aus Ex 24 „eingespielt" und bei Mt mit der Sündenvergebung verknüpft. Hier mag zwar auch der Gottesknecht von Jes 52,13–53,12 im Hintergrund stehen, jedoch spielt das Paradigma des Sühnopferkultes die primäre Rolle. Diese Linie wird in der Aussage aufgenommen, dass das B. Christi erlöst (Röm 5,9; Eph 1,7; 2,13; Kol 1,20; Hebr 9,13f; Offb 1,5), → Jesus Christus der Sühnort (ἱλαστήριον) ist (Röm 3,25) oder sein „B. der Besprengung" Sühne wirkt und (von Sünden) reinigt (Hebr 12,24; vgl. 1 Petr 1,2; 1 Joh 1,7 u. a.), beides mit Bezug auf Lev 16.

I. *T. Abusch*, Blood in Israel and Mesopotamia, in: *S. M. Paul* u. a. (Hg.), Emanuel, Leiden 2003, 675–684; *C. Eberhart*, Studien zur Bedeutung der Opfer im Alten Testament, Neukirchen-Vluyn 2002; *K. Koch*, Der Spruch „Sein Blut bleibe auf seinem Haupt" und die israelitische Auffassung vom vergossenen Blut, in: *ders.*, Spuren des hebräischen Denkens, Neukirchen-Vluyn 1991, 128–145; *A. Schenker*, Das Zeichen des Blutes und die Gewißheit der Vergebung im Alten Testament: MThZ 34 (1983) 195–213.

II. *F. Hartenstein*, Zur symbolischen Bedeutung des Blutes im Alten Testament, in: *J. Frey* (Hg.), Deutungen des Todes Jesu im Neuen Testament, Tübingen 2005, 119–137; *F. V. Reiterer*, „Er liebt uns und hat uns von unseren Sünden erlöst durch sein Blut": HID 37 (1983) 16–35; *ders.*, Was soll es bedeuten: Erlöst durch Blut?: HID 37 (1983) 107–123.

Christian Frevel

Böse (B.)

(→ Dachartikel: Ethik)

I. AT: 1. Das Hebr. kennt eine Vielzahl von Begriffen für das B. Wichtig sind *rāʿā* („B., Übel, Unheil, Bosheit") und *raʿ* („böse, schlecht, bösartig, hässlich", Subst. „das B., Schlechte").

I. 2. Das B. – der Begriff ist im AT eng verbunden mit → Sünde und → Verbrechen/Unrecht – wird in der Bibel nicht primär theoretisch, sondern allenfalls in narrativer Form (Gen 1–11) reflektiert. Das B. wird v. a. als Widerfahrnis der Wirklichkeit des menschlichen Lebens gedeutet. Da es grundsätzlich die von Gott seiner → Schöpfung eingeschriebene gute → Ordnung verletzt (Ps 82), ist jedes B. immer auch gegen Gott selbst gerichtet und zugleich ein Frevel am Heiligen. Es geschieht als Provokation (Gen 38,7; 39,9; Dtn 4,25; Ri 2,11; Jes 59,15) ihm zuwider. Der Gedanke, dass das B. Gottes → Zorn und → End-Gericht nach sich zieht (Ps 85,4; 69,25; Hos 4,1; Jes 13,19; 47,10; Jer 4,26; 1 Thess 4,6; Kol 3,5), ergibt sich zunächst aus seinem Schöpfersein und seinem Wächteramt über seine Schöpfung, dann aus der → Offenbarung seines Willens in der → Tora, die dem Menschen ein Leben ohne Anheimgabe an das B. ermöglicht (Dtn 30,15; Mi 6,8). In der dtr. Theol. wird dieser Zusammenhang zu einem zentralen Motiv der Geschichts- und Bundestheol. (→ Bund), indem das B., das Israel tut, als gewusstes und bewusstes Handeln gegen Gott qualifiziert wird.

Die Frage nach dem Woher des B. wird bibl. nicht eindeutig beantwortet. Neben der Vorstellung der Pankausalität Gottes (1 Kön 21,29; Jes 45,7; Ijob 1,21; 5,18) wird das B. dem Wollen des Menschen zugeschrieben (Gen 4,7; 8,21; Mk 7,21–23). Die

Problematik der Beziehung beider Vorstellungen zueinander wird in Gen 2f deutlich: Trotz der Setzung Gottes (Gen 2,17) entscheidet sich der Mensch für das in der Schlange inkorporierte B., die aber ein Geschöpf Gottes ist (Gen 3,1). Dass das B. wirksam wird, ist der Verantwortung des Menschen zuzuschreiben. Das B. erhält erst durch sein Tun Anteil an der Welt, indem er es aus einer potentiellen zu einer wirklichen Größe in der Schöpfung macht. In Gen 2f geht es mithin nicht primär um den Ursprung des B., sondern um seine Wirksamkeit.

Neben der theo- und anthropologischen Herleitung des B. ist die Rolle der das B. hervorrufenden → Dämonen und des → Widersachers/Teufels im AT im Gegensatz zum NT gering. Dabei ist damit zu rechnen, dass die Texte diesen Aspekt wegen der möglichen Infragestellung der Macht des einen Gottes unterdrücken; es finden sich im AT nur geringe Spuren (Ps 91; Ijob 2,1–7), während diese Konzeption im NT breit belegt ist (Mk 4,15; Lk 8,2.29; 10,18; Joh 8,44; 2 Kor 4,4; 1 Thess 2,18; 1 Joh 3,8–10; Offb 12,9).

Das B. findet seine Realisierung in allen Taten, die gegen Gott und seine Schöpfung gerichtet sind. Sie zerstören das Opfer, die → Gemeinschaft und letztendlich den Täter selbst. Der „Tun-Ergehen-Zusammenhang" ist keineswegs mechanisch zu verstehen, sondern denkt von der Erkenntnis her, dass das Leben dessen, der B. tut, notwendig ein defizitäres sein muss, da ihm die Nähe zu Gott und den Mitmenschen fehlt (1 Kön 11,6; 2 Sam 12,9; Am 5,14–15; Mt 13,49; Röm 2,8). Selbst wenn er erfolgreich ist, lebt er in der Sphäre des Bösen und des → Todes. Daher ist es ntl. auch möglich, diese Vorstellung eschatologisch zu erweitern: Der das B. Tuende verfällt dem B. auch nach seinem Tod als Fortschreibung seines Erdenlebens (→ End-Gericht).

II. NT: 1. Im NT wird das B. mit den Begriffen πονηρία („Bosheit, Schlechtigkeit, Gemeinheit") und κακία („Schlechtigkeit, Bosheit") formuliert.

II. 2. Auch wenn sich im NT Qualifizierungen des Äon und der Welt als dem B. zugehörig finden (Gal 1,4; 1 Joh 5,19), so überwiegt doch in Rezeption atl. Tradition der Aspekt, die Schöpfung als die Möglichkeit zum Guten wahrzunehmen, in der Gott das B. nicht zur alleinigen Macht werden lässt (Gen 50,20), sondern es dem Menschen ermöglicht, es zu überwinden. Der Noachbund (Gen 9,1–17) ist ebenso Ausweis des Wollens Gottes, trotz des B. seine Schöpfung bleibend zu bejahen (Gen 8,21f), ebenso wie die Bundestreue und die Tora als Weg zum Leben des Guten (Dtn 30,15). Ntl. konkretisiert sich der Gedanke der Überwindung des B. durch Gott in der Christologie. Im Tun Jesu, insbes. in seinen Dämonenaustreibungen (Lk 7,21; 8,2; 10,18), wird das B. überwunden und die Schöpfungsordnung anfänglich wiederhergestellt. Nach der zentralen Glaubensaussage des NT ist durch → Kreuz und → Auferstehung die Macht des B. gebrochen. Von hierher erhält die ethische Aufforderung, dem B. zu widerstehen bzw. von ihm abzulassen, ihr argumentatives Gewicht. Freilich steht auch christl. Leben unter dem eschatologischen Vorbehalt der ausstehenden Vollendung, sodass die Bitte, vor dem B. bewahrt zu bleiben (Mt 6,13; Lk 11,4), bis zur vollkommenen Vollendung der guten → Herrschaft Gottes (1 Kor 15,23–28) gültig bleibt.

Problematisch war offensichtlich die Erfahrung des B. im Raum der Gemeinde (→ Kirche); hier findet sich die Lösung der Separation (1 Kor 5,13; 2 Joh 10) neben der, das B. im Vertrauen auf Gott auszuhalten (Mt 5,44; 22,10; 2 Tim 2,24).

Der Bibel gelingt es, das B. im Rahmen der verschiedenen theol. Traditionen so zu integrieren, dass es weder eine Infragestellung Gottes noch der Menschen bedeutet, und zwar ohne das B. zu verharmlosen oder zu verabsolutieren. Der Verharmlosung wird entgegengewirkt, indem das B. als eine Verletzung des göttlichen Wollens zugleich als Frevel gedeutet wird; → Gewalt und Not der Menschen gehen Gott unmittelbar an, weil sie in letzter Konsequenz gegen ihn gerichtet sind. Dem „Geheimnis des B." (2 Thess 2,7) verfällt das NT nicht, weil es als letzte Sicherheit, das B. zu bestehen, Gott weiß. Die feste Hoffnung auf die → Barmherzigkeit Gottes, die ihn alle Not der Menschen wenden lässt, ist angesichts der Wirklichkeit der Menschen, von denen die Bibel erzählt, oft eine verzweifelte → Hoffnung gegen die Wirklichkeit des B. Daher ist die Frage nach der Dauer des Ertragenmüssens des B. (Ps 6,3; 13,1.2; 35,17; 74,10; 79,5; 80,4; 89,46; 94,3; 119,84) letztlich die Frage nach dem Erweis Gottes als der, der das B. sieht und sich seiner Schöpfung erbarmt (Ex 3,7; Offb 21,4).

I. *N. C. Baumgart,* „JHWH … erschafft Unheil“: BZ 49 (2005) 202–236; Das Böse: JBTh 26 (2012); *W. Dietrich/C. Link,* Die dunklen Seiten Gottes, Neukirchen-Vluyn [4]2002/[2]2004; *S. Rosenberg,* Von der Macht des Bösen, Berlin 2001; *U. Rüterswörden,* Das Böse in der deuteronomischen Schultheologie, in: *T. Veijola* (Hg.), Das Deuteronomium und seine Querbeziehungen, Göttingen 1996, 223–241.
II. *E. Brandenburger,* Das Böse, Zürich 1986; *G. Gordon,* Evil and Christian Ethics, Cambridge 2001; *W. Kirchschläger* (Hg.), Das Phänomen des Bösen, Luzern 1990; *R. Reinmuth,* Anthropologie im Neuen Testament, Tübingen 2006.

Rainer Kampling

Bote / Sendung / Mission (B./S./M.)

(→ Dachartikel: Sozialstatus/Gesellschaft und Institution)

I. AT: 1. B. (Singular: *malʾāk*) als Übermittler einer Botschaft von einem Sender zu einem Empfänger sind im AO wie im AT vielfach belegt. Ein B. ist im Moment seiner Verkündigung funktional identisch mit seinem Auftraggeber (2 Sam 11,18ff; Neh 6,3), wodurch jede Misshandlung/Beleidigung bzw. Schützung/Ehrung des B. unmittelbar den Auftraggeber trifft (1 Sam 25,4ff; 2 Sam 10,1–14).

I. 2. Ein B. legitimierte sich mit der Botenformel (*kō ʾāmar* NN = „so spricht NN“), die die folgenden Worte als authentische Wiedergabe der Botschaft des Absenders auswies, und mit dem B.-Spruch (Ich-Rede des Absenders mit der Botschaft z. B. Gen 32,5f). Die Botschaft konnte schriftlich (2 Sam 11,14) oder mündlich (Gen 32,4–7) übermittelt werden, wobei im letzteren Fall die Zuverlässigkeit des Boten gewährleistet sein musste (Spr 13,17; 25,13). Der B. gab auch die Antwort an seinen Auftraggeber weiter (Gen 24,66; 1 Kön 2,30; 2 Kön 19,8ff) und konnte, so dieser ihn mit einer Bevollmächtigung ausgestattet hatte, stellvertretend handeln (1 Sam 19,11–21; 2 Kön 6,32). Die Unverletzlichkeit des B. gehörte zum Botenrecht. B. wurden auch von Gott gesandt (*šālaḥ*). Es handelte sich dabei um → Engel, → Priester (Mal 2,6f) und → Propheten. Letztere erhielten von Gott einen Sendungsauftrag, der in den prophetischen Berufungserzählungen (Jer 1,7; Jes 6,8) explizit erwähnt sein kann, aber immer von Bedeutung ist (2 Sam 24,13; Hag 1,12; Sach 2,13). Die Autorität einer göttlichen Sendung gilt auch für den Retter Gideon (Ri 6,14), den Perserkönig Kyrus als Vollstrecker des göttlichen Willens (Jes 48,16) sowie Mose und Aaron (Ps 105,26). Ein Prophet wurde von Gott zu einem bes. ausgezeichneten Individuum (David 2 Sam 24,13) oder dem → Volk (Jer 7,25; 25,4; 26,5; 29,19; 35,15; 44,4; Jes 6,9) gesandt. Dass die Propheten als Gottesboten zu verstehen sind, zeigt sich auch darin, dass ihre Botschaft mit der einleitenden B.-Formel („so spricht Jhwh“) und dem folgenden B.-Spruch gestaltet ist. Der B.-Spruch ist je nach Zweck der Sendung als Drohwort (Am 7,11), Scheltwort (Jer 4,18), Mahnwort (Am 5,4f) oder Heilswort (Jes 2,2–5) formuliert. Für das Dtn. und die dtr. Lit. wurden Propheten geschickt, um das Volk im rechten → Weg zu unterweisen. Die adäquate Reaktion der Adressaten wäre das Hören (Jer 7,26; 25,5; 26,4f; 29,19; 35,15; 44,5; → Ohr) und entsprechende Handeln gewesen. Unheilspropheten lebten als Überbringer schlechter Nachrichten in der Gefahr der Misshandlung und Ermordung (Jer 1,8; 36; 38). Dies galt als Bruch des Botenrechts und verletzte Gott (als den Auftraggeber) selbst. Wie bei den „profanen“ B. ist auch die Glaubwürdigkeit des prophetischen B. ein Problem. Propheten ohne göttlichen Sendungsauftrag sind Lügenpropheten (Jer 14,14f; 23,21.32; 27,15; 28; 29,9, vgl. Neh 6,12–14), den wahren Gottgesandten erkennt man jedoch erst mit dem Eintreffen seiner Botschaft (Jer 28,9; Dtn 18,9–22).

I. 3. Mission als Verkündigung einer Glaubensüberzeugung mit dem Ziel der Bekehrung Andersgläubiger ist bis in die exil. Zeit nicht belegt. In der nachexil. Lit. zeigt sich jedoch eine universale Orientierung des Jhwh-Glaubens, der auch andere Völker miteinschließt (Jona, Jes 2,1–4; 42,6; 49,6f; 60,1–22; 66,18ff). Die hell. beeinflusste jüd. Lit. der Spätzeit (Weish, JosAs, Flavius Josephus) warb für jüd. → Monotheismus und → Ethik, was missionarisch wirkte.

II. NT: 1. Sendungsterminologie begegnet häufig im NT, insbes. die Verben für „(aus)senden“ ἀποστέλλω (132-mal), ἐξαποστέλλω (13-mal) und πέμπω (79-mal). Oft wird damit alltägliches Geschehen umschrieben; Kommunikation verlief in der Antike häufig über B., selbst dann, wenn Geschriebenes übermittelt wurde (Briefzustellung durch B. Phil 2,25.28; Offb 1,11). Gesendet werden Personen zur Mitteilung von Botschaften (Lk 7,6; Mt 11,2; Apg 19,31), zur Übergabe von Sachwerten (Phil 4,16; Apg 11,29), zur Ausführung von Aufträgen (Mt 14,10; Lk 15,15; Joh 1,33). Sender sind übergeordnete Personen (Mt 2,8; 22,7) oder Gott, neben den im NT der erhöhte Christus tritt (Mk 1,2; Lk 1,19.26; 4,26; Offb 22,16); von beiden wird häufig die Sendung des → Geistes ausgesagt (Lk 24,49, vgl. Apg 1,4f; 2,33; Joh 14,26; 15,26; 16,7; Gal 4,6; 1 Petr 1,12). Die extensive theol. Verwendung des Alltagsinstituts der Sendung im NT ist in atl. Sprachformen verwurzelt, die prophetisches B.- und Sendungsbewusstsein zum Ausdruck bringen.

II. 2. Die Synopt. kennzeichnen Jesus als von Gott gesandten → Propheten in der → Nachfolge atl. Propheten. Explizite Aussagen über seine Sendung enthalten Lk 4,18 (Jesus bezieht die Sendungsaussage von Jes 61,1f direkt auf sich, die schon Lk 7,22par. zugrunde liegt) und Mt 15,24 (Sendung zu den verlorenen Schafen des Hauses Israel). Indirekt ordnet Jesus sich in die Kette der an → Israel gesandten und verworfenen (getöteten) Propheten ein (Mk 12,1–9; Lk 13,34par.). Auch in Selbstaussagen über den Zweck seines Gekommenseins nimmt Jesus eine atl. Botenformel auf (Ijob 1,15–17; Dan 9,23; 10,14) und lässt ein klares Sendungsbewusstsein erkennen. Auf den hist. Jesus könnten die folgenden ἦλθον-Worte zurückgehen: Mk 2,17b; Lk 7,34par.; Mt 10,34f.par. Analog dazu dürften nachösterliche Zusammenfassungen der Botschaft Jesu gebildet worden sein wie Mk 1,38 (inhaltlich zu verknüpfen mit 1,14f: das → Evangelium, die → Herrschaft Gottes); Mk 10,45; Mt 5,17 und Lk 19,10. Jesus bezog seine Jünger (→ Apostel) in seine Sendung ein und sandte sie seinerseits zur Mission aus (Mk 3,14f; 6,7–13; Lk 10,2–16par.), wobei sie ihn und damit letztlich Gott, der ihn gesandt hatte, vollmächtig vertraten (Lk 10,16par.; Joh 5,23; 13,20, vgl. Mk 9,37.41). In einer durch mündliche Kommunikation dominierten Gesellschaft war dies ein geeigneter Weg, „massenmedial" wirksam zu werden. Das Gleichnis vom großen Festmahl (Mt 22,1–14; Lk 14,16–24) reflektiert in den wiederholten Aussendungen bereits die erfolgreiche Mission unter den Heiden und damit den nachösterlichen Sendungsauftrag der Jünger.

II. 3. Im Joh ist die Sendungsterminologie zentraler Bestandteil der christologischen Reflexion und Legitimation. Die Wendung „der Vater, der mich gesandt hat" (ὁ πέμψας με πατὴρ) wird formelhaft gebraucht (Joh 5,37; 6,44; 8,16 u. a.) und mit dem Verb ἀποστέλλω vielfach narrativ variiert (5,36; 6,57; 10,36; 20,21; auch in 1 Joh). Sie wird eingesetzt, um die Legitimität des Anspruchs Jesu und die enge Bindung des (präexistenten) Sohnes an den Vater zu unterstreichen. Gegenüber der Fülle dieser Aussagen fällt auf, dass Paulus nur zweimal von der Sendung des (präexistent gedachten) Sohnes spricht (Röm 8,3; Gal 4,4) und dabei wahrscheinlich urchristl. Bekenntnistradition aufnimmt (vgl. Apg 3,20.26).

II. 4. Von den Missionsbefehlen des Auferstandenen verwendet nur Joh 20,21 Worte des Sendens, auch sonst ist, abgesehen vom Begriff → Apostel für die Träger der Mission, Sendungsterminologie im Zusammenhang der Reflexion über den missionarischen Auftrag eher selten (Röm 10,15; 1 Kor 1,17). Es dominieren Wortfelder des Verkündigens bzw. des Zeugnisablegens (μάρτυς, κηρύσσω, εὐαγγελίζομαι usw.). Alle einschlägigen Texte bearbeiten auf ihre Weise den nachösterlichen Übergang von der auf Israel beschränkten Verkündigung Jesu zur Völkermission, am knappsten Mk, der in einem Vers der eschatologischen Rede die Verkündigung des Ev. unter allen Völkern zum eschatologischen „Muss" erklärt (Mk 13,10, vgl. 14,9). Bei Mt weitet der Auferstandene selbst seinen ursprünglich auf Israel beschränkten Missionsauftrag (10,5f; 15,24) auf „alle Völker" aus (Mt 28,19, vgl. 24,9.14). Apg 1,8 entwirft das Modell einer kontinuierlichen Zeugenschaft, die, ausgehend von Jerusalem, über Judäa und Samarien schließlich die Enden der Erde (d. h. Rom) erreicht. Diesem Konzept folgt der anschließende Aufriss der Apg (bis 8,3: die Apostel in Jerusalem; 8,4–11,18: die Hellenisten und die Apostel in Samaria und den Küstengebieten; dann von Antiochia ausgehende Mission mit Barnabas und Paulus als herausgehobenen, von Jerusalem unterstützten Missionaren. Paulus bringt schließlich das Ev. über Kleinasien und Griechenland nach Rom, wo er es „ungehindert“ verkünden kann, Apg 28,31). Charakteristisch für die im Rückblick harmonisierende Darstellung des Lk ist, dass er Petrus die entscheidenden Schritte zur Heidenmission setzen lässt (Apg 10–11,18; 15,7–21) und Paulus bis zuletzt (noch in Rom: Apg 28,17–31) immer zuerst vor den Juden sprechen lässt, bevor er nach Abweisung durch sie zu den Heiden geht. Dagegen sah sich Paulus selber spätestens seit dem Apostelkonzil als Heidenapostel, dem das „Ev. der Unbeschnittenheit“ anvertraut war (Gal 2,7–9). Er bediente sich zahlreicher Mitarbeiter, die er mit dem Auftrag und der Vollmacht, in seinem Namen zu lehren und zu handeln, in die Gemeinden schickte (meist πέμπω: 1 Thess 3,2.5; 1 Kor 4,17; 16,3; 2 Kor 8,18.22; 9,3; Phil 2,19.23.25.28; Kol 4,8f; Eph 6,22; Tit 3,12). Er war stolz darauf, Initiator und Garant der kompromisslosen beschneidungs- und gesetzesfreien Heidenmission (Gal 2,1f.5.11ff) zu sein und hatte infolgedessen mit heftiger judaistischer Gegenmission in seinen Gemeinden zu kämpfen (Gal; 2 Kor; Phil 3). In Röm 15,15–24 gibt er Einblick in sein Missionsverständnis: Er habe nur dort, wo Christi Name noch unbekannt war, seinen Auftrag darin gesehen „die Heiden zum Gehorsam zu bringen durch Wort und Werk, in der Kraft von → Zeichen und → Wundern, in der Kraft des → Geistes Gottes“. Er tat dies „von Jerusalem aus ringsumher bis nach Illyrien“ und wolle nun, da er in diesen Gegenden keinen Raum mehr habe, über Rom nach Spanien weiterziehen (wozu es dann durch seine Gefangennahme nicht mehr kam). In der Paulusschule stehen Darstellungen des Apostels als Versöhner zwischen Juden und Heiden (Eph, vgl. 2,11–22; 3,1–13; 4,1–6) neben ganz auf das Heidenchristentum hin orientierten Paulusbildern mit antijudaistischem Einschlag (1 Tim 2,1–7; 4,1–5; 2 Tim 4,17; Tit 1,10.14).

I. *J. Blenkinsopp*, Geschichte der Prophetie, Stuttgart u. a. 1998; *J. T. Greene*, The Role of the Messenger and Message in the Ancient Near East, Atlanta 1989; *W. Groß*, Prophet gegen Institution im alten Israel?, in: *ders.*, Studien zur Priesterschrift und zu alttestamentlichen Gottesbildern, Stuttgart 1999, 255–273; *R. G. Kratz*, Die Propheten Israels, München 2003; *J. Krispenz*, Grammatik und Theologie in der Botenformel: ZAH 11 (1998) 133–139; *B. Lang*, Wie wird man Prophet in Israel?, Düsseldorf 1980; *S. A. Meier*, The Messenger in the Ancient Semitic World, Atlanta 1988.
II. *J. Ådna/H. Kvalbein* (Hg.), The Mission of the Early Church to Jews and Gentiles, Tübingen 2000; *J.-A. Bühner*, Der Gesandte und sein Weg im vierten Evangelium, Tübingen 1977; *M. de Jonge*, God's Final Envoy, Grand Rapids 1998; *J. P. Miranda*, Der Vater, der mich gesandt hat, Bern ^{2}1976; *J. Roloff*, Apostolat – Verkündigung – Kirche, Gütersloh 1965; *O. H. Steck*, Israel und das gewaltsame Geschick der Propheten, Neukirchen-Vluyn 1987.

Angelika Berlejung (AT) / Annette Merz (NT)

Bund (B.)

(→ Dachartikel: Gottesvorstellungen)

I. AT: 1. Wo im AT ein B. (*b^{e}rīt*) geschlossen oder „geschnitten“ (*kārat*) wird, wird ein Verhältnis zwischen zwei Bündnispartnern begründet oder erneuert. Der Begriff B. umschreibt immer einen Bereich, innerhalb dessen der Bündnispartner in „Frieden“ leben kann (vgl. Jos 9,15), er bezeichnet also ein „verpflichtendes Gemeinschaftsverhältnis“. Die Art der Verpflichtung kann eine Zusage sein, die man gegenüber einem anderen übernimmt (Selbstverpflichtung, Jos 9,15; 1 Sam 11,1; 2 Kön 23,3 u. a.), oder ein Gebot, das dem anderen auferlegt wird (Fremdverpflichtung: Gen 26,28; 2 Kön 11,4; Gen 26,28 u. a.). Daneben gibt es die Übernahme wechselseitiger Verpflichtungen gleichberechtigter Partner (Gen 31,44; 1 Sam 23,18; 1 Kön 5,26 u. a.). Parallel zum Begriff B. können Wörter für „Eid“ oder „Schwur“ stehen. Bündnisse werden öfter im Heiligtum geschlossen, wo die Gottheit bzw. sie repräsentierende Masseben Zeugenfunktion übernehmen (vgl. 1 Sam 23,18; s. *Abb. 18*). Zu den begleitenden Symbolhandlungen gehören die Übergabe von Geschenken, der Tausch von Kleidern und Waffen, der Handschlag, das gemeinsame Mahl und Selbstverfluchungsriten (vgl. Gen 15,17f; Jer 34,18 u. a.).

I. 2. Im theol. Kontext beschreibt die Kategorie „B.“ das Gottesverhältnis → Israels. Der *locus classicus* für dieses Deutungsmuster des Jhwh/Israel-Verhältnisses ist die zweiseitige Bundesformel von Dtn 26,16–19, die als sachliche Bestimmung der → „Mitte“ des AT besagt, dass Jhwh der Gott Israels und Israel das → Volk Jhwhs ist. Die darin zum Ausdruck kommende Selbstbindung Jhwhs an sein Volk ist von diesem nicht einklagbar, ihre Einhaltung aber erwartbar. Gott kündigt

Abb. 18: Vertragsabschluss auf einer Kalksteinstele, Ras Shamra/Ugarit, 14. Jh. v. Chr., Aleppo, Nationalmuseum.
Quelle: *O. Keel,* Die Welt der altorientalischen Bildsymbolik und das Alte Testament am Beispiel der Psalmen, Göttingen [5]1996, Abb. 122.

seinen B. nicht auf, auch wenn er aufgrund der → Sünde Israels Grund dazu hätte. Den für die atl. Bundestheol. grundlegenden Aspekt der Selbstbindung Gottes hat die *P* zu einer Periodisierung der Heilsgeschichte durch Bundesschlüsse ausgebaut (Noachbund Gen 9 und Abrahambund Gen 17). Die im Abrahambund gebündelten Väterverheißungen werden in Ex 6,2–8 aufgegriffen und in der Sinaiperikope mit der Ankündigung von der Einwohnung Jhwhs in Israel eingelöst (Ex 29,45f → Gottesvorstellungen). In der *dtn.-dtr. Tradition* wird der B., nach Vorläufern in der Prophetie des 8./7. Jh. v. Chr., erstmals (?) zu einer theol. Grundkategorie, die die Phraseologie der neuass. Vertragstexte rezipiert (vgl. Dtn 13; 28), aber zum Unterpfand der → Treue Jhwhs zu seinem Volk umdeutet. Charakteristisch ist dabei die lokale Festlegung des B. und der mit ihm verbundenen Zusagen und Forderungen auf dem Horeb sowie die Konkretisierung seiner Heilssetzungen im → Dekalog (Dtn 5,2f.6ff, vgl. Dtn 4,13 u. a.). In diese Tradition gehört auch die späte → *Verheißung des „neuen Bundes“* in Jer 31,31–34, der als reiner Gnadenbund unkonditioniert ist, kollektiv gedacht und individuell verinnerlicht wird.

Herkunft und Alter eines B. Gottes mit Israel sind nach wie vor umstritten. Insbes. lässt sich eine „mosaische“ Datierung nicht erweisen. Das sog. Bundesschweigen der Prophetie des 8. Jh. v. Chr., die Konzentration der Bundesvorstellung auf die dtn.-dtr. Lit. sowie der sekundäre Charakter der Bundesschlüsse in der nichtpriesterlichen Sinaiperikope (Ex 19; 24; 34?) führen zur Annahme der dtn. Herleitung der Bundesvorstellung in spätvorexil. Zeit.

II. NT: 1. Die ntl. Verwendung von B. (διαθήκη) orientiert sich weitgehend an der atl. Vorgabe: B. meint das bibeltheol. zentrale, verbindliche Wechselverhältnis zwischen Jhwh und seinem → Volk → Israel (vgl. Dtn 26,16–19). An wenigen Stellen tritt die profane Verwendung von διαθήκη als „Testament“, die auch in anderen Vorkommen mitschwingt, in den Vordergrund (vgl. Gal 3,15–17; Hebr 9,16f). Während im Frühjudentum B. und → Tora teils sehr eng zusammenrücken (1 Makk 2,27; LibAnt 11,5; Philo det. 67f; vgl. ShemR 47,3), bezieht sich B. in den Qumranschriften auf den exklusiven Erwählungsanspruch der Gemeinde, im B. mit Gott zu stehen (1QS 1,8 „Gnadenbund“; 5,11 „Gottesbund“; 8,16f „B. der Einung“; in CD 6,19f; 8,21 lautet die Selbstbezeichnung: Gemeinde des „neuen B. im Lande Damaskus“).

II. 2. Das NT kennt keine ausgeführte einheitliche Bundestheol., so sehr sich im Blick auf die Sendung Jesu Christi eine Aufnahme und beginnende Einlösung des verheißenen „neuen Bundes“ aus Jer 31 aufdrängt: Das früheste Vorkommen des Begriffs B. findet sich im Becherwort der Herrenmahlsüberlieferung (vgl. die beiden Varianten in Mk 14,24/Mt 26,28 und 1 Kor 11,25/Lk 22,20), das kulttypologisch Ex 24 aufnimmt bzw. das Motiv des „neuen Bundes“ aus LXX Jer 38,31–34 rezipiert (→ Abendmahl). Inhaltlich wird der stellvertretende Sühnetod Jesu hier als göttliche Stiftung eines eschatologisch neuen, universalen B. gedeutet. Da das Motiv des B. in der synopt. Jesusüberlieferung sonst nicht begegnet (vgl. aber Lk 1,72; Apg 3,25; 7,8), wird strittig diskutiert, ob dieses theol. Motiv auf das letzte Mahl Jesu zurückgeht oder als eine sehr frühe, sachgerechte nachösterliche Prägung anzusehen ist. Ebenfalls kontrovers wird die Frage verhandelt, ob Joh, ohne den Begriff B. zu verwenden, bundestheol. denkt und argumentiert.

II. 3. In polemischer Auseinandersetzung mit seinen innergemeindlichen Gegnern verwendet Paulus B. in Gal und 2 Kor in zwei verschiedenen Gegenüberstellungen, die nicht im Sinne der späteren heilsgesch. Negation (vgl. Barnabasbrief) bzw. des Substitutionsmodells (vgl. Iust. Mart. dial.) missverstanden werden dürfen (→ Schrift): Gal 3,15–18 ordnet die testamentarische → Verheißung an Abraham dem erst später erlassenen Gesetz vor und sieht die Verheißung „an den Nachkommen" Abrahams in → Jesus Christus erfüllt. In Gal 4,21–31 kritisiert Paulus nicht pauschal die Heilsgeschichte Israels, sondern das Gesetz als Heilsprinzip, dessen Geltung den Heilstod Jesu überflüssig machen würde (Gal 2,21). Auch in 2 Kor 3,4–18 treten nicht einfach zwei sich ablösende Heilsepochen hintereinander. Freilich stellt Paulus in polemischer Zuspitzung den Gesetzesdienst des Mose und den apostolischen Dienst der Evangeliumsverkündigung gegeneinander. In Röm 9–11, wo er grundsätzlich auf die Heilsgeschichte Israels zu sprechen kommt, betont er den B. Gottes mit Israel als bleibendes, unbereubares Erwählungszeichen (Röm 9,4: „die Bünde"; 11,29). Nach 11,26f (vgl. LXX Jes 59,20f; 27,9) wird „der kommende Retter aus → Zion ganz Israel erlösen" und so Gottes B. mit Israel endzeitlich erfüllen.

II. 4. Allein im Hebr entfaltet sich eine ausgesprochene Bundestheol.: Beeinflusst vom Bundesmotiv in der Herrenmahlsüberlieferung und bestimmt von der Deutung des Sühnetodes Jesu als eine ein für alle Mal rettende hohepriesterliche Heilstat, versteht Hebr die in Jesus Christus heraufgeführte neue Heilsordnung als den „neuen B." Jesu Sendung öffnet in seinem → Tod, seiner → Auferstehung und Erhöhung den Zugang zu der eschatologischen Gottesgemeinschaft, die alles Irdisch-Vergängliche in den „Schatten" stellt (vgl. Hebr 8,4f; 9,11–14). Hebr setzt hier gut mittelplatonisch eine Dichotomie von Irdisch-Vergänglichem und Himmlisch-Ewigem voraus. Da dieser neue B. Gottes durch den Bürgen (Hebr 7,22) und Mittler (Hebr 8,6; 9,15; 12,24) Jesus im Modus der Verheißung gegeben ist, gilt es auch für Christen, der noch ausstehenden Vollendung in → Geduld und Ausdauer entgegenzugehen. Die Rede vom „ersten" (Hebr 8,7.13; 9,1.15.18) B. Gottes zielt auch hier nicht auf eine Substitution, sondern stellt der auf den Sinaibund zurückgeführten levitischen Kultordnung mit ihrer vorläufigen Dauer und begrenzten Heilswirkung (Hebr 8,7–13; 10,15–18; vgl. LXX Jer 38,31–34) das in Jesus Christus erwirkte → Heil kultmetaphorisch reinterpretiert gegenüber. Diese neue Heilsordnung verkündet Hebr als „neuen" (Hebr 8,13; 9,15; 12,24), „ewigen" (Hebr 13,20) und „besseren" (Hebr 7,22; 8,6) B. Gottes, der Israel „nicht ohne uns" (Hebr 11,40) zur Vollendung führen will.

I. *C. Dohmen/C. Frevel* (Hg.), Für immer verbündet, Stuttgart 2007; *W. Groß*, Zukunft für Israel, Stuttgart 1998; *E. Otto*, Die Ursprünge der Bundestheologie im Alten Testament und im Alten Orient: ZAR 4 (1998) 1–84.

II. *K. Backhaus*, Der Neue Bund und das Werden der Kirche, Münster 1996; *ders.*, Hat Jesus vom Gottesbund gesprochen?: ThGl 86 (1996) 343–356; *H. Frankemölle* (Hg.), Der ungekündigte Bund?, Freiburg 1998.

Bernd Janowski (AT) / Klaus Scholtissek (NT)

Buße (B.)

(→ Dachartikel: Kult)

Vorbemerkung: Das deutsche Wort B., das mit „bessern" zusammenhängt, bezeichnet eine rel. Haltung oder Handlung, die in bes. Weise bibl. konnotiert ist. Es ist die Wiedergabe dessen, was in der Bibel → „Umkehr" meint. Im AT steht dafür die hebr. Verbalwurzel *šūb* „umwenden, zurückkehren", im nachbibl. Schrifttum auch das Substantiv *t^ešūbā* (vgl. CD 19,16). Im NT wird der Sachverhalt vornehmlich durch das Verb μετανοεῖν bzw. das Substantiv μετάνοια ausgedrückt, was eine Sinnesänderung ausdrückt und einen Aspekt der Ruhe einschließt. B. heißt „Umkehr" zu Gott. Sie setzt voraus, dass man aus eigenem Verschulden von Gott getrennt ist, aber etwas dafür tun will, dass diese Trennung aufgehoben und die Gottesbeziehung wieder hergestellt wird.

I. AT: 1. Das Theologumenon begegnet im AT v. a. im späten Deuteronomismus und in der damit verwandten chronistischen Lit. Ihr Gegenstand ist die → Geschichte Israels, ihr Geschichtsbild denkbar einfach: Jhwh hat → Israel (mit der Berufung der Erzväter und dem → Exodus) erwählt und ihm das Gesetz des Mose gegeben. Von Mose an (Dtn 4,30; 30,2.8.10) hat er → Propheten gesandt, die zum Gesetzesgehorsam aufriefen, vor den Folgen des Ungehorsams warnten und die „Umkehr" predigten (2 Kön 17,13; 2 Chr

15,1–4; 24,19; 36,15f; Neh 9,26; vgl. noch 1 Sam 7,3; 1 Kön 8,33.35.47.48; 2 Chr 6,24.26.37.38; 7,14f; 30,6.9). Aber Israel ist nicht „umgekehrt" (2 Chr 36,13; Neh 9,35) und musste darum ins → Exil. Die Umkehrforderung der Propheten und das leuchtende Beispiel des Königs Joschija (2 Kön 23,25) bestehen dennoch weiter. Wer „umkehrt", wird gerettet (Neh 1,9), wer Jhwh „sucht", von dem lässt er sich „finden" (2 Chr 15,4; vgl. Dtn 4,29f). Auch wenn der → Tempel in 1 Kön 8,48 die Gebetsrichtung ist, ist „Umkehr" als Gesetzesgehorsam auch ohne den Tempel möglich und verleiht dem im dtr. und chronistischen Schrifttum vorausgesetzten vor- wie nachexil. Tempelkult einen neuen Sinn.

Dasselbe Konzept liegt den einschlägigen Belegen in den Prophetenbüchern zugrunde. Bei den nachexil. Texten versteht sich dies fast von selbst. Sach 1,4.6 und Mal 3,7 argumentieren mit der „Schuld der Väter" und rufen zur Umkehr auf. Ebenso Ezechiel (Ez 14,6), der die Schuld der → Väter auf den Gottlosen wälzt (Ez 18,1ff; 33,9.10ff sowie 3,19; 13,22; vgl. Jes 55,7). Joël 2,12f zitiert im Umkehrruf die Verheißung des Gesetzes (Ex 20,5f; 34,6f), Jona 3,8–10 lässt aus demselben Grund (Jona 4,2) die Heiden sich zum Herrn bekehren. Dan 9,13 beklagt, dass das → Volk nach allem, was geschehen ist, wie es im Gesetz des Mose geschrieben steht, noch immer nicht „umgekehrt" sei.

Angesichts dieser Beleglage erscheinen auch die Umkehrpredigten der vorexil. Propheten in anderem Licht. Man lässt sie die Umkehr predigen, um das längst eingetretene Gericht zu begründen und künftigen Generationen den → Weg zu weisen. Es handelt sich durchweg um Nachträge. Jeremia bewegt sich schon sprachlich eindeutig in den spätdtr.-chronistischen Bahnen (vgl. bes. Jer 35,14f; 44,4f sowie 18,8.11; 23,14f.22; 24,7; 25,5; 26,3; 34,15; 36,3.7); doch kann dasselbe Anliegen auch auf andere Weise zum Ausdruck gebracht werden (Jer 3,10.14; 4,1; 5,3; 8,5; 15,7; 31,18f). In Jesaja, Hosea und Amos halten sich die Warnungen (Jes 6,10; 31,6; Hos 5,4.6; 7,10.16; 11,5; Am 4,6–12) und die Heilsverheißungen (Jes 10,21f; 19,22; Hos 3,5; 12,7; 14,2f) in etwa die Waage.

I. 2. Als kultischen Hintergrund der Umkehrtheol. hat man öffentliche Buß- und Bettage am → Tempel zu regelmäßig wiederkehrenden oder bes. Anlässen vermutet. Solche Feiern sind für die nachexil. Zeit bezeugt (Sach 7,3.5; 8,19; Jes 58,3ff; Joël 1,14; 2,15; Jona 3) und in 2 Chr 20 und Neh 9 beschrieben. Für die vorexil. Zeit lassen gelegentliche Erwähnungen, und seien sie spät (1 Sam 7,6; 31,13; 1 Kön 21,9.12; Jes 22,12; Jer 14,12; 36,6.9), lediglich auf öffentliche Trauer- und Fastenzeremonien (→ Trauer) schließen, wie sie auch im privaten Bereich üblich waren. Der Gedanke der B. oder Umkehr dürfte ihnen allerdings fremd gewesen sein. Wie überall im AO dienten sie dazu, die Gottheit gnädig zu stimmen und diese zur Umkehr zu bewegen. Dabei mag auch ein Schuldeingeständnis hilfreich gewesen sein, doch fehlte das Bewusstsein, von Gott abgefallen zu sein, den anderen Göttern abschwören und das Gesetz halten zu müssen. Erst der Gedanke des göttlichen Gerichts in der prophetischen Überlieferung (→ Propheten) hat die Voraussetzung für dieses Bewusstsein geschaffen, das sich in exil.-nachexil. Zeit allmählich entwickelte.

I. 3. Im späten AT (Ijob 22,23; 36,10; Ps 22,28; 51,15) und in der ihm nahestehenden Lit. der hell. Zeit (Jdt 5,21; Tob 13,6; Bar 4,2; Sir 5,7; 8,5; 17,24–26; 18,21; 48,15) ist die „Umkehr" zum theol. Topos geworden. Ähnlich wie die „Beschneidung des Herzens" (→ Beschneidung) zielt er darauf, die Beachtung der üblichen rel. Pflichten zu vertiefen, und ist bestens geeignet, um Grenzen innerhalb des Judentums zu markieren. So bezeichnet die Gruppe von Qumran den Eintritt in ihre Gemeinschaft als „Umkehr zum Gesetz des Mose" (1QS 5,8; CD 16,1f; 4Q171 2,2f) oder „Umkehr zur → Wahrheit" (1QS 6,15), ihren Auftrag als „Umkehr zu seinem Bund" (1QS 5,22) und sich selbst als „Bund der Umkehr" (CD 19,16). Der Topos konnte so den Verlust des zweiten Tempels 70 n. Chr. leicht überstehen und erhielt im rabb. Judentum einen festen Platz im rel. Leben des Einzelnen.

II. NT: 1. Die B. im NT beginnt mit der Bußpredigt Johannes des Täufers, der den → Zorn Gottes ankündigt und angesichts dessen zu → Umkehr (griech. μετάνοια, „Sinnesänderung, Umkehr") und → Taufe zur Vergebung der → Sünden aufruft und „Früchte der Buße", d. h. gute Werke, verlangt (Mk 1,4par.; Lk 3,7–9.16f.par.; vgl. Apg 13,24). Die Botschaft erinnert an Sir 5,6f, ist hier aber eschatologisch aufgeladen. Ähnliche Gerichtsdrohungen werden in Lk

13,3.5; Mt 11,20–22par. und Mt 12,41par. von Jesus überliefert. Sie werden gemeinhin für „echt“ gehalten, obwohl sie nicht so recht zur Ankündigung des Gottesreiches passen wollen, welche in der Regel ohne den Umkehrruf ergeht. Die nachösterliche Jesusüberlieferung hat beides zusammengedacht (Mk 1,15; 6,12; Mt 3,2; 4,17).

II. 2. In der Evangelientradition hat sich ansonsten nur Lukas des Themas angenommen. Bei ihm steht die Umkehr des Sünders im Zentrum (Lk 5,32; 15,7.10). Die Umkehr zur → Vergebung der Sünden wird in der Missionspredigt auf → Jesus Christus und das → Evangelium bezogen (Apg 2,38; 3,19; 20,21; 26,20; von der Bußpredigt des Johannes 19,4; mit anderen Worten 1 Thess 1,9f) und unter alle Völker getragen (Lk 24,47; Apg 11,18; 17,30).

Ist man einmal Christ geworden, kommt es darauf an, bei dem gewonnenen → Glauben zu bleiben. Dazu ermahnt die Offb in ihren Sendschreiben (Offb 2,16.21f; 3,3.19) angesichts der letzten Zeit, in der Abfall und Unglaube grassieren (9,20f; 16,9.11). Dazu ermahnt aber auch Hebr 6,1.6; 12,17, wonach es für Abgefallene keine zweite Chance zur Umkehr gibt. Doch die Christenheit hatte sich auf eine lange Zeit einzurichten und so musste auch lange Zeit für die B. bleiben (2 Petr 3,9 nach Röm 2,4), die Eingang in die Paränese (→ Ermahnung) fand (2 Kor 7,9f; 12,21; 2 Tim 2,25).

I. *M. J. Boda*, From Complaint to Contrition: ZAW 113 (2001) 186–197; *E. K. Dietrich*, Die Umkehr (Bekehrung und Buße) im Alten Testament und im Judentum bei bes. Berücksichtigung der neutestamentlichen Zeit, Stuttgart 1936; *M. Mulzer*, Die Buße der Tiere in Jona 3,7f und Jdt 4,10: BN 111 (2002) 76–89; *J. Unterman*, From Repentance to Redemption, Sheffield 1987; *R. A. Werline*, Penitential Prayer in Second Temple Judaism, Atlanta 1998.

II. *J. G. Crossley*, The Semitic Background to Repentance in the Teaching of John the Baptist and Jesus: Journal for the Study of the Historical Jesus 2 (2004) 138–157; *I. Goldhahn-Müller*, Die Grenze der Gemeinde, Göttingen 1989; *H. Löhr*, Umkehr und Sünde im Hebräerbrief, Berlin u. a. 1994; *G. D. Nave*, The Role and Function of Repentance in Luke-Acts, Atlanta 2002.

Reinhard G. Kratz

Dämon (D.)

(→ Dachartikel: Weltbild/Kosmologie).

I. AT: 1. D. sind im Vorderen Orient seit alters her bezeugt und im AT mit mannigfaltiger Terminologie vertreten. Zu nennen sind die D.-Gruppen der *šēdīm* (akkad. Lehnwort und eigentlich gutmeinende Schutzgeister; Dtn 32,17; Ps 106,37), *ṣijjīm* (= „zur Wüste Gehörende“; Jes 13,21; 34,14; Jer 50,39) und *śᵉᶜīrīm* („Haarige, Bocksgeister“; Lev 17,7; Jes 13,21; 34,14; 2 Chr 11,15). Als einzelne D. treten Asasel (Lev 16,8.10), Lilit (Jes 34,14) und Aschmodai (Tob 3,8) auf. Verderber (Ex 12,23), Lügengeister (1 Kön 22,19–23), böse Geister (1 Sam 16,14; Sir 39,28f) oder schlagende → „Engel“ in Jhwhs Auftrag (2 Sam 24,15f; 2 Kön 19,35; Jes 37,36) stehen in ihrer Lebensfeindlichkeit den D. nahe. Die LXX übersetzt diverse hebr. Gottesbezeichnungen (z. B. in Jes 65,11 den Gott Gad; vgl. auch Ps 95,5; Dtn 32,17) mit „D.“, wodurch die Götter der Völker abqualifiziert bzw. dämonisiert werden.

I. 2. Dämonen und ruhelose Totengeister sind als Zwischenwesen → Feinde der → Schöpfung, der → Ordnung und des → Lebens, Verkörperungen des Chaos und der unberechenbaren Gefahr. Sie stecken hinter → Krankheiten (Ps 91,5f; 1 Sam 16,14f; 18,10), Kindstod (Lamaštu, spät identifiziert mit der Winddämonin Lilit) oder Hitzewellen (Pazuzu; archäologisch in Palästina als Amulettkopf bezeugt); sie siedeln in der → Wüste, in Ruinen, Hausecken und Türschwellen (Zef 1,9; 1 Sam 5,5) und allen Orten, die auf die → Unterwelt hin durchlässig sind (Löcher, Brunnen). Sie spielten v. a. in der persönlichen Religiosität eine Rolle, konnten (basierend auf der Denkvoraussetzung, dass sie Gottheiten unter-, Menschen jedoch überlegen sind) mit Amuletten, Beschwörungen bzw. Exorzismen (Tob 6; 1 Sam 16) bekämpft werden und wurden ikonographisch zumeist als möglichst monströse → Mischwesen dargestellt (*Abb. 19*). Ihre kultische Verehrung war nicht üblich und wird atl. im Kontext rückschauender Kultpolemik gegen → Götzen entgegen der geltenden Praxis postuliert (Lev 17,7; 2 Chr 11,15; Ps 106,37). Auch wenn hinter dem atl. Asasel ursprünglich wohl nicht der Eigenname eines D. stand, sondern sich das Eliminationsritual in Lev 16 gegen den „göttlichen → Zorn“ richtete

Abb. 19: Der mesopotamische Dämon Pazuzu, der auch in Palästina belegt ist.
Quelle: *O. Keel,* Bildsymbolik, Abb. 93.

(B. Janowski/G. Wilhelm), entwickelte sich im Frühjudentum aus Asasel eine komplexe Figur (ApkAbr 13,6–14; 23,5.9; 1Hen 8,1; 9,6; 10,4–8; 55,4 u. a.), die den Menschen das Metallhandwerk beibrachte, als Schlange Adam und Eva im → Paradies verführte und vom → Messias dereinst gerichtet werden wird. Die Entwicklung, die die atl. an sich unbedeutenden Asasel und Lilit im Frühjudentum genommen haben, ist für eine Zeit symptomatisch, in der die Anzahl der D. sprunghaft anstieg. Seit der ausgehenden Perserzeit spielten D. in Jehud eine immer größere Rolle; dies könnte u. a. auf den ausgeprägten Dualismus zurückzuführen sein, der zunehmend das → Weltbild bestimmte und dessen Herkunft evtl. mit den Lehren des Zarathustra und der sich entwickelnden → Apokalyptik zu verbinden ist. Für das Frühjudentum waren D. (im Anschluss an Gen 6,1–4) gefallene Engel (2Hen 7) und dem „Fürsten der Auflehnung" (Jub 10,1.14; 1Hen 15) bzw. → Widersacher/Satan unterstellt. Mit diesem Anführer an der Spitze kämpften sie im dualistischen Weltszenario Qumrans am Ende der Zeiten auf der Seite der Finsternis (1QM 1,1–13; 13,1–11; → Licht). Nach später Auffassung befreit Gott von D., wobei er sich eines Menschen (David: 1 Sam 16 und Pseudo-Philo 60,3; Salomo: Ios. ant.Iud. 8,45) oder Engels (Rafael: Tob 6,16) bedienen kann. Ihre endgültige Überwindung wird in eschatologischer Hoffnung erst vom Messias erwartet (TestLev 18,1–2.10–12; Pseudo-Philo 60; Jub 23,9).

II. NT: 1. Im NT findet sich δαίμων (= „Gottheit"; Mt 8,31), öfter aber das davon abgeleitete und negativ qualifizierte (substantivierte Adjektiv neutrum) δαιμόνιον, das auch durch πνεῦμα ἀκάθαρτον „unreiner → Geist" (Lk 8,29) oder πνεῦμα πονηρόν „böser Geist" (Lk 8,2) ersetzt werden kann. Die ursprünglich neutrale Bedeutung „Gottheit" findet sich in Apg 17,18, wo Paulus von den Athenern als Prediger „fremder Gottheiten" (δαιμόνια) beschrieben wird.

II. 2. Die ntl. Dämonologie schließt an den spätatl. bzw. frühjüd. Vorstellungen an. D. sind Teil des dem Menschen und der → Schöpfung feindlichen Heers. Sie sind Beelzebul/Beliar (Mk 3,22f.par.; 2 Kor 6,15), Satan (Offb 12,9) untergeordnet und verursachen als seine Hilfsboten zumeist Besessenheit, Krankheiten und (seltener) Verwahrlosung bzw. unsoziales Verhalten. Sie werden von Jesus (Mk 1,21–28par.; 7,24–30par.; Mt 12,43–45par.) exorziert (nicht im Joh), der diese → Macht bzw. Vollmacht an seine Jünger weitergibt (Lk 10,17–20; Apg 8,7). Die D. erkennen Jesus als erste als den Christus (Mk 1,24; vgl. aber 1 Joh 4,1–6), weil ihre Macht von nun an gebrochen ist. Sie werden durch Jesus endgültig überwunden, dessen Wirken das Reich und → Heil Gottes bereits im Jetzt exemplarisch verwirklicht. Der Gläubige ist durch Jesus von der Macht der D. befreit (Röm 8,38f; Eph 1,21).

I. *G. Ahn/M. Dietrich* (Hg.), Engel und Dämonen, Münster 1997; *B. Janowski/G. Wilhelm*, Der Bock, der die Sünden hinausträgt, in: *dies.* (Hg.), Religionsgeschichtliche Beziehungen zwischen Kleinasien, Nordsyrien und dem Alten Testament, Fribourg u. a. 1993, 109–169; *H. Frey-Anthes,* Unheilsmächte und Schutzgenien, Antiwesen und Grenzgänger, Fribourg u. a. 2007; *A. Lange/H. Lichtenberger* u. a. (Hg.), Die Dämonen, Tübingen 2003; *W. Röllig*, Begegnungen mit Göttern und Dämonen der Levante, in: *T. Hölscher* (Hg.), Gegenwelten zu den Kulturen Griechenlands und Roms in der Antike, München u. a. 2000, 47–66; *K. van der Toorn/B. Becking* u. a. (Hg.), Dictionary of Deities and Demons in the Bible, Leiden u. a. ^{2}1999.
II. *M. Hasitschka*, Dämonen und Teufel bei Johannes: Protokolle zur Bibel 1 (1992) 79–84; *B. Kollmann*, Jesu Schweigegebote an die Dämonen: ZNW 82 (1991) 267–273; *A. Lange/H. Lichtenberger* u. a. (Hg.), Die Dämonen, Tübingen 2003; *H. Lichtenberger,* Demonology in the Dead Sea Scrolls and the New Testament, in: *R. A. Clements/D. R. Schwartz* (Hg.), Text, Thought,

and Practice in Qumran and Early Christianity, Leiden 2009, 267–280; *U. Poplutz,* Dämonen – Besessenheit – Austreibungsrituale, in: *R. Zimmermann* (Hg.), Kompendium der frühchristlichen Wundererzählungen, Band 1, Gütersloh 2013, 94–107; *C. Strecker,* Jesus und die Besessenen, in: *W. Stegemann/ B. J. Malina* u. a. (Hg.), Jesus in neuen Kontexten, Stuttgart 2002, 53–63; *H. Weber,* Dämonen, Besessenheit und Exorzismus im Neuen Testament und ihre Wirkungsgeschichte: Zeitschrift für Pädagogik und Theologie 51 (1999) 19–31.

Angelika Berlejung

Dekalog (D.)

(→ Dachartikel: Weisheit/Gesetz)

I. AT: 1. Ex 20,2–17 und Dtn 5,6–21 bieten in zwei verschiedenen, im Wesentlichen aber übereinstimmenden Fassungen eine Zusammenstellung ethischer Grundsätze. Sie wird in Anknüpfung an Dtn 4,13; 10,4 (vgl. Ex 34,28) als D. (*ʿᵃśœrœt haddᵉbārîm* „zehn Worte") bezeichnet.

I. 2. Traditionell werden verschiedene Zählungen der Gebote vertreten. Im Anschluss an Dtn 4,13; 5,22; 9,9ff u. a. wird überdies versucht, die Gebote auf zwei „Tafeln" zu verteilen, wobei unklar ist, ob das Elterngebot zur „ersten" oder zur „zweiten Tafel" gehört.

Traditionelle Zählungen der Gebote des Dekalogs				
Ex 20	Dtn 5	jüd.	griech.-orth. / ref.	röm.-kath. / luth.
V. 2	V. 6	I.	I.	I.
V. 3	V. 7	II.		
V. 4–6	V. 8–10		II.	
V. 7	■ V. 11	III.	III.	II.
V. 8–11	■ V. 12–15	IV.	IV.	III.
V. 12	■ V. 16	V.	V.	IV.
V. 13	V. 17	VI.	VI.	V.
V. 14	V. 18	VII.	VII.	VI.
V. 15	V. 19	VIII.	VIII.	VII.
V. 16	V. 20	IX.	IX.	VIII.
V. 17a	V. 21a	X.	X.	IX.
V. 17b	V. 21b			X.

In Ex 20 folgen auf eine Präambel, in der Jhwh sich als Sprecher des Textes vorstellt und an die Befreiung Israels aus der Sklaverei in Ägypten erinnert (→ Exodus), (I., die folgenden Angaben gehen von der röm.-kath./luth. Zählung aus) das Verbot, andere Götter als Jhwh zu haben, Kultbilder herzustellen, und sie (d. h. Götter und Kultbilder) zu verehren. Im vorliegenden Textzusammenhang sind V. 2/3–6 durch V. 5 zu *einem* Gebot verbunden. Dabei ist vorausgesetzt, dass Jhwh ohne Kultbild verehrt wird. Ursprünglich beinhaltete das → Bilderverbot vielleicht (auch) ein Verbot der Herstellung von Kultbildern Jhwhs. In V. 7 folgt (II.) das Verbot, den → Namen „Jhwh" zu missbrauchen bzw. leichtfertig zu gebrauchen (das im Judentum wie im Christentum letztlich zur Ersetzung des Namens „Jhwh" durch die Gottesbezeichnung „der Herr" geführt hat). Mit (III.) dem Sabbatgebot und (IV.) dem Gebot, die (alten) Eltern zu ehren, folgen zwei Gebote, die – ebenso wie die vorhergehenden Verbote – knapp begründet werden. Die drei folgenden Verbote (V.) des Tötens, (VI.) Ehebrechens und (VII.) Stehlens sind demgegenüber so kurz wie möglich formuliert. Den Abschluss bilden drei Verbote von Übergriffen gegen den → „Nächsten" bzw. „Nachbarn": (VIII.) Gegen ihn darf keine falsche Aussage gemacht werden und (IX.) sein Haus sowie (X.) seine → Frau, sein Personal, seine Tiere und sein sonstiger Besitz dürfen nicht „begehrt" werden. In Dtn 5 sind die Gebote V. bis X. durch „und" miteinander verbunden zu einem Gebot. So liegt in Dtn 5 eigentlich ein „Pentalog" mit fünf abwechselnd längeren und kürzeren Geboten vor. Im Zentrum steht das Sabbatgebot, das in Dtn 5 nicht wie in Ex 20 mit Verweis auf die → Schöpfung begründet wird, sondern mit der Erinnerung an den Auszug aus Ägypten. Bei den Verboten handelt es sich im Hebr. um sog. Prohibitive („du darfst nicht …") und nicht um indikativische Aussagen („du wirst nicht …"); die Gebote sind durch ihre imperativische Formulierung ohnehin klar als solche kenntlich.

Als Adressaten stehen dem D. erwachsene, Haus und Hof besitzende Männer vor Augen, die ihre alten Eltern zu versorgen haben und deren Kinder noch in ihrem Haus leben (→ Familie).

Sinngemäß konnten sich aber auch andere Israeliten beiderlei Geschlechts die Gebote zu eigen machen. Im D. sind allgemeine und grundlegende Bestimmungen für das alltägliche Leben der Israeliten zusammengestellt. Sie werden z. T. mit der Aussicht auf Belohnung oder Bestrafung durch Jhwh begründet, aber nicht mit rechtlichen Sanktionen versehen. Deshalb handelt es sich beim D. nicht um ein Rechtsdokument, sondern um einen ethischen Text. (Das zeigen auch die rechtlich kaum handhabbaren Verbote des „Begehrens".) Durch den einleitenden Verweis auf die Befreiung aus der Sklaverei in Ägypten wird klargestellt, dass die folgenden Ge- und Verbote die → Freiheit des Einzelnen begrenzen, um in der → Gemeinschaft ein möglichst großes Maß an Freiheit für alle zu bewahren. Die beiden ersten Gebote schützen die Freiheit vor falschen rel. Bindungen und vor dem Missbrauch der Rel., indem sie die Verehrung Jhwhs als des unverfügbaren Grundes der Freiheit Israels nach außen und innen gegen Formen der Gottesverehrung abgrenzen, die den Menschen in Dienst nehmen, statt ihn zu befreien. Sabbat- und Elterngebot (→ Sabbat) gewähren Menschen wie Tieren gegen alle ökonomischen Zwänge Freizeit und schützen die → Würde von Menschen, die nicht mehr leistungsfähig sind. Mit → Leben, → Ehe und → Besitz sichern die drei folgenden Kurzverbote (V.–VII.) die Grundlagen eines Lebens in Freiheit vor Übergriffen. Die drei letzten Gebote (VIII.–X.) wehren auch indirekte bzw. verdeckte Übergriffe ab und fordern zur Pflege einer genügsamen Haltung auf, die dem Nächsten das Seine nicht missgönnt.

Der D. steht in Ex 20 wie in Dtn 5 den jeweils folgenden Rechtsbestimmungen voran (dem „Bundesbuch" in Ex 20–23 sowie den weiteren Gesetzen in Ex-Num bzw. dem dtn. Gesetz in Dtn 12–26). Ihnen gegenüber ist er dadurch ausgezeichnet, dass er von Jhwh vor ganz → Israel am Sinai bzw. Horeb proklamiert wurde (wobei im vorliegenden Kontext allerdings unklar bleibt, ob die Israeliten die Gebote gehört und auch verstanden haben, oder ob sie ihnen durch Mose gleichsam übersetzt werden mussten). Der D. kann verstanden werden als ein Versuch, die ethischen Grundlagen der Rechtsordnung Israels zu formulieren. Von daher erklären sich die Spannungen, die z. T. zwischen den möglichst allgemein gehaltenen Grundsätzen des D. und den konkreten und detaillierten Rechtsbestimmungen bestehen. So ist z. B. das Töten (von Menschen) ethisch grundsätzlich untersagt, wird aber rechtlich in bestimmten Fällen (→ Krieg, Todesstrafe) gleichwohl als unumgänglich erachtet. Entsprechendes gilt etwa auch für das Stehlen, das unter bestimmten Umständen (Mundraub) rechtlich zugestanden wird. Die Spannungen zwischen dem D. und den Gesetzen des Pentateuch zeigen, dass ethische Werte und Normen immer nur unvollkommen in rechtliche Ordnungen überführt werden können. Deshalb muss das → Recht (aber auch das Ethos) immer wieder kritisch geprüft und weiterentwickelt werden (vgl. etwa die zunehmende Erschwerung der Verhängung und Vollstreckung von Todesurteilen im AT von Ex 21,12–17 über Dtn 19 bis hin zu Num 35). Ansatzweise wird eine solche Rechtsentwicklung im AT erkennbar, wenn Mose (im vorliegenden Textzusammenhang des Pentateuch) im Dtn einer neuen Generation von Israeliten eine um das dtn Gesetz ergänzte → Tora verkündet (vgl. dann auch Jos 24,25f; 2 Kön 22f; Neh 8–10; 12,44ff).

Lit. ist der D. wohl in mehreren Stufen gewachsen. Darauf deuten zum einen die Differenzen zwischen den beiden Fassungen in Ex 20 und Dtn 5, v. a. die (jüngere?) Begründung des Sabbatgebots mit Verweis auf die → Schöpfung (Gen 1) in Ex 20 gegenüber der (älteren?) Begründung mit Verweis auf den → Exodus in Dtn 5 sowie die (ältere?) Abfolge der beiden letzten Gebote in Ex 20 (Haus – Frau usw.) gegenüber der (jüngeren?) Abfolge in Dtn 5 (Frau – Haus usw.). Zum anderen spricht in den Geboten I. und II. Jhwh in der 1. Person selbst, während in den Geboten III. und IV. über Jhwh (3. Person) gesprochen wird (in V.–X. wird Jhwh nicht erwähnt). Die beiden Gruppen V.–VII. und VIII.-X. heben sich formal voneinander ab und überschneiden sich inhaltlich (Schutz der → Ehe und des Eigentums).

Die Entstehungsgeschichte des D. ist in der Forschung umstritten und wohl nicht mehr in allen Einzelheiten rekonstruierbar. Beim gegenwärtigen Stand der Erforschung der atl. Literaturgeschichte wird man jedenfalls die vorliegende Gestalt des D. in Dtn 5 nicht früher als in der späten Königszeit ansetzen. Ex 20 setzt in der Begründung des Sabbatgebots Gen 1 voraus und kann deshalb in der jetzt vorliegenden Fassung nicht früher als in der Zeit des bab. Exils entstanden sein. Eine ältere Version von Ex 20 könnte aber Dtn 5 bereits vorgelegen haben. Auf Mose geht der D. sicher nicht zurück.

Außerhalb des Pentateuch wird im AT nur selten und allenfalls andeutungsweise auf den D. Bezug genommen. Ijob 24,14f spielt vielleicht auf die Gebote V., VII. und VI. an. Jer 7,9 und Hos 4,2 könnten noch weitere Gebote (älterer Fassungen?) des D. im Blick haben; möglicherweise handelt es sich hier aber auch um (Anspielungen auf) Traditionen, auf die bei der Formulierung des D. zurückgegriffen wurde. Im Pentateuch finden sich in Dtn 12–26, aber auch im sog. „Bundesbuch" in Ex 20–23 gewisse Parallelen zum D. in der thematischen Abfolge der Gesetze. Sie könnten auf redaktionelle Bearbeitungen zurückgehen, die verdeutlichen sollten, dass es den Gesetzen des Pentateuch darum geht, das Ethos des D. in Rechtsordnungen umzusetzen. Demgegenüber scheint Lev 19, wo alle Gebote des D. der Sache nach aufgenommen, aber konsequent mit ganz verschiedenartigen anderen Bestimmungen vermischt werden, einer Überordnung des D. über die übrigen Gesetze der Tora kritisch zu widersprechen: Die Israeliten sollen *alle* Ordnungen und Rechtsbestimmungen Jhwhs befolgen (Lev 19,37, vgl. V. 18).

II. NT: Diese Diskussion wird in der an das AT anschließenden frühjüd. Lit. weitergeführt. In der rabb. Lit. wird auf der Linie von Lev 19 eine Sonderstellung des D. abgelehnt. Demgegenüber deuten Textfunde (Papyrus Nash, Tefillin aus Qumran) darauf hin, dass der D. als Zusammenfassung der → Tora separat überliefert wurde. In diesem Sinne wird auch im NT mehrfach auf den D. Bezug genommen. In Mk 10,17–22par. fasst Jesus die Gebote Gottes zusammen, indem er die Gebote V.–VIII. und IV. des D. zitiert (und bei Mk noch um das Gebot, niemanden zu berauben, ergänzt; in der Parallele Mt 19,16–22 findet sich stattdessen noch das Gebot der Nächstenliebe aus Lev 19,18). Daneben steht in Mk 12,28–34par. die Zusammenfassung des Gesetzes im Doppelgebot der Gottes- und Nächstenliebe als dem „höchsten Gebot". Der D. (und hier bes. die Gebote für das zwischenmenschliche Verhalten) und das Liebesgebot stellen also offenbar zwei sachlich gleichwertige Möglichkeiten dar, die Bestimmungen der Tora kurz und prägnant zusammenzufassen. In Röm 13,9f stehen die Gebote VI., V., VII. und IX./X. des D. exemplarisch für die Forderungen des Gesetzes; sie können ihrerseits zusammengefasst werden im Gebot der Nächstenliebe (Lev 19,18, vgl. Gal 5,14; Jak 2,8). Damit wird die Entfaltung und Konkretisierung von → Ethik und Recht nicht überflüssig, vielmehr wird ihr ein Freiraum eröffnet, der auch Korrekturen und neue Entwicklungen zulässt.

I. *M. Köckert,* Die zehn Gebote, München 2007; *D. Markl,* Der Dekalog als Verfassung des Gottesvolkes, Freiburg i. Br. 2007.
II. *R. H. Fuller,* The Decalogue in the New Testament: Interp. 43 (1989) 243–255; *D. Lioy,* The Decalogue in the Sermon on the Mount, New York u. a. 2004; *D. Sänger,* Tora für die Völker – Weisungen der Liebe, in: *H. Graf Reventlow* (Hg.), Weisheit, Ethos und Gebot, Neukirchen-Vluyn 2001, 97–146.

Thomas Krüger

Diaspora (D.)

(→ Dachartikel: Geschichte/Geschichtsdarstellung/Heilsgeschichte)

I. AT: 1. Der hebr. Begriff *gōlā* „Deportation, Deportierte" bezeichnet die (bes. bab.) jüd. D. (wörtl. Zerstreuung), die aus dem sog. → „Exil" hervorging. Dass in Krisensituationen immer wieder Judäer das „Verheißene → Land" freiwillig verließen (Gen 12,10–20; 45,9–46,26; Jer 40,12; 41,15; 42,14–22; Rut 1) wird als „theol. unerwünscht" (Hos 8,13; 9,6; Num 13–14) dabei ausgeblendet.

I. 2. Seit dem Untergang → Israels 724/720 v. Chr. und Judas 597–582 v. Chr. gibt es eine israelit. bzw. jüd. D.; über viele Jahrhunderte hinweg waren v. a. die Diasporagemeinden in Babylon und Ägypten wichtig. Vom Konzept des Exils unterscheidet sich die D. dadurch, dass sie ihren Aufenthalt außerhalb des Heiligen Landes als dauerhaft ansieht (Jer 29,1–9 [dagegen Jer 29, 10–14]; 45,1–5). Die Rückkehr der D. findet erst im Eschaton statt, zusammen mit allen anderen Völkern (Jes 2,2–5; 43,5–7; 45,14f; 49,12.22f; 55,5; 60,3–14; 66,12.18–21), wobei der D. mitunter eine missionarische Funktion zugeschrieben werden kann (Jes 66,18–21; vgl. Sach 8,23). Das Loben Gottes „unter den Völkern" in den Pss. (Ps 18,50; 57,10; 96,3; 96,10; 108,4) definiert nicht nur die liturgische Rolle Israels in der Welt, sondern macht den Psalter zusätzlich „D.-inklusiv". Mit den aus dem 5.–2. Jh. v. Chr. stammenden

„D.-Novellen" (Josefsgeschichte Gen 37–50*; Ester; aram. Daniel-Buch Dan 2–6*; Tobit) behauptet sich die D. nicht nur gegen ihre jeweilige Umwelt, sondern auch gegen den Aufruf der „Heimkehrer", es ihnen gleich zu tun (Gen 12,1–3; 11,27–12,5) und gegen den „Alleinvertretungsanspruch" der bab. *Gōlā* (Esr 1,5–11).

II. NT: 1. Das Wort D. kommt vom griech. διασπορά und bedeutet „Zerstreuung". Es wird heute überall dort verwendet, wo Menschen eines bestimmten Glaubens als Minderheit in einer durch andere rel. Traditionen geprägten Umwelt leben.

II. 2. Das NT setzt eine breit über den östlichen Mittelmeerraum und Vorderen Orient verteilte jüd. D. als Selbstverständlichkeit voraus (Apg 2,5–11). Zahlreiche Protagonisten frühjüd. Geschichte stammen aus der D. (z. B. Paulus aus Tarsus). Die im NT erwartete Sammlung der Verstreuten von den „Enden der → Erde" nimmt die Existenz einer D. auf, öffnet sie aber in Anlehnung an die Vorstellung von der Völkerwallfahrt zum → Zion stellenweise auch für Angehörige nichtjüd. Völker. Die Zwölfzahl der Jünger Jesu bildet die Wiederherstellung Israels vorgreifend ab und unterstreicht die Sendung Jesu an ganz Israel. Nach Hebr 13,14 (2 Kor 4,1–5,10 generalisierend) existiert jeder Christenmensch in einer D.-Situation – auf dieser Seite des Eschatons (vgl. auch 1 Petr 1,1; Jak 1,1). Damit befindet sich dieser in der gleichen Situation wie die atl. Glaubensvorbilder von Abel bis Abraham (Hebr 11,1–13) und bis zu den letzten der Propheten (Hebr 11,14–40). Die reale D.-Situation der frühen → Kirche in und bald zwischen Synagoge und Imperium und die Entfremdung der frühen Christinnen und Christen von ihren Herkunftsgemeinschaften wird (wahrscheinlich über den realen Befund hinaus, vgl. jedoch 2 Kor 11,21–12,10) als Hass und Verfolgung erfahren (Mt 24,9; Joh 15,18–16,4). Vom selbst auferlegten „Exil" der frühchristl. predigenden „Wanderradikalen" ist in diesem Kontext wohl eher abzusehen. Die reale Situation der Christenheit wird in Eph 2,11–22 spirituell auf den Kopf gestellt: Als Teil der paganen Welt waren die Christen und Christinnen „Fremdlinge" und sind es jetzt, durch Christus mit Israel vereint, vor Gott nicht mehr.

I. *R. Albertz*, Der Gott des Daniel, Stuttgart 1988; *R. P. Carroll*, Exile! What Exile?, in: *L. L. Grabbe* (Hg.) Leading Captivity Captive, Sheffield 1998, 62–79; *G. Knoppers*, Exile, Return and Diaspora, in: *L. Jonker* (Hg.), Texts, Contexts and Readings in Postexilic Literature, Tübingen 2011, 26–62; *M. Tuval*, Doing without the Temple, in: *R. D. Schwartz* (Hg.), Was 70 CE a Watershed in Jewish History?, Leiden, 181–239.

II. *J. H. G. Barclay* (Hg.), Negotiating Diaspora, London 2004; *C. K. Rothschild/J. Schröter* (Hg.), The Rise and Expansion of Christianity in the First Three Centuries of the Common Era, Tübingen 2013; *G. Theißen*, „Wir haben alles verlassen" (Mc. X 28): NT 19 (1977) 161–196; *W. C. van Unnik*, Das Selbstverständnis der jüdischen Diaspora in der hellenistisch-römischen Zeit, Leiden 1993.

Ernst Axel Knauf (AT) / Jürgen Zangenberg (NT)

Ebenbild (E.)

(→ Dachartikel: Anthropologie)

Vorbemerkung: Die Gottebenbildlichkeitsaussage ist eine wichtige, aber nicht zentrale anthropologische Aussage in der Bibel. Dass der Mensch als Gottes Bild geschaffen ist, findet sich nur selten explizit ausgesagt, ausgehend vom ersten Schöpfungsbericht in Gen 1,26f, damit verbunden in Gen 5,1–3 und Gen 9,6 und schließlich aufgenommen in Weish 2,23; Sir 17,3 und Jak 3,9. Eng verbunden mit diesen Stellen ist die Aussage in Ps 8,6, wo der Mensch nur wenig geringer als Gott erschaffen ist. Im NT wird Christus als Bild Gottes entfaltet. Die anthropologischen Grundlagen der Gottebenbildlichkeit des Menschen werden im AT ausgeführt.

I. AT: 1. Die Aussage vom Menschen als Bild Gottes wird in → Israel erstmalig in der Exilszeit formuliert, als ein reales Königtum in Israel nicht mehr existiert. In der exil. (oder frühnachexil.) Priestergrundschrift wird die königsideologische Aussage demokratisiert und auf alle Menschen übertragen. Dazu werden in Gen 1,26 zwei Bildbegriffe benutzt, die es erlauben, die Ebenbildlichkeit näher zu bestimmen. Der erste, *ṣælæm*, meint eine Statue, ein Rundbild oder eine Plastik und ist am ehesten als „Repräsentationsbild" wiederzugeben. Der zweite, *dᵉmūt*, bezeichnet eine Nachbildung, ein Abbild oder die Ähnlichkeit. „Lasst uns Menschen machen als unser Repräsentationsbild, als unsere Ähnlichkeit" wäre eine treffende Übersetzung. Es fällt auf, dass beide Begriffe im AT nicht im Kontext des → Bilderverbotes auftauchen oder für ein Kultbild verwandt werden (→ Bild). Beide Aussagen von Gen 1,26 ergänzen einander in dem Grundtenor, dass nicht eine Aussage über die Qualität des Menschen, sondern über seine Funktion gemacht wird. Hier ist der enge Zusammenhang mit dem Herrschaftsauftrag (Gen 1,18) zu beachten. Dabei geht es nicht um eine bedingungslose Naturbeherrschung und ein unterdrückendes Niedertrampeln der Tierwelt (nicht: „unterwerft sie *euch*"!), sondern – wieder in einer der Königsideologie entlehnten Vorstellung – um Bewahrung und → Verantwortung. Der Mensch ist beauftragt, die von Gott gut erschaffene Welt *in → Ordnung* zu halten. Wenn der Mensch als Repräsentationsbild Gottes bestimmt ist, ist er als Stellvertreter Gottes zum verantwortlichen „Verwalter" der Schöpfung eingesetzt. Wie der → König durch sein Handeln das Chaos, das in den → Feinden präsente und bedrohliche → Böse Tag für Tag zurückdrängt und der guten → Schöpfung Raum und Lebensmöglichkeit schafft, so soll auch der Mensch in seinem Handeln die Ordnung der Schöpfung bewahren und umsorgen. Er übt in seiner → Herrschaft → Gewalt aus (hebr. die Verben *rdh* „niedertreten, den Fuß aufsetzen" und *kbš* „dominieren"), die lebensförderlich ist und bedrohliche wie zerstörende Gewalt verhindern soll (*Abb. 20*).

Abb. 20: Sandalen aus dem Grab Tutanchamuns (ca. 1330 v. Chr.). Die militärischen Bogen und die gebundenen Feinde symbolisieren die Bedrohung der Ordnung, die der König durch sein „Auftreten" bzw. in seinem königlichen Handeln zurückdrängt und so die Entfaltung des Lebens ermöglicht.
Quelle: *S. Schroer/T. Staubli,* Die Körpersymbolik der Bibel, Darmstadt 1998, Abb. 91.

Die Blickrichtung der Gottebenbildlichkeitsaussage geht von Gott auf den Menschen zu der Schöpfung „unter" ihm, *nicht* vom Menschen zu Gott. Es ist eine Funktions-, nicht eine Qualitätsaussage, weshalb statt von Ebenbildlichkeit besser von Gottesbildlichkeit gesprochen wird.

I. 2. In der Auslegung von Gen 1,26f hat man lange das formuliert, was den Menschen von den Tieren scheidet. So wurden seine Rationalität, sein (Selbst-)Bewusstsein und seine Sprachfähigkeit, sein aufrechter Gang oder die Fähigkeit zur Selbsttranszendenz als Inhalt der Gottebenbildlichkeit gesehen. Für das angemessene Verständnis der Aussage hängt viel am Bildbegriff, der in der Moderne von dem Gedanken der Kopie und des getreuen Abbildes geprägt ist. Jedoch hat das → Bild in der Antike durchgehend mehr repräsentative als abbildende Aspekte.

In der ao. Königsideologie gilt der → König als E. Gottes. Insbes. in Ägypten, aber auch im Zweistromland, wird dem König ab dem 18. Jh. v. Chr. bis in ptolemäische Zeit als Abbild des Schöpfergottes eine Gottähnlichkeit zugesprochen, die ihn zum Repräsentanten Gottes macht. Durch sein → Amt repräsentiert der König die göttliche Ordnung, die er gegen das drohende Chaos durch sein Regierungshandeln aufrechtzuerhalten sucht. Der König ist so Schützer der Lebensordnung, Anwalt der Schwachen und Beschützer der Armen. Außer in der äg. Lehre des Merikare (2100 v. Chr.), wo die Ebenbildlichkeit mit einem bes. Bildbegriff von allen Menschen ausgesagt wird, fehlt in den ao. Aussagen der Schöpfungsbezug. Dagegen wird in der bibl. Königsideologie der König nie explizit als Bild Gottes gefasst, auch wenn die Aufgaben der ao. Auffassung vom Amt des Königs weitestgehend entsprechen.

I. 3. Die Aufnahme der Aussage von Gen 1,26 in Gen 5 überträgt die Verantwortlichkeit in der Stammelternperspektive auf die Nachkommen Adams (und Evas). So wie der Mensch Gott entspricht, soll auch Set seinem Vater Adam entsprechen (Gen 5,3). Hier wird die auch im AO verbreitete Vorstellung, dass der leibliche Sohn als

„Bild" des Vaters bezeichnet wird, aufgenommen und mit der Gottesbildlichkeitsaussage verknüpft. Die reine Funktionsaussage wird damit verlassen. Diesen Eindruck macht auch Gen 9,6, wo das Tötungsverbot mit der Ebenbildlichkeit des Menschen begründet wird. Auch hier steht der Relationsbegriff im Hintergrund. Die Tötung eines Menschen durch den Menschen wird als Aufgipfelung der Verletzung des schöpfungsgemäßen Schutzauftrages verstanden. Es geht um den unbedingten Schutz des → Lebens, der dem Menschen wiederum in der Priestergrundschrift – als Auftrag – zugewiesen wurde.

I. 4. Innerhalb der hebr. Bibel ist die Gottesbildlichkeitsaussage auffallend selten aufgenommen. Lediglich Ps 8,6 scheint in der Linie von Gen 1,26 zu stehen. Unter dem Einfluss von platonischer Ideenlehre und einem Bildbegriff, der einer Urbild-Abbild-Relation Rechnung trägt, kommt es in der griech. Bibel zu einer Verschiebung der Aussagetendenz hin zu einer Qualitätsaussage. Schon das κατ' εἰκόνα ἡμετέραν („gemäß unserem Bild") der LXX-Übersetzung von Gen 1,26 (etwa 3. Jh. v. Chr.) geht in diese Richtung. Noch deutlicher zeigt sich die Tendenz in Weish 2,23 (1. Jh. v. Chr.), wo die Ebenbildlichkeit als Unsterblichkeit verstanden ist. Damit wird die Ebenbildlichkeit zu einer verlierbaren Eigenschaft (vgl. auch ApkMos XX, 1f). Dazwischen steht Sir 17 (Anfang 2. Jh. v. Chr.), wo einerseits die Gottesbildlichkeit noch eindeutig eng mit dem Herrschaftsauftrag von Gen 1 verknüpft ist, andererseits aber schon die beiden Schöpfungserzählungen zusammen gelesen werden. Das ist die Voraussetzung für ein Verständnis der Aufnahmen der Ebenbildlichkeitsaussage im NT.

II. NT: 1. Für die Rede von der Ebenbildlichkeit benutzt das NT überwiegend den griech. Terminus εἰκών, wobei z. T. die Aussage auch ohne den Begriff formuliert wird. So ist in Eph 4,24 der Mensch „nach Gott geschaffen" (τὸν κατὰ θεὸν κτισθέντα). Die Gottesbildlichkeit des Menschen als Schöpfungsauftrag wird im NT nicht ausführlicher thematisiert. Die Ebenbildlichkeit sagt eine *Qualität* des Menschen aus. Dabei geht lediglich Jak 3,9 wie selbstverständlich davon aus, dass dem Menschen die Gottebenbildlichkeit eignet. Insbes. wo die Gottebenbildlichkeit von Christus ausgesagt wird und der Mensch in der Neuschöpfung diesem „ebenbildlich" angeglichen wird, erscheint die Gottebenbildlichkeit des Anfangs als verlorengegangene Eigenschaft. Indem Adam sündigt, setzt er sich in einen Widerspruch zu dem → Bild Gottes, nach dem er geschaffen ist. Da nun alle Menschen nach dem „alten" Adam geschaffen sind, fehlt allen Menschen von jeher die Gottebenbildlichkeit aufgrund der → Sünde. So kann Paulus in Röm 3,23 zu dem Schluss kommen: „Alle haben gesündigt und die → Herrlichkeit Gottes verloren". Dem „neuen Adam" hingegen, der ohne → Sünde ist, kommt die Gottebenbildlichkeit in bes. Weise zu. Er *ist* Bild Gottes (2 Kor 4,4), sodass die in ihm im → Glauben neu geschaffenen Menschen wieder der Gottebenbildlichkeit teilhaftig werden können (Röm 8,29; 1 Kor 15,49). Die Aussagen bei Paulus ruhen also auf der Christologie und verschieben die Ebenbildlichkeit des Menschen von der Schöpfungswirklichkeit des Anfangs zur Erlösungswirklichkeit des Endes (→ Anthropologie). Die Aussage, dass Christus das E. Gottes ist, hat ihre Vorgänger in Weisheitsspekulationen wie etwa Weish 7,24–27, wo die → Weisheit Bild der Güte Gottes, „der ungetrübte Spiegel von Gottes Kraft" ist, und bei Philo von Alexandrien, für den das Bild Gottes der Logos ist, durch den die ganze Welt geschaffen ist. Diese Linie wird aufgenommen in dem Kolosserhymnus (Kol 1,15), wo die ganze Schöpfung auf den präexistenten Christus hin geschaffen ist, der das „Bild des unsichtbaren Gottes ist". Dieser wird als wirksame Repräsentation Gottes in der Menschwerdung an die Welt vermittelt.

II. 2. Nur auf dem Hintergrund einer Neuschöpfung in Christus ist der problematische Midrasch 1 Kor 11 zu verstehen, wo der Mann als Abglanz Christi gilt und der → Frau nur eine vom Mann abgeleitete Gottebenbildlichkeit zuzukommen scheint. Da die Frau hier entgegen dem Wortlaut von Gen 1–3 als Zweiterschaffene hinter dem Mann rangiert, droht die Aussage in einen Widerspruch zu Gen 1,26f zu geraten, wo betont wird, dass die Gottesbildlichkeit dem zweigeschlechtlich geschaffenen Menschen gleichermaßen zukommt.

III. Obwohl die Ebenbildlichkeit *keine* zentrale Stellung in der Bibel hat, ist sie doch als Spitzenaussage der bibl. Anthropologie zu bezeichnen. Die Differenz zwischen beiden Testamenten ist dabei nicht zu verwischen. Die auf den Schöpfungsauftrag bezogene und bleibend gültige Aussage Gen 1,26f darf nicht durch die von Christus her bestimmten und auf die → Erlösung ausgerichteten ntl. Aussagen verdrängt werden. Beide behalten in bibl. theol. Perspektive gleiches Recht. Während die funktional verstandene Gottesbildlichkeitsaussage die → Verantwortung des Menschen für die Schöpfung festhält, macht die qualitativ verstandene Gottebenbildlichkeitsaussage deutlich, dass der sündige Mensch dem Auftrag Gottes nur bedingt entspricht und erst durch die Erlösung entsprechen kann.

I. *C. Frevel*, Gottesebenbildlichkeit und Menschenwürde, in: *A. Wagner* (Hg.), Anthropologische Aufbrüche, Göttingen 2009, 255–274; *W. Groß*, Gen 1,26.27; 9,6: Statue oder Ebenbild Gottes?: JBTh 15 (2000) 11–38; *N. Lohfink*, Die Gottesstatue, in: *ders.*, Im Schatten deiner Flügel, Freiburg ²2000, 29–48; *R. Oberforcher*, Biblische Lesarten zur Anthropologie des Ebenbildmotivs, in: *A. Vonach/G. Fischer* (Hg.), Horizonte biblischer Texte, Göttingen u. a. 2003, 131–168; *A. Schellenberg*, Der Mensch, das Bild Gottes?, Zürich 2011.

II. *H. Merklein*, Christus als Bild Gottes im NT: JBTh 13 (1998) 53–75; *S. Vollenweider*, Der Menschgewordene als Ebenbild Gottes, in: *H.-P. Mathys* (Hg.), Ebenbild Gottes – Herrscher über die Welt, Neukirchen-Vluyn 1998, 123–146.

Christian Frevel

Ehe (E.)

(→ Dachartikel: Sozialstatus/Gesellschaft und Institution)

I. AT: 1. Für E. ist kein hebr. Wort vorhanden. Der Akt der Eheschließung wird mit dem Verbum *bʿl* Qal oder *lqḥ ʾiššā* (= „eine → Frau nehmen“) ausgedrückt. Beide Wendungen sehen den Sachverhalt vom Mann aus. Das Nomen *baʿal* („Herr“) wird für den Ehemann im Sinn des dominierenden Eheherrn im Verhältnis zu seiner Ehefrau (*ʾiššā*), der Verheirateten (= *beʿūlā* = Part. Passiv Fem.), gebraucht. Auch das in Bezug auf Besitzverhältnisse neutralere *ʾīš* („Mann“) kann den Ehemann bezeichnen, der bei der Heirat den aktiveren Part hatte.

I. 2. Die E. war für Männer wie Frauen im AO die Lebensform, die man von ihnen im Rahmen eines gesellschaftlich als erfolgreich bewerteten Lebens erwartete. Die Eheregelungen im AT entsprechen im Wesentlichen dem ao. Gewohnheitsrecht (z. B. Inzesttabu Lev 18). Eine E. wurde von dem Vorstand der beiden beteiligten → Familien oft noch im Kindesalter der Betroffenen arrangiert oder auch erst später, z. T. mit Mitsprache der Betroffenen (Gen 24,2ff.58; 28,2 mit 29,18; Dtn 7,3). Die → Liebe war keine Voraussetzung der Eheschließung, wohl aber erwünschte Begleiterscheinung oder Konsequenz (Gen 24,67). E. mit Ausländern (→ Fremder) wurden erst in der exil.-nachexil. Zeit problematisiert. Zwei verschiedene Positionen sind im AT fassbar: Während die Moabiterin Rut (Rut 3f) als ein Glücksfall für ihren judäischen Mann Boas angesehen wird, sind die sog. „Mischehen“ in Gen 27,46 verpönt, in Dtn 7,3f verboten und wurden im Zuge der Neukonstitution der Identität Judas in der nachexil. Zeit zwangsweise aufgelöst (Esra 9f).

I. 3. Ehelosigkeit war kein gesellschaftliches Ideal. Außereheliche Liebe kam schnell in den Verruf der Entehrung der unverheirateten Frau oder erfüllte den Tatbestand des *Ehebruch*s (*niʾūf, naʾafūf*), wenn die Frau verlobt oder verheiratet war. Während von der Ehefrau sexuelle Ausschließlichkeit gefordert wurde, sodass jeder sexuelle Kontakt mit einem anderen Mann Ehebruch war (Num 5,11–31), galt ein Mann (egal ob verheiratet oder nicht) nur als Ehebrecher, wenn er mit der Verlobten oder Ehefrau eines anderen Geschlechtsverkehr hatte, da er dann in fremde Eigentumsrechte eingriff. Der Gang zur käuflichen Prostituierten (*ʾiššā zōnā*) oder zur unverheirateten Frau zählte folglich nicht als Ehebruch. Ehebruch war verboten (Ex 20,14; Lev 20,10; Dtn 5,18), hatte strafrechtliche Konsequenzen und wurde mit Steinigung geahndet (Lev 20,10; Dtn 22,22–27 vgl. Ez 16,38–40). Bei der Heirat verbanden sich zwei ehrenhafte und ebenbürtige (meist durch Besitzgleichstand symbolisiert) Familien, was u. a. das Netz ihrer sozialen Beziehungen und damit die Solidaritätsgemeinschaft erweiterte. Ausschlaggebend für die Partnerwahl durch den Hausvorstand waren das materielle Wohlergehen und die → Ehre des Familienverbandes. Daher war es wichtig, dass der Ruf der Braut untadelig (Nachweis der Jungfräulichkeit) und sie in der Lage war, ihre Aufgaben als (treue) Ehefrau und Mutter (möglichst vieler Söhne) zu erfüllen und zum Erfolg ihres Mannes

(z. B. durch umsichtigen Umgang mit seinem → Besitz) beizutragen (Spr 31). Starb derselbe kinderlos, so sollte sein Bruder oder nächster Verwandter die → Witwe heiraten (Weigerung möglich!), um durch die Zeugung von → Kindern die Familien- und Erblinie zu erhalten (sog. Leviratsehe; Dtn 25,5–10; Gen 38,6–30; Rut 1–4). Die Braut wechselte mit der Heirat von ihrer Familie in die ihres Mannes (Gen 24,58ff), während ihr Mann in der patrilokal organisierten Familienstruktur innerhalb seiner eigenen Familie blieb (Ausnahme: Gen 2,24). Aus diesem Einheiraten ergab sich für die Ehefrau das Problem, dass sie in der neuen Familie fremd war. Sie musste sich in die bestehende Hierarchie einreihen, wo sie sich unterhalb ihrer Schwiegermutter und, so vorhanden, unterhalb bereits vorhandener Ehefrauen einzufügen hatte. Polygamie war möglich, wenn auch sicher nicht die Regel, und setzte einen begüterten Ehemann voraus (Gen 29,15ff; 2 Sam 3,2–5; 1 Kön 11,1ff, s. Dtn 21,15–17). Der Vater der Braut erhielt eine Brautgabe (Gen 34,12; 29,18ff; 1 Sam 18,25), die als Entschädigung, Kaufpreis, Geschenk oder Versicherung für die Tochter interpretiert werden kann. Das Verhältnis zwischen Ehefrau und Ehemann war innerhalb der Parameter des Patriarchats hierarchisch strukturiert. Von ihr wurde Ehrerbietung und die Anerkennung seiner Autorität erwartet. Die Ehefrau und die von ihr erwarteten Kinder bedeuteten für die Familie ihres Mannes eine Stärkung der Arbeitskraft.

I. 4. Das AT bekämpft (zum Schutz der Frau) die leichtfertige Ehescheidung (Dtn 22,13–19.28f), erkennt aber das Recht darauf an, so gute Gründe bestehen. Die Ehescheidung wurde mit der Übergabe eines Scheidebriefs offiziell, den der Ehemann, der die Scheidung wollte, seiner Frau zu übergeben hatte (Dtn 24,1.3). Anschließende Wiederheirat war möglich (Dtn 24,1–4). Für die schöpfungstheol. Verankerung der E. wird gern Gen 1,27; 2,18–24 angeführt, wo aber nur von der sich ergänzenden Partnerschaft der Geschlechter die Rede ist, ohne auf die rechtlichen Aspekte der E. einzugehen (→ Frau).

Im Anschluss an die gesellschaftlichen Konventionen wurde die Ehemetaphorik mit der Rollenverteilung Israels als Braut/Ehefrau und Jhwhs als Ehegatten von den → Propheten (Jes 54,5ff; Jer 2,2; Ez 16,7–14; Hos 2–3) auf den Bereich der rel.-kultischen Ausschließlichkeit übertragen. Die Verehrung eines anderen Gottes als Jhwh wurde innerhalb dieses Vorstellungsbereiches zum Ehebruch/Treubruch und der Hurerei der Ehefrau Israel gegenüber dem Eheherrn Jhwh (Jer 3,8f; 5,7; Hos 2,4; Ez 16,15ff). Dieser ließ sich nach Jer 3,8 (vgl. aber Jes 50,1) aus guten Gründen von Israel (= Nordreich) scheiden.

II. NT: 1. Die E. heißt im NT γάμος (im Pl.: „Hochzeit"); „heiraten", meist vom Mann aus betrachtet, aktivisch γαμέω, von der → Frau passivisch γαμέομαι (daneben auch μνηστεύομαι „verlobt werden"); „verheiraten (vom Vater aus)" γαμίζω/-ίσκω. Das NT steht bzgl. der Ehemoral in der strengen frühjüd. Traditionslinie, die → Sexualität nur innerhalb der E. zuließ, und bringt diese gegenüber der hell.-röm. Welt zur Geltung. Daher sind die Wortfelder rund um Ehebruch und Unzucht (= jede außereheliche → Sexualität) stark besetzt (μοιχεία „Ehebruch"; μοιχεύω „Ehebruch treiben"; μοιχός/μοιχαλίς „Ehebrecher/-in"; μοιχάομαι „zum Ehebruch verführt werden"; πόρνη „Prostituierte"; πόρνος „der Unzüchtige, Hurer"; πορνεία „Unzucht"; πορνεύω „Unzucht treiben"). „Braut" (νύμφη), „Bräutigam" (νυμφίος) und die „Söhne des Brautgemachs" (υἱοὶ τοῦ νυμφῶνος = die dem Bräutigam nahe stehenden Festgäste) begegnen in Fortführung atl.-jüd. Ehemetaphorik fast ausschließlich in Bildworten und Gleichnissen zur Beschreibung des Verhältnisses zwischen Gott und Israel bzw. → Jesus Christus und seiner eschatologischen Braut, der → Kirche (Mk 2,19f; Mt 22,1–14; 25,1–13; Eph 5,22–32; Offb 21,2.9; vgl. Joh 3,29: der Täufer als Brautwerber; 2 Kor 11,2: Paulus als Brautvater oder -führer).

II. 2. Obwohl in philos. Zirkeln eine lebhafte Diskussion über das Für und Wider der E. geführt wurde, ist die meist monogame, durch die → Familien arrangierte E. auch in ntl. Zeit die als selbstverständlich vorauszusetzende Lebensform (vgl. Mt 24,38: Essen, trinken, heiraten, verheiraten). Doch blieb Jesus selbst wohl „um des Himmelreiches willen" (Mt 19,12), d. h. aufgrund seiner Aufgabe als → Prophet der im Anbruch befindlichen → Herrschaft Gottes, ehelos und stellte den Ruf in die → Nachfolge (→ Apostel) über die E. Auch Paulus hielt angesichts seiner

Naherwartung, die dazu verpflichtete, diese Welt nur noch als vergehende wahrzunehmen (1 Kor 7,29–31), die Ehelosigkeit für ein Charisma (→ Amt), das die ungeteilte Hingabe an Christus ermöglicht (1 Kor 7,7f.25–28.32–35.39f). Gegen asketische Strömungen in Korinth (→ Askese) forderte er jedoch, bestehende E. und Eheversprechen zu respektieren, wobei die in 1 Kor 7,2–5 gewählte Gleichheitsrhetorik v. a. dazu dient, Frauen von ihrer Verpflichtung zur Aufrechterhaltung ehelicher Sexualität zu überzeugen. Analog erlaubt Paulus 1 Kor 7,36–38 dem Verlobten, über Enthaltsamkeit oder Ehevollzug zu entscheiden, ohne den Willen der → Jungfrau zu berücksichtigen. Leitend sind dabei ein patriarchales Eheverständnis (1 Kor 11,3: der Mann ist Haupt der Frau) und das Interesse, durch legitime eheliche Sexualität Unzucht zu vermeiden (1 Kor 7,2.5.9.36). Geschlechtsverkehr mit den eigenen Sklavinnen (und → Sklaven) und Prostituierten galt im griech.-röm. Einflussbereich als nur vereinzelt in Frage gestelltes männliches Privileg, gegen das 1 Kor 6,12–19 explizit argumentiert und dessen Aufhebung als Hintergrund anderer ntl. Eheparänesen und Lasterkataloge vorauszusetzen ist (1 Kor 6,9f; 1 Thess 4,3–5; Hebr 13,4). Während frühjüd. Reinheits- und Heiligkeitsvorstellungen den Hintergrund dieser Mahnungen bilden, stehen die Eheparänesen der sog. Haustafeln (Eph 5,22–32; Kol 3,18f; 1 Petr 3,1–7; vgl. 1 Tim 2,8–15; Tit 2,3–5) in der Tradition der philos. Oikonomia, die im Gefolge der Eheideologie und Ehelosigkeit sanktionierenden Gesetzgebung des Augustus einen Aufschwung erlebte (u. a. Frauenspiegel, Traktate über die Ehe und die Führung des Hauses durch den Hausherrn). Sie fordern von der Frau Unterordnung, (Ehr-)Furcht und geschlechterrollenkonformes, unauffälliges Verhalten, vom Mann Liebe, Fürsorge und Rücksicht.

II. 3. Ehebruch wurde in allen antiken Gesellschaften sanktioniert, mit lokal und je nach Stand, Geschlecht und Rechtsstatus des/der Betroffenen unterschiedlichen Definitionen des Tatbestandes und Schwere der Bestrafung. Jesus verschärfte einerseits die Toraauslegung bzgl. des Ehebruchs, indem er bereits die Absicht und den begehrlichen Blick für die Tat nahm (Mt 5,27–30). Diese in erster Linie auf Bewusstseinsveränderung bei Männern zielende Toraauslegung (nahezu alle sind schuldig und verdienten die atl. vorgeschriebene Todesstrafe!) wird begleitet durch eine in ihrer Zeit auffällige Toleranz und Vergebungsbereitschaft gegenüber Frauen, die durch die herrschende Doppelmoral schnell als Sünderinnen stigmatisiert wurden, obwohl sie sich in vielen Fällen gegen sexuelle Übergriffe und Ausbeutung nicht wehren konnten (Mt 21,31; Lk 7,36–50; Joh 7,53–8,11).

II. 4. Ehescheidungen wurden in allen mediterranen Gesellschaften praktiziert und führten nicht *per se* zur Stigmatisierung der Geschiedenen. Nach griech.-röm. → Recht konnte die Initiative zur Scheidung (meist) von beiden Partnern ausgehen; im Judentum herrschte im 1. Jh. n. Chr. mehrheitlich die Auffassung, allein der Mann sei berechtigt, den nach Dtn 24,1.3 erforderlichen Scheidebrief (βιβλίον ἀποστασίου, Mk 10,4) auszustellen, doch sind von Frauen ausgestellte Scheidebriefe bezeugt (Ios. ant.Iud. 15,259f). Das absolute Scheidungsverbot Jesu, das in der Verpflichtung auf lebenslange Monogamie in Qumran eine Parallele hat (CD 4,20–5,1), ist vielleicht in Kenntnis dieser konkurrierenden Rechtspraxis (vgl. Ios. ant.Iud. 18,110–112 über die Landesfürstin von Galiläa) an Männer und Frauen gerichtet (Mk 10,11f; 1 Kor 7,10f). Es verbietet die der Scheidung im Regelfall folgende Wiederheirat als Ehebruch. Mt 5,32; Lk 16,18 verbieten konsequenterweise auch die Heirat einer Geschiedenen, was nicht im sozialen Interesse der betroffenen Frau lag. Theol. Begründung ist ähnlich wie in Qumran der Wille des Schöpfers: Gen 1,27 („männlich und weiblich schuf er sie") und 2,24 („sie werden = sollen ein Fleisch sein") werden abweichend von der herrschenden jüd. Interpretation als Auftrag zu monogamer und unauflöslicher Bindung verstanden (Mk 10,6–9). Jesu absolutes Scheidungsverbot war nicht durchzuhalten: Mt 5,32; 19,9 lassen πορνεία (hier: Ehebruch) als Scheidungsgrund zu, was kultisch-rituelles Denken und jüd. Rechtspraxis spiegelt (Jer 3,1f; Dtn 24,4; Sota 5,1 u. a.); Paulus erlaubt Christusgläubigen, deren nichtgläubige Partner die Scheidung verlangen, in diese einzuwilligen (1 Kor 7,15).

I. *C. Frevel* (Hg.), Mixed Marriages, London 2011; *E. Otto*, Der reduzierte Brautpreis, in: *ders./S. Uhlig* (Hg.), Kontinuum und

Proprium, Wiesbaden 1996, 164–171; *ders.*, Das Eherecht im Mittelassyrischen Kodex und im Deuteronomium, in: ebd. 172–191; *H.-F. Richter*, Zum Levirat im Buch Ruth: ZAW 95 (1983) 123–126; *D. E. Weisberg*, The Widow of Our Discontent: JSOT 28 (2004) 403–429.
II. *K. Gaiser* (Hg.), Für und wider die Ehe, München 1974; *C. Osiek/D. L. Balch*, Families in the New Testament World, Louisville 1997; *A. C. Wire*, The Corinthian Women Prophets, Minneapolis 1990.

Angelika Berlejung (AT) / Annette Merz (NT)

Abb. 21: Elamitische Vornehme werfen sich nach ihrer Unterwerfung vor ihrem König (geführt von einem ass. Soldaten) nieder. Relief aus Ninive, 7. Jh. v. Chr.
Quelle: *O. Keel*, Bildsymbolik, Abb. 360a.

Ehre (E.)

(→ Dachartikel: Kultur und Mentalität)

Vorbemerkung: E. ist in unseren Quellen einerseits etwas, das von außen durch andere zuerkannt wird (relationaler Aspekt), andererseits kann sie als dem Träger selbst real inhärierend erscheinen (eine Art Aura; Hypostasenaspekt). Beides scheint einander zu widersprechen, ist aber tatsächlich komplementär, d. h. Sein und Geltung (Kapazität, Autorität und Prestige) gehören im Begriff der E. untrennbar zusammen. Auch kann E. sowohl im Sinne von Status (→ Würde, [Vor-]Rang) wie von → Tugend (Ehrbarkeit) akzentuiert sein. Im antiken Wertekodex ist E. die zentrale Größe.

I. AT: 1. E. (hebr. *kābōd*) stammt von der Wurzel *kbd* („schwer/gewichtig/bedeutsam sein"). Wichtig sind außerdem die Wurzeln *hdr* („auszeichnen, schmücken"), *gdl* („groß sein"); *jqr* („wertvoll/kostbar sein") sowie das Substantiv *hōd* („Gewicht, → Macht, Pracht, Hoheit, Majestät"). E. ist das „soziale Gewicht", d. h. die umfassende oder spezifische *Response*-Kapazität (→ Kultur und Mentalität) eines Einzelnen oder einer sozialen Einheit. Je nach Kontext kann gemeint sein: Kraft, Größe, Vermögen, Kompetenz, Ansehen, Ruhm, → Herrlichkeit, Pracht, (Licht-)Glanz. „Ehren" hat ein ebenso breites Bedeutungsspektrum, das von „respektieren", „anerkennen" über „achten", „für bedeutsam/kompetent halten", „sich dankbar zeigen" (vgl. Ex 20,12; Dtn 5,16; Sir 3,1–16; 7,27f) bis hin zu „verehren", „anbeten" (für andere Götter als Jhwh nur Dan 11,38) reicht.

I. 2. Von gleich zu gleich bzw. von unten nach oben wird E. durch respektvolles Verhalten erwiesen (förmliche Gesten wie Grüßen oder Niederfallen, Gehorsam gegenüber den Anweisungen einer Autorität, vgl. *Abb. 21*). Gott wird entsprechend durch kultische Begehungen (Ps 50,23) und die Befolgung seiner Gebote (Jes 58,13) geehrt. Von Höhergestellten wird, bes. im Rahmen des höfischen Zeremoniells, E. erzeigt mittels förmlicher Auszeichnungen oder öffentlicher Gunst- und Ehrenbeweise (Est 6,6–9). Eine wichtige Rolle spielen Statuserhöhungs-, Erniedrigungs- und Unterwerfungsrituale (2 Sam 5,3; 12,30). Primäres Symbol der E. ist der → Name (Gen 12,2; 2 Sam 7,9.26; Sir 44,7–14), mit dem sich die E. einer → Familie oder Dynastie vererbt und der den Nachkommen als symbolisches Kapital wie als Verpflichtung hinterlassen wird. Ein anderes Symbol der E. ist die Krone (Ijob 19,9; Ps 8,6). E. besteht über den → Tod hinaus (Jes 14,18), doch untersagt das AT kultische Begehungen zu E. der Toten, wie sie im AO weit verbreitet waren (Dtn 26,14; → Ahnen). Die höchste E. kommt allein Jhwh zu, der keinen Rivalen neben sich duldet (Jes 42,8; 48,11). Unter Menschen haben und beanspruchen stets Autoritäten und Höhergestellte E. (Lev 19,32; Ex 20,12; Dtn 5,16; Est 1,20; Spr 25,6; Mal 1,6; Sir 10,24), andere erlangen E. auf Grund ihrer Kompetenz, ihres → Amts (Spr 3,35; Sir 7,29–31; 38,1), ihrer Frömmigkeit (Sir 10,24) oder kriegerischer Heldentaten (2 Sam 23,18–23). Einer → Frau gereicht Anmut zur E. (Spr 11,16), einem Untergebenem treuer Dienst (1 Sam 22,14; Spr 27,18). Vor Verachtung (auch) des (armen) → Nächsten wird gewarnt (Spr 14,21; Sir 10,23). Wie ein bestimmtes Verhalten zu beurteilen ist, kann aber im Einzelfall strittig sein (2 Sam 6,16.20–22). Wird die erwartete E. nicht erwiesen oder gar ausdrücklich verweigert, so erfordert dieser Affront, sie durch einen Machterweis zu demonstrieren oder durch eine Straf- und Racheaktion (→ Strafe, → Rache) wiederherzustellen (vgl. Ex 20,5; 1 Sam 2,29f; Est 1,12–20; Jes 48,11). Ein Patron ist gehalten, auch für seine Klientel einzutreten (vgl. Ps 4,2–4), denn deren Beschämung trifft auch ihn selbst. Das aktive Eintreten für die eigene Reputation wird mit dem Begriff „Eifer(sucht)" (von der Wurzel *qn*ʾ → Leidenschaft) bezeichnet (Ex 34,14; Dtn 4,24; Ez 39,25). So erweist sich das in der E. kumulierte soziale Gewicht im Falle seiner Missachtung als höchst bedrohlich und als Grund zur Furcht (→ Ehrfurcht).

Begrifflich ist im AT die E. als zentrale Kategorie im menschlichen Miteinander bes. in den Weisheitsschriften verankert (Spr, Weish, Sir). Die E. Gottes, die sich in Natur und → Geschichte erweist, wird v. a. in den Pss. besungen. Für die Jerusalemer bzw. priesterliche Theol. (P, Jes, Ez; vgl. auch die Jhwh-König-Pss., bes. Ps 96) verbindet sich die Herrlichkeit Gottes primär mit dem Jerusalemer → Tempel (bzw. als dessen Vorläufer mit dem „Zelt der Begegnung") und strahlt von dort auf → Israel aus, bei den nachexil. → Propheten auch auf die ganze Welt (Jes 60,1–7). Hier erscheint die „Herrlichkeit Jhwhs" geradezu als eine eigenständige Hypostase (analog dem Namen Jhwhs in der dtr.-dtn. Theol.), die sich in einem Feuer- und Wolkenphänomen (Ex 24,16f) oder dem himmlischen Thronwagen (Ez 1,28; → Thron) materialisiert und in der Stiftshütte bzw. im Tempel Wohnung nimmt (Ex 40,34–38; 1 Kön 8,10f; Ez 43,5–7; vgl. auch Ps 26,8). Spät- und nachatl. taucht im Rahmen intensivierter Jenseitsspekulation das Thema der zukünftigen Teilhabe der Gerechten an dieser Herrlichkeit Gottes (bzw. der urspr. Herrlichkeit Adams) auf (Dan 12,2–4; 3Bar 4,16; ApkMos 21,6; 1QS 4,23; CD 3,20; 1QH 4,15; im NT vgl. Röm 2,7.10; 8,18; vgl. aber schon das Thema in anderer Form in Ps 8,5–7). Nicht zum semantischen Feld der E., sondern zu dem der → Gerechtigkeit oder besser „Gemeinschaftstreue" (*ṣᵉdāqā*) gehört im AT die „Ehrbarkeit" / „Verlässlichkeit" / „Vertrauenswürdigkeit" (*honor-virtue*).

II. NT: 1. Stärker als hebr. *kābōd* betonen die griech. Begriffe für E. (δόξα, „Ansicht, Meinung" mit den Bedeutungsaspekten „gute Meinung/Ruf, Ansehen, Ruhm"; τιμή, „Abschätzung", mit den Bedeutungsaspekten „Wert, Preis, → Buße, → Strafe, Ehrensold, Achtung, E., → Würde") sowohl den relationalen Charakter der E. (vgl. Aristot. NE 1,5,4, 1095b) wie auch die Tugendseite; zum semantischen Feld gehören auch Begriffe wie εὐσχήμων („wohlanständig, ehrbar, würdig"). Die griech. Philos. bindet die E. explizit an den ethischen Zentralwert der → Tugend bzw. Vortrefflichkeit (ἀρετή) zurück (Aristot. NE 4,3,17, 1124a). Im NT überschreibt aber der atl. Sprachgebrauch den gewöhnlichen griech. Sinn. So hat δόξα (in der LXX die Übersetzung des hebr. *kābōd*) im NT immer die Bedeutung „E.", „Ruhm", „Herrlichkeit", „Pracht" (auch ganz unüblich „Lichtglanz", vgl. 1 Kor 15,40f), während die Grundbedeutung „Meinung" völlig fehlt.

II. 2. Das atl. hymnisch-doxologische Gotteslob findet im NT seine Fortsetzung (Lk 2,14; Röm 11,36; 1 Tim 1,17; Jud 1,25; Offb 5,12f). Zu ehren ist Gott v. a. durch das menschliche Verhalten (Mk 7,6f), d. h. durch „ehrbaren" Wandel (Röm 13,13; 1 Thess 4,12) sowie durch Annehmen/Ehren seines Gesandten → Jesus Christus (Joh 5,23). Die kultisch-rituellen Gebote treten demgegenüber zurück (Mk 7,1–15par.; Gal 5,6), während sie z. B. in Qumran die zentrale Rolle spielen. E. ist neben Gott/Jesus auch menschlichen Autoritäten und Funktionsträgern zu erweisen (Mk 7,10; Röm 13,7; 1 Tim 5,3.17; 6,1; 1 Petr 2,17). Individuen erwerben Ansehen und gelten als „gewichtig" (1 Thess 2,7) auf Grund ihrer Kompetenz, ihrer Verdienste oder weil sie (als Garanten der Tradition) die „tragenden Säulen" einer → Gemeinschaft sind (Apg 5,34; 28,8–10; Gal 2,2.6.9). Gegenseitiger Respekt soll generell das Miteinander prägen (Röm 12,10; 1 Petr 2,17), speziell auch das Verhältnis der Geschlechter zueinander (1 Petr 3,7; → Frau). Als primäres symbolisches Medium von E. fungiert der menschliche → Körper, E. und Unehre „verkörpern" sich jeweils in bestimmten Gliedern und deren Verrichtungen (1 Kor 12,23f; vgl. auch 2 Tim 2,20f), am männlichen und weiblichen Körper allerdings in unterschiedlicher

Weise (1 Kor 11,3–16). Auch der → Name ist wie im AT Symbol der E. (Phil 2,9).

II. 3. Neben diesen eher traditionellen Topoi bestimmt sich das Thema der E. im NT zentral durch eine Reihe von charakteristischen, einander berührenden und durchdringenden Diskursen, die alle mit strittiger E. und der Frage nach den Kriterien für E. zu tun haben; häufig wird eine Umkehrung der „normalen" Maßstäbe propagiert: *a) Ehre bei Gott vs. Ehre bei den Menschen*, begrifflich bes. bei Joh (5,41.44; 7,18; 12,25f.42f); in den synopt. Evv. vgl. die Makarismen (= Seligpreisungen) und Weherufe (Mt 5,3–12; Lk 6,20–26); bei Paulus das Thema des „Sich-Rühmens" bzw. des „Ruhms" (Stamm καυχ-), speziell die Opposition „Ruhm bei Menschen" vs. „Ruhm bei Gott" (1 Kor 1,26–31; zentrales pln. Symbol für diese Umkehrung ist das → Kreuz Christi), sowie die Opposition → „Gerechtigkeit" (bzw. → „Herrlichkeit") des „Gesetzes" vs. des → „Glaubens" (Röm, Gal, 2 Kor 3,4–18; Phil 3,3–8). *b) Die Bestreitung und Verteidigung der E. und Autorität Jesu* (Joh 5,23; 8,49f.54): In den synopt. Evv. vgl. thematisch die Streitgespräche (Mt 22,34f; Mk 2,1–12; 11,28par.; Lk 13,17). Dabei spielen auch die Kriterien Herkunft und → Familie eine Rolle (Mk 6,1–6par.; Joh 1,45f; 7,41f.52). Als zentrales Motiv in dem Kampf um E. wird den Gegnern Jesu der Neid (φθόνος) unterstellt (Mk 15,10par.; ähnlich die Eifersucht auf die Apostel Apg 5,17; 13,45; 17,5). *c) Der Streit um die apostolische Autorität des Paulus* (2 Kor 10–13; Gal; zentral ist der Stamm καυχ-) und sein Verzicht auf menschliche E. (Phil 3,4–9; 1 Thess 2,6f) unter dem Vorzeichen des Kreuzes. *d) Fragen der innergemeindlichen Rangordnung* (Mt 23,8; Mk 9,33–35par.; 10,35–45par.; 1 Kor 3,21–23; Gal 6,3f).

I. *Z. Crook*, Honor, Shame and Social Status Revisited: JBL 128 (2009) 591–611; *S. M. Olyan*, Honor, Shame, and Covenant Relations in Ancient Israel and Its Environment: JBL 115 (1996) 201–218; *K. Stone*, Sex, Honor and Power in the Deuteronomistic History, Sheffield 1996.

II. *W. R. Domeris*, Honour and Shame in the New Testament: Neotest. 27 (1993) 283–297; *L. J. Lawrence*, An Ethnography of the Gospel of Matthew, Tübingen 2003; *B. J. Malina*, Die Welt des Neuen Testaments, Stuttgart u. a. 1993; *V. H. Matthews/D. C. Benjamin* (Hg.), Honor and Shame in the World of the Bible, Atlanta 1996; *H. Moxnes*, Honor and Shame: BTB 23 (1993) 167–176; *R. L. Rohrbaugh*, Honor, in: *D. Neufeld/R. E. DeMaris* (Hg.), Understanding the Social World of the New Testament, London/New York 2010, 109–125; *C. Strecker*, Die liminale Theologie des Paulus, Göttingen 1999.

Klaus Neumann

Ehrfurcht (E.)

(→ Dachartikel: Kultur und Mentalität)

I. AT: 1. Die Wurzel *jr*ʾ („sich fürchten"; Derivate *jārēʾ* „furchtsam, ehrfürchtig"; *jirʾā* „Furcht, E."; *mōrāʾ* „Furcht, Schrecken, E.") bezieht sich im Sinne von E. im AT selten auf Menschen (Lev 19,3; Jos 4,14; Spr 24,21), meistens auf Gott.

I. 2. Das Bedeutungsspektrum von *jr*ʾ reicht von numinoser oder panischer Furcht über → Angst vor konkreter Bedrohung bis zu E., Respekt und Frömmigkeit. E. korrespondiert → Heiligkeit (*qōdæš*) und → Ehre. Begrifflich ist sie bes. in Theophanieschilderungen verankert (Gen 28,17; Ex 3,6; Ps 76; → Theophanie). In hierarchischen Sozialbeziehungen ist E. Ausdruck der Unterordnung unter eine als überlegen akzeptierte Autorität. Da hierarchische Verhältnisse nicht zwangsläufig auf → Gewalt beruhen müssen, sondern auch Fürsorge und Patronage eine wichtige Rolle spielen können, sind E. und → Liebe keineswegs Gegensätze. Speziell im Dtn sind E. und Liebe die beiden zentralen Seiten der exklusiven Beziehung Israels zu Jhwh (vgl. Dtn 6,2.5.13.24; 10,12f; auch im hell. und rabb. Judentum wird beides verbunden, wobei hier die Liebe tendenziell als das höherwertige bzw. die reine Furcht als defizitäres Motiv der Gottesverehrung erscheint, vgl. Philo spec. 1,300; migr. 21; Deus 69; somn. 1,163; bSota 31a; SifDev 6,5 §32). „Jhwh fürchten" ist darüber hinaus in der dtn.-dtr. Theol. *terminus technicus* für die geforderte alleinige Verehrung Jhwhs. Anderswo wird Gottesfurcht v. a. als (Motiv der) Achtung vor dem → Recht der sozial Schwachen und Abhängigen verstanden; Gott erscheint dann als deren Patron (Gen 20,11; Mal 3,5; bes. im Heiligkeitsgesetz Lev 19,14.32; 25,17.36.43). Ein zentraler theol. Begriff ist die Gottesfurcht auch in den Pss. und den Weisheitsschriften (Ijob, Spr, Koh, Sir), die u. a. beinhaltet, sich dem unerforschlichen → Willen Gottes zu fügen (Ijob, Koh).

II. NT: 1. E. kann mit den Wortstämmen φοβ- (φοβέομαι „fürchten"; φόβος „Furcht"; Bedeutungsspektrum wie hebr. *jr'*: „Schrecken, Furcht, Angst, E."), σεβ- (σέβομαι „sich scheuen, E. haben, verehren"; Komposita wie εὐσεβέω = „E. haben"; εὐσέβεια „E., Frömmigkeit, Rel."; θεοσέβεια „Gottesfurcht, Gottesverehrung"), εὐλαβ- (εὐλάβεια „Vorsicht, Behutsamkeit, Angst, Gottesfurcht, Frömmigkeit"; εὐλαβής „vorsichtig, behutsam, fromm") sowie δέος („Furcht, E., ehrfürchtige Scheu") formuliert werden.

II. 2. Die Wendung „Gott fürchten" setzt den Sprachgebrauch des AT und der LXX fort. Im hell. Judentum ist „Gottesfürchtige" *terminus technicus* für die (unbeschnittenen) Sympathisanten des Judentums (vgl. schon 2 Chr 5,6 LXX). Diesen Sprachgebrauch nimmt nur die Apg auf (Apg 13,16.26; 16,14; 18,7), sonst ist der Begriff im NT Bezeichnung für die Christusgläubigen (Offb 19,5), entsprechend begegnet die Mahnung zur Gottesfurcht in den Briefen des NT (2 Kor 7,1; Phil 2,12; Kol 3,22; 1 Tim 2,10; 1 Petr 1,17; 2,17). Die Unterordnung unter die Autorität Gottes ist hier stets mitgedacht, auch wenn sie nicht eigens thematisiert wird. Im Besonderen stellt sich die (Gottes-)Furcht als das Gegenteil von selbstsicherer Überheblichkeit dar und wird mit Gott als dem Richter in Zusammenhang gebracht (Röm 11,20; 2 Kor 5,10f; Offb 14,7). Auch die Mahnung zur E. vor menschlichen Autoritäten findet sich (Röm 13,1–7; Eph 5,33; 6,5; 1 Petr 2,18). In den Evv. begegnet der Begriff „Gottesfurcht" selten (Joh 9,31; Lk 18,2.4). E. äußert sich hier meist als Erschrecken angesichts göttlicher Epiphanien und Wundertaten (Mk 4,41par.; 5,15par.; 6,50par.; 9,6par.; 16,5.8; Lk 1,12; 2,9; 7,16; 24,37). Eine Sonderstellung in der Bibel nimmt das Corpus Johanneum ein, insofern nur hier ein Gegensatz von → Liebe und Furcht behauptet (1 Joh 4,18; vgl. Cic. off. 2,23f; Sen. benef. 4,19,1; Sen. epist. 47,18) und das hierarchische Verhältnis der Glaubenden zu Gott/Jesus ausdrücklich durch das Verhältnis der „Freundschaft" (Joh 15,15) abgelöst wird, dem nicht Furcht, sondern „Freimut" (παρρησία) entspricht (1 Joh 4,17). Eine ähnliche Rolle spielt bei Paulus das Motiv der Kindschaft/→ Freiheit im Gegensatz zur Knechtschaft/Furcht (Röm 8,15; Gal 4,6f). Allerdings ist der Vater in anderer Weise als der Freund Respektsperson und das Verhältnis zu ihm bleibt in exemplarischer Weise von Liebe *und* E. bestimmt.

I. *J. Becker*, Gottesfurcht im Alten Testament, Rom 1965; *J. Haspecker*, Gottesfurcht bei Jesus Sirach, Rom 1967; *R. Sander*, Furcht und Liebe im palästinischen Judentum, Stuttgart 1935.
II. *P. Gray*, Godly Fear, Atlanta 2003; *R. Sander*, Furcht und Liebe im palästinischen Judentum, Stuttgart 1935.

Klaus Neumann

Eigenschaften (E.) Gottes

(→ Dachartikel: Gottesvorstellungen)

I. AT: Eine bibl. „Lehre" von den E. Gottes antwortet auf die Fragen „Wer ist Gott?" und „Wie ist Gott?". Wenn mit dem Stichwort → „Liebe" das Wesen des bibl. Gottes sachgemäß bezeichnet ist, dann geht es bei den E. darum, die Konsequenzen dieser Erkenntnis zu entfalten. Obwohl auch im AT die Anzahl möglicher E. Gottes grundsätzlich unbegrenzt ist, werden im Folgenden nur diejenigen E. aufgeführt, die eine herausragende Rolle spielen. Es gibt grundsätzlich zwei Gruppen von E. Gottes: eine Gruppe, in denen der *kategoriale Unterschied* zwischen Gott und Mensch zum Ausdruck kommt wie bei Gottes → Macht, Allwissenheit (Wissen von gut und böse Gen 3,5.22), → Ewigkeit und Allgegenwart (vgl. Ps 139,8f u. a.), und eine andere Gruppe von E., die die *reale Verbundenheit* zwischen Gott und Mensch bezeichnen. Nur von dieser zweiten Gruppe ist im Folgenden die Rede.

I. 1. Zu dieser Gruppe gehören zunächst *Gottes → Gerechtigkeit, Güte und → Treue/→ Wahrheit*. Das Gemeinsame dieser drei E. liegt darin, dass sie alle Gottes Zuwendung zur Welt bzw. zu → Israel umschreiben. Während das für „Güte" und „Treue" unmittelbar einleuchtet, verhält es sich bei der „Gerechtigkeit" zunächst etwas schwieriger, obwohl „Gerechtigkeit" im bibl. Sinn als Gemeinschaftstreue zu verstehen ist, durch die Jhwh den Menschen annimmt und ihm zum → Recht verhilft. Jhwh ist nach atl. und speziell prophetischem Verständnis ein Gott der Gerechtigkeit, d. h. die Quelle und das Subjekt der Rechtsdurchsetzung, durch die der Bedrängte errettet und das Unrecht und seine Repräsentanten in die Schranken gewiesen bzw. geahndet werden (vgl. als *locus classicus* Ps 82, → Gottesvorstellungen). Ebenso wie die Gerechtigkeit bringen auch die Güte und die Treue Gottes zum Ausdruck, dass Gott den Menschen heilsam verändern will. Dabei setzt *ḥœsœd* ein Gemeinschaftsverhältnis voraus und bezeichnet die diesem Verhältnis gemäße Güte und Freundlichkeit. So wurde der Begriff zur festen Gottesprädikation: Gott ist der, „der *ḥœsœd* tut" (Ex 20,6par. u. a.), „der *ḥœsœd* bewahrt" (Ex 34,7), „der Gefallen hat an *ḥœsœd*" (Mi 7,18), „der reich an *ḥœsœd* (und *ʾœmœt*) ist" (Num 14,18; Joël 2,13; Jona 4,2 u. a.), „der groß an *ḥœsœd* ist" (Ps 145,8). Während in dem Doppelausdruck *ḥœsœd wœʾœmœt* („beständige Güte") das erste Element das tragende ist, betont das zweite Element das Moment der Zuverlässigkeit (*ʾœmœt* „Treue, Beständigkeit, Wahrheit"). Dieser Doppelausdruck wird gern für das Verhältnis Gottes zum Menschen gebraucht: Er bezeichnet die gütige, heilvolle Führung des menschlichen → Lebens (Gen 24,27; 32,11; Ps 25,10 u. a.), das, was den Menschen behütet und bewahrt (Ps 40,10; 61,8; Spr 20,28), und das, was er bes. preist (Ps 40,11; 115,1; 138,2). Auf diese Weise bezeichnet der Doppelausdruck die unverbrüchliche Treue oder Beständigkeit Gottes.

I. 2. Die E. von *Gottes → Barmherzigkeit, → Gnade und Reue* bringen im Unterschied zu seiner Gerechtigkeit, Güte und Treue/Wahrheit stärker den Aspekt einer unverdienten Gabe zum Ausdruck. *Gottes Barmherzigkeit* bildet dabei nicht einen Gegensatz zu seiner Gerechtigkeit, sondern eine Einheit mit ihr. Das kommt nicht nur in der Idee der „rettenden Gerechtigkeit" (Gott erbarmt sich des Gerechten bzw. rettet den Gerechten, indem er den Frevler richtet: Ps 3–14 u. a.), sondern auch im Motiv der „Umkehr Gottes" (Gott erbarmt sich, nachdem er gerichtet hat: Gen *5–8; 8,21f* u. a.) sowie in der sog. Gnadenformel (Gott ist barmherzig, aber er lässt den Sünder nicht straffrei: Ex 34,6f; Num 14,18 u. a.) zum Ausdruck. Bes. charakteristisch ist in diesem Zusammenhang das Motiv der *Reue Gottes*, d. h. die Erfahrung, dass Gott sich erbarmt, anstatt zu richten. Die Grundstelle dafür ist Hos 11,*8–11. Während Gott nach der nichtpriesterlichen Fluterzählung (Gen *6,5–8,22) sein Gericht durch Barmherzigkeit zurücknimmt („Umkehr Gottes"), spricht der Hoseatext von der Aufhebung des göttlichen Gerichtszorns durch Barmherzigkeit. Durch diese Reue Gottes entbrennt aus der dialektischen Spannung von Zorn und Liebe das „Erbarmen" (*niḥūmīm*, Hos 11,8) Gottes, das eine neue Dimension im Gottesbild sichtbar macht. Ausgelöst wird die Rücknahme des Vernichtungsbeschlusses durch einen „Herzensumsturz", der zu einem Willenswandel in Gott führt: Die rettende Gerechtigkeit rettet nicht nur vor Unrecht, sondern auch vor Recht – sogar vor dem Recht eines Gottes, der Grund zur Unnachgiebigkeit hätte, der sich aber „selbst beherrscht" bzw. erbarmt.

I. 3. Durch die Rede von Gottes *Eifer(sucht), → Rache und → Zorn* schließlich scheint ein dunkler Schatten auf das Gottesbild zu fallen. Oder sind diese E. Korrelate seiner → Heiligkeit, seiner Gerechtigkeit und seiner Liebe? Der Eifer (*qinʾā*) als Eigenschaft der Heiligkeit Gottes unterscheidet sich von der zwischenmenschlichen Eifersucht, sofern diese vordergründig als bloßer „Affekt" verstanden wird. Das Gemeinsame von Eifer und Heiligkeit – und entsprechend von Rache und Gerechtigkeit bzw. von Zorn und Liebe – ist der unversöhnliche Gegensatz zwischen Gottes Wesen und der Realität der → Sünde. Schon bei Hosea wird dieser Eifer als eine Funktion der Liebe Gottes verstanden (Hos 2,11–15; 11,*8–11), um dann im Privilegrecht Jhwhs zum Namen und d. h. zur Wesensbestimmung Jhwhs zu werden (Jhwh heißt „Eifersüchtiger", vgl. Ex 34,14b, → Gottesnamen). Der → Dekalog bringt insofern einen zusätzlichen Aspekt ein, als Eifer(sucht) ein Charakteristikum des Exodusgottes wird (Ex 20,5//Dtn 5,9). Die weitere Traditionsgesch. entfaltet das Theologumenon dann im Blick auf die Wirkung des Gotteseifers (Dtn 4,24; 6,15; Jes 24,19 u. a.). Auch die Rache (oder Vergeltung, *nāqām*) und der Zorn (*ʾaf* u. a.) Gottes sind E. seiner brennenden (!) Liebe und nicht Äußerungen seiner (allzu menschlichen) Selbstsucht und seines Gekränktseins. Natürlich sind „Rache" und „Zorn" dunkle Wörter, aber beide E. Gottes richten sich um des geliebten Gegenübers (Israel) willen gegen alles, was diesem schadet bzw. wodurch Israel sich selbst schadet. Wenn die „Fluch- und Rachepss." (Ps 58; 59; 69; 70; 109 u. a., → Segen) von Rache sprechen, dann geht es ihnen darum, dass der von → Feinden bedrängte Beter zu seinem Recht kommt, dass Gott ihm zum Recht verhilft. Der Ruf nach „Rache" ist deshalb ein Schrei nach Gerechtigkeit in einer Welt voller Ungerechtigkeit. Und entsprechend ist der göttliche Zorn, von dem bes. in der Geschichtsdarstellung (Ex 32–34 u. a.), in der Gerichtsprophetie (Jes 9,7–20 + 5,25–29 u. a.), in den Klageliedern des Volkes (Ps 74,1f u. a.), im DtrG (Ri 3,7–11 u. a.) und bei DtJes (Jes 54,7–10 u. a.) die Rede ist, der Widerspruch Gottes gegen die Sünde, die den Menschen/Israel seiner geschöpflichen Bestimmung entfremdet.

II. NT: Wie das Gottesbild des NT insgesamt stehen auch die E. Gottes in der Kontinuität des bibl. Gottesglaubens: → Liebe, → Gerechtigkeit, → Gnade, Güte etc. markieren auf ihn selbst zurückweisende Beziehungsaussagen Gottes zu seinem erwählten → Volk bzw. seinen Geschöpfen, die im NT nicht systematisiert, wohl aber verbunden und in ihrer gegenseitigen Verwiesenheit wahrgenommen werden. Gottes Allmacht, Allwissenheit und Allgegenwart werden im NT eher vorausgesetzt als thematisiert.

II. 1. Nach bibl. Überzeugung ist Gottes *Gerechtigkeit* (δικαιοσύνη) eng mit seinem richtenden Handeln gegenüber den Menschen in der Geschichte wie am Ende der → Zeit verknüpft (Ps 9,5f; 96,13; 98,9; Apg 17,31). Gott ist der „gerechte Gott" schlechthin (Röm 3,26; Joh 17,25; 1 Joh 1,9; Offb 16,5). Im Horizont dieses atl.-jüd. Verständnisses spricht Paulus von der Gerechtigkeit Gottes als seiner Gemeinschafts- bzw. Bundestreue gegenüber seinem erwählten Volk (→ Bund). Gottes Gerechtigkeit wird so zum Ausdruck seines Heilshandelns und seiner Heilsgabe (2 Kor 5,21: „Gerechtigkeit Gottes werden in ihm"; Röm 5,17; 9,30), die allein menschliche Gerechtigkeit als *Glaubens*gerechtigkeit zu begründen vermag (Röm 4,5–6; 5,19; Phil 3,9). Für Paulus offenbart sich die Gerechtigkeit Gottes im Ev. als „Kraft Gottes zum → Heil für jeden, der glaubt" (Röm 1,16). Die die → Sünde aller Menschen richtende und zugleich den glaubenden Menschen zuteil werdende, ihn erlösende und heilende Gerechtigkeit Gottes im stellvertretenden Sühnetod Jesu Christi (Röm 3,21–26; → Sühne, → Kreuz) ist das Zentrum der pln. Lehre von der → Rechtfertigung. Sie hat ihren Grund in der Liebe Gottes (Röm 5,8). Mt fordert auf, den „→ Weg der Gerechtigkeit" (Mt 21,32), wie ihn Jesus in seiner Sendung in Wort und Tat letztverbindlich auslegt (Mt 5–7), nicht nur zu lehren, sondern auch selbst zu gehen (Mt 3,15; 5,6.10.20; 6,33; 7,21).

II. 2. Die im atl.-jüd. Kontext vertraute Rede von der *Güte* Gottes („Gott ist/handelt gut/gütig") wird im NT von seinem Heilshandeln in → Jesus Christus neu qualifiziert: Jesus fordert die Anerkennung des einen und allein guten Gottes (Mk 10,17–31; vgl. Dtn 6,4f). Von der Güte (χρηστότης) Gottes auch gegenüber den Undankbaren und Bösen spricht Jesus als Begründung für sein Gebot der Feindesliebe (Lk 6,35; vgl. Mt 20,25). Die zuvorkommende, überfließende Güte Gottes sprengt alles rechnende, auf Gegenseitigkeit angelegte Denken und Verhalten (Lk 6,38). Nach Paulus will Gottes Güte zur → Umkehr (→ Buße) führen. „Der Reichtum der Güte, der → Geduld und des Großmutes" Gottes bewirkt, dass er seinen legitimen Zorn zurückhält, um den Sündern Zeit zur Umkehr vor dem drohenden Zorngericht nach den Werken einzuräumen (Röm 2,4–6). Der erwiesenen und im → Glauben angenommenen Güte Gottes gilt es im Glaubens- und Lebensvollzug zu entsprechen, um nicht die der Güte entgegengesetzte, ihr dennoch zugehörige „Strenge" Gottes erfahren zu müssen (Röm 11,22). Eph 2,7 (futurisch-eschatologisch) und Tit 2,11; 3,4 (christologisch) beziehen Gottes → Gnade und Güte sehr eng aufeinander.

II. 3. Gottes → *Treue* wird im NT meist adjektivisch formuliert („treu [πιστός] ist Gott"; 1 Kor 1,9; 10,13; 1 Thess 5,24; 2 Kor 1,18; Hebr 10,23; 1 Joh 1,9) und betont die Zuverlässigkeit und Unwiderruflichkeit seiner gnadenvollen Zuwendung zu den Menschen. Im Unterschied zum Menschen ist Gottes Treue (πίστις τοῦ Θεοῦ) unwiderruflich (Röm 3,3; 2 Tim 2,13). Ebenfalls übereinstimmend mit dem atl.-jüd. Verständnis aktualisiert sich die → *Wahrheit* (ἀλήθεια) Gottes in seiner zuverlässigen und beständigen Treue zu seinen Verheißungen und zu seinem Volk (Röm 3,3–7; 15,8; vgl. Gal 2,5). Letztgültig gegeben und verwirklicht sieht Paulus die wirkliche und wirksame Wahrheit Gottes in dem von ihm verkündigten Ev. (2 Kor 4,2; 11,10; 13,8; Gal 5,7; vgl. Kol 1,5f; Eph 1,13). In Röm 1,18 ist mit Wahrheit Gottes nicht nur die sich in der → Schöpfung erschließende Größe und Erhabenheit

Gottes (Röm 1,19f), sondern auch seine sich im Ev. offenbarende Gerechtigkeit (Röm 1,16f) angesprochen. Die joh. Theol. sieht in → Jesus Christus als dem inkarnierten Logos die personalisierte Wahrheit Gottes (Joh 1,17; 4,24–26; 14,6; 17,17–19; 18,37): Jesus Christus ist der gesch.-personale Ort der → Offenbarung der Wahrheit Gottes. Die Offb rekurriert wiederholt auf das bibl. Zeugnis für die Wahrheit bzw. Wahrhaftigkeit Gottes (Offb 15,3; 16,7; 19,2; vgl. Ps 145,17; 19,10; 119,137; Offb 6,10), die unter prophetisch-apokalyptischem Vorzeichen sehr eng mit seiner Gerechtigkeit und → Heiligkeit verbunden wird.

II. 4. Paulus führt Gottes endzeitliches Handeln in Jesus Christus, sein rettendes Eingreifen für Juden und Christen auf seine freie → *Barmherzigkeit* bzw. sein *Erbarmen* (ἔλεος; οἰκτιρμός) zurück, die Gottes Auserwählten zuteil werden (Röm 9,15–18 [Ex 33,19]; 11,28–32; 15,9; vgl. Lk 1,50 [Ps 103,13.17]; 1,54 [Ps 98,3]; 1,58; vgl. Eph 2,4; Tit 3,5; Hebr 4,16; 1 Petr 1,3). Barmherzigkeit wird hier wie auch beim Bestehen im → End-Gericht (2 Tim 1,18; Jak 2,13) in großer sachlicher Nähe zur Gnade verwendet. Aus der erwiesenen, unvergleichlich großen Barmherzigkeit Gottes leitet sich die Forderung an die Menschen ab, selbst auch barmherzig zu handeln (Mt 5,7; 9,13 [Hos 6,6]; 12,7; 18,21–35; 23,23; Lk 10,25–37; vgl. TestSeb 5,3).

II. 5. Anders, aber nicht in Spannung zum AT, spricht das NT zwar nicht unmittelbar von Gottes *Reue*, die seiner Barmherzigkeit vorausgeht, wohl aber von Gottes „unbereubaren Gnadengaben" an sein Volk Israel (Röm 11,29; vgl. Num 23,19; Jes 40,8) bzw. von seinem unbereubaren Schwur gegenüber seinem Hohepriester Jesus Christus (Hebr 7,21). Gottes Barmherzigkeit und Gnade erweisen sich für seine Auserwählten als unwiderruflich und unbereubar, sein Zorn jedoch kann um seines unverdienten Erbarmens willen umgestimmt werden.

II. 6. Während der menschliche Eifer (ζῆλος) nach ntl. Aussagen positiv, negativ oder auch als unerleuchtet zu werten ist, ist von dem *Eifer* Gottes nur selten die Rede: Nach 2 Kor 11,2 „eifert" Paulus um seine Gemeinde „mit dem Eifer Gottes", der in bibl. Tradition als „Eiferheiligkeit" zu verstehen ist. In Hebr 10,27 umschreibt „Feuereifer" Gottes Gerichtshandeln (vgl. LXX Jes 26,11).

II. 7. Das Motiv der → *Rache* (ἐκδίκησις) bzw. des *Zornes* Gottes (ὀργή; θυμός) wird im NT aus dem AT übernommen, in Röm 12,19 und Hebr 10,30 mit ausdrücklichem Zitat von Dtn 32,35. Vor dem „Zorn(-gericht)" Gottes warnen Johannes der Täufer und Jesus einhellig (Mt 3,7.10–12; Lk 21,23; Mt 22,7). Im Sturz des Satans (→ Widersacher) aus dem → Himmel (Lk 10,18) sieht Jesus den endzeitlichen Sieg Gottes als definitiv entschieden an (vgl. auch Offb). Für Paulus ist die „Offenbarung des Zornes Gottes vom Himmel gegen jede Gottlosigkeit und Ungerechtigkeit von Menschen" (Röm 1,18) die Kehrseite seiner Botschaft von „der Offenbarung der Gerechtigkeit Gottes" (Röm 1,16–18), die aus dem Zorngericht Gottes befreit (1 Thess 1,10; 5,9; Röm 5,9). Gottes Zorn gegen die Sünde der Menschen wirkt in die Gegenwart hinein (Röm 3,5; 4,15; 13,4f; 1 Thess 2,16; vgl. Joh 3,36), findet sein Ziel jedoch erst am „Tag des Zornes" (Röm 2,5; vgl. 2,8; 9,22; 1 Thess 1,10; 5,9; Kol 3,6; Offb 11,18; 15,1; 19,15 u. a.). Grundlegend gilt für AT und NT, dass die Momente der göttlichen Vergeltung bzw. Rache im Gericht positiv darauf zielen, seinem Volk, den Bedrängten und Armen Recht und Gerechtigkeit zu verschaffen (Dtn 32,36; Ps 10,17–18; 26,1; Mi 7,9; Lk 18,1–8; Apg 7,24; 2 Thess 1,5–10 u. a.). Da das Gericht und damit auch die „Rache" Gott, dem endzeitlichen Richter, allein vorbehalten sind (Lk 21,22; → End-Gericht), wird alles zwischenmenschliche Richten und Rächen untersagt (1 Thess 5,15; Röm 12,17–21; 14,4–13; 1 Kor 4,5; Jak 2,4–13; 5,9). Die Botschaft Jesu fordert zur kreativen Überwindung des aufrechnenden Verhaltens bis hin zur Feindesliebe auf (Mt 5,38–48; 7,1–5; Lk 6,27–42; → Feind). Wenn im NT von der endgerichtlichen „Rache" bzw. „Vergeltung" Gottes die Rede ist bzw. diese von ihm erbeten wird, dann nicht im Sinne einer anthropomorph gedachten Befriedigung von göttlichen Rachegelüsten, sondern um der Wahrung und Durchsetzung der Heiligkeit und Wahrheit Gottes willen, um des von Gott und seinem Ev. geforderten Gehorsams (2 Thess 1,8) und der Heiligkeit der Christen (1 Thess 4,7; Hebr 10,26–31) willen bzw. um der Rettung und → Würde der Opfer und leidenden Kreaturen willen (Offb 6,10–11; 19,2 [vgl. 2 Kön 19,7]). Dabei bleibt die Rede von Gottes Zorn und Rache unterfangen und bestimmt von seiner Liebe, Gerechtigkeit und Barmherzigkeit.

I. *W. Dietrich/C. Link*, Die dunklen Seiten Gottes, Bd. 1–2, Neukirchen-Vluyn 1995/2000; *J.-D. Döhling*, Der bewegliche Gott, Freiburg u. a. 2009; *B. Janowski*, Ein Gott, der straft und tötet?, Neukirchen-Vluyn 2013; *J. Jeremias*, Die Reue Gottes, Neukirchen-Vluyn [2]1997; *ders.*, Der Zorn Gottes, Neukirchen-Vluyn 2009; *R. Scoralick* (Hg.), Das Drama der Barmherzigkeit Gottes, Stuttgart 2000.

II. *M. Bachmann*, Göttliche Allmacht und theologische Vorsicht, Stuttgart 2002; *C. Bussmann/W. Radl* (Hg.), Der Treue Gottes trauen, Freiburg 1991; *K. Kertelge*, „Rechtfertigung" bei Paulus, Münster [2]1971; *C. Landmesser*, Wahrheit als Grundbegriff neutestamentlicher Wissenschaft, Tübingen 1999; *V. A. Lehnert*, Wenn der liebe Gott „böse" wird: ZNT 9 (2002) 15–25; *R. Miggelbrink*, Der Zorn Gottes, Freiburg u. a. 2000; *ders.*, Der zornige Gott, Darmstadt 2002; *U. Schnelle*, Gerechtigkeit in den Psalmen Salomos und bei Paulus, in: *H. Lichtenberger/G. Oegema* (Hg.), Jüdische Schriften in ihrem antik-jüdischen und urchristlichen Kontext, Gütersloh 2002, 365–375; *R. Scoralick* (Hg.), Das Drama der Barmherzigkeit Gottes, Stuttgart 2000; *P. Stuhlmacher*, Gerechtigkeit Gottes bei Paulus, Göttingen [2]1966.

Bernd Janowski (AT) / Klaus Scholtissek (NT)

Einheit / Vielheit (E./V.)

(→ Dachartikel: Schrift/Schriftverständnis)

I. Die Begriffe E. und V. geben kein Problem der hist.-kritischen → Exegese an. Sie hat es vom Selbstverständnis her mit der lit. Gestalt der bibl. Texte, ihrer Vorgeschichte und ihrer Einbindung in den gesch. Kontext (Religions- und Zeitgeschichte, soziales Umfeld) zu tun. Aufgabe der Exegese ist auch nach kath. Verständnis, „auf die vorgegebenen umweltbedingten Denk-, Sprach- und Erzählformen zu achten" und den „Sinn" eines Textes „den Bedingungen seiner Zeit und Kultur entsprechend", d. h. hist. auszulegen (II. Vatikanum DV 12). Dies setzt V. voraus.

II. In entstehungsgesch., autororientierter Perspektive sind AT und NT nicht als ein Buch, sondern als Bibliothek von Buchrollen mit einer Vielzahl von theol. Konzeptionen aus je unterschiedlichen sprachlichen und lebensgesch. Situationen zu werten. Wandernde Gruppen (Mose-Gruppe, [Halb-]Nomaden, Boten der Q-Tradition, Jesus und Paulus), sesshafte Glaubende mit oder ohne → Tempel (Zionstheol., → Diaspora, → Zion), sozial und rel. homogene Gruppen (Großfamilien, joh. Schule), aber auch sozial und rel. gemischte Gemeinden (vgl. die Adressaten der Propheten im 8. Jh. v. Chr. sowie 1 Kor 11,17–34 und Lk sowie Jak) belegen diese V. Außerdem gibt es nicht nur eine V. an lit. Gattungen (Geschichtserzählungen, prophetische, weisheitliche und lyrische Texte, Logien der Jesuserzählungen, Briefe u. a.), sondern auch inhaltlicher Art (Schöpfungs- und Geschichtstheol., Gesetzes- und Weisheitsworte, prophetische und apokalyptische Deutungen, Paränesen, Lehren wie Mt 5–7 oder Predigten/Homilien wie Hebr), nicht zuletzt auch unterschiedliche Gottesbilder im AT/NT und Christologien wie auch Ekklesiologien usw. im NT. In dieser Perspektive gibt es keine Theol. des AT oder NT, mithin auch keine „bibl. Theol.", nicht einmal eine „Theol." – jedenfalls nicht im jüd. Verständnis. Ist doch der Begriff „Theol." griech. Ursprungs mit dem Anspruch, Kraft des Logos das Sein Gottes syst. erschließen zu können; er ist kühn wie die Suche nach der → Mitte der → Schrift. Dagegen gilt: Die heiligen Schriften Israels und der → Kirche bieten weder insgesamt noch als Einzeltext ein in sich geschlossenes theol. System, sondern vielfältige Versuche, die mit Jhwh, dem Gott Israels und Jesu (→ Gottesvorstellungen), und seiner Wirklichkeit gemachten Erfahrungen in hebr., aram. und griech. Sprache zu deuten. Es geht um die Behauptung von Wahrnehmungen der → Wahrheit in → Schöpfung und → Geschichte, die sich auch für Zuhörer und Leser nach deren Vertextung als tragfähig erwiesen. So zahlreich die Autoren bibl. Texte sind, so bunt ist die V. ihrer Glaubenserfahrungen im „Streit um die Gotteswahrheit" (E. Zenger), nicht nur unterschiedlich, sondern auch widersprüchlich (zu anderen Erfahrungen und Texten). Die unaufhebbare V. und Verschiedenheit dieser Erfahrungen (vgl. bes. die Pss.) ist ihr Reichtum für neue Leser.

Das Problem der E. angesichts dieser unbestreitbaren V. stellt sich nicht erst beim → Kanon, dem normativen Abschluss der christl. Sammlung heiliger Schriften (die es im strengen jüd. Sinn nicht gibt), sondern bereits bei den allerersten Kompositionen verschiedener Glaubensaussagen im mündlichen und schriftlichen Prozess. Dass es im AT und NT nur eine dissonante „E." gibt, belegt bereits die → Tora als unreduzierbares Fundament jeden jüd. Glaubens, wenn gilt, dass der Sinai-Bund (→ Bund) von der P nicht nur kritisiert, sondern als „unheilbar falsch" (W. Groß) abgelehnt wird (eine analoge Wende ist für den → Apostel Paulus in Rezeption der Gnadentheol. der P nach seiner Berufung zu konstatieren). Dies zeigt, dass der → Weg vom → Leben zu bibl. Texten und deren Sammlung geht und die Texte wiederum eine Funktion für gelingendes Leben haben. Offenbarung ist bibl. nicht ein Akt der sprachlich fixierten Vergangenheit (vgl. Dtn 5,3.33; Röm 15,4). Bzgl. dieser anthropologischen Funktion kann man von E. sprechen, da gemäß jüd. bzw. christl. → Glauben sich in ihnen der eine Gott geoffenbart hat (→ Gotteswort; → Offenbarung). In glaubensgemäßer Hinsicht ist E. demnach primär ein theol. Begriff – trotz aller lit. Vielheit, Disparatheit und partiellen Widersprüchlichkeit *in* der E. der Schrift. Wie es nach DV 12 Aufgabe des Bibelauslegers ist, die V. der theol. Konzepte zu erarbeiten, so hat er „mit nicht geringerer Sorgfalt auf den Inhalt und die Einheit der ganzen Schrift" zu achten. Die Akzeptanz der vielfältigen Antworten auf das Gotteswort durch die Glaubensgemeinschaft ist Voraussetzung für die seit Jahren intensiv betriebene „kanonische (Endtext-)Exegese" in der Perspektive gegenwärtiger Schriftauslegung. Dabei gilt: „Es ist gerade eine Eigenart der Bibel, kein strenges System zu bilden, sondern im Gegenteil in der Dynamik von Spannungen zu stehen" (Päpstliche Bibelkommission III. A.2). Dies betrifft auch so zentrale theol. Themen wie → Gottesbild, → Bund, Christologie (→ Jesus Christus) und → Kirche. Die vielfältigen Deutungen des einen Gotteswortes (vgl. Ps 62,12: „Eines hat Gott gesagt, zweierlei habe ich gehört"; vgl. Jer 23,29) bleiben hist. und hermeneutisch die Vorgabe, die die Menschen in verschiedenen Aktualisierungen zu verwirklichen haben. Trotz aller V. der Biographien der Autoren und der Glaubensgemeinschaften kann E. in → Gebet und Liturgie vom → Volk Gottes bzw. der Kirche als → Gnade (wegen der Berufung durch Gott; vgl. die atl. Bundesformel) geglaubt und gefeiert werden, was die Akzeptanz anderer, auch in Texten verdichteter Glaubenserfahrungen voraussetzt. Die Sammlung heiliger, normativer Schriften in Judentum und Christentum durch deren Rezeption in verschiedenen Gemeinden ist ein ökum. Prozess, der sich hier wie dort bislang nicht wiederholt hat. Die Sammlungen sind ein Beleg für eine E. in versöhnter V. und Verschiedenheit (vgl. Gal 2,1–10; 3,28) bzw. einer E. in der Wahrheit wirklich grundlegender Glaubensinhalte. Die Vielfalt theol. Überzeugungen im AT und NT bieten nach der bewussten Entscheidung und Überzeugung der christl. Kirchen dafür einen kanonischen, d. h. unaufhebbaren Maßstab der V., den Glauben an Gottes Handeln zu bezeugen. Nur so bleibt Glaube menschlich.

C. Dohmen/T. Söding (Hg.), Eine Bibel – zwei Testamente, Paderborn 1995; *C. Frevel* (Hg.), Einleitung in das Alte Testament, Stuttgart [8]2012, 11–36; *W. Groß*, Zukunft für Israel, Stuttgart 1998; *Päpstliche Bibelkommission*, Die Interpretation der Bibel in der Kirche (Verlautbarungen des Apostolischen Stuhls 115), Bonn 1993; *L. Schwienhorst-Schönberger*, Einheit und Vielheit, in: *F.-L. Hossfeld* (Hg.), Wieviel Systematik erlaubt die Schrift?, Freiburg 2001, 48–87.

Hubert Frankemölle

Einsicht (E.)

(→ Dachartikel: Weisheit/Gesetz)

I. AT: 1. Unter E. versteht man das → Erkennen bzw. Verstehen eines Sachverhalts aus eigener Anschauung und Vertrautheit mit ihm. Dabei können näherhin der Vorgang oder das Resultat des Erkennens oder die dafür nötige Fähigkeit im Blick sein. Insbes. kann auch der verstehende Nachvollzug einer bereits von anderen gewonnenen und mitgeteilten Erkenntnis als E. bezeichnet werden. Im AT werden v. a. die Ausdrücke *bīnā* („E., Verständnis") und *t^{e}bûnā* („E., Klugheit, Geschick") im Deutschen häufig mit E. wiedergegeben (vgl. *bīn* „verstehen, einsehen, achten auf, bedenken"), gelegentlich auch *da^{c}at* („Wissen, Können, Erkenntnis, E.", vgl. *jd^c* „[er]kennen, verstehen, wissen, E. haben"), *læqaḥ* („Lehre, Lehrgabe, E.") oder *śækæl* („E., Verstand, Erfolg", vgl. *śkl* Hifil „verstehen, einsehen, E. haben, einsichtig/klug machen, Erfolg/Gelingen haben"). Terminologisch wird im atl. Hebr. zwischen E., Erkenntnis, → Weisheit und → Klugheit nicht scharf unterschieden. E. steht häufig als Parallelausdruck neben „Weisheit" oder „Erkenntnis" (z. B. Spr 1,7; 2,1ff; 9,10).

I. 2. E. wird einerseits als lehrbar und lernbar betrachtet (Spr 4,1; 19,25), andererseits aber auch als eine Gabe Gottes (1 Kön 3,9; Dan 2,21; Ijob 38,36), die er Menschen oder Tieren aber auch vorenthalten kann (Ijob 39,17; Jes 29,14). Gott selbst verfügt über E. (Jes 40,28; Jer 10,12; Ijob 12,13). Menschliche E. stößt Gott gegenüber an ihre Grenze (Spr 21,30).

II. NT: 1. Im NT kann bes. das Nomen σύνεσις („Verständnis, E.") häufig mit E. wiedergegeben werden (vgl. συνίημι „wahrnehmen, einsehen, verstehen", συνετός „einsichtig, verständig, klug; passiv: verständlich", ἀσύνετος „uneinsichtig, unverständig, unverständlich", ἔννοια „Überlegung, E., Gesinnung, Begriff", φρόνιμος „verständig, einsichtsvoll, klug").

II. 2. Unter den Synopt. betont v. a. Mk die mangelnde E. der Jünger gegenüber dem Reden und Handeln Jesu (Mk 6,52; 7,18; 8,17.21), dessen wahre Bedeutung erst am Ende seines Lebens verständlich wird (Mk 15,39). Das Nichtverstehen der Gleichnisse Jesu zeigt nach Mk 4,10–12 den Mangel an E. auf Seiten der Hörer und verstärkt diesen noch. Dabei greifen Mk 8,18 auf Jer 5,21 und Mk 4,12 auf Jes 6,9f zurück. Paulus betrachtet im Röm Uneinsichtigkeit als → Laster (Röm 1,31) und Folge der → Sünde (Röm 1,21; 3,11; vgl. Ps 14), E. dagegen als Gabe Gottes in der Verkündigung des Ev. (vgl. Röm 15,21 mit Jes 52,15; Röm 10,19 mit Dtn 32,21). 1 Kor 1,19 beschreibt demgegenüber die christl. Verkündigung nicht als Beseitigung von Uneinsichtigkeit durch die im Ev. vermittelte E., sondern als Destruktion (vermeintlicher) Weisheit und E. durch die (vermeintliche) → Torheit des „Wortes vom → Kreuz". Führt nach Paulus die Verkündigung des Ev. zu (neuer) E., muss in den deuteropln. Briefen Gott darum gebeten werden, den Gläubigen E. in die überlieferte Lehre zu schenken (Kol 1,9; 2,2; 2 Tim 2,7). Nach Eph 3,4 demonstriert der Epheserbrief seinen Lesern die Paulus von Gott gewährte „E. in das Geheimnis Christi". Hier zeigt sich der Übergang von einer E. erzeugenden Verkündigung zu einer rel. Tradition, deren Interpretation bes. E. erfordert.

I. *G. von Rad*, Weisheit in Israel, Neukirchen-Vluyn [3]1989.
II. *M. Küchler*, Frühjüdische Weisheitstraditionen, Fribourg u. a. 1979; *H. Weder*, Neutestamentliche Hermeneutik, Zürich [2]1989.

Thomas Krüger

End-Gericht (E.)

(→ Dachartikel: Eschatologie)

Vorbemerkung: Das E. ist der zukünftige Zeitpunkt, an dem Gott (oder eine göttlich legitimierte Person) in die → Geschichte der Menschheit eingreifen und die Bösen und Ungerechten verdammen, die Treuen und Gerechten aber belohnen wird (→ Lohn).

I. AT: 1. Eine feste Terminologie für das E. findet sich im AT nicht, hingegen treten verschiedene Formen und Kombinationen von → „Gericht" und „richten" (*dīn, špṭ, jkḥ* Hifil) auf. Oft auch genügt der Hinweis auf „jenen Tag", um den Vorstellungshorizont des Gerichts Gottes als → Strafe für Fehlverhalten wachzurufen (z. B. Jes 4,1–6; 7,17–25; 11,10f; Ez 30,9–13; Joël 4,18; Am 9,11; Sach 12,3).

I. 2. Es sind verschiedene Ebenen und Adressaten des Gerichts zu unterscheiden, das nicht immer ein *End*-Gericht ist, vielmehr können auch gesch. Ereignisse als Gericht interpretiert werden. So formulierte die klassische Prophetie (→ Prophet) konkrete Gerichtsorakel gegen → Israel/Juda (z. B. Hos 5,8–15; 6,5; Am 7,4; 8,4–14; Jes 1,2–9; 5,1–30; Mi 2,1–4; 3,9–12; Jer 2,33–35; 5,1–9; Ez 7,1–28; 24,1–14), die sich in den Untergangsereignissen von 722 und 597/587 v. Chr. bewahrheiteten. Aus diesem Grund wurden die Gerichtsworte tradiert – und durch den Rezeptionsprozess als mahnende Botschaft für die neuen Adressatenkreise in späterer (v. a. nachexil.) Zeit aktualisiert. Zugleich entwickelte sich die Tendenz, den Gerichtszeitpunkt in die (unbestimmte) Endzeit („an jenem Tag") zu verlagern (*End*-Gericht).

Neben dem → *Volk* als Ziel des Gottesgerichts formuliert das AT zahlreiche Gerichtsworte gegen *die fremden Völker* (Fremdvölkersprüche, z. B. Jes 13–23; Jer 25,15–38; 46–51; Zef 2,4–15). Joël 4,1–21 spricht vom Gericht über *alle* Völker, die sich feindlich gegen Israel verhalten haben (vgl.

auch Sach 14,1–21; symbolisiert in der Gestalt Gogs als Gegner Gottes in Ez 38f). Jes 66,16 und Jer 25,31 sehen Gottes Gericht gegen *alle Sterblichen (alle Menschen)* voraus.
Neben der Ausweitung des Horizonts vom Volk Israel auf alle Menschen wird aber auch das *individuelle Gericht über die Verfehlungen Einzelner* in den Blick genommen. So betonen z. B. Ps 58,12; Mal 3,5, dass Jhwh selbst kommen und die → Gerechtigkeit wiederherstellen wird. Hier geht es nicht um ein E. über die ganze Welt, sondern darum, die durch die schwierigen Verhältnisse der nachexil. Zeit aus den Fugen geratene soziale Ordnung durch eine machtvolle Instanz (die nicht innerweltlich sein kann) wieder zu gewährleisten. Koh 12,14 verweist aber auch auf die Vorstellung eines E. über den Einzelnen, das „gut" und „böse" zum Vorschein bringen wird.
Neben Gott selbst kann mitunter auch ein Prophet Gericht halten (z. B. Ez 20,4; 22,2) oder ein davidischer → Messias wird den Hilflosen → Recht verschaffen und die Schuldigen mit dem Wort seines Mundes töten (Jes 11,1–4). Weitere Beispiele für das individuelle Gericht über die Verfehlungen Einzelner sind Jer 17,5–11; 31,29f; Ez 18,1–32; 33,17–20. Exponierte Persönlichkeiten oder bestimmte Gruppen fassen Jer 22,13–19; 23,1f.9–40; 28,15f; Am 4,1–3; 6,4–7; 7,17; Hos 4,4–6; 5,1 (s. a. Jes 1,28; 3,10f.13–15.16–26; 10,1–4) ins Auge. Dabei muss beachtet werden, dass eine strenge Trennung von „individuellem" Gericht und dem Gericht über Israel bzw. die Völker eine moderne Unterscheidung von „individuell" und „kollektiv" an die Texte heranträgt, die diesen nicht immer gerecht wird (→ Mentalität und Kultur). „Sünder" und „Gerechte" stehen einander immer als Gruppen gegenüber. Die Vorstellung eines *individuellen* E. unmittelbar nach dem → Tod begegnet erst am Ende der Spätantike.
In der Weisheitslit. betont der Tun-Ergehen-Zusammenhang, dass das Tun des Menschen (das Tun des Guten oder → Bösen) entsprechende *innerweltliche* Konsequenzen (Glück oder Untergang) nach sich zieht (→ Weisheit). In der Realität, die anerkennen muss, dass es guten Menschen schlecht und schlechten Menschen gut geht, zerbricht dieser in der → Erziehung beheimatete Gedanke des Tun-Ergehen-Zusammenhangs, sodass die Vorstellung eines Gerichts als einer ausgleichenden Gerechtigkeit *über den Tod hinaus*, in einem zukünftigen → Leben, aufkommt. So betonen spätere Traditionen das zukünftige Gericht über Einzelne, etwa, dass die Gerechten belohnt und ewig bei Gott leben werden, während die Bösen bestraft und ohne jede → Hoffnung zugrunde gehen (z. B. Weish 3,1–5,23). Die Verbindung von E. und → Auferstehung der Toten formuliert auch Dan 12,1–3: Die einen werden zum ewigen Leben, die anderen zu ewiger Schmach erwachen.
I. 3. Eine bes. Chiffre oder Ausdrucksform für das E. ist die Rede vom „Tag des Herrn/Jhwhs" (*jōm Jhwh*; Varianten: „der Tag des → Zornes [Jhwhs]"; „jener Tag"; „der Tag, wenn ..."). Ursprünglich ist mit dem Tag Jhwhs die Erwartung eines hilfreichen militärischen Eingreifens Gottes für Israel verbunden (z. B. Ri 4,14; 1 Kön 22,6; Ez 13,5), das mitunter kosmische Dimensionen annehmen kann (Jes 13,6–9; Ez 30,3). Doch mit Am 5,16–20 wird dieses Konzept auf den Kopf gestellt: Der Tag Jhwhs bringt nicht das erwartete → Heil, sondern Finsternis und Gericht. Dass der „Tag" in Am 5,20 „Finsternis" genannt wird, kehrt die Schöpfungsvorstellung von Gen 1,5 um und signalisiert den Ernst des Gerichts (→ Licht). Der Tag Jhwhs bringt das furchtbare Gericht Gottes, vgl. Jes 2,12; Joël 1,15; 2,1; 3,4; 4,15; Obd 15; Zef 1,7–18; Mal 3,23. Bes. problematisch war in der nachexil. Zeit für diejenigen, die die → Tora treu befolgten, die Erfahrung, dass sich ihr Tun nicht auszahlt, dass es den Bösen gut geht und man keinen Unterschied mehr zwischen Gerechten und Frevlern sieht. Der weisheitliche Tun-Ergehen-Zusammenhang ist in der Realität zerbrochen (→ Ethik). Hier kündigt Mal 3,13–21 einen Tag an, an dem Gott intervenieren und die rechte → Ordnung wiederherstellen wird. Das ist aus innerweltlicher Sicht nicht anders vorstellbar als durch die glühende Vernichtung (der Tag brennt wie ein Ofen) aller Frevler.
I. 4. Die frühjüd. Lit. lässt als Grundmuster die Erwartung eines Gerichts erkennen, das zur Verdammnis der einen und zum Heil der anderen führt. Der Ort bzw. Zeitpunkt dieses Gerichts ist entweder an einem definitiven Wendepunkt der → Geschichte (E. im engeren Sinne) oder nach dem Tod (Jenseitseschatologie). Die älteste

Konzeption eines E. im Judentum erwartet ein endzeitliches Strafgericht an den *Feinden Israels*; einschlägig ist hier die Wendung vom „Tag" (Jhwhs, des Gerichts, des Zorns etc.). Doch schon in Jes 65f und bei Mal findet sich auch eine „gerichtliche" Scheidung innerhalb Israels zwischen Gerechten und Sündern. Die endgültige → Strafe der Sünder wird nicht deutlich ausgefaltet (vgl. Dan 12,2). Im Blick auf die Jenseitseschatologie ist zunächst festzustellen, dass ein bes. *Gerichtsakt* eigentlich fehlt: Das ganze Leben über haben die Menschen Gelegenheit, sich zu bewähren, im Tod aber steht fest, auf welcher Seite jemand steht – damit ist ein expliziter Gerichtsprozess oder ein Urteil nicht nötig. Nach dem Tod wird die Vergeltung dann vollstreckt. Erst an der Wende vom 1. zum 2. Jh. n. Chr. scheint sich der Gedanke eines bes. Gerichts (TestAbr; bBer 28b) zu etablieren. Eine Verbindung von E. und Jenseitseschatologie konzipiert z. B. 4Esra 7: Die Zwischenzeit zwischen Tod und E. verbringen die → Seelen in „Kammern" (die Sünder in siebenfältiger Pein, die Gerechten in siebenfältiger Seligkeit, vgl. 7,80–99). Beim E. erhalten sie dann ihre endgültigen Aufenthaltsorte: Gehenna (→ Unterwelt) oder → Paradies. Der Richter beim E. ist allermeist Gott, in manchen Fällen vertreten durch → Engel, z. B. den Erzengel Michael (Dan 12,1) oder den Menschensohn (4Esr 13). Das Vollstrecken des E. wird mitunter im Passiv formuliert (Dan 7), um eine Festlegung der handelnden Person zu vermeiden. Das Kommen Gottes zum Gericht (→ Parusie) wird als gewaltige Gotteserscheinung (→ Theophanie) geschildert. Der Maßstab beim E. ist grundsätzlich die Tora (vgl. Dtn 27–30). Das E. Gottes ist eine theol. Notwendigkeit, da nur so die Geschichtsmächtigkeit und die Gerechtigkeit Gottes endgültig erwiesen werden: In ausgleichender Gerechtigkeit wird die gestörte Ordnung durch Strafe für die Sünder und Heil für die Gerechten wiederhergestellt. Insofern ist das E. für die Gerechten ein Gegenstand der Hoffnung.

II. NT: 1. Die hauptsächlichen Termini für das E. sind κρίμα („Urteil, Strafgericht"), κρίνω („richten") und κρίσις („Gericht").

II. 2. Die Verkündigung des E. scheint zum Grundbestand missionarischer Verkündigung zu gehören (vgl. Apg 24,25; 1 Thess 1,9f; Hebr 6,2), wobei es weniger um die Lehre über die Endzeit als vielmehr um → Ermahnung zu einem gerechten Leben geht. Die Evv. überliefern die Predigt *Johannes' des Täufers* vom kommenden, unausweichlichen → Gericht (Mt 3,7–12par.) sowie die → Taufe im Jordan, die den Umkehrwillen des Einzelnen dokumentiert (→ Umkehr). Johannes erwartete vermutlich Gott selbst als kommenden Feuerrichter.

Die *Verkündigung Jesu* unterscheidet sich deutlich von der Johannespredigt. Doch auch bei Jesus spielt das E. eine wichtige Rolle, da Jesus ein Handeln erwartet, das der von ihm als nahe verkündeten Königsherrschaft Gottes (→ Herrschaft) entspricht. Für den Fall der Ablehnung seiner Botschaft droht er das E. Gottes an (vgl. Lk 10,13–16par.; 11,31f.par.; 13,1–5). An der Einstellung der Menschen zur Person Jesu entscheidet sich ihr Ergehen im Gericht (vgl. Mk 12,1–12par.; Lk 11,49–51par.; 13,34f.par.), insbes. in der Situation des notwendigen Bekenntnisses zu Jesus (vgl. Lk 12,8–12par.). Q, die die meisten dieser Logien überliefert, verbindet das E. mit dem Kommen des Menschensohnes (Lk 17,22–37par.; hier begegnet auch die Wendung vom „Tag" des Menschensohnes!): Der Menschensohn wird unübersehbar wie ein Blitz am Himmel sein, das E. ist der Sintflut und der Vernichtung von Sodom vergleichbar. Die Wirkung dieser Sätze richtet sich bestätigend und ermahnend an die eigene Gruppe zur Stärkung ihrer Identität, zugleich aber warnend nach außen an „Israel". Auch hier darf die Unterscheidung zwischen „individuellem" und „kollektivem" Gericht (Israel/Völker) nicht überbetont werden, denn der Einzelne wird insofern „gerichtet", als er Teil einer Gruppe ist, eben der, die sich zu Jesus bekennt oder ihn ablehnt. Die Gerichtspredigt Jesu richtet sich an den Einzelnen wie an das → Volk Israel als Ganzes, dabei bleibt es aber dasselbe Geschehen – und so sind vom Einzelnen wie vom → Volk die → Umkehr, → Buße und das bereitwillige Tun seiner (Jesu) Worte gefordert (vgl. z. B. Lk 6,46–49). Wenn Jesus in provozierender Weise Israel und die Heiden gegenüberstellt (z. B. Lk 13,22–30), so zeigt dies, dass er sich werbend an die wendet, „für die das Reich bestimmt war" (Mt 8,12), also Israel zur Umkehr führen will.

Gericht und → Heil sind zwei Seiten der gleichen

Medaille, und so kann Jesus nicht das Reich Gottes als Heil für alle verkünden, ohne vom Gericht zu sprechen, das die erwartet, die sich der Einladung Gottes verweigern (vgl. Lk 14,15–24par.). Das E. fasst Jesus in verschiedene Bilder: forensisches Gericht (z. B. Mt 12,41f.par.; 7,1–5par.; 19,28par.); Rechenschaftsablegung (aus der Geschäftswelt, z. B. Mt 25,14–30par.; vgl. auch die Schuldhaft Mt 5,25f.par.) und die Ernte (Mk 4,29; Mt 9,37f.par.). Der Herr der Ernte, also der endzeitliche Richter, ist Gott selbst (→ Gottesvorstellungen). Gott ist der Gastgeber des endzeitlichen Mahles und bestimmt, wer ausgeschlossen wird. Das entscheidende Kriterium im E. ist jedoch die Beziehung zu ihm selbst und seiner Botschaft, die die → Tora zur Geltung bringen will (Mt 5,17–20), denn Jesus erhebt für sich den Anspruch: Hier ist mehr als Jona, mehr als Salomo (Mt 12,41f.par.). Die Dialektik von Heil und Gericht bzw. Verdammnis hebt Jesus keineswegs auf, aber im Unterschied zum Täufer, der das Gericht betont, akzentuiert Jesus die Heilsseite: Wer dieses Heil verwirft, verfällt dem Gericht (vgl. z. B. Mt 11,21–24par.). Dieses Gericht hat für Jesus mit seinem Auftreten bereits begonnen: „Ich sah den Satan wie einen Blitz vom Himmel fallen" (Lk 10,18; → Widersacher); und mit seinen Dämonenaustreibungen (→ Dämon) ist das Reich Gottes bereits gekommen (Lk 11,20par.). Auch diese zeitliche Struktur betont den Anspruch Jesu, dass sich an ihm und seiner Botschaft das Ergehen im E. entscheidet.

Mt betont bes., dass das gegenwärtige Leben nach dem Ideal der „Gerechtigkeit" (z. B. Mt 5,20) entscheidend ist für die Beurteilung im E. (vgl. Mt 12,36f; 23,23; 25,31–46). Im *Mk* wird die Zeit vor dem E. als Periode der Drangsal und des geforderten Bekenntnisses bis hin zum Martyrium dargestellt (vgl. v. a. Mk 13). Dies dient der Mahnung zur Wachsamkeit und zum Verzicht, einen genauen Zeitpunkt für das E. berechnen zu wollen. Selbiges gilt auch für das *Lk*. Lk 21,20–24 stellt das Strafgericht über Jerusalem (Anspielung auf die Tempelzerstörung 70 n. Chr.?) als Vorläufer des E. dar, das mit kosmischen Schreckenszeichen und dem Kommen des Menschensohnes (nach Dan 7,13) einhergeht. Hinzu kommt bei Lk die Erwartung eines individuellen Gerichts nach dem leiblichen → Tod (Lk 16,19–31; 23,39–43).

Im *Joh* begegnet in seiner „realisierten → Eschatologie" eine eigenständige Konzeption: Hier ist das E. in die konkrete Annahme oder Ablehnung der Botschaft von → Jesus Christus verwoben. Die vom Menschen zu verantwortende Verweigerung gegenüber → Jesus bewirkt schon das Gericht (Joh 3,18; 12,48), während die gläubige Annahme bereits aus dem Tod rettet (Joh 6,47; 8,51; 11,25f). Das Gericht ist im Auftreten Jesu gegenwärtig (Joh 12,31f). Dieser völlige Verzicht auf ein zukünftiges Gericht wird durch Joh 5,27–30 etwas relativiert.

II. 3. Bei *Paulus* hat das E. einen hohen Stellenwert (vgl. z. B. Röm 2,1–16; 14,10–12; 1 Kor 3,12–15; 4,4f; 2 Kor 5,10; Gal 6,7–10; 1 Thess 1,10), v. a. im Blick auf die → „Rechtfertigung" des Menschen vor Gott (*coram Deo*). Paulus verwendet eine traditionelle Begrifflichkeit, z. B. „Tag des Herrn" als Tag des Gerichts (1 Kor 3,13; 5,5; 2 Kor 1,14; 1 Thess 5,2); „Richterstuhl Gottes" (Röm 14,10) bzw. „Christi" (2 Kor 5,10), „→ Zorn Gottes" (Röm 2,5; 1 Thess 1,10). Der eschatologische Tag Jhwhs wird bei Paulus zum Tag des Herrn, wobei die griech. Wiedergabe des hebr. *Jhwh* durch κύριος es ermöglicht, den „Herrn" mit Jesus Christus zu identifizieren (1 Kor 1,8; 2 Kor 1,14). Die → Parusie Christi tritt an die Stelle des Kommens Gottes. Nur in Phil 1,6.10; 2,16 ist vom „Tag Christi" die Rede: Paulus hofft, dass die Angesprochenen treu zu dem halten, was er verkündet hat, damit sie im E. am Tag Christi bestehen bleiben (vgl. auch 1 Kor 1,8; 5,5; 2 Kor 1,14). Für die Rechtfertigungslehre besagt das E., dass der Mensch zwar allein durch den → Glauben durch die → Gnade Gottes für gerecht erklärt wird, dass aber dies ein neues Leben im → Geiste Gottes bewirkt, das zu entsprechenden Werken befähigt (Röm 8,1–6; Gal 5,18–24). An dieser konkreten Praxis zeigt sich aber, ob sich der Christ in der gnadenhaft geschenkten → Erlösung bewährt. Der Verweis auf das E. ist damit paränetische Ermahnung zur Bewährung (Röm 14,1–12; 1 Kor 6,1–3; 9,24–27). Das atl. Gericht über die Völker tritt bei Paulus zugunsten seiner Grundsatzbetrachtungen des Menschen vor Gott (*coram Deo*) in den Hintergrund. Die nationalethnischen Grenzen sind für Paulus überwunden (Röm 1,14; 1 Kor 1,24; 12,13; Gal 3,28). In Röm 1,18–32 z. B. dient der Blick auf den Götzendienst der Heiden als Erweis der generellen Schuldverfallenheit aller Menschen (→ Götze).

II. 4. Die *übrigen Schriften* des NT zeigen in die gleiche Richtung: Der Verweis auf das E. dient der Ermahnung zur → Treue gegenüber Gott und zur → Barmherzigkeit untereinander (vgl. z. B. Hebr 10,26–31; 12,26–29; 13,4; Jak 2,12f; 1 Petr 1,17; 4,5f). Im E. wird Christus als Fürsprecher auftreten (Hebr 7,25); Gott als Richter schafft → Recht (Hebr 12,23; Jak 4,12; 5,8f). In zahlreichen Bildern malt die *Offenbarung des Johannes* das E. aus (→ Apokalyptik): Dabei steht zwar die endzeitliche Vernichtung der Widersacher Gottes im Vordergrund (z. B. Offb 20,11–15; 21,8; 22,15), doch auch die Christen selbst stehen unter dem Gericht und werden nach ihren Taten geprüft (z. B. Offb 2,23; 22,12). Den Getreuen bringt das E. das ewige Leben (z. B. Offb 3,5.12; 21,1–8; 22,1–5). Die atl. Rede vom „Tag des Herrn" begegnet an mehreren Stellen auch im NT. Ein gemeinsames Motiv ist das Plötzliche und Unerwartete, ausgedrückt z. B. im Bildwort vom „Dieb in der Nacht" (1 Thess 5,2; Mt 24,42–44par.; 2 Petr 3,10; Offb 3,3; 16,15; zum atl. Hintergrund vgl. Ijob 24,1.13–17; Jer 49,9; Hos 6,11–7,2; Obd 5). Gegen die enthusiastische Auffassung, der Tag des Herrn sei schon da, muss sich 2 Thess 2,2 wehren und die Zukünftigkeit des E. herausstellen. Die Wendung „jener Tag" als Gerichtstag gebraucht Paulus u. a. in Röm 2,16; 1 Kor 3,13. Der Gerichtstag kann auch als „Tag des Zornes" (Röm 2,5) bezeichnet werden.

III. *Zusammenfassend* ist festzuhalten, dass das bibl. E. nicht auf → Rache zielt, sondern auf die Wiederherstellung der Gerechtigkeit. Diese Wiederherstellung bleibt aber Gott überlassen, sodass die bibl. Konzeption sich implizit gegen jegliche menschliche Selbstjustiz stellt und allen rein menschlich-innerweltlichen Versuchen, mit Gewalt eine nach Ansicht bestimmter Ideologien angeblich „gerechtere" Weltordnung durchzusetzen, eine Absage erteilt. Die bibl. begründete Hoffnung von Juden und Christen richtet sich darauf, dass Gott *am Ende* die Gerechtigkeit garantiert. Zugleich aber mahnt die Rede vom E. dazu, sich ständig zu bewähren und nicht in einen naiven Heilsoptimismus zu verfallen. Sowohl in der jüd. Bibel wie im AT und NT (und damit für Juden wie Christen) steht denen, die nach Gottes Weisung leben und sich um Gerechtigkeit bemühen, Gott als gnädiger und barmherziger Richter (vgl. z. B. Ex 34,6f; Röm 8,31–39) in Aussicht.

I. *M. Beck*, Der „Tag YHWHs" im Dodekapropheton, Berlin/New York 2005; *A. Hultgård* (Hg.), Le jour de Dieu, Tübingen 2009; *P. G. Schwesig*, Die Rolle der Tag-JHWHs-Dichtungen im Dodekapropheton, Berlin/New York 2006.

II. *H. Bedford-Strohm* (Hg.), „... und das Leben der zukünftigen Welt", Neukirchen-Vluyn 2007; *M.-L. Gubler*, Die Auferstehung der Toten und das Weltgericht: Diak. 27 (1996) 150–161; *M. Konradt*, Gericht und Gemeinde, Berlin u. a. 2003; *M. Reiser*, Die Gerichtspredigt Jesu, Münster 1990; *C. Stettler*, Das letzte Gericht, Tübingen 2011.

Thomas Hieke

Engel (E.)

(→ Dachartikel: Weltbild/Kosmologie)

I. AT: 1. Ein eigenes Wort für E. (aus dem griech. ἄγγελος „Bote") kennt das AT nicht. Hebr. ist vom → Boten (*malʾāk*) oder Boten Gottes die Rede, der explizit oder kontextbedingt als übernatürliches Wesen ausgewiesen ist. E. gelten atl. zumeist als Helfer der Menschen (Gen 16,7; 21,17; Ex 14,19; 1 Kön 19,5.7 u. a.) und sind als solche Antipoden zu den → Dämonen. Doch sind im AT auch verderblich wirkende Sendboten Jhwhs (Ex 12,23; Num 22,22–35; 2 Sam 24,15f; 2 Kön 19,35; Jes 37,36) bezeugt, die den Dämonen nahe stehen. E. treten einzeln (Ri 13,3–23) oder in Gruppen (Gen 28,12; 32,2; Ps 103,20) auf, wobei sie in Analogie zu königlicher Hofhaltung Jhwh in einem Thronrat (→ Thron) umgeben können. Die Heiligen in Dtn 33,2f oder die Gottessöhne in Gen 6,1–4; Ijob 1,6; 2,1 werden auch als E. aufgefasst. Erst in spät-atl./frühjüd. Zeit treten einzelne E. mit Namen auf, die im wesentlichen ihren Wirkungsbereich angeben: Rafael „Gott hat geheilt" (Tob 3,16f; 12,15 u. a.), Michael „Wer ist wie Gott?" (Dan 10,13.21; 12,1) und Gabriel „Kämpfer Gottes" (Dan 8,16; 9,21).

I. 2. Der Ursprung der E.-Vorstellungen ist religionsgesch. umstritten. Vielfach wurde zoroastrischer Einfluss oder die Depotenzierung von Gottheiten, die im Zuge der Durchsetzung des Jhwh-Monotheismus (→ Monotheismus) ihre Position verloren hätten, angenommen. Vorderorientalisch und im klassischen Griechenland sind Sendboten der Götter (Hermes, Nuska, Papsukkal), die subordiniert göttlichen Status hatten, gut bezeugt. E. sind im AT Zwischenwesen, die Jhwh unter- und den Menschen übergeordnet sind, jedoch keine kultische Verehrung genießen. Eine syst. E.-Lehre ist dem AT fremd. Die meisten Aufgaben, die sie im AT übernehmen, entsprechen denen menschlicher Boten: Geleitschutz (Gen 24,40; Ex 14,19; 23,20–23), Ankündigungen (Ri 13,3–23; Mal 3,1) oder Warnungen (Num 22) und Deutungen der überbrachten Botschaft (Sach 1,9.14; 2,7f; 4,1–6; 5,5–11; 6,4f; Dan 7,16). Kämpferische und bewaffnete E. in Tradition von Jes 37,36; 2 Kön 19,35 kennt 2 Makk 2,21; 3,24; 10,29–31. Analog zum Verhältnis menschlicher Boten zu ihrem ebensolchen Auftraggeber besteht zwischen einem Gottesboten und Gott keine Wesens-, sondern eine Handlungseinheit. Dies bedeutet, dass nach Num 22,22–35 auch Jhwh zum → Widersacher/Satan eines Menschen werden kann. Insbes. in den nachexil. Büchern Sach, Ijob, Dan und 2 Makk finden sich zunehmend ausgeprägte E.-Vorstellungen, die v. a. in außerkanonischen Schriften und in Qumran belegt sind. Mit dem wachsenden Interesse an E. seit dem 3. Jh. v. Chr. wuchs ihre Anzahl und die Verteilung ihrer Aufgaben, sodass eine Hierarchisierung und Systematisierung nötig wurde. Es entstanden vielleicht in Anlehnung an die E., die das dauernde Privileg des göttlichen Anblicks haben (Tob 12,15), die Erzengel, die eine bes. Stellung besaßen. In Qumran fühlte sich die Gemeinschaft bereits im Diesseits mit den E. verbunden. Sie vollzog mit ihnen ihren Dienst (1QS 11,8) und erwartete, dass sie im Kampf am Ende der Zeiten von „→ Licht gegen Finsternis" auf Seiten der „Söhne des Lichts" (= Qumrangemeinschaft) eingreifen würden (1QM 12,1–9). Im hell. Judentum begegnen E. als Mittler u. a. des Logos (Philo LA 3,177) bzw. ist der Logos Gottes wichtigster Bote, der selbst weder geschaffen noch ungeschaffen ist.

II. NT: 1. Ntl. sind die E.-Namen Gabriel (Lk 1,26) und Michael (Offb 12,7) bezeugt. Jüd. und christl. außerkanonische Schriften überliefern zahlreiche weitere E.-Namen (s. z. B. Jub) und feste E.-Gruppen von vier, sechs oder sieben Erzengeln (1 Thess 4,16; Jud 9) erscheinen, die Namen tragen (Uriel, Rafael, Raguel, Michael, Sariel, Gabriel, Remiel). Auch die sieben Geister/Sterne (= Regenten der sieben Planetensphären) in Offb 1,4.20 sind wohl als Erz-E. aufzufassen.

II. 2. Die ntl. Schriften setzen die jüd. Angelologie voraus. Nach Apg 23,8 stand sie bei den Pharisäern in Ehren, während die Sadduzäer sie ablehnten. E. sind in den Evv. als Gottesboten mit wichtigen Wendepunkten des Lebens Jesu verbunden (Lk 1f; Mk 1,13par.; Joh 1,51; Lk 22,43; Mt 28,1–7par.; 16,27par.; 24,31par.; 25,31; 26,53). Diese E. haben Menschengestalt (Mk 16,5par.; Lk 24,4), ihr Gesicht leuchtet (Apg 6,15), sie sind rein, unsterblich und asexuell (Apg 1,10; Mk 12,25par.). Sie sind Geschöpfe Gottes und ihm unterstellt. Entgegen späterer Ikonographie wurden sie nicht mit Flügeln vorgestellt, obwohl sie sich fliegend fortbewegen konnten. Zu ihren Aufgaben gehörte neben dem An- und Verkünden von Gottesbotschaften das Totengeleit (Lk 16,22) und der Personenschutz (Mt 18,10; Apg 12,15). Bei Paulus sind sie Boten, Helfer und Herolde Christi (1 Thess 4,16) sowie Mittler des Gesetzes (Gal 3,19f, vgl. Apg 7,53). Auch im Hebr erscheinen die E. als Mittler des Gesetzes (Hebr 2,2) und vereinigen sich im → Himmel mit dem Chor der auferstandenen Gerechten (Hebr 12,22ff vgl. Mk 12,25par. und 4Esr 7,85.95). Der Mythos von der → Sünde der E. und ihrem Sturz (1Hen 6–16 im Anschluss an Gen 6,1–4) klingt in 2 Petr 2,4 und Jud 6 an und ist wohl auch Paulus (1 Kor 11,10) bekannt. In der → Apokalyptik spielen E. als Boten Gottes eine große Rolle. Sie erscheinen meist in Menschengestalt, strahlend von Licht und → Herrlichkeit (Offb 10,1; 18,1). Ihr Auftrag ist, die göttlichen Entscheidungen durchzuführen (Offb 7,1ff; 14,6f; 16,1), den himmlischen Hofstaat zu bilden und dort mit Gott die Märtyrer zu empfangen (Offb 7,9–17). Im endzeitlichen Szenario leiten sie die jeweiligen Abschnitte ein, wenn sieben E. (Offb 8,2ff) die endzeitlichen Prüfungen ankündigen und ein E.-Heer den Logos in die Endschlacht begleitet (Offb 19,11ff). Die Hochschätzung der E. und ihre unmittelbare Gottesnähe führte dazu, dass es starke Tendenzen gab, dieselben zu verehren, was ntl. wiederholt vehement abgelehnt wird (Kol 2,18f; Offb 19,10; 22,8f; Hebr 1,4ff).

I. *G. Ahn/M. Dietrich* (Hg.), Engel und Dämonen, Münster 1997; *D. Dörfel*, Engel in der apokalyptischen Literatur und ihre theologische Relevanz, Aachen 1998; *A. Lange/H. Lichtenberger*

u. a. (Hg.), Die Dämonen, Tübingen 2003; *M. Mach*, Entwicklungsstadien des jüdischen Engelglaubens in vorrabbinischer Zeit, Tübingen 1992; *K. van der Toorn/B. Becking* u. a. (Hg.), Dictionary of Deities and Demons in the Bible, Leiden u. a. ^{2}1999; Welt und Umwelt der Bibel 50 (2008).

II. *C. Auffarth/L. T. Stuckenbruck* (Hg.), The Fall of the Angels, Leiden 2004; *P. R. Carrell*, Jesus and the Angels, Cambridge u. a. 1997; *J. J. Collins*, Powers in Heaven: God, Gods, and Angels in the Dead Sea Scrolls, in: *ders./R. A. Kugler* (Hg.), Religion in the Dead Sea Scrolls, Grand Rapids 2000, 9–28; *C. H. T. Fletcher-Louis*, Luke-Acts: Angels, Christology, and Soteriology, Tübingen 1997; *D. Flusser*, Resurrection and Angels in Rabbinic Judaism, Early Christianity, and Qumran, in: *L. H. Schiffman/E. Tov* u. a. (Hg.), The Dead Sea Scrolls, Jerusalem 2000, 568–572; *C. Losekam*, Die Sünde der Engel, Tübingen 2010; *S. M. Olyan*, A Thousand Thousands Served Him, Tübingen 1993; *F. V. Reiterer* u. a. (Hg.), Angels, Berlin u. a. 2007.

Angelika Berlejung

Entrückung / Himmelfahrt (E./H.)

(→ Dachartikel: Soteriologie)

Vorbemerkung: Vorstellungen von E./H. sind in der bibl. Umwelt zahlreich. In den äg. Pyramidentexten (erstmals bei Unas, dem letzten Herrscher der 5. Dynastie, um 2350 v. Chr.) tritt der verstorbene König durch E./H. in die Götterwelt ein, zu der er aufgrund seines göttlichen → Amtes gehört. Ein deutlich späteres Beispiel ist die röm. Kaiser-Apotheose. In beiden Fällen handelt es sich um die *endgültige* Aufnahme in den → Himmel *nach dem → Tod*. Nach moderner Logik kann es nicht um eine leibliche E./H. gehen, da ja der → Körper entweder im → Grab ruht oder (wie beim röm. Kaiser) durch Verbrennung zerstört wird. Aber in beiden Fällen ist das, was aufgenommen wird, in gewisser Weise der Herrscher selbst. Auch die röm. Konzeption legt sich nicht auf die → Seele fest. Die Ausdrucksweise bleibt diffus (Suet. Aug. 100,4: *effigies* „Schattenbild") und Abbildungen zeigen den Kaiser in leiblicher Gestalt.

I. AT: 1. Im AT gibt es im königlichen Bereich nichts Vergleichbares. E./H. wird nur berichtet von Henoch (Gen 5,24) und Elija (2 Kön 12,1ff). Dabei geht es um das Verschwinden des ganzen Menschen. Die E./H. des Elija wird als Fahrt in den Himmel verstanden. Jhwh nimmt ihn zu sich und dokumentiert damit (im Kontrast zu Baal) seine Macht über → Leben und Tod. Dabei wird die E. vornehmlich mit dem hebr. Verb *lqḥ* Hifil/Hofal („hinweggenommen werden, entrückt werden") formuliert.

I. 2. Dass Gott bei der E./H. eine neue Heils- und Lebensfülle schenkt, ist erschließbar und wurde in der Rezeptionsgeschichte auch so verstanden. Sir z. B. sieht die E./H. des Henoch als Lohn für wahre Gotteserkenntnis (Sir 44,16) und betont, dass es sich um eine E./H. bei lebendigem Leibe handelt (49,14). Auch die E./H. des Elija findet ihr Echo (Sir 48,9.12; 1 Makk 2,58). Beide Entrückungstraditionen werden in frühjüd. Texten (Philo, Flavius Josephus, → Apokalyptik) weitergeführt. Es entstehen auch Texte über die E./H. anderer bibl. Gestalten. In Sir 48,10 wird die E./H. des Elija als Voraussetzung für seine Wiederkunft verstanden (vgl. Mal 3,23f). Im Äthiopischen Henochbuch (1Hen) qualifiziert die E./H. Henoch als Empfänger der apokalyptischen → Offenbarung und ist die Basis für seine endzeitliche Wiederkunft (→ Parusie) in der Rolle des richtenden Menschensohns (→ End-Gericht). Die Konzeption der E./H. *ohne Beteiligung des Leibes* ist in hell.-röm. Zeit (in bibl. und außerbibl. Texten) durch die Vorstellung von der sofortigen Aufnahme der Märtyrer (bzw. ihrer Seele) ins → Paradies belegt. Das Weisheitsbuch (Ägypten, 1. Jh. v. Chr.) sagt z. B., die Seelen der Gerechten seien „in Gottes Hand" (Weish 3,1). Im 4Makk (1. Jh. n. Chr.) ist mehrmals davon die Rede, dass die Märtyrer im Tod unmittelbar das ewige Leben gewinnen, im Himmel „für Gott leben" (4Makk 5,37 u. a.) und in der Nähe seines → Thrones stehen dürfen (4Makk 17,18).

II. NT: 1. Die E. kann in der LXX, in zwischentestamentlichen Schriften und im NT mit den Verben ἁρπάζω („rauben; wegführen; entrücken") oder μετατίθημι („an einen anderen Ort bringen, an eine andere Stelle versetzen") formuliert werden.

II. 2. E./H. ist beim frühen Paulus ein Element der endzeitlichen Vollendung. In dem → Parusie-Szenario, das er in 1 Thess entwirft, wird allen Glaubenden E./H. verheißen. Lebende und Verstorbene werden „in Wolken in die Luft" entrückt, um ihrem wiederkehrenden Herrn zu begegnen (1 Thess 4,17). Um eine *zeitweilige* Versetzung in die göttliche Welt *zu Lebzeiten* handelt es sich in 2 Kor 12,1–4. Paulus berichtet, er sei in den siebten Himmel entrückt worden. Er lässt offen, ob dies mit oder ohne Leib geschehen sei, und spricht in diesem Zusammenhang von „Visionen und Enthüllungen des Herrn" (2 Kor 12,1), was einen Zusammenhang mit den Ostererscheinungen (→ Auferstehung) andeutet. Evtl. will Paulus sagen, dass er den Auferstandenen im → Paradies besucht hat. Darüber hinaus rechnet er damit, nach dem Tod „bei Christus" zu sein (Phil 1,23), was wohl als geistig-seelischer Zwischenzustand bis zur Parusie zu verstehen ist.

Auch im NT wird die Rezeptionsgeschichte der E./H. von Elija fortgeschrieben. In Mk 9,11–13par. wird unter Voraussetzung seiner E./H. die Wiederkunft des Elija (vgl. Mal 3,23f; Sir 48,10) erwähnt. Auch an zahlreichen weiteren Stellen in den Evv. – v. a. bei Markus (Mk 6,15; 8,28; 9,11.12.13; 15,35.36) und Matthäus (Mt 11,14; 16,14; 17,10–12; 27,47.49), weniger bei Lukas (Lk 1,17; 9,8.19) und Johannes (Joh 1,21.25) – wird deutlich, dass sie auf eine frühjüd. Erwartung der Wiederkunft des Elija Bezug nehmen. Dagegen gibt es nur eine direkte Bezugnahme auf die E./H. des Henoch (Hebr 11,5). Die Verbindung von E./H., eschatologischer Offenbarer-Rolle und Wiederkunft als Richter, wie sie in 1Hen zu finden ist, wird im NT nicht direkt aufgegriffen, bildet aber eine gewisse Analogie zur lk. Auferstehungskonzeption. Lk betont drastisch den leiblichen Aspekt der Auferweckung Jesu (vgl. den Bratfisch in Lk 24,42!) und deutet die Auferstehung Jesu im Rahmen hell. → Anthropologie als Wiedervereinigung des Geistes (→ Fleisch) bzw. der → Seele, die wohl unmittelbar nach dem → Tod zu Gott entrückt wird (vgl. Lk 23,46), mit dem Leib, der von Gott vor Verwesung bewahrt wurde (vgl. die Deutung von Ps 16,10 in Apg 2,27.31; → Körper). Die Existenz des Auferweckten übersteigt das gewöhnliche Irdische, aber der Auferweckte ist trotzdem zunächst leibhaftig in der Welt der Jünger präsent. So kann die Erhöhung zum Vater, welche in älteren Ostertheol. mit der Auferweckung in eins gesetzt wurde (vgl. Röm 1,3f), als eigenständiges Ereignis erzählt werden. Die Auferweckung Jesu wird in der Erhöhung zum Vater (als E./H. mit Leib und Seele) vollendet. Für Lk stellt die E./H. Jesu Grenze und Scharnier zwischen der → Zeit Jesu und der Zeit der → Kirche dar. Deshalb erzählt er sie an der Nahtstelle seines Doppelwerks zweimal (Lk 24,50–53 und Apg 1,9–11), wobei Apg 1,11 die E./H. mit der Wiederkunft Jesu vom → Himmel her verbindet. Soteriologisch relevant ist die E./H., weil sie den Empfang des → Geistes und so den Zugang zum → Heil des endzeitlichen Gottesreiches eröffnet (Lk 24,49; Apg 2,33; → Soteriologie). Rezeptionsgesch. ist die lk. Konzeption für die Feier des Kirchenjahres prägend geworden. Seit dem späten 4. Jh. n. Chr. ist das Fest der „Himmelfahrt Christi" am 40. Tag nach Ostern belegt, das bis heute in den großen christl. Kirchen gefeiert wird.

Wenn Lukas in Apg 7,59 dem sterbenden Stephanus den Gebetsruf „Herr Jesus, nimm meinen Geist (πνεῦμα) auf!" in den Mund legt, dann erinnert das an das letzte Wort Jesu (Lk 23,46), welches zwar Ps 31,6 aufnimmt, konzeptionell aber wie Weish 3,1 zu verstehen ist. Bei Jesus bedeutet die rein geistige E./H. nur einen kurzen Zwischenzustand, der durch die Auferweckung beendet wird. Davon ist bei Stephanus (noch) nicht die Rede. Es geht um die E./H. des Geistes des Märtyrers. Die Konzeption der geistig-seelischen E./H. dürfte auch vorliegen bei dem Verbrecher, der mit Jesus gekreuzigt wird und dem Jesus versichert, er werde „heute noch" mit ihm „im Paradies sein" (Lk 23,43). Das gilt auch für das Lazarusgleichnis (Lk 16,19–31), wo der gute Arme direkt nach dem Tod entrückt wird, um „im Schoße Abrahams" zu sein, während der hartherzige Reiche im Hades quälende → Strafen erleiden muss. Lazarus befindet sich wie Abraham, Stephanus, der reuige Gekreuzigte (und alle anderen Gerechten) in einem paradiesischen, geistig-seelischen Zwischenzustand, und zwar bis zur endgültigen Heilsfülle, die mit der allgemeinen → Auferstehung (Apg 24,15) beginnt. Deren Erster ist Christus (Apg 26,23). Die eschatologische Vollendung, das ganzheitliche „ewige Leben", finden alle, die die christl. Botschaft gläubig annehmen und praktisch umsetzen.

Auch die Johannesoffenbarung setzt die geistige E./H. als Zwischenzustand bis zur Parusie voraus: Die Seelen der Blutzeugen (Offb 6,9f) werden im Himmel für die endzeitliche → Fülle des Heils bewahrt.

I. *P. Abadie*, Mit Pferdestärken in den Himmel: Welt und Umwelt der Bibel 26 (2002) 38–41; *A. Y. Collins*, Ascents to Heaven in

Antiquity, in: *E. F. Mason/K. C. Bautch* (Hg.), A Teacher for All Generations, Leiden u. a. 2012, 553–572; *U. Kellermann*, Zu den Elia-Motiven in den Himmelfahrtsgeschichten des Lukas, in: *P. Mommer/W. Thiel* (Hg.), Altes Testament, Frankfurt/M. u. a. 1994, 123–173; *P. Landesmann*, Die Himmelfahrt des Elija, Wien u. a. 2004; *A. Schmitt*, Entrückung, Aufnahme, Himmelfahrt, Stuttgart ^{2}1976.
II. *M. Clauss*, Kaiser und Gott, München 1999; *U. Kellermann*, Zu den Elia-Motiven in den Himmelfahrtsgeschichten des Lukas, in: *P. Mommer/W. Thiel* (Hg.), Altes Testament, Frankfurt/M. u. a. 1994, 123–173; *I. Kezbere*, Umstrittener Monotheismus, Fribourg/Göttingen 2006; *P. Pilhofer*, Livius, Lukas und Lukian, in: *ders.*, Die frühe Christen und ihre Welt, Tübingen 2002, 166–182; *M. Schnauß*, Die Jesus-Geschichte als Repräsentation des Erhöhten, Würzburg 2011.

Joachim Kügler

Abb. 22: Die Muttergöttin als Steinfigur aus Munḥāta. Quelle: *H. Weippert*, Palästina in vorhellenistischer Zeit, München 1988, Abb. 2.24.

Erde / Land (E./L.)

(→ Dachartikel: Weltbild/Kosmologie)

I. AT: 1. Das Hebr. gebraucht für E. (Gegensatz zu → Himmel) und L./Festland/Gebiet (Gegensatz zu → Stadt, → Meer) den Begriff *ʾærœṣ* (griech. γῆ; als Territorium χώρα Mt 2,12). Zu erwähnen ist auch *tēbēl* („Festland, Erdkreis") und *jabbāšā* (griech. ξερόν, ξηρά, γῆ) als das trockene Land im Gegensatz zum Meer (Gen 1,6–11; Jona 1,13; Mt 23,15). Kultivierbares Ackerland, Ackererde im Gegensatz zur → Wüste, wird *ʾădāmā* (griech. γῆ) genannt. Dieser Begriff kann auch den Erdboden, auf dem man steht (Ex 3,5; 8,21), oder die bewohnte E. generell meinen (Gen 12,3; 28,14; Dtn 6,15). Theol. bedeutsam wird die *ʾădāmā* als heiliges L. (*ʾadmat [haq]qōdæš*; Ex 3,5; Sach 2,16), L. Jhwhs (Jes 14,2), durch die göttliche Verfluchung der *ʾădāmā*, die als Ätiologie der mühevollen Ackerarbeit zu verstehen ist (Gen 3,17ff; 5,29), sowie durch die Verheißung der *ʾădāmā*, die Jhwh den Vätern zugesagt und gegeben hat (Ex 20,12; Dtn 4,10.40; 5,16; 7,13; 11,9.21; 12,1.19; 2 Kön 21,8). Diese *ʾădāmā* wird das Gottesvolk verlassen müssen, wenn es Gottes Gebote nicht befolgt (Dtn 28,21.63; Jos 23,13.15; 1 Kön 9,7). Von ihr weg ziehen die Deportierten ins → Exil (2 Kön 17,23; 25,21) und deren → Hoffnung richtete sich darauf, wieder zu ihr zurückzukehren (Jes 14,1f; Jer 16,15; 23,8; Ez 28,25).

I. 2. *Die Erde*: Die E. ist im vertikalen → Weltbild die untere Entsprechung zum Himmel und als solches Wohnort der Menschen, Tiere und Pflanzen. Im dreistufigen Weltbild bildet sie die Mitte, da sich unter ihr die → Unterwelt befindet. Manchmal kann mit E. (*ʾærœṣ*) oder „untere E." (*ʾærœṣ taḥtīt* und ähnliche Konstruktionen, vgl. Ez 26,20; 31,14.16.18; 32,18.24; Jes 44,23; Ps 63,10; 71,20) auch die Unterwelt gemeint sein. Zusammen mit dem Wort für Himmel kann *ʾærœṣ* auch die Welt bezeichnen (Gen 1,1; 2,1.4), für die das Hebr. kein eigenes Wort kennt. Grammatisch wird die E. in den sem. Sprachen (wie im Griech. und Deutschen) als weiblich konstruiert. In polytheistischen Systemen der Antike galt sie als → Göttin. In Palästina zählt sie als Muttergöttin zu den seit dem Neolithikum belegten und damit ältesten Gottheiten, die ikonographisch durch eine die Fruchtbarkeitsaspekte betonende üppige Frauenfigur dargestellt wurde (*Abb. 22*). Reminiszenzen an sie liegen in Ijob 1,21; Ps 139,15; Sir 40,1 vor. Atl. und ntl. gilt die E. als → Schöpfung oder Gründung Gottes (Gen 1,1; Jes 45,18; 48,13; Ijob 38,4–7; Spr 8,27–29; 2 Petr 3,5; Apg 17,24ff), Ort der von ihm gespendeten Fruchtbarkeit (Gen 1,11; Mt 13,4ff.par.) und Eigentum Gottes (Ps 24,1; Mt 11,25), der sie erhält. Jhwh ist Herr und → König der ganzen E. (Jos 3,11.13; Mi 4,13; Ps 47,8; Sach 14,9) sowie Gott derselben (Jes 54,5; Dtn 4,39). In Bezug auf die Wohnorte Jhwhs gibt es atl. die Vorstellung, dass er auf einem → Berg und/oder in seinem → Tempel auf dem → Zion wohnt, womit irdische Lokalitäten gemeint sind, die jedoch auf kosmische Dimensionen hin transparent vorgestellt werden. Tempelkritische Entwürfe der nachexil. Zeit verorten Jhwh hingegen zunehmend im Himmel, der sein → Thron ist, wohingegen die E. allenfalls sein Fußschemel sein kann (Jes 66,1; vgl. Apg 17,24ff). In Theophanieschilderungen (→ Theophanie) erscheint Jhwh in dramatischer Szenerie, wobei die E. beben kann (Ri 5,4f; Hab 3,3ff). Er ist ihr Richter (Ps 82,8; 96,13) und kann, da sie vergänglich ist, ihr Ende herbeiführen (→ End-Gericht). Die E. wird als Scheibe vorgestellt (Jes 42,5; Ps 136,6), die von den Wassern umgeben ist (aus denen sie bei der Schöpfung entstand, vgl. Gen 1,1ff) und/oder auf Säulen ruht (1 Sam 2,8; Ps 24,2; 104,5f; 136,6). Nach Ijob 26,7 wurde sie von Jhwh (wie ein Tuch) über der Leere bzw. dem Nichts aufgehängt. Folglich gibt es die Enden/Ecken/Säume der E., die in jeder der vier Himmelsrichtungen angesiedelt werden (Dtn 13,8; Jes 11,12; 40,28; 41,5.9; 42,10; Offb 7,1). Nur selten findet sich im AT die Rede vom Nabel der E. (*ṭabbūr hāʾārœṣ*; Ri 9,37; Ez 38,12, vgl. 5,5), der in Ez 38,12 mit Jerusalem bzw. Palästina identifiziert wird. In der anthropozentrischen Sicht des AT (korrigiert in Ijob 38f) wurde die E. für den Menschen geschaffen, ihm zur Aufsicht übergeben (Gen 1,28) und die verschiedenen Völker auf ihr verteilt (Gen 10; Apg 17,26). Jes 65,17; 66,22 ist zwar von der Schöpfung eines neuen Himmels und einer neuen E. die Rede, was v. a. in der jüd. und christl. Eschatologie und → Apokalyptik eine große Wirkung entfaltete, doch ist atl. damit kein kosmologischer Umbruch (→ Tod und → Arbeit existieren weiterhin), sondern die Wandlung der sozialen und polit. Verhältnisse der nachexil. Zeit gemeint.

I. 3. *Das Land: ʾœrœṣ* als L. ist Teil des horizontalen Weltbilds. Hier bezeichnet der Begriff das Festland (im Gegensatz zum Wasser), Boden, auf dem die Lebewesen leben, geographische Landstriche, polit. Siedlungs- und Herrschaftsgebiete, Königreiche und Länder („L. Efraim", „L. Israel", „L. Kanaan", „L. der Amoriter", „L. der Kanaanäer", „L. der Philister" usw., „L. des Königs N. N.") sowie agrarisch dominiertes L. (und seine Bewohner) im Gegensatz zur Stadt und ihrer Kultur. Zu Letzterem gehört die Rede vom „Volk des Landes" (*ʿam hāʾārœṣ*), bei dem es sich vorexil. um die Oberschichtsvertreter des Umlandes der Residenz Jerusalem, nachexil. um die vom Jerusalemer → Kult ausgegrenzte Bevölkerung Palästinas handelt (Esra 4,4; 9,1f; Neh 10,31) (→ Sozialstatus). Die Landesgrenzen Palästinas werden zumeist wie folgt angegeben: Im Westen das Mittelmeer, im Süden das Wādī Ġazze (bzw. weiter südlich das Wādī l-ʿArīš), im Norden das Hermonmassiv und im Osten der Übergang in die jordanische Wüste (s. *Abb. 9*). Die Grenzen zu den unmittelbaren Nachbarregionen darf man sich nicht allzu scharf vorstellen. Die Übergänge zu den Steppen- und Wüstenregionen des Negeb und dem (Palästina nicht zuzurechnenden) Sinai im Süden, im Osten zur jordanischen Wüste hin, oder im Norden zur Küstenregion des heutigen Libanon oder zum heutigen Syrien hin waren fließend. Die polit. L.-Grenzen der beiden vorexil. Königreiche des Berglands → Israel und Juda sind kaum eindeutig festzulegen. Sie waren den jeweils geltenden polit. Verhältnissen der verschiedenen Zeiten verpflichtet und wandelten sich mehrfach auf dem Kulturlandstreifen zwischen „Dan und Beërscheba" (Ri 20,1; 1 Sam 3,20; 1 Kön 5,5).

I. 4. Nach Darstellung des Buches Jos vollzog sich die Landnahme der „israelit." Stämme auf kriegerische Weise mit dem Genozid an den vorherigen Landesbewohnern, was hist. aus guten Gründen bezweifelt werden darf: Jos 6 und 8 sind durch archäologische Grabungen in Jericho und Ai als fiktionale Erzählungen ätiologischen Charakters erwiesen; da es archäologisch nachweisbare kulturelle Kontinuitäten gibt, kann die Ausrottung der früheren Landesbewohner nicht stattgefunden haben. In der Forschung wurden verschiedene Hypothesen zur Landnahme entwickelt, die derzeit als Infiltrations- (friedliches Einsickern von Halb-Nomaden ins Kulturland; A. Alt), Revolutions- (soziale Umschichtung innerhalb der kanaan. Städte und Stadtflucht; G. E. Mendenhall) und Evolutionshypothese (I. Finkelstein, V. Fritz) diskutiert werden. Letztere versucht dem Faktum Rechnung zu tragen, dass der archäologische Befund zwischen der SB-Zeit (1550–1200/1150 v. Chr.) und E-Zeit I (1200/1150–1000 v. Chr.) sowohl Kontinuitäten als auch Neuerungen aufweist, und geht (zumeist auf archäologischer Grundlage, da die bibl. Texte als Quellen weitgehend ausfallen) von den innerpaläst. Verhältnissen der endenden SB-Zeit und ihrer Stadtkultur aus, um die Veränderungen zur dörflich geprägten E-Zeit I zu erklären. Dabei ist die Identität derer, die die neue, auf der Grundlage von Sippen und Stämmen organisierte Dorfkultur, begründeten, umstritten. Je nach Modell werden dafür ehemalige Stadtbewohner, nichtsesshafte Bevölkerungselemente (die nicht notwendigerweise aus der Wüste stammen) oder eine Kombination von beiden verantwortlich gemacht. Dieses inhomogene Bevölkerungskonglomerat, das zu einem erheblichen Teil aus Bewohnern der landestypischen Stadtstaaten der SB-Zeit (also „Kanaanäern") bestand, entwickelte sich in der Folgezeit zu den paläst. Stämmen des Berglands. Die Vorteile dieses Entwurfs sind, dass er die Kontinuitäten aufnimmt, die zwischen der Sprache (Hebr. ist eine kanaan. Sprache) und Kultur (Keramik, Hausarchitektur, Ikonographie) der früheisenzeitlichen Stämme und spätbronzezeitlichen Stadtstaaten bestehen, aber auch die Neuerungen erklären kann: Die „Landnahme" ist eine (Binnen-)Wanderung von den Ebenen in das Bergland und die Besiedlung desselben.

I. 5. L.-Besitz (→ Besitz) wird atl. als Verwaltung des Eigentums Jhwhs verstanden (Lev 25,23ff), sodass es an sich nur eine Lehensgabe an sein → Volk ist. → Verheißung des L. (*ʾæræṣ*, *ʾ^{a}dāmā*) mit der Erfüllung in der Landnahme prägt die atl. Geschichtsdarstellung von Abraham (Gen 12,7) bis Josua (Jos 21,43). Im dtn.-dtr. Traditionskreis spielt die L.-Verheißung an die → Väter (*ʾæræṣ*, *ʾ^{a}dāmā*) und die Landgabe eine große Rolle (Dtn 1,8.35; 4,1.5.14.38; 6,10; 7,13; 11,9.21; 26,3 u. a.), die an die Bedingung geknüpft wird, dass das Gottesvolk Israel Gottes Gebote befolgt (Dtn 4,1.25f; 6,18; 21,1; 26,1; 28,11ff; 30,17–20). Das L. wird als „gut" oder „L., in dem Milch und Honig fließt" (Dtn 1,25.35; 3,25; 4,21f; 6,3.18; 11,9; 26,9.15; 27,3; 31,20) qualifiziert. Der Landverlust, der das Nordreich 722 v. Chr. mit den ass. Eroberungen, Juda 587 v. Chr. mit der Zerstörung Jerusalems durch das bab. → Heer traf und die Oberschichten beider Länder ins → Exil führte, konnte folglich als vom Gottesvolk selbst verschuldete → Strafe Jhwhs interpretiert werden (2 Kön 17,7ff; 23,26f). Für die Exilierten spielte die L.-Verheißung an die Väter (insbes. Abraham, der selber aus Babylonien ausreiste, vgl. Gen 12,1–3) eine große Rolle als Hoffnungsträger für die mögliche Rückkehr ins Land und die Durchsetzung dortiger Landansprüche als zweite Landnahme (Jer 30,3; Ez 36,28; 37).

II. NT: 1. Ebenso wenig wie das Hebr. unterscheidet das Griech. zwischen *ʾæræṣ* und *ʾ^{a}dāmā*, beides wird mit γῆ übersetzt bzw. bezeichnet.

II. 2. In Bezug auf die E. teilt das NT die skizzierten atl. Vorstellungen, die allerdings mit → Jesus Christus eine neue Mitte und einen neuen Zielpunkt erhalten. So ist in der ntl. Gleichnisrede beim Ackerland (γῆ) an das Fruchttragen der E. für Christus gedacht (Joh 12,24; Hebr 6,7), und die christl. Mission soll bis an das Ende der E. führen (Apg 1,8). Ntl. wird wiederholt der nahe Untergang der E. und des → Himmels (= Welt) erwartet (Mt 24,35; 2 Petr 3,7; Offb 6,13f). In dualistischer Sicht wird das Irdische einseitig mit dem → Fleisch, der Vergänglichkeit und Sündhaftigkeit verbunden (Joh 3,31; 1 Kor 15,47), dem das Himmlische gegenübersteht. Die E. gilt zwar an sich als Gottes → Schöpfung, doch inzwischen als dem → Bösen verfallen (1 Joh 5,19). Dies wird durch Christus aufgedeckt, der als wahrer Herr von Himmel, E. und → Unterwelt (1 Kor 10,26; Phil 2,10) seine → Herrschaft auf der E. wieder aufrichtet, bereits auf E. → Sünden vergeben kann (Mt 9,6par.) und den → Widersacher/Teufel als vorübergehenden Herren der Welt entmachtet. Die E. ist am Ende der Zeiten Schauplatz des apokalyptischen Dramas der Offb (Offb 7,1.3). Die völlige Neuschöpfung der E. wird (im Anschluss an Jes 65,17) in eschatologischer Erwartung und im Rahmen einer Zwei-Weltzeitalter-Lehre am Ende dieses Äons bzw. als Beginn des neuen erwartet (Offb 21,1f; 2 Petr 3,13; → Eschatologie). Das L. spielt ntl. kaum eine herausragende Rolle, da polit.-territoriale Ansprüche nicht von Interesse sind und sich die Herrschaft Gottes/Christi nicht auf Landesgrenzen beschränkt, sondern auf die ganze Welt erstreckt.

I. *V. Fritz*, Die Entstehung Israels im 12. und 11. Jahrhundert v. Chr., Stuttgart u. a. 1996; *A. Krüger*, Himmel – Erde – Unterwelt, in: *B. Janowski/B. Ego* (Hg.), Das biblische Weltbild und seine altorientalischen Kontexte, Tübingen 2001, 65–83; *C. Levin*, Das vorstaatliche Israel: ZThK 97 (2000) 385–403;

E. Noort, „Land“ in the Deuteronomistic Tradition, in: *J. C. De Moor* (Hg.), Synchronic or Diachronic?, Leiden 1995, 129–144; *A. Ohler*, Israel, Volk und Land, Stuttgart 1979; *E. Otto*, Stadt und Land im spätbronzezeitlichen und früheisenzeitlichen Palästina, in: *ders./S. Uhlig* (Hg.), Kontinuum und Proprium, Wiesbaden 1996, 16–29; *J. Pastor*, Land and Economy in Ancient Palestine, London u. a. 1997; *O. H. Steck*, Der neue Himmel und die neue Erde, in: *J. van Ruiten/M. Vervenne* (Hg.), Studies in the Book of Isaiah, Leuven 1997, 349–365; *G. Steiner*, Der Gegensatz „eigenes Land“: „Ausland, Fremdland, Feindland“ in den Vorstellungen des Alten Orients, in: *H.-J. Nissen/J. Renger* (Hg.), Mesopotamien und seine Nachbarn 2.2, Berlin 1982, 633–664; *M. Weinfeld*, The Promise of the Land, Berkeley u. a. 1993; *H.* und *M. Weippert*, Die Vorgeschichte Israels in neuem Licht: ThR 56 (1991) 341–390.
II. *G. Jankowski*, Dieses Land: TeKo 21,4 (1998) 51–58; *W. Pratscher*, Divergenz und Konvergenz von Himmel und Erde bei den Synoptikern: SNTU. A 28 (2003) 175–185; *H. Stegemann*, „Das Land“ in der Tempelrolle und in anderen Texten aus den Qumranfunden, in: *G. Strecker* (Hg.), Das Land Israel in biblischer Zeit, Göttingen 1983, 154–171; *A. Vögtle*, „Dann sah ich einen neuen Himmel und eine neue Erde …“ (Apk 21,1), in: *E. Gräßer/O. Merk* (Hg.), Glaube und Eschatologie, Tübingen 1985, 303–333; *K. E. Wolff*, „Geh in das Land, das ich dir zeigen werde …“, Frankfurt/M. u. a. 1989.

Angelika Berlejung

Erkennen (E.)

(→ Dachartikel: Weisheit/Gesetz)

I. AT: 1. Die hebr. Verben *nkr* Hifil („untersuchen, erkennen, kennen, können“) und *jdᶜ* („merken, erfahren, erkennen, kennen, verstehen, wissen, sich kümmern um, sexuell verkehren“) haben eine größere Bedeutungsbreite als das deutsche „erkennen“. Von daher ist nicht immer ganz klar, welche Belege dieser Ausdrücke für die Rekonstruktion eines atl. Verständnisses von „erkennen“ heranzuziehen sind (vgl. auch *daᶜat* „Wissen, Können, Erkenntnis, → Einsicht“ und *glh* Nifal, das u. a. im Sinne von „sich zu erkennen geben, zu erkennen gegeben werden“ gebraucht werden kann). Jedenfalls kann nicht einfach aus allen Verwendungsweisen dieser hebr. Wörter *ein* atl. Erkenntnis-*Begriff* konstruiert werden.

I. 2. Zentrales Organ des E. ist im AT das → Herz. Es verarbeitet, was die Augen sehen und die → Ohren hören, wobei die Augen für die sinnliche Wahrnehmung insgesamt stehen können und die Ohren für die Aufnahme sprachlich vermittelten Wissens. Im Herzen können Wahrnehmungen, Aussagen und Wünsche bedacht werden, was dann zu Einsichten oder Entscheidungen führen kann (vgl. exemplarisch Koh 1,12ff). Neben der Erfahrung und dem Denken ist im AT das traditionelle Wissen für das E. von großer Bedeutung. So bringt z. B. Ijob 8,8–10 die Überzeugung zum Ausdruck, dass aus der Überlieferung der Vorfahren zuverlässigere Einsichten über die Wirklichkeit zu gewinnen sind als aus den eigenen Erfahrungen der gegenwärtig Lebenden, die nur den kurzen Zeitraum eines Menschenlebens abdecken. Die Leser des Sprüchebuchs werden nur selten dazu aufgefordert, sich an eigenen Erfahrungen zu orientieren (Spr 6,6), immer wieder hingegen dazu, sich die überlieferten Lehren anzueignen (Spr 2,1ff; 3,1ff; 4,1ff usw.). Und selbst für Koh ist die „empirisch“ nicht zu überprüfende traditionelle Überzeugung, Gott habe die Welt gut geschaffen, von zentraler Bedeutung für die Erkenntnis und das Verständnis der Wirklichkeit (Koh 3,11ff). Eine weitere mögliche Erkenntnisquelle sind göttliche → Offenbarungen, die dem Menschen über die Erfahrungssinne (Visionen, Auditionen), über → Traditionen (Sir 24,23ff: → Tora, Jes 8,16ff: Prophetie; Spr 1,1ff: → Weisheit) oder über das Denken („Herz“: Esra 7,27; Neh 2,12; Jer 24,7) vermittelt werden können. Umgekehrt kann Gott aber auch die Organe des E. (Augen, Ohren, Herz) „verstocken“ und so Erkenntnis verhindern (Jes 6,9f).

Nach dem Sprüchebuch zeichnen sich die Weisen durch ihre Erkenntnisfähigkeit und ihr Streben nach Erkenntnis aus (Spr 14,6; 18,15), wobei die Erkenntnis als Gabe Gottes begriffen (Spr 2,6) und eng mit der Gottesfurcht verbunden wird (Spr 1,7; → Ehrfurcht). Koh weist demgegenüber auf die Grenzen menschlicher Erkenntnismöglichkeiten hin (Koh 3,11; 6,12), die auch der Weise nicht überschreiten kann (Koh 8,16f). Sir nimmt diese Einsichten Koh auf (Sir 1,2ff; 18,4ff), hält aber zugleich mit dem Sprüchebuch daran fest, dass Gott den Frommen Erkenntnis und Weisheit verleihen kann (Sir 1,8ff; 43,33).

Die Fähigkeit zu erkennen, was gut und was böse (bzw. schlecht) ist, geht Kindern noch (Dtn 1,39; 1 Kön 3,7; Jes 7,15f) und alten Menschen manchmal wieder ab (2 Sam 19,36). Vor dem Hintergrund dieser Stellen ist wohl auch in Gen 2f die „Erkenntnis von Gut und → Böse“ im Sinne der ethischen Urteilsfähigkeit zu verstehen (die der Mensch zur Ausübung seines Herrschaftsauftrags nach Gen 1,26ff benötigt, vgl. 1 Kön 3,9). Dabei spielt die Erzählung vielleicht mit dem Doppelsinn des hebr. Ausdrucks, der auch im Sinne der „Erfahrung von Gutem und Schlechtem" verstanden werden kann: Ethische Urteilsfähigkeit ist ohne die Erfahrung von Gutem und Schlechtem nicht denkbar, und diese Erfahrung führt rasch dazu, dass der Mensch zumindest an der Umsetzung des als gut Erkannten in die Tat – wenn nicht schon an der Aufgabe ethischer Urteilsbildung in seinem „Herzen" – immer wieder scheitert (Gen 4; 6,5; 8,21). Nach Gen 2f gewinnt der Mensch seine ethische Urteilsfähigkeit, indem er ein Verbot Gottes übertritt. Ob damit das Streben nach selbständiger ethischer Urteilsbildung grundsätzlich verurteilt oder ob damit angedeutet werden soll, dass menschliche Urteilsfähigkeit und göttliche Handlungsleitung in einem dialektischen Spannungsverhältnis stehen, ist umstritten. Nach Sir 17,6f ist es jedenfalls im Sinne Gottes, dass der Mensch zu erkennen vermag, was gut ist und was böse. Die göttliche Gesetzgebung setzt diese Urteilsfähigkeit des Menschen voraus und unterstützt ihn bei der ethischen Urteilsbildung (Sir 17, 11f). Demgegenüber ist der Mensch nach Dtn 29,3 zu wesentlichen Erkenntnissen – nicht nur in ethischer Hinsicht – keineswegs „von Natur aus" in der Lage, sondern muss dazu erst von Gott mit entsprechend leistungsfähigen Organen (Herz, Augen, Ohren; → Körper) ausgerüstet werden.

Dem anthropomorphen Gottesverständnis des AT entsprechend verfügt auch Gott über die Fähigkeit zu erkennen (Ex 3,7; 1 Sam 2,3) und übertrifft darin den Menschen bei weitem (Sir 23,20). Nicht zuletzt diese Überlegenheit Gottes macht es aber umgekehrt für den Menschen schwer, Gott zu erkennen und zu verstehen (Ps 139,6.17f). Vielfach wird im AT davon berichtet, dass Jhwh sich selbst (Ex 6,3; Ps 9,17) oder bestimmte Sachverhalte (Ps 103,7) Menschen zu erkennen gegeben („offenbart") hat. Bes. bei Ez und in den priester(schrift)lichen Texten des Pentateuch ist es das Ziel des Wirkens Jhwhs, dass → Israel und auch andere Völker ihn erkennen (Ex 6,7; Ez 25,5.7.11 usw.). Der Mangel an „Gotteserkenntnis" führt nach Hos 4,1ff zum moralischen Niedergang und schließlich zum Untergang Israels. Verantwortlich für diesen Mangel sind nach Hos 4,4ff die → Priester. Dabei ist mit Gottes-„Erkenntnis" aber eher der „vertraute Umgang" mit Jhwh, die (exklusive) Bindung an ihn in → Kult und Frömmigkeit gemeint als ein „E." im eigentlichen Sinne. Hos 2,19f kündigt an, dass Jhwh eine solche Bindung von sich aus wiederherstellen wird. Ein eigentliches E. Gottes durch das → Volk wird demgegenüber an Stellen wie Jer 24,7; 31,34 als Folge göttlichen Handelns erwartet.

Weish 13,1ff reflektiert grundsätzlich über Möglichkeiten und Grenzen der Erkenntnis Gottes durch die Betrachtung seiner Schöpfungswerke: Eigentlich könnten die Menschen aus der Größe und Schönheit der Geschöpfe auf deren Schöpfer schließen. In ihrer → Torheit aber lassen sie sich davon zu einer Vergötterung bes. imposanter Geschöpfe verleiten.

II. NT: 1. Im NT wird E. u. a. mit den Nomina αἴσθησις (→ „Einsicht") und γνῶσις („Erkenntnis") sowie den Verben γνωρίζω („erkennen, kennen, wissen"), ἐπιγινώσκω („erkennen, merken") und νοέω („erkennen, begreifen") bezeichnet.

II. 2. Der Gedanke von Weish 13,1ff wird im NT von Paulus aufgenommen und weiterentwickelt (Röm 1,18ff): Gott ist an seiner → Schöpfung erkennbar. Die Menschen aber haben Gott nicht anerkannt, sondern sind dem Götzendienst verfallen. Deshalb hat Gott sie ihren Begierden hingegeben. Gal 4,8 beschreibt dementsprechend die Bekehrung vom Heidentum zum Christentum als Übergang vom Götzendienst zur rechten Gotteserkenntnis, wobei dem E. Gottes durch den Menschen dessen Erkanntsein durch Gott vorausgeht (sodass die Gotteserkenntnis mit Selbsterkenntnis einhergeht). 2 Kor 4,6 stellt diesen Vorgang dar als Erleuchtung des → Herzens durch die Erkenntnis der → Herrlichkeit Gottes auf dem Angesicht Christi. Dementsprechend kann Phil 3,8 statt von der Erkenntnis Gottes von der Erkenntnis Christi Jesu als Übergang zum → Glauben sprechen. 1 Kor 2,10ff führt die Gotteserkenntnis der Christen auf deren Teilhabe am göttlichen → Geist zurück. Glauben und E. bzw. Wissen sind an den genannten Stellen eng miteinander verbunden (vgl. 2 Kor 4,13f; 5,6f; Röm 8,22–25).

Während an diesen Stellen die Erkenntnis Gottes

am Übergang vom Unglauben zum Glauben steht, bittet Paulus in Phil 1,9f darum, dass die → Liebe der Christen in Philippi immer reicher werden möge an Einsicht (αἴσθησις) und Erkenntnis (γνῶσις), damit sie zu prüfen vermögen, was recht ist und was unrecht. Das setzt voraus, dass es unter Christen unterschiedliche Grade der Erkenntnis (Gottes) gibt. 1 Kor 8 ruft die in der Erkenntnis (der Nichtigkeit der → Götzen) Fortgeschritteneren dazu auf, Rücksicht zu nehmen auf die Schwächeren in der Gemeinde. Alle irdischen Unterschiede hinsichtlich der Gotteserkenntnis werden in 1 Kor 13,12 eschatologisch relativiert: „Jetzt“ ist auch die Gotteserkenntnis der Christen noch indirekt und fragmentarisch, „dann“ aber werden sie Gott völlig erkennen, so wie sie schon jetzt von ihm völlig erkannt worden sind. Eph 3,19 formuliert den paradoxen Wunsch, die das E. übersteigende Liebe Christi zu erkennen.

Während es bei Paulus das Geschick Jesu (→ Kreuz und → Auferstehung) ist, an dem die Christen ihre Gotteserkenntnis gewinnen, ist es nach Mt 11,26f Jesus selbst, der in seiner Lehre Gotteserkenntnis vermittelt. Nur der Vater erkennt den Sohn und nur der Sohn den Vater. Andere Menschen können den Vater (Gott) nur erkennen, indem der Sohn (Jesus) ihm sein Wissen offenbart. Dabei ist das offenbarende Handeln des Sohnes aber zugleich Handeln des Vaters, da Jesus in Mt 11,25 Gott dafür dankt, dass dieser die → Offenbarung nicht den Weisen und Verständigen, sondern den Unmündigen zuteil werden ließ. Dieses Verständnis der Offenbarung Gottes durch Christus (vgl. Lk 10,21f) steht dem des Joh nahe. Nach Joh 1,1–18 vermittelt der Sohn als inkarnierter Logos den Menschen die Kunde von Gott, dem Vater. Diese Kunde wird von denen aufgenommen, die „aus Gott gezeugt sind“, wobei E., Glauben und Schauen eng miteinander zusammenhängen. Nach Joh 8,31f führt der Glaube an Jesus zur befreienden Erkenntnis der → Wahrheit (vgl. zum engen Zusammenhang zwischen Glauben und E. Joh 6,69; 10,38; 17,8; 1 Joh 4,16). Joh 10,14f konzipiert die Vermittlung der Gotteserkenntnis durch Jesus im Bild des guten Hirten (→ Gottesbilder). Dabei hat nach Joh 10,27–29 der Vater dem Hirten seine Schafe gegeben, während nach Joh 10,30 der Hirt (Jesus) mit dem Vater eins ist. Hier wird erkennbar, wie der Versuch, die *Vermittlung* der *Selbst*-Offenbarung Gottes an den Menschen zu beschreiben, an die Grenzen der sprachlichen und gedanklichen Möglichkeiten führt. Joh 14 stellt den Jüngern, welche der von Jesus vermittelten Gotteserkenntnis (Joh 14,7–9) Glauben schenken (Joh 14,10–14), den Geist in Aussicht, der ihnen nicht nur Erkenntnis, sondern auch → Gemeinschaft mit dem Vater und dem Sohn schenken wird (Joh 14,15–26). Diese Gemeinschaft (Joh 14,20) verwirklicht sich nach Joh 14,23 in der Liebe. Ob sie sich damit schon in dieser Welt vollendet oder ob noch eine zukünftige und jenseitige Vollendung dieser Gemeinschaft zu erwarten ist (vgl. Joh 14,3), bleibt im Text in der Schwebe. Nach Joh 17,3 *ist* jedenfalls die Erkenntnis Gottes und Jesu Christi bereits das ewige → Leben.

Die in Joh 14f entwickelte Verbindung von Erkenntnis und Liebe wird in 1 Joh 4,7f aufgenommen und bekräftigt. Ein Problem der joh. Konzeption der Vermittlung von (Gottesgemeinschaft durch) Gotteserkenntnis wird erkennbar in Joh 2,3: Es führt zu der Frage, woran man erkennen kann, dass man Gott wirklich erkannt hat (die in Joh 2,4f mit der Erfüllung des Liebesgebots beantwortet wird). Die Auseinandersetzung mit „Erkenntnissen“, die von den Verfassern als problematisch erachtet werden, gewinnt in den jüngeren Schriften des NT zunehmend an Bedeutung (1 Tim 6,20; Offb 2,24). Hier wird die Gefahr einer Dogmatisierung bestimmter Erkenntnis-*Inhalte* (an Stelle der Freisetzung lebendiger Erkenntnis-*Prozesse*) erkennbar. Dagegen wäre die (selbst-)kritische Regel des Paulus zur Geltung zu bringen: „Wenn jemand meint, etwas erkannt zu haben, so hat er noch nicht erkannt, wie man erkennen soll“ (1 Kor 8,2).

I. *I. Müllner*, Erkenntnis im Gespräch, in: *I. Fischer* u. a. (Hg.), Auf den Spuren der schriftgelehrten Weisen, Berlin u. a. 2003, 167–180; *A. Schellenberg*, Erkenntnis als Problem, Fribourg u. a. 2003.

II. *H. Hübner*, Erkenntnis Gottes und Wirklichkeit Gottes, in: *J. Kerkovský* (Hg.), Epitoauto, Prag 1998, 176–184; *M. Theobald*, Erkenntnis und Liebe, in: *ders.*, Studien zum Römerbrief, Tübingen 2001, 481–510; *H. Weder*, Glauben und Denken, in: *J. Audretsch* (Hg.), Die andere Hälfte der Wahrheit, München 1992, 134–151.

Thomas Krüger

Erlösung (E.)

(→ Dachartikel: Soteriologie)

Vorbemerkung: Der Begriff E. macht eigentlich nur dort Sinn, wo der Mensch unter einer unheilvollen → Macht steht, aus deren Machtbereich er sich nicht aus eigener Kraft befreien kann. Er braucht dann einen Mächtigeren, einen Erlöser, der ihn befreit.

I. AT: 1. Mit dem Begriff E. verbindet sich heute meist die Vorstellung von Heilsgewinn in einem rein geistl. Sinn. Im AT bezeichnen die entsprechenden hebr. Verben *g'l* („auslösen, zurückkaufen"), *pdh* („loskaufen, auslösen") dagegen die Auslösung bzw. den Loskauf eines Menschen (z. B. aus Sklaverei oder von drohender → Strafe).

I. 2. Der Einzelne ist verpflichtet, seinen → Nächsten beizustehen und sie aus Bedrängnis zu befreien. Der „Auslöser des Blutes" spielt im Sippenrecht (Blutrache) eine wichtige Rolle (vgl. z. B. Num 35; Dtn 19; → Blut). Wo Menschen unter ihren Mitmenschen niemanden finden, der ihre E. bewirken kann oder will, sind sie ganz auf Gott als Erlöser angewiesen. Wenn aber der Auslösende kein Mensch, sondern Gott (bzw. sein → Engel) ist, erhält E. eine neue Qualität. Das wird in Ijob 19,25 deutlich, wo der Leidgeprüfte bekennt: „Ich weiß, dass mein Auslöser lebt!" Dieses Wissen um Gott als Erlöser weist eindeutig in den Bereich der theol. → Soteriologie hinein. Dies gilt auch, wenn Jhwh im Umfeld des → Exodus als „Auslöser" Israels aus der Knechtschaft Ägyptens verstanden wird. E. in diesem theol. Sinne kann auch die Heimführung aus dem → Exil sein (Jes 43,1; 48,20). Ein wichtiger Inhalt der E. ist die → Vergebung von Schuld (vgl. z. B. Ps 19; 78; 103 u. a.). Dabei werden Schuld und → Sünde als existentielle Unheilsmächte begriffen, die den Menschen unterdrücken und sein → Leben bedrohen. Wenn also Schuldvergebung im Kontext von E. thematisiert wird, dann ist auch dabei der Aspekt der Befreiung und des Auslösens betont. So vollzieht sich E. im AT individuell oder kollektiv, aber fast immer wird das E.-Handeln Jhwhs als auf → Israel beschränkt gedacht. Nachdem sich aber während und nach dem bab. Exil die monotheistische Bewegung durchsetzt (→ Monotheismus), geraten verstärkt die anderen Völker in den Blick. Als universaler König der Welt (→ Gottesbilder) muss Jhwh auch mit ihnen zu tun haben. Die damit aufbrechende Frage nach der E. der Heiden wird u. a. mit der Vorstellung von der endzeitlichen „Völkerwallfahrt" bearbeitet. Damit ist die Erwartung verbunden, dass auch die anderen Völker sich in der Endzeit zum Gott Israels bekehren und zur Anbetung zum → Zion pilgern (Jes 60,1–16; 66,18–24).

II. NT: 1. In den ntl. Schriften ist im Bereich der → Soteriologie auch die alte Vorstellung des Auslösens (griech. λύτρωσις, „Auslösung, E.") wieder zu finden, wenn etwa in Mk 10,45 gesagt wird, dass der Menschensohn sein Leben als „Lösegeld" für „die Vielen" hingibt. Das Verständnis von E. als Auslösung findet sich ähnlich an anderen Stellen (z. B. Lk 1,68; 2,38; 24,21; Röm 3,24; 8,23; Eph 1,7.14; 4,30; Kol 1,14; Hebr 9,15; 11,35; 1 Tim 2,5). Hier geht es dann um Befreiung aus der Unterdrückung durch existentielle Unheilsmacht und/oder → Rettung vor verdienter → Strafe.

II. 2. Bes. in der pln. Soteriologie wird E. mit der → Vergebung von Sündenschuld (→ Rechtfertigung) gekoppelt. Dabei versteht Paulus Schuld/ → Sünde als herrscherliche → Macht, die den Menschen versklavt, bisweilen fast schon personhafte Züge trägt und zum Gegenüber Gottes wird. So werden in Röm 6,12–23 zwei Existenzweisen einander alternativ gegenübergestellt: zum einen das Leben unter der Knechtschaft der Sünde, das zum → Tod führt, und zum anderen das Leben im Dienst Gottes, das zu → Gerechtigkeit und ewigem → Leben führt. Zwischen diesen beiden Existenzmöglichkeiten muss der Mensch sich entscheiden. Eröffnet wird diese Entscheidungsmöglichkeit durch das Heilshandeln Gottes in → Jesus Christus, das ein neues Leben überhaupt erst möglich macht. E. durch Tod und → Auferstehung Jesu ist in diesem Kontext dann primär Befreiung aus der Knechtschaft der Sündenmacht und der mit ihr verbundenen Unheilsmacht des Todes. In diesem Umfeld kann der Tod Jesu am → Kreuz als Auslösung oder Lösegeld gedeutet und auch mit der sühnenden Wirkung des Opferkultes (→ Sühne, → Versöhnung) in Verbindung gesetzt werden (Röm 3,25; vgl. auch Hebr 9,12).

I. *H. Groß*, „Bei ihm ist Erlösung in Fülle": BiKi 42 (1987) 104–108; *B. Janowski*, Auslösung des verwirkten Lebens: ZThK 79

(1982) 25–59; *T. Yamayoshi*, Von der Auslösung zur Erlösung, Neukirchen-Vluyn 2012.
II. *H. Baarlink*, Jesu Leben, „ein Lösegeld für viele“ (Mk 10,45), in: *ders.*, Verkündigtes Heil, Tübingen 2004, 98–113; *G. Dautzenberg*, Reich Gottes und Erlösung, in: *I. Broer/J. Werbick* (Hg.), „Auf Hoffnung hin sind wir erlöst“ (Röm 8,24), Stuttgart 1987, 43–66; *H. Merklein*, Paulus und die Sünde, in: *H. Frankemölle* (Hg.), Sünde und Erlösung im Neuen Testament, Freiburg u. a. 1996, 123–163.

Joachim Kügler

Ermahnung (E.) / Paränese (P.) / Predigt

(→ Dachartikel: Ethik)

Vorbemerkung: E., P. und Predigt sind hinsichtlich des Inhaltlichen sowie der sprachlichen Vermittlung ethischer Anforderungen eng miteinander verbunden, formal aber unterschiedlich definiert. E. ist dabei der umfassende Begriff, da er Inhalt und Ziel ohne formale Begrenzung bezeichnet, P. benennt dagegen eine hell. Redeform, in der durch Ratschläge, Beispiele und Verweise auf eine gute Praxis die Rezipienten, die sich in einer Entscheidungssituation befinden, zu einer ethisch verantwortlichen Lebensführung angehalten werden sollen. Methodisch ergibt sich daraus das Problem, ob man dann schon für atl. Schriften von P. sprechen kann, obwohl offensichtlich ist, dass das Gemeinte auch hier zu finden ist, wenn auch die geprägte Form selbst fehlt. So ist die Verlesung des Gesetzes (Dtn 31,9–13) ein Akt der P., insofern sie mit dem Ziel geschieht, die Zuhörenden zum Halten der → Weisung Gottes zu bewegen. Ähnliches gilt für die Predigt, die insbes. ntl. eine Affinität zu der Verkündigung hat, also der Versprachlichung von Glaubenserfahrung und Glaubensinhalten. Weiterhin ist sie Explikation des Schriftwortes (Neh 8,1–8; Lk 4,16–30; Apg 2,14–40), die mit einer E. einhergehen kann. Hermeneutisch wird das methodische Problem noch verstärkt, wenn man bedenkt, dass die gesamte → Schrift eine je neue Praxis zu Gott und seinem Wort hin einüben will, in diesem Sinne auch immer E. ist.

I. AT: 1. Im AT ist der Begriff „P.“ zwar nicht belegt, aber Verben wie *jʿṣ* („raten, Rat geben; beschließen“) können auch ermahnende Konnotationen tragen.

I. 2. Bezeichnenderweise sind in der Rezeptionsgeschichte des hell. Judentums Personen wie Abraham, Josua und Mose als Mahner des Volkes interpretiert worden (Philo von Alexandrien). Die Tatsache, dass es paränetische Pss. gibt (Ps 50; 81), lässt annehmen, dass im → Kult institutionalisierte E. stattfanden, die von → Priestern wahrgenommen wurden; in nachexil. Texten geschah dies in einer Volksversammlung (Dtn 4,39–40). In der Weisheitslit. (→ Weisheit), die z. T. an der Schule zu verorten ist, spielt die E. eine bedeutende Rolle (Spr 1,1–6), da sie zu Ausbildung und → Erziehung beiträgt; hier gerät auch der Alltag in den Blick (Sir 31). Die Verschriftlichung und Tradierung solcher weisheitlichen E. trägt zur Entwicklung sozialer Verhaltensnormen bei, wenn bisweilen auch der Schritt zur Ratgeberlit. getan wird (Sir 42,9–14). Die prophetische Rede beinhaltet notwendigerweise E. Die E. kann an einen einzelnen gehen (1 Sam 13,13f; 2 Sam 12,1–11), an bestimmte Gruppen oder an das ganze Volk (Jes 1,10–17; 58; Jer 3,6–13; 29; Mal 3).

II. NT: 1. Im NT können die Begriffe παράκλησις („Mahnung, E., Zuspruch, → Trost“), ἀκοή („Hören, Kunde, Predigt“) und selbst der Begriff λόγος (u. a. auch „Predigt“) ermahnenden und homiletischen Charakter haben.

II. 2. In der Tradition prophetischer E. sind auch Johannes der Täufer (Lk 3,10–14) und Jesus von Nazaret (Mt 5–7par.) zu verorten; hier ist auch die Kennzeichnung der E. als Predigt möglich. Die eschatologische Grundausrichtung bedarf der E. wegen des nahen Endes (Mk 1,4.14f) und der damit gegebenen Krisensituation. Nachösterlich wird Jesus selbst zu einem Vorbild, das es in der → Nachfolge nachzuahmen gilt (Mk 8,34 par.). Ntl. E. ist binnenkirchlich ausgerichtet; sie gilt denen, die das Ev. angenommen haben, um sie in das Leben in der neuen → Gemeinschaft einzuführen (1 Tim 3,15). Die E. gehört an den Anfang des Gläubigwerdens, mithin in die Predigt des Ev. (1 Thess 4,1f), kann aber stetig erneuert werden unter ausdrücklicher Erinnerung an das frühere, jetzt negativ bewertete → Leben (1 Petr 4,3). Einen „Katechismus“ des Urchristentums wird man aus den paränetischen Stücken des NT nicht herausfiltern können, gleichwohl bieten sie eine breite Information über die Verschränkung von Glaubensinhalten und Glaubenspraxis (1–2 Kor; Phil 1f). Im NT begegnet die E. in zahlreichen Formen: Gleichnisse, Beispielerzählungen (Lk 10,30–35; 15,11–32), Tugend- und Lasterkataloge (Gal 5,19–23), Haustafeln (Kol 3,18–41). Weisheitliche P. findet sich in Jak, während Phlm als E. im Spezialfall der Sklavenhaltung gelten kann (→ Sklave).

Wenn sich insbes. im NT Elemente einer Popularethik finden (Röm 13), so ist die Begründung der E. theol. bzw. christologisch fundiert. Zentral ist für die E. die erinnernde Vergegenwärtigung des Handelns Gottes, die den Anspruch auf → Treue zu Gott und dem → Bund begründen kann, sodass ethische E. Explikation dieses Heilsgeschehens ist; die theozentrische Dimension fehlt daher auch bei sozialen Forderungen nicht, sondern verleiht ihnen bes. Gewicht, da in dem Verhalten zum Menschen die Beziehung zu Gott offengelegt wird. Die prophetische E. des AT argumentiert häufig mit dem Kontrastmodell, das aufgrund des Heilshandelns Gottes das vorbefindliche unsoziale Verhalten aufdeckt und kritisiert (Am 2,5–11; Hos 4,4–10; Mal 2,10; Neh 9); die Erinnerung dient zu einer Umkehrung der Praxis. Das pln. Motiv der E., dass aus dem Indikativ des → Heils der Imperativ des angemessenen Handelns folgert (Gal 5,25), hat in der prophetischen E. ihre Vorformung. Die ntl. E. deutet die Praxis nach der → Taufe als eine „in Christus". Diese Positionierung ist die Leitlinie des geforderten Tuns (→ Ethik), das glaubhaft und erfahrbar die neue Existenz bezeugen soll. Von dieser Anforderung ist kein Bereich menschlichen Lebens ausgenommen (1 Thess 4,1–8), zumal die Praxis auch eine starke Außenwirksamkeit hatte (1 Petr 2,12–17; 3,1f.14–16). Die ntl. E. zielt demnach nicht auf eine ethische Praxis an sich, sondern sieht ihr Ziel in einem Leben, in dem die Glaubenden aus der Nachahmung Christi ihm immer mehr gleichwerdend mit ihm vereint werden (Röm 6,2–10; 15,7; Eph 5,2.23–25; Kol 3,13). Ntl. E. hat somit ihren Grund und ihr Ziel in → Jesus Christus.

I. *E. Kamlah*, Prophetie und Paränese, in: *H. Lindner* (Hg.), „Ich bin ein Hebräer", Gießen 2003, 288–298; *K.-W. Niebuhr*, Gesetz und Paränese, Tübingen 1987; *W. Richter*, Recht und Ethos, München 1966; *K. A. Tångberg*, Die prophetische Mahnrede, Göttingen 1987; *G. Warmuth*, Das Mahnwort, Frankfurt/M. 1976; *C. Westermann*, Mahnung, Warnung und Geschichte, in: *ders.*, Das mündliche Wort, Stuttgart 1996, 80–97.
II. *T. Engberg-Pedersen/J. Starr* (Hg.), Early Christian Paraenesis in Context, Berlin 2004; *H. von Lips*, Der Gedanke des Vorbilds im Neuen Testament: EvTh 58 (1998) 295–309; *W. Popkes*, Paränese und Neues Testament, Stuttgart 1996; *J. Woyke*, Die neutestamentlichen Haustafeln, Stuttgart 2000.

Rainer Kampling

Erstgeburt (E.) / Erbe

(→ Dachartikel: Sozialstatus/Gesellschaft und Institution)

I. AT: 1. Die Erstgeburt, hebr. *b^ekōr*, ist generell das Erste (Mensch oder Tier), das den Mutterschoß öffnet und Jhwh geweiht ist (Ex 13,2). Doch gilt in Bezug auf menschlichen Nachwuchs eigentlich nur der erste Sohn einer Frau (Ex 11,5) oder öfter Mannes (Gen 49,3; Dtn 21,17) als E. oder Erstling (*rēšīt*). Auch die ersten landwirtschaftlichen Produkte eines Jahres, die sog. Erstlinge (*b^ekor, bikkūrîm*), wurden als etwas Besonderes betrachtet und Jhwh zugeeignet (→ Abgabe). Da normalerweise der erstgeborene Sohn erbt, gibt es im Hebr. keinen eigenen Begriff für den Erben, während das Erbe durch *naḥ^{a}lā* oder *ḥēlæq* ausgedrückt wird. Ersteres bezeichnet den unveräußerlichen Besitzanteil (v. a. Boden), der jemandem übertragen wird. Letzteres meint allgemein den zugeteilten Anteil.

I. 2. Die E. der Tiere ist Jhwh geweiht. Sie ist zu opfern (Ex 34,20; 13,12; → Opfer), kann jedoch durch eine entsprechende Zahlung ausgelöst werden (Num 18,15ff). Der Anspruch Jhwhs auf alle E. wird in Ex 22,28 nicht begründet, in Ex 13,14ff sekundär auf die Tötung der äg. Erstgeburt zurückgeführt. Die theoretisch Jhwh zu opfernde menschliche E. kann nach Ex 13,13.15 ausgelöst werden. Nach Num 3,9.40ff; 8,16 ersetzen die Leviten die E. der Israeliten, die Jhwh zusteht, sodass die Dedikation des Erstgeborenen an ein Heiligtum (und der Freikauf durch Geld; → Tempel) möglich ist. Das erste männliche → Kind war im AT wie im gesamten Vorderen Orient der Dreh- und Angelpunkt der Erbschaftsregelungen wie der Garant der Aufrechterhaltung der genealogischen Kontinuität. Seine Bevorzugung in der Erbregelung bzw. das Erstgeburtsrecht findet sich nicht nur im AT, sondern auch in den entsprechenden Bestimmungen des Codex Hammurapi u. a. Gesetzessammlungen des AO. Dem Erstgeborenen galten der väterliche → Segen und der doppelte Anteil (Gen 27,4; Dtn 21,15ff). Innerhalb der → Familie hatte er nach den Eltern die höchste hierarchische Position im Haus inne. In den patriarchalen Gesellschaften des Mittelmeerraums fällt ihm nach dem → Tod des Vaters der Familienvorstand zu. Das Erbe ging, so es schriftlich vom Verstorbenen nicht anders geregelt worden war, zunächst an die → Witwe (Rut 4,3.5.9; 2 Kön 4,2), danach an den erwachsenen erstgeborenen Sohn. Töchter hatten lebenslänglich Anrecht auf die Versorgung aus dem Familienerbe. Im Fall einer → Ehe erhielten sie ihren Erbteil als Mitgift ausgezahlt (Gen 31,15), bei Scheidung oder Witwenschaft brachten sie, wenn sie wieder ins Elternhaus zogen, denselben nach Hause zurück. Schenkungen von Häusern oder Grundbesitz an Töchter waren Zeichen großen Reichtums (Ri 1,12ff; 1 Kön 9,16; Ijob 42,15). Die Enterbung der leiblichen Kinder war schwerlich möglich. Während in Mesopotamien die unzureichende Versorgung der Eltern durch die Kinder Hauptgrund dafür war, sieht Dtn 21,18ff; Ex 21,15–17 dafür gleich die Steinigung vor. Sonderbestimmungen waren nötig, wenn die erbliche Eigentumsübertragung bes. Fälle berücksichtigen musste, in denen es keine Söhne gab (Töchter erben, Num 27,1ff), Adoptionen stattfanden (Gen 48,9ff) oder illegitime Kinder vorhanden waren (Ri 11,1ff).

I. 3. Im übertragenen Sinn konnten auch ein → König (Ps 2,8) oder Jhwh ein → Volk (Dtn 4,20; Jer 10,16; 1 Kön 8,51) als *naḥ^{a}lā* haben, woraus sich ein bes. und hierarchisch strukturiertes Verhältnis zwischen den Beteiligten ergab. → Israel als Erbanteil Jhwhs wird atl. mit verschiedenen Ursprungsmythen erklärt, die die Konstitution dieser Beziehung an den Anfang der Heilsgeschichte setzen: So dient als Begründung, dass Jhwh Israel aus Ägypten geführt habe (so in der dtn.-dtr. Lit., s. Dtn 4,20; 1 Kön 8,51), Israel von Jhwh erwählt worden (Ps 33,12) oder Israel Jhwh in einer uranfänglichen Götterversammlung unter Eljon als Erbbesitz zugeteilt worden sei (Dtn 32,8f). Theol. Bedeutung gewinnt der Begriff *naḥ^{a}lā* v. a. durch seinen Gebrauch in den priesterschriftlichen und dtn. Schriften, in denen er den Landbesitz Israels bezeichnet, der dem Gottesvolk von Jhwh verheißen und als Erbe gegeben worden sei (Gen bis Jos). Für P und Ez 40–48 ist der Erbbesitz „Land" den Stämmen (Ausnahme: Levi, Num 18,20ff; 26,62) und Sippen durch das Los zugeteilt worden (Num 26,52–56; 33,50–34,29; Ez 45,1). Das Dtn bezeichnet das Land als Erbbesitz des Gottesvolks, das diesem (Dtn 4,21.38; 12,9; 26,1) allein durch die Zusage und Garantie Jhwhs gegeben ist und als → Strafe entzogen werden kann. Hintergrund dieser Vorstellung ist der Gedanke, dass das Land an sich Eigentum Jhwhs ist (Jer 2,7; 12,7–9; 16,18; Ps 68,10), das dieser an Israel als Lehen gab. Im Fall der Veruntreuung des Lehens steht es dem Lehensherrn zu, den Lehensnehmer vom Lehen zu vertreiben.

II. NT: 1. *Erbe*: Obwohl erbrechtliche Termini wie κληρονομεῖν („erben"), κληρονομία („das Erbe"), κληρονόμος („der Erbe"), κλῆρος („Erbteil"), συγκληρονόμοι („Miterben", immer Pl.) und διαθήκη („letztwillige Verfügung, Testament") im NT häufig sind, spielen reale Erbrechtsfragen eine untergeordnete Rolle. Jesus soll es laut Lk 12,13f abgelehnt haben, die an ihn als Rabbi herangetragene Rolle eines Vermittlers in Erbstreitigkeiten wahrzunehmen. Er verwendet jedoch zwei typische Fälle in seinen Gleichnissen: Ein jüngerer Sohn lässt sich noch zu Lebzeiten des Vaters seinen Erbteil auszahlen und verlässt den Hof (Lk 15,12). Pächter beschließen, den einzigen Sohn und Erben des abwesenden Weinbergbesitzers umzubringen in der Hoffnung, sich den Besitz selbst aneignen zu können (Mk 12,7). Ansonsten ist der gesamte Vorstellungskomplex des Erbes im NT theol. gefüllt (Gal 3,15; 4,1; Hebr 9,16f unterbauen die Argumentation durch Rekurs auf zeitgenössisches Erbrecht); die atl. → Verheißung des Erbes wird auf die eschatologischen Heilsgüter bezogen, wobei sich in der jesuanischen Parallelisierung vom Erben der → Erde und dem Besitzen des Reiches Gottes (Mt 5,3.5; → Herrschaft) noch deutlich die Kontinuität zur atl. Landverheißung zeigt. Neben das Reich Gottes (Mt 25,34; 1 Kor 6,9f; 15,50; Eph 5,5; Jak 2,5) treten als Inhalt dessen, was die Glaubenden erben, das ewige → Leben (Mt 19,29; Mk 10,17), die Verheißungen (Hebr 6,12.17; 9,15), der → Segen (1 Petr 3,9; Hebr 12,17), das → Heil (Hebr 1,14), die Unvergänglichkeit (1 Kor 15,50). Auch das Erbe selbst kann als Heilsgut genannt werden (Kol 3,24). Generell bringt die Metapher des zum Erben eingesetzt Seins/Werdens den für ntl. → Eschatologie wichtigen Aspekt der Verbindung noch ausstehender und schon in Geltung stehender Heilsaspekte treffend zum Ausdruck. Anteilhabe am Erbe wird durch das Christusgeschehen vermittelt. Als Sohn Gottes ist Christus der Erbe *par excellence* (Hebr 1,2.4). Zu Miterben Christi (Röm 8,17) werden die Gläubigen durch den → Glauben und symbolisches Mitsterben mit Christus in der → Taufe, die sie zu Kindern Gottes und Erben macht (Gal 3,26–29; 4,6–7), wobei der Geistbesitz die Kindschaft bezeugt (Röm 8,14–16) und als „Anzahlung" die spätere vollständige Auszahlung des Erbes garantiert (Eph 1,11–14). Die Einbeziehung der nicht auf die Forderungen der → Tora verpflichteten Heiden als Erbberechtigte der Abrahamsverheißung durch den Glauben an Christus ist Thema von Röm 4,1–25; Gal 3,6–4,7.21–31. Hebr 9,15–17 spielt mit den zwei Bedeutungen des Wortes διαθήκη: Der Sühnetod Christi ist, da ein Testament (Standardbedeutung von διαθήκη) immer den Tod des Erblassers voraussetzt, die notwendige Bedingung der Inkraftsetzung des Neuen → Bundes (διαθήκη als LXX-Übersetzung von hebr. *b^erît*), der es den Berufenen ermöglicht, die Verheißung, nämlich das ewige Erbe, zu erlangen.

II. 2. *Erstgeburt*: In eigentlicher Bedeutung begegnet der Erstgeborene (πρωτότοκος) nur in der Geburtsgeschichte Jesu (Lk 2,7). Als Erstgeborener ist Jesus Gott geweiht (Ex 13,2.12.15; Lk 2,23), christologische Obertöne legen sich aufgrund des davidischen Kolorits nahe (Lk 1,32–33; 2,1–5). Ansonsten ist singularisches πρωτότοκος immer christologischer Titel (→ Jesus Christus), der das bes. Sohnesverhältnis Jesu zu Gott beschreibt, wobei der Aspekt der leiblichen Abstammung/→ Geburt wie schon in der jüd. Tradition keine Rolle mehr spielt. πρωτότοκος wird dort zur Beschreibung des Verhältnisses des → Volkes zu Gott, seinem Vater, eingesetzt in Ex 4,22; in PsSal 13,9; 18,4; 4Esr 6,58–59 steht „Erstgeborener" synonym zu „Einziger", „Auserwählter" und „Geliebter" für → Israel; in Ps 89,27f ist „erstgeborener Sohn Gottes" Würdetitel des → Königs. Kol 1,18 und Offb 1,5 kennzeichnen den auferstandenen Christus als „Erstgeborenen der (bzw. aus den) Toten" und damit als Beginn der neuen erlösten Menschheit, die nach Röm 8,29 dem Bild des Sohnes gleich gestaltet werden wird, sodass der Auferstandene als „Erstgeborener unter vielen Brüdern (und Schwestern)" gelten kann. In Aufnahme weisheitlicher Traditionen nennt Kol 1,15 Christus den „Erstgeborenen aller → Schöpfung", was ihn als Schöpfungsmittler charakterisiert (Kol 1,16f; vgl. Hebr 1,2.6). Neben dem absolut gebrauchten Titel „Erstgeborener für Christus" (Hebr 1,6) bezeichnet Hebr 12,23 in Übernahme traditioneller Gottesvolktitulatur in einer Vision der eschatologischen Himmelsliturgie auch die Gemeinde als „Gemeinde der Erstgeborenen, aufgeschrieben in den Himmeln". Entsprechend kann Esau, der sein Erstgeburtsrecht (πρωτοτόκια) verspielte, als warnendes Vorbild in der Paränese fungieren (Hebr 12,16).

I. *B. A. Anderson,* The Inversion of the Birth Order and the Title of the Firstborn: VT 60 (2010) 655–658; *K. Finsterbusch,* Vom Opfer zur Auslösung: VT 56 (2006) 21–45; *F. W. Golka*, BECHORAH und BERACHAH: Erstgeburtsrecht und Segen, in: *S. Beyerle/G. Mayer* u. a. (Hg.), Recht und Ethos im Alten Testament, Neukirchen-Vluyn 1999, 133–144; *H. Seebass*, Zur juristischen und sozialgeschichtlichen Bedeutung des Töchtererbrechts nach Num 27,1–11 und 36,1–12: BN 102 (2000) 22–27.

II. *E. Ellwein*, Heilsgegenwart und Heilszukunft im NT, München 1964; *J. D. Hester,* Paul's Concept of Inheritance, Edinburgh 1968; *H. Langkammer,* „Den er zum Erben von allem eingesetzt hat" (Hebr 1,2): BZ 10 (1966) 273–280.

Angelika Berlejung (AT) / Annette Merz (NT)

Erwählung (E.)

(→ Dachartikel: Geschichte/Geschichtsdarstellung/Heilsgeschichte)

I. AT: 1. E. kann im AT mit den Verben *bḥr* „erwählen" als spezieller *terminus technicus*, daneben mit *jdʿ* „erkennen", *qrʾ* „rufen" oder *bdl* Hifil „aussondern" ausgedrückt werden.

I. 2. Das AT, bes. aber Dtn und die dtn. beeinflusste Lit., ist von der Überzeugung durchzogen, dass das → Volk Israel insgesamt (darauf bezieht sich die Mehrheit der Belege; vgl. Lev 20,26; Dtn 7) sowie bestimmte Institutionen (z. B. das Königtum wie in Dtn 17,15; 1 Sam 10,17–27; Ps 2,7; 2 Sam 16,18; → König oder das Priestertum wie in Dtn 18,1–8; → Priester) von Gott erwählt sind. Darüber hinaus können einzelne Gruppen oder Personen (→ Propheten; Abraham in Neh 9,7f; vgl. auch Ps 78,65–72) für bestimmte Aufgaben von Gott erwählt sein. Zuweilen gelten bes. hist. Ereignisse als „Schauplatz" der E. (z. B. die Herausführung aus Ägypten Am 3,1f; 9,7–10; → Exodus oder die Wüstenzeit in Hos 11,1–11). Auch Jerusalem und der → Zion gelten als von Gott als Wohnstatt und Kultort erwählt (Dtn 12,4–32; 1 Kön 11,32.36; Ps 78,68f; 132,13–18; 2 Chr 6,6; → Kult). Interessanterweise kann das AT umgekehrt auch davon reden, dass der Mensch seine Götter „erwählt" (Jos 1,24; Ri 5,8; 10,14; Jes 1,29), oft genug in polemischen oder warnenden Zusammenhängen (Jes 66,3; Ps 16). Die E. bedeutet stets die Heraussonderung des Erwählten, etwa aus den Völkern, Menschen oder Göttern, und konstituiert ein bes. enges Schutz- und Verpflichtungsverhältnis zu Gott (Num 16,1–7; Dtn 14,1f; Am 3,1f; → Bund). Bes. das Dtn betont, dass Gott bei seinem Erwählungshandeln keine menschlichen Vorzüge oder Voraussetzungen berücksichtigt, sondern den Erwählten gerade zu dem macht, was er sein soll und mit den Gaben ausstattet, die er zur Erfüllung seiner Aufgabe benötigt (bes. deutlich in Dtn 7,6–11; Jer 1,4–10; Jes 42,1–9; Ex 2,23–4,17; Ps 106,23). Bezeichnend ist, dass zentrale Erwählungsaussagen immer wieder im Kontext von Paränesen (→ Ermahnung) begegnen (Dtn 7,6–8; 10,12). Dadurch wird deutlich, dass Menschen auf der von Gott gestifteten Grundlage heilvoller Zuwendung zum Tun des Rechten befähigt und motiviert werden (vgl. in Ps 119,30.173 das Erwählen des „→ Weges der Wahrheit" oder bestimmter Ordnungen).

Texte wie 1 Sam 15,23; Ps 78,67; 89,39f; Am 9,7–10 lassen zugleich erkennen, dass Gott seine auf die E. gründende heilvolle Zuwendung durchaus als Reaktion auf bestimmtes, der E. nicht entsprechendes Verhalten (Ungehorsam, Fremdkult) revozieren kann. → Verwerfung (*m'ს*), Unheil und Gericht (→ End-Gericht) sind die Folge, wobei betont wird, dass vorübergehender göttlicher → Zorn am grundsätzlichen Fortbestehen des Bundes mit Israel nicht rüttelt, sondern dass das Gericht die → Hoffnung auf dessen baldige Wendung offen hält (z. B. Hos 2,1–3.18–25 als kontrastierende Fortschreibung von Hos 1,2–9; Ps 105). Insofern ist die Erwählungsgewissheit Israels Quelle der Hoffnung in trostloser Zeit und motiviert in den späteren Traditionen insbes. die Gewissheit, dass Gott die Institutionen wieder aufrichten wird, die er in der Vergangenheit durch E. eingesetzt hat (Am 9,11–15).

I. 3. Der Hintergrund und die Traditionsgesch. atl. Erwählungsvorstellungen sind höchst komplex. Im AO und Alten Israel/Juda war der König bzw. die herrschende Dynastie Objekt göttlicher E. (Ps 2; 110), insbes. bei Dynastie-Wechseln (Sethnacht) oder umstrittener Thronfolge (Asarhaddon). Insofern sind Erwählungsaussagen zumindest für Saul, David, Jerobeam I., Bascha, Jehu, Menahem, Pekachja, Pekach und Hosea zu postulieren, auch wenn sie sich gar nicht oder nur in stark veränderter Form in vorliegenden Texten erhalten haben. Für die letzten drei Könige Israels sind sie aus Hos 8,4 (vgl. auch 7,3–7; 10,3) zu erschließen. Nach dem Untergang der Staaten → Israel und Juda war die E. eines (davididischen) Thronprätendenten die eine Denkmöglichkeit (Hag 2,23; Sach 4,1–14; 6,11–15*; 9,9–10?), die Ablösung der E. des Königs bzw. der Dynastie durch die E. Israels bzw. (einer) seiner → Väter (Jes 14,1; 41,8; 44,1; Ez 20,5; Ps 135,4) die andere, ganz analog zur „Demokratisierung" des (ass. und altaram. belegten) „Heilsorakels für einen König" in Jes 40–48, das nun „Israel" insgesamt zugesprochen wird. Die Beobachtung, dass Elemente und Motive der ao. und äg. Königsideologie, die dem König vorbehalten waren, auf das Kollektiv des Volkes oder später auf jedes Individuum übertragen werden, lässt sich im AT häufig machen.

Eine dritte exil.-nachexil. Denkrichtung, die man als dtr.-theokratisch bezeichnen könnte, löst den König als Lenker der Geschicke Israels durch den „Propheten" ab (vgl. Jer 1,4f – mit starken Anklängen an Erwählungsaussagen Assarhaddons – im Zusammenhang mit Dtn 18,14–19, präfiguriert durch Hos 12). Die prophetischen Berufungsberichte legitimieren die nachexil. Prophetenbücher; die Propheten und Prophetinnen, die einmal real existiert haben, waren durch ihre gesellschaftlich anerkannte prophetische Begabung hinreichend ausgewiesen.

Entpolitisiert, herrschaftsfrei und damit implizit herrschaftskritisch ist die E. Abrahams/Israels in der P (Gen 17), insofern Israel hier zum Volk wird, in dessen Mitte und in dessen Land der Gott aller Welt in der Welt eine Wohnung beziehen will. P hat das Problem von „Partikularismus" und „Universalismus" Gottes gelöst, bevor die Frage explizit gestellt wurde. Diese Erwählungsvorstellung verlässt die Tradition ao. polit. Theol. und orientiert sich stattdessen an der ao. Kult-Theol. (→ Kult), nach der ein Gott nur selbst bestimmen kann, wo, wann und in welcher Form er auf Erden ansprechbar ist (vgl. Ex 25–31; 35–40 als Ätiologie des zweiten Tempels; die theol. Begründung des „salomonischen" Tempels liefert bezeichnenderweise erst Dtn 12).

II. NT: 1. E. wird im NT mit dem Verb ἐκλέγομαι ausgedrückt, in der Apg selten auch mit προχειρίζομαι (Apg 3,20; 22,14; 26,16). Das in der LXX häufige αἱρετίζω findet sich im NT nur in dem LXX-Zitat von Jes 42,1 in Mt 12,18.

II. 2. Auch für ntl. Autoren gelten Israels Erzeltern als „erwählt" (ἐκλεκτοί, vgl. Apg 13,17; Röm 9,10–13 interpretiert die E. als Beweis der Gabe der → Verheißung ohne Werke). Die königlichen Erwählungstraditionen des AT werden v. a. im Kontext der ntl. Christologie aufgegriffen. Man kann Mk 1,11 (im Kontext von Jes 42,1; Ps 2,6f) in der Tat als (königliche) E. Jesu verstehen, muss aber im gesamtbibl. Kontext betonen, dass erstens das Reich des „Königs" → Jesus Christus im Kontrast zu irdischer → Herrschaft steht und dass schon bei Mt und Lk die „Berufungs-Christologie" (dieser Ausdruck ist dem atl. Hintergrund bei Mk angemessener als der Begriff der „Adoptions-Christologie") durch die „Inkarnations-Christologie" abgelöst wird. Dass der Jesus der Evv. seinerseits → Apostel beruft, geht auf die schon bei Paulus nachweisbare Gleichsetzung der ntl. Apostel mit den atl. Propheten zurück (vgl. 1 Kor 1,1; Gal 1,1.13–17 mit Jer 1,4f; weiter Lk 11,49; Eph 2,20; 3,5; 2 Petr 3,2; Offb 18,20). Die E. Jesu zum „Lamm ohne Fehl und Tadel" bereits „vor der Erschaffung der Welt" (1 Petr 1,10) setzt ähnlich wie die Rede von der Schöpfungsmittlerschaft Jesu ein soteriologisches Vorzeichen vor Welt und → Geschichte (vgl. 1 Kor 2,7, wo Christus als „Geheimnis der verborgenen → Weisheit Gottes, die Gott vor allen Zeiten vorausbestimmt hat zu unserer Verherrlichung" bezeichnet wird, und Kol 1,26; Eph 3,9–11).

II. 3. Die Christen gelten *per se* als „Auserwählte" Gottes (Mk 13,20–22; Lk 18,7; Röm 8,33; 1 Kor 1,2; 1 Thess 1,4; Eph 1,4 schon „vor der Erschaffung der Welt"; 2 Tim 2,10). Die Paradoxie göttlicher E. kommt – ganz im Sinne von Dtn 7,6f – dadurch zum Ausdruck, dass Gott das erwählt, was in den Augen der Welt nichts gilt, was klein und schwach ist (in Mt 5,3f; 1 Kor 1,26–29; Jak 2,5 die Gemeinde; in 1 Kor 4,9–13; 2 Kor 12,9 Paulus). Die Gemeinde kann bestimmte Mitglieder zu bes. Diensten wählen (Offb 6,5; 15,22.25), andererseits empfiehlt Paulus den Christen, ihren Stand nicht zu verlassen, in den sie berufen worden sind (1 Kor 7,17–24; → Amt).

Wie im AT so impliziert die Rede von Berufung und E. auch im NT zugleich immer die Möglichkeit der Ablehnung als negative Seite; die Spannung zwischen Berufung (Wille Gottes) und tatsächlichem Gehorsam (→ Wille des Menschen) wird durch den Gedanken der E. kompensiert (Mt 22,14): Wer der Berufung folgt, war eigentlich schon erwählt und dokumentiert dies lediglich durch seinen Gehorsam (Röm 8,28–30). Dass niemand zu Gott kommen kann, dem es Gott bzw. sein Christus nicht zuvor schon gegeben haben, wird bes. in Joh betont (Joh 6,37.44.65; 15,16; 17). Umgekehrt kann fortgesetzter Widerstand gegen Gottes Ruf als Resultat von vorausgegangener „Verstockung" interpretiert werden (Mk 4,10–12; Joh 12,39f; Apg 28,26f jeweils unter Aufnahme von Jes 6,9f). Bes. scharf wird in Joh 8,43–47 die Ablehnung Jesu kommentiert: „Die Juden" verstehen Jesus nicht, weil sie nicht „aus Gott" sind, sondern den „Teufel zum Vater" haben. Die Rede von Verstockung und E. ermöglicht es ntl. Autoren, an der Freiheit und Souveränität göttlichen Handelns festzuhalten und sie mit der Rätselhaftigkeit menschlichen Ungehorsams theol. zusammen zu denken. Diese Spannung findet ihren Höhepunkt in der Figur des Judas, der als Verräter Christi schuldig wird und dennoch Gottes Werkzeug ist (Joh 6,70f; 13,18). Dass dabei der Gedanke menschlicher → Freiheit mit der Souveränität Gottes offen zu kollidieren und diesen zu eliminieren droht, lag weniger in der Fluchtlinie ntl. Denkens (vgl. aber Röm 7,14–25), sondern begegnet in aller Schärfe in ihrer späteren konzeptionellen Durchdringung in Auseinandersetzung mit dem antik-philos. Freiheitsgedanken (Prädestinationslehre, Pelagius, Augustin, Luther). Festzuhalten ist in jedem Falle der pln. Gedanke, dass Gottes → *Treue* durch menschlichen Ungehorsam nicht hinfällt, der Heilswille Gottes also über die strafende → Gerechtigkeit triumphiert (Röm 9–11). Bibl. Aussagen, die die Prädestination betonen, dürfen nicht verobjektiviert oder einfach neutral konstatiert werden, sondern sie haben letztlich doxologischen Charakter, indem sie die freie Zuwendung Gottes zu seinen Geschöpfen preisen (Röm 11,33–36; → Vorsehung).

I. *S. Ben-Chorin*, Die Erwählung Israels, München 1993; *A. Labahn*, Die Erwählung Israels in exilischer und nachexilischer Zeit: EThL 75 (1999) 395–406.

II. *H. Frankemölle/J. Wohlmuth* (Hg.), Das Heil der Anderen, Freiburg u. a. 2010; *G. Röhser*, Prädestination und Verstockung, Tübingen 1994; *R. Kühschelm*, Verstockung, Gericht und Heil, Frankfurt/M. 1990.

Ernst Axel Knauf (AT) / Jürgen Zangenberg (NT)

Erziehung / Schule (E./S.)

(→ Dachartikel: Sozialstatus/Gesellschaft und Institution)

I. AT: 1. Das Wortfeld *lmd* („lernen“ Qal; „lehren“ Piel) bezeichnet den Lern- und Lehrvorgang von Mensch und Tier. Demgegenüber setzt *jrh* Hifil („unterweisen“) die sprachliche Kommunikation voraus. Das davon abgeleitete *tōrā* bezeichnet den „Unterricht“ und die → „Weisung“. Bei *jsr* und *mūsār* steht der Aspekt der Züchtigung und Zurechtweisung im Vordergrund. Ein Wort für S. kennt das Hebr. nur in Sir 51,23 (*bēt hammidrāš* = „Lehrhaus“).

I. 2. E. war Sache der Eltern, der S. und (im theol. Sprachgebrauch) Sache Gottes. Die Eltern (Spr 1,8; 4,2) unterrichteten die → Kinder geschlechtsspezifisch; die Jungen wurden auf die Übernahme des Berufs des Vaters, die Mädchen auf die Aufgaben als Ehefrau und Mutter (→ Ehe) vorbereitet, wobei der soziale Status der → Familie Einfluss auf die Lerninhalte hatte (→ Sozialstatus). Handwerkliches, agrartechnisches oder hausfrauliches Können wurde vorgeführt und durch Nachahmung erlernt. Der Vater als Hausvorstand unterrichtete die Regeln zur gelingenden sozialen, ethischen und rel. Lebensführung (mit der Zielsetzung der gesellschaftlichen Konformität, vgl. Dtn 6,20ff). Höfisches Wissen erlernten die Heranwachsenden der Oberschicht vom Weisheitslehrer (Spr 1,2ff; 13,14), der seinen Schüler als „mein Sohn“ anredete. Zum Schüler (→ Apostel) eines → Propheten wurde man erst im Erwachsenenalter und durch dessen Einladung (2 Kön 2,3ff; Jes 8,16). 1 Sam 2,11; 2 Kön 12,3 bezeugen, dass Priesternachwuchs (bzw. ein als solcher getarnter Kronprinz) vom → Priester unterwiesen wurde.

I. 3. S. sind im AO und in Ägypten seit dem 3. Jt. v. Chr. nachgewiesen und bestanden in ihrer traditionellen Form bis in die hell. Zeit. Sie waren Teil des Schreiberwesens (und so mit → Tempel oder Palast verbunden) und der Ort, an dem Heranwachsenden Bildungswissen (Schreiben, Lesen, Rechnen) und die kulturellen, lit., institutionellen, ethischen und rel. Grundlagen ihrer Gesellschaft (gestaffelt nach *Curricula* für Anfänger, Fortgeschrittene) vermittelt wurden. Die S. war ein Ort der Enkulturation und Traditionsvermittlung, der eher an Konformität denn an Kreativität gelegen war. In Palästina sind S. in der SB-Zeit (1550–1150 v. Chr.) durch akkad. Schultexte (Megiddo) nachgewiesen. Durch die Tatsache, dass Akkad. im 2. Jt. v. Chr., Aram. im 1. Jt. v. Chr. und Griech. seit der hell. Zeit im Vorderen Orient (inklusive Ägypten) Verkehrs- und Umgangssprache waren, gehörte auch das Erlernen fremder Sprachen und Schriften zur Schreibausbildung dazu. Ostraka aus Palästina bezeugen seit dem 10./9. Jh. v. Chr. den alltäglichen Gebrauch der phön. Schrift (aus der sich die althebr. entwickelte) im Handelsverkehr. Ausweislich der Schriftzeugnisse (Ostraka, Graffitis) scheint es spätestens seit dem 9./8. Jh. v. Chr. im Nord- und Südreich breite Schreibkenntnis und damit Schulen gegeben zu haben. In denselben scheint auch der Ursprung der Sammlung der bibl. → Schriften zu liegen, die für den Unterricht zusammengestellt und dort abgeschrieben, gelesen und kommentiert wurden. Die wichtigsten S. hatten Bibliotheken und Skriptorien (so in Ägypten und Qumran belegt). Mit dem Auftauchen der Griechen in Palästina änderte sich vielerorts das Schulwesen. Die hell. S. war auf drei Altersgruppen verteilt (Knaben, 15–18 jährige Epheben und junge Männer). Turnen, Griechisch, Musik und Lit. wurden im Gymnasium (= sportliche Übungs- und Ausbildungsstätte) gepflegt. Im Seleukidenreich wurden die S. im Zuge der Hellenisierung des Reichs auch für Nichtgriechen geöffnet, sodass es sich nahe legte, zur Verbreitung griech. Kultur und Lebensart vielerorts Gymnasien und Ephebeninstitute zu bauen. In Jerusalem (2 Makk 4,12.14; 1 Makk 1,14f) führte dies zur Verschärfung des Konflikts zwischen traditionell-konservativ und hellenisiert denkenden Juden, die sich an griech. Idealen orientierten.

I. 4. Ähnlich wie die → Weisung der Eltern atl. zu befolgen ist, ist auch der Weisung (→ Tora) Jhwhs Gehorsam entgegenzubringen. Jhwh kann als Lehrer (Jes 48,17; Jer 32,33; Ps 71,17; 94,10.12; 119,12.26 u. a.) tätig sein, wobei seine Belehrung durch die Gabe seiner Tora (= Weisung als Gesamtwille Gottes und daher auch „Gesetz") geschieht. Sie ist seine Erziehungsgrundlage und Maßstab für die Beurteilung eines gelingenden, gottgefälligen → Lebens. Analog zur Prügelstrafe vom Vater und in der S. (Spr 13,24; 19,25; 27,5f) wurde Leiden theol. als Erziehungsmaßnahme Gottes verstanden (individuell: Ijob 36; Spr 3,11f; kollektives Leid: Dtn 8,5; 11,2; Hos 10,10; 11,5; Jer 32,31ff), der als Vater der von ihm großgezogenen Kinder (Jes 1,2; Hos 11,3f) Gehorsam erwartete und sich in → Liebe strafend als ihr Erziehungsberechtigter betätigte. Insbes. das Dtn zeigt ein ausgeprägtes didaktisches Interesse, das der Vermittlung der Grundlagen einer gottgefälligen rel. Lebensführung dient. Mose lehrt hier Israel im Auftrag Jhwhs die Jhwh-Furcht, die Israeliten lehren ihre Kinder den → Willen Gottes (Dtn 4,1f; 5,1.31f; 6; 11,19–21 u. a.). Als päd. Mittel zeigen sich im Dtn die Aufforderung zum Hören (→ Ohr) oder Aufschreiben, das Vorlesen, Wiederholungen, Formelhaftigkeit, → Ermahnung, Belehrung, Zurechtweisung, Warnung, Tadel, die Androhung von → Strafe bzw. die Inaussichtstellung von → Segen, wobei das Erziehungsziel der Gehorsam gegenüber den göttlich-väterlichen Geboten ist. Der Mensch ist in dieser → Anthropologie dauernd von Gott (bzw. seinen Stellvertretern) zu belehren und zu einem guten Stück unbelehrbar; dies wird sich erst in der Heilszeit ändern (Jer 31,33f; Jes 2,3).

II. NT: 1. Das Wortfeld der E. ist von παῖς (→ „Kind") abgeleitet. Im NT begegnen παιδεύω, das „erziehen, bilden" (nur Apg 7,22; 22,3), bezeichnenderweise aber öfter „geißeln, schlagen, züchtigen" (Lk 23,16.22; 1 Kor 11,32; 2 Kor 6,9; 1 Tim 1,20; Hebr 12,6) bedeutet. Παιδεία ist im Sinne von „E., Bildung" bezeugt (2 Tim 3,16), meint aber meist auch „Züchtigung, Zurechtweisung" (Hebr 12,5.7.8). Παιδευτής ist der „Erzieher, Lehrer" (Röm 2,20), „Zuchtmeister" (Hebr 12,9), παιδαγωγός der „Knabenführer, Zuchtmeister", d. h. der Aufseher aus dem Sklavenstand, der im Unterschied zum eigentlichen Lehrer (διδάσκαλος) mit der Beaufsichtigung der Jungen von 6 bis 16 Jahren und ihrer äußerlichen E. (Benehmen) befasst war. Nur wenige Stellen im NT äußern sich zur E. von Kindern. Öfter wird das Bildfeld im übertragenen Sinne verwendet, wenn etwa die Rolle des Gesetzes als Zuchtmeister beschrieben wird (Gal 3,24.25), Paulus seinen Status als „Vater" seiner Gemeinde im Gegenüber zu anderen Missionaren, die letztlich austauschbare „Zuchtmeister" sind, betont (1 Kor 4,15) oder Gottes erzieherisches Handeln nach Analogie väterlicher Autorität interpretiert wird.

II. 2. Die päd. Institutionen der Antike (S. bzw. Unterricht im Haus durch → Sklaven bei Oberschichtskindern, im Judentum Unterricht an der Synagoge) werden im NT nicht erwähnt. Das ntl. Interesse liegt ausschließlich auf der moralischen und rel. E. in den Traditionen der Glaubensgemeinschaft, welche Aufgabe der Eltern ist (Kol 3,20; Eph 6,4: Väter; 2 Tim 1,5 erwähnt Mutter und Großmutter; Lk 2,41–51 zeigt Einbettung in die Großfamilie) und in der die → Schrift eine zentrale Rolle einnimmt (2 Tim 3,15f). „Zucht und Ermahnung des Herrn" in Eph 6,4 kennzeichnet wahrscheinlich die E. als eine christl., da sie am Herrn → Jesus Christus orientiert ist, oder will aussagen, dass letztlich Gott hinter der väterlichen E. steht. Deutlich ist ein apologetisches Interesse erkennbar, mit der röm. Staats-, Familien- und Herrschaftsideologie harmonierende konservative Erziehungsideale zu betonen wie Gehorsam (Lk 2,51; Kol 3,20; Eph 6,1; 1 Tim 3,5; Tit 1,6) und geschlechtsrollenkonformes Verhalten von → Frauen. Dieser Teil der E. von Mädchen liegt in den Händen älterer Frauen (Tit 2,3–

5). Der Vater soll sich nach Kol 3,21; Eph 6,4 vom verbreiteten Typus des gewalttätigen Tyrannen (vgl. auch Hebr 12,9f) abheben, was körperliche Züchtigung aber kaum ausschloss (vgl. die Selbstverständlichkeit, mit der Paulus seinen Gemeinden in 1 Kor 4,17 mit dem „Stock" droht).

II. 3. Mehrfach wird Gottes erzieherisches Handeln mit der strengen E. durch irdische Väter verglichen, wobei Spr 3,11f („Mein Sohn, verachte nicht die Zucht des Herrn, verzage nicht, wenn er dich zurechtweist. Denn wen der Herr liebt, den züchtigt er; er schlägt mit der Rute jeden Sohn, den er annimmt.") im Hintergrund steht (1 Kor 11,32; Offb 3,19) bzw. in Hebr 12,5f als Schriftzitat die Basis der Argumentation bildet (Hebr 12,4–11). Diese zielt darauf ab, im Leiden Gottes erzieherisches Handeln und seine → Liebe zu erkennen. Der Text gibt in seiner ausführlichen Bezugnahme auf die harte antike Erziehungspraxis und deren positive Würdigung (Hebr 12,7–10) deutlich zu erkennen, wie sehr die Plausibilität der theol. Argumentation eingebettet ist in kulturelle Bewertungen, die hist. Wandel unterliegen.

I. *F. Crüsemann*, Die Bildung des Menschengeschlechts, in: *ders.*, Maßstab: Tora, Gütersloh 2003, 269–288; *K. Finsterbusch*, Modelle schriftgestützten religiösen Lehrens und Lernens in der Hebräischen Bibel: BZ 52 (2008) 223–243; *dies.*, Weisung für Israel, Tübingen 2005; *C. Frevel*, Lernort Tora. Anstöße aus dem Alten Testament, in: *N. Mette/M. Sellmann* (Hg.), Religionsunterricht als Ort der Theologie, Freiburg 2012, 109–137; *F. Georg*, „Wer ist wie ein Lehrer?", in: *S. Gehrig/S. Seiler* (Hg.), Gottes Wahrnehmungen, Stuttgart 2009, 30–40; *P. D. Gesche*, Schulunterricht in Babylonien im ersten Jahrtausend v. Chr., Münster 2001; *D. W. Jamieson-Drake*, Scribes and Schools in Monarchic Judah, Sheffield 1991; *A. Lemaire*, Les écoles et la formation de la Bible dans l'ancien Israël, Fribourg u. a. 1981.

II. *G. Bornkamm*, Sohnschaft und Leiden, in: *ders.*, Gesammelte Aufsätze 4, München 1971, 214–224; *C. Markschies*, Lehrer, Schüler, Schule, in: *U. Egelhaaf-Gaiser/A. Schäfer* (Hg.), Religiöse Vereine in der römischen Antike, Tübingen 2002, 97–120; *C. Osiek/D. L. Balch*, Families in the New Testament World, Louisville 1997.

Angelika Berlejung (AT) / Annette Merz (NT)

Essen / Trinken (E./T.)

(→ Dachartikel: Anthropologie)

Vorbemerkung. Als Grundvollzüge des menschlichen Lebens haben E. und T. auch in der Bibel und ihrer Lebenswelt zentrale Bedeutung. Dabei gehen die anthropologischen, ökonomisch-ökotrophologischen, sozialgesch.-kulturgesch., kultisch-theol. und lit.-symbolischen Aspekte des breiten Themenkreises ineinander über. Kulturanthropologisch können Selektion (bevorzugte Nahrung, Speisegesetze), Produktion (Anbaumethoden, Kochen und Backen usw.), Distribution (Handel und Lagerung) und Konsumtion (Nahrungsaufnahme oder Abstinenz, Festessen usw.) unterschieden werden. E. und T. stehen in den Texten der Bibel oft als symbolische Chiffren, deren Bedeutung von lebensweltlichen Hintergründen bis hin zur endzeitlichen → Erlösung reicht. Dabei nehmen die Bilder ihren Ausgangspunkt in der Lebenswelt. Das terminologische Spektrum der Lexeme reicht weit über die beiden Grundverben der Nahrungsaufnahme hebr. *ʾkl* bzw. griech. ἐσθίω („essen") und hebr. *šth* bzw. griech. πίνω („trinken") hinaus. Das meiste des im Folgenden für das AT zur Landwirtschaft und den Grundbedingungen der menschlichen Versorgung sowie den darauf aufruhenden metaphorischen Bezügen Gesagte gilt in vergleichbarer Weise für das NT (vgl. die Stellenangaben), weshalb auf eine gliedernde Trennung der beiden Teile verzichtet wird.

I. Das Alltagsleben des bibl. Durchschnittsmenschen ist durch die Sorge um die tägliche Nahrung bestimmt. Hier kann die Landwirtschaft in bibl. Zeit nicht umfassend beschrieben werden. Einige knappe Hinweise zu den Nahrungsmitteln und ihrer Erzeugung müssen genügen. Neben der hauptsächlich angebauten und verarbeiteten Gerste wurden Weizen, Emmer, Dinkel und Hirse angebaut. Neben den Getreiden standen Gemüse, darunter v. a. Bohnen, Erbsen, Linsen, Zwiebeln, Lauch, Melonen und Salat auf dem Speiseplan. Äpfel, Datteln, Feigen, Granatäpfel und Trauben wurden als Obst kultiviert und verzehrt. Die protein- und fetthaltigen Walnüsse, Pistazien und v. a. Mandeln ergänzten die überwiegend pflanzliche Kost. Zwar wurden neben Schafen und Ziegen auch Rinder und Tauben gehalten, Steinhühner und Wachteln gefangen oder Wildschweine, Hirsche, Steinböcke und Gazellen gejagt und schließlich Fische gefangen, doch waren Fisch und v. a. Fleisch keine Alltagskost. Diese bestand v. a. aus Gerstenbrot, das mit Wein, Salz und Kräutern und/oder aus Oliven gewonnenem Öl schmackhafter gemacht wurde. Dazu wurden Gemüse und Obst als Beikost gegessen. Helles Weizenbrot stellte ebenso wie Fleischnahrung eher die Ausnahme dar und setzte in der Regel begüterte Verhältnisse voraus. Neben Wasser wurden überwiegend Wein, Most und Bier getrunken. Milch, überwiegend von Schafen und Ziegen, wurde zu Frischkäse, Dickmilch und Käse weiterverarbeitet. Bienenstöcke wurden zur Erzeugung von Honig kultiviert.

Da die Ernährung von der Getreideerzeugung und -verarbeitung wesentlich abhängig war, kamen der Vorratshaltung wie auch saisonalen Ernteertragsschwankungen eine hohe Bedeutung zu. Der Ackerbau war als männliche Rolle definiert (Gen 3,17–19; 4,2; 9,20; Jes 28,24f; Mt 13,24par. u. a., anders Spr 31,16), wohingegen die Verarbeitung des Getreides nach dem Dreschen und Worfeln weitestgehend → Frauen vorbehalten war (Ex 11,5; Jes 47,2; Mt 24,41). Das Mahlen des Getreides war eine zeitaufwändige und mühevolle Tätigkeit, die jede → Familie für sich ausübte (Ijob 31,10). Dass der obere bewegliche Mühlstein nicht gepfändet werden soll (Dtn 24,6), unterstreicht die existentielle Bedeutung des täglichen Mahlvorgangs. Das mahlende Geräusch der Handmühle wie des Reibsteins galt als so natürlich und selbstverständlich wie die Stimme und der Gesang (Jer 25,10; Koh 12,4; Offb 18,22). Das durch Sieben gereinigte Getreidemehl wurde – mit Wasser, Salz und z. T. Öl vermischt – und auf Glutasche oder in einem Ofen zu Brot verbacken. Nur in den → Städten der fortgeschrittenen Königszeit gab es Bäcker (Jer 37,21; Hos 7,4), ansonsten backten die Frauen (Gen 18,6; 1 Sam 28,24; 2 Sam 13,8).

II. Brot ist das Grundnahrungsmittel schlechthin (Spr 17,1; Sir 34,25; Tob 4,17 u. a.). Entsprechend ist Brot Symbol des alltäglich Benötigten und kann für die Nahrung insgesamt stehen. So etwa in Gen 3,19, wo die Mühsal der Nahrungsbeschaffung als Straffolge bestimmt wird, in Rut 1,5, wo Gott seinem → Volk „wieder Brot gibt", in Ex 16, wo das Manna das „tägliche Brot" ersetzt oder in der Brotbitte des Vaterunsers (Mt 6,11; Lk 11,3). Wenn die joh. Christologie den Logos Jesus als das „Brot des Lebens" (Joh 6,35.48) tituliert, dann schließt das an die Mannaerzählung Ex 16 wie an Dtn 8,3 an, wo das Wort der → Tora als notwendige Nahrung des Menschen neben das Brot gestellt wird. Dem gemeinsamen Mahl kommt eine hohe gemeinschaftsstiftende soziale Funktion zu, sowohl im täglichen Umgang, zu besonderen Festzeiten oder in kultischen Kontexten wie dem gemeinschaftlichen Schlachtopfer oder den Erinnerungsfeiern an die Toten (Dtn 14,26; 1 Sam 9,13; 16,11; 20,5; Neh 8,10 u. ö.). Das gebrochene Brot, mit dem die Mahlzeit aus gemeinschaftlichen Schüsseln aufgenommen wurde, steht für die Mahlgemeinschaft. Häufig sind E. und T. positiv konnotiert, so in Zusammenhang mit der Festfreude (Hld 5,1; Spr 9,5; Ex 32,6; 2 Sam 11,12; Neh 8,10; Mt 22; Lk 22,30; Röm 13,13 u. a.; → Freude), als Zeichen der Gastfreundschaft (Gen 18; Ri 19) oder im Kontext des gemeinschaftlichen Gottesmahls in Ex 24,11 (s. auch → Abendmahl). E. und T. stehen für den natürlichen, entspannten Umgang und intakte zwischenmenschliche Verhältnisse (1 Kön 18,41; Gen 27,25; Ri 9,27; Rut 3,3; Ijob 1,4; Joh 21,20; Apg 2,46), weshalb bestimmte Verhaltensregeln bei Tisch eingefordert (Sir 31,12–32,17; 41,19; 1 Kor 11; Mk 7,5) oder bestimmte Mahlkonstellationen untersagt werden (Gen 43,23; Num 25,2; 1 Kön 13,6f; Mt 11,19; Lk 7,34).

Entsprechend codiert sind auch das Gegensatzpaar Hunger und Durst, die in dem Mangel an Nahrungsmitteln oft eine Störung im Gottesverhältnis ausdrücken (Ex 16; Dtn 28; Am 8,11, dagegen Ps 23,5). Der → Segen Gottes und die Endzeit sind entsprechend von Satt-Sein und → Fülle gekennzeichnet (Jes 49,10; 55,1; 65,13; Joël 2,24; Sach 1,17; Offb 7,16), im verheißenen Land fließen „Milch und Honig" (Ex 3,8; 33,7; Dtn 6,3 u. a.) und die Begegnung mit Jesus hinterlässt Überfluss (Mt 14,20; 15,37; Mk 6,43; 8,8; Lk 9,17; Joh 6,13; 21,6; 2,9 vgl. schon 1 Kön 17,16; 2 Kön 4,44). Die Mahlgemeinschaften Jesu mit Zöllnern und Sündern nehmen das endzeitliche Gastmahl symbolisch vorweg (Mt 9,10; Mk 2,15, s. auch → Abendmahl), so wie Fasten den Willen zum Ausdruck bringt, eine Beziehungsstörung zu beseitigen (2 Sam 12; Joël 2,12; Jona 3,5; Sach 7,5; 2 Chr 20,3; Jdt 4,13) und als Ausdruck des Wartens auf das Gottesreich oder als Vorbereitung auf eine Gottesbegegnung verstanden werden kann (Ex 34,28; Dtn 9,9; Ps 109,24; Jes 58,3–6; Dan 10,3; Mt 4,2; Mk 1,13; Lk 4,2).

A. Brenner/W. van Henten, Food and Drink in the Bible, in: *J. Dyk* (Hg.) u. a., „Unless Some One Guide Me …", Maastricht 2001, 347–354; *G. Dalman*, Arbeit und Sitte in Palästina 4, Gütersloh 1935; *M. Dubach*, Trunkenheit im Alten Testament, Stuttgart 2009; *H.-W. Jüngling*, Essen und Trinken – Ein vergessenes Thema der Theologie?: rhs 36 (1993) 279–288; *E. Schmitt*, Das Essen in der Bibel, Münster 1994; *R. Smend*, Essen und Trinken – ein Stück Weltlichkeit des Alten Testaments, in: *ders.*, Die Mitte des Alten Testaments, München 1986, 200–211; *J. S. Webster*, Ingesting Jesus, Atlanta 2003; *W. Weiß* (Hg.), Der eine Gott und das gemeinschaftliche Mahl, Neukirchen-Vluyn ²2012.

Christian Frevel

Evangelium (Ev.)

(→ Dachartikel: Schrift/Schriftverständnis)

I. Die ursprüngliche Bedeutung von εὐαγγέλιον im NT hat M. Luther trefflich umschrieben: „Evangelion aber heysset nichts anders, denn ein predig und geschrey von der genad und barmhertzigkeytt Gottis … Und ist eygentlich nicht das, das ynn büchern stehet und ynn buchstaben verfasset wirtt, sondern mehr eyn mundliche predig und lebendig wortt, und eyn stym, die da ynn die gantz wellt erschallet und offentlich wirt außgeschryen, das mans uberal höret" (WA 12,259). Ev. ist im NT die mündliche Heilsbotschaft.

Verkündeten die röm. Kaiser u. a. zum Regierungsantritt im Plural „frohe Nachrichten", sich als „Retter" und „Herrn", so verkündet das NT das Ev. im Singular, was den Anspruch auf Singularität gegen alle weltlichen wie auch rel. bestimmten Behauptungen enthält: Jesus bringt „das Ev. Gottes" (Mk 1,14) in Wort und Tat (Mt 4,23; 9,35), er ist der „Retter" (Lk 2,11; Joh 4,42), der „Herr", κύριος.

Theol. strukturiert wird Ev. erst durch das bibl. vorgegebene Verb „evangelisieren" (vgl. die Zitate von Jes 52,7; 61,1 in Mt 11,5par.; Lk 4,18; Röm 10,15; Apg 10,36; Eph 2,17). Jhwhs Sieg über die ganze Welt wird verkündet, das eschatologische → Heil angesagt (Jes 40,9; 52,7; 60,6; 61,1), proklamiert vom „Freudenboten" (Jes 52,7 als Partizip belegt). Im theol. Sinn ist das Substantiv im AT nicht belegt. Ntl. Missionare dürften das Verb um das Ev. im Singular (als Kritik an weltlichen Ansprüchen) erweitert haben, um das Spezifische der Botschaft Jesu (vgl. die Antrittspredigt in Nazaret in Lk 4,16–22) zu behaupten.

II. Entgegen dem profanen Gebrauch im masor. Text und in der LXX zielt im NT Ev. im Singular immer auf das singuläre Handeln Gottes („Ev. von der Gottesherrschaft": Mk 1,14f; Mt 4,23; 9,35; 24,14), bezieht aber immer stärker Jesus als den → Boten dieses Ev. (Mk 1,1; 8,35; 10,29; 13,10; 14,9par.) und seinen Heils-Tod samt Auferweckung mit ein (1 Thess 1,5.8.10; 1 Kor 15,1–5; Röm 1,3f; Apg 10,36–43).

Diese mündliche Heilsbotschaft kann in Hymnen, Credo-Formeln, aber auch narrativ in Jesus-Erzählungen entfaltet werden. Die Bedeutung des Ev. als Buch/→ Schrift ist vermutlich nicht erst im 2. Jh. n. Chr. bei Markion und Justin, sondern schon in Mt 24,14 und Mk 1,1 belegt. Dabei bleibt jedoch der primäre Bezug auf das mündliche *Kerygma* erhalten. Auch heben die unterschiedlichen Akzentsetzungen das Wissen um die → Einheit nicht auf: Die Evangelisten verkünden etwa „das eine Evangelium *nach* Lk" (Kanon Muratori, Z. 2). Ebenso spricht Irenäus vom „viergestaltigen Evangelium" (Iren. adv.haer 3,11,8).

Die vier Evv. und die deutlichen Akzentverschiebungen vom vor-pln./vor-mk. Gebrauch zu Paulus, Mk, Mt und Lk (Joh kennt statt Ev. den Begriff „Zeugnis") bestätigen Luthers dynamische Deutung. Ev. enthält keine Katechismus-Wahrheit, keine Lehrsätze, sondern stellt provokativ Menschen vor die Behauptung, dass Heil und Errettung allein von Jhwh, dem Gott Israels und Jesu, sowie in der Zusage Jesu möglich ist, der dafür den Tod auf sich nahm und von Gott in der Auferweckung bestätigt wurde (→ Gottesvorstellungen).

Mündliche Evv. und Evv. als lit. Gattung interpretieren sich gegenseitig: Immer geht es um die Zusage des Handelns Gottes. Mk ist der Schöpfer der Gattung Ev., nimmt aber zahlreiche, auch biogr. geprägte Jesus-Traditionen auf (bes. in Mk 14f). Die übergreifende Gattung gestaltet er in Rezeption atl. Biographien von → Propheten und hell. Biographien von göttlichen Menschen. Mt und Lk folgen ihm, Joh steht in Verbindung zu lk. Traditionen. Verfasser weiterer apokr. Ev., die nicht in den späteren → Kanon aufgenommen wurden, folgten ihnen durch alle Jh., um Fehlendes zu ergänzen oder eigene theol., bes. gnost., esoterische Akzente zu setzen. Welches Ev. apokr. war, stand nicht von vornherein fest; geklärt wurde diese Frage in der Rezeption durch die Gemeinden, die die jeweilige Schrift für sich als maßgebend und heilig anerkannten.

Ev. als Begriff und als kerygmatische Jesuserzählung, durch die der → Glaube an Gottes Handeln bezeugt werden soll (Joh 20,31), steht in Kontinuität zur atl. Verkündigung und zu atl. Erzählungen. Alle zielen auf die Einheit von *Kerygma* und → Geschichte, wobei wie im AT (vgl. die prophetischen Reden) so auch im NT zur „guten Nachricht" auch der Gedanke des → End-Gerichts gehört (Mk 8,35; 10,29; Röm 2,16; Offb 14,6f). Wer menschliche → Freiheit und Entscheidung im Hinblick auf Annahme bzw. Ablehnung des Ev. voraussetzt, behauptet auch seine endgültige → Verantwortung vor Gott, die bibl. mit „Gericht" umschrieben wird. Dadurch wird die „Frohbotschaft" keineswegs eine „Drohbotschaft" (Lk 12,8f), da Ev. immer → „Umkehr" erfordert (Mk 1,15).

D. Dormeyer, Das Markusevangelium als Idealbiographie von Jesus Christus, dem Nazarener, Stuttgart 1999; *H. Frankemölle*, Evangelium, Stuttgart [2]1994; *H.-J. Klauck*, Apokryphe Evangelien, Stuttgart 2002.

Hubert Frankemölle

Ewigkeit (E.)

(→ Dachartikel: Geschichte/Geschichtsdarstellung/Heilsgeschichte)

I. AT: 1. Der Begriff E. ist eine Fehlübersetzung von hebr. *ʿōlām*, einer kosmologischen Kategorie zur Kennzeichnung des schöpfungsgemäß als konstant Gesetzten; was „von *ʿōlām*", d. h. seit immer und ewig existiert, wird auch „bis *ʿōlām*", d. h. bis in fernste Zeit, so bleiben.

I. 2. Dem Begriff inhäriert weniger die Vorstellung einer unendlichen → Zeit (auch nicht in Ps 90,2–6) als vielmehr der Begriff der Trans-Temporalität, verstanden als Unwandelbarkeit und Unvergänglichkeit (Koh 1,4). V. a. bei DtJes wird *ʿōlām* in spezifisch theol. Absicht verwendet. Nicht nur ist Gott „ewig" (Jes 40,28), er ist auch Herr über die → Geschichte aller Völker, ist frei in seinem Herrsein über alle Welt als auch treu in seinem Heilswillen (Jes 40,8; 45,17; 51,6.8; 54,8; 55,3.13). Unter Umständen gibt es eine Differenz zwischen göttlichen Heilssetzungen *leʿōlām* „(auch) für die (zukünftige) Welt" (Ex 3,15; 19,9; 31,17; 32,13; Dtn 5,29; 32,40) und *ʿăd ʿōlām* „bis zum Ende der (jetzigen) Welt" (Gen 13,15; Ex 14,13; Dtn 23,4; 29,28; 2 Sam 7,13.16.24–26), die die spätere jüd. Unterscheidung vom *hāʿōlām hazzǣ* „die jetzige Welt" und *hāʿōlām hābbāʾ* „der kommenden Welt, dem Eschaton" (→ Eschatologie) vorwegnimmt.

II. NT: 1. In der griech. Lit. bezeichnet αἰών allgemein einen langen, unbegrenzten Zeitraum, zunächst die ferne und lang andauernde Zeit, dann aber auch die prinzipiell unbegrenzte Dauer sowohl mit Blick in die Vergangenheit (vgl. 1 Kor 2,7; Kol 1,26) als auch mit Blick in die Zukunft (Mk 11,14; Joh 10,28; Hebr 1,8; 5,6; Offb 20,10), sodass die Unendlichkeit zur E. gesteigert werden kann (Röm 1,25; 11,36; Hebr 13,8; Jud 25).

II. 2. E. ist nicht einfach die Fortsetzung der → Zeit, sondern gerade in ihrer oft pleonastisch ausgedrückten Steigerung „ganz anders" (Offb 21, 23.25; 22,5), weil sie in das Zeitmaß Gottes hineinreicht (Röm 16,26). So wird E. im NT zwar immer noch quasi zeitlich gedacht, irdische Zeit wird aber oft genug transparent auf die E., die Zeit Gottes, hin, da Gott Vergangenheit, Gegenwart und Zukunft umfasst. Wenn in 1 Kor 15,28 Gott „alles in allem" wird, dann meint dies die „vollständige Durchdringung der Welt(zeit) durch die (Zeit und) Gegenwart Gottes" (K. Erlemann). Analog dazu bedeutet v. a. bei Joh das „ewige → Leben" die durch den → Glauben geschenkte Anteilgabe an der Zeit und Beständigkeit Gottes.

Der Begriff αἰών besitzt neben zeitlichen zugleich auch räumliche Konnotationen („Welt"), wobei bei der räumlichen Bedeutung ebenso wie bei der zeitlichen seine alles umfassende Totalität betont ist. In diesem Sinne kann Paulus von „diesem Äon" reden, um die Welt in ihrer Gänze zu bezeichnen (Röm 8,38; 1 Kor 3,22; 2 Kor 4,4; Gal 1,4). Der Gegensatz von hebr. *hāʿōlām hazzǣ* bzw.

griech. ὁ αἰὼν οὗτος „der jetzigen Welt" und hebr. *hāʿōlām habbāʾ* bzw. griech. ὁ αἰὼν μέλλων „der zukünftigen Welt" findet sich explizit zuerst im NT (Mt 12,32; Eph 1,21; 2,7), geht aber konzeptionell auf jüd.-apokalyptisches Denken zurück (1Hen 48,7; 71,15; → Apokalyptik) und wird in der Jesustradition (Mt 13,39; Lk 16,8; 20,34f; Mk 10,30) wie auch von jüd. Lehrern benutzt (in mAv 2,7 von Hillel). Die Entwicklung von „diesem Äon" hin zum „kommenden Äon" ist irreversibel, die Rede vom „Tag" (vgl. den „Tag des Herrn" Apg 2,20; 1 Kor 1,8; Phil 1,6.20; 2 Petr 3,10 und den „Tag des Menschensohns" in Lk 17,24) unterstreicht den Charakter der plötzlichen Wende und des von Gott her gewirkten Eintretens. Freilich ist der zukünftige Äon für Christen zumindest z. T. bereits Wirklichkeit geworden (Lk 16,8; 1 Kor 1,10; Gal 4,25f; Phil 3,20; Hebr 6,5) – der strenge Gegensatz ist relativiert.

I. *J. Assmann*, Zeit und Ewigkeit im alten Ägypten, Heidelberg 1975; *J. Barr*, Biblical Words for Time, London ²1969; *E. A. Knauf*, Samuel Among the Prophets, in: *J. Pakkala/C. Edenburg*, Is Samuel Among the Deuteronomists?, Atlanta 2013, 149–170; *N. Lohfink*, Gegenwart und Ewigkeit: GuL 60 (1987) 2–12. II. *G. Delling*, Zeit und Endzeit, Neukirchen-Vluyn 1970; *K. Erlemann*, Naherwartung und Parusieverzögerung im Neuen Testament, Tübingen 1995; *ders.*, Art. Zeit IV: Neues Testament: TRE 36 (2004) 516–533; *H. Manzke*, Ewigkeit und Zeitlichkeit, Göttingen 1992; *T. Schmidt*, Das Ende der Zeit, Bodenheim 1996.

Ernst Axel Knauf (AT) / Jürgen Zangenberg (NT)

Exegese (E.)

(→ Dachartikel: Schrift/Schriftverständnis)

I. Der Begriff E, abgeleitet von dem griech. Verb ἐξηγέομαι „erzählen, berichten" (vgl. Lk 24,35; Apg 10,8; 15,12.14; 21,19), enthält immer schon deutende, erklärende Aspekte, meint nie eine objektivierende Darstellung. Daher bedeutet das Verb im theol. Kontext „offenbaren" (so schon Plat. rep. 4,427c; 5,469a; Sir 43,31). Nach Joh 1,18 „offenbarte" der Logos den unsichtbaren Gott, „legte ihn aus".

Etymologisch bedeutet E. „Herausführung des Sinnes, Erklärung" von Texten, im kirchlichen Raum solche des → Rechtes, der Dogmen und bes. der heiligen → Schriften → Israels und der → Kirche. Schriftausleger gibt es so lange, wie es (heilige) Schriften gibt, auch im jüd. Bereich. Zunächst waren sie deren „Schreiber" (2 Sam 8,17; 1 Kön 4,3; Jer 36,32), dann deren Exegeten (Esra 7,6–11; Sir 38,24ff). Im NT sind „Schriftgelehrte" (hebr. *sōfᵉrīm*, griech. γραμματεῖς) und „Gesetzeslehrer" (griech. νομοδιδάσκαλοι) vielfach belegt. Die Unterscheidung deutet an, dass (wie in Qumran) → Tora und prophetische Texte ganz unterschiedlich ausgelegt wurden, bedingt durch die bes. theol. Funktion der Tora für jeden jüd. → Glauben, da in ihr grundlegend der verbindliche Wille Gottes für die Identität Israels geoffenbart ist. Ihr waren die prophetischen Texte in ihrer theol. Qualität nachgeordnet (vgl. Dtn 18,9–22; 34,10–12). Die gesetzlichen Partien der Tora wurden juristisch ausgelegt, auch erweitert (zum → Sabbat vgl. etwa Dtn 5,12–14 mit Jer 17,21f; 1 Makk 2,29–41; → Fest), die erzählenden Teile der Tora dienten der gesch. Legitimierung der Tora, indem sie mit der → Offenbarung am Sinai, mit der Figur des Mose bzw. mit der Kultgründung verbunden wurden. Prophetische Texte wurden sehr viel freier behandelt, noch stärker auf Ereignisse der Gegenwart bezogen, wie v. a. die Pescharim aus Qumran belegen; danach hat der Text einen aktualisierend-eschatologischen Sinn für „heute". Auch Jesus (vgl. Lk 4,21) und Paulus (2 Kor 1,20; 3,1–18) stehen in der Rezeptionsgeschichte des vielfach variierten „Heute" im Dtn (Dtn 5,3; 29,11).

II. Erste Ausleger von bibl. Texten innerhalb der Bibel sind die Redaktoren der mündlichen Überlieferungen, von kleinen Sammlungen sowie die Interpreten früherer Texte (vgl. Dtn und 1/2 Chr). Im Unterschied zu diesen Fortschreibungen sind Demetrius, Aristobul und Philo im hell. Judentum als erste Ausleger bibl. Texte zu verstehen – „Ausleger" im weiten antiken Sinn: u. a. durch Reinterpretationen/Textänderungen, Aktualisieren (vgl. die Midrasch-Lit.), Übersetzungen (griech., aram.), Paraphrasen (z. B. Targumim), allegorische Deutungen, Typologien. Bereits zur Zeit des NT gab es feste Regeln der Auslegung (*middōt*, etwa die 7 Regeln des Hillel). Gemäß Ps 62,12; 68,12; Jer 23,29 war man überzeugt: „Eine einzige Bibelstelle hat mehrere Bedeutungen" (bSan 34a). Die Folge: Die „richtige", objektiv vorgegebene einzige Auslegung gibt es nicht.

Christl. Ausleger stehen in dieser jüd. und griech.

Tradition, wenn sie grammatisch bzw. allegorisch und typologisch auslegten, einen mehrfachen Schriftsinn (so bes. Origenes) postulierten (geschich., allegorisch, moralisch, anagogisch; → Hermeneutik), ebenso einen *sensus plenior*, den die bibl. Textverfasser noch nicht kannten. Im Kontext der vielfachen neuen Lesarten innerhalb der Rezeptionsgeschichte der heiligen Schriften Israels ist auch die Lesart der ntl. Theologen im Kontext ihres Glaubens an Gottes Handeln in und durch → Jesus Christus strukturell konsequent. Diese christologische Relektüre führt aber zu einer qualitativ neuen, d. h. doppelten Leseweise der heiligen Schriften Israels, die im Verlauf der ntl. Kanongeschichte zum AT werden. Damit sind grundlegende Fragen der Hermeneutik angesprochen.

Gerade die radikale typologische und christologische Lesart des ersten Teils der christl. Bibel, bei der der theol. Eigenwert der Offenbarung Gottes an Israel abgelehnt wird, war zwar nicht Ursache für die hist.-kritische E., brachte sie aber u. a. als Ergebnis hervor. Voraussetzung war das Bemühen der Humanisten, folglich auch der Reformatoren um Texte in ihrer Ursprache. Die Suche nach dem vom Verfasser gemeinten Sinn erzwang die Beachtung der lit. Formen (Formgeschichte). Hermeneutisch ist auch an die Aufklärung zu erinnern mit ihrer Kritik gegen alle dogmatischen Prinzipien. Hist.-kritischer E. geht es um das Verstehen hist. vorgegebener Texte – ohne Rücksicht auf den Glauben der diese Texte rezipierenden Kirchen.

Nach einer langen Phase der immer stärkeren Differenzierung der methodisch begründeten Einzelschritte (Text-, Literar-, Form-, Gattungs-, Motiv-, Überlieferungs-, Traditions-, Redaktions- und Kompositionskritik), der Erarbeitung der Vorgeschichte der Texte, der allgemeinen Traditions-, Religions- und Sozialgeschichte der Umwelt sowie archäologischer Fragen wurde im letzten Jh. dieses offene, stark textorientierte Methodenensemble um leser-/rezeptionsorientierte Zugänge erweitert (existentiale, handlungsorientierte/pragmatische, interaktionale, feministische, befreiungstheol. Auslegung). Linguistisch-strukturalistische, narrative, kulturanthropologische Zugänge machen zur Zeit den Methodenpluralismus noch vielfältiger; pneumatische E. versuchte, die oft fehlenden theol. Gehalte zu betonen. Ziel auch der hist.-kritischen E. ist letztlich die Erhebung von Glaubenszeugnissen, das Ernstnehmen der heiligen Schriften als → Gotteswort. Dem haben die unterschiedlichen methodischen Schritte zu dienen.

Gegen den Fundamentalismus bestimmter Gruppen haben die ev. und auch die kath. Kirche die hist.-kritische E. als „die unerlässliche" Methode betont, daneben aber auch den Wert neuerer literaranalytischer Zugänge und solcher über die Humanwissenschaften begründeten.

Angesichts der sinnvollen Pluralität der Methoden der E. müsste eine integrative Auslegung Ziel jeder E. sein, in der jeder Schritt seine dienende Funktion hat, um die in hist. Texten der Bibel sich findende Theol. und Offenbarung Gottes zu erheben als Anspruch an Glauben heute, an gegenwärtige Theol. und Kirchen.

H. K. Berg, Ein Wort wie Feuer, Stuttgart 1991; *C. Dohmen/ G. Stemberger*, Hermeneutik der Jüdischen Bibel und des Alten Testaments, Stuttgart 1996; *H. Frankemölle*, Biblische Handlungsanweisungen, Mainz 1983; *Päpstliche Bibelkommission*, Die Interpretation der Bibel in der Kirche, Stuttgart 1995; *H. Graf Reventlow*, Epochen der Bibelauslegung 1, München 1990; *J. Schreiner*, Das Alte Testament verstehen, Würzburg 1999; *H. Utzschneider/E. Blum* (Hg.), Lesarten der Bibel, Stuttgart 2006.

Hubert Frankemölle

Exil / Verbannung (E./V.)

(→ Dachartikel: Geschichte/Geschichtsdarstellung/Heilsgeschichte)

I. AT: 1. Dem geschichtsphilos. Konstrukt einer „Exilszeit" (hebr. *gōlā* „Exulantenschaft", Ableitungen von *jṣʾ* „hinausgehen"; griech. διασπορά „Zerstreuung") liegt der hist. Sachverhalt zugrunde, dass Assyrer wie Neubabylonier Kriegsgefangene, v. a. die Oberschicht (Beamte und Militär; → Amt; → Heer) neu eroberter Provinzen, deportierten (s. *Abb. 39*) (Israeliten 733/732, 722 und 720 v. Chr., Judäer 701, 597, 587 und 582 v. Chr.; im AT oft mit dem Verb *glh* Hifil = „wegführen" bezeichnet).

I. 2. Nach unterschiedlichen demographischen Schätzungen und differierenden Interpretationsmöglichkeiten der Zahlenangaben in Jer 52,28–30 verlor das Territorium der bab. und pers. Provinz Jehud (Juda) 597–582 v. Chr. durch Deportation 5–20 % seiner ca. 100 000 Bewohner. Durch die Verheerungen der → Kriege und Epidemien (vgl. Ez 33,27; → Krankheit), v. a. aber durch Abwanderung der Überlebenden aufgrund der wirtschaftlichen Vernachlässigung des Gebietes durch die Babylonier, sank die Bevölkerung von Jehud bis 500 v. Chr. auf ca. 15 000 Personen. Während die Assyrer ihre Deportierten in gleicher Funktion an anderer Stelle des Reiches einsetzten, bildeten die Neubabylonier ethnisch geschlossene (landwirtschaftliche?) Kolonien. Dies sowie die Tatsache, dass die Deportierten von 597–582 v. Chr. (anders als diejenigen von 733–701 v. Chr.) bereits lit. wie theol. verfestigte und innerhalb der Elite kursierende → Traditionen (→ Väter, →Exodus) mitnahmen, erklärt die Kohärenz der *gōlā*. Mit der Interpretation der Deportation als „E." (d. h. als vorübergehende Deportation, vgl. Jer 29,10) im Gegensatz zur Interpretation als → Diaspora (der dauerhaften Existenz in einem kulturell fremdartigen Land, vgl. Jer 29,4–7) verbanden sich Restitutionshoffnungen. Ob diese → Hoffnungen – und damit die Interpretation der Deportation als „E." – schon vor der Ermöglichung der Rückkehr durch die pers. Übernahme des neubab. Reiches 539/8 v. Chr. einsetzten, ist umstritten (damit auch die Datierung von Jer 29,8f). Wirtschaftlich ging es der deportierten Oberschicht weiterhin (oder bald wieder) gut, im Gegensatz zu den im Lande (→ Erde) Verbliebenen. Um 500 v. Chr. lebten in Babylonien mindestens 20 000 bis 35 000 Judäer, auf alle Fälle mehr als in Juda. Einige Gruppen von ihnen kehrten in verschiedenen Schüben zwischen 538 und 398 v. Chr. zurück und erklärten sich damit als „Exilierte"; die Mehrheit blieb in Babylonien und verstand sich als Diaspora.

Bei der inneren Organisation der pers. Provinz Jehud (Tempelbau 520–515 v. Chr.; Mauerbau und Verlegung der Provinzhauptstadt von Mizpa zurück nach Jerusalem 444 v. Chr.; Promulgation der → Tora 398 v. Chr.) spielte die bab. *Gola* aufgrund ihres Wohlstandes wie ihrer räumlichen Nähe zum Machtzentrum des Reiches eine maßgebende Rolle (Esra 1,5–11; 3,1–8; 7,1–8,36; Neh 1–6). Unter ihrem Einfluss setzte sich die (unhist.) Auffassung durch, „ganz → Israel" (d. h. hier Juda) sei im E. gewesen und das Land habe brachgelegen (2 Chr 36,20f). Die Integration der nicht-deportierten Bevölkerung Judas (bzw. ihrer Nachkommen) in die nachexil. und „bab.-jüd." dominierte → Tempel- und Tora-Gemeinde spiegelt sich in der Aufnahme der → Väter- und bes. der Abrahamtradition in den „Grundmythos Israel", die Tora. Bei P wird der judäische Erzvater Abraham gar zu einem Angehörigen der bab. *Gola*, der zur *ʾᵃlijjā* („Heimkehr") aufbricht (Gen 11,27–12,5*). Die äg. Diaspora wurde in der Tora durch die Aufnahme der Josefs-Novelle berücksichtigt.

II. NT: Nur selten werden das ass. oder bab. E. im NT erwähnt. In Apg 7,43 gilt das E. in Fortsetzung dtr. Theol. als → Strafe für Abfall und Götzendienst (mit Zitat von LXX Am 5,25–27 unter Verwendung des Verbs μετοικίζω „umsiedeln, wegführen"). Häufiger begegnet der Sachverhalt aber in übertragener Form. So wird in Hebr 13,14 die Diaspora-Situation der Christenheit in der Welt als Exilsituation in der → Zeit erklärt, nach 1 Petr 1,1; 2,11; Jak 1,1 leben Christen „in der Zerstreuung" (διασπορά) und sind „Gäste und Fremdlinge in dieser Welt" (ξένοι καὶ παρεπίδημοι; Hebr 11,13; → Fremder), nach Phil 3,20 ist ihre → „Heimat" (πολίτευμα) im → Himmel. In 1 Kor 7,29–31 propagiert Paulus angesichts des von ihm erwarteten nahen Endes eine → Ethik des „Habens als hätte man nicht". Das Wissen um die Vorläufigkeit irdischer Existenz führt zu einer zumindest programmatischen, wenn auch immer weniger praktisch umgesetzten Distanzierung von der Welt. Atl. Texte können helfen, das damit begründete kritische Potential nicht in blanke Weltverneinung umschlagen zu lassen (Jer 29,4–7; Tob 13,2–18).

I. *R. Albertz*, Die Exilszeit, Stuttgart u. a. 2001; *E. Ben-Zvi/C. Levin* (Hg.), The Concept of Exile in Ancient Israel and its Historical Contexts, Berlin u. a. 2010; *L. L. Grabbe* (Hg.), Leading Captivity Captive, Sheffield 1998; *E. A. Knauf*, Wie kann ich singen im fremden Land?: BiKi 55 (2000) 132–139; *O. Lipschits*, The Fall and Rise of Jerusalem, Winona Lake 2005.

II. *J. M. Scott* (Hg.), Exile, Leiden u. a. 1997; *G. Theißen*, „Wir haben alles verlassen" (Mc. X 28): NT 19 (1977) 161–196.

Ernst Axel Knauf (AT) / Jürgen Zangenberg (NT)

Exodus (E.)

(→ Dachartikel: Geschichte/Geschichtsdarstellung/Heilsgeschichte)

I. AT: 1. Insgesamt sieht das AT die Herausführung aus Ägypten (ausgedrückt durch die hebr. Verben *jṣʾ* „hinausgehen" und *ʿlh* „hinaufgehen") als → Erwählung.

I. 2. Die Herausführung aus Ägypten und die Rettung am Schilfmeer gehören zu den grundlegenden Elementen des atl. → Glaubens und Geschichtsverständnisses. Jhwh ist der Gott „von Ägypten her" (Hos 12,10; 13,4), an sein Rettungshandeln in Ägypten wird am Beginn des → Dekalogs erinnert (Ex 20,2; Dtn 5,6), es schweißt Jhwh und das von ihm gerettete und bewahrte → Volk zu einer exklusiven → Gemeinschaft zusammen (Dtn 4,34.37; 7,6; Ps 114,1f). Die → Geschichte der → „Rettung aus dem Sklavenhaus" und die Wanderung in der → Wüste bieten nicht nur den narrativen Kontext für die atl.-jüd. Kultpraxis (vgl. die Stiftung des → Sabbats nach Dtn 5,14f, das Pascha [→ Fest], die Stiftshütte als „Prototyp" des → Tempels einschließlich des Priestertums). Mit Mose tritt im narrativen Rahmen des E. auch eine der für das kollektive → Gedächtnis Israels prägendsten Figuren auf. Die Berufung des Mose als Diener Gottes wird geradezu zum Sinnbild der Berufung des Volkes zum Dienst an Gott als Ganzem (Ex 3f). Umgekehrt steht „Ägypten" für Unfreiheit und Gewaltherrschaft und bildet so – personifiziert durch den Pharao – die Negativfolie für das Wesen und Verhalten des Gottesvolkes. Die Strafen, die Ägypten erleiden musste, werden Israel warnend vor Augen gestellt (Am 4,10). Die Wüste ist der Ort der Bewahrung und Bewährung, dient als Schauplatz der göttlichen Nähe (Wolken- und Feuersäule) und → Offenbarung (Sinai) wie auch der menschlichen Schwäche (Goldenes Kalb; vgl. Am 5,25–27). Die vermutlich ältesten → Traditionen des AT betonen die militärische Dimension des E. (so das Mirjamlied Ex 15,21), doch werden stets nach Erfordernis auch andere Elemente angesprochen. Religionshist. erklärt sich die Grundaussage der bibl. Rel. „Jhwh hat Israel aus Ägypten geführt" aus dem Zusammenbruch der äg. Herrschaft in der kanaan. Provinz und seinen demographischen, polit. und ereignisgesch. Begleiterscheinungen. Seit dem 11. Jh. v. Chr. ist ein Wüstengott („Herr der Strauße") in → Israel/Palästina ikonographisch nachweisbar (*Abb. 23*). Es liegt nahe, dass der Wüstengott Jhwh mit der „Exodusgruppe" im Verlauf des 12. Jh. v. Chr. in das Land kam.

Abb. 23: Der Herr der Strauße.
Quelle: *O. Keel/ C. Uehlinger*, Göttinnen, Abb. 162c.

Wer im 14. bis 12. Jh. v. Chr. das Territorium der kanaan. Städte in den Ebenen Palästinas, der äg. Provinz Kanaan, verließ und sich jenseits der Kultur- und Provinzgrenze in den Bergen Judas und Samarias niederließ, war in gewisser Weise „aus Ägypten ausgezogen". Derartige Abwanderer aus ihrem Machtbereich waren für die Staaten des AO *ḫapiru*, davon hebr. *ʿibrī*, „Hebräer". In den Bergen mussten sie sich mit lokalnomadischen Sippen (den Schasu der äg. Texte) auseinandersetzen und zusammenraufen. Dies führte seit dem 12. Jh. v. Chr. zur Bildung der Stämme des zukünftigen Volkes Israel. Einen Stamm (nicht Stammesverband) dieses Namens hat der Pharao Merenptah vor 1208 v. Chr. in Zentralpalästina vernichtet. Es steht zu vermuten, dass kriegsgefangene und deportierte Israeliten aus der Zeit Merenptahs und/oder einige ihrer Nachkommen unter den „Asiaten" waren, die der Pharao Sethnacht (1190–1187 v. Chr.) aus Ägypten vertrieb. Wenn Überlebende dieser Gruppe in Kanaan ankamen und ihr Überleben dem Wüstengott Jhwh zuschrieben, dessen Bekanntschaft sie unterwegs gemacht haben können, wäre ihre Aussage „Jhwh hat Israel aus Ägypten geführt" bei den Stämmen, die sich damals in der Nachfolge Israels aus dem 13. Jh. v. Chr. in Zentralpalästina bildeten, unter Umständen auf fruchtbaren Boden gefallen. Die Heimat des Gottes Jhwh ist östlich des Golfes von Aqaba im Land Midian zu suchen. Midianiter hatten als Bergbauexperten im 12.–9. Jh. v. Chr. in den Kupferabbaugebieten in der ʿAraba (Timna und Fēnān) sowohl mit Ägyptern wie mit den lokalen Stämmen des Negeb Kontakt. Als Saul am Anfang des 10. Jh. v. Chr. Jhwh zum Gott seiner

Abb. 24: Wagen und Rosse Pharaos über den besiegten Feinden. Quelle: *O. Keel/C. Uehlinger*, Göttinnen, Abb. 60.

anti-philistäischen Stämme-Koalition machte, war damit der Name „Israel" für diese Koalition wie der Charakter Jhwhs als kriegerischer Ägypten-Bezwinger vorgegeben (*Abb. 24*). In der Entfaltung der Exodustradition, deren frühe Stadien weithin unklar bleiben (1 Kön 12,26–33, die Einrichtung eines israel. Staatskultes in Bet-El – und Dan? –, der auf die Exodus-Tradition rekurriert, gehört hist. zu Jerobeam II., also ins 8. Jh. v. Chr.), nahmen die Variablen „Jhwh", „Israel" und „Ägypten" im Zuge der zeitgesch. Konstellationen und Konfrontationen immer wieder neue Bedeutungen an und auf. Nach dem Untergang Israels 722 v. Chr. kämpfen in Hos 12* ein in Verwandtschaftsgruppen konstituiertes Jakob-Israel und ein sich „prophetisch-theokratisch" legitimierendes Exodus-Israel um die Definitionsmacht über (und die Zukunft für) „Israel". Die Flucht israelit. Gruppen nach Ägypten wird zum Anti-E. (Hos 7,16; 8,13; 9,3.6); die Sammlung aus der äg. Diaspora und ass. Exulantenschaft wird zum „neuen E." (Hos 11,11). Die früheste Bezeugung der Exodustradition bei Hosea weist darauf hin, dass sie ursprünglich ins Nordreich gehörte. Nach Juda kam sie wohl erst mit der Annexion Bet-Els (und Süd-Samarias) ca. 622 v. Chr.; noch vor 597 v. Chr. entstand hier die – von der Ideologie des Jhwh-Krieges geprägte – Ex-Jos-Geschichte als Ausgangspunkt jener Traditionsbildung, die um 400 v. Chr. zur Fixierung der → Tora (und des Hexateuchs) geführt hat. In Jes 40–48 wird der E. zum Paradigma für die Heimkehr-Hoffnung (oder die Heimkehr-Propaganda) der bab. Exulantenschaft. In der priesterschriftlichen Version der Schilfmeergeschichte (Ex 14) steht „Ägypten" für die selbstherrliche und schöpfungswidrige Großmacht (die auch einmal Assur geheißen hat), die Jhwh mit den Mitteln des Schöpfergottes (Teilung der Wasser!) vernichtet und so Israel „gebiert".

II. NT: 1. Der Begriff E. stammt aus dem Griech. Hier bezeichnet ἔξοδος den „Ausgang". In den bibl. Schriften ist mit ἔξοδος bes. der Auszug des → Volkes → Israel aus Ägypten im Blick.

II. 2. Wie zahlreiche andere atl. Heilstraditionen hat sich das NT auch die Exodusthematik in spezifischer Weise angeeignet. Wie in der zwischentestamentlichen Lit. gilt der E. auch im NT, sofern er erwähnt wird, als Musterbeispiel für Gottes befreiendes und rettendes Handeln, wobei die Akzentuierung durchaus unterschiedlich sein kann. In der erinnernden Vergegenwärtigung des E. in 1 Kor 10,1–13 sind vielfältige Erfahrungen eingegangen – „die der → Rettung, wo nichts mehr zu hoffen war, oder des Untergangs, wo nichts zu fürchten war" (E. Reinmuth). Paulus nimmt die Erfahrungen Israels in der → Wüste als Warnung an „uns, die das Ende der Zeiten erreicht hat" (1 Kor 10,11), damit „wir uns nicht von der Gier beherrschen lassen" (1 Kor 10,6) und uns in der → Versuchung gegen Gott auflehnen. Zugleich dient der E. als Erweis dafür, dass Gott treu ist und seinem Volk in der Versuchung einen Ausweg schaffen wird, „sodass ihr sie bestehen könnt" (1 Kor 10,13). In Apg 7,33–44 begegnen die wichtigsten Elemente der Exoduserzählung im Zusammenhang der langen Scheltrede des Stephanus (Berufung und Sendung des Mose; Bewahrung des Volkes durch „→ Zeichen und → Wunder in Ägypten, am Roten Meer und in der Wüste"; Gabe des Gesetzes als „Worte des Lebens"; Abfall des Volkes von Gott und – im Vorverweis auf die spätere → Geschichte – die Abwendung Gottes von seinem Volk). Das Verhalten Israels, das schon Mose und den Geboten nicht gehorcht hat, ist nur eine Etappe auf der fortgesetzten Geschichte des Ungehorsams des Volkes gegen den „Heiligen Geist" (Apg 7,51). Indem Mose explizit auf einen zukünftigen → Propheten (Dtn 18,15; Apg 3,22; Joh 1,21; 4,25) hinweist, wird die Geschichte transparent auf Christus hin (vgl. Apg 7,52f). Was in Apg 7 als mahnende Anklage gegen das Volk gewandt wird, begegnet in Apg 13,7–41 als Beweis dafür, dass Gott seine → Verheißungen, die er an die → Väter gerichtet hat, in Jesu Auferweckung erfüllt hat (Apg 13,32f). Wer an Jesus glaubt, steht somit in der Kontinuität göttlicher Heilsgeschichte und empfängt → Gerechtigkeit und → Leben (Apg 13,37.39). Nach Jud 5 bewahrte die Errettung aus

Ägypten das Volk nicht davor, dass Gott später alle vernichtete, „die nicht glaubten" (vgl. die Relativierung der Abrahamskindschaft in der Scheltrede des Täufers in Mt 3,7–9). In Hebr 11 begegnet die Exodusgeschichte im Zusammenhang der großen Predigt über den → Glauben der Väter; Hebr 11,27 stellt konkret den Aufbruch des Mose aus Ägypten und seinen Verzicht auf allerlei Annehmlichkeiten zum vorbildhaften Akt des Glaubens dar.

I. *A. Berlejung*, Twisting Traditions: JNSL 35 (2009) 1–42; *S. Frank*, Das Exodusmotiv des Alten Testaments, Münster 2004; *E. A. Knauf*, Die Umwelt des Alten Testaments, Stuttgart 1994; *ders.*, Der Exodus zwischen Mythos und Geschichte, in: *R. G. Kratz* u. a. (Hg.), Schriftauslegung in der Schrift, Berlin u. a. 2000, 73–84; *N. Na'aman*, The Exodus Story: Journal of Ancient Near Eastern Religions 11 (2011) 39–69 *K. Schmid*, Erzväter und Exodus, Neukirchen-Vluyn 1999.

II. *S. Frank*, Das Exodusmotiv des Alten Testaments, Münster 2004; *S. C. Keesmaat*, Paul and His Story, Sheffield 1999; *M. Labahn*, „Die Wüste lebt", in: *B. Kollmann* (Hg.), Die Verheißung des Neuen Bundes, Göttingen 2010, 78–93; *E. Reinmuth*, Neutestamentliche Historik, Leipzig 2003; *K. Schiffner*, Lukas liest Exodus, Stuttgart 2008; *W. N. Wilder*, Echoes of the Exodus Narrative in the Context and Background of Galatians 5:18, New York u. a. 2001.

Ernst Axel Knauf (AT) / Jürgen Zangenberg (NT)

Familie / Eltern (F./E.)

(→ Dachartikel: Sozialstatus/Gesellschaft und Institution)

I. AT: 1. Die F. ist die kleinste Einheit des sozialen Systems und eine Abstammungsgemeinschaft. Sie bestand aus den Großeltern väterlicherseits, E., → Kindern (unverheiratete Töchter, Söhne und Schwiegertöchter) und Enkeln und wurde als „Haus" (*bajit*) oder „Vaterhaus" (*bēt ʾāb*) bezeichnet. Zum Hausstand gehörten auch die → Sklaven und sonstige Abhängige. Mehrere F. formten eine Sippe bzw. einen Clan (*mišpāḥā*), mehrere Sippen/Clans bildeten einen Stamm (*šēbœṭ, maṭṭœ*). Ausdrücke für Verwandte können *ʿammīm* (z. B. Ez 18,18), *šeʾēr, bāśār* („Fleisch") oder *ʾāḥ* („Bruder") sein.

I. 2. Die familiäre Zugehörigkeit wirkte bei der Orientierung der Menschen am stärksten bestimmend, sekundär spielten die regionale Zugehörigkeit und der subsistenzwirtschaftliche Kleinraum, erst tertiär gar der polit. Raum (→ Staat) eine Rolle. Die paläst. F. war patrilinear, patriarchalisch und patrilokal strukturiert. Alle Mitglieder einer Blutsverwandtschaftslinie gehörten zusammen und hatten Teil an der gemeinsamen (kollektiven) → Ehre. Die sozial intimste Beziehung in der F. war nicht die zwischen Eheleuten (→ Frau), sondern die zwischen → Kindern und E. Der Vater (*ʾāb*), dessen genealogische Linie durch die Kinder weitergeführt wurde (nicht die der Mutter *ʾēm*), hatte über seine Kinder Macht und Autorität. Es gibt Hinweise dafür, dass die F. ihm in das → Exil folgte (s. *Abb. 39*) und – wenigstens in der Königsfamilie – denselben Gottheiten opferte (s. *Abb. 25*). Die Familiengerichtsbarkeit oblag ihm. Die E. wachten gemeinsam über die → Erziehung ihrer Kinder. Sippenoberhaupt waren die Alten oder Ältesten. Die F. wurde als ein geschlossenes und geordnetes System angesehen, über das der Hausvorstand wachte, das jedoch von außen (→ Fremder) destabilisiert werden konnte. Aus dieser Grundidee ergab sich für Frauen ein frauenspezifisches Problem. Denn während die Söhne im väterlichen Haushalt blieben oder ihm eng verbunden waren, wechselten Töchter durch die Heirat die F. Als eingeheiratete Frauen verblieben sie in der Peripherie ihrer neuen F. (→ Ehe). Sie waren dort fremd und den familienhierarchisch höher stehenden Frauen (Schwiegermutter) untergeordnet. Sie verbesserten ihren Status erst durch die → Geburt eines Sohnes, der ihr Verbündeter war und mit dem sie innerhalb der F. (neben ihren eigenen Brüdern und Schwestern, nicht etwa mit dem Ehemann) die engste emotionale Beziehung hatten. Atl. Texte setzen diese Vorstellung des Eindringens einer Frau in ein geschlossenes familiäres System voraus und betrachten die Braut als möglichen Destabilisierungsfaktor.

Frauen waren (mit Ausnahme von Königsfrauen, → Witwen, Prostituierten) auf die private, auf die F. bezogene innere Sphäre festgelegt. Gesellschaftlich hoch geschätzt war die Frau, die gehorsam, zurückhaltend und verschwiegen ihren Pflichten nachkam, als Arbeitskraft zur Verfügung stand, im Haus für Harmonie und Ruhe sorgte, ihren Mann konstruktiv unterstützte, seine Autorität anerkannte und mit diesem Verhalten die etablierten Familienstrukturen und → Traditionen

Abb. 25: Echnaton und seine Familie beim Opfer für den Sonnengott.
Quelle: *A. Erman/H. Ranke,* Ägypten und ägyptisches Leben im Altertum, Tübingen 1923, Abb. 149.

fortsetzte (Spr 31). Erwartet wurde, dass sie die Kinder ihres Mannes (keine anderen!) gebar, um den Fortbestand seiner Familienlinie zu sichern, aber auch um das Sozialprestige und die Arbeitskraft der F. zu erhöhen sowie für sich und ihren Mann die Versorgung im → Alter und die Durchführung des Begräbnisses (→ Grab) zu gewährleisten.
Kontinuität und Stabilisierung der vorhandenen Situation wurden nicht nur von Frauen, sondern auch von Männern erwartet. Auch für sie war Pflicht, den ererbten Status (in Bezug auf → Sozialstatus, → Ehre, Prestige, → Besitz, → Rechte und Verpflichtungen etc.) beizubehalten, an der genealogischen Kontinuität weiterzuarbeiten und alles zu unterlassen, was die F. destabilisieren könnte. Dies galt insbes. für die F. des → Königs, da dieselbe für die Dynastie stand. Für einen Mann war sein Verhältnis zu seinen Brüdern und sein Rang unter denselben von Bedeutung, da davon seine soziale und erbrechtliche Stellung innerhalb der F. abhing. Letztere konnte sich durch den → Tod des Erstgeborenen (→ Erstgeburt) oder des Vaters verändern. Behinderte wurden in ihrer Herkunftsfamilie mitversorgt und gingen dort im Rahmen ihrer Möglichkeiten zur Hand. Der atl. → Dekalog sichert die F. durch die Bestimmung der Versorgung (= „Ehrung") der E., wenn sie gebrechlich werden, durch das Verbot des Ehebruchs (→ Ehe) und das Verbot, in die innerfamiliären Eigentumsrechte anderer einzugreifen (Ex 20,12.14. 17par.), womit das AT dem ao. Gewohnheitsrecht entspricht. Innerhalb der F. galten Solidaritätsregeln, die durch Brauch oder Gesetz geregelt waren. Zu nennen sind die Pflicht zur Blutrache (Ri 8,18–21; → Blut), zur Leviratsehe (Dtn 25,5–10; Rut), zur Auslösung eines verschuldeten Familienmitglieds aus der Schuldknechtschaft (Lev 25,47–49), zum Rückkauf von verpfändetem Grundstückseigentum (Lev 25,25) oder zur Kreditgewährung (Lev 25,35ff; Dtn 23,20f). Der „Löser" (*gōʾēl*) ist der zur Hilfeleistung verpflichtete männliche Verwandte.
I. 3. Auf der rel. Ebene zentrierte sich die F. um den Hauskult (→ Kult), der in allen Epochen archäologisch nachweisbar ist und dem Familiengott bzw. der Familiengöttin galt. Wenn → Göttinnen auch in der israelit.-judäischen Namengebung des 1. Jt. v. Chr. bislang nicht bezeugt sind, so gibt es ikonographische Belege dafür, dass sie im Haus- und Lokalkult eine große Rolle spielten (*Abb. 26*). Sie begleiteten die Menschen u. U. auch mit ins Grab. Ungeklärt ist, ob auch die Verstorbenen im Rahmen eines Ahnenkults (→ Ahnen), wie er in Syrien belegt ist, im eisenzeitlichen Palästina versorgt und verehrt wurden.
Zu allen Zeiten beging man Familienfeste. Sie dienten der Bestätigung der eigenen Gruppenidentität und Gemeinschaft mit der Gottheit. In dieser Hinsicht vertritt das AT zwei unterschiedliche Festtheorien: Für das Dtn ist das gesamte → Volk (inklusive → Sklaven, Fremden, Leviten,

Witwen) F. Jhwhs, der als F.-Vorstand Israel in sein (einziges) Haus, den Jerusalemer → Tempel, einlädt. Folglich sind die → Feste als Wallfahrtsfeste in Jerusalem zu begehen (Dtn 16,1–17). Demgegenüber vertritt P insbes. in Bezug auf das Pascha-Mazzot-Fest die (ältere) Ansicht, dass die Feste als Teil der Familienreligiosität im Rahmen der F. und im Privathaus zu feiern sind (Ex 12,1–14*). Allein diese Regelung machte es Exils- und Diasporagemeinden möglich, die Feste zu begehen und die eigenen rel. Traditionen ortsungebunden von F. zu F. weiterzugeben. Theol. konstruiert insbes. P die Bevölkerung der damals bekannten Welt als F. (Gen 2,4a; 6,9f; 10 u. a.).

II. NT: 1. Es gibt kein der modernen Konzeption von F. entsprechendes antikes Pendant, was sich bereits an den zwei wichtigsten zugehörigen Wortfeldern zeigt. οἶκος/οἰκία („Haus, Hausgemeinschaft", lat. *familia*) und Derivate (u. a. οἰκοδεσπότης „Hausherr"; οἰκονόμος „Hausverwalter"; οἰκεῖος „Hausgenosse"; οἰκέτης → „Sklave") beziehen sich auf die Hausgemeinschaft als soziale und ökonomische Basisinstitution der Antike. Γενεά/γένος („Geschlecht") und Stammverwandte (z. B. γονεῖς „E."; πρόγονοι „Vorfahren"; συγγενής „verwandt"; συγγένεια „Verwandtschaft") haben die durch den Zeugungs-/Geburtsvorgang (γεννάω „zeugen, gebären") hergestellte Blutsverwandtschaft im Blick. Beide Konzeptionen sind breiter als unsere Definitionen von der Kernfamilie: Zum οἶκος gehörten neben E. und Kindern auch die Sklavinnen und Sklaven sowie weitere im Einflussbereich des Hausherrn wohnende Verwandte, ggf. auch Klienten, Freigelassene etc. Die Worte vom Stamm γεν- können sich je nach Kontext auf die unmittelbare biologische Nachkommenschaft eines Ahnherren beziehen und die engere F., die Sippe, die Gruppe der (als durch patrilineare Abstammung miteinander verwandt geltenden) Zeitgenossen oder auch das ganze → Volk bezeichnen. Trotz dieser Einschränkung waren die zentralen Personen einer F. Vater (πατήρ), Mutter (μήτηρ) und deren → Kinder, die untereinander Bruder (ἀδελφός) und Schwester (ἀδελφή) sind (der Plural ἀδελφοί umfasst Geschwister beiderlei Geschlechts). Alle diese Begriffe werden im NT häufig auch übertragen gebraucht, „Vater" v. a. als zentrale ntl. → Gottesvorstellung, als ehrende

Abb. 26: Judäische Pfeilerfigurine aus Lachisch, die eine Göttin zeigt. Quelle: *O. Keel/C. Uehlinger,* Göttinnen, Abb. 321.

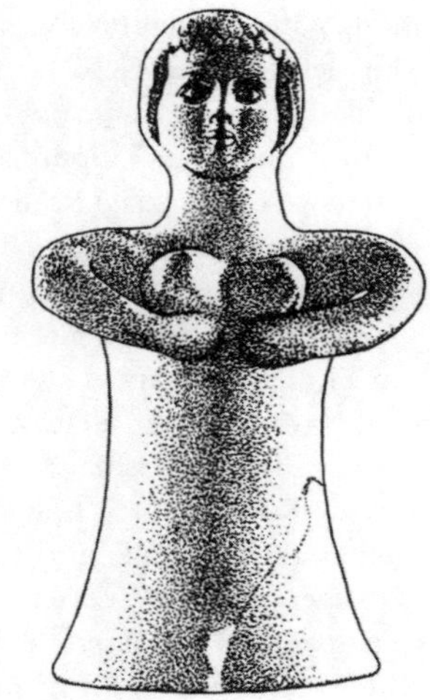

Anrede (Apg 7,2) und in Bezug auf die Vorfahren (1 Kor 10,1; bes. Abraham: Röm 4). ᾿Αδελφός/ή/οί bezeichnen Volksgenossen und Glaubensgeschwister (→ Kirche), wobei man gleichermaßen an atl.-jüd. wie pagane Traditionen (Mysterienrel., Kultgemeinschaften) anknüpfen konnte.

II. 2. Die Hausgemeinschaft bildete als Wirtschafts- und Lebensgemeinschaft die Basisinstitution der antiken Gesellschaft. Ihr Funktionieren war seit Aristoteles (pol. 1,1253b) unter dem Topos oder Buchtitel περὶ οἰκονομίας (über die Haushaltsführung) fester Bestandteil philos. Reflexion und → Ermahnung, wobei neben technischen Fragen (Landwirtschaft, Gartenbau, Geldwirtschaft) das ausschließliche Interesse dem aristokratischen Hausherrn in seiner Herrschaftsfunktion gegenüber der Ehefrau, den Kindern und der Sklavenschaft galt. Ihren rechtlichen Niederschlag hat diese Hausvaterideologie in der Verfügungsgewalt (*patria potestas*) des röm. *pater familias* über sein Hauswesen (inklusive der Kindeskinder) gefunden, die erst mit dem → Tod des Familienoberhaupts endete. Zwar war die ursprünglich unbeschränkte Strafgewalt gegenüber → Frau und Kindern in der Kaiserzeit eingeschränkt worden („nur" über Neugeborene und Sklaven besaß der *pater familias* noch die *vitae necisque potestas*, die → Gewalt über → Leben und Tod), doch konnten erwachsene Söhne und Töchter kein eigenes Vermögen erwerben, nicht selbständig über ihren Aufenthaltsort, über Eheschließung oder Scheidung beschließen etc. Die streng patriarchale röm. Mentalität wirkte auf die röm. beherrschten Gebiete mit anderer Tradition und Gesetzgebung ein und hat auch im hell. Judentum und im NT Spuren hinterlassen. Andererseits war die soziale Realität gerade der Unterschichtsfamilien komplexer als es die ideologische Sicht der Oberschichtslit. und Gesetze vermuten lassen. Im NT begegnen Familien(betriebe), denen Frauen vorstanden (Apg 16,14f: Lydia; Kol 4,15: Nympha), und Frauen, die gegen alle Konvention ihrem Ehemann vorgeordnet wurden (Priska: Röm 16,3–5; Apg 18,18; 19,26). In den egalitären und familienkritischen Tendenzen der Jesusüberlieferung liegen Bruchstücke eines eschatologisch motivierten, gegenkulturellen Familiendiskurses vor, für den es vereinzelt Parallelen gibt, v. a. in der kynischen und der asketisch-jüd. Tradition.

II. 3. Rechte wie Pflichten aller Familienmitglieder finden ihre Grenze an dem übergeordneten Willen Gottes, der im Konfliktfall F. zerbricht und eine neue F. konstituiert, wie am Beispiel von Jesu eigener F. in Mk 3,21.31–35; 6,4 demonstriert wird. Spannungen, selbst Hass und Todfeindschaft zwischen E. und Kindern, Geschwistern, Verwandten sind Zeichen der durch die Nähe des Gottesreiches (→ Herrschaft) ausgelösten eschatologischen Krise (Mk 13,12; Lk 12,51–53). Jesus verlangt von seinen Jüngerinnen und Jüngern (→ Apostel), um der Gottesreichsverkündigung willen die F. zu verlassen und die elementarsten Pflichten gegenüber Familienmitgliedern hintanzustellen, z. B. das Begräbnis des Vaters, die ökonomisch erforderliche Mitarbeit im elterlichen Gewerbe, die Versorgung der Kinder und anderer abhängiger Familienmitglieder (Lk 9,59f; Mk 1,16–20; 10,28–30; Lk 14,26, abgemildert in Mt 10,37). Ein negatives „Label" aufgreifend nannte Jesus seine Jünger und sich „Eunuchen für das Himmelreich" (Mt 19,12). Die positive jesuanische Alternative zum patriarchalen Familienmodell ist die *familia dei*. In der Gemeinde (→ Kirche) als neuer, an Gottes Willen orientierter F. bleibt die mit Herrschaftsausübung assoziierte Vaterrolle Gott vorbehalten (explizit: Mt 23,8f; → Gottesvorstellungen), die Mutter- und Geschwisterrollen werden besetzt (Mk 3,34f; 10,30; Röm 16,23) und alle werden zu gegenseitigem Dienst verpflichtet, wobei gerade die Ersten sich als Diener aller hervortun sollen (Mk 9,33–37; 10,42–45). Auch die Rolle von Frauen wird relativiert: Nicht die Brüste, die den → Messias genährt haben, sind selig zu preisen, sondern „die das Wort Gottes hören und bewahren" (Lk 11,27f). Mutterschaft an sich ist also kein Wert; das Ansehen der Mutter vom Status des Sohnes abhängig zu machen, ist unangemessen.

II. 4. Die E. zu ehren war nicht nur in der jüd. Überlieferung eine ethische und rel. Pflicht ersten Ranges, in allen philos. Strömungen galten die E. als Autoritäten, die direkt nach den Göttern und manchmal selbst als göttergleich zu verehren sind (Aristot. NE 1165a 24). Nach den Synopt. hat Jesus das Dekaloggebot der Elternehrung (→ Dekalog) ohne Einschränkung für gültig erachtet (Mk 10,19), die Polemik in Mk 7,9–13 zeigt aber, dass er dabei v. a. die soziale Funktion des Gebots im Blick hatte, den Unterhalt der alten E. durch die erwachsenen Kinder zu sichern. Eph 6,1–3 dagegen stellt (wie Philo decal. 165–167) im Geist der philos. Oikonomia-Tradition das jüd. Gebot in den Dienst der gehorsamen Einfügung der Kinder in die hierarchische Ordnung des Hauses, welche strukturgebend ist für die Ermahnungen der sog. Haustafeln (Kol 3,18–41; Eph 5,21–6,9, vgl. 1 Petr 2,18–3,7; → Ehe). In den Past. wird (unter heftiger Polemik gegen konkurrierende Ansichten) die Erfüllung der familiären Rolle im Sinne der oikonomischen Tradition (hier bes. neopythagoreischer Traktate und Briefe) zum Ausweis der Gläubigkeit erhoben für Sklaven (1 Tim 6,1–2; Tit 2,9f), Frauen (1 Tim 2,9–12; 5,4.8.14; Tit 2,3–5) und Amtsträger (1 Tim 3,2.4f.12; 5,9f; Tit 1,6). Kindergebären wird für Frauen sogar zur Bedingung des → Heils erklärt (1 Tim 2,15).

Im NT stehen demnach im Wandercharismatikermilieu wurzelnde gegenkulturelle Traditionen, die die herkömmliche Koppelung von mütterlicher → Ehre an die Geburt legitimer Nachkommen und väterlicher Ehre an die Kontrolle über Frau, Kinder und Sklavenschaft in Frage stellen, unausgeglichen neben Traditionen, die im Zusammenhang mit den in der Antike üblichen Ansichten eben diese Koppelung im Namen Christi untermauern und das familiäre Zusammenleben durch Herrschaft und Unterordnung strukturiert sehen wollen.

I. *R. Albertz/R. Schmitt*, Family and Household Religion in Ancient Israel and the Levant, Winona Lake 2012; *S. Bendor*, The Social Structure of Ancient Israel, Jerusalem 1996; *F. Fechter*, Die Familie in der Nachexilszeit, Berlin u. a. 1998; *T. Hieke*, Die Genealogien der Genesis, Freiburg u. a. 2003; *E. Hodossy-Takács*, Families in Ancient Israel, in: *G. C. den Hertog* (Hg.), Familie: Verwandtschaft, die den Unterschied macht, Leipzig 2012, 37–46; *K. van der Toorn*, Family Religion in Babylonia, Syria and Israel, Leiden u. a. 1996.
II. *J. Bodel/S. M. Olyan* (Hg.), Household and Family Religion in Antiquity, Hoboken 2009; *C. Osiek/D. L. Balch*, Families in the New Testament World, Louisville 1997; *T. Roh*, Die *familia dei* in den synoptischen Evangelien, Freiburg u. a. 2001; *G. Theißen*, Die Jesusbewegung, Gütersloh 2004.

Angelika Berlejung (AT) / Annette Merz (NT)

Feind (F.)

(→ Dachartikel: Sozialstatus/Gesellschaft und Institution)

I. AT: 1. Ein F. (hebr. *ʾōjēb*), „Bedränger" (*ṣar*) oder „Hasser" (*śōnēʾ/meśannēʾ*) ist das Gegenteil eines Freundes (*ʾōhēb*).

I. 2. Generell galt in der ao. Gesellschaft jeder, der nicht der eigenen → Familie oder Ersatzfamilie zugehörte, als ein Mensch, dem mit Misstrauen zu begegnen war. Er war in jedem Fall ein außenstehender → Fremder, auch wenn er am selben Ort wohnte. Dorf-Fremde, also Menschen, die der gleichen kulturellen → Gemeinschaft angehörten, aber nicht am selben Ort ansässig waren, waren potentielle F., während Menschen, die aus einem anderen kulturellen Kreis stammten (= Ausländer), als beinahe sichere F. angesehen wurden. Zu Ausländern/Fremden auf der Durchreise hielt man Distanz oder versuchte, sie durch Gastfreundschaft in ein Loyalitätssystem der wechselseitigen Verbindlichkeiten einzubinden und so die Fremdheit/Gefährlichkeit zu reduzieren. Kamen Fremde als Invasionsarmee ins Land, so waren die Fronten klar. Im Laufe der → Geschichte konnten aus ehemaligen F. jedoch auch Alliierte werden. Dies galt nicht nur im persönlichen, sondern auch im öffentlichen Bereich: Die polit. Schaukelpolitik der paläst. Kleinstaaten des 1. Jt. v. Chr. (u. a. → Israel und Juda/Judäa) führte wiederholt dazu, dass ausländische (ehedem feindliche) Armeen als Verbündete (gegen einen gemeinsamen F.) zu Hilfe gerufen wurden, wenn es den Interessen der Herrschenden diente (zu Assyrien vgl. 2 Kön 16,8ff; zu Ägypten vgl. Jer 37,5ff).

I. 3. Bezeichnet man jemanden als F., so bringt man zum Ausdruck, dass man sich dessen potenzieller Aggression ausgesetzt sieht. Ein Mensch kann übermenschliche und menschliche Wesen zum F. haben. Jhwh kann Menschen zum F. werden, wenn er die F. seines → Volks angreift (Ex 23,22; Dtn 28,7; Num 10,35), seinem Volk zürnt (Klgl 2,4f; Jes 63,10) und ihm zur → Strafe F. sendet (Ri 2,11–23; Jer 6,27; 12,7 u. a.) oder sich gegen den einzelnen Frevler wendet (Ijob 13,24; 19,11; Ps 36; 37,20). Kosmische Feinde, → Dämonen und ruhelose Totengeister sind im Vorderen Orient seit alters her bezeugt, im AT gut belegt (Ijob 40f; Jes 27,1; Lev 16,8.10) und seit der ausgehenden Perserzeit in wachsender Anzahl und Bedeutung vertreten (1QM 1,1–13; 13,1–11; Tob 3,8). Sie sind (wie seit der pers.-hell. Zeit) als der → Widersacher/Satan/Belial/Beelzebub Gegner der → Schöpfung, → Ordnung und des → Lebens. Gegen ihre Angriffe schützte sich der Einzelne mit Amuletten und Beschwörungen.
Unter den menschlichen Feinden unterscheidet man meist den militärischen oder polit. F. (Ex 1,10; Num 10,9; 32,21; Dtn 1,42; 21,10; Neh 4,11; 6,1), unter dem u. U. durchaus auch der innenpolit. oder anders denkende bzw. glaubende Gegner subsumiert sein kann, und den persönlichen Angreifer (Rechtsstreit: Ps 27,12; 35,11; Rivalitäten: 1 Sam 18,29; 19,17; Verleumdung: Ps 55,13; 64; Begleiterscheinung von → Krankheit: Ps 30; 38; 41; 102), wobei die Grenzen oszillieren können. Persönliche Feindschaft gegenüber dem → König hat als Opposition eine polit. Dimension (1 Kön 21,20). Das Niederschlagen der F. gehört vorderorientalisch, äg. und atl. zu den zentralen Aufgaben des Königs, der damit die gottgegebene Weltordnung erhält und als Stellvertreter seines Gottes agiert. In der Ikonographie von siegreichen Königen erscheinen die F. nur als Unterlegene; sie werden entsprechend den jeweils geltenden kulturellen Konventionen stereotypisiert (s. *Abb. 27*). Ein → Krieg wurde auf allen Seiten unter Beteiligung der jeweiligen Staats-, Dynastie- oder Kriegsgötter geführt und konnte rituelle Komponenten beinhalten (Jos 6). In diesen Kontext gehört, wenn atl. im Rahmen eines Feindvernich-

Abb. 27: Vertreter unterworfener Fremdvölker fallen vor dem Pharao (nicht im Bild) nieder; nach ägyptischer Darstellung konventionalisierte besiegte „Fremde".
Quelle: *A. Erman/H. Ranke*, Ägypten, Abb. 188.

tungsrituals in Jhwhs Auftrag der „Bann" vollzogen werden soll (1 Sam 15). In den Klagepss. des Einzelnen (→ Klage) ist häufig von F. die Rede, die dem Beter nachstellen (Ps 3,8; 13,3.5; 25,2.19 u. a.). Ihre Identität wurde in der Forschung diskutiert (Zauberer, Dämonen, Fremdvölker u. a.), ist jedoch kaum einheitlich zu bestimmen, da sie stark von einer Stereotypisierung geprägt ist, die es in der Gebetspraxis der Pss. erlaubt, die Leidensschilderungen jeweils auf verschiedene Notlagen zu applizieren. Der Umgang mit F. aller Art im AT reicht von deren Animalisierung (Ps 22,17; 57,5) oder Dämonisierung (Ps 35; Ez 13,17ff), die aus den Gegnern eine Manifestation des Chaos und einen Handlanger des → Todes machte, gegen die jedes Kampfmittel recht war, über deren physische Vernichtung bis hin zur weisheitlichen Aufforderung, sich über den Fall des F. nicht zu freuen (Prov 24,17) und ihn mit Brot und Wasser zu versorgen, um Kohlen auf dessen Haupt zu häufen (Prov 25,21).

II. NT: 1. Am häufigsten wird der F. im NT mit dem substantivierten Adj. ἐχθρός bezeichnet („Feindschaft" = ἔχθρα), auch ἀντίδικος wird verwendet, ferner ἐναντίος in der Bedeutung „feindlich".

II. 2. Die Unterscheidung in persönliche F. (Mt 10,36; 13,25.28; Röm 12,20; speziell vor → Gericht: Mt 5,25; Lk 18,3) und polit. F. des → Volkes → Israel bzw. des Einzelnen (Lk 1,71.74; 19,27.43; 23,12) lässt sich nur kontextuell begründen, Allgemeinaussagen beziehen sich auf alle Dimensionen von Feindschaft. So in dem von Jesus formulierten Gebot der Feindesliebe (Lk 6,27f.35.32–34), das Mt 5,43f als Konkretion und Zuspitzung des Nächstenliebegebotes präsentiert (→ Ethik; → Liebe). Das dem Zitat „Du sollst deinen Nächsten lieben" (Lev 19,18) hinzugefügte „und deinen F. hassen", ist wohl nicht auf spezifische Gebote (etwa der Essener: 1QS 1,10) zu beziehen, sondern soll rhetorisch überspitzt die verbreitete partikulare Auslegungstradition, die den Begriff des → „Nächsten" (z. B. auf Israeliten) einschränkte, als Ausdruck von Feindeshass brandmarken. Feindesliebe ist Ausdruck der Vollkommenheit und *imitatio dei* (Mt 5,45–48; Lk 6,35f). Sie wird im NT immer gekoppelt an die Aufhebung des Reziprozitätsprinzips, d. h. an die Aufforderung, auf Vergeltung des → Bösen zu verzichten (Mt 5,38f; Röm 12,17.19; Mt 5,39b-41: provokativer Gewaltverzicht) bzw. den Feinden aktiv Gutes zu tun (allg. Maximen: Lk 6,27.35; Röm 12,17f.21; konkret: Beten für Verfolger, Mt 5,44; nicht fluchen, speisen und tränken, Röm 12,14.20). Auch Bereitschaft zu innergemeindlichem Sozialausgleich fällt nach Lk 6,32–35 unter die Feindesliebe.

In atl.-jüd. Tradition stehen die Bezeichnung des Teufels als F. (Mt 13,39; Lk 10,19; 1 Petr 5,8) und die → Hoffnung auf endzeitliche Überwindung der F. durch den → Messias (Zitat Ps 110,1: Mk 12,36; Apg 2,35; Hebr 1,13; 10,12f; vgl. die F. der zwei Zeugen: Offb 11,5.12), bezogen auf dämonische Mächte und den Tod in 1 Kor 15,24–26. Dieselbe dualistische Grundkonzeption wirkt sich aus in der Bezeichnung der Gegner der christl. Verkündigung (Apg 13,10; Tit 2,8) und selbst innerchristl. Gegner als F. (Phil 3,18: F. des → Kreuzes). Letztlich sind alle unerlösten Menschen F. Gottes; das Versöhnungshandeln Christi überwindet diese Feindschaft zwischen dem sarkischen Mensch und Gott (Röm 5,10; 8,7; Kol 1,21) und die Feindschaft zwischen Juden und Heiden in der Gemeinde (Eph 2,14.16). Dies freilich um den Preis neuer Feindschaft: Röm 11,28 nennt die Juden um der Väter willen „Geliebte", doch „F. um euretwillen". 1 Thess 2,15 bemüht

Abb. 28: Elfenbein aus Megiddo (SB-Zeit), das eine Festszene zeigt, bei der der Herrscher mit Lotus und Schale in der Hand „vorsitzt". Quelle: *O. Keel/C. Uehlinger*, Göttinnen, Abb. 67.

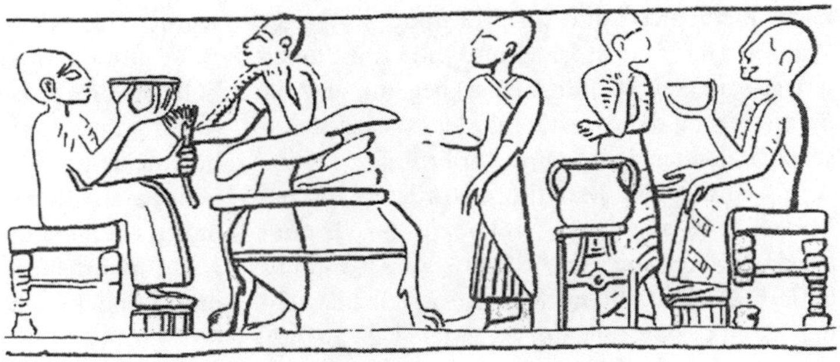

gar den antijudaistischen Topos von der Menschenfeindlichkeit der Juden (Tac. hist. 5,5).

I. *B. S. Childs*, The Enemy from the North and the Chaos Tradition, in: *L. G. Perdue/B. W. Kovacs* (Hg.), A Prophet to the Nations, Winona Lake 1984, 151–161; *V. Haas*, Die Dämonisierung des Fremden und des Feindes im Alten Orient: RoczOr 41 (1980) 37–44; *P. Riede*, Im Netz des Jägers, Neukirchen-Vluyn 2000; *F. van der Velden*, Psalm 109 und die Aussagen zur Feindschädigung in den Psalmen, Stuttgart 1997.
II. *U. Luz*, Das Evangelium nach Matthäus, Neukirchen-Vluyn [5]2002, 382–416; *G. Theißen*, Gewaltverzicht und Feindesliebe (Mt 5,38–48/Lk 6,27–28) und deren sozialgeschichtlicher Hintergrund, in: *ders.*, Studien zur Soziologie des Urchristentums, Tübingen 1979, 160–197.

Angelika Berlejung (AT) / Annette Merz (NT)

Fest (F.)

(→ Dachartikel: Kult)

Vorbemerkung: Rel. F. stiften nicht nur → Gemeinschaft, sondern strukturieren die → Zeit und schaffen einen Ort, an dem die von der Gottheit eingerichtete und gelenkte → Ordnung der Welt, die Bändigung des Chaos durch Gestaltung des Kosmos (→ Weltbild), begangen, erinnert und vergegenwärtigt wird (s. *Abb. 28*).

I. AT: 1. Im Alten → Israel wurde, wie in der syr.-kanaan. Welt, der kultische Kalender durch die Jahreszeiten bestimmt und von drei agrarischen Hauptfesten strukturiert: dem „Fest der ungesäuerten Brote" (Mazzot), dem „Fest der Schnitternte" (Qazir) oder „Wochenfest" (Schavuot) und dem „Fest der Lese" (Asif) oder „Laubhüttenfest" (Sukkot). Nur diese drei heißen F. (*ḥāg*). Die beiden ersten finden im Frühjahr, das eine zur Gersten-, das andere zur Weizenernte statt, das dritte im Herbst zur Weinlese und Ernte der Baumfrüchte. Das Herbstfest im siebten Monat gilt in der Tradition als „das F." schlechthin (vgl. 1 Kön 8,2.65f u. a.) und verbindet sich mit dem Jahreswechsel. So liegt es nahe, in ihm auch das vorexil. Neujahrsfest zu vermuten, an dem in den Staatsheiligtümern der beiden Reiche Israel und Juda die Thronbesteigung Jhwhs (Ps 93; 29; → Thron) gefeiert wurde.

I. 2. Im AT sind vier Festkalender überliefert: Ex 23,14–17; 34,18–23; Lev 23; Dtn 16,1–16, dazu weitere Bestimmungen in Num 28f und Ez 45. Der älteste Kalender findet sich in Ex 23 und lässt erkennen, dass es sich bei den drei Jahresfesten um Wallfahrten an überregionale Heiligtümer (→ Tempel) handelt, um die Erstlinge der Feldfrüchte vor Jhwh darzubringen (Ex 23,14–17; → Erstgeburt). Nur für das erste F. ist ein Datum (sieben Tage im Monat *Abib*, „Ähren") genannt. Von Ex 23 sind die anderen Fassungen lit. abhängig, die viele Details hinzufügen und den F. nicht nur neue Namen, sondern auch einen neuen Sinn geben.
Die wichtigste Neuerung ist die Zentralisierung der F. im Rahmen des Dtn, das die Wallfahrten nach Jerusalem lenkt (Dtn 16,16–17, ausführlich V. 1–15). Mit der Zentralisierung geht der Namenswechsel einher, der beim zweiten Frühjahrsfest die in Wochen berechnete, in Dtn 16,9 auf sieben Wochen und in Lev 23,15f auf fünfzig Tage festgelegte Frist zwischen Gersten- und Weizenernte und beim Herbstfest das Aufstellen von Laubhütten in den Weinbergen (vgl. Ri 21,19–21) berücksichtigt. Das Dtn und die Zentralisierung des → Kults werden für gewöhnlich mit 2 Kön 22f in die Zeit Joschijas datiert, doch ist das keineswegs sicher.
In exil.-nachexil. Zeit wurden die F. nach und

nach historisiert und die Termine festgelegt. Während das Jahr in Israel und Juda traditionellerweise im Herbst (Juli/August) begann, setzt die Numerierung der Monate mit dem mesopotamischen Kalender den Beginn im Frühjahr (März/April) voraus. Das Mazzotfest wurde als Pascha-Mazzot (14./15.–21. I.) mit dem → Exodus (nachgetragen auch in Ex 23,15), das Laubhüttenfest (15.–21. VII., mit einem zusätzlichen achten Tag in Lev 23,36; Num 29,35ff; vgl. 2 Chr 7,9f; Joh 7,37) mit der Wüstenwanderung (Lev 23,43) und das Wochenfest (im dritten Monat, 50 Tage nach Pascha-Mazzot) nachbibl. mit der Gabe der → Tora und dem → Bund (vgl. Ex 19,1; 2 Chr 15,10ff; Jub) in Verbindung gebracht. Die F. vergegenwärtigen damit die Gründung Israels in der gesch. → Erwählung und der Gabe des Gesetzes. Von ihrem agrarischen Ursprung ist die Festfreude geblieben, die in Dtn 16 bes. betont ist (→ Freude). Lev 23, Num 28f und Ez 45,21–25 rücken demgegenüber den Aspekt der → Sühne ins Blickfeld, vermehren die → Opfer und schalten vor Beginn des Herbstfests am 15. VII. einen neuen Festtag am 10. VII., den „Versöhnungstag“ (Jom Kippur; → Versöhnung), ein (Lev 23,26–32; Num 29,7–11; vgl. Lev 16).

I. 3. Eine bes. Bewandtnis hat es mit dem Pascha-Mazzot-F. Der Ursprung des Pascha liegt im Dunkeln. Es handelt sich um einen alten, in vorexil. Zeit vermutlich regelmäßig (vielleicht am Vollmondtag) geübten apotropäischen → Ritus zum Schutz vor bösen Geistern. Der Ritus wird in Ex 12 (im Rahmen einer häuslichen Feier) auf den Exodus und die Tötung der → Erstgeburt Ägyptens bezogen, in Dtn 16,1–8 (sowie Ex 12,14.15ff) mit dem Mazzotfest verbunden und im Zuge dessen an das zentrale Heiligtum verlegt. Seither gilt das Pascha als öffentliches, am Tempel in Jerusalem zu begehendes F. (2 Kön 23,21–23; 2 Chr 30 im zweiten Monat entsprechend Num 9,6ff; 2 Chr 35; Esra 6,19–22). Das Opfertier soll am Abend vom 14. auf den 15. I. geschlachtet und in der Nacht vor Beginn des siebentägigen Mazzotfests vollständig verzehrt werden (Ex 12,6–10.18; Dtn 16,4.6; Lev 23,5–8 und Num 28,16–25). Daraus hat sich in hell.-röm. Zeit die Sitte entwickelt, dass das Paschalamm zwar am Tempel geschlachtet, aber in einem häuslichen Paschamahl (in Jerusalem) zubereitet und gegessen wurde (Mk 14,12ff, → Abendmahl). Die Festtermine für das Mazzotfest werden für das späte 5. Jh. v. Chr. in einem Papyrus von Elephantine bestätigt, wo man sich um das Zentralisationsgebot nicht kümmerte. Auch die Verbindung mit dem Pascha findet in dem – freilich sehr lückenhaften – Text keine Erwähnung.

I. 4. Außer den drei Hauptfesten werden oft Neumond und → Sabbat in einem Atemzug als Festtermine genannt (2 Kön 4,23; Jes 1,13; Hos 2,13 u. a.). Der Neumondtag wurde in privaten Feiern (1 Sam 20,5f.18.24f) und am Tempel (Ps 81,4; Num 28,11–15; Ez 46,1.3f) begangen und hat sich bis in die nachexil. Zeit behauptet (vgl. 1 Chr 23,31; 2 Chr 2,3; Esra 3,5; Neh 10,34). In Lev 23,24 wird der Neumondtag des siebten Monats, in den das Herbstfest fällt, bes. hervorgehoben und in Num 29,1 als „Tag des Lärmblasens“ bezeichnet. Daraus hat sich der jüd. „Neujahrstag“ am 1. VII. entwickelt (vgl. Neh 8,1ff). Der Sabbat war ursprünglich der Vollmondtag in der Mitte des Monats (vgl. Ps 81,4), wie er in Mesopotamien begangen wurde. Die kultischen Bestimmungen im Festkalender (Lev 23,37f; Num 28,9f; Ez 46,4f) setzen bereits die Zusammenlegung mit dem wöchentlichen Ruhetag (Ex 23,12) voraus (Lev 23,3).

Daneben sind eine Reihe von F. zu bes. Anlässen belegt: In der → Familie wurden die Entwöhnung des → Kindes (Gen 21,8) und vermutlich die → Beschneidung, die Hochzeit (Gen 24; Ri 14,10ff; → Ehe) und das Begräbnis (2 Sam 3,31ff; → Grab) festlich begangen, Hirten feierten die Schafschur (1 Sam 25,2ff; 2 Sam 13,23ff), → Könige und ihr Gefolge die Thronbesteigung (1 Kön 1,33ff; 2 Kön 11,4ff) und die Siege über ihre → Feinde (1 Sam 15,12); in Notsituationen wurden Klage- und Fastentage abgehalten (→ Buße, → Trauer).

An öffentlichen wie privaten F. nimmt die prophetische Überlieferung Anstoß (Jes 1,11–17; 29,1; Hos 2,13; 6,1–6; Am 5,21–27). Gerügt wird nicht der Kult als solcher, sondern die innere Haltung. Auf der Grundlage des dtn. Zentralisationsgebotes geraten auch die jährlichen Wallfahrten an die überregionalen Heiligtümer wie Bet-El, Gilgal oder Beërscheba, die in vorexil. Zeit völlig unanstößig waren (vgl. 1 Sam 1,3), in die Kritik (Am 4,4f; 5,5). Auf der Grundlage des ersten Gebots werden die F. Jhwhs als Fremdgötterkulte diffamiert (Hos 4; Jer 7,18 u. a.). Die Kultpolemik erscheint so als eine nachträgliche Rationalisierung des göttlichen Gerichts.

I. 5. In hell. Zeit kamen neue F. auf. Im (lunaren) Kalender, der sich durchgesetzt hat, sind dies Purim und Chanukka. Die Ätiologie des Purimfests, in 2 Makk 15,36 als „Mordechaitag" erwähnt, erzählt das Buch Ester, das in Est 9,17–32 die Festlegende enthält. Es wird am 14. und 15. XII. gefeiert und gedenkt der Rache der Juden an den Feinden in der pers. → Diaspora. Der Kolophon des griech. Esterbuchs weist in hasm. Zeit. Die Einsetzung des Chanukkafests am 25. IX. geht auf die Wiedereinweihung des Tempels im Jahr 164 v. Chr. zurück, den drei Jahre zuvor Antiochus IV. geschändet hatte (1 Makk 4,36–59; 2 Makk 10,1–8; Ios. ant.Iud. 12,316ff). Das Anzünden der Lampen, das dem F. seinen Namen gab, erinnert an einen Vorgang bei der Tempelweihe (1 Makk 4,50) und wird in 2 Makk 1,8.18ff mit einer apokr. Erzählung von Nehemias Fund des heiligen → Feuers beim Bau des zweiten Tempels in Verbindung gebracht. Weitere Gedenktage an die makkabäische Erhebung sind der Nikanortag (1 Makk 7,43–49; 2 Makk 15) und der Tag der Einnahme der Akra (1 Makk 13,51f).

Nicht durchzusetzen vermochten sich die zusätzlichen F. des (solaren) Festkalenders, der in Qumran und anderen Teilen des antiken Judentums praktiziert wurde (Hen, Jub, Tempelrolle). Er sieht zwei zusätzliche agrarische F., das Neuwein- und das Frischölfest, sowie ein Holzabgabefest vor. Die bibl. F. werden beibehalten und genauestens berechnet, fallen aber auf andere Tage als nach dem lunaren Kalender, weswegen es zu heftigen Kontroversen in der Kalenderfrage kam.

II. NT: 1. Für Jesus und die frühen Christen werden die F. (griech. ἑορτή, „Fest") wie selbstverständlich vorausgesetzt. „Das F." ist das Pascha (griech. πάσχα, vgl. Mk 14,1f), zu dem auch die Eltern Jesu nach Jerusalem wallfahren (Lk 2,41f). Weiter erwähnt werden Pfingsten, d. h. das 50 Tage nach Pascha-Mazzot (Ostern) liegende Wochenfest (Apg 2,1; 20,16; 1 Kor 16,8), das Laubhüttenfest (Joh 7,2), Chanukka (Joh 10,22) und natürlich der → Sabbat. Doch schon für Paulus waren Festtermine irrelevant, wenn nicht eine Gefahr des Rückfalls in den Götzendienst (Gal 4,10; vgl. Kol 2,16f); doch wie bei der → Beschneidung empfiehlt er eine christologisch begründete, pragmatische Lösung (Röm 14,5f). Sie wurde auch praktiziert. Viele haben die jüd. F. und Feiertage weiter gehalten, solange der → Tempel stand und darüber hinaus (Mt 24,20; Lk 2,41; Apg 2,46f u. a.). Auch die Evangelienüberlieferung nimmt eine vermittelnde Position ein. Die Polemik gegen den Tempel (Mk 11,15ff.par.; Apg 7), den Sabbat (Mk 2,27f.par.), das Fasten (Mk 2,18f.par.) und das Opfern (Mt 5,23f; 12,7; Mk 12,32–34), die Jesus und Stephanus in den Mund gelegt wird, geht über die traditionellen Topoi der prophetischen Kultkritik kaum hinaus (→ Prophet). Sie eignet sich eher dafür, die Teilnahme am → Kult zu vertiefen, statt sie abzuschaffen. Doch mit der Zeit traten mehr und mehr der „Tag des Herrn" (Offb 1,10) und das „Mahl des Herrn" (1 Kor 11,20) am „ersten Tag der Woche" (1 Kor 16,2; Apg 20,7) in den Vordergrund, der Tag also, der → Kreuz und → Auferstehung vergegenwärtigt (→ Abendmahl) und im kirchlichen Festzyklus bald auch Ostern (Pascha-Mazzot) und Pfingsten (Schavuot) an sich band.

I. *A. Berlejung*, Heilige Zeiten: JBTh 18 (2003) 3–61; *S. Gesundheit*, Three Times a Year, Tübingen 2012; *C. Körting*, Der Schall des Schofar, Berlin u. a. 1999; *E. Otto/T. Schramm*, Fest und Freude, Stuttgart 1977.

II. *G. Braulik*, Pascha – Von der alttestamentlichen Feier zum neutestamentlichen Fest: BiKi 36 (1981) 159–165; *S. Galley*, Das jüdische Jahr, München 2003; *S. Schreiber*, Aktualisierung göttlichen Handelns am Pfingsttag: ZNW 93 (2002) 58–77.

Reinhard G. Kratz

Feuer (F.)

(Dachartikel: → Gottesvorstellungen)

I. AT: 1. F. (hebr. *ʾeš*) war auch im alten Israel ein *Grundbestandteil des täglichen Lebens.* Während es im Haushalt als Licht- und Wärmequelle diente (Jes 44,16; 47,14 u. ö.) und zum Kochen, Braten, Backen und Rösten gebraucht wurde (Ex 12,9; Lev 2,14; Jer 7,18 u. ö.), wurde es im Handwerk beim Schmelzen, Gießen und Läutern von Metallen (Ex 32,20.24; Num 31,23; Mal 3,2 u. ö.) sowie im Bergbau (Ijob 28,5) verwendet. Eine besondere Rolle spielte das F. im Opferkult (→ Opfer). So ging das Altarf. von Jhwh aus (Lev 9,24; 1 Chr 21,26 u. ö.) und durfte nach Lev 6,2–6 nicht erlöschen; die der Gottheit zugedachten Teile eines Opfertiers wurden als „F.-Opfer" (*ʾiššæ*) verbrannt; wenn es bestimmten Vorschriften nicht entsprach, war es „fremdes", d. h. illegitimes F. (Lev 10,1 u. ö.). Auch übrig gebliebene Kultspeisen, die nicht opferbaren Teile eines Opfertiers oder vom Aussatz befallene Kleider wurden durch Verbrennen beseitigt (Lev 4,12; 7,17; 13,52ff). Demgegenüber ist die Bedeutung des F. im → Recht marginal und findet sich v. a. in Gen 38,24 (Ehebruch); Lev 20,4 (Geschlechtsverkehr mit einer Frau und deren Mutter); 21,9 (Unzucht der Tochter eines Priesters) und Jos 7,15 (Vernichtung von Banngut). Leichenverbrennungen kamen nur ausnahmsweise vor (1 Sam 31,12; Jes 30,33; Am 2,1), charakteristisch ist dagegen das Verbot, Kinder durchs F. gehen zu lassen (Dtn 18,10; 2 Kön 16,3 = 2 Chr 28,3 u. ö.).

I. 2. Von *anthropologischer Relevanz* ist das F., wenn es als Metapher für → Leidenschaft verwendet wird wie beim glühenden → Zorn (Hos 7,6, von Jhwh: Dtn 32,22; Jes 30,27.30; Jer 4,4 u. ö.), beim brennenden Schmerz (Ps 39,4), bei der sich verzehrenden → Liebe (Hld 8,6), bei Streitsucht (Spr 26,20f) u. a. Das *tertium comparationis* ist dabei die verzehrende Kraft, nicht die leuchtende Eigenschaft des F. (→ Licht).

I. 3. Der Übergang von der konkreten zur *symbolischen Bedeutung* des F. ist fließend, wie es die Deutung von Naturkatastrophen als göttliches Strafgericht belegt (Gen 19,24; Ex 22,5; Joël 1,19f; Ijob 1,16 u. ö.; → End-Gericht). Hier zeigt sich die leuchtend-eruptive Seite des F. Abgesehen von der Vorstellung einer „F.-Fackel" als Begleiterscheinung der Gottesbegegnung, die der späte Text Gen 15,17 in Abwandlung der Sinaitheophanie aufnimmt, kommen die Hauptbelege für die rel. Bedeutung des F. aus dem Umkreis der Sinaitheophanie (→ Theophanie). So spricht das Dtn/DtrG stereotyp vom „Berg, der im F. brennt" (Dtn 4,11; 5,23; 9,15), vom „Reden Jhwhs aus dem F." (Dtn 4,12.15.33 u. ö.; vgl. Ex 3,2: „F.-Flamme mitten aus dem Dornbusch") und bezeichnet Jhwh als „fressendes F." (Dtn 4,24; 9,3 u. ö.). P spricht – außerhalb der Sinaitradition – von der „F.- und Wolkensäule", die in der Nacht und am Tag vor Israel herzieht (Ex 13,21f; 14,24; 40,38 u. ö.) und mit Bezug auf den Sinai von der „→ Herrlichkeit Jhwhs", die „wie ein verzehrendes F. auf dem Gipfel des Berges" war (Ex 24,17). Nach Sach 2,9 will Jhwh als „F.-Mauer" // „Herrlichkeit" Jerusalem schützen. Losgelöst von theophanen Zusammenhängen begegnet das endzeitliche Gerichtsf. in apokalyptischen Kontexten (Jes 66,24; Sach 9,4; Dan 7,9ff u. ö.; → Apokalyptik).

II. NT: 1. Die metaphorische Verwendung von F. (πῦρ) steht im NT – bes. ausgeprägt in der Johannesoffenbarung (26 Vorkommen) – in der Tradition des AT und Frühjudentums (bes. → Apokalyptik). F. kann für Gott selbst stehen („denn unser Gott ist ein verzehrendes F."; Hebr 12,29 [Zitat Dtn 4,24; vgl. Dtn 9,3; Jes 33,14]) bzw. ist „ein (begleitendes) Charakteristikum Gottes, seiner Welt und seiner Boten" (M. Reiser). Das Gericht Gottes (→ End-Gericht) wird als reinigendes bzw. vernichtendes F.-Gericht vorgestellt. F. ist oftmals ein Attribut der → Theophanie, bes. des Gerichtes Gottes, das über seine → Schöpfung kommt bzw. durch Gottes Sohn oder Gottes → Boten vermittelt wird (z. B. Sir 48,1: „Und es stand Elija auf, ein Prophet wie F., und sein Wort brannte wie eine Fackel …").

II. 2. Das NT kennt vielerlei Bezüge, in denen F. als Attribut der Welt Gottes dient. Dabei wird jeweils die subjektive Wahrnehmung des Menschen beschrieben, der Gott bzw. seiner allen Geschöpfen überlegenen Souveränität und Machtfülle (→ Macht) begegnet: Die Berufungsvision Offb 1,14ff gibt einen Blick frei in den → Himmel, in dem → Licht und F. letztlich für Gott und sein Wirken selbst stehen. *Gottes himmlischer → Thron* ist von F. umgeben (Offb 4,5; vgl. Dan 7,10; 2Bar 21,6; 1Hen 14,22). Hebr 12,18–21 bezieht sich antithetisch-polemisch auf den Sinai als Ort der Gottesbegegnung nach Dtn 4,11; 5,22. Im Himmel bzw. im himmlischen → Kult spielt F. eine große Rolle: Offb 8,5; 15,2. Auch das *Höllenf.* (→ Unterwelt) ist Ausdruck der göttlichen Macht: Mk 9,43.48 (vgl. Jes 66,24); Jud 7.23. In Analogie hierzu beschreibt die Johannesoffenbarung den „F.-See" (Offb 19,20; 20,10.14 f.; 21,8) als Ort der ewigen Gottesferne, des → Todes.

Gottes → Engel begegnet Mose im brennenden Dornbusch (Ex 3,1ff; Apg 7,30). Hebr 1,7 zitiert Ps 103,4 (LXX): „Er macht seine Engel zu Winden und seine Diener zu F.-Flammen" (vgl. auch Offb

10,1). Nach 2 Thess 1,7–8 erscheinen Jesus und seine Engel mit F.-Flammen zum endzeitlichen Gericht. Die *Umkehr- und Gerichtspredigt Johannes des Täufers* (→ Ermahnung, → Umkehr) beschreibt mit F. das eschatologische Ende derer, die nicht umkehren (Mt 3,10.12par.; Lk 3,9; vgl. Joh 15,6). Der F.-Taufe des Kommenden kann nur der entgehen, der sich der Wassertaufe des Johannes unterzieht (vgl. Mt 3,11; → Taufe). In den *Gerichtsgleichnissen und der Verkündigung Jesu* ist das F. zugleich ein Bild für den Sendungsauftrag Jesu, an dem sich die Geister scheiden (Lk 12,49: „F. bin ich gekommen auf die Erde zu werfen, und was wünschte ich, dass es schon brenne"; vgl. 12,50–53; vgl. Mk 9,49) sowie für den endgültigen Verlust der Gottesbeziehung (vgl. Mt 7,19; 13,40.42.50; 25,41; Mk 9,43.48; Lk 16,24; 17,29 [vgl. Gen 19,24]; Joh 15,6). Im apokr. EvThom 82 ist das Jesuswort überliefert: „Wer mir nahe ist, ist dem F. nahe; wer mir fern ist, ist dem Königreiche fern." Nach Offb 1,14 hat der auferstandene Christus Augen wie F.-Flammen (vgl. Dan 7,9–10). Nach Apg 2 kommt *Gottes → Geist in Gestalt von F.-Zungen* auf die versammelte → Gemeinde herab (Apg 2,3; vgl. Num 11,25). In der geistgewirkten Pfingstpredigt des Petrus ist das F. ein → Zeichen der beginnenden Endzeit (Apg 2,19; vgl. Joël 3,1–5). Paulus und weitere ntl. Schriften übernehmen die bibl. Vorstellung (u. a. Jes 26,11; Zef 1,18) vom F. als Mittel des Gerichtes (vgl. 1 Kor 3,13; Röm 12,20; Hebr 10,27; 2 Petr 3,7.10). Diese Vorstellung vom F. als Attribut des Gerichtshandelns Gottes wird in der Johannesoffenbarung entfaltet (Offb 8,5.7 [vgl. Ex 9,23–25; Joël 3,3); 8,8; 9,17f; 13,13 [hier vom Tier!]; 16,8; 19,11–13; 20,9). Gott schützt seine zwei Zeugen (Offb 11,3.5) mit F. vor den → Feinden.

I. *P. A. Kruger*, Gefühle und Gefühlsäußerungen im Alten Testament, in: *B. Janowski/K. Liess* (Hg.), Der Mensch im alten Israel, Freiburg u. a. 2009, 243–262; *P. D. Miller*, Fire in the Mythology of Canaan and Israel: CBQ 27 (1965) 256–261; *R. Rendtorff*, Leviticus, Neukirchen-Vluyn 2004; *I. Willi-Plein*, Haggai, Sacharja, Maleachi, Zürich 2007.

II. *B. von Kienle*, Feuermale, Bodenheim 1993; *M. Reiser*, Die Gerichtspredigt Jesu, Münster 1990.

Bernd Janowski (AT)/Klaus Scholtissek (NT)

Fleisch / Geist (F./G.)

(→ Dachartikel: Anthropologie)

Vorbemerkung: Durch die bekannten Zitate „Der G. ist willig, aber das F. ist schwach" (Mk 14,38par.), „Der G. ist es, der lebendig macht; das F. nützt nichts" (Joh 6,63) oder „… die wir nicht nach dem F., sondern nach dem G. leben" (Röm 8,4) sind die Begriffe als Gegensatzpaar stark besetzt. F. wird dabei mit Sündhaftigkeit und Vergänglichkeit verbunden, G. hingegen mit dem weltjenseitigen Göttlichen. Eine solche Antithese wird weder dem bibl. Befund noch der christl. → Anthropologie gerecht, weshalb sie heute meist in dieser scharfen Form aufgegeben ist.

I. AT: 1. Im AT sind F. (*bāśār*, seltener *š*^{e}*ʾēr*) und G. (*rū*^{a}*ḥ*) keine antithetischen, sondern komplementäre, anthropologische Grundbegriffe. Ein scharf zwischen beiden trennender Dualismus ist zwar im Ansatz an manchen Stellen grundgelegt, wird aber noch nicht ausgebildet. Zunächst bezeichnet der Begriff F. die Weichteile des menschlichen wie tierischen → Körpers (außer Knochen, → Blut und Organen), kann aber auch für das männliche Geschlechtsorgan (Lev 15,2f.7; Ez 16,26, vgl. Ex 28,42) oder die weibliche Scham (Lev 15,19) stehen. Mit der Rede von „allem F." wird die Menschheit (Ijob 12,10; Jes 40,5f; Jer 25,31; Sach 2,17 u. a.), die Tierwelt (Gen 7,15f; Lev 17,14 u. a.) oder die belebte Welt insgesamt (Gen 6,13.19; 9,11.15; Num 18,15; Ps 136,25 u. a.) bezeichnet. Der Begriff F. bezeichnet den Menschen in seiner Leiblichkeit und damit in seiner Vergänglichkeit (Ijob 34,15; Spr 5,11; Ps 78,39; Jes 40,6). Er ist Synonym für die menschliche Schwachheit (Jes 31,3; Ps 56,5; 2 Chr 32,8) und oft auch sündhafte Anfälligkeit (Jer 17,5; Koh 5,5). Trotz dieser Konnotationen ist das AT über weite Strecken nicht leibfeindlich, ein Menschsein ohne „F." ist nicht möglich, auch wenn das F. ohne Blut als Sitz der Lebenskraft und ohne G. als „Lebensprinzip" nicht lebensfähig ist.

I. 2. Einen vom Körper unabhängigen „G." des Menschen im Sinne einer Seelenvorstellung kennt das AT nicht. *rū*^{a}*ḥ* („G.") bezeichnet wörtlich die bewegte Luft und kann so vom Sturmwind bis zum leichten Säuseln alles meinen. Der G. wird oft mit dem Atem gleichgesetzt (vgl. Gen 2,7 mit Ez 37,6.8.10, ferner Jes 42,5; Ijob 4,9; 27,3; 34,14).

Da durchgehend festgehalten wird, dass der Lebensgeist ausschließlich vom Schöpfergott kommt (Gen 6,3; Jes 57,16; Ijob 33,4) und die Übergänge zum schöpferischen G. Gottes fließend sind (Ps 104,29f; Ijob 34,14f, vgl. auch Gen 1,2), scheint eine trennende Zweiteilung (dualistische Dichotomie) zwischen dem „weltlichen“ F. und dem → Geist als Gottesgeist/-atem grundgelegt. Hinzu kommt, dass als G. des Menschen nicht nur das mit dem Atem verbundene Lebensprinzip verstanden wird, sondern darüber hinaus mit → Willen, Antrieb und Gemüt verbundene Dimensionen des Personseins bezeichnet (Ps 31,6; 51,12. 14.19; 77,4.7; Ez 11,19; Ijob 7,11; Spr 18,14 u. a.) werden. Damit ist eine Trennung vom Leib möglich, auch wenn sie im AT selbst aufgrund des ganzheitlichen Verständnisses nie scharf durchgeführt wird.

I. 3. Die durch die Komplementarität von Leib und Gottesgeist/-atem angelegte wertende Trennung zwischen F. und G. wird im Frühjudentum verstärkt und zu einem mehr und mehr leibfeindlichen Dualismus ausgebaut (Num 16,22 LXX; Weish 7,1.7; Jub 2,2; 1 Hen 15,4–16,1; TestHiob 27,2; 4Makk 7,18; TestAbr 20 u. a.). In Qumran tritt neben den bibl. Sprachgebrauch die Rede vom Fleischesgeist (1QH 5,13; 4Q416 1,12; 4Q418 81,1f) als Synonym für den Menschen. Zugleich wird aber das F. moralisch als mit → Sünde, Schuld und Unrecht konnotiert abgewertet (1QM 4,3; 12,11f; 1QS 4,3.20f; 11,9.12). Bei den antiken jüd. Schriftstellern Philo (LA 1,105; 2,49f; 3,71.158; somn. 2,232, gig. 31 u. a.) und Josephus (ant.Iud. 19,325; bel.Iud. 3,372; 6,47) führt die hell. beeinflusste Trennung zwischen Leib und Seele zu leibfeindlichen Tendenzen, die eine Lösung des F. von dem G. fordern oder erwarten.

II. NT: 1. Die frühjüd. Traditionslinien aufnehmend, wird im NT F. (σάρξ) noch stärker mit Hinfälligkeit und Anfälligkeit verbunden und dem G. (πνεῦμα) entgegengesetzt. Zwar ist die Grundlinie des AT, im F. den ganzen Menschen zu sehen und das σάρξ nicht abzuwerten, vielfach noch erkennbar (Mt 24,22; Mk 13,20; Lk 3,6; Apg 2,26), doch wird insbes. bei Paulus, wo auch die meisten Belege zu finden sind, σάρξ auch als Oppositionsbegriff zu πνεῦμα entfaltet. Σάρξ steht für die Todesverfallenheit und Sündhaftigkeit des irdischen Menschen (Röm 7,14; 8; 2 Kor 4,11; Gal 4,13f), G. für das Sein in Christus (Röm 7,6f; Gal 3,3; 5,16f; Phil 3,3). Dabei stellt Paulus „F.“ oder *im F. sein* als notwendige Dimension des Menschseins in der Welt nicht in Frage (Gal 2,19f; Phil 1,22–24). Vielmehr sind „fleischlich“ und „weltlich“ nahezu Synonyme (2 Kor 10,2f; 11,18 u. a.) und da alle Menschen F. sind, sind auch alle Menschen ausnahmslos Sünder (Röm 5,12–21; 8,5–8). Nur durch die Inkarnation „in Gestalt des sündigen F.“ (Röm 8,3) ermöglicht Gott in → Jesus Christus die Neuschöpfung im G. Der G. „hilft unserer Schwachheit auf“ (Röm 8,26). Durch die in Christus erwirkte Teilhabe an der → Gerechtigkeit Gottes soll der Mensch aber nicht mehr dem F. nach, sondern dem G. nach leben (Röm 8,4.10.13; Gal 5,25). Das bedeutet die ethische Realisation der → Rechtfertigung in Werken der → Liebe, das Fernbleiben von der → Sünde und der Widerstand gegen die Begierde des F. (Röm 6,12; 7,7f; 13,14; Gal 5,16).

II. 2. Außerhalb des *Corpus Paulinum* ist die Antithese zwischen G. und F. weniger ausgeprägt. Von bes. Gewicht sind – ausgehend von dem Inkarnationsgedanken Joh 1,14 (und der λόγος ist σάρξ geworden) – die beiden Stellen des Joh (Joh 3,6; 6,63) und wegen der Rezeptionsgesch. das „der G. ist willig, doch das F. ist schwach“ (Mk 14,38; Mt 26,41). Gegenüber den Qumrantexten und auch der pln. Theol. ist hier ein schwächerer Dualismus vorherrschend. Der G. als Sitz des → Willens wird dem F., das dem unkontrollierbaren vegetativen Bereich zugeordnet ist, gegenübergesetzt, ohne dass dieses grundlegend abgewertet würde.

I. *C. A. Newsom*, Flesh, Spirit, and the Indigenous Psychology of the Hodayot, in: *J. Penner/K. M. Penner* (Hg.), Prayer and Poetry in the Dead Sea Scrolls and Related Literature, Leiden 2012, 339–354; *J. Scharbert*, Fleisch, Geist und Seele im Pentateuch, Stuttgart 1966; *H. J. Stipp*, „Alles Fleisch hatte seinen Wandel auf der Erde verdorben“ (Gen 6,12): ZAW 111 (1999) 167–186.

II. *E. Brandenburger*, Fleisch und Geist, Neukirchen-Vluyn 1980; *J. Frey*, Die paulinische Antithese von „Fleisch“ und „Geist“ und die palästinisch-jüdische Weisheitstradition: ZNW 90 (1999) 45–77; *O. Hofius*, Widerstreit zwischen Fleisch und Geist?, in: *U. Mittmann-Richert* u. a. (Hg.), Der Mensch vor Gott, Neukirchen-Vluyn 2003, 147–159.

Christian Frevel

Frau / Mann (F./M.)

(→ Dachartikel: Anthropologie)

I. AT: 1. Das bibl. Verhältnis von M. und F. kann aus unterschiedlichen Perspektiven und auf unterschiedlichen Ebenen betrachtet werden. Eine erste ist die der biologischen Unterschiede („sex"), eine zweite die der differenten Geschlechterrollen von F. und M. einschließlich deren soziokultureller Einbindung („gender"). Eine dritte ist die der anthropologischen Grundlagen zum Geschlechterverhältnis. Die Ebenen sind nicht randscharf voneinander zu trennen. Alle Überlegungen gehen von derselben Voraussetzung aus: Sowohl für die atl. wie die ntl. Welt ist de facto von einem stark asymmetrischen Geschlechterverhältnis auszugehen, in dem der M. eindeutig der F. vor- und übergeordnet wird (→ Sozialstatus). Schon die Terminologie spiegelt dieses Gefälle, wenn der Ehemann hebr. *baʿal* „Herr" (Ex 21,22; Dtn 24,1; Joël 1,8 u. a.), die Ehefrau aber nicht *baʿalā* „Herrin", sondern hebr. *ʾiššā* „Frau" (lexematisches Gegenstück zu hebr. *ʾīš* „Mann") heißt. Obwohl in der zweiten Schöpfungserzählung Gott das Gattungswesen *ʾādām* „Mensch" erschafft (Gen 2,5.7.8), wird dieser durch die später eingetragene Stammelternperspektive zu dem M. Adam. Diese geschlechtliche Fixierung war wegen der sprachlichen Offenheit des Terminus *ʾādām* möglich, der „Mensch" wie „M." bedeuten kann. Nur unter der falschen Voraussetzung, dass in Gen 2,7 von einem männlichen Individuum und nicht von einem Gattungswesen gesprochen wird, macht die Rede von der Ersterschaffung des Mannes oder Adams Sinn. Das Verbot, von der Frucht des Baumes in der Mitte des Gartens zu essen, ergeht an den Menschen (LXX: Αδαμ), nicht nur an den Mann. Die Strafsprüche in Gen 3,16–19 tragen ein Geschechtergefälle, in dem die Frau dem Mann untergeordnet wird, dann explizit ein.

Auch im NT wird die Ehefrau über den M. definiert, z. B. Röm 7,2, wo Paulus die (verheiratete) F. (griech. γυνή) durch ὕπανδρος γυνή dem M. (griech. ἀνήρ) zuordnet. Die bibl. Texte durchbrechen diese Asymmetrie nur partiell, heben sie aber nicht generell auf, sondern begründen sie und schreiben sie im Kontext patriarchalen Denkens fort. Dementsprechend bleiben F. über weite Strecken unsichtbar und passiv. Auf der anderen Seite sind sich die Texte im Blick auf die Erlösung der Kontingenz ihrer patriarchalen Grundlagen bewusst. Von bes. Wichtigkeit ist deshalb der Blick auf die Texte, die das Geschlechterverhältnis thematisieren und durchbrechen.

I. 2. Die biologischen Unterschiede zwischen M. und F. sind zwar bekannt und führen zu differenten Bewertungen, werden insgesamt aber nur selten thematisiert. Beispiele sind die Differenzierung in den Körperflüssigkeiten (Lev 15) oder in der Haartracht (Bart, Glatze u. a. Lev 13,40f). Aufgrund der körperlichen Unterschiede gelten Frauen – von Ausnahmen wie Jaël Ri 4,9.21 oder Judit Jdt 8–16 abgesehen – als schwächer, Männer als kampfstärker. Die unterschiedliche Wertigkeit der Geschlechter über biologische Unterschiede hinaus zeigt sich beispielhaft in der geschlechtsspezifischen Differenzierung im Preis für personengebundene Gelübde (Lev 27,1–7, vgl. aber den gleichen Preis für → Sklave wie Sklavin in Ex 21,32). In der differenzierten Gesellschaft im → Israel der Königszeit sind Geschlechterrollen stark ausgeprägt. Jede Überschreitung festgelegter Rollen wird strikt abgelehnt (Dtn 22,5). Die am Jerusalemer → Tempel Dienst tuenden → Priester, die → Propheten, Berufsbeamten und -soldaten scheinen nahezu ausschließlich M. gewesen zu sein (Ausnahmen sind etwa die F. am Offenbarungszelt Ex 38,8; 1 Sam 2,22 mit nichtpriesterlichen Funktionen, die F., die für Aschera in den Tempelgebäuden Webarbeiten ausführen 2 Kön 23,7, Hulda 2 Kön 22,14; die Prophetin bzw. „F." des Jesaja Jes 8,3 oder Noadja Neh 6,14).

I. 3. Mit zunehmender Ablösung der Subsistenzwirtschaft durch den Handel mit Gebrauchsgütern und Nahrungsmitteln sowie der Herausbildung der Kleinfamilie und ökonomischer Strukturen wächst die Zuordnung von F. zum Haushalt. Zuvor war die F. ebenso für die Viehzucht wie für Bereiche des Ackerbaus und für die Herstellung von Naturprodukten (Mehl, Wolle, Wein, Textilien usw.) (mit-)zuständig. Mit der Herausbildung einer Volkswirtschaft auf der Grundlage von Marktbeziehungen differenzieren sich Berufe aus, die meist von M. ausgeübt werden (Töpfer, Bäcker, Weber, Winzer, Fischer u. a.). F. wird in diesem Kontext mehr und mehr die (gesellschaftlich geachtete, vgl. Spr 31) Rolle der Hausfrau und Mutter zugewiesen, die für die Haushaltsführung sowie die Alten- und Kinderversorgung zuständig ist. Diese Arbeitsteilung gilt bis in ntl. Zeit.

I. 4. In Gesellschaften, für die die Fortführung genealogischer Linien in möglichst breiter Form oberstes Ziel ist, werden Frauenrollen häufig zwar nicht vollständig auf Mutterschaft reduziert, aber doch darüber definiert (→ Familie, → Ehe). Ausnahmen von F. mit → Ämtern oder gesellschaftlichen Funktionen (etwa Debora, Hulda, Judit, die F. von En-Dor u. a.) sind eher selten.

Patriarchales → Recht und patriarchales Denken definieren F. und ihren gesellschaftlichen Status (auch wenn sie ihnen grundsätzlich mit Respekt begegnen) über diejenigen, die über ihre Sexualität verfügen: das Mädchen über den Vater, die F. über ihren M. Relativ selbstbestimmt sind geschiedene bzw. aus der Ehe entlassene F., sofern sie nicht zurück in den Verfügungsbereich ihres Vaters oder Vaterbruders überführt werden. Unabhängig, aber sozial schwach sind → Witwen und Waisen, denen die entsprechenden ökonomischen und sozialen Schutzräume des Patriarchats fehlen (vgl. die Schutzrechte und -appelle Ex 22,21; Dtn 14,29; 24,17; Ps 68,6 u. a.). Sie sind auf Almosen oder familiäre Solidarität angewiesen (Rut 2f; Gen 38; Dtn 24,19, vgl. Lev 19,9f; 23,22 u. a.). Sowohl ökonomisch wie sozial unabhängig sind lediglich Prostituierte. Während der ehelose M. ökonomisch wie sozial selbständig in der patriarchalen Gesellschaft leben kann, bleibt die ehelose F. abhängig, nämlich im Verfügungsbereich des Vaters und seiner Familie. Die Ehe als soziale Institution (die in der ao. Welt deutlicher Zweck- als Liebesbeziehung ist) ist in der patriarchalen Welt für Männer nur als Voraussetzung der genealogischen Weiterexistenz notwendig, während sie für F. und die Familie des Vaters eine soziale Notwendigkeit darstellt. Vielleicht liegt in der Gefahr der sozialen Verelendung geschiedener F. einer der Gründe für die Ablehnung der Ehescheidung durch Jesus (Mt 5,28).

I. 5. Obwohl in der Realität starke Unterschiede im Status zwischen M. und F. existieren, gehen die anthropologischen Grundlagentexte des AT zumindest für die anfängliche → Schöpfung von der fundamentalen Gleichheit der Geschlechter aus. Gott schafft den Menschen in der ersten, priesterschriftlichen Schöpfungserzählung als M. und F. Beide sind gleichermaßen Bild Gottes (Gen 1,26f; → Ebenbild). Trotz der überwiegend negativen Rezeption trägt auch die zweite Schöpfungserzählung kein Gefälle zwischen M. und F. vom Anfang her ein. Nicht Adam wird zuerst erschaffen, sondern das Gattungswesen „Mensch". Erst durch die Differenzierung in M. und F. (symbolisch ausgedrückt durch die Erschaffung der Frau aus der Rippe/Seite des ersten Menschen, Gen 2,21–24) ist der Mensch als zweigeschlechtliches Wesen „vollständig". Die Bezeichnung der F. als „Hilfe" (Gen 2,18.20) darf nicht als „Haushaltshilfe", „Magd" oder in anderer sozial abwertender oder unterordnender Weise verstanden werden, sondern muss von dem erläuternden „die ihm entspricht" ausgehend als partnerschaftliches Gegenüber interpretiert werden. Auch darf die Frage der Schuld am Sündenfall (Gen 3) trotz des Dialogs mit der Schlange nicht einseitig zu Lasten der F. gedeutet werden. Vielmehr hält die Gartenerzählung fest, dass sich der Mensch als M. und F. gegen das Gebot Gottes vergangen hat. Die Strafsprüche schreiben eine Wirklichkeit fest, die erst durch den Sündenfall entsteht: Festgefügte Geschlechterrollen und ein Herrschaftsgefälle zulasten der F. (Gen 3,16–19). Die unverstellte, zweckfreie und partnerschaftliche → Sexualität wird durch die → Scham als Folge der → Sünde zurückgedrängt.

Zusammengefasst: In den Schöpfungserzählungen der Genesis wird der Mensch als zweigeschlechtliches Wesen erschaffen. M. und F. sind sich zugleich polar wie komplementär zugewandt. Das partnerschaftliche Gegenüber von M. und F. ist das schöpfungsgemäße Verhältnis der Geschlechter, die patriarchale Asymmetrie ist Folge der Sünde.

I. 6. Diese in der Schöpfung wurzelnde fundamentale Gleichheit droht in der späten Weisheitstradition aufgegeben zu werden, wenn auch unter zunehmendem hell. Einfluss die F. als potentielle Gefährdung des Weisheitssuchenden verstanden wird (Spr 7; Sir 9; 19,2; 25f). Den Gipfel bildet die tendenziöse Interpretation von Gen 3 durch Sir 25,24, wo einseitig die Schuld auf die Seite der F. verlagert und die F. verantwortlich für die Sterblichkeit des Menschen gemacht wird. Durch die frauenfeindliche Rezeption über Jahrhunderte hat dieser Vers viel Unheil angerichtet, sodass die von stark differenten Geschlechterrollen geprägten, aber doch nicht durchgehend negativen Aussagen über die F. in der späten Weisheitslit. in den Hintergrund geraten sind.

II. NT: 1. Auch Paulus steht in seinen, die F. abwertenden Tendenzen in dieser Linie der Rezeption von Gen 3. Etwa wenn er in der hierarchischen, von Christus her entwickelten Ableitung der Gottebenbildlichkeit (→ Ebenbild) der F. nur eine vom M. abgeleitete Gottebenbildlichkeit („Abglanz des M.") (1 Kor 11,7) zuspricht oder die F. als auf den M. hin geschaffen versteht (1 Kor 11,9). Deutlich ist dies auch in 1 Tim 2,11–15, wo ein Paulusschüler aus Kleinasien/Ephesus den M. mit Verweis auf Gen 2/3 als Ersterschaffenen der F. vorordnet und die F. auf die Mutterrolle eng führt. Die deuteropln. Haustafelethik fordert im Einklang mit der Antike trotz Wertschätzung der F. deren soziale Unterordnung unter den M. (Kol 3,18; Eph 5,22f). Die auf die häusliche Ökonomie gerichtete → Ordnung (→ Familie) wie die davon abgeleitete Gemeindeordnung (1 Kor 14,34f; 1 Tim 2,12) schreiben „im Herrn" ein Geschlechtergefälle fest, das weder der Schöpfungs- noch der Erlösungsordnung entspricht. Das macht der Blick auf Gal 3,28 deutlich, wo es mit der → Taufe „in Christus" nicht mehr „M. und F." gibt. Die diskriminierenden Geschlechterrollen, die einen Unterschied zwischen „männlich" und „weiblich" im Menschsein festhalten, werden in der (eschatologischen) Neuschöpfung, die in der Taufe symbolisiert ist, überwunden.

II. 2. Wie im AT (Gen 1–3) ist eine Differenz zwischen patriarchaler Sozialordnung einerseits und egalitärer „Erlösungsordnung" andererseits festzustellen (vgl. Mk 12,25par.). Von der Naherwartung ist auch die pln. Maxime der Ehelosigkeit 1 Kor 7 geprägt. Paulus lehnt sowohl die strenge sexuelle → Askese als auch die Scheidung um des Ev. willen ab. Auch wenn eine charismatische Ehelosigkeit wegen der ungeteilten Zuwendung zum wiederkehrenden Herrn nach Paulus den Vorzug verdient, lehnt er die partnerschaftliche Zuordnung der Geschlechter in der → Ehe nicht prinzipiell ab, sondern bewertet sie grundsätzlich als schöpfungsgemäß.

II. 3. Obwohl die Sozialordnung durchgehend patriarchal strukturiert bleibt, ist in der Beteiligung von F. in der Verkündigung gegenüber dem AT insgesamt gesehen eine Akzentverschiebung zu verzeichnen. Alle Ev. lassen Frauen Erstzeugen der Auferstehung sein. In der Mission in den pln. Gemeinden ebenso wie in der Jerusalemer Urgemeinde spielen F. eine erkennbar größere Rolle. Dies scheint in einer Tendenz stärkerer öffentlicher Gleichberechtigung in der griech.-röm. Antike, dem in der Anthropologie des AT wurzelnden Verhalten Jesu und der in anthropologischer Rücksicht egalisierenden christl. Erlösungsbotschaft begründet zu sein. Auch wenn Jesus die traditionelle patriarchale Ordnung nicht aufhebt oder die Androzentrik der Sprache nicht überwindet, zeigen die vorurteilsfreien, offenen Begegnungen mit F., ihre Beteiligung am Jüngerkreis und die Hineinnahme in die Bildworte seiner Verkündigung eine grundlegende Gleichwertigkeit von M. und F. Jesus ist nicht der sozialrevolutionäre „Cross-Gender-Rabbi" und auch nicht „der erste neue M.", sondern steht fest auf dem Boden des zeitgenössischen Judentums in der Tradition der schöpfungsgemäßen Gleichwertigkeit der Geschlechter, die den Menschen nur als M. *und* F. begreifen will und kann. Die Gegenposition, die Jesus in idealisierender Weise von dem damaligen jüd. Patriarchalismus radikal abhebt, ist hist. unzutreffend und tendenziell antijudaistisch.

II. 4. Zusammenfassend: Weder AT noch NT schreiben bestimmte Rollenmuster und Herrschaftsverhältnisse von M. und F. dauerhaft und unhintergehbar fest. Die schöpfungsgemäße Gleichheit vor Gott und die partnerschaftliche Zuordnung der Geschlechter bleibt von der bibl. → Tradition aus betrachtet kritisches Korrektiv für heutige Anthropologien. Gesellschaftlicher Status und Geschlechterrollen sind hingegen soziokulturell wie zeitbedingt und aus bibl. Sicht wandelbar.

I. *I. Fischer* u. a. (Hg.), Die Bibel und die Frauen, Stuttgart 2009; *C. Frevel/O. Wischmeyer*, Menschsein, Würzburg 2003; *E. Gerstenberger/W. Schrage*, Frau und Mann, Stuttgart 1980; *E. Klinger* u. a., Geschlechterdifferenz, Würzburg 2003; *R. Knieling/A. Ruffing*, Männerspezifische Bibelauslegung, Göttingen 2012.

II. *G. Dautzenberg* u. a. (Hg.), Die Frau im Urchristentum, Freiburg 1983; *H. Melzer-Keller*, Jesus und die Frauen, Freiburg 1997; *T. Schneider* (Hg.), Mann und Frau – Grundproblem theologischer Anthropologie, Freiburg 1989.

Christian Frevel

Freiheit (F.)
(→ Dachartikel: Ethik)

Vorbemerkung: F. eignet in der deutschen Sprache eine relativ breite Bedeutung, die philos., theol., polit. und sozial bestimmt ist. Wiewohl das neuzeitliche Verständnis von F. auch Elemente der griech. antiken Philos. tradiert und in das Verständnis auch insbes. seit der Reformation bibeltheol. Aspekte eingeflossen sind, ist es notwendig zu betonen, dass es ahistorisch wäre, eine deckungsgleiche Vorstellung in der Bibel zu erwarten. F. ist zwar ein Thema der Bibel, aber eben auf eigene Art und Weise, die sich nicht zuletzt der narrativen Grundstruktur verdankt.

I. AT: 1. Bezeichnenderweise fehlt im AT ein substantivisches Äquivalent zu F.; gleichwohl kennt das AT eine narrative Reflexion über den Zustand der Unfreiheit und den der F., wobei letzterer der ist, der dem Menschen zukommt.

I. 2. Grundlegend für jedes bibl. Reden von F. ist der Gedanke der unverfügbaren, dem Menschen im letzten unbegreiflichen F. Gottes. In ihr erweist er sich als der nahe und zugleich ferne, der daseiende und sich verbergende Gott (Jer 23,23). In der Erfahrung der F. Gottes bricht die Frage nach dem Menschen selbst auf, der sich nicht sich selbst, sondern ausschließlich Gott verdankt, sodass die anthropologische Frage immer notwendig in die theol. mündet (Ps 8; → Anthropologie). Die Wichtigkeit des Gedankens der F. Gottes für das AT ist an der Konzeption des Gottesvolks Israel abzulesen. → Israels Sein geht auf Gottes Handeln aus Erbarmen (→ Barmherzigkeit) zurück (Ex 3,6f); ein weiterer Grund ist nicht benennbar (Jes 46,10). Zu diesem F.-Akt Gottes hat Israel selbst nichts hinzugetan; das, was es ist, ist es durch Gott allein (Dtn 7,7; 9,6). Die Konstituierung Israels selbst vollzieht sich durch einen Erweis der F., indem Gott sein → Volk aus Ägypten führt und es sich unterstellt. Die Befreiung Israels hat ihr Ziel im Dienst an Gott (Ex 7,16; 8,1.20.21; 9,1.13; 10,3). Diese → Erlösung (Dtn 7,8; 13,5) meint die polit. F. von Unterdrückung und Fremdbestimmung, die aber immer nur F. vor Gott sein kann. Wie immer der hist. → Exodus zu bewerten ist, so bleibt das daraus erwachsende F.-Verständnis, dessen Besonderheit die Verschränkung von Politischem und Religiösem darstellt, bleibend gültig. Die Bedrohung der F. des Volkes bedeutet zugleich die Infragestellung der F. zum Dienst für den Gott, der diese F. begründet und garantiert. Wenn aber diese F. nicht gesichert ist, ist polit. F. notwendig fragmentarisch und defizitär (Jer). Ein nicht-theol. begründeter F.-Begriff ist der Bibel völlig fremd.

Aufgrund dieser Konzeption ist die Sklaverei, jedoch nur insoweit es sich um israelit. → Sklaven handelt, problematisch, da sie eine Verletzung des F.-Willens Gottes für sein Volk darstellt. Die Freilassung dieser Sklaven bzw. Gefangenen ist ein dem F.-Handeln Gottes entsprechendes Tun (Ex 21,1–11), das deswegen auch als wahrer Gottesdienst (Jer 58,6; mit Gerichtsdrohung in Jer 34,8–22) eingefordert und als → Hoffnung proklamiert (Jes 61,1) werden kann. Eine partielle F.-Erfahrung auch für Unfreie bietet der → Sabbat, an dem alle unterschiedslos, ob frei oder unfrei, den Tag des Herrn begehen (Ex 20,10) und somit die F. verwirklicht erfahren können (Dtn 5,14f).

Die Erfahrung des → Bösen hängt mit der Frage nach der F. des menschlichen Handelns zusammen. Die atl. Theol. hält daran fest, dass der Mensch als Geschöpf von Gott in das Vermögen gesetzt wurde, sich für Gut oder Böse frei zu entscheiden (Gen 3; Dtn 30,15–20; Jes 7,15f). Selbst der Gedanke der Verstockung eines Menschen durch Gott (Ex 7,3) bedeutet nicht, dass dessen F. der Entscheidung aufgehoben ist (Ex 8,11). Die Verstockung folgt vielmehr der Entscheidung zum Bösen. Da die → Tora den → Willen Gottes und somit den Weg zur F. mit und vor Gott aufweist, ist die Ablehnung der Tora durch den Menschen zwar ein bewusster Akt der freien Entscheidung, die ihn aber *de facto* in die Unfreiheit, weil Gottesferne, führt (Lev 26,15–35; 1 Kön 9,6f; 1 Chr 28,9; Jer 8,9; 31,37; Ez 5,6; Hos 4,6; 9,17).

II. NT: 1. Für F. steht im Griech. bes. der Begriff ἐλευθερία („F."), aber auch ἐξουσία („F., Fähigkeit, → Macht, Vollmacht").

II. 2. Für das NT bleibt die atl. Konzeption der von Gott ermöglichten und gewirkten F. von Gültigkeit. Auch wenn der Begriff F. im 20. Jh. zu einem Interpretament der pln. Theol. wurde – F. vom Gesetz; von der → Sünde, vom → Tod –, ist die methodische Unterscheidung von Text und Rezeption zu beachten. In der *Verkündigung Jesu* begegnet F. bis auf Mt 17,24–27, die Debatte um die Tempelsteuer, nicht. Allerdings ist hier in der F. „der Söhne" ein Gedanke festgehalten, der dem Verhalten Jesu durchaus entspricht, nämlich der F. von gesellschaftlichen Verhaltensmustern aus der völligen Bindung an Gott, die eine F. gegen die Vorbefindlichkeit der Welt ermöglicht und damit in letzter Konsequenz eine subversive Infragestellung bedeutet. Allerdings ist davon, soweit zu erkennen ist, auch nicht die Hoffnung auf polit. und rel. F. ausgenommen. Sympathien mit den Anfängen der judäischen Befreiungsbewegung sind bei Jesus nicht festzustellen. F. erwartet er von Gott allein durch Gottes Handeln, und zwar im Sinne einer vollkommenen Restituierung → Israels als → Volk Gottes (Mk 2,17; 6,34; Mt 10,6; 15,24). Dass für Jesus die gute → Herrschaft Gottes das Ende der menschlichen Herrschaft über Menschen bedeutet, ist anzunehmen; diese Implikation der Gottesreichverkündigung brachte ihn ans → Kreuz. Eine antizipatorische Erfahrung der zukünftigen F. des Reiches Gottes konkretisiert sich in den → Wundern, insbes. den Dämonenaustreibungen, die den Menschen wieder zu seinem Selbst und einem menschlichen → Leben befreien. Indem sie aus der Knechtung und Unfreiheit des → Bösen retten, stellen sie den Menschen in die F. vor Gott. Die lk. Theol. hat diesen Aspekt der jesuanischen Praxis konsequent vom Motiv des Jubeljahres her gedeutet (Lk 4,16–30; 7,20–23).

II. 3. In den *pln. Briefen* findet sich das Wortfeld F. häufiger in unterschiedlichen Kontexten (Röm 6,18. 20.22; 7,3; 8,21; 1 Kor 7,21f.39; 9,1.19; 10,29; 12,13; 2 Kor 3,17; Gal 2,4; 3,28; 4,22f.26.30f; 5,1.13). Innerhalb der Gemeinden ist nach Paulus die F. Gottes bereits Realität geworden, da hier trennende Unterschiede aufgehoben sind (Gal 3,28; 1 Kor 12,13); diese Negierung des Bestehenden betrifft auch die Sklaverei (1 Kor 7,22), obwohl daraus nicht eine Forderung nach der Sklavenfreilassung folgt (Phlm). Diese neue Ordnung ist gegründet in Christus und bezeugt ihn (2 Kor 3,17). Die christologische Heilswirklichkeit der Glaubenden ist bestimmt durch die F. von Sünde und die Herrschaft Gottes (Röm 6,1–14). Es findet sich das Schema der Exoduserfahrung, nach der Befreiung von Unterdrückung zu Gott führen muss. Die durch → Tod und → Auferstehung Jesu geschehene Befreiung ermöglicht das Tun des Gesetzes in → Liebe (Gal 5,14.23; Röm 8,14–17). Der Mensch, der das Ev. angenommen hat, ist dem Gesetz, das vor Christus die menschliche Sünde aufdeckt und ihm so, von dieser instrumentalisiert, den Tod bringt, nicht mehr unterworfen (Röm 8,1–4), sondern kann es erfüllen (→ Rechtfertigung). Die F. nach der → Taufe ist eine zum Tun des → Willens Gottes; hierzu ist der Mensch allein durch Gott befähigt. Die durch Sünde und Tod korrumpierte F. des Menschen wird rekonstruiert, wobei es zu der paradoxen Situation kommen kann, dass der zur F. gekommene Mensch sich gegen Gott als seinen Befreier wendend diese F. wieder an die Sünde verspielt (1 Kor 5f). Anhand der Problematik des Verzehrs von „Götzenopferfleisch" entfaltet Paulus die soziale Dimension der F., die in der Rücksichtnahme auf Andere ihre Begrenzung findet (1 Kor 10,29). F. ist dem Menschen geschenkt. Sie realisiert sich in der Verantwortung für sich und die Anderen (Gal 5,13; vgl. 1 Petr 2,15f).

Die bibl. Konzeption der F. geht von einem hohen Verantwortungsbewusstsein der Menschen aus. Gottes Gaben der → Tora und Liebe verhelfen zu ihrer Verwirklichung, was aber nicht ausschließt, dass der Mensch in F. einer Pseudo-F. anheimfällt, die ihn von Gott, den Menschen und sich selbst entfremdet.

I. *G. Braulik*, Zur deuteronomistischen Konzeption von Freiheit und Frieden, in: *ders.*, Studien zur Theologie des Deuteronomiums, Stuttgart 1988, 219–230; *B. M. Couch*, Befreiung: eine biblische Vision (1 Sam 1,2–2,11): Conc. 33 (1997) 153–159; *C. Dohmen*, Um unserer Freiheit willen: IKaZ 21 (1992) 7–24; *H. F. Fuhs*, Aus der Befreiung leben, in: *K. Backhaus/F. G. Untergaßmair* (Hg.), Schrift und Tradition, Wien u. a. 1996, 3–18; *C. Hardmeier* (Hg.), Freiheit und Recht, Gütersloh 2003; *B. Schmitz*, „Freiheit" als Thema alttestamentlicher Anthropologie, in: *C. Frevel* (Hg.), Biblische Anthropologie, Freiburg u. a. 2010, 190–215; *L. Schottroff*, Befreiungserfahrungen, in: *dies.*, Befreiungserfahrungen, München 1990, 160–169; *U. Struppe*, Aus der Knechtschaft in die Freiheit: HID 46 (1992) 26–38.

II. *S. Bieberstein*, Die Freiheit, die Tora und die Gemeinden des Messias Jesus: BiKi 57 (2002) 139–144; *W. Huber*, Zur Freiheit berufen, Gütersloh 1996; *F. S. Jones*, „Freiheit" in den Briefen des Apostels Paulus, Göttingen 1987; *K. Niederwimmer*, Der Begriff der Freiheit im Neuen Testament, Berlin 1966; *L. Schottroff*, „Wir richten die Tora auf" (Röm 3,31 und 1 Kor 5,1–13), in: *C. Hardmeier* (Hg.), Freiheit und Recht, Gütersloh 2003, 429–450; *T. Söding*, Zur Freiheit bereit (Gal 5,1): Communio 37 (2008) 92–112.

Rainer Kampling

Fremder (F.)

(→ Dachartikel: Sozialstatus/Gesellschaft und Institution)

I. AT: 1. Das Hebr. unterscheidet zwischen dem F. als Ausländer (*nokrī*), dem „Andersartigen, Abweichenden" (*zār*), der außerhalb der Gemeinschaft stand, und dem zugezogenen „Beisassen" (*tōšāb*) oder niedergelassenen „Schutzbürger" (*gēr*), die mit bestimmten Einschränkungen in die Gesellschaft aufgenommen wurden.

I. 2. Die Kategorie des F./Andersartigen (gegenüber dem Einheimischen/Vertrauten) ist problematisch und von einer Vielzahl von Voraussetzungen abhängig, die sowohl gesellschaftlich wie individuell vorgegeben sind und die Anwendung der Begrifflichkeit prägen. Dabei ist zwischen der Innen- und der Außenperspektive, der Eigen- und der Fremdbezeichnung zu unterscheiden: Eine → Gemeinschaft kann z. B. Menschen als abweichend/fremd marginalisieren, obwohl dieselben selbst durchaus der Ansicht sind, dieser Gemeinschaft anzugehören. Wer die Grenzen zwischen üblich/einheimisch und abweichend/fremd(artig) zieht, mit welcher Absicht, in welchem Kontext und zu welchem Zeitpunkt, ist daher jeweils kritisch zu hinterfragen. Die Ausgrenzung anderer Menschen als F. gehört zu den Auseinandersetzungsstrategien, mit denen Menschen andere Menschen stigmatisieren, deklassieren und bestehende unerwünschte Beziehungen aufbrechen können. Umgekehrt kann man zwischen separaten sozialen Systemen Zusammenhänge herstellen, indem man eine verwandtschaftliche Bindung behauptet (z. B. durch gemeinsame Genealogien), die hist. nicht zutrifft. So wird das Fremde im Rahmen einer Wahlverwandtschaft über die Konstruktion einer Blutsverwandtschaft dem Vertrauten/Eigenen angeeignet (z. B. Dtn 26,5). Andersartigkeit/Fremdheit spielt bei Konflikten zwischen Gesellschaften, jedoch auch bei innergesellschaftlichen Kontroversen eine Rolle. Bei letzteren kann es dazu kommen, dass eine Gruppe eine andere als „fremd" abqualifiziert und ihr damit die Ebenbürtigkeit und Rechtmäßigkeit abspricht: Im Zuge der Identitätsbestimmung der nachexil. judäischen Gesellschaft kam es zur Konstruktion der Fremdheit des Gottesvolks → Israel gegenüber den „kanaan." Vor- und Mitbewohnern des Landes, obwohl mit neueren Landnahmetheorien davon auszugehen ist, dass „Israel" hist. größtenteils in und aus „Kanaan/Kanaanäern" entstanden ist. Der Gegensatz zwischen „Israel" und „Kanaan", Einwanderern und Kulturlandbewohnern, den das AT aufbaut, ist als ein Interpretationsmuster der nachexil. Zeit zu verstehen, durch das man im Ringen um Kriterien zur eigenen Identitätsbestimmung die Distanz zum eigenen Lebensraum, der eigenen Sprache und ethnischen Zugehörigkeit ausdrückte. Wer ein F. oder Ausländer war oder nicht, war in Palästina, das zu allen Zeiten eine sozial, polit., ethnisch wie geographisch stark fragmentierte multikulturelle Gesellschaft war, kaum eindeutig festzulegen. 1 Kön 8,41 kann nicht als Definition eines Ausländers gelten, da weder die Größe → „Volk Israel" (Juda?) fest umrissen ist noch die Herkunft „aus einem fernen Land" (ausgehend von welchen Distanzen und Landesgrenzen?) eindeutige Angaben sind. Die Territorialgrenzen der Stämme, der beiden Königreiche Israel und Juda sowie der nachfolgenden Provinzen variierten im Laufe der → Geschichte beträchtlich, sodass die polit./ethnischen/kulturellen/kultgemeinschaftlichen Grenzen immer in Bewegung waren und das Fremde schnell zum Vertrauten werden konnte.

I. 3. Durchreisende Ausländer/Andersartige (*nokrī, zār*) und ansässige Beisassen/Schutzbürger (*tōšāb, gēr*) waren unterschiedlich gestellt. Der *gēr* stand nach dem AT explizit unter göttlichem Schutz (Dtn 10,18), was vom durchreisenden Ausländer so nicht belegt ist. Für alle galt jedoch: Innerhalb der vorderorientalischen Gesellschaft mit ihrem strukturierten Arrangement von zugewiesenen und weitgehend ererbten Rollen konnten Außenstehende, die keine Verbindungen zu ansässigen → Familien hatten, nur am Rande des Gesellschaftsgefüges in untergeordnetem Status bestehen. Kriegsgefangene (s. *Abb. 29*) und Flüchtlinge blieben Außenseiter. Von zugezogenen/durchreisenden F. befürchtete man, dass sie eine Gefährdung des ererbten (= zugeteilten) sozialen Status der Gemeinschaftsmitglieder oder andere unerwünschte Veränderungen bringen würden, die als Destabilisierung der gegenwärtigen Situation abgelehnt wurden. Ein F. war daher immer ein potentieller → Feind. Dem Andersartigen begegnete man mit Misstrauen, Abwehr, Aggression, aber

Abb. 29: Ägypter kennzeichnen fremde (Seevölker) Kriegsgefangene oder Untergebene mit Farbe auf der Haut (Tempel des Ramses III., Medinet Habu, 12. Jh. v. Chr.).
Quelle: *H. H. Nelson* (Hg.), Medinet Habu I: Earlier Records of Ramses III, Chicago 1930, pl. 42 (Ausschnitt).

auch Gastfreundschaft, die zwischen den Beteiligten ein System komplexer Loyalitäten schuf und dem F. einen Teil seiner Fremdheit nahm. Der Beisasse/Schutzbürger, der sich dauerhaft im Gastland ansiedelte, verlor ebenfalls einen Teil seiner Fremdheit, sodass er einen Status erwarb, der ihn der → Gemeinschaft annäherte. Für ihn kennt das AT diverse Gesetze, die sein → Recht am Rand der Gesellschaft schützen sollten (Ex 22,20f; 23,9). Er war als Zugezogener teilweise integriert und durfte Häuser besitzen (Gen 19,9). War er arm, wurde er zusammen mit → Witwen und Waisen in die Notlinderungsgesetze aufgenommen (Lev 19,10; Dtn 24,19–21). Die Sorge für den Schutzbürger wurde heilsgesch. motiviert, da Ex 22,20; 23,9; Lev 19,33f; Dtn 10,19 darauf verweisen, dass das Gottesvolk selbst in Ägypten Schutzbürger war. Lev 19,33f; Dtn 10,18f gehen über die Solidaritätsforderung hinaus, indem sie den *gēr* in das Gebot der Nächstenliebe mit einbeziehen (→ Nächster). In rel. Hinsicht gelten in nachexil. Zeit für beschnittene Schutzbürger (Ex 12,48) und Angehörige des Gottesvolkes dieselben Vorschriften der Sabbatheiligung (Ex 20,10; Dtn 5,14), des Fastens am Versöhnungstag (Lev 16,29), der Pascha-Feier (Num 9,14) sowie der Einhaltung der Opfer- und Reinheitsvorschriften (Lev 17,8–16), wodurch der *gēr* in priesterlicher Tradition zum Gemeindemitglied wird. Die LXX übersetzt den hebr. Begriff *gēr* mit προσήλυτος („der Hinzugekommene"), was auf Proselyten, d. h. „Heiden" ohne jüd. Vorfahren, zu beziehen ist, die die Bundesverpflichtungen (→ Beschneidung, Sabbatobservanz, Speisegebote) befolgten. Diese Offenheit jüd. Gemeinden, Konvertiten aufzunehmen, galt v. a. für das hell. Judentum und Diasporagemeinden. Esra 9 und Neh 13 bezeugen, dass man in Bezug auf die nachexil. Fragestellung, wie mit F. und Ausländern in Bezug auf die Aufnahme in das Gottesvolk Jhwhs als Kultgemeinschaft verfahren werden sollte, in Jerusalem sehr exklusiv partikulare Ansichten vertrat (die bis zur Auflösung der sog. Mischehen führte; → Ehe), während Jona, Rut, 1 Kön 8,41–43 und Jes 56,3 zeigen, dass durchaus auch integrative und universalistische Positionen vertreten wurden. In spiritualisierter Weise kann auch das Gottesvolk selbst als Schutzbürger im Land bezeichnet werden, dessen eigentlicher Eigentümer Jhwh ist (Lev 25,23; Ps 39,13), der seinem Volk Zuflucht und Asyl gewährt.

II. NT: 1. Das substantivierte Adjektiv ξένος für den rechtlosen F. im Gegensatz zum Bürger (πολίτης) bedeutet zugleich auch „Gast"; entsprechend kann das Verbum ξενίζειν „gastlich aufnehmen", aber auch „befremden" bedeuten. Weitere wichtige Worte für F. im NT sind πάροικος (von παρά „bei" und οἶκος „Haus"), „Nachbar", „ansässiger F." und παρεπίδημος (abgeleitet von δῆμος → „Volk"), „Zugezogener".

II. 2. Die überkommene Pflicht, F. gastlich aufzunehmen, hat auch im NT einen hohen Stellenwert, sie gilt in Mt 25,35.38.43f sogar als Kriterium im → End-Gericht. Freilich liegt der Schwerpunkt der Ermahnung meist auf der Gastfreundschaft (φιλοξενία) unter Glaubensgeschwistern (Röm 12, 13; Hebr 13,2; 1 Petr 4,9), insbes. Missionare waren darauf angewiesen (Phlm 22; 3 Joh 5; Apg 10,6 u. a.). Die Rolle des Gaius in Korinth als „Gastgeber (ξένος) des Paulus und der ganzen Gemeinde" (Röm 16,23) beleuchtet die zentrale Rolle privater Versammlungsräume im urchristl. Gemeindeleben und erklärt, warum Gastfreiheit unter den Merkmalen genannt wird, die zum Bischofs- bzw. Witwenamt qualifizierten (1 Tim 3,2; 5,10; Tit 1,8).

Während das Judentum und die meisten antiken Rel. ethnisch gebunden waren, überwindet die urchristl. Bewegung diese Beschränkung und die mit ihr verbundene Diskriminierung Andersstämmiger. Aus einst Fernen, Gästen und F. (ξένοι καὶ πάροικοι), die vom Bürgerrecht → Israels und den → Verheißungen des → Bundes ausgeschlossen waren, werden durch die Versöhnungstat Christi Nahe, „Mitbürger (συμπολῖται) der Heiligen" (d. h. der geborenen Israeliten) und „Hausgenossen (οἰκεῖοι) Gottes" (Eph 2,11–22). Selbst Barbaren und Skythen, F. *par excellence*, finden sich in der Liste der durch die → Taufe in die Christusgemeinschaft Aufgenommenen in Kol 3,11 (vgl. Gal 3,28; Röm 1,14).

II. 3. In der Praxis verlief die Integration von Menschen verschiedenster Herkunft nicht ohne Spannungen und Konflikte. Die Überwindung fremdenfeindlicher Haltungen und trennender rel. → Riten thematisieren Erzählungen wie Jesu Heilung der Tochter der Syrophönizierin nach anfänglichem Widerstand (Mk 7,23ff) oder die drastische Vision des Petrus vor der Bekehrung des Kornelius (Apg 10,9ff). Jedoch führte dieser Prozess dazu, dass die abgelegten Gebräuche der Herkunftsrel. nunmehr als „fremde Lehren" verabscheut wurden (Hebr 13,9). Der Überwindung überkommener Fremdheitswahrnehmungen im binnenkirchlichen Raum korrespondierte eine gesteigerte Fremdheitserfahrung der Gemeinde im Gegenüber zur Außenwelt. Schon Paulus bringt es auf den Begriff, dass die → Heimat/das Bürgerrecht (πολίτευμα) der Christen „in den → Himmeln" ist (Phil 3,20), der Hebr (11,9f.13: Erzväter und -mütter als Vorbilder) und bes. der 1 Petr (1,1; 2,11) definieren die Christen als F. in dieser Welt. Als „auserwählte Fremdlinge in der Zerstreuung (διασπορά; → Diaspora)" sind die Christen um ihrer eschatologischen → Hoffnung willen und in der → Nachfolge Christi in der Fremde (παροικία) zu einem gottgefälligen → Leben aufgefordert (1 Petr 1,1.17), das die sozialen und polit. → Ordnungen dieser Welt voll respektiert, aber in seiner Ablehnung des paganen Gottesdienstes, irdischer → Laster und Genüsse die Umwelt „befremdet" (1 Petr 4,4: ξενίζεσθαι) sowie ihre Feindschaft und Verfolgung hervorruft (1 Petr 2,11–4,11). Leiden mit Christus widerfährt daher den Christen nicht als etwas Fremdes (1 Petr 4,12: ὡς ξένου), sondern wird als Konsequenz ihrer christologisch und eschatologisch begründeten Distanz von der Welt bewertet.

I. *G. Baumann* u. a. (Hg.), Zugänge zum Fremden, Frankfurt/M. u. a. 2012; *C. Bultmann*, Der Fremde im antiken Juda, Göttingen 1992; *F. Crüsemann*, Fremdenliebe und Identitätssicherung: WuD 19 (1987) 11–24; *ders.*, Das Gottesvolk als Schutzraum für Fremde und Flüchtlinge, in: *ders.*, Maßstab: Tora, Gütersloh 2003, 224–243; *ders.*, Gott und die Fremden, in: ebd. 244–252; *V. Haas* (Hg.), Außenseiter und Randgruppen, Konstanz 1992; *M. Häusl*, Andere, Fremde, Feinde im Buch Esra/Nehemia, in: *N. C. Baumgart* (Hg.), Gewalt im Spiegel alttestamentlicher Texte, Würzburg 2012, 97–122; *O. Kaiser*, Von Ortsfremden, Ausländern und Proselyten: ThPQ 157 (2009) 268–282; *E. Otto*, Die Aktualität des biblischen Fremden-Rechts, in: *ders./S. Uhlig* (Hg.), Kontinuum und Proprium, Wiesbaden 1996, 317–321; *M. Zehnder*, Umgang mit Fremden in Israel und Assyrien, Stuttgart 2005.
II. *R. Feldmeier*, Die Christen als Fremde, Tübingen 1992; *J. J. Pilch/B. J. Malina* (Hg.), Handbook of Biblical Social Values, Peabody ²1998.

Angelika Berlejung (AT) / Annette Merz (NT)

Freude (F.)

(→ Dachartikel: Anthropologie)

Vorbemerkung: Die spontan empfundene F. gehört zu den Grundbefindlichkeiten des Menschseins. Anlass, Ausdruck und Intensität der F. sind vielfältig: F. am Spiel, an der Begegnung mit Freunden, am Schönen, am Erfolg oder im gemeinsamen Feiern mit Musik und Tanz, im Klatschen, Springen und Jubeln, an Gott und der Begegnung mit ihm. Bibl. gehören F. und Glück eng zusammen.

I. AT: 1. Für das AT ist die F. (*śimḥā, śmḥ*, daneben auch, *śûś*, *ʿlṣ*, *ḥdh* sowie *rnn*, *gīl* „jubeln") als theol. gedeuteter Grundbegriff in dreifacher Weise näher in den Blick zu nehmen: F. als *von* Gott verursachte F. und die daraus resultierende F. *an* Gott, F. *vor* Gott als Leitkategorie des → Kultes und schließlich F. als gebotene Lebenshaltung.

I. 2. Gottes rettendes und befreiendes Handeln ruft bei den Menschen F. und Jubel hervor. Das zeigt sich beispielhaft im Buch Jes, wo sich → Israel, die aus dem → Exil Zurückkehrenden oder die Armen Israels über das Eingreifen Gottes freuen (Jes 9,2; 25,9; 30,29; 35,10; 51,3.11; 55,12). Weil die → Trauer über den Zusammenbruch (Klgl 5,15) in F. verwandelt ist (Jes 60,20; Jer 31,13; Ps 126,2f), werden → Zion und die Bewohner Jerusalems immer wieder zum Jubel aufgefordert (Jes 54,1; 66,10; Joël 2,23; Zef 3,14; Sach 2,14). Die F. ist dabei nicht nur eine spontane Empfindung, sondern steht für ein heilvolles, beschütztes und versorgtes → Leben. Während Trauer und Furcht Lebensperspektiven einengen, verbindet sich mit der F. die Ausdehnung von Perspektiven. Zugleich kommt der Mensch in der F. zu sich selbst. Das wird in den Pss. deutlich, wo der Beter die heilvolle Zuwendung Gottes mit dem Geschenk der F. verbindet (Ps 4,8; 30,12; 51,10; 90,14 u. a.). Bes. die Armen und Gedemütigten, denen sich Jhwh bevorzugt zuwendet (→ Armut), freuen sich an ihm (Jes 29,19; Ps 34,3, vgl. 1 Sam 2,1). So wird Gott zum „Gott meiner F." (Ps 43,4), die F. zur Grundhaltung (Ps 68,4; 70,4) und die „F. am Herrn zur Stärke" (Neh 8,10). Da die → Tora als Geschenk göttlicher Gegenwart verstanden wird, freuen sich die Gerechten an ihr (Ps 1,2; 119,16.47, vgl. Röm 7,23 und die erst nachtalmudisch ausgebildete „Simchat Tora" am letzten Tag des Laubhüttenfestes).

Ihren festen Ort hat die F. als „Festfreude" im Kult (Lev 23,40; Num 10,10; 1 Sam 11,15; 1 Kön 1,40 u. a.; → Fest), wo Gottesnähe konkret und gemeinschaftlich erlebbar wird. Zum Leitbegriff des Kultes wird sie im Dtn (Dtn 12,7.12.18; 14,26; 16,11.14f; 26,11; 27,7; 28,47). Im Mittelpunkt der Festfreude steht das gemeinschaftliche Mahl: F. *an* und *vor* Gott als dankende Antwort auf die reichhaltigen Gaben Gottes.

I. 3. In keinem anderen Buch spielt der Aufruf zur sinnlichen F. eine solche Rolle wie bei Koh (Koh 3,22; 9,7–10; 11,9 u. a.). In der gottgeschenkten F., die es im gegenwärtigen Augenblick spontan und bewusst zu leben gilt, ist für den Menschen Glück, das unverfügbar bleibt, erfahrbar. Die F. ist so für den Prediger der Ort, an dem Gott dem Menschen „Antwort" gibt (Koh 5,17–19). Damit ist F. stets mehr als reines Vergnügen oder Lust an der Lust. Anthropologisch gewendet ist F. für Kohelet eine Grundhaltung, die von Gott her dem Menschen unverfügbar eröffnet wird, ihn auf Gott hin öffnet und gelingendes Leben ermöglicht.

II. NT: 1. Auch im NT ist F. (griech. χαρά, Verbum χαίρω, seltener auch ἀγαλλίασις, εὐφροσύνη) als Geschenk Gottes verstanden. Als Freudenbote bringt Jesus die endzeitliche F., ein deutender Zug, der möglicherweise sogar zum Selbstverständnis des hist. Jesus als eschatologischer → Prophet gehört. In seiner Person und in der Begegnung mit ihm wird die endzeitliche F. (im gemeinschaftlichen Mahl, in Heilungen, in der Auferweckung) gegenwärtig. Seine „frohe" Botschaft (→ Evangelium) wird von den Hörern und Hörerinnen mit F. aufgenommen (Mk 12,37; Mt 13,20, vgl. Apg 13,48; Hebr 4,2) und seine Gottesnähe lässt ihn selbst F. empfinden (Lk 10,21; Joh 15,11; 17,13). Schon die Magier werden beim Anblick des Sterns von großer F. erfüllt (Mt 2,10), der → Engel verkündet den Hirten auf dem Feld „eine große F." (Lk 2,10) und man empfindet F. über das Auftreten Jesu (Lk 13,17; 19,6; Joh 3,29; 8,56). Das Joh bindet die F. am stärksten an die Person und das Auftreten Jesu in der Welt (Joh 16,20–24; 17,13). Als „Ev. der F." ist Lk durchzogen vom Jubel und Lob über die Heilstat Gottes in Jesus (Lk 1; 2,10; 4,19; 10,20; 15 u. a.). In allen Evv. (außer Mk) ist die F. über die → Auferstehung fest verankert (Mt 28,8; Lk 24,41.52; Joh 20,20).

II. 2. Eine bedeutende Rolle spielt die F. über das „Sein in Christus" und die damit erlangte Teilhabe an der göttlichen F. bei Paulus. Er hat nicht nur F. an seiner Aufgabe und v. a. an seinem Missionserfolg (2 Kor 7,4.7; 13,9; 1 Thess 2,19f; 3,9; Phil 1,18; 4,1), sondern seine F. rührt aus der Nähe zu Gott im → Glauben an → Jesus Christus, „denn das Reich Gottes [...] ist → Gerechtigkeit, Friede und F. im Heiligen → Geist" (Röm 14,17, vgl. Gal

5,22). Dabei fordert Paulus immer wieder zur aktiven Teilhabe an dieser F. auf (Phil 2,17f). Die F. soll Zeugnis von dem „Sein in Christus" geben und nicht von den Glaubenden weichen (1 Thess 5,16; Phil 3,1; 4,4; Röm 12,12). Die F. als christl. Grundhaltung nehmen die Deuteropaulinen und Past. auf (Kol 1,12; 1 Petr 1,6). Hier wie schon bei Paulus (2 Kor 6,10; 7,4) soll die F. in allen Lebenslagen – auch im Leiden (1 Petr 4,13) – durchgehalten werden.

I. *G. Braulik*, Von der Lust Israels vor seinem Gott, in: *ders.*, Studien zum Deuteronomium und seiner Nachgeschichte, Stuttgart 2001, 91–112; *N. Lohfink*, Koh 5,17–19 – Offenbarung durch Freude, in: *ders.*, Studien zu Kohelet, Stuttgart 1998, 151–165; *L. Schwienhorst-Schönberger*, Gottes Antwort in der Freude: BiKi 54 (1999) 156–163.

II. *W. Fenske*, Freude als Grundzug der Theologie und Biographie des Paulus, in: *M. Becker/W. Fenske* (Hg.), Das Ende der Tage und die Gegenwart des Heils, Leiden 1999, 229–244; *A. Inselmann*, Die Freude im Lukasevangelium, Tübingen 2012; *G. Theißen*, Furcht und Freude in der Bibel: NedThT 61 (2007) 123–147.

Christian Frevel

Fülle (F.)

(→ Dachartikel: Eschatologie)

I. AT: 1. In den Pss. erscheint der Gedanke der F. als Steigerungsmotiv: Vor Gott herrscht → Freude in F. (hebr. *śb*ᶜ, Ps 16,11; vgl. auch 1QS 3,7f), die Armen (Ps 37,11) bzw. die, die Gottes → Weisung lieben (Ps 119,165), werden Glück (*šālōm*) in F. (*rōb/rab*) genießen. Bei Gott ist → Erlösung (*p*ᵉ*dūt*) in F. (*rbh*, Ps 130,7).

I. 2. Das Motiv der (endzeitlichen) F. als → Verheißung begegnet bereits bei der Wiederholung und Erneuerung der Zusagen Gottes an Abraham nach der Bindung Isaaks in Gen 22,17: Gott wird Abraham → Segen in F. schenken. Diese Verheißung an Abraham wird in Hebr 6,13f als bleibend gültiger und zuverlässiger Schwur Gottes bei sich selbst aufgegriffen und – als → Lohn für Abrahams Ausdauer gedeutet – den Gläubigen als Motivation, die Erfüllung der Verheißung Gottes zu erwarten, vor Augen gestellt. Das erwartete endzeitliche → Heil in F. malen die prophetischen Utopien des AT aus (→ Eschatologie). Dies geschieht z. B. mit dem Bild des Tierfriedens, der blühenden → Wüste, mit der Heilung von Behinderungen und → Krankheiten, aber auch ganz konkret mit der F. an Nahrungsmitteln durch reiche Ernten (vgl. u. a. Dtn 33,13–16; Ps 72,16; Am 9,13f).

II. NT: 1. Im NT begegnet bevorzugt der griech. Begriff πλήρωμα als Bezeichnung für eine übertragene Bedeutung des Wortes F.

II. 2. Paulus spricht in Gal 4,4 von der F. der → Zeit, die dadurch markiert ist, dass Gott seinen Sohn sandte und von einer Frau gebären ließ (vgl. auch Mk 1,15: Der Beginn der Verkündigung Jesu kennzeichnet die Erfüllung der Zeit). In Röm 15,29 äußert Paulus die → Hoffnung, zu den Adressaten in der F. des → Segens Christi zu kommen. In endzeitlicher Erwartung hofft Paulus in 2 Kor 4,17 auf ein „maßloses Übermaß" (καθ' ὑπερβολὴν εἰς ὑπερβολὴν) an → Herrlichkeit, das die kleine Last der gegenwärtigen Not bei Weitem übersteigt (vgl. auch Röm 8,18–24). Diese unterschiedlichen Motive von F. tauchen auch in der weiteren Brieflit. auf. Insbes. die *göttliche* F. ist ein gemeinsamer Leitgedanke in Kol und Eph: Die „F. der Zeiten" (πλήρωμα τῶν καιρῶν) ist in Christus erreicht (Eph 1,10), der die → Kirche erfüllt (Eph 1,23), die als zukünftige erhoffte Einheit aller Glaubenden die F. des Christus darstellt; durch diese Vervollkommnung der Glaubenden in der → Liebe Christi werden sie mit der F. Gottes erfüllt (Eph 3,19). Diese F. Gottes wohnt(e) in Christus (Kol 1,19; 2,9) und daher konnte Christus die F. Gottes als → Gnade an die Menschen weitergeben (Joh 1,16).

Joh enthält auch das bekannte Jesuswort: „Ich bin gekommen, damit sie das → Leben haben und es in Fülle haben" (Joh 10,10). Die F. des Lebens, die Jesus verleiht, markiert Joh in seiner Symbolsprache durch Überfluss an Nahrung: Jesus ist das lebendige Wasser, das nie mehr durstig sein lässt (Joh 4,14; 7,37f), und das lebendige Brot, das nie mehr hungrig sein lässt (Joh 6,35). Der Gedanke der vollkommenen → *Freude* vor Gott (vgl. Ps 16,11) wird in den Abschiedsreden des Joh deutlich: Was Jesus den Jüngern sagt, soll Freude in F. bewirken (Joh 15,11; 16,24; 17,13).

I. *G. Baudler*, Das Leben in Fülle: AnzSS 109 (2000) 562–566; *H. Groß*, „Bei ihm ist Erlösung in Fülle": BiKi 42 (1987) 104–108.

II. *J. Ernst*, Pleroma und Pleroma Christi, Regensburg 1970; *M.*

Küchler, „Aus seiner Fülle haben wir alle empfangen", in: *A. Dettwiler/U. Poplutz* (Hg.), Studien zu Matthäus und Johannes, Zürich 2009, 135–155; *P. D. Overfield,* Pleroma: NTS 25 (1979) 384–396; *K. Schubert* (Hg.), Vom Messias zum Christus, Freiburg 1964; *R. Yates,* Re-Examination of Ephesians 1,23: ET 83 (1972) 146–151.

Thomas Hieke

Fürbitte (F.)

(→ Dachartikel: Soteriologie)

Vorbemerkung: Der Begriff F. impliziert die Existenz einer Mittlerperson, welche die Anliegen anderer Menschen vorträgt. Im Rahmen der → Soteriologie geht es dabei meist um die Vorstellung, dass die Position der eigentlich Hilfesuchenden für den heilvollen Ausgang ungünstig ist, weil die Kommunikation mit der Rettungsmacht, die ein Mensch oder eine Gottheit sein kann, aus irgendwelchen Gründen beeinträchtigt oder zerstört ist.

I. AT: Ein prominentes Beispiel für F. bei einem menschlichen Retter ist Ester. In höchster Gefahr für das jüd. → Volk bittet die Königin den pers. König, dass ihr und ihrem „Volk das → Leben geschenkt" werde (Est 7,2; vgl. 5,6–8). In der Beziehung zu Gott übernehmen v. a. → König, → Priester und → Prophet F.-Funktion. Als König bittet Salomo im F.-Gebet (1 Kön 8,28–53) für das Volk um → Rettung aus vielerlei Gefahr und um → Vergebung der → Sünden. Auch König Hiskija betet für Juda (2 Chr 30,18–20). Im priesterlichen Bereich geht es v. a. um die F. des Hohepriesters, der in der Theol. der P zur kultischen Führungsperson ausgestaltet wird (→ Amt). Ihm ist der → Kult des Versöhnungstages (Lev 16; → Fest) vorbehalten, der funktional eine (nonverbale) F. darstellt. Der Hohepriester agiert als Vertreter des Volkes vor Gott und vermittelt kultisch → Versöhnung. In 2 Makk 3,32f wird der Tempelschänder Heliodor durch das F.-Opfer des Hohepriesters Onias gerettet vor dem göttlichen Zorn. In Esra 6,10 ordnet der Perserkönig an, dass die Jerusalemer Priester für ihn opfern und beten. V. a. aber ist es Mose, der als *der* Mittler zwischen Gott und den Menschen fungiert und F. leistet. Immer wieder tritt er vor Jhwh für das Volk ein. Seine F. bewirkt, dass Gott seinen → Zorn über den Abfall des Volkes aufgibt und auf das beabsichtigte Strafgericht verzichtet (z. B. Ex 32,11–14; Num 12,13; 21). Außerdem bewirkt die F. des Mose die Befreiung Ägyptens von der Froschplage (Ex 8,5–11) und von Ungeziefer (Ex 8,24–27).

Generell gehört die F. zur Rolle des Propheten, der in Vertretung seines Volkes vor Gott steht und umgekehrt (1 Sam 7,5; 12,19.23; 1 Kön 13,6; Neh 1,6; Dan 9,20). In Jer 42 betet Jeremia für den → Rest Israels. In Jer 7,16 und 11,14 allerdings wird dem Propheten von Gott verboten, für Israel zu bitten: Jhwh ist entschlossen, sich nicht mehr umstimmen zu lassen. Das Verbot der F. weist auf die Wirkmacht hin, die der prophetischen F. zugetraut wird. Elija bewirkt durch seine F. die individuelle Rettung eines toten Kindes (1 Kön 17,17–23). Unter den Patriarchen legt Abraham F. für Sodom ein (Gen 18,23–33). Isaak betet für seine kinderlose Frau Rebekka (Gen 25,21). Eine bes. Rolle spielt die F. im Ijob-Buch. Zum einen wird in der Rahmenerzählung, dem ältesten Teil des Ijob-Buchs (5. Jh. v. Chr.?), die heilswirksame F. des Ijob für seine Freunde erwähnt (Ijob 42,8ff). Für diese solidarische F. wird Ijob von Gott belohnt (Ijob 42,10). In diesem Zusammenhang ist auch an Ps 109,4 zu erinnern, wo gesagt wird, dass der Gerechte für seine → Feinde betet. Zum anderen finden sich im Ijob-Buch zwei der seltenen atl. Stellen, wo die F. von → Engeln erwähnt wird. Zum einen wird in Ijob 5,1 (Rede des Elifas) Ijob die Möglichkeit abgesprochen, sich an einen der „Heiligen" (= Engel) zu wenden. Zum anderen wird in den Elihu-Reden, dem jüngsten Teil des Buches, ein Engel erwähnt, der dem Menschen zur Seite steht und für ihn F. bei Gott einlegt (Ijob 33,24).

II. NT: Ein Beispiel für F. bei einem menschlichen „Retter" ist der Phlm, dessen gesamte pragmatische Intention F. ist. Paulus bittet für den entlaufenen → Sklaven Onesimus, den er nun als Bruder in Christus an seinen christl. Herrn Philemon zurückschickt. Wenn es um die Gott-Mensch-Beziehung geht, so ist auf das Gebot der Feindesliebe zu verweisen, das zur ältesten Jesustradition gehört (→ Feind). In Q wird es durch die Aufforderung zur F. für die Verfolger ergänzt (Mt 5,44, vgl. Lk 6,28). Bei Lk erfüllt Jesus selbst diese Aufforderung, wenn er am → Kreuz für die bittet, die ihn umbringen (Lk 23,34). Beim Sterben des Stephanus (als *Imitatio Christi* gestaltet) taucht diese F. ebenfalls auf (Apg 7,60). Bei Paulus ist die F. ein solidarischer Akt der Christgläubigen: Er bittet die Gemeinde in Rom um F. bei Gott (Röm 15,30; vgl. auch Eph 6,18) und versichert seinerseits, dass er für sie betet (Röm 1,9f). Diese gegenseitige F. stellt über jede Trennung hinweg ekklesiale Gemeinschaft her. Evtl. kann auch die in Korinth praktizierte stellvertretende → Taufe für Tote (1 Kor 15,29) als eine bes. Form der F. verstanden werden. Im „Hohepriesterlichen Gebet" (Joh 17) bittet der scheidende Jesus den Vater, dass er allen Glaubenden ewiges Leben schenke. Die F.-Funktion wird in 1 Joh 2,1 auf den erhöhten Christus übertragen und mit dem Begriff „Beistand" (παράκλητος) umschrieben (→ Geist).

I. *E. Aurelius*, Der Fürbitter Israels, Lund 1988; *U. Becker*, Der Prophet als Fürbitter: VT 51 (2001) 141–165; *E. Nielsen*, Der Fürbitter Israels: SJOT 2 (1989) 94–99; *M. Oeming*, „Ich habe ein Lösegeld gefunden!" (Ijob 33,23), in: *R. Bernhardt* (Hg.), Metapher und Wirklichkeit, Göttingen 1999, 89–101; *M. G. Steinhilber*, Die Fürbitte für die Herrschenden im Alten Testament, Frühjudentum und Urchristentum, Neukirchen-Vluyn 2012; *M. Widmer*, Moses, God and the Dynamics of Intercessory Prayer, Tübingen 2004.
II. *M. Blum*, „... denn sie wissen nicht, was sie tun", Münster 2004; *G. Friedrich*, Die Fürbitte im Neuen Testament, in: *ders.*, Auf das Wort kommt es an, Göttingen 1978, 431–456; *S. Hagenow*, Heilige Gemeinde – Sündige Christen, Tübingen 2011; *E. A. Obeng*, The Origins of the Spirit Intercession Motif in Romans 8,26: NTS 32 (1986) 621–632; *A. Schenker*, Das fürbittend sühnende Martyrium 2 Makk 7,37–38 und das Kelchwort Jesu: FZPhTh 50 (2003) 283–292.

Joachim Kügler

Gebet (G.)

(→ Dachartikel: Kult)

Vorbemerkung: Neben dem → Opfer ist das G. (hebr. *tᵉfillā*; griech. προσευχή) die natürlichste und häufigste Form der rel. Äußerung und Reaktion des Menschen auf die Erfahrung des Göttlichen. Es zeichnet sich durch Sprachlichkeit aus und setzt einen persönlichen Gottesbegriff voraus. Die Grundformen des G. sind die → Klage (Bitte) und das → Lob (Dank). Je nachdem soll das G. entweder die Gottheit zum helfenden Einschreiten bewegen oder sie der Verehrung des Beters vergewissern. Die Grenzen zur Beschwörung (Magie) und zur (mystischen) Kontemplation sind fließend. Beim G. liegt der Akzent darauf, die Lebenserfahrung im Gegenüber zur Gottheit zu artikulieren; insofern ist es dialogisch ausgerichtet und auf „Erhörung", aber nicht unbedingt auf „Erfüllung" angewiesen.

Die Phänomenologie des G. in der bibl. und parabibl. Überlieferung ist, bei aller Vielfalt, ziemlich konstant und unterscheidet sich von der ao. bzw. hell.-röm. Gebetspraxis nur wenig. Daher wird im Folgenden zwischen AT und NT nicht getrennt.

I. *Phänomenologie.* An Gebetsgesten begegnen das Stehen (1 Sam 1,26; Lk 18,11; Mk 11,25), das Knien (1 Kön 8,54; Lk 22,41), die Proskynese (Gen 24,26; Mt 26,39) und das Ausstrecken oder Erheben der Hände (1 Kön 8,22.54; Ps 141,2; 1 Tim 2,8 s. *Abb. 30*). Ort und Zeit sind frei, mit Ausnahme der vorgeschriebenen, rituellen G. an Festtagen und zu den täglichen Gebetszeiten (Dan 6,11; Apg 3,1; 10,9; Did 8,3; 4Q503) am Ort (Lk 18,10; Apg 3,1) oder in Richtung des → Tempels in Jerusalem (1 Kön 8,44; Dan 6,11) bzw. auf dem Berg Garizim (Delos-Inschriften). Als eine Besonderheit hat sich in hell. Zeit die jüd. Gebetskleidung herausgebildet: der Gebetsmantel (Tallit) mit Quasten (Num 15,37ff; Dtn 22,12) und die Gebetsriemen (Tefillin, Dtn 11,18; Mt 23,5). Zur Gebetspraxis ist mit der Zeit das für die Klage und → Trauer übliche Fasten (→ Askese) als festes Element hinzugetreten (Jer 14,11f; Dan 9,3; Neh 1,4; Tob 12,8; Lk 2,37; Apg 13,2f).

Als Anlässe werden in der Überlieferung außer den festen Gebetszeiten rel. Erfahrungen und kultische Praktiken jeder Art genannt, z. B. Orakelanfragen (1 Sam 14,37.41) oder das Versprechen und Einlösen von Gelübden (Gen 28,20–22; Ri 11,29–40), die Nachwahl eines → Apostels (Apg 1,24f) und Einsetzung von Diakonen oder Ältesten (Apg 6,6; 14,23) oder die Aussendung von Missionaren (Apg 13,3). Auch Visionen werden von (Fasten und) G. begleitet oder durch sie ausgelöst (Dan 2,19–23; 9,20ff; Apg 9,11f).

Des Weiteren sind es sowohl regelmäßig wiederkehrende als auch außergewöhnliche Ereignisse im Alltag der Menschen, die ein G. motivieren: Kinderwunsch (1 Sam 1,10f; Lk 1,13) und Namensgebung (Gen 29,31–30,24), Speise und

Abb. 30: Anbetungsszene auf einer Situla (saïtisch oder frühptolemäisch). Gebetsgestus eines Anbeters (rechts außen) mit erhobenen Händen vor einer Reihe von äg. Gottheiten. Gottheiten mit erhobener Rechten segnen ihrerseits ihren Anbeter.
Quelle: *M. Lichtheim*, Situla No. 11 395 and Some Remarks on Egyptian Situlae, JNES 6.3 (1947), 169–179, pl. 5.

Trank (Ps 104,27f/145,15f; Mt 6,11par.; Mk 14,22f.par.; 1 Tim 4,3–5; → Essen), glückliche Begegnungen und Fügungen (Gen 24,12–14.26f; Lk 2,28–32), → Krankheit und Heilung (2 Kön 4,33; Jes 38; Jak 5,14–16), Abschied (Apg 20,36) und Sterben (Lk 23,46), → Krieg (Ex 15,21; Jos 7,7–9) und Naturkatastrophen (Jer 14,7–9), Not und Verfolgung (Ri 15,18; Apg 4,24–30; Röm 15,30–32; Jak 5,13).
Sofern die Betroffenen ihre G. nicht selbst vor Gott brachten, wurden diese – v. a. im Rahmen des → Kults – von bes. begabtem oder geschultem Personal (1 Sam 7,5; 2 Kön 4,33; 1 Chr 16; Neh 9) oder von höher gestellten Menschen wie dem Familienoberhaupt (Gen 12,8; 13,4; 21,33; 26,25), dem → König (1 Kön 8; 1 Chr 29,10ff) oder dem → Apostel und Gemeindevorsteher (Jak 5,14) artikuliert. Eine bes. Form des stellvertretenden G. ist die → Fürbitte (Gen 25,21; für die Obrigkeit Ps 72,15; Esra 6,10; Jer 29,7), die im AT als Aufgabe der → Propheten gilt (Gen 20,7; 1 Sam 7,5; 1 Kön 13,6; Am 7,2.5; Jer 7,16 u. a.; Ez 9,8; 11,13; vgl. Jak 5,17f), im Gefolge der Propheten auch von Mose zuweilen ausgeübt wird (Ex 32–34; Dtn 9f) und im NT zur allgemeinen Christenpflicht erhoben ist (1 Tim 2,1f).
II. *Texte.* Die Masse der überlieferten Gebetstexte findet sich im Psalter. Von den hier gesammelten Hymnen und G. stammen jedoch die wenigsten aus alter (vorexil.) und die meisten aus später (exil.-nachexil.) Zeit. Die Hauptgattungen sind der Hymnus (Lob), der die klassischen mythologischen Themen der kanaan. geprägten Stadttheol. besingt (Jhwh-Königtum, → König, → Zion, Weltordnung und -erhaltung), sowie das Klagelied (Klage) und das Danklied des Einzelnen (Lob), die den anthropologischen Dimensionen dieser Theol. Ausdruck verleihen. Sowohl die Gattungen als auch die sprachlichen Muster und alten Textreste haben im vorexil. Tempelkult ihren ursprünglichen Sitz im Leben. Beide, Gattungen und Texte, wurden im Laufe der Zeit weiter ausgebildet, verändert und den neuen Bedingungen der späteren Zeit angepasst. Damit haben die Pss., soweit sie nicht im Kult des zweiten Tempels weiter Verwendung fanden, ihre ursprüngliche Bestimmung verloren und sind im Rahmen der Komposition des Psalters zu persönlichen G. geworden.
Von dieser Entwicklung zeugen auch die bibl. und parabibl. Erzählungen, Evv. und Briefe, die meist nur kurze, spontane und situationsgebundene Gebetsformulierungen mitteilen. Auch sie leben von den kultischen Formularen, wie etwa die Klage in Gen 25,22, die Bitte in Gen 32,12 und v. a. die in Erzählungen sehr beliebte Benediktion „Gepriesen sei Jhwh/seist Du, der …" deutlich machen, mit denen Begebenheiten kommentiert und in ein rel. Bezugssystem eingeordnet oder ausführlichere G. eingeleitet werden (Gen 24,27; Tob 3,11). Darüber hinaus wurden bekannte oder neu geschaffene G. als Einlagen in die Erzählungen eingefügt (Ex 15; 2 Sam 22; 1 Kön 8; 1 Chr 16; 29,10ff; Esra 9; Neh 1 und 9; Zusätze zu Dan 3 und Est; G. des Manasse; Tob; 1–3 Makk; Lk 1; Joh 17).

In Qumran erfreute sich der Psalter großer Beliebtheit und wurde in einer Vielzahl von Abschriften überliefert. Der bibl. Textbestand ist darin z. T. anders gruppiert und durch neue Stücke ergänzt (11QPs[a]). Daneben entstand die Sammlung der Hodajot (1QH), die ebenso wie die Hymnen und G. im Sirachbuch und die Pss. Salomos eine lebendige und breite Gebetstradition bezeugt. Diese schlug sich auch in der Bildung der klassischen jüd. G. (Achtzehnbittengebet, Kaddisch u. a.) sowie im Vaterunser (Mt 6,9–13par.) nieder. Die Anrede Gottes mit „Abba, Vater" (Mk 14,36; Röm 8,15; Gal 4,6) oder „Vater" allein (Lk 23,34) ist bemerkenswert, aber keine christl. Bildung (vgl. Jes 64,7; 4Q372 1,16; Weish 14,3; Sir 23,1). Wie bei der auf Bestätigung und Aneignung zielenden Schlussformel „Amen" handelt es sich um ein Relikt der vorchristl. hebr.-aram. Tradition.

Die Gebetslit. lehnt sich auch sonst deutlich an die im Tempelkult beheimatete rituelle Gebetssprache an, geht aber, wie schon der Psalter selbst, formal und inhaltlich eigene Wege. Sie bewegt sich nicht selten neben oder gar in Konkurrenz zum Tempel. Innerhalb wie außerhalb des Tempels gilt das G. als Opfer (Ps 141,2; Apg 10,4) und tritt mehr und mehr an seine Stelle. Wie der Tempelkult will auch das in Privathäusern, Synagogen oder unterwegs rezitierte G. Anteil an der himmlischen Welt und ihrem Kult gewähren (Offb 8,3f). Nach der Zerstörung des zweiten Tempels im Jahre 70 n. Chr. löste das G. den Opferkult endgültig ab.

III. *Theologie.* Theol. sind viele der späten G. dtr. geprägt und zeichnen sich durch das kollektive Schuldbekenntnis aus (Jes 63,7ff; Esra 9; Neh 1 und 9; Dan 9). Sie geben die Auffassung der Gruppe der toratreuen „Frommen" (Chasidim) wieder, die ihre Zeit als Zeit der anhaltenden → Sünde und des göttlichen → Zorns begriffen und auf das von Gott bereitete Ende, das → End-Gericht über die Sünder und die → Rettung der Frommen hofften.

Eine andere Auffassung vertreten der mit Verweis auf die → Tora Gottes eröffnete (Ps 1) und doxologisch strukturierte, in fünf „Bücher" unterteilte Psalter (Ps 41,14; 72,18f; 89,53; 106,48; 145; 146–150) und ihm nahestehende G. (bes. in Chr, Klgl, Sir, Tob, Dan 1–6 einschließlich der Zusätze zu Dan 3 sowie Est u. a.). Sie stammen aus (priesterlich-weisheitlich geprägten) schriftgelehrten Kreisen, die – bei aller (selbst-)kritischen Distanz und unbeschadet des eschatologischen Vorbehalts – dem Tempelkult positiv zugeneigt waren und sowohl das Schicksal ihres → Volkes (bzw. der „Frommen" im Volk und unter den Völkern) als auch ihr persönliches, ebenfalls auf dem Toragehorsam gegründetes Leben unter das Vorzeichen von Lob und Dank stellten.

In den Hodajot von Qumran kann man sehen, wie sich aus diesen Kreisen eine Gruppe löst und in einen radikalen, apokalyptischen Dualismus flüchtet: Grund für → Lob und Dank haben nur die Erleuchteten, die Gott für das → Leben in der qumranischen → Gemeinschaft und für die schon im „Jetzt" gewährte Teilhabe an der himmlischen Welt vorherbestimmt und auserwählt hat; alle anderen wandeln in der Finsternis und sind seit jeher bis in Ewigkeit der Sünde, dem Zorn und dem eschatologischen Gericht preisgegeben.

Im G., das der Herr Jesus gelehrt hat, dem Vaterunser, lebt hingegen die – eschatologisch zugespitzte – Gebetstheol. des Psalters weiter. Sie prägt auch das übrige NT, bes. die lk. Theol. (Lk 11,1ff; 18,1ff), und die frühchristl. Tradition (vgl. 1Clem 59–61). Das G. ist auch hier an Gott gerichtet, aber natürlich christologisch determiniert. Seinen Ausdruck findet dies in dem eschatologischen Ruf *Maranatha* („Unser Herr, komm", 1 Kor 16,22; vgl. Offb 22,20), den auf den erhöhten Herrn bezogenen Doxologien (Röm 9,5; 2 Petr 3,18; Offb 1,6; 5,9–13) sowie dem Dank „durch Christus" für das von Gott geschenkte → Heil (Röm 1,8; 5,11; 7,25) und dem G. „im Namen Jesu" (Joh 14,13f; 15,16; 16,23f). An der Erfüllung der G. besteht kein Zweifel (Mt 6,5ff; 7,7–11). Als Tröster (→ Trost) und Gebetsmittler tritt bis zur eschatologischen Vollendung der → Geist ein (Röm 8,26f; Joh 4,23f). Das Beten zu Jesus (2 Kor 12,7f; Apg 7,59; Röm 10,12f) bleibt die Ausnahme.

O. Cullmann, Das Gebet im Neuen Testament, Tübingen [2]1997; *D. K. Falk*, Daily, Sabbath, and Festival Prayers in the Dead Sea Scrolls, Leiden u. a. 1998; *W. Fenske*, „Und wenn ihr betet ..." (Mt 6,5), Göttingen 1997; *J. Heinemann*, Prayer in the Talmud, Berlin 1977; *J. H. Newman*, Praying by the Book, Atlanta 1999; *B. Nitzan*, Qumran Prayer and Religious Poetry, Leiden u. a.

1994; *J. Penner* u. a. (Hg.), Prayer and Poetry in the Dead Sea Scrolls and Related Literature, Leiden 2012; *H. Graf Reventlow*, Gebet im Alten Testament, Stuttgart 1986; *H./M. Weippert*, Der betende Mensch, in: *A. Grund* u. a. (Hg.), Ich will dir danken unter den Völkern, Gütersloh 2013, 435–490.

Reinhard G. Kratz

Geburt (G.)

(→ Dachartikel: Anthropologie)

I. AT: 1. Die G. wird im Hebr. durch verschiedene Derivate des hebr. Verbums *jld* („zeugen, gebären") oder den Zusammenhang mit dem Mutterleib (*bæṭæn*) ausgedrückt. Insgesamt wird die G. in der Bibel als positiver, herausgehobener und beglückender Vorgang verstanden, der in bes. Weise des Schutzes und der Begleitung durch Gottheiten und Mitmenschen bedurfte. Von einer Frau geboren zu sein, trifft für alle Menschen gleichermaßen zu (vgl. Ijob 14,1; 15,4; 25,4).

Das physiologische Wissen über die Empfängnis war gering. Natürlich war der Zusammenhang von Zeugung und Geschlechtsakt bekannt (Gen 38; Dtn 22; Mt 1). Aus den Vorschriften über die Aufhebung der Unreinheit nach der Regelblutung (Lev 15,19–24) scheint auch ein Wissen um den idealen Zeitpunkt für die Empfängnis auf, wenn die → Frau nach dem Ende der Menstruation eine siebentägige Karenz zu wahren hat und damit der erste mögliche Geschlechtsverkehr in etwa in den Zeitraum des Eisprungs fällt. Dass sich Batseba von ihrer „Unreinheit" reinigt (2 Sam 11,4), soll v. a. anzeigen, dass sie nicht von ihrem Mann Urija schwanger und so empfängnisbereit war. Wo der Samen des Mannes nach dem Beischlaf in der Frau verblieb, war unbekannt. Durch Aborte (Ex 21,22; 23,26; 2 Kön 2,19.21; Ijob 3,16; Ps 58,4; Koh 6,3, anders Jer 20,17) waren spätere Embryonalstadien bekannt, doch blieb das Entstehen des Embryos ein Rätsel (Koh 11,5; 2 Makk 7,22). Das AT kennt keine im Akt der Zeugung, während der Schwangerschaft oder unter der Geburt übertragene (Erb-)Schuld.

I. 2. Für das Werden des → Kindes im Mutterleib werden unterschiedliche Metaphern gebraucht, in denen jeweils ungeformtes „Material" in Form gebracht wird. Bibl. ist dabei das Weben am häufigsten (Ijob 11,10; Ps 139,13; Spr 8,23; Jes 38,12). Die Vorstellung eines Gerinnungsvorgangs im Mutterleib versucht, die Lücke zwischen Besamung und sichtbarer Schwangerschaft zu füllen. Weish 7,2 belegt die Vorstellung gerinnenden → Blutes ausdrücklich, Ijob 10,11 deutet sie durch das Bild gerinnender Milch in einer Käseallegorie an (vgl. die Kombination in WaR 14,9). Während der Schwangerschaft stand die werdende Mutter unter bes. Schutz (Jer 31,8). Das Kind wuchs im Mutterleib heran, wobei als Zeitpunkt der G. 40 Wochen nach der letzten Periode gerechnet wurden. So war die Zeit der Niederkunft bekannt (Gen 25,24; 1 Sam 4,19; Lk 1,57; 2,6), zu der man bei Einsetzen der Wehen die Hebamme (Gen 38,28; 35,17; Ex 1,15–21) oder erfahrene Geburtshelferinnen aus der Nachbarschaft (Rut 4,14.17; 1 Sam 4,20) verständigte. Geboren wurde anscheinend in einer hockenden Stellung, worauf die in Gen 30,3; Ijob 3,12 erwähnten Knie wie auch die „Geburtssteine" Ex 1,16 hinweisen könnten. Die Komplikationen unter der G. waren den medizinischen und hygienischen Kenntnissen entsprechend groß, ebenso wie die Säuglingssterblichkeit (Hos 9,16). Entsprechend stark wurden in diesem Bereich die Bedrohung von → Dämonen und der Beistand von Gottheiten und Schutzmächten erfahren (s. *Abb. 31*). In Ägypten sind dies beispielsweise die sieben Hathoren, die Göttin Heqet, Bes und Beset, in Ugarit die Kotharot, vielleicht Aschera in Israel (→ Göttin), im monotheistischen Duktus des AT ist es Jhwh (Gen 29,32f; Ps 22,10; Rut 4,13; → Monotheismus). Neben Geburtsorakeln und Beschwörungen sollten die in Amuletten oder Plaketten präsenten Mächte und Kräfte eine gute G. gewährleisten. Viele Erzählungen ranken sich um die Schwere und das hohe Gefahrenpotential der G. für Mutter und Kind (Gen 35,17f; 1 Sam 4,19f; Hos 13,13; Num 12,12) oder beziehen sich auf die Wehen, das heftige Atmen unter der G. und die starken Schmerzen (Ps 48,7; Jes 13,8; 21,3; 42,14; Jer 4,31; 22,31; Röm 8,22; 1 Thess 5,3; Offb 12,2 u. a.; endzeitlich-„paradiesisch" fallen die Geburtsschmerzen Gen 3,16 *wieder* weg; Jes 66,7f).

I. 3. War das Kind geboren, wurde es abgenabelt, gewaschen, aus hygienischen Gründen mit Salz abgerieben und in Windeln gewickelt (Ez 16,3;

Abb. 31: Darstellung einer Gebärenden, die von Hathoren flankiert wird. Tempel von Hathor in Dendera (4. Jh. v. Chr.); Ägyptisches Museum Kairo JE 40627.
Quelle: Umzeichnung von A. Berlejung auf der Basis des Photos in *J. F. Nunn*, Ancient Egyptian Medicine, Norman, OK 2002, Fig. 9.1 unten. © Berlejung.

Weish 7,4; Lk 2,7.12). Die → Freude über die G. war nicht nur bei dem benachrichtigten Vater (Jer 20,15), sondern auch im sozialen Umfeld (Rut 4,14f; Jes 9,5; Lk 1,14.42; 2,28f) groß. V. a. bei der Frau lässt die Freude die Mühen der G. in den Hintergrund treten (Gen 4,1; Joh 16,21). Am 8. Tag wurde das männliche Kind beschnitten (Gen 17,12; Lev 12,3; Lk 2,21; Phil 3,5; → Beschneidung). Da jeglicher Kontakt mit Körperflüssigkeiten, insbes. Blut als verunreinigend angesehen wurde, musste die Wöchnerin sich nach Ablauf von 7 Tagen Unreinheit und von 33 Tagen geminderter → Reinheit am Heiligtum (→ Tempel) durch ein → Opfer reinigen (Lev 12; Lk 2,22–39, bis ins 20. Jh. die sog. „Aussegnung"). Dass bei der G. von Mädchen exakt die doppelte Frist vorgeschrieben ist (Lev 12,5), hängt mit der patriarchalen Logik und priesterlichen Systematik zusammen, nach der Mädchen weniger wert sind als Jungen (Lev 27,2–7). Die Stillzeit nach der G. durch die leibliche Mutter oder eine Amme (Gen 21,7; Ex 2,7.9 u. a.) war deutlich länger als heute: mindestens sechs Monate ohne Beikost bis zu drei Jahren, z. T. auch länger (2 Makk 7,27; 1 Sam 1,21–28; 2,11; 2 Sam 4,4). Sie wurde mit einem Entwöhnungsfest abgeschlossen (Gen 21,8).

I. 4. Die Bedeutung der G. wird durch den Blick auf den Mangel unterstrichen: Kinderlosigkeit und insbes. Sohnlosigkeit waren wegen der Bedeutung einer familiären Genealogie und der an der Anzahl der erwerbsfähigen Kinder hängenden Altersversorgung ein großes Problem (→ Alter). Unfruchtbarkeit wurde dabei als → Strafe Gottes gedeutet (Gen 30,2; 1 Sam 1,5f) und die Ursachen dafür nahezu ausschließlich auf Seiten der Frau gesucht (Gen 11,30; 29,30; Ri 13,2f; Jes 49,21; 54,1; Lk 1,7.36; 23,29, anders Dtn 7,14, wo die Unfruchtbarkeit auf Männliches *und* Weibliches bezogen ist). Wird eine längere Zeit der Kinderlosigkeit durch die G. beendet, ist die Freude entsprechend groß. Die Geburtsankündigung an eine „Unfruchtbare" ist daher bes. Zeichen der Zuwendung Jhwhs (Gen 18,10f; Ri 13,3; 1 Sam 1; Lk 1,7.13).

II. NT: 1. Die kulturanthropologischen Konstanten zur G. verändern sich im NT kaum. Wie im Hebr. liegen Zeugen und Gebären sprachlich in den Verben γεννάω bzw. γίνομαι eng beieinander und Derivate stehen für die G. (z. B. γένεσις Mt 1,18 [mit der Konnotation *Ursprung*]; Lk 1,14, γενετή Joh 9,1, γεννήματα ἐχιδνῶν für die „Schlangenbrut" Mt 3,7par. u. a., γεννητοί γυναικῶν „die von Frauen Geborenen" für alle Menschen Mt 11,1par. Der Mutterleib heißt allg. κοιλία, das in der LXX verwandte μήτρα kommt im NT nur Lk 2,23 u. Röm 4,19 vor. Die G. bestimmt das spätere Sein sowohl hinsichtlich der Herkunft, des sozialen Status oder der körperlichen Konstitution (Mt 19,12; Mk 7,26; Joh 9,1; Apg 3,2; 14,8; Gal 2,15).

II. 2. Das zeigen auch die Genealogien Jesu, die ihn in eine verheißungsgesch. Linie mit Abraham und David (Mt 1,1.2–17) stellen bzw. ihn an den Beginn der Menschheitsgeschichte in Adam zurückbinden (Lk 2,23–38). Die Umstände der G. Jesu spielen in den älteren Traditionen weder bei Mk noch bei Paulus eine bes. Rolle (Gal 4,4, vgl. Röm 1,3). Die legendarisch ausgestalteten Geburtsgeschichten bei Mt und Lk präfigurieren Jesus als den verheißenen Retter und entlehnen dafür Formelemente der → Verheißung einer bes. G. (Jes 7,14; 9,5; Mi 5,2; Num 24,17 u. a.) bzw. der G. eines königlichen Retters und Heilsbringers und dessen → Rettung (vgl. die G. des Mose Ex 2).

Eine in der Wirkungsgesch. bedeutende Nachwirkung der Wertschätzung der G. ist 1 Tim 2,15, wo dem Gebären rettende Qualität zugeschrieben wird, zugleich aber die → Frau auf die Rolle der Mutter eng geführt wird.

I. *G. Dalman*, Arbeit und Sitte in Palästina 8, Berlin 2001; *K. Gies*, Geburt – ein Übergang, St. Ottilien 2009; *M. Grohmann*, Der Anfang des Lebens, in: *B. Janowski/K. Liess* (Hg.), Der Mensch im alten Israel, Freiburg 2009, 365–399; *M. Stol*, Birth in Babylonia and the Bible, Groningen 2000.
II. *D. Erbele-Küster/D. Dieckmann*, „Du hast mich aus meiner Mutter Leib gezogen", Neukirchen-Vluyn 2006; *J. Kügerl*, Zeugung, Schwangerschaft und Geburt, Norderstedt 2004; *C. Tuor-Kurth*, „Geboren werden, um etwas Neues anzufangen", in: *E. W. Stegemann/K. Wengst* (Hg.), „Eine Grenze hast du gesetzt", Stuttgart 2003, 263–279.

Christian Frevel

Gedächtnis / Erinnerung (G./E.)

(→ Dachartikel: Kultur und Mentalität)

I. AT: 1. Für das Gedenken ist die hebr. Wurzel *zkr* („denken an, gedenken, sich erinnern") mit den Derivaten *zēkær* („Gedenken, Erwähnung"), *zikkārōn* („Gedenken, E., Denkzeichen") entscheidend.

I. 2. Gedenken bezieht sich nicht nur auf Vergangenes und ist keine rein intellektuelle Tätigkeit, sondern schließt persönliches Engagement, existentielle Betroffenheit und aktives Ausüben mit ein; „(ge)denken an" heißt also auch „sich kümmern um" (vgl. Ex 20,8). In erster Linie richtet sich das Gedenken auf Personen (Gen 8,1), daneben auf Gegebenheiten (Jes 43,25; Ijob 4,7) und Ereignisse (Neh 9,17), die für Personen von bes. Wichtigkeit sind. Dass Personen aneinander (Neh 5,19; 13,14) oder an das sie Verbindende (Gen 9,15; Jer 14,21) denken, heißt, dass zwischen ihnen eine Reziprozitätsbeziehung besteht bzw. dass sie Mitglieder desselben sozialen Netzwerks sind. Diese Reziprozität kann sich ebenso in egalitären wie hierarchischen Gegenseitigkeitsbeziehungen konkretisieren. Auch eine Reziprozität und ein „Sich-Kümmern" im Negativen (zur → Rache/→ Strafe) gibt es (Ps 109,14; Hos 8,13). Als gegenseitiges „Aneinander-Denken" wird die Beziehung zwischen Gott und seinem → Volk beschrieben (Dtn 8,18; Ps 115,12). Zentral ist im AT das Gedenken an den „Gründungsmythos" der Größe → „Israel", nämlich den → Exodus und die → Erwählung durch Jhwh. In der Feier der drei großen (Ernte- bzw. Wallfahrts-)Feste Pascha/Mazzot, Schavuot und Sukkot (→ Fest) konstituiert sich „Israel" sichtbar als Traditionsgemeinschaft, wenn es gemeinsam der Befreiung aus der Knechtschaft gedenkt (vgl. die historisierende Erklärung der Bedeutung der Feste in Ex 12,14; 13,3–10; 23,14–17; 34,18.22–24; Lev 23,42f; Dtn 16,1–17; sowohl für DtrG wie ChrG ist das Begehen dieser Feste ein zentraler Punkt, vgl. 2 Kön 23,21–23; 2 Chr 30; 35; Esra 6,19–22; Neh 8,14–18) und das Geschehene so rituell immer wieder „vergegenwärtigt" und auf sich selbst bezieht (Ex 13,3.8f; Dtn 16,1–3). Bes. Aufmerksamkeit gilt der Übermittlung dieser in der Erzählüberlieferung und den Geschichtspss. (Ps 78; 105; 106; 135; 136) festgehaltenen Tradition an die nachfolgende Generation (Dtn 6,20–25). Wie die regelmäßige gemeinsame Festfeier dienen Gedenksteine der permanenten Vergegenwärtigung identitätsstiftender Ereignisse (Jos 4,1–9.20–24; 24,25–27). Woran nicht (mehr) gedacht wird, unterliegt einer gleichsam gesteigerten Nichtexistenz (Ijob 24,20; Jes 43,25; Hos 2,19). Da das AT erst in seinen jüngsten Passagen mit einer → Auferstehung der Toten rechnet, ist weithin das G., d. h. das Fortleben des → Namens, die einzige Form des Weiterlebens, auf die sich die → Hoffnung richtet (2 Sam 18,18; Ps 112,6; grundsätzlich skeptisch dagegen Koh 1,11; 2,16; 3,24; 9,5); Name und G. können synonym gebraucht werden (Ex 3,15; Hos 12,6). Das „Land des Vergessens" ist die → Unterwelt (Ps 88,13), wo auch Jhwhs nicht mehr gedacht wird (Ps 6,6), es also keine Beziehung mehr zu ihm gibt.

II. NT: 1. Im Profangriech. ist „sich erinnern"/„gedenken" (μιμνήσκομαι, μνημονεύω, μνάομαι, sowie Ableitungen und Komposita) primär eine Verstandestätigkeit ohne vergleichbare soziologische Konnotationen wie *zkr* im AT („sich kümmern um"). Im NT begegnet diese Konnotation aber in Nachahmung der atl. bzw. der LXX-Sprache (Lk 1,72; 23,42; Hebr 13,3; Offb 16,19).

II. 2. Das für die griech.-röm. → Kultur zentrale Anliegen, im G. der Nachwelt fortzuleben (vgl. μνῆμα oder μνημεῖον „Gedenkmal, → Grab"), spielt im NT nur eine marginale Rolle (Mk 14,9par.; Lk 1,48; Hebr 13,7). Stattdessen richtet sich die → Hoffnung auf die individuelle → Auferstehung der Toten. Das rituelle G. (ἀνάμνησις), explizit geboten im Hinblick auf das Herrenmahl (Lk 22,19; 1 Kor 11,24f; → Abendmahl), bewirkt auch im NT die Vergegenwärtigung und Gleichzeitigkeit des → Heils. In der spät- und nachntl. Zeit wird die Erinnerung an die überlieferte → Wahrheit immer wichtiger (2 Petr 1,12–15; 3,1f), bis sich zuletzt die „apostolische Tradition" als ausschließliche Grundlage des kirchlichen → Glaubens etabliert.

I. *G. Braulik*, Das Deuteronomium und die Gedächtniskultur Israels, in: *ders.*, Studien zum Buch Deuteronomium, Stuttgart 1997, 119–146; *M. Görg*, Erinnere dich!: MThZ 49 (1998) 23–32; *C. Hardmeier*, Die Erinnerung an die Knechtschaft in Ägypten, in: *F. Crüsemann* (Hg.), „Was ist der Mensch ...?", München 1992, 133–152; *D. Kühn*, Totengedenken bei den Nabatäern und im Alten Testament, Münster 2005; *W. Schottroff*, „Gedenken" im Alten Orient und im Alten Testament, Neukirchen-Vluyn [2]1967.

II. *C. Breytenbach*, Das „Sich-erinnern" in der urchristlichen Überlieferung, in: *A. Denaux* (Hg.), John and the Synoptics, Leuven 1992, 548–557; *A. Schüle*, Gottes Handeln als Gedächtnis, in: *H.-J. Eckstein/M. Welker* (Hg.), Die Wirklichkeit der Auferstehung, Neukirchen-Vluyn 2002, 237–275; *H. Weder*, Evangelische Erinnerung, in: *ders.*, Einblicke ins Evangelium, Göttingen 1992, 183–200.

Klaus Neumann

Geduld (G.)

(→ Dachartikel: Kultur und Mentalität)

Vorbemerkung: G. ist als Langmut G. mit anderen oder als Standhaftigkeit bzw. Ausdauer G. im Ertragen von Widrigkeiten.

I. AT: 1. Begrifflich decken das Wortfeld der G./Langmut primär Metaphern der Länge bzw. Dauer ab, nämlich Verbindungen der Wurzel *ʾrk* (Hifil: „lang machen, ausharren") mit *ʾappajim* (→ „Zorn") und *rūᵃḥ* (→ „Geist", „Sinn"): *ʾōræk ʾappajim* („Langmut"), *ʾæræk ʾappajim* („geduldig, langmütig"), *ʾæræk rūᵃḥ* („bedächtig, vorsichtig"). Die LXX gibt den Ausdruck wortgetreu durch μακροθυμία/μακρόθυμος wieder. Ungeduld und Jähzorn sind dagegen „kurzer Geist" (Wurzel *qṣr* „kurz sein" + *rūᵃḥ*, Ijob 21,4; Spr 14,29; Mi 2,7). Für G. im Sinne von duldendem Ertragen und glaubendem Ausharren stehen die Wurzeln *dmm* („still sein", Ps 37,7; Klgl 3,26), *šqṭ* („Ruhe halten", Jes 30,15) und *ḥkh* („warten, ausharren, aushalten", Dan 12,12). Implizit kann der Aspekt der G. auch mit den Verben des Harrens und Hoffens (*jḥl*, *qwh*, *śbr*) verbunden sein.

I. 2. Das Thema der G. ist v. a. in zwei lit. Formen bzw. Topoi verwurzelt. Zum einen wird Gott durch seine G./Langmut gegenüber den Menschen charakterisiert, oft steht diese dabei in einer Reihe mit seiner Nachsicht, Güte, → Gnade und → Treue (Ex 34,6; Num 14,18; Ps 103,8; Jona 4,2; Weish 15,1; Sir 18,11). Zum anderen wird die menschliche G. in der weisheitlichen Lehre gelobt (Spr 14,29; Koh 7,8; Sir 5,11); Bedachtsamkeit, Großmut und Nachsicht gelten – im Gegensatz zu übersteigertem Ehrgeiz und übertriebener Reizbarkeit – als sozial konstruktives Verhalten. Antithetisch wird die G. dem (Jäh-)Zorn (Spr 15,18) und überbietend der Stärke (Spr 16,32) gegenübergestellt. Als Herrschertugend ist sie Ausdruck der überlegenen Nachsicht des Mächtigen mit dem Unterlegenen und Abhängigen (analog in Verhältnissen ökonomischer Abhängigkeit, Sir 29,1–8). In diesem Sinne wird auch an die G. Gottes appelliert.

Kein eigenes Wort hat das AT für G. in alltäglichen Lebensvollzügen (vgl. z. B. Jak 5,7: G. bis zum Reifen der Ernte). In der bäuerlichen Gesellschaft des Alten → Israel ist die Bindung von → Arbeit und Tun an die dafür gegebene → Zeit so unzweifelhaft, dass das Thema der (Un-)G. hier nicht auftaucht. Als → Tugend der Ausdauer und Standhaftigkeit in Situationen der Bedrängnis und des Martyriums wird die G. erst in hell. Zeit unter dem Einfluss griech. → Ethik entfaltet (Jdt 7,30; Weish 2,19; Sir 1,23; 2,4; 4Makk 1,11; 15,30; 17,12).

II. NT: 1. An die atl. Rede von der Langmut und G. Gottes mit den Sündern knüpft das NT mit der aus der LXX übernommenen Wortfamilie μακροθυμία/μακρόθυμος/μακροθυμέω an (Mt 18,26f; Röm 2,4; 9,22; 1 Tim 1,16; 1 Petr 3,20; 2 Petr 3,9.15).

II. 2. Gottes G. zielt als päd. Strategie (vgl. schon Sir 18,13) auf → Umkehr und Besserung. Wird die dazu gewährte Frist nicht genutzt, folgt allerdings eine umso schlimmere → Strafe (Röm 2,4–11; vgl. schon Sir 5,4–7). Als menschliche → Tugend ist die G./Langmut eine Konkretion der → Liebe (vgl. 1 Kor 13,4; 2 Kor 6,6; Gal 5,22; Eph

4,2; 2 Tim 3,10). Die im Griech. geläufigere Bedeutung von μακροθυμία „Ausdauer"/„Beharrlichkeit" tritt demgegenüber etwas zurück (Kol 1,11; Hebr 6,12.15; Jak 5,7f.10). ἀνέχομαι („standhalten, ertragen") kann ebenfalls entweder Nachsicht mit anderen (Mk 9,19par.; Eph 4,2; Kol 3,13; vgl. auch das Subst. ἀνοχή für die göttliche G., Röm 2,4; 3,26) oder Standhaftigkeit (1 Kor 4,12; 2 Thess 1,4) meinen. Nur eine Nebenrolle spielt der Stamm καρτερ-, der für den philos. Tugenddiskurs über die innere Stärke, d. h. die Ausdauer/Standhaftigkeit (καρτέρησις bzw. καρτερία; abgeleitet von κράτος „Stärke") des Weisen gegenüber allen Schicksalsschlägen zentral ist (exemplarisch in der Mythologie Herakles und Odysseus; bei den Stoikern ist die G. eine wichtige Nebentugend der Tapferkeit). Im NT hat der Stamm καρτερ- überwiegend die unspezifische Bedeutung „(aus-)dauernd/unentwegt" (Apg 1,14; 2,42.46; Röm 12,12; Eph 6,18; Kol 4,2; vgl. dagegen die intensive Rezeption der Seelenstärkevorstellung in Bezug auf das Martyrium in 4Makk 6,13; 9,26; 15,28.30; 16,14). Im NT ist der eigentliche *terminus technicus* für die ausdauernde und standhafte G. vielmehr ὑπομονή bzw. das Verb ὑπομένω („aushalten, ertragen, geduldig sein"; Mk 13,13par.; Röm 5,3f; 1 Kor 13,7; 2 Kor 6,4; Hebr 10,36; 12,1; Jak 1,3f; 5,11; Offb 13,10; 14,12). Im Profangriech. hat das Wort einen negativen Beiklang von Passivität, d. h. der Hinnahme von Erniedrigung und Schande aus Schwäche, während καρτέρησις das aktive Standhalten ist. Im NT ist die G. aber nicht Zeichen autonomer Seelenstärke, sondern der Zuversicht und → Hoffnung auf Gott (vgl. den Sprachgebrauch der LXX, wo ὑπομονή „Erwartung" und sogar „Hoffnung" bedeutet). Während in den Evv. und der Verkündigung Jesu Ausharren und Standhaftigkeit begrifflich nur im Zusammenhang mit den eschatologischen Bedrängnissen eine Rolle spielen und viel stärker die *Nähe* des kommenden Gottesreiches im Vordergrund steht (Mk 1,15), wird in den Spätschriften des NT umso öfter zum Durchhalten bis zur → Parusie Christi gemahnt; die G. findet ihren festen Platz in den Tugendkatalogen und der Paränese (vgl. Hebr 10,32–39; 2 Petr 3,3–18; Jak 5,7–11; → Ermahnung). Vorbilder der G. sind Abraham, Ijob, die → Propheten und Christus selbst (Hebr 6,15; 12,3; 1 Petr 2,20f; Jak 5,10f). Keine Rolle spielt die G. im Corpus Johanneum. Zwar ist das „Bleiben" (μένω) wichtig (Joh 15,4–10), doch damit verbindet sich nicht die Erwartung des kommenden, sondern die Erfahrung des gegenwärtigen Christus.

I. *S. R. Garret*, The Patience of Job and the Patience of Jesus: Interp. 53 (1999) 251–264; *H. Spieckermann*, „Barmherzig und gnädig ist der Herr...", in: *ders.*, Gottes Liebe zu Israel, Tübingen 2004, 3–19 [= ZAW 102 (1990) 1–18]; *H. W. Wolff*, Anthropologie des Alten Testaments, Gütersloh 2010.

II. *R. A. Kaster*, The Taxonomy of Patience, or When is *patientia* Not a Virtue?: CP 97 (2002) 133–144; *C. R. Seitz*, The Patience of Job in the Epistle of James, in: *R. Bartelmus* u. a. (Hg.), Konsequente Traditionsgeschichte, Fribourg 1993, 373–382; *T. Söding*, Zuversicht und Geduld im Schauen auf Jesus: ZNW 82 (1991) 214–241.

Klaus Neumann

Gefühle / Emotionen (G./E.)

(→ Dachartikel: Anthropologie)

Vorbemerkung: Der Begriff der E. wird im Arbeitsfeld bibl. → Anthropologie meist nicht genauer definiert, sondern es wird grob davon ausgegangen, dass es sich um temporäre psychophysische Gemütszustände handelt, die von den betroffenen Personen als angenehm oder unangenehm empfunden werden. E. ist dabei entweder als Oberbegriff aufgefasst oder umfasst die in der Außenwahrnehmung beobachtbaren Regungen. Eine strenge Unterscheidung zwischen G. als den inneren Empfindungen, E. als den außen wahrnehmbaren Regungen und den in der Intensität gesteigerten Affekten (→ Leidenschaft) legt sich jedoch nicht nahe, zumal in den bibl. Texten „Innen" und „Außen" gerade nicht auseinandertreten. Auch wenn es zwischen AT und NT v. a. kulturell bedingte Unterschiede im Ausdruck und in der Deutung von G. gibt, empfiehlt sich eine Trennung der Testamente in der Darstellung nicht.

I. Die unter dem Oberbegriff E. zusammengefassten komplexen Muster weisen kognitiv subjektive (G.), physiologische (vegetative Körperreaktionen) und auf das Verhalten bezogene (Mimik, Gestik, Stimmlage) Aspekte auf, die vom Betroffenen wie von den Beobachtenden kognitiv verarbeitet werden (Deutung, Reaktion, Erinnerung). Im AT wie im NT sind E. in vielfältiger Weise präsent, sowohl als G./E. und Affekte (→ Freude, Jubel, Lachen, → Liebe, Mitleid, Reue, Schmerz, Überraschung, Erwartung, Interesse, Stolz, Neid, → Scham, → Leid, Weinen, Enttäuschung, Widerwillen, Ärger, Wut, Verachtung, Abscheu, Ekel, Hass, → Zorn, → Rache, → Angst, Trauer, Schuldgefühl etc.) sowie als emotionale Dispositionen (Jähzorn, Ängstlichkeit, Schwermut, Depression, etc.). Dabei sind die sozialen, interpretativen und kommunikativen Aspekte von besonderer Bedeutung.

II. Menschsein bestimmt sich in der Bibel ganz wesentlich relational durch Beziehungen. Die Kommunikation in ihnen bzw. über sie macht das → Leben dynamisch. V. a. im AT bestimmt sich die Vitalität durch die Vielfalt sozialer Bindungen, sodass Beziehungsstörungen oder gar -losigkeit dem → Tod nahe- oder gar gleichkommen. Die E. des Menschen sind zentral auf diese Beziehungswelt hin ausgerichtet und von ihr her beeinflusst. G. sind dementsprechend nichts dem Menschen nur Innerliches, sondern auch Ausdruck der Außenbeziehungen. Das lässt sich am Beispiel des Weinens gut zeigen: Das laute Weinen Esaus (Gen 27,38) kommuniziert z. B. dessen G. der Zurücksetzung, das Weinen des Volkes dessen Unzufriedenheit (Num 11,10). Das öffentliche Weinen ist Teil der → Klage (Mk 5,38f; Lk 7,32) und Ausdruck der Enttäuschung und → Trauer (Joh 11,31.33), sodass das Weinen Hagars (Gen 21,16) oder Martas (Lk 7,38) die Trauer über den Tod vorwegnimmt. Dabei ist Weinen sowohl mit negativ besetzten Verlusterfahrungen als auch positiv als emotionale Rührung besetzt (Gen 43,30; 45,15).

Neben die psychophysische individuelle tritt die soziale, kommunikative und interaktive Dimension der G. Entsprechend bedeutsam sind die körpersprachlichen Ausdrucksformen der E. bzw. die sie begleitenden körpersprachlichen Signale (etwa des Zitterns als Ausdruck der → Furcht Jer 50,34; Ijob 4,14; Jdt 6,9; Sir 25,23; Mk 5,33; → Körper). Zwar ist die Wahrnehmung der G. nicht mit diesen identisch, doch ist es der Ausdruck der G., der zu Re- und Interaktion führt.

III. Wie bei anderen metasprachlichen Begriffen gibt es bibl. weder im Hebr. noch im Griech. Äquivalente zu den Konstrukten „G.", „Affekt" oder „E.". Die in der griech. Philos. verwendeten Bezeichnungen sind bibl. z. T. sogar anders semantisch gefüllt (z. B. αἴσθησις, πάθη). Es gibt auch kaum abstrahierende Aussagen über G. als solche. Beide Testamente sind weit davon entfernt, eine Theorie von Affekten, E., Empfindungen oder Gemütsregungen zu bieten. Beim Blick auf die bibl. Gefühlswelt ist zudem zu beachten, dass die Rahmenbedingungen des Verstehens zu heutigen G. nicht identisch sein müssen. Damit ist gemeint, dass die kontextuellen und konventionellen Erwartungshorizonte und sozialen Regeln (welches G. wann, von wem, wem gegenüber, wie intensiv etc.) nicht den emotionalen Skripts des (westlichen) 21. Jh. s. entsprechen müssen (z. B. meint die Wendung „mir bricht das → Herz" in Jer 23,9 nicht die enttäuschte Liebe, sondern das Brechen des Willens, des inneren Antriebs und der Kraft). G. und ihr Ausdruck sind immer kulturell codiert und abhängig von ihrer sozialen Kontextualisierung, d. h. sie sind v. a. in Bezug auf Wahrnehmung, Reaktion und Interpretation Veränderungen unterworfen. Schon innerbibl. unterscheiden sich die sozialen Konventionen der südlevantinischen Gesellschaften (→ Sozialstatus, → Kultur und Mentalität) der vorhell. Antike und den emotionalen Skripts der hell. Welt. Generell gesprochen nimmt das öffentliche Zeigen von G. wie auch die Leiblichkeit zugunsten der Kontrolle von Affekten in der griech. im Vergleich zur antiken südlevantinischen Kultur ab. Erstrebenswert sind vielmehr eine Haltung, die sich vom Einfluss der G. und deren Wirkungen auf die Außenbeziehungen frei zu machen sucht (Apathie und Ataraxie, → Leidenschaft).

Eine Darstellungen von G./E. sieht sich zudem vor die Schwierigkeit gestellt, dass G./E. wenn auch kulturell codiert so doch unzweifelhaft auch überindividuell sind, jedoch in der konkreten Ausprägung insbesondere in Bezug auf die inneren Gemütsregungen sehr individuell. Schließlich wissen wir oft nicht mehr, wie bestimmte Felder (z. B. Tiere, Pflanzen etc.) emotional besetzt waren, sodass die indirekt geäußerten G. oder die auf G. beruhenden Aussagen im Rahmen einer hist. Anthropologie kaum noch adäquat decodierbar sind. Eine einheitliche „Gefühlstheorie" der Bibel ist damit weder möglich noch sinnvoll.

Ziel kann es lediglich sein, die Verstehens- und Erwartungshorizonte für G. kontextuell verstehen zu lernen.

IV. Der Sitz der G. ist bibl. nicht leicht zu bestimmen. Für heutige Leserinnen und Leser nicht unmittelbar verständlich ist das → Herz *nicht* Zentrum und Sitz der meisten G., wenn es auch mit den G. und ihrer rationalen Verarbeitung in enger Verbindung steht. Wichtiger sind aber die inneren Organe, v. a. Nieren, Leber, Gallenblase, in denen G. verortet werden (→ Körper). Daneben treten der Hals- und Kehlbereich, die Nase oder auch die Glieder/Knochen als Sitz von G. Dabei ist nicht eine einzelne E. (z. B. Freude) einem Organ (z. B. der Leber) zugeordnet, sondern G. können je nach Kontext unterschiedlichen Körperzonen zugeordnet sein. Tendenziell werden heftige G. der → Angst oder von außen kommenden Verunsicherung im Bereich des Abdomens verortet (Jer 4,19; Hab 3,16). → Liebe, Mitleid und Erbarmen werden ebenfalls im Unterleib verortet, jedoch gilt der *ræḥæm* „Mutterschoß" als Sitz dieser intensiven G. und das sowohl bei Männern, Frauen als auch bei Gott. Auch im NT ist der Sitz dieser G. noch mit den inneren Organen verbunden, wenn im Unterleib σπλάγχνον das Erbarmen, die → Barmherzigkeit oder Liebe verortet werden (Lk 1,78; 2 Kor 7,15; Phil 2,1; Kol 3,12; Phlm 1,7 u. ö.). Die Nase gilt im Hebr. als Sitz affektiver negativer G., also von → Zorn, Wut und starker Erregung. Das Erröten, die aufgeblähten Nasenflügel und der „heiße" Atem als Zeichen zorniger Erregung lassen diese Verortung deutlich werden. Dieses „Modell" der G. lässt sich etwa bei einer wörtlicheren Übersetzung erkennen, z. B. Spr 15,1: „Eine sanfte Antwort lässt die Hitze (die zornige Erregung) zurückkehren, aber ein kränkendes Wort lässt (den Atem in der) Nase aufsteigen." Die häufigste auch anthropomorph für Gottes Zorn verwandte Wendung lautet wörtlich „da entbrannte die Nase". Insbesondere in atl. Texten werden psychophysische Ausdrucksformen als Kommunikation von G. eingesetzt und wahrgenommen. Körperhaltungen wie das Gebeugtsein als Ausdruck von Traurigkeit (Ps 35,14; 38,7; → Trauer), der erhobene Kopf als Ausdruck des Stolzes (Mi 2,3; Sir 33,26), die innere Hitze als Zeichen höchster Erregung (Ijob 30,27; Klgl 2,11).

V. Wenn auch stärker im AT so doch auch im NT wird Gott mit E. in Verbindung gebracht (→ Eigenschaften Gottes, → Gottesvorstellungen). Er empfindet Reue (Gen 6,5; Jer 26,19; Jon 3,10), hat Mitleid (Joel 2,17; 2Chr 36,15), freut sich (Jes 62,5; Zef 3,17), ist zornig (Num 12,9; 22,22), liebt (Weish 7,28; 2 Kor 9,14) etc. Die Anthropomorphismen sind bibl. allerdings (aus theol. Zurückhaltung?) begrenzt; so lacht und weint Gott ebenso wenig wie er Neid oder → Scham empfindet. Die übrigen Anthropomorphismen stehen nahezu ausschließlich in direkter oder indirekter Verbindung mit seinem Verhältnis zu → Israel. Sie dienen in der Regel dazu, Gottes Engagement für Israel, seine verletzte → Gerechtigkeit oder seine geübte Barmherzigkeit zum Ausdruck zu bringen. So bes. deutlich in Hos 11,8, wo Gott seinen gerechten Zorn zur → Gnade hin überwindet: „Mein Herz sträubt sich, all mein Mitleid ist erregt".

R. Egger-Wenzel/J. Corley (Hg.), Emotions from Ben Sira to Paul, Berlin u. a. 2012; *S. Gillmayr-Bucher*, Emotion und Kommunikation, in: *C. Frevel* (Hg.), Biblische Anthropologie, Freiburg 2010, 279–290; *dies.*, Rauchende Nase, bebendes Herz. Gefühle zur Sprache bringen: BiKi 67 (2012) 21–25; *P. A. Kruger*, Gefühle und Gefühlsäußerungen im Alten Testament, in: *B. Janowski/K. Liess* (Hg.), Der Mensch im alten Israel, Freiburg 2009, 243–262; *S. Schroer/T. Staubli*, Die Körpersymbolik der Bibel, Gütersloh [2]2005; *dies.*, Biblische Emotionswelten: KatBl 132 (2007) 44–49; *A. Wagner*, Gefühl, Emotion und Affekt, in: *ders.* (Hg.), Emotionen, Gefühle und Sprache im Alten Testament, Waltrop [2]2011, 7–47.

Christian Frevel

Geist (G.)

(→ Dachartikel: Gottesvorstellungen)

I. AT: 1. Das hebr. Wort *rūaḥ*, das im Deutschen mit „G." wiedergegeben wird, hat die Grundbedeutung „Wind, Atem, G.", wobei die Abgrenzung der Bedeutungen „Wind" und „Atem, G." im Einzelfall schwierig ist. In der Bedeutung „Wind" meint *rūaḥ* eine Naturerscheinung wie den leichten Lufthauch (Jes 57,13), den stürmischen Wind (Jona 1,4 u. a.) oder den Ostwind (Ex 10,13 u. a.), der aus der → Wüste kommt (Jer 13,24) und die Pflanzen ausdörrt (Ez 17,10 u. a.). „Wind"-Aussagen veranschaulichen nicht nur die

Vergänglichkeit des → Lebens und das Strafgericht Gottes (Ps 103,15; Hos 13,15 u. a.), sondern auch die Nichtigkeit von Götzenbildern (Jes 41,29; Jer 14,22). Zwischen dem Wehen des Windes und dem Wirken Gottes besteht ein enger Zusammenhang: Winde sind seine → Boten (Ps 104,4; vgl. 148,8) und er führt sie aus seinen Kammern (Jer 10,13 u. a.). Kontrovers diskutiert wird in diesem Zusammenhang die Bedeutung von *rūªḥ* in Gen 1,2 („und die *rūªḥ ʾælōhīm* war in Bewegung begriffen/'schwebte' über der Oberfläche des Wassers") als „G. Gottes" oder (wahrscheinlicher?) als „starker Sturm/Wind"; auf jeden Fall ist mit diesem Syntagma eine Art „Initialzündung" für das ab V. 3 geschilderte Schöpfungsgeschehen gemeint. In der Bedeutung „Atem, G." meint *rūªḥ* (parallel zu *nᵉšāmā* Jes 42,5; Ijob 33,4, vgl. Gen 2,7 u. a.) die von Gott geschenkte Kraft, die das Leben konstituiert und erhält. Sie macht die Vitalität aller Lebewesen und insbes. des Menschen aus (Gen 6,3.17; 7,22; Ps 104,29f u. a., skeptisch Koh 3,19–21) und führt sogar die Wiederbelebung der Totengebeine herbei (Ez 37,5.9f; 2 Makk 7,23). Der dynamische Charakter des „Atems" bzw. „G." kommt auch in der Verwendung von *rūªḥ* zur Bezeichnung der seelischen Kräfte wie → Zorn (Ri 8,3), Mut (Num 14,24), Erregung (Ez 3,14), → Angst (Ijob 7,11), Kummer (Jes 61,3) und Demut (Ps 51,19) zum Ausdruck. Der wichtigste anthropologische Parallelbegriff zu dieser Verwendung von *rūªḥ* ist *lēb/lēbāb* → „Herz" als das emotionale, kognitive und voluntative Zentrum des Menschen (Jos 2,11; Jes 57,15; Ez 20,32; Ps 32,2; Koh 7,9 u. a.; → Anthropologie; → Fleisch).

I. 2. Die Geschichten vom Wirken des G. Gottes in der → Geschichte Israels setzen gemäß der kanonischen Abfolge der bibl. Bücher mit Mose (Num 11,16–19) und Josua (Dtn 34,9) ein und verlaufen über die Rettererzählungen des Ri-Buchs (Otniël Ri 3,10; Gideon Ri 6,34; Jiftach Ri 11,29 u. a.), die Saul/David-Überlieferungen (1 Sam 16,13; 2 Sam 23,2) und die frühe Prophetie (1 Sam 10,10; 19,20–24) bis hin zu Ezechiel, der in bes. Weise als geistbegabt gilt (Ez 2,2; 3,12.14; 8,3 u. a.), und zum → Gottesknecht, den der G. Gottes dazu befähigen wird, das → Recht unter den Völkern zu verbreiten und ihnen die → Tora zu vermitteln (Jes 42,1–4). In der Spätzeit wird der G. ganz nah an Gott herangerückt, ohne dabei – analog zu „Frau Weisheit" (Spr 8,22–31) – zu einem göttlichen Wesen hypostasiert zu werden (so erst in Qumran 1QS 3,13–4,26 u. a.). Die Endzeithoffnungen (→ Eschatologie) knüpfen an die Geschichtsüberlieferungen Israels und deren exil.-nachexil. Rezeptionsgesch. an, transformieren diese aber erheblich, wie aus der Verbindung von Gottesgeist und messianischem Wirken in Jes 11,1ff (vgl. Jes 61,1–3) und aus den Erwartungen hervorgeht, die dem Wirken des G. im → Volk Israel (Ez 36,26f; 37,5.10.14; 39,29 u. a.) gelten. Späte Pss. schließlich bezeugen, dass die Frommen den Weg der Gebote und des Gehorsams unter der Leitung des G. zu gehen hoffen und darum bitten (Ps 51,12–24; 143,10).

II. NT: 1. Das NT teilt die atl.-jüd. Überzeugung von der wirkmächtigen Nähe Gottes in bzw. durch seinen von ihm ausgehenden G. (πνεῦμα [ἅγιον] „Wind", „Atem"). Dem menschlichen G. (ebenfalls πνεῦμα) eignet eine kreatürliche Affinität zum Wirken des Gottesgeistes (vgl. Mt 5,3; Röm 1,9; 8,16; 1 Petr 3,4).

II. 2. Grundlegend erzählt das NT von seinen frühesten Überlieferungsstufen an das Wirken des G. in und durch → *Jesus Christus* sowie durch ihn vermittelt in und durch die Glaubenden. Bei Paulus, Joh und in Mt 28,19 finden sich prototrinitarische Zeugnisse.

Eine enge Verbindung des G. mit der atl.-jüd. Metaphorik des → *Feuers* (πῦρ) für die rettend-bergende, heilige bzw. richtende Nähe und Gegenwart Gottes findet sich in der Gegenüberstellung der Wassertaufe des Johannes mit der G.- und Feuer-Taufe Jesu (→ Taufe). Der Täufer droht mit dem unmittelbar bevorstehenden Feuer-Gericht Gottes (→ End-Gericht) als Vernichtung derer, die sich Gottes heiligem → Willen widersetzen (Mt 3,10–12). Auch in der Verkündigung Jesu begegnet das Feuer als Gerichtsmotiv (Lk 9,54; 12,49; Mt 7,19; 13,40.42.50; Mk 9,43.48; Lk 16,24; vgl. Joh 15,6; 1 Kor 3,13–15).

II. 3. Die gesamte Theol. des *Paulus* lässt sich von seiner Theol. des heiligen G. entfalten: Paulus, der sich selbst in jeder Hinsicht als pneumatisch begabt weiß, deutet die Auferweckung und Erhöhung Jesu als geistgewirkt (Röm 1,4; 6,4; 8,11; 2 Kor 13,4; vgl. 1 Tim 3,16; 1 Petr 3,18) und den Auferstandenen selbst als Pneuma (2 Kor 3,17).

Durch seine Auferweckung durch Gott wird er zum „lebenspendenden Pneuma" (πνεῦμα ζῳοποιοῦν; 1 Kor 15,45), zum „Erstling" (1 Kor 15,20.23) der neuen → Schöpfung. Diese Gleichsetzung von Kyrios und Pneuma ist dynamisch als Gegenwart Christi im Wirken des G. zu verstehen. Grundlegend gilt für Paulus: Gott selbst ist und bleibt der Ursprung des G., der durch ihn zum → Heil der Menschen handelt (1 Thess 4,8; 1 Kor 2,11; 3,16; 6,11; 12,3; Röm 8,9.11.14 u. a.). Der den Christen in ihrem → Glauben (vgl. Gal 3,1–5) und ihrer Taufe (vgl. Röm 6; 8) zuteil gewordene G. bewirkt ihre Offenheit für Gott und richtet sie auf ihn hin aus: Gottes G. ist das Kommunikationsmedium zwischen Gott und Christus ebenso wie zwischen Gott bzw. Christus und den Glaubenden (Gal 4,6; Röm 8,10f; vgl. Eph 2,18–22). So ist der G. Gottes auch der Grund für die geschenkte → Gerechtigkeit vor Gott (vgl. Gal 3,14; 5,5; Röm 8,1–11; → Rechtfertigung). Ohne den G. kann niemand Jesus als Kyrios bekennen (1 Kor 12,3). Paulus bestimmt in dieser Perspektive das gesamte ekklesiale → Leben wie die individuelle christl. Existenz als geistbewegt und -geführt (1 Kor 12–14; Gal 5; Röm 8). Der G. ermöglicht die Zugehörigkeit zu Christus (Röm 8,9), die Gliedschaft in seinem Leib (1 Kor 12,13) und die Teilhabe an der Sohnschaft Christi, die für die ewige → Herrlichkeit bei Gott disponiert (Gal 4,4–7; Röm 8,14–19). Gottes G., der Jesus von den Toten auferweckt hat, wird auch die Glaubenden zu unvergänglichem Leben erwecken (Röm 8,11).

II. 4. Die *Evv.* schildern das Wirken und Leben Jesu als geistbegabt und -geführt: Ausgerüstet mit Gottes G. (vgl. die Überlieferungen der Taufe Jesu Mk 1,9–11par.) ist er selbst einer, der „mit G. und Feuer" tauft (Mt 3,11par.; vgl. Jes 30,27f) und die Versuchung in der Wüste besteht (Mk 1,12f.par.). Aufgrund seiner Geistbegabung wirkt er pneumatische Machttaten (vgl. Mt 12,28; → Wunder; Exorzismen). Im heilenden Wirken Jesu „erfüllt" sich nach Mt 12,9–21 die → Verheißung in Jes 41,1–4 über den geliebten → Gottesknecht, auf den Gott seinen G. legt. Die Kindheitsgeschichten führen die jungfräuliche Empfängnis Jesu auf das Wirken des G. zurück (Mt 1,18–20; Lk 1,35). Insbes. Lk stellt Jesus als messianischen Freudenboten, als wohltätigen Gesalbten Gottes vor (Lk 1,35; 3,21f; 4,14–21; 6,20; 7,22; Apg 4,27; 10,38). Ausweislich der Ausgießung des G. (Apg 2,1–13; 8,14–17; 10,44–48) sieht die Apg (und Lk) das gesamte urchristl. Leben in der missionarischen Wegführung durch Gottes G. begründet (Apg 8,29.39; 10,19; 15,28 u. a.), der alle Glaubenden prophetisch begabt (Apg 2,16–21; vgl. Joël 3,1–5) und zum missionarischen Zeugnis befähigt. Gottes G. führt die Gemeinschaft der Glaubenden, insbes. die → Apostel und Zeugen des Ev., „bis an das Ende der Erde" (Apg 1,8). Der mt. Taufauftrag Jesu kennt bereits die triadische Formel: „auf den Namen des Vaters und des Sohnes und des heiligen Geistes" (Mt 28,19).

Joh konzentriert das Wirken des G. vorösterlich auf das Wirken Jesu (Joh 1,32f), um nachösterlich die Gabe des G. durch den Auferstandenen zu betonen (Joh 7,38f; 19,30; 20,22; vgl. die Tauftheol. Joh 3,3–8). Der G. des Vaters bzw. der G. Jesu, der in der joh. Abschiedsrede als „Paraklet" (παράκλητος = „Beistand", „Helfer", „Fürsprecher") bezeichnet wird, ist die Ostergabe Jesu schlechthin für die Glaubenden, die sich dem Zeugnis und der unterscheidenden Hodegie (Unterweisung) des G. (vgl. Joh 16,13) anvertrauen (vgl. Joh 14,16f.26; 15,26; 16,7–11.13–15). Christl. Gottesdienst muss sich in dem „G. und der → Wahrheit" vollziehen, die Jesus Christus offenbart und selbst in dynamischer Entsprechung ist (Joh 4,23; 6,63). Tiefe Sachgrundlage der joh. Pneumatologie ist die Überzeugung, dass Gott selbst in seiner beziehungsreichen Identität G. ist (Joh 4,24).

Der Autor der *Offb* führt seine Visionen auf den G. zurück, versteht sich und seine Schrift als inspiriertes, prophetisches Zeugnis (Offb 1,10; 2,7; 4,2; 19,10; 22,6–21). Durchgehend findet sich im NT die Mahnung, die „Geister" zu unterscheiden, ob sie auf den *einen* und → *Einheit stiftenden* G. Gottes (1 Kor 12,4) zurückgehen oder nicht (1 Thess 5,19–21; 1 Kor 12,10; 1 Joh 4,1–6).

I. *M. Bauks*, Die Welt am Anfang, Neukirchen-Vluyn 1997; Heiliger Geist: JBTh 24 (2009); *H. Schüngel-Straumann*, Rûaḥ bewegt die Welt, Stuttgart 1992.

II. *J. D. G. Dunn*, Jesus and the Spirit, London 1975; *G. D. Fee*, God's Empowering Presence, Peabody 1994; *F. W. Horn*, Das Angeld des Geistes, Göttingen 1992; *B. von Kienle*, Feuermale, Bodenheim 1993; *W. Thüsing*, Gott und Christus in der paulinischen Soteriologie, Münster [3]1986; *M. Welker*, Gottes Geist, Neukirchen-Vluyn [3]2005.

Bernd Janowski (AT) / Klaus Scholtissek (NT)

Gemeinschaft / Individuum (G./I.)

(→ Dachartikel: Sozialstatus/Gesellschaft und Institution)

I. AT: 1. Der Begriff G. ist allgemein und kann von der Ehe-, Haus-, Dorf-, Stadt-, Staats- bis zur weltumspannenden Völker-G. alle menschlichen Gruppierungen umfassen und, im Sinn des Verhältnisses zwischen Menschen und Gott gebraucht, auch eine rel. Komponente enthalten. Eine G. ist für das AT das → Volk und Gottesvolk → Israel, die → Familie (Sippe/Clan, Stamm, Verwandtschaft), der → Staat, die Gemeinde und Kultgemeinschaft (→ Kirche), wobei Überschneidungen gegeben sind. G. als „(Rats-)Versammlung" oder „Gremium" bringt *ʿēṣā* (Ijob 10,3; 21,16; 22,18; Jes 19,11; 1QS 5,7; 6,3 u. a.) zum Ausdruck, während sich mit *sōd* die Bedeutung „Zusammenkunft, Kreis" verbindet. Bei Letzterem handelt es sich um ein Treffen von Menschen, die näher zusammengehören (Gen 49,6; Ps 55,15; Ijob 19,19; Jer 6,11; 15,17; Ez 13,9). So kann das „einsam sitzen" (Jer 15,17) als Gegensatz benannt werden. Moralisch qualifiziert ist der Kreis (*sōd*) der Bösen (Ps 64,3ff) als aggressiver Feind der Frommen, sodass es „gute" und „schlechte" G. gibt. Gemeinschaftstreue und -loyalität wird hebr. mit der Wurzel **ṣdq* bezeichnet, während für gemeinschaftsschädigendes Verhalten die Wurzel **ršʿ* gebraucht wird. Dabei geht es nicht nur um das rechte bzw. gestörte Sozialverhalten, sondern auch um die intakte bzw. gestörte Gottesbeziehung. Zur Bezeichnung des I. greift das Hebr. auf das allgemeine *næfæš* „Vitalität, Person, Mensch" (→ Anthropologie) zurück.

I. 2. Eine *Gemeinschaft* ist eine Gruppe von mindestens zwei Menschen, die eine Wir-Gruppe im Gegensatz zu → Fremden oder → Feinden bilden. Die Kriterien, nach denen eine G. konstituiert wird, werden von den G.-Mitgliedern festgelegt sowie akzeptiert; sie wirken auch umgekehrt auf die Mitglieder zurück. G. brauchen für die Herstellung einer G.-Identität Abgrenzungen nach außen. Die Grenzen, die gezogen werden, sind nicht von Anfang an gegeben, sondern werden im Laufe der → Geschichte einer G. von derselben konstruiert, als Kategorien mobilisiert und aufrechterhalten. Es ist die soziale Praxis des Unterschiede-Machens (in Selbst- und Fremdzuschreibung), aus der heraus Gruppen und Identitäten konstituiert werden (→ Kultur und Mentalität). Grenzen zwischen Gruppen sind weniger eine Frage objektiver Kulturunterschiede oder primordialer (uranfänglicher) Gegebenheiten als eine Funktion der Identitätsbildung. G. und ihre Identitäten sind soziale Konstrukte (F. Barth). Eine G. ist folglich eine Menschengruppe, die sich eine bestimmte Identität konstruiert und den Prozess der Identitätsbildung vorantreibt. Sie ist das Ergebnis der konstruktiven Kraft sozialen Handelns, das konstituierend wirkt. Als Produkt der Gesellschaft ist die kollektive Identität einer G. Gegenstand einer gewissen Theoriebildung, wobei die Theorien zur Identität in eine allgemeine Interpretation der Wirklichkeit, in die symbolische Sinnwelten, Plausibilitätsstrukturen und Legitimationsstrukturen eingebettet sind (und institutionell gepflegt werden). Dabei spielt die Konstruktion einer eigenen gemeinsamen Geschichte und eines gemeinsamen kollektiven Gedächtnisses einer früheren Verbundenheit (primordiale → Einheit oder gemeinsame Abstammung; „Ursprungsmythos") eine bes. Rolle. Primordiale und zeit-, geschichts- sowie ereignisgebundene Züge, selbstzugeschriebene und fremdzugewiesene Elemente werden integriert, um den Prozess der Identitätsbildung voranzutreiben. Dies gilt in bes. Maße für ethnische Gruppen und deren Identitäten.

Das AT ist Teil der Konstruktion einer partikularen Identität der G., die in den Texten bestimmend ist: des Gottesvolks „Israel". So schlagen sich hier unterschiedliche innergesellschaftliche Grenzziehungsprozesse nieder, die mit der kulturell konstruierten Gruppenidentität verbunden wurden. Die meisten dieser sich in den atl. Schriften spiegelnden Prozesse weisen in die exil.-nachexil. Zeit. Während vorexil. wohl v. a. die familiäre Zugehörigkeit bei der Orientierung der Menschen und ihrer Zuordnung zu einer G. am bestimmendsten wirkte, spielte die lokal-regionale G. (Weiler, Dorf, → Stadt, G. in der Ebene, im Bergland, Jordantal) eine sekundäre, der polit. Raum (z. B. Palästina als Teil der äg., später ass., bab. etc. Provinz) tertiär und nur dann eine Rolle, wenn man an den herrschenden Strukturen (z. B. als Beamter, Händler) Anteil hatte. In der staatlichen Zeit änderte sich dies nur auf der tertiären

Ebene mit der Entstehung der polit. Entität Staat, die sich über die vorhandenen Kleinstrukturen legte. Inwieweit dies in Gebieten, die wechselnden polit. Ansprüchen unterlagen (z. B. Dan, Jokneam, Negeb) überhaupt im Sinn der Integration in eine Staats-G. Nord- oder Südreich wahrgenommen wurde, ist umstritten. In exil. Zeit begann in Babylonien das theoretische, in nachexil. Zeit in Juda/Jehud das praktische Ringen um die Identität der G., die sich um Davididen und Jerusalemer Priesterschaft und → Tempel zentrierte. In diesem Zusammenhang war es wichtig, Kriterien aufzustellen, die über die Zugehörigkeit zur Wir-Gruppe entscheiden konnten. Allem Anschein nach hatten die zurückgekehrten Exulanten in Jerusalem bald die polit., wirtschaftliche und rel. Führung beansprucht. Zur Konsolidierung Jehuds als eigene Entität in Nachfolge Judas und des Nordreichs Israel und in Abgrenzung gegen die benachbarte Vielvölkerwelt wurden nach atl. Darstellung nach Jehud die in den exil. Gemeinschaften entwickelten Abgrenzungsmechanismen gegen die fremde Umwelt (Organisation in Vaterhäusern/Familienbünden, → Beschneidung, Speisegebote, Sabbatruhe, Mischehenverbot [Esra 10; Neh 13,23–28]) importiert und dort mit pers. Hilfe als restaurative Maßnahme (obwohl realiter eine Modernisierung) durchgesetzt. In diesen rituell-rel. Geboten, die das → Leben des Einzelnen stark beeinflussten und ihn zur persönlichen Stellungnahme (Annahme mit Durchführung, Ablehnung) nötigten, wurde das Problem der G.-Zugehörigkeit jedem einzelnen Judäer/Jehudäer vorgelegt und ins Bewusstsein gerückt. Die theologisierte → Weisheit der Spätzeit entwickelte das Konzept der inneren → Reinheit (Ps 51,4.9.12; Reinheit = Gerechtigkeit, Ijob 17,9). Die Verinnerlichung der → Tora-Gesetze und eine individualisierte → Ethik standen hier ebenso im Vordergrund wie die G. des Einzelnen mit Jhwh.

I. 3. In Bezug auf das *Individuum* zeigt sich das AT (mit Ausnahme der theologisierten Weisheit, in der allerdings Jhwh für den Einzelnen in die Rolle der Orientierungsperson einrückte) von der Lebenseinstellung des Dyadismus (→ Kultur und Mentalität) geprägt. Eine dyadische Person nahm sich selber wahr und orientierte ihr Selbstbild wie Verhalten an dem, was *andere* in ihr sahen und von ihr erwarteten. Dem wollte sie entsprechen. Da sie ihre Informationen nicht aus sich selbst, sondern durch andere erhielt, blieb alles (individuell psychologisch) Einzigartige, was *in* einem Menschen vorging, außer Acht. Motivationen, Eigenschaften und Einstellungen leiteten sich von Stereotypen ab, von Verallgemeinerungen, die man innerhalb der Kultur bestimmten Gruppen (z. B. der Geschlechts-, Familien-, Dorf-, Berufsgruppe) zuschrieb. Der Einzelne blieb allein schon durch seine Zugehörigkeit zu einer bestimmten Gruppe innerhalb vorgegebener, als „typisch“ angesehener Parameter (z. B. „fremde Frauen“), von denen sich nur die Person des → Königs (gesellschaftlich ungestraft) absetzen konnte. Folgerichtig fragte man sich nicht lange, was im → Herz (= Sitz des emotional durchdrungenen Denkens; → Anthropologie, → Gefühle) einer Person vorging, denn man ging davon aus, dass dies nur Gott bekannt war (1 Sam 16,7). Moralische Normen bestimmten zwar das individuelle Verhalten, jedoch wurden sie vom Standpunkt des überindividuellen Horizonts des „sozialen Körpers“ formuliert. Haustafeln, Tugend- oder Lasterkataloge hatten zum Ziel, die Familie, das Dorf oder das Volk sozial gesund und handlungsfähig zu halten, während das Individuum als solches entbehrlich war (z. B. neue → Kinder ersetzen die Toten, s. Ijob 42,13). In diesem Kontext kam der sozialen Konformität und Gemeinschaftstreue höchste Bedeutung zu. Gemeinschaftswidriges Verhalten in Wort und Tat bedrohte den einzelnen Mitmenschen wie die G. insgesamt (Gewalttaten, verbale Entgleisungen, Aufruhr, Eigentumsdelikte, Betrug, Götzendienst, kultische Vergehen, vgl. Ez 18,5ff; Spr 10,6.11; Mi 6,10ff; Lev 20,2ff u. a.). Wo Streit ausbrach, war die G. gestört und musste wieder ins Gleichgewicht gebracht werden. Das → Gericht diente auf allen seinen Ebenen (Familien-, Ortsgerichtsbarkeit) dazu, dasselbe wieder herzustellen und jedem zu verschaffen, was ihm zustand (Wiederherstellung der → Ehre oder des → Besitzes) und den Störer des gesellschaftlichen Friedens unschädlich zu machen oder gar (zum Wohl aller) zu beseitigen.

II. NT: 1. G. wird im NT v. a. durch den Begriff κοινωνία („G., Teilhabe“) ausgesagt, der in der griech. Kultur in der Anteilhabe sozial Gleichgestellter am Leben in der Polis und in der sprichwörtlichen G. der Freunde wurzelt: „Richtig ist das Sprichwort 'Freunden ist alles gemeinsam', denn in G. besteht Freundschaft" (Aristot. NE 8,11 1159b 31–33). Als Stammverwandten begegnen (συν-)κοινωνός („Teilhaber, Genosse"), (συν-)κοινωνέω („Anteil haben, nehmen, geben"), die Adjektive κοινωνικός („bereit zu teilen", 1 Tim 6,18) und κοινός („gemeinsam": Apg 2,44; 4,32; Tit 1,3; Jud 3, sonst: „unrein"). Ferner sind als Worte der Teilhabe belegt: μετέχειν („Anteil haben, erhalten", 1 Kor 10,17.21), μετοχή („G.", 2 Kor 6,14), μέτοχος („Genosse", Lk 5,7; Hebr 1,9; „teilhabend an", Hebr 3,1.14; 6,4).

II. 2. Alte → Tradition über das Gemeinschaftsleben der Jerusalemer Urgemeinde enthalten die Summarien Apg 2,42–46; 4,32–35. Als Konkretion des Festhaltens an der G. (κοινωνία, Apg 2,42) werden genannt das „beieinander Sein" (Apg 2,44), „sich täglich einmütig (ὁμοθυμαδόν) im → Tempel aufhalten" (Apg 2,46, Einmütigkeit charakterisiert die Gemeinden auch nach 1,14; 4,24; 5,12; 15,25; Röm 15,6 u. a.), „ein → Herz und eine → Seele sein" (Apg 4,32), die Feier des → Abendmahls und das → Gebet. Zweimal begegnet der aus dem antiken Freundschaftsideal und der utopischen Lit. bekannte Topos des ἅπαντα κοινὰ (Apg 2,44; 4,32: sie hatten „alles gemeinsam"). Vermutlich liegt hier keine bloße Rückprojektion idealer Verhältnisse in die Frühzeit vor, sondern Verallgemeinerung von Erinnerungen an die in der → Nachfolge der besitzkritischen Verkündigung Jesu tatsächlich geübte Praxis, Privatbesitz zu verkaufen und der Gemeinde zur Verfügung zu stellen (vgl. den Verkauf eines Ackers durch Barnabas in Apg 4,36f). Möglicherweise waren die Hellenisten Träger dieses Ideals in der Urgemeinde, was die hell. Sprachform und das baldige Ende des Experiments (wegen ihrer Vertreibung aus Jerusalem, Apg 8,1–4) erklären könnte.

II. 3. Als einheitliche Grundstruktur des Wortfeldes κοινωνία bei Paulus hat J. Hainz die Bedeutung „Gemeinschaft (mit jemandem) durch (gemeinsame) Teilhabe (an etwas)" erwiesen. Es wird also immer eine komplexe Beziehung zwischen mehr als zwei Größen beschrieben. Selbst die so einfache Aufforderung, dem Lehrer Anteil zu geben an allen (materiellen) Gütern (Gal 6,6), gründet in der durch das Unterrichten des Wortes gestifteten geistl. Partnerschaft. Die vielfältigen Aspekte des pln. Gemeindekonzepts zeigt der Gebrauch des Wortfeldes im Phil. In Phil 1,5 gedenkt Paulus dankbar ἐπὶ τῇ κοινωνίᾳ ὑμῶν εἰς τὸ εὐαγγέλιον, was das Anteilgewinnen der Adressaten am Ev., ihr Mitwirken an der Evangeliumsverkündigung und die dadurch zwischen Paulus und ihnen entstandene enge, herzliche Verbindung umschreibt. Phil 1,7 nennt die Philipper „Teilhaber meiner → Gnade (συγκοινωνούς μου τῆς χάριτος) bei meiner Gefangenschaft, bei der Verteidigung und Bekräftigung des Ev." Dabei ist wahrscheinlich das in Phil 4,14 erwähnte Anteilnehmen der Philipper an der Bedrängnis des → Apostels (συγκοινωνήσαντές μου τῇ θλίψει) gemeint, das – wie schon zu früheren Zeiten (Phil 4,16) – in einer großzügigen Spende zur Unterstützung seiner Evangeliumsverkündigung bestand (Phil 4,10.18). Phil 4,15 nennt dies „G. halten auf Rechnung von Geben und Nehmen". Letztlich gründen alle diese Gemeinschaftsverhältnisse in der Christusgemeinschaft (1 Kor 1,9: „Treu ist Gott, durch den ihr gemeinsam berufen seid zur G. mit seinem Sohn → Jesus Christus"). Diese gewinnt man nach Phil 3,10 insbes. durch die Teilhabe am seinem Leiden (κοινωνίαν παθημάτων αὐτοῦ; → Leid), zu der auch die Philipper aufgefordert sind (Phil 1,29f; vgl. 1 Petr 4,13). Sie trägt auch die → Verheißung der Anteilhabe an der Auferweckung mit sich (Phil 3,11; vgl. 2 Kor 1,5–7: Leiden und → Trost durch gemeinsame Anteilhabe an den Leiden Christi).

Am Phlm lässt sich der die sozialen Grenzen überschreitende Aspekt des pln. κοινωνία-Begriffs exemplarisch zeigen. Eingebettet in verschiedene andere Topoi des Freundschaftsbriefes formuliert Paulus im Proömium den Wunsch, die durch Philemons „Teilhabe am → Glauben entstandene G." (ἡ κοινωνία τῆς πιστεῶς) zwischen Paulus und Philemon möge wirksam werden in der Erkenntnis des Guten (Phlm 6). Dass damit die Bitte des Paulus um brüderliche Aufnahme des zum Glauben an Christus bekehrten → Sklaven Onesimus im Haus seines Herrn vorbereitet werden soll, die V. 16 formuliert, zeigt die Wiederaufnahme der κοινωνία-Terminologie in V. 17: „Wenn du nun mich als Partner (κοινωνόν) hast, nimm ihn auf wie mich." Onesimus soll also als gleichberechtigter Teilhaber in die Glaubensgemeinschaft aufgenommen werden. Dies bedeutete im Rahmen antiker Mentalität eine schwere Zumutung, denn echte κοινωνία war wie Freundschaft nur zwischen sozial Gleichgestellten denkbar. Ausdrücklich hielt Aristoteles fest: „Da aber die gleiche Beziehung besteht zwischen Seele und Leib, zwischen Handwerker und Werkzeug sowie zwischen Herr und Sklave, gibt es zwischen diesen keine G. (κοινωνία)" (NE 1241b). Es war die alle Gläubigen in gleicher Weise erneuernde und zueinander in Beziehungen bringende Erfahrung der Teilhabe am → Geist (κοινωνία πνεύματος: Phil 2,1; 2 Kor 13,13), die im Urchristentum die Überwindung der sozialen Schranken möglich machte (→ Kirche). Die neue G. wurde v. a. durch die Abendmahlsgemeinschaft konstituiert und erfahrbar: „Ist nicht der Kelch des Segens, den wir segnen, gemeinsame Teilhabe am Blut Christi (κοινωνία … τοῦ αἵματος τοῦ Χριστοῦ)? Ist nicht das Brot, das wir brechen, gemeinsame Teilhabe am Leib Christi (κοινωνία τοῦ σώματος τοῦ Χριστοῦ)? Ein Brot ist es. Darum sind wir viele ein Leib; denn wir haben alle Teil (μετέχομεν) an dem einen Brot" (1 Kor 10,16f; → Abendmahl, → Körper). Ein weiterer Schwerpunkt der pln. G.-Terminologie findet sich beim Thema der Kollekte für Jerusalem, die Paulus als → Zeichen der Verbundenheit (vgl. Gal 2,9: Handschlag zum Zeichen der G.) und Ausdruck der bleibenden Verpflichtung der heidenchristl. gegenüber der Jerusalemer Gemeinde interpretiert (Röm 15,26f; 2 Kor 8,4; 9,13).

I. *F. Barth*, Ethnic Groups and Boundaries, Boston 1969; *A. C. Hagedorn*, Between Moses and Plato, Göttingen 2003; *D. C. Harlow* (Hg.), The "Other" in Second Temple Judaism, Grand Rapids 2011; *H. Irsigler* (Hg.), Die Identität Israels, Freiburg 2009; *B. Janowski*, Der Mensch im alten Israel, Freiburg u. a. 2009; *G. A. Klingbeil*, Between "I" and "We": Bulletin for Biblical Research 19 (2009) 319–339; *N. Lohfink*, Wie stellt sich das Problem Individuum – Gemeinschaft in Deuteronomium 1,6–3,29?, in: *ders.*, Studien zum Deuteronomium und zur deuteronomistischen Literatur 1, Stuttgart 1990, 45–51; *U. Rüterswörden*, Von der politischen Gemeinschaft zur Gemeinde, Frankfurt/M. 1987; *R. A. di Vito*, Alttestamentliche Anthropologie und die Konstruktion personaler Identität, in: *B. Janowski*, Der Mensch im alten Israel, Freiburg u.a. 2009, 213–241.

II. *B. C. Dunson*, Individual and Community in Paul's Letter to the Romans, Tübingen 2012; *J. Hainz*, Koinonia, Regensburg 1982; *G. Theißen*, Urchristlicher Liebeskommunismus, in: *T. Fornberg/D. Hellholm* (Hg.), Texts and Contexts, Oslo u. a. 1995, 689–712; *M. Wolter*, Der Brief an die Kolosser. Der Brief an Philemon, Gütersloh u. a. 1993.

Angelika Berlejung (AT) / Annette Merz (NT)

Gerechtigkeit (G.)

(→ Dachartikel: Soteriologie)

Vorbemerkung: G. ist in der ao. und antiken Welt ein kultureller Zentralbegriff mit großer Relevanz für die → Soteriologie. G. lässt sich nicht auf den juridischen Bereich einschränken, sondern umgreift auch Ethos, Politik, Rel. und Natur. Die entsprechenden Begriffe (äg.: Maat; akkad.: *kittu/mišaru*; hebr.: *ṣædæq/ṣ^{e}dāqā/mišpāṭ*; griech.: δικαιοσύνη) beziehen sich dementsprechend auf den gesamten kulturellen Kosmos. Es geht nur am Rande um fixierte Gesetze, primär um die rechte → Ordnung, die der Welt insgesamt zugrunde liegt. Das Handeln der Menschen (und auch das von Gottheiten) ist dann gerecht, wenn es in Übereinstimmung steht mit der Weltordnung bzw. mit dem der Welt innewohnenden Sinn. G. hat soteriologische Relevanz als Basis für das Gelingen des Lebens (→ Ethik).

I. AT: 1. Als Sinnkategorie ist G. zugleich eine Verknüpfungskategorie („konnektive G."/Beziehungs-G.). Sie bindet die Folge an die Tat (Tun-Ergehen-Zusammenhang), sie bindet die Menschen in ihrem Handeln aneinander und sie verbindet Gott und Mensch. Dieser sinnhafte Zusammenhang umfasst Mensch und „Natur". Erst die konnektive, d. h. soziale und ökologische Qualität der G. verknüpft die disparaten Erscheinungen der Welt zu einem sinnvollen Kosmos. Deshalb werden Störungen der menschlichen Ordnung oft mit Störungen des Kosmos verbunden. So spricht Ps 82,5 davon, dass ohne G. die Fundamente der → Erde wanken. Wenn die konnektive G. nicht mehr funktioniert, gerät die Welt aus den Fugen (→ Weltbild). Die G. als Weltordnung ist mit der → Weisheit verbunden, die von göttlicher Seite her Schöpfungsplan und Schöpfungsordnung bedeutet, von menschlicher Seite her das → Erkennen und Beachten dieser Ordnung. G. besteht nicht aus sich heraus, sondern muss aufgerichtet und erhalten werden. Ihr primärer Garant ist Gott („theologisierte G."); aktive

G. ist das bedeutsamste Attribut Gottes und seines Handelns: Jhwh ist *der* Gerechte (Ex 9,27; → Gottesvorstellungen). G. ist die Basis seiner Weltherrschaft (Ps 89,15; 97,2). Entgegen modernem Verständnis sind Richten und Retten kein Gegensatz, sondern verbinden sich in der G. Gottes. G. kann zum Inbegriff für Gottes Heilshandeln (an Israel wie an Einzelnen) werden (Ri 5,11; 1 Sam 12,7; Ps 11,7; 103,6; Jes 45,24; Mi 6,5). Sein Richten behebt Störungen der G.-Ordnung, rettet die, die von dieser Störung bedroht sind, und ist also soziales Handeln. Deshalb sind die Armen (→ Armut) in bes. Weise die Adressaten des richtend-rettenden G.-Handelns. Dem Richter-Retter Jhwh geht es zunächst und v. a. um die Geringen, die Waisen, die Elenden und Bedürftigen (vgl. Ps 68,6; 82,3f; 140,13; 146,7–9 u. a.). Sie müssen gerettet werden aus der Hand der asozial Handelnden („Frevler"), deren Erfolg die Weltordnung ebenso in Frage stellt (Jer 12,1; Mal 3,15) wie das Leiden der Gerechten (Ijob).

I. 2. Der → König agiert als Stellvertreter Gottes und Mittler der göttlichen G. Gott hat ihn als König eingesetzt „zum Tun von → Recht und G." (1 Kön 10,9). So hat auch der König die Aufgabe, sich primär um die Armen und Benachteiligten zu kümmern (Spr 31,8f; Ps 72,4.12f). Wo er (oder seine Administration) die Armen benachteiligt, anstatt ihnen Recht zu verschaffen, zieht er sich den → Zorn Gottes zu, wie die prophetische Kritik immer wieder betont (Jes 1,17ff; Jer 22,15ff). In vielen Texten wird das Versagen des Königs bearbeitet. In der dtr. Geschichtstheol. ist das königliche Versagen einer der Hauptgründe für das Unheil, das Israel widerfährt. In der nachexil. Weisheitslit. übernimmt die personifizierte Weisheit als Garantin der G. z. T. die Rolle des Königs. Andererseits gehört die G. in den nachexil. Königstexten umso dringlicher zu den Attributen des verheißenen → Messias. Das Reich des Heilskönigs beruht auf Recht und G. (Jes 9,6), er richtet gerecht (Jes 16,5; 32,1), ja die G. ist der Gürtel um seine Hüfte (Jes 11,3f). Solches Wirken des Königs mündet in → Heil, das gesellschaftliche Ordnung, Harmonie, → Sicherheit und Frieden (Jes 32,17) bedeutet, aber auch segensreich auf die „Natur" ausstrahlt, Fruchtbarkeit fördert und Nahrung sichert (Ps 72,5–7.15–17). Auf der nichtköniglichen Ebene ist jedes Individuum verpflichtet, durch ein gemeinschaftsbewusstes Handeln den Bestand der G. zu stabilisieren und nicht durch asoziales Verhalten zu stören. Das, was als gerechtes Tun gilt, unterscheidet sich freilich von modernen Konzepten. Tamar prostituiert sich, um ihren Schwiegervater zur „Leviratsehe" zu bringen (→ Ehe). So erweist sie ihre G. (Gen 38,26). David achtet die Unantastbarkeit des Gesalbten Gottes und wird als gerecht anerkannt (1 Sam 26,18). Pinhas wird es als G. angerechnet, dass er einen Baalsanhänger tötet (Ps 106,31). Wirkungsgesch. bedeutsam ist Abrahams → Glaube an Gottes → Verheißung, der ihm als G. anerkannt wird (Gen 15,6). Immer geht es um ein angemessenes Verhalten, das die Verfugung der Welt nicht verletzt, das Ordnung und Beziehung stiftet, anstatt sie aufzulösen. So kann auch der Glaube Abrahams als G. anerkannt werden, weil er damit die Beziehung zum Gott der Verheißung aufrechterhält. In späteren Texten wird G. mit dem Gesetz verbunden. G. kann dann als Tun des göttlichen Gebots definiert werden (Dtn 6,25; vgl. auch Ps 119).

II. NT: 1. Die Auflösung des Tun-Ergehen-Zusammenhangs wird in der frühjüd. → Apokalyptik bedrängend. Dass der Fromme gerade wegen seiner G. dauerhaft → Leid und Unheil erfährt, scheint die Regel zu sein, nicht mehr die Ausnahme. Die Problemlösung besteht in der Erwartung, dass das → End-Gericht Gottes am Ende der → Zeiten wieder G. herstellt. Diese Konzeption findet ntl. ihre nächste Entsprechung in der Offb. Wenn die Märtyrer Gott um → Rache bitten (Offb 6,10), dann fordern sie nichts anderes von ihm als das Aufrichten der G.

Auch Jesus steht unter dem Einfluss apokalyptischer Daseinsanalyse. Die G. ist gestört und muss wieder hergestellt werden. Dies vollzieht sich in der Ankunft der Königsherrschaft Gottes (→ Herrschaft), die den Armen, Trauernden und Hungernden zu ihrem → Recht verhilft. Die Annahme dieser Botschaft ist insofern Vollzug des Gerichts, als sie Anerkennung der menschlichen Heilsbedürftigkeit und Annahme der göttlichen → Barmherzigkeit bedeutet. Ablehnung der Königsherrschaft Gottes zieht das göttliche Strafgericht nach sich. Bei Mt wird die Gottesherrschaft als → Weg der G. konzipiert. G. heißt, sich wie Jesus ganz dem → Willen Gottes zu unterstellen.

In der Komposition der Bergpredigt (Mt 5–7) entwirft er die Lehre der wahren G., die das rechte Verhältnis des Menschen zu Gott und zu seinen Mitmenschen definiert. G. ist Geschenk Gottes, das die Menschen nicht von sich aus leisten, sondern nur suchen und ersehnen (Mt 5,6; 6,33) können. Charakteristikum der Jesusjünger ist die praktische Umsetzung der G. Die Seligpreisungen und Antithesen (Mt 5) definieren die größere G. (Mt 5,20), die sich nicht mehr an Vorschriften, sondern an der Vollkommenheit Gottes orientiert (Mt 5,48), als Zugang zum ewigen → Leben der Gottesherrschaft (vgl. auch Mt 25,31–46).

II. 2. Wirkungsgesch. am bedeutsamsten ist die pln. Konzeption der G. im Rahmen der Lehre von der → Rechtfertigung, deren theol. Basis die G. Gottes ist. G. meint dabei v. a. die → Treue Gottes zu seinen → Verheißungen. Wie in der atl. Tradition ist diese G. richtendes und rettendes Handeln in einem. Im Tod Jesu am → Kreuz richtet Gott alle → Sünde hin, schafft → Versöhnung und richtet so seine G. auf (Röm 3,25f; 2 Kor 5,21; Gal 3,13 u. a.). Für den Menschen bedeutet dies, dass er G. nur im → Glauben, d. h. in der Teilnahme am Gerichts- und Heilsgeschehen des Todes Jesu, findet. Der Glaube wird verstanden als identifizierende Übernahme des Geschicks Jesu und Anerkennung der todeswürdigen Verkehrtheit der eigenen Existenz (Gal 2,19). Damit wird ein positiver Identitätswechsel möglich: Die Glaubenden nehmen die Identität des Christus (Gal 2,20) an und finden „in ihm" die G. Gottes. Daraus entsteht dann die Möglichkeit, G. lebenspraktisch umzusetzen (Röm 6).

I. *J. Assmann* u. a. (Hg.), Gerechtigkeit, München 1998; *U. Bechmann*, Mensch-Werden in Weisheit, in: *B. Henze* (Hg.), Studium der Katholischen Theologie, Paderborn 1995, 11–37; *B. Janowski*, Die rettende Gerechtigkeit, Neukirchen-Vluyn 1999; *M. Köckert*, „Glaube" und „Gerechtigkeit" in Gen 15,6: ZThK 109 (2012) 415–444; *E. Otto*, Theologische Ethik des Alten Testaments, Stuttgart 1994; *M. Weinfeld*, Social Justice in Ancient Israel and in the Ancient Near East, Jerusalem 1995.

II. *J. A. Grassi*, Informing the Future, New York u. a. 2003; *H. Merklein*, Die Bedeutung des Kreuzestodes Christi für die paulinische Gerechtigkeits- und Gesetzesthematik, in: *ders.*, Studien zu Jesus und Paulus 1, Tübingen 1987, 1–106; *U. Wilckens*, Der Brief an die Römer (Röm 1–5), Zürich u. a. [2]1987; *M. Zehetbauer*, Die Polarität von Gerechtigkeit und Barmherzigkeit, Regensburg 1999.

Joachim Kügler

Gericht (G.)

(→ Dachartikel: Sozialstatus/Gesellschaft und Institution)

Vorbemerkung: Unter dem Stichwort G. wird im Folgenden ausschließlich die Institution Gericht behandelt. Die theol. motivierte Frage nach der Durchsetzung der göttlichen → Gerechtigkeit wird in diesem Handbuch unter den Begriffen → End-Gericht und → Zorn erörtert.

I. AT: 1. Zum G. gehören ein Kläger, Richter (*dajjān, šōfēṭ*) und Zeugen (*ʿēd*), die dazu dienen, den Streitfall (*rīb*) aufzuklären und bei der Rechtsfindung zu helfen. Die Wurzeln **špṭ* „herrschen; entscheiden; richten; zu dem verhelfen, was einem zusteht" und **dīn* „richten, urteilen, → Recht sprechen" decken mit ihren Derivaten den juristischen Bereich weitgehend ab.

I. 2. Das G. diente auf allen seinen Ebenen dazu, im Störungsfall den gesellschaftlichen Frieden wieder herzustellen, und jedem zu verschaffen, was ihm zustand (Wiederherstellung der → Ehre oder des → Besitzes; → Kultur und Mentalität). Die familiäre Gerichtsbarkeit lag ao. wie atl. zu allen Zeiten beim *pater familias* (Gen 31,25–54; 38,24–26). In diesen Bereich gehörte auch das Recht zur Blutrache als gesellschaftlich tolerierte Privatjustiz (Dtn 19,11f). In der vorstaatlichen Zeit wurden Rechtsfälle des Zivil- und Strafrechts (→ Strafe) lokal aufgrund des Gewohnheitsrechts entschieden (Ortsgericht). Die Versammlung der Ortsvorsteher im Tor oder am Torvorplatz wird atl. mehrfach erwähnt (Gen 23,10; 34,20; Dtn 21,18–21; Rut 4,1; Am 5,10–15), vor der man seinen Fall vortragen konnte. Auch notarielle Aufgaben wurden hier erledigt (Rut 4,7ff). Diese Ortsgerichtsbarkeit blieb in der Königszeit erhalten, während der → König nur als Berufungsinstanz oder Richter in bes. Fällen diente (1 Kön 3,16–28; 21,7ff). Ob es in der Königszeit bereits vom König eingesetzte Justizbeamte gab, ist umstritten, doch ist 2 Chr 19 kaum hist. zuverlässig. Ausweislich eines hebr. Ostrakons aus *Məṣad Ḥăšavyāhū* (Ende 7. Jh. v. Chr.) waren Rechtshilfegesuche an den Festungskommandanten (nicht etwa einen Richter oder König) zu adressieren, der für die Einhaltung des Rechts (hier des Pfandrechts wohl im Sinn von Ex 22,25f; Dtn 24,10–13) sorgen sollte. Beamtensiegel bezeugen bislang keine Richter. Gerichtsfähig war nach ao. und atl. Vorstellung nur ein Mann. Frauen, die keinen männlichen Vertreter ihrer Interessen hatten (→ Witwen und Prostituierte ohne erwachsenen Sohn), mussten selbst vor G. auftreten. Ihre Position war schwach und wurde atl. von Jhwh persönlich gestützt. Im G. ging es darum, die Wahrheit herauszufinden, und daher kamen wiederholt Zeugnis, Geständnis, Eid und Gelübde zum Einsatz, wobei Eid und Gelübde dazu dienten, Unüberprüfbares der göttlichen Oberaufsicht zu unterstellen, sodass sie im AO gemeinhin im Namen der Gottheit ausgesprochen wurden, die für Gerechtigkeit zuständig war. Dies war ao. der Sonnengott, im AT Jhwh, der Züge desselben übernommen hatte („Solarisierung"; → Gestirne). Der Eid aktivierte eine Art impliziten Fluch (→ Segen) über den Schwörenden für den Fall, dass dieser log, es Menschen aber nicht möglich war, dies herauszufinden. Das Gelübde implizierte für den Fall der Lüge, dass Gott, der zum Zeuge für eine Lüge angerufen worden war, den Gelobenden bestrafte, wenn er gelogen hatte. Nach dem Gelöbnis konnte der Gelobende nur entehrt werden (→ Ehre), wenn er der Lüge überführt wurde, ansonsten galt sein Wort. Dasselbe traf für denjenigen zu, der ein Ehrenwort leistete. Ein Ehrenwort übernahm die Funktion des Eids, ohne dass man eine Gottheit als Zeugen miteinbezog, um zweifelnde Außenstehende von der Wahrheit des Gesagten zu überzeugen. Eine Sonderform des Eids ist der sog. „Reinigungseid", bei dem man seine Unschuld beteuerte (Ijob 31). Richterlich verfügt werden konnte atl. ein Gottesurteil („Ordal"), das durch Los (Jos 7,14ff; 1 Sam 14,36ff; Jona 1,7) oder das Trinken einer Flüssigkeit erreicht werden sollte, die im Schuldfall (bei Ehebruch) der Verdächtigten schadete (Num 5,12ff, → Ehe). Im AO sind drakonischere Maßnahmen belegt (Fluss- und Feuerordal). Die Beweislast trug die den Rechtsstreit eröffnende Partei, während dem Beklagten ein Fürsprecher/Entlastungszeuge half. Falsche Eide bzw. Gelübde und Zeugnisse sowie Bestechung von Zeugen und Richtern waren die üblichen Tricks, mit denen die Parteien versuchten, die richterliche Entscheidung zu ihren Gunsten zu beeinflussen. Sie wurden ao. (Kodex Hammurapi) wie atl. unter → Strafe gestellt (Ex 20,16; Dtn 5,20; 19,18f; Lev 19,11f.15), von den atl. → Propheten angeprangert (Jes 1,21ff; Mi 7,3), weisheitlich getadelt (Spr 6,19; 12,17; 14,5; 19,5.28) und in Qumran unter Todesstrafe gestellt (11Q19 51,16f). Nach dem Prozess erging mündlich das Urteil („du bist schuldig"; „du bist unschuldig") mit der Rechtsfolgebestimmung, die je nach Vergehen aus Rückgabe, Entschädigung, körperlicher Züchtigung oder Hinrichtung bestehen konnte. Die Todesstrafe (für Mord [Ex 21,12; Lev 24,17.21], Elternmissachtung [Ex 21,15.17; Lev 20,9], religionsrechtliche [Ex 22,17.19; Lev 7,20f; 20,2f; 24,16; Dtn 13,6–19; 17,2–7; 18,20], sexuelle [Ex 22,18; Lev 20,11–16] oder zivilrechtliche [Dtn 17,12; 24,7] Vergehen) bedurfte mindestens zweier Zeugen (Dtn 17,6; 19,15; Num 35,30) und wurde zumeist durch die Steinigung vollzogen. Kultische Vergehen wurden vom → Priester festgestellt. Nachexil. funktionierte weiter die Ortsgerichtsbarkeit, doch gab es nach Esra 7,25f (vgl. auch Esra 10,14) Richter im pers. Auftrag, die die Todesstrafe, Verbannung, Geldstrafe oder Gefängnis verhängen konnten (Rückprojizierung: 1 Chr 23,4; 26,29; Ex 18,21ff). Esra 9f; Neh 5,1f; 13,4ff bezeugen in Juda/Jehud die Geltung des lokalen Zivil- und Strafrechts, das für die Provinz von den Persern, später den Griechen anerkannt wurde.

I. 3. Wie auch sonst im AO galten die Gesetze, die das Zusammenleben zwischen Menschen und das Verhältnis zwischen Menschen und Gott regeln sollten, als im göttlichen → Willen verankert. Atl. wurden sie mit der → Offenbarung Jhwhs am Sinai/Horeb verbunden. Jhwh war der oberste und allzeit gerechte Richter, an den sich der Einzelne wenden konnte (Ps 7; 17; 26; Gen 16,5; 1 Sam 24,12f; Ri 11,27), damit ihm zu seinem Recht (= das, was ihm zusteht) verholfen wurde. War dies im irdischen Leben nicht immer gegeben, so reflektieren die späten Texte, dass es in eschatologischer → Hoffnung ein G. (→ End-Gericht) geben würde, in dem Jhwh den Frommen Recht schafft und die Frevler bestraft (Ps 37). Sogar die Toten müssen sich dem G. unterwerfen (Dan 12,2), sodass deren → Auferstehung unter Gerichtsaspekten steht. Der Wunsch nach individueller Gerechtigkeit wurde so in die Zeit über den → Tod des Einzelnen hinaus verlängert bzw. war der Tod keine Möglichkeit mehr, sich der göttlichen Strafe zu entziehen.

I. 4. Ein Gerichtsszenario ist im AT häufig der Interpretationsrahmen der Begegnung zwischen Jhwh und seinem → Volk, den Völkern oder dem Einzelnen: Jhwh ist selbst häufig Richter (der Völker: Gen 15,14; 18,25; 1 Sam 2,10; Ps 7,9; Israels: Jes 3,13f; 33,22; eines Einzelnen: Ri 11,27; Ps 9,5) und reagiert richtend auf menschliches Handeln, sodass das individuelle wie kollektive → Schicksal der Menschen als Ergebnis der Beurteilung ihres Tuns vor Jhwh interpretiert wird (Tun-Ergehen Zusammenhang; → Ethik): Wohlergehen/polit. Erfolg = Gotteslohn; Unglück/polit. Debakel = Gottesstrafe. Als Belastungszeuge und Richter zugleich tritt Jhwh in Jer 29,21–23; Mi 1,2–7 gegen sein Volk auf. In Dtn 32,1; Jes 1,2; Jer 2,12; Mi 6,1f fordert Jhwh selbst sein Volk, in Jes 41,1–5.21–29; 43,9–13; 44,6–8 die Götter der Heiden zum Rechtsstreit vor einem kosmischen Gerichtshof heraus und ruft zu diesem Zweck seine Zeugen und Beweise auf.

II. NT: 1. Im NT ist deutlich weniger von der Gerichtsinstitution und von Richtern die Rede als im AT. Weder sind entsprechende Bestimmungen zur Einrichtung von Gerichten, Richtern, Instanzen oder Zeugen überliefert noch wird ausführlicher oder allgemein auf das Rechtswesen und die Rechtspflege eingegangen. Dennoch ist die Terminologie insgesamt recht differenziert, insbes. dort, wo sie von der Organisation des röm. Rechtswesens bestimmt ist. Sie umfasst zunächst allgemein das Verbum κρίνω („richten"), κρίμα („Urteil, G.") und κριτής („Richter"). Spezieller werden βῆμα und βῆμα ποδός für den Richterstuhl oder den Ort des G. (Mt 27,19; Joh 19,13; Apg 18,16f; 25,10.17), ἀντίδικος für den (als ungerecht empfundenen) Prozessgegner (Mt 5,25par.; Lk 18,3), κατήγορος für den Ankläger (Apg 25,16), ἔγκλημα für die Anklage (Apg 23,29; 25,16), πρᾶγμα für die Prozessangelegenheit (1 Kor 6,1), ἀπολογία für die Verteidigung (Apg 25,16; 1 Kor 9,3); ἐπικαλέω für die Berufung (Apg 25,11.21; 28,19) und μάρτυς für den Zeugen (Mt 18,16; Apg 7,58; 2 Kor 13,1) bzw. ψευδόμαρτυς (Mt 26,60; 1 Kor 15,15) für den Falschzeugen genannt. Συνέδριον („Hoher Rat", hebraisiert *Sanhedrin*) ist mehrdeutig und kann das G. als Institution, die Gerichtsversammlung wie auch das Verfahren bezeichnen (z. B. Mk 13,9par.; Mt 5,22), steht im NT jedoch in aller Regel für das am Jerusalemer → Tempel lokalisierte jüd. Zentralgericht (Joh 11,47; Apg 23 u. a.). Für das G. in Athen bezeichnet Ἄρειος πάγος den Areopag (Apg 17,19.22). Auffallend ist die terminologische Besonderheit, dass κρίσις („G.") nicht für die profane Gerichtsbarkeit gebraucht wird, sondern das → End-Gericht bezeichnet. Dass beide Aussagen bis in die Bildwelt hinein eng beieinander liegen, macht beispielhaft der Schlusssatz der zweiten Antithese (Mt 5,25f) deutlich, der in der Forschung vielfach als sekundärer Zusatz erklärt wird. Der dort weisheitlich für den Alltag gegebene Ratschlag wandelt sich in der Tiefendimension zu einer metaphorischen Aussage über das End-Gericht. Im Vordergrund stehen heidnische Schuldenprozesse, die – anders als im jüd. Recht – mit harter Schuldhaft enden konnten. Dem sollte der Schuldner durch frühzeitiges Handeln und die Versöhnung mit dem Prozessgegner entgegenwirken. Im paränetischen Kontext steht bei Mt das auf das Jüngste G. bezogene Umkehrmotiv (→ Umkehr). Im Folgenden geht es ausschließlich um Aspekte des Rechtswesens. Vorstellungen zum End-Gericht oder zu Gott (z. B. 2 Tim 4,8; Hebr 12,23) bzw. Christus (z. B. Röm 14,10; 2 Kor 5,10) als Richter, sind an anderer Stelle verhandelt (→ Gottesbilder, → Gottesvorstellungen, → Soteriologie, → Eschatologie, → Jesus Christus).

II. 2. Die wichtigste und zugleich oberste Instanz der jüd. Gerichtsbarkeit in ntl. Zeit ist das συνέδριον, was meist mit „Hoher Rat" wiedergegeben wird. Als Vorläufer gilt das in 1 Makk 12,6; 2 Makk 1,10 und 2 Makk 11,27 erwähnte Führungsgremium der γερουσία. Als Aulus Gabinius 57 v. Chr. Prokonsul von Syrien wurde, richtete er in einer Verwaltungsreform für die fünf Bezirke Judäas συνέδρια ein, die 47 v. Chr. durch Caesar wieder aufgehoben wurden. Seitdem bestand lediglich noch ein Synedrium in Jerusalem, das in den Folgejahren von Herodes d. Gr. bestimmt wurde. Dieser ließ nach dem Prozess gegen ihn nahezu alle Mitglieder hinrichten und ersetzen. Über die Zusammensetzung der obersten Verwaltungs- und Gerichtsbehörde bis zum Untergang des zweiten Tempels gibt es keine genauen Informationen. Meist wird aufgrund der späteren rabb. Quellen angenommen, dass es aus 70–72 Mitgliedern bestand, doch könnte diese Zahl am idealen Gremium der mosaischen Ältesten (→ Amt) als Vertretung ganz → Israels (Ex 24,1.9; Num 11,16.24f; Ez 8,11) orientiert sein. Ob es vor 70 n. Chr. überhaupt ein permanentes Synedrium gab oder dieses nur mehr oder weniger oft für Einzelentscheidungen zusammengerufen wurde, ist nicht sicher. Mitglieder waren Angehörige lokaler Eliten und der *retainers* (→ Sozialstatus) aus den Gruppen der Sadduzäer, der Pharisäer und der hohepriesterlichen Familien. Den Vorsitz führte (bis in rabb. Zeit nach dem Zeugnis des Josephus und des NT) der jeweils amtierende Hohepriester. Die Zuständigkeit umfasste neben rel. Fragen der Halacha (Gesetzesauslegung) auch Angelegenheiten des Zivil- und Strafrechtes. Die Kompetenz war insbes. in der Kapitalgerichtsbarkeit begrenzt. Die Vollstreckung der Todesstrafe fiel in den Bereich der röm. Behörden, sodass das Fällen eines Todesurteils der Bestätigung der röm. Gerichtsbarkeit bedurfte. Die mit Steinigung abgeschlossenen und autonom geführten Verfahren gegen Stephanus (Apg 6,8–7,60) und Jakobus (Ios. ant.Iud. 20,200) waren von den Römern offenbar geduldete regelwidrige Kompetenzüberschreitungen.

II. 3. Die zweite Säule der Gerichtsbarkeit in Judäa stellte das röm. → Recht dar. Oberste und letztentscheidende Instanz war der Kaiser, der seine Kompetenz an die Statthalter der Provinzen delegierte. Der Statthalter, der der sog. Ritterklasse angehörte und dessen Amtszeit in der Regel zwei Jahre betrug (vgl. aber Pilatus 26–36 n. Chr.), hatte als wichtigster Vertreter der röm. Herrschaft und Befehlshaber die Befugnis, in alle strittigen Fragen seines Zuständigkeitsbereiches entscheidend einzugreifen. *De facto* beschränkte sich seine Gerichtsbarkeit v. a. auf Prozesse mit höherem Streitwert und auf die Kapitalgerichtsbarkeit. In seinen Verfahren bediente er sich der beratenden Stimme von Notablen und Günstlingen wie auch der lokalen Gerichtsbarkeit. Im NT werden v. a. der Prozess Jesu vor Pilatus und der Prozess des Paulus in Cäsarea behandelt.

II. 4. Für eine rechtsgesch. Beurteilung des Prozesses Jesu ist die grundsätzliche Schwierigkeit zu beachten, dass in den ntl. Berichten nachösterliches theol. Interesse und hist. Aspekte ineinander verwoben sind (→ Passion). Dabei ist nicht zu verkennen, dass etwa in der Entlastung des Pilatus (Joh 18,38; 19,6f) und der expliziten Schuldübernahme der Juden in der formelhaften Wendung „sein → Blut komme über uns" (Mt 27,25) antijudaistische Tendenzen zu erkennen sind, die die tatsächliche Verantwortung der röm. Behörde verschleiern. Die Fixierung auf die Schuldfrage („Wer war schuld am Tod Jesu?") hat in einem Extrem zum Vorwurf an die Juden geführt, „Gottesmörder" gewesen zu sein, v. a. unter dem Eindruck der Shoah des 20. Jh., aber auch zu dem anderen Extrem, die jüd. Beteiligung am Prozess Jesu aufgrund des Antijudaismus-Verdachts gänzlich als unhist. zu leugnen. Festzuhalten ist die Tatsache, dass der Prozess nach den damals gültigen Verfahrensregeln abgelaufen zu sein scheint und daher auch mit einem rechtmäßigen Todesurteil durch die röm. Gerichtsbarkeit endete (→ König). Oberstes Ziel scheint nicht das sachlich oder theol. begründete Vorgehen gegen die Lehre Jesu, sondern die Aufrechterhaltung der öffentlichen Ordnung gewesen zu sein. Der Prozess ist in zwei voneinander abhängige Phasen aufzuteilen. Aufgrund des dem Statthalter vorbehaltenen Rechts, ein Todesurteil zu fällen und zu vollstrecken (*ius gladii*) fand lediglich ein Teil des Ermittlungsverfahrens vor dem Synedrium statt. Dieses endete mit einer Anklage, jedoch nicht mit einem förmlichen Todesurteil (das eine Steinigung zur Folge gehabt haben müsste). Die Hauptverhandlung fand vor Pilatus an seinem Amtssitz in Jerusalem statt. Joh 19,13 benennt den Ort, an dem das βῆμα als Ort des G. aufgestellt war, als Λιθόστρωτον („Steinpflaster"). Die im Zusammenhang damit erwähnten Misshandlungen (Geißelung) waren nicht unüblich. Ob die eingeflochtene Pascha-Fest-Amnestie, die aufgrund der *acclamatio populi* zur Freilassung des Unruhestifters und Mörders Barrabas führte (Mk 15,7–15par.), hist. ist, bleibt trotz vereinzelter hist. Belege (z. B. Ios. ant.Iud. 20,215) weiter umstritten. Unhist. dürfte hingegen die nur in Lk 23,6–12 belegte Episode von der Vorführung bei dem Tetrachen von Galiläa, Herodes Antipas, sein.

II. 5. Neben dem Prozess Jesu gibt v. a. der Prozess des Paulus Auskünfte über die Organisation des Rechtswesens in ntl. Zeit. Die Grundzüge des in Apg 21,27ff geschilderten Verfahrens sind rechtshist. plausibel (inwiefern sie auch hist. zutreffen, ist in der Forschung umstritten). Auch hier ist das

Nebeneinander von jüd. Gerichtsbarkeit im Synedrium und der röm. Rechtsprechung durch den Statthalter erkennbar. Zunächst kam es in Jerusalem zur Verhaftung des Paulus durch die Römer zum Schutz der bedrohten öffentlichen Ordnung (Apg 21,12–35; 23,10.27). Paulus habe – so der Vorwurf – Nicht-Juden in das Innere des Tempelhofes geführt, wodurch ein Tumult entstanden sei (Apg 21,28). Paulus konnte vor der lokalen Behörde der Geißelung mit Hinweis auf sein röm. Bürgerrecht (πολιτεία, → Sozialstatus, → Heimat) entgehen (Apg 22,26–29. Das Ἐγὼ δὲ καὶ γεγέννημαι „Ich bin sogar [im röm. Bürgerrecht] geboren" gibt der Forschung Rätsel auf, weil Paulus diesen Umstand in seinen Briefen verschweigt). Paulus wurde anschließend zum Sitz des Statthalters Antonius Felix nach Cäsarea Maritima überstellt, wo ein förmliches Verfahren stattfand. Aufgrund mangelnder Beweise wurde das Urteil vertagt, der Prozess verschleppt und Paulus blieb in Haft. Gegenüber dem Nachfolger Porzius Festus, der ihn erneut nach Jerusalem überstellen wollte, berief sich Paulus auf sein Appellationsrecht gegenüber dem Kaiser, das ihm als röm. Bürger zustand (Apg 25). In Rom wurde Paulus zwei Jahre in leichter Haft gehalten (*custodia militaris*). Über den Ausgang des Verfahrens oder ein formelles Urteil im Revisionsprozess vor dem Kaiser berichtet die Apg nichts (möglich sind: Exekution in Rom 62 n. Chr. oder vom Prozessausgang unabhängiger Tod im Zusammenhang der ersten Christenverfolgung unter Nero 64 n. Chr. oder der Tod in Haft vor Ende des Verfahrens).

II. 6. Unter der Voraussetzung eines Gegensatzes zwischen profaner und eschatologischer Gerichtsbarkeit kritisiert Paulus in 1 Kor 6,1–11, dass die Korinther strittige Vermögensangelegenheiten zwischen Gemeindemitgliedern in Zivilprozessen zu klären suchen. Vielmehr empfiehlt er den „Heiligen" interne Schlichtungsverfahren zur Beilegung der Konflikte. Damit soll weder die Qualität der lokalen Richter herabgesetzt noch das röm. Rechtswesen in Frage gestellt werden (→ Staat).

I. *F. Crüsemann*, Das Gericht im Tor – eine staatliche Rechtsinstanz, in: *J. Hausmann-Zobel* (Hg.), Alttestamentlicher Glaube und biblische Theologie, Stuttgart u. a. 1992, 69–79; *J. C. Gertz*, Die Gerichtsorganisation Israels im deuteronomischen Gesetz, Göttingen 1994; *H. Niehr*, Herrschen und Richten, Würzburg 1986; *ders.*, Rechtsprechung in Israel, Stuttgart 1987; *ders.*, Grundzüge der Forschung zur Gerichtsorganisation Israels: BZ 31 (1987) 206–227; *ders.*, Die Rechtsprechung im Tor: BiKi 54 (1999) 128–130; *E. Otto*, Tendenzen der Geschichte des Rechts in der Hebräischen Bibel: Zeitschrift für Altorientalische und Biblische Rechtsgeschichte 9 (2003) 1–55; *ders.*, Zivile Funktionen des Stadttores in Palästina und Mesopotamien, in: *M. Weippert/S. Timm* (Hg.), Meilenstein, Wiesbaden 1995, 188–197.

II. *P. Egger*, „Crucificus sub Pontio Pilato", Münster 1997; *K. Erlemann/J. Zangenberg* u. a. (Hg.), Neues Testament und Antike Kultur 1, Neukirchen-Vluyn 2004; *F. W. Horn*, Das Ende des Paulus, Berlin u. a. 2001; *K. Kertelge* (Hg.), Der Prozess gegen Jesus, Freiburg ^{2}1989; *H. Omerzu*, Der Prozess des Paulus, Berlin u. a. 2002.

Angelika Berlejung (AT) / Christian Frevel (NT)

Gestirne (G.)

(→ Dachartikel: Weltbild/Kosmologie)

I. AT: 1. Zu den G. zählen (bewegliche) Planeten und Fixsterne (hebr. *kōkāb*, griech. ἄστρον, ἀστήρ). Nach antikem → Weltbild gehörten zu den sieben Planeten Sonne (hebr. *šæmæš*, griech. ἥλιος), Mond (hebr. *jārē^{a}ḥ*, griech. σελήνη), Mars, Merkur, Jupiter, Venus und Saturn (hebr. *kēwān*, LXX Ραιφαν; Am 5,26). Die G. bestimmten die Zeiteinteilung, den Kalender, der sich am Mond (Mondjahr 354 Tage) oder der Sonne (Sonnenjahr 365 Tage) orientieren konnte, sowie den Kultkalender und damit die → Feste. In Alexandria wurde im 1. Jh. n. Chr. die Planeten-Woche ausgearbeitet, die Judentum, Christentum und Römerreich übernommen haben. Die Siebenzahl der Planeten und des Siebengestirns der Plejaden (hebr. *kīmā*; Am 5,8; Ijob 9,9; 38,31), die auch atl. mehrfach rezipiert wurde (Ex 25,37; Sach 4,2.6), spielte gesamtorientalisch früh eine bes. Rolle. An Sternbildern sind atl. noch Orion (hebr. *k^{e}sīl*; Am 5,8; Ijob 9,9; 38,31), Aldebaran und Hyaden (hebr. *ʿajiš/ʿāš* mit seinen Söhnen; Ijob 9,9; 38,32), Sirius (hebr. *mazzārōt*; Ijob 38,32) sowie der Tierkreis (hebr. *mazzālōt*; 2 Kön 23,5) belegt. Der Morgenstern (hebr. *hēlēl*, griech. ἑωσφόρος), Kind der Morgendämmerung (hebr. *šaḥar*, griech. ὄρθρος), der in Mesopotamien mit der → Göttin Ištar bzw. in Rom mit Venus verbunden wurde, ist der Bringer des Frühlichts und

Abb. 32: Kult vor der Mondsichelstandarte, dem Symbol des Mondgottes.
Quelle: *O. Keel/C. Uehlinger,* Göttinnen, Abb. 300.

steht damit (wie der Abendstern) zwischen dem Mond und der Sonne.

I. 2. Im antiken Mittelmeerraum galten die G., bes. Sonne und Mond sowie der Morgen- und Abendstern, als (je nach Kultur unterschiedlich benannte) personale Gottheiten, die verehrt wurden. Sie wurden als Lenker des Weltgeschehens betrachtet, das sich an ihnen vorab abzeichnen konnte. Zugleich ging man davon aus, dass auch das → Schicksal des Einzelnen (durch die Konstellation zur Geburtszeit) an sie gebunden war. Daher beobachtete man sie genau und versuchte, ihre Bahnen zu berechnen (Ursprung der Astronomie). Zudem gab es Spezialisten, die die Himmelsphänomene in Richtung auf Zukunftsdeutung auslegten (Ursprung der Orakelkunst der Astrologie). Die Sternbeobachtung und -deutung wurde v. a. in Mesopotamien (ab dem 3. Jt. v. Chr.) entwickelt, von wo aus sie Palästina und den gesamten Mittelmeerraum erreichte. Im AT begegnen bab. Sternengelehrte (Jes 47,13; LXX ἀστρολόγοι) und die für diese Kunst berühmten Chaldäer (Dan 2,2). Sterndeutung und Himmelsbetrachtung sind atl. verpönt (Jes 47,13; Ijob 38,33), da Gott allein seine Pläne kennt. Doch wird hier gegen geltende Praxis argumentiert, da sich auch atl. Belege dafür finden, dass G. große Ereignisse ankündigen können und folglich zu beobachten sind. Zu den → Zeichen des endzeitlichen Gerichts (→ End-Gericht) gehört, dass die G. ihren Glanz verlieren (Jes 13,10; Ez 32,7; Joël 2,10; Lk 21,25; 2 Petr 3,10) oder gar ganz vom Himmel fallen (Mt 24,29par.). Aus der (frühestens exil.) monotheistischen Perspektive des AT heraus wird wiederholt betont, dass die G. Geschöpfe Jhwhs und ihm untergeordnet sind (Gen 1,16; Ijob 9,9; Ps 8,4; 147,4; Jes 40,26; Ri 5,20; → Monotheismus), da er sie am → Himmel befestigt hat, sie zählt, benennt und als sein → Heer führt. Gestirndienst ist verboten und Gegenstand atl. Polemik (Dtn 4,19; 17,3; Am 5,26; 2 Kön 17,16). Doch argumentiert das AT auch hier gegen geltende Praktiken: Nach Jer 7,18; 44,17–25 wurde im familiären Kult in Juda Anfang des 6. Jh. v. Chr. die Himmelskönigin verehrt, deren Identität (→ Göttin Aschera, Astarte, Ištar?) nach wie vor umstritten ist. Nach 2 Kön 23,5 wurde der Tierkreis, nach Zef 1,5; 2 Kön 21,3–5 das Himmelsheer verehrt. Paläst. Siegel der E-Zeit IIB (926/900–722/700 v. Chr.) zeigen Menschen in anbetender Haltung vor dem kultischen Symbol des Mondgottes, der Mondsichelstandarte (*Abb. 32*). Trotz der atl. Vorbehalte gegen Himmelsbeobachtung und Sterndeutung nahmen astrologische Berechnungen im Rahmen der → Apokalyptik und persönliche Horoskope in Qumran großen Raum ein (4Q186; 4Q318). Auch der Tierkreis gewann weiter an Bedeutung und wurde um 350–600 n. Chr. in Mosaiken und Inschriften von Synagogen und Kirchen ikonographisch umgesetzt (*Abb. 33*), wobei sich der Zodiak um den Sonnengott Helios im Sonnenwagen gruppiert.

I. 3. Die *Sonne* (S.) ist im Hebr. teils mask., teils fem., während das Akkadische die S. mask., das Ugaritische hingegen fem. konstruiert. Folgerichtig galt die S. in Mesopotamien als Šamaš (und in Ägypten als Re/Aton) als männliche, in Ugarit als weibliche Gottheit (Šapšu). In Palästina war die S. ausweislich der Ikonographie und des Ortsnamens Bet-Schemesch ebenfalls eine Gottheit. Demgegenüber stellen die atl. Texte deutlich heraus, dass sie wie alle G. ein Geschöpf Jhwhs ist. Sie galt als Garant der → Gerechtigkeit, des → Lebens, → Lichts, der → Rettung, Heilung und → Reinheit und war folglich sehr positiv besetzt, auch wenn man sich der Gefahren (z. B. Sonnenstich; Jona 4,8) bewusst war. Sonnensymbolik (v. a. äg. Prägung), die ab dem 9./8. Jh. v. Chr. auf Jhwh übertragen wurde („Solarisierung Jhwhs“), nimmt diese Aspekte mit auf. Ikonographisch wurde die S. als Sonnenscheibe dargestellt, die

Abb. 33: Tierkreismosaik aus der Synagoge von Bet Alfa mit dem Sonnenwagen in der Mitte. Quelle: *H.-P. Kuhnen,* Palästina in griechisch-römischer Zeit, München 1990, 332.

auch (den Schutzaspekt betonend) geflügelt sein konnte (*Abb. 34*). Äg. S.-Symbolik bestimmt ab der 2. Hälfte des 8. Jh. die Siegel judäischer Beamter und die *lmlk* Königsstempel des Hiskija, die die geflügelte Sonnenscheibe oder den vierflügeligen Skarabäus zeigen. Sie verbindet sich mit der judäischen Herrschaftssymbolik. Jhwh als Sonnengott übergibt dem → König die Aufsicht über → Recht und Gerechtigkeit. Weitere *loci classici* der solaren Elemente im Jhwh-Glauben (und ihrer Bindung an Jerusalem) sind Dtn 33,2; Hab 3,3ff; Zef 3,5; Ps 46; 84,12; Jes 1,26; 18,4; 59,9; 60,1–3 und Mal 3,20. Der S.-Kult wird atl. wie aller G.-Kult verpönt (Ez 8,16), seine Beseitigung befürwortet (2 Kön 23,11). Die S. gehorcht atl. ihrem Schöpfer Jhwh, der sie auch im → Krieg einsetzen (Jos 10,12) oder verfinstern kann (Jes 13,10; Jer 15,9; Mi 3,6; Am 8,9). Letzteres spielt in der atl., jüd. wie ntl. → Eschatologie eine Rolle (Joël 2,10; 3,1ff; Mt 24,29; Apg 2,20; Offb 6,12), da Sonnenfinsternisse dem Gedanken der Aufhebung der alten Schöpfungsordnung am Ende der Zeiten Ausdruck verleihen.

I. 4. Der *Mond*, dem man Einfluss auf → Geburt, Leben, Wachstum, → Tod und menschliche Vitalität (Ps 121,6; Mt 17,15 σεληνιάζομαι) zuschrieb, besaß in Ur, Haran und Jericho ein kultisches Zentrum. Wenn auch sein Kult atl. verboten wird (Dtn 4,19; 17,3; Jer 8,2), so gewann er spätestens seit der aram. Dominanz in Palästina (ab ca. 900 v. Chr.) als Kult des Mondgotts von Haran großen Einfluss. Sein Erscheinungsbild am Himmel konnte wie das aller G. zeichengebend sein (Jes 24,23; 30,26; Joël 3,4; Apg 2,20; Offb 6,12). Die Mondzyklen spielten im kultischen Kalender Altisraels in Bezug auf monatlich zu feiernde → Feste eine bes. Rolle. Der Neumondtag zu Monatsanfang wurde in privaten Feiern (1 Sam 20,5ff) und am → Tempel (Ps 81,4; Num 28,11–15) gefeiert. Er bestand bis in die nachexil. Zeit hinein (1 Chr 23,31; 2 Chr 2,3; Neh 10,34). Der → Sabbat ist wahrscheinlich ursprünglich der monatlich wiederkehrende Vollmondtag zur Monatsmitte, der gemeinsam mit dem Neumondtag den Monat gliedert. Die Zusammenstellung von Neumond und Sabbat ist vor- (Hos 2,13; Jes 1,13) wie nachexil. (Ez 45,17; Neh 10,34) belegt und reflektiert den Brauch, Neu- und Vollmond als Festtage zu begehen.

II. NT: Auch im NT (zu den griech. Begriffen s. o.) werden Sternbeobachtung und -anbetung als Götzendienst geächtet (Gal 4,9f; Kol 2,8.16; Apg 7,42f) sowie an die ao. Tradition angeknüpft, dass G. bes. Ereignisse ankündigen können (Mt

Abb. 34: Die Flügelsonne, hier mit anthropomorphem Element, repräsentiert den Sonnengott.
Quelle: *O. Keel/C. Uehlinger,* Göttinnen, Abb. 294.

2,2.7.9f; 24,29f; Offb 8,10; 12,1). Der Morgenstern als Lichtbringer ist (wie schon atl.) → Zeichen des Heils (2 Petr 1,19; Offb 2,28) und kündet von der Ankunft Christi (Offb 22,16). Sonnenlicht und -glanz begleiteten atl. die Erscheinung Jhwhs (Dtn 33,2) und übertrugen sich auf Menschen, die ihm begegneten (Mose; Ex 34,30, aufgenommen im Midrasch 2 Kor 3). Der Glanz der G. und ihre Reinheit sind seit der Makkabäerzeit Metaphern für das Strahlen der Gerechten in der kommenden Welt (Dan 12,3; Mt 13,43). Entsprechend werden auch Schilderungen im NT gestaltet, wenn Lichtglanz den Einbruch der überirdischen Wirklichkeit signalisiert (Mt 17,2; Apg 26,13; Offb 1,16). Um den verklärten Jesus (Mt 17,1ff.par.) und bes. den erhöhten Christus rankt sich Sonnenlichtsymbolik. Er kann selbst als Sonne interpretiert werden, wohingegen Irrlehrer wie bahnlose Irrsterne (Jud 13) der Finsternis anheim fallen. Sie teilen damit das Schicksal der gefallenen → Engel, die nach frühjüd. Auffassung auf den sieben Planeten festgehalten werden, die ihre Bahn verlassen haben, sodass sie mit ihnen bis zum Eschaton durch das Weltall irren (1Hen 18–21; 90,21–24). Ebenso wie in der jüd. (1Hen 72–82; 2Hen 11), so spielen auch in der ntl. → Apokalyptik G. eine große Rolle, da auch sie durch Zeichen das kommende Geschehen andeuten; zudem wird die Siebenzahl der Planeten und Plejaden in der apokalyptischen Zahlenspekulation wiederholt eingesetzt (Offb 1,12f.20; 2,1; 3,1) und auch die Zwölfzahl des Tierkreises findet sich (Offb 12,1). Das → Licht der S. kann ntl. überboten werden, indem man dereinst auf die himmlisch-selige → Herrlichkeit hofft (1 Kor 15,41) und im messianischen Jerusalem Gottes Herrlichkeit die Stadt erleuchtet, die folglich weder S. noch Mond braucht (Offb 21,23f).

I. *M. Albani,* Astronomie und Schöpfungsglaube, Neukirchen-Vluyn 1994; *ders.*, „Kannst du die Sternbilder hervortreten lassen zur rechten Zeit ...?" (Hi 38,32), in: *B. Janowski/B. Ego* (Hg.), Das biblische Weltbild und seine altorientalischen Kontexte, Tübingen 2001, 181–226; *M. Arneth,* „Sonne der Gerechtigkeit", Wiesbaden 2000; *M. Bernett/O. Keel,* Mond, Stier und Kult am Stadttor, Fribourg u. a. 1998; *B. Ego,* Wasser, Fels und preisende Sterne: BZ 46 (2002) 222–238; *R. Feldbacher,* Sterne in den alten Kulturen, in: *S. Gugerel* (Hg.), Astronomie und Gott?, Wien 2010, 11–54; *H. D. Galter* (Hg.), Die Rolle der Astronomie in den Kulturen des Zweistromlandes, Graz 1993; *G. Glaßner,* Sterne in der Bibel, in: *S. Gugerel* (Hg.), Astronomie und Gott?, Wien 2010, 67–83; *J. Maier,* Die Sonne im religiösen Denken des antiken Judentums, in: *W. Haase* (Hg.), Religion (Judentum: Allgemeines; palästinisches Judentum), Berlin u. a. 1979, 346–412; *R. Mayer-Opificius,* Die geflügelte Sonne: UF 16 (1984) 189–236; *H.-P. Müller,* Der Mond und die Plejaden: VT 51 (2001) 206–218.
II. *J. Ben-Dov,* Head of All Years, Leiden 2008; *D. B. Herrmann,* Der Stern von Bethlehem, Berlin ²1998; *B. J. Malina,* Die Offenbarung des Johannes, Stuttgart 1996; *J. Schreiber,* Die Sonne im Markusevangelium, in: *H. Merklein/M. Wolter* u. a. (Hg.), Eschatologie und Schöpfung, Berlin 1997, 355–374; *D. Zeller* (Hg.), Religion im Wandel der Kosmologien, Frankfurt/M. 1999.

Angelika Berlejung

Gewalt (G.)

(→ Dachartikel: Ethik)

Vorbemerkung: Es gibt kaum eine andere rel. Textsammlung, in der G. so präsent ist wie in der Bibel. Von Kain und Abel bis zu den G-. phantasien der Offb zieht sich das Thema durch die gesamte Schrift. Dabei ist die Darstellung keineswegs einheitlich (→ Einheit/Vielheit). Ansätze einer G.-Verherrlichung (Jos 6,21; 1 Kön 18,40; 2 Kön 2,24; Est 9,1–16) finden sich ebenso wie eine Ächtung der G. und das Programm einer G.-losigkeit (Jes 7,4–9; 42,1–4; 50,4–9; 52,13–53,12; Jer 6,1–30; Ez 22; Hab 2,4), die Jesus gelebt hat und die ihn zum Opfer staatlicher G. werden ließ. Die Bibel legt beeindruckend die Strukturen der menschenverachtenden G. offen, auch und gerade im rel. Bereich (Jes 1–11), ohne sich je mit ihnen abzufinden. Hermeneutisch ist der Umgang mit der Thematik der G. in der Bibel ernst zu nehmen; die Herangehensweise kann einmal hist. sein, d. h. u. a. die hist. Bedingtheit und ihr kritisches Potential als Schrei der Unterdrückten nach → Recht (etwa bei den sog. „Fluchpss.") aufzeigen, andererseits ist daran festzuhalten, dass beide Teile der Bibel von ihrem Zentrum her, der → Gottesvorstellung, selbst Elemente einer radikalen Kritik enthalten, an denen sich andere Texte messen lassen müssen. Die antijüd. Stereotype, zwischen angeblich gewalttätigem AT und gewaltfreiem NT zu unterscheiden, ist von den Texten selbst her verfehlt und theol. gesehen Häresie, weil sie den Offenbarungscharakter der gesamten → Schrift bestreitet (→ Hermeneutik) und außerhalb rel. Kontexte Bestandteil eines Antisemitismus ist. AT und NT werden im Folgenden gemeinsam behandelt.

I. Die Bibel kennt die *de jure* rechtmäßige G. des → Staates (z. B. 2 Sam 8,15; 1 Kön 3,16–28; Röm 13; 1 Petr 2,13–14), weiß aber auch um die stetige Gefahr des Missbrauchs. In den königskritischen Passagen 1 Sam 8 wird die staatliche G. als Ausbeutungssystem entlarvt, im Königsgesetz Dtn 17,14–20 eingeschränkt (→ König). Der Offb ist diese G., die ihrem eigenen Untergang entgegenläuft, widergöttlich und satanisch. Die Passionsberichte der Evv. sind von einer tiefen Ablehnung der G. geprägt, in der die → Sünde der Welt kumuliert; von dieser Darstellung ist auch Pontius Pilatus trotz einer entgegengesetzten Rezeptionsgesch. nicht ausgenommen: Er repräsentiert die verlogene Gerechtigkeit der staatlichen G., die den Unschuldigen mordet (→ Gericht).

II. Die Sympathien gelten in der Bibel den kollektiven oder individuellen Opfern von G., sie sind es, denen in einem kontrafaktischen Hoffnungsakt die bes. → Liebe Gottes, die → Rettung, → Zukunft und eschatologische → Herrlichkeit zugesprochen wird (Ex 22,22; Ps 73; 94; Jes 10,1–4; Sach 10,6f; Zef 3,8–15; Mt 5,3–8par.; Lk 1,51–53; 16,20–31; Offb 20,4). Dabei lassen sowohl narrative als auch rechtliche Texte erkennen, dass es Gruppen gibt, die nicht nur in Kriegszeiten aufgrund ihres geminderten → Sozialstatus primäre Objekte von G.-Taten werden. Dazu zählen → Frauen, → Kinder und → Sklaven. Da der G.-Akt als solcher bereits eine Entehrung darstellt, insofern das Opfer überlebt, geht er einher mit einer bleibenden Stigmatisierung und weiteren Verschlechterung des Status. Dieser Befund gilt nicht zuletzt im Kontext sexueller G. (u. a. Dina, Gen 34; Tamar, die Tochter Davids, 2 Sam 13; die Frau des Leviten, Ri 19 → Sexualität). Allerdings lässt der androzentrische Gesichtspunkt der Erzählungen die gesellschaftlichen Strukturen erkennen, in dem diese Verbrechen vorkamen. Die Texte betonen mehr die Kränkung der → Ehre der männlichen Protagonisten als das Leid der Frauen. Dtn 22,28 versucht mit seiner Vorschrift der Heirat (→ Ehe) durch den Vergewaltiger dem Opfer wenigstens eine materielle Versorgung und soziale Stellung zu sichern und eine Ausgrenzung infolge der G. zu verhindern.

III. Die Kritik der G. gründet theol. in der Überzeugung, dass die G. gegen Mitmenschen die → Ordnung der → Schöpfung verletzt, also letztlich gegen Gott gerichtet ist. Daher erwartet man von ihm eine Umkehrung der Verhältnisse: Er, der einzige Mächtige, wird die Gewalttäter entmachten und das → Recht der Opfer aufrichten (Am 5,18–20; Ps 10,10–18; 22; 54; 75; 82,1–4; 146,5–7; Lk 1,51f; Offb 2,27; 12,5; 19,15, → Gerechtigkeit). Dieser Gedanke ist für apokalyptische Vorstellungen konstitutiv; dabei wird die Endwende zum Guten, dem Tag/Gericht Gottes (→ End-Gericht), als eine Manifestation der → Macht und G. erwartet und herbeigesehnt (→ Apokalyptik). Dabei wird innerbibl. die strafende G. Gottes (→ Strafe, → Zorn) aus der Opferperspektive als positiv beschrieben, da sie die Systeme und Nutznießer der G. entmachtet und die G. Gottes aufrichtet. Sehr nüchtern wird davon ausgegangen, dass die, die G. tun, nicht freiwillig davon lassen werden. Wenn auch dieser Zug des bibl. Gottesbildes und Menschenbildes in gegenwärtiger Rezeption Schwierigkeiten bereiten kann, so ist mit einer Negation nicht geklärt, an wen sich denn die wenden sollen, die der G. in der Welt ausgeliefert sind. Die Sachkritik hat nicht an den Texten anzusetzen, sondern an der Wirklichkeit der Texte. Theol. besteht der rechte Umgang mit diesen Texten darin, die Verhältnisse so zu ändern, dass G. nicht mehr ist und keine Opfer nach Gottes G. schreien müssen.

IV. Die Diskussion um das Thema G. und → Monotheismus gehört nicht unmittelbar in diesen Kontext, da sie weder hist., noch sozialgesch., noch theol. argumentiert, sondern diskurstheoretisch, um eine gegenwärtige Problematik, nämlich die G. monotheistischer Gruppen, aus deren rel. Grundlagen her abzuleiten. Die Debatte ist kaum noch nachzuzeichnen, was in einem nicht geringen Maße daran liegt, dass oft zwischen lit. und hist. Aussagen nicht unterschieden wird. Den Kern der Debatte bildet die Frage, ob monotheistische Rel., zunächst die jüd., dann die christl. und die muslimische, das Potential zur G. in sich tragen. Dies wird u. a. damit begründet, dass es sich bei diesen Rel. um exklusive handelt, die ihren Wahrheitsanspruch (→ Wahrheit) zunächst innerhalb, dann außerhalb ihrer eigenen Räume gewaltsam durchsetzen und dieses Handeln mit dem → Willen Gottes begründen. Die methodische Problematik dieser Analyse liegt darin, dass sie hist. Aussagen ohne hist. Präzisierung macht. So ist der Transfer von Sprachelementen etwa aus dem ass. Despotismus keineswegs zwingend als Bejahung von G. zu lesen, sondern kann vielmehr in seiner theol. Verankerung Kritik an Herrschersystemen sein. Ertragreich könnte das Modell von G. und Entscheidungszwang für wahr oder unwahr sein, da damit u. U. ein Schlüssel zum Verstehen der G.-Potenzierung der Moderne gegeben ist.

J. Assmann, Monotheismus und die Sprache der Gewalt, Wien 2006; *U. Bail*, Gegen das Schweigen klagen, Gütersloh 1998; *N. C. Baumgart* (Hg.), Gewalt im Spiegel alttestamentlicher Texte, Würzburg 2012; *G. Baumann*, Gottesbilder der Gewalt im Alten Testament verstehen, Darmstadt 2006; *I. Fischer* (Hg.), Macht – Gewalt – Krieg, Freiburg u. a. 2013; *A. Michel*, Gott und Gewalt gegen Kinder im Alten Testament, Tübingen 2003; *I. Müllner*, Gewalt im Hause Davids, Freiburg 1997; *P. G. R. de Villiers/J. W. van Henten* (Hg.), Coping with Violence in the New Testament, Leiden 2012; *P. Walter* (Hg.), Das Gewaltpotential des Monotheismus und der dreieine Gott, Freiburg 2005.

Rainer Kampling

Gewissen (G.)

(→ Dachartikel: Ethik)

I. AT: 1. Das AT kennt keinen eigentlichen Begriff für das G.

I. 2. Die Beurteilung des Tuns vollzieht sich im Herzen, dem Sitz menschlicher → Gefühle und Gedanken (Gen 20,5f; 1 Sam 24,6). Das → Herz nimmt kritisch wahr, ob der Mensch Gottes → Wege verlässt (1 Sam 25,31; 2 Sam 24,10; 1 Kön 2,44), die in der → Tora offen gelegt sind (Dtn 30,14). Hier gewinnt der Mensch sowohl die Gewissheit, nicht gefehlt zu haben (Ps 7,11; 11,2; 24,4; 73,1) als auch die reuige → Einsicht in sein Fehlverhalten (Ps 34,19; 51,19).

Neben oder besser zusammen mit dem Herzen sind die Nieren als Beziehungsorgan (→ Körper) Sitz einer Instanz, die Störungen im Verhältnis von Gott und Mensch sensibel wahrnimmt (Ijob 16,13; Klgl 3,13). Wenn Gott, der auf Herz und Nieren prüft (Ps 7,10; 26,2; 73,21; Jer 11,20; 17,10; 20,12; Offb 2,23), den Nieren fern ist (Jer 12,2), ist böses Verhalten die Folge.

II. NT: 1. Das mit G. verbundene Verständnis einer inneren Stimme des Menschen, die seine Handlungen als gut oder böse bestimmt und ihn ggf. verurteilt, geht auf die pln. Theol. zurück, in die Elemente der hell. Umwelt eingeflossen sind. Beachtenswert ist dabei, dass das griech. Wort συνείδησις im NT häufiger vorkommt als in vergleichbaren zeitgleichen Texten. Dieser Befund ist ein Indiz dafür, dass Paulus hier innovierend und traditionsbildend wirkte.

II. 2. Paulus versteht unter G. ein dem Menschen eigenes Vermögen, über gute und böse Taten zu entscheiden; aufgrund der juridischen Sprache (Röm 2,15) kann das G. als Richter beschrieben werden, der das stattgehabte Tun be- und verurteilt. Das G. ist auch Nichtjuden und Nichtchristen gegeben; es bezeugt ihnen, dass sie das Gesetz tun, ohne es zu kennen. Allerdings bleibt das → End-Gericht Gottes die letzte, die Wahrhaftigkeit aufdeckende Instanz des G. (Röm 2,14–16). Diese Einschränkung gilt auch für die G.-Entscheidungen von Getauften (1 Kor 4,4). Das G. kann einen Erkenntnisprozess zur Klärung einer kritischen Frage unterstützen, indem der für gut erachtete Entschluss und die daraus erfolgende Praxis unangefochten gelebt werden. Gleichwohl gibt es aber hinsichtlich des Tuns eine Begrenzung, nämlich das G. anderer. Hier gebietet die Rücksichtnahme aufeinander eine Einschränkung der eigenen Praxis (1 Kor 8,7–13; 10,23–33; Röm 14,15–23). Die Rückbindung des G. an das Gericht Gottes und an die Praxis der Gemeinde macht es wahrscheinlich, dass Paulus in Analogie zur atl. Vorstellung der Herzensbildung durch die → Tora den rechtfertigenden → Glauben als Richtschnur des G. versteht (wohl auch Röm 13,4).

II. 3. Der nachpln. G.-Begriff ist im Sinne einer Orientierungsinstanz zu verstehen: Durch das G. vermag man sich situativ für Gut oder → Böse zu entscheiden. In 1 Petr 3,21 und Hebr 10,22 ist das „richtige“ G. eine Gabe Gottes, das dem Menschen in der → Taufe übertragen wird, ihn mithin für die neue christl. Praxis befähigt. Aufgrund des guten und reinen G. (Apg 23,1; 1 Tim 1,5.19; 3,9; 2 Tim 1,3) kann der Mensch die vom →

Glauben gesetzten Normen erfüllen, das schlechte bzw. unreine G. (Tit 1,15f) dagegen macht ihn dazu unfähig. Anders als heutiger gängiger Sprachgebrauch bedeutet ein gutes G. demnach nicht die individuelle Gewissheit, mit sich im Reinen zu sein, sondern den Ermöglichungsgrund, Gutes zu tun. In den nachpln. Texten ist das G. eines Menschen vor der Taufe bzw. ohne Taufe defizitär; diese Ansicht ist aber nicht Anlass, über die Sündenfähigkeit dieser Gruppe nachzudenken.

I. *J. Assmann* u. a. (Hg.), Schuld, Gewissen und Person, Gütersloh 1997; *E. Otto*, Theologische Ethik des Alten Testaments, Stuttgart 1994.

II. *P. Bosman*, Conscience in Philo and Paul, Tübingen 2003; *J. Eckert*, Gewissen und Glaube bei Paulus, in: *H.-G. Angel/ H. Weber* (Hg.), Aus reichen Quellen leben, Trier 1995, 15–35; *H.-J. Eckstein*, Der Begriff Syneidesis bei Paulus, Tübingen 1983; *H.-J. Klauck*, „Der Gott in dir" (Ep 41,1f), in: *ders.*, Alte Welt und neuer Glaube, Göttingen 1994, 11–31.

Rainer Kampling

Glaube (G.)

(→ Dachartikel: Kult)

I. AT: 1. G. (hebr. *ʾᵆmūnā*, „Standfestigkeit") ist kein Begriff der kultischen Praxis, sondern der theol. Reflexion und bezeichnet das (innere) Verhältnis des Menschen zu Gott. Im AT spielt er keine herausgehobene Rolle und begegnet nur an wenigen Stellen, an denen das – entgegengebrachte oder versagte – unbedingte Vertrauen zu Gott (Gen 15,6; Ex 14,31; 19,9; Num 14,11; Dtn 1,32; 9,23; 2 Kön 17,14; Jes 43,10; Jona 3,5; Ps 78,22; 2 Chr 20,20; aram. Dan 6,24), seinen Taten (Hab 1,5; Ps 27,13; 78,32), → Verheißungen (Ps 106,12.24) und Geboten (Ps 119,66) mit der Wurzel *ʾmn* Hifil „zuversichtlich sein, festhalten an" ausgedrückt wird. Die Haltung kann auch als solche benannt und absolut ausgedrückt werden (Ex 4,31; Jes 7,9; 28,16; Ps 116,10) und entspricht auf der menschlichen Seite der mit *ʾmn* Nifal formulierten Zuverlässigkeit und → Treue Gottes (Dtn 7,9; Jes 49,7; von seinem Namen 1 Chr 17,24; seinem Wort Jes 55,3; 2 Chr 1,9; 6,17; seinem → Bund Ps 89,29; seinem Gesetz Ps 19,8; 93,5; 111,7). Ein indirekter Bezug zum → Kult ergibt sich durch die hier gebrauchte Formel „Amen", die von derselben Wortwurzel abgeleitet ist und mit der zuvor Gesagtes bestätigt und angeeignet wird (Num 5,22; 1 Chr 16,36; Neh 8,6; Ps 41,14; 72,19; 89,53; 106,48; 1QS 1,18f; 4Q286–290; 4Q504; 4Q511; 11Q11). Die Wirkungsgesch. hat die Stellen Gen 15,6 (vgl. 4Q225 2 i,7f; 2 ii,8; 4Q226 7,1), Hab 2,4 (vgl. 1QpHab 8,1–3 → Rechtfertigung; ferner 1QpHab 2,4.14f) sowie Jes 7,9 (2 Chr 20,20) und Jes 28,16 zu Grundworten des atl. Glaubensverständnisses werden lassen. In Jes 7,6 begegnet das schöne Wortspiel mit *ʾmn* Hifil „glauben, vertrauen" und Nifal „treu, zuverlässig sein", das den G. (an Gott und seine Verheißung) als Inbegriff der Gottesbeziehung behandelt und von ihm das Überleben, hier der davidischen Dynastie, abhängig macht: „Glaubt ihr nicht, so bleibt ihr nicht." 2 Chr 20,20 überträgt dieses Wort in eine kriegerische Situation unter König Joschafat und erweitert es um den G. an die → Propheten. Ähnlich bindet das Eckstein-Wort Jes 28,16 das Schicksal der Jerusalemer an den G. an den Bestand des → Zion: „Wer glaubt, muss nicht fliehen." Gen 15,6 und Hab 2,4 verbinden den G. mit der → Gerechtigkeit. In Gen 15,6 wird der G. Abrahams (wider den Augenschein) ihm zur Gerechtigkeit angerechnet (zur Stelle vgl. zuletzt ausführlich Köckert); dementsprechend heißt es in Hab 2,4, dass „der Gerechte durch seinen G. leben wird", im Unterschied zum Frevler. In der Auslegung der Stelle von Qumran (1QpHab 8,1–3) werden die „Gerechten" ausdrücklich mit den Tätern der → Tora identifiziert.

I. 2. In der hell.-röm. Zeit wurden das jüd. Bekenntnis und mit ihm der G. in bes. Weise auf die Probe gestellt. Dies trug zur Verfestigung des jüd. Bekenntnisses bei, wie es im „Höre, Israel" (Dtn 6,4) zusammengefasst ist (vgl. Mk 12,28–34). In Qumran werden die Wurzel *ʾmn* Nifal „treu, zuverlässig sein" und Hifil „glauben, vertrauen" sowie das Nomen *ʾᵆmūnā* „Treue, Standhaftigkeit" wie im AT sowohl für die Treue Gottes (4Q393 3,2; 4Q408 3+ 3a,6; 4Q418) als auch für die Treue seiner Frommen (4Q419 1,3; 1QpHab 2,4; 1QH 4,26; 4Q379 18,7) gebraucht. Im Griech. werden für den Glaubensbegriff, entsprechend der Wiedergabe des hebr. *ʾmn* Hifil in der LXX, Derivate des Stammes πιστ- gebraucht (πιστός, πιστεύειν, πίστις). Das rechte Gottesverhältnis kann so als „Glauben" an Gott (Sir 1,14; 2,6.8.10; 11,21; Weish 12,2; 16,26; Jdt 14,10) und sein Gesetz (Sir 33,3; 1QpHab 2,4.14f; 8,1–3; 4Esra 7,24.83) bezeichnet werden (in einem Satz: Sir 32,23; 2Bar 54,5). „Glaubende" wird wie „Heilige", „Fromme" und „Gerechte" zur Selbstbezeichnung der gesetzestreuen Juden (Weish 3,9; 1Hen 46,8; 2Bar 54,21). Vorbild des G. ist Abraham, der Gerechte und in Versuchungen Erprobte (Sir 44,19–21; 1 Makk 2,52; Jub 14,6.21; 19,8f), auch für den Gesetzesgehorsam und den G. an die Endzeit (2Bar 57,2; vgl. 4Esra 7,34.83; 14,16.21).

II. NT: Die größte Wirkung entfaltete der Begriff jedoch im NT und in der christl. Tradition. Die Weichen wurden bei Paulus gestellt. Paulus kennt und übernimmt den umfassenden Glaubensbegriff als Selbstbezeichnung, hier natürlich der Christen (1 Thess 1,7; 2,10.13). Sie glauben an Gott (1 Thess 1,8), der Jesus Christus auferweckt hat (Röm 4,24; 10,9), und an Christus (Gal 2,6 mit Gen. und Präp. εἰς; mit ἐν Gal 3,26; Eph 1,15; Kol 1,4) als den Sohn Gottes (Gal 2,20) und Auferstandenen (1 Kor 15,11; 1 Thess 4,14). Der G. wird in der Missionspredigt durch die Verkündigung des → Evangeliums von → Jesus Christus geweckt (1 Thess 1,5ff; Röm 10,14–17; 1 Kor 15,2.11) und äußert sich im unbedingten Vertrauen auf Gottes Wort und im Bekenntnis, das gerecht macht und rettet (Röm 10,8–13; 1 Kor 15,2). Vorbild ist auch hier der gerechte Abraham (Röm 4; Gal 3; → Rechtfertigung). Wie im AT ist auch bei Paulus Gott (und Christus) selbst „treu, zuverlässig" und als solcher Gegenstand des G. seiner Frommen. Über die Frage der Geltung der → Tora im Rahmen des Christusglaubens kommt es freilich zum Bruch mit der jüd. Tradition. Rechtfertigung und → Rettung werden ausschließlich an → Tod und → Auferstehung Jesu und dem dadurch geweckten wie auch darauf bezogenen G. festgemacht, sodass der G. an Gott und Gottes Heilswerk in Jesus Christus ohne das Zutun des Gesetzes gleichermaßen für Juden und Heiden verbindlich ist (Röm 3,21–31 u. a.). Erst aus der Entgegensetzung zur Tora gewinnt der G. seine überragende, fast schon absolute theol. Bedeutung als Gabe Gottes zur Erlangung des → Heils, der → Gerechtigkeit vor Gott und der Rettung aus dem Tod zu ewigem → Leben. Über G. und Unglaube entscheidet allein der Bezug auf die Person Jesu Christi.

Diese neue Bedeutung des Glaubensbegriffs zeichnen die Evv. in das Leben Jesu ein. Wie bei Paulus ist G. in den Evv. G. an Gott (durch Jesus Christus) und G. an Jesus Christus. Als der auferstandene Herr verkündet in den synopt. Evv. schon der irdische Jesus wie vor ihm Johannes der Täufer (vgl. Mt 21,25.32) das Ev. vom Reich Gottes und fordert die Menschen bzw. seine → Jünger auf, an das Ev. (Mk 1,15), Gott (Mk 11,22) und Gottes Wort (Lk 8,12f; → Gotteswort) zu glauben. Des Näheren richtet sich der G. in den synopt. Evv. auf die heilenden Fähigkeiten Jesu, die die rettende, lebensschaffende Kraft des Auferstanden in seinem irdischen Leben dokumentieren. Nicht Jesus, sondern der G. heilt und hilft in der Not (Mk 5,34.36; 10,52; Lk 17,19), nicht nur in → Israel, sondern auch unter den Heiden (Mt 8,10.13par.). Der G. ist es auch, der die → Vergebung der → Sünden bewirkt (Mk 2,5) und Berge versetzt (Mt 17,20par.; 21,21); wer den G. nicht hat, gehört zu den „Kleingläubigen" (Mt 6,30par.; 8,26; 16,8; vgl. Mk 4,40). Als der auferstandene Herr ist sodann Jesus selbst Gegenstand des G. in der synopt. Tradition (Mk 9,42; Mt 27,42).

Diesen Gedanken greift Joh auf und führt ihn breit aus. Auch hier ist der G. an Jesus als den Sohn Gottes (Joh 2,11; 3,36 u. ö.) oder an Jesu Namen (Joh 1,12; 2,23) gleichbedeutend mit dem G. an Gott (Joh 14,1). Die → Wunder Jesu werden als „→ Zeichen" für seine Göttlichkeit gedeutet. Anders als in den synopt. Evv., in denen der G. die Rettung bewirkt, sind die „Zeichen" hier jedoch Auslöser des G. (Joh 2,11.23; 4,53f; 11,47f; 20,30f). Trotz der zunehmenden Transzendierung des irdischen Jesus und einer expliziten Christologie zeichnet Joh den auferstanden Christus somit noch konsequenter und konkreter in das Leben Jesu ein. Dieser Entwicklung entspricht, dass der G. bei Joh nicht nur absolut oder personal gedacht („glauben an" πιστεύειν εἰς), sondern in der Formulierung „glauben, dass" (πιστεύειν ὅτι) auf bestimmte Glaubenslehren gerichtet ist: dass Jesus der Christus und der Sohn Gottes ist (Joh 11,27; 20,31), dass er von Gott ausgegangen und von ihm gesandt ist (Joh 11,42; 16,27.30; 17,8.21), dass er mit dem Vater eins ist (Joh 14,10f) und er das göttliche „Ich bin" verkörpert (Joh 8,24; 13,19). Noch präziser als in den synopt. Evv. ist bei Joh die Verbindung von G. und Leben bzw. Unglaube und Tod auf den Be-

griff gebracht (Joh 3,26; 20,30f), wie sie auch bei Paulus begegnet.
In den übrigen Schriften des NT wird der Gebrauch des Paulus und der Evv. vorausgesetzt und weiter bedacht. In der Apg ist absolut von „dem G." (6,7) die Rede, der mit dem G. an den auferstandenen Herrn Jesus Christus (Apg 10,43; 14,23 sowie 9,42; 11,17; mit Dat. 5,14; als Zusammenfassung der Predigt des Paulus Apg 20,21; 24,24) oder an seinen Namen (Apg 3,16) identisch ist. Wie in den synopt. Evv. wirkt der von Jesus bewirkte G. Wunder (Apg 3,16; 14,9), und wie in Joh sind Wunder die Auslöser des G. (Apg 9,42). Auch die Vergebung der Sünden wird mit dem G. verbunden (Apg 10,43). Die Gemeinschaft der Christen und die zu Christus Bekehrten heißen „die Glaubenden" (Apg 2,44; 18,27; 19,18; → Kirche/Gemeinde). Der Eintritt in diesen Kreis geschieht durch die Annahme des G. und die darauf folgende → Taufe (Apg 8,12f; 16,31–34). Auch Nichtjuden (Heiden) sind zu diesem Kreis zugelassen, ihnen wurde „eine Tür des G." geöffnet (Apg 14,27). Dass der G. an Jesus Christus der Weg zu Gott ist und dem G. an Gott dient, macht der Hebr an der bibl. → Geschichte deutlich, die als Gesch. des G. rekapituliert wird (Hebr 11) und auf Jesus Christus als dem Anfänger und Vollender des G. für die Christen zuläuft (Hebr 12,2; vgl. 10,22). Die paränetische Seite des G. (→ Ermahnung) wird im Jakobusbrief entfaltet, der – ausgelöst durch eine Debatte um Standesdünkel und Nächstenliebe (Jak 2,1–13) – von dem rechten G. die guten Werke einfordert. Die Argumentation ist in Auseinandersetzung mit Paulus formuliert und wird wie bei ihm an Abrahams G. in Gen 15,6 festgemacht (Jak 2,23f mit dem Titel „Freund Gottes" wie Jud 19,8f; Röm 4,3; Gal 3,6). Beide sind sich jedoch darin einig, dass zum G. die Nächstenliebe gehört (→ Nächster), die die Erfüllung des → Gesetzes ist (Jak 2,8–13; Röm 13,8–10; Gal 5,14; das Gesetz Christi Gal 6,2).

I. *H.-J. Hermisson/E. Lohse*, Glauben, Stuttgart u. a. 1978; *M. Köckert*, „Glaube" und „Gerechtigkeit": ZThK 109 (2012) 415–444; *R. Smend*, Zur Geschichte von האמין, in: *ders.*, Die Mitte des Alten Testaments, Tübingen 2002, 244–249.
II. *A. von Dobbeler*, Glaube als Teilhabe, Tübingen 1987; *D. R. Lindsay*, Josephus and Faith, Leiden u. a. 1993; *M. Köckert*, Abrahams Glaube in Röm 4 und im vorpaulinischen Judentum, in: *C. Breytenbach* (Hg.), Der Römerbrief als Vermächtnis an die Kirche, Neukirchen-Vluyn 2012, 15–48; *T. Söding*, Die Trias Glaube, Hoffnung, Liebe bei Paulus, Stuttgart 1992.

Reinhard G. Kratz

Gnade (G.)

(→ Dachartikel: Gottesvorstellungen)

I. AT: 1. Zu den → Eigenschaften Gottes, die seine Welt- und Menschenzugewandtheit auf prägnante Weise ausdrücken und das atl. → Gottesbild entscheidend prägen, gehört neben seiner → Barmherzigkeit und Reue auch seine G. Die G. ist nicht diejenige Kraft in Gott, die an die Stelle des → Rechts und der → Gerechtigkeit tritt (vgl. die sprichwörtliche Redewendung „G. vor Recht ergehen lassen"), sondern diejenige Kraft in ihm, die seine Gerechtigkeit in seinen Gnadenwillen hineinzieht und so Welt und Mensch „zurechtbringt". Zum Wortfeld „G." (mit Gott als Subjekt) zählen im AT v. a. das Verb *ḥnn* („gnädig sein"), das Adjektiv *ḥannūn* („gnädig") und das Nomen *ḥœsœd* („Güte, G.").

I. 2. Während das Verb *ḥnn* („gnädig sein") v. a. in der Gebetssprache der Individualpss. begegnet (Ps 4,2; 6,3; 9,14; 26,11; 30,11 u. a.) und hier in die Bitte um das rettende Eingreifen Gottes gekleidet ist, beschreibt die 7-mal belegte Gnadenformel „Barmherzig und gnädig ist Jhwh, langmütig und von großer Güte" (Ex 34,6; Joël 2,13; Jona 4,2; Ps 86,15; 103,8; 145,8; Neh 9,17, vgl. sachlich Ex 33,19; Num 14,18; Neh 9,31f u. a.) das Wesen des Israelgottes auf möglichst umfassende Weise: „Da ist keine Rede vom 'Gott der Rache' ([Ps] 94,1), auch nicht vom 'eifernden Gott' (Ex 20,5 u. a.), sondern vom nachgerade unbeirrbar gnädigen: *raḥūm ḥannūn rōb ḥœsœd*. Selbst die Formulierung *ʾœrœk ʾappajim* fügt der Charakterisierung keinen abweichenden Akzent hinzu. 'Langsam zum Zorn': Noch friedfertiger lässt sich vom → Zorn kaum reden. Selbst der Zorn ist in Jahwes Gnadenwillen aufgehoben" (H. Spieckermann). Ein bes. Gewicht kommt dabei Ex 34,6f, dem wahrscheinlich ältesten Beleg, zu, weil hier die Schuldgeschichte Israels im Licht der G. Gottes gesehen wird, der die Schuld zwar nicht ungestraft lässt (→ Strafe), sie durch die Asymmetrie von Gericht (befristeter Zorn) und Erbarmen (unend-

liche G.) aber vergibt und so seine „Güte/G." bewahrt (V. 7).
Der zentrale Begriff für die atl. Gnadenvorstellung ist *ḥæsæd*, der v. a. im Psalter belegt ist und der sein semantisches Zentrum in Gottes hingebender „Güte" und → „Treue" hat (Ps 6,5; 13,6; 23,6; 36,6.8; 51,3 u. a.). Wegen der auffälligen und häufigen Kombination mit *ᵓæmæt* „Treue" (Ps 25,10; 26,3; 57,11 u. a.) wurde im Anschluss an die Übersetzung der (New) Revised Standard Version („steadfast love") für *ḥæsæd* (mit Subjekt Gott) die Übersetzung → „Liebe (Gottes)" vorgeschlagen. Diese hingebungsvolle Liebe bestimmt auch das Verhalten von Menschen, die von Gottes „Güte, G." umfangen dieser Gnadenerfahrung als *ḥāsīdīm* „Fromme" anderen gegenüber zu entsprechen suchen (1 Sam 2,9; Ps 30,3; 149,1.5.9 u. a.). Diese barmherzigkeitstheol. Deutung von *ḥæsæd* ist von der LXX übernommen worden.

II. NT: 1. Der ntl. Gebrauch von χάρις und Stammverwandten knüpft an Vorgaben der LXX (Gen 39,21; Ex 3,21; 11,3; 12,36; 34,6; Bar 2,14; Dan 1,9; Sach 12,10; Weish 8,21 u. a.), der frühjüd. Überlieferung (TestBen 4,5; JosAs 4,7; TestJud 2,1; Sib 4,45f; vgl. Philo, der G. sehr stark schöpfungstheol. denkt) und der griech. Antike (χάρις „das Erfreuliche", „Gunst/Gunsterweis", „Dank") an und führt diese zu einem der bedeutendsten theol. Interpretamente des NT weiter. G. ist im NT und bes. bei Paulus der soteriologische Leitbegriff, der das ungeschuldet frei schenkende Heilshandeln Gottes in → Jesus Christus in allen seinen Dimensionen charakterisiert. Die im → Glauben angenommene, christologisch bestimmte G. Gottes eröffnet eine neue, versöhnte Beziehung zu Gott und Jesus Christus, zu den Mitmenschen, zu sich selbst und gelangt in der → Parusie des Kyrios zur Vollendung. Neben der soteriologisch-dichten Verwendung von G. findet sich im NT auch der offenere Sprachgebrauch der jüd.-hell. Umwelt.

II. 2. Wenngleich *Jesus* nicht *expressis verbis* von G. – wohl aber von → Barmherzigkeit – gesprochen hat, so ist die zuvorkommende, ungeschuldetfreie Heilszuwendung Gottes zu seinem → Volk und darin zu allen Geschöpfen ein unverkennbares Proprium seiner Reich-Gottes-Verkündigung. Die durch Gottes Heilsratschluss ermöglichte und in der Verkündigung Jesu in Wort und Tat geoffenbarte Nähe der → Herrschaft Gottes wird in den Gleichnissen Jesu, die von zuvorkommender Vergebung und „überfließendem" → Lohn handeln (Lk 6,32–38; 14,16–24; 15; Mt 20,1–16 u. a.), und in den Heilsindikativen der Seligpreisungen (Lk 6,20–23) reflektiert und in der expliziten (Mk 2,5; Lk 7,48) wie praktischen (Mk 2,15–17; Lk 7,36–50; 19,1–10; Joh 8,1–11) Sündenvergebung Jesu zugewendet. Die zuvorkommende und rettend nahe Gottesherrschaft wird für Jesus durch seinen → Tod nicht infrage gestellt, sondern irreversibel begründet (Mk 14,22–25).

II. 3. Gottes G. ist in der Korrespondenz des *Paulus* ein herausragender Leitbegriff seiner Theol. Die pln. Rechtfertigungslehre „nicht aus Werken des Gesetzes" sondern „aus Glauben" (Gal 2,16) entfaltet die pln. Deutung der G. Gottes im Hinblick auf den glaubenden Menschen (→ Rechtfertigung): Gottes Gnadenhandeln in der Bundesgeschichte mit Israel, das in der Todeshingabe seines Sohnes Christus Jesus gipfelt, ist der Grund der Rechtfertigung des Sünders und zugleich die Möglichkeitsbedingung, die rechtfertigende G. im Glauben zu ergreifen und ihr in einem neuen Lebenswandel im → Geist zu entsprechen. In Röm 9–11 kommt Paulus betont auf das Zusammenspiel zwischen der souveränen → *Freiheit* (Röm 9,15.18–24) und → *Barmherzigkeit* (Röm 9,15f. 18.23) bzw. G. (Röm 11,5f.29) Gottes und seiner unbedingten *Bundestreue*, d. h. seiner *aktiven* → *Gerechtigkeit* (Röm 11,1f.29) zu sprechen. Er rekurriert auf Ex 33,19 (Röm 9,15.18) und Jes 29,16; 45,9; Weish 12,12 (Röm 9,20) bzw. Jer 18,6 (Röm 9,21), um die freie Gnadenwahl Gottes herauszustellen. Der Universalität der menschlichen Schuld begegnet Gott aus freier Wahl mit seiner geschenkweise zugewendeten, ungeschuldeten und sich allein seiner Gerechtigkeit verdankenden G. (Röm 3,24f; 4,4; 6,23; 11,5f). Heilsgesch. konkret wird die Gnadentat Gottes im Sühnetod Jesu Christi (Röm 3,24f; 5,21; 1 Kor 15,3b-5; Gal 3,13; 2 Kor 5,21; Röm 8,3; → Sühne). Die Übermacht der → Sünde stellt die → Fülle der G. ans Licht; sie zerstört nicht Gottes G., sondern richtet sie paradoxerweise in ihrer ganzen Fülle auf. Paulus besteht auf der kompromisslosen Geltung des *sola fide*, weil jede Relativierung des *sola fide* auch eine Infragestellung des *sola gratia* des Heilswirkens Gottes in Jesus Christus bedeutete, mithin der Sühnetod Jesu Christi ungenügend verstanden und der Mensch erneut auf seine eigene Gerechtigkeit verwiesen wäre.

Nach Röm 6,1–14 (vgl. 1 Kor 1,13; 6,11; 10,2; 12,13; 15,29; Gal 3,27f) werden die gnadenhafte Befreiung der Glaubenden aus der Macht der Sünde und ihre Hineinnahme in den Herrschaftsbereich der G. in der → Taufe manifest. In ihr wird der „alte Mensch mitgekreuzigt" (Röm 6,6) und geschenkweise zur „Neuheit des Lebens" (Röm 6,4) für Gott erweckt (vgl. Eph 2,10; 4,24; Kol 3,10). In ihr vollzieht sich ein Herrschaftswechsel aus dem Machtbereich der Sünde in den Machtbereich der G. (Röm 5,21; 6,14.18.22; Gal 5,4; 2 Kor 6,1f, vgl. Jes 49,8) bzw. der → Liebe Gottes (Röm 5,5). Paulus entfaltet die in der Taufe zugesprochene Gabe Gottes (futurisch-eschatologisch: das ewige Leben in Christus Jesus; Röm 6,23) präsentisch-eschatologisch vornehmlich als Begabung mit dem Pneuma (→ Geist), dem Inbegriff der G., die Gott dem Glaubenden in der Taufe erweist (Röm 5,5.12–21; 7,6; 8,1–17.23.26; Gal 5,13–26; 6,8f; 1 Kor 2,10–15; 3,16; 6,19; 2 Kor 1,22; 5,5). Eine genuin pln. Entfaltung der G. Gottes liegt in der Zuordnung von G. und Gnadengabe (χάρισμα; Röm 5,15f; 6,23; 11,29) (vgl. auch das analoge Begriffspaar: Geist/Geistesgabe).

Der „übergroßen G. Gottes", die Gott den Heiden erwiesen hat (2 Kor 4,15; 9,8), entspricht der Dank Gott gegenüber für sein „unfassbares Geschenk" (2 Kor 9,14f). Der „überfließenden" (Röm 8,20) G. korreliert auf Seiten des Menschen ein „Überfließen" in der → Freude (2 Kor 8,2; vgl. 8,9; Phil 1,9.26), im Glauben, im Wort, in der Erkenntnis, in jedem Eifer, in der Liebe (2 Kor 8,7) und in der → Hoffnung (Röm 15,13).

In Übereinstimmung mit seiner Deutung der Rechtfertigung des Sünders führt Paulus seine eigene → Erwählung zum Heidenapostel wie sein gesamtes apostolisches Wirken allein auf die göttliche G. zurück (Gal 1,15; 1 Kor 3,10; 15,10; 2 Kor 1,12; Röm 1,5; 15,15–19). Er bestimmt seine apostolische Sendung als die ihm bei seiner Berufung zuteil gewordene G. (1 Kor 15,10; 2 Kor 1,11 [χάρισμα]; 12,9; Phil 1,7; Gal 2,9; vgl. Eph 3,2.7f).

Die *deuteropln. Briefe* knüpfen an den pln. Sprachgebrauch an: Gott offenbart die → „Herrlichkeit seiner G." und „schenkt sie uns gnädig" in seinem geliebten Sohn (Eph 1,6). Dem „überwältigenden Reichtum seiner G." (Eph 2,7) verdanken die Christen als „Geschenk Gottes" (Eph 2,8) den „Loskauf durch sein → Blut" und die „Vergebung der Verfehlungen" (Eph 1,7). Diese → Rettung „durch Gnade" (Eph 2,5) wird allein im Glauben, der sich selbst wiederum dem Wirken der G. verdankt, ergriffen (Eph 2,8f). Zur Darstellung und hymnischen Entfaltung dieses Gnadenerweises Gottes greift Eph die plerophorische (= glaubensgewisse) Redeweise des Paulus auf und führt sie im Sinne seiner kosmischen Christologie weiter aus. Eph 3,2–8 bezeichnet die Sendung des Paulus zu den Heiden als wirkmächtige Gnadengabe Gottes.

II. 4. *Lk* bezieht χάρις auf Jesus (Lk 2,40.52), Maria (Lk 1,28.30), die Urgemeinde in Jerusalem (Apg 4,33), Stephanus (Apg 6,8), Josua (Apg 7,46), Josef (Apg 7,10), die Heidenchristen (Apg 11,23; 13,43; 15,11) und auf das Wirken des Apollos (Apg 18,27). Die formelhaften Wendungen „G. finden" (Lk 1,30; Apg 7,46; vgl. Gen 6,8; 19,19; Ex 33,11–22; 2 Sam 15,25f) und „die G. Gottes ruhte auf ihm" (Lk 2,40; vgl. Jes 61,1) übernimmt er aus der LXX. Im lk. Zusammenhang charakterisieren sie Gottes erwählende Liebeszuwendung, seine dynamische Heilsgegenwart sowie die Berufung und Sendung der Begnadeten (Lk 2,40; Apg 4,33; 6,8; 14,3). Apg 14,3 und 20,32 steht „Wort der G." synonym für das Ev. im Blick auf dessen Machtbereich (vgl. Apg 20,24; Lk 4,22). In seiner Rede vor dem Apostelkonvent in Jerusalem verteidigt Petrus das *sola gratia* der Rettung durch die G. des Herrn Jesus (Apg 15,11; vgl. 13,38f) mit dem Hinweis auf die Geistbegabung und den Glauben der Heiden (Apg 15,8f).

II. 5. Bei *Joh* begegnet der *terminus technicus* G. ausschließlich im Prolog (Joh 1,14.16f); gleichwohl ist die joh. → Soteriologie durchgehend von der die messianische Heilszeit heraufführenden Sendung Jesu, die auf „die → Fülle des Lebens" zielt (Joh 10,10), bestimmt. Joh 1,14 bestimmt die Herrlichkeit des inkarnierten Logos durch die Apposition „voll G. und → Wahrheit" (Joh 1,14; vgl. Ex 34,6). Nach Joh 1,16f schließt die Herrlichkeitsoffenbarung des Sohnes die Zuwendung und Anteilgabe an seiner Doxa und damit an seiner G. und Wahrheit ein. Zugespitzend kann Joh die Einheit von Christologie und Soteriologie so formulieren, dass es die eschatologische Heils- und Gnadengabe mit dem erhöhten und verherrlichten Jesus Christus selbst identifiziert (Joh 1,14.16f; 6,48; 11,25; 14,6; vgl. 1 Joh 1,2; 5,11).

II. 6. In der Themenangabe des zweiten Hauptteils des *Hebr* (Hebr 4,14–10,31) fasst Hebr 4,16 die paraklетische Intention der Hohepriesterchristologie des Hebr zusammen: Die Glaubenden sollen „mit Freimut hinzutreten zum → Thron der G.“. Durch die „G. Gottes“ (Hebr 2,9) ist der Sühnetod seines Sohnes zum Ursprung und bleibenden Fundament des neuen → Bundes geworden. Die Adressaten werden ermahnt, das „ewige Heil“ (Hebr 1,14; 5,9; 6,9) im Glauben zu ergreifen (Hebr 4,2f; 6,1; 10,39; 11), damit „niemand abkomme von der G. Gottes“ (Hebr 12,15).

II. 7. Der Verfasser des *1 Petr* stellt den in der → „Diaspora“ „als Fremde“ (1 Petr 1,1.17) lebenden Christen Kleinasiens den „Gott aller G.“ (1 Petr 5,10; vgl. 1,3.10; 2,10) und die in der Taufe bereits empfangenen Gnadengaben (1 Petr 4,10; vgl. 1,3.23; 2,2) als „wahre G. Gottes“ (1 Petr 5,12), als zuverlässigen Grund und tragende → Mitte des „Ev. Gottes“ (1 Petr 4,17) vor Augen. Christen dürfen und sollen sich als „gute Verwalter der vielfältigen G. Gottes“ (1 Petr 4,10) verstehen und bewähren.

1–2 Tim und *Tit* bestimmen das „Ev.“ als Geschenk der G., die uns schon „vor ewigen Zeiten“ zuteil wurde, „jetzt aber durch das Erscheinen unseres Retters Christus Jesus offenbar geworden ist“ (2 Tim 1,9f; vgl. 1 Tim 1,15; 3,16; Tit 1,3; 3,5; vgl. 1 Petr 1,20). Jesu sühnende Lebensdahingabe wird konsequent als „Erscheinen der G. Gottes Rettung bringend allen Menschen“ (Tit 2,11; vgl. 3,4) interpretiert. Diese → Offenbarung der G. Gottes in Christus Jesus führt zur Rechtfertigung vor Gott *sola gratia* (Tit 3,5.7), zur Geistbegabung (2 Tim 1,14; Tit 3,5f) und begründet die Erwartung „der seligen Hoffnung und des Erscheinens der Herrlichkeit des gewaltigen Gottes und unseres Retters Christus Jesus“ (Tit 1,13). G. wird insbes. in 1 Tim 1,14 als endzeitliche Heilsmacht verstanden, die sich im Geschenk des Glaubens und der Liebe, die in Christus Jesus erschienen ist, konkretisiert.

I. *J.-D. Döhling*, Der bewegliche Gott, Freiburg u. a. 2009; *B. Janowski*, Der barmherzige Richter, in: *R. Scoralick* (Hg.), Das Drama der Barmherzigkeit Gottes, Stuttgart 2000, 33–91; *R. Scoralick*, Gottes Güte und Gottes Zorn, Freiburg u. a. 2002; *H. Spieckermann*, „Barmherzig und gnädig ist der Herr …“, in: *ders.*, Gottes Liebe zu Israel, Tübingen 2001, 3–19.

II. *N. Baumert*, Zur Begriffsgeschichte von χάρις im griechischen Sprachraum: ThPh 65 (1990) 79–100; *M. Theobald*, Die überströmende Gnade, Würzburg 1982; *D. Zeller*, Charis bei Philon und Paulus, Stuttgart 1990.

Bernd Janowski (AT) / Klaus Scholtissek (NT)

Göttin (G.)

(→ Dachartikel: Gottesvorstellungen)

I. AT: Seit der MB-Zeit IIB (1750–1550 v. Chr) und in der SB-Zeit (1550–1200 v. Chr.) sind in Palästina/Israel Darstellungen von G. archäologisch belegt, die die G. in segnender und in kriegerischer Haltung zeigen, wobei sie nackt auf einem Löwen oder Kriegspferd steht bzw. ohne dieses Postamenttier und in langem Gewand oder geflügelt dargestellt wird. Verbreitet war die G. vom Typ der Qudschu (Ägypten), Aschera (Ugarit) bzw. Astarte (Palästina), die zu den Naturgottheiten gehörte und die Fruchtbarkeit in der Menschen-, Tier- und Pflanzenwelt zu schützen hatte (s. *Abb. 22; 26; 35*). „Daß sie auf einem Tier steht und Pflanzen oder Tiere in den Händen hält, weist sie als Beherrscherin, nicht als bloße Verkörperung der in der Natur wirksamen Mächte aus“ (H. Weippert). Während Darstellungen weiblicher Gottheiten in der E-Zeit I (1200–1000 v. Chr.) fast völlig fehlen, wird der Prozess der Distanzierung von den Naturmächten in der E-Zeit IA–IIC (1000–587 v. Chr.) fortgesetzt, wobei etwa die G. Aschera hinter ihrem Symbol (stilisierter Baum) zurücktritt. In der Siegelkunst fehlen dann auch Darstellungen von G. völlig, während die weiblichen Aspekte der göttlichen Sphäre mittels Ersatzsymbolen („Segensikonen“) wie dem säugenden Muttertier oder dem Sakralbaum vermittelt werden. Dagegen erleben Terrakotten mit Darstellungen der G. (sog. Pfeilerfigurinen des 8. Jh. v. Chr.) eine neue Blüte, wobei der erotisch-sexuelle Aspekt gegenüber dem Versorgenden zurücktritt.

Intensiv diskutiert wurde seit ihrer Erstpublikation die in althebr. Inschriften aus Kuntilet ʿAǧrūd (1. Hälfte des 8. Jh. v. Chr.) vorkommende Wendung „Jhwh … und seine Aschera“, die die Integration von Jhwh-Rel. und kanaan. Tradition im königszeitlichen Juda belegt. Da es für die Annahme, dass sich *ʾšrth* „seine (sc. Jhwhs) Aschera“ auf eine personal selbständige G. und damit Paredros Jhwhs bezieht, keine allseits überzeugenden Argumente gibt, bleibt als näherliegende Deutung der Bezug auf ein Kultobjekt, nämlich den stilisierten Baum als Symbol der G. Die Diskussion darüber, wie intensiv und v. a. welcher Art der Bezug dieses in der Nähe Jhwhs plazierten Kultsymbols zur G. (!) Aschera war, hat allerdings noch nicht zu einem Konsens geführt.

Dass es Spuren von Göttinnenverehrung im vorexil. → Israel/Juda gab, ist nicht von der Hand zu weisen, auch wenn die entsprechenden Belege (bes. in Hos 1–5, Kult der Himmelskönigin Jer 7; 44, „Astarte des Kleinviehs" Dtn 7,13; 28,4.18.51) unterschiedlich gewichtet werden. Auch hinter der lit. Konturierung der Weisheitsgestalt von Spr 1–9 als „Prinzip der göttlichen Schaffenskraft" wurde eine Göttinnentraditon vermutet. Eher dürfte die personifizierte → Weisheit von Spr 8 als *mediatrix Dei* zu verstehen sein, durch deren Erkenntnis der Mensch an der göttlichen → Offenbarung partizipiert. Die breite Reflexion über sie in Ijob 28; Spr 8; Sir 24 u. a. und in frühjüd. Texten hat in hohem Maß die ntl. Christologie geprägt.

II. NT: 1. Auch wenn im NT nur an einer Stelle das griech. Wort für G. θεά (Apg 19,27 vgl. nach wenigen Handschriften auch Apg 19,37, wo die maskuline Form verwandt, aber Artemis gemeint ist) vorkommt und damit G. im NT keine bedeutende Rolle spielen, steht außer Frage, dass G. zur rel. Realität in der Umwelt Jesu und der frühen Christen gehörten. Sowohl in den hell. *Poleis* des Kernlandes als auch in den Städten der Küstenregion und im hell.-röm. Syrien und Kleinasien waren G. präsent. Dabei ist nicht nur an die Tychen, also die Schutz- und Stadtgöttinnen der hell. und später der röm. Städte (→ Stadt), sondern auch an die großen G. wie Isis, Atargatis, Artemis, Aphrodite, Hera, Nike, Demeter, die bei Lukian so genannte *dea syria* von Hierapolis, Nemesis, Selene oder Athene zu denken. In außerbibl. Texten, Inschriften, Münzbeischriften oder ikonographischen Zeugnissen ist jedenfalls eine große Anzahl von G. aus der röm. Kaiserzeit belegt. Tempelbauten aus Palästina wie etwa der mehrgliedrige, große kaiserzeitliche Artemis-Tempel in Gerasa oder möglicherweise auch noch der hell. Isis-Tempel in Samaria-Sebaste zeugten von monumentaler Präsenz dieser im offiziellen Reichskult verehrten G. Allerdings sind wir über die tatsächliche Verbreitung und Rolle der hell.-röm. G. im Umfeld des frühen Christentums wenig informiert. Auch der Zusammenhang mit den vielfach identifizierten oder synkretistisch eingebundenen bzw. überführten, lokalen ao. G. wie Anat, Astarte, die kleinasiatische Kybele/Kubaba, die ass. Ištar oder die nabatäische G. Allat bleibt im Einzelnen unklar. Im NT treten die G. jedenfalls nicht in den Vordergrund.

Abb. 35: Terrakotte einer „nackten Göttin" aus Revadim, SB-Zeit.
Quelle: *O. Keel/C. Uehlinger*, Göttinnen, Abb. 82.

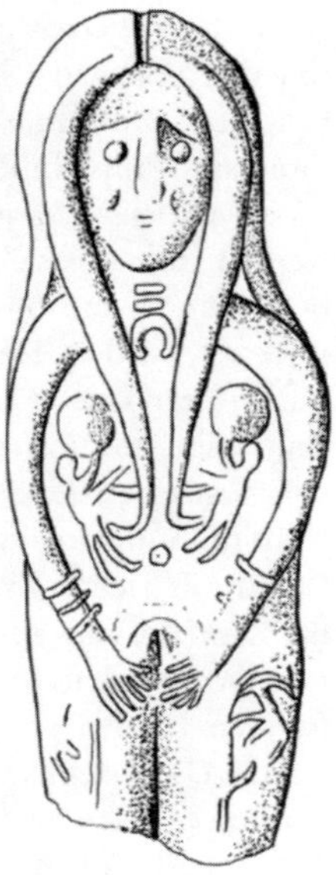

II. 2. So taucht etwa Aphrodite, die in Korinth große Verehrung genoss, im NT lediglich nur noch in den beiden (außerbibl. recht häufigen) theophoren Personennamen der Mitarbeiter des Paulus auf. Epaphras (Phlm 23; Kol 1,7; 4,12) wird als Mitgefangener des Paulus (wahrscheinlich in Ephesus) genannt. Der Name ist eine Kurzform von Epaphroditus (Phil 2,25; 4,18) *„zu Aphrodite gehörig"* oder *„von Aphrodite"*, einem (wahrscheinlich nicht identischen, sondern weiteren) Mitarbeiter des Paulus und Gesandten der Gemeinde in Philippi.

Lediglich Artemis, die G. der Fruchtbarkeit und in der klassischen griech. Mythologie auch G. der Jagd, die noch in dem Personennamen des Artemas (Kurzform von Artemidos *„Geschenk der Artemis"*), einem → Boten des Paulus an Titus (Tit 3,12), Spuren im NT hinterlassen hat, ist namentlich erwähnt. Die pln. Mission in Ephesus geriet nach Apg 19,23–40 in Person des Anführers der

Gilde der Silberschmiede Demetrius in Konflikt mit den dortigen Devotionalienhändlern. Diese beklagen Umsatzeinbußen aufgrund der bildlosen und hinsichtlich des Bilderkultes polemischen christl. Mission. Konkret angesprochen werden miniaturisierte Heiligtümer, die als Abbild des Artemisions in Silber angefertigt und verkauft wurden. Derartige Objekte sind bisher nur in Terrakotta nachgewiesen, möglicherweise sind silberne Votivschreine des Abbildes der ephesianischen Artemis gemeint. Das mit 115 × 55 m monumental dimensionierte Heiligtum der G. galt als siebtes Weltwunder und beherbergte im Zentrum ein bes. Kultbild, das als vom → Himmel gefallen verehrt und ebenfalls vielfach für den Handel als Ikone oder Votiv repliziert wurde. Die Artemis war mit einer Krone und einem metallenen Schurz (Ependytes) ausgestattet und am Rumpf mit beutelartigen Objekten behängt, die nicht als Brüste, sondern als Stierhoden identifiziert werden. Diese, wahrscheinlich aus dem Opferkult der G. gewonnenen, gegerbten Hoden, die später als Brüste interpretiert wurden, weisen als Symbole kraftvoller Fruchtbarkeit ebenso wie die zugeordneten Jagdtiere, die Löwen oder die Hirschkuh und Palme, die Symbole der ephesianischen Artemis, auf die Vitalität und das fruchtbare Wirken der G. Zwar ist die in der Apg gespiegelte Kritik dramatisch stilisiert (vgl. das in der steten Wiederholung als tumb charakterisierte Bekenntnis der Verehrer zur Größe der G. Apg 19,28.34 sowie die überbietende Heilkraft des in der Gestalt des Paulus „einfach" vertretenen Christus gegenüber dem etablierten Equipment der Artemis) und an der atl. Götzenbildpolemik orientiert (Apg 19,26), doch ist der Zwischenfall deswegen nicht unbedingt als unhist. zu bewerten. Deutlich ist ein Lokalkolorit zu erkennen, das in vielen Teilen mit ephesianischen Inschriften übereinstimmt (evtl. ist dort sogar der Protagonist Demetrius erwähnt). Dass in der Apg gerade der Artemiskult wegen seiner internationalen Bedeutung und Anziehungskraft in Opposition zu dem christl. Anspruch gesehen wird, dürfte ebenfalls den tatsächlichen Umständen entsprochen haben. Ob allerdings Paulus schon immer Kontrahent in dem Zwischenfall war, ist in der → Exegese ebenso umstritten wie der missionarische und apologetische Anteil der Episode.

II. 3. Neben Artemis wird in Apg 28,4 noch die griech. G. Dike (δίκη) als Personifikation der → Gerechtigkeit und G. der Vergeltung erwähnt. Die Bewohner von Malta, von Lk als unkultivierte Nichtgriechen (βάρβαροι) bezeichnet, interpretieren einen Schlangenbiss als von der G. verursachtes → Zeichen, mit der eine an Paulus haftende Blutschuld gesühnt werden soll.
Neben diesen spärlichen direkten und indirekten Zeugnissen für G. und ihre Verehrung im NT wurden insbes. von Seiten der feministischen Theol. Bezüge zwischen ntl. Motiven und den vorderorientalischen Göttinnentraditionen neu in die Diskussion eingebracht. So wird z. B. darauf verwiesen, dass die bei der → Taufe Jesu in allen vier Evv. erwähnte Taube (Mk 1,10, Lk 3,22; Mt 3,16; Joh 1,32) motivgesch. in den Zusammenhang des Göttinnenkultes gehört, wo die Taube Symboltier der G. sein kann. Bedeutender ist, dass in den Evv. und den frühen Christushymnen (Phil 2,6–11; Kol 1,15–20; Joh 1,1–14 u. a.) bezeugte Weisheitschristologie, die Jesus als die *Sophia* Gottes preist (1 Kor 1,24), Verbindungen zu den nachexil. und frühjüd. Weisheitsspekulationen aufweist, in denen die personifizierte → Weisheit als Substitut an die Stelle der im → Monotheismus verdrängten G. getreten ist. Auch die Schöpfungsmittlerschaft des „Erstgeborenen der ganzen → Schöpfung" (Kol 1,15f) steht in Verbindung mit der Schöpfungsmittlerschaft der Weisheit in Spr 8,22–31. Darin sind ntl. Spuren einer Traditions- und Motivgesch. der ao. G. zu erkennen, deren Valenz für eine syst. Christologie weiterer Diskussion bedürfen.

I. *I. Cornelius*, The Many Faces of the Goddess, Fribourg u. a. 2004; *C. Frevel*, Aschera und der Ausschließlichkeitsanspruch YHWHs, Weinheim 1995; *O. Keel/C. Uehlinger*, Götter, Göttinnen und Gottessymbole, Freiburg u. a. [5]2001; *H. Weippert*, Palästina in vorhellenistischer Zeit, München 1988.
II. *L. C. A. Alexander*, The Virgin and the Goddess, in: *S. P. Ahearne-Kroll/P. A. Holloway* (Hg.), Women and Gender in Ancient Religions, Tübingen 2010, 11–37; *H.-J. Klauck*, Die religiöse Umwelt des Urchristentums 1, Stuttgart 1995; *P. Lampe*, Acta 19 im Spiegel der ephesischen Inschriften: BZ 36 (1992) 59–76; *M. Meyer*, Die Stadtgöttin von Caesarea Maritima – „Romanitas" im Bild, in: *A. Lykke/F. Schipper* (Hg.), Kult und Macht, Tübingen 2011, 159-194; *S. Schroer*, Die Weisheit hat ihr Haus gebaut, Mainz 1996; *T. Staubli*, Werbung für die Götter, Fribourg 2003.

Bernd Janowski (AT) / Christian Frevel (NT)

Götze (G.)

(→ Dachartikel: Gottesvorstellungen)

I. AT: 1. Die Auseinandersetzung mit fremden Göttern, den sog. G., wird vom AT vornehmlich als Polemik gegen deren Kultbilder geführt (Jes 40,18–20; 41,6f; Jer 10,1–16 u. a., vgl. 1 Sam 5: Dagon von Aschkelon; 2 Sam 12,30: Milkom von Ammon, Jes 46; Jer 50,2; 51,44: Bel/Marduk u. a.). Dabei stehen ihre Materialität (Edelmetall: Gold und Silber; Holz: Bergtanne, Steineiche, Zeder u. a.) und der Herstellungsprozess (Hämmern, Schnitzen u. a.) im Vordergrund der Kritik, während der Aspekt einer göttlichen Beauftragung und Legitimierung, wie sie bes. aus mesopotamischen Kultbildtexten bekannt sind, bewusst ausgeklammert wird, um die „Götzenbilder" als selbstgemachtes „Werk eurer Hände" (Dtn 31,29; Jes 2,8; Hos 14,4 u. a.) bzw. als „Werk von Menschenhand" (2 Kön 19,8 u. a.) zu brandmarken und so theol. zu entwerten. Die Terminologie für Fremdgötterbilder, die von technisch-handwerklichen Bezeichnungen wie *pæsæl* „Kultbild" u. a. bis zu ablehnend-pejorativen Ausdrücken wie *ʾælīlīm* „Nichtse", *gillūlīm* „Scheißdinger", *ʿaṣabbīm* „Gebilde", *šiqqūṣīm* „Scheusale" u. a. reicht, spiegelt die intensive Auseinandersetzung mit dem Kultbild im Rahmen des vorexil.-nachexil. Jhwh-Glaubens und speziell des (späten) → Bilderverbots wider: Die Anfertigung von selbst gemachten „Götzenbildern" bedeutet eine Ablehnung Jhwhs (Hos, vgl. Jer 7,30; 8,19; 32,34 u. a.); da sie nicht retten können, sollen sie weggeworfen werden (Jes 2,20; 30,22; 31,7 u. a.).

I. 2. In profilierter Weise findet sich die Polemik gegen Kult- und Götterbilder in der sog. Götzenbilderschicht des DtJes-Buchs (Jes 40,18–20; 41,5f; 44,9–20; 46,5–8 u. a.). Als Interpretament des Monotheismusgedankens (→ Monotheismus) formuliert die deuterojesajanische Fremdgötterpolemik die scharfe Differenz zwischen dem eigenen Schöpfungsglauben und dem fremden „Götzenkult" und forciert damit die Ablösung des Jhwh-Glaubens von der Kultbildtheol. seiner ao. Umwelt. Die Ausstrahlungskraft dieses gleichsam „aufklärerischen" Religionsprogramms wirkte über das Frühjudentum und das Urchristentum bis in die abendländische Kultur- und Geistesgeschichte, allerdings nicht ohne seinerseits wieder merkwürdige Blüten und schrille Nebentöne z. B. bei A. Kircher (1602–1680) hervorzurufen.

II. NT: 1. In der LXX steht εἴδωλον (urspr. „Gestalt", „Bild", bei Plato auch „Schatten-/Trugbild") für eine (heidnische) Gottheit bzw. ein Götterbild. Das NT übernimmt diesen Sprachgebrauch der LXX (vgl. εἴδωλον als „G.[-bild]" in Apg 7,41; 15,20; Röm 2,22; Offb 9,20 u. a.). Analog kann auch εἰκών (im Griech. für „Abbild", „Statue", „Gleichnis", „Manifestation"; vgl. Hdt. 2,130,4; Plat. leg. 11,931a) in der LXX für von Menschenhand gemachte Götterbilder verwendet werden (vgl. LXX Dtn 4,16; 2 Kön 11,18; 2 Chr 33,7; Dan 2f). Im NT findet εἰκών Verwendung als „Münzbild" des Kaisers (Mk 12,16par.), das im Kontext des verwerflichen Kaiserkultes wahrgenommen wird (vgl. das „Bild des Tieres", vor dem die Menschen zur Proskynese gezwungen werden, in Offb 13,14f; 14,9.11; vgl. die Nähe zu Dan 3), und als „Gestalt" bzw. „Götzenbild" eines vergänglichen Menschen, mit der die Götzendiener „die → Herrlichkeit des unvergänglichen Gottes" vertauschen (Röm 1,23; vgl. LXX Ps 105,20). Nach Paulus gründen alle menschlichen → Sünden in der Vertauschung von Gott und zu G. erhobener irdischer Wirklichkeit (Röm 1,18–32).

II. 2. Vor dem Hintergrund des atl.-jüd. Bilder- und Fremdgötterverbotes (→ Bild; → Bilderverbot) bzw. dem 1. Gebot des → Dekalogs knüpft das NT an die jüd.-hell. Götzenpolemik an: Paulus unterscheidet scharf zwischen christl. Gottesverehrung und heidnischem Götzendienst (εἰδωλολατρία; 1 Kor 5,10f u. a., vgl. 1 Thess 1,9). In seinen differenzierten Ausführungen in 1 Kor 8 und 10 weist er einerseits die Existenz anderer Götter als des *einen* Gottes zurück (1 Kor 8,4–6); andererseits weiß er um die → Macht der toten „G." und „Götter" bei denen, die ein schwaches → Gewissen haben. Die Teilnahme an heidnischen Kultfeiern, in denen Götzenopferfleisch verzehrt wird, schließt Paulus als unvereinbar mit der → Gemeinschaft mit dem Kyrios im Herrenmahl kategorisch aus (1 Kor 10,14–22). Der Blasphemievorwurf gegenüber Jesus seitens der jüd. Autoritäten (βλασφημία; Mk 2,7; 3,28; 14,63f; vgl. Apg 6,11) bezieht sich auf einen angenommenen Bruch mit dem monotheistischen *Credo* Israels (Dtn 6,4f), der notwendig in einen

Götzendienst mündet. Joh arbeitet diesen Konflikt aus (Joh 5,18; 8,48–59; 10,33.36; 19,7) und sucht die hohe Christologie so zu formulieren, dass sie vor diesem ernstzunehmenden Einwand bestehen kann. In der ntl. Paränese (→ Ermahnung) werden viele → Laster (Unzucht, Unkeuschheit, Habgier u. a.) als Varianten des Götzendienstes identifiziert (1 Kor 6,9f; Gal 5,19ff; Eph 5,5; Offb 21,8; vgl. 1 Joh 5,21). Die Offb brandmarkt in apokalyptischen Kontrasten den röm. Kaiserkult in all seinen Gestalten als Götzendienst, als perverse Verkehrung des einzig wahren Gottesdienstes (Offb 13,1f; 17 u. a.).

I. *A. Berlejung*, Die Theologie der Bilder, Fribourg u. a. 1998; *O. Keel/C. Uehlinger*, Altorientalische Miniaturkunst, Fribourg u. a. ²1996; *H.-D. Preuß*, Die Verspottung fremder Religionen im Alten Testament, Stuttgart 1971; *S. Schroer*, In Israel gab es Bilder, Fribourg u. a. 1987.
II. *J. Fotopoulos*, Food Offered to Idols in Roman Corinth, Tübingen 2002; *H.-J. Klauck*, Herrenmahl und hellenistischer Kult, Münster ²1986; *ders.*, Die religiöse Umwelt des Urchristentums 1, Stuttgart 1995; *U. Wilckens*, Monotheismus und Christologie: JBTh 12 (1997) 87–97.

Bernd Janowski (AT) / Klaus Scholtissek (NT)

Gottesbilder (G.)

(→ Dachartikel: Gottesvorstellungen)

I. AT: Wie die neuere Forschung gezeigt hat, ist die metaphorische Sprache für das bibl. G. von grundlegender Bedeutung. Denn der Begriff der Metapher meint ungewohnte, nicht durch Konventionen abgesicherte Wort- und Bildkombinationen, die sich nicht auf einen bes. Wortschatz zurückführen lassen und auch nicht in einer eigenen Grammatik gründen. Die Metaphorik der Sprache entsteht vielmehr in einem Prozess der Verwandlung, in dem aus dem konventionellen Sprachmaterial mediale Zeichen gebildet werden, die das Vertraute und Feste aufbrechen und verwandeln. Durch diese Verwandlung von Gewohntem bildet die Metapher eine, wenn nicht die einzige Möglichkeit, → Gefühle, Stimmungen und Werteinstellungen, also Sinnfelder auszudrücken, die erfahrungsgemäß nur schwer in Worte zu fassen sind.

Da bibl. G. immer Interpretamente von Transzendenzerfahrungen sind, haben wir, um an die Tiefendimension solcher Erfahrungen heranzukommen, keine andere Möglichkeit, als in Bildern über Gott zu sprechen. Einerseits prägt die Art der numinosen Erfahrung also die Form ihres symbolischen Ausdrucks, und andererseits formen in rekursiver Weise die mittels Vergleich und Metapher ausgeprägten rel. Symbole die numinose Erfahrung. Da das Wort „Gott" selbst eine Metapher und zwar eine mit zunächst unklarer Bedeutung ist, erschließen die zu seiner Erläuterung eingesetzten Sprachbilder dem G. „eine expressive Tiefendimension und erweitern ihren Bedeutungsraum" (L. Schwienhorst-Schönberger). Ähnliches gilt für die Bilder vom erschaffenden (→ Schöpfung), segnenden (→ Segen), rettenden (→ Rettung), gebietenden (→ Herrschaft), richtenden (→ End-Gericht), vergebenden (→ Vergebung) und allmächtigen/ohnmächtigen Gott (→ Macht) bzw. von Gott als → König, als Krieger (Ex 15,3 u. a.), als Löwe (Am 1,2; Hos 5,14 u. a.), als Richter, als Anwalt (Ps 68,6 u. a.), als Löser (Ijob 19,25), als → Licht (Ps 27,1), als Fels (Ps 18,3; 19,15 u. a.), als Schutzburg (Ps 46,2.8.12 u. a.), als Schild (Ps 7,11; 18,3 u. a.), als Arzt (Ex 15,26), als Vater oder als Mutter/Amme. Einige Beispiele seien etwas ausführlicher erläutert:

I. 1. Die Bezeichnung von *Gott als Hirte* (Gen 49,24; Ps 23,1b-4 u. a.) knüpft an die Schutz- und Führungsfunktion des Hirten an, die auch das ao. Herrscherbild prägte. Die Hirtenmetapher von Ps 23,1b-4 sollte man dabei nicht vorschnell interpretierend auflösen – etwa durch den banalen Satz „Gott sorgt für den Menschen" –, sondern als klare Sachverhaltsaussage verstehen, die die Fürsorge Gottes in ein elementares Lebensbild kleidet. In Ps 23,1b.f wird der Beter nicht mit einem Schaf/einer Ziege verglichen, sondern er wird als Schaf/Ziege klassifiziert, dem/der der „gute Hirte" alles Lebensnotwendige gewährt und das/die er „auf Bahnen der → Gerechtigkeit" führt, auch wenn es/sie „im Tal der Finsternis" wandelt (V. 3f). So durchbricht die Metapher vom „Guten Hirten" das übliche Sachverständnis und ermöglicht dem Beter eine neue Sicht auf das → Leben, die er für seine Biographie als Ganzes gewinnt: „und ich kehre (immer wieder) zurück in das Haus Jhwhs, solange (meine) Tage währen" (V. 6).

I. 2. Die Bezeichnung von *Gott als König* (Ps 47; 93–99, vgl. Ps 29 u. a.) war Altisrael vom AO her vorgegeben und wird u. a. zum kritischen Maßstab für das irdische Königtum bis hin zur grundsätzlichen Kritik königlicher Herrschaft in → Israel (1 Sam 8,7 u. a.). Entgegen einer früheren Empfehlung seitens der feministischen Theol., den Begriff „Königsherrschaft Gottes“ zum traditionell geschlechtsspezifischen Vokabular der Bibel zu zählen und konsequenterweise auf ihn zu verzichten, ist sein herrschaftskritisches Potential zu beachten und dessen Vernetzung mit anderen Grundthemen des bibl. G. wie Schöpfung und Universalismus nicht aus dem Blick zu verlieren.

I. 3. Die Vorstellung von *Gott als Richter* ist Ausdruck der Überzeugung, dass Jhwh rettet, indem er richtet (*šāpaṭ* u. a.), d. h. das Unrecht ahndet und das → Böse nicht straffrei ausgehen lässt. Im Horizont dieser konnektiven Gerechtigkeit sind „Richten“ und „Retten“ Handlungskorrelate und die Metapher vom Richtergott/Gottesgericht die theol. Antwort auf die Frage nach der letztinstanzlichen Grundlage gerechten Lebens und Handelns.

I. 4. Wenn *Gott als Vater* bezeichnet wird (im AT nur etwa 10-mal: Ex 4,22; Dtn 32,6; Jes 1,2 u. a.), dann stehen die Aspekte „Schöpfer der Menschen“, „Löser der Menschen“, „Anwalt der Armen“ und „Freund des Lebens“ im Vordergrund. Demgegenüber betont die Metapher von *Gott als Mutter* (Num 11,12; Jes 45,9–11; 49,14f; 66,13; Hos 11) seine Eigenschaft, Israel und den Einzelnen zu gebären, zu tragen, zu trösten, zu beschwichtigen und zu schützen.

II. NT: Mit ihrem jüd. Mutterboden teilen die ntl. Schriften metaphorisches Sprechen von Gott. Bildsprachlichen Gottesbezeichnungen eignet gegenüber der begrifflich-abstrakten Sprache eine höhere Erschließungs- und Kommunikationskraft; sie sind dem auf Beziehungen ausgerichteten Gottesbild der jüd. wie der christl. Bibel höchst angemessen und in diesem Sinne unverzichtbar. Die metaphorischen Aussagen über Gott greifen alltägliche Erfahrungen aus dem privaten, sozialen bzw. öffentlichen → Leben auf und versprachlichen Transzendenz- bzw. Gotteserfahrungen, deren Fremdheit bzw. Neuheit so erschlossen und mitgeteilt werden kann. Dabei verhindern die konkrete Gestalt der G., die sich oft kritisch gegen ihre Träger in der alltäglichen Erfahrungswelt richten (Väter, Mütter, → Könige, Hirten, Richter), und die Verbindung mehrerer metaphorischer Aussagen ein Abgleiten in ein platt anthropomorphes G. Oft stehen bildsprachliche Gottesbezeichnungen in einem metaphorischen Netzwerk, das sie aufrufen und einsetzen (vgl. zu „Vater/Sohn“ die Familienmetaphorik; zu „Hirte“ die Metaphorik des Leitens und Führens; zu „König“ die polit.-monarchische Metaphorik; zu „Richter“ die juristische Metaphorik).

II. 1. Anders als im AT wird Gott im NT nicht *expressis verbis* als „Hirte“ (ποιμήν) bezeichnet. Im NT wird Gott als *Hirte* seines → Volkes selbstverständlich vorausgesetzt (Mt 10,6; 15,24; Mk 6,34par.). Auch das Gleichnis vom verlorenen Schaf (Lk 15,1–7par.) spricht unmissverständlich von der Hirtensorge Gottes, die sich in der Zuwendung Jesu zu den Zöllnern und Sündern manifestiert (vgl. den Kontext Lk 15,1–32). In der jesuanischen Auslegung der Hirtensorge Gottes im Wort und in der Tat (verbunden mit der messianischen Hirten-Erwartung) liegt auch der Grund für die verbreitete christologische Verwendung der Hirtenmetapher (Mk 6,34; 14,27f [Sach 13,7]; Mt 2,6 [Mi 5,2–4]; Joh 10,1–18; 1 Petr 2,25; Hebr 13,20; Offb 7,17 u. a.). Eine starke Affinität zur Hirtenmetapher hat auch das Motiv der „Sammlung“ (Lk 11,23; Mt 25,32; Joh 11,47–53 u. a.).

II. 2. Mit der Verkündigung der angebrochenen Königsherrschaft Gottes (βασιλεία τοῦ Θεοῦ) rückt Jesus das *König*-Sein Gottes in das Zentrum seiner → Sendung (→ Herrschaft). Von Gottes Königtum, das in der Wendung von Jerusalem als „→ Stadt des großen Königs“ (Mt 5,35) selbstverständlich vorausgesetzt wird, und der ihm eigenen Art, als König zu wirken, sprechen die Reich-Gottes-Gleichnisse, hier insbes. Mt 18,21–35 (zur → Barmherzigkeit Gottes als König) und 22,1–14 (Gott, der König als entschlossener Gastgeber der Hochzeit seines Sohnes). Offb 11,17; 19,6 betonen den irreversiblen Antritt der Königsherrschaft Gottes.

II. 3. Gott als *Richter* (κριτής) evoziert das weit verzweigte juristische Wortfeld von → Gericht, → Recht, Anklage, Zeuge/Zeugnis, Urteil, → Rechtfertigung, Verurteilung. Johannes der Täufer (Mt 3,7–12) wie Jesus (Mk 8,38; 12,1–12; Lk 13,6–9; Mt 5,12.46f; 6,1f.5.16; 7,13f.19; 10,15; 11,20–24; 24,37–25,46 u. a.) sprechen in unterschiedlichen Akzentuierungen vom kommenden

Gericht, in dem Gott als Richter handeln wird. Inhaltlich entsprechen dem aus dem AT übernommene Wendungen wie: „Tag des Herrn" (1 Thess 5,2; 1 Kor 1,8; 5,5 u. a.) bzw. „Tag des → Zornes" (Röm 2,5; vgl. 1 Thess 1,9f u. a.). Als Richter kann Gott bittenden Menschen zu ihrem Recht verhelfen (Lk 18,1–8) bzw. sündige Menschen eschatologisch gerecht sprechen. Die Mahnung Jesu, andere Menschen nicht zu richten, impliziert das Richteramt Gottes (Mt 7,1f.par.), das Jak 4,11f dann auch *expressis verbis* ausspricht (vgl. Hebr 12,23).

II. 4. Die innerntl. und theol. bedeutendste Metapher ist die Anrede Gottes als *Vater* (πατήρ; bes. Mt; *Corpus Paulinum*; joh. Schriften). Die griech. Umwelt kennt die Vater-Anrede Gottes (Homer nennt Zeus den „Vater der Menschen und Götter"; Il. 1,544; vgl. den Zeushymnus des Kleanthes). AT (Dtn 32,6; Jer 3,19; Mal 2,20 u. a.) und Frühjudentum bezeugen die Bezeichnung bzw. Anrede Gottes als Vater (Sir 23,1.4; 51,10; Weish 14,3; 3Makk 6,2–15; ApkMos 32,2; 35,2; Apokryphon Ezechiel Frgm. 2 [= 1Clem 8,3]; 4Q504 Frgm. 2,III,1.4–7; 4Q511 Frgm. 127; 4Q372 Frgm. 1,16). Dennoch ist die nahe Vertrautheit signalisierende Anrede Gottes als ἀββά (für „Vater" bzw. „mein Vater") im Munde Jesu (Mk 14,36) vergleichsweise selten. Im Kontext seiner gesamten Gottesverkündigung (vgl. nur Lk 15,11–32; Mt 21,28–31) lässt sich auf eine Jesus eigene Gottunmittelbarkeit schließen (vgl. bes. Mt 11,25–27par.). Von hier aus ist auch die Familienmetaphorik Jesu zu verstehen (Mk 3,31–35par.; Joh 1,11–13; 19,25–27; 20,17). An seiner ureigenen Vaterbeziehung lässt Jesus die ihm Nachfolgenden teilhaben (vgl. die Gebetsunterweisung Lk 11,2–4; vgl. Gal 4,6; Röm 8,15; 1 Petr 1,17). Die von Jesus gelebte und bezeugte Vater-Sohn-Relation wird in den ntl. Schriften im Licht des Osterglaubens umfassend entfaltet (vgl. auch den christologischen Hoheitstitel Sohn Gottes). Vom Christusglauben her erweist sich die metaphorische Bezeichnung und Anrede Gottes als Vater als wesentliches Moment der Selbstoffenbarung Gottes in seinem Sohn, der im NT selbst als „Bild des unsichtbaren Gottes" (Kol 1,15; vgl. 2 Kor 4,4; Hebr 1,2f) verkündet wird (→ Bild, → Bilderverbot, → Jesus Christus).

I. *C. Frevel*, Der Gott Abrahams ist der Vater Jesu Christi, in: *R. Göllner* (Hg.), Das Ringen um Gott, Münster 2008, 27–48; *B. Janowski*, De profundis, in: *ders.*, Der Gott des Lebens, Neukirchen-Vluyn 2003, 244–266; *B. Janowski*, Ein Gott, der straft und tötet?, Neukirchen-Vluyn 2013; *W. Dietrich*, Gott der Rache versus Gott der Liebe?, in: *ders.* u. a. (Hg.), Antijudaismus – christliche Erblast, Stuttgart 1999, 9–27; *O. Keel*, Die altorientalische Bildsymbolik und das Alte Testament, Göttingen [5]1996, 157–220; *A. Schüle*, Der dunkle Gott – ein Gott des Glaubens?: EvTh 61 (2001) 241–249; *L. Schwienhorst-Schönberger*, Gottesbilder des Alten Testaments: ThPQ 148 (2000) 358–368; *G. Vanoni*, „Du bist doch unser Vater" (Jes 63,16), Stuttgart 1995; *E. Zenger*, Am Fuß des Sinai, Düsseldorf 1993.
II. *H. Merklein*, Christus als Bild Gottes im NT: JBTh 13 (1999) 53–76; *M. Reiser*, Jesus and Judgement, Minneapolis 1997; *G. Schelbert*, Abba, Vater! Stand der Frage: FZPhTh 40 (1993) 257–281 und FZPhTh 41 (1994) 528–531; *A. Strotmann*, „Mein Vater bist du!" (Sir 51,10), Frankfurt/M. 1991; *J. Werbick*, Bilder sind Wege, München 1992.

Bernd Janowski (AT) / Klaus Scholtissek (NT)

Gottesknecht (G.)

(→ Dachartikel: Gottesvorstellungen)

I. AT: 1. In der Wendung *ʿæbæd ʾᵆlōhīm/Jhwh* „Knecht Gottes/Jhwhs" bzw. „mein Knecht", „dein Knecht" bezeichnet das hebr. Nomen *ʿæbæd* → „Sklave, Knecht" als Soziomorphem die Beziehung zwischen Mensch(en) und Gott. Ein „Knecht" ist abhängig von einem „Herrn", der für sein → Leben und seinen Schutz → Verantwortung trägt. Einzelne oder das ganze → Volk bzw. bestimmte Gruppen in ihm können „Knecht Gottes/Jhwhs" sein: Abraham (Gen 26,24 u. a.), Isaak (Gen 24,14), Jakob/Israel (Ez 28,25 u. a.), Mose (Ex 14,31 u. a.), Kaleb (Num 14,24), Josua (Jos 24,29 u. a.), Eljakim (Jes 22,20), David (2 Sam 7,5.8 u. a., fast immer unter Hinweis auf Davids → Erwählung und den „ewigen" Bestand der Dynastie), Hiskija (2 Chr 32,16), Ijob (Ijob 1,8; 2,3), Serubbabel (Hag 2,24) oder formelhaft „Jhwhs Knechte, die → Propheten" (v. a. im DtrG). Mose heißt „Knecht Jhwhs" v. a. als Übermittler von Geboten bzw. als Gesetzgeber, als Befreier aus Ägypten, als Anführer in der → Wüste, als Verteiler des Ostjordanlandes und bei der Erwähnung seines → Todes (Dtn 34,5; Jos 1,2). Eine nähere Begründung für diese Bezeichnung liefert Num 12,7f: Während Jhwh mit den Propheten in

Traumgesichten redet, spricht er mit Mose, seinem „Knecht“, von Mund zu Mund. Dieser ist der Prophet, der alle anderen Propheten übertrifft, der Mittler der → Offenbarung schlechthin (vgl. 1 Kön 8,53.56).

I. 2. Eine für die gesamtbibl. Tradition paradigmatische Bedeutung hat das Motiv vom G. bei *DtJes* erhalten. Zu unterscheiden ist dabei zwischen Aussagen, die mit „G.“ eine Gruppe namens „Jakob/Israel“ bezeichnen, und Texten (innerhalb und außerhalb der Gottesknechtslieder), in denen eine anonyme Einzelperson „G.“ genannt wird. Außerhalb der Gottesknechtslieder gibt es bei DtJes Texte, in denen von Jakob/Israel als „Knecht Jhwhs“ die Rede ist (Jes 41,8f; 44,1f.21f; 45,4; 48,20). Daneben stehen Texte, in denen mit dem „Knecht“ eine von Jakob/Israel unterschiedene Größe gemeint ist. Dieser „Knecht“ soll den „Knecht“ Jakob/Israel zu Jhwh „zurückbringen“ (*šūb* Polel/Hifil: Jes 49,5f), indem er ihn zur „Hinwendung“ (*šūb* Qal: Jes 44,22) zu Jhwh aufruft. Man kann diese Aktivität die *rückführende Tätigkeit des G.* nennen. Genau dies hat der anonyme Prophet DtJes in seiner Verkündigung getan. Daraus lässt sich der Schluss ziehen, dass der außerhalb der Gottesknechtslieder auftretende, aber von Jakob/Israel unterschiedene G. der Prophet selber ist.

Auch innerhalb der Gottesknechtslieder stellt sich die Sachlage differenziert dar, weil zwischen den ersten drei Gottesknechtsliedern (Jes 42,1–4; 49, 1–6; 50,4–9) und dem vierten Lied (Jes 52,13–53,12) zu unterscheiden ist. Die Aufgabe des G. besteht nach den ersten drei Liedern darin, Jakob/Israel zur Hinwendung zu Jhwh zu veranlassen und es damit zu einem aktiven, Jhwh und der Völkerwelt zugewandten G. zu machen. Da sich Israel dieser Rolle aber verweigert, obwohl es von Jhwh als „Knecht“ erwählt und berufen ist (Jes 41,8f u. a.), vertritt der prophetische G. vom ersten Lied an nicht seine eigene, sondern die Sache Jhwhs. Daran wird deutlich, dass die Stellvertretung des G. nicht erst im vierten, sondern schon mit der Erwählung durch Jhwh im ersten Gottesknechtslied beginnt. Das vierte Lied in Jes 52,13–53,12 nimmt eine Position *post mortem servi Dei* (nach dem Tod des Gottesknechts) ein: Hier spricht wohl der Schülerkreis des DtJes, der das Leiden des G. (→ Leid) als stellvertretende Lebenshingabe („Schuldableistung“ V. 10) zugunsten der „Wir“ und in Handlungseinheit mit Jhwh (Jes 53,1–11aα) deutet. Diesen wird erst nachträglich die doppelte → Einsicht in die Unschuld des Knechts und die Tilgung der eigenen Schuld durch das Leiden des Knechts zuteil (Jes 53,4ff).

Während die frühjüd. Traditionen das kollektive Verständnis von Jes 53 favorisiert haben (AssMos 10,9; Weish 2,5; 4Q491[?], vgl. Dan 11f u. a.), hat das Jes-Targum den Text messianisch interpretiert. Das Motiv des stellvertretenden Leidens tritt in den vorchristl. Texten dagegen durchweg zurück.

II. NT: 1. Die ntl. Christologien schöpfen tief aus dem begrifflichen und inhaltlichen Bezugsfeld personaler Heilserwartungen im AT und Frühjudentum mit ihren vielfältig kontaminierten Mittler-Konzeptionen (Menschensohn, → Messias, leidender Gerechter, Sohn Gottes, *Sophia*). Eine nicht zu unterschätzende Komponente für die urchristl. Reflexion ist die Rezeption des wiederum in sich selbst komplexen Motivs des G. (δοῦλος Θεοῦ) vorwiegend in christologischen und soteriologischen Kontexten. Zu beachten ist zudem die (pln.) Selbstbezeichnung δοῦλος Χριστοῦ (Phil 1,1; Gal 1,10; Röm 1,1; vgl. Kol 1,7; 4,7) bzw. Θεοῦ (Tit 1,1; Offb 1,1; 10,7) und der atl. Sprachgebrauch von παῖς („→ Kind, Knecht“) in Lk 1,54.69; Apg 4,25.

II. 2. Die gedankliche Durchdringung und Versprachlichung des Christusglaubens führte im Urchristentum zu einer christologisch interessierten *relecture* der mit dem G. verbundenen Aspekte: → Erwählung von „Knechten“ Gottes (vgl. die → Propheten und bes. David); eine den Propheten überlegene Offenbarungsmittlerschaft (vgl. Mose nach 1 Kön 8,53.56; Dtn 18,15–18); zudem in DtJes die Hinführung zu Gott und in den Gottesknechtsliedern (die LXX verwendet παῖς, nicht δοῦλος) die Niedrigkeit des Knechtes sowie seine Erhöhung und stellvertretende Lebenshingabe; im Targum Jesaja seine messianische Aufgabe. Da die sich neu formierende Christologie von demselben Gott und seinem Handeln an → Israel und der Welt sprechen möchte wie die Gottesknechtslieder, kann sie das Christusereignis auch sachgemäß im Licht dieser Gottesknechtslieder zur Sprache bringen.

Im Zusammenhang der → Taufe Jesu durch Johannes wird Jesus von der Himmelsstimme als geliebter Sohn (vgl. Ps 2,7) angesprochen, „an dem ich Wohlgefallen gefunden habe" (Mk 1,11par.; vgl. Jes 42,1). Die hier vorliegende Verbindung von Sohn und G. ist ein erhellendes Beispiel für die schriftgelehrte Integrationsleistung urchristl. Schriftauslegung. Ausweislich der Reflexionszitate in Mt 8,17 (vgl. Jes 53,4) und 12,17–21 (vgl. Jes 42,1–4) sieht der Evangelist Mt im heilenden Wirken Jesu die jesajanische Prophetie „erfüllt". Insbes. die Deutung des Leidens Jesu als Heilsgeschehen *sub contrario* rekurriert auf das vierte Gottesknechtslied (vgl. Röm 15,21; Lk 22,37; Apg 8,32f; Joh 12,38; 1 Petr 2,21–24; 1 Kor 11,23 [LXX Jes 53,6]); dies gilt verstärkt für das Verständnis des stellvertretenden Sühnetodes Jesu nach Mk 10,45; 14,24; 1 Kor 15,3(?); Röm 4,25; 8,32; Hebr 9,28; Joh 1,29 (→ Jesus Christus). Innerhalb der hist. Rückfrage nach dem ureigenen Todesverständnis Jesu ist es umstritten, ob Jesus selbst seinen drohenden → Tod im Licht des leidenden G. verstanden hat. Lukas sieht sodann auch die missionarisch zu den Heiden ausgreifende Verkündigung des Ev. in Jes 42,6 und 49,6 verheißen (vgl. Apg 13,46f). Das Christuslied in Phil 2,6–11 greift mit dem Kontrast zwischen der Erniedrigung des Knechtes und seiner Erhöhung durch Gott auf Jes 49,3.6; 52,13 zurück (vgl. Apg 3,13.26) ebenso wie Röm 5,19 für die Lehre von der → Rechtfertigung auf LXX Jes 53,11.

I. *B. Janowski/P. Stuhlmacher,* (Hg.), Der leidende Gottesknecht, Tübingen 1996/^{2}2010 (mit Nachtrag zur Bibliographie IX–X); *A. Schenker,* Knecht und Lamm Gottes (Jesaja 53), Stuttgart 2001.

II. *G. Barth*, Der Tod Jesu im Verständnis des NT, Neukirchen-Vluyn 1992; *W. H. Bellinger/W. R. Farmer* (Hg.), Jesus and the Suffering Servant, Harrisburg 1998; *J. Blank*, Der leidende Gottesknecht (Jes 53), in: *ders.*, Studien zur biblischen Theologie, Stuttgart 1992, 37–95; *M. Hengel*, Zur Wirkungsgeschichte von Jes 53 in vorchristlicher Zeit (1996), in: *ders.*, Judaica, Hellenistica et Christiana 2, Tübingen 1999, 72–114; *O. Hofius*, Das vierte Gottesknechtslied in den Briefen des NT, in: *ders.*, Neutestamentliche Studien, Tübingen 2000, 340–360.

Bernd Janowski (AT) / Klaus Scholtissek (NT)

Gottesnamen (G.)

(→ Dachartikel: Gottesvorstellungen)

I. AT: 1. Ein wichtiges Kriterium für die Bedeutungserfassung des G. ist die Unterscheidung von Eigennamen (wie Jhwh) und Appellativen (wie Elohim). Während im vor- bzw. nichtpriesterlichen Pentateuch der geschichtsmächtige G. Jhwh bzw. Jhwh Elohim dominiert, verwendet die P ein differenziertes System der G.: Den allgemeinen G. *Elohim* gebraucht sie für die Epoche der Menschheitsgeschichte (Gen *1–11) und den → Namen *Jhwh* für die Israelgeschichte, d. h. die mit Mose, → Exodus und Sinai verbundene Epoche der Volksgeschichte (ab Ex 1,7). Eine Mittelstellung zwischen der Welt- und Menschheitsepoche von Gen *1–11 und der mit Ex 1,7 anhebenden Epoche der Gesch. → Israels nimmt die Epoche der Erzeltern (Gen *12–36) ein, für die der G. El-Schaddai typisch ist (Gen 17,1 u. a., vgl. Ex 6,2f). Eine theol. Deutung des Namens Jhwh (Ex 3,15 u. a.) wird in Ex 3,13f gegeben, wo drei G. („Gott", „der Gott eurer Väter ...", paronomastischer Relativsatz mit *ʾæhjæ* „Ich bin/werde sein") verwendet werden. Der paronomastische Relativsatz von Ex 3,14 („Ich bin, der ich sein werde" u. a., LXX: ἐγώ εἰμι ὁ ὤν „ich bin der Seiende") lässt sich im Kontext auf das Mit-Sein Gottes beziehen (vgl. Ex 3,12).

Die häufigsten und wichtigsten der nahezu 20 verschiedenen G. des AT sind *ʾ^{a}dōnāj* „der Herr" (132-mal)/*ʾ^{a}dōnāj Jhwh* „der Herr Jhwh" (310-mal, v. a. in der Prophetie), *ʾēl* „Gott" (Appellativum Jes 45,22 u. a. und Eigenname Gen 33,20 u. a.)/*ʾēl ʿæljōn* „Gott der Höchste" (vgl. Gen 14,18–22; Num 24,16 u. a.), *ʾ^{æ}lōhīm* (ca. 2500-mal) mit den Bedeutungen „(andere) Götter" (Dtn 5,7 u. a.), „(ein) Gott, (eine) Gottheit" (Jos 24,19 u. a.) und „Gott" (Gen 1,1 u. a.), *Jhwh* (wahrscheinlich von einer Wurzel „fallen, wehen") mit den Kurzformen *Jāh* (Ex 15,2 u. a., vgl. Hallelujah Ps 146,1 u. a.), *Jāhū* (in Personennamen wie *J^{e}šaʿjāhū/Jesaja*) und der Langform *Jhwh ʾ^{æ}lōhīm*, *Jhwh ṣ^{e}bāʾōt* „Jhwh Zebaoth/der Heerscharen" (206-mal), *ʿæljōn* „der Höchste" (mit *Jhwh* gleichgesetzt in Ps 7,18; 47,2) und – mit unklarer Bedeutung – *Šaddaj* (sehr häufig in Ijob 5,17–40,2)/*ʾēl šaddaj* (v. a. in Gottesreden der P Gen 17,1; 28,3; 35,11 u. a.).

I. 2. Wie sich im → Namen (hebr. *šēm*) die Existenz seines Trägers manifestiert und ihm auch eine über den → Tod hinaus bestehende Realität gewährleistet (vgl. Dtn 25,5–10 und für die *damnatio memoriae* Ps 41,6), so vollzieht sich in der Ausrufung des Namens Gottes „über" einzelne Menschen (Jer 15,16), das → Volk Israel (Num 6,27) oder die Völker (Am 9,11f) seine wirkende Geschichtsmacht. „Im Namen Jhwhs" werden zentrale rel. Akte begangen (Beginn des → Kults: Gen 4,26; Altarbau: 13,4; Schwur: 1 Sam 20,42 u. a.), sodass die Missachtung Gottes eine Entweihung seines „heiligen Namens" bedeutet (Ez 36,20f). In der Anerkennung der → Macht/Vollmacht Jhwhs gründet auch das → Lob seines Namens (Ps 7,18; 75,2; 96,1f u. a.). Konstitutiv für eine bibl. Theol. des G. sind v. a. die *Kumulation* von G. zum Zweck der Variation und Steigerung (Ps 38,16; Num 24,15f; Jes 54,5 u. a.), die *Periodisierung* der mit verschiedenen G. verbundenen Religions- und Frömmigkeitsepochen (Ex 3,13–15; 6,2f; Jos 24,2 u. a.) sowie die *Unaussprechlichkeit* des G. zur Wahrung seiner → Heiligkeit und Exklusivität (Ersetzung des Tetragramms Jhwh durch *ᵓᵃdōnāj* „der Herr", in der LXX durch [ὁ] κύριος „[der] Herr" und im nachbibl. Judentum durch *haššēm* „der Name"). Wichtige Aspekte der G.-Theol. sind der Eifer Jhwhs (Ex 34,14 u. a.), das Wohnenlassen bzw. Deponieren des göttlichen Namens am erwählten Ort (Dtn 12,5 u. a.) sowie seine Bindung an den Jerusalemer → Tempel (1 Kön 8,16f.20.29; 2 Chr 20,9 u. a.).

II. NT: 1. Die ntl. Schriften benennen und umschreiben Gott auf vielfältige Weise: Neben die durchgehend verwendete Vorzugsvokabel „Gott" (θεός) treten „Herr" (κύριος; Mk 12,29f; Dtn 6,4f u. a.) und „Retter" (σωτήρ; Lk 1,47; 1 Tim 2,3) sowie passivische Umschreibungen (Lk 24,34), partizipiale Wendungen wie „der Schöpfer" (ὁ κτίσας; Röm 1,25) oder metaphorische Bezeichnungen (→ Gottesbilder). Bes. die Evv. kennen für Gott die folgenden Bezeichnungen: der „allein wahre Gott" (Joh 17,3), der „lebendige Gott" (Mt 16,16) bzw. der „Gott der Lebenden" (Mk 12,27); er ist der eine und einzige „Gott Abrahams und der Gott Isaaks und der Gott Jakobs" (Mk 12,26; vgl. 2,7; 10,18; 12,24–31; Apg 3,13–15; 24,14), der „Gott Israels" (Mt 15,31), der „Pantokrator" (Herrscher über die ganze → Schöpfung, Offb 1,8). Zur Vermeidung des direkten G. kennen die synopt. Evv. die Anrede Gottes als „Höchster (ὕψιστος)" (Lk 1,32.35.76; 6,35; Apg 7,48; 16,17; Mk 5,7; Hebr 7,1; jüd.-hell. Sprachgebrauch für Gott; vgl. LXX) bzw. als „der Mächtige" (ὁ δυνατός, vgl. Lk 1,49; vgl. LXX Ps 44,4.6 u. a.; vgl. Mk 12,26; 14,35), sowie als „Hochgelobter" (εὐλογητός) und als „→ Macht" (δύναμις, vgl. Mk 14,61f; vgl. Röm 1,20; Eph 3,20f; 1 Tim 6,15; 1 Petr 4,11; 5,11; Offb 5,13). „Macht" und → „Name" Gottes können schon im AT synonym gebraucht werden (vgl. Jer 16,21; Apg 4,7; Röm 9,17 [Ex 9,16]). In der rabb. Lit. wird „Macht" zudem synonym für Gott verwendet.

II. 2. Die ntl. Verwendung von „Name" (ὄνομα) übernimmt den atl.-jüd. Sprachgebrauch, der eine enge Beziehung zwischen dem G. und seinem Träger voraussetzt. Wer den Namen eines → Dämonen (Mk 5,9), eines Menschen bzw. Gottes kennt, kennt ihn selbst. Der G. kann metonym für ihn selbst, sein Wesen, seine → Heiligkeit, seine → Gerechtigkeit stehen (vgl. Ex 23,20f; Dtn 28,10; Jes 30,27; Jer 10,6; PsSal 7,6; 11Q19 4,2; 45,12). Im Frühjudentum wird der G. möglicherweise auch hypostatisch verwendet (vgl. ApkAbr 10,8f; Jub 32,10; 49,21; Philo conf. 146). Gesamtbibl. verbindet sich mit dem G. seine den Menschen zugewandte Seite: In und mit seinem G. offenbart er sich selbst (vgl. Röm 9,17; Hebr 2,12). Den Namen des Herrn anzurufen heißt, ihn selbst anzurufen (Röm 10,13 [Joël 3,5]; 15,9 [Ps 18,50]; Hebr 13,15; Offb 15,4); den Namen des Herrn zu lästern heißt, ihn selbst zu lästern (Röm 2,24 [Jes 52,5]; 1 Tim 6,1; Offb 13,6; 16,9). Atl. vorgegeben ist auch die Formel „im Namen des Herrn", die als Bevollmächtigungsformel (vgl. Ex 5,23; Dtn 18,19; Jer 20,9) oder in kultischen Kontexten zur Bezeichnung der Grundlage, der Voraussetzungen und Bedingungen von → Gebet und Gottesdienst (vgl. Dtn 18,5.7; LXX Ps 62,5; 104,3) Verwendung findet. Innerhalb der ntl. Taufaussagen kommt der Formel „im Namen des Herrn → Jesus Christus" (Apg 10,48) bzw. „auf [εἰς] den Namen des Herrn" (1 Kor 1,13.15; Apg 2,38 [ἐπί]; 19,5; vgl. Mt 28,19) als Ausdruck für eine vollmächtige Handlung im Auftrag des Herrn zur Vergegenwärtigung seines → Heils erhebliche theol. Bedeutung zu.

II. 3. Joh entfaltet eine eigene Namens-Theol., in der zentrale Leitaussagen des joh. Denkens komprimiert werden: Indem Jesus „den Namen seines Vaters den Menschen offenbart" (Joh 17,6.26), offenbart er ihn selbst; indem der Vater „seinen Namen verherrlicht" (Joh 12,28), verherrlicht er sich selbst in seinem Sohn (13,31f). Zu der instrumentellen Färbung – der G. als bewahrende Macht – tritt die übertragen-lokale Bedeutung von Namen, die die → Gemeinschaft zwischen Vater und Sohn bzw. – in Übertragung dieser Relation – zwischen Vater, Sohn und den Christen benennt (17,11f). Da die Wendung „im Namen des Vaters (bzw. des Sohnes)" im joh. Sprachgebrauch eine innige Vertrautheit, Übereinstimmung und Gemeinschaft anzeigt, ist die joh. Namens-Theol. auch als präformierendes Äquivalent zu den joh. Immanenz-Aussagen zu verstehen. In den absoluten und prädikativen „Ich-bin-Worten" offenbart Jesus sich unter Aufnahme der Selbstvorstellung Jhwhs (vgl. Ex 3,14 als Antwort auf die Frage nach dem G.; vgl. ἐγώ εἰμι ἐγώ εἰμι in LXX Jes 43,25; 51,12; vgl. Jes 43,10f) als der, der ganz auf die Seite Gottes gehört.

I. Gottes Name(n): BiKi 65,2 (2010); *F. Hartenstein*, Die Geschichte JHWHs im Spiegel seiner Namen, in: *I. U. Dalferth/P. Stoellger* (Hg.), Gott nennen, Tübingen 2008, 73–95; *B. Lang*, Jahwe der biblische Gott, München 2002.
II. *J. E. Fossum*, The Name of God and the Angel of the Lord, Tübingen 1985; *ders.*, In the Beginning Was the Name, in: *ders.*, The Image of the Invisible God, Fribourg 1995, 109–133; *F. G. Untergaßmair*, Im Namen Jesu, Stuttgart ²1973.

Bernd Janowski (AT) / Klaus Scholtissek (NT)

Gotteswort (G.)

(→ Dachartikel: Schrift/Schriftverständnis)

I. AT: 1. G. (*d^e^bar Jhwh*) ist im hebr. AT fast ohne Ausnahme „Wort Jhwhs" (zu den Belegen für „Wort Gottes/*d^e^bar ᵓ^æ^lōhīm*" vgl. Ri 3,20; 1 Sam 9,27; 1 Kön 12,22). Allen anderen Göttern wird die Gabe des Sprechens abgesprochen (vgl. Ps 115,4–7). Dennoch partizipiert → Israel an den magisch-mantischen Sprach-Handlungen Jhwhs durch Orakel, durch die „Stimme aus den Himmeln" (vgl. Gen 15,4; Dtn 4,36; Dan 4,28; Mk 1,11; 9,7), im Gewitter (Ex 19,16ff; Dtn 4,33; 5,4).

I. 2. Die Belege für G. zeigen eine starke Konzentration auf die prophetische Lit. Während die sog. Wortereignisformel („das Wort des Herrn erging an N. N.") sich bei den älteren Schriftpropheten (Am, Hos, Jes, Mi) kaum findet – abgesehen von den Buchüberschriften –, wurzelt diese feste Redewendung „ohne Zweifel in der prophetischen Sprache" der Exilszeit (W. Zimmerli). Immer impliziert „Wort Jhwhs" eine bestimmte Art des göttlichen Redens, nämlich Jhwhs Wort an die → Propheten, dann aber auch sein Wort, das diese an die Menschen zu richten haben. Der bedingungslose Anspruch auf Wahrhaftigkeit gilt absolut, nicht erst dort, wo der Offenbarungsvermittler nicht mehr genannt wird, das „Wort Jhwhs" unabhängig vom Sprechakt ist wie beim → Dekalog oder bei konkreten Einzelgeboten (vgl. Dtn 1,18; 4,2; 6,6; 11,18; 13,1; 30,14). Das G. bewirkt, was es besagt; es ist performativ (vgl. Jes 9,7; Jer 5,14), es besteht „in → Ewigkeit" (Jes 40,8) und kehrt nicht „leer" zurück (Jes 55,10f). Auch für Paulus gilt: Das an Israel gerichtete G. „ist nicht hinfällig geworden" (Röm 9,6).

II. NT: Das Wort Gottes an Abraham (Gen 12,1–3) und die Deutung in 15,6 („Abraham glaubte dem Herrn"), das G. an Isaak (Gen 26,2), Jakob (Gen 28,13) und die im Handeln beglaubigte Grundüberzeugung der von Gott angesprochenen Menschen werden im NT als hermeneutische Voraussetzung des Sprechens vom G. zu Beginn von Hebr 11, dem großartigen Zeugnis vom → Glauben der Väter, artikuliert: „Aufgrund des Glaubens erkennen wir, dass die Welt durch Gottes Wort geschaffen ist" (Hebr 11,3; vgl. auch Jak 2,19 zum Glauben an die Existenz Gottes). Diese Prämisse, angefangen von Abraham, gilt für die ganze „Wolke von Zeugen" (Hebr 12,1), die an Gottes Wirklichkeit und an sein wirkmächtiges Wort und sein Handeln in → Geschichte und → Schöpfung glaubten.
Die Frage nach der Ermöglichung des Glaubens ist bedingt durch die Antwort auf die Frage, was bzw. wer Gott ist und wie er handelt und redet (→ Gottesbilder). Eine Lehre darüber bietet weder das AT noch das NT, alle Glaubenden aber rechnen mit Jhwh, der auch Vater → Jesu Christi ist, sie leben aus seiner Wirklichkeit und erzählen von ihren Erfahrungen mit ihm. Die Bilder von Gott und die Vorstellungen von seinem Reden

sind so vielfältig, wie atl. und ntl. Texte je unterschiedlich von Zeit, Milieu und Sprache geprägt sind. Neuzeitliche Versuche, Auditionen und Visionen der → Propheten psychologisch zu erklären, erweisen sich als unangemessen hinsichtlich der Multiperspektivität menschlicher Erfahrungen. Kommunikationstheoretisch kann festgestellt werden, dass in der Bibel vom göttlichen Sprechen analog dem menschlichen Sprechen formuliert wird.

Evolutiv lässt sich die Entwicklung vom magisch-numinosen Reden und Hören Gottes zum Wort Gottes in prophetischer Rede, seiner nachexil. Fixierung mit der → Tora (Ps 1; 119; Jer 36,6–10) sowie zur spekulativen hell.-jüd. Differenzierung (vgl. bes. Philo von Alexandrien, Aristobul) zwischen Gott und seinem personifizierten Wort/ Logos nicht nennen. Dem Logos-Begriff entspricht in aram. Bibelübersetzungen *mēmrā* („Wort"), um Anthropomorphismen („Gott sprach") abzuwehren bzw. abzuschwächen, ohne die Tendenz zur Hypostasierung des jüd.-hell. Logos-Begriffs, wie er in Joh 1,1–18 rezipiert wird, mitzumachen. Ohne die jüd.-hell. Reflexionen über die präexistente → Weisheit (Spr 8,22–36; Weish 10–19; Sir 24) und über den Logos wären weder die ntl. Weisheits-Christologie (vgl. Mt 11,28–30; 23,34; 1 Kor 1,24.30 u. a.) noch die Logos-Christologie (Joh) oder andere die Präexistenz Christi voraussetzende Stellen (Phil 2,6–1; 1 Kor 10,4; Hebr 1,2f; Kol 1,15–20) zu verstehen. Jesus verkündet nicht nur wie die Propheten das G., er ist in dieser Deutung die Selbsterschließung Gottes im Wort (Joh 1,1–5) und im → Fleisch (Joh 1,14). Demzufolge können Lk und Paulus „Wort" mit Ev. als Deutung dieses Geschehens, einschließlich → Tod und Auferweckung Jesu (→ Auferstehung), identifizieren (Apg 1,1–8; 6,7; 10,36–43; 13,49; 1 Kor 14,36; 2 Kor 2,17; Phil 1,14 u. a.).

III. Die fundamentaltheol. Probleme liegen weniger im frühjüd.-hell. oder ntl. Bereich (die Behauptung von Propheten, von Jesus und Paulus, G. zu verkündigen) als vielmehr in der zeitlich und sachlich vorhergehenden Behauptung, G. in einer verbalen → Offenbarung hören zu können. Für uns handelt es sich heute selbstverständlich um metaphorisches Sprechen. Ob im Kontext des mythischen Verstehens der Welt im AO und in Ägypten dies auch so verstanden wurde, erscheint zweifelhaft. Die Frage bleibt, ob auch durch Aufklärung geprägtes theol. Sprechen die Rede von vorgängigen, nicht auf menschliche Reflexion rückführbare G. vermitteln kann. Die Behauptung aller Verfasser bibl. Texte lautet, dass sie in Donner, Blitz und Sturmwind (Ex 9,28; 1 Kön 19,12; Joh 12,29), in prophetischer Ekstase (Jes 6,1–13) oder in Träumen (Mt 1,20; 2,13.19.22) sowie in Visionen die „Stimme Gottes" hören (Mk 1,11par.; 9,7par.; Joh 12,28; Apg 7,31 u. a.): Die Gewissheit betreff der G. ist unableitbar, kommt von außen (*extra nos*), enthält abgrundtiefes Vertrauen und Unbedingtheitsanspruch. Dieses Erschließungsgeschehen erfährt der Mensch aufgrund seines Glaubens; es steht gegen andere Unbedingtheitsansprüche (durch polytheistische Rel., Weltanschauungen heute); es ist nur als Geschenk/Gnade erfahrbar, setzt aber menschliche Offenheit voraus. Auf die → Wahrheit der Wirklichkeit ist Antwort zu geben – beides in menschlicher Sprache. Dies meint die Rede vom „G. in Menschenwort" (vgl. auch 1 Thess 2,13), von „Gott als Urheber", den „Menschen als echte Verfasser" und „der Wahrheit, die Gott um unseres Heiles willen in heiligen Schriften aufgezeichnet haben wollte" (2. Vatikanisches Konzil, Dei Verbum [DV] 11). Dabei handelt es sich bei dieser Offenbarung um eine Selbsterschließung und Selbstmitteilung Gottes in Wort und Tat (DV 1.2.4). Es wird nicht dies oder das geoffenbart, sondern G. zielt auf den letzten, tragfähigen Grund unserer Wirklichkeit. Diese Deutung bestätigen ntl. Schriften, wenn sie frühere G. als solche benennen (vgl. Röm 9,9 mit Gen 18,10.14; 1 Kor 15,54 mit Jes 25,8; 1 Kor 15,55 mit Hos 13,14). Nach Joh 5,24; 14,10.24; 17,8 verkündet der joh. Jesus daher nicht nur G., er ist es auch selbst (Joh 1,1.14f; vgl. 1 Joh 1,1; Offb 19,13).

I. *M. Görg*, „Menschenwort" und „Gotteswort": MThZ 48 (1997) 239–253; *K. Koenen*, Gottesworte in den Psalmen, Neukirchen-Vluyn 1996; *W. H. Schmidt*, Magie und Gotteswort, in: *I. Kottsieper* u. a. (Hg.), „Wer ist wie du, Herr, unter den Göttern?", Göttingen 1994, 169–179; *J. Schreiner*, Zum Stellenwert von Menschenreden im prophetischen Gotteswort bei Jes 40–55, in: *F. Diedrich/B. Willmes* (Hg.), Ich bewirke das Heil und erschaffe das Unheil (Jes 45,7), Würzburg 1998, 431–458; *K. Strübind*, „Das Wort ward Bild": Zeitschrift für Theologie und Gemeinde 5 (2000) 33–65.

II.+III. *O. Hofius*, Wort Gottes und Glaube bei Paulus, in:

M. Hengel/U. Heckel (Hg.), Paulus und das antike Judentum, Tübingen 1991, 379–408; *T. Lewicki* Weist nicht ab den Sprechenden!, Paderborn u. a. 2004; *M. Ludwig*, Wort als Gesetz, Frankfurt/M. u. a. 1994; *M. Reichardt*, Psychologische Erklärung der paulinischen Damaskusvision?, Stuttgart 1999; *J. Werbick*, Bilder sind Wege, München 1992; *D. Wider*, Theozentrik und Bekenntnis, Berlin u. a. 1997.

Hubert Frankemölle

Grab (G.)

(→ Dachartikel: Anthropologie)

Vorbemerkung: Die Totenpflege, die Bestattung und G. umfasst, hat rituelle, mentale, anthropologische, soziale und theol. Bedeutungsaspekte. Bestattungssitten und Grabformen unterliegen in den zwei Jahrtausenden bibl. Geschichte relativ geringem Wandel, weshalb die Grundzüge im Kontext des atl. Teils erläutert werden.

I. AT: 1. Da der atl. Mensch nicht einen → Körper *hat*, sondern Körper *ist* und er als Ganzheit, nicht als Dualität von (abtrennbarer) → Seele und (vergänglichem) Leib vorgestellt ist, kommt der Behandlung der Toten große Bedeutung zu. Die Bestattung, d. h. die Vorbereitung und Begleitung der Grablege (hebr. *qæbær* „G.", Verbum *qbr* „begraben), hat hohen sozialen Wert für den Toten wie für die Hinterbliebenen. Nicht zuletzt deswegen ist der Vorgang stark ritualisiert. Euphemistische Umschreibungen für das Sterben wie „eingehen zu den Vätern", „vereint/versammelt werden mit den Verwandten", „sich zu den Vätern legen" o. ä. (Gen 15,15; 47,30; Num 20,26; 2 Sam 7,12; 1 Kön 1,21; 2,10; 2 Kön 14,29; 2 Chr 26,23; 1 Makk 2,69; Apg 13,36 u. a.) zeigen an, dass familiäre Bindungen über den → Tod hinaus für bedeutsam erachtet werden. In der Regel werden die Toten einzeln, in mehrfach nutzbaren G. im generationenübergreifenden Familienverband, möglichst in der Nähe zum ursprünglichen Lebensumfeld (Dorfgemeinschaft, → Stadt) auf Friedhöfen (d. h. in der Regel nicht in isolierten Einzelgräbern) bestattet. Archäologisch nachgewiesene Massengräber bei Katastrophen oder für Gefallene bilden dabei Ausnahmen. Nicht bestattet zu werden gilt als zutiefst unehrenhaft (Jes 14,19; Jer 25,33; Ez 31,17f; 32,19ff; 2 Makk 5,10, vgl. Tob 1,17f). Die ordentliche Grablege heißt, dem Toten „Frieden" (*šālōm*) zu geben (Gen 15,15; 2 Kön 22,20). Deshalb gehört das Begräbnis zu den obersten Pflichten der nächsten männlichen Familienangehörigen, was z. B. die Erzelternerzählungen narrativ umsetzen (Gen 23; 25,9f; 35,8.19; 48,7; 49,29, vgl. Dtn 34,6; Jos 24,30–33; Tob 14,11–13). In der Exilszeit erhält die Vorstellung eines Begräbnisses im Verheißungsland zusätzliche Bedeutung (Gen 23; Jos 24,30–33 u. a.).

I. 2. Auch wenn das G. als „Haus auf ewig" (Ps 49,12) bezeichnet wird, ist es nicht der endgültige Aufenthaltsort der Toten, sondern der Ort des Übergangs in die Welt der Verstorbenen, in die Scheol (*šᵉʾōl* → Unterwelt). Das als Schacht, Grube, Abgrund, Tiefe oder Todesschacht bezeichnete G. und die Unterwelt werden darum häufig miteinander gleichgesetzt (Ps 49,15; vgl. Ps 16,10; Spr 1,12; Jes 38,18; Ez 31,14.16; 32,18.24; Sir 51,2). Durch die Nähe zur gottlos vorgestellten und sozial isolierten Schattenwelt der Toten wird das G. eher negativ konnotiert. Auf einer gedachten mentalen Achse liegt das G. in der vom Zentrum, das durch → Tempel und Gottesnähe bestimmt ist, weitest entfernten Peripherie (→ Weltbild). Dennoch wurden der Tod und die Toten in der Gesellschaft des antiken Israel nicht tabuisiert. Die Gräber wurden in der Regel in der Nähe der Siedlungsstrukturen, jedoch außerhalb der Stadtmauer, angelegt. Nachdem ein Mensch gestorben war, beklagte und betrauerte man seinen Tod (Gen 27,41; 37,34; Jer 49,3; Am 5,16; Mi 1,16; 1 Makk 13,26; Weish 19,3; Sir 38,16 u. a.) und überführte den bekleideten Leichnam in ein vorher bereitetes G. (Gen 50,7; Koh 12,5). Dabei handelt es sich seltener um ein einfaches Schachtgrab in der Erde, sondern – v. a. für Juda – um die aus dem weichen Kalkstein herausgehauene Kammer oder Höhle. Häufig waren diese Kammern mit Nischen (*loculi*) oder Bänken ausgestattet, auf die die Toten gelegt wurden. Da Mehrfachbestattungen üblich waren, wurden die Knochen nach dem Verwesungsprozess z. T. mit anderen Skeletten in Knochengruben, sog. Repositorien, verbracht. Erst in herod. Zeit kommt (in Verbindung mit dem Glauben an die leibliche → Auferstehung der Gerechten) der Brauch auf, die Skelettreste in Knochenkästen, sog. Ossuarien (s. *Abb. 36*), sekundär zu bestatten. Mit der Grablege wurden dem Toten abhängig von dem sozialen Status Grabbeigaben, v. a. persönlicher Schmuck, Figurinen, (Siegel-)Amulette und standardmäßig 5–7 verschiedene Tongefäße (funktionales Ensemble mit Wasserkrug, Abdeckung, Schöpfkännchen, Trinkschale, Kochtopf, Lampe und Ölkännchen) bzw. seltener auch Gefäße aus anderen Materialien zugeeignet. Diese Gaben sowie die darin bereitgestellte Nahrung waren nicht für eine Existenz im Jenseits oder in der Unterwelt gedacht, sondern für die Zwischenexistenz bis zur vollständigen Verwesung, in der die Toten als bes. schutzlos erachtet wurden.

I. 3. Sofern mit dem Tod totale Beziehungsferne zum Ausdruck gebracht wird, wird auch das G. metaphorisch als Entfremdung in der Nähe des Todes gedeutet (Ijob 33,22). Insbes. die bedrängten Beter der Pss. sehen sich durch → Krankheit und soziale Isolation bereits in die Grube hinabgesenkt und erhoffen von Gott, dass er sie herausreißt und zurück ins → Licht führt (Ijob 33,28).

II. NT: 1. Vom G. (in Mt 23,27.29; 27,61.64.66; 28,1 und Röm 3,13 griech. τάφος, sonst μνῆμα oder μνημεῖον, was sich häufig auf Memorial-, Monumentalgräber und Grabanlagen bezieht) ist im NT vornehmlich die Rede, wenn es um das G. Jesu geht. Daneben erfährt man im NT wenig über Bestattungspraxis oder Ausgestaltung der Gräber. Lediglich die jährlich aufgetragene weiße Tünche, die in der Pharisäerpolemik Mt 23,27 genannt wird, deutet auf die Grabpflege bzw. das Kenntlichmachen der Gräber hin. Die darin zum Ausdruck kommende Tabuisierung sowie wie die Ehrung der Toten sind für den Bereich der griech. und röm. Antike selbstverständlich.

Die Bestattungen zur Zeit des NT stehen im Anschluss an die Sitten aus atl. Zeit. Verstärkt erscheinen die Konnotation der kultischen Unreinheit (Mt 23,27; Mk 5,2; → Reinheit) und der Zusammenhang von Bestattungspraxis und eschatologischer → Hoffnung, was die Zweitbestattung in Ossuaren oder die Bestattung in der Ostnekropole in Jerusalem zeigen. Als Grabformen herrschen Senkgräber und Kammergräber vor. So gehört das mit einem schweren Stein verschlossene G., in dem Jesus bestattet wurde, zum Typ der (quadrosolartigen) Kammergräber (vgl. auch Joh 11,38; Mt 8,28; Mk 5,2; Lk 8,27).

Abb. 36: Dekoriertes jüd. Ossuarium aus Kalkstein, wohl 1. Jh. v. Chr.
Quelle: *R. P. Vincent*, Ossuaires Juifs: Revue Biblique (1907) 410–414, hier Abb. 4.

II. 2. Die Grablegung Jesu bezeugt auch den Brauch, den Verstorbenen in Leinenbinden einzuwickeln (Mk 15,46; Joh 11,44; 20,5). Zuvor wurde der gewaschene Körper mit Ölen abgerieben, die mit wohlriechenden Kräutern versetzt waren. Dass die Salbung zeitlich erheblich nach der Grablegung erfolgt sein soll, lässt sich nur schwer mit dem → Sabbat erklären, sondern ist auf das Erzählinteresse zurückzuführen, die Frauen zu einem Gang zum leeren G. zu motivieren. Das leere G. in den Ostererzählungen (Mk 16; Mt 28; Lk 24; Joh 20) ist nicht die entscheidende Frage für den Auferstehungsglauben. Mit den Mitteln der hist.-kritischen Methode lässt es sich weder beweisen noch widerlegen. Aufgrund der anthropologischen Voraussetzungen (→ Körper) ist die Rede vom leeren G. eine unhintergehbare hist. Bedingung der Verkündigung von der → Auferstehung Jesu, was aber die Historizität ebenso wenig erweisen kann wie die Person Josefs von Arimathäa oder die in allen Erzählungen auftauchenden Frauen am G. „Wenn der Osterglaube das leere Grab voraussetzt, und wenn sich die Auferweckung Jesu tatsächlich ereignet hat, dann drängt sich aus einer theol. Perspektive, die sowohl die exegetische wie die religionsgesch. und naturphilos. Problematik integriert, klar auf, daß auch das Wunder des geöffneten und leeren Grabes anzunehmen ist" (R. Schwager).

I. *J. Kamlah*, Grab und Begräbnis in Israel/Juda, in: *A. Berlejung/B. Janowski* (Hg.), Tod und Jenseits im Alten Israel und in seiner Umwelt, Tübingen 2009, 257–295; *D. Kühn*, Totengedenken bei den Nabatäern und im Alten Testament, Münster 2005;

R. Wenning/E. Zenger, Tod und Bestattung im biblischen Israel, in: *L. Hagemann/E. Pulsfort* (Hg.), „Ihr alle aber seid Brüder", Würzburg 1990, 285–303.
II. *I. Broer*, „Seid stets bereit, jedem Rede und Antwort zu stehen, der nach der Hoffnung fragt, die euch erfüllt" (1 Petr 3,15), in: *ders./J. Werbick* (Hg.), „Der Herr ist wahrhaft auferstanden" (Lk 24,34), Stuttgart 1988; *H.-J. Eckstein/M. Welker* (Hg.), Die Wirklichkeit der Auferstehung, Neukirchen-Vluyn 2002; *R. Schwager*, Die heutige Theologie und das leere Grab Jesu: ZThK 115 (1993) 435–450; *J. Zangenberg*, Bestattungssitten und Gräber in Palästina zur Zeit Jesu, in: *J. Schefzyk/W. Zwickel* (Hg.), Leben in römischer Zeit, Stuttgart 2010, 122–125.

Christian Frevel

Heer / Militär (H./M.)

(→ Dachartikel: Sozialstatus/Gesellschaft und Institution)

I. AT: 1. *Ḥajil* „Stärke", *maḥ*^{a}*næ* „Lager" und *g*^{e}*dūd* „Raubzug, Streifschar" können hebr. für das H. stehen, wobei *ṣābā*ʾ „H., Heerdienst, Kriegszug" bezeichnet. *Milḥāmā* ist der Kampf oder → Krieg, dem der Friede (*šālōm*) gegenübersteht. Insbes. die Verbindung *ʿam (ham)milḥāmā* „Kriegsvolk" kann auch für das H. stehen, wobei in entsprechendem Kontext *ʿam* („Volk") auch allein vorkommen kann. Kriegsheld ist der *gibbōr*, hinter dem sich z. T. auch einfach der wehrpflichtige (grundbesitzende) Mann verbirgt.

I. 2. Ein organisiertes H. gehörte für Stadtstaaten der SB-Zeit (1550–1150 v. Chr.) wie für die eisenzeitlichen Territorialstaaten des 1. Jt. v. Chr. zu den Notwendigkeiten, da beständig mit externen Angriffen zu rechnen war. Gaben es die polit.-militärischen Kräfteverhältnisse her, so versuchten es die Kleinstaaten Palästinas auch immer wieder mit wechselseitigen Angriffskriegen zur Gebietserweiterung. Gegen die angreifenden äg., ass. und bab. Heere hatten die Armeen des Nord- oder Südreichs allenfalls im Allianzfall (z. B. mit Aram-Damaskus gegen Assur) eine Chance. Während in der vorstaatlichen Zeit die Häuptlinge der Stammesgesellschaften im Bedarfsfall auch oberste Kriegsherren waren und bei den lokalen Konflikten ihre Soldaten aus den wehrfähigen jungen Männern des Stammes rekrutierten (die nach getaner Schlacht wieder ihre alten Berufe aufnahmen), gab es (gegen Ri 20,1 u. a.) zu keiner Zeit einen Heerbann des Zwölfstämmeverbunds unter zentraler Führung. Da sich die Kleinstaaten Palästinas (Juda, → Israel, Moab etc.) durch ambitionierte Heerführer aus Häuptlingstümern mit einer städtischen Residenz zu Stammeskönigtümern und Territorialstaaten entwickelt haben, wundert es nicht, dass sowohl die moabitische Mescha-Inschrift des 9. Jh. v. Chr. wie auch die atl. Erzählungen über Saul (1 Sam 14,52; 22,17) und David (Krethi und Plethi = Kreter und Philister, 2 Sam 15,17ff; 23,8ff) erwähnen, dass diesen eine kleine schlagkräftige Elitetruppe zur Verfügung stand. Diese kriegerische Hausmacht war direkt dem Kommando des → Königs unterstellt und wurde von diesem (Verteilung von Kriegsbeute oder Königsschatulle) entlohnt. Ein größeres Berufsheer und Söldner waren nur möglich, wenn die Bezahlung gesichert war. So ist eine Wehrpflicht für den König kostengünstiger, da er nur für die Grundversorgung der Krieger aufzukommen hat. Nach 2 Sam 24 hat David eine Art Wehrpflicht eingeführt. Dtn 24,5; Num 2,33 nennen Gründe für die Befreiung von derselben. In der Königszeit war der König oberster Heerführer, der im Zuge der Ausdifferenzierung der → Ämter und der Entwicklung spezialisierter Militäreinheiten auch Militärbeamte ernannte. Atl. wird der Ausbau von Festungen und Reiterei Salomo (1 Kön 5,6; 10,28; 1 Kön 9,19) zugeschrieben, archäologisch lässt sich Entsprechendes im Nordreich erst unter den Omriden im 9. Jh. v. Chr. (im Süden noch später) nachweisen. Strategisches Können war Teil der (höfischen) → Weisheit (Spr 20,18; 24,6). Durch das Söldnerwesen kamen verschiedene Bevölkerungsgruppen nach Palästina (Philister als Söldner der Ägypter; griech. Söldner für Juda, vgl. Ostraka von Arad um 600 v. Chr.). Das H. bestand aus Fußtruppen (Schleuderer, Bogenschützen), der Kavallerie und Wagenabteilungen mit Pferden; gegen → Städte wurden Belagerungs- und Sturmwaffen in Anschlag gebracht (s. *Abb. 37*). Weder Nord- noch Südreich hatten eine Marine.

In hell. Zeit hielten neue Kriegstechniken (z. B. Phalanx) in Palästina Einzug und die dauernden Kriege der Diadochen und ihre Festungspräsenz (z. B. Samaria, seleuk. Akra in Jerusalem) prägten das Land. Judas Makkabäus begann seinen Aufstand mit einer Guerillatruppe, seine Nachfolger

Abb. 37: Relief der Schlacht des Assyrerkönigs Sanherib gegen Lachisch (701 v. Chr.); Palast des Sanherib in Ninive. Quelle: *A. Berlejung*, Bilder von Toten – Bilder für die Lebenden, in: *dies./B. Janowski* (Hg.), Tod und Jenseits im alten Israel und in seiner Umwelt, Tübingen 2009, 199–253, Abb. 10 nach *R. D. Barnett/E. Bleibtreu/G. Turner*, Sculptures from the Southwest Palace of Sennacherib at Nineveh II. (Plates), London 1998, pl. 330 (Ausschnitt).

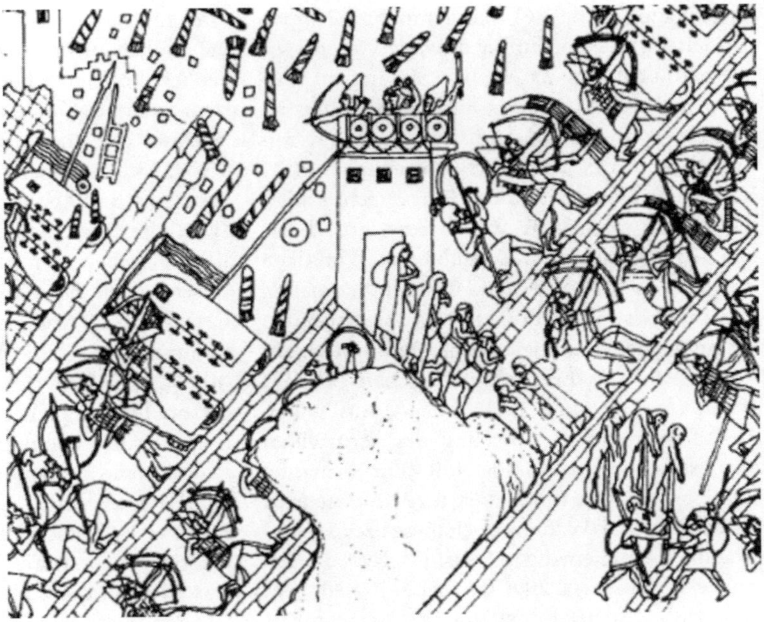

hatten bereits Söldner zur Verfügung (1 Makk 11,20–44; 14,32). Die Hasmonäerkönige, die zugleich Hohepriester waren, führten seit Johannes Hyrkanus (135/4–104 v. Chr.) mit Söldnerhilfe rel. motivierte Angriffskriege gegen Galiläa, Idumäa und das Ostjordanland, die für die Eroberten mit Zwangsbeschneidungen endeten.

I. 3. Das AT kennt wie andere ao. Kriegsideologien auch das Konzept des Heiligen Kriegs, der im Namen des jeweils beteiligten Staatsgottes und mit seiner Hilfe geführt wird (Jos 5,13–8,29; Ri 7; Joël 4,9–11). Dabei kann es sich ao. und atl. um Angriffs- (Josua) oder Verteidigungskriege (2 Chr 20,1–30) handeln. Wichtig ist, dass Jhwh der eigentliche Kämpfer und Sieger ist. Den irdischen Verhältnissen entsprechend nimmt das AT auch ein H. Gottes bzw. seine Kommandofunktion als den Herrn der Heerscharen (= Jhwh Zebaot, vgl. Jos 5,14f; Ps 103,21; 148,2) an. Das H. des → Himmels sind die Sterne (Jes 40,26; Jer 33,22; Ps 33,6) oder die → Engel (1 Kön 22,19; Neh 9,6). Das irdische → Leben wird atl. als dauernde Vor- oder Nachkriegszeit begriffen. Der ersehnte dauerhafte Friede ist erst Teil des Gottesreichs (Jes 2,4; 54,10; Ps 85,9ff) und kommt erst in der Endzeit zur Vollendung, wenn der Friedensfürst herrscht (Jes 9,5). V. a. in Qumran spielt der endzeitliche Kampf zwischen → Licht und Finsternis bzw. Engeln und → Dämonen unter der Führung Gottes und des → Widersachers/Satans auf der anderen Seite eine große Rolle. Erst nach dem Sieg in der finalen Entscheidungsschlacht (→ Eschatologie) hat die dauernde Kampfsituation ein Ende (1QM).

II. NT: 1. Die Allgegenwärtigkeit des röm. M. in ntl. Zeit zeigt die Dichte und Vielfalt militärischer Terminologie. Nicht nur die → Dämonen (Mk 5,9.15), selbst die himmlischen Heerscharen (Lk 2,13: στρατιά = „H.") gliedern sich in Legionsverbände (Mt 26,53). Eine Legion (λεγιών, lat. Lehnwort) war in 10 Kohorten (σπεῖρα, Mk 15,16; Apg 10,1; 27,1) zu je 6 Zenturien untergliedert. Jeder der 60 Zenturios einer Legion (κεντυρίων, lat. Lehnwort nur Mk 15,39.44f, sonst über 20-mal ἑκατοντάρχης oder ἑκατόνταρχος, wörtl.: „Herrscher über Hundert") befehligte etwa 80 Soldaten (στρατιώτης, Mt 8,9). Χιλίαρχος bzw. χιλιάρχης (wörtl.: „Anführer einer Tausendschaft") bezeichnet den Tribun, Befehlshaber einer Kohorte (meist 500–600 Mann, Apg 21,31–33) oder höhere Militärs generell (Mk 6,21; Offb 6,15; 19,18). Es gab reine Infanterieeinheiten, Kavallerieverbände (ἱππεύς, „Reiter": Apg 23,23.32; στρατεύματα τοῦ ἱππικοῦ, „Reitertruppen": Offb 9,16) und gemischte Truppen (unsicher ist die Bedeutung des *hapax legomenon* δεξιολάβος in Apg 23,23). Im 1. Jh. n. Chr. wurden zunehmend Kohorten aus lokalen *peregrini*, Reichsbewohnern ohne röm. Bürgerrecht, rekrutiert (sog. *auxilia*), die nach Ableistung von 25 oder mehr Dienstjahren das Bürgerrecht erhielten. Juden waren vom Militärdienst grundsätzlich befreit, weil die im H. geübten rel. Praktiken mit dem → Monotheismus unvereinbar waren. Die in Palästina stationierten Auxiliartruppen bestanden daher aus heidnischen Bewohnern der Region, die für ihre Judenfeindschaft bekannt waren (Ios. ant. Iud. 19,356–366), was seinen Ausdruck in der Verspottung des verurteilten Königsprätendenten Jesus mit Purpurmantel und Dornenkrone durch die ganze Kohorte fand (Mk 14,16–20). Während sich diese Szene wahrscheinlich im ehemaligen Palast des Herodes abspielte (Philo legat. 299; Ios. bel.Iud. 2,301), in dem der Statthalter zu Zeiten seiner Anwesenheit in Jerusalem sein militärisches Hauptquartier (Prätorium: Mk 15,16) einrichtete und → Gericht hielt (Joh 19,13), war die ständig in Jerusalem stationierte Kohorte in der Burg Antonia untergebracht, die mit dem Tempelberg durch eine (auch in Apg 21,35.40 erwähnte) Treppe verbunden war, sodass sie bei Unruhen schnell eingreifen konnte. Bes. bei den großen Pilgerfesten (→ Fest) kam es regelmäßig zu Zwischenfällen (z. B. Ios. ant.Iud. 20,106f.225), auf die die Römer bes. hart reagierten. Lk 13,1 erwähnt ein Blutbad, das Pilatus unter galiläischen Pilgern anrichten ließ; in unmittelbarer zeitlicher Nähe zur Kreuzigung Jesu steht der von Mk 15,7 erwähnte Aufstand, bei dessen Niederschlagung Barrabas inhaftiert worden war. Gleichzeitig mit Jesus wurden zwei Aufständische gekreuzigt (Mk 15,27: λῃσταί, die Bezeichnung als „Räuber" spiegelt röm. Perspektive). Die Besatzungsarmee konnte jederzeit Arbeits- und Sachleistungen von der Bevölkerung erzwingen; der *terminus technicus* dafür (ἀγγαρεύω) begegnet zweimal: Auf eine solche gehasste Forderung mit Überkompensation zu reagieren, ist der unerwartete Rat Jesu in Mt 5,41; bei der Kreuzigung Jesu wurde Simon von Zyrene, der dem Hinrichtungskommando zufällig über den Weg lief, gezwungen, für den durch die Geißelung geschwächten Verurteilten das → Kreuz zum Exekutionsplatz zu tragen (Mt 27,32). Ein erstaunlich positives Bild von der Aufgeschlossenheit höherer Ränge des röm. M. gegenüber dem Judentum und der frühchristl. Bewegung zeichnet einzelne Passagen in Mk und Q (Mk 15,39; Lk 7,1–10par.) sowie im lk. Geschichtswerk aus (bes. Apg 10; 27,3.42–44).

II. 2. Umstritten ist, inwiefern die H. der röm. Klientelkönige nach Analogie des röm. H. strukturiert waren. Die Hinrichtung des Täufers wird nach Mk 6,27f von einem σπεκουλάτωρ vorgenommen (s. auch die anwesenden Chiliarchen in Mk 6,21). Wenn dies den hist. Gegebenheiten entspricht (und nicht ein aus Kenntnis röm. Heeresgliederung stammendes zugefügtes erzählerisches Detail ist), dann hatte Herodes Antipas seinem Henker einen Titel zugewiesen, der einer Funktion entsprach, die es nur in den durch Senatoren (nicht Ritter!) geführten Legionen der kaiserlichen Provinzen gab.

II. 3. Häufig sind im NT Vergleiche aus Kriegführung und Militärwesen (1 Kor 9,7; 2 Tim 2,4) und metaphorische Verwendung militärischer Begriffe zur Bezeichnung theol. Sachverhalte (vgl. die Ausrüstung eines Legionärs als Bildspender für den Glaubenskampf in Eph 6,11–17, den Triumphzug als Bildspender in 2 Kor 2,14; Kol 2,15; Kriegsgefangenschaft in 2 Kor 10,5; Eph 4,8).

I. *R. Achenbach*, Divine Warfare and Yhwh's Wars, in: *G. Galil* u. a. (Hg.), The Ancient Near East in the 12th–10th Centuries BCE Culture and History, Münster 2012, 1–26; *A. Berlejung*, Gewalt ins Bild gesetzt: BiKi 60 (2005) 205–211; *S. K. Bietenhard*, Des Königs General, Fribourg u. a. 1998; *J. Briend*, Der Krieger und seine Ausrüstung: Welt und Umwelt der Bibel 19 (2001) 74–75; *I. Cornelius*, The Iconography of Weapons and Warfare in Palestine/Israel c. 1500–1200 BCE: JNWSL 25 (1999) 263–275; *O. Keel*, Der Bogen als Herrschaftssymbol, in: *ders.*, Studien zu den Stempelsiegeln aus Palästina/Israel 3, Fribourg u. a. 1990, 27–65; *M. A. Klopfenstein*, Gott und Krieg im Alten Testament, in: *W. Dietrich* (Hg.), Leben aus dem Wort, Bern u. a. 1996, 203–213; *A. Kunz*, Ablehnung des Krieges, Freiburg 1998; *S. Niditch*, War in the Hebrew Bible, Oxford u. a. 1993; *E. Otto*, Krieg und Religion im Alten Orient und im alten Israel, in: *ders./S. Uhlig* (Hg.), Kontinuum und Proprium, Wiesbaden 1996, 49–58; *H. M. Niemann*, „Wagen Israels und sein(e) Lenker" (2Kön 2,12), in: *S. Gillmayr-Bucher* (Hg.), Ein Herz so weit wie der Sand am Ufer des Meeres, Würzburg 2007, 15–35; *M. Weinfeld*, Divine Intervention in War in Ancient Israel and in the Ancient Near East, in: *H. Tadmor/M. Weinfeld* (Hg.), History, Historiography and Interpretation, Jerusalem 1983, 121–147; *ders.*, The Ban on the Canaanites in the Biblical Codes and Its

Historical Development, in: *A. Lemaire/B. Otzen* (Hg.), History and Traditions of Early Israel, Leiden u. a. 1993, 142–160.
II. *R. Haensch*, Das römische Heer und die Heere der Klientelkönige im Frühen Prinzipat, in: *K. Erlemann* u. a. (Hg.), Neues Testament und Antike Kultur 1, Neukirchen-Vluyn 2004, 158–165.

Angelika Berlejung (AT) / Annette Mertz (NT)

Heil (H.)

(→ Dachartikel: Soteriologie)

Vorbemerkung: Der Begriff H. meint theol.-anthropologisch, was Menschen sich unter idealer Lebensqualität, im Sinne von „gelungenem → Leben" oder „Fülle des Lebens" vorstellen. H.-Erwartungen können sich mehr auf die leiblich-materiell-diesseitige oder eher auf die geistig-geistl.-transzendente Dimension menschlicher Existenz richten, auf die Gegenwart, die nahe Zukunft oder die Endzeit. Die verschiedenen Dimensionen können durchaus kombiniert werden. Ausschließende Alternativen entstehen erst, wenn die materielle Welt in einem strikten Gegensatz zur geistigen gesehen wird (→ Fleisch/Geist). In der Vielstimmigkeit bibl. → Soteriologie sind alle diese Aspekte vertreten. Was nicht zu finden ist, ist die Vorstellung, dass der Mensch sein H. ohne Gott finden könnte. In den bibl. Texten wird stets Gott, der Schöpfer, Retter und Vollender, als Quelle und Garant menschlichen H. gesehen. Auch gibt es bibl. keine Konzeption von H., die den leiblichen Aspekt völlig vernachlässigen würde.

I. AT: 1. In vielen atl. Texten ist dort, wo im Deutschen H. übersetzt wird, von *šalōm* die Rede. Das meint v. a. Glück, Gesundheit, Nachkommenschaft, Wohlstand, → Sicherheit und → Frieden, und zwar auf allen gesellschaftlichen Ebenen: vom Mikrokosmos der → Familie bis hin zum Makrokosmos der Völkergemeinschaft.

I. 2. *Šalōm* umfasst den Bereich des menschlichen Zusammenlebens ebenso wie die natürlichen Lebensbedingungen des Menschen (Fruchtbarkeit, Nahrungssicherheit). Solches H. ist Frucht der → Gerechtigkeit (Jes 9,6; 32,17), des Guten (Ps 34,15) und der Beachtung der göttlichen → Weisung (Jes 48,18). Dahinter steht die Überzeugung, dass der → Wille Gottes der → Schöpfung als innere Logik eingeschrieben ist, sodass entsprechendes gerechtes Handeln zum Gelingen des Lebens führt. Durch Streit und Ungerechtigkeit, durch → Sünde allgemein wird das H. und damit zugleich die Gottesbeziehung gestört (Jes 59,3–8; Jer 9,1–7). Deshalb sind Reue und → Umkehr, → Vergebung und → Versöhnung Wege zum H. Das H. ist stets die Folge gerechten Handelns und göttlichen → Segens und lässt sich also als dialogisches Geschehen zwischen Gott und Mensch begreifen. Im Zuge der eschatologischen Transformation der H.-Erwartungen wird das H. zur Gottesgabe der Endzeit (→ Eschatologie). In apokalyptischer Zuspitzung kann letztlich nicht mehr die menschliche → Geschichte der Ort der H.-Verwirklichung sein, sondern nur mehr ein göttlicher Gegenentwurf zur Gesch.; u. U. ist gar eine neue Schöpfung nötig.

II. NT: 1. Der griech. Zentralbegriff für H. ist σωτηρία, was darauf hindeutet, dass das „gute → Leben" nicht einfach gegeben ist, sondern nur durch einen Rettungsakt gewonnen werden kann.

II. 2. Dementsprechend ist H. in den ntl. Texten v. a. die eschatologische → Erlösung, die → Rettung aus → Sünde und allen Unheilsmächten durch das H.-Ereignis in → Jesus Christus. Zwar spielt (unter dem Einfluss der hell.-röm. Umwelt) der Leib-Seele-Dualismus in der → Soteriologie des NT eine gewisse Rolle, aber das eschatologische H. bleibt grundsätzlich ganzheitlich. Es ragt in die Gegenwart hinein und manifestiert sich in → Heilung, → Versöhnung und → Vergebung der Schuld. Beim hist. Jesus ist der zentrale H.-Begriff die → Königsherrschaft Gottes (βασιλεία τοῦ θεοῦ). Das H. der Basileia wird konzipiert in einer grundsätzlichen Spannung von gegenwärtig-individueller Erfahrbarkeit (v. a. in Heilungen, Sündermählern und Exorzismen, vgl. Lk 11,20) und zukünftig-allgemeiner Vollendung (generelle Überwindung von → Armut, → Leid und → Tod). Bei Paulus ist die Christusbotschaft „Kraft Gottes zum H. jedes Glaubenden" (Röm 1,16). In der → Rechtfertigung des Sünders schenkt Gott sein H. als → Gerechtigkeit (Röm 10,10). Bei Joh ist eine präsentische Soteriologie (auch: *realized eschatology*) zu finden, die das H. („ewiges Leben") in die Gegenwart des → Glaubens (Joh 6,47) verlegt und notwendigerweise radikal vergeistigt. Von der Endredaktion wird allerdings das Motiv der ganzheitlichen → Auferstehung am Letzten Tag wieder eingebracht (Joh 5,28 f.) und der präsentische H.-Begriff um einen eschatologischen Vorbehalt (1 Joh 3,2) ergänzt.

I. *R. Feldmeier/H. Spieckermann*, Der Gott der Lebendigen, Tübingen 2012; *J. Frey* (Hg.), Heil und Geschichte, Tübingen 2009; *H. Haag*, Die Rede vom Heil: ThQ 172 (1992) 81–97; *K. Sorger*, Bilder und Geschichten von Rettung und Heil: RU 20 (1990) 8–12.
II. *R. Feldmeier/H. Spieckermann*, Der Gott der Lebendigen, Tübingen 2012; *J. Frey* (Hg.), Heil und Geschichte, Tübingen 2009; *W. Klaiber*, Heil als zentrale Botschaft des Neuen Testaments, in: *E. Brandt* (Hg.), Gemeinschaft am Evangelium, Leipzig 1996, 77–96; *F. R. Prostmeier* u. a. (Hg.), Jesus als Bote des Heils, Stuttgart 2008.

Joachim Kügler

Heiligkeit (H.)

(→ Dachartikel: Kult)

I. AT: 1. „Heilig" (hebr. *qdš*) bezeichnet den Gegensatz zu „profan" und meint die aus rel. Gründen vollzogene Absonderung und Ausgrenzung bestimmter Bereiche – Räume, Zeiten, Personen und Gegenstände – zu Zwecken der kultischen Verehrung.

An erster Stelle steht die Gottheit selber. Der klassische und vielleicht älteste Beleg im AT ist Jes 6,1–3: Das Trishagion der Serafen im → Tempel von Jerusalem in der Gottesschau des → Propheten Jesaja – für sich genommen ein Zeugnis der überwältigenden → Macht des heiligen Königsgottes (vgl. Ps 99), dessen → „Herrlichkeit", von himmlischen Wesen im Tempel gepriesen, die ganze → Erde erfüllt (vgl. Ps 29), aber, wie die Fortsetzung der Gottesschau zeigt, auch Furcht und Zittern hervorrufen und Schreckliches ankündigen kann.

Aus der H. der Gottheit und ihres Namens (Ps 99,3; → Gottesnamen) ergibt sich die H. der für sie reservierten Bereiche: des → Himmels (Ps 20,7) und der ihn bevölkernden Wesen (Ps 89,6.8), des „Heiligtum" genannten Tempels (Ps 5,8), des Tempelberges (Ps 2,6), der → Stadt → Zion-Jerusalem (Ps 46,5; 48,2), des ganzen Landes (Ps 78,54), des zum Tempeldienst ausgesonderten Personals, vornehmlich der → Priester (Lev 21,6; 2 Chr 23,6) und Leviten (Num 3,32; 2 Chr 35,3), aber auch anderer heiliger Männer (Nasiräer Num 6,8; Gottesmann 2 Kön 4,9), des ausgesonderten → Volkes (Ex 19,6; Dtn 7,6; Ps 114,2; Jes 62,12) und des einzelnen Frommen (Ps 16,3; 34,10), des kultischen Inventars (vgl. Ex 30,25ff; 40,9ff) und der Gaben aller Art (Lev 27), bestimmter → Zeiten (→ Sabbat Gen 2,3; Jobeljahr Lev 25,12) und der → Feste (Lev 23,4; Neh 8,9–11).

I. 2. Die Erfahrung des Heiligen als des Inbegriffs des Göttlichen fordert die Einhaltung bestimmter Vorschriften im Umgang mit dem Heiligen. H. ist wie Unreinheit (im Unterschied zum Profanen und zur → Reinheit) eine wirksame Kraft und kann durch Berührung übertragen werden (Ex 29,37; Ez 44,19; anders Hag 2,12). Die Unterscheidung von heilig und hochheilig (z. B. Ex 29,37; 30,10; Num 18,9) signalisiert verschiedene Grade und Zonen der H., die wiederum verschiedenen Regeln des Umgangs unterworfen sind: Je höher der Grad der H., desto strenger die Regeln, um das Heilige vor Verunreinigung und den Unreinen vor dem Heiligen zu schützen. Viele gesetzliche Bestimmungen für den Umgang mit heiligen Personen, Gegenständen und Zonen erklären sich aus der Eigenschaft des Heiligen, im physischen Kontakt wirksam zu sein.

In der bibl. Lit. ist H. außer in den Pss. v. a. in den gesetzlichen (priesterlichen) Partien ein Thema, die sich mit den kultischen Bereichen und Vollzügen beschäftigen. Die Ausweitung der Heiligkeitskonzeption auf das ganze Land, das ganze Volk und das ganze → Leben ist gegenüber der kultischen Verwendung des Begriffs sekundär, aber fast überall vorausgesetzt. Bes. das späte Dtn spricht vom heiligen Volk (Dtn 7,6; 14,2.21; 26,19; 28,9), das sog. Heiligkeitsgesetz (Lev 17–26) erhebt als Entsprechung zur H. Jhwhs die Heiligung des Volkes zur ethischen Generalforderung (Lev 19,2). Das erinnert an die Propheten: Im Jesajabuch steht der „Heilige Israels" (Jes 1,4 u. a.; 41,14 u. a.), im Ezechielbuch der „heilige Name" (Ez 20,39ff u. a.) für den Gott, der seinem Volk fordernd und strafend oder rettend entgegentritt – um seiner H. willen. Es ist nur konsequent, wenn am Ende allein die Frommen, die Gottes Gesetz halten und seinen → Willen tun, die „Heiligen" heißen (Ps 16,3; 34,10; auch Dan 11,28.30; 1 Makk 1,15.63).

II. NT: Auf spezielle Glaubensgemeinschaften und ihre Lebensführung ist der Begriff H. (griech. ἅγιος, lat. *sanctus*) auch in den Schriften von Qumran und im NT gemünzt.
Der Eintritt in die Gemeinde von Qumran gleicht dem Eintritt in ein Heiligtum mit Allerheiligstem (1QS 8,5); ebenso bilden die Christen eine – christologisch begründete – Gemeinde der Heiligen (2 Kor 1,1). Hier wie dort ist der „heilige → Geist“ am Werk (vgl. Ps 51,13; Jes 63,10), der Gott selbst bzw. → Jesus Christus vertritt und zur Heiligung des ganzen → Lebens anleitet (1QS 3,6ff; 8,20ff; 1 Kor 6,11; 2 Kor 7,1; 1 Thess 4,3–8; vgl. 1 Petr 1,15f nach Lev 11,44; 19,2). Auch in der Lebensführung behält das Heilige seine wirkmächtige Kraft (1 Kor 7,14). Die heiligen → Gemeinschaften partizipieren an der himmlischen Welt: In Qumran weiß man – wie im Danielbuch (Dan 7,18.27; 8,13) – das → Heer der Heiligen auf seiner Seite (1QM 7,6; 12,1ff; 15,14f) und nimmt am himmlischen → Kult der → Engel und Heiligen teil (4Q400 1,I,1ff). Von den christl. Heiligen heißt es, dass sie über die Welt und die Engel richten (1 Kor 6,1–3). Da für solche Gemeinschaften der Heiligen das ganze Leben heilig ist (Röm 6,19), ist für sie die Unterscheidung von heilig und profan praktisch aufgehoben.

I. *C. Frevel/C. Nihan* (Hg.), Purity and the Forming of Religious Traditions in the Ancient Mediterranean World and Ancient Judaism, Leiden 2013; *J. G. Gammie*, Holiness in Israel, Minneapolis 1989; *C. Nihan*, From Priestly Torah to Pentateuch, Tübingen 2007; *J. Stackert*, Rewriting the Torah, Tübingen 2007; *E. J. Wilson*, „Holiness“ and „Purity“ in Mesopotamia, Neukirchen-Vluyn 1994.
II. *R. Asting*, Die Heiligkeit im Urchristentum, Göttingen 1930; *W. Wiefel*, Die Heiligen im Neuen Testament, in: *A. Meinhold/R. Lux* (Hg.), Gottesvolk, Berlin 1991, 29–42.

Reinhard G. Kratz

Heimat (H.)

(→ Dachartikel: Kultur und Mentalität)

Vorbemerkung: H. ist zumal im Deutschen ein emotional aufgeladener Begriff; er meint das Vertraute, den biogr. und emotional besetzten Raum der Herkunft und Verwurzelung, der zur menschlichen Identitätsbildung beiträgt. In der Antike wird die Identität des Menschen (→ Person) zwar primär durch seine soziale Zugehörigkeit konstituiert, doch impliziert diese in der Regel auch territoriale „Hingehörigkeit“. Die Bindung an den betreffenden Ort (Familienbesitz, Dorf, → Stadt/Bürgerschaft, Land → Israel) beruht zunächst auf dessen Qualität als Land*besitz* und Lebensgrundlage der jeweiligen sozialen Gruppe (→ Besitz). Hinzukommende lebensgesch. Erinnerungen können die Gefühlsbindung vertiefen (vgl. Cic. leg. 2,3–6). So qualifizieren die beiden Faktoren Herkunft und soziale Integration bzw. (polit.) Partizipation (als Familienangehöriger/Einheimischer/Bürger) einen Ort zur H.

I. AT: 1. Die atl. Begrifflichkeit der H. kombiniert die Faktoren Herkunft/→ Geburt/Abstammung und Land, z. B. in dem Ausdruck *ʾæræṣ mōlædæt* („Land der Abstammung/Verwandtschaft“) und ähnlichen Wendungen (Gen 11,28; 12,1; 24,4.7; 31,3; 48,21; Rut 2,11; Jer 22,10). Auch der Ausdruck „mein(e)/dein(e)/etc. Land/→ Erde/Boden“ (*ʾæræṣ* oder *ʾᵃdāmā* plus Suffix) kann „H.“ bedeuten (Gen 30,25; Ex 18,27; 1 Kön 22,36; Ez 36,24; 37,14). Nach der Staatenbildung tritt neben und an die Stelle von „Verwandtschaft/Sippe“ die Größe → „Volk“ (*ʿam*) bzw. wird „Abstammung“ mit „Volk“ gleichgesetzt (vgl. Jer 46,16; Est 2,10.20), Herkunft und H. ist dann das „Land Israel(s)“ (2 Kön 5,2.4; Ez 11,17; 20,42; 33,24; 37,12).

I. 2. Noch über den genealogisch-sozialen und ökonomischen Gesichtspunkten von Herkunft/Verwandtschaft und Besitz steht im AT die rel. Bindung an das Land Israel, das als das „Heilige Land“ (Ps 78,54; Sach 2,16) und „Land Jhwhs“ (Jes 14,2; Hos 9,3) in singulärer Weise Ort seiner Gegenwart und Verehrung und H. seines Volkes ist. Die Erzelternerzählungen beschreiben in der Endgestalt des Pentateuchs, wie das Land der → Verheißung zur H. „Israels“ wird, indem sie von Abraham bis Jakob/Israel einen Prozess der Einwurzelung in Palästina schildern (→ Väter). Für Abraham und Isaak ist es noch das „Land der Fremdlingschaft“, für Jakob gilt es bereits als „Heimatland“ (vgl. Gen 12,1; 17,8; 23,4; 24,4–7; 26,3; 28,4; 30,25; 31,3.13–15; 32,10), obwohl auch er, da er keinen eigenen Landbesitz hat, in rechtlicher Hinsicht immer noch ein Fremdling (→ Fremder) bzw. „Schutzbürger“ (*gēr* oder *tôšāb*) ist (Gen 28,4; 36,7), d. h. jemand, der zwar in die Rechtsordnung integriert ist (vgl. Lev 19,34), aber einen minderen Rechtsstatus genießt als der Einheimische (*ʾæzrāḥ*), wenngleich er es zu Wohlstand und Einfluss bringen kann (vgl. Lev 25,47). Grundsätzlich befindet er sich in abhängiger Position und ist auf die Protektion eines Fürsprechers angewiesen. In diesem Sinne sollen sich die Israeliten als „Fremdlinge bei Jhwh" (Lev 25,23), dem eigentlichen Herrn des Landes, verstehen (von der Bindung an den Boden gelöst und ins Grundsätzlich-Existentiale übertragen erscheint der Gedanke in Ps 39,13). Davon zu unterscheiden ist der außerhalb der Rechtsordnung stehende „Ausländer" (*nokrī*). Der Fremdling kann das Land, in dem er als Schutzbürger lebt und möglicherweise bereits geboren ist, als seine H. empfinden, nicht aber der Ausländer. Den sesshaften Kulturlandbewohnern erscheinen freilich auch die schutzbefohlenen „herumirrenden" (*ʾbd*) Kleinviehnomaden als heimatlos (Dtn 26,5), denn nur mit dem Landbesitz verbindet sich die „Ruhe" (*m^enūḥā*), d. h. Frieden und → Sicherheit (Dtn 12,9; 1 Kön 8,56; Ps 95,11; dagegen *mārūd* „obdach-/heimatlos, Obdach-/Heimatlosigkeit", Jes 58,7; Klgl 1,7; 3,19). „Fremde(s) Land/Erde" (Ps 137,4) und „unreines Land" (vgl. Am 7,17) bleibt für die exilierten Juden Babyloniens. Doch werden wohl die vielen Diasporajuden, die, in Babylonien oder Ägypten geboren, von dort *nicht* ins Land Israel zurückkehrten, diese Länder als H. empfunden haben (vgl. bereits Jer 29,1–11) und Israel mehr als eine ideelle und spirituelle denn als tatsächliche H., zumal wenn ihre → Familien dort nicht mehr begütert waren. In solch ideeller Weise kann dann Jerusalem/→ Zion sogar als H. aller Völker und Menschen apostrophiert werden (Ps 87; umstritten ist, ob sich der textlich schwierige, wahrscheinlich spätnachexil. Psalm auf Diasporajuden, Proselyten oder Heidenvölker bezieht). Stützen konnte sich das Diasporajudentum auf jene Traditionen des Jhwh-Glaubens, in denen das Motiv des mitgehenden Gottes und der Fremdlingschaft eine Rolle spielen (Erzelterntradition, Aufenthalt in Ägypten, Exodus- und Wüstentradition; → Exodus, → Wüste). Ein vollkommen spiritualisiertes Verständnis der H. findet sich schließlich in Philos allegorischer Deutung des Auszugs Abrahams aus seiner H. als das Sich-Lösen des → Geistes vom → Körper und der materiellen Welt insgesamt (Philo migr. 1f).

II. NT: 1. Als H. gilt im NT wie auch sonst in der hell.-röm. Welt in erster Linie die eigene Vaterstadt (πατρίς; Mk 6,1.4), danach die sie umgebende Region (Mt 26,69; Joh 7,41.52). H. wird also primär polit. als „→ Stadt/Bürgerschaft" (πόλις, vgl. Lk 2,3; Joh 1,44; Apg 21,39) bestimmt und konkretisiert sich im Bürgerrecht/-status (πολιτεία oder πολίτευμα „Bürgerrecht", „Bürgerschaft"), d. h. in der vollberechtigten Teilnahme am polit. Leben. (Das Bürgerrecht ist allerdings tatsächlich das Privileg einer Minderheit der Bewohner einer Stadt; vgl. Apg 22,25–29.)

II. 2. Während in der Jesusüberlieferung die (Wieder-)Beheimatung der Armen im Land angesagt wird (Mt 5,5, vgl. Ps 37,11), kommt dieser irdisch-polit. H. in den Briefen des NT keine theol. Bedeutung zu; vielmehr werden (bes. im Hebr.) H. und Bürgerrecht wie auch die atl. Traditionen der Landverheißung/-nahme und der Zionstheol. (→ Zion) gänzlich spiritualisiert und auf die himmlische bzw. kommende Welt bezogen (Gal 4,26; Phil 3,20; Hebr 3,7–4,11; 11,8–10.13–16; Offb 21). In dieser Welt sind die Glaubenden heimatlos und unstet, → „Fremde" und „Beisassen" (ξένος „Fremder, Gast[geber]"; παρεπίδημος = nur vorübergehend an einem Ort weilender Fremder ohne Bürger- und Gastrecht; πάροικος = dauerhaft an einem Ort lebender Fremder, entsprechend hebr. *gēr*; ἀστατέω „unstet/obdachlos sein"; vgl. 1 Kor 4,11; Hebr 11,13; 1 Petr 1,1.17; 2,11). Urbild der Haus- und Heimatlosigkeit um des → Glaubens willen sind Jesus (Lk 9,58par.) und die → Apostel (Mk 1,16–20par.; 10,28–30par.; Lk 5,11). Während sie hier (wie auch bei Paulus) die reale Existenz betrifft, ist sie in den späteren Briefen des NT mehr eine Sache der inneren Distanz zur „Welt" und zur umgebenden Gesellschaft, u. U. auch der Ausgrenzung aus ihr.

I. *E. Noort*, „Land" in the Deuteronomistic Tradition, in: *J. C. De Moor* (Hg.), Synchronic or Diachronic?, Leiden 1995, 129–144; *A. Ohler*, Israel, Volk und Land, Stuttgart 1979; *E. Otto*, Stadt und Land im spätbronzezeitlichen und früheisenzeitlichen Palästina, in: *ders./S. Uhlig* (Hg.), Kontinuum und Proprium, Wiesbaden 1996, 16–29; *O. H. Steck*, Der neue Himmel und die neue Erde, in: *J. van Ruiten/M. Vervenne* (Hg.), Studies in the Book of Isaiah, Leuven 1997, 349–365; *G. Steiner*, Der Gegensatz „eigenes Land": „Ausland, Fremdland, Feindland" in

den Vorstellungen des Alten Orients, in: *H.-J. Nissen/J. Renger* (Hg.), Mesopotamien und seine Nachbarn 2.2, Berlin 1982, 633–664; *M. Weinfeld*, The Promise of the Land, Berkeley u. a. 1993.
II. *H. Braun*, Das himmlische Vaterland bei Philo und im Hebräerbrief, in: *O. Böcher/K. Haacker* (Hg.), Verborum Veritas, Wuppertal 1970, 319–327; *R. Feldmeier*, Die Christen als Fremde, Tübingen 1992; *E. Käsemann*, Das wandernde Gottesvolk, Göttingen 1939; *S. Krauter*, Bürgerrecht und Kultteilnahme, Berlin 2004; *T. H. Nielsen*, The Concept of *Patris* in Archaic and Classical Sources, in: *ders.* (Hg.), Once Again: Studies in the Ancient Greek Polis, Wiesbaden u. a. 2004, 49–76; *D. Schinkel*, Die himmlische Bürgerschaft, Göttingen 2007.

Klaus Neumann

Hermeneutik (H.)

(→ Dachartikel: Schrift/Schriftverständnis)

I. Im Unterschied zur → Exegese/Interpretation, dem methodologisch reflektierten und differenzierten Vollzug der Auslegung, ist H. die Kunst und die Lehre vom Verstehen. Sie zielt auf die Voraussetzungen, auf die Erforschung und Darstellung der Prinzipien, Regeln und Hilfsmittel einer angemessenen Auslegung. Abgeleitet ist der Begriff H. von dem griech. Verb ἑρμηνεύω („deuten, erklären, übersetzen“); er zielt im NT vielfach auf die Übersetzung hebr. oder aram. Wörter für griech. Leser (Mt 1,23) oder der unverständlichen Zungenrede (1 Kor 12,10.30; 14,2.5.13.27). Ein Bewusstsein der damit verbundenen semantischen Schwierigkeiten ist nirgendwo belegt (auch nicht in der LXX, anders Sir Prolog 15–26).

II. Im theol. Kontext bedeutet H. bei Plato und Philo „die Gedanken (eines) Gottes deuten“. Philosophen, Dichter und → Propheten, bes. Mose, sind „Hermeneuten/Dolmetscher“ Gottes. Analog setzt H. voraus, dass die Zeichen der Sprache einen nicht für jeden unmittelbar zugänglichen Sinn enthalten. Neben dem Wortsinn steht ein tieferer Sinn, der in der allegorischen Deutung erhoben wird (vgl. auch die Unterscheidung Augustins zwischen *signum et res*, Zeichen und Sache). Allegorisch deuteten etwa die Stoiker die alten Mythen und Homer, jüd. Theologen (v. a. Philo von Alexandrien und die Rabbinen) schwierige Texte der Bibel (vgl. etwa die geistl. Umdeutung des Hohen Liedes). Daraus entwickelte sich, nicht zuletzt zur Sinnfindung atl. Texte, die Lehre vom vierfachen Schriftsinn. So ist z. B. Jerusalem im Literalsinn die → Stadt in Juda, im allegorischen (auf den → Glauben gerichteten) Sinn ein Bild für die → Kirche, im tropologischen (auf die Moral gerichteten) Sinn Bild der menschlichen → Seele, im anagogischen (auf die endzeitliche → Hoffnung gerichteten) Sinn Bild der himmlischen → Herrlichkeit.

Diese Einsicht wurde im Kontext der Neuzeit aufgrund des gesch. Denkens radikalisiert – in dem Wissen, dass der hist. Abstand zu den bibl. Texten ein unmittelbares Verstehen erschwert und der Anspruch auf → Wahrheit und → Offenbarung nicht mit dem Sinn der Texte identisch ist. Durch die Reformation zerbrach die bis dahin in Westeuropa anerkannte H. der Bibel. Nach Luther ist der Vorrang der → Schrift für die Wahrheit prinzipiell: *sola scriptura* (allein die Schrift); rechte Erkenntnis gibt es nur *sola gratia* (allein durch → Gnade); die Wahrheit wird nicht durch Menschen/→ Kirchen vermittelt, sondern *sola fide* (allein durch Glauben). Im Kontext dieser Prinzipien bedarf die heilige Schrift zu ihrer sachgemäßen Auslegung nicht der Autorität der → Tradition und der kirchlichen Autorität, sondern ist aus sich selbst verständlich (*sui ipsius interpres*).

Diese Prinzipien der bibl. H. und das von Luther zusätzliche Sachkriterium für alle (!) heiligen Schriften des AT und NT, „ob sie Christum treyben, odder nit“ (WA 7,384), bilden bis heute die kardinalen Probleme jeder bibl. H.: die Funktion der heiligen Schrift für die Theol., die anthropologischen Faktoren der Rezeption (einschließlich der Anerkennung des – so Heidegger – hermeneutischen Zirkels, demzufolge der Rezipient immer schon anfänglich durch eigene Erfahrungen um das wissen muss, was Gegenstand des Verstehens ist), die sachliche → Mitte des zweigeteilten einen christl. → Kanons der Bibel (Frage nach der → Einheit der bibl. Theol.). Letztlich geht es um das Wechselspiel von *intentio operis* (dem vom Text her vorgegebenen Sinn) und *intentio lectoris* (dem vom Leser konstituierten Sinn), wobei gegen alle Vereinnahmungen die Leserlenkungen des Textes (sie herauszuarbeiten ist u. a. Aufgabe der hist.-kritischen → Exegese) die „Grenzen der Interpretation“ (U. Eco) andeuten. Aber auch sie

sind nicht objektiv und zeitlos gegeben, wie die Bemühungen um narrative Exegese, um die Deutungen der Evv. als Erzählungen in jüngster Zeit belegen können.
Gegen eine z. T. stark rationalistische hist.-kritische Exegese mit ihren Verkürzungen ist zu betonen: Bibl. Texte wollen in ihrem Ursprungssinn als theol. Texte, die vom Handeln Gottes sprechen, gelesen werden, nicht als informative, sondern als performative (im Akt des Lesens wirkende) Texte, die auch heute folglich eine Funktion für jüd. bzw. christl. Glaubenspraxis des Einzelnen und der jeweiligen Gemeinschaft haben. Ohne diesen handlungsorientierten Aspekt verlieren bibl. Texte und die entsprechende H. nicht nur den Bezug zur → Geschichte (anders Schleiermacher und Dilthey), sondern auch zur Gesellschaft. Beide Aspekte hat H. zu reflektieren.
Verstehen eines hist. Textes meint nicht nur ein „Einrücken in ein Überlieferungsgeschehen", eine „Horizontverschmelzung" (H. G. Gadamer), vielmehr hat H. gegen ein philos. und monologisches Modell der wirkungsgesch. Deutung die produktive Rezeption zu reflektieren, wie sie auch kritisch gegen Traditionen eingestellt sein muss (vgl. die prophetische Kritik im AT sowie die von Jesus und Paulus im NT geübte Kritik an überlieferten Traditionen). Rezeptionsästhetische Modelle sind auch für die bibl. H. grundlegend. Mit Recht unterscheidet sich das Verständnis von Wahrheit etwa bei Gadamer von dem der methodensicheren Naturwissenschaft (und der hist.-kritischen Exegese), da Wissenschaft durch Methodik nie Wahrheit zu sichern vermag. Dennoch kann in diesem hermeneutischen Prozess auf die Exegese des hist. Textes nicht verzichtet werden, deren Geschichtlichkeit, sozial-gesellschaftlicher Kontext und → Weltbild (anders Bultmann in seinem Entmythologisierungsprogramm) ebenso wichtig sind wie die genannten Faktoren beim Rezipienten (Glaubensgemeinschaft, Bibel als Kanon, als Wort Gottes, als Offenbarung, aber auch Abhängigkeit des Lesers von nichtwiss., neuzeitlichen Voraussetzungen). Durch unterschiedliche theol. und kirchliche Traditionen, aber auch durch gesch. Erfahrungen (Auschwitz) erhält jede H. ihre eigene Prägung, ohne dass diese die Auslegung präjudizieren darf. Der Text behält sein Widerspruchsrecht, auch wenn sein Sinn nie objektiv gegeben ist.
In der aktuellen Diskussion betont kath. H. noch stärker als im II. Vatikanum die Vorgabe der Bibel vor dem kirchlichen → Amt und die Rolle des Rezipienten, ev. H. umgekehrt das theol. und kirchlich geprägte Vorverständnis des Lesers durch die Glaubensgemeinschaft sowie die Anerkennung der heiligen Schriften Israels und der Kirche als Schriften dieser Glaubensgemeinschaften. Dies sind zur Zeit kontrovers diskutierte theol. Grundfragen der H., ebenso der Einbezug handlungsorientierter bzw. psychologischer Aspekte (Ansätze finden sich in der pragmatischen Exegese, in der polit. Theol. und Befreiungstheol.).

C. Dohmen, Die Bibel und ihre Auslegung, München 1998; *ders./G. Stemberger*, Hermeneutik der Jüdischen Bibel und des Alten Testaments, Stuttgart 1996; *U. Eco*, Die Grenzen der Interpretation, München 1992; *H. Frankemölle*, Biblische Handlungsanweisungen, Mainz 1983; *H. G. Gadamer*, Wahrheit und Methode, Tübingen 1960; *M. Oeming*, Biblische Hermeneutik, Darmstadt 1998; *O. Wischmeyer* u. a. (Hg.), Lexikon der Bibelhermeneutik, Berlin 2009.

Hubert Frankemölle

Herrlichkeit (H.)

(→ Dachartikel: Gottesvorstellungen)

I. AT: 1. Dem deutschen Begriff → „H." entspricht im Hebr. das Wort *kābōd*, das ursprünglich die „Schwere" oder das „Gewicht" einer Person oder Sache und damit ihre soziale Stellung bzw. ihren sozialen Wert bezeichnet (Gen 31,1; 45,13; Jes 10,3 u. a.). Im Unterschied zur ambivalenten Bedeutung des Adjektivs *kābēd* („schwer") als „gewichtig" (positiv in Gen 13,2 vom Reichtum, u. a.) oder „lastend" (negativ in Ps 38,5 vom Joch, u. a.) hat das Substantiv *kābōd* nie eine negative Konnotation. Der Übergang von der konkreten („Schwere") zur abstrakteren Bedeutung („H., → Ehre") lässt sich an der Anwendung des Begriffs auf übergreifende Größen wie das Land (Jes 8,7; 16,14 u. a.), das → Volk (1 Sam 4,21f; Jes 17,3f u. a.) oder Jerusalem/→ Zion (Jes 66,11 u. a.) ablesen. So ist die „H." eines Landes nicht so unmittelbar sinnlich wahrnehmbar wie diejenige eines Waldes, sie zeigt sich vielmehr an der Größe und Festigkeit seiner → Städte, der Blüte seiner Kultur, dem Funktionieren seines Handels usw., also an Phänomenen, die die „Blüte" dieses Landes ausmachen. „H." ist deshalb ein Funktionsbegriff, der einen bestimmten ideellen Gehalt wie → „Fülle", „Zierde", „Pracht" oder → „Schönheit" so thematisiert, dass sein materielles Substrat erhalten bleibt. Das gilt nicht nur für den Gebrauch von *kābōd* im Sinn von „(sozialem) Ansehen" (bes. in Spr) und „(materiellem) Reichtum" (bes. in 1/2 Chr), sondern auch für die ästhetischen Aspekte des Begriffs, die entsprechend ao. Vorgaben (vgl. akkad. *melammu* „Schreckensglanz" u. a.) den Lichtcharakter der „H. Jhwhs", d. h. seine „Ausstrahlung", seinen „(numinosen) Lichtglanz" und seine „Aura" bezeichnen.

I. 2. Der theol. Gebrauch von „H." konzentriert sich in bestimmten Überlieferungszusammenhängen, die bes. mit dem Jerusalemer → Tempel in Verbindung stehen (P; Jes 6; Ez 1–3; 8–11; 43f; Ps 24; 29 u. a.). Nach dem vermutlich ältesten Beleg, dem hymnischen Zitat in Jes 6,3, „erfüllt" die H. Jhwhs die ganze → Erde, die dadurch belebt und in Gang gehalten wird. Der Lichtcharakter der H. Jhwhs wird bes. in der priesterlichen Sinaigeschichte (Ex 24,16f; 40,34f; Lev 9,6.23) sowie in der Jerusalem- und Tempelvision Ezechiels (Ez 8–11; 43f, vgl. 1–3) und ihrer Antithese von Weggang und Rückkehr Jhwhs deutlich. Darin, dass der → Prophet nach Ez 8,1–3 sieht (!), wie der *kābōd* den Tempel verlässt, ist es begründet, dass die H. Jhwhs ein sichtbares Lichtphänomen ist, das das – durch die Gottesferne verdunkelte – Land bei seiner Rückkehr wieder „erleuchtet" (Ez 43,2, vgl. 43,5; → Licht). Der *kābōd* wird hier fast zu einer Hypostase, die Gott selbst repräsentiert. In einzelnen Pss. wird durch weitere Begriffe wie „Pracht", „Glanz" und „Hoheit" eine bestimmte Herrlichkeitssemantik ausgebildet, die den Aspekt eines Lichtkleids Jhwhs voraussetzt (Ps 93,1; 104,1) und die ästhetische Qualität des Tempels ins Numinose steigert (vgl. Ps 93,5). Der sichtbaren H. Jhwhs korrespondiert das kosmische und individuelle Gotteslob (Ps 19,2; 63,3ff, vgl. Ps 29,1f), durch das der göttliche *kābōd* innerweltlich erfahr- und aussagbar wird.

II. NT: 1. Die ntl. Verwendung von H. (δόξα) steht in der Wirkungsgeschichte der LXX, die im Sinne des atl. Verständnisses H. als „göttliche → Ehre" bzw. „göttlichen Machtglanz" versteht. H. ist auch im NT eine herausgehobene Prädikation Gottes (Lk 2,14; Apg 7,2; Röm 11,36; Gal 1,5; Eph 1,17; 3,21; Offb 4,9.11), die zusätzlich auch auf → Jesus Christus angewandt wird (1 Kor 2,8; Hebr 1,3; 2 Tim 4,18; 2 Petr 3,18; Offb 1,6). Oft in Verbindung mit anderen Prädikationen (Ehre, → Macht, → Gnade, → Wahrheit) verdichtet der bibl. Begriff H. die mit der bibl. → Gottesvorstellung verbundenen Momente des sich offenbarenden Erhaben-Heiligen, Machtvoll-Überlegenen, Ausstrahlend-Ergreifenden, Faszinierend-Schönen sowie Entzogen-Gegenwärtigen.

II. 2. H. wird in atl.-jüd. Tradition zuerst mit Gott bzw. seinem himmlischen Thronbereich verbunden (Apg 7,55 [δόξα ist hier Metonym für Gott]; 1 Tim 3,16; Offb). In Offb symbolisiert der himmlische → Thron Gottes die alles überstrahlende Machtfülle Gottes. Mit dem Attribut H. verbindet sich sodann die Manifestation und Offenbarung göttlichen Handelns in → Schöpfung (Röm 1,23) und Heilsgeschichte (Lk 2,9; Röm 6,4; 8,18.21; 9,4.23; 2 Kor 3,7–11.18). Paulus nennt seine Verkündigung zusammenfassend „Ev. der H. Christi" (2 Kor 4,4). Als an die Seite Gottes, in den Raum seiner H. Erhöhter hat auch Jesus Christus gerade als der Gekreuzigte Anteil an der H. Gottes (1 Kor 2,8; vgl. Hebr 2,7.9; 1 Petr 1,21; Jak 2,1). Die Partizipation an der H. Gottes ist das Ziel der Sendung Jesu (Lk 24,26; 1 Petr 1,11) – eine Überzeugung, die die joh. Sendungschristologie ausführlich entfaltet.

Für die Christen ist die Teilhabe an der H. Gottes bzw. das „Mitverherrlichtwerden" mit Christus das Ziel und die Vollendung ihres → Lebens und → Glaubens (1 Thess 2,12; 1 Kor 15,43; 2 Kor 3,17; Phil 3,21; Röm 5,2; 8,17; 1 Petr 5,1.4.10), ein Heilsgeschenk nach dem Verlust der H. Gottes (Röm 3,23), an dem sie „anfanghaft" schon jetzt teilhaben (2 Kor 3,17; 4,17; Röm 8,30; Hebr 2,10). In 2 Kor entwickelt Paulus eine tiefe Bild- und Herrlichkeitstheol.: Er verkündet „das Ev. von der H. Christi, der das → Ebenbild Gottes ist" (2 Kor 4,4). Durch Jesus, der als → Bild Gottes an seiner Doxa partizipiert, können auch die Glaubenden teilhaben an der H. ihres Kyrios, auf die sie „(wie im Spiegel) schauen" (bzw. – nach einer anderen Übersetzungsmöglichkeit – die „sie widerspiegeln"). Diese „Schau" Christi als des Ebenbildes Gottes hat neuschöpferische Kraft, die beides zusammenführt: die „Verwandlung" der Glaubenden in das „Bild" Jesu Christi und die Erneuerung ihrer geschöpflichen Gottebenbildlichkeit (2 Kor 3,18).

Auch für Joh umschließt der Begriff H. das gesamte Heilsgeschehen: Durch seine Erhöhung am → Kreuz kehrt Jesus Christus in die H. Gottes zurück, aus der er gekommen ist. H. eignet ihm als Präexistentem (Joh 1,14; 12,41; 17,5.24; vgl. Hebr 1,3), als Inkarniertem (Joh 1,14; 2,11; 11,4.40) und als am Kreuz Erhöhtem (Joh 12,16.23.28; 17,4f). Die Heilssendung Jesu erfüllt sich in der gegenseitigen liebenden Verherrlichung von Vater und Sohn (Joh 13,31f; 17,1), in die die Glaubenden schon in ihrem irdischen Leben einbezogen werden (Joh 14,13; 15,8), die sich jedoch in der himmlischen Gemeinschaft mit dem Sohn und dem Vater vollendet (Joh 17,24; zur H. der Vollendung vgl. auch Röm 8,18.21; Mk 8,38; 13,26; Tit 2,13; Offb 21,23–22,5).

I *Sh. Z. Aster,* The Unbeatable Light, Münster 2012; *E. Cassin,* La splendeur divine, Paris 1968; *F. Hartenstein,* Die Unzugänglichkeit Gottes im Heiligtum, Neukirchen-Vluyn 1997, 78–107; *B. Janowski,* Sühne als Heilsgeschehen, Neukirchen-Vluyn [2]2000, 303–328; *T. Wagner,* Gottes Herrlichkeit, Leiden/Boston 2012.

II. *M. M. Gruber,* Herrlichkeit in Schwachheit, Würzburg 1998; *C. Hergenröder,* Wir schauten seine Herrlichkeit, Würzburg 1996; *H. Schlier,* Doxa bei Paulus als heilsgeschichtlicher Begriff, in: *ders.,* Besinnung auf das NT, Freiburg [2]1967, 307–318; *W. Thüsing,* Erhöhung und Verherrlichung Jesu im Johannesevangelium, Münster [3]1979.

Bernd Janowski (AT) / Klaus Scholtissek (NT)

Herrschaft / Königsherrschaft / Reich Gottes (H./K./R.)

(→ Dachartikel: Gottesvorstellungen)

I. AT: 1. Die mit den Abstraktbegriffen *malkūt* (1 Chr 17,14; 28,5; Ps 103,19; 145,11–13; Dan 3,33; 4,31 u. a.), *m*[e]*lūkā* (Obd 21; Ps 22,29), *mamlākā* (1 Chr 29,11) und *mœmšālā* (Ps 103,22; 114,2; 145,13) gebildeten Wendungen für die Vorstellung der „K. Jhwhs" begegnen im AT nur in jüngeren Texten. Auch wenn die Vorstellung älter ist, ist eine auffällige Differenz zwischen den relativ wenigen Belegen für die Jhwh-König-Vorstellung und dem Gesamtumfang des AT zu konstatieren. Die Königtum-Gottes-Vorstellung war dem vorexil. → Israel/Juda vorgegeben. In Mesopotamien (Schöpfungsepos *enūma eliš* IV 27f = TUAT III/4,584 u. a.) und Syrien (Baal KTU 1.2 IV 32 = TUAT III/6,1134) war das Königtum Gottes ein auf die Überwindung des Chaos (→ Ordnung) bezogenes Element des rel. Symbolsystems. Der wahrscheinlich älteste lit. Beleg für den Titel → „König" für Jhwh ist Jes 6,5 (Ende des 8. Jh. v. Chr.), wobei sowohl dieser Königstitel als auch die Vorstellungswelt von Jes 6,1–4 nicht Auslöser einer Tradition sind, sondern eine solche voraussetzen.

I. 2. Die Rezeption und Transformation der ao. Königtum-Gottes-Vorstellung nötigte den Jhwh-Glauben zur Formulierung eigener Perspektiven. Dies geschah durch die Verschränkung mehrerer Sinnebenen: a) Bis zur Mitte des 20. Jh. war die Hypothese S. Mowinckels leitend, dass eine Thronbesteigung Jhwhs am Herbst- oder Neujahrsfest (→ Fest; → Thron) unter kultdramatischen Umständen begangen worden sei und die *Jhwh-mālak-Wendung* (Ps 93,1; 96,10; 97,1; 99,1, vgl. sachlich Ps 29,10) das Geworden-Sein des Königtums Gottes bezeichne. Im Zug der Problematisierung dieser Interpretation wurde auch die Thronbesteigungshypothese aufgegeben und stattdessen eine kultdramatische Vergegenwärtigung im Zusammenhang der Lade-Prozession angenommen. Neuere Ansätze sehen demgegenüber einen engen Zusammenhang zwischen Königtum Gottes und Thronmotivik (vgl. Ps 93,1f), wobei bes. Ps 47,6.9 den „Aufstieg" Jhwhs (V. 6) als Inthronisation des Königsgottes beschreibt (V. 9, vgl. Ps 99,1). Im Bild vom „Aufstieg" Jhwhs auf seinen himmlischen/irdischen Thron wird der Anbruch des Königtums Gottes als Vorgang dargestellt, der wahrscheinlich am Herbst- oder Neujahrsfest gefeiert wurde. Die Jhwh-*mālak*-Formel („Jhwh ist König [geworden]") dürfte dabei ingressiv-durativ zu verstehen sein: Jhwh hat die K. angetreten und herrscht seitdem als König. b) Im Blick auf die Eigenart des atl. Schöpfungsglaubens (→ Schöpfung) kommt der „Gründung" des Königsthrons eine bes. Bedeutung zu. In Ps 93,1f ist das Königtum Gottes nicht die Folge seines Kampfes gegen das Chaos, sondern die unableitbare Voraussetzung für den Bestand der Welt, womit implizit das Schöpfungsmotiv präsent ist. Das Proprium von Ps 93 besteht darin,

„Urzeitgeschehen" und „Erfahrungswirklichkeit" miteinander zu vermitteln und den Jerusalemer → Tempel als den kosmisch dimensionierten Ort in der empirischen Wirklichkeit auszuweisen, an dem die urzeitliche Festigung des Erdkreises (durch „Festigung" des Gottesthrons) im → Kult als gegenwärtig wirksames Geschehen gefeiert wird. c) In exil. und nachexil. Texten wird die Vorstellung vom Königtum Gottes universalisiert und eschatologisiert, wobei Rückbezüge auf die Schöpfungsthematik vorliegen (vgl. den Zitationsbeleg von Ps 93,1 in Ps 96,5.10). Die Universalität des Königtums Gottes wird häufig polemisch gegen die Götter angeführt (Jes 41,21; 44,6; Ps 95,3; 96,4; 97,7.9 u. a.) und Jhwh als König Israels prädiziert, dessen Herrschaftsantritt auf dem → Zion für die nahe Zukunft erwartet wird (Mi 4,7, vgl. Obd 21; Mi 2,13; Zef 3,14f). Ebenso handelt es sich in Ps 47,9; Jes 52,7 und Jes 2,23 um die Konstituierung des eschatologischen Königtums Gottes auf dem Zion. Mit der Verschiebung auf Israel geht die Individualisierung der Königtum-Gottes-Vorstellung einher (Jhwh als König // Gott des Einzelnen: Ps 5,3; 84,4 u. a.). Das Ineinander von Königtum Gottes und Davididenherrschaft belegen 1 Chr 17,14; 28,5 und 29,11f.23 (gegen 1 Sam 8,7; 12,12).

II. NT: 1. Die H. bzw. das R. Gottes (βασιλεία τοῦ Θεοῦ; wörtlich „K. Gottes"; Mt verwendet βασιλεία τῶν οὐρανῶν „K. der → Himmel") ist das Leitwort und das Zentrum der Verkündigung Jesu (Mk 1,15; 4; 14,25; Lk 6,20f; 7,22f; 10,23f; 11,20.31f; 17,21 u. a.).

II. 2. Die gesamte theozentrische und proexistente Sendung Jesu in Wort (bes. die Gleichnisse) und Tat (Machttaten, Zeichenhandlungen) bis hin zu → Passion und → Auferstehung steht im Dienst der Aufrichtung und Durchsetzung der K. Gottes, die zur Verwirklichung des ersten Gebotes alle anderen Herrschaftsansprüche relativiert bzw. bricht. Die jesuanische Verkündigung nimmt die Vorstellung der universalen, auf die ganze → Schöpfung ausgreifenden und ihrer eschatologischen Durchsetzung entgegenstrebenden K. Gottes aus AT und Frühjudentum (TestDan 5,10–13; Sib 3,46–60; AssMos 4,2; 10,1–10; PsSal 17,1.46) auf. Sie teilt die bei Johannes dem Täufer gegebene apokalyptische Zeitdeutung, dass der dem Untergang und dem → End-Gericht verfallene gegenwärtige Äon von dem unmittelbar bevorstehenden Kommen der K. Gottes abgelöst wird (Mt 3,7–12par.; Lk 13,3.5). Das Proprium der Verkündigung Jesu liegt in der indikativischen Zusage des → Heils der Gottesherrschaft, die schon jetzt in seinem messianischen Wirken Platz greift und die versklavenden Kräfte des Bösen (→ Dämonen, → Widersacher) definitiv besiegt (Mt 11,4–6.11f; 13,16f; vgl. Lk 11,20 als jesuanisches Programmwort für die Deutung seiner Dämonenaustreibungen). Gegenwart und nahe Vollendung der K. verschränken sich im Wirken Jesu (vgl. ἤγγικεν in Mk 1,15 und Lk 10,9; ἔφθασεν ἐφ' ὑμᾶς in Lk 11,20; 17,20f; in eingeschränkter Strukturanalogie sprechen Qumran-Schriften von der Teilhabe der Betenden an der himmlischen K. Gottes und der unmittelbar bevorstehenden Verwirklichung der K. Gottes auf Erden; vgl. Sabbatopfergesänge; Kriegsrolle). Die in der Sendung Jesu Platz greifende Nähe der K. Gottes zielt auf die eschatologische Sammlung und Bereitung des Gottesvolkes → Israel, das Jesus zu → Umkehr, → Buße, → Glaube und → Nachfolge ruft. Zur Verkündigung der angebrochenen K. verwendet Jesus eine Vielzahl von Gleichnissen, die unterschiedliche Aspekte des Kommens und der gegenwärtigen Wirksamkeit der Gottesherrschaft vor Augen stellen (bes. Saat- und Ernte-, Kontrast-, Hochzeits-, Gerichtsgleichnisse). Er sendet seine → Apostel und Jünger aus, in seiner Vollmacht die angebrochene K. Gottes zu verkünden (Mk 6,7–12; Lk 9,1–10; 10,1–12) und lehrt sie, um das Kommen der K. zu beten (Mt 6,10). Die Entscheidung für oder gegen dieses eschatologische Heilsangebot Gottes ist äußerst dringlich, sie lässt keinen Aufschub zu (Mt 9,21f; 10,5–15; 22,1–10; 25,1–13) und fällt gegenüber dem → Boten Jesus selbst (Mk 8,38; Mt 10,32f; Lk 15). Trotz und gerade in der weitgehenden Ablehnung seiner Reich-Gottes-Verkündigung hält Jesus auch angesichts seines drohenden Todes unbeirrt an seiner Botschaft fest und feiert im Kreis der Zwölf ein testamentarisches Abschiedsmahl (→ Abendmahl), an dem erneut teilzunehmen er für die vollendete K. Gottes verheißt (Mk 14,25). Die Auferweckung Jesu (→ Auferstehung) aus den Toten wird von den Auferstehungszeugen als unmittelbare Bestätigung des Boten und seiner Botschaft durch Gott selbst verstanden und verkündet. Dabei ist die Auferweckung Jesu als irreversibler Beginn der allgemeinen Totenauferweckung über die eschatologischen Zeichenhandlungen des irdischen Jesus hinaus selbst auch eine Verwirklichung der sich durchsetzenden K. Gottes, die auch den unausweichlichen → Tod überwindet. Dieses Osterkerygma begründet eine Erneuerung und Verstärkung der Verkündigung der nahen Gottesherrschaft, insbes. auch der unmittelbaren Naherwartung (Mk 9,1; Mt 10,23; 1 Thess 4,15; 1 Kor 15,51). Der nachösterlichen Ekklesia (→ Kirche) gilt der Auftrag, in der Nachfolge Jesu das → Ev. Gottes als „Ev. des Reiches" (Mt 4,23; 9,35) zu verkündigen (Mk 13,10; 14,9; Apg 8,12; 19,8) und den Glaubenden die die Schöpfung heilenden Wohltaten der K. Gottes zuzuwenden (Mk 6,7–12; 16,17f; Lk 4,16–30; 9,1–10; 10,1–12; Apg 4; 5,12–16 u. a.). Im Joh wird das jesuanische und synopt. Leitwort „K. Gottes" weitgehend durch das Theologumenon „das (ewige) → Leben haben" ersetzt (vgl. aber Joh 3,3.5). Die ersten Christen erfahren die Ekklesia als den Lebens- und Machtraum, in dem die Wirkkräfte der Gottesherrschaft greifen (vgl. die pln. Charismenlehre 1 Kor 12; 4,20; Röm 14,17; → Amt). In Analogie zum heilenden Wirken Jesu gilt der nachösterlichen Ekklesia der Auftrag und die Zusage, heilend und versöhnend zu wirken, Leiden zu mildern, für individuelle und gemeinschaftliche → Gerechtigkeit in universaler Reichweite einzutreten. Ohne eine messianische Praxis, die die jesuanische Option für die Armen aufnimmt (Mt 5,3f.6), wäre jede christl. Rede von der angebrochenen messianischen K. Gottes unglaubwürdig und leer (Mt 5,20; 6,10.33; 7,21; 1 Kor 6,9f; Jak 2,5f). Dabei steht die Nachfolgegemeinschaft Jesu Christi grundlegend in einem Dienstverhältnis zur nahen K. Gottes, auf die hin sie sammelnd unterwegs ist (1 Thess 2,12; 1 Kor 15,50; Gal 5,21) und in der Gott einmal „alles in allem" sein wird (1 Kor 15,28; vgl. Offb 21,1–22,5).

I. *B. Janowski*, Das Königtum Gottes in den Psalmen, in: *ders.*, Gottes Gegenwart in Israel, Neukirchen-Vluyn 2000, 148–213.334f; *O. Kaiser* (Hg.), Texte aus der Umwelt des Alten Testaments, Gütersloh 1981ff. (TUAT); *M. Leuenberger*, Konzeptionen des Königtums Gottes im Psalter, Zürich 2004.
II. *M. Hengel*, Königsherrschaft Gottes und himmlischer Kult im Judentum, Urchristentum und in der hellenistischen Welt, Tübingen 1991; *H. Merklein*, Jesu Botschaft von der Gottesherrschaft, Stuttgart [3]1989; *R. Schnackenburg*, Gottes Herrschaft und Reich, Freiburg [4]1965; *H. Schürmann*, Gottes Reich – Jesu Geschick, Freiburg 1983.

Bernd Janowski (AT) / Klaus Scholtissek (NT)

Herz (H.)

(→ Dachartikel: Anthropologie)

I. AT: 1. Das H. (hebr. *lēb, lēbāb*) ist einer der wichtigsten anthropologischen Grundbegriffe im AT. Da mit dem Schlagen des H. das → Leben als solches verbunden wird, gilt das H. als das Organ schlechthin. Im Unterschied zu bis heute wirkenden antiken Körperkonzepten, die den Kopf als Zentrum der → Person verstehen, ist dem ao. Menschen eher das H. die Personmitte. Dort verorten sich Charakter und Gefühle des Menschen, seine kulturelle und personale Identität und sein → Gedächtnis. Im H. bündeln sich die intellektuellen Fähigkeiten des Menschen ebenso wie seine Sinnlichkeit und viele seiner emotionalen Funktionen. Beide Dimensionen werden nicht voneinander getrennt, was die ganzheitliche und aspektivische Sicht auf den Menschen befördert (→ Anthropologie). Das Neben- und Ineinander von Denken und Fühlen im H. macht die Besonderheit des Begriffs aus. Man kann treffend vom H. als dem Personkern oder noch besser dem biogr. Kern reden. Dabei ist die Mitte-Vorstellung nicht immer materiell gebunden an das Organ „H.", sondern der Begriff kann seltener auch die Brust, den Brustkorb bis hin zum ganzen Oberkörper (dabei aber bevorzugt die Vorderseite) bezeichnen, für den ganzen Menschen stehen („mit ganzem H. und ganzer → Seele") und auch losgelöst von körperlichen Funktionen oder Dimensionen gebraucht werden. Bei der Vielzahl der Belege kann im Folgenden immer nur eine Auswahl von Stellen angegeben werden.

I. 2. Das H. ist Sitz wichtiger → Emotionen und Gefühle, etwa der → Freude (1 Sam 2,1; Ps 4,8; 13,6; 33,21) und Traurigkeit (Spr 12,25; 14,13), des Jubels (Hld 3,11; Ps 28,7; Sach 10,7) und der Verzweiflung (Ps 34,19; 102,5). Es ist der Ort der Verachtung (2 Sam 6,16) wie der liebenden Zuneigung (2 Sam 14,1; 15,6; 1 Sam 18,1), der Sitz der → Angst (Dtn 28,67; 1 Sam 28,5; Ps 25,17; Klgl 1,20) und des Mutes (1 Sam 17,32). Ein Mutiger hat ein „H. wie ein Löwe" (2 Sam 17,10), schmilzt das H. oder wird weich, fehlt der Mut (Jos 2,11; 7,5; 14,8). Im H. sitzen Schwermut (2 Sam 13,20), Stolz (Ps 131,1), Hochmut (Dtn 8,14; 17,20; Jer 48,29), Niedertracht (Dtn 15,9) und Geiz (Dtn 15,10). Das H. steht für den → Willen, den Plan, den Sinn und die Gesinnung (Dtn 4,9; 17,17; 2 Sam 7,3.21; 1 Kön 8,58; Ps 21,3; 37,4; 61,3). Neben den emotiven und voluntativen Funktionen sind die noëtischen für das H. zentral. Der atl. Mensch denkt nicht mit dem Kopf, sondern mit dem H. (Gen 17,17; 24,45; Dtn 8,17; 18,21; Jes 33,18; 47,10; Ps 27,8; Koh 8,5; Sir 37,12). Das H. ist Sitz des Verstandes, der Vernunft, des Intellektes, des Bewusstseins, des Erkenntnisvermögens, der → Einsicht, des Gedächtnisses, des Wissens, des Nachdenkens, des Urteilens und des argumentativen Abwägens. Da → Weisheit erfahrbares und reflektiertes Alltagswissen bezeichnet und das H. biogr. Mittelpunkt mit noëtischer Qualität ist, wird verständlich, dass Weisheit im H. verortet wird. Es ist daher nicht verwunderlich, dass vom H. bes. häufig in weisheitlichen Texten geredet wird. Das H. steht für die Entscheidung, die Hand (→ Körper) für die Ausführung (Ps 58,3; Klgl 3,41; Ez 22,14). Da das H. das Zentrum menschlicher Handlungen und Entscheidungen ist, ist es entsprechend *die* Schaltstelle zwischen Mensch und Gott. Das H. übernimmt (zusammen mit den Nieren) die Funktion des → Gewissens. Im H. verortet sich das Bemühen, Gottes → Willen und den menschlichen Willen in Einklang zu bringen. Daher prüft Gott „auf H. und Nieren" (Ps 7,10; 26,2; Jer 11,20), ob das H. des Menschen ungeteilt die Nähe Gottes sucht (1 Kön 8,61; 15,3; Ps 12,3, „mit ganzem H. und mit ganzer Seele": Dtn 6,5; 10,12; 13,4; 1 Kön 14,8; Jer 3,10; Mt 22,37; Mk 12,30).

I. 3. Die Rede vom erneuerten „reinen H." (Ps 51,12) bringt den Wunsch nach einer unbelasteten Erneuerung des Gottesverhältnisses zum Ausdruck. Vom „neuen H." oder dem „H. aus → Fleisch" anstelle des „H. aus Stein" ist v. a. in der prophetischen Bundestheol. die Rede (Ez 11,19; 18,31; 36,26). Das H. wird dabei als Zentrum des Willens verstanden, als Ort der Entscheidung für oder gegen Gott. Die Metapher vom Schreiben auf das H. (Dtn 6,6; 11,18), die wie die von der → Beschneidung des H. (Dtn 10,16; 30,6; Röm 2,29) schon im Dtn verwandt ist, wird in der Rede vom Neuen → Bund in Jer 31,31–34 mit der Tafelvorstellung verbunden. Die Tafel des H. (Spr 3,3; 7,3; Jer 17,1) steht für Beständigkeit und Verinnerlichung (vgl. Dtn 30,14). Mit dem Schreiben Gottes werden die Dekalogüberlieferung am Sinai und die → Tora als Bundesinhalt eingespielt. Wenn der in der Tora manifestierte Wille Gottes im Neuen Bund auf das H. des Bundespartners geschrieben wird, dann ist ein Bundesbruch, also die Missachtung seines Willens und die darin vollzogene Entscheidung gegen Gott, nicht mehr möglich. Gottes Wille ist unmittelbar dem Menschen zugänglich, der darum keine Belehrung mehr braucht. Diese ungeteilte Unmittelbarkeit kann in christl. Perspektive zwar eschatologisch erhofft, aber nur im „H. Jesu" als erfüllt geglaubt werden.

II. NT: 1. Vom H. Jesu ist im NT jedoch ausdrücklich nicht die Rede. Die Lanze wird – auch wenn sie auf das H. zielt – in die Seite (πλευρά) des Gekreuzigten gestochen (Joh 19,34) und auch Thomas legt seine Finger nicht an das H., sondern in die Seite (Joh 20,20.25.27). Trotzdem ist im NT καρδία – und das ist in diesem Fall bes. bemerkenswert, da im griech. Gebrauch das physiologische Verständnis des Wortes im Vordergrund steht – im Anschluss an die LXX in gleicher lexematischer Breite verwandt wie im AT. D. h. das H. ist nicht ausschließlich, aber doch überwiegend Personzentrum, der Sitz des Verstandes, des → Willens, der sittlichen Entscheidungen und der → Gefühle.

II. 2. Das H. ist auch im NT der Ort der Gedanken (Mt 9,4; 12,34; Mk 2,6; Lk 2,19), Adressat der Botschaft (Mt 13,19; Lk 8,12.15) und bleibt der Ansatzpunkt der „Verstockung" (Mk 6,52; 8,17; Joh 12,40; Röm 2,5). Im H. sind → Freude, Mut, → Angst, → Trauer, Willen, Sehnsucht, → Gewissen verortet und es ist Ort der Entscheidung (Lk 24,32; Joh 14,1.27; 16,6; Apg 2,26f; 21,13; 1 Joh 3,19–24; Röm 9,2). Das H. ist ein verborgener, aber „eigentlicher" Ort (1 Petr 3,4), der von Gott, „der die H. prüft" (1 Thess 2,4) und der selbst „Herzenskenner" (καρδιογνώστης) (Apg 1,24; 15,8) ist, aufgeschlossen wird. Ziel menschlichen Handelns bleibt auch im NT ein „reines" H. (Mt

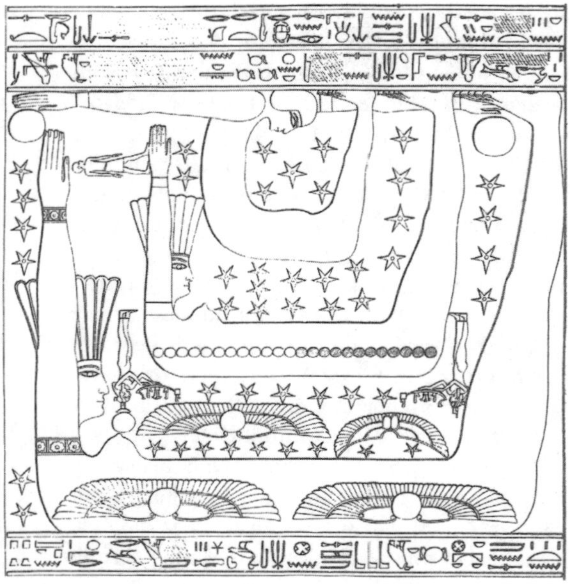

Abb. 38: Die äg. Himmelsgöttin Nut doppelt dargestellt (für die Mehrzahl der Himmel) über dem Erdgott Geb. Relief aus Philae (Ptolemäus IX, ca. 107–88 v. Chr.).
Quelle: *O. Keel*, Bildsymbolik, Abb. 30.

5,8; 1 Tim 1,5; 2 Tim 2,22; Jak 4,8; 1 Petr 1,22). Dazu bedarf es der Herzensöffnung (Apg 16,14), der Aufweitung des durch die → Sünde engen und verhärteten H. (Eph 4,18; 2 Kor 6,11; Hebr 3,8; 4,7) oder der Öffnung der „Augen des H." (Eph 1,18, vgl. 2 Thess 3,5), sodass ein ungehinderter Zugang zu Gott möglich wird. Da aber die → Liebe in das H. gegossen ist (Röm 5,5) oder der → Geist des Sohnes in das H. gegeben ist (Gal 4,6; 2 Kor 1,22), ist ein Neuanfang ermöglicht. Im H. richtet der Friede Christi seine → Herrschaft auf (Kol 3,15f). Das ungeteilt Gott zugewandte H. steht für den → Glauben (Mk 11,23; 12,30; Mt 13,15), ja das H. ist *der* Glaubensort (Lk 8,12; 24,25; Joh 14,1).

I. *H. Brunner*, Das Herz im ägyptischen Glauben, in: *ders.*, Das hörende Herz, Fribourg u. a. 1988, 8–41; *T. Krüger*, Das „Herz" in der alttestamentlichen Anthropologie, in: *A. Wagner* (Hg.), Anthropologische Aufbrüche, Göttingen 2009, 171–181; *N. Lohfink*, Die Wurzeln der Herz-Jesu-Verehrung im Alten Testament: Jetzt 3 (1998) 12–22; *C. Rösel*, „Ein Prüfer der Herzen ist JHWH" (Spr 17,3b): BZ 56 (2012) 286–298.

II. *M. Crüsemann*, Das weite Herz und die Gemeinschaft der Heiligen, in: *F. Crüsemann* u. a. (Hg.), Dem Tod nicht glauben, Gütersloh 2004, 351–375; *W. Geerlings/A. Mügge* (Hg.), Das Herz, Paderborn 2005; *P. Stockmeier*, „Herz", in: *M. Langer/A. Bilgri* (Hg.), Weite des Herzens, Regensburg 1989, 667–674.

Christian Frevel

Himmel (H.)

(→ Dachartikel: Weltbild/Kosmologie)

I. AT: 1. Der H. (hebr. *šāmajim*, griech. οὐρανος/οι) markierte im gestuften → Weltbild den obersten Endpunkt der vertikalen Raumachse, dem am unteren Ende der Süßwasserozean, die → Unterwelt oder die → Erde entgegengesetzt waren. Er war ein Ort, der Menschen gewöhnlich verschlossen war und nach ao., äg. und griech. Überzeugung von Göttern bewohnt wurde. Er ragte im → Tempel und/oder dem sakralen → Berg in die diesseitige Welt hinein, sodass Heiligtümer als irdische H. betrachtet wurden, was sich u. a. an deren Namengebung (z. B. „Haus des Bandes von H. und Erde") und in der Ikonographie der Tempel sowie ihrer Ausstattung mit astralen/solaren/lunaren Elementen niederschlug (→ Gestirne). Analog zu Ägypten (s. *Abb. 38*) und Babylonien kann auch im AT von mehreren H. die Rede sein (Ps 148,4; Dtn 10,14). Wirklich entwickelt hat sich deren Anzahl erst in frühjüd. und ntl. Zeit. 2 Kor 12,2–5 rechnet mit drei, 3Bar 11,1 mit fünf, ApkAbr 10,8; 3Hen 1,2 mit sieben, 2Hen 22,1 gar mit zehn Himmeln.

I. 2. Während der H. im AO auch als personale Gottheit verehrt werden konnte (AN in Sumer; Anu(m) in Mesopotamien, Nut in Ägypten), legt das AT Wert darauf, festzustellen, dass er ein Geschöpf Jhwhs (Gen 1,6–8; 2,4b; 14,19.22; Jes 42,5; 45,18) ist und von ihm bewegt werden kann (Hag 2,6). Analog zum bab. Weltschöpfungsepos *enūma eliš* schafft Jhwh (wie der bab. Götterkönig Marduk) in Gen 1,6–8 den H., indem er die Urflut (Tiamat = *t*^{e}*hōm*) zerteilt, sodass sich daraus die geordnete Welt ergibt, die jedoch, da die Flut (→ Meer) grundsätzlich weiterhin drumherum existiert, von diesem Inbegriff des Chaos bedroht bleibt. Daneben kann der H. atl. auch durch Ausspannen (Ijob 9,8; Ps 104,2; Jes 40,22), Gründung oder Befestigung entstanden sein (Spr 3,19; 8,27). Der H. erscheint als Feste (*rāqī*^{ac}), an dem die Gestirne inkl. Sonne und Mond befestigt waren, die als → Heer des H. betrachtet wurden. Oberhalb des H. nahm man das obere Chaoswasser an, das Jhwh von der Erde fernhielt (Gen 1,6–8; Ps 148,4–6). Von hier kam Schnee, Hagel, Tau, Reif und Regen (Jes 55,10f; Gen 8,2; 27,28; Jer 14,22; Ijob 38,29), Blitz und → Feuer (Gen 19,24; 2 Kön 1,10; Ijob 37,2–6). Im H. wurden Schatzkammern angenommen, in denen Jhwh Wind, Schnee und Hagel lagerte (Jer 10,13 = 51,13; Ps 135,7; Ijob 38,22) und bei Bedarf durch Fenster/Schleusen auf die Erde fallen ließ (Gen 7,11). Der H. konnte als auf den Bergen des äußersten kreisrunden Horizonts ruhend (Ijob 26,10f) oder auf Grundfesten stehend (2 Sam 22,8) vorgestellt werden. Er war die Sphäre Jhwhs, doch wurden um ihn noch weitere Wesen angesiedelt, die ihn dort als Hofstaat umgaben (1 Kön 22; Ijob 1,6; Jes 6): → Engel, → Widersacher/Satan, → Mischwesen (Kerubim, Serafim), → Geist (1 Kön 22,19–23; Ez 1,12; 3,12–14), Heilige (Ps 89,6.8) sowie Söhne Gottes/des Höchsten (Gen 6,1–4; Ijob 1,6; Ps 82,6). Für Menschen war der H. zwar theoretisch begehbar (Ps 139,8), jedoch war das Ansinnen allein schon sträflich (Gen 11,1–9), wenn man nicht von Jhwh dazu befähigt oder aufgefordert worden war: Dies war bei Visionen und Träumen gegeben, durch die Menschen in den H. sehen konnten (Ez 1,1; Dan 7), ansonsten ist eine leibliche Entrückung in den H. atl. nur von Henoch und Elija belegt (Gen 5,24; Sir 44,16; 2 Kön 2,1–11). Kontakt zwischen Erde und H. stellen auch Rauch und Flammen her, die aufsteigen und dabei Düfte, Aromen und Botschaften transportieren können (Gen 8,21; Ri 13,20). Die umgekehrte Richtung des Abstiegs zur Erde konnte von den Himmelsbewohnern eingeschlagen werden (Gen 11,5.7; Ps 144,5), wobei man anscheinend davon ausging, dass es Orte mit einer beide Sphären verbindenden Treppe/Leiter gab (Gen 28,12), die selbstverständlich heilig waren. Analog zur ao. Tempeltheol. waren Heiligtümer auf den H. hin transparent (Jes 6). Folglich konnte man Jhwh sowohl im Tempel bzw. → Zion wie auch im H. ansprechen, und er wurde von hier aus aktiv. In späten Texten kann der H. ausschließlicher Wohnsitz Jhwhs sein (Ps 103,19; Koh 5,1), doch wird selbst dieser transzendente Wohnort Jhwhs insofern relativiert, als festgestellt wird, dass Jhwh jenseits der kosmischen Begrenzungen steht und selbst vom H. nicht gefasst werden kann (1 Kön 8,27; 2 Chr 2,5; 6,18). Seit der pers. Zeit wurde Jhwh in Anlehnung an den obersten pers. Gott Ahuramazda als Gott des H. tituliert (Neh 1,4; Jona 1,9; Dan 2,18f; Texte von der Nilinsel Elephantine).

Der H. war zwar Inbegriff der Dauerhaftigkeit (Dtn 11,21; Ps 89,30), doch war für ihn ein Ende vorgesehen (Jes 34,4; 51,6; Ijob 14,12; Ps 102,26f). In der eschatologischen Erwartung der neuen → Schöpfung ist von einem neuen H. die Rede (Jes 65,16–25; 66,22), der sich über der neuen Erde der Heilszeit wölben wird. Die → Hoffnung auf Unsterblichkeit, die atl. nur selten belegt ist (Dan 12,1–3), verband sich in spätatl.-frühjüd. Zeit mit dem Gedanken, dass sich die auferstandenen Gerechten zu Gott in den H. begeben würden (1Hen 103.108; 2Hen 8.10), während die Sünder in die Unterwelt geraten. Die Urteile des → End-Gerichts am Ende der → Zeit werden im H. mithilfe eines Buches gefällt, in dem die Taten der Menschen stehen (Dan 7,10; 12,1). Im Judentum (aufgenommen von der christl. Lit.) wurde für herausragende Personen die Entrückung in den H. vorausgesetzt, wo sie in die Geheimnisse Gottes eingeweiht worden seien (z. B. AscJes, TestLev 2,5–5,7; TestAbr 7,19–8,3; AssMos 10,12; 2Bar 76). Derartige Himmelsreisen spielten v. a. in der → Apokalyptik eine große Rolle.

I. 3. Die Himmelsrichtungen wurden bestimmt, indem man sich an der Sonne und den Schatten orientierte. Wo die Sonne aufging (*mizrāḥ/mizrāḥ haššæmæš*), war „vorn“ (*qædæm*) bzw. „Osten“. Diese Ausrichtung bestimmte alles Weitere (d. h. veränderte sich die Blickrichtung, verschob sich das ganze System)! Der „Westen“ lag „hinten“ (*ʾāḥōr* und Derivate), der „Norden“ „links“ (*śᵉmʾol*), der „Süden“ „rechts“ (*jāmīn*). In Entsprechung zum Osten konnte auch der Westen nach dem Stand der Sonne bei ihrem Untergang bestimmt werden (*maᶜᵃrāb, mābōʾ haššæmæš*), sodass der Westen zur „Abend“-Seite wurde. Bei dieser Art der Orientierung wurde die den Menschen umgebende Fläche linear nach vier Richtungen aufgelöst (vgl. die „vier Winde“ bzw. „vier Windrichtungen“; Ez 37,9; Sach 2,10; 6,5; Dan 7,2; 8,8; 11,4), sodass es vier Enden/Ränder des Himmels gab (Jer 49,36). Zusätzlich zu diesem einfachen, ganz vom Standpunkt des Menschen her bestimmten Ordnungssystem, gab es geographisch orientierte Bestimmungen für den Norden, Westen und Süden, die allerdings das tatsächlich vorgegebene Gesichtsfeld des Einzelnen erheblich überschritten. Den heiligen Berg Zafon (nördlich von Ugarit), der für den „Norden" namengebend wurde (Ri 12,1; Ez 47,14 u. a.), kann man von Palästina aus nicht sehen. Nur für Küstenbewohner konnte „Meer" als konkrete Bezeichnung für den Westen dienen; nur für diejenigen, die im Süden lebten, konnte der Negeb den „Süden" markieren. Grundsätzlich reichten aber die Bezeichnungen „vorn", „hinten", „rechts" und „links" aus, um die Himmelsrichtungen in einer Welt zu bestimmen, in der man selbst die Mitte war. Es genügte, den eigenen → Körper auf die aufgehende Sonne auszurichten, um sich räumlich zu orientieren.

II. NT: 1. In der LXX und dem NT kann auch hebraisierend von „den Himmeln" (griech. οἱ οὐρανοί) die Rede sein. Dabei kann spätestens seit der Makkabäerzeit (1 Makk 4,10.24.55; 12,15) H. auch den Gottesnamen ersetzen, dessen Gebrauch man aufgrund seiner → Heiligkeit mied (so v. a. Mt). Aus demselben Grund bevorzugte Mt die Rede vom H.-Reich anstelle vom Reich Gottes (→ Herrschaft).

II. 2. Das NT teilt die gestufte Kosmologie der alten Welt mit dem geschaffenen H., der → Erde (Mt 5,18) und der → Unterwelt (Phil 2,10). Analog zum AT wird mit mehreren H. und vier Winden/Windrichtungen gerechnet (Mt 3,16f; 24,29–31; 2 Kor 12,1–5). Hier befindet sich das Firmament (Mt 24,29), der himmlische Ozean, das → Paradies, der → Thron (Hebr 8,1; Offb 4,2) und Wohnort Gottes (Mt 6,9; 18,10), von dem aus er wirkt und sich sein Zorn wie Gericht offenbaren (Röm 1,18; Offb 16,21). H. und Erde bezeichnen auch ntl. die ganze → Schöpfung Gottes (Mt 5,18; 28,18; Apg 4,24; 1 Kor 8,5). → Zeichen am H. können die Ankunft des → Messias ankündigen (Mt 24,30f; Mk 8,11par.). Der H. ist auch in ntl. Sicht von → Engeln u. a. Wesen bewohnt (Mt 18,10), wobei der Mythos vom Sturz der Engel aus dem H. aufgenommen wird (Lk 10,18ff; Jud 6; 2 Petr 2,4). Vor den Augen des Märtyrers ist der H. offen (Apg 7,55; AscJes) und auch für den Apokalyptiker gibt es eine Öffnung (Offb 4,1; 19,11), jedoch gilt der H. ansonsten als ein den Menschen ferner Bereich. H. wurde im NT immer mehr vom kosmologischen zum theol. Begriff, der H. und Erde in Gegensatz zueinander setzte und (ethisierend) zwei verschiedene Daseinsweisen qualifizierte: Das → Leben auf Erden in → Sünde und das Leben im H. in → Gerechtigkeit. Denn seit dem Sündenfall bestand ntl. eine Feindschaft zwischen dem H. (Sphäre Gottes) und der Erde (Sphäre der Menschen). Letztere stand seither unter der Macht des Satans (→ Widersacher) und der Sünde, während der H. in der Hand Gottes war (Lk 4,6; Röm 5,12–21; 7,11–25). Dies hat sich nach dem NT durch die Ankunft Christi, seine → Auferstehung, die ihn (als Erhöhung interpretiert, vgl. Lk 24,50–53; Apg 1,9–11) in den H. und (analog zu Ps 110,1) an den Platz zur Rechten Gottes (Apg 2,33; Joh 20,17; Röm 8,34; Offb 4,9–11) führte, sowie die Gründung seiner → Kirche geändert. Denn die Herrschaft der Sünde ist nun gebrochen, und die auf Christus vertrauende Gemeinde ist dem H. zugehörig (Phil 3,20). So lebt der Christ im Diesseits in einer Zwischensphäre: Gott und sein Reich sind im H., doch gibt es zugleich für den Christen schon eine Teilhabe am Reich Gottes im hier und jetzt, da durch Christus ein Zugang zu Gott besteht. Die endgültige Aufrichtung der Gottesherrschaft auf Erden (verbunden mit der → Parusie Christi) muss jedoch erst noch erwartet werden (Röm 8,18–24). Christus, dessen Worte H. und Erde überdauern werden (Mk 13,31par.), wird wiederkommen und das Reich Gottes errichten. Zur eschatologischen Erwartung gehörte die Schöpfung eines neuen H. und einer neuen Erde (2 Petr 3,7.13; Offb 21,1–10), die die erste Schöpfung ablösen wird und in der sich (symbolisiert durch den Abstieg des himmlischen Jerusalem) die Sphäre des H. und der Erde verbinden werden.

I. *R. Bartelmus*, šāmajim – Himmel, in: *B. Janowski/B. Ego* (Hg.), Das biblische Weltbild und seine altorientalischen Kontexte, Tübingen 2001, 87–124; *U. Berges*, Der neue Himmel und die neue Erde im Jesajabuch, in: *F. Postma/K. Spronk* u. a. (Hg.), The New Things, Maastricht 2002, 9–15; *C. Cannuyer*, Lebt Gott im Himmel?: Welt und Umwelt der Bibel 26 (2002) 5–9; *B. Ego*, Im Himmel wie auf Erden, Tübingen 1989; *L. Flaig*, Altes und Neues von Himmel und Hölle: BiKi 49 (1994) 52–55; *F. Hartenstein*, Wolkendunkel und Himmelsfeste, in: *B. Janowski/B. Ego* (Hg.), Das biblische Weltbild und seine altorientalischen Kontexte, Tübingen 2001, 125–179; Der Him-

mel: JBTh 20 (2005); *C. Houtman*, Der Himmel im Alten Testament, Leiden u. a. 1993; *B. Janowski*, Der Himmel auf Erden, in: *ders./B. Ego* (Hg.), Das biblische Weltbild und seine altorientalischen Kontexte, Tübingen 2001, 229–260; *O. Loretz*, Gottes Thron in Tempel und Himmel nach Psalm 11: UF 26 (1994) 245–270.
II. *J. T. Pennington*, Heaven, Earth, and a New Genesis, in: *ders./S. M. McDonough* (Hg.), Cosmology and New Testament Theology, London 2008, 28–44; *W. Pratscher*, Divergenz und Konvergenz von Himmel und Erde bei den Synoptikern: SNTU.A 28 (2003) 175–185; *G. Schneider*, „Im Himmel – auf Erden", eine Perspektive matthäischer Theologie, in: *L. Schenke* (Hg.), Studien zum Matthäusevangelium, Stuttgart 1988, 283–297.

Angelika Berlejung

Hoffnung (H.)

(→ Dachartikel: Eschatologie)

I. AT: 1. Typischerweise wird das Konzept H. mit der hebr. Wurzel *qwh* (ca. 80 Belege; davon 32 das Substantiv *tiqwā*, „H.") ausgedrückt, weniger häufig begegnet die Wurzel *jḥl* („warten, harren"), selten stehen *ḥkh* („sehnsuchtsvoll/vertrauensvoll warten") und *śbr* („hoffen, warten"). Das Thema wird – mit Ausnahme der → Verheißungen von Land und Nachkommenschaft, die einen Hoffnungsgrund darstellen – selten bis nie im Pentateuch formuliert, vielmehr liegen die Schwerpunkte in der prophetischen Lit. und in den Pss. Sehr häufig ist Gott das ausdrückliche Objekt der H. (bzw. des Verbs „hoffen"): z. B. Ps 25,3.5.21; 69,7; 130,5; vgl. Spr 20,22; Klgl 3,25; Jes 8,17; 25,9; 40,31; 49,23; 51,5; Jer 14,22; Hos 12,7. Alternativen sind z. B. das Hoffen auf Gottes → Rettung (Gen 49,18), das Erwarten Furcht gebietender Taten (Jes 64,3), das Harren auf Gottes guten → Namen (Ps 52,11). Wenn kein Objekt angegeben ist, ist die H. ein Gut an sich (z. B. Jer 29,11; Ez 37,11; Hos 2,17; Sach 9,12; Ijob 8,13; 17,15; Spr 11,7; 24,14).

I. 2. Die H. kann aber auch vergeblich sein und die Erwartung durchkreuzt werden. So wartet Gott als der Weinbergbesitzer vergeblich auf gute Frucht in Jes 5,2.4; die H. auf → Licht wird mit Finsternis beantwortet (Jes 59,9; Jer 13,16) – insbes. Ijob beklagt sich, dass die menschliche H. auf den → Lohn des Tagelöhners vergeblich (Ijob 7,2) und seine H. nur noch die → Unterwelt ist (17,13). Am häufigsten ist im AT Gott die letzte Quelle der H. und in der Mehrheit der Fälle steht hinter den H.-Aussagen der starke → Glaube an (das positiv konnotierte Warten auf) ein Eingreifen Gottes in der → Geschichte gegen alle Wahrscheinlichkeiten. Je mehr sich der Mensch seiner Endlichkeit und Gottes Unendlichkeit bewusst wird, umso stärker wird die H. (vgl. z. B. Ps 39,4–8). Die H. beruht auf den vielfältigen Verheißungen Gottes (bes. hinsichtlich der Bundeszusagen an Noach, Abraham, Mose und David; → Bund). Insofern kann H. nicht nur das individuelle → Heil ins Auge fassen, sondern auch die → Rettung des → Volkes als Erwartungshorizont formulieren: So erhofft sich Jer 31–33 eine Erneuerung des Bundes; die Wiedervereinigung → Israels und Judas zu einer Nation ist das H.-Bild von Ez 37,15–28.

Im individuellen Bereich zeigt das AT das breite Spektrum zwischen Pessimismus und H. So bestehen starke Gegensätze zwischen dem Buch Ijob, das harte Kritik am Gedanken einer hoffnungsfrohen Existenz übt, und dem Buch der Pss., in dem oft ein überschwängliches Vertrauen auf Gott geäußert wird (z. B. Ps 23; 27,1). Selbst in den Klageliedern keimt H. auf (z. B. Ps 39,8; Klgl 3,18–29) und auch für den schonungslosen Realisten Kohelet haben die Lebenden mehr H. als die Toten (Koh 9,4). Und dort, wo man es kaum vermutet, inmitten der apokalyptischen Bilder des Endzeitkampfes (→ Apokalyptik) und des Gerichts, finden sich Elemente der H., z. B. Jes 25,6–8; Joël 4,16; Mal 3,23f.

II. NT: 1. Der griech. Begriff für H. ist ἐλπίς („H.") bzw. ἐλπίζω („hoffen"). Über diese Begrifflichkeit hinaus, die z. B. in den Evv. fast nicht begegnet, gibt es eine Vielfalt an Ausdrucksformen für das Konzept eines Vertrauens auf Gott, dessen Güte und → Barmherzigkeit verlässlich sind und dessen → Verheißungen erfüllt werden – und diese Idee von H. ist im NT allgegenwärtig.

II. 2. In den *synopt. Evv.* und in der *Apg* begegnet die Erwartung, dass die Verheißungen des AT im → Messias Jesus erfüllt sind bzw. in seinem (zweiten) Kommen erfüllt werden. Damit herrscht eine Grundstimmung der H. und der Sehnsucht vor: Das Reich Gottes (→ Herrschaft) als Heilsereignis steht unmittelbar bevor (z. B. im Bild der Ernte Lk 10,2, ferner 10,9; in der Vater-

Unser-Bitte Lk 11,2). Die H. ist ausgespannt zwischen „schon" und „noch-nicht": Mk 1,15 fordert zum → Glauben angesichts des nahen Reiches Gottes auf, Mk 13,33–37 zur beständigen Wachsamkeit, da der Zeitpunkt des Hereinbrechens unbekannt ist. In diesem Ausharren ist die Gemeinde voller H. angesichts der Verheißung, dass Jesus stets anwesend sein wird (Mt 18,20; 28,20). V. a. bei Lukas finden sich bes. Anknüpfungspunkte an die eschatologischen H. des AT; sie begegnen schwerpunktmäßig in den Kindheitsgeschichten (Simeon: Lk 2,25; Hanna: 2,38; die Zuhörer des Täufers: 3,15). In der Apg wird mehrfach deutlich, dass Paulus die endzeitliche Erwartung der Totenauferstehung (→ Auferstehung) mit breiten jüd. Kreisen teilt (Apg 23,6; 24,15; 26,6f; 28,20).

Joh betont einerseits, dass mit dem ersten Kommen Jesu das → Heil bereits realisiert ist (z. B. Joh 6,47), andererseits, dass Jesus erst den Seinen vorangeht und ihnen eine Wohnung beim himmlischen Vater bereitet (z. B. Joh 14,1–3; 17,24). Die H. auf ein ewiges → Leben ist auch in Joh an das Verhalten in dieser Welt bzw. die → Nachfolge Jesu gebunden (vgl. z. B. Joh 12,25f).

II. 3. In der *Brieflit.* begegnet mehrfach die Trias „Glaube, H., → Liebe" (vgl. 1 Kor 13,13; 1 Thess 1,3; 5,8; Kol 1,4f; Hebr 10,22–24; in z. T. wechselnder Reihenfolge). *Paulus* dürfte die Begrifflichkeit aus der Tradition übernommen haben, prägte aber vermutlich selbst die Dreierformel als christl. Summarium über die eschatologische Rechtfertigungsexistenz. Gegenüber einer enthusiastischen Übergewichtung der Geistbegabung und Erlösungsgewissheit betont Paulus so in der Dreiheit von Glaube, H. und Liebe eine konkret gültige Verwirklichung des Christenlebens im vollkommenen Glaubensstand. 1 Thess 1,3 bringt zur H. einen weiteren Aspekt hinzu: die Standhaftigkeit (griech. ὑπομονή), die mitunter an die Stelle der H. treten kann, insbes. wenn es um treue Jüngerschaft geht (z. B. Tit 2,2; 1 Tim 6,11; 2 Tim 3,10; Offb 2,19). Paulus selbst ist fest von seinem „Sein mit Christus" überzeugt, dass er darauf sein volles Vertrauen setzt (2 Kor 3,4.12) und auf die volle Rehabilitierung in Form einer glorreichen Auferstehung hofft (2 Kor 5,1–10; Phil 1,23; 3,20f). Nach Röm 8,18–30 teilt die ganze → Schöpfung die H. auf → Rettung, sie ist in „Geburtswehen" – dieses Faktum und der Gedanke an die → Erlösung durch → Jesus Christus lassen Paulus zu der Formulierung finden: „Wir sind gerettet, doch in der Hoffnung. Hoffnung aber, die man schon erfüllt sieht, ist keine Hoffnung. Wie kann man auf etwas hoffen, das man sieht?" (Röm 8,24). Dafür, dass eine derartige H. manchmal gegen jegliche menschliche Evidenz erfolgen muss, sieht Paulus in Abraham ein großes Vorbild (vgl. Gen 15,5f), und so prägt Paulus das Wort von der H. gegen alle H. (Röm 4,18).

II. 4. Der Zusammenhang von → *Trost* und H. findet sich u. a. in folgenden Kontexten, die zeigen, dass die beiden Aspekte nahezu synonym gesehen werden: Nach Weish 3,18 gibt es keinen Trost und keine H. beim Gericht für die Sünder, doch Sir 17,24 betont, dass Gott den Reumütigen → Umkehr gewährt und die Hoffnungslosen tröstet. In der ntl. Brieflit. sind Trost und H. eng verbunden: 2 Thess 2,16 parallelisiert die Begriffe im Segenswunsch, in Hebr 6,18 erwächst Trost aus dem Ergreifen der von Gott in Christus dargebotenen H., in 2 Kor 1,7 äußert Paulus die H., die Korinther mögen mit ihm Anteil am Trost durch Christus haben. Bemerkenswert ist Röm 15,4, wo die H. durch den Trost der Schrift erwächst – ein Gedanke, der schon in 1 Makk 12,9 geäußert wird. Generell ist zu sagen, dass sehr häufig, wenn das Motiv des Trostes auftritt, auch Gedanken der H. damit verbunden sind (z. B. Ps 94,19; 119,50; Jes 40,1; 51,12; 54,11; 61,2; 66,11.13; Jer 30f; Apg 13,15; Röm 12,8; 2 Kor 1; 1 Thess 4).

II. 5. In den *deuteropln. Briefen* und den *Past.* ist Christus selbst der Grund der H. (vgl. z. B. Kol 1,27; 1 Tim 1,1; Kol 1,23), die im → Himmel bereitliegt (Kol 1,5), großen Reichtum schenkt (Eph 1,18) und zur → Einheit zusammenführt (Eph 4,4). Ohne Christus und den → Bund Gottes besteht keine H. (Eph 2,12), auch irdischer Reichtum ist kein Grund zur H. (1 Tim 6,17). In den *kath. Briefen* wird – angesichts wachsender Verfolgung – die Standhaftigkeit betont (Jak 1,2–4; 1 Petr 4,14), die nötig ist, wenn die „Welt" Rechenschaft verlangt über die H., die die Gläubigen aufgrund der Auferstehung Jesu erfüllt (1 Petr 1,3.21; 3,15). 1 Joh 3,2f sieht als Gegenstand der H. das Sehen Gottes, wie er ist. *Hebr* 6,18f entwickelt das Bild vom Anker als Symbol der H., die auf den treuen Gott baut (Hebr 10,23; 3,6) und eine „Wolke von Zeugen" als Vorbilder hat (Hebr 12,1f). Auch die *Offb* fordert zu geduldiger Standhaftigkeit auf (vgl. v. a. die Sendschreiben Offb 2f). Am Ende steht die baldige Wiederkunft Christi in Aussicht (Offb 22,7.12.20).

I. *R. P. Knierim*, Hope in the Old Testament, in: *ders.* (Hg.), The Task of Old Testament Theology, Grand Rapids 1995, 244–268; *W. H. Schmidt/J. Becker*, Zukunft und Hoffnung, Stuttgart u. a. 1981; *C. Westermann*, Das Hoffen im Alten Testament, in: *ders.*, Forschung am Alten Testament 1, München 1964, 219–265.
II. *H. Giesen*, Hoffnung auf Heil für alle – Heilsgegenwart für die Glaubenden (1 Petr 3,18–22), in: *ders.*, Jesu Heilsbotschaft und die Kirche, Leuven 2004, 399–451; *U. Mell*, Die Entstehungsgeschichte der Trias „Glaube Hoffnung Liebe" (1. Kor 13,13), in: *ders./U. B. Müller* (Hg.), Das Urchristentum in seiner literarischen Geschichte, Berlin u. a. 1999, 197–226; *G. Nebe*, Hoffnung bei Paulus, Göttingen 1983; *K. Schmocker*, Elpis oder Hoffnung, Bern u. a. 1998; *T. Söding*, Die Trias Glaube, Hoffnung, Liebe bei Paulus, Stuttgart 1992; *K. M. Woschitz*, Elpis, Wien u. a. 1979.

Thomas Hieke

Intertextualität (I.)

(→ Dachartikel: Schrift/Schriftverständnis)

I. Dieser von J. Kristeva in die neuere Literaturwissenschaft eingeführte und von R. Barthes, U. Eco u. a. aufgenommene Begriff ist in der → Exegese zum Modewort geworden, das in unterschiedlichen Kontexten angewandt wird, wobei es großenteils linguistisch ungeklärt ist. Daher kann hier nur eine Problemanzeige skizziert werden.

II. Die Grundthese lautet: Jeder Text stellt ein „Mosaik von Zitaten" dar (J. Kristeva), ist eine „Echokammer" vorhergehender Texte (R. Barthes), steht nicht isoliert, sondern in Beziehung zu anderen Texten. Texte stehen im „Dialog" miteinander, wie bereits vor den Theorien zur I. formuliert wurde. Autor und Leser bleiben beim textimmanenten, strukturalistischen Ansatz, der auch lange bei traditionsgesch. Fragen (Rezeption bibl. Zitate, Motive u. a. im NT) in der ntl. Exegese gepflegt wurde, ausgeblendet. Rezeptionstheoretiker betonen dagegen zu Recht, neue Leser „zum aktiven Zentrum eines Netzwerks von unausschöpfbaren Beziehungen zu machen" (U. Eco), da fast jeder Text als „offenes Kunstwerk" zu verstehen sei. Dabei ist ein Wechselspiel von *intentio operis* (dem Textsinn) (die *intentio auctoris*, der vom Autor intendierte Sinn, zeigt sich nur in den Leserlenkungen des Textes) und *intentio lectoris* als dem vom Leser konstituierten Sinn anzustreben. Dass dieses Spiel funktionieren kann, weiß jeder aus gelungener Kommunikation (auch mit Musik, Kunst, Texten), objektivierbare Regeln kann die Semiotik als Lehre von der Bedeutung und Funktion von Zeichen aber nicht bieten.

Der Begriff I. umschreibt sachlich das, womit Exegese sich lit. und sachlich-theol. seit jeher beschäftigt: Beziehungen von atl. Texten zu Texten der Umwelt, von ntl. Texten bes. zu atl. Texten, aber auch zu Texten des hell. Judentums (z. B. Philo von Alexandrien, apokalyptische Texte) und der griech. Umwelt (lit. und philos. Art). Neu ist die Erkenntnis, dass es der Leser ist, der solche Dialoge zwischen den Texten herstellt. Jede Rezeption setzt intertextuelle Bezüge voraus. In der Antike war die *imitatio* von Stil, Wortgebrauch, Metrik, Figuren, Bildern und Themen nicht anrüchig. Exegese setzt seit jeher bei der traditions-, motiv- und gattungsgesch. Betrachtung von Texten I. voraus.

Dies gilt aber auch inner-atl. und inner-ntl.: I. gibt es im Prozess von der mündlichen zur schriftlichen Überlieferung, aber auch bei der Arbeit der Redaktoren an schriftlichen Texten (vgl. die aktualisierende, anwachsende Rezeption der Geschichtstheologien in den Pss. und in 1/2 Chr, der Drohworte in den prophetischen Büchern, der Exodustheol. durch DtJes, der eschatologischen Neuinterpretation messianischer Konzepte, der pln. Theol. durch die Deuteropaulinen). Ein Sonderfall der I. ist die Übersetzung: etwa der hebr. heiligen → Schriften → Israels ins Griech., der späteren LXX, oder der aram. Jesusworte ins Griech.

Die Frage bleibt, ob die Leser der neuen Texte die von den Autoren bewusst rezipierten und aktualisierten Prätexte kannten. Prinzipiell ist nicht davon auszugehen (was etwa für die Leser von Mt und Lk im Hinblick auf Q in Kommentaren z. T. vorausgesetzt wird). Juden- bzw. Heidenchristen in Obergaliläa oder Korinth lebten zwar in I., dass sie identisch ist, wird niemand behaupten wollen. I. zielt aber nicht nur auf den diachronen, textproduzierenden Aspekt, nicht nur auf die Textgeschichte, sondern auch auf den synchron verstandenen Endtext – auf die unterschiedlichen Stufen der Rezeption durch die jeweilige Glaubensgemeinschaft (so lassen sich die 150 Pss. als ein Psalmenbuch interpretieren, dann aber auch als Teil des gesamten → Kanons). Der früher behauptete Gegensatz zwischen Diachronie und Synchronie, zwischen entstehungsgesch. und kanonisch gehört nicht der Objekt-, sondern der Betrachtungsebene an. Endtext-Exegese, wie sie auch in der jüd. Auslegung spätestens seit Hillel (1. Jh. n. Chr.) gepflegt wurde, ist nicht identisch mit der christl. Exegese, in der die → Einheit des Kanons vorausgesetzt wird. Diese zur Zeit v. a. bei Alttestamentlern beliebte „kanonische Auslegung“ und die Rede von der „kanonischen Dialogizität“ (E. Zenger) ist auf das Verhältnis von AT und NT in der Perspektive der ntl. Autoren nicht anwendbar, da sie einen nachpatr., vielfach erst neuzeitlichen Ansatz impliziert, die Klärung des Begriffes Kanon (dessen christl. Verständnis im Judentum nicht existiert) voraussetzt und ebenso vorgibt zu wissen, was christl. Leser der heiligen Schriften Israels wirklich an Texten gelesen haben (hebr. bzw. griech. heilige Schriften Israels; in patr. Zeit die lat. Vulgata) sowie welches nicht-jüd. kulturelle Wissen sie überhaupt besaßen. Die Grundlagen einer kanonischen I. wie ebenso eine an diesem Konzept orientierte Operationalisierung der I.-Exegese sind derzeit umstritten.

Nach Abschluss des Kanons ist für die christl. → Kirchen die kanonische I. eine normative Größe, wobei jedoch weiterhin gilt, dass der Kanon eine theol. Vielstimmigkeit festschreibt.

Diese kritischen Hinweise nehmen von der Berechtigung des Konzeptes der I. nichts zurück. Für das Selbstverständnis der Christen ist es unabdingbar, da christl. → Glaube im NT und heute nur in tiefer Verwurzelung, d. h. in seiner I. mit den heiligen Schriften Israels verstanden werden kann. Das NT enthält zwar eigene, aber keine vom jüd. Glauben unabhängigen Schriften.

R. Barthes, Die Lust am Text, Frankfurt/M. 1974; *U. Broich/M. Pfister* (Hg.), Intertextualität, Tübingen 1985; *U. Eco*, Das offene Kunstwerk, Frankfurt/M. 1985; *W. Groß*, Ist biblisch-theologische Auslegung ein integrierender Methodenschritt?, in: *F.-L. Hossfeld* (Hg.), Wieviel Systematik erlaubt die Schrift?, Freiburg 2001, 110–149; *U. J. Hebel*, Intertextuality, Allusion and Quotation, New York 1989; *S. Holthuis*, Intertextualität, Tübingen 1993; *W. Schmidt/W. D. Stempel* (Hg.), Dialog der Texte, Wien 1993; *S. Seiler*, Text-Beziehungen, Stuttgart 2013; *G. Steins*, Die „Bindung Isaaks“ im Kanon (Gen 22), Freiburg 1999.

Hubert Frankemölle

Israel / Juda (I./J.)

(→ Dachartikel: Geschichte/Geschichtsdarstellung/Heilsgeschichte)

I. AT: 1. Die genaue Bedeutung des westsem. Wortes *jiśrā᾽ēl* ist ungeklärt (trotz Gen 32,29), deutlich ist nur, dass es sich um eine Kombination des Wortes *᾽ēl* („Gott“) mit einer dazugehörigen verbalen Handlungsaussage handelt (sog. Satzname, vgl. *jišmā῾᾽ēl* = „Gott hört“). Außerhalb des AT, wo das Wort über 2500-mal belegt ist, kommt I. als Bezeichnung einer Gruppe nur selten vor (zuerst wohl auf der Siegesstele des Pharaos Merenptah von 1208 v. Chr.). Im AT hat das Wort nie nur allein ethnische oder polit. Bedeutung, sondern bezeichnet das Gottesvolk (→ Volk) im rel.-polit. Sinn, das aus der → Familie des gemeinsamen gleichnamigen Stammvaters (vgl. Jakob, Gen 32,29) entstanden ist und unter dem bes. Schutz und → Segen seines Gottes Jhwh steht (Gen 12–35; Dtn 6,4f). Als Solidargemeinschaft, die durch die Tora JHWHs begründet und erhalten wird, existierte das „bibl. Israel" im 4. Jh. v. Chr. in den pers. Provinzen Judäa und Samaria. Das bes. Verhältnis von I. zu seinem Gott wird im AT v. a. in der Erzvätergeschichte, der Befreiung aus Ägypten unter der Führung des Mose und der Gabe der Gebote am Sinai konkret, die in Zeiten der Gefährdung als Mahnung und Hoffnungsquelle immer wieder angeführt werden können (→ Väter; → Exodus). Im engeren Sinne steht I. dann auch für das von Saul gegründete Königtum (2 Sam 2,9; 5,3; Ri 5), v. a. später für das Nordreich und seine Bevölkerung auch nach dessen Untergang (Hos 11; Jes 9,7–20*; Ez 27,17).

I. 2. Nach der Endgestalt des AT ist J. (*jᵉhūdā*) ein Stamm I. und die Gemeinde des zweiten → Tempels im Gegensatz zu den Samaritanern das „wahre I.“. J. war demgegenüber polit. und ethnisch eine Größe *sui generis* (2 Sam 2,1–4.10). Als „Sohn Jakobs“ und damit zwölfter Stamm I. verstand sich J. frühestens unter den Omriden (die durch ihren judäischen Vasallenstaat als erste „von Dan bis Beërscheba“ regierten). Dieses Selbstverständnis J. liegt spätestens in der exil. Fassung der Vätergeschichte als Abraham-Jakob-Geschichte vor. Die Vorstellung eines I. und J. vereinenden „Ganz-I.“ hat möglicherweise einen Anhalt in Ansprüchen der judäischen → Könige David und Salomo auf die → Herrschaft auch über I., die aber kaum über dessen Süden (Benjamin) hinaus hist. Realität geworden ist. Der erste Beleg für ein Juda, das sich als (wahres) Israel verstand, ist Jos 10,40–42, wonach das Königreich Juda in seinen Grenzen am Ende des 7. Jh. v. Chr. das „verheißene → Land“ und Ziel des Exodus ist. Von 582 bis 515 v. Chr. diente Betel sowohl Judäern wie Samariern als Zentralheiligtum, wodurch sich die Überzeugung eines aus Samaria wie Judäa bestehenden „Ganz-Israel“ festigte (Jer 30,3.18–21; 31,1.23–34; Ps 80–82; vgl. auch Ez 37,15–38). Bei Ez steht I. fast durchweg für die bab. *Gola* der Judäer (→ Exil), ihre → Geschichte und ihre Ansprüche (etwa Ez 20); die territoriale Zweiheit des Landes von I. und J. bleibt aber bewusst (Ez 9,9; 23,5; 25,3; 27,17). War die Schlussredaktion der → Tora ca. 400 v. Chr. noch ein Gemeinschaftswerk von Judäern und Samaritanern, so zementierte dann die Kanonisierung von Vorderen und Hinteren → Propheten 300–150 v. Chr. die Glaubensspaltung, insofern die Identifikation des Ortes, „an dem Jhwh seinen → Namen wohnen lassen will“ (Dtn 12,5) mit Jerusalem die Samaritaner und ihren Tempel auf dem Garizim (in Dtn 27–28 noch positiv berücksichtigt!) zu Apostaten machte (als solche dargestellt in 1 Kön 12,26–33 und in den folgenden Rückverweisen auf die „Sünde Jerobeams“; 2 Kön 17,24–28). Den gleichen Vorwurf erhebt ihrerseits die samaritanische Überlieferung gegenüber den Erbauern des Jerusalemer Tempels. Mit der Kanonisierung der Tora definierten sich „Jhwh, der Gott I.“ und „I., das Volk Jhwhs“ über diesen Text (und in der Folge durch seine kanongesch. Fortschreibungen in Propheten, Schriften, AT und NT) gegenseitig in einer Eindeutigkeit, die zuvor nicht gegeben war.

II. NT: 1. Stellte das nachexil. Verständnis in weiten Bereichen eine Einengung des Begriffs I. auf die in Palästina lebende Heimkehrergemeinde dar, so hielten andere, v. a. prophetische Traditionen das Bewusstsein um die – freilich weitgehend abstrakte – „Gesamtgröße der Erwählungsgemeinschaft“ (J. Maier) wach, die konzeptionell auch die ehemals exilierten Stämme und die wachsende → Diaspora umfasst. Durch das Festhalten am → Tempel in Jerusalem, gemeinsame, von Außenstehenden wahrnehmbare rel. Gebräuche (→ Sabbat, → Beschneidung, Reinheits- und Speisegebote; → Reinheit) und vielfältige Kontakte zwischen Kernland und Diaspora entwickelte das Judentum ein in der Antike einzigartiges Profil und Identitätsgefühl. Immer wieder jedoch erhoben partikulare Gruppen den Anspruch, zumindest in vorläufiger Form bis zur eschatologischen Wiederherstellung des Zwölfstämmevolkes das „wahre I.“ zu repräsentieren. Der rasante Aufstieg der Diaspora und die vielfältigen Kontakte des Judentums mit der hell. Welt und → Kultur führten dazu, dass sich I. immer mehr zu einem idealen Begriff des rel. konstituierten Gottesvolkes wandelte und „Jude“ die ehemals primär geographisch bestimmte Bedeutung „Judäer“ transzendiert, wobei sich beides beim griech. Begriff Ἰουδαῖος terminologisch nicht immer klar differenzieren lässt. Bezeichnend für die Erweiterung des Bedeutungsspektrums ist, dass J. in hell.-röm. Zeit zu einem der häufigsten männlichen Eigennamen avanciert. Der Begriff „Jude“ bzw. „Judäer“ wurde auch in hohem Maße als Bezeichnung der ethnisch-rel. → Gemeinschaft durch Außenstehende verwendet.

II. 2. Das NT greift die über die LXX vermittelte Bezeichnung des bibl. Gottesvolks durch den Begriff „Kinder I.“ (z. B. Lk 1,16; Apg 7,23; Röm 9,27; Hebr 11,22; Offb 21,22) bzw. „Haus I.“ auf (Mt 10,6; 15,24; Apg 7,42; Hebr 8,8.10), wobei mitunter auch ein genealogisches Abstammungsverhältnis impliziert sein kann (Phil 3,5; → Väter; → Volk). Die primär rel. Dimension des Begriffs I. tritt v. a. in Verbindungen wie „Gott I.“ (Mt 15,21; nie aber „Gott J.“) oder → „König I.“ (Mt 27,42) zutage. Als eschatologischer „Sohn Davids“ ist Jesus selbstverständlich ewiger Herr über das „Haus Jakob“ (Lk 1,32f mit Verweis auf 2 Sam 7,13; Jes 9,6). Die archaisch-feierliche Anrede als Ἰσραηλῖται impliziert gemeinsame Herkunft, rel. fundierte Zusammengehörigkeit, Gleichwertigkeit und Respekt (in Apg 2,22 [vgl.

aber auch ἄνδρες Ἰουδαῖοι in Apg 2,14]; 3,12; 13,16 sprechen Petrus und Paulus also nicht als Außenstehende zu den Israeliten; vgl. Gamaliël in Apg 5,35; 21,28; 2 Kor 11,22).
Im Munde von Außenstehenden erscheint Ἰουδαῖος ebenfalls im NT (Jesus als „König der Juden" im Munde des Pilatus und auf dem → Kreuz Mk 15,2.9.12.18.26par.; vgl. die Frage der Magier Mt 2,2), ähnlich als Bezeichnung bestimmter Sitten (Mk 7,3; 19,40), Orte (Mk 1,5; Lk 23,21) oder jüd. Gruppen in Palästina (Lk 7,3). Der Unterschied zwischen „Jude" und „Nichtjude" als komplementäre Teile der Menschheit steht im Hintergrund von Röm 2,9f; 1 Kor 1,22–24 u. a. In der → Taufe sind diese Unterschiede aber aufgehoben (Gal 3,28).
II. 3. Während die Jesusverkündigung als wesentlich innerjüd. Reformbewegung zu verstehen ist, treten in nachösterlicher Perspektive verstärkt Nichtjuden ins Blickfeld frühchristl. Mission. Dadurch verlangt v. a. das Problem eine Lösung, auf welchem Wege und mit welcher Begründung die Heiden ins Gottesvolk I. integriert werden können. Denn anders als in einer *Integration* im Sinne der Inkorporation in das Gottesvolk war die Einbeziehung der Heiden in die Segenssphäre Gottes zunächst nicht denkbar (Röm 9–11). Während für manche judenchristl. bestimmte Gruppen die Übernahme der Beschneidung und des Gesetzes konstitutiv war, bestand Paulus auf der beschneidungsfreien Heidenmission (Gal 2,1–10; Apg 15,22–29) und der Befolgung des christologisch-pneumatisch neubestimmten Gesetzes (Gal 6,1; Röm 12,9–21; 13,8–10). Was jedoch als Versuch der Hinzunahme begann, führte unter dem Einfluss immer größerer Zahlen an Unbeschnittenen im christl. interpretierten Gottesvolk mehr und mehr zur faktischen Trennung vom Judentum, zur exklusiven Aneignung bibl. → Verheißungen und zur Bestreitung einer legitimen jüd. Reklamierung des Begriffs I. (vgl. Hebr). Die parallel verlaufende Neukonstitution des Judentums im Zuge der Katastrophe nach 70 n. Chr. komplementierte schrittweise die wechselseitige Grenzziehung. Die einzelnen Ansätze im NT variieren, doch kristallisiert sich an zahlreichen Stellen eine Beanspruchung des Begriffs I. auf Kosten und in Kontrast zu Ἰουδαῖος heraus, ohne dass beide Größen im NT bereits völlig auseinander fallen. So spricht Paulus in Röm 1–8 nur von Ἰουδαῖοι, im positiver bestimmten Teil Röm 9–11 aber von I. (s. pointiert Röm 9,6; vgl. Gal 6,16). Im Unterschied zu Ἰουδαῖος scheint „Israelit" auch bei Joh eher positiv konnotiert zu sein (z. B. Joh 1,31; 1,47), doch bedeutet dies nicht, dass Ἰουδαῖος trotz einiger scharfer antijüd. Angriffe (Joh 8,22–24.37–59; 10,31–39; 11,45–53 u. a.) abgesehen vom konkreten Kontext durchweg nur negativ besetzt wäre (vgl. Joh 4,9.22; 8,31; 11,45; 12,11). Apg blickt bereits (distanzierend?) auf jüd. Institutionen zurück (Apg 13,5; 25,8), Juden sind wie bei Joh Gegenspieler christl. Mission (Apg 9,23.29; 14,9), was Paulus in Apg 13,46f; 18,6 mit der Drohung quittiert, er würde sich hinfort nur noch an die Heiden wenden. Analog zu Röm 9–11 scheint Apg 28,26–28 aber nicht von der endgültigen Verstockung des „empirischen I." auszugehen, sondern erwartet die Heilung durch einen eschatologischen Akt Gottes.

I. *P. R. Davies*, In Search of „Ancient Israel", Sheffield 1992; *I. Finkelstein/N. A. Silberman*, Keine Posaunen vor Jericho, München 2002; ders., The Origins of Biblical Israel, New York 2007; *E. A. Knauf*, Josua, Zürich 2008; *ders.*, Bethel, in: *O. Lipschits/M. Oeming* (Hg.), Judah and the Judeans in the Persian Period, Winona Lake 2006, 291–349; *ders.*, Die Umwelt des Alten Testaments, Stuttgart 1994; *N. Na'aman*, Saul, Benjamin and the Ermergence of „Biblical Israel": ZAW 121 (2009) 211–224.335–349; *H. D. Preuß*, Theologie des Alten Testaments, Stuttgart u. a. 1991f.
II. *J. Ebach*, Josef und Josef, Stuttgart 2009; *J. Maier*, Zwischen den Testamenten, Würzburg 1990; *C. Schaefer*, Die Zukunft Israels bei Lukas, Berlin u. a. 2012; *J. Zangenberg*, Frühes Christentum in Samarien, Tübingen 1996, 206–209.

Ernst Axel Knauf (AT) / Jürgen Zangenberg (NT)

Jesus Christus (J. Chr.)

(→ Dachartikel: Soteriologie)

II. NT: 1. *Der verkündigende Jesus:* J. Chr. wird meist als Doppelname aufgefasst, ist aber ursprünglich das kürzestmögliche Bekenntnis zu J. als → Messias. Im Mittelpunkt der Sendung J. steht das Handeln Gottes. Es ist nicht sehr wahrscheinlich, dass J. sich selbst als messianischen Heilskönig verkündet hat. Angesichts der Konzentration seiner Botschaft auf die Königswürde Gottes entsprechen wohl auch andere Hoheitstitel (Menschensohn, Kyrios etc.) nicht dem Selbstverständnis J.

Die wiss. Rückfrage nach dem hist. J. stützt sich heute fast ausschließlich auf die synopt. Evv. als Quellen. Im Zentrum des Interesses steht die Verkündigung J. Eine Rekonstruktion seiner Biographie ist, von einigen biogr. Grunddaten abgesehen, nicht möglich. J. stammte aus Nazaret, einem Dorf in Galiläa. Wenn die Geburt J. unter die → Herrschaft des Herodes fiel (Lk 1,5; Mt 2), dann muss J. spätestens 4 v. Chr. (die spätere christl. Zeitrechnung beruht auf einem Rechenfehler des Dionysius Exiguus, 6. Jh. n. Chr.!) geboren sein. Die Verlegung der → Geburt nach Betlehem (Mt und Lk) ist christologisch motiviert. J. arbeitete in Nazaret als Bauhandwerker. Als Eltern werden Maria und Josef genannt. Von Johannes dem Täufer empfing J. die → Taufe als eschatologisches → Zeichen der → Buße und → Umkehr. Von der apokalyptischen Gerichtspredigt des Täufers ist auch die Botschaft J. beeinflusst.

Wie Johannes sieht J. die Gottesbeziehung Israels als heillos zerrüttet an. Er setzt aber die Akzente ganz neu, indem er nicht das → End-Gericht, sondern die βασιλεία τοῦ Θεοῦ (Königsherrschaft Gottes; → Herrschaft) ins Zentrum seines Wirkens stellt. Dies wird oft auf ein Berufungserlebnis J. zurückgeführt, von dem in Lk 10,18 die Rede sein könnte: „Ich sah den Satan wie einen Blitz vom Himmel fallen." Dieses Wort bedeutet dann, dass die Macht des Teufels, der hier als → Widersacher und himmlischer Ankläger der Menschen begriffen wird, im → Himmel schon gebrochen ist und nun auch auf → Erden zurückgedrängt wird. So ist J. der Exponent der Königsherrschaft Gottes, die als letztes Angebot der → Versöhnung zu verstehen ist. J. Verkündigung, wie sie v. a. in Q bezeugt ist, will die Menschen zur Entscheidung für das Gottesreich herausfordern. Das Reich Gottes ist dabei ganz allein Gottes Werk, das sich „automatisch" (Mk 4,28) durchsetzt. Reue und Umkehr sind die angemessene Reaktion Israels auf Gottes Heilsangebot und nur auf der Basis der göttlichen → Barmherzigkeit überhaupt möglich. Für J. ist das → Heil der Endzeit jetzt schon als Lebenschance gegenwärtig. Die Spannung von „doch schon" und „noch nicht" kennzeichnet seine → Soteriologie. Auch wenn die Vollendung des Heils noch aussteht, ist es doch schon gegenwärtig (vgl. das Senfkorngleichnis Mk 3,31f). Deshalb können jetzt schon Arme, Hungrige und Trauernde selig gepriesen werden. In seinen charismatischen Heilungen und Exorzismen (→ Wunder; → Krankheit) wird das ganzheitliche Heil der gegenwärtigen Gottesherrschaft für die Einzelnen punktuell und situativ erfahrbar (Lk 11,20). Die neuere Forschung betont wieder, dass das Gericht untrennbar zur Gottesreich-Botschaft J. gehört, auch wenn es in den Hintergrund tritt. Wer das letzte Angebot der Versöhnung ablehnt und die Umkehr als angemessene Reaktion verweigert, verfällt unrettbar dem Vernichtungsgericht (vgl. Lk 10,13–15). Wer nämlich die Reich-Gottes-Botschaft ablehnt, erkennt auch nicht an, dass das Gottesverhältnis (individuell und kollektiv) zerrüttet und deshalb Gottes Barmherzigkeit heilsnotwendig ist. Diejenigen dagegen, die J. Botschaft annehmen, erkennen auch an, dass sie Gottes Barmherzigkeit nötig haben. So bedeutet die Heilsbotschaft J. nicht, dass das Gericht aufgehoben ist. Im Gegenteil: Die Heilsbotschaft *ist* Gerichtsbotschaft. Diejenigen, die J. Heilsbotschaft annehmen, akzeptieren damit zugleich das Gericht Gottes und finden gerade so die Möglichkeit eines neuen → Lebens. Das neue Leben des Gottesreiches veranschaulicht J. nicht nur in seinen Gleichnissen, sondern auch in prophetischen Handlungen. Dazu gehören auch die Mahlzeiten mit Sündern/-innen, Zöllnern und anderen, die rel. und gesellschaftlich an den Rand gedrängt sind. Sie tragen ihm den Spott seiner Gegner („Fresser und Weinsäufer"; vgl. Lk 7,34) ein, sind aber aufs engste mit dem Kern der Botschaft J. verbunden. Ohne die Sündermähler ist auch die Tradition vom letzten Mahl mit seinen Jüngern (→ Abendmahl) nicht recht zu deuten. Der integrative Charakter der prophetischen Praxis J. beruht auf der Annahme allgemeiner Sündhaftigkeit. Die apokalyptische Situationsanalyse führt bei J. gerade nicht zum Absondern der Bösen vom heiligen → Rest, sondern zur Integration der Marginalisierten. Dabei wird Schuld nicht bagatellisiert, sondern universalisiert. J. kann seine Adressaten ganz allgemein als „böse" anreden (Lk

11,13). Die Unterschiede (etwa zwischen dem anständigen Pharisäer und der Prostituierten oder dem Zöllner) verlieren an Bedeutung.
Auf der Grundlage des Mk ist eine nur mehrmonatige Dauer des Wirkens J. mit nur einem Besuch in Jerusalem zu rekonstruieren. Auf der Basis des Joh ergibt sich dagegen eine ca. dreijährige Wirksamkeit mit mehreren Jerusalembesuchen. Jedenfalls muss J. bei seinem letzten (und zugleich ersten?) Aufenthalt in Jerusalem in Konflikt mit den dortigen Autoritäten, also mit der röm. Besatzungsmacht und der mit ihr kollaborierenden Jerusalemer Tempelaristokratie, geraten sein. Der Grund für den Konflikt lässt sich nicht sicher rekonstruieren. Wenn aber das existentielle Sich-Einlassen auf das Heilsangebot der Gottesherrschaft die einzige angemessene Reaktion auf J. Botschaft ist, kann diese Botschaft leicht in Widerspruch zum Tempelkult (→ Kult) und seinen Heilsverheißungen geraten. Evtl. war eine solche Konkurrenz der Grund für tempelkritische Aussagen J. (Mk 13,2) und eine entsprechende prophetische Zeichenhandlung (Mk 11,15f). Diese bestand ursprünglich wohl in dem Versuch, den Tempelkult zeitweilig zu unterbrechen. In den Evv. wird sie als „Tempelreinigung" (vgl. z. B. Mk 11,17) gedeutet, was allerdings hist. unangemessen ist, da der Tempelmarkt keine Verunreinigung des Heiligtums bedeutet, sondern die Voraussetzung für einen reibungslosen Kultablauf darstellt. Die Tempelkritik J. dürfte der Auslöser für seine Verhaftung gewesen sein. Antike Zeugnisse zeigen, dass kritische Worte oder Aktionen im Umfeld des → Tempels wegen der rel. und polit. Bedeutung des jüd. Zentralheiligtums zu hartem Eingreifen der Autoritäten führten. Die Rolle, die Judas bei der Verhaftung J. spielte, ist unklar, ging aber wohl über Hilfsdienste nicht hinaus. Wie zuverlässig die Notizen der Passionsüberlieferung über Prozess, Folter und Hinrichtung J. sind (→ Passion), ist unsicher, da auch die Passionsberichte die Ereignisse theol. überformen, was natürlich nicht bedeutet, dass hier keine alten hist. Informationen zu finden wären. Da J. aus röm. Sicht nicht rechtsfähig war, ist ein regelrechter Prozess unwahrscheinlich. Wahrscheinlich fanden Befragungen, Misshandlungen und Demütigungen statt. Nach antiken Quellen war die Verbindung von Kreuzigung und vorhergehender Folter (bes. Geißelung) üblich. Die Tatsache, dass J. am → Kreuz hingerichtet wurde, deutet darauf hin, dass man ihn als polit. lästigen, messianischen Unruhestifter einschätzte und beseitigte. Die → Strafe der Kreuzigung ist im Palästina des 1. Jh. typisch für Aufständische („Räuber"). Auch die Aussage des Kreuzestitels (→ „König der Juden") ist in dieser Richtung eindeutig und wird hist. kaum angezweifelt. Die Verantwortung für die Hinrichtung J. trug die röm. Besatzung, die einzige Instanz, die über Leben und Tod verfügen konnte. Die Verhängung der Kreuzesstrafe gegen Aufrührer in den Provinzen stand in freier und ungeteilter Verfügungsgewalt der jeweiligen röm. Statthalter. Polit. beteiligt war vermutlich auch die am Tempel orientierte Jerusalemer Oberschicht. Sie war am Erhalt des polit. *Status quo* interessiert und kooperierte mit der Besatzungsmacht im Kampf gegen die Gefährdung der polit.-rel. Ordnung durch Unruhestifter, auch wenn sie Landsleute waren (→ Gericht). Um dem Eindruck gegenzusteuern, das Christentum sei polit. gefährlich, wird in den Evv. (entstanden nach dem Jüd. Krieg!) der Konflikt zwischen J. und den röm. Autoritäten möglichst ausgeblendet und die Verantwortung für den → Tod J. den aufgeputschten Massen der Jerusalemer Stadtbevölkerung oder gar *dem* jüd. → Volk angelastet. Das daraus entstandene Klischee von den Juden als „Gottesmördern" hält der Kritik hist. Rückfrage nicht stand.
Ungelöst ist bis jetzt die Frage, wie J. selbst seinen Tod verstanden hat. Die These, J. habe sich bei der Deutung seines Todes auf die Sühnetod-Vorstellung (Jes 53; → Sühne) bezogen, hat keine breite Akzeptanz gefunden, obwohl festzuhalten ist, dass J. auch sonst von DtJes beeinflusst ist. Dass J. jedenfalls sein Sterben in seine Verkündigung von der Gottesherrschaft integrieren konnte, zeigt die Abendmahlstradition. In Mk 14,25 erklärt J., dass er nun keinen Wein mehr trinken wird bis zur Gottesherrschaft. Dieses Wort ist nicht nur Ankündigung des Todes, sondern zugleich Erwartung der Vollendung. Im Angesicht des Todes hält J. an der Gültigkeit seiner Botschaft fest und drückt die Gewissheit aus, dass sein Tod ihn nicht daran hindern wird, am Festmahl der vollendeten Gottesherrschaft teilzunehmen.

II. 2. *Ostern als Ursprung der frühchristl. Verkündigung von der Heilsbedeutung Jesu:* Der Ablauf der Ereignisse nach dem Tod J. ist hist. nicht mehr zu rekonstruieren. Jedenfalls sind die ntl. Grabeserzählungen spätere Deutungen des Osterglaubens (→ Grab). Der Ursprung des Auferweckungsglaubens (→ Auferstehung) ist wohl in visionären Erfahrungen von Jüngern J. (kurz?) nach dem Tod J. (in Galiläa?) zu sehen. Paulus nennt später (1 Kor 15,5) Petrus als Ersten, der eine solche Erfahrung machte. Über den Inhalt dieser Widerfahrnisse lässt sich nichts mehr sagen. Gedeutet wurden sie jedenfalls entsprechend damaligen Denkmustern als (eschatologische) Totenerweckung. Die ältesten greifbaren Zeugnisse sind die „eingliedrigen Bekenntnisformeln" (Röm 4,24; Gal 1,1 u. a.). Sie deuten die Auferweckung J. als Handeln Gottes, der so seine Solidarität mit J. neu bekundet. Diese war durch den schändlichen Tod am → Kreuz (vgl. Dtn 21,23) offensichtlich in Frage gestellt worden. Ein altes Glaubensbekenntnis, das Paulus am Anfang des Römerbriefes (Röm 1,3f) zitiert, deutet die Auferweckung als Einsetzung J. zum messianischen Gottessohn (→ Messias). Damit ist eine christologische Denkbewegung ausgelöst, die allmählich die gesamte Existenz J. bis hin zu seiner Entstehung im Lichte der Messiaswürde deutet.
Neben dieser messianischen Sohn-Gottes-Christologie ist recht früh eine Deutung J. als Verkörperung des präexistenten Gottessohnes anzutreffen, die auf Konzepten atl. und frühjüd. Weisheitstheol. beruht, welche die → Weisheit als göttliche (nicht innergöttliche!) Person begreifen konnte. Das Aussageziel ntl. Christologie ist primär ein soteriologisches. Ihre Basis ist die Ostererfahrung, welche dazu nötigt, unter Wahrung der Theozentrik der Botschaft J. nun die Rolle J. im Heilshandeln Gottes und damit die Heilsbedeutung J. und seines Todes zu klären.

J. Becker, Jesus von Nazaret, Berlin 1996; *W. Bühlmann*, Jesus, der Mann aus Nazaret, Luzern 2003; *M. Ebner*, Jesus – ein Weisheitslehrer?, Freiburg u. a. 1998; *ders.*, Jesus von Nazaret in seiner Zeit, Stuttgart 2003; *P. Hoffmann*, Jesus von Nazaret und die Kirche, Stuttgart 2009; *R. Hoppe*, Jesus von Nazaret, Stuttgart 2012; *H. Merklein*, Jesu Botschaft von der Gottesherrschaft, Stuttgart [3]1993; *J. Roloff*, Jesus, München 2000; *L. Schenke* u. a., Jesus von Nazaret – Spuren und Konturen, Stuttgart 2004; *J. Schröter*, Jesus von Nazaret, Leipzig [4]2006; *A. Strotmann*, Der historische Jesus, Paderborn 2012; *G. Theißen/A. Merz*, Der historische Jesus, Göttingen [4]2011; *G. Theißen*, Der Schatten des Galiläers, Gütersloh [16]2004.

Joachim Kügler

Jungfrau (J.)

(→ Dachartikel: Soteriologie)

I. AT: 1. Dass die Braut als J., d. h. sexuell unberührt (*virgo intacta*), in die Ehe gehen soll, ist in alten Kulturen ein weit verbreitetes Ideal. Im AT kann deshalb die hebr. Bezeichnung *b^{e}tûlā*, die im Deutschen mit J. wiedergegeben wird, auch allgemein die junge, unverheiratete Frau meinen.
I. 2. → Ehe und → Familie sind von bes. Bedeutung. Das Ideal der Braut als J. hat (wie die Forderung nach Treue der Ehefrau) die Funktion, diese Struktur vor der Destabilisierung durch uneheliche Nachkommenschaft zu schützen. Deswegen sind vorehelicher Geschlechtsverkehr und Vergewaltigung der J. keine individualethischen, sondern gesellschaftliche Probleme bzw. Vergehen. Da aus patriarchaler Sicht Ehe und Mutterschaft wesentlich für die Rolle der → Frau sind, ist andauernde Ehelosigkeit als J. üblicherweise keine erstrebenswerte Lebensform und spielt deshalb in der atl. → Soteriologie keine Rolle.
II. NT: 1. Im Griech. steht der Begriff παρθένος für „Jungfrau, (heiratsfähiges) Mädchen".
II. 2. Das rel. Ideal der Jungfräulichkeit findet sich nicht in → Israel, aber in Griechenland und Rom (Vestalinnen), dann im hell. beeinflussten Frühjudentum. Religionsgesch. interessant ist die äg. Institution der „Gottesgemahlin des Amun" in Oberägypten (ab dem 11. Jh. v. Chr.). Dabei waren zunächst wohl polit.-pragmatische Gründe wichtig. Da diese königlichen → Frauen mit Amun verheiratet waren, hatten sie keinen menschlichen Gatten. Damit war das Entstehen einer königlichen Dynastie, welche das Regime der Priesterschaft hätte gefährden können, ausgeschlossen. Äußerungen des griech. Schriftstellers Herodot (5. Jh. v. Chr.) deuten daraufhin, dass sich aus dieser Institution später eine priesterliche Form des weiblichen Zölibats entwickelt hat, die evtl. mit der mythischen Tradition von der göttlichen Zeugung des → Königs verbunden wurde. Im Bereich des hell. Judentums ist auf

Philo von Alexandrien zu verweisen, der diese J.-Tradition weiterentwickelt. In seinem Werk taucht die J. immer wieder als rel. Ideal auf. Bibl. Frauengestalten (z. B. Sara, Rebekka, Lea und Zippora) deutet er als J. und sieht sie als Sinnbild der → Seele, die sich vom Irdischen frei machen muss, um empfänglich zu werden für den göttlichen Samen der → Weisheit (vgl. z. B. Philo Cher. 40–50). Die J. ist für Philo aber nicht nur im symbolischen Bereich, sondern auch in der konkreten Lebensführung ein sittlich-rel. Ideal. Er sieht im → Leben als J. die Vollform einer „männlichen" (d. h. von irdischen Befleckungen befreiten) Existenz. Philo berichtet auch von Frauen in der „therapeutischen" Gemeinde, welche die → Freuden des Leibes ablehnen. Sie verzichten auf leibliche Nachkommenschaft und werden von Gott mit unsterblicher Nachkommenschaft der Seele, den Gaben der Weisheit, gesegnet (Philo cont. 68). Dass Philo diese Frauen mit heidnischen Priesterinnen vergleicht, zeigt, dass er sein J.-Ideal aus dem hell. Bereich ableitet, nicht aus der bibl. Tradition.

II. 3. Eine christl. Variante des weiblichen Zölibats ist im 1 Tim dokumentiert. Der Briefautor, der unter dem Namen des Paulus pln. Gemeindekonzepte korrigieren und dabei v. a. den kirchlichen Einfluss der Frauen zurückdrängen will, regelt in 1 Tim 5 die Institution der → „Witwe". Seine Vorschriften lassen erkennen, dass es in seinen Gemeinden eine charismatische Gruppe unverheirateter Frauen („Witwen") gab, die in sexueller → Askese lebten. Das Leben als J./Witwe wurde rel. gedeutet als Vermählung mit Christus (1 Tim 5,11f). Dieser Status scheint so attraktiv gewesen zu sein, dass auch viele junge Frauen „Witwe" werden wollten. Für diesen Trend wird man nicht nur rel. Gründe anführen können. Im Hintergrund steht sicher auch die Tatsache, dass die → Ehe mit ihren z. T. starren Verhaltensnormen von vielen Frauen als Freiheitsverlust bewertet wurde. Alternativ dazu bot das „Witwe"-Sein die höhere Lebensqualität eines (nicht nur) rel. selbst bestimmten Lebens mit hohem Sozialprestige in der Gemeinde.

II. 4. Inwieweit die Entwicklung eines rel. J.-Ideals auf Paulus selbst zurückgeht, ist unklar. Wenn er in 2 Kor 11,2 die christl. Gemeinde als „keusche J." bezeichnet, die er Christus zuführen will, so ist damit kein individuelles Ideal gemeint. Er bezieht sich vielmehr auf die atl. Brautsymbolik in der Beziehung Israels zu Gott (Jes 62,4–6; Jer 2,2; Hos 2,21f). Anders scheint die Situation dort zu sein, wo Paulus Reserven gegen die Ehe äußert (bes. 1 Kor 7,25ff). Im Hinblick auf die in Kürze erwartete → Parusie, welche eine innere Distanz zu *allen* irdischen Dingen fordert (1 Kor 7,29–31), bezeichnet er die Ehelosigkeit als bessere Lebensform. Das beinhaltet aber keine generelle Abwertung von Ehe und → Sexualität und erst recht nicht der Frau. Die radikal androzentrische Formulierung „Es ist gut für den Menschen (!), eine Frau nicht anzufassen" (1 Kor 7,1) stammt nicht von Paulus, sondern ist ein korinthisches Schlagwort, das er zitiert. Immerhin scheint es in Korinth eine Bewegung gegeben zu haben, die sexuelle Askese als die ideale christl. Lebensform (für Frauen und Männer) ansah. Demgegenüber betont Paulus, dass weder Ehe noch Ehelosigkeit Relevanz für das eschatologische → Heil besitzen, sondern nur die Glaubensbindung an den Kyrios Jesus. Im Rahmen seiner glaubenszentrierten → Soteriologie sind selbst in der Situation akuter Naherwartung verschiedene individuelle Lebensformen möglich.

II. 5. Dass das rel. J.-Ideal in den Kindheitsgeschichten des Lukas und des Matthäus eine Rolle spielt, ist nicht zu entdecken. Beide schließen zwar Josef als Vater Jesu deutlich aus, ohne dass dadurch aber der J.-Status Marias soteriologischen Eigenwert gewinnt. In beiden Evv. geht es vielmehr um die Aussage, dass der → Messias Jesus seine Existenz ganz und gar göttlichem Wirken verdankt und so von Anfang an Sohn Gottes ist. Beide beziehen sich auf die Immanuel-Prophetie (Jes 7,14) und verstehen dabei das hebr. *ʿalmā* (Hofdame?/junge Frau?) bzw. das griech. παρθένος im Sinne von J.

Zwischen der altäg. und bibl. Königsideologie, welche menschliche und göttliche Vaterschaft vereinbaren konnte, und den hell.-röm. Zeugungsmythen, wo der Gott den menschlichen Vater verdrängt, geht die theol. Metaphorik der Evangelisten ihren eigenen Weg. Sie führen die Entstehung Jesu auf die Kraft des heiligen → Geistes und damit auf einen göttlichen Schöpfungsakt zurück. Gilt im späteren *Credo* vom Sohn als innergöttliche Person „gezeugt, nicht geschaffen", so gilt in Bezug auf den Menschen Jesus „geschaffen, nicht gezeugt". Maria ist bei Mt und Lk als J. Mutter des Messias, aber nicht Gottesgemahlin. Der Gedanke, dass die J. Maria „Braut Gottes" ist, wird zwar in späteren Kirchenliedern aufgegriffen, liegt den Evangelisten aber noch fern.

I. *T.-S. Frymer-Kensky*, Virginity in the Bible, in: *V. H. Matthews* u. a. (Hg.), Gender and Law in the Hebrew Bible and the Ancient Near East, Sheffield 1998, 79–96; *A. Kamesar*, The Virgin of Isaiah 7:14: JThS 41 (1990) 51–75: *R. Kilian*, Die Geburt des Immanuel aus der Jungfrau (Jes 7,14), in: *ders.*, Studien zu alttestamentlichen Texten und Situationen, Stuttgart 1999, 93–121; *P. A. Kruger*, The Slave Status of the Virgin Daughter Babylon in Isaiah 47:2: JNWSL 23 (1997) 143–151; *M. J. H. M. Poorthuis*, Rebekah as a Virgin on Her Way to Marriage: JSJ 29 (1998) 438–462; *J. J. Schmitt*, The Virgin of Israel: CBQ 53 (1991) 365–387; *I. Sheres/A. Blau*, The Truth about the Virgin, New York 1995; *J. E. Taylor*, Virgin Mothers: JSPE 12 (2001) 37–63.

II. *J. Becker*, Maria, Leipzig 2001; *R. S. Evans*, Sex and Salvation, Dallas 2003; *M. Gielen*, Geburt und Kindheit Jesu, Stuttgart 2008; *J. Kügler*, Pharao und Christus?, Bodenheim 1997; *H. Merklein*, „Es ist gut für den Menschen, eine Frau nicht anzufassen", in: *ders.*, Studien zu Jesus und Paulus 1, Tübingen 1987, 385–408; *ders.*, Die Kindheitsgeschichten der Evangelien: Welt und Umwelt der Bibel 6 (1997) 21–28; *G. Sissa*, Greek Virginity, Cambridge u. a. 1990; *U. Wagener*, Die Pastoralbriefe, in: *L. Schottroff/M.-Th. Wacker* (Hg.), Kompendium Feministische Bibelauslegung, Gütersloh 1998, 661–675.

Joachim Kügler

Kanon (K.)

(→ Dachartikel: Schrift/Schriftverständnis)

I. Der christl. *terminus technicus* K. stammt aus dem kirchlichen Rechtswesen. Im frühesten Beleg im Konzil von Laodizea um 360 n. Chr. (und im 39. Osterfest-Brief des Athanasius von 367 n. Chr.) zielt er auf die Beschlüsse der Konzilien und auf den textlich unveränderlichen Teil der Messliturgie. Als Adjektiv wird der Begriff im weiteren Sinn auf „kanonische" bzw. „nichtkanonische" Bücher (Mansi II, 574) übertragen. Das Substantiv zur Bezeichnung für eine Sammlung unveränderbarer, normativ vorgegebener heiliger → Schriften (und zwar nur der Christen) führt D. Ruhnken 1768 ein; erst im 19. Jh. wurde es auch auf autoritative heilige Texte anderer Rel. übertragen. Jüd. Theologen lehnen diesen Begriff wegen der bes. Autorität der → Tora ab.

Das Substantiv κανών in der Bedeutung „Maß-, Messstab" ist ein Lehnwort aus dem Semitischen (*qānœ̄* = Schilfrohr). Es ist nicht im AT, wohl aber – wenn auch nicht im späteren Sinne – im NT belegt.

Selbstverständlich gab es vor dem 18. Jh. für das Substantiv und vor dem 4. Jh. für das Adjektiv verwandte Begriffe zur Bezeichnung „heiliger" Schriften Israels und der Kirche wie Tora („Gesetz"), Nebiim (→ „Propheten") und Ketubim („heilige Schriften"). Ebenso ist unbestritten, dass von der Verschriftlichung der Texte bis zu ihrer normativen Anerkennung in bestimmten Gruppen (z. B. erkennen die Samaritaner bis heute nur die Tora an) ein langer Prozess stattgefunden hat. Dieses sukzessive Wachstum wird als „kanonischer Prozess" bezeichnet, um die → Normativität bestimmter späterer Textsammlungen für die jeweilige Glaubensgemeinschaft zu charakterisieren. Die in „Tora" und „Propheten" zusammengeschlossenen Bücher bilden dabei nicht nur zeitlich die Grundlage. Für die bibl. Zeit sollte man nicht von „Kanonisierung" sprechen, ebenso die Fixierformeln zur Sicherung der Texte in Dtn 4,2; 5,32; 13,1; 17,20; 28,14 nicht „Kanonformel" nennen, zumal die Normativität der Texte nicht am Text selbst (es gab nicht einmal einen standardisierten hebr. Text, wie die Lit. in Qumran belegt), sondern an der Rezeption und Akzeptanz durch bestimmte Glaubensgemeinschaften hängt. Ein ähnlicher „kanonischer Prozess" wie im AT findet sich auch im langsamen Wachstum des NT.

Erst durch die Rezeption verschiedener Schriften als normativ lässt sich die Fülle der jüd. und christl. Schriften unterteilen, in heilige, normative und nicht- bzw. deuterokanonische oder apokryphe Schriften (im Hebr. heißen sie *s^e^fārīm ḥīṣōnīm*, d. h. „außerhalb, draußen befindliche Bücher"). Apokr. („verborgen"), in Mk 4,22 und Kol 2,3 positiv verstanden, wird semantisch im Laufe der Kanongeschichte immer stärker negativ konnotiert. Zielt das Wort zunächst lediglich auf Schriften, die nicht im öffentlichen Gottesdienst verlesen wurden und demzufolge nicht in den bibl. Kanon gelangten, für bestimmte Gruppen jedoch normativ waren, galten sie für andere wiederum als „gefälscht" und „häretisch". Sachdienlicher ist der Begriff „deuterokanonisch".

II. Die unterschiedliche Akzeptanz von heiligen Schriften hatte zur Folge, dass die Zahl der von Pharisäern anerkannten und der der Diasporajuden, v. a. Ägyptens, differiert (22/24 bzw. 45), aber auch die der kath. und ev. → Kirchen. Letztere lehnen mit den Juden alle Bücher der griech. heiligen Schriften → Israels (der späteren LXX) als zum K. gehörig ab (so Jdt, Weish, Tob, Sir, Bar, 1–2 Makk). Von K. kann also nur im Kontext bestimmter Glaubensgemeinschaften gesprochen werden. Die zur Zeit zu Recht betonte Endtext- bzw. „kanonische Exegese" setzt eine mittelalterliche und konfessionelle Perspektive voraus (vgl. die vielen Handschriften), außerdem eine Zeit, in der die heiligen Schriften im Kodex, nicht aber in Einzelrollen in Gebrauch waren. Insofern verbietet sich auch der Begriff „Bibel" für Jesus und die ntl. Autoren.

Auch ist daran zu erinnern, dass die heutige dreiteilige Struktur und die Abfolge der jüd. heiligen Schriften sich formal vom vierteiligen AT der Christen unterscheidet; folglich ist auch die beliebte christl. Geschichtstheol. (Vergangenheit, Gegenwart, Zukunft) von der jüd. Abfolge nicht gedeckt.

Auch wenn die pharisäisch-rabb. Richtung erst im 3./4. Jh. n. Chr. ihre Auswahl an normativen heiligen Schriften durchgesetzt hatte, zitierten die ntl. Autoren „die Schrift(en)" oder „Gesetz und Propheten" so, als ob Einverständnis über deren Umfang vorausgesetzt wird. Variationen gab es weniger in der Dreiteilung, wohl aber innerhalb der späteren Kanonteile, hier v. a. innerhalb der „Schriften", wobei Jes oder die Pss. unbestritten waren. Noch wichtiger: Jesus las die hebr. (aram.) Schriften, alle ntl. Theologen aber die griech. Textversion. Sie war für die Ausbildung der ntl. Christologien entscheidend (für die Menschensohn-Christologie auch der deuterokanonische äth. Henoch, bes. 1Hen 37–71).

Die Sammlung von Einzeltraditionen bzw. heiligen Schriften (ab dem 8. Jh. v. Chr.) ist in mündlicher und schriftlicher Form ein langer Prozess, beginnend mit Stoffen der Tora (→ Schreiben). Als Pentateuch (Fünfbuch) festgelegt (wenn auch noch nicht im Wortlaut) wurde die „Tora des Mose" (Mal 3,22; Esra 7,6; Neh 8,1) im Kontext der pers. Politik um 450 v. Chr. Zeitlich parallel oder später folgte die Sammlung der Propheten (Jos bis Mal) als Aktualisierung der Tora. Eine thematisch und gattungsmäßig undifferenzierte Sammlung der „Schriften" wird um 160 v. Chr. in 2 Makk 2,13 und um 130 v. Chr. im Prolog Sir vorausgesetzt, wobei bis auf die Pss. Namen und Anzahl der Schriften offen bleiben. Eine Festlegung der gesamten hebr. heiligen Schriften auf einer Synode von Jabne um 95 n. Chr. wird heute abgelehnt, auch wenn von einer Konsolidierung in einer „Periode von Jabne" (70–120 n. Chr.) auszugehen ist.

Jesus und alle ntl. Theologen haben die jüd. heiligen Schriften als die eigenen anerkannt, ohne die bisherigen Sammlungen und den Wortlaut zu verändern. Wie jüd. Gruppen (bes. in Qumran belegt) lasen auch sie die Texte auf die eigene Situation hin, d. h. immer stärker christologisch und eschatologisch.

Die pln. Briefe als Gelegenheitslit. wurden am Ende des 1. Jh. n. Chr. zuerst gesammelt als Bestätigung prophetischer Schriften (2 Petr 1,19; 3,16; Kol 4,16). Im Übrigen lässt sich in den Jesus-Traditionen ebenfalls ein langer Prozess von mündlichen Überlieferungen zur Verschriftlichung, von kleinen Sammlungen bis zu den Evv. feststellen (Lk 1,1f). Aufgrund des → Glaubens an Gottes Handeln durch und an Jesus gewinnen die Texte ebenfalls durch Rezeption verbindliche, normative Funktion für die Christen. Die Kirchenväter im 2. Jh. zitieren gleichwertig die christl. wie die jüd. heiligen Schriften.

Die älteste, noch unvollständige christl. Liste ntl. Schriften, der sog. „K. Muratori", stammt aus dem Ende des 2. Jh. n. Chr., vermutlich aus Rom (es fehlen z. B. Hebr, 1–2 Petr, Jak und ein Johannesbrief, dafür gelten Weish und die Apokalypse des Petrus als ntl.). Erst Athanasius listet 367 n. Chr. alle im Westen (!) anerkannten ntl. Schriften auf. Eine Endredaktion aller ntl. Schriften als Kanon bereits im 2. Jh. durch eine bestimmte Gruppe von Theologen – etwa in Rom – ist Spekulation. Verbindlich festgelegt wurde gegen die reformatorische Auswahl der K. aller atl. und ntl. Schriften der kath. Kirche erst 1546 auf dem Konzil von Trient. Ab wann verbindliche Listen der hebr. heiligen Schriften existierten, ist bis heute umstritten, ebenso, ob es einen jüd. K. überhaupt gibt. In vollem Gang ist auch eine intensive und kontroverse kanonhermeneutische Diskussion (→ Hermeneutik).

P. Brandt, Endgestalten des Kanons, Berlin 2001; *S. B. Chapman*, The Law and the Prophets, Tübingen 2000; *C. Frevel* (Hg.), Einleitung in das Alte Testament, Stuttgart ^{8}2012, 11–66; *H. von Lips*, Der neutestamentliche Kanon, Zürich 2004; *B. M. Metzger*, Der Kanon des Neuen Testaments, Düsseldorf 1993; *M. Oeming*, Das Alte Testament als Teil des christlichen Kanons?, Zürich ^{3}2001; *D. Trobisch*, Die Endredaktion des Neuen Testaments, Göttingen 1996.

Hubert Frankemölle

Kind (K.)

(→ Dachartikel: Sozialstatus/Gesellschaft und Institution)

I. AT: 1. Das Hebr. differenziert zwischen Säugling (*ᶜūl, ṭaf, jōnēq*), K. (*jælæd, wālād*), Knabe, Jüngling (*naᶜar, ᶜælæm*), Sohn (*bēn*), Mädchen (*naᶜᵃrā, ᶜalmā, jaldā*), Tochter (*bat*) und Erstgeborenem (*bᵉkōr*). Die Wurzel **wld* („gebären") deckt die Vorgänge um Zeugung und → Geburt weitgehend ab. Demgegenüber stehen die Wurzeln **ᶜqr* und *škl* für Unfruchtbarkeit und Kinderlosigkeit.

I. 2. Ein möglichst großer Kindersegen erfreute sich in der ao. Gesellschaft und so auch im AT hoher Wertschätzung (Gen 1,28; 15,5; 22,17; 26,4), wobei dem legitimen Erbsohn (→ Erstgeburt) Vorrang zukam. Die Geburt von möglichst vielen Söhnen war ein ökonomischer Aktivposten und wurde Gottes → Segen zugeschrieben. Töchter waren weniger erwünscht und geschätzt, da sie mit der Eheschließung das Haus verließen und ihre Arbeitskraft für die Kernfamilie verloren war. K. stellten einen Zuwachs an Wirtschaftskraft (Arbeitskraft, Versorgung im → Alter) und Sozialprestige (höheres Ansehen durch viele Söhne) dar, wobei auch die rel. Dimension von Nachwuchs zu bedenken ist: Es sind die leiblichen K., die für die kultgerechte Bestattung der Eltern (→ Grab) verantwortlich waren und ihren → Namen in Ehren hielten. Innerhalb der → Familie bestand das engste emotionale Band zwischen den Eltern und ihren K., das von Fürsorge und Gehorsam getragen war.

I. 3. Kinderlosigkeit galt als großes Unglück oder göttliche → Strafe (Gen 16,2; 20,18; 30,2; 2 Sam 6,23), da damit die Familien- und Erblinie nicht mehr gewährleistet war. Dasselbe trifft für den vorzeitigen → Tod der K. zu (1 Sam 15,33; Sach 12,10). Durch die Adoption, die vertraglich geregelt wurde, konnte man Ersatz schaffen (Gen 16,2; 30,3.9). Unfruchtbarkeit wurde zumeist als weibliches Problem angesehen (Gen 11,30; 25,21; 29,31 u. a.) und konnte im polygamen System vom Mann aus durch die → Ehe mit einer weiteren → Frau kompensiert werden; die Frau hatte im umgekehrten Fall diese Option nicht. Sie konnte erst nach der Scheidung oder dem Tod ihres unfruchtbaren Mannes Alternativen suchen (Rut). Der kinderlosen → Witwe stand ggf. die Möglichkeit zur Leviratsehe offen, die ihrem verstorbenen Gatten (männliche) Nachkommen schaffen sollte (Dtn 25,5–10; Gen 38,6–30; Rut). Die Fluchbedeutung der Kinderlosigkeit, die atl. als Metapher für die Katastrophe Judas/Jerusalems nach der Zerstörung Jerusalems 587 v. Chr. verwendet wird (Klgl), wird erst in der späten → Weisheit problematisiert, da Kinderreichtum dort nicht automatisch Segen bedeutet, sondern der Nachwuchs auch wohlgeraten sein muss (Weish 3,13f; 4,1–6; Sir 16,3f).

I. 4. Von K. wurde erwartet, dass sie zur Stabilität und Kontinuität ihres Vaterhauses (nicht des Elternhauses, da die K. die Linie des Vaters, nicht die der Mutter weiterführen) beitrugen. Für seine Töchter hoffte der Vater darauf, sie als → Jungfrau mit einem ehrbaren Mann zu verheiraten. Von seinen Söhnen erwartete er, dass sie die Familienlinie weiterführten, wirtschaftlich gesichert und in einem intakten Gottesverhältnis lebten und die Eltern (v. a. im Alter) versorgen und ehren würden. Unterschieden wurde zwischen Säuglingen (gestillt wurde 3 Jahre, s. 2 Makk 7,27), Kleinkindern und Pubertierenden, während mit dem Abschluss der Pubertät (13. Lebensjahr, vgl. Gen 17,25) und der Geschlechtsreife das Heiratsalter erreicht war. Hierher gehört ursprünglich die → Beschneidung des Sohnes als Mannbarkeitsritus, die erst im Zuge ihrer Theologisierung als → Zeichen der Zugehörigkeit zum Gottesvolk in das Säuglingsalter (8. Tag nach der Geburt, Gen 17,12; Lev 12,3) verlegt wurde. Mädchen blieben bei der Mutter, bis sie das Elternhaus

Abb. 39: Eine judäische Familie zieht ins Exil. Frauen und Kinder sitzen auf dem Wagen (Relief aus Ninive um 700 v. Chr.). Quelle: *O. Keel/M. Küchler*, OLB 1, Abb. 22.

verließen, Jungen wechselten ab dem 5. Jahr zum Vater über, der sie auf den Beruf hin ausbildete (2 Kön 4,18f; Lev 27,5, vgl. *Abb. 39*). Mit der Entwöhnung war ein K. auch erbberechtigt und erst damit vollwertiges Familienmitglied (Gen 21,8–10). K. hatten durch ihre Geburt Teil am Erbe und der → Ehre der Familie. Dies bedeutete im Negativfall, dass sich auch Familienschuld auf sie übertrug (Ex 20,5f; 34,7; Dtn 5,9), was in Ez 18,2–4.20; Jer 31,29f bestritten wird.

I. 5. Im AT wird mehrfach auf die Praxis des K.-Opfers angespielt (2 Kön 3,27; Ri 11,30f.34–40; Gen 22,1–19), um die außergewöhnliche Lage oder (nachexil.) den bedingungslosen Gehorsam exemplarisch zu erläutern. Im Hinnomtal und an der Kultstätte des Tofet soll dem Gott Moloch ein → Kult gegolten haben, bei dem Eltern ihre K. (Söhne und Töchter) durch das → Feuer gehen ließen (2 Kön 23,10; Jer 7,31f; 19,6). Während das AT heftig gegen diese Götzenpraxis polemisiert, ist sie in Palästina archäologisch bislang noch nicht eindeutig nachgewiesen. In Anbetracht der Tatsache, dass die Kindersterblichkeit bis zum 4. Lebensjahr enorm hoch war, könnte es sich bei dem Tofet auch um einen speziellen Begräbnisplatz für Kleinkinder gehandelt haben.

I. 6. In der Prophetie können die K. eines → Propheten zum Zeichen seiner Verkündigung werden (Hos 1,2–8; Jes 7,3; 8,3.18; [7,14]) und von ihm mit Symbolnamen bezeichnet werden (obwohl die Benennung der K. an sich Sache der Frau war). Die Bezeichnung eines Menschen oder einer Menschengruppe als K. oder Sohn Gottes findet sich im AT selten. Im Sinn einer Adoption kann damit (in Modifikation äg. Königsideologie) der davidische → König gemeint sein (2 Sam 7,14; Ps 2,7; 89,27). Auch das Verhältnis zwischen Jhwh und seinem → Volk kann in der Kategorie der Kindschaft interpretiert werden (Ex 4,22f; Num 11,12; Hos 2,1; 11,1; Jes 1,2; 30,9; 63,16; 64,7; Jer 3,4.19), um das enge Bindungs-, Fürsorge- und Gehorsamsverhältnis zu charakterisieren. Seit dem 2. Jh. v. Chr. tritt verstärkt die Bezeichnung bzw. Anrede Gottes als des Vaters einzelner Gläubiger auf (Sir 23,1; Weish 14,3; → Gottesbilder), die vorher nicht belegt ist bzw. allenfalls dem König möglich war.

II. NT: 1. Im NT bezeichnet παῖς den Jungen oder das Mädchen (mit Bezug auf das → Alter), den Sohn oder die Tochter (mit Bezug auf die Abstammung), mit Blick auf die soziale Stellung auch den Diener oder → Sklaven (Lk 12,45; Mt 14,2, umstritten z. B. Mt 8,6.8.13; dieselbe Zweideutigkeit bei παιδάριον in Joh 6,9; παιδίσκη ist immer die Sklavin). Das Diminutivum παιδίον meint meist K. mit Akzent auf sehr jungem Alter, von väterlichen Respektpersonen werden jedoch auch Erwachsene als παιδία angesprochen (Joh 21,5; 1 Joh 2,18), gleichbedeutend begegnet in der joh. Lit. der Vokativ τεκνία (Joh 13,33 u. a.). Letzteres ist eine Diminutivform von τέκνον, das wiederum das K. im Verhältnis zu Vater und Mutter kennzeichnet, aber im Vokativ oft auch als vertrauliche Anrede und im übertragenen Sinne vom geistl. K. im Verhältnis zum Lehrer oder → Apostel gebraucht wird. Dasselbe Nebeneinander von wörtlicher und übertragener Bedeutung findet sich bei der Verwendung von υἱός (Sohn) und θυγάτηρ (Tochter). Seltener verwendete Bezeichnungen für K. sind νήπιος (das unmündige, unerfahrene, hilflose K.), βρέφος (nur bei Lk, das ungeborene K., der Säugling), κοράσιον (Mädchen), σύντροφος (der zusammen, d. h. von derselben Amme Genährte; Apg 13,1: Manaën, ein Milchbruder oder Jugendfreund des Herodes Antipas). Die im Griech. häufigen Konstruktionen zur Kennzeichnung der Zugehörigkeit zu einer Gruppe (Töchter Jerusalems, Söhne der Königsherrschaft, K. Abrahams/Israels usw.) und hebraisierende abstrakte Bildungen (K. des Zorns/des Fluches/des Lichts, Söhne der → Auferstehung usw.) bleiben im Folgenden ebenso außer Betracht wie die Bezeichnung der Gläubigen als K./Söhne Gottes (→ Gottesbilder, → Volk, → Familie) und der titulare Gebrauch von παῖς und υἱός in Bildungen wie Knecht/Sohn Gottes, Sohn Davids, Menschensohn (→ Jesus Christus; → Messias).

II. 2. Obwohl K. im *Alltagsleben* antiker Haushalte allgegenwärtig gewesen sein müssen, werden sie in den Quellen nur selten erwähnt, was Ausdruck ihres geringen Status ist. K. wurden nicht als vollwertige Individuen, sondern als Unfertige, Unvernünftige, zu Erziehende, Noch-nicht-Erwachsene wahrgenommen. Sie wurden v. a. zum Thema, wo sie ausblieben. Die röm. Gesetzgebung wirkte im 1. Jh. n. Chr. verstärkt auf die Erhöhung der Geburtenrate bes. der Oberschichtsfamilien hin. Im Judentum galt Kinderlosigkeit als schweres Stigma für jede → Frau (Lk 1,7.25), die Erhaltung des väterlichen → Namens sollte durch das Institut der Leviratsehe gesichert werden (Mk 12,19–22; → Ehe), katastrophal war vorzeitiges Sterben der für die soziale Absicherung der Eltern verantwortlichen K. (Lk 7,11–17). In der Praxis, alle geborenen K. aufzuziehen, unterschieden sich Juden und Christen erkennbar von der Umwelt (Philo spec. 3,110–119; Tac. hist. 5,5; Did 2,2; Barn 19,5; Diog 5,6), in der Kindesaussetzung und -tötung eine (oft bitterer → Armut geschuldete) viel praktizierte Form der Geburtenkontrolle war, von der kranke/behinderte K. und Mädchen prozentual öfter betroffen waren. Wegen der extrem hohen Säuglings- und Müttersterblichkeit erhielten K. erst nach 8–9 Tagen einen Namen (im Judentum verbunden mit der → Beschneidung: Lk 1,59; 2,21), nur etwa 50 % der K. erreichten das Erwachsenenalter, wofür ihre hohe Krankheitsanfälligkeit, teils in Verbindung mit Unterernährung, verantwortlich war (Mk 7,27, Heilungsgeschichten). Wurde das Kleinkindalter überlebt, gehörte zur → Erziehung der Eltern auch materielle Vorsorge (2 Kor 12,14) und das Erlernen lassen eines (oft des väterlichen) Berufes (Mk 1,19–20; Mt 22,28–30; Phil 2,22).

II. 3. In der *synopt. Überlieferung* werden K. in ihrer Eigenschaft als verwundbare und schwache Mitglieder der Gesellschaft Adressaten der Botschaft Jesu. Sie werden durch Jesus geheilt (Mk 5,22f.39–42; 7,24–30; 9,14–27; Joh 4,46–53) und gesegnet; die Kindersegnungsperikope Mk 10,13–16 ist kein Beleg für die frühchristl. Praxis der K.-Taufe. Die Formulierung „solchen (τοιούτων) gehört die Gottesherrschaft" zeigt, dass Jesus K. paradigmatisch für alle marginalisierten Personen nennt (→ Herrschaft). In die gleiche Richtung weisen die Seligpreisung der Unmündigen in Q (Lk 10,21) und die in Mk 9,33–37; Mt 18,1–15 beschriebene Zeichenhandlung, in der Jesus die über „Größe" nachdenkenden Jünger mit einem kleinen K. konfrontiert. Die wahrscheinlich auf den hist. Jesus zurückgehende Aufforderung, „wie ein K." in die Gottesherrschaft einzugehen (Mk 10,16; Mt 18,3f), hat in der Auslegungsgeschichte (die bereits Joh 3,3–5; EvThom 22, vgl. 4; 46 beginnt), zahlreiche Interpretationen erfahren, die sich oft unreflektiert an idealisierten Vorstellungen von K. und an patriarchalen Erziehungsidealen orientierten. Gemeint sind aber urspr. Machtverzicht und selbstgewählte Niedrigkeit, die sich in der Bereitschaft zum Dienst an den Geringsten äußern (vgl. die spätere Armenfürsorge der → Kirche, die sich insbes. an → Witwen und Waisen richtete, Jak 1,27; Herm 8,3; 38,10; 50,8; IgnSm 6,2).

II. 4. In der *ntl. Brieflit.* sind K. kein Vorbild, vielmehr ist kindliche Unmündigkeit eine beliebte Metapher für die zu überwindende geistl. Unreife der Gemeinde (1 Kor 3,1–3; 13,11; 14,20; Gal 4,1.3; Eph 4,14; 1 Petr 1,14); bes. Paulus stilisiert sich zum Vater und Erzieher seiner K. in den Gemeinden und unter seinen Mitarbeitern (1 Kor

4,14–21; Phil 2,22; Phlm 10; 1 Tim 1,2.18 u. a.), gelegentlich auch zur Mutter (mit weiblich konnotierten Eigenschaften: Gal 4,19; 1 Thess 2,7f). Von den „echten" K. sagt Paulus 1 Kor 7,14, dass sie analog zum ungläubigen Ehepartner an der → Heiligkeit des/der Gläubigen partizipieren. Spätere ntl. Schriften nehmen dann K. als eigene Gruppe wahr (Apg 2,39; 21,5; 1 Joh 2,14), deren Erziehung in Orientierung an der Schrift und den allgemein gültigen Regeln zur Führung eines hierarchisch und patriarchal organisierten Haushalts zu erfolgen hat (Kol 3,20f; Eph 6,1–4; 1 Tim 3,4.12; 2 Tim 3,15f).

I. *K. Finsterbusch*, Das Kind als Teil der Gemeinde im Spiegel des Deuteronomiums, in: *M. Augustin/H. M. Niemann* (Hg.), „Basel und Bibel", Frankfurt/M. u. a. 2004, 71–81; *I. Fischer*, Mütter und Kinder im Alten Testament: Welt und Umwelt der Bibel 6 (1997) 4–9; *U. Hübner*, Spiele und Spielzeug im antiken Palästina, Fribourg u. a. 1992; *E. Otto*, Biblische Altersvorsorge im altorientalischen Rechtsvergleich: Zeitschrift für Altorientalische und Biblische Rechtsgeschichte 1 (1995) 83–110; *ders.*, Sohnespflichten im antiken Syrien und Palästina, in: *ders./S. Uhlig* (Hg.), Kontinuum und Proprium, Wiesbaden 1996, 265–282; *M. Stol/S. P. Vleeming* (Hg.), The Care of the Elderly in the Ancient Near East, Leiden u. a. 1998.
II. *P. Balla*, The Child-Parent Relationship in the New Testament and Its Environment, Tübingen 2003; *P. Müller*, In der Mitte der Gemeinde, Neukirchen-Vluyn 1992.

Angelika Berlejung (AT) / Annette Merz (NT)

Kirche / Gemeinde (K./G.)

(→ Dachartikel: Sozialstatus/Gesellschaft und Institution)

I. AT: 1. Hebr. *qāhāl* bedeutet eigentlich nur „Versammlung", wird jedoch seit dem Dtn häufig für eine fest umgrenzte Kultgemeinschaft und in der liturgischen Lit. für die gottesdienstlich versammelte G. (Ps 22,23; 35,18) verwendet (→ Kult). Synonym ist *ʿēdā* (Wurzel *jʿd*), das seit P die sakralrechtlich begrenzte reine Kultgemeinde um das Zelt der Begegnung (*ʾōhæl mōʿēd*) bezeichnet. Nachexil. ist u. a. *miqrāʾ qōdæš* gebräuchlich, das für die aktuelle Sakralversammlung steht. Die G. kann sich im → Gebet selbst auch *ʿᵃbādīm* Gottes („Knechte Gottes") nennen (Ps 34,23; 69,37); in nachexil. Zeit wurde daraus eine Bezeichnung der Frommen in Abgrenzung zu den Gottlosen (Jes 56,6; 65,13–15).

I. 2. Die Umgrenzung einer Kultgemeinschaft wird durch gesellschaftlich bedingte Grenzziehungsprozesse vollzogen. So wird festgelegt, wer dazu gehören darf, wer nicht und wer welche Aufgaben und Rollen innerhalb der G. übernehmen darf. Die entsprechenden atl. Bestimmungen gehören mehrheitlich in die exil.-nachexil. Zeit und spiegeln das Bemühen der G. wider, die eigene Identität zu bestimmen. Die Exilsgemeinde war offenbar um Älteste (Jer 29,1; Ez 8,1; 14,1; 20,1) organisiert (→ Amt). Auch → Priester und anerkannte → Propheten scheinen Leitungsfunktionen gehabt zu haben (Ez). Versammlungsort waren wohl größere Privathäuser; die ersten Synagogen sind erst aus dem Ägypten der hell. Zeit belegt. Das nachexil. Gemeinwesen stellt sich zwar bibl. als rel. G. um den → Tempel dar, doch trug es klare realpolit. Züge (z. B. Statthalter, Münzwesen, Import-Export). Auch weisen Schilderungen von Betrügereien bei den → Opfern und Zehntabgaben (Mal 1,6ff; 3,8) oder von üblichem marktorientiertem Wirtschaftsgebaren (Jes 58,3; Ijob 22,6) darauf hin, dass die ethisch-rel. Erneuerung Programm und keine gesellschaftliche Realität war. Das Ideal war, dass die → Gemeinschaft als G. Tempel, → Tora und Priester in ihren Mittelpunkt stellte und so bestimmt wurde, was genau → „Israel" sei. Das theol. Konstrukt des „Gottesvolks Israel" hat hier seinen Ort. Das Programm der innergesellschaftlichen und innerrel. Erneuerungsbewegung (bzw. in der eigenen Konstruktion die Rückbesinnungsbewegung), zielte daraufhin ab, dass zum → Volk (d. h. zur Jhwh-G.) gehörte, wer die Satzungen Gottes befolgte. So ist für Dtn 9; 18,16; 27; 33,4 der Tag des Bundesschlusses am Horeb mit der Gabe des Gesetzes der Stiftungstag der Jhwh-G., von der nach Dtn 23,2–9 genital verstümmelte, „Bastarde" oder auch Angehörige bestimmter Nachbarkulturen (Moab, Ammon) ausgeschlossen sind. Das Gesetz als Zentrum der Jhwh-G. (Vollversammlung inkl. → Frauen) findet sich auch in Jos 8,32–35; Neh 8, wo deutlich wird, dass es der G. bekannt zu machen ist, da die Gesetzesobservanz über die G.-Zugehörigkeit entscheidet. Verwandtschaftliche Kontinuität und ethnische Homogenität erhielten in der nachexil. Zeit ebenfalls große Bedeutung und wurden in der Konstruktion der eigenen Identität zur Grundlage des

Neubeginns: Nach Esra 9; Neh 13,23ff sollte aus der G. alles als fremd/ausländisch Gekennzeichnete eliminiert werden. Für P bestand die größte Gefährdung der G. (*ʿēdā*) und ihres Tempels darin, dass nicht entsühnte, unreine → Personen (Tiere oder Gegenstände) sie kontaminierten und damit Jhwhs → Zorn provozierten (→ Reinheit). Dem musste nach priesterlicher Logik durch Reinigungsriten begegnet werden. Nach Lev 4,13ff wurde ein die G. entsühnendes Opfer fällig, wenn sie ein kultisches Tabu verletzt hatte. Das Sühneritual am großen Versöhnungstag (Lev 16) gehörte nachexil. zu den wichtigsten Aufgaben des Hohepriesters, da es die Reinheit und → Heiligkeit der G. gewährleisten und den Zorn Gottes (d. h. göttliche → Strafe) abhalten sollte. Bei der nachexil. Konstruktion der eigenen G.-Identität spielte die prophetische Verkündigung vom → „Rest" des Gottesvolks (Am 5,3.15; Jes 7,3; 10,20–22; Ez 11,13) eine große Rolle, der Jhwh treu bleiben, der Jhwhs Strafe entrinnen und zum Nukleus des Neubeginns werden würde. Die nachexil. G. identifizierte sich selbst als diesen geläuterten Rest (Esra 9,8), dem Jhwhs → Treue galt, und beanspruchte damit, den authentischen Jhwhglauben und -kult zu praktizieren und als heilige G. „wahres Israel" und Adressat der Heilsankündigungen (Jes 4,3; 10,20–22; 37,31f; 46,3f) zu sein. Die Heils-G. der eschatologischen Heilserwartung zeichnet sich nach Jes 28,5f durch den → Geist des → Rechts und die Heldenkraft der Verteidiger der heiligen → Stadt Jerusalem aus. Nach Sach 8,11f wird sie in der → Fülle göttlichen Friedens leben.

II. NT: 1. Das griech. Wort ἐκκλησία, das im NT v. a. in der Apg und in den pln. Schriften vorkommt, umfasst das Bedeutungsspektrum von G.(-Versammlung) und K. Es bezeichnet die konkrete G., d. h. die an einem Ort (Apg 5,11; 8,1; 13,1; Röm 16,1; 2 Kor 1,1; Offb 2,1.8; 3 Joh 6.9f), in einem Haus (Röm 16,5; 1 Kor 16,19; Phlm 2; Kol 4,15) sich versammelnden Christusgläubigen (daher auch pln. möglich: Röm 16,4.16; 2 Kor 8,1; Gal 1,2.22). Auch die überörtliche → Gemeinschaft aller Glaubenden, die K. als theol. Größe, wird ἐκκλησία genannt (Apg 9,31; 20,28; 1 Kor 12,28). Das Wort ist in doppelter Hinsicht vorgeprägt: Einerseits ist ἐκκλησία seit klassischer Zeit fester Terminus für die Volksversammlung der stimmberechtigten, freien, männlichen Bürger einer griech. Polis (so Apg 19,32.39). Andererseits ist ἐκκλησίᾳ τοῦ θεοῦ („K. Gottes", 1 Kor 1,2; 10,32, 11,22 u. a.) wohl Übersetzung von *qᵉhal ʾēl*, was im apokalyptischen Judentum das endzeitliche Aufgebot Gottes, die eschatologische Heilsgemeinde bezeichnet (1QM 4,10) und in diesem Sinne wohl zunächst von der Jerusalemer Urgemeinde übernommen wurde. Als Bezeichnungen für die Mitglieder der K. dominieren ἅγιοι („Heilige": Apg 9,13.32.41; 26,10; Röm 1,7; 1 Kor 1,2; 2 Kor 1,1) und ἀδελφοί („Brüder, Geschwister": Apg 10,23; 11,1.29; Röm 1,13; 7,1; 1 Kor 1,1); χριστιανοί („Christen") begegnet Apg 11,26; 26,28; 1 Petr 4,16. Die Evv. verwenden (mit Ausnahme von Mt 16,18; 18,17) ἐκκλησία nicht, Jesus und seine Jünger wussten sich als Juden an → Israel gesandt. Die Jüngergemeinschaft verkörperte das endzeitlich erneuerte Israel (→ Apostel). Bereits Jesus verwendete wohl die Metapher von einer neuen → Familie Gottes, die sich durch Statusverzicht und Statusumkehr (→ Umkehr) von hierarchischen Gemeinschaftsmodellen unterschied.

II. 2. In der ekklesiologischen Reflexion des Paulus spielt der Gedanke vom → Volk Gottes, die heilsgesch. Kontinuität zwischen K. und Israel (Röm 11,17–24), eine untergeordnete Rolle gegenüber den in der Christologie begründeten K.-/G.-Konzeptionen um die beiden zentralen Metaphern „Leib Christi" (σῶμα Χριστοῦ, Röm 12,4f; 1 Kor 10,16f; 11,29; 12,12–31; → Körper) und → „Tempel". Durch die → Taufe auf Christus gewinnen die Gläubigen eine neue Identität (sie haben „Christus angezogen": Gal 3,27; Christus lebt in ihnen: Gal 2,20; sie sind eine „neue → Schöpfung": 2 Kor 5,17). Dem individuellen Akt der Neuerschaffung in der Taufe korrespondiert das Entstehen einer neuen Gemeinschaft (alle sind „einer in Christus": Gal 3,28; „durch den → Geist" sind „alle zu einem Leib getauft": 1 Kor 12,13). Dieser neue, von Christus bestimmte Lebensraum tritt als „K. Gottes" neben die bisherigen sozialen Bezugsgruppen (1 Kor 10,32) und de-legitimiert deren Institutionen und Regeln, z. B. die Rechtspflege (1 Kor 6,1–11). Die Sozialstruktur der Christusgemeinschaft ist durch die programmatische Aufhebung aller gesellschaftlich relevanten Statusmerkmale gekennzeichnet:

„Hier ist nicht Jude noch Grieche, hier ist nicht → Sklave noch Freier, hier ist nicht männlich und weiblich“ (Gal 3,28, vgl. auch 1 Kor 12,13b; Kol 3,11). Die Anwendung des seit Plato (polit. 462) bes. als Metapher für den → Staat beliebten Bildes vom Leib auf die G. durch Paulus wird diesem utopischen Ideal gerecht. Die Argumentation zielt nicht auf Differenzierung zwischen den Gliedern oder den Erweis der Höherwertigkeit eines Gliedes (wie des die herrschende Klasse symbolisierenden Magens in der berühmten Sage des Menenius Agrippa, Liv. 2,32f). Vielmehr wird die → Einheit des Leibes und die Angewiesenheit aller Glieder aufeinander betont. Im Leib Christi sollen alle Glieder füreinander sorgen und das schwächste Glied die größte Fürsorge und → Ehre erfahren (1 Kor 12,12–27). Darum sind alle Dienste und Funktionen, auch die schon ansatzweise ausgeprägten Ämter (→ Amt) in der G. als einander gleichwertige Begabungen durch den Geist zu verstehen (1 Kor 12,4–11.28–31; Röm 12,6–8). Darum betont Paulus in 1 Kor 1,26–31 die Irrelevanz irdischer Statuszuschreibungen. Darum kann er es als ein „Verachten der K. Gottes“ bezeichnen, wenn bei der Versammlung der G. zur Herrenmahlfeier (1 Kor 11,17–34) die sozialen Unterschiede offen zutage traten und die Habenichtse gedemütigt wurden, weil jeder, was damals durchaus sozial akzeptiert war, das aß, was er selbst mitgebracht hatte (1 Kor 11,22, vgl. 29): Zugrunde liegt eine „Fehlbeurteilung bzgl. des Leibes“, gemeint ist nicht der eucharistische Leib, sondern die K. als Leib Christi, die sich durch die sakramamentale *Communio* konstituiert, vgl. 1 Kor 10,16f. Zwar hat man mit Recht hervorgehoben, dass schon Paulus selbst gelegentlich vor den radikalen Konsequenzen seines egalitären G./K.-Verständnisses zurückgeschreckt zu sein scheint (vgl. 1 Kor 11,3–16; 14,33b-36, falls pln.). Doch sollte diese Inkonsequenz, die sich in der weiteren kirchlichen Entwicklung fortsetzte (eine bemerkenswerte Ausnahme ist Jak 2,1–13), nicht dazu verleiten, zu verleugnen, dass am Anfang der christl. Reflexion über G./K. die Einsicht stand, dass die in Christus begonnene eschatologische Neuschöpfung des Einzelnen in einer die Strukturen der Welt radikal verändernden, pneumatisch geprägten Sozialstruktur ihren Ausdruck finden musste.

II. 3. Die Metapher von der G. als endzeitlichem Tempel oder Bauwerk Gottes, in dem der heilige Geist wohnt (οἰκοδομή = Bauwerk: 1 Kor 3,9; ναός = Tempel: 1 Kor 3,16f; 2 Kor 6,16; sekundäre Individualisierung der Metapher: 1 Kor 6,19), hat viele Parallelen in der Erwartung eines endzeitlichen Tempels in der jüd.-apokalyptischen Lit. (Ez 40–48; Jub 1,17.29; 11QT 29,8–10), wobei auch in Qumran die G. selbst den Tempel symbolisiert (1QS 5,6; 8,4.8; 11,8). Für Paulus ist entscheidend, dass Christus das Fundament ist (1 Kor 3,11) und er ordnet sich selbst als denjenigen, der in einer G. das Fundament gelegt hat, den anderen Mitarbeitern Gottes vor, die auf diesem Grund weiterbauen (1 Kor 3,10.12–15; Röm 15,20; andere Metaphern für dasselbe Phänomen sind pflanzen und gießen: 1 Kor 3,6–9; Vater bzw. Mutter und Erzieher: 1 Kor 4,14ff; Gal 4,19; 1 Thess 2,7.11f; Phlm 10). Überall dort, wo Paulus das Erbauen des → Nächsten bzw. der G. als ethisches Leitprinzip gegen individualistisches Pneumatikertum anführt, steht das dynamisierte Bild von der G. als sich immer wieder neu konstituierender Tempel im Hintergrund (οἰκοδομέω = erbauen: 1 Kor 8,1.10; 10.23; 14,4.17; 1 Thess 5,11; οἰκοδομή im Sinne von „Erbauung“: Röm 14,9; 15,2; 1 Kor 14,3.5.12.26; 2 Kor 10,8; 12,19; 13,10). Nachpln. wird die Tempelmetapher in 1 Petr 2,4–10 und Eph 2,11–22 mit der Tradition vom → Volk Gottes verbunden.

II. 4. Die pln. egalitäre Leib-Christi-Vorstellung wird in Eph und Kol kosmologisch ausgeweitet und hierarchisch reinterpretiert. Die Überordnung Christi als des Hauptes über den Leib des Kosmos und der K. (Kol 1,15–20.24; 2,10.19; Eph 1,20–23; 3,6; 4,15f) bildet in Eph 5,22–33 die Argumentationsbasis, um das Unterordnungsverhältnis zwischen dem Mann (als Haupt) und der → Frau in der Schöpfungs- wie der Heilsordnung zu verankern. Ähnliches erreichen die Past. mit ihrer zentralen ekklesiologischen Metapher „Haus Gottes“ (1 Tim 3,15, vgl. 2 Tim 2,20). Die K. wird nach Analogie des hierarchisch strukturierten antiken Hauses verstanden, daher muss der Bischof nach 1 Tim 3,4f v. a. gehorsame Kinder haben, denn: „Wenn einer seinem eigenen Haus nicht vorzustehen weiß, wie soll er für die G. Gottes sorgen?“ Durchgängig werden gesellschaftliche Machtverhältnisse und Ordnungsstrukturen auf die Gemeindestrukturen und das Miteinander der Gläubigen übertragen und damit in problematischer Weise theol. überhöht. Folge ist auch eine für die weitere Entwicklung richtungweisende Entmündigung der G. gegenüber dem für die Lehre und aller → Heil allein verantwortlichen Amtsträger (1 Tim 2,9–15; 3,1–13; 4,6–16; 6,1–5.17–19; 2 Tim 2,14–26; Tit 1,6–16; 2,1–10; 3,1–11).

II. 5. Das lk. Doppelwerk zeichnet die Zeit der K. als eine eigene Phase innerhalb der mit Jesu Wirken beginnenden Zeit der Erfüllung der → Verheißungen an Israel. Keimzelle der K. sind nach Lk die als Übermittler und Garanten der → Tradition fungierenden zwölf Apostel. Ihnen eröffnet der Auferstandene den Heilsplan Gottes, der Israel und die Heiden umfasst (Lk 24,44–49; Apg 1,6–8). Sie sind die ersten Empfänger des verheißenen Geistes der Endzeit (Apg 2,1–13) und verkünden zunächst exklusiv in Jerusalem die Auferweckung Jesu als Eröffnung eines neuen Umkehr- und Heilsangebotes an Israel (Apg 2,22–36; 3,12–26; 4,8–12). In mehreren Massenbekehrungen (Apg 2,41; 4,4; 5,14; 6,1.7) konstituiert sich das in 5,11 erstmals ἐκκλησία genannte eschatologische Volk Gottes. Konstitutiv für das → Leben der Jerusalemer Urgemeinde waren die Lehre der Apostel, das gemeinsame → Abendmahl („Brotbrechen"), das → Gebet und eine intensive Erfahrung von Gemeinschaft (κοι- νωνία), die spirituelle und materielle Aspekte verbindet (Apg 2,42–47; 4,32–37). Neben die zwölf Apostel treten mit den sieben Hellenisten und dem 13. Zeugen Paulus ab Apg 6,1 die Protagonisten der zweiten, nun die Heiden einschließenden Kirchengründungsbewegung, die sorgfältig an Jerusalem zurückgebunden wird (Apg 6,22; 8,14ff; 9,26–30; 11,1–18.27–30; 15,1–35; 16,4; 18,22; 21,15–26). Doch treten die Jerusalemer Autoritäten zunehmend in den Hintergrund zugunsten örtlicher G., lokaler Entscheidungsprozesse und Amtskonzeptionen (Apg 11,19–21.26; 13,1–3; 14,21–23; 15,36–41; 16,9f; 20,17ff.28ff), wie sie für die Zeit der Entstehung der Apg vermutet werden können.

II. 6. Unter den Evangelisten hat allein Mt die Gründung der K. in die Zeit Jesu rückdatiert durch die Erweiterung des Petrusbekenntnisses um das mit dem Beinamen des Simon (Petrus) spielende Felsenlogion: „Du bist Petrus (griech. Πέτρος, zugrunde liegt wohl aram. *Kēfā*) und auf diesen Felsen (griech. πέτρα, aram. *kēfā*) will ich meine K. bauen" (Mt 16,18). Es lässt den Kirchenbegriff der zweiten Generation erkennen: Die K. wird als heiliger Bau verstanden, errichtet auf dem Fundament eines Apostels (vgl. Eph 2,20: die Apostel und → Propheten; Offb 21,14; 1 Tim 3,15). Im Licht von Mt 28,19, wo das Halten der Lehre Jesu Jüngerschaft konstituiert (vgl. Mt 5,13–16.20; 7,21.24–27), und angesichts der Betonung des bruderschaftlichen Charakters der G. unter einem einzigen Lehrer Christus (Mt 23,8–12) ist Petrus wahrscheinlich v. a. als Garant der Jesustradition verstanden. Charakteristisch für das mt. Kirchenverständnis sind ferner die Hervorhebung der Notwendigkeit zur gegenseitigen → Vergebung (Mt 6,12.14; 9,8; 18,21–35; 26,28) und der *corpus permixtum*-Gedanke: Bis zum → End-Gericht leben in der G. Gute und Böse nebeneinander (Mt 13,24–30.36–43.47–50; 22,10–14). Beides schließt Kirchenzucht nicht aus: Die im Schlüsselwort Mt 16,19 dem Petrus gegebene Vollmacht zum Binden und Lösen wird in Mt 18,17f der ἐκκλησία, der Gemeindeversammlung, anvertraut. Auf ein typisch mt. Gemeindeamt könnte der Verweis auf einen „Schriftgelehrten, der ein Jünger des Himmelreichs geworden ist" (13,52), zu deuten sein.

II. 7. Im Joh tritt der Gemeindegedanke zugunsten der individuellen Christusbeziehung stark zurück; die Sozialstruktur der K. kommt praktisch nicht in den Blick. Aus der jüd. Tradition stammende ekklesiologische Bilder (wie der Weinstock: Joh 15,1ff; Hirt und Herde: Joh 10) und die Abschiedsreden mit dem hohepriesterlichen Gebet Joh 17 zeigen, dass Jesus die eschatologischen → Hoffnungen Israels erfüllt, dass er die Einheit der Glaubenden garantiert und die G. Gemeinschaft der Freunde Jesu ist, die als solche Freunde sind und einander lieben (15,9–17).

I. *R. Albertz*, Die Exilszeit, Stuttgart u. a. 2001; *B. Ego/A. Lange* u. a. (Hg.), Gemeinde ohne Tempel, Tübingen 1999; *U. Rüterswörden*, Von der politischen Gemeinschaft zur Gemeinde, Frankfurt/M. 1987; *L. Ruszkowski*, Volk und Gemeinde im Wandel, Göttingen 2000.

II. *J. Roloff*, Die Kirche im Neuen Testament, Göttingen 1993; *P. Vielhauer*, Oikodome, München 1979; *M. Walter*, Gemeinde als Leib Christi, Fribourg u. a. 2001.

Angelika Berlejung (AT) / Annette Merz (NT)

Klage (K.)

(→ Dachartikel: Kult)

Vorbemerkung: Die K. ist der rituelle, meist poetisch geformte Ausdruck der menschlichen Erfahrung von → Leid und → Trauer. Als spezielle Form des → Gebets bringt die K. die physische, psychische oder soziale Not (vor Gott) zur Sprache und zielt damit auf ihre Beseitigung. Das Ziel ist kein theoretisches, sondern ein praktisches; in der lit. Tradition nimmt sich freilich auch die theol. Reflexion der Gattung an.

Aus Mesopotamien sind lit. K. bekannt, die die Zerstörung von → Städten und → Tempeln sowie den Auszug der Gottheit beschreiben und auf die Wiederherstellung des alten Zustands zielen. In dieser Tradition stehen auch die Stadt- und Untergangsklagen in den Threni (Klgl), die die Zerstörung Jerusalems und des Tempels 587 v. Chr. zum Gegenstand haben. Aus vorexil. Zeit sind uns keine Texte dieser Art bekannt.

Auch für die persönliche K. gibt es ao. Vorbilder, die sog. „Handerhebungsgebete" (*šuilla*) und „Lösungsgebete" (*namburbi*). Sie sind Bestandteil eines Rituals (→ Ritus), zu dem außer dem Gebet als Wortakt auch Vorbereitungs- und Schlusshandlungen (Reinigung, Entfernung von bösen Gegenständen etc.), Leistungen des Bittstellers (Opfergaben) sowie magische Abwehrhandlungen des Beschwörungspriesters gehören.

I. AT: 1. Im AT sind nicht vollständige Rituale, sondern nur die Wortteile erhalten geblieben, wie die K. des Einzelnen, die am meisten vertretene Gattung im Psalter.

Musterbeispiel ist Ps 13, der folgende Gattungsteile aufweist: Anrufung und K. (V. 2f), Bitte (V. 4f), Bekenntnis der Zuversicht und Lobgelübde (V. 6). K. und Bitte beziehen sich auf eine dreifache Not, die den drei Erfahrungsdimensionen des Menschen (Gott, Ich und die Anderen) entspricht: 1.) die Abwendung Jhwhs vom Beter (V. 2.4a), 2.) die innere Not und Todesangst (V. 3a.4b), 3.) die → Feinde (V. 3b.5). Das Bekenntnis der Zuversicht unterstreicht die Bitte um → Rettung, die das Herzstück der K ist. Das Lobgelübde nimmt die Rettung performativ vorweg. Für den „Stimmungsumschwung" hat man ein priesterliches Heilsorakel („Fürchte dich nicht") verantwortlich gemacht, das zwischen K. und → Lob gesprochen, aber nicht mit überliefert worden sei. Die Annahme ist aber überflüssig, da das Aussprechen der Rettungsgewissheit und des Lobgelübdes selbst schon die Wende von der Not zur Rettung einleitet.

So oder ähnlich dürften die Ritualtexte aufgebaut gewesen sein, die am Tempel oder außerhalb dessen von den Ritualexperten auf Anfrage benutzt wurden. Dass auch hier Wort und Handlung zusammengehörten, kann man aufgrund der ao. Analogien vermuten, doch haben sich dafür – im Unterschied zum Danklied – keine Hinweise erhalten.

Die Notschilderung ist sehr allgemein und konnte auf Situationen aller Art Anwendung finden. Die Beschreibung der Feinde in Bildern der Belagerung und anderer kriegerischer Aktionen deutet darauf hin, dass mit dem „Ich" der Klagelieder ursprünglich einmal der → König und mit den Gegnern des Beters polit. Feinde gemeint gewesen sein könnten (vgl. Ps 54,4f.7–9). Die zweite hist. Wurzel dürfte die Situation der → Krankheit gewesen sein, die in wenigen Pss. noch durchscheint (z. B. Ps 38). In den Formularen sind beide Anlässe miteinander verschmolzen: Die Krankheit wurde auf Nöte aller Art ausgeweitet, die Feinde sind in einer reichen Metaphorik (neben der Kriegsmetaphorik auch Tier- und Jagdmetaphern) zum Bild für alle lebensfeindlichen, dämonischen Mächte geworden. Beides ist ein → Zeichen für die Abwesenheit (oder Abgewandtheit) Gottes.

Aus diesem Grund ist jede Not in den Klageliedern auch Todesnot. Die Notsituation wird nicht punktuell, sondern in dem größeren Zusammenhang der Relation des ganzen Menschen zu Gott wahrgenommen. Ist Gott abwesend, ist der Beter mit seiner Not allein und auch von den Menschen isoliert. Er befindet sich im Machtbereich des → Todes. Wendet sich Gott dem Beter wieder zu, kehrt dieser ins → Leben zurück. Auf diesen Zweck sind K. und Bitte ausgerichtet, und von dieser zielgerichteten Gewissheit sind das Bekenntnis der Zuversicht und das Lobgelübde getragen.

Woher die Not kommt, ob sie verdient oder unverdient ist, darüber verliert die K. kein Wort. Das Leiden ist *per se* etwas Unnatürliches, das zum Tod und nicht zum Leben gehört. Der K. korrespondiert nicht der Trost, sondern die Rettung, die im Klagelied wie selbstverständlich eingefordert und erzwungen und im Lob- und Danklied hymnisch besungen wird. Die K. wendet damit auf jeden Einzelnen das theol. Konzept der Hymnen an, die den Sieg Jhwhs über die → Macht des Chaos (→ Ordnung) und des Todes preisen; das Bekenntnis der Zuversicht und das Lobgelübde vollziehen den Schritt vom Tod ins Leben, von der K. in das Lob- und Danklied.

I. 2. Das Klageschema setzt voraus, dass das kultische Geschehen intakt und mit den Lebensumständen einigermaßen im Lot ist. Dies war in vorexil. Zeit wohl der Fall, änderte sich aber mit der Zerstörung des Tempels 587 v. Chr., die den → Kult empfindlich störte und noch zur Zeit des zweiten Tempels im Rahmen der bibl. Überlieferung zu einschneidenden Veränderungen der Gattung führte. Die individuelle K. wurde kollektiviert und brachte so eine eigene Gattung hervor: das Klagelied des Volkes (Ps 44; 60; 74; 79; 80; 83; 106). In vorexil. Zeit war für nationale Katastrophen der König zuständig; nach dem Verlust des Königtums trat das → Volk an seine Stelle. Auch die in den Volksklagen und den späten Gebeten (Jes 63,7ff; Neh 9; Dan 9) reflektierte → Geschichte des Volkes war in vorexil. Zeit kein Thema der Pss.

Daneben wurden auch die individuellen Züge selbst theol. transformiert. Die reiche Bildwelt der Klagelieder für die Not des Beters vor Gott verwandelte sich in Metaphern für die Existenz des Frommen („Gerechten", „Armen" etc.) und für sein Leiden an Gott und dem Treiben der gottlosen Frevler; aus den lebensfeindlichen Mächten der Kriegs-, Tier- und Jagdmetaphorik wurden persönliche Gegner sowie soziale und theol. Feindbilder. Da sich die Erfahrung der Gottesferne nicht mehr ohne weiteres auf kultischem Wege regulieren ließ, wurde sie zu einem theol., ethischen oder spirituellen Problem. Die Veränderung macht sich in verschiedener Hinsicht bemerkbar: 1.) an der Zunahme forensischer Sprache, einer damit einhergehenden Verrechtlichung der K. und dem Eindringen der Unschuldsbeteuerung als eines neuen Gattungselements (vgl. Ps 7; 17; 26; 35); 2.) an dem Einsetzen der Reflexion der eigenen Schuld und einem gesteigerten Sündenbewusstsein (Ps 6; 32; 38; 51; 102; 130; 143); 3.) an der Verselbständigung des Bekenntnisses der Zuversicht in Form des Vertrauensliedes (vgl. Ps 11; 16; 23; 27,1–6; 62; 131). Darüber hinaus ist der Einfluss der theol. → Weisheit spürbar, die in den sog. Weisheitspss. (Ps 1; 19; 37; 49; 73; 112; 119), im Ijobbuch und in den Konfessionen Jeremias (Jer 11,18ff; 12,1ff; 15, 10ff; 17,14ff; 18,18ff; 20,7ff.20ff) eine Symbiose von → Weisheit und K. eingegangen ist und sich in Ps 1 oder Ps 119 mit der Torafrömmigkeit verbunden hat.

II. NT: Im NT weist die Passionsgesch. Jesu mehr oder weniger direkte Bezüge zu den atl. Klagepss. auf (vgl. Mk 15,34). Tod und → Auferstehung Jesu ließen sich im Sinne und in der Sprache der Pss., bes. mit Ps 22, als Rettungsvorgang deuten und auf die eigene Existenz beziehen (Lk 24,13ff).

I. *C. Barth*, Die Errettung vom Tode, Stuttgart u. a. 1997; *M. Emmendörffer*, Der ferne Gott, Tübingen 1998; *E. S. Gerstenberger*, Der bittende Mensch, Neukirchen-Vluyn 1980; *H. Spieckermann*, Heilsgegenwart, Göttingen 1989; *A. Zgoll*, Die Kunst des Betens, Münster 2003.

II. *M. Ehrmann*, Klagephänomene in zwischentestamentlicher Literatur, Frankfurt/M. 1997.

Reinhard G. Kratz

Klugheit (K.)

(→ Dachartikel: Weisheit/Gesetz)

I. AT: 1. Im AT wird terminologisch nicht klar zwischen → Weisheit und K. unterschieden, auch wenn in den deutschen Übersetzungen *ḥokmā* meist mit „Weisheit" und *ʿormā* mit „K." (bzw. „Hinterlist") wiedergegeben wird (vgl. *ḥkm* „weise sein/werden, sich weise verhalten", *ḥākām* „geschickt, kunstfertig, klug, weise", *ʿrm* „klug/schlau sein/werden", *ʿārūm* „listig, klug"; auch *ṭaʿam*, *mᵉzimmā*, *tᵉbūnā* und *tūšijjā* können gelegentlich mit „K." übersetzt werden). Auch im Deutschen überschneidet sich der Gebrauch von „Weisheit" und K. Hier soll zwischen beiden Begriffen in dem Sinne unterschieden werden, dass K. die Fähigkeit bezeichnen soll, bestimmte Aufgaben auszuführen oder schwierige Situationen zu bewältigen, wobei v. a. die Wahl der geeigneten Mittel zur Erreichung eines vorgegebenen Ziels im Blick ist. Demgegenüber soll unter Weisheit die umfassendere Fähigkeit verstanden werden, sein Leben zu gestalten, wobei v. a. die Wahl der richtigen Ziele eine Rolle spielt. Auch so bleibt aber die Grenze zwischen K. und Weisheit fließend.

I. 2. *Ḥokmā* bezeichnet häufig die Fähigkeit, bestimmte Tätigkeiten auszuführen wie etwa handwerkliche Arbeiten (1 Kön 7,13f; Jes 40,20), Totenklage (Jer 9,16), Schlangenbeschwörung (Ps 58,6), Zauberei (Ex 7,11), Traumdeutung (Dan 2,2ff), Rechtsprechung (Dtn 1,13ff) oder Beratung (Jer 18,18). Jonadab ist so klug, dass er für seinen Freund Amnon einen Weg findet, seine Schwester Tamar zu vergewaltigen (2 Sam 13,3). Joab bedient sich zur Umstimmung Davids in Bezug auf Abschalom einer klugen Frau aus Tekoa, die seinen Plan begreifen und umsetzen kann (2 Sam 14,2f). Der Pharao hält es für klug, die Israeliten mit Zwangsarbeit zu unterdrücken (Ex 1,10). Diese Beispiele zeigen, dass K. zu guten oder zu schlechten Zwecken eingesetzt werden kann. Einen deutlich negativen Beiklang hat K. an Stellen wie Ex 21,14; Jos 9,4; Ijob 5,12f; 15,5. Sir 19,18ff macht die Ambivalenz der K. zum Thema. Sir 38,24ff unterscheidet die Fachkompetenz der Bauern und Handwerker von der Weisheit des schriftgelehrten Weisen.

Doch auch die K. des Bauern und die Kunstfertigkeit der am Bau des Zeltheiligtums Beteiligten gehen nach Jes 28,26 und Ex 28,3; 31,3–6 auf Gott zurück. Dagegen lässt das Wirken Jhwhs nach Jes 10,12ff; 31,1ff vermeintlich kluges polit. Handeln scheitern (vgl. Jes 29,14; Spr 21,30f). Und nach Koh 8,16f bleibt das Wirken Gottes auch für die klügsten Menschen letztlich unbegreiflich. Koh 9,11f; 10,8–11 stellt die Grenzen praktischer K. heraus: Der Fachmann kann sich vor Gefahren schützen und unnötige Anstrengungen bei der → Arbeit vermeiden; ob sein Tun erfolgreich ist, hängt aber auch von Zufällen ab.

II. NT: 1. Im NT wird terminologisch deutlicher zwischen → Weisheit (σοφία, vgl. σοφός „weise", gelegentlich aber auch „klug": 1 Kor 3,10) und K. (φρόνησις, auch „Gesinnung", vgl. φρόνιμος „verständig, klug, einsichtsvoll") unterschieden.

II. 2. In den Evv. stellt Jesus Menschen, die sich in bestimmten Situationen klug verhalten – indem sie ihr Haus auf festen Grund bauen (Mt 7,24), sich auf mögliche Verzögerungen einstellen (Mt 25,1ff), jederzeit für das Kommen ihres Herrn bereit sind (Mt 25,45) oder sich mit Geld Freunde machen (Lk 16,8f) – als Vorbilder für die Haltung gegenüber der von ihm angesagten Gottesherrschaft vor Augen. Die von ihm ausgesandten zwölf → Apostel sollen nach Mt 10,16 zugleich klug sein wie die Schlangen und ohne Falsch wie die Tauben. Paulus bezeichnet sich in 1 Kor 4,10 als „töricht um Christi willen" – offenbar in polemischer Absicht gegenüber Gegnern in Korinth, die sich selbst für klug halten (dazu kritisch Röm 11,25; 12,16). Das → Kreuz Christi macht seiner Meinung nach alle menschliche Weisheit und K. zu → Torheit (1 Kor 1f; 3,18–20). Nach Eph 1,8 aber hat Gott in seiner → Gnade die von ihm Erwählten mit aller Weisheit (σοφία) und K. (φρόνησις) reich beschenkt.

I. *O. Kaiser*, Gottes und der Menschen Weisheit, Berlin 1998; *B. Lang*, Klugheit als Ethos und Weisheit als Beruf, in: *A. Assmann* (Hg.), Weisheit, München 1991, 177–192; *H.-P. Müller*, Mensch – Umwelt – Eigenwelt, Stuttgart 1992.

II. *G. Guttenberger*, Klugheit, Besonnenheit, Gerechtigkeit und Tapferkeit: ZNW 96 (2005) 78–98; *M. Konradt*, Die korinthische Weisheit und das Wort vom Kreuz: ZNW 94 (2003) 181–214; *S. M. Pogoloff*, Logos and Sophia, Atlanta 1992; *M. Sasse*, Weisheit und Torheit im Kontext frühchristlichen Taufverständnisses, in: *A. von Dobbeler* u. a. (Hg.), Religionsgeschichte des Neuen Testaments, Tübingen 2000, 255–261; *G. Schwarz*, Er „wird einem klugen/törichten Mann ähnlich werden"? (Mt 7,24b.26b): BN 68 (1993) 24–25; *M. Scott*, Sophia and the Johannine Jesus, Sheffield 1992.

Thomas Krüger

König (K.)

(→ Dachartikel: Sozialstatus/Gesellschaft und Institution)

I. AT: 1. K. (*mælæk*), Königinmutter (*g^ebīrā*) und Königin (*malkā*) sind die höchsten sozialen Positionen, die in einem Königreich möglich sind. Da der K. durch Salbung (→ Ritus) inthronisiert wurde (Ri 9,8.15; 1 Sam 15,1.17), konnte er auch als „Gesalbter" (*māšī^aḥ*) (→ Messias) bezeichnet werden.

I. 2. Der K. war in den spätbronzezeitlichen Stadtstaaten des 2. Jt. v. Chr. der oberste polit. Führer, der zwar dem äg. Pharao untergeordnet, doch in seinem Kleinreich Herrscher mit dynastischer Erbfolge war. Nach der Entwicklung der paläst.

Abb. 40: Die einzige Abbildung eines israelit. Königs zeigt Jehu, der sich vor dem ass. Großkönig Salmanassar III. niederwirft.
Quelle: Calwer Bibellexikon, Stuttgart ^{4}1985, 94.

Territorialstaaten aus städtischen Zentren (Samaria und Jerusalem), die sukzessiv auf ihr Umland ausgriffen, mit jeweils einem K./Heerführer an der Spitze im 1. Jt. v. Chr., nahm dieser den höchsten sozialen, polit. und militärischen Rang in seinem → Staat ein. Die Entwicklung des Königtums ist folglich nichts wirklich Neues in Palästina, sondern knüpft an Traditionen des 2. Jt. an, die v. a. an der Küste weitgehend bruchlos weitergeführt worden waren. Demgegenüber suggeriert 1 Sam 8,4f.20, dass das Königtum in → „Israel" eine fremde Institution sei, die es aus seiner andersartigen „Umwelt" übernommen habe. Nur durch äußeren Druck sei es dazu gekommen. Die Bedrohung der Stämme des Landesinneren durch die Philister gilt nach 1 Sam 13ff; 31 als Anschubmotivation für den Zusammenschluss der Stämme unter dem ersten (Heeres-)K. Saul, doch verdankt sich dieses Konzept mehr der bibl. Konstruktion der Stämme als Kampfgemeinschaft als tatsächlichen Gegebenheiten. Die → Geschichte des Königtums beginnt atl. mit Saul und David, die chronologisch hintereinander (Zielrichtung: *ein* Königreich) und theol. kontrastierend dargestellt werden. Aus Mangel an primären Quellen lässt sich über beide nichts Gesichertes sagen, doch führte der hist. Prozess zu zwei Königreichen: Israel und Juda. Der archäologische Befund steht der atl. Sicht eines frühen Königreichs unter Saul, der vereinigten Monarchien des Nord- und Südreichs unter David und Salomo im 10. Jh. v. Chr. mit Sitz in Jerusalem oder gar eines von hier aus beherrschten Großreiches entgegen. Territorialstaatliche Strukturen lassen sich archäologisch erst für das Nordreich des 9. Jh. v. Chr. (Juda Ende des 9./Anfang des 8. Jh.) nachweisen. Immerhin spricht die Bezeichnung des Südreichs als „Haus Davids" in der aram. Inschrift aus Dan dafür, dass das Südreich (wenigstens in der 2. Hälfte des 9. Jh. v. Chr.) schon/noch ein Stammes(verbunds)königtum war, das sich (in Analogie zu den aram. Stammeskönigreichen) lokal begrenzt um die starke Häuptlingspersönlichkeit eines David und dessen dynastische Nachfolger sowie um deren Hauptsitz herausgebildet hatte. Der Stammesverbundsstaat Juda berief sich in Folge auf David als Dynastiegründer. Das Nordreich des Jerobeam I. stellt sich in seinen Anfängen auch als Stammesverbundsstaat einer zentralpaläst. Bergbauern- und Viehzüchtergesellschaft dar. Dies änderte sich erst mit dem Heerführer Omri, dem Begründer der ersten Dynastie des Nordreichs, das bei den Assyrern denn auch „Land des Hauses Omris" genannt wurde (*Abb. 40*). Omri (882/878–871/0 v. Chr.) baute das Dorf Samaria (1 Kön 16,24) zur königlichen Residenz mit Garnisonssitz aus, die seither als Zentrum seines Königreichs galt. Erst in seine Regierungszeit fallen deutliche Anzeichen von territorialer Staatlichkeit (Monumentalarchitektur in Stein, Anlage von Befestigungs- und Torbauten; Staat).

I. 3. Während der K. in Mesopotamien mit seinem Staatsgott durch eine Handlungseinheit verbunden war, in Ägypten gar die Göttlichkeit des K. bzw. seine göttliche Kindschaft das Pharaonentum fundierte, gibt es atl. zwei gegenläufige Beurteilungen des königlichen Verhältnisses zu Jhwh. Zum einen ist der K. dort Gesalbter, Adoptierter (Ps 2,7) und Erwählter Gottes (1 Sam 10; 16; 2 Sam 7,8ff; 1 Kön 1,32ff; 2 Kön 9,3ff), zum anderen kommt seit der exil. Zeit eine deutliche Distanz zwischen Jhwh und dem K. zum Ausdruck, die auf das Ende der Staatlichkeit zurückzuführen ist. In diesen Kontext gehört das Königsgesetz (Dtn 17,14ff), das die Kompetenzen des K. einschränken sollte. Weitere königskritische Stimmen finden sich in Ri 9 (Jotamfabel und Tyrannei des Abimelech) und in Ri 8,23; 1 Sam 8,7.9f.19–22, wo das Königtum aus der Retrospektive als Abfall von Jhwh bewertet wird. Königskritik war in vorexil. Zeit durch vereinzelte oppositionelle → Propheten vorbereitet worden, wie sie z. B. in Jeremia (Jer 21–23*) fassbar wird, der gegen das judäische Königshaus auftrat. Die Königs-, Kult- und Sozialkritik der atl. Schriftprophetie (bes. Am, Hos, Mi) steht zumeist im Dienst des Schuldaufweises der Unheilsprophetie. Sie ist nicht moralisch, sondern geschichtstheol. profiliert, d. h. sie begründet die Gerichtsverkündigung (sowie retrospektiv den Untergang der Staaten Israel bzw. Juda) und zielt nicht etwa auf die moralische Erneuerung der Könige und ihre Umkehr.

In nachexil. Zeit gab es unter prophetischer Beteiligung (Hag; Sach) den Versuch einer Restauration des davidischen Königtums in Jerusalem, der scheiterte. In der Folgezeit rückte der dortige Hohepriester in die Rolle des K. ein, der ebenfalls gesalbt war (Lev 4,3.5.16) und daher als Gesalbter bezeichnet werden konnte. Er vereinigte höchstes polit. und rel. → Amt. Mit den Hasmonäern entstand in Jerusalem ein (zunächst erfolgreiches) Königshaus, das nicht davidischen Ursprungs war. Insofern beinhaltete die → Hoffnung auf einen David *redivivus* und von Gott Gesalbten (gräzisiert: → Messias) im Rahmen der eschatologischen Erwartung in den späten Texten ein königskritisches Element.

I. 4. Zur atl. Königsideologie gehören Züge, die auch sonst im Vorderen Orient zu finden sind: Der K. ist Hirt seines Volks (2 Sam 5,2), Bauherr (2 Sam 7; 1 Kön 5,15ff), Instandhalter des offiziellen → Kults (1 Kön 7,13ff; 2 Kön 12,5ff; 16,10ff; 22,3ff), oberster → Priester desselben und in diesem Zusammenhang für Kultreformen verantwortlich (1 Sam 13,8ff; 2 Sam 6,13ff; 1 Kön 3,4ff; 12,26ff; 2 Kön 16,15ff; 22f). Er ist oberster Kriegsführer (2 Sam 8,2–14; 10,6–19; 1 Kön 11,14ff), (in Stellvertretung Gottes) Hüter des → Rechts und der → Ordnung sowie Schutzherr der → Witwen und Waisen (2 Sam 14,17; 1 Kön 2,2ff; Ps 101). Die Ikonographie der Königszeit weist aus, dass sich die Königshäuser des Nord- und Südreichs seit dem 9. Jh. v. Chr. an den rel. Traditionen Ägyptens (Sonnengott, Uräus, Skarabäus, Sonnenscheibe) und deren Verbindung mit der Königsideologie (Pharao als irdischer Vertreter des Sonnengottes) orientierten. Aus der Mittlerfunktion des K. zwischen Menschen und Gott ergibt sich ao. wie atl., dass seine rel.-ethischen Verfehlungen gesamtpolit. Auswirkungen haben (2 Sam 24; 1 Kön 11). Den irdischen Verhältnissen entsprechend, in denen der K. die höchste Instanz darstellt, wird auch Jhwh als K. bezeichnet (Ps 47,9; 93,1; 96,10; 97,1; 99,1; 146,10; → Gottesbilder).

II. NT: 1. Die Institution des Königtums wird im NT überwiegend mit Wortbildungen aus dem Wortstamm βασιλ- beschrieben. Der K. ist ὁ βασιλεύς (z. B. Mk 6,14; Lk 14,31; 2 Kor 11,32 u. a.), seine Gemahlin ἡ βασίλισσα (Mt 12,42par.; Apg 8,27; Offb 18,7). Mit βασιλεύς werden gesch. K. wie David (Mt 1,6; Apg 13,22) und Saul (Apg 13,21), ferner der äg. Pharao (Apg 7,10.18; Hebr 11,23.27) und Melchisedek (Hebr 7,1f), bevorzugt aber die röm. Klientelkönige, namentlich v. a. Herodes d. Gr. (Mt 2,1.3; Lk 1,5) und Herodes Antipas (Mk 6,14.22), sein Enkel, der Herodes genannte Julius Agrippa I. (Apg 12,1) und dessen Sohn Julius Agrippa II. (Apg 25,13.24.26; 26,2.19.27) bezeichnet. Auch der röm. Kaiser (καῖσαρ Mk 12,14par.; Joh 19,12; Apg 25,8 u. a.) wird an wenigen Stellen als K. tituliert (1 Tim 2,2; 1 Petr 2,13.17). Die Terminologie dient aber gleichzeitig dazu, Jesus als den erwarteten oder eschatologischen K. (Mk 15,32; Joh 1,49; 1 Tim 6,15; Offb 19,16) oder Gott als K. zu bezeichnen (Mt 5,35; 1 Tim 1,17; Offb 15,3 u. a., vgl. die Königsgleichnisse in Mt 18,23–35; 22,2–14). Gleichermaßen offen ist die Terminologie bei βασιλεία („Königreich/Herrschaft"), was im NT zumeist für die in der Grundbotschaft Jesu unverzichtbare, präsentisch-eschatologisch gedachte βασιλεία τοῦ Θεοῦ („Königsherrschaft Gottes") bzw. mt. βασιλεία τῶν οὐρανῶν („Königsherrschaft der Himmel" bzw. „Himmelreich", → Herrschaft) oder seltener für das „Reich des Satans" (Mt 12,25f) steht (→ Widersacher) und nur an wenigen Stellen (Mt 4,8; 24,7; Mk 3,24; 6,23; 13,8; Lk 4,5) profane Reiche bezeichnet. Im Folgenden geht es nahezu ausschließlich um die sozialstaatlichen Aspekte von K. und Königtum, nicht um eine Theologiegesch. des Gottkönigtums (→ Gottesbilder) oder die (heils-)königlich gefüllte Vorstellung von der Messianität Jesu (→ Messias; → Jesus Christus).

II. 2. Das Machtgefüge des röm. Reiches bedeutete für Palästina eine wechselvolle Gesch. unterschiedlicher Ausprägungen röm. Herrschaftsformen (→ Staat). Der Titel „K.", der im NT für die Klientelkönige und Tetrarchen verwendet wird, meint nicht eine von Rom unabhängige autonome → Macht, sondern die Einbindung in das röm. Imperium in unterschiedlicher Intensität. Von der Tendenz her werden das Königtum und seine Repräsentanten wegen der Nähe zum röm. Staat im NT durchgehend negativ bewertet, was hist. Anhaltspunkte in der brutalen Durchsetzung röm. Machtansprüche und dem schonungslosen Vorgehen gegen Widerständler hat. Das gilt insbes. für das in Palästina ausgesprochen unruhige 1. Jh. n. Chr. (→ Heer)

Theol. verweist die Distanz gegenüber den weltlichen K. und die Herrschaftskritik auf eine Inkompatibilität von weltlicher und göttlicher Herrschaft (Mt 6,10par.; Lk 10,24; Joh 18,36). K. werden deshalb als Kontrastfiguren zu Jesus (Mt 2), Johannes (Mk 6,14–29) oder den Jüngern (Mk 10,42f; 13,1–9; Lk 22,25f) stilisiert.

II. 3. Aufgrund des Engagements im Bürgerkrieg Caesars hatten die Hasmonäer Hyrkan II. und sein Feldherr Antipas Privilegien erhalten, die auch in der Folgezeit für die Legitimierung der Herrschaft über Judäa und die Beibehaltung autonomer Kompetenzen gegenüber Rom von Bedeutung blieben. Herodes d. Gr., der einer wohlhabenden idumäischen → Familie entstammte, wurde von seinem Vater Antipas zunächst 47 v. Chr. als Statthalter der Provinz Galiläa an der Macht beteiligt. Nach dem tödlichen Attentat auf seinen Vater und dem Einfall der Parther in Palästina setzte er sich 40 v. Chr. nach Rom ab, wo er – von Antonius protegiert – auf Senatsbeschluss zum K. von Judäa ernannt wurde (Ios. ant.Iud. 14,385). 37 v. Chr. eroberte er mit Hilfe röm. Truppen Jerusalem, stürzte Antigonos und baute von da an konsequent seine Macht aus. Dabei setzte er sich gegen antiröm. Widerstand und hasm. Interessen ebenso brutal wie geschickt durch. Durch seine monumentalen Bauwerke (→ Tempel und Palast) in Jerusalem und den Bau zahlreicher Festungen demonstrierte er seine Stärke und Macht. Mit Dedikationen zeigte er seine Ergebenheit gegenüber Augustus in Rom, dessen *pax Romana* er durch sein königliches Handeln zu sichern suchte.

Herodes d. Gr. taucht im NT lediglich in den Kindheitsgeschichten Jesu auf, worin er in den legendarischen Erzählungen vom Besuch der Weisen und dem betlehemitischen Kindermord (Mt 2) als grausamer Antikönig gegenüber dem Messiaskönig Jesus stilisiert wird. Nach seinem → Tod wurde das Reich unter seinen Söhnen aufgeteilt, die den Titel Tetrarch trugen (τετραάρχες, so in Mt 14,1; Lk 3,19; 9,7; Apg 13,1). Herodes Antipas erhielt im Norden Galiläa und Peräa, Herodes Philippus das restliche Ostjordanland, d. h. Ituräa, die Gaulanitis und Trachonitis, und Herodes Archaelaus, der älteste Sohn Herodes d. Gr., Idumäa (ohne Gaza), Judäa und Samaria. Letzterer wurde 6. n. Chr. wegen seiner brutalen und missglückten Herrschaft verbannt. Seitdem unterstand Judäa bis 41 n. Chr. als röm. Provinz Judäa oder (wahrscheinlicher) Unterprovinz der Provinz Syrien der röm. Verwaltung, wobei insbes. die Befehlsgewalt über die röm. Truppen und die oberste Gerichtsbarkeit (→ Gericht) in Judäa einem Statthalter (ἡγεμών) oblag. Dieser unterstand wiederum dem mächtigen röm. Legaten in Syrien. Unter den diversen Statthaltern wurde Pontius Pilatus (Amtszeit: 26–36 n. Chr.), der aus dem Amtssitz Cäsarea Maritima inschriftlich als *[praef]ectus Iuda[ea]e* betitelt ist, wegen seiner Rolle im Prozess Jesu und der Anordnung seiner Hinrichtung im NT prominent.

Zwischen 41–44 n. Chr. kam es noch einmal zu einer der Zeit des Herodes d. Gr. vergleichbaren königlichen Machtkonzentration, als dessen Enkel Herodes Agrippa I. (10 v. Chr.–44 n. Chr.) über alle drei Tetrarchien zum Klientelkönig eingesetzt wurde. In der Zeit nach dem Tod Herodes' d. Gr. 4 v. Chr. gab es in Palästina bis zum jüd. → Krieg immer wieder Aufstände und Unruhen, in denen sich Messiasprätendenten als K. ausrufen ließen. Ihr polit. Machtanspruch wurde meist schnell mit größter Brutalität von den Römern zurückgedrängt. Flavius Josephus berichtet von Simon, einem ehemaligen → Sklaven des Herodes (Ios. ant.Iud. 17,237f), von Anthrogenes, einem Hirten (Ios. ant.Iud. 17,278), von Judas, dem Sohn des Hezekias (ebd.) und schließlich von den Königsansprüchen Menahems, eines Galiläers, und Simons bar Giora im Jüdischen Krieg (Ios. bel.Iud. 2,433f; 4,510.575; 7,26–31.118.154). Es ist anzunehmen, dass es weitere Anwärter auf das Königtum im Widerstand gegen die röm. Besatzung gegeben hat.

II. 4. In der Forschung ist immer wieder diskutiert worden, ob Jesus unter diese Messiasprätendenten mit polit.-königlichem Anspruch zu rechnen sei. Erster Ansatzpunkt ist die entehrende Hinrichtungsart (→ Kreuz), da polit. Aufständische zur Abschreckung gekreuzigt wurden. Ferner führen das Zeugnis des *titulum crucis* mit der *causa poenae* (der Angabe des Grundes der Hinrichtung) „K. der Juden" (Mk 15,26; Mt 27,29.37; Lk 23,38), die hohe Präsenz des Königstitels in den Passionsberichten (Mk 15,9.12.32; Mt 27,42; Lk 23,2.37; Joh 18,33.37.39; 19,3.12.14f.19,21; vgl. Apg 17,7), darunter insbes. das Jesus zugesprochene „du sagst es" (Mk 15,2par.) zu dieser Annahme. Schließlich werden noch der von Sach 9,9 und Ps 118,26 her interpretierte „königliche" Einzug Jesu in Jerusalem (Mk 11,1–11par.) und Joh 1,49; 6,15 für diese Sicht ins Feld geführt. Bei der hist. Beurteilung sind Anspruch und Selbstverständnis Jesu von den Umständen der Verurteilung nach dem Prozessrecht und den Anfängen der Christologie zu trennen. Der hist. Jesus hat den Titel K. nicht für sich beansprucht, sondern einen weltlichen Machtanspruch abgelehnt. Jesus ist sicher nicht den Zeloten, einer frühjüd. radikalen Widerstandsgruppe, zuzurechnen. Ob ihm über das Selbstverständnis als eschatologischer → Prophet hinaus ein unpolit. messianischer Anspruch zugesprochen werden kann (→ Messias), ist umstritten. Unzweifelhaft ist hingegen, dass er als polit. Aufrührer aufgrund einer ihm angelasteten Störung der öffentlichen Ordnung von den röm. Behörden gekreuzigt worden ist. Als Hintergrund ist der Vorwurf nicht unwahrscheinlich, Jesus habe sich durch das Auftreten als ὁ βασιλεύς τῶν Ἰουδαίων („K. der Juden") schuldig gemacht (*crimen laesae maiestatis populi romani* – Schädigung des Ansehens des röm. Volkes und seiner Mandatsträger). Da die Anbringung einer den Grund der Verurteilung nennenden Tafel am Kreuz außerhalb christl. Tradition und Beeinflussung nicht ausreichend nachweisbar ist, sind Zweifel an der Historizität des *titulum crucis* gerechtfertigt. Andererseits ist die Historizität nicht auszuschließen – gerade der Titel βασιλεύς statt des jüd. χριστός (Messias, Mk 15,32) könnte dafür sprechen – womit der Königstitel im Prozess Jesu die entscheidende Rolle gespielt hätte. Wie auch immer dieser Zusammenhang zu bewerten ist, findet die Königstitulatur und mit ihr verbunden der Messiastitel schon früh Eingang in die nachösterlichen christologischen Zeugnisse (z. B. Röm 1,3f, → Gottesbilder, → Jesus Christus).

I. *S. Ackerman*, The Queen Mother and the Cult in Ancient Israel: JBL 112/113 (1993) 385–401; *G. W. Ahlström*, Royal Administration and National Religion in Ancient Palestine, Leiden 1982; *J. Blenkinsopp*, David Remembered, Grand Rapids 2013; *J. N. Carreira*, Charisma und Institution, in: *R. Liwak/S. Wagner* (Hg.), Prophetie und geschichtliche Wirklichkeit im alten Israel, Stuttgart 1991, 39–51; *F. Crüsemann*, Der Widerstand gegen das Königtum, Neukirchen-Vluyn [2]1985; *R. Eyal*, The Hasmoneans, Göttingen 2013; *B. Janowski*, Der andere König, in: *M. Gielen/J. Kügler* (Hg.), Liebe, Macht und Religion, Stuttgart 2003, 97–112; *A. Laato*, A Star is Rising, Atlanta 1997; *B. Lehnart*, Prophet und König im Nordreich Israel, Leiden u. a. 2003; *G. C. Macholz*, Die Stellung des Königs in der israelitischen Gerichtsverfassung: ZAW 84 (1972) 157–182; *A. Moenikes*, Die grundsätzliche Ablehnung des Königtums in der Hebräischen Bibel, Bodenheim 1998; *R. Müller*, Königtum und Gottesherrschaft, Tübingen 2004; *T. Naumann*, David als exemplarischer König, in: *A. de Pury/T. Römer* (Hg.), Die sogenannte Thronfolgegeschichte Davids, Fribourg u. a. 2000, 136–167; *H. M. Niemann*, Herrschaft, Königtum und Staat, Tübingen 1993; *S. A. Nitsche*, König David, Gütersloh 2002; *E. Otto*, Politische Theologie in den Königspsalmen zwischen Ägypten und Assyrien, in: *ders./E. Zenger* (Hg.), „Mein Sohn bist du" (Ps 2,7), Stuttgart 2002, 33–56; *ders.*, Psalm 2 in neuassyrischer Zeit, in: *K. Kiesow/T. Meurer* (Hg.), Textarbeit, Münster 2003, 335–349; *ders.*, The Judean Legitimation of Royal Rulers in Its Ancient Near Eastern Contexts, in: *D. J. Human/C. J. A. Vos* (Hg.), Psalms and Liturgy, London u. a. 2004, 131–139.

II. *M. Bär/M. Liborius* (Hg.), König und Priester, Würzburg 2012; *K. Erlemann/J. Zangenberg* u. a. (Hg.), Neues Testament und Antike Kultur 1, Neukirchen-Vluyn 2004; *M. Küchler*, Jesus von Nazareth und Schime'on ben Kosiba, in: *P. von Gemünden/D. G. Horrell* (Hg.) Jesus – Gestalt und Gestaltungen, Göttingen 2013, 317–345; *J. Kügler*, Der andere König: ZNW 88 (1997) 223–241; *C. Langner*, Was für ein König ist Jesus?, in: *M. Labahn* u. a. (Hg.), Israel und seine Heilstraditionen im Johannesevangelium, Paderborn u. a. 2004, 247–268.

Angelika Berlejung (AT) / Christian Frevel (NT)

Körper (K.)

(→ Dachartikel: Anthropologie)

I. AT: 1. Einen breiter belegten Begriff für K. oder Leib gibt es im Hebr. nicht, meist ist von *bāśār* → Fleisch (z. B. Spr 4,22; Ijob 14,22; Ps 109,24) oder Knochen *ʿæṣæm* (z. B. Klgl 4,7; Ijob 2,5; Ps 38,4; Spr 16,24) die Rede. Der Mensch im AT hat nicht einen K., er *ist* K. Eine entscheidende Rolle spielt dabei eine Besonderheit des ao. Denkens. Sachverhalte werden nicht identifizierend beschrieben, sondern unter verschiedenen Aspekten mehrdimensional bestimmt (→ Anthropologie). Für die Auffassung vom K. des Menschen bedeutet das, dass er als psychosomatische Einheit aufgefasst ist. Noëtisches (auf das Denken bezogenes) und Vegetatives (auf die Physis bezogenes) sind nicht voneinander getrennt, sodass z. B. Körperteile, -funktionen und -organe für bestimmte → Emotionen und soziales Beziehungshandeln stehen. So etwa der Mutterschoß (*ræḥæm*) für das Erbarmen, die Nieren (*kiljōt*) für personale Beziehungen, das → Herz (*lēb*) für Denken und Fühlen oder die Kehle (*næfæš*) für das Verlangen. Die Auffassung und Rede vom Menschen ist so eine viel stärker ganzheitliche, die nicht von der Trennung von → Seele und Leib oder → Fleisch und Geist bestimmt ist. In der Bibel gibt es so neben der in Mimik und Gestik sich manifestierenden eine ganz bes. „Körpersprache".

I. 2. Eine vollständige Beschreibung der komplementären Aspekte und Bedeutungsdimensionen der jeweiligen Körperteile kann in dem folgenden Abriss, der von oben nach unten vorgeht, nicht geboten werden.

Die *Haare* des Menschen stehen für seine Vitalität. Dunkles, glänzendes und volles Haar wird oft gleichgesetzt mit Jugend und → Schönheit (2 Sam 14,26; Koh 11,10; Hld 4,1; 6,5; Ez 16,7), graues, schütteres Haar mit → Alter und → Weisheit (Gen 42,38; 44,29; Spr 16,31; 20,29; Weish 2,10; 4,9). Wie sehr dem Haar eine symbolische Bedeutung zugemessen wurde, zeigen das Verbot, sich als Nasiräer die Haare scheren zu lassen (Num 6,5; Ri 13,5; 16,17), die „Haarweihe" des Nasiräers (Num 6,18) oder die Erzählung von Simsons „haariger" Kraft und Vitalität (Ri 16,17.19.22). Den Kopf (bes. die Schläfen) kahl zu scheren war → Zeichen der Entehrung (Jes 3,16f; 7,20; Ez 5,1–4; 29,18; Bar 6,30, vgl. 1 Kor 11,6) bzw. als äußerliches Zeichen des Verlustes Teil des Trauerritus (Lev 21,5; Dtn 14,1; Jes 15,2; 22,12; Jer 48,37; Ez 27,31; Am 8,10; Ijob 1,20 u. a.). Ihn mit wohlriechenden Essenzen zu salben ein Zeichen von Wohlstand und Wohlbefinden (Am 6,6; Koh 9,8; Ps 23,5; 2 Sam 12,20; Dtn 28,40; Mt 26,6; Mk 14,3; Lk 7,38), aber auch von bes. Auszeichnung wie bei der Königssalbung (1 Sam 16,13; 2 Sam 2,4; 5,3; 1 Kön 1,39; 2 Kön 23,30) oder der Priesterweihe (Lev 8,12, 21,10).

„Hitzkopf" oder „das hat er sich in den Kopf gesetzt, der Dickkopf" sind bibl. gesehen eigentlich keine sinnvollen Redewendungen (vgl. anders Spr 22,24 und Neh 9,17 nach der Einheitsübersetzung), denn der *Kopf* oder das Haupt ist weder Sitz der Emotionen noch der geistigen Fähigkeiten eines Menschen (→ Herz). Die harte *Stirn* hingegen steht für den ungebrochenen → Willen (Jes 48,4; Jer 3,3; 5,3; Ez 3,7f). Gerade deren Mitte ist ein symbolisches Zentrum des Wollens des Menschen, weshalb dort besondere Zeichen angebracht werden (Ex 13,9.16; 28,38; Dtn 6,8; 11,18; Ez 9,4.6; Offb 7,3; 9,4). Ansonsten ist der Kopf nicht Sitz des Denkens und Wollens, sondern steht bibl. v. a. *pars pro toto* für den ganzen Menschen und die Bewertung oder Wertschätzung der → Person. Dass die Krone als Insignie der → Herrschaft und Auszeichnung auf dem Kopf sitzt und deren Verlust tiefste Erniedrigung bedeutet (2 Sam 12,30; Ps 21,4; Bar 5,2; Ijob 19,9; Jes 28,3; Jer 13,18; Spr 4,9; Ps 89,40), spiegelt diese Bedeutungsdimension wider.

Der Kopf ist das Haupt des Leibes (Kol 1,18; 2,19). Sein Haupt erheben bedeutet → Würde (Ps 110,7; Ijob 10,15; Sir 11,1; 20,11), Stolz und Überlegenheit (Ps 27,6; 75,11; 83,3; 140,10; Sach 2,4), das Haupt senken oder das Haupt in den Staub drücken Erniedrigung (Am 2,7; Klgl. 2,10, vgl. Ri 8,28). So wie auf das Haupt der → Segen kommt (Gen 49,26; Spr 10,6; 11,26; Sir 44,23) so wird zum Zeichen der → Trauer das Haupt verhüllt (2 Sam 15,30; Jer 14,3f) oder Staub auf den Kopf gestreut (Jos 7,6; Ijob 2,12; Klgl 2,10; Ez 27,30; Jdt 9,1). Den Kopf schütteln drückt Spott und Verachtung aus (2 Kön 19,21; Ps 22,8; 109,25; Klgl 2,15). Die Hände auf den Kopf zu legen oder zu stemmen ist ein Gestus der Übertragung, der im Opferritus, in Segenszeremonien oder Investituren eine Rolle spielt (Gen 48,14.17; Ex 29,19; Lev 8,22; 24,14; Num 8,12; Dan 13,34). Die Sünden, die über dem Kopf zusammenschlagen (Ps 38,5) oder das Schilfgras, das den Kopf umschließt (Jona 2,6) zeigen die zentrale Bedeutung des (erhobenen) Kopfes für ein selbstbestimmtes Leben. Die formelhafte Schuldzuweisung, dass das → „Blut über das Haupt kommen soll" (1 Kön 2,33; Apg 18,6, vgl. Jer 51,35; Mt 27,25), zeigt abschließend, wie sehr die Kopfregion für die ganze → Person steht.

Das gilt bes. für die Vorderseite, die als *Angesicht* für die kommunikative und soziale Dimension des Menschseins stehen kann. Das bringt noch das doppeldeutige, deutsche „Ansehen" zum Ausdruck. Das Gesicht spiegelt die Gefühlslage des Menschen in Zuversicht, → Freude, → Angst, Gram und → Zorn (Gen 31,5; 43,31; Dtn 11,25; Ijob 9,27; 23,17; 29,24; Koh 7,3; Jes 13,8; Jer 30,6; Ez 3,8f) wider. Das Angesicht ist einem Gegenüber zugewandt und tritt in Beziehung zu ihm. Das abgewandte Gesicht hingegen bedeutet den Abbruch der Beziehung. Das macht die Rede von Gottes → Angesicht, das mitgeht (Ex 33,14f), über jemanden leuchtet (Ps 4,7; 31,17; 67,2; 80,4.8), sich gnädig zu- (Num 6,25f; Ps 25,16; 69,17f) oder zornig abwendet (Dtn 31,17f; Ijob 13,24; Jes 64,6; Ez 7,22; 2 Kön 13,23; 17,18.20 u. a.) deutlich. Zeichen bes. Demut ist, das Gesicht zur Erde zu neigen bzw. sich „auf das Gesicht niederwerfen" (Gen 19,1; 42,6; Ex 3,6; Lev 9,24; 2 Sam 9,6 u. a.). Die *Nase* wird im bibl. Sinne nicht nur als Geruchsorgan wahrgenommen, sondern vielmehr als Ort des Atems. Der durch die Nase strömende Atem ist wahrnehmbares Zeichen der Lebendigkeit (Gen 2,7; 7,22; Ijob 27,3). Zugleich steht die Nase für große emotionale Erregung. Die Worte für Nase und Zorn sind im Hebr. gleich und im Wutausbruch „entbrennt die Nase" (z. B. Num 22,27; Dtn 29,19; 1 Sam 11,6; Hos 11,9), sodass in der Rede vom Zorn immer die sichtbaren Ausdrücke des Gefühls, die errötende Nase und ihre bebenden Flügel versprachlicht werden. Eine weite oder lange Nase zu haben heißt im Hebr., wenig reizbar und „langatmig" zu sein (Spr 14,29; 16,32; 25,15; Ex 34,6; Joël 2,13; Jona 4,2; Ps 103,8).

Wie die *Augen* sind die → *Ohren* eng mit dem Beziehungshandeln des Menschen verknüpft und daher mehr als nur Sinnesorgane zur Wahrnehmung des von außen an den Menschen Herantretenden. Auch wenn die Tradition mit Blick auf die Wortoffenbarung immer anders geurteilt hat, gibt es bibl. keine Vorordnung des menschlichen Hörsinns vor dem Sehsinn (Spr 20,12). Angesichts theol. Spitzensätze, dass Gott sprach und es ward (Gen 1), dass am Anfang das Wort war (Joh 1,1), der → Glaube vom Hören bzw. der Kunde kommt (Röm 10,17), Gott sehen sterben heißt (Ex 33,20) und der vielfachen Rede vom „Wort Gottes" in der → Schrift fällt diese Einsicht nicht leicht, da im Bereich der → Offenbarung das Akustische dem Visuellen im Laufe der → Tradition klar vorgeordnet wurde (Dtn 4). Grundsätzlich ist jedoch ein Fehlurteil, dass „der Hebräer" das Hören dem Sehen als Wahrnehmungssinn vorziehen würde. Dennoch sind Augen und Ohren nicht gleich konnotiert. Während das Hören stärker rezeptiv ist, werden die Augen auch als Kommunikationsmittel aufgefasst. So etwa in den Blicken, die wie die Tauben der Liebesgöttin sind (Hld 1,15; 4,1; 5,12, vgl. 4,9; 6,5), in den Blicken der Männer, mit denen Judit spielt (Jdt 10,4), in dem Vorwurf an Ijob, er funkele im Zorn gegenüber Gott mit den Augen (Ijob 15,12) oder in dem gesenkten Blick Kains (Gen 4,5f). Das Spiel mit den Augen mag falsch und gefährlich sein (Spr 6,13; 10,10; 16,30), in ihnen zeigen sich Stolz und Hoffart (Ps 101,5; Spr 6,17; 21,4; 30,13), doch ihr Leuchten spiegelt Lebensfreude und Vitalität (Spr 15,30; Sir 34,17; Gen 29,17) wider. Sind Stolz oder Lebensfreude gebrochen, drücken Demut oder Schwermut die Augen nach unten (Ijob 22,29; Jes 2,11; 5,15; Klgl 2,10). In den ermatteten Augen kündigt sich der → Tod an (Ps 13,4; 38,11; Koh 11,7f; Dtn 34,7) und die schmachtenden Augen sind Ausdruck starker Sehnsucht (Ijob 11,20; 17,5; 31,16). Sehen meint – wie z. T. auch im Deutschen – häufig über die Außenwelt intellektuell urteilen. Es kann sogar „wissen", „nachdenken", „forschen" oder „erfahren" meinen (Koh 2,12.24; 5,17).

Der *Nacken* steht für den Stolz und die Entschlossenheit (Ijob 15,26; 41,14; Ps 75,6). Der gebeugte oder niedergedrückte Nacken bringt symbolisch die Niederlage zum Ausdruck (Jos 10,24; Neh 3,5; Mi 2,3; Ijob 31,22). Daher gilt das über den Hals gelegte Joch in doppelter Hinsicht als Instrument

der Unterdrückung (Jer 27,2.8.12; 28,10f; Klgl 5,5 u. a.).
Ungemein dicht besetzt ist der Rachenraum/die *Kehle*, die im Hebr. mit dem Begriff *næfæš* bezeichnet wird. Die Kehle ist das Organ, durch das Luft in die Lungen strömt, sodass an der *næfæš* das → Leben, die Lebenskraft und Vitalität des Menschen hängt (Spr 11,30; Lev 17,11; Jos 23,11). Deshalb wird sie in den Übersetzungen häufig mit → Seele wiedergegeben. In der *næfæš* ist zugleich der Sitz aller elementaren Lebensbedürfnisse, vom einfachen Verlangen bis zur unerschöpflichen Gier (Spr 6,30; Ps 23,3).
Von den übrigen Körperteilen sollen hier nur noch die oberen Gliedmaßen herausgegriffen werden. Der *Arm* ist Instrument der → Macht (1 Sam 2,31; Ijob 22,8f; 26,2; Ps 10,15; Jes 40,10; 52,10 u. a.), v. a., wenn er erhoben ist (Ex 6,6; 17,11; Dtn 4,34; 5,15; 7,19; Ijob 38,15 u. a.). Im Hintergrund dieser Redeweise steht ein militärisches Bild von Waffengewalt und demonstrativer Stärke, wie sie beispielsweise in Bildern des äg. Pharao oder Götterstandbildern von schlagenden Göttern (*Abb. 41*) zum Ausdruck kommt. Während der Arm eher statisch geprägt ist, steht die (v. a. die ausgestreckte und erhobene rechte) Hand für eine handelnde, aktive Komponente. Körpersprachlich ist die Hand wohl das wichtigste und vielschichtigste Glied. Die erhobenen oder ausgebreiteten Hände können für einen Bittgestus stehen (Ps 28,2; 134,2; Klgl 3,4; Jes 1,15) oder, v. a. wenn die rechte Hand erhoben wird oder die Hände an die Hüfte des Partners gelegt werden, einen Schwur zum Ausdruck bringen (Gen 14,22; 24,2.9; 47,29; Ez 20,5f.15; 36,7; 2 Makk 4,34). Sie symbolisieren aber weit häufiger den ausgeführten Schlag oder das Festpacken des Gegners und stehen daher für die Ausübung von → Gewalt (Dtn 13,10; 17,7; Ijob 6,9; Jes 11,11; Mi 5,8 u. a.). Die Hand – v. a. die königliche – ist Ausdruck der Verfügungsgewalt über etwas oder jemanden (1 Kön 22,6; Jer 32,28; 44,30; 1 Chr 29,24; 2 Chr 18,11). Das Klatschen der Hände kann freudige Hochschätzung (2 Kön 11,2; Ps 47,2; 98,8) oder missbilligende Geringschätzung (Ijob 27,23; Klgl 2,15; Nah 3,19) ausdrücken. Die auf den Kopf gelegte Hand ist Zeichen der Klage (2 Sam 13,19; s. *Abb. 71*).

Abb. 41: Spätbronzezeitliche Bronzefigurine aus Megiddo. Der Gott in Schrittstellung hält eine Bewaffnung in der erhobenen Rechten.
Quelle: *O. Keel/C. Uehlinger*, Göttinnen, Abb. 57.

I. 3. Die Beispiele verdeutlichen, wie stark Gesten und Handlungen in die Sprache eingegangen sind und wie ganzheitlich die Auffassung vom Menschen im AT ist. Weder Denken und Handeln noch → Fleisch und Geist werden auseinander dividiert. Der Mensch ist ohne K. nicht zu denken, seine Leiblichkeit ist konstitutiv. Das gilt auch im Hinblick auf die → Erlösung. Eine vom Leib getrennte → Auferstehung ist im AT größtenteils nicht vorstellbar. Das zeigt etwa die Wiederbelebung des toten Knaben 2 Kön 4,34f oder die Vision von der Wiedererweckung des toten → Israel Ez 37. Dort werden die Knochen mit Sehnen, Fleisch und Haut überzogen (Ez 37,6f), sodass sie wieder K. sind. Die Belebung erfolgt durch das Einblasen des Atems (Ez 37,9f). Erst späte weisheitliche Stellen wie Sir 41,11; 44,14; Weish 9,15 trennen den vergänglichen Leib von unvergänglichen Anteilen. Dabei ist die Endlichkeit und Vergänglichkeit des menschlichen K. im → Tod für den Menschen des AT selbstverständlich (Jes 14,11; Ijob 18,13; Sir 10,11; 41,11). Während bei Sirach der → Name in den Nachkommen überdauert, ist es in Weish 9,15 schon klar die unvergängliche Seele.
I. 4. Eine Leibfeindlichkeit ist nach all dem Gesagten für das AT ebenso wie eine rel. Überhöhung

der Leiblichkeit nicht anzunehmen. Erst mit hell. Denkmodellen kommen mit der Trennung des Leibes von der Seele auch stärker wertende Konzepte zum Tragen. Während sich bei Sirach im 2. Jh. v. Chr. in geringem Maße eine Tendenz zur Leib*distanz* ausmachen lässt (Sir 10,9; 37,22; 47,19), zeigen die Makkabäerbücher (2 Makk 6,30) im Ansatz und klar dann die Weisheit Salomos aus dem späten 2. bzw. 1. Jh. v. Chr. eine vom Leib abgekoppelte Seelenvorstellung, die zu einer moralisch-werthaften Abwertung des Körperlichen führt (Weish 3,1.13; 4,14; 8,19f; 9,15). Diese Konzeption wird in der zwischentestamentlichen Lit. stark ausgebaut (z. B. 4Esra 14,12f; 7,88, bei Philo ist der Leib der Seele „feindlich gesinnt" und tut nur „Leichenträgerdienste", dualistische Konzeptionen finden sich auch in Texten aus Qumran). Der Leib wird (v. a. mit sexueller) Begierde konnotiert, die sündhaft und schlecht ist (vgl. schon Sir 23,16–18; 47,19). Erlösung bedeutet jetzt zunehmend im Unterschied zum Hauptstrom der Texte des AT die Loslösung der Identität des Menschen vom irdischen Leib und dessen konstitutiven Schwächen.

II. NT: 1. Obwohl gerade in den Heilungen Jesu zeichenhaft deutlich werden soll, dass die Gottesherrschaft das → Heil des *ganzen* Menschen zur Folge hat, treten im NT Heil und Körperlichkeit zunehmend auseinander. Über weite Strecken jedoch ruht die ntl. → Anthropologie auf den atl. Wurzeln, ohne dualistischen hell. Tendenzen breiteren Raum zu geben. Wie im AT kann im NT der K. (griech. σῶμα) ganzheitlich für den ganzen Menschen stehen. Eine ontologische Abwertung des K. bleibt aufgrund der Grundüberzeugung, dass die → Schöpfung gut ist, ausgeschlossen. Allerdings wird man sagen dürfen, dass der Mensch nicht mehr nur K. *ist*, sondern deutlicher auch einen K. *hat*. Das wird schon daran deutlich, dass es im Griech. einen Begriff für Leib (σῶμα) gibt und der Begriff → Fleisch (σάϱξ), der wie im AT für den ganzen Menschen stehen kann (Apg 2,17; Röm 6,12; Gal 6,8), stärker einen *Zustand* beschreibt, der vom Geist (πνεῦμα) unterschieden betrachtet und bewertet werden kann (Mk 14,38par.; Mt 10,28; Joh 1,14; 3,6; Röm 8; 2 Kor 4,11; 1 Petr 3,18). Wie im AT wird mit Fleisch (σάϱξ) der Aspekt der Vergänglichkeit des Leibes zum Ausdruck gebracht. Insgesamt spielt die Körperlichkeit des Menschen für theol. Aussagen des NT keine gewichtige Rolle. Lediglich bei Paulus und den Deuteropaulinen wird in theol. Kontexten über Leiblichkeit reflektiert.

II. 2. So sieht Paulus die → Auferstehung als Befreiung aus dem Leib (Röm 7,24; 2 Kor 5,1–4) und den → Glauben als Erneuerung des *inneren*, nicht des äußeren Menschen (2 Kor 4,16). Leiblichkeit wird als Abhängigkeit begriffen, die der → Freiheit in Christus entgegensteht (Röm 7,14–24). Durch den in der → Taufe vollzogenen → Tod und die Auferstehung des durch den Geist bestimmten „neuen" Leibes wird der „alte Leib" der → Sünde überantwortet (Röm 6,6.12f). So kommt es zu einer paradoxen Leibdistanz. Einerseits ist (und bleibt) der Leib mit Begierde und Sünde konnotiert (Röm 7,18; 8,7f), andererseits ist der vom Geist bestimmte, pneumatische Leib notwendig zum raumzeitlichen Leben im Glauben. Der Leib untersteht damit (wie im rabb. Judentum) dem bes. Schutz des einzelnen Menschen und darf nach Paulus nicht in Leibfeindlichkeit gemieden oder in strenger → Askese verachtet werden (1 Kor 6,13.18.20, vgl. Röm 1,26), da er → „Tempel des heiligen → Geistes" (1 Kor 6,19) ist. Seine Funktion ist eine dienende (1 Kor 9,13; Röm 12,1).

II. 3. V. a. in nachpln. Stellen wird der K. als vergängliche Hülle abgewertet (Kol 2,11.23; Jak 2,26; 3,2; 1 Petr 3,21, vgl. aber schon 1 Kor 15,43f). Damit setzt sich ein Grundzug der Leibfeindlichkeit durch, der in einem dichotomischen (Leib-Seele Zweiteilung) oder trichotomischen (Leib-Geist-Seele Dreiteilung) Konzept wurzelt, das sich hell. Einfluss verdankt. Im Anschluss an 1 Kor 6,15; 12,12–27 findet sich v. a. bei den Deuteropaulinen die übertragene Rede vom Leib Christi als Bild der → Kirche (Eph 4,15f.25; 5,30; Kol 1,18.25; 3,15).

II. 4. Ein Sonderproblem der Leiblichkeit stellt der Leib des Auferstanden dar (→ Auferstehung), dessen „materielle" Existenz als zugleich fassbar und entzogen betont andersartig geschildert wird. Spielt am Anfang in der Botschaft von der Auferweckung die Materialität der Auferstehung keine bes. Rolle, so schiebt sich diese Frage in den Auferstehungserzählungen zunehmend in den Vordergrund (→ Grab). Lk 24,39–42; Joh 20,26f;

1 Joh 4,2 und 2 Joh 1,7 sind von dem Bemühen geprägt, die Leiblichkeit des Auferstandenen herauszustellen und damit Tendenzen abzuwehren, die Jesus nur einen Scheinleib zusprechen wollen (sog. Doketismus). Die grundlegende Spannung zwischen der geglaubten Leiblichkeit der Auferstehung und der hist. Erfahrbarkeit lässt sich nicht dadurch auflösen, dass man die Ostererscheinungen als Visionen oder Projektionen außerhalb jeder materiellen Basis erklärt.

I. *C. Frevel/O. Wischmeyer*, Menschsein, Würzburg 2003; *Hedwig Jahnow-Forschungsprojekt* (Hg.), Körperkonzepte im Ersten Testament, Stuttgart 2003; *M. Häusl*, Verkörpertes Leben: BiKi 67 (2012) 10–15; *S. Schroer/ T. Staubli*, Die Körpersymbolik der Bibel, Darmstadt 1998; *A. Wagner*, Gottes Körper, Gütersloh 2010; *H. W. Wolff*, Anthropologie des Alten Testaments, München [7]2002.

II. *K. Berger*, Historische Psychologie des Neuen Testaments, Stuttgart 1991, 83–92; *M. Krieg/H. Weder*, Leiblichkeit, Zürich 1983; *H. Merklein*, Entstehung und Gehalt des paulinischen Leib-Seele-Gedankens, in: *M. Böhnke* (Hg.), Im Gespräch mit dem dreieinigen Gott, Düsseldorf 1985, 115–140; Religion und Körper: ZNT 27 (2011).

Christian Frevel

Krankheit / Heilung (K./H.)

(→ Dachartikel: Anthropologie)

Vorbemerkung: Für beide Testamente gilt, dass die bibl. Rede von K. im Anschluss an die kulturell unterschiedlichen Krankheitskonstrukte in der Antike steht. Dabei treten in der Bibel medizinische und psychophysische gegenüber rel., sozialen und biogr. Aspekten zurück. Weder bietet die Bibel ein vollständiges Register von bekannten oder gar behandelbaren K., noch spiegelt sie den jeweiligen Stand der Heilkunst. So fehlen beispielsweise Darmerkrankungen und ihre Behandlung in beiden Testamenten vollständig, obwohl man sicher davon ausgehen kann, dass diese bekannt gewesen sind und behandelt wurden. Das Erzählinteresse der Bibel liegt nicht in wissenschaftsnaher oder präziser Deskription der K.

K. ist im Kontext des ao. bzw. antiken → Weltbildes funktionalisiert und Ausdruck einer Beziehung. Grundlegende Aspekte des Krankheitsverständnisses werden im atl. Teil entwickelt. Diese bilden eine Verstehensvoraussetzung für das Verständnis der ntl. Rede von K.

I. AT: 1. K. wird nicht wie heute als vorübergehend fehlende Arbeits- oder Leistungsfähigkeit, sondern als viel weitergehende Störung der sozialen Interaktionsfähigkeit, des Status und so letztlich der schöpfungsgemäßen Integrität des menschlichen → Lebens und als Störung der schöpfungsgemäßen und in sich guten → Ordnung verstanden. Da ein Abstraktum „K." in der hebr. Sprache fehlt, wird K. durch Lexeme, die Schwäche oder Schlaffheit zum Ausdruck bringen, lebensnah und realistisch beschrieben. Jeweils teilsynonym sind die hebr. von der Wurzel *ḥlh* („krank sein") abgeleiteten Derivate *maḥ^{a}lā*, *ḥ^{o}lī* („Schwäche, K."). Gesund und heil sein werden zusammen gesehen. Körperliche und seelische Integrität sind Ausdruck des → Heils und → Zeichen göttlicher Zuneigung bzw. einer intakten Gottesbeziehung. Der Gesunde oder Geheilte (hebr. Wurzel *rpʾ*) befindet sich im Zustand des „Ganz-Seins" (hebr. *tmm*) bzw. „Heil-Seins" (hebr. *šālōm*, griech. ὑγιής „ganz, gesund sein"), der Kranke hingegen in existentieller Not, die bis in Todesnähe hineinreicht und mit Gottesferne gleichgesetzt werden kann. In diesem metaphorischen, stark stilisierten und vom individuellen → Leid abgekoppelten Krankheitsverständnis werden materielles Wohlergehen und Gesundheit ebenso in einem Zusammenhang gesehen wie K. und materielle Not. K. und H. werden so zu Grundsituationen des Menschen, in denen elementare Grunderfahrungen reflektiert und gedeutet werden.

I. 2. Das Wissen über die Ursachen von K. war gering. Exogenen Faktoren wurde dabei eine große Rolle zugeschrieben. K. kommt von außen auf den Menschen zu, ist aber immer abhängig vom Menschen selbst. K. ist deshalb nicht naturgegeben, sondern steht im Zusammenhang mit dem Handeln von Gottheiten und → Dämonen, die wiederum mittels der K. auf das Verhalten des Kranken reagieren. Zugleich hat sie Auswirkungen auf die Außenwelt, d. h. sie hat eine soziale Dimension. Nicht die K. und ihre medizinischen Aspekte, sondern die Situation des Krank-Seins, die seelische und körperliche Not des Kranken und sein Heil-Werden stehen im Vordergrund. Dabei werden körperliches und seelisches Leid eng zusammen gesehen, oft verschwimmen sogar die geschilderten Krankheitsbilder ineinander

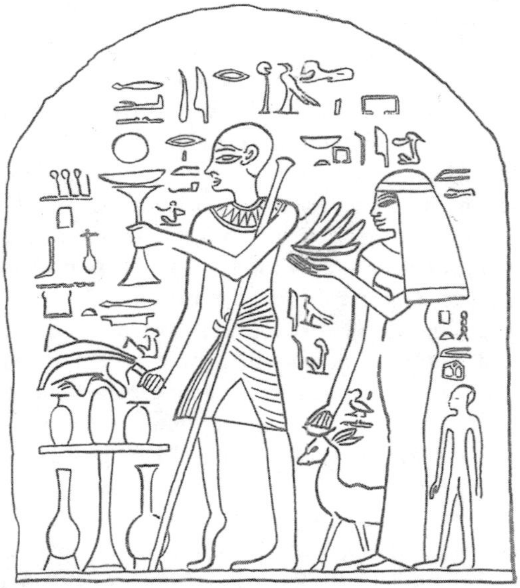

Abb. 42: Kalkstein-Stele aus Ägypten aus der 18. Dynastie. Türhüter Ruma mit seinem kranken Bein (Polio?) ist angewiesen auf einen Stock; er opfert mit Frau und Kind der Göttin Ištar von Syrien (nicht dargestellt).
Quelle: *O. Keel*, Bildsymbolik, Abb. 270a.

oder gehen ineinander über. Mit dem Festhalten an der irdischen Verwirklichung menschlichen Glücks wird K. durchgehend negativ gewertet. Verliert man das Typische und Zeichenhafte des Krankheitsverständnisses der Bibel aus den Augen, ist einerseits die Gefahr der Überhöhung der Gesundheit und andererseits der Verklärung der K. als päd. Mittel Gottes bzw. der in der ungeschuldeten K. aufgebrochenen Theodizee nicht zu verkennen.

I. 3. Der bibl. Mensch war von vielfältigen K. bedroht, die insgesamt gegenüber der Neuzeit weitaus gefährlicher, im Verlauf unberechenbarer (2 Kön 4,18–20) und in den Folgen nachhaltiger waren. Aufgrund von fehlenden Operationsmöglichkeiten führten etwa Blinddarmentzündungen zum → Tode oder Knochenbrüche oft zu dauerhaften Störungen des Bewegungsapparates. Infektionskrankheiten, die heute aufgrund der Behandlungsmöglichkeiten als harmlos erachtet werden, führten zu schweren Erkrankungen bis hin zum Tode. Während medizinische Ursachen für das Entstehen von K. z. T. durchaus bekannt waren, wird in der Bibel der Grund für das Krank-Sein in einem fehlenden Beziehungsgleichgewicht zwischen Gott und Mensch gesehen und die Abwesenheit von K. mit Heil bzw. Gesundheit und Wohlergehen mit → Segen gleichgesetzt (s. *Abb. 42*). Durch die K. entsteht eine Gottesferne, die sich – je nach Schwere der K. – bis in die Nähe des Todes, der größtmöglichen Distanz zu Gott, ausweiten kann (z. B. Ps 88). Durch die potentielle Bedrohung ängstigt K. nicht nur den Kranken, sondern auch dessen soziales Umfeld. Das führt zur Distanzierung v. a. der unmittelbaren, aber auch der weiteren sozialen Umgebung (Ps 38,12; 88,9.19; Ijob 16,7), insbes. dann, wenn die K. mit gegenweltlichen, dämonischen Mächten oder strafenden (→ Strafe) Gottheiten in Verbindung gebracht wird. In den Klagepss. wird die Distanzierung der Mitmenschen oft als Missachtung, Verfolgung und Nachstellung zugespitzt, sodass K. zur existentiellen Not wird (Ps 22,13.22).

I. 4. Mit zunehmender Konzentration der Rel. Israels auf den einen Gott (→ Gottesvorstellungen), der auch die Funktionen eines persönlichen Schutzgottes übernimmt, wird K. aus dem persönlichen Gottesverhältnis heraus zu erklären versucht. Stärker im AT, aber auch im NT, wird daher K. im Zusammenhang mit → Sünde gesehen (z. B. Ps 38,5.19; 41,5; Ijob 4,7–9; 1 Kön 17,17f; Jes 53,3.5; Joh 9,2). Unter der Annahme eines Tun-Ergehen-Zusammenhangs wird K. als strafendes Handeln Gottes und als Folge des eigenen Handelns verstanden. Das gilt im individuellen (2 Chr 21,15–20; Num 12,10; Ps 16,2; 32,10) wie im kollektiven Bereich (Volkskrankheiten und Seuchen als Folge der Bundesuntreue Ex 23,25f; Lev 26,25; Num 14,12; Dtn 28,21f; 1 Kön 8,37). Allerdings darf man weder im AT noch im NT von einer monokausalen Ableitung der K. von der Sünde ausgehen.

I. 5. Auch wenn das AT kaum Interesse an der Systematisierung und Anamnese von K. zeigt, taucht in den Texten doch eine erstaunliche Fülle von K. auf. Die Palette reicht dabei von Störungen des Bewegungsapparates aufgrund von Geburtsfehlern, Missbildungen oder Unfällen (Ex 21,19; Lev 21,18; 2 Kön 1,2; Gen 32,32; Mal 1,13) über Seuchen und Infektionskrankheiten (Fieber, Pest, Pocken, Mutterkornbrand, Dtn 28,21f, wahrscheinlich gab es auch Typhus- und Tuberkuloseerkrankungen), Taubheit, Blindheit (Lev 19,14; Jes 35,5), Herz-Kreislauf- (Jer 4,19; 8,18; Klgl 1,22) und Abdominal-Erkrankungen (Jer 4,19; Ijob 32,19; Klgl 1,20), Störungen des Blutkreislaufs und der Geschlechtsorgane bis hin zu einer Fülle von Hautkrankheiten (v. a. Ekzeme, Psoriasis und maligne Veränderungen der Haut, vgl. Lev 13f), Epilepsie (1 Sam 21,14f) und schließlich unterschiedliche Arten psychischer Störungen (Dtn 28,28; beispielhaft Sauls Depressionen 1 Sam 16,14.23).

I. 6. Obwohl das AT reich an Krankheitsbildern ist, ist die Typisierung sehr hoch. Das gilt selbst für die anscheinend vollständige sog. Aussatztora in Lev 13f, in der sichtbare Hautveränderungen beschrieben und deren kultische Folgen legislativ geregelt werden. Bei den in Lev 13f aufgelisteten K. handelt es sich um ein breites Spektrum von Hautanomalien, die von Hautflecken, Grinden, Flechten bis hin zu Nekrosen reichen. Die dort unter dem Sammelbegriff *ṣāraʿat* („Aussatz") gesammelten Phänomene werden zwar in der LXX mit λέπρα wiedergegeben, haben aber medizinisch nichts mit der durch das *Mycobacterium leprae* ausgelösten, tuberkulösen Hansen-Krankheit Lepra zu tun. Diese wurde erst in hell. Zeit in den Vorderen Orient eingeschleppt. Der Zusammenstellung in Lev 13f geht es allerdings nicht um medizinische Differentialdiagnose, sondern um den Zusammenhang von sichtbarer → Reinheit und Kultfähigkeit. K. wird mit Defizienz und Kultunfähigkeit gleichgesetzt. Dass dabei sowohl infektiöse und epidemische Folgen mit bedacht werden (z. B. Lev 13,57) und das medizinische Wissen der Zeit sichtbar wird, ist dadurch nicht ausgeschlossen.

I. 7. Die Zuständigkeit der → Priester für die Untersuchung ist primär über die Frage der Erklärung der Kultreinheit bedingt und nicht Ausdruck ärztlicher Aufgaben der am Heiligtum beschäftigten Priester oder ihrer Zuständigkeit für die Heilfürsorge des Volkes. Auch wenn priesterliches Spezialwissen für die Anwendung von Ritualen (→ Ritus), das Einholen von Orakeln und die Ausführung von magischen Handlungen notwendig war, war die medizinische Kompetenz, die überwiegend auf Erfahrungswissen beruhte, nicht auf priesterliche Kreise beschränkt. Zu den Heilkundigen wurden aufgrund der bes. Gottesnähe v. a. → Propheten (Jes 38,1.21; 2 Kön 1; 2 Kön 4f; 20,1–11 u. a.), aber auch weise → Frauen und Männer gezählt. Über die Heilmethoden und Heilmittel ist aus → Israel wenig bekannt. In Frage kommen neben Naturheilverfahren (das Feigenpflaster 2 Kön 20,7; Jes 38,21) und Aromatherapien v. a. (dem Krankheitsverständnis entsprechend Reinigungs-) Rituale (2 Kön 5), die kaum dokumentiert sind. Archäologische Funde jedoch zeigen, dass z. B. Schädeltrepanationen bereits im Neolithikum durchgeführt worden sind. Entsprechend ist mit einfachen Operationen zu rechnen, die aber in bibl. Texten nicht zur Sprache kommen. Ärzte scheint es – anders als in Mesopotamien und Ägypten – im staatlichen Israel nicht als eigenen Berufsstand gegeben zu haben. Wenn K. als Beziehungsstörung aufgefasst wird, sind nicht primär die Mittel eines heilkundigen Arztes gefragt, sondern – sieht man von selten erkennbaren magischen Elementen ab – Ritus und Kultus (→ Kult), die beide auf ein intaktes Gottesverhältnis zielen. Die Heilkompetenz liegt letztlich ausschließlich bei Gott (Num 12,13; Hos 5,13; 1 Sam 6; Ps 103,3; 147,3; Ijob 5,18; markant Ex 15,26 „ich bin Jhwh, dein Arzt", übertragen Jes 30,26; Jer 33,6; Hos 6,1; Mal 3,20). Erst in nachexil. Texten werden Ärzte als medizinische Spezialisten präsenter (Ijob 13,4; Tob 2,10). Wird zunächst eine Konkurrenz zu dem Heilungsmonopol Gottes thematisiert (2 Chr 16,12), so kommt es unter zunehmendem hell. Einfluss zu einer positiven Bewertung des Arztes (Sir 38,1–15, vgl. auch die Mittelposition Tob 6, wo der → Engel als → Bote Gottes medizinisch-therapeutisches Wissen vermittelt).

II. NT: 1. Auch im NT fehlt ein klarer Abstraktbegriff für das Phänomen K. und auch hier wird auf die Minderung der Vitalität und der Lebensmöglichkeiten Bezug genommen. Die griech. Begriffe ἀρρώστημα, νόσος, ἀσθένεια, μαλακία, μάστιξ bezeichnen alle in unterschiedlichen Konnotaten die Wortfelder „Schwäche, Kraftlosigkeit, K., Gebrechen". Den Kranken geht es schlecht (vgl. die κακῶς ἔχοντες Mt 9,12) im umfassenden Sinn, angefangen von körperlichen über seelische Leiden bis hin zur Abwesenheit von → Heil und Perspektive.

II. 2. Auch im NT sind Ärzte kaum präsent. Lediglich im zitierten Sprichwort „Arzt, heile dich selbst" (Lk 4,23), dem Wort Jesu, dass die Kranken des Arztes (ἰατρός) bedürfen (Mk 2,17par.), den vergeblichen Heilversuchen der blutflüssigen Frau (Mk 5,25f) sowie in der Notiz in Kol 4,14, dass Lukas Arzt gewesen sei, taucht der Arztberuf auf. Darin zeigt sich wiederum das fehlende medizinische Interesse. Das bestätigt sich, wenn man auf die im NT genannten K. schaut. Obwohl die Krankheitserzählungen auf den ersten Blick aufgrund der konkreten Namen (Bartimäus, Mk 10,46; Lazarus, Lk 16,20; Simon, Mk 14,3) oder Orte (Betesda, Joh 5,1–9) individualisierter scheinen, sind sie letztlich mindestens so typisiert und konstruiert wie die Krankheitsschilderungen im AT. Vornehmlich handelt es sich um Blindheit, Störungen des Bewegungsapparates, mangelndes Sprachvermögen infolge von Taubheit (Mt 9,27f; 11,5; 12,22; 15,30f; 20,30; 21,14; Mk 10,46; Lk 4,18; 7,21; 14,13.21; 18,35; Joh 9,1); Hautkrankheiten (Mt 8,2; Mk 1,40; Lk 4,27; 5,12f; 16,20; 17,12) und verschiedenste Formen von Geisteskrankheiten (Mt 4,24; 8,16.28; 9,32f; 15,22; 17,15; Mk 5,2; 7,25; Lk 4,33; 8,29 u. a.). Dabei ist der Zusammenhang mit den Stellen aus dem Jesajabuch (Jes 26,19; 29,18; 35,5; 42,7.18; 61,1) nicht zu übersehen (vgl. Mt 11,5; Lk 4,18).

II. 3. Der häufigste Ort, an dem von K. in den Evv. die Rede ist, sind die Wundererzählungen (→ Wunder). H. wird im Kontext des Handelns Jesu als Neuschöpfung, als Herstellung der gottgewollten, anfänglichen Integrität verstanden. Dass sich das hereinbrechende Heil im körperlichen Gesund-Werden zeigt, macht den Anschluss an die leibliche, ganzheitliche und diesseitige Dimension des Heils im AT deutlich.

Trotz der erkennbaren Zusammenhänge kann es kaum begründete Zweifel an der Historizität von Heilungen des hist. Jesus geben. Die Nähe Jesu zu den Kranken zeigt das authentische Jesuswort „Nicht die Gesunden brauchen den Arzt, sondern die Kranken" (Mk 2,17par.). Für das Verständnis Jesu sind die Therapien von bes. Bedeutung. K. wird als Zeichen der Erlösungsbedürftigkeit des Menschen verstanden, ihre Überwindung ist → Zeichen des hereingebrochenen Heils (Mt 8,16; Lk 7,21). Die Rede von der Gottesherrschaft (als Zentrum der Botschaft Jesu) und die Heilungen (als Zentrum des Handelns Jesu) gehören zusammen und erläutern einander gegenseitig. Neben die Therapien treten die Exorzismen. K. werden mit dämonischen Mächten in Verbindung gesehen. Insbes. in der Besessenheit, womit mehrere vollkommen unterschiedliche psychophysische Störungen beschrieben werden, kommt das Dämonische der K. „personal" zum Ausdruck (→ Dämon). Die Besessenheit steht für Zustände der inneren Zerrissenheit, Angst und Aufgabe selbstbestimmter Identität. Die Dämonenaustreibungen werden entsprechend als eschatologisch gefärbte Zeichenhandlungen verstanden. Sie überwinden das heilswidrige Chaos (→ Ordnung) und stellen eine Gott ungehindert gegenüberstehende Identität wieder her. Die Jesusworte in Lk 10,18; 11,20 machen deutlich, dass K. mit gegenweltlicher Macht zusammen gedacht wird und das hereinbrechende Heil das „heil sein" des Menschen mit einschließt. Jesu Handeln bricht die Isolation der Kranken auf und ermöglicht die Reintegration in die Gesellschaft. Dabei spielen (im Anschluss an hell. Thaumaturgie) Berührung und Körperkontakt eine bes. Rolle. Jesus begegnet den Kranken und stellt durch sein Wort sichtbar bzw. hörbar → Gemeinschaft wieder her (vgl. z. B. Joh 5,1–9).

II. 4. Neben die analog zur Erstschöpfung verstandene Erneuerung tritt die der sozialen Wirklichkeit. Beide Aspekte machen deutlich, wie sehr → Glaube und Heilung zusammenhängen. Das verdeutlicht das vielfache „Dein Glaube hat dir geholfen" (Mk 5,34; 10,52; Mt 9,22; Lk 7,50; 8,48 u. a.). Insofern K. als symbolische Gottesferne verstanden wird, ist der Zusammenhang mit der → Sünde als selbstverschuldeter Trennung von Gott erkennbar. Der Zusammenhang von K. und Fehlverhalten wird in Joh 9,2f explizit in Frage gestellt. Die Gegenübersetzung von traditionellem und einem jenem entgegengesetzten, jesuanischen Krankheitsverständnis, das den Zusammenhang von Sünde und K. aufbricht, ist nicht hilfreich. Weder ist von einem jüd. Vergeltungsdogma auszugehen, das in Umkehrung des Tun-Ergehen-Schemas starr jede K. *ausschließlich* mit sündhaftem Verhalten in Verbindung bringt, noch ist der in der fehlenden Gottesnähe bestehende Zusammenhang von Sünde und K. bei Jesus bzw. in der Jesusüberlieferung gänzlich geleugnet (Lk 5,20; Mk 2,5.17par.; Joh 5,14). Auch im NT ist die K. der göttlichen Zuständigkeit nicht völlig entzogen. Richtig ist aber auch, dass Jesus den Kranken weder vorwurfsvoll begegnet noch deren K. *explizit* auf vorhergehendes Sündigen zurückführt. Insbes. Joh 9,2f setzt sich von einer solchen Sicht ab.

II. 5. Außerhalb der Evv. ist deutlich weniger von K. die Rede. Die Heilungen der → Apostel, besonderem des Apostels Paulus in Apg 4,9; 5,16; 19,12; 28,8f stehen noch in deutlichem Anschluss an das Heilshandeln Jesu, jedoch kommt das bei Jesus nicht bezeugte Handauflegen als Geste hinzu. 1 Kor 12,28–30 bezeugt, dass die H. Kranker bes. Charisma (→ Amt) zugeschrieben wird. In Phil 2,26f; 1 Tim 5,23; 2 Tim 4,20 werden K. der Mitarbeiter des Paulus erwähnt, die nicht durch therapeutisches Handeln im Glauben zu beseitigen waren. Normalität im Umgang ist auch in Jak 5,14f eingekehrt, wo Salbung mit Öl und Gebet den Amtsträgern als Handlungen gegenüber Kranken empfohlen werden.

II. 6. Die chronische K. des Apostels Paulus, von der er mehrfach berichtet (Gal 4,13–15; 2 Kor 12,7–9), lässt sich medizinisch letztlich nicht identifizieren. Diskutiert werden neben Epilepsie und einer hysterisch-neurotischen Störung auch schwere endogene Depressionen.

I. *G. Fohrer*, Gesundheit und Krankheit: Bibel heute Heft 2 (2010); *E. Kellenberger*, Der Schutz der Einfältigen, Zürich 2011; *E. Otto*, Magie – Dämonen – göttliche Kräfte, in: *W. H. Ritter/ B. Wolf* (Hg.), Heilung – Energie – Geist, Göttingen 2005, 208–225; *S. Paganini*, „Krankheit" als Element der alttestamentlichen Anthropologie, in: *C. Frevel* (Hg.), Biblische Anthropologie, Freiburg 2010, 291–299; *F. Rupprecht*, Krankheit als Erfahrung des Lebens, Heidelberg 1992.

II. *R. von Bendemann*, Christus der Arzt: BZ 54 (2010) 36–53.162–178; *S. Kaiser*, Krankenheilung, Neukirchen-Vluyn 2006; *J. Pichler/C. Heil* (Hg.), Heilungen und Wunder, Darmstadt 2007; *E. Schockenhoff*, Krankheit, Gesundheit, Heilung, Regensburg 2001; *K. Seybold/U. Müller*, Krankheit und Heilung, Stuttgart u. a. 1978; *A. Weissenrieder*, Images of Illness in the Gospel of Luke, Tübingen 2003.

Christian Frevel

Kreuz (K.)

(→ Dachartikel: Soteriologie)

I. AT: Im AT kommt das K. und die damit verbundene Todesstrafe nicht vor, wenn man von Est 7,9 absieht. Im hebr. Text ist nur von einem Holz und von Aufhängen die Rede. Der Text der LXX spricht auch nicht von einem K., sondern nur von einem hohen Holz. Im Unterschied zum hebr. Text wird aber (vermutlich unter hell. Einfluss) das Aufhängen mit σταυρόω (= kreuzigen?) bezeichnet. In frühjüd. Texten und im NT wird (ebenfalls unter hell. Einfluss) häufig auf Dtn 21,22f Bezug genommen, wenn es um das K. geht. Ursprünglich hat diese Stelle aber wohl nichts mit dem → Tod am K. zu tun, sondern spricht vom öffentlichen Aufhängen eines zuvor anderweitig Exekutierten. Es geht eher um die Zurschaustellung eines Toten, der durch die Verweigerung bzw. Verzögerung der Bestattung und die damit zusammenhängende Vernichtung seiner → Ehre bestraft wird. Diese Strafe über den Tod hinaus will die Vorschrift in Dtn 21 regeln.

II. NT: 1. *Das K. als Hinrichtungswerkzeug:* Im röm. Bereich, wo die Kreuzesstrafe mindestens seit dem 3. Jh. v. Chr., verwendet wurde, wird unter K. (lat. *crux*; griech. σταυρός) in der Regel ein Pfahl mit Querbalken verstanden, an dem man einen Menschen aufhängen (nicht unbedingt annageln) konnte, um ihn dadurch zu töten. Zwei Haupttypen von K. können unterschieden werden: die **T**-Form (*crux commissa*) und die **t**-Form (*crux immissa*). Was die Gruppen angeht, die von der Kreuzigung betroffen wurden, so war der → Tod am K. in Rom selbst eine typische → Strafe für → Sklaven und Freigelassene. In den Provinzen dagegen waren die meisten der Gekreuzigten Aufständische, in den antiken Quellen oft als „Räuber" bezeichnet, und deren Sympathisanten. Dem Aufhängen am K. gingen in der Regel Misshandlungen, Verstümmelungen sowie Demütigungen aller Art voraus. Die Geißelung vor der Exekution war offensichtlich eine übliche „Begleitstrafe". Wenn die **T**-Form verwendet wurde, dann musste der Delinquent seinen Querbalken selbst zur Hinrichtungsstätte tragen, im Falle der **t**-Form das ganze K. In dem einen Fall wurde der Delinquent an den Querbalken gebunden und dann mit diesem oben an einem senkrechten Pfahl befestigt, der vor der Hinrichtung schon im Boden verankert war. Im anderen Fall wurde der Verurteilte an der Hinrichtungsstätte auf dem am Boden liegenden K. befestigt und dann mit diesem aufgerichtet. Die Demütigung des Delinquenten konnte dadurch gesteigert werden, dass man ihn (oder sie) nackt ans K. hing. Das K. dürfte in der Regel nicht viel höher gewesen sein als der Hingerichtete. Der Tod des Aufgehängten trat langsam und unter außerordentlichen, oft tagelangen Qualen ein, meist durch Erschöpfung oder Ersticken. Die Qualen konnten verlängert werden, indem man am K. eine Stütze anbrachte, die den Erstickenden dazu verführte, sich möglichst oft hochzuziehen und so den Tod hinauszuzögern. Die Leiche wurde oft einfach am K. gelassen und so der Verwesung und dem Tierfraß preisgegeben. Es kam aber auch vor, dass Gekreuzigte an Verwandte oder Bekannte zur Bestattung übergeben wurden.

II. 2. *Die kulturelle Bewertung des K.* Antike Quellen betonen immer wieder, wie schändlich der Tod am K. ist. Als typische Strafe für Sklaven wurde sie auch als bes. „sklavisch", d. h. erniedrigend und entwürdigend angesehen und kam für einen freien röm. Bürger nicht in Frage. So heißt es in einer Rede Ciceros (Rab. Post. 5,16): „Schon das bloße Wort K. sei ferne nicht nur von Leib (und Leben) der röm. Bürger, sondern auch von (ihren) Gedanken, Augen und Ohren. Denn von all diesen Dingen ist nicht nur der Vollzug und das Erleiden, sondern schon die Möglichkeit, die Erwartung, ja selbst die Erwähnung eines röm. Bürgers und freien Mannes unwürdig." Der letzte Satz Ciceros erklärt übrigens auch, warum die röm. Autoren die häufig praktizierte Hinrichtung am K. so selten und zurückhaltend thematisieren. Der Tod am K. steht außerhalb der Welt des röm. Bürgers und betrifft nur jene, deren Existenz am Rande des Menschseins angesiedelt ist, Sklaven und Bewohner der unterworfenen Provinzen. Auch der jüd. Historiker Josephus (1. Jh. n. Chr.) bezeichnet die Kreuzigung als „die erbärmlichste aller Todesarten" (bel.Iud. 7,203).

Im jüd. Bereich ist die kulturelle Bewertung des K. stark von Dtn 21 beeinflusst. Dieser Text wird im Frühjudentum unter dem Einfluss der hell.-röm. Kultur mit dem Tod am K. verbunden und hat maßgeblichen Anteil an seiner negativen Bewertung als verfluchte Todesart. Ein Text der Gemeinde von Qumran (11Q9 64,6b-13a) sieht das K. als Strafe für Volksverrat vor und bezieht sich dabei auf Dtn 21,23. Zwar ist nicht ganz klar, ob der Text die „ans Holz Gehängten" als Fluch Gottes (im Sinne von Gotteslästerung) oder als von Gott Verfluchte versteht, aber die negative Bewertung ist eindeutig: Der Tod am K. wird als Fluchtod verstanden, der die Betroffenen von Gott trennt. Diese Bewertung kann zwar nicht so verallgemeinert werden, dass auch unschuldig Gekreuzigte als Verfluchte zu gelten haben, aber ein gekreuzigter → Messias lag wohl außerhalb der Vorstellungsmöglichkeiten des antiken Judentums.

Wenn Herodes im Unterschied zu seinen hasm. Vorgängern das K. nicht einsetzte, so hat dies sicher keine humanitären Gründe, sondern machtpolit. Als „jüd." → König das K. einzusetzen, hätte eine zusätzliche Provokation der Bevölkerung bewirkt, die der ohnehin unbeliebte König zu vermeiden wusste. Wegen des exzessiven Gebrauchs, den die röm. Besatzungsmacht bei der „Befriedung" Judäas von dieser Hinrichtungsart machte, galt das K. nämlich als „typisch röm.", als schreckliches Zeichen für die Unterdrückungsmacht der heidnischen Besatzer. Da der Tod am K. gerade viele von denen betraf, die sich für die jüd. Autonomie einsetzten, hätte das K. ohne weiteres zum Symbol des jüd. Märtyrertods werden können. Wegen der aus Dtn 21 abgeleiteten Bewertung als Fluchtod kam es zu einer solchen Symbolbildung aber nicht.

II. 3. *Die theol. Bedeutung des K.* Angesichts der negativen Bewertung des K. auch im Judentum ist es zunächst erstaunlich, dass das K. in der frühchristl. → Soteriologie überhaupt positiv bewertet werden konnte. Der hell.-röm. Welt musste der → Glaube an einen gekreuzigten Erlöser als abergläubisch finstere Perversion erscheinen, dem antiken Judentum z. T. sogar als Blasphemie. Evtl. ist der Skandal des K. aber auch die Voraussetzung für eine soteriologische Neubewertung des K. Die Tatsache, dass Jesus gerade diesen Tod erlitten hatte, konnte nämlich in seiner Jüngerschaft eine Krise auslösen, die ihre Lösung in der (vermutlich visionär vermittelten) Erkenntnis fand, dass der Gekreuzigte von Gott auferweckt und so zum messianischen Gottessohn eingesetzt wurde. Die Ostererfahrung eröffnet die Möglichkeit, dass der Fluch des K. sich in sein Gegenteil verkehrt. Trotzdem sprechen die ältesten Bekenntnisformeln nur von der Auferweckung Jesu, ohne das K. zu erwähnen. Erst in einem zweiten Schritt eröffnete die → Auferstehung die Möglichkeit, auch das K. zu integrieren und ihm eine Heilswirkung zuzuordnen. Wenn Paulus vor seiner Bekehrung die Christgläubigen verfolgte, so geschah dies vermutlich, weil er (unter dem Einfluss von Dtn 21) das Bekenntnis zu einem Gekreuzigten als Gotteslästerung einstufte. Nachdem ihm in visionärer Erkenntnis klar wird, dass Jesus der auferweckte Gottessohn ist, muss er das Problem bearbeiten, wie der Sohn Gottes unter dem Fluch des Gesetzes stehen bzw. ein Gekreuzigter der Messias sein kann. So steht beim christl. Paulus das K. Jesu im Zentrum einer bewusst paradoxen theol. Deutung (→ Rechtfertigung). Das K. bleibt einerseits ein Schandpfahl, wird andererseits aber gerade als Schandpfahl mit Hilfe des Sühnegedankens (vgl. Röm 3,25f) zum Ort der Gotteserkenntnis, zum Ort der → Versöhnung und des → Heils erklärt. Der Sündlose (2 Kor 5,21) wird am K. selbst zum Verfluchten (Gal 3,13) und zum Sünder, weil er die Identität des sündigen Menschen annimmt, an seiner Stelle den gerechten Fluch des Gesetzes auf sich nimmt und damit aufhebt. Im Sühnegeschehen macht Christus sich identisch mit dem sündigen Menschen und so stirbt der Sünder mit Christus am K.! Wer glaubt, dass der Gekreuzigte der Christus ist, der für uns alle stellvertretend die → Strafe des Gesetzes auf sich genommen hat, der akzeptiert damit zugleich sein Sünder-Sein, erkennt die todeswürdige Verkehrtheit seiner Existenz an. → Taufe und Glaube bedeuten die identifizierende Übernahme des Geschicks Jesu. Wer glaubt, wird mit Christus gekreuzigt (Gal 2,19), wer getauft wird, wird mit Christus begraben (Röm 6,3ff). Damit eröffnet sich die Möglichkeit zu einem positiven Identitätswechsel: Die reuige Annahme unserer Sündhaftigkeit und die glaubende Identifizierung mit dem an unserer Stelle Gekreuzigten ermöglicht eine neue Identität. Die Glaubenden werden Christus: „Nicht mehr ich lebe, sondern Christus lebt in mir“ (Gal 2,20 vgl. auch Gal 3,27). In der soteriologischen Symbolik des Paulus stellt das K. als Fluchzeichen den Menschen also einerseits drastisch vor Augen, wer sie sind, eröffnet darin aber zugleich die Möglichkeit zu einem neuen Leben in → Freiheit. Der Schandpfahl des K. wird so zum Heilszeichen.

Eine narrative K.-Theol. entwickelt Mk, der den → Weg Jesu mit der ersten Leidensansage beginnen lässt und mit der Erkenntnis des Gekreuzigten als Sohn Gottes beendet. Christl. Existenz besteht nach Mk 8,34 darin, nach dem Vorbild Jesu „sein K. auf sich zu nehmen“. Im Joh wird das Wort K. zwar nie in einem soteriologischen Kontext explizit erwähnt, aber Joh 3,14 macht deutlich, dass die physische Erhöhung, die der Delinquent bei der Befestigung am K. erfährt, der Erfahrungshintergrund ist für die theol. Deutung des Todes Jesu als Erhöhung. Der am K. befestigte (und so erhöhte) Jesus wird verglichen mit der kupfernen Schlange, die Mose als Abwehrzauber an einer Stange aufhängt (Num 21,7–9). Die rettende erhöhte Schlange wird zum Vor-Bild für den am K. (und zum Vater) erhöhten Erlöser.

J. Frey/J. Schröter (Hg.), Deutungen des Todes Jesu im Neuen Testament, Tübingen [2]2012; *H.-W. Kuhn*, Die Kreuzesstrafe während der frühen Kaiserzeit: ANRW II/25.1 (1982) 648–793; *H. Merklein*, Das paulinische Paradox des Kreuzes, in: *ders*., Studien zu Jesus und Paulus 2, Tübingen 1998, 285–302; *R. Weth* (Hg.), Das Kreuz Jesu, Neukirchen-Vluyn 2001.

Joachim Kügler

Krieg / Frieden (K./F.)

(→ Dachartikel: Ethik)

I. AT: 1. Im Hebr. stehen für K. die Begriffe *milḥāmā* („Kampf, Schlacht, Waffen“), *ṣābā*ʾ (→ „Heer, K., Kriegsdienst“) und *q*ᵉ*rāb* („Kampf, K.“), für F. der Begriff *šālōm* („Unversehrtheit, Heilsein, F.“).

I. 2. Der *Krieg* gehört zur Wirklichkeit der bibl. Welt; die geopolit. Lage des Siedlungsgebiets der Stämme → Israels im Interessengebiet der jeweiligen Hegemonialmächte hat diese immer wieder in kriegerische Konflikte (s. *Abb. 37*) gezogen (→ Staat); freilich ist Israel im Verlauf seiner → Geschichte immer wieder der illusionären Faszination des K. erlegen. Die positiven Darstellungen kriegerischer Ereignisse im AT als Durchsetzung des → Rechts Israels und in der Offb als notwendiger Begleitumstand des in seiner eigenen → Gewalt umkommenden widergöttlichen Systems stellen hermeneutisch ein Problem dar, weil sie theol. argumentieren und legitimieren. An diesem Punkt muss die *hist. Analyse* ansetzen, da sie aufzuzeigen vermag, dass nicht jede Bezeugung eines K. bejahend ist. Wenn z. B. im Pentateuch und in Jos der Auszug Israels (→ Exodus) aus Ägypten und die Landnahme als eine planmäßige militärische Aktion dargestellt werden (Num 1f;

26), entspricht das gewiss nicht den hist. Gegebenheiten. Eher ist anzunehmen, dass hier K. als vergangenes grundlegendes Anfangsgeschehen dargestellt wird. Die Projizierung kriegerischer Handlungen in die Vergangenheit lässt ihn in der Gegenwart der Textproduktion als sinnlos erscheinen.

I. 3. Ähnliches gilt für den *Bann* (*ḥæræm*), besser übersetzt mit Vernichtungsweihe (Num 21,2f; Dtn 7,2.25; 20,16–18; Jos 6–8; Ri 1,17; 1 Sam 15; 1 Kön 20,35–43). Dieses Kriegsritual, das in staatlicher Zeit nicht mehr geübt wurde, wird in den Texten als Vergangenes erinnert. Danach hat Gott die Vernichtung der ansässigen Landbevölkerung und von deren → Besitz befohlen. In der Vernichtung sind sie in einem Akt der Übereignung Gott geweiht. Dtn 20,18 bietet eine Begründung – die Vernichtung erfolgt, damit es keinen Glaubensabfall gibt –, die das ursprüngliche Verständnis nicht trifft. Vielmehr geht es um einen militärischen Akt der verbrannten → Erde, der jedoch sakralisiert wird. Die eigentliche → Verantwortung liegt nicht bei den Mördern, sondern bei Gott. Die Vernichtungsweihe verweist trotz ihres brutalen Konzepts auf eine rel. begründete Scheu vor dem Blutvergießen, die sich aus dem im AT bezeugten Bluttabu ergibt (Gen 9,4; Lev 17,11; 20,9.11–13.16.27; Num 35,33; Dtn 21,22f; Jos 2,19; 1 Kön 2,37; → Blut). Zur hist. Analyse muss die *theol. Kritik* an solchen Texten treten. Hier zeigt sich freilich, dass diese Kritik in der Schrift selbst breit bezeugt ist, indem sie F. als das erweist, was Gott seiner → Schöpfung als Grundstruktur beigegeben hat.

I. 4. Da die Bibel weiß, welcher Schrecken der K. für die gesamte Schöpfung mit sich bringt, gilt *Frieden* als hohes Gut, das erhofft und von Gott erbeten wird. Denn die Schrift ist weltsichtig genug, darum zu wissen, dass der wahre F. nicht aus den Händen der Krieger kommt, sondern von Gott allein. *šālōm* bedeutet daher auch nicht nur die Abwesenheit von K. und Gewalt, sondern eine vollkommene Wohlfahrt der gesamten Schöpfung (Ps 72,3–4; 85,9–11). Wahrer F. ist nur möglich, wenn → Gerechtigkeit herrscht. Gott hat in seine Schöpfung als → Ordnung *šālōm* eingeschrieben; F. ist demnach sehr wohl möglich, aber eben nur dann, wenn die Menschen den Weg des F. und der Gerechtigkeit gehen (Lev 26,3–6; Ps 29,11; 34,15; 119,165; Jes 26,3; 32,17f; 48,18). Nachexil. bekommt die F.-Vorstellung einen deutlichen machtkritischen Akzent: Der F. wird von Gott unabhängig von und gegen polit. → Macht durchgesetzt (Jes 52,7; 54,10.13; 53,5) und umfasst auch die Völker (Jes 55,3–5). Wenn dieser F. von → Zion weltweit ausgeht, sind K., Waffen und Rüstung dahin und alle Völker lassen sich auf die gute Schöpfung Gottes ein (Jes 2,2–4). Durch die streng theol. Ausrichtung gewinnt diese F.-Vorstellung eine bedeutende kritische Funktion: Die je bestehenden F.- und K.-Konzepte werden daran gemessen und sind immer dem Verdacht des Ungenügens ausgesetzt. Der F., der nicht wirklich *šālōm*, also Aufrichtung der Gerechtigkeit Gottes ist, bleibt ein unzulänglicher. Ein Zuviel an F. kann es nach Auffassung der Schrift nicht geben. Vielmehr muss sich jeder polit. F. daraufhin befragen lassen, ob er nicht seine eigene und nicht Gottes Gerechtigkeit sucht.

II. NT: 1. Im NT steht für K. πόλεμος, für F. εἰρήνη.

II. 2. Auch das NT nimmt *Krieg* als Bestandteil einer Welt, in der → Macht und → Gewalt herrschen, wahr. Nüchtern und ideologiekritisch entlarvt Paulus die Sicherheitsparolen eines auf Gewalt gründenden F. als irrige Verblendung (1 Thess 5,3). In ntl. Zeit war die militärische Präsenz von röm. Besatzungstruppen, herod. Soldaten und der militärisch ausgerichteten Polizeitruppe des → Tempels bestimmt. Jesus von Nazaret wurde Opfer des röm. Militärs als Bewahrer der auf militärischer Gewalt gründenden *pax Romana* (→ Gericht; → Heer). Freilich kennt das NT auch positiv auftretende Soldaten (Mt 8,5–13par.; Joh 7,32–49), aber der Zenturio, der die Hinrichtung Jesu leitet (Mk 15,39par.), gehört aus innertextlichen und außertextlichen Gründen gewiss nicht hinzu. Die ntl. Metaphorik bedient sich auch einer Rüstungsbegrifflichkeit (Röm 6,8; Eph 6,10–13; 1 Thess 5,8). Damit wird einerseits auf die Schwere christl. Existenz verwiesen, andererseits wird die militärische Welt *ad absurdum* geführt, wenn das auf F. ausgerichtete christl. → Leben mit diesen Worten beschrieben wird.

II. 3. Das NT teilt die atl. Vorstellungen vom *Frieden* weitgehend und betrachtet ihn als Gabe Gottes an die Gemeinde (Röm 14,19; 15,33; 16,22; 1

Kor 14,33; Eph 4,3; Phil 1,2; Kol 1,20; Hebr 13,20), der daraus die Aufgabe erwächst, den F. in der Gemeinde zu suchen und zu erhalten (Mt 5,9; Mk 9,50; Röm 12,18; 2 Kor 13,11; 1 Thess 5,13; Jak 3,18; → Gemeinschaft). Dies geschieht durch Rechts- und Gewaltverzicht sowie durch → Vergebung (Mt 5,39–42; 6,12; 1 Kor 6,7). Als einschneidende Erfahrung des F. deutet Eph 2,14 die Begegnung von Juden und Völkern in der einen Gemeinde → Jesu Christi. Hierin hat sich F. sichtbar und erfahrbar realisiert. F. bezeichnet den durch Jesus Christus begründeten Stand des Menschen vor Gott. Die ntl. F.-Konzeption ist keineswegs eine rein spiritualisierte; vielmehr muss die Gemeinde Ort des F. sein, ein Abbild dessen, was Gott ihr gab.

Der Umstand, dass in der christl. Gesch. immer wieder bis zur Gegenwart mit Berufung auf die Bibel K. geführt wurde, ist kein Erweis der Untauglichkeit der bibl. F.-Konzeptionen, sondern der Unfähigkeit auch von Christen, Gott und seiner Gabe des F. zu trauen. Damit bleibt die große → Hoffnung auf F. (Jes 65,25; Mi 4,3; Offb 21,24) unabgegolten und bleibend erhofft (Lk 2,14).

G. Baumann, Gottesbilder der Gewalt im Alten Testament verstehen, Darmstadt 2006; *U. Berges*, Zur Heiligung des Krieges in der alttestamentlichen Schriftprophetie, in: *U. Dahmen/ J. Schnocks* (Hg.), Juda und Jerusalem in der Seleukidenzeit, Bonn 2010, 43–57; *C. L. Crouch*, War and Ethics in the Ancient Near East, Berlin/New York 2009; *A. van der Deijl*, Protest or Propaganda, Leiden 2008; *W. Dietrich*, Legitime Gewalt?, in: *F. Schweitzer* (Hg.), Religion, Politik und Gewalt, Gütersloh 2006, 292–309; *I. Fischer* (Hg.), Macht –Gewalt – Krieg im Alten Testament, Freiburg u. a. 2013; *B. E. Kelle/F. R. Ames* (Hg.), Writing and Reading War, Leiden 2008; *J. Liesen/P. Beentjes* (Hg.), Visions of Peace, Tales of War, Berlin 2010; *J. Maier*, Kriegsrecht und Friedensordnung in jüdischer Tradition, Stuttgart 2000; *E. Otto*, Krieg und Frieden in der Hebräischen Bibel, Stuttgart 1999.

Rainer Kampling

Laster / Fehlverhalten (L./F.)

(→ Dachartikel: Ethik)

Vorbemerkung: Die Vorstellungen im westlichen Kulturkreis davon, was als L. definiert wird, gehen weitgehend auf antikes Erbe zurück, das durch die jüd.-christl. Tradition vermittelt wurde. Bis auf einige Modifikationen ist der Grundbestand der sog. Lasterkataloge im hell. Judentum, im NT (Mt 15,19; Mk 7,21f; Röm 1,29–31; 2 Kor 12,20f; Gal 5,19–21; Kol 3,5.8; 1 Tim 1,9f; 2 Tim 3,2–5; Tit 3,3) und in der griech. Popularphilos. fast identisch. Die Begründungen jedoch, aus welchen Gründen bestimmte Verhaltensweisen als L. zu gelten haben, unterscheiden sich: Während im Judentum und folgerichtig im NT die Gebote der zweiten Tafel des → Dekalogs im Hintergrund stehen und die L. als Opposition zu Gottes → Willen verstanden werden, die eine → Strafe Gottes nach sich ziehen (1 Kor 6,9; Gal 5,21), versteht die hell. Philos. darunter eine Verletzung eines anthropologischen Ideals, etwa der Leidenschaftslosigkeit. Gleichwohl zeigt die Austauschbarkeit der Begriffe (2 Tim 3,2–4), dass die atl.-jüd. und ntl. Paränese (→ Ermahnung) an allgemeinen ethischen Diskussionen und Maßstäben partizipieren konnte, um eigene Inhalte zu transportieren. Im Folgenden wird daher nicht konsequent zw. AT und NT unterschieden. Terminologisch ist das Spektrum der Lexeme zu den einzelnen Begriffen so weit, dass auf eine Angabe der hebr. und griech. Wörter verzichtet wird.

I. *Begierde* als L. zu definieren setzt zweierlei voraus: Triebbeherrschung wird als möglich und positiv erachtet; das Objekt der Begierde ist ein unsittliches Gut, denn es gibt eine positive Konnotation der Begierde, wenn sie sittlich Gutes anstrebt (Ps 68,17; Lk 17,22; 22,15; Phil 1,3; 1 Thess 2,17). Negativ ist die ungezügelte sexuelle Begierde (Spr 6,25; Mt 5,28; 1 Thess 4,5; 2 Petr 10.18; Jud 16.18) oder die nach weltlichem und ungerechtem → Besitz (Mk 4,19; 1 Joh 3,17). Bei diesen Fällen ist die Begierde nicht nur habituell subjektiv negativ, sondern stellt ein soziales F. dar, weil dadurch das → Recht und die → Freiheit anderer verletzt werden. Von grundsätzlicherer Bedeutung ist der Zusammenhang von Begierde und → Sünde; nach 1 Joh 2,15–17 ist Begierde Teil der sich Gott widersetzenden Welt, die in Sünden verstrickt ist und von Gott wegführt. In Jak 1,13–15 ist die Begierde als anthropologischer Wesenszug Ursache und Wirkgrund der Sünde. In Röm 1,24–28 ist die Anheimgabe der sich von Gott abwendenden Menschen an die Begierde bereits Strafe dieses Tuns, die sich nach Meinung des Paulus in sexueller Perversion realisiert. Paulus ordnet Begierde dem leiblichen Bereich zu, obwohl auch das

Pneuma (→ Geist) begehren kann (Gal 5,17): Die Begierde des → Fleisches führt dazu, dessen böse Werke zu tun; das Pneuma kann den Getauften, die nicht frei von Begierden sind, dazu verhelfen, jenen zu widerstehen (Gal 5,16–24; Röm 13,13). Die Begierde kann den Menschen zum Objekt ihrer Macht machen und ihn der Sünde unterwerfen (Röm 6,12). Diese instrumentalisiert unter Verkehrung seiner → Heiligkeit und Zielsetzung das Gesetz, indem es den Menschen durch das Gesetz dazu bringt, die Begierde wahrzunehmen und ihr nachzugeben (Röm 7,7f). Die Verbindung von Sünde, Begierde und Werken der Sünde verweist auf die Vorstellung des bösen Triebs des Menschen. Begierde ist demnach die menschliche Vorbefindlichkeit, aus der heraus die Sünde Wirklichkeit wird, sie ist als Grund dem geschehenen F. vorgeordnet.

II. In einem Glaubenssystem, das von der Dankbarkeit gegenüber dem freizügig schenkenden Gott bestimmt ist, ist *Geiz* nicht nur ein sittliches F., sondern auch Ausdruck eines Missverstehens der menschlichen Existenz vor Gott. Der Geizige hält seinen Besitz zurück (Spr 11,24; 21,26; 2 Kor 9,5). Der Geiz zerstört das soziale Verhalten, indem die Hilfsbedürftigen nicht wahrgenommen werden (Jer 22,17; Sir 14,8; Lk 16,19–26), und letztendlich den Geizigen selbst, da er sich selbst ganz an seinen Besitz verliert (Spr 11,24; Koh 4,8; 5,9). Wegen seiner zerstörerischen Kraft ist der Geiz ein fundamentales F. (1 Tim 6,10), das zur Signatur der Endzeit gehört (2 Tim 3,1).

III. Angesichts der theozentrischen Begründung der bibl. → Ethik in allen Bereichen kann die *Gotteslästerung* nicht nur als rel., sondern auch soziales F. verstanden werden, da sich in diesem Tun die Lästerung des göttlichen → Willens zeigt (Jes 5,20–24) und sich jede Gotteslästerung gegen das → Volk Gottes richtet (Jes 52,6: die Unterdrückung des Gottesvolkes durch Fremdvölker). Nach Lev 24,14–16 zieht Blasphemie die Todesstrafe nach sich; die Ohrenzeugen der Lästerung sind durch das Geschehen kontaminiert, sodass ein eigenes Entsühnungsritual notwendig ist (1 Kön 21,10.13).

Da sich die → Heiligkeit Gottes in der Wirklichkeit manifestiert, besteht die Lästerung darin, diese Heiligkeit zu bestreiten: etwa im Missbrauch des → Namens, unter Umständen zu magischen Praktiken (2 Kön 19,4.6.22), in der Verächtlichmachung des Landes (Ez 35,12) und des → Tempels (1 Makk 7,38). Im NT finden sich analog dazu die Lästerung des Christusnamens (Jak 2,7) und die des → Glaubens an Christus (1 Tim 6,1; → Jesus Christus). Zu einem Topos der christl. → Ermahnung wird Lästerung dadurch, dass zwischen dem Fehlverhalten von Christen und der Gotteslästerung Außenstehender ein ursächlicher Zusammenhang hergestellt wird (2 Kor 6,3; 1 Tim 6,1; Tit 2,5; 2 Petr 2,2). Für die Offb ist Gotteslästerung ein Kennzeichen der Welt, die das Göttliche nur nachahmt (Offb 13,1–6; 16,9; 17,3). Markus hat den Vorwurf der Gotteslästerung, der gegen Jesus erhoben wird (Mk 2,7; 14,64), zu einem narrativen Element seiner Christologie gemacht: Diejenigen, die Jesus diesen Vorwurf machen, lästern Gott und seinen Sohn; der Vorwurf verweist auf die Jesus eigene Hoheit (so auch Joh 10,30–36; Mk 15,29par.; Lk 22,65).

IV. Die Bibel versteht *Hass* als Oppositionsbegriff zu → Liebe. Der Hass geht vom Zentrum des menschlichen Tuns, dem → Herzen, aus und erfüllt es. Das erste Opfer des Hasses ist der Hassende selbst. Er ist in der Verneinung der Ablehnung anderer gefangen, die ihn selbst zerstört (Lev 19,7; Ps 105,25) und in seiner gesamten Praxis sichtbar wird (Gen 31,2; 37,4.8; Spr 10,12). Der grundlose Hass schädigt das Selbstverständnis des Gegenübers, da es sich ohne Schuld weiß (Ps 35,19; 36,3; Am 5,10). Hass trägt bibl. Züge der manischen Verblendung aber nicht nur gegen Menschen, sondern auch gegen Gott und alle seine guten Taten (Ex 20,5; Lev 19,17; Dtn 7,10; Num 10,35; Ps 50,7; 120,6; Spr 1,22; 12,1; Jer 12,8). Von einem positiven Hass kann man dann sprechen, wenn in der ermahnenden Rede der Fromme aufgefordert wird, L. zu hassen (Ps 97,10; 119,163; Spr 8,13; 15,27; Am 5,15). Joh hat Hass zu einer Kategorie der Welt gemacht: Diese hasst Gott, Christus und dessen Gemeinde (Joh 7,7; 15,18.23f; 17,4). Angesichts des Hasses von außen ist binnengemeindlicher Hass eine zutiefst erschütternde Erfahrung, die die Realität als Gemeinde Gottes in Frage stellt (1 Joh 2,9.11; 3,14; 4,20). In einem paradoxalen Imperativ gebietet Jesus, die hassenden → Feinde zu lieben, die damit den Feindstatus verlieren und zu → Nächsten werden (Lk 6,27). Die Befreiung vom Zwang des

Hasses ist nach Tit 3,3 → Zeichen christl. Existenz.

V. Das deutsche Wort *Heuchelei* verdankt sich der Lutherübersetzung; im Hebr. gibt es dafür kein Äquivalent, während das NT den griech. Begriff ὑπόκρισις („Schauspielerei, Verstellung") kennt, aber ihn kontextuell je anders akzentuiert (etwa im Sinne von Ungerechtigkeit, Gottlosigkeit) bzw. ganz ohne den Begriff auskommt (etwa Apg 5,1–10), um eine Vortäuschung einer guten Gesinnung oder Tat zu beschreiben. In 1 Petr 2,1 entbehrt Heuchelei einer rel. Konnotation. Es ist eher an Hochstapelei zu denken. Gal 2,13 zeigt, dass die subjektive Wahrnehmung zur Beurteilung entscheidend ist. Im NT begegnet sie am häufigsten bei Mt und ist eindeutig polemisch gefärbt. In Mt 23,13–29 wird damit das Verhalten der Pharisäer gekennzeichnet. Obwohl Mt wahrscheinlich eigene Gemeindemitglieder im Auge hatte, bezog die Rezeptionsgeschichte diese Verse recht früh auf Lehrer des Judentums. Übersehen wurde dabei, dass es ein bes. Merkmal der Heuchelei ist, diese immer nur bei anderen, nie aber bei sich zu vermuten.

VI. *Hochmut* meint die gestörte Wahrnehmung der eigenen Begrenztheit und die daraus erwachsene Überheblichkeit, die sich in einer sozialen negativen Praxis der Verachtung äußert. Hochmut ist u. a. begründet im Besitz materieller Güter (Ez 28,5). Aus dem Hochmut erwächst Sünde (Jes 2,6–22; Ez 16,49) und Untergang des Hochmütigen (Spr 21,4). Hochmut kann aber auch zu einer Geringschätzung Gottes führen (Ps 101,5; Jak 4,16), sodass er Charakteristikum der Frevler ist (Ps 36,12; 53,19). In prophetischer Kritik wird dem Hochmut Israels als Missverstehen des Willens Gottes und seiner → Erwählung das Gericht Gottes angesagt (Jes 2,12; 13,11; Jer 13,9.17; Ez 7,11.20; 33,28; Hos 5,5; Am 6,8; → End-Gericht). Bei Paulus findet sich das passende metaphorische Synonym „sich aufblasen" (1 Kor 4,6.18; 5,2; 8,1; 13,4) für Hochmut.

VII. Für die Schrift ist *Lüge* ein Kriterium der Unterscheidung: Gott ist frei von jeder Lüge (Num 23,19; Ps 89,36; Röm 3,4; Tit 1,2; Hebr 6,18); der Mensch dagegen lügt (Ps 116,11; Röm 1,25; 3,4) wie auch die → Götzen (Am 2,4; Jes 44,20) und der Teufel (Joh 8,44). Die Lüge kann sich gegen Gott richten (Ps 44,18; 78,36; Jes 30,9f; Jer 5,12) und das zwischenmenschliche Verhältnis zerstören (Lev 5,21–24; 19,11f; Dtn 19,18; Spr 11,9; 16,28; Hos 7,1–7; Apg 5,3f; 2 Thess 2,9.11). Da die Lüge gotteswidrig ist (Ps 5,7; Spr 12,22), darf sie im → Volk und der Gemeinde Gottes keinen Platz haben. Daher wird in der Paränese (→ Ermahnung) immer wieder auf die Verderbtheit der Lüge hingewiesen und sie streng untersagt (Ex 20,16; Ps 34,14, Spr 4,24; 12,22; Mt 5,37; Tit 3,2; Jak 5,12; 1 Petr 2,1; → Dekalog; → Gericht). Wirklich frei von Lüge ist aber erst die eschatologische Gemeinde (Zef 3,13; Offb 14,5).

VIII. Verglichen mit der breiten Diskussion in der zeitgenössischen paganen und der späteren patr. Lit. zum Thema *Neid* ist der Befund der Bibel schmal zu nennen. Weder wird über den Grund, das Wesen noch über die Folgen ausführlich spekuliert. Aus der Metapher „das böse Auge" (Spr 28,22; Sir 14,10; Mt 6,23) kann man immerhin schließen, dass es sich zunächst um eine visuelle Wahrnehmung unter negativen Vorzeichen handelt: Neid entzündet sich an materiellen und immateriellen Objekten, die man bei anderen gegeben sieht (Gen 26,14; 30,1; 37,11), dabei ist keineswegs vorausgesetzt, dass man die Objekte selbst begehrt; ihr Vorhandensein wird geneidet (Ex 20,17; Dtn 5,21; → Dekalog). Der Neid kann zu Mord und Hass führen (Gen 4,3–8; 37,4). In Mk 15,10; Mt 27,18 wird Neid als Grund der Auslieferung Jesu an Pilatus genannt; hierbei ist sowohl an seinen Anspruch auf Israel wie auch seinen Erfolg beim Volk zu denken. Bemerkenswert ist der Gedanke in Weish 2,24: Der → Tod gründet in dem Neid des Teufels (→ Widersacher) auf den Menschen. Neid wird ohne jede weitere Begründung zu den Werken der Sünde gezählt (Röm 1,29; 13,13; Gal 5,20; Tit 3,3; 1 Petr 2,1), die der Christ zu meiden hat, zumal der Neid die Gemeinde gefährdet (2 Kor 12,20; Phil 1,15; 1 Tim 6,4; Jak 3,16).

IX. Sowohl die atl. wie die ntl. Schriften operieren mit dem Verdacht, dass die Anderen (die Nachbarvölker, v. a. die Kanaanäer, generell aber auch die Heiden) dem Laster der *Unzucht* verfallen sind. Wie beliebig die Sexualpolemik ist, kann man daran ablesen, dass dieser Vorwurf von außen auch gegen Juden und Christen erhoben wurde. Die exegetische Wissenschaft hat lange darauf vertraut, dass die bibl. Angaben Tatsachen wiedergeben, oder sie hat sich deren Beurteilung zu eigen gemacht. Dabei wird übersehen, dass die Selbstwahrnehmung in diese Beurteilung keineswegs eingeflossen ist. Der Bereich der menschlichen → Sexualität war in der gesamten Antike mit Tabus besetzt und reglementiert. Die angeblich freie lustvolle Sexualität der Antike zeigt sich bei genauer Betrachtung als ein kompliziertes gesellschaftliches Regelwerk, das mit den Kategorien von → Scham und → Ehre operiert und zugleich Privilegierten sexuelle Ausbeutung zugesteht. Fundamental für die Vorstellung der Sexualität ist die Wertung der Leiblichkeit. So kann aus einer Verachtung des Leibes sowohl sexuelle → Askese wie Libertinismus erwachsen. Da eine Psychologisierung antiker Texte oder gar der in den Texten vorkommenden Menschen methodisch unmöglich ist, kommt man in den meisten Fällen über die Ebene der Beschreibung nicht hinaus. Wie schwierig es ist, anhand bibl. Aussagen zu gegenwärtig relevanten ethischen Urteilen zu gelangen, kann man z. B. daran ablesen, dass Paulus, wenn er von gleichgeschlechtlichen sexuellen Beziehungen spricht, nicht die dafür üblichen Begriffe aus dem Bereich der Freundschaft oder → Erziehung benutzt, sondern die aus dem Prostitutionsmilieu. Grundlegend für das, was die Bibel unter Unzucht versteht, ist zunächst die positive Bestimmung der Leiblichkeit, die sich dem Schöpferwillen verdankt und in der Schöpfungsordnung als Bindung von → Frau und Mann festgeschrieben ist (Gen 1–3; → Körper). Von dieser Prämisse her wird jede andere Form der Sexualität als schöpfungswidrig beurteilt. Die → Ehe vermag ein unzüchtiges Verhalten im Nachhinein zu salvieren (Ex 22,15f; Dtn 22,28f). Ehebruch ist theol. gesehen eine Störung der Schöpfungsordnung (Ex 20,14.17; Lev 18,20; 20,10; Dtn 5,18; 2,22). In sozialer Hinsicht bedeutet er die Zersetzung familiärer Macht- und Besitzverhältnisse (2 Sam 16,22). Eine Kombination beider Aspekte führt zum metaphorischen Gebrauch des Ehebruchs bzw. der Unzucht für den Abfall von Gott (Lev 17,7; 20,5f; Num 14,3; Ri 2,17; Hos 1,2; 4,10; 5,7), wobei es bemerkenswert ist, wie drastisch sexualisiert, nahezu unflätig die Sprache dabei werden kann (Ez 16; 23). Freilich ist zu beachten, dass in einer patriarchalischen und androzentrischen Gesellschaft damit die Ehre der Männer in Frage gestellt wird. Nicht so heftig wie die Kritik am Ehebruch fällt die an der Prostitution aus. Inzest (Dtn 23,1; 27,20), gleichgeschlechtliche Sexualität (Lev 18,22) und Sodomie (Ex 22,18) sind als Akte der Unzucht streng verboten. Für das ntl. Verständnis dessen, was Unzucht ist, ist die atl. Tradition prägend. Jesus von Nazaret vertritt in Aufnahme von Gen 1–3 eine konservative Auffassung der Ehe, die den Ehebruch verschärfend definiert und die Ehescheidung untersagt (Mt 5,27f; Mk 10,1–12par.). Trotz gewisser Modifikationen wird diese Vorstellung in die Gemeinden übernommen (Röm 7,1–3; 1 Kor 6,9; 2 Petr 2,1–22). Diese Eheauffassung enthält gesellschaftskritische Elemente, da zur Zeit des NT eine Abwertung der Ehe festzustellen ist, wogegen auch kaiserliche Gesetze erlassen wurden. Paulus muss sich der Debatte um Sexualität insbes. durch Entwicklungen in der korinthischen Gemeinde stellen. Offensichtlich gab es neben der Negation der Sexualität (1 Kor 7,1) auch einen sexuellen Libertinismus, der mit der Verachtung der Leiblichkeit begründet wurde (1 Kor 6,12–20). Paulus argumentiert dagegen mit der Ganzheit des getauften Menschen, zu dessen neuem Sein auch der Leib gehört, sodass Unzucht eine Verletzung der Zugehörigkeit zu Christus bedeutet. Fassungslos reagiert Paulus auf die Tatsache, dass ein Gemeindemitglied in einer eheähnlichen Beziehung mit seiner Stiefmutter lebt und die Gemeinde das toleriert (1 Kor 5,1–7). Ob solche Vorfälle nicht auch zu einem Misstrauen gegenüber der Völkermission führten, sollte immerhin erwogen werden. Das zweifelhafte Verdienst, die Sexualpolemik auch in innergemeindliche Auseinandersetzungen eingeführt zu haben, kommt Jud 1,9.23 und Offb 2,20–23 zu.

F. G. Downing, Paul's Drive for Deviants: NTS 49 (2003) 360–371; *U. Heckel*, Kraft in Schwachheit, Tübingen 1993; *C. D. Marshall*, Beyond Retribution, Cambridge 2001; *E. Otto*, Homosexualität im Alten Orient und im Alten Testament, in: *ders./S. Uhlig* (Hg.), Kontinuum und Proprium, Wiesbaden 1996, 332–330.

Rainer Kampling

Leben (L.)

(→ Dachartikel: Anthropologie)

I. AT: 1. L. ist weniger ein Begriff als eine komplexe Wirklichkeit. Eine Reduktion bibl. Konzeptionen auf anthropologische Begriffe erweist sich, wenn es um „L." geht, in bes. Weise als unzureichend. Das deutet die Bandbreite der in Frage kommenden Termini schon an. Im AT steht der Abstraktplural *ḥajjīm* ebenso für L. wie das Wort *næfæš*, dessen Grundbedeutung „Kehle" ist, das aber häufig als → Seele wiedergegeben wird (vgl. z. B. Ps 88,4). Im Griech. stehen βίος, ζωή und ψυχή für L., wobei die drei Termini sich weder decken noch einfach ergänzen. Auch hier steht ψυχή häufig für Seele (z. B. Klgl 3,20; Mt 26,38), sodass verständlich wird, warum im vorliegenden Artikel die bibl. Seelenvorstellung mit behandelt wird. Dabei ist allem voran festzuhalten, dass die Rede von der Seele mit unseren Seelenvorstellungen wenig zu tun hat. Zum einen gibt es die Vorstellung der Seele als eines dem Menschen Äußerlichen oder von ihm Getrennten nur an sehr wenigen (und sehr späten) Stellen im AT. Das liegt am Überwiegen einer ganzheitlichen komplementären Auffassung vom Menschen, die erst durch den Einfluss der hell. Popularphilos. auf das Diasporajudentum bzw. das hellenisierte Judentum aufgebrochen wird (→ Anthropologie; → Körper). Erst unter der Voraussetzung einer im → Tod vom Leib getrennten Seele ist die Vorstellung einer Unsterblichkeit der Seele denkbar. Dass der Mensch eine Seele „erhält" (Weish 8,19; 15,11), der Leib die Seele beschwert (Weish 9,15) oder die Seelen am Ende der Welt von Gott ihren → Lohn empfangen (Weish 3,13), ist für die vorhell. und für die paläst. geprägte Tradition bis in das NT hinein unvorstellbar. Lediglich an Einzelstellen kommen dichotome (Mt 10,28 gegenüber Lk 12,4f; 1 Petr 2,11) oder trichotome (1 Thess 5,23) Leib-Geist-(Seele-)Trennungen vor. Weit häufiger ist ψυχή synonym zu dem Bedeutungsspektrum von *næfæš*, etwa wenn Marias ψυχή die Größe des Herrn preist (Lk 1,46f) oder Jesus sagt, seine „Seele" sei zu Tode betrübt (Mk 14,34par.). Wie im AT ist die „Seele" dabei nicht innerlich oder vom Leib bzw. dem biogr., individuellen L. getrennt. Die bibl. vorherrschende, ganzheitliche Auffassung vom Menschen kennt keinen Wesenskern der → Person, der mit „Seele" umschrieben werden könnte. Während in der Moderne Seele und Bewusstsein miteinander verbunden sind, fehlt dieses Moment in der ganzheitlichen Vorstellung des AT (überhaupt ist ein Begriff wie „Bewusstsein" der Bibel fremd). Auch ein Bezug der Seele zur Erkenntnisfähigkeit oder dem Intellekt des Menschen fehlt.

I. 2. Was aber macht dann das L. des Menschen aus? Löst man sich von der Vorstellung, dass die „Seele" das unvergängliche, immaterielle Lebensprinzip darstellt und lässt sich auf die ganzheitlich komplementäre Anthropologie ein, dann tritt neben die *næfæš* der Atem (*n*ᵉ*šāmā*) und der → Geist (*rūᵃḥ*). Erst durch die Einhauchung des göttlichen Atems wird der Mensch zur *næfæš ḥajjā*, zum „lebendigen Wesen" (Gen 2,7, vgl. Ez 37,8–10; Ps 104,29; 27,13; Ijob 4,9; Spr 20,27; Koh 12,7). Damit wird nicht ein Anteil am Göttlichen im Menschen zum Ausdruck gebracht, sondern die bibl. Grundüberzeugung, dass L. ohne die Beziehung zu Gott und seinem Handeln nicht denkbar ist. Der Gott der Bibel erweist sich in diesem Zusammenhang als Gott des L. und lebendiger Gott (Dtn 5,26; 1 Sam 17,26; 2 Kön 19,4; Jer 10,10; Ps 42,3; 84,3, vgl. Mk 12,27; Apg 14,15; 1 Tim 4,10 u. a.), der die Welt als „Lebenshaus" erschaffen hat und Ursprung allen L. ist (Ps 36,10; 133,3; Jer 2,13; 17,13, vgl. Joh 4,14). Er ist der Garant jedes einzelnen L. (Ps 42,9; 54,6; 63,4; 103,4f; Ijob 33,4; Jer 38,4 u. a.).

I. 3. Neben den Atem als Lebensprinzip tritt – stärker im AT als im NT, wo weniger über den „Sitz des L." reflektiert wird – als zweiter Pol das → Blut als „Sitz des L.". Die *næfæš* sitzt im Blut (Lev 17,11.14) und Blut vergießen ist gleichbedeutend mit „das L. auslöschen" (Gen 9,4f). Blut unterliegt als Träger der „Lebenskraft" deshalb einer bes. Behandlung und ist der letztendlichen Verfügung des Menschen entzogen. Es ist Gott als Urheber allen L. zugeordnet und hat hohe kultische Bedeutung (z. B. Ex 12,7; 23,18; 24,8; 29,12; Lev 4; Dtn 12,16; Röm 3.25; Eph 1,7; Hebr 9f). An der bes. Bedeutung des Blutes ist die hohe Wertschätzung physischen L. zu erkennen. Die Grundhaltung der Bibel ist lebensbejahend und auf den Schutz des L. hingeordnet. L. ist ein Wert an sich (vgl. Ps 49,9), der von Gott, dem Herrn über L. und Tod (Jos 3,10; 1 Kön 17,21; 2 Kön 5,7; Jer

Abb. 43: Ein Beispiel regenerativer Lebenssymbolik: Eine Lotusgirlande aus Elfenbein, Samaria 8. Jh. v. Chr.
Quelle: *H. Weippert*, Palästina, 656.

10,10; Hos 2,1; Ps 42,3; 84,3), kommt und der Verfügung des Menschen entzogen bleibt (Ps 41,4f; 33,19; 71,20; 85,7). Dabei wird unter L. mehr verstanden als nur die vegetativen Körperfunktionen, die symbolisch im Atem und dem Blutkreislauf für das L. stehen. L. ist demnach ein komplexes relationales Konzept, das Aspekte des Körpers (psycho-physische Aspekte), der Lebens- und Glaubenswelt (soziale Aspekte) und der Biographie (raum-zeitliche, hist. Aspekte) einschließt.

I. 4. Wenn bibl. vom L. gesprochen wird, ist volles, segensreiches und heiles L. im Blick. Das L. ist mit Glück, Güte, Gesundheit und Gelingen konnotiert und auf Dauer ausgerichtet. Den lebensförderlichen → Segen erhofft sich der atl. Mensch von den Gottheiten, die er verehrt (*Abb. 26; 35*). Insbes. ein langes und erfülltes L. gilt als Gottes Geschenk (Gen 15,15; 25,8; Dtn 34,7; Ijob 42,17). Diesseitig gelingendes L. ist das zu verwirklichende Ziel. Da Gott als Quelle und → Fülle des L. geglaubt wird, zielt L. auf verwirklichte Gottesnähe (Ps 26,8; 27,4; 36,10). Der Jerusalemer → Tempel zeigt als Ort der Gegenwart Gottes durch Ausstattung und Symbolik (Granatäpfel, Kerubim am „Lebensbaum“, Lotus, Wasserbecken u. a., vgl. *Abb. 43*) auch nach außen hin an, dass er ein Raum der Lebensfülle ist (Ps 16,11; 84,3). Neben der tempeltheol. Konzeption, die L. und Gottesnähe miteinander verbindet, steht eine weisheitliche und toratheol. In der Weisheitslit. ist die → Weisheit und ihr Ausdruck in der Gottesfurcht Garant für das L. (Spr 3,15; 8,12f; 10,27; 13,14; Ps 111,10; Sir 1,12.20; Bar 3,14 u. a.), was allerdings bei Ijob (21,7) und Koh (8,12f) hinterfragt wird. Auch die → Tora – gegeben um Gottesgegenwart zu ermöglichen – ist mit L. konnotiert (Dtn 8,1): Zum einen bundestheol., insofern der Bundesbruch tödliche Vertragsstrafen vorsieht (Dtn 30,15 – 20), aber auch in der Überzeugung, dass das Halten der Tora und Gottesnähe sich entsprechen (Ps 119,1.77. 109.154, zur Verbindung mit der weisheitlichen Konzeption Sir 17,11; Bar 4,1).

I. 5. Individuelles und strukturelles → Leid werden als Minderung des L. verstanden, die nicht gottgemäß sind (d. h. dem Gott des L. entgegenstehen) und bereits auf den Tod hin tendieren (→ Krankheit). L. und Tod sind in bibl. Auffassung diametral gegenübergestellt (Dtn 30,15 – 20; Spr 12,28). L. ist → Licht und Tod Finsternis (Ijob 3,20; 33,28; Koh 11,7f). Während das Negative und Ängstigende am Tod nicht das Aufhören der vegetativen Körperfunktionen, sondern die (soziale) Beziehungslosigkeit ist, so ist auch das Wandeln im Land der Lebenden (Ps 56,14; 116,9; 1 Sam 2,30; Sach 10,12) und die Fülle des L. an der Fülle und Lebendigkeit der Beziehungen erkennbar. L. heißt in Beziehung stehen, L. ist bibl. zu allererst ein Relationsbegriff.

II. NT: 1. Im NT bleiben die beschriebenen Konstellationen erhalten, werden aber christologisch transformiert und aufgeladen. Zwar ist einerseits der Zusammenhang von L. und Gottesnähe (außerhalb des Joh) nicht mehr so explizit und unmittelbar greifbar, doch wird er andererseits in der Rede vom „ewigen L.“ vorausgesetzt und verstärkt. Die Rede vom „ewigen L.“, die die Vorstellung von einer dauerhaften und unbeschränkten → Fülle des → Heils als → „Lohn der Gerechten“ umsetzt (vgl. in Ansätzen Gen 3,22; Ps 61,5; 133,3; 2 Makk 7; königstheol. bereits früher in Ps 21,5; Neh 2,3; Dan 2,4; 3,9; 5,10 u. a.), taucht im NT häufiger auf und kennzeichnet die Fortexistenz über den → Tod hinaus. Dem steht im Gerichtskontext (→ End-Gericht) das ewige → Feuer und die ewige Verdammnis (Mk 9,43.48; Mt 18,8; 25,41.46) entgegen. Der Aspekt der ebenso zukünftigen wie außergesch. Zeitlichkeit ist dabei zwar im Gerichtsgedanken dominant (Mk 10,17.29f.par.; Lk 16,9; 2 Kor 5,1; Tit 3,7; 1 Joh 2,25), aber nicht entscheidend. „Ewiges L.“ beginnt schon in der verwandelten Gegenwart (präsentische → Eschatologie) und schließt nicht den leiblichen Tod, wohl aber die beziehungslose Dauerhaftigkeit des Todes (Röm 2,7; 6,22; Gal 6,8; Joh 3,15f; 5,24; 11,26; 17,3) aus. Das jenseitige L. ist zu dem diesseitigen nicht beziehungslos, sondern schließt die Biographie und Individualität des Menschen mit ein.

II. 2. In den Evv. ist etwa in Lk 12,20–25; Mt 6,25–33 die Unverfügbarkeit und Gottverwiesenheit des L. zu erkennen. Die vielleicht auf Jesus selbst zurückgehende, sicher aber von der Gemeinde auf die Leidensnachfolge bezogene, paradoxe Formulierung vom Verlieren und Gewinnen des L. (Mk 8,35–37par.; Mt 10,39; Lk 17,33) zeigt neben der rigorosen Forderung der → Nachfolge einerseits den hohen Wert des L., aber zugleich die Unverfügbarkeit und Verwiesenheit auf Gott sowie die damit verbundene Relativierung des menschlichen L. Erst im Einsatz der *ganzen* Existenz für die Sache Gottes entfaltet die frohe Botschaft ihre das L. wandelnde Kraft, die auch über die irdische Existenz hinausgeht und in eine dauerhafte Fülle mündet. Solange der Mensch die Beziehung zum Schöpfer leugnet und seinen Lebensmittelpunkt abseits von Gott bestimmt, ist das L. verwirkt. Im Anschluss an die toratheol. Konzeption spricht Mt 7,13f vom engen Tor, das zum L. führt und Mk 10,19; Lk 10,25f; Mt 19,16f vom Halten der Gebote zur Erlangung des ewigen L. (vgl. Mt 25,46).

II. 3. In keinem anderen Ev. spielt allerdings das (ewige) L. als Wert eine so große Rolle wie im Joh, das am stärksten mit Lebensmetaphern aufgeladen ist und das L. christologisch eng führt. → Jesus Christus und (Gott als) L. werden gleichgesetzt (Joh 1,4; 5,26; 6,33; 11,25; 17,2f, vgl. 1 Joh 1,2; 5,11f.20), sodass im → Glauben an ihn jeder zum ewigen L. gelangen kann (Joh 3,15f.36; 4,14; 5,24.40; 6,47.51.54.58; 20,31). Die Aussagen gipfeln in den Ich-bin-Worten Joh 11,25; 14,6: „Ich bin der → Weg, die → Wahrheit und das L." Die Lebenshingabe Jesu wandelt sich dabei im Paradox zum Garant des L. schlechthin: Indem Gott seinen Sohn hinschenkt, schenkt er ewiges L. (Joh 10,10f.17.28).

II. 4. Die Kreuzestheol. ist auch Ansatzpunkt für Paulus, der L. als Heilsgut ähnlich christologisch transformiert (Röm 5,10; 6,8–10.23). In Jesus Christus hat Gott neues L. geschenkt, da das alte L. durch die → Sünde dem Tod verfallen bleibt. Als gehorsamer Adam bringt Jesus Christus nicht wie der erste Adam den Tod, sondern das L. (Röm 5). Die → Taufe auf Tod und → Auferstehung Jesu Christi schenkt dem Glaubenden neues L. (2 Kor 4,10–12) und der → Geist Christi, in dem Christen aufgrund der Gerechtigkeit sind (Gal 5,25; 6,8), bedeutet L. (Röm 8,10; Gal 3,10–12; Phil 1,21).

I. *E. S. Gerstenberger*, Lebenslauf und Lebensphasen im Alten Testament: EvErz 42 (1990) 254–265; *B. Janowski*, Konfliktgespräche mit Gott, Neukirchen-Vluyn 2003; *O. Kaiser/E. Lohse*, Tod und Leben, Stuttgart 1977; *M. Leuenberger*, „Deine Gnade ist besser als Leben" (Ps 63,4): Bib 86 (2005) 343–368; *K. Liess*, Der Weg des Lebens, Tübingen 2004; *P. Riede*, Noch einmal: Was ist „Leben" im Alten Testament, in: *ders.*, Schöpfung und Lebenswelt, Leipzig 2009, 131–136; *S. Talmon*, Die Wertung von „Leben" in der Hebräischen Bibel, in: *ders.*, Juden und Christen im Gespräch, Neukirchen-Vluyn 1992, 48–60.
II. *A. Findl-Ludescher* u. a. (Hg.), Gutes Leben – für alle? Münster u. a. 2012; *H. Klein*, Leben – Neues Leben, in: *O. Merk* (Hg.), Schriftauslegung als theologische Aufklärung, Gütersloh 1984; *R. N. Longenecker* (Hg.), Life in the Face of Death, Grand Rapids 1998; *G. Röser*, „Christus ist mein Leben": ZNT 7,13 (2004) 22–32; *M. Stare*, Ethics of Life in the Gospel of John, in: *J. G. van der Watt/R. Zimmermann* (Hg.), Rethinking the Ethics of John, Tübingen 2012, 213–228.

Christian Frevel

Leid (L.)

(→ Dachartikel: Anthropologie)

Vorbemerkung: Die Bibel redet nicht vom Leiden als solchem, sondern von konkretem individuellem oder kollektivem L. Leiden gehört zur Grundbefindlichkeit des Menschen, doch zielt sein Handeln und Hoffen auf die Abwesenheit von L. Dem L. begegnet die Bibel mit vielfältigen Bewältigungsstrategien, die unter die Stichworte → Klage, → Trost, Duldung, Widerstand und Erklärung subsumiert werden können.

I. AT: 1. Entsprechend der Besonderheiten der hebr. Sprache fehlt ein Abstraktbegriff wie Leiden. Auch in der LXX kommt das ntl. πάσχειν „leiden" und πάθος „Leiden" nur selten vor. Vielmehr umschreibt das AT das Leiden durch anschaulichere Synonyme oder Metaphern wie Schmerz, Bitterkeit, Schlag, → Krankheit, Schwäche, Plage, → Angst, Unglück, Gebeugt sein,

Mühsal, Bedrängnis u. a. Ein gutes Beispiel dafür stellt der bildreiche Ps 22 dar, wo sich der Beter von bedrohlichen Tieren wie Büffeln, Löwen und Hunden umringt sieht und er sich wie Wasser hingeschüttet fühlt. Leiden und Krankheit sind zwar nicht vollkommen deckungsgleich oder austauschbar, aber in der Krankheit wird Leiden am deutlichsten sichtbar und sprachlich zum Ausdruck gebracht.

I. 2. „Warum dauert mein Leiden ewig und ist meine Wunde so bösartig, dass sie nicht heilen will? Wie ein versiegender Bach bist du mir geworden, ein unzuverlässiges Wasser" übersetzt die Einheitsübersetzung die Klage Jeremias in Jer 15,18. Die Stelle ist für die bibl. Rede vom Leiden paradigmatisch. Leiden wird häufig synonym zu Krankheit und Schmerzen gesehen, Ursache, Zustand und emotionale Befindlichkeit werden nicht scharf voneinander getrennt. Körperliches und seelisches L. werden aufgrund der ganzheitlichen Sicht des Menschen ebenfalls nicht auseinander dividiert. Das Leiden wird in ursächlicher Verbindung zu Gott gesehen und ist Ausdruck einer gestörten Gottesbeziehung. Es kann als ausbleibende Zuwendung Gottes oder in schärferer Form als verletzendes Handeln Gottes am Menschen gefasst werden. Deshalb sind nicht weisheitlich systematisierende Reflexionen, sondern ist die → Klage der genuine Ort, an dem das Leiden zur Sprache kommt.

I. 3. Alle Formen der Lebensminderung werden als L. erfahren, v. a. Krankheit und Schmerzen, materielle Armut, Bedrängnis durch → Feinde, Kinderlosigkeit und Rechtsnot. Für die Leiderklärung ist das Verhalten des Menschen von entscheidender Bedeutung. Grundlegend ist die → Einsicht, dass Tun und Ergehen des Menschen in einem gerechten Zusammenhang stehen (→ Ethik). Diese „schicksalswirkende Tatsphäre" beruht auf einem konnektiven Gerechtigkeitsbegriff (→ Gerechtigkeit), der einen deutenden Zusammenhang zwischen Handeln und aktueller oder zukünftiger Disposition des Menschen herstellt. Garant für diese → Ordnung der Gerechtigkeit ist letztlich Gott.

I. 4. Leiden als Lebensminderung wird insofern als Ausdruck einer gestörten Gottesbeziehung begriffen, die – wie alles in der Welt des Menschen – nicht unabhängig von Gott gedacht werden kann. Grundsätzlich kann die Störung auf Seiten des Menschen wie auf Seiten Gottes liegen. Entweder trägt der Betroffene Verantwortung für das Leiden, dann ist L. selbstverschuldet und Folge der → Sünde. Oder aber der Beter ist „gerecht", d. h. ohne Schuld, die seine Lebensminderung rechtfertigen könnte, dann liegt dem L. eine Abwendung Gottes zu Grunde. Beide Modelle kommen gleichermaßen im AT zum Zuge. Bereits in der Urgeschichte wird Leiden als Folge der Sünde erklärt (Gen 3,14–19; 6,5–8; 9,22–27). Zentral für den Tatfolgezusammenhang der Kollektivgesch. sind auch die Wüstenerzählungen, die den Grund für das um eine Generation verzögerte Erreichen des Landes narrativ im Vergehen des Volkes bzw. einzelner Vertreter sehen (Ex 32–34; Lev 10; Num 13f; 20 u. a.). Auch die prophetische Kritik deutet im Schuldaufweis außen- oder innenpolit. Krisensituationen als Folge der Sünde (Am 2,4–8; 4,1–3; Hos 9,9; Jes 1,4–9; Jer 4–6; Ez 4; 9; 20,43 u. a.). Durch die Deutung als selbstverschuldete → Strafe wird Gott im Zufügen des L. gerechtfertigt (Jer 30,15: „Was schreist du über deinen Schaden und dein arges Leiden? Wegen deiner vielfachen Schuld und deiner zahlreichen Sünden habe ich dir das getan"). Durch → Umkehr und Reue kann das L. abgewendet bzw. beendet werden. Deshalb reagiert das → Volk in der kollektiven → Klage auf das erfahrene L. und sucht durch die mit dem Schuldbekenntnis verbundene Reue (Ri 10,10.15; 1 Sam 12,10; Jer 3,25; 8,14; 14,7.20; Klgl 5,16; Dan 3,37; 9,5) Gott zur erneuten Zuwendung aufzufordern (→ Vergebung). Zweifel kommen v. a. im → Exil auf, als die Strafe andauert und als Sündenfolge für die nachfolgende Generation nicht mehr erkennbar ist (Num 14,40; Ez 18; Jer 31,29; Klgl 3,42; 5,7). Entsprechend wird die Dauer des Leidens in der Klage hinterfragt („Willst du uns auf ewig zürnen?" Ps 79,5; 85,6). Nicht nur kollektives, sondern auch individuelles Leiden wird im Zusammenhang mit Schuld gesehen (Ps 25,11; 32,5; 39,12; 41,5; 51,6; Spr 5,12–14, aufgegipfelt in der einfachen monokausalen Erklärung 2 Makk 7,32 „Wir leiden nur, weil wir gesündigt haben"). Ijobs Freunde suchen Gottes Handeln durch den Hinweis auf Ijobs Vergehen zu rechtfertigen (Ijob 4,7; 11,6; 15,5 u. a.), scheitern aber darin, weil Ijob schuldlos ist (Ijob 10,6f; 33,9; 34,6 u. a.). Am unschuldigen Leiden zerbricht der Tun-Ergehen-Zusammenhang oder anders, er verlagert die Verantwortung für das L. auf die Seite Gottes. In der Klage und Anklage Gottes, die auf die fehlende Balance zwischen → Schicksal und Verhalten des Menschen reagiert, wird Gott aufgefordert, das Leiden zu mindern und einen gerechten Ausgleich zu schaffen. Hier haben die klagenden „wie lange noch?"- oder „wozu?"-Fragen ihren Ort (Ps 6,4; 10,1.13; 13,2f; 35,17; 88,15; 89,47 u. a.). Grundvoraussetzung dafür ist die Unschuld des Beters (Ps 7,4–6; 18,23; 19,13; 26,1.11; 59,4 u. a.), die im Gegensatz zu seinem L. steht.

I. 5. Auch die Belastung Gottes (Jes 45,7), die mit der Entlastung des vom L. Betroffenen einhergeht, kommt an ihre Grenzen, wie insbes. das Ijobbuch zu zeigen sucht. Die Gottesreden geben (wie das gesamte AT) keine Antwort auf die aufgeworfene Theodizeefrage, sondern heben wie Koh die Unmöglichkeit für den begrenzten Menschen hervor, die Beweggründe für Gottes Handeln zu ergründen und zu verstehen. Gottes leidvolles Handeln wird so der → Rechtfertigung entzogen. Der Ijobrahmen hingegen deutet das L. als Prüfung Ijobs, ob seine Gerechtigkeit am guten Ergehen und der Zuwendung Gottes hängt oder nicht (Ijob 1,9f; 2,4, vgl. Gen 22 und die Vorstellung der läuternden Funktion des L. in Jes 48,10). Das Leid wird als Prüfung stilisiert (vgl. auch Jes 48,10) und droht so in der theol. Überhöhung marginalisiert zu werden. Dagegen leistet der Dialogteil mit der harten Anklage Gottes bleibenden Widerstand. Zwar wird Ijobs demütiges Ertragen des L. (Ijob 1,20–22; 2,10; 42,5) als Vorbild hingestellt, doch zugleich seine Klage und Anklage gegenüber Gott gerechtfertigt (Ijob 42,7). Damit wird die Klage als Leidbewältigung gestärkt.

I. 6. Zur Erklärung des Leidens des Gerechten entwickelt das AT unterschiedliche Modelle. Neben die Pädagogisierung, die das Leiden als Erziehungsmaßnahme Gottes (Spr 3,12; Ijob 36 u. a.) oder als Prüfung durch Gott (Gen 22; Ijob 1; Sir 2,4f; Weish 3,5f) deutet, tritt die Deutung des Leidens als stellvertretendes wie bes. bei Mose (Ex 33) und dem leidenden → Gottesknecht (Jes 53). Bei allen Erklärungsversuchen steht die → Hoffnung auf die Beseitigung allen Leidens im Hintergrund (Jes 25,8; 35,4–10). Leiden bleibt schöpfungs- und gottwidrig und verstärkt den Ruf nach Gottes heilendem und erlösendem Eingreifen (Ps 25,22; 44,26f; 69,19f).

II. NT: 1. Das auch in der LXX verwandte Verb πάσχειν dient im NT hauptsächlich zur Bezeichnung des Leidens (πάθημα, κακοπάθεια). Daneben treten Begriffe wie βάσανος „Qual, Leiden", θλῖψις „Bedrängnis, Drangsal, Leiden", μάστιξ „Geißel, Plage, Leiden" u. a. Auch im NT bleibt Leiden Nicht-Sein-Sollendes. Gerade weil Gottesnähe und Leiden sich widersprechen, wendet sich Jesus in zeichenhaftem Handeln bes. den Kranken und Leidenden zu (→ Krankheit). Die heilende Aufhebung des widergöttlichen L. ist wie das Austreiben der → Dämonen → Zeichen der anbrechenden Gottesherrschaft (Lk 11,20, vgl. 10,18). Durch seine Exorzismen und Therapien stellt Jesus die schöpfungsgemäße und leidlose → Gemeinschaft zwischen Gott und Mensch wieder her. Das gewaltsame Todesgeschick und das ungerechte Leiden Jesu am → Kreuz fordern theol. Deutungen heraus. Jesus wird als der leidende Gerechte verstanden (vgl. Ps 34,20) und sein Schicksal mit Hilfe von Ps 22 und Jes 53 gedeutet. Als getöteter Gesandter hat er das in dtr. Diktion vorgezeichnete gewaltsame Geschick der → Propheten erlitten.

II. 2. Leidenserfahrung und -deutung werden im NT über das AT hinausgehend aus dem Schicksal Jesu und dem Christusgeschehen heraus entwickelt. Spezifisch ntl. ist das Leiden um des Ev. willen, dass schon in Q im Anschluss an das gewaltsame Geschick der Propheten gedeutet wird (Mt 5,11; 23,34par.). Für Mk etwa ist → Nachfolge ein Eintreten in die Leidensnachfolge Jesu Christi. Das → Messias-Sein Jesu wird mit dem Leiden verbunden, eine Verbindung zu ihm, die sich in der Nachfolge aktuiert, bedeutet mitleiden, was z. B. das nachösterliche Wort vom Kreuztragen deutlich macht (Mk 8,34par.). Diesem Leiden darf man sich nicht (wie etwa die unverständigen Jünger Jesu bei Mk) entziehen. Durch die Integration des Leidens in die christl. Existenz wird dieses nicht gutgeheißen, aber eine positive Deutung und Bewältigung der Erfahrung der sozialen Isolation und Ablehnung der frühen Christen ermöglicht. Der Gedanke, dass Nachfolge mit Leiden verknüpft ist, findet sich bereits im NT aufgenommen, so z. B. ausführlicher in 1 Petr

2,18–25; 3,13–17 4,13–16; 5,9f. Das vorbildliche Leiden Christi hat eine paränetische Funktion, ist aber kein Selbstzweck, sondern Leiden um der → Gerechtigkeit willen dient der Erprobung (1 Petr 1,6f). Die Pädagogisierung des Leidens als Prüfung in der christl. Existenz findet sich ebenfalls in Hebr 11f, wobei der Blick auf das stellvertretende Leiden des im Leiden erhöhten Hohepriesters (Hebr 2,9) überwiegt.

II. 3. Für Paulus bleibt L. zwar grundsätzlich zu beseitigendes Übel, wird aber von ihm als Weltwirklichkeit theol. in die christl. Existenz integriert. Die biogr. Wurzeln dazu liegen in seiner „Schwäche", der persönlichen Krankheits- und Leidenserfahrung des Apostels. Für Paulus bedeuten Rückschläge und Hindernisse in seiner Missionstätigkeit wie auch die damit verbundenen bes. Mühen eine bes. Form des Leidens an der Welt (Röm 9,2; 2 Tim 2,9.11). Da er um des Ev. willen leidet (2 Kor 12,10), sieht er sein Leiden als Partizipation am Leiden Christi (2 Kor 1,5; Gal 6,17; Phil 2,10), ohne dass damit die stellvertretende Sühneleistung am Kreuz geschmälert würde (1 Kor 1,13). Vielmehr macht die Angleichung an das Leiden Christi die Nähe zu Christus größer, die Botschaft authentischer und sogar dessen Leiden in Paulus sichtbar (2 Kor 4,10).

II. 4. Sich ganz in den Dienst Christi zu stellen, bedeutet auch im 2 Tim Leidensbereitschaft, die am Schicksal des Apostels erläutert wird. 2 Tim 2,3 fordert zur Leidensnachfolge auf: „Leide mit mir als guter Soldat Christi Jesu" (vgl. 2 Tim 4,5; Jak 5,10). Das häufiger als „Verfolgung" gefasste Leiden in der Welt wird als vorübergehend notwendiges bezeichnet, dem der weit größere → Lohn im Himmel sicher ist (Mt 5,10; Mk 10,30; 1 Kor 1,5; 2 Kor 4,17f; Phil 1,29; 1 Petr 1,6), da die Leiden der jetzigen Zeit mit der → Herrlichkeit der kommenden nicht zu vergleichen sind (Röm 8,18).

II. 5. Zusammenfassend ist auffallend, dass die Theodizee-Frage im NT so gut wie keine Rolle spielt. Jesus erklärt nicht das L., sondern erleidet es und wird darin Vorbild. Auch der Zusammenhang zwischen dem Leiden und der → Freiheit des Menschen oder den Strukturen der → Sünde wird im NT gegenüber dem AT auffällig zurückgefahren. Dagegen wird das Leiden im NT in die christl. Existenz integriert und Ausdruck der Gemeinschaft mit Christus. In einer einseitigen Rezeption dieser Sicht, die das Gottwidrige des Leidens der positiven Deutung zu sehr unterordnet, liegt das Gefährdungsmoment einer Überhöhung oder widerstandslosen Duldung des Leidens. Ein gesamtbibl. Blick bietet hier hilfreiche Korrekturmomente, das Schmerzhafte und Nicht-Sein-Sollende des Leidens wie die Klage darüber nicht aus dem Blick geraten zu lassen.

I. *C. Dohmen*, „Der Plan des Herrn wird durch ihn gelingen" (Jes 53,10): IKaZ 32 (2003) 424–433; *E. S. Gerstenberger/ W. Schrage*, Leiden, Stuttgart u. a. 1977; *H. D. Preuß*, Die Frage nach dem Leid des Menschen, in: *M. Oeming* (Hg.), Altes Testament und christliche Verkündigung, Stuttgart u. a. 1987, 52–80; *J. Wehrle*, Der leidende Mensch und der mitleidende Gott, Berlin 2012.

II. *I. Broer*, Krankheit und Leid, in: *L. Hauser/F. R. Prostmeier* (Hg.), Jesus als Bote des Heils, Stuttgart 2008, 347–370; *E. M. Faber* (Hg.), Warum? Der Glaube vor dem Leiden, Fribourg 2003; *F.-G. Untergaßmair*, Leiden, Tod und Auferstehung, Münster 2005; *A. Vonach*, „Musste nicht der Messias dies leiden?" (Lk 24,26a), in: *J. Niewiadomski/N. Wandinger* (Hg.), Dramatische Theologie im Gespräch, Münster 2003, 169–191; *U. Wilckens*, „Wie kann der Gott der Liebe all das Leiden seiner Menschenkinder zulassen?": Standpunkte, Neukirchen-Vluyn 2010, 65–82.

Christian Frevel

Leidenschaft (L.)

(→ Dachartikel: Kultur und Mentalität)

I. AT: 1. Das AT kennt keinen abstrakten Begriff der L., d. h. für den überwältigenden Affekt bzw. das starke und dauernde Begehren, das Fühlen, Wollen und Handeln des Menschen auch gegen vernünftige Überlegung bestimmt, wohl aber eine Reihe konkreter L., an erster Stelle die „Eifersucht" (*qin'ā*; Derivat der Wurzel *qn'* „eifersüchtig sein, [sich er]eifern"), das leidenschaftliche Eintreten für die eigene → Ehre und die eigenen Rechte. Sie wird in der agonistischen mediterranen Kultur (→ Kultur und Mentalität) nicht nur akzeptiert, sondern erwartet.

I. 2. Auch Jhwh erweist sich als „eif(e)r(sücht)iger Gott" (*'ēl qannā'*), wo ihm Konkurrenz, Ungehorsam oder Verachtung begegnen (Ex 20,5; Dtn 5,9). Für Gott eifert der Fromme (1 Kön 19,10.14; Ps 69,10; 1QS 4,4; 9,23; 1QH 6,14; 10,15; vgl. auch „Zeloten" = „Eiferer", von griech. ζῆλος). Negativ tritt die Eifersucht als Neid (Gen 26,14) und

Streitsucht (1QS 4,17f) in Erscheinung; sie kann den Menschen regelrecht verzehren (Ijob 5,2; Spr 14,30). Weitere heftige → Gefühle, die *per se* weder gut noch schlecht sind (→ Laster), sondern nach ihrer Ursache und Auswirkung beurteilt werden, sind die → Liebe (Wurzel *ʾhb*; vgl. Gen 29,18; 2 Sam 13,1.4) und der Hass (Wurzel *śnʾ*; 2 Sam 13,15.22), die neben der Eifersucht als die stärksten L. gelten (Koh 9,6; Hld 8,6), → Zorn/Grimm (*ʾaf*), sexuelle Erregung (*ʿgb* „lieben, Verlangen haben"; *ʿædnā* „Lust"; *dōdīm* „Liebe"), Verlangen nach Aneignung (*ḥmd* und *ʾwh* „wünschen, begehren, verlangen"; vgl. Gen 3,6; Ex 20,17; Dtn 5,21) und → Freude/Wonne (*śimḥā*; Wurzel *śmḥ* „sich freuen, fröhlich sein"; bes. wichtig im Dtn, wo zur Freude „vor" Gott beim → Fest am Zentralheiligtum aufgefordert wird, in der sich die Einzelnen sichtbar zu → „Israel" vereinen, vgl. Dtn 14,26; 16,11.14). Metaphern für die elementare Gewalt leidenschaftlicher Erregung sind das → Feuer/Entbrennen (Ex 32,19; Hld 8,6; Hos 11,8), Lärm/Unruhe (Spr 7,11; 9,13) und der Rausch (Spr 5,19; 7,18; Hld 5,1).

II. NT: 1. Für griech. Denken ist die L. (πάθος oder πάθημα „Leid, L.") das, was der Mensch „erleidet" oder was ihn beherrscht und als solches negativ belegt. Sie widerspricht dem Ideal der Selbst-Herrschaft (Autonomie, Autokratie), das philos.-ethisch mit der Herrschaft der Vernunft über die Triebe gleichgesetzt wird (vgl. 4Makk 1,7; vgl. auch Röm 7,22–25). Der hell. Philos. gilt darum die Apathie (ἀπάθεια) bzw. Ataraxie (ἀταραξία „Seelenruhe") als Bedingung des „guten Lebens" und des Glücks (der Eudämonie), d. h. die Stärke der in sich selbst ruhenden → Seele, die sich durch äußere Umstände und schwankende Stimmungen nicht beeinflussen lässt (→ Weltbild). Die Hauptaffekte sind (nach der Stoa) Lust, Schmerz, Furcht und Begierde (ἡδονή, λύπη, φόβος, ἐπιθυμία). Zwar werden die lustvollen wie auch die „gerechten" Affekte nicht immer so negativ bewertet, aber doch problematisiert, insofern sie die Selbstherrschaft unterminieren. Umstritten blieb, ob die L. nur gemäßigt und reguliert (Aristot. NE 2,2,5–2,3,10, 1104a-1105a) oder gänzlich ausgerottet werden sollen (vgl. Sen. epist. 85; 116). Abgesehen davon genossen aber im Allgemeinen in der agonistischen Gesellschaft (kriegerischer) Mut (→ Angst), Konkurrenz- und Ehrenbewusstsein große Wertschätzung, ebenso das (männliche) sexuelle Begehren als Indiz von Virilität und Potenz. Freilich konkurrierte damit, etwa seit dem 1. Jh. v. Chr. und massiv seit dem 2. Jh. n. Chr., eine andere Stilisierung von → Herrschaft und Männlichkeit, die in Rezeption des philos. Diskurses „Selbstherrschaft" stärker verinnerlicht auffasste, d. h. als Beherrschung der L., was u. a. zur zunehmenden Diskreditierung außerehelicher Verhältnisse führte.

II. 2. Vollkommene Apathie kommt für die philos. Theol. Gott als reinem Logos zu, da er weder von → Leid betroffen werden kann noch unkontrollierten Affekten unterliegt. Im Raum des hell. Judentums wurden diese Gedanken rezipiert (Philo Deus 52), in das NT haben sie – wie überhaupt der griech. Intellektualismus und das Ideal der Autonomie – außer in sehr allgemeiner Form (Jak 1,17) keinen Eingang gefunden. Gott gilt nicht als affektlos; bes. von seinem → Zorn ist warnend die Rede (Röm 1,18; meist ὀργή für den „gerechten Zorn" statt θυμός, das mehr auf den emotionalen Charakter abhebt), seltener von Gottes Eifer(sucht) (ζῆλος, 2 Kor 11,2; Hebr 10,27; φθόνος „Neid", Jak 4,5). Auch Jesus werden starke Emotionen zugeschrieben (Lk 19,41; Joh 11,33–38). Positiv wird der Eifer für Gott bewertet (Joh 2,17; Röm 10,2; oft bedeutet ζῆλος jedoch „Neid" oder „eifernde Streitsucht", Apg 5,17; 1 Kor 3,3; Gal 5,20). Gezielt werden die L. im Rahmen der Paränese (→ Ermahnung), speziell der Lasterkataloge, thematisiert; hier geht es stets um böse und „schändliche" L. (Röm 1,26; 7,5; Gal 5,24; Kol 3,5). Öfter als πάθος oder πάθημα kommen dabei in Aufnahme des 10. Gebots (unter das im Frühjudentum die anderen Gebote zunehmend subsumiert werden) ἐπιθυμία („Begierde, leidenschaftliches Verlangen") und ἐπιθυμέω („begehren") vor (Mt 5,28; Röm 1,24; Gal 5,16f.24). Die böse Begierde des → „Fleisches" bzw. des → Herzens gilt als Ursprung aller → Sünde (Mt 5,28; Mk 7,21par.; Röm 7,7f; Gal 5,16f; 1 Petr 2,11; Jak 1,14f; vgl. ApkMos 19,3) und rückt in den Fokus des ethischen Problemempfindens (Röm 7; → Laster). In bes. Weise ist davon das sexuelle Begehren betroffen. Grundsätzlich ist für Paulus wie auch für Jesus ein Leben ohne (sexuelles) Begehren das Ideal, d. h. → Askese bzw. Asexualität (Mk 12,25par.; 1 Kor 7,1.7–9; vgl. auch Gal 3,28), doch wird in der gegenwärtigen Welt als Konzession an das Begehren die (nur einmalige) → Ehe zugestanden (Mt 5,32par.; Mk 10,11f.par.; 1 Kor 7,2.9–11). Sie soll von → „Heiligkeit und Ehrbarkeit" statt von leidenschaftlicher Lust bestimmt sein (1 Thess 4,3–5; Hebr 13,4). Im Unterschied dazu gilt im Frühjudentum das Begehren zwar als problematisch, doch als in der → Schöpfung verankert (4Makk 2,21; ApkAbr 23,11). Gefordert wird nicht seine Ausrottung, sondern seine Beherrschung. Für das rabb. Judentum ist die Fortpflanzung göttliches Gebot (vgl. bJev 61b). Die positive Bewertung der damit verbundenen Lust (vgl. bBer 57a) dürfte auch eine Abgrenzung von (frühjüd. und christl.) asketischen Standpunkten sein.

I. *S. Bieberstein* (Hg.), Leidenschaft, Stuttgart 2010; *G. Braulik*, Von der Lust Israels vor seinem Gott, in: *ders.*, Studien zum Deuteronomium und seiner Nachgeschichte, Stuttgart 2001, 91–112; *C. Dohmen*, „Eifersüchtiger ist sein Name" (Ex 34,14): ThZ 46 (1990), 289–304; *M. Foucault*, Sexualität und Wahrheit 2 und 3, Frankfurt/M. 1986.

II. *P. Brown*, Die Keuschheit der Engel, München u. a. 1991; *M. Foucault*, Sexualität und Wahrheit 2 und 3, Frankfurt/M. 1986; *K. Neumann*, Sexualität im Urchristentum: EvTh 68 (2008) 444–459; *H. Tiedemann*, Die Erfahrung des Fleisches, Stuttgart 1998.

Klaus Neumann

Licht / Finsternis (L./F.)

(→ Dachartikel: Weltbild/Kosmologie)

I. AT 1. L. (hebr. *ʾōr*, griech. φῶς), das Tageslicht oder L. der → Gestirne, ist im AT zumeist positiv besetzt, während der Gegenbegriff der F. (hebr. *ḥōšœk*, *ṣalmāwœt*, *ʾōfœl*, griech. σκότος) auf die Nacht und → Unterwelt hin transparent ist und damit Menschenfeindlichkeit und die Gefährdung der gottgewollten Schöpfungsordnung ausdrückt. Die F. ist nach der P Voraussetzung der → Schöpfung des L. (Gen 1,2ff), nach Jes 45,7 zählt sie zu den Schöpfungswerken Jhwhs. Dem L. an sich werden in Gen 1,4ff die himmlischen Lichtquellen erst später zugeordnet, die Tag und Nacht unterscheiden, sodass nun die → Zeit entsteht.

I. 2. Das AT ist in der Mehrzahl seiner Schriften nicht von dem ausgeprägten ethisch-kosmischen Dualismus zwischen L. und F. geprägt, den die späteren Texte aufweisen. So kann Jhwh selbst noch im Wolkendunkel wohnen (Ex 20,21; 1 Kön 8,12; Ps 18,12; Hebr 12,18) und die F. zum Ausdruck seiner Verborgenheit nutzen. Theophanieschilderungen lassen Wolken entstehen und die Leuchten des → Himmels (Sonne und Mond) ihr L. verfinstern (Hab 3,11). Der Einbruch der F. begleitet folglich Jhwhs Erscheinen auf der → Erde und wird von ihm herbeigeführt. Letzteres gilt v. a. für atl. Schilderungen vom Tag Jhwhs (Jes 13,10; Am 5,18ff; Joël 3,4; 4,15). Andere Traditionen kennen die lichthafte Erscheinung Jhwhs, die dem Auftritt des ao.-äg. Sonnengottes nachempfunden ist, wenn Jhwh wie die Sonne erstrahlt (Hab 3,3f; Ps 104,2). Die lichthafte → Theophanie Jhwhs kann auf eine lange vorderorientalische Traditionsgeschichte zurückblicken, da das Erscheinen der Götter seit frühester Zeit mit Lichtphänomenen verbunden wurde. In Mesopotamien wurde es z. B. vom Schreckensglanz (*melammu*) begleitet, der die göttliche (jedoch auch königliche) überirdische Erscheinung charakterisierte. Ikonographisch wurde er im Strahlenkranz umgesetzt (*Abb. 44*). An Kultbildern konnte er sich in Schmuck und Kleidern bzw. dem Glanz von Edelmetallen und -steinen materialisieren. Die angemessene menschliche Reaktion auf die strahlende Epiphanie der Götter war (Ehr-) Furcht (→ Angst). Im AT ist es die → Herrlichkeit (hebr. *kābōd*, griech. δόξα) Jhwhs, die diesen Sachverhalt ausdrückt (Ez 1–3; 43,2). Sie wird als strahlende Feuersubstanz gedacht (Dtn 5,24; → Feuer), die Jhwh umgibt. L. begleitet im AT wie im AO Gottheiten und überträgt sich auf Menschen, die der göttlichen Sphäre nahe sind (Ex 34,29ff). Es impliziert Gottesnähe, ist theol. auf die Herrlichkeit hin transparent und symbolisiert → Leben, → Rettung, → Heil (Jes 8,23–9,1; 42,16; Ps 27,1), aber auch → Reinheit, was sich im → Kult optisch in weißen Priesterkleidern ausdrücken kann. Obwohl auch die Nacht ihre Leuchte hat, ist das L. v. a. mit dem Morgen und Tag verbunden, während die F. der Nacht zugewiesen wird. Dabei kommt der Tagesleuchte Sonne bes. Qualität zu, da sie erst das Leben auf der Erde sichtbar und möglich macht (Ijob 38,12ff). Sie ist es auch (bzw. ao. der Sonnengott oder atl. Jhwh als Sonnengott), die Verborgenes ans Licht bringt (Ijob 28,11), Verbrechen aufdeckt (Ri 19,25f; Ijob 24,13–16) und damit über → Recht und → Gerechtigkeit wacht. Der Konnex zwischen Sonne, L. und Recht ist ao. breit belegt und auch atl. so eng, dass auch das göttliche Recht und → Gericht L. genannt werden kann (Jes 51,4; Hos 6,5; Zef 3,5; Ps 119,105).

I. 3. Die *Finsternis* wird atl. zwar in die Schöpfung integriert (Gen 1,2ff; Jes 45,7), doch bleibt sie Bild des Schreckens (Am 5,18), der Angst, Gefahr, Lebensfeindlichkeit (Ps 23,4; 88,7), des → Todes und der Unterwelt. In der F. der Nacht werden Verbrechen und Schandtaten begangen, sodass sie Verbündeter der Sünder ist, die finsteren → Wegen folgen, um ebensolche Ziele zu erreichen (Gen 32,27; Ijob 24,13ff). In der Sprache und Vorstellungswelt der → Ethik steht die F. bzw. das Wandeln auf ihren Pfaden für gemeinschaftswidriges und von Jhwh trennendes Verhalten (Ps 82,5; Spr 2,13). Von der Vorstellung der F. als Versteck und Ort der Verbrecher sowie der Gottesferne (Ps 49,20; 107,10; Jes 9,1) führt seit der nachexil. Zeit ein direkter Weg zu dem Gedanken, dass sich das paradigmatische → Böse in Gestalt des → Widersachers und der → Dämonen hier aufhält. Unter dem Einfluss der Rel. Zarathustras entwickelte sich in der Perserzeit in der → Diaspora und in Palästina ein ausgeprägter ethisch-kosmischer Dualismus, der alles Negative mit der F., alles Positive mit dem L. verband. Neben der ethischen Qualifikation der Wege des L. und denen der F., zwischen denen sich menschliches Verhalten entscheiden muss, gab es die Vorstellung der Söhne des L. und der F., die einander feind sind und sich bekriegen. Dabei identifizierte sich die Qumrangemeinde selbst mit den Söhnen des L. (1QS; 1QM), die gemeinsam mit den → Engeln Gottes am Ende der Zeiten gegen die F. und ihre Handlanger zu Felde ziehen.

II. NT: Das NT (zu den Begriffen s. o.) übernimmt den ethisch-kosmischen Dualismus zwischen L. und F., dem jeweils Gut und → Böse, Gott/→ Jesus Christus und Satan (→ Widersacher) oder → Engel und → Dämonen zugeordnet werden. Von der Gewissheit des Sieges des L. über die F. erfüllt, wie er sich in Jesus Christus offenbart hat und bei der → Parusie verwirklichen wird, werden die Gegensätze breit ausgeführt (Joh 1,5; 3,19; 8,12; Röm 13,12; Eph 5,8–14; 1 Joh

Abb. 44: Die Göttin Ištar im Strahlenglanz.
Quelle: *O. Keel/C. Uehlinger*, Göttinnen, Abb. 287.

2,8ff). Dabei wird Jesus bei der Verklärung (Mt 17,1ff) und als Christus nach seiner Erhöhung (Apg 9,3; 22,6.9f; 26,13) mit Lichtphänomenen verbunden, die den Einbruch der göttlichen Wirklichkeit auf Erden signalisieren. Seine heilsgesch. Bedeutung wird in seiner Titulatur als L. der Welt ausgedrückt, die v. a. im Joh eine große Rolle spielt. Schon im Prolog wird das Christusgeschehen als Einbruch des L. in die F. gedeutet (Joh 1,5.9; 3,19). Dabei begleitet das L. nicht einfach Jesus Christus, sondern er *ist* das L. (damit → Heil und → Leben), das in die Welt kam. Wer ihm im → Glauben nachfolgt (Joh 8,12), verlässt sein altes Sein in der F. und lebt fortan im L., er wird ein → Kind des L. (Joh 12,35f). In den Synopt. können auch die Jünger L. der Welt sein (Mt 5,14.16; Lk 12,35), während pln. die Glaubenden (s. schon die Selbstbezeichnung der Qumrangemeinde) Kinder des L. sind (1 Thess 5,5; Eph 5,8–14). Die Proklamation der Heilsbotschaft wird ntl. vielfach mit L. verknüpft (Mt 4,16; Lk 2,32; Joh 1,7; 2 Kor 4,4; 1 Petr 2,9) und auch die ethische Qualifikation des Lebens im L., die das AT bezeugt, wird weiter (nun jedoch mit Christus als Mitte) aufgenommen: Nur wer Bruderliebe übt, bleibt im L. (1 Joh 2,9–11); die Frucht des L. besteht aus Güte, → Gerechtigkeit und → Wahrheit (Eph 5,9) und nach Röm 13,12 gilt es, dem L. gemäß zu leben, wobei man nur die Waffen des L. anzulegen braucht. L. ist auch ntl. engstens mit → Herrlichkeit verbunden, die als sichtbarer göttlicher Strahlenglanz verstanden wird (Lk 2,9) und zum Wesen des Göttlichen gehört. Folglich ist auch die Parusie des Christus (Mk 8,38) von lichthafter Herrlichkeit gekennzeichnet. Ähnlich wie in der jüd. → Apokalyptik wird auch ntl. der finale Sieg des L. über die F. erst im Eschaton erwartet. Im himmlischen Jerusalem werden dann die → Gestirne des → Himmels als Lichtbringer gar überflüssig, wenn es die sich voll offenbarende lichthafte Herrlichkeit Gottes und seines Christus ist, die → Stadt und Welt erleuchtet (Offb 21,9ff).

I. *C. Cannuyer*, Lebt Gott im Himmel?: Welt und Umwelt der Bibel 26 (2002) 5–9; *E. Cassin*, La splendeur divine, Paris 1968; *W. Groß*, Das Negative in Schöpfung und Geschichte, in: Studien zur Priesterschrift und zu alttestamentlichen Gottesbildern, Stuttgart 1999, 145–158; *B. Langer*, Gott als „Licht" in Israel und Mesopotamien, Klosterneuburg 1989; *T. Podella*, Das Lichtkleid JHWHs, Tübingen 1996.

II. *H. H. Malmede*, Die Lichtsymbolik im Neuen Testament, Wiesbaden 1986; *T. Onuki*, Fleischwerdung des Logos und Fehltritt der Sophia, in: *ders.* (Hg.), Heil und Erlösung, Tübingen 2004, 201–220; *M. Reiser*, „Und das Licht leuchtet in der Finsternis.", in: *D. Zeller* (Hg.), Religion und Weltbild, Münster 2002, 73–89; *O. Schwankl*, Die Metaphorik von Licht und Finsternis im johanneischen Schrifttum, in: *K. Kertelge* (Hg.), Metaphorik und Mythos im Neuen Testament, Freiburg 1990, 135–167; *ders.*, Licht und Finsternis, Freiburg u. a. 1995; *H. Thyen*, Ich bin das Licht der Welt: JAC 35 (1992) 19–46.

Angelika Berlejung

Liebe (L.)

(→ Dachartikel: Kultur und Mentalität)

I: AT: 1. Der Hauptbegriff für L. ist *ʾahᵃbā* (von der Wurzel *ʾhb*) und bezeichnet intensiv-unbedingte Hingabe, Verbundenheit und Verhaftetsein. Sie hat sowohl eine emotionale wie eine Tatkomponente (Dtn 6,5) und deckt ein breites Spektrum von Loyalität und Solidarität bis hin zu erotischer → Leidenschaft (→ Gefühle/Emotionen) ab. Neben *ʾhb* beziehen sich weitere Vokabeln auf unterschiedliche Aspekte und Erscheinungsweisen der L. Mit der sinnlichen L. haben es zu tun *ʿgb* („Verlangen haben"), *ṣḥq* („lachen"; Piel: „tändeln, scherzen, liebkosen"), *dōd* („Liebling, Liebhaber, Geliebter", pl. *dōdīm* „L."), *jādīd* („Liebling"), *jᵉdīdōt* („L."). Auch *rēᵃᶜ* („Freund, Nächster", fem. *raʿjā*) kann den Geliebten/Liebhaber bedeuten (Jer 3,1; Hos 3,1; Klgl 1,2; Hld 1,9). Solidarität und (erbarmende) Zuwendung akzentuieren *rḥm* („lieben, sich erbarmen") und *ḥœsæd* („Solidarität, L., Gunst, Güte"), Gefallen *rṣh* („Gefallen haben, lieben"), *ḥpṣ* („gern/Gefallen haben"), *bḥr* („auswählen, vorziehen"), *ḥšq* („hängen an, ins Herz schließen, lieben, sich verlieben"; ähnlich auch Gen 2,24 *dbq* „anhängen").

I. 2. L. gilt primär Menschen, kann sich aber auch auf Dinge (Geld, vgl. Koh 5,9), Werte (→ Weisheit, vgl. Spr 4,5f) und Verhaltensweisen (Bestechung, vgl. Jes 1,23) beziehen. An erster Stelle ist bei L. an die Konstellation → Frau-Mann bzw. Geliebte-Geliebter zu denken. Das erotische Moment steht in der Liebeslyrik ganz im Vordergrund (Hld 1,7; 3,1–4), ist aber auch sonst mitgedacht (→ Sexualität). Das ideale Ehepaar ist auch ein Liebespaar (Gen 29,18–20), ohne dass L. deshalb konstitutiv für die → Ehe wäre (vgl. den Fall der ungeliebten Frau, bes. die notorische Rivalität zwischen geliebten und ungeliebten Frauen in Gen 29,30; Dtn 21,15–17; 1 Sam 1,1–7). Beziehungen, die nur auf leidenschaftlicher L. beruhen, sind höchst problematisch (Ri 16; 2 Sam 13; 1 Kön 11,1f). Das Ideal ist vielmehr die L., die sich punktgenau in der arrangierten Ehe einstellt (Gen 24,67). L. als Solidarität und Loyalität ist ein Grundwert in allen sozialen Beziehungen, sowohl in egalitären wie in autoritär-hierarchischen (Spr 13,24). Sie verbindet einander nahestehende Menschen wie Eltern und → Kinder, Verwandte und Freunde (Gen 22,2; Rut 4,15; 1 Sam 18,1.3; 2 Sam 1,26), aber auch Herren und → Sklaven (Ex 21,5f; Dtn 15,16; Sir 7,21). Auch polit. Allianzen und Vasallitätsverhältnisse werden gerne im Idiom der persönlichen Beziehung als „Freundschaft" bzw. „L." bezeichnet (1 Kön 5,15; zahlreiche außerbibl. Belege, z. B. in den Amarna-Briefen). Naturgegeben erscheint die L. zu seinesgleichen bzw. zum → „Nächsten" (Sir 13,15; 18,13). Der Vision eines heiligen Gottesvolkes entspricht, dass diese Nächstenliebe die ganze Rechts- und Volksgemeinschaft umgreift, einschließlich der schutzbefohlenen Fremdlinge (so bes. in den sozialparänetischen Abschnitten im Heiligkeitsgesetz und Dtn, vgl. Lev 19,18.34; Dtn 10,19). Das Verhältnis zu Gott wird zuerst bei Hosea unter dem Stichwort der L. thematisiert. Die L. Gottes zu → Israel wird sowohl mit der L. eines Vaters zum Sohn (Hos 11,1) wie mit der leidenschaftlichen L. eines Ehemannes zu seiner notorisch treulosen Frau verglichen (Hos 1–3). Das Bild der treulosen Frau wird bei Jer (3,1–3.20) und Ez (16; 23) weiter entfaltet. Fundamentale Bedeutung gewinnt der → Glaube an Gottes vorgängig-unwiderrufliche L. zu Israel in exil.-nachexil. Zeit und trägt den Erwählungsglauben (Dtn 7,8; Jer 31,3; Jes 43,4; 49,14f; 54,6–10). Grundlegend ist die gegenseitige L. zwischen Jhwh und seinem erwählten Volk im dtr.-dtn. Schrifttum (Dtn 6,5; 7,8f; 10,12; 11,1; Jos 22,5). Alle erotischen Untertöne sind hier getilgt, stattdessen wird die emotionale Bindung betont. Gemeint ist unbedingte, unbeschränkte und konkurrenzlose Loyalität. Analog ist auf der Ebene individueller Frömmigkeit die Rede von der gegenseitigen L. zwischen Gott und dem Frommen (Ps 31,24; 116,1; 145,20; 146,9) und der L. zu den Geboten Gottes (vgl. Ps 119,47.127), in der Weisheitslit., wo erotische Motive wiederkehren, von der L. zur Weisheit (Sir 4,11f; 15,1f; Weish 7,28–8,10).

I. 3. In nach-atl. Zeit wird Dtn 6,4f, das *„Höre, Israel"*, zum jüd. Grundbekenntnis und „Gott lieben" damit zur Chiffre für das Bekenntnis zum Einen Gott und zum Judentum. Die ultimative Bewährungsprobe besteht diese Gottesliebe im Martyrium (bBer 61b). Aus der glühenden, ausschließlichen L. zu Gott resultiert konsequenterweise der „Hass" auf seine → Feinde, d. h. die Meidung des Umgangs mit ihnen und die Abgrenzung von ihnen (Ps 139,21; 1QS 1,3f.9f). Als fundamentales und zentrales Gebot wird allgemein die Nächstenliebe aufgefasst, sie kann explizit mit der Gottesliebe verbunden werden (TestIss 5,1f; 7,6; TestDan 5,3; TestBen 3,3–5; CD 6,20f; mAv 1,12; 6,1.6). Nach Philo, der die → Tora als der griech. Philos. ebenbürtiges, syst. gegliedertes Lehrganzes darstellen will, sind Gottesverehrung, Menschenliebe (φιλανθρωπία) und → Gerechtigkeit die grundlegenden Leitprinzipien der synagogalen Philos. (Philo spec. 2,63; vgl. auch Philo prob. 83 über die Essener; ähnlich Ios. c.Ap. 2,146). Damit wird eine verbreitete Unterscheidung der Pflichten gegenüber den Göttern und den Menschen aufgenommen; die Wahl des Begriffes „Philanthropie" an Stelle von „Nächstenliebe" unterstreicht außerdem die unterstellte Kongenialität von mosaischer Gesetzgebung und griech. Ideal der Humanität (vgl. Philo virt. 51–174; Ios. c.Ap. 2,211–214). Diese Humanität des Weisen ist vom konkreten Verhalten des Nächsten unabhängig und ihrer Motivation nach eher Tugend- als konkrete Nächstenliebe (vgl. Plat. Krit. 49a-d). Sie gilt daher auch dem Feind und Widersacher (Aristeasbrief 227; Epikt. Dissertationes 3,22,54).

Anders als die hell. Synagoge vermeidet die rabb. → Hermeneutik solche (an die griech. Philos. angelehnten) abstrakten Kategorien und Prinzipien. Die Nächstenliebe gilt zwar als „großer Grundsatz in der Tora" (BerR 24,7; jNed 9,4 [9,3/2], 41c, 36–38; Sifra 19,18), aber nicht als *norma normans*, auf die die Vielzahl der Einzelgebote zurückgeführt bzw. reduziert werden könnte. Die Forderung der Nächstenliebe bleibt hier an die konkrete Solidargemeinschaft des eigenen → Volkes gebunden und wird nicht in allgemeine Philanthropie aufgelöst. Dessen ungeachet sind auch Nichtjuden die Werke der → Barmherzigkeit zu erweisen (bGit 61a). Vor Wiedervergeltung und Hass auf den Nächsten wird unter Verweis auf dessen Gottebenbildlichkeit (→ Ebenbild) gewarnt (BerR 24,7). Ähnlich wird in Qumran gefordert, dem Feind Gutes zu tun und das Gericht Gott zu überlassen (1QS 10,17f).

II. NT: 1. Von den vier griech. Begriffen für L., nämlich φιλέω („[freundschaftlich] lieben, Zuneigung empfinden, küssen"; Subst. φιλία „Freundschaft"), ἀγαπάω („lieben, schätzen, zufrieden sein mit, sich begnügen mit"; Subst. ἀγάπη), ἐράω („[im erotischen Sinn] lieben, begehren, verlangen"; Subst. ἔρως) und στέργω („lieben, zufrieden sein mit, sich begnügen mit") kommen im NT nur die ersten beiden (und Ableitungen davon) vor (von στέργω nur die Derivate ἄστοργος „lieblos" und φιλόστοργος „innig liebend", Röm 1,31; 12,10; 2 Tim 3,3). Das für den profangriech. Diskurs über die L. zentrale ἐράω/ἔρως fehlt gänzlich.

II. 2. Die Vermeidung der Begrifflichkeit der erotischen L. beginnt zwar schon in der LXX, die hebr. *ʾhb* meist durch den bis dahin eher ungebräuchlichen Wortstamm ἀγαπ- wiedergibt und so für das hell. Judentum eine signifikante Terminologie der L. neu begründet, aber im NT fehlt auch das Thema der sinnlichen L. als solches oder kommt nur negativ besetzt als → „Leidenschaft" vor. Explizit von der L. zwischen (Ehe-)Mann und (Ehe-)Frau ist nur ganz selten und nie im Sinne von Erotik oder → Sexualität die Rede (Eph 5,25.28.33; Kol 3,19; Tit 2,4). Diese Prüderie erklärt sich am besten als Reaktion auf den dominanten „phallokratischen" Diskurs der griech.-röm. Antike über Sexualität, Erotik und L., den ein tief empfundener Widerspruch zwischen lustvoll-begehrender Sexualität und „Freundschaft" kennzeichnet, denn in diesem Diskurs wird der sexuelle Verkehr androzentrisch nach dem Modell der phallischen Penetration beurteilt und mit einem strikten „Oben-Unten-Modell" verknüpft (→ Kultur und Mentalität); er steht im symbolischen Universum für „Eindringen" und „Unterwerfung", für Hierarchie, Aggression und → Gewalt und kann so gerade *nicht* als Ausdruck und Verwirklichung von personal-freundschaftlicher L. („Freundschaft") zwischen Mann und → Frau verstanden und gelebt werden. Zudem ist das sexuelle Begehren als „Leidenschaft" gefährlich für die „Selbstherrschaft" und kann deshalb wie auch wegen seiner unsteten Natur nicht das unerschütterliche Fundament der zentralen sozialen Institutionen → Ehe und → Familie bilden (für das rabb. Judentum vgl. die Opposition von vergänglicher „L., die an einer Sache hängt" [= Leidenschaft, z. B. Amnon und Tamar] und unvergänglicher L. [= Freundschaft, z. B. David und Jonatan], mAv 5,16). In der überlieferten antiken Lit. bleibt die erotische L. zwischen Eheleuten darum eine auf das moralphilos. und romanhafte Schrifttum beschränkte Utopie. Doch immerhin wird in der Philos. der Kaiserzeit (Musonius Rufus, Plutarch) erstmals das Ideal der (selbstbeherrschten) erotisch-freundschaftlichen L. zur eigenen Ehefrau und eines partnerschaftlichen Verhältnisses mit symmetrischen Rechten und Pflichten formuliert und damit zugleich die „Domestikation" der erotischen L. und des sexuellen Begehrens denkbar. Klassischerweise werden dagegen Erotik/Lust und Ehe streng auseinander gehalten; erstere bestimmt nur außereheliche Verhältnisse (wie den Verkehr mit der Hetäre oder das illegitime Umwerben der *fremden* Ehefrau, vgl. Ovid), während der („ehrbare") Verkehr mit der eigenen Ehefrau allein dem Zweck der familiären Reproduktion dient. Dem phallokratischen Diskurs setzt das NT, ähnlich wie das Frühjudentum und die Mehrheit der mittleren und späten Stoa, ein Ethos der Enthaltsamkeit und Selbstbeherrschung entgegen. Die außereheliche L. wird als Unzucht (πορνεία) tabuisiert (vgl. 1 Kor 6,13; 7,2) und der eheliche Sex strikt auf die Zeugung von Nachkommen bezogen (vgl. Tob 8,7; Philo Jos. 42f; Ios. c.Ap. 2,199; 4Q270 Frgm. 11[7], I,12f). Das Ideal ist die vollkommene Entmachtung der sündigen Leidenschaft innerhalb wie außerhalb der Ehe, was einer „Entsexualisierung" des Geschlechterverhältnisses gleichkommt (vgl. Gal 3,28). Die christl. Ehefrau ist eher eine „Schwester" als eine „Geliebte". Ihr ist dementsprechend mit respektvoller statt mit leidenschaftlicher L. zu begegnen (wie es den Heiden unterstellt wird) und mit ihr ist in „vernünftiger", „besonnener" und „ehrbarer" Weise zu verkehren (1 Thess 4,3–5) statt sie lustvoll „zu gebrauchen" oder aggressiv zu penetrieren.

II. 3. Weitgehend entspricht die ntl. *Agape* der nichterotischen dtn.-dtr. Konzeption der L. als unbedingter Loyalität (→ Gemeinschaft). Sie differenziert sich entsprechend der jeweiligen sozialen Relation aus, und zwar in paternalistische und freundschaftliche L.; beides überschneidet und durchdringt sich allerdings.

a) Die paternalistische L. meint als erstes die Fürsorge für die eigene Familie/Klientel. Sie schließt Strenge nicht aus (Hebr 12,6; Offb 3,19), geht aber auch bis zur Selbstaufopferung (Joh 3,16; Gal 2,20; Eph 5,2.25). Als Antwort sind Unterordnung/Respekt (Eph 5,22.33) und Gegenliebe angemessen, d. h. konkurrenzlose Loyalität, konkret treusorgende Ergebenheit (Tit 2,4f) und dankbare Anhänglichkeit (Lk 7,42.47). Hier zeichnet sich auch die Gleichsetzung von L. und Dienen (Mt 6,24par.) ein, ebenso der Gegensatz „L. zu Gott" vs. „L. zur Welt" (Joh 3,19; 1 Joh 2,15; Jak 4,4; vgl. auch Mt 10,37). Die häufige Anrede „Geliebte" drückt vor diesem Hintergrund auch einen deutlichen Autoritätsanspruch aus (Phil 2,12; Hebr 6,9; Jak 1,16). Übertragen auf die antike Herrschaftsideologie meint die paternalistische L. den Gunsterweis von oben nach unten, die „Philanthropie" (Tit 3,4) und den Euergetismus (= zur Schau gestellte Wohltätigkeit, vgl. Lk 7,5). Diese bes. Gunst bezeugen Titel wie „Freund des Kaisers" (Joh 19,12) oder „Freund Gottes" (Jak 2,23). Im NT wird diese Konzeption der paternalistischen L. als bloßer Gunsterweis durch das Motiv der dienenden und sich opfernden L. (Joh 13,1–15; Röm 8,32–39; Phil 2,1–8) sowie der göttlichen Feindesliebe (Röm 5,6–8; vgl. auch 1 Joh 4,10) relativiert.

b) Die freundschaftliche bzw. brüderliche L. spielt v. a. in den joh. Schriften eine große Rolle (Joh 13,34f; 15,12.17; 1 Joh 2,9–11); bes. die Abschiedsreden nehmen deutlich Bezug auf das antike Freundschaftsideal, wonach Freunde „eine Seele" sind, alles gemeinsam haben (Aristot. NE 8,9,1, 1159b; 9,8,2, 1168b; vgl. Joh 15,5–7.14f; 17,10f; vgl. auch Apg 4,32) und ihr → Leben füreinander dahingeben (Aristot. NE 9,8,9, 1169a, vgl. Joh 15,12f; 1 Joh 3,16). Der Gesichtspunkt, dass nur „Gleiche" Freunde sein können (Aristot. NE 8,7,4, 1158b/1159a), wird durch die zuvorkommende und sühnende L. Gottes (1 Joh 1,8–2,2; 4,10) zwar relativiert, doch werden die geliebten Jünger durch die neue → Geburt Gott quasi „substanzgleich" (Joh 1,12f; 3,5f); sie sind „die Seinen" (Joh 13,1). Die (Freundes-)L. löst (nur) bei Joh explizit das hierarchische Verhältnis zu Jesus/Gott ab (Joh 15,15). Als „neues Gebot" (Joh 13,34) tritt die L. für die Glaubenden an die Stelle des atl. Gesetzes. Jesu Gebote werden nicht aus Furcht (1 Joh 4,17f), sondern aus L. befolgt (Joh 14,15.21–24; 15,10).

Als das zentrale Gebot und Zusammenfassung des ganzen Gesetzes wird das Liebesgebot durchgehend im NT verstanden (Röm 13,8–10; 1 Kor 13; Gal 5,14; Jak 2,8). Das im zeitgenössischen Judentum präfigurierte und vorbereitete Doppelgebot der L. tritt als leitendes Prinzip an die Stelle der Vielzahl der Einzelgebote (Mk 12,28–34par.). Dabei wird in der Jesusüberlieferung die Nächstenliebe entgrenzt und auch die Feindesliebe gefordert (Mt 5,43–48par.; Lk 10,29–37; 14,12; Röm 12,17–21). Demgegenüber herrscht in den späteren Schriften des NT (einschließlich der joh. Schriften) wieder eine stärker konzentrische Konzeption der L. vor. Danach sind zuerst (nur) die „Brüder" zu lieben, die „Anderen" zu ehren (1 Petr 2,17), d. h. die geforderte Solidarität und Loyalität gilt in erster Linie den Mitchristen.

I. *J. Barr*, Words for Love in Biblical Greek, in: *L. D. Hurst* (Hg.), The Glory of Christ in the New Testament, Oxford 1987, 3–15; *H. Haag*, Du hast mich verzaubert, Zürich u. a. ^{4}1990; *L. L. Lyke*, The Song of Songs, Proverbs and the Theology of Love, in: *C. Seitz/K. Greene-McCreight* (Hg.), Theological Exegesis, Grand Rapids 1999, 208–223; *H.-P. Mathys*, Liebe deinen Nächsten wie dich selbst, Fribourg u. a. ^{2}1990; *A. Schenker*, Das Gebot der Nächstenliebe in seinem Kontext (Lev 19,17–18): ZAW (2012) 244–248; *A. Schüle*, „Denn er ist wie Du" (Lev 19,18): ZAW 113 (2001) 515–534; *S. P. Swinn*, Agapan in the Septuagint, in: *T. Muraoka* (Hg.), Melbourne Symposium on Septuagint Lexicography, Atlanta 1990, 49–81.

II. *M. Ebersohn*, Das Nächstenliebegebot in der synoptischen Tradition, Marburg 1993; *G. Keerankeri*, The Love Commandment in Mark, Rom 2003; *J. Kiilunen*, Das Doppelgebot der Liebe in synoptischer Sicht, Helsinki 1989; *B. J. Malina*, Love, in: *J. J. Pilch/B. J. Malina* (Hg.), Handbook of Biblical Social Values, Peabody ^{2}1998, 127–130; *E. Meyer-Zwiffelhoffer*, Im Zeichen des Phallus, Frankfurt/M. u. a. 1995; *E. E. Popkes*, Die Theologie der Liebe Gottes in den johanneischen Schriften, Tübingen 2005; *T. Söding*, Das Liebesgebot bei Paulus, Münster 1995; *ders.*, Die Trias Glaube, Hoffnung, Liebe bei Paulus, Stuttgart 1992; *J. Varghese*, The Imagery of Love in the Gospel of John, Rom 2009; *W. Weiß*, Glaube – Liebe – Hoffnung: ZNW 84 (1993) 196–217.

Klaus Neumann

Lob / Dank (L./D.)

(→ Dachartikel: Kult)

I. AT: 1. Das Loben Gottes (hebr. *t^{e}hillā, tōdā*) ist das Gegenstück zur → Klage. Das AT macht terminologisch keinen Unterschied zwischen L. und D., beides verschafft sich in vielfältigen Formen Ausdruck: in L.- und Segenswünschen, Lobgelübden, Aufrufen zu L. und D. („Halleluja", „Preist/Dankt Jhwh, denn er ist freundlich und seine Güte währet ewiglich"), Benediktion („Gesegnet/Gepriesen sei Jhwh") und ausführlichen Lobhymnen und Dankliedern.

I. 2. Der angestammte Ort des Gotteslobes ist der Hymnus im Psalter. Sein Herzstück ist der Mythos vom Königsgott Jhwh, dem Herrn der ganzen → Erde, der die Mächte des Chaos, das → Meer und den → Tod, besiegt und der Erde Stabilität verleiht (Ps 29; 93; vgl. auch Ps 24,1f.7–10), der im → Tempel auf dem Berg → Zion (Zafon) residiert (Ps 48), der den Regen und die Fruchtbarkeit gibt (Ps 104) und der einen Statthalter auf Erden einsetzt, um der → Feinde zu wehren (Ps 21). Die Hymnen wurden offenbar mit Musikbegleitung vorgetragen (Ps 33,3; 81,2–4). Als Sitz im Leben hat der → Kult zu gelten, auch wenn wir über die Anlässe und kultischen Vollzüge im

Einzelnen aus den Texten nichts erfahren. Der aus Ps 96 und 105f komponierte Gottesdienst in 1 Chr 16 ist eine lit. Fiktion.
Der Hymnus bildet die Basis, auf der Klage und D. des Einzelnen ruhen. Wo die Klage angestimmt wird, herrscht der Tod, und wo der Tod herrscht, verstummt das L. (Ps 6,6). Doch die Klage zielt mit allen ihren Bestandteilen auf die Wiederkehr zum → Leben und zum Gotteslob. Dieses findet seinen Ausdruck im Danklied des Einzelnen. Das Grundschema kann man Ps 118 entnehmen. Es besteht aus zwei Teilen: einer Erzählung mit Rückblick auf Klage, Bitte und erfolgte Erhörung bzw. → Rettung im „Er-Stil" (V. 5.14) und einem Lobpreis Jhwhs im „Du-Stil" (V. 19.21.28). Die Zweiteilung gibt die Rettungserfahrung des Beters, die ihn von der Klage zum L. und aus dem Tod zum Leben geführt hat, wieder und weist auf den rituellen Hintergrund. Das Dankschema ist offensichtlich der Wortteil einer kultischen Begehung, des Toda-Opfers, mit dem der Beter sein Lobversprechen und Gelübde (→ Opfer) erfüllt (Ps 56,13; 66,13–15; 116,14.17–19).
I. 3. Wie die Klage haben auch die Hymnen und das Danklied im Laufe der Überlieferung vielfältige Modifikationen erfahren. Die Nachgesch. der Hymnen lässt sich an der Transformation des Mythos vom Königsgott in der Gruppe der Jhwh-König-Psalmen (29; 47; 93; 95–99) ablesen. Aus dem → König und Herrn der Erde wurde der Herrscher und Richter über alle Völker, aus dem, der auf dem Zion thront (→ Thron), der Lenker der → Geschichte Israels, und aus dem Kämpfer gegen das Chaos der Schöpfer Israels, der für seine Frommen und gegen die Gottlosen streitet (→ Gottesbilder). Ähnliche Akzente lassen sich auch in Ps 118 und in anderen Dankliedern erkennen. L. und D. wurden universalisiert, kollektiviert und nationalisiert, zuweilen auch wieder individualisiert und auf den Gegensatz der beiden Gruppen der Gerechten und Gottlosen im eigenen → Volk und unter den Völkern bezogen. Das Gotteslob verlor dadurch nicht an Bedeutung, sondern nahm im Gegenteil mächtig zu. Als Höhepunkte markiert es Zäsuren und Abschlüsse in einzelnen Pss. wie in der Gesamtkomposition des Psalters (Ps 100; 105–107; 113–118; 135–136; 145; 146–150) bis hin zur Fünfteilung durch die Doxologien in Ps 41,14; 72,18f; 89,53 und 106,48.
Von der Nachgesch. der Hymnen und → Gebete in den jüd. Schriften aus hell.-röm. Zeit verdient die Sammlung der Hodajot von Qumran (1QH) bes. Erwähnung. Die Gebete beginnen entweder mit der Formel „Ich will dich loben, Herr" oder „Gepriesen seist du, Herr" und stellen eine Fortentwicklung des individuellen L.- und Dankliedes dar. Sie leben von der Sprache der bibl. Pss. und → Propheten, die sie auf das Verhältnis des (stellvertretend für den Gerechten) betenden Ichs zu Gott, seine Kämpfe gegen allerlei innere und äußere Anfechtungen und die Erfahrung der → Erwählung, Rettung und Führung durch Gott übertragen.
II. NT: Der bibl. Psalter ist auch das Sprachreservoir für die ntl. Hymnen und → Gebete, die die Kindheitsgesch. des Lukas durchziehen (Lk 1,46ff.67ff; 2,13f.29–32). L. und D., meist mit dem Verb εὐχαριστέω ausgedrückt, begleiten auch sonst das Auftreten Jesu in den Evv. (Mt 9,8; 15,31; Mk 2,12; 11,9f; Lk 17,15f). Jesus selbst wird in Mt 11,25f.par. ein Lobpreis in den Mund gelegt. Der D. über Brot und Wein (Mk 8,6; 14,22f.par.; Röm 14,6) entspricht dem jüd. Brauch des Tischgebets und ist in die Einsetzungsworte zum christl. → Abendmahl eingegangen. L. und D. über das → Heil in → Jesus Christus und seine Folgen prägen das Selbstverständnis der frühen Christen von Anfang an (vgl. Apg 2,46f; 1 Thess 5,16–18; Kol 3,17 sowie die Briefeingänge Röm 1,8; 1 Kor 1,4ff; 1 Thess 1,2ff; 2,13). Die Grundhaltung korrespondiert mit dem himmlischen → Kult und der hier gefeierten ewigen Liturgie (Offb 4,8–11; 7,11f; vgl. auch 11,16–18; 15,3f; 19,1ff).

I. *F. Crüsemann*, Studien zur Formgeschichte von Hymnus und Danklied in Israel, Neukirchen-Vluyn 1968; *R. G. Kratz*, Reste hebräischen Heidentums, Göttingen 2004; *B. Nitzan*, Qumran Prayer and Religious Poetry, Leiden u. a. 1994; *H. Spieckermann*, Heilsgegenwart, Göttingen 1989.
II. *P. Schubert*, Form and Function of the Pauline Thanksgivings, Berlin 1939; *P. Stuhlmacher*, Klage und Dank: JBTh 16 (2001) 55–72.

Reinhard G. Kratz

Lohn (L.)

(→ Dachartikel: Eschatologie)

Vorbemerkung: Der vieldeutige Begriff L. wird hier nicht im alltagssprachlichen Sinne, sondern nur im übertragenen bzw. eschatologischen Sprachgebrauch untersucht.

I. AT: 1. Die → Verheißungen an Abram werden in Gen 15,1 als „großer L." (*śākār*) bezeichnet. Damit wird bei Abra(ha)m in einem Einzelfall konkretisiert, was sich als Grundüberzeugung durch viele atl. Texte zieht: Gott wird den Gerechten belohnen bzw. ihm nach seiner → Gerechtigkeit vergelten (*šlm* Piel, „vergelten, belohnen"; *ntn*, „geben"; *šūb* Hifil, „zurückbringen, erstatten"). Das kann als Wunsch oder Bitte formuliert werden (Rut 2,12; 1 Sam 24,20; 1 Kön 8,32/2 Chr 6,23; Sir 36,21); als (sichere) Voraussage für die Zukunft wie in 1 Sam 26,23, Ps 19,12 (hebr. *ʿēqœb rab*, „großer L."); Spr 11,31; Sir 2,8; 3,14f; 11,17.22; 12,2; 16,14; 35,13; Jes 49,4 (*peʿullā*, „Erwerb, L."); als Zusicherung eines → Propheten (2 Chr 15,7; Jes 61,2.8; Jer 31,16); als konkrete Erfahrung des Gerechten im Dankgebet wie in 2 Sam 22,21 (*gml*, „jemandem [Gutes] tun") oder als Aufforderung, rechtzeitig vor dem → End-Gericht Gutes zu tun (Sir 51,30). Im Blick auf die grundsätzliche Sündhaftigkeit des Menschen wird der Zuversicht Ausdruck verliehen, dass Gott bei dem, der sich vertrauensvoll an ihn wendet, die Gerechtigkeit wiederherstellt und nicht nach der Schuld vergilt (so Elihu in Ijob 33,27; ferner Ps 103,10).

I. 2. Die Grundüberzeugung, dass die Gerechten belohnt werden, kann einerseits im klassischen weisheitlichen *Tun-Ergehen-Zusammenhang* formuliert werden (Spr 12,14; 13,21; 14,14; → Ethik). Es kann aber auch dezidiert ausgesagt werden, dass *Gott* für die Vergeltung sorgen wird (Spr 19,17; 24,12; 25,22). Entsprechend wird davor gewarnt, die Vergeltung selbst in die Hand zu nehmen (Spr 24,29).

Die entsprechende Umkehrung der Überzeugung vom L. für die Gerechten betrifft die Vergeltung für die bösen Taten der Frevler: Gott wird die Bösen bestrafen und ihre Ungerechtigkeit vergelten. Auch dies kann als Wunsch bzw. Bitte im → Gebet formuliert werden (2 Sam 3,39; Ps 28,4; Ijob 21,19 [skeptisch in Frage gestellt in Ijob 21,31]; 2 Chr 24,22); als feststellende Aussage (Ps 31,24; Sir 12,6; 17,23); als Warnung vor dem plötzlich hereinbrechenden Gericht (Sir 5,7; 18,24). Als prophetische Gerichtspredigt wird der L. bzw. die Vergeltung für das sündhafte Verhalten des → *Volkes* angekündigt (Jes 65,7; Jer 13,24f; 15,13; 16,18; 17,3; Ez 7,9; Hos 9,7; vgl. auch im Geschichtsrückblick Ps 99,8; speziell gegen die → Priester: Hos 4,9; Mal 2,1–9; 3,3). In heilsprophetischer Wendung wird die Vergeltung Gottes den → *Feinden* angekündigt, die → Israel bedrängt haben oder bedrängen, was im Umkehrschluss → Heil und → Rettung für Israel bedeutet (Dtn 32,35.41; Jes 34,8; 35,4; 66,6.15; als Bitte im Klagelied: Klgl 3,64; Ps 79,10; 91,8).

L. für die Gerechten und Vergeltung für die Feinde Gottes werden in einem weiteren Axiom zusammengefasst: Gott wird jedem Menschen gemäß dessen Verhalten vergelten. Diese Formulierung ist neutral bzw. offen und begegnet z. B. in 1 Kön 8,39/2 Chr 6,30; Ijob 34,11.33; Ps 62,13; Spr 24,12; Jer 17,10; 25,14; 32,19 (vgl. auch Jer 50,29; 51,24.56: Gerichtsworte gegen Babylon). Die Vorstellung, dass Gott gemäß der Taten der Menschen vergilt, spitzt sich dahingehend zu, dass die → Strafe genau den vorher begangenen bösen Taten entspricht (vgl. Ri 1,7; 2 Makk 4,38; 8,33; 9,1–29; Weish 12,26f u. a.). Wenn der L. in diesem → Leben ausbleibt, so erfolgt die Vergeltung nach dem → Tod. Diese Vorstellung ist erst in den späten Schriften des AT greifbar (vgl. 2 Makk 12,45; Weish 3,13–15; Sir 11,26[?]) und gerade im Buch der Weisheit ein ganz wesentliches Thema.

Ein großes Problem für die Menschen (nicht nur der bibl. Zeit) ist es, wenn es sich nicht mehr zu lohnen scheint, gerecht und nach der → Weisung (→ Tora) Gottes zu leben. Schnell verfällt man in fatalistisches Gerede, wie es Mal 3,13–15 zeigt. Die große Zukunftserwartung ist es daher, dass Gott den Zusammenhang von Tun und Ergehen wieder herstellt, sodass der Unterschied zwischen dem Gerechten und dem Frevler wieder sichtbar werden wird (Mal 3,18). Diese Sehnsucht kann sich aus der Perspektive der Opfer, der Unterdrückten und ungerecht Behandelten so steigern, dass man – in sehr menschlicher Sichtweise – Freude am Untergang der Frevler hat (Ps 58,11), die einhergeht mit der Befriedigung, dass der Satz doch gilt „Der Gerechte erhält seinen L." (Ps 58,12).

II. NT: 1. Der Begriff L. kann im Griech. mit den Termini μισθός („L."), ἀνταπόδομα („L.") oder auch δόσις („Gabe") und ὀψώνιον („Sold") ausgedrückt werden.

II. 2. Die Linien des atl. L.-Verständnisses werden z. T. fortgeführt, z. T. neu akzentuiert und präzisiert. So wird der L. im → Himmel explizit denen zugesagt, die unter Verfolgung stehen (Mt 5,12par.). Als Begründung wird das atl. Prophetenschicksal herangezogen, näherhin könnte man an das vierte Gottesknechtslied denken (insbes. Jes 53,12; → Gottesknecht), aber auch an die apokr. Traditionen (z. B. die *Vitae Prophetarum*). Ein anderer Aspekt der Präzisierung bzw. Fokussierung der Grundüberzeugung, dass diejenigen, die Almosen geben (→ Barmherzigkeit), beten und fasten sowie ihren L. erhalten werden, besteht darin, dass dies nicht in der Öffentlichkeit erfolgen soll, sondern im Verborgenen: Gott sieht auch dies und wird es vergelten, während diejenigen, die ihr rel. Tun zur Schau stellen, ihren L. bereits erhalten haben (Mt 6,1–6.16–18). Ferner werden einige konkrete Kriterien gegeben, für welches Tun man sich himmlischen L. erwarten darf, z. B. für das Aufnehmen und Versorgen eines → Propheten oder eines Gerechten (gemeint sind die frühchristl. Wanderprediger; Mt 10,41f; Mk 9,41), für das Lieben ohne Vorbedingungen (Mt 5,46) bzw. das Leihen ohne → Hoffnung auf Rückgabe (Lk 6,35), für das Einladen von Armen zu Gastmählern (die Vergeltung erfolgt bei der → Auferstehung der Gerechten: Lk 14,14), für das Bekenntnis der eigenen Schuld (wie es der Schächer am → Kreuz tut: Lk 23,41–43). Das Gleichnis von den Arbeitern im Weinberg (Mt 20,1–16) zeigt einerseits, dass niemand L. ohne eigenes Zutun erhält (alle haben im Weinberg gearbeitet), andererseits, dass die Letzten unerwartet viel erhalten: Gottes Güte und Barmherzigkeit ist unermesslich und ungeschuldet (→ Eigenschaften Gottes; → Gnade). Gott bleibt Gott, insofern der L. nicht berechenbar ist, zugleich aber ist der Mensch als sittlich handelndes Wesen ernst genommen, der für sein Handeln die → Verantwortung trägt.

Daneben wird in einem breiten Strom der Gedanke rezipiert, dass Gott einem jeden nach seinen Taten vergelten wird (Mt 16,27 [der Menschensohn]; Röm 2,6; 2 Kor 5,10; 2 Tim 4,14; Offb 2,23 [der Sohn Gottes]; 22,12 [der wiederkommende Jesus]). Eng damit verbunden ist die Aufnahme des weisheitlichen → Rates, nicht selbst zur Vergeltung zu greifen (Spr 24,29), sondern Gott die → Rache zu überlassen (Röm 12,19; Hebr 10,30, jeweils mit Rückgriff auf die LXX-Lesart von Dtn 32,35.41). Entsprechend finden sich auch Stellen, die den Bedrängern und den Ungerechten die Vergeltung Gottes androhen (2 Thess 1,6.8; 2 Petr 2,13) bzw. den Standhaften den vollen L. verheißen (2 Joh 8; so auch Hebr 10,35; 11,6; Kol 3,24). In diesem Sinne reklamiert auch der Apostel Paulus für sich, dass er L. erhalten wird, wenn sein Werk bleibt (1 Kor 3,14). Andererseits argumentiert Paulus in 1 Kor 9,17–19, dass er L. erhalten müsste, wenn er das Ev. aufgrund seines freien Entschlusses verkünden würde. Doch so ist es nicht, denn er fühlt sich geradezu gezwungen oder eben beauftragt, das Ev. zu verkünden. Mithin sieht es Paulus als „L." an, dass er auf alles verzichtet, um nicht abhängig zu sein und so viele zu gewinnen. Die z. T. paradox und widersprüchlich erscheinenden Aussagen sollen wohl im Hinblick auf die Verkündigung des Ev. die üblichen Erwartungen von → Arbeit und L. (z. B. Lk 10,7) aufsprengen. Aus den folgenden Versen wird deutlich, dass Paulus doch einen „Siegeskranz" erwartet (1 Kor 9,24f).

II. 3. Theol. vertieft wird der L.-Gedanke in der pln. Rechtfertigungslehre (→ Rechtfertigung). Paulus fragt nach den Rechtfertigungsgründen für Abraham – wenn es Werke wären, würde er den geschuldeten L. erhalten, und es wäre keine Gnade. Abraham aber wurde sein → Glaube (nicht die Werke) als → Gerechtigkeit angerechnet (Röm 4,1–4). Paulus stellt also L. (μισθός) und Gnade (χάρις) gegenüber und betont die → Rettung *aus Gnade*. Dabei muss er sich gegen das Missverständnis wehren, dass man in der → Sünde bleiben müsse, damit die Gnade umso mächtiger werde (Röm 6,1), oder dass man beruhigt sündigen könne, weil man ja unter der Gnade stehe (Röm 6,15). Paulus warnt eindringlich davor, sich nicht an die Sünde zu versklaven, denn der L. der Sünde ist der → Tod, während die Gabe (χάρισμα) Gottes das ewige → Leben in Christus Jesus ist (Röm 6,23). Damit zeigt sich im Röm eine längere Argumentationsbewegung: Paulus zeigt erst auf, dass Gott gerechtes Gericht halten und jedem nach seinen Taten vergelten wird (Röm 2,6) – und daraus wird deutlich, dass jeder Mensch (ob Grieche oder Jude) zwangsläufig scheitern muss. Damit bereitet Paulus den Boden für die Gerechtsprechung des Menschen durch Gott aus Gnade – und eben nicht als Belohnung für Werke. Einem einseitig-naiven Verständnis des bibl. L.-Gedankens als zwangsläufigem Automatismus oder gar Anspruch des Menschen gegenüber Gott, der auch dem atl. Denken nicht gerecht würde, ist damit eine Absage erteilt. Zugleich ist eine ernsthafte theol. Auffassung der Erlösungsbedürftigkeit des Menschen und des Heilshandelns Gottes erreicht.

I. *K. Koch*, Um das Prinzip der Vergeltung in Religion und Recht des Alten Testaments, Darmstadt 1972; *J. Marböck*, Lohn – Verdienst – umsonst, in: *P. Trummer* (Hg.), Kann die Bergpredigt Berge versetzen?, Graz 2002, 141–154.

II. *G. Bornkamm*, Der Lohngedanke im Neuen Testament, in: *ders.*, Studien zu Antike und Urchristentum, München [3]1970, 69–92; *B. Charette*, The Theme of Recompense in Matthew's Gospel, Sheffield 1992; *H. Giesen*, Christliches Handeln, Frankfurt/M. 1982; *W. Harnisch*, Der paulinische Lohn: ZThK 104 (2007) 25–43; *K. H. Schelkle*, Lohn und Strafe nach dem Neuen Testament: BiLe 10 (1969) 89–95.

Thomas Hieke

Macht / Ohnmacht / Vollmacht (M./O./V.)

(→ Dachartikel: Gottesvorstellungen)

I. AT: 1. So wie auch Tiere und Menschen über Kraft und M. verfügen, gehen auch Gottes Taten auf dessen „M." (hebr. *g^e^bûrā* „M.", *kō^a^ḥ* „Kraft", *ᶜōz* „Kraft, M.") zurück.

I. 2. Mit seiner ao. Umwelt teilt das AT die Überzeugung, dass alles Geschehen auf göttliches Handeln zurückgeht. Im Unterschied zu seiner Umwelt geht es aber – je später, desto deutlicher – davon aus, dass *alles* Geschehen auf das Handeln des *einen* Gottes zurückgeht, der machtvoll eingreift und an der Wirklichkeit von Welt und Mensch gestaltend, verändernd und reagierend teilnimmt. Während nach den Überlieferungen, die sich auf die Frühzeit beziehen, Jhwhs Machtbereich durchaus beschränkt war (vgl. Ri 11,24; 1 Sam 26,19 u. a.), setzte sich in der prophetischen Verkündigung der vorexil. Zeit der → Glaube durch, dass Jhwhs Wirksamkeit alle Lebensbereiche → Israels und sogar der Nachbarvölker durchdringt (Am *1,3–2,16). Nach Jes 6,3 erfüllt Jhwhs → Herrlichkeit sogar die ganze → Erde. Vor diesem Hintergrund geschieht in der Exilszeit der entscheidende Durchbruch in der Begründung des → Monotheismus bei DtJes, wonach Jhwh der einzige Gott ist, mit dessen Größe und Wirkkraft sich kein anderer Gott vergleichen kann (Einzigkeit Jhwhs: 43,10f; 44,6.8; 45,14 u. a.; Unvergleichlichkeit Jhwhs: 40,18.25; 44,7; 46,9f). Nach Jes 45,1–7 ist Jhwh sogar so mächtig, dass er Kyrus zu seinem → Messias erwählt und nicht nur das → Licht und das → Heil, sondern auch die Finsternis und das Unheil erschafft (anders Gen 1,2f). Bes. der priesterliche (Gen 1,1–2,4a), aber auch der nichtpriesterliche Schöpfungsbericht (Gen 2,4b–25) bringen die Allmacht Gottes zum Ausdruck, weil er das Universum – „Himmel und Erde" (Gen 1,1, vgl. Gen 2,4b) – geschaffen und alle anderen Mächte depotenziert hat (Gen 1,14–19).

Es gehört zu den Charakteristika des Jhwh-Glaubens, dass der allmächtige Gott immer wieder an seine Grenzen stößt, ja geradezu ohnmächtig wird, aber in der Weise, wie er mit diesen Grenzen umgeht, seine M. erweist. Solche Grenzen liegen etwa in dem paradoxen Sachverhalt, dass Gott seine → Gerechtigkeit machtvoll aufrichtet und es dennoch zulässt, dass der Gerechte leidet (Jes 52,13–53,12; vgl. die Klagelieder des Einzelnen und Ijob; → Leid). Oder, dass er zwar → Liebe ist, aber dennoch mit → Gewalt und Willkür (→ Zorn, → Rache, Eifersucht als den „negativen" → Eigenschaften Gottes) herrscht. Es ist dabei nicht sosehr etwas „an Gott", das Anlass zur Rede von seinen dunklen Seiten gibt, als vielmehr seine Selbstinvolvierung in eine Welt, die von Gewalt und Willkür beherrscht ist und die Gott als Ort seiner Gegenwart und Wirksamkeit gewählt hat. Dies ist auch der Grund für die bleibende Bedeutung der Klagelieder des Einzelnen (→ Klage), die ein Schrei nach der den Leidenden, Kranken und Bedrängten rettenden Gerechtigkeit Gottes in einer Welt voller Lieblosigkeit und Ungerechtigkeit sind. Der in Mk 15,34 zitierte Schrei der Gottverlassenheit von Ps 22,2 ist dafür der dichteste Ausdruck. Eine geradezu dramatische Umgestaltung erfährt der Gedanke der Allmacht Gottes durch das Auftreten des endzeitlichen Messias, der als Friedenskönig aller Völker keiner äußeren Machtmittel (Streitwagen, Kriegspferde, Kriegsbögen) mehr zur Durchsetzung der Königsherrschaft Jhwhs bedarf (Sach 9,9f). Diese „Ohnmacht des Messias" erfährt durch die Rezeption von Sach 9,9 in Mt 21,1–11par. (Jesu Einzug in Jerusalem) eine christologische Zuspitzung, die in Kombination mit dem dort ebenfalls zitierten Ps 118,25f der bibl. Messianologie ihre singuläre Kontur gegeben hat.

II. NT: 1. *Macht.* M. (δύναμις; κράτος) ist ein Grundwort der Rel. Als numinose M. ist sie Kennzeichen des Göttlichen (*mysterium tremendum et fascinosum*). In den monotheistischen Rel. kommt letztlich Gott allein alle M. zu (= Allmacht). Eng verbunden mit der Frage nach der M. Gottes ist die Legitimation polit. bzw. staatlicher M. Das NT teilt das atl. Verständnis von Gottes souveräner M. uneingeschränkt (Mk 14,36; Mt 19,26; Röm 4,17; 9,14–21; Hebr 4,12f; 11,3; Offb 1,8; 11,17: ὁ παντοκράτωρ [„Herrscher über die ganze → Schöpfung"]; vgl. viele ntl. Doxologien bes. in Offb). Es rechnet mit der schöpferischen, rettenden und richtenden M. Gottes; es kennt auf Gott zurückbezogene kosmische Mächte und Gewalten; es proklamiert die in der Gegenwart angebrochene, wirkmächtige → Herrschaft Gottes. Nach dem Zeugnis der ntl. Wunderüberlieferungen fordert Jesus von den Menschen einen radikalen Vertrauensglauben, der Gott und seiner wirkmächtigen Nähe in Jesus alles zutraut. Diesem → Glauben spricht er Gebetserhörung und die Kraft zu, sich wirksam für Gottes rettende Allmacht zu öffnen (Mk 9,14–29; 11,22–24).

II. 2. *Ohnmacht.* Als Gegensatz zu M. begegnet der Begriff bzw. die Vorstellung der O. (vgl. ἀσθένεια. „Krankheit, Schwäche") weitaus seltener. Im NT findet sich (mit Ausnahme von 1 Kor 1,25) keine Anwendung auf Gott, wohl aber für den leidenden und gekreuzigten Jesus in den Passionsgeschichten und in der pln. Kreuzestheol.: So sehr in den Passionsgeschichten eine zunehmende Tendenz zur Betonung der Souveranität Jesu zu beobachten ist (→ Passion), mit unterschiedlichen Akzenten betonen alle die sichtbare und zum Spott Anlass gebende O. bzw. Schwachheit Jesu (Mk 15,17–20.29–32; Joh 19,1–5; vgl. Phil 2,6–8; Hebr 5,2). Dabei interpretieren sie auf je eigene Weise die augenscheinliche O. – auch in der zugespitzesten Gottverlassenheit (Mk 15,34; vgl. Ps 22,2) – als rückhaltloses Gottvertrauen Jesu, in dem er seine Sendung erfüllt und Gottes dem → Tod überlegener M. (vgl. Mk 12,26f) Raum gibt. Im Zentrum der pln. Kreuzestheol. steht die scheinbare, am → Kreuz Jesu ablesbare „Schwäche" (ἀσθένεια) Gottes, die sich allen jüd. und röm. Plausibilitäten zum Trotz tatsächlich als Gottes allen Menschen überlegene „Kraft" (δύναμις) erweist (1 Kor 1,25). Da die pln. Apostolatstheol. als angewandte Kreuzestheol. (1 Kor 1,18–31) zu lesen ist, kann Paulus die ihm von seinen Gegnern zum Vorwurf gemachte Schwäche in paradoxer Umkehrung als Stärke interpretieren: Weil der „aus Schwäche Gekreuzigte aus der Kraft Gottes lebt" (2 Kor 13,4) kommt in der „Schwäche" des Apostels auch die „Kraft" Gottes zur Wirkung (2 Kor 12,9f).

II. 3. *Vollmacht.* V. im theol.-qualifizierten Verständnis der Bibel kann sich auf die M. und Autorität Gottes selbst beziehen oder meint die von Gott einem → Boten bzw. (Heils-)Mittler geschenkte Befähigung, eine ihm zugewiesene Sendung öffentlich und wirksam zu vollziehen. Dann ist V. Teilgabe Gottes an seiner Autorität bzw. Souveränität und zielt auf die Verwirklichung und Vergegenwärtigung des → Willens bzw. der Herrschaft Gottes. Solche Partizipation an der M. Gottes ist nicht Einschränkung, sondern Modus der Durchsetzung der Gottesherrschaft. Maßgebliches Paradigma für das ntl. Verständnis von M. Gottes bzw. Machtausübung (διακονία) im Namen Gottes und von V. (ἐξουσία) sind Sendung und Geschick → Jesu Christi: In der Verkündigung Jesu in Wort und Tat ist ein Autoritäts- und Offenbarungsanspruch (vgl. Lk 10,21–24) erkennbar, der das verheißene eschatologische Heilshandeln Gottes im eigenen Tun zu verwirklichen beansprucht (Mk 1,14f; Lk 4,16–21; 7,18–23; 11,20; 12,56; 17,21), der die heilenden und befreienden Kräfte der Gottesherrschaft vollmächtig zuwendet (Mk 1,21–45; 2,1–12; Lk 13,10–17) und der den heiligen Willen Gottes für die Menschen letztverbindlich auslegt (Mk 2,1–3,6; 7,1–23; 10,2–12; 11,27–12,37). In Passion und Tod erweist sich die Dienstvollmacht Jesu als proexistente Lebenshingabe, die die M. hat, „die Vielen" zu retten (Mk 10,45; 14,24). Die Auferweckung Jesu (→ Auferstehung) führt zu seiner Erhöhung, d. h. zu seiner Einsetzung in eine göttliche, universale Herrschaftsposition (Phil 2,6–11; Röm 1,3f; Mt 28,16–20; Offb 1,12–20; 4–5; vgl. „Kyrios ist Jesus" in 1 Kor 12,3; Röm 10,9f).

Als Nachfolgegemeinschaft Jesu Christi lebt die → Kirche im Herrschaftsbereich ihres Kyrios und muss sich in der Berufung auf ihn dem „christologischen Prinzip der Macht" (J. Blank) stellen. Sie hat teil an der vollmächtigen Sendung Jesu. Der Apostel Paulus vollzieht seine apostolische V. (2 Kor 10,8; 13,10), in der er die Lehrautorität des Kyrios zur Geltung bringt (1 Kor 7,10–12; 9,14; 14,37; 1 Thess 4,15), ausdrücklich als „Dienst der → Versöhnung" (2 Kor 5,11–21).

Zeitlich begrenzte, von Gott abhängige V. kommt auch polit. (Joh 19,10f; Röm 13,1–7) und überirdischen Mächten (2 Makk 3,24; 1 Kor 15,24; Eph 1,21; 2,2; 6,12; Kol 1,16: 2,15; 1 Petr 3,22; Offb 14,18; 18,1) sowie den Gestalten des → Bösen (Lk 4,6; Offb 6,8; 9,3.10; 13,2.5.7) zu.

I. *M. Albani*, Der eine Gott und die himmlischen Heerscharen, Leipzig 2000; *W. Dietrich/C. Link*, Die dunklen Seiten Gottes 2, Neukirchen-Vluyn ²2004; *B. Janowski*, Konfliktgespräche mit Gott, Neukirchen-Vluyn ⁴2013; *A. Schüle*, Der dunkle Gott – ein Gott des Glaubens?: EvTh 61 (2001) 241–249.

II. *J. Blank*, Zum Begriff „Macht" in der Kirche: Conc. 24 (1988) 172–178; *J. Gnilka*, Die frühen Christen, Freiburg 1999; *U. Heckel*, Kraft in Schwachheit, Tübingen 1993; *K. Scholtissek*, Nachfolge und Autorität nach dem MkEv: TThZ 100 (1991) 56–74; *ders.*, Die Vollmacht Jesu, Münster 1992; *ders.*, Vollmacht im Alten Testament und Judentum, Paderborn 1993; *A. Weiser*, Autorität im Alten und im Neuen Testament, in: *H. J. Türk* (Hg.), Autorität, Mainz 1973, 60–76.

Bernd Janowski (AT) / Klaus Scholtissek (NT)

Meer / Flut / Urflut (M./F./U.)

(→ Dachartikel: Weltbild/Kosmologie)

I. AT: 1. Im Hebr. wird zwischen *jām* („Meer"; griech. θάλασσα), *majim* („Wasser"; griech. ὕδωϱ) und *t^e^hōm* („F., U., oberer und unterer Himmelsozean rund um die Erdscheibe, Abyss"; griech. ἄβυσσος) unterschieden. Auch die Tiefe (*m^e^ṣūlā, ṣūlā, ma^ca^maqqīm*; griech. βάθος, ἄβυσσος) kann das große Weltmeer bezeichnen, auf dem die → Erde ruht und von dem sie Wasser erhält. M., Wasser und *t^e^hōm* kommen atl. auch einfach als neutrale Naturphänomene in den Blick. Die Geographie der Bibel kennt das Mittelmeer, das Rote-, Tote-, Galiläische- (See Gennesaret) und Adria-M. Im → Weltbild spielt die symbolische Rolle des M., das Lebensquelle, Wirtschaftsraum, Fischgrund, jedoch auch Gefahrenzone ist, eine große Rolle.

I. 2. Vorwelt-Szenarien der ao. und äg. Kosmogonien gehen häufig von einer tiefen Wassermasse (Urmeer) als Ausgangspunkt aus, aus dem heraus die geordnete Weltschöpfung (→ Schöpfung) entstand. Im bab. Schöpfungsepos *enūma eliš* entstehen die ersten Götter aus der Verbindung des Salzwasserozeans *tâmtu*/Tiamat mit dem Süßwasserozean *apsû*/Apsu; dem folgt nach einem Konflikt in der Götterwelt der erfolgreiche Kampf des Gottes Marduk gegen Tiamat, aus deren beiden Hälften er Himmelsdach und Erde schafft. Die bewohnbare Welt bleibt von Tiamat als kosmischem Ozean umgeben und bedroht, wenngleich Marduk sie bewahrt. Dieser hat sich damit als Götterkönig etabliert, was ihm u. a. einen → Tempel beschert. Zwei verschiedene Wasser (*t^e^hōm, majim*) benennt auch Gen 1,2 in primordialer (= uranfänglicher) → Zeit, die u. U. analog zum bab. Epos als Salz- und Süßwasserozean (oder stehende und fließende Gewässer?) charakterisiert werden können. Nach Gen 1,2 (priesterschriftlicher Schöpfungsbericht) bedeckten *t^e^hōm* (Salzwasser?) und *majim* (Süßwasser?) die Welt (vgl. auch Ps 104,6), bevor sich Gott daran machte, den Lebensraum der Menschen zu schaffen (Spr 8,24–28). Am zweiten Tag (Gen 1,6–8) trennte Gott diese Wasser (*majim*) durch den Einzug der Himmelsfeste bzw. des Firmaments in ein Wasser (*majim*) oberhalb und unterhalb des → Himmels. Am dritten Schöpfungstag des Entwurfs von P wird das untere Wasser (*majim*) weiter zurückgedrängt, sodass das trockene Land (*jabbāšā*), d. h. die bewohnbare Erdoberfläche erscheinen kann. Erde (*ʾæræṣ*) und Oberflächenmeere (*jammīm*) sind entstanden, jedoch auch der mit letzteren in Verbindung stehende untere Ozean (Gen 1,9f). Aus der Trennung der Wasser

Abb. 45: Rekonstruktion des „ehernen Meeres". Quelle: *Jewish Encyclopedia*, New York 1906, 358 (public domain resource).

ergaben sich zwei Wasserspeicher (Ps 33,7), die Jhwh in Folge kontrolliert (Ps 135,6): Er kann sie zum → Segen (Dtn 8,7; 33,13; Spr 3,20) oder zur Zerstörung (Gen 7,11; 8,2; Ez 26,19) öffnen, zum Bewässern oder Ertränken. Innerhalb der Schöpfung schreibt man dem M. (*jām*) eine Verbindung zum unteren (Gen 1,6–10; 49,25), dem Regen eine zum oberen Ozean zu (Gen 8,2). Die lebensfeindlichen Aspekte des oberen und unteren Wassers kommen atl. in der Personifikation als diverse Wassermonster zum Ausdruck (Behemot, Rahab, Leviatan, Tannin; → Mischwesen), die die → Ordnung der Schöpfung bedrohen. Sie waren von Gott bei der Schöpfung besiegt worden (Ps 104,7f.26; Ps 74,12–17; 89,6–15; Jes 51,9f; Ijob 26,12f). Die U. bleibt (bis Offb 21,1) eine beständige Gefahr für die Erde und ihre Bewohner, da sie versucht, ihre gottgesetzten Grenzen zu sprengen. Jhwh muss daher seine Schöpfung beständig erhalten. Im Jerusalemer Tempel stand nach 1 Kön 7,23–26; 2 Chr 4,2–6 ein ehernes M., dem symbolische Bedeutung zukam. Es war ein großes Wasserbecken aus Bronze, das den gebändigten Süßwasserozean als Lebensspender symbolisierte (s. *Abb. 45*). In übertragener Bedeutung kann auch der Beter in Klagepss. zur Umschreibung seiner Bedrängnis das Bild gebrauchen, dass er von Wassertiefen umspült wird (Jona 2,6; Ps 42,8; 69,16). Existentielle Bedrohungen wie angreifende → Feinde können ebenfalls als anbrausende und unbremsbare Wassermassen beschrieben werden (Jes 17,12f).

I. 3. Die *Sintflut* (hebr. *mabbūl*; griech. κατακλυσμός) ist nach Gen 6–9 die umfassende, von Gott herbeigeführte Flutkatastrophe, der nur Noach, seine → Familie und die evakuierten Tiere entgingen. Atl. als → Strafe für die → Sünde aller Lebewesen interpretiert, stellt die Sintflut eine Abkehr des zornigen Jhwhs von seiner Schöpfung dar, die er durch das absichtliche Loslassen des *t*^{e}*hōm* und Öffnen der Himmelsschleusen (Gen 7,11; 8,2) dem Einbruch der oberen und unteren Wasser übergab. Der Aufriss der bibl. Urgeschichte gliedert sich folglich als Weltschöpfung (P)/ Menschenschöpfung (nicht-P) – Sintflut – nachflutliche Menschheit, wobei die F. eine deutliche Zäsur dar- und trotz ihrer katastrophalen Ausmaße das Paradigma des menschlichen Überlebens durch göttliche → Rettung bereitstellt. Fast alle Kulturen kennen einen Sintflutmythos, wobei insbes. die Verwandtschaft des AT mit den mesopotamischen Versionen, die mit einer enormen zeitlichen Kontinuität weit über Mesopotamien verbreitet waren (Eridu-Genesis Anfang des 2. Jt. v. Chr., Atramḫasīs-Epos, Gilgameš-Epos, Berossos 3. Jh. v. Chr.), auffällig ist. Dort wird allerdings kein Konnex zwischen dem menschlichen moralischen Fehlverhalten und der göttlichen

Strafe hergestellt, sondern die Sintflut zur Beendigung der Ruhestörung der Götter durch die lärmenden Menschen durchgeführt. In der jüd. → Weisheit wurde der ethisierte Aspekt der Sintflut als Sündenstrafe weiter ausgebaut, wenn davon die Rede war, dass Noachs Rettung ein Vorbild für die Rettung der Weisen und Gerechten im Gegensatz zu den Sündern war (Sir 40,10; 44,18f; Weish 10,4; 14,6). Apokalyptiker können die Sintflut als warnendes Beispiel schildern (1Hen 6–11.60.65–69.106f; 4Esr 3,9–12; Noachapokalypse).

II. NT: 1. Im NT ist die Tiefe (ἄβυσσος, βάθος) Ausdruck für die → Unterwelt (Lk 8,31; Röm 10,7), für die unterste der drei Weltebenen (Röm 8,39; Eph 3,18) oder im übertragenen Sinn für die Unergründlichkeit und Verborgenheit (Röm 11,33; 1 Kor 2,10; Offb 2,24).

II. 2. Das Galiläische Meer (θάλασσα) bzw. der See Gennesaret kann in den Evv. als Teil der → Schöpfung von Jesus beherrscht werden (Mk 4,35ff.par.) oder als Fischereigrund auf das Menschenfischen, also die Mission hin interpretiert werden (Lk 5,4ff; Joh 21,1ff). 1 Kor 10,1f bezieht den Durchzug der Israeliten durch das Schilfmeer (Ex 13,17ff) allegorisch auf die → Taufe. Die Israeliten seien im M. auf Mose hin getauft worden. Die U. spielt im NT keine herausragende Rolle. Der Abgrund Abyss (Lk 8,31; Offb 9,1.11; 11,7; 17,8; 20,1–3) ist mehr von Unterwelts- und Höllenvorstellungen her gestaltet. Meere, denen gott- und lebensfeindliche Kräfte und Monster entsteigen, bleiben allerdings eine beständige Gefahr für die Schöpfung (Offb 13,1), bis es im Eschaton (Offb 21,1) zu einer neuen Schöpfung Gottes kommt, die kein M. mehr enthalten wird. Damit entfällt die dauerhafte Bedrohung der Schöpfung durch die Wasser, die ein Kennzeichen der ersten Schöpfung ist. Die atl. Sintflut wird im NT in zwei Aspekten rezipiert. Zum einen ist es die → Rettung des gerechten Noach, die auf die → Kirche der Glaubenden und Getauften übertragen wird (Hebr 11,7; 1 Petr 3,20f; 2 Petr 2,5); zum anderen wird an die Plötzlichkeit der Sintflut als warnendes Beispiel für die → Parusie Christi erinnert, die ebenfalls unerwartet hereinbrechen wird (Mt 24,38f.par.). Wie die vorsintflutliche Schöpfung damals durch die Sintflut eliminiert wurde, so kann Gott auch die momentane Welt verschwinden lassen (2 Petr 3,6).

I. *M. Bauks*, Die Welt am Anfang, Neukirchen-Vluyn 1997; *B. Ego*, Die Wasser der Gottesstadt, in: *B. Janowski/B. Ego* (Hg.), Das biblische Weltbild und seine altorientalischen Kontexte, Tübingen 2001, 361–389; *E. S. Gerstenberger*, Wasser – Chaos und Leben: JK 63 (2002) 37–44; *O. Kaiser*, Die mythische Bedeutung des Meeres in Ägypten, Ugarit und Israel, Berlin ²1986; *ders.* (Hg.), Texte aus der Umwelt des Alten Testaments, Gütersloh 1981ff, I.328–337; III.448–458.612–744; *U. Rüterswörden*, Erwägungen zur Metaphorik des Wassers in Jes 40ff: SJOT 2 (1989) 1–22; *T. Seidl*, „… Mit der Urflut hast du die Erde bedeckt wie mit einem Kleid“: BN 25 (1984) 42–48; *N. Wyatt*, Sea and Desert: UF 19 (1987) 375–389.
II. *G. Theißen*, „Meer“ und „See“ in den Evangelien: SNTU.A 10 (1985) 5–25.

Angelika Berlejung

Messias (M.)

(→ Dachartikel: Soteriologie)

I. AT: 1. Die Bezeichnung M. ist die gräzisierte Fassung des hebr. *māšîaḥ* (griech. χριστός), bedeutet „Gesalbter“ und bezieht sich bibl. und frühjüd. auf eine königliche Gestalt, die eine bes. Beziehung zu Gott und damit eine (verschieden definierte) Funktion im Rahmen der → Soteriologie hat.

I. 2. In den Mittelmeerkulturen spielt die Salbung mit Öl eine wichtige Rolle in der Alltagshygiene und wird generell als Mittel der Stärkung, des Schutzes und der Kraftübertragung aufgefasst. Durch die Salbung kann jemand → Macht, Kraft, Ansehen und → Ehre auf andere übertragen, Legitimation und Schutz vermitteln. Die Salbung des → Königs war in → Israel/Juda ein fester Bestandteil der Zeremonien zur Amtsübertragung (→ Ritus). So wird von Salomo berichtet, er sei vom → Priester Zadok und dem → Propheten Natan am Gihon zum König gesalbt worden (1 Kön 1,45). Königsideologisch ist die Salbung als Wirklichkeit setzender, performativ-sakramentaler Akt der Machtübertragung unmittelbar mit der Übergabe göttlichen → Geistes an den König verbunden (1 Sam 16,13). Auch wenn der konkrete Vollzug von Menschen übernommen wird, ist Gott bei der Königssalbung der eigentlich Handelnde (vgl. z. B. 1 Sam 10,1). Wo der König als „Gesalbter/M. Jhwhs“ verstanden wird, kommt zum Ausdruck, dass Gott sich den König erwählt hat, ihn dadurch bes. in Pflicht nimmt und ihm zugleich Ehre, → Würde und Macht verleiht. Der Geist Gottes fungiert dabei (vergleichbar dem äg. Königs-Ka) wie eine überindividuelle, amtsbezogene Macht, welche die Kontinuität der königlichen Amtsnachfolge sichert. Da es offensichtlich nicht mehr als einen rechtmäßigen M. geben kann, wechselt der Geist vom Augenblick der Königssalbung Davids von Saul auf ihn über (1 Sam 16,14). Als Gesalbter/M. Gottes und Träger göttlichen Geistes ist der König (zumindest theoretisch) unantastbar, wie in der Erzählung von der Verschonung Sauls durch David zum Ausdruck kommt (1 Sam 24.26; vgl. auch 2 Sam 1,14–16).

Der regierende König wurde offensichtlich von der Jerusalemer Hoftheol. (wie in den Nachbarkulturen) als Exponent der göttlichen Machtsphäre und insofern als Heilsgestalt entworfen: Der König trägt → Verantwortung für das Gelingen des → Lebens. Er hat für umfassende → Gerechtigkeit und Frieden/Harmonie (*šālōm*) zu sorgen. Er tut dies in einer kompakten Rolle als Priester, Herrscher und Richter. Er sorgt für den → Tempel und den rechten → Kult, der die Stabilität der kosmischen → Ordnung garantieren soll. Wenn er als Richter und Beschützer der Armen und Kleinen die Weltordnung durchsetzt, wird → Heil erfahrbar, das auch die Natur erfasst (vgl. z. B. Ps 72, wie in äg. und ass. Texten). Ps 2 betont (in Aufnahme äg. Elemente der Königsideologie) den kriegerischen Aspekt des herrscherlichen Handelns. Der M., der hier auch als Sohn Gottes qua → Amt verstanden wird, hat das Wohlergehen Israels gegen die chaotisch andrängenden → Feinde zu verteidigen. In Ps 45 wird die Verbindung der königlichen Herrschaft mit → Wahrheit, → Recht und Gerechtigkeit betont und dem König in diesem Zusammenhang sogar göttliche Qualität zugeschrieben. Als M. Gottes ist der König selbst *ᵓᵆlōhīm* (Ps 45,7f). Die Hoftheol. verwendet hier eine Ausdrucksweise, die der in Ägypten gebräuchlichen Bezeichnung des Königs als „sichtbarer Gott" *(nṯr nfr)* ähnelt. Das theol. Gewicht des Königtums wird auch in der → Klage über seinen Untergang deutlich: Klgl 4,20 spricht vom M. des Herrn als Lebensatem des Volkes und schreibt dem König damit eine Qualität zu, die bibl. dem Schöpfergott (Ps 104,29) vorbehalten ist und sonst nur in äg. Hymnen auf den König angewandt wird.

Der Zusammenbruch der königsstaatlichen Ordnung (→ Staat; → Exil; → Geschichte) führt nicht zur Auflösung der königlichen M.-Theol. Diese wird fortgeschrieben und z. T. sogar intensiviert, wie nachexil. Erweiterungen der Königspss. zeigen (vgl. z. B. Ps 18; 89; 110; 132). Die nachexil. M.-Theol. hängt zusammen mit der Erwartung einer Restitution des Königtums, entweder einer unmittelbar polit. oder einer eschatologischen. Eine bes. auffällige Variante nachexil. M.-Konzeptionen ist die Bezeichnung des Perserkönigs Kyrus, der Israel aus der Knechtschaft Babylons befreit, als M. Gottes (Jes 45,1). Hier steht die M.-Bezeichnung im Umfeld der monotheistischen Wende (→ Monotheismus): Die Erwählung des Perserkönigs zielt demnach nicht nur auf die Befreiung Israels (45,4) ab, sondern auch darauf, dass der König den Gott Israels als den einzigen Gott erkennt (45,3.5). Wie in der traditionellen Königstheol. deutet die Bezeichnung des fremden Königs als M. Gottes darauf hin, dass Gott ihn als sein Werkzeug erwählt hat und durch ihn handelt. Die M.-Bezeichnung hat aber im Unterschied zu vorexil. Königstheol. hier nicht die Funktion, staatliche Macht dauerhaft mythisch zu fundieren, sondern dient der heilsgesch. Interpretation eines einzelnen polit. Vorgangs. Im ersten Teil des Sacharja-Buches steht die M.-Vision (Sach 4,1–14) im Zusammenhang mit Heilsworten für den Davididen Serubbabel, der um 520 v. Chr. mit dem Wiederaufbau des Tempels beauftragt ist. Dabei ist auffälligerweise von zwei Gesalbten (Sach 4,14) die Rede. Dies mag hinweisen auf die wichtige Rolle, die der Priester Jeschua neben Serubbabel spielt, oder auch darauf, dass das nachexil. Priestertum königliche Züge (auch die Salbung) annimmt. Bei der Heilsfunktion des (kollektiv gemeinten?) M. in Jes 61 wird der Aspekt des Heilens und Erbarmens hervorgehoben: Die Sendung des M. richtet sich v. a. auf die Armen, Gebrochenen, Gefangenen und Trauernden. Die Redaktion und Komposition des Psalmenbuchs (um 200 v. Chr.) ist von einer doppelten M.-Perspektive geprägt: König Jhwh errichtet seine → Herrschaft durch seinen königlichen M. und durch sein messianisches → Volk (Ps 149). Was die innerbibl. → Apokalyptik angeht, so ist auf Dan 9 zu verweisen, wo zweimal ein M. erwähnt wird. Unklar ist aber, ob mit dem ersten der beiden Gesalbten Serubbabel (wie in Sach 4) gemeint ist. Immerhin wird er als Fürst (*nāgīd*) bezeichnet (Dan 9,25). Der zweite M. (Dan 9,26) könnte der ermordete Hohepriester Onias III. (um 170 v. Chr.) sein.

I. 3. In der Mehrzahl nichtbibl. Texte des Frühjudentums spielt die Gestalt eines M. keine oder eine untergeordnete Rolle. Die Texte, die von einem M. (oder mehreren) sprechen, zeigen keine einheitliche Konzeption. Die jüd. „Messiasdogmatik" ist eine Erfindung christl. Theologen. Unter den Texten, die eine frühjüd. M.-Erwartung belegen, spielen die Psalmen Salomos eine wichtige Rolle. Dabei handelt es sich um Texte, die meist in das 1. Jh. v. Chr. datiert und pharisäischen Kreisen zugeordnet werden. In PsSal 17f ist ausdrücklich vom „M. des Herrn" (χριστός κυρίου) die Rede. Dieser M., der als „Sohn Davids" (PsSal 17,21) in Kontinuität zur atl. Königstradition gesehen wird, ist Stellvertreter und Beauftragter Gottes, des eigentlichen Königs. Als dessen Stellvertreter hat der Gesalbte die Funktion, die göttliche Heilsordnung durchzusetzen, was die richtende Zerstörung ungerechter Herrschaft voraussetzt. Bei der Charakterisierung des M. in PsSal 17 ist die Bezugnahme auf bibl. Modelle (v. a. Ps 2; Jes 11) sehr deutlich. Der M. setzt ganz auf die Macht seines Gottes und braucht sich nicht mit irdischen Machtmitteln zu rüsten (PsSal 17,33–36.43). Die Herrschaft des gottgesandten Königs vergegenwärtigt auf Erden die Herrschaft des königlichen Gottes. Das → Heil, das mit dem M. anfängt, ist nicht jenseitig, sondern die eschatologische Vollendung und Durchsetzung irdischer Gottesherrschaft. Es geht um die Befreiung und Wiederherstellung Israels, um ein Reich des Friedens, der → Weisheit und der Gerechtigkeit. Im Hintergrund dieser M.-Konzeption steht die kritische Einschätzung des hasm. Königshauses und der beginnenden röm. Herrschaft. Gegen diese irdischen Mächte setzt die Gottesherrschaft einen Kontrapunkt. Die Bilderreden des Äthiopischen Henochbuchs (1Hen) (z. T. vermutlich unter Aufnahme älterer Traditionen im 1. Jh. v. Chr. entstanden) zeigen ein apokalyptisch geprägtes M.-Bild. Der eigentlichen Heilszeit soll das Auftreten einer endzeitlichen Gestalt vorangehen, die Gerichts-, Offenbarungs- und Heilsfunktion hat. Diese Gestalt wird meist als Menschensohn bezeichnet, bisweilen aber auch als Gesalbter (1Hen 48,10; 52,4). Das Menschensohn-Bild erfährt hier also eine messianische Erweiterung. Der Menschensohn-M. wird die gottlosen Sünder, v. a. ihre Könige und Machthaber, strafen und für die Gerechten eine Zeit des Heils aufrichten. Seine Herrschaft ist geprägt durch Gerechtigkeit, Weisheit und → Einsicht, durch → Herrlichkeit und Macht. Evtl. als kritische Reaktion auf die Verschmelzung von königlichem und hohepriesterlichem Amt in der späteren Hasmonäerzeit ist in den Texten der Qumrangemeinde mehrmals von zwei Gesalbten die Rede, einem priesterlichen („M. Aarons") und einem königlich-davidischen („M. Israels"), die als Repräsentanten des wahren Priestertums und des wahren Königtums zu verstehen sind. Entsprechend der priesterlichen Verwurzelung der Qumrantheol. wird dem priesterlichen M. der Vorrang eingeräumt (vgl. bes. 1Q28a 2,11–22). Die Gestalt des königlichen M. hat v. a. kämpferische und richtende Funktion. Auch im 4. Esrabuch (1. Jh. n. Chr.) findet sich eine endzeitliche Gestalt, die als Gesalbter (4Esr 7.12) bezeichnet wird. Die Hauptfunktion dieses davidischen (4Esr 12,32) M. besteht darin, die Frevler zu vernichten, den → Rest Israels zu befreien und vor dem endgültigen Heil ein Zwischenreich zu etablieren, in dem die Gerechten ihr Glück finden (4Esr 12,34). Auch wenn eine Präexistenz dieses M. vorausgesetzt wird (4Esr 12,32), ist er doch nicht unsterblich. Sein Tod (4Esr 7,29) hat aber keine Heilsfunktion.

II. NT: 1. Im Griech. gibt der Begriff χριστός den hebr. Ausdruck *māšīaḥ* wieder.

II. 2. Der Ausdruck → Jesus Christus ist ursprünglich ein kurzes Bekenntnis: Jesus wird als Gesalbter und damit als Heilskönig bezeichnet. Dass Jesus selbst sich als M. verstanden hat, wird von der Forschung heute meist ausgeschlossen. Angesichts der königlichen und militärisch-polit. Inhalte, die dem Begriff M. frühjüd. zugeschrieben wurden, ist das auch recht unwahrscheinlich. Trotzdem wurde sehr bald nach Ostern der M.-Titel (und andere Elemente antiker Königstheol.) herangezogen, um die Heilsfunktion Jesu zu umschreiben. Die ältesten ntl. Belege für die Bezeichnung Jesu als M. sind die echten Paulusbriefe, in denen sich der Christustitel 269-mal (weit häufiger als in der gesamten frühjüd. Lit. sonst!) findet. Der eigentliche Prozess der Übertragung des Christustitels auf Jesus muss allerdings deutlich früher liegen und dürfte mit den Ostererfahrungen ursächlich zusammenhängen. Die → Auferstehung Jesu wurde ganz offensichtlich als endzeitliche Erhöhung und Einsetzung zum M. und Gottessohn verstanden. Darauf deutet das alte *Credo* hin, das Paulus in Röm 1,3f zitiert. Dass bei der Deutung Jesu als M. auch seine (fiktive?) davidische Abstammung ein zusätzlicher Impuls war, ist möglich. Die entscheidende christl. Veränderung des M.-Bilds ist das Einschreiben des Todesgeschicks Jesu. Auf der Basis des Auferweckungsglaubens ist auch die positive Deutung des → Todes am → Kreuz möglich, für die es in den frühjüd. M.-Konzepten sonst keinen Beleg gibt. Für den vorchristl. Paulus dürfte das als blasphemisch empfundene Ärgernis eines gekreuzigten M. sogar Anlass zur Christenverfolgung gewesen sein. Der christl. Paulus treibt die vorher bekämpfte Veränderung des M.-Bildes weiter, wenn er das Kreuz zum Zentrum seiner → Soteriologie macht. Er kennt zwar die Vorstellung eines messianischen Zwischenreiches (1 Kor 15,23–28), sieht aber dieses Reich mit der Auferstehung Jesu schon angebrochen und verbindet mit der Herrschaftsfunktion des M. folglich keine apokalyptische Beschreibung dieses Reiches, sondern benutzt den M.-Titel als Umschreibung für die Erkenntnis der Heilsfunktion Jesu. Tod und Auferstehung Jesu werden als Erfüllung bibl. Heilsverheißungen gedeutet (Röm 1,1f).

In den Evv. wird M. ebenfalls als Umschreibung der Heilsbedeutung Jesu gebraucht. Der M.-Titel wird mit anderen christologischen Titeln (v. a. „Sohn Gottes", aber auch „Herr" und „Menschensohn") eng verbunden und erfährt zusätzliche Erweiterungen. Mk nennt Jesus gleich zu Beginn Christus und Sohn Gottes (Mk 1,1) und beschreibt dann das gesamte Wirken Jesu, auch eher prophetische Aspekte wie Lehren und Heilen, als messianisch. Wie auch sonst im NT (ausgenommen Offb) spielen dagegen kämpferische Aspekte keine Rolle. Bes. Mt betont die Sanftmütigkeit des M. Jesus (Mt 11,29; 12,19f). Lk verbindet den M.-Titel mit der Geistsalbung und identifiziert Jesus mit dem Freudenboten, von dem in Jes 61,1–3 die Rede ist. Bei Mt und bei Lk ist die M.-Würde Jesu mit der Geburt aus der → Jungfrau verbunden, was auf einer messianischen Interpretation von Jes 7,14 beruht. Joh sieht es als seine Grundintention, den → Glauben an Jesus als M. und Gottessohn zu wecken. Wer glaubt, dass Jesus der Christus ist, hat → „Leben in seinem → Namen" (Joh 20,31). Die Offb, eine theol.-visionäre Reaktion auf die Verfolgung der christl. Gemeinden im Kleinasien der Domitian-Ära, teilt mit den jüd. Apokalypsen (→ Apokalyptik) die Absicht, angesichts aussichtsloser und heilloser Gegenwart → Trost zu stiften durch den Ausblick auf zukünftiges → Heil. Im Rahmen dieser Konzeption werden dann auch die kämpferischen Elemente der M.-Tradition wieder aufgegriffen. In Offb 19 tritt der erhöhte Christus als endzeitlicher → „König der Könige und Herr der Herren" (Offb 19, 16) auf, als Werkzeug des göttlichen Zorns. Im Endkampf siegt dieser M.-Krieger über die Könige der → Erde und ihre → Heere. Wie in frühjüd. Konzepten gehört auch hier die Vernichtung der Gottesfeinde (Offb 19,20f), welche die Offb durch die röm. → Herrschaft und ihre regionalen Agenten verkörpert sieht, zur Aufgabe des M. bei der Durchsetzung der endzeitlichen Heilsordnung. Diese beginnt mit einem tausendjährigen Reich unter der Herrschaft des M. (Offb 20,4–6).

I. *J. Day* (Hg.), King and Messiah in Israel and the Ancient Near East, Sheffield 1998; *C. Frevel*, „Gerechtigkeit ist der Gürtel um seine Hüften" (Jes 11,5), in: *R. Göllner* (Hg.) Streitfall Jesus, Münster 2010, 123–142; *M. A. Knibb*, Apocalypticism and Messianism, in: *T. H. Lim/J. J. Collins* (Hg.), The Oxford Handbook of the Dead Sea Scrolls, Oxford 2010, 515–544; *T. N. D. Mettinger*, King and Messiah, Lund 1976; *G. S. Oegema*, The Anointed and His People, Sheffield 1998; *S. Schreiber*, Gesalbter und König, Berlin u. a. 2000; *E.-J. Waschke*, Der Gesalbte, Berlin u. a. 2001; *H. G. M. Williamson*, Variations on a Theme: King, Messiah and Servant in the Book of Isaiah, Carlisle 1998.

II. *H. J. Fabry/K. Scholtissek*, Der Messias, Würzburg 2002; *J. Kügler*, Pharao und Christus?, Bodenheim 1997; *C. Riedo-Emmenegger*, Prophetisch-messianische Provokateure der Pax Romana, Fribourg/Göttingen 2006; *S. Schreiber*, Gesalbter und König, Berlin u. a. 2000.

Joachim Kügler

Mischwesen / Kerub (M./K.)

(→ Dachartikel: Weltbild/Kosmologie)

Vorbemerkung: Grundsätzlich handelt es sich bei einem M. um ein belebtes Wesen, dessen Körper aus Teilen von Menschen und/oder Tieren verschiedener Gattungen (seltener Pflanzen oder Unbelebtes) zusammengesetzt ist. Ziel dieser Mischgestalten ist es, die charakteristischen Merkmale, Funktionen oder Kompetenzen der diversen Einzelwesen zu verbinden, um in der Summe der Teile alle Aspekte zu kumulieren und eine übermächtige Kreatur zu schaffen. M. sind ikonographisch wie lit. in Ägypten, Griechenland, Rom, dem Vorderen Orient und Palästina belegt.

I. AT: 1. Obwohl das Hebr. für M. kein eigenes Wort kennt, sind atl. im Nehuschtan, in den Kerubim, Serafim, Leviatan-, Behemot-, Rahab-Drachen sowie Tannin-Monstern (Gen 1,21; Ijob 7,12; 26,5–14; Jes 51,9; Ps 89,10ff) mischgestaltig vorgestellte Wesen belegt. Detailliertere Beschreibungen von M. bieten nur 1 Kön 6,23ff; Ez 1 und 10.

I. 2. Während man in Ägypten die hohen Gottheiten seit dem 3. Jt. v. Chr. mischgestaltig verehrte (z. B. Horus als Mensch mit Falkenkopf), gehörten M. in Vorderasien zu den niedrigen Gottheiten, zu den Wesen, die zwischen Göttern und Menschen standen. Sie konnten den Menschen eher helfend zugetan (→ Engel) oder dieselben bedrohend sein (→ Dämon) und erhielten nur selten eine eigene kultische Verehrung. Auch die autochthone paläst. Götterikonographie bevorzugte Götter in Menschen- oder Tiergestalt, ohne sie zu mischen. Doch brachte es die Grenzlage Palästinas zu Ägypten und Vorderasien mit sich, dass sich in Bezug auf M. die Einflüsse überkreuzten. Aus Ägypten könnte der Nehuschtan (2 Kön 18,4; Num 21,4–9) stammen, wenn es sich dabei um eine geflügelte Uräusschlange, d. h. die schwarznackige Speikobra handelte (O. Keel). V. a. in der Glyptik Judas des ausgehenden 8. Jh. v. Chr. finden sich die äg. beeinflussten vierflügeligen Uräen (*Abb. 46*), die mit den Serafen (Jes 6,1–4; 14,29) zu verbinden sind. Sie treten in Jes 6,1–4 mit zusätzlichem Flügelpaar ausgestattet als Thronwächter Jhwhs (→ Thron) auf. Erst die Spätzeit (1Hen 61,10; 71,6) machte aus ihnen Engelwesen. K. und Greifen stammen ebenfalls aus Ägypten. Der geflügelte menschengesichtige äg. Sphinx mit Löwenkörper wird atl. als Kerub bezeichnet und ist ikonographisch in der Levante gut belegt. In paläst. Ikono-

Abb. 46: Uräus mit vier Flügeln auf einem Siegelabdruck aus Lachisch. Quelle: *O. Keel/C. Uehlinger*, Göttinnen, Abb. 274c.

Abb. 47: Elfenbein aus Megiddo aus der SB-Zeit. Es zeigt den Fürsten auf dem Thron, flankiert von Mischwesen. Unten sieht man denselben Herrscher in seinem Streitwagen. Er kehrt siegreich vom Feldzug zurück und führt die erbeuteten Kriegsgefangenen vor. Quelle: *O. Keel/C. Uehlinger*, Göttinnen, Abb. 65.

Abb. 48: Elfenbein aus Samaria (9./8. Jh. v. Chr.). Geflügelte Sphinx mit äg. Doppelkrone.
Quelle: *O. Keel/C. Uehlinger,* Göttinnen, Abb. 232b.

Abb. 49: Kultständer aus Taanach (10. Jh. v. Chr.). Mischwesen sind u. a. im zweiten Register von unten dargestellt. Darunter findet man die Göttin als „Herrin der Löwen", darüber den Lebensbaum, der von Capriden flankiert wird.
Quelle: *O. Keel/C. Uehlinger,* Göttinnen, Abb. 184.

Abb. 50: Felsrelief bei Jerusalem. Dargestellt ist ein Mischwesen mit Menschenkopf.
Quelle: *K. Galling* (Hg.), Biblisches Reallexikon, Tübingen ^{2}1977, Abb. 54 (3).

Abb. 51: Der falkenköpfige Sphinx auf einem Skaraboiden aus Sichem (8. Jh. v. Chr.).
Quelle: *O. Keel/C. Uehlinger,* Göttinnen, Abb. 285c.

graphie ist der menschengesichtige Kerub z. B. auf Elfenbeinen aus Megiddo (2. Jt.; *Abb. 47*) und Samaria (9./8. Jh.; *Abb. 48*), als Motiv auf Kultständern (Taanach, 10. Jh.; *Abb. 49*) sowie auf einem Felsrelief bei Jerusalem (*Abb. 50*) bezeugt. Nordisraelit. Siegeldarstellungen des 8. Jh. v. Chr. ziehen falkenköpfige Sphingen vor (*Abb. 51*). Ein syr. Spezifikum ist der seit der SB-Zeit bis in die röm. Zeit belegte Sphingen- bzw. Kerubimthron. Er diente im 2. Jt. v. Chr. (*Abb. 47*) dem → König, im 1. Jt. v. Chr. zunehmend Göttern; leer ist er archäologisch erst seit der Perserzeit belegt. Die M. signalisieren, dass sich derjenige, der zwischen ihnen sitzt, in einer Zwischenwelt befindet. Im AT erscheint der K. als schützender Wächter und Thronträger (1 Kön 6,23–28; 8,6f), als Beschützer des Gottesgartens (→ Paradies), Lebensbaums oder Gottesbergs (Gen 3,24; Ez 28,14.16) und als Ausstattungselement des Heiligtums (1 Kön 6,29–32.35; Ex 26,1.31; 36,8). Jhwh als Kerubimthroner (1 Sam 4,4; 2 Sam 6,2 u. a.) im Jerusalemer → Tempel setzt den syro-phön. Sphingenthron, ein leerer Kerubimthron perserzeitliche Entwicklungen voraus. In Kontrast zum Thron Jhwhs in Jerusalem wird der Thronwagen in Ez 10 gezeichnet, durch den mit dem Ende Judas die Loslösung des Thronenden Jhwh mit seinen Kerubim vom → Zion erreicht wird. Modifiziert ist die traditionelle Kerubimikonographie, wenn sie in Ez 41,18f mit zwei Gesichtern ausgestattet werden.

Der Leviatan war ein monströses Wesen, das primär als Seeungeheuer galt (Jes 27,1; Ps 74,13f; 104,26). In Ijob 40,25–41,26 wird er als Riesenkrokodil vorgestellt, das zusammen mit dem Nilpferdmonster Behemot als Repräsentant des Chaos in Aufnahme des ao. Motivs des Drachenkampfs Jhwh unterlegen ist. Die M. von Dan 7,1–

8 repräsentieren die Abfolge der vier Weltreiche und sind allegorisch zu deuten.

II. NT: 1. Die LXX übersetzt die hebr. Bezeichnungen der atl. genannten M. z. T. mit griech. δράκων, wovon sich das deutsche „Drache“ ableitet. Diese Drachen personifizieren im NT das → Böse, Chaos und ungebändigte → Meer, sodass es kein Zufall ist, dass die neue → Schöpfung in Offb 21 einen neuen → Himmel und eine neue → Erde, jedoch kein neues Meer kennt.

II. 2. Im NT treten M. in Form von drachenartigen Tieren in Offb 12f; 16f; 19f auf, die als lit. Konstrukte und allegorisch zu deuten sind. Als Vorbilder dienten Ez 1; 10; Dan 7 und die atl. M., die negativ konnotiert sind. Am Ende der → Zeiten findet in apokalyptischer Szenerie ein Drachenkampf statt, der unter Beteiligung von mehreren → Engeln damit endet, dass Jhwh seine endgültige → Herrschaft aufrichtet und eine neue Schöpfung entsteht. Offb 4,7f nimmt zwar das Trishagion aus Jes 6,3 auf, lässt es jedoch durch die Kerubim von Ez 10,14 anstelle von Serafim sprechen, die ntl. nicht belegt sind.

I. *B. F. Batto*, Slaying the Dragon, Louisville 1992; *J. Day*, God's Conflict with the Dragon and the Sea, Cambridge u. a. 1985; *M. Görg*, Keruben in Jerusalem: BN 4 (1977) 13–24; *A. Green*, Mischwesen. B. Archäologie. Mesopotamien, RLA 8 (1994) 246–264; *F. Hartenstein*, Cherubim and Seraphim in the Bible and in the Light of Ancient Near Eastern Sources, in: F. *V. Reiterer* u. a. (Hg.), Angels, Berlin u. a. 2007, 155–188; *B. Janowski*, Keruben und Zion, in: *D. R. Daniels* u. a. (Hg.), Ernten, was man sät, Neukirchen-Vluyn 1991, 231–264; *O. Keel*, Jahwe-Visionen und Siegelkunst, Stuttgart 1977; *ders.*, Merkwürdige Geschöpfe: BiKi 60 (2005) 139–144; *M. Metzger*, Jahwe, der Kerubenthroner, die von Keruben flankierte Palmette und Sphingenthrone aus dem Libanon, in: *I. Kottsieper/J. van Oorschot* u. a. (Hg.), „Wer ist wie du, Herr, unter den Göttern?“, Göttingen 1994, 75–90; *ders.*, Keruben und Palmetten als Dekoration im Jerusalemer Heiligtum und Jahwe, „der Nahrung gibt allem Fleisch“, in: *F. Hahn/F.-L. Hossfeld* u. a. (Hg.), Zion, Frankfurt/M. 1993, 503–529.

II. *H. Lichtenberger*, The Down-Throw of the Dragon in Revelation 12 and the Down-Fall of God's Enemy, in: *C. Auffarth/ L. T. Stuckenbruck* (Hg.), The Fall of the Angels, Leiden 2004, 119–147.

Angelika Berlejung

Mitte (M.)

(→ Dachartikel: Schrift/Schriftverständnis)

I. Die Frage nach der „M. der/einer Schrift“ ist eine typisch syst.-theol. Frage, die in der Literaturwissenschaft seit der Antike zwar strukturell, aber nur in Deutschland inhaltlich wichtig ist. Als M. vorgeschlagen wurden: Das Dtn, das Thema → Heil/→ Erlösung/→ Gnade, → Heiligkeit Gottes, → Bund, → Herrschaft Gottes und → Gemeinschaft zwischen Gott und Mensch, die Bundesformel, die → Tora, → Rechtfertigung, → Jesus Christus, Gott (→ Gottesvorstellungen) u. a. In der Regel sind alle Versuche zu selektiv, zu abstrakt, zu unbestimmt und reduzieren die vielfältigen Glaubenserfahrungen auf eine Sicht. Wo diese Fokussierung und die konzentrische Struktur fehlen, fehlt die Frage nach der M. Diese verdankt sich der dogmatischen Grundentscheidung M. Luthers, der ab 1519 radikal die Christologie und hier noch einmal die pln. Rechtfertigungslehre zum kritischen Prinzip aller theol. Unterscheidungen macht. 1522 heißt es in der Vorrede zum Jak: „Auch ist das der rechte prufesteyn alle bucher zu taddeln, wenn man sihet, ob sie Christum treyben, odder nit. […] Was Christum nicht leret, das ist nicht Apostolisch.“ (WA 7,384) Das bisherige Kriterium apostolischer Verfasserschaft wird in ein dogmatisches Kriterium verwandelt und zum Maßstab der kanonischen bzw. deuterokanonischen (Hebr, Jak, 2 Petr, 2 u 3 Joh, Jud, Offb) → Normativität gemacht, ohne dass letztere aus dem → Kanon gestrichen wurden. Wohl wurden sie theol. abgewertet, während man auf kath. Seite seit 1566 (Sixtus von Siena) zw. älteren und jüngeren → Schriften des Kanons unterschied.

Inhaltlich umfassender, das AT einschließend und sprachl. treffend heißt es bei Luther zu Joh: „Der Herr weiset uns darmit den rechten grieff, Mosen und alle Propheten auszulegen […], nemlich, das Christus sei der punct im Circkel. […] Den er ist das mittel punctlein im Circkel, und alle Historien in der heiligen schriefft, so sie recht angesehen werden, gehen auf Christum.“ (WA 47,66) „Nimm Christus aus der Heiligen Schrift, was wirst du außerdem noch darin finden?“ (WA 18,606)

II. Ob die ganze heilige Schrift oder das ganze NT

christologisch auszulegen sind oder nicht, ist bis heute *das* kontrovers diskutierte Kanonproblem. Es ist ein Scheinproblem wie die Frage nach der M. Sie entscheidet sich daran, ob man bibl. Texte textorientiert, genauer entstehungsgesch. auslegt oder leserorientiert und wie stark das Vorurteil des Lesers anzusetzen ist. Dass beide Lesarten im Ansatz (!) gleichberechtigt sind, ist heute unbestritten (→ Exegese). Doch hat beim Wechselspiel zwischen Text und Leser der Text letztlich ein Widerspruchsrecht gegen alle dogmatischen Entscheidungen.

In der Perspektive der Textproduktion gibt es aufgrund lit. und theol. auch einander widersprechender Konzeptionen im AT und NT keine abstrakt syst. M. (zum AT vgl. die Bundeskonzeption in der P und im DtrG, im NT vgl. die Rechtfertigung allein durch → Glauben bei Paulus sowie das Zusammenwirken von Glauben und Tun in Mt und Jak). Es gibt in bibl. Texten aufgrund deren situativer Entstehung zu verschiedenen Themen unaufhebbar unterschiedliche Theol. In dieser Perspektive ist nur Vielfalt zu konstatieren.

Dennoch besteht aufgrund der Entscheidungen der jüd. und der christl. Glaubensgemeinschaft das Problem von → Einheit/Vielheit. Durch Rezeption gelten nicht aufgrund des Alters, wohl jedoch durch Akzeptanz bestimmte Schriften als normativ (vgl. die Prae-Position der Tora und der Evv.), eine Wertung, die verändert werden kann (vgl. die Ablehnung des AT durch Markion und Harnack oder die Bevorzugung der pln. Theol. durch Luther im Gegensatz zu Calvin, Zwingli und Karlstadt). Auch die kath. Kirche vertritt „eine Rangordnung oder ‚Hierarchie' der → Wahrheiten innerhalb der kath. Lehre", deren Wertigkeit aufgrund „ihres Zusammenhangs mit dem Fundament des christl. Glaubens" bestimmt wird (II. Vatikanum Unitatis Redintegratio 11). Wie die Vielfalt der Orden belegt, wird hier hermeneutisch fixiert, was faktisch immer durch Rezeption bestimmter Texte gelebt wurde.

Versteht man den semantisch offenen Begriff M. nicht textlich fixiert, sondern rezeptionsorientiert, nicht statisch, sondern auch im NT für eine größere Zukunft offen (1 Kor 15,23–28; Röm 11,25–36), dann ist die damit gemeinte Sache zwar nicht produktions-, wohl aber rezeptionsorientiert angemessen, da jeder Gläubige die Bibel selektiv rezipiert und zu leben versucht. Normativ werden Texte nur in der Rezeption.

Das Fundament des christl. Glaubens und die M. des NT hat Luther christologisch angegeben. Auch wenn im wiss. Bereich auf ev. Seite die Konzepte zur Bundestheol., zum → Monotheismus und zur → Gerechtigkeit entwickelt wurden, ist in Liturgie und → Gebet, im Bewusstsein christl. Identität bei kath. und ev. Christen folgendes unbestritten: Jesus Christus ist die M. der Schrift. Hier gilt es – metaphorisch formuliert – ein neues astronomisches Koordinatensystem zu entwerfen, in dem Gott selbst die M. bildet (Ps 27,1; 36,10; 97,11; 104,2; Mi 7,8), wenn denn das NT ein Trabant des AT ist, nicht nur hist., sondern auch sachlich. Denn: Die Einzigkeit Gottes ist nicht nur die sachliche Grundlage der Verkündigung Jesu, sondern auch des pln. Ev., da Gott exklusiv der Handelnde ist: in der Auferweckung (1 Thess 1,10; Gal 1,1), in der → Versöhnung (2 Kor 5,19), in der Rechtfertigung (Röm 4,5) und in der Vollendung der → Geschichte (1 Kor 15,23–28; Röm 11,1–10.29–36; 15,9–13). Auch Paulus versteht sein Ev. als Auslegung des Bekenntnisses „Gott ist Einer", auch wenn er als hell. gebildeter Jude die Theozentrik christologisch radikalisiert. Die Theozentrik bleibt aber für Paulus wie für alle bibl. Theologen der *articulus stantis et cadentis* des Glaubens, mit dem alles steht und fällt. Christen haben dies neu zu lernen.

H. Frankemölle, „Biblische" Theologie: ThGl 92 (2002) 157–176; *M. Oeming*, Das Alte Testament als Teil des christlichen Kanons?, Zürich [3]2001; *ders.*, Viele Wege zu dem Einen, in: *S. Beyerle/A. Graupner* (Hg.), Viele Wege zu dem Einen, Neukirchen-Vluyn 2012, 83–108; *L. Schwienhorst-Schönberger*, Einheit und Vielheit, in: *F.-L. Hossfeld* (Hg.), Wieviel Systematik erlaubt die Schrift?, Freiburg 2001, 48–87.

Hubert Frankemölle

Monotheismus (M.)

(→ Dachartikel: Gottesvorstellungen)

I. AT: 1. *Der Begriff M.* ist ein erstmals 1660 bei dem engl. Philosophen H. Moore nachweisbares Kunstwort, das als Gegenbegriff zum Terminus „Polytheismus" eingeführt wurde, um die „wahre

Abb. 52

Rel." (*vera religio*) vom „idolatrischen Heidentum" zu unterscheiden. Wie die neuere M.-Diskussion gezeigt hat, ist der Begriff „Polytheismus" allerdings als definitorische Hintergrundfolie für die Kategorie „M." ungeeignet, weil er in der Regel verwendet wird, ohne auf die Struktur des jeweiligen Pantheons zu achten, das „erst als Ganzes die göttliche Wirklichkeit repräsentiert" (Oeming/Schmid, Gott, 16). Versucht man demgegenüber, den Begriff M. aus sich heraus zu verstehen, tritt sogleich seine Vielgestaltigkeit zutage. So bildet das Merkmal des „einen/einzigen Gottes" zwar so etwas wie einen gemeinsamen Nenner, darüber hinaus gibt es aber zahlreiche Formen und Aspekte, die sich durch die Prädikate „exkludierend vs. inkludierend", „implizit vs. explizit", „monolatrisch", „monotheistisch", „Einheit", „Einzigkeit" u. a. profilieren lassen. Gefordert ist daher eine religions- und theologiegesch. Präzisierung des M.-Begriffs.

I. 2. Ohne die rel., sozialen und kultischen Bezüge zu thematisieren, in denen das *Handeln des einen/einzigen Gottes* steht, lassen sich auch keine *Aussagen über seine Existenz* machen. Die Frage ist also, wie Gott handelt, wenn er als der eine/einzige in Erscheinung tritt, und wie er von seinen Verehrer/innen wahrgenommen wird, wenn sie ihn als den einen/einzigen bekennen. Methodisch bedeutet dies, dass die konzeptionelle Einbettung der → Gottesvorstellung in das jeweilige rel. Symbolsystem zu beachten ist. Im Blick auf die *Entstehung und die Gesch. des M. im alten Israel* ist dabei von zwei archimedischen Punkten und – was die Problematik des Anfangs angeht – von einer offenen Frage (s. unter I. 3) auszugehen. Der eine Ansatzpunkt für die entstehungsgesch. Rückfrage liegt bei epigraphischen Dokumenten der mittleren und späten Königszeit (8./7. Jh: Ḫirbet el-Kōm, Kuntilet ʿAǧrūd; Ketef Hinnom), auf Grund deren das Problem eines „Polyjahwismus"

(„Jhwh von Samaria" bzw. „Jhwh von Teman", Jhwh-Aschera-Problem → Göttin) und damit der Sachverhalt deutlich wird, dass Jhwh im königszeitlichen Israel in unterschiedlichen Manifestationsformen bekannt war. Sein Gegenstück – das ist der andere Ansatzpunkt – hat diese Form des Polyjahwismus im monojahwistischen Credo von Dtn 6,4: „Höre Israel, Jhwh ist unser Gott, Jhwh ist einer (*ʿæḥād,* Zahlwort!)". Dass Dtn 6,4 ursprünglich ein monojahwistisches („einer") und nicht ein monotheistisches („einzig") Bekenntnis ist, geht aus einem Vergleich mit Dtn 5,6f und Dtn 4,35.39 (dtr.) hervor. Denn während Dtn 4,35.39 von der *Einzig(artig)keit Jhwhs* (vs. Existenz anderer Götter, die bestritten wird) spricht, formuliert Dtn 5,6f den Gedanken der *Ausschließlichkeit/Exklusivität Jhwhs* (vs. andere Götter, die es gibt); demgegenüber spricht Dtn 6,4 von der Einheit Jhwhs (vs. Vielheit der Götter, vgl. Polyjahwismus), dem die ungeteilte → Liebe Israels gilt (Dtn 6,5). Man kann dieses Bekenntnis auch mit der Formel „Jhwh ist unser einziger Gott" umschreiben. So ergibt sich in der Abfolge von Dtn 4–6 eine doppelte Leserichtung, die zum einen der *kanonischen* Anordnung Dtn 4 – 5 – 6 und zum anderen der *entstehungsgesch.* Anordnung Dtn 6 – 5 – 4 folgt.

I. 3. In der Zeit zwischen dem 8.–6. Jh. v. Chr. (Inschriften des 8./7. Jh. und Dtn 6,4f) vollzog sich die entscheidende Weichenstellung in der Gesch. des M., die in exil.-nachexil. Zeit in einen reflektierten M. mündete (Ex 20,2 f. par.; Dtn 5,6f; Jes 43,10f; 44,6–8; Dtn 4,35.39 u. a., s. *Abb.* 52). Eine offene – und kaum lösbare – Frage ist dabei, wo der Anfangspunkt dieser Entwicklung liegt und welches Profil die monotheistische → Gottesvorstellung ursprünglich hatte. Vielleicht lassen sich für das 10.–8. Jh. v. Chr. noch einzelne Spuren erkennen (s. *Abb.* 52) – was aber war davor? Nach O. Keel stand am Anfang eine Kombination aus Aspekten des Wetter-/Kriegsgottes (vom Typ Baal-Seth) und der ao./jerusalemischen Sonnengottheit(en), die die rel. Verhältnisse im davidischen Jerusalem geprägt haben (→ Gestirne). Jenseits dieser diskutablen Hypothese, die man unter der Bezeichnung Solarisierung des *Wettergottes Jhwh* zusammenfassen kann, ist deutlich, dass die Heimat des frühen Jhwh-*Glaubens* Südostpalästina war. Ferner lässt sich feststellen, dass Jhwh von Anfang an eine *solitäre Stellung* (keine Frau, keine Kinder, kein Pantheon), aber ein *personales Verhältnis zu einer Großgruppe* namens „Israel" (→ Israel/Juda) hatte (Ri 5,3.5 u. ö.). Sowenig die solitäre Stellung Jhwhs aber schon seine Exklusivität begründete, sowenig führte das personale Gottesverhältnis Israels notwendig bzw. automatisch zum M. Dazu bedurfte es leidvoller gesch. Erfahrungen (Revolution Jehus, ass. Krise der israelit. Rel., → Exil), die in nachexil. Zeit zum Durchbruch kamen und zur Ausformulierung des reflektierten M. führten.

II. NT: 1. Der Begriff M. ist keine bibl. Vokabel, auch nicht im NT. Moderne Assoziationen und Diskussionen (z. B. zur Verbindung von M. und Intoleranz) dürfen nicht unreflektiert in die bibl. Zeugnisse eingetragen werden. Der ntl. M. (→ Gottesvorstellungen) ist Ausdruck und Ergebnis einer hermeneutischen Pionierarbeit der ersten zwei, drei urchristl. Generationen: Die ersten Christen standen vor der Aufgabe, Botschaft, Wirken und Geschick Jesu verstehend zu deuten, in angemessene Worte zu fassen und in den ihnen vertrauten jüd. Gottesglauben zu integrieren. Die uns in den ntl. Schriften begegnenden Akteure dieser hermeneutischen Pionierarbeit waren teilweise Augen- und Ohrenzeugen des Lebens und Sterbens, also Jünger und Jüngerinnen Jesu, teilweise Zeugen der → Auferstehung Jesu, teilweise Schüler und Schülerinnen der → Apostel, teilweise Missionare und Evangelisten, Tradenten und Autoren der urchristl. Schriften. Auf der Basis ihres jüd. Gottesglaubens einerseits und der Botschaft und dem Geschick Jesu andererseits verkündeten sie ihrem → Glauben und ihrem Auftrag entsprechend die Botschaft Jesu weiter. Dabei rückte zu der Botschaft Jesu (*genitivus objectivus*) auch die Botschaft von Jesus (*genitivus subjectivus*) in den Blickpunkt: Wer ist dieser Jesus von Nazaret? In welchem Verhältnis steht er zu Gott? Diese Fragestellung nach der Identität Jesu bricht schon beim vorösterlichen Jesus auf. Seine vollmächtige Verkündigung in Wort und Tat provoziert diese Frage bei seinen Gegnern, seinen Nachfolgern und den Beobachtern. Durch die Erfahrung und Verkündigung der Auferstehung Jesu erhält die Frage nach der Identität Jesu erheblichen Nachdruck.

Implizite christologische und explizite christologische Aussagen können unterschieden werden, eine schablonenhafte Zuordnung der impliziten christologischen Aussagen zur vorösterlichen und der expliziten christologischen Aussagen (→ Messias, Menschensohn, Kyrios, Sohn Gottes, → Gottesknecht, Logos) zur nachösterlichen Zeit ist jedoch unzutreffend: Die exegetische Forschung kommt im Blick auf die impliziten und expliziten Selbstaussagen Jesu, auf die Hoheitstitel und die nichttitulare Christologie zu einem sehr differenzierten (kontroversen) Befund, der einfache Schablonen nicht zulässt. Das in der liberalen Leben-Jesu-Forschung bedeutsame Entwicklungsschema, im Urchristentum habe sich eine stetig wachsende dogmatische Interpretation Jesu durchgesetzt, die dem ‚einfachen' Menschen (wahlweise auch Rabbi, → Prophet, Weisheitslehrer) Jesus von Nazaret zunehmend ‚göttliche' Züge angetragen habe, ist unterkomplex und wird dem exegetischen Befund nicht gerecht. Auch das analoge, aber differenzierter vorgetragene zeitliche Entwicklungsschema, die ursprünglich ‚niedrige' bzw. ‚einfache' Christologie habe sukzessive eine Steigerung zu einer ‚hohen' Christologie erfahren, wird dem ntl. Zeugnis ebenso wenig gerecht: Sog. ‚hohe' christologische Aussagen wie die Präexistenz, die Schöpfungsmittlerschaft (→ Schöpfung) oder die Gottessohnschaft Jesu sind keine ‚späten', sondern nachweislich ‚frühe' urchristl. Glaubensaussagen (vgl. nur Phil 2,6–11). Zudem sagt die (hypothetische) Annahme einer zeitlich ‚späten' Aussage nichts über deren Wahrheitsgehalt aus.

Basis für den hermeneutischen Suchprozess, der sich im NT widerspiegelt, ist (a) der jüd. Gottesglaube, der auch der Glaube Jesu war, (b) die Botschaft Jesu selbst, die sich durchgehend jüd. Glaubensaussagen und → Verheißungen (z. B. → Herrschaft Gottes) bedient und (c) Glaubenserfahrungen mit dem vorösterlichen (→ Heilungen, Sündenvergebung) und dem auferstandenen Jesus. Maßgebliche Koordinaten dieses hermeneutischen Suchprozesses sind die eschatologischen Erwartungen (→ Eschatologie) und Verheißungen, die im Glauben Israels lebendig waren, sowie die damit verbundenen Heilbringer- bzw. Messiaserwartungen (Messias, Menschensohn, Gottesknecht).

II. 2. Die Verkündigung Jesu (vgl. Lk 11,2; Mt 12,29f) und die ntl. Schriften setzen den jüd. M. als gültig voraus und wollen ihn an keiner Stelle in Frage stellen (vgl. 1 Thess 1,9f; 1 Kor 8,4–6; Gal 3,20; Röm 1,23–25; Joh 17,3; Apg 14,15; 15,19f; 19,26; Eph 4,6; 1 Tim 2,5). Dabei sind die christologischen und pneumatologischen Aussagen durchaus vielstimmig, aber nicht widersprüchlich. Sie verdanken sich nicht einer syst. Absicht, sondern konkreten, oftmals liturgischen Verkündigungssituationen, aus denen heraus und in die hinein sie sprechen. Gerade die pln. Briefe sind beredte Zeugnisse, wie sich im NT Glaubensaussagen in konkreten Konflikten profilieren. Die Grundfrage lautet: Wie lassen sich die Person Jesu von Nazaret, der als Messias Israels verkündet wird, und Gottes → Geist Gott selbst zuordnen? Die ntl. Zeugnisse greifen dazu auf bibl. Vorgaben und das Wirken Jesu zurück. Im Kern geht es ihnen um die Aussage: In → Jesus Christus, in seiner → Sendung in Wort und Tat und seiner Auferweckung zu lebendiger Gegenwart aus dem Geheimnis Gottes, offenbart sich eschatologisch verbindlich die heilbringende Kraft und Gegenwart Gottes selbst (vgl. 2 Kor 4,4: Jesus Christus als „Ikone/→ Ebenbild Gottes" [vgl. Kol 1,15]; Hebr 1,1–4: „Abglanz seiner Herrlichkeit"; „Ebenbild seines Wesens"; vgl. Röm 1,3f; Eph 1,3; 1 Tim 3,16; Offb 1,4–6). Diese Anwesenheit Gottes ist nicht punktuell und damit vergänglich gedacht, sondern die Zeiten überdauernd und bleibend (vgl. Jesus Christus als Gottes „Immanuel" nach Mt 1,23; 18,20; 28,20). Diese Gegenwart Gottes in Jesus Christus hat auch keinen kontingenten Anfang in der → Geschichte, sondern liegt dieser voraus (vgl. Präexistenz, Schöpfungsmittlerschaft, Inkarnation, Allherscher [vgl. Joh 1,1–18; Phil 2,6–11; Kol 1,15–20; Hebr 1,1–4; Offb 1,8]). Schließlich betonen ntl. Zeugnisse auch die vollständige, uneingeschränkte Gegenwart Gottes in seinem Sohn (vgl. Kol 1,19: „alle Fülle"). Die verschiedenen ntl.-christologischen Aussagen haben weitreichende Präformationen in der jüd. Überlieferung, insbes. in der personifizierten, hypostatisch gedachten → Weisheit). Wie in der vorausgehenden und weitergehenden Gesch. Gottes mit seinem Volk → Israel und der darin sich bezeugenden → Erwählung und rettenden Zuwendung Gottes offenbart Gott sich nach ntl. Selbstverständnis selbst in Jesus Christus, zeigt Gott, wer er für sein Volk seit → Ewigkeit her und für alle Ewigkeit ist (vgl. Joh 3,16; 1 Joh 4,8.16). In dieser Linie sind auch die ntl. Zeugnisse zu verstehen, die Jesus Christus als „Gott“ ansprechen (vgl. Joh 1,1 [„und das Wort war bei Gott, und Gott war das Wort“]; 1,18 [„der Einziggeborene, der Gott ist“]; 20,28 [„Mein Herr und mein Gott“]; Tit 2,13; 1 Joh 5,20; Röm 9,5 [„und aus denen Christus herkommt nach dem Fleisch, der da ist Gott über alles, gelobt in Ewigkeit“]; 2 Petr 1,1; Hebr 1,8f; Offb 1,8 [„Ich bin das A und das O, spricht Gott, der Herr, der da ist und der da war und der da kommt, der Allmächtige [Pantokrator]“]; 21,6; 22,13).

II. 3. Joh (analog auch Paulus [!]: Gal 2,20; 4,19; 2 Kor 13,3.5; Röm 8,10) bezeugt mit den Sendungs-, Einwohnungs- und Einheitsaussagen eine vertiefte Reflexion auf die Zuordnung von Vater und Sohn: Die wechselseitige Einwohnung von Vater und Sohn (vgl. Joh 10,38; 14,10f; 15,1–17, 21–23) begründet eine *unio distinctionis* zwischen beiden: Der im Sohn anwesende Vater hört nicht auf, der Vater zu sein; der im Vater anwesende Sohn hört nicht auf, der Sohn zu sein. Joh redet nicht einer Verschmelzung (*unio indistinctionis*) das Wort (Joh 1,1; 10,30 und 20,28 wären so falsch verstanden), sondern definiert Identität aus gegenseitiger Einwohnung bzw. aus innigster Beziehung. Das Proprium des Vaters (z. B. der Vater bleibt immer der Sendende und wird nicht gesandt) wird durch die Einwohnung im Sohn nicht relativiert, sondern allererst ermöglicht (vgl. 17,3). Das Proprium des Sohnes (z. B. der Sohn bleibt immer der vom Vater Gesandte und der ihn „Auslegende“ [Joh 1,18]) wird durch die Einwohnung im Vater nicht relativiert, sondern allererst ermöglicht.

II. 4. Triadische bzw. prototrinitarische Aussagen im NT sind über die ntl. Schriften verteilt und lassen sich sowohl ‚frühen‘ wie auch ‚späten‘ ntl. Schriften zuordnen: 1 Kor 12,4–6; 2 Kor 1,21f; 3,17; 13,13; Joh 4,24; Mt 28,19; Eph 4,4–6; 1 Petr 1,2; Offb 1,4–5 (→ Geist). Die christologischen wie die prototrinitarischen Zeugnisse sind durch eine *relationale* und *metaphorische* Sprache geprägt: Die Verkündigung Jesu als „Sohn Gottes“ hat z. B. eine familienmetaphorische Grundierung. Ntl. Zeugnisse (bes. Johannes und Paulus) entwickeln einen Personbegriff (→ Person), der Identität in einer Relation begründet sieht (*relationale Ontologie*). Personhafte Züge im Blick auf ihre pneumatologischen Aussagen finden sich bei Johannes in der Parakletvorstellung (vgl. 14,26: „er wird euch einen anderen Parakleten geben“) und in anderer Weise auch bei Paulus (vgl. Röm 8,1–17). Gerade Joh entwickelt eine in Gott selbst begründete und diese mitteilende Personalität, die ihre Identität durch eine Lebensgemeinschaft gewinnt, deren dichtester Ausdruck die wechselseitige Einwohnung ist. Darin erweist sich Joh als Ausgangspunkt der theol. Reflexion auf einen Personbegriff, der Individualität und personale → Gemeinschaft als gleichursprüngliche Momente zusammenzudenken versteht und so der altkirchlichen trinitarischen Reflexion vorarbeitet.

I. *R. Albertz*, Das Rätsel des israelitischen Monotheismus: Welt und Umwelt der Bibel 4 (1999) 3–5; *W. Dietrich/M. Klopfenstein* (Hg.), Ein Gott allein?, Fribourg/Göttingen 1994; *O. Keel*, Sturmgott – Sonnengott – Einziger: BiKi 49 (1994) 82–92; *ders.*, Die Geschichte Jerusalems und die Entstehung des Monotheismus, Göttingen 2007; *M. Köckert*, Vom einen zum einzigen Gott: BThZ 15 (1998) 137–175; *M. Leuenberger*, Gott in Bewegung, Tübingen 2011; *J. van Oorschot/M. Krebernik* (Hg.), Polytheismus und Monotheismus in den Religionen des Vorderen Orients, Münster 2002; *K. Schmid*, Differenzierungen und Konzeptualisierungen der Einheit Gottes in der Religions- und Literaturgeschichte Israels, in: *M. Oeming/K. Schmid* (Hg.), Der eine Gott und die Götter, Zürich 2003, 11–38; *F. Stolz*, Einführung in den biblischen Monotheismus, Darmstadt 1996; *M. Weippert*, Synkretismus und Monotheismus, in: *ders.*, Jahwe und die anderen Götter, Tübingen 1997, 1–24.
II. *H.-J. Fabry/K. Scholtissek*, Der Messias, Würzburg 2002; *F. Hahn*, Theologie des Neuen Testaments, Tübingen ³2011; *L. W. Hurtado*, One God, One Lord, Edinburgh ²1998 (paperback 2003); *W. Popkes/R. Brucker* (Hg.), Ein Gott und ein Herr, Neukirchen-Vluyn 2004; *V. Rabens*, The Holy Spirit and Ethics in Paul, Tübingen 2010; *K. Scholtissek*, In ihm sein und bleiben, Freiburg 2000; *ders.*, Jesus, der Christus, im Zeugnis des NT: Studien zum Neuen Testament und seiner Umwelt. A 31 (2006) 89–126; *W. Schrage*, Unterwegs zur Einheit und Einzigkeit Gottes, Neukirchen-Vluyn 2002; *T. Söding*, Ein Gott – Ein Herr – Ein Geist, in: *B. Groen/A. Budde* (Hg.), Liturgie und Trinität, Freiburg 2008, 12–57; *D. Staudt*, Der eine und einzige Gott, Göttingen 2012.

Bernd Janowski (AT)/Klaus Scholtissek (NT)

Nachfolge (N.)

(→ Dachartikel: Ethik)

I. AT: Aufgrund der Sprachtradition verbindet sich N. primär mit Jesus bzw. den ntl. Texten. Dabei wird meist übersehen, dass N. auch Thema des AT ist und die christl. Theologiegesch. aufgrund des patr. Einflusses N. mit Nachahmung Christi, *Imitatio Christi*, gleichsetzt, was aber durchaus zu unterscheiden ist. Im AT ist N. kein zentraler Begriff, was u. a. auch durch die Zionstheol. zu erklären ist: Da die → Herrlichkeit Gottes im → Tempel anwesend ist und Gott inmitten seines → Volkes weilt, erübrigt sich der Begriff der N. Die N. Gottes vollzieht sich im Halten seiner Gebote; im Bereich der Wegmetaphorik, die für die gesamte Bibel bezeugt ist, kann N. bedeuten, die → Wege Gottes zu gehen, womit wiederum die → Tora thematisiert wird (Dtn 13,5; 1 Kön 14,8; 2 Kön 23,3; Jer 2,2; Hos 11,10). Häufig findet sich atl. N. mit negativer Konnotation im Sinne von „nachlaufen, hereinfallen auf“ (hebr. *hlk* [*ʾaḥ^a^rē ʾ^æ^lōhīm*]), wenn das Einlassen auf fremde Götter gemeint ist. Man geht vom wahren Gott weg und läuft vermeintlichen Göttern hinterher (Dtn 4,3; 6,14; 8,19; 11,28; 13,3; Jer 2,5.8.23.25; Ez 20,16).

II. NT: 1. Die N. wird im NT mit den Verben ἀκολουθέω („folgen, nachfolgen“) und κατακολουθέω („nachfolgen“) formuliert.

II. 2. Ntl. begründet sich die Vorstellung der N. in einem Handeln Jesu; auch wenn die Berufungsgeschichten (Mk 1,16–20par.; 2,13–17par.; Lk 5,1–11) nachösterlich überarbeitet wurden, gibt es keinen Grund, den Grundbestand dieser Texte nicht auf jesuanisches Handeln zurückzuführen. Ob Jesus selbst sich dabei an prophetischen Beispielen orientiert hat (1 Kön 19,19–21: Elija-Elischa), muss offen bleiben; die Textüberlieferung ist auf jeden Fall davon beeinflusst. Erkennbar ist die autoritative Berufung Einzelner durch das Befehlswort Jesu in eine gemeinschaftliche Praxis – Wanderexistenz, Familienverzicht, Erwerbs- und Besitzlosigkeit – mit ihm (Mt 8,20; Mk 10,28–30par.; → Familie, → Besitz). Wegen der drängenden Nähe des Reiches Gottes (→ Herrschaft) ist die N. allen anderen Pflichten und gesellschaftlichen Konventionen vorgeordnet (Lk 9,60par.). Neben dem engeren Kreis der Zwölf, die das eschatologisch restituierte → Israel repräsentierten, gab es noch einen weiteren Kreis von Jüngerinnen und Jüngern (Mk 15,41; Lk 8,1f) und sesshaften Anhängerinnen (→ Apostel), die zwar das Wanderleben nicht teilten, es aber erst weitgehend ermöglichten (Haus des Petrus, Maria und Marta). Angesichts der Jüngerflucht bei der → Passion, der Ostererfahrung und der Neukonstitution als Gemeinde des Auferstandenen bedurfte das Konzept der N. einer Neubestimmung, die sich aber am hist. Jesus ausrichtete. Dabei zeigt sich, zumindest rezeptionsgesch., dass die lk. Historisierung der N. paränetisch erfolgreich ist: Die geschehene N. Jesu wird in den Gemeinden als bleibendes und maßgebliches Beispiel christl. Praxis vergegenwärtigt, ohne dass es zu einer schlichten Nachahmung käme, vielmehr ist die eigene Situation zu berücksichtigen und Kreativität gefragt. Die hist. Zeichen der N. sind damit keineswegs erledigt, sondern können jeweils aktualisiert werden. Durch den Kreuzestod Jesu wird die existentielle Ernsthaftigkeit der N. unterstrichen (Mk 8,34); N. kennt auch nachösterlich keine Begrenzung. Als ethisches Konzept setzt N. Jesu die → Freiheit zur N. und die Vielfältigkeit der N. voraus; N. meint nie eine Entmündigung des eigenen Tuns und eine schlichte Kopie (1 Kor 13).

I. *J. K. Brown*, The Disciples in Narrative Perspective, Leiden 2002; J. M. Dawsey, Peter's Last Sermon, Macon 2010; *G. Fischer/M. Hasitschka*, Auf dein Wort hin, Innsbruck 1995; *S. Fuhrmann*, Martyriumsvorstellungen in Antike und Mittelalter, Leiden 2012; *M. P. Hera*, Christology and Discipleship in John 17, Tübingen 2013; *M. P. Zehnder*, Wegmetaphorik im Alten Testament, Berlin u. a. 1999.
II. *C. Breytenbach*, Nachfolge und Zukunftserwartung nach Markus, Zürich 1984; *M. Fander*, Frauen in der Nachfolge Jesu: EvTh 52 (1992) 413–433; *P. Kristen*, Familie, Kreuz und Leben, Marburg 1995.

Rainer Kampling

Nächster (N.) / Nächstenliebe

(→ Dachartikel: Ethik)

Vorbemerkung: Das Begriffsfeld N. ist exegetisch durch eine einseitige Betrachtung belastet: Während man dem AT unterstellt, dass es den Begriff partikularistisch verstehe, behauptet man für das

NT eine universalistische Entgrenzung. Dabei werden weder die verschiedenen Textformen noch ihre hist. Kontexte beachtet. Es bleibt dagegen festzuhalten, dass AT und NT theoretisch ein entgrenztes Verständnis kennen, das sich aber in der Praxis im engeren sozialen Kontext (Sippe, Nachbarschaft, → Volk, Gemeinde) realisiert. Die ntl. Reflexionen über den N. fußen alle mehr oder weniger auf Lev 19,18.

I. AT: 1. Für den N. stehen im Hebr. die Begriffe *ʾāḥ* („Bruder, Verwandter, Stammesgenosse, N.") und *rēac* („Stammverwandter, Volksgenosse").

I. 2. N. wird nach Ex 11,2; 12,35; 33,11 allgemeingültig verstanden: Eine Aus- oder Abgrenzung ist hier nicht gegeben. In Lev 19,18; Dtn 15,2–10 findet sich zwar eine Ausnahme derer, die nicht zum Volk gehören, aber diese Ausgrenzung soll das Gebot der Nächstenliebe als Akt der Solidarität im Gottesvolk unterstreichen (ähnlich Gal 6,10; 1 Tim 5,8). Die theol. Begründung in Lev 19,18 macht die Nächstenliebe zu einem *status confessionis*: Die Anerkenntnis des einen Gottes, der → Israel ruft, hat sich in konkreter Hilfe für den anderen zu erweisen. Daher ist die Verweigerung der Nächstenliebe ein Akt, der gegen Gott und seinen → Bund gerichtet ist (Ps 82; Jes 10,1–3; Am 2,6–8). Auch Dtn 15 hebt auf eine aktive, keineswegs habituelle Nächstenliebe ab und verbindet damit die Exoduserinnerung als vorgängigen Akt der → Barmherzigkeit Gottes, an der sich die Nächstenliebe im Bundesvolk messen lassen muss. Die Nächstenliebe ist desgleichen dann geboten, wenn der N. sich feindlich und arglistig erweist (→ Feind). Sie hat ihren Grund nicht im Verhalten des anderen, sondern im Gebot Gottes selbst, das keine Einschränkung duldet (Lev 19,9–18). Für → Fremde gab es Regelungen, um sie als N. zu integrieren. Wenn sie dauerhaft im Land wohnten, galten sie als N., wobei mit dem vormaligen Zustand Israels in Ägypten als Fremde theol. argumentiert wird, da damit implizit das Handeln Gottes vergegenwärtigt wird; N. begründet sich hier durch das Zusammenleben und die Erinnerung der eigenen Erfahrung (Ex 22,20; Lev 19,34; Dtn 10,29). Für andere Fremde, die nur zeitweilig anwesend sind, gilt das Institut der Gastfreundschaft (Gen 19; Ex 23,9).

II. NT: 1. Für den N. steht im NT πλησίον („nahe", Subst. „N.").

II. 2. In ntl. Zeit war die Frage nach dem N. durch polit. (Besatzung durch Römer) und theol. Entwicklungen (Entstehung von Gruppen mit starken Abgrenzungstendenzen) relevant geworden. Dabei steht die Identifikation mit der eigenen Gruppe oft im Vordergrund, sodass auch andere Juden, die aber nicht zu der eigenen Gruppe gehören, nicht mehr als N. wahrgenommen werden (PsSal; Qumran). Nächstenliebe wird hier zur Bruderliebe. Im hell. Judentum dagegen setzt sich theoretisch eine universalistische Auffassung von Nächstenliebe durch, die sich *de facto*, schon aus sozialen und organisatorischen Gründen, auf Mitjuden und Proselyten bezieht.

Das jesuanische Verständnis der Nächstenliebe ist im Kontext seiner Reich-Gottes-Verkündigung (→ Herrschaft) zu verorten. Die unbegrenzte, zuvorkommende → Liebe Gottes kann und muss ihre Entsprechung im Verhalten der Menschen untereinander finden. Wenn auch die textliche Gestalt der Verbindung von Gottes- und Nächstenliebe nachjesuanische schriftgelehrte Arbeit ist (Mk 12,31–35), so trifft sie dennoch die Intention Jesu: Er setzt Gottes- und Nächstenliebe nicht gleich, noch vergleicht er sie, sondern verweist auf den Ermöglichungsgrund und die Realisierung der Nächstenliebe. Das Verständnis des N. ist nicht definitorisch, sondern praktisch: Der N. ist nicht jemand, der bestimmte Bedingungen erfüllen muss, um N. zu sein oder zu werden, sondern im Akt der Begegnung ereignet sich eine Beziehung der Nächstenliebe. Lk 10,25–37 ist von dieser Sicht bestimmt: Die Frage nach einer Definition des N. wird *ad absurdum* geführt, da nicht mehr das Subjekt der Nächstenliebe entscheidet, wer der N. ist, sondern das Objekt. Damit kommt es zu einer völligen Umwertung: N. ist man nicht, sondern kann es nur im Tun werden.

Da die christl. Gruppen weder status-, sexual- noch ethnospezifisch zusammengesetzt waren und programmatisch als Selbstverständnis eine Aufhebung dieser Differenzen durch den → Glauben postulierten (Gal 3,28; → Sozialstatus), war die Praxis der Nächstenliebe eine notwendig gebotene, um die Problematik des Zusammentreffens verschiedener Individuen zu überwinden; Nächstenliebe ist daher identisch mit der geschwisterlichen Liebe, die im Zentrum der Paränese (→ Ermahnung) steht (Röm 12,9–21; 1

Thess 4,9–12). Die Praxis der Nächstenliebe vollzog sich in Armenfürsorge, Gastfreundschaft und im freundlich-sorgenden Umgang miteinander. Die Wertschätzung der Nächstenliebe führt dazu, dass das Halten von Lev 19,18 als Erfüllung des gesamten Gesetzes gelten kann, die dem getauften Menschen möglich ist. Für Jak 2,8 ist das Liebesgebot das „königliche" Gebot schlechthin. Die Nächstenliebe galt vom Anspruch her allen Menschen; in der Praxis war sie wohl nur in der Gemeinde lebbar. Belege für Akte der Nächstenliebe über den engeren Kreis der Gemeinde hinaus finden sich für das 1. und 2. Jh. nicht.

II. 3. Während die Nächstenliebe nicht von einem Ausgleich oder einem Verhältnis der gegensätzlichen Leistung ausgeht (1 Kor 13,5), operiert die *goldene Regel* mit einem Vergleich des Verhaltens. Ihr liegt die Vorstellung einer Gleichwertigkeit von Aktion und Reaktion zugrunde, die theonom begründet wurde. Die Überzeugungskraft der goldenen Regel beruht auf der Fähigkeit des Menschen, sich mit dem Anderen und seinem Wollen zu identifizieren, indem die eigene Erfahrung der Maßstab des sozialen Handelns ist.

Die goldene Regel war in der Antike wegen ihrer Schlüssigkeit und Prägnanz als paränetischer Merk- und Lehrsatz sehr beliebt und begegnet in mehreren Varianten. Auch das hell. Judentum benutzt sie in der Ermahnung. Sir 31,15 LXX gleicht Lev 19,18 der Form der goldenen Regel an. Sie begegnet ntl. in positiver Form Lk 6,21; Mt 7,12. Bei Lk dient die goldene Regel zur einführenden Begründung der unbegrenzten Zuwendung zu anderen, ohne eine Gegenleistung zu erwarten. Er legt damit das Schwergewicht vom Ausgleich des Tuns auf das handelnde Subjekt. Durch die Situierung bei Mt wird die goldene Regel eine verbindliche jesuanische Anweisung, die Gesetzesgehorsam und Gehorsam auf Jesu Wort als Praxis des Reiches Gottes zusammenfasst.

I. *H. P. Mathys*, Liebe deinen Nächsten wie dich selbst, Fribourg/Göttingen ^{2}1990; *A. Schenker*, Das Gebot der Nächstenliebe in seinem Kontext (Lev 19,17–18): ZAW 124 (2012) 244–248; *A. Schüle*, „Denn er ist wie Du" (Lev 19,18): ZAW 113 (2001) 515–534; *M. Zehnder*, Umgang mit Fremden in Israel und Assyrien, Stuttgart 2005.

II. *H. Giesen*, Nächstenliebe und Heilsvollendung: Studien zum Neuen Testament und seiner Umwelt. A 33 (2008) 67–97; *E. E. Popkes*, Die Theologie der Liebe Gottes in den johanneischen Schriften, Tübingen 2005; *J. Schreiner/R. Kampling*, Der Nächste, der Fremde, der Feind, Würzburg 2000.

Rainer Kampling

Name (N.)

(→ Dachartikel: Kultur und Mentalität)

I. AT: 1. Der N. (*šēm*) ist der wichtigste „*identity marker*" und Vertreter einer → Person; eine Person und ihr N. sind in vielerlei Hinsicht eins. So wird mit der Formel „im Namen des N. N." die Autorität des Namensträgers, meist Gottes, als „präsent" beansprucht; speziell in der dtr.-dtn. Namenstheol. vertritt in bestimmten Kontexten der → Gottesname Gott selbst, z. B. beim „Wohnen" im → Tempel (Dtn 12,11; 1 Kön 8,16.29).

I. 2. Der N. kann Programm (Gen 17,5) oder Anlass zu ätiologischen Etymologien (Gen 25,26; Ex 2,11) und Wortspielen (1 Sam 25,25) sein, offenbart aber nicht automatisch das „Wesen" seines Trägers. Ihm wird auch keine magische Kraft zugeschrieben. Für die Existenz einer speziellen Namensmagie gibt es im AT keine direkten Belege. Die Tatsache, dass die Kenntnis des N. nötig ist, um den Träger an- oder herbeizurufen, spielt aber naturgemäß bei der Kontaktaufnahme mit der Gottheit eine wichtige Rolle (vgl. Gen 32,30; Ex 3,13–15). Einen N. zu haben heißt „Jemand" zu sein; der gute N./Ruf ist eines der höchsten Güter (Spr 22,1; Koh 7,1; Sir 41,12f). Der N. steht für die Bedeutung und die Rechtspersönlichkeit eines Menschen (so wohl Jes 56,5). Wer dagegen „ohne N." ist, existiert quasi nicht (Ijob 30,8). Durch die Namensverleihung erfolgt die Integration in den Familienverband; die Namengebung kann durch die Mutter (Gen 30,11; Ri 13,24) oder den Vater erfolgen (Gen 5,3; 2 Sam 12,24). Mit einem neuen N. übernimmt, häufig als Initiationshandlung beim Eintritt in eine neue Macht- und Patronatsbeziehung, der Träger eine neue Identität (Gen 17,5.15; 32,29; 2 Kön 23,34; Jes 44,5; 62,2.4). Im weiteren Sinne umfasst der N. eines Menschen nicht nur seinen individuellen Personennamen, sondern auch die N. der sozialen Gruppen, denen er zugehört. Sein individueller N. partizipiert an den Kollektivnamen (der Reputation) seiner → Familie, seines Dorfes, seines Patrons etc. (die

Partizipation am Vaternamen mittels Patronymie ist im AT nicht belegt, erst Lk 1,59–61; stattdessen „Sohn des N. N." als N., 1 Sam 20,27). Die „Größe" des N. korrespondiert der → Ehre und der → Macht des Trägers. Das Sich-Ausbreiten/Anwachsen des N. (1 Chr 14,17; 2 Chr 26,15; Ps 72,17) drückt die Erweiterung der Macht- und Einflusssphäre aus. Worüber jemands N. genannt ist, das unter- und obliegt ihm (2 Sam 12,28; Num 6,27; Jes 63,19; Am 9,12; vgl. auch Jes 43,1). Als Ruhm und → Gedächtnis überdauert der N. die physische Existenz des Trägers. Dieser lebt in seinem N. fort, in erster Linie durch die Weitergabe des N. an die Nachkommen (Gen 48,16; Num 27,4; Sir 40,19; vgl. auch Dtn 25,5f; Rut 4,5), aber auch durch einen Platz im dauernden Gedächtnis der Nachwelt (2 Sam 18,18; Ps 72,17; Spr 10,7; Sir 39,9–11; 41,11–13; 44,7–14). Auch ein schlechter N./Ruf oder die Erinnerung an ein schlimmes → Schicksal kann in dem sprichwörtlich gewordenen N. überdauern (Jer 29,22). Die Ausrottung des N. besiegelt unwiderruflich die Vernichtung (Ijob 18,17–19; Jes 14,22), indem sie dem physischen und sozialen noch den kommemorativen → Tod hinzufügt.

II. NT: 1. Auch im NT ist der N. (ὄνομα) der primäre *identity marker*. „N." kann auch direkt die Bedeutung → Person/Mensch haben (Apg 1,15; Offb 3,4), ebenso Ruf/Ruhm/→ Ehre (Mk 6,14; Phil 2,9; Hebr 1,4). N./Ruf und Wirklichkeit können sich entsprechen (Mt 1,21), aber auch auseinander fallen (Offb 3,1).

II. 2. Der im Griech. wichtige Aspekt „bloßer N./Begriff" spielt im NT so gut wie keine Rolle (Apg 18,15). Griech., später auch röm. N. sind unter Juden seit hell. Zeit geläufig (vgl. Saulus/Paulus, Apg 13,9). Zu- und Beinamen (Mt 16,18; Mk 3,16f.par.) zielen auf charakteristische Eigenschaften, sind Programm oder formulieren Ansprüche. Auch Herkunftsort und Volkszugehörigkeit sind Teil des N. und der Identität (Mt 2,23; Mk 14,67par.; Lk 24,19; Joh 1,45; Apg 9,11; Röm 2,17). Weiter wird ein Mensch benannt und damit eingeordnet, indem ihm ein stereotypes Etikett (*label*) angehängt wird, das sowohl ein Schimpfname sein kann, der Ablehnung und Verachtung ausdrückt (Mt 10,25), wie auch ein Ehrennamen, in dem sich Zustimmung und Reverenz artikulieren (Lk 1,32). Die „Story" der Evv. dreht sich auf fundamentaler Ebene um die Frage der richtigen Benennung Jesu im Spannungsfeld der Schmähung seines N. durch die jüd. Autoritäten und seiner Verherrlichung durch Gott. Zugleich geht dieser Streit darum, ob Jesus im N. Gottes agiert (Mk 11,9par.; Mt 23,39par.) oder Gott lästert (Mk 14,64par.). Die Ehre/Autorität/→ Macht (des N.) Jesu erweist sich in seiner Auferweckung/Erhöhung durch Gott (Phil 2,9f) wie auch in den Machttaten (Heilungen und Exorzismen), die nachfolgend in seinem N. geschehen (Mk 16,17f; Lk 10,17; Apg 3,6; 4,7–12; 16,18). In quasi „magischer" Weise wird der N. Jesu durch Nicht-Jünger exorzistisch in Anspruch genommen (Mk 9,38f.par.), ebenso, allerdings illegitim und darum erfolglos, durch jüd. Exorzisten (Apg 19,13). Dies entspricht der seit hell. Zeit vielfach belegten Praxis antiker Namensmagie, möglichst viele und „mächtige" Götternamen im Dienste ihrer Operationen „aufzurufen", u. a. den atl. Gottesnamen (meist in der Form „Iao") und andere göttliche „Geheimnamen" wie „Sabaoth" und „Adonai". Magisch-exorzistischer Praxis entspricht es auch, zunächst den N., d. h. die Identität des zu bannenden → Dämons festzustellen (Mk 5,9par.). Trotzdem kann man für das NT nicht eigentlich von Magie sprechen, da die Wirksamkeit der Handlung nicht wie in den griech. Zauberpapyri aus den korrekt ausgeführten Operationen und richtig ausgesprochenen Worten resultiert, sondern aus dem → Glauben (Mt 17,19f). Glaube bedeutet dabei das Verhältnis persönlicher Bindung an Jesus bzw. Gott nach dem für die mediterrane Welt grundlegenden Modell der Patron-Klient-Beziehung. Sinnfällig ausgedrückt wird die Integration in die Klientel eines Patrons durch die Integration in seinen N., so explizit im röm. Namenssystem, wo der Freigelassene den Gentilnamen des Patrons als Teil seines eigenen N. übernimmt (ähnlich auch bei der Adoption). Die gleiche Symbolik liegt zu Grunde, wenn der N. des jeweiligen Herrn als quasi eintätowiert vorgestellt wird (Offb 13,17; 14,1; 22,4), wenn der N. Jesu in Glaubensformeln vorkommt (Joh 1,12; Apg 3,16) und wenn die → Taufe „im/auf/in den N. Jesu" erfolgt (Mt 28,19; Apg 2,38). Umgekehrt sind bei Gott die N. derer bekannt und verzeichnet, die (zu) ihm gehören (Lk 10,20; Joh 10,3; Phil 4,3; Offb 3,5; vgl. schon Jes 43,1);

ihnen ist zugleich ein „neuer N." verheißen (Offb 2,17; 3,12). Die Rede vom „N. Jesu/des Herrn" statt einfach von „Jesus" soll außerdem durch bewusste Imitation der atl. Sprache („den N. Jhwhs anrufen" etc.) Jesu göttliche Hoheit unterstreichen.

I. *J. Heller*, Namengebung und Namendeutung, in: *ders.*, An der Quelle des Lebens, Frankfurt/M. u. a. 1988, 71–82; *R. Lux*, Noach und das Geheimnis seines Namens, in: *ders.* (Hg.), „... und Friede auf Erden", Berlin 1988; *H. Marks*, Biblical Naming and Poetic Etymology: JBL 114 (1995) 21–42; *S. Norin*, Jo-Namen und Jeho-Namen: VT 29 (1979) 87–97; *H. Rechenmacher*, Personennamen als theologische Aussagen, St. Ottilien 1997; *A. Reinhartz*, Why Ask My Name?, New York u. a. 1998; *J. J. Stamm*, Hebräische Frauennamen, in: *B. Hartmann* u. a. (Hg.), Hebräische Wortforschung, Leiden 1967, 301–339; *ders.*, Beiträge zur hebräischen und altorientalischen Namenkunde, Fribourg u. a. 1980; *S. J. Teubal*, Naming is Creating: BiRe 11 (1995) 40–41; *M. Tsevat*, Die Namengebung Samuels und die Substitutionstheorie: ZAW 99 (1987) 250–254.

II. *R. S. Cervin*, A Note Regarding the Name „Junia(s)" in Romans 16:7: NTS 40 (1994) 464–470; *J. M. Dawsey*, What's in a Name?: BTB 16 (1986) 143–150; *T. Ilan*, „Man Born of Woman ..." (Job 14:1): NT 34 (1992) 23–45; *R. Kany*, Die Frau des Pilatus und ihr Name: ZNW 86 (1995) 104–110; *T. J. Leary*, Paul's Improper Name: NTS 38 (1992) 467–469; *B. J. Malina/J. H. Neyrey*, Calling Jesus Names, Sonoma 1988; *G. Mussies*, Name Giving After Relatives in the Ancient World, in: *P. W. van der Horst/G. Mussies*, Studies on the Hellenistic Background of the New Testament, Utrecht 1990; *B. Salway*, What's in a Name?: JRS 84 (1994) 124–145; *M. H. Williams*, Palestinian Jewish Personal Names in Acts, in: *R. Bauckham* (Hg.), The Book of Acts in Its Palestinian Setting, Grand Rapids 1995, 79–113.

Klaus Neumann

Normativität (N.)

(→ Dachartikel: Schrift/Schriftverständnis)

I. In theol. Perspektive ist N. mit der Kanonizität (→ Kanon) einer → Schrift wesensmäßig gegeben. Während der Begriff Kanon primär auf die Sammlung von Schriften zielt, betont N. die Funktion einzelner Schriften oder einer Sammlung, d. h. ihre maßgebliche Autorität für eine Glaubensgemeinschaft. In der jüd. Theol. sind heilige Schriften auch ohne den Begriff Kanon normativ (vgl. die Bedeutung der „mündlichen → Tora"), da sie als Zeugnisse göttlicher → Offenbarung und als → Gotteswort geglaubt werden. Der Grad der N. eines Textes im kanonischen Prozess ist unterschiedlich; als Teilelement des Kanons erreicht er seine höchste normative Bedeutung.

II. Der Verbindlichkeitsanspruch ist bedingt durch die Rezeption und Akzeptanz bestimmter Texte durch eine Gruppe, wie die Streitigkeiten mit Markion (um 130 n. Chr. in Rom) und die konfessionellen Auseinandersetzungen im 16. Jh. über die Anzahl kanonischer, d. h. normativer heiliger Schriften belegen. Die → Kirchen der Reformation rechnen die Bücher Jdt, Weish, Tob, Sir, Bar, 1–2 Makk nicht zum Kanon, da sie nicht in der Sammlung der hebr. heiligen Schriften vorkommen. Sie sind nach dem berühmten Diktum Martin Luthers „Apocrypha: Das sind Bücher: so der heiligen Schrift nicht gleich gehalten, und doch nützlich und gut zu lesen sind." (So lautet die Überschrift in der ersten vollständigen Bibel von 1534 über die Sammlung dieser Schriften.) Anders als er schieden die Reformierten diese Bücher aus.

Ähnlich bekannt ist das dogmatisch begründete Prinzip zur theol. Rangordnung ntl. Schriften: „Auch ist das der rechte prufesteyn alle bucher zu taddeln, wenn man sihet, ob sie Christum treyben, odder nit." (WA 7,384) Die Frage nach dieser christologischen → Mitte (vgl. Luthers *solus Christus*) entscheidet über ihre theol. N.; infolgedessen werden nicht nur wichtige Texte im NT, sondern auch das AT theol. abgewertet. Dagegen betont die röm. kath. Kirche im Konzil von Trient (aufgenommen und bestätigt im I. und II. Vatikanum, vgl. Dei Verbum [DV] 8.12) die N. der ganzen heiligen Schrift.

Neben dieser innerbibl. Frage nach der N. bestimmter Schriften ist die nach dem Verhältnis von Schrift und → Tradition und Lehramt bei der Auslegung der Bibel bis heute noch kontroverser. Nach Luther ist die Schrift in sich „die eindeutigste, die zugänglichste, die verständlichste, sie selbst ihr eigener Ausleger (*sui ipsius interpres*), alles beweisend, beurteilend und beleuchtend" (WA 7,97,23f), d. h. sie wird zum kritischen Prinzip aller Tradition (*sola scriptura*, „allein die Schrift", was auch gegen die Schwärmer gerichtet war und ist; ein Prinzip, das keineswegs Luther als erster vertrat, sondern auch von Thomas von Aquin u. a. verfochten wurde). Letztlich geht es um die Freiheit des Gotteswortes in der Schrift als letzten

Autoritätsmaßstab für alle Glaubenden; es geht darum, dass die Kirche „Gottes Wort voll Ehrfurcht hörend“ und erst dann „voll Zuversicht verkündigend“ (DV 1) sich versteht. Die sachliche Vorordnung der Schrift vor Kirche und → Tradition schließt auch nach kath. Verständnis das Lehramt nicht aus, denn: „Das Lehramt ist nicht über dem Wort Gottes, sondern dient ihm, indem es nichts lehrt, als was überliefert ist“ (DV 10).

Überliefert ist aber eine Vielfalt theol. Konzepte im AT und NT; die hist. Bedingtheit ist quasi die menschliche Außenseite ihrer theol. N. (vgl. „Gotteswort in Menschenwort“). Dennoch hält die kath. Kirche daran fest, dass die „heilige Theol. auf dem geschriebenen Wort Gottes ruht, zusammen mit der heiligen Überlieferung (*una cum sacra traditione*).“ (DV 24) Dies entspricht der linguistischen Erkenntnis, dass nur durch Rezeption Traditionen angeeignet werden können, dass dies ein lebendiger Akt ist, zumal auch die Schrift selbst aus Traditionen hervorgegangen ist. Insofern ist es nicht misslich, dass hier eine Leerstelle (ungeklärtes Verhältnis zwischen der Aussageabsicht Gottes und der der Verfasser) festzustellen ist. „Was Gott mit ihren (der Verfasser) Worten kundtun wollte“, macht die unbedingte N., den letzten Orientierungsmaßstab, das *sola scriptura* aus, ohne dass dieses Prinzip als Lehre formuliert werden kann. Hier geht es um den Akt des Glaubens, um ein Erschließungsgeschehen, das die Existenz des Menschen betrifft, um eine Antwort darauf, worauf sich bauen lässt, was immer nur in Traditionen stehend lebensgesch. gelingen kann. In einer solchen Aneignung realisiert sich die N. der heiligen Schriften.

M. Ebner (Hg.), Wie biblisch ist die Theologie? Neukirchen-Vluyn 2010; *F.-L. Hossfeld* (Hg.), Wieviel Systematik erlaubt die Schrift?, Freiburg 2001; *K. Kertelge* (Hg.), Die Autorität der Schrift im ökumenischen Gespräch, Frankfurt/M. 1985; *W. Pannenberg/T. Schneider* (Hg.), Verbindliches Zeugnis 2, Freiburg 1995; *M. Weinrich*, Prinzipien protestantischer Schriftauslegung, in: *W. Langer* (Hg.), Handbuch der Bibelarbeit, München 1987, 162–167.

Hubert Frankemölle

Offenbarung / Inspiration (O./I.)

(→ Dachartikel: Schrift/Schriftverständnis)

I. Den abstrakten Begriff O. gibt es in der Bibel nicht. Hier wird verbal gesprochen, wie auch das Wort I. belegt. Beide gehen zurück auf 2 Tim 3,16: „Jede von Gott eingegebene (θεόπνευστος, von der Vulgata mit *divinitus inspirata* übersetzt) Schrift ist nützlich zur Belehrung [...].“ Analog heißt es in 2 Petr 1,21: „Niemals wurde eine Weissagung ausgesprochen, weil ein Mensch es wollte, sondern vom heiligen → Geist getrieben, haben Menschen im → Namen Gottes geredet.“

II. Die Vorstellung inspirierter Menschen bzw. inspirierter → Schriften ist gemeinantik, das NT bestätigt lediglich die Überzeugung atl. Schriften. Auch Jesus und Paulus verstehen sich so (Mt 11,25–27; Gal 1,1–9). Analog zu den → Propheten ist sich auch der Weisheitslehrer bewusst, dass alle menschlichen Bemühungen wahre → Weisheit nicht erlangen können: „Wenn der Herr, der Höchste, es will, wird er mit dem Geist der → Einsicht erfüllt“ (Sir 39,6; vgl. 1,1).

Bei den Propheten ist es v. a. Mose, mit dem Gott „von Auge zu Auge“ geredet hat (Ex 33,11; vgl. 19,9; Num 12,8: „von Mund zu Mund“). Wegen der bes. Funktion der → Tora im und nach dem bab. → Exil als nationale Urkunde wurde auch Mose aufgrund seiner singulären O.-Funktion singularisiert (Dtn 34,10: „Niemals wieder ist in Israel ein Prophet wie Mose aufgetreten“). Diese theol. Dignität ist gebunden an die Tora als rel. und nationale Ur-Kunde → Israels, die in ihrer formalen und materialen Integrität die Identität Israels als Gottesvolk wahrt – falls Israel die → Weisungen Gottes und des Mose befolgt (Neh 1,5–11; 9,6–10,30; Ps 106; Bar 1,15–3,8; Sach 1,6). Der Prozess der Verschriftlichung in nachexil. Zeit war konsequent. Propheten hatten die Tora zu aktualisieren und zu verkündigen (vgl. die Polemik in Dtn 18,9–22 gegen falsche Propheten).

Wie sehr die Tora als absolut verbindliche O. im Laufe der Zeit verstanden wurde, belegt der Glaube, dass sie in Jesus Sirach mit der präexistenten Weisheit identifiziert wurde (Sir 24,23) und dass sie im paläst. Judentum ebenfalls zu den ungeschaffenen Dingen gehört. Die theol. Dignität ist nicht mehr zu überbieten.

So gesehen kann die O. an Mose nicht als inspiriert gelten, da sie ihm als direkte O. Gottes gegeben wurde, während Propheten sowie weitere Theologen im AT und NT durch Visionen, Auditionen, Träume, Ekstasen O. durch den heiligen Geist oder Gott indirekt vermittelt erhielten. Diese indirekte Form galt im strikten Sinn als inspiriert. Die ntl. Theologen bestärken diese Beobachtung, wenn sie lediglich die Worte Davids (Mk 12,36; Apg 1,16; 4,25), Jesajas (Apg 28,25), des Psalmisten (Hebr 3,7) und Jeremias (Hebr 10,15) ausdrücklich als durch den heiligen Geist gesprochen deuten. Dass die Tora Gottesworte enthielt, war – bei allem innerjüd. Streit über deren aktuelle Auslegung – unbestritten.

Diese Verbindlichkeit in der O.-Qualität galt den hell. Juden auch für die griech. Übersetzung (LXX) der Tora. War für den Verfasser des Aristeas-Briefes (um 100 v. Chr.) die Übereinstimmung im Wortlaut der Kunst der 72 Übersetzer zu verdanken, so deutet Philo von Alexandrien sie als ein Wunder „unter göttlicher Eingebung [...], als ob jedem von ihnen unsichtbar ein Lehrer diktierte" (Mos. II 37). Der Schritt zur mittelalterlichen, mechanistisch verstanden Verbal-I. scheint nicht mehr weit.

Flavius Josephus (um 95 n. Chr.) glaubte apologetisch in röm. Umgebung gemäß pharisäischer Überzeugung, dass alle 22 Schriften von den Juden „als göttlich angesehen werden", da sie „göttlichen Ursprungs" sind (c.Ap. 1,8).

Differenzen und Akzente sind nicht zu übersehen. Zwar sind alle überzeugt, dass Jhwh Lenker der → Geschichte und Offenbarer seines → Willens ist, es eine spezifische O. Gottes an Israel gibt und die diese O. bezeugenden Schriften demnach als inspiriert gelten (Analoges lässt sich zur O. Jhwhs in Jesus von Nazaret und die dieses Handeln bezeugenden Schriften sagen), doch bleiben diese Überzeugungen unreflektiert im konfessorischen Raum. Dass Gott sich offenbart in der Geschichte, im Wort, in der Natur (Weish 13,1–9; Röm 1,18–23), in Menschen (Propheten, → Jesus Christus), ist unbestritten, das *Wie* bleibt jedoch undifferenziert, die Behauptung der Inspirierten für vielfältige neuzeitliche Deutungen offen.

Gegen die punktuelle Vorstellung der I. allein der Verfasser der vorliegenden Schriften ist bibeltheol. und im Kontext des heutigen Wissens über die z. T. lange und komplizierte Entstehungsgeschichte der bibl. Texte I. dynamisch-prozessual zu verstehen. Immer geht es um die → Wahrheit Gottes, sofern Menschen sich (auch heute) davon treffen lassen und sich das Angebot von → Heil aneignen. Nur so sind die Schriften des AT und NT inspiriert (vgl. Jer 28,15; Ez 13,6). Die Schrift ist nicht Gotteswort, sie kann es werden. Ihre Verfasser behaupten jenen Gott, der als „Gott mit uns" Israel und → Kirche (vgl. Mt 1,23) begleitet. Als so an die Menschen ergangenes und von ihnen angenommenes Wort ist sie heilige Schrift und inspiriert. Dies verbindet die atl. und ntl. Schriften in ihrer → Normativität und in ihrem Wahrheitsanspruch als Gotteswort.

M. Reichardt, Psychologische Erklärung der paulinischen Damaskusvision?, Stuttgart 1999, 17–151; *G. Sauter/J. Barton*, Revelation and Story, Adershot 2000; *K. von Stosch*, Offenbarung, Stuttgart 2010.

Hubert Frankemölle

Ohr / Hören (O./H.)

(→ Dachartikel: Weisheit/Gesetz)

I. AT: 1. Die → Kultur des antiken → Israel war stark durch → Traditionen bestimmt, die v. a. mündlich überliefert wurden. Von daher ist es verständlich, dass das H. und das O. als Organ des H. im AT von großer Bedeutung sind (vgl. auch die Rituale in Ex 21,6; Lev 8,23f). Dabei reicht das Bedeutungsspektrum von „hören" (hebr. *šmᶜ*) von der Wahrnehmung eines Geräuschs über das aufmerksame Hinhören bis zum Verstehen und Einsehen von Worten oder der Befolgung von Ratschlägen oder Geboten. Das O. (hebr. *ᵓōzœn*) ist nicht nur Organ der akustischen Wahrnehmung, sondern auch der Erkenntnis (Spr 18,15); es vernimmt nicht nur Worte, sondern prüft sie auch (Ijob 12,11). Durch das, was er hört, kann ein Mensch in Anspruch genommen werden (z. B. durch das Schreien der Armen, Spr 21,13), er kann aber auch dazu verleitet werden, in die Privatsphäre anderer einzudringen (Sir 21,24) oder Dinge zu erfahren, die ihm besser verborgen geblieben wären (Koh 7,22). Die Bereitschaft zum H. (Spr 12,15) zeichnet einen Weisen aus, der erst einmal gut zuhört, bevor er antwortet (Spr 18,13). Über das H. werden dem Menschen → Weisheit (Spr 2,2), die Gebote Gottes (Dtn 4,1) oder prophetische Orakel vermittelt (Jes 5,9; Ez 3,10; auch in Visionen werden die wesentlichen Einsichten verbal mitgeteilt, vgl. Am 7–9; Jes 6; Jer 24).

I. 2. Für die Kommunikation Gottes mit dem Menschen ist das H. im AT das vorzügliche Medium (vgl. Jes 50,4). So haben nach Dtn 4,10ff die Israeliten am Horeb/Sinai Gott nicht gesehen, sondern nur gehört. Das Entscheidende an dieser Begegnung mit Gott waren die dabei übermittelten, schriftlich fixierten und mündlich tradierten Gebote, deren Bedeutung durch das Verbot der Anfertigung eines Gottesbildes unterstrichen wird. Dementsprechend fordert das Dtn (4,1; 5,1; 6,4) ebenso wie die → Propheten (Am 3,1; 4,1; 5,1) immer wieder dazu auf, auf Jhwh zu hören, d. h. ihm zu gehorchen, und sieht im Ungehorsam Israels die Ursache für seinen Untergang (Dtn 11,28; 28,15). Das H. auf Gott ist wichtiger als → Opfer (1 Sam 15,22; Koh 4,17) oder → Gebete (Spr 28,9).

In der prophetischen Lit. wird darüber reflektiert, warum Israel nicht auf die Botschaft der Propheten gehört hat. Ez 12,2 führt dies auf die Widerspenstigkeit des → Volkes zurück, Ez 3,7 auf seine Verstocktheit und sein Nicht-Hören-Wollen. Nach Jes 6,9f sollte die prophetische Verkündigung Jesajas selbst die Verstockung Israels herbeiführen. Jes 35,5 erwartet eine Heilung der Blindheit und Taubheit Israels durch Jhwh in einer heilvollen Zukunft. Nach Dtn 29,3 hatte Gott den Israeliten jedenfalls bis zu ihrem Einzug in das verheißene Land noch keine hörenden O., keine sehenden Augen und kein verständiges → Herz gegeben. Demgegenüber scheint Spr 20,12 davon auszugehen, dass Gott (jedenfalls in der Regel) jeden von ihm geschaffenen Menschen mit sehenden Augen und hörenden O. ausgestattet hat.

Gott selbst hat O. und hört (Jes 59,1; Ps 94,9; nach Weish 1,10 hört Gottes O. alles), im Gegensatz zu Baal (1 Kön 18,26ff) und zu den → „Götzen" (Ps 115,6; 135,17). So hört er das Wehklagen der Israeliten in Ägypten (Ex 2,24) und aller Verzweifelten (Sir 4,6). Sündern aber kann er das Gehör auch versagen (Jes 1,15). Ijob leidet darunter, dass Gott ihn (wie er meint) nicht anhört (Ijob 31,35). In den Pss. wird zwar nie darüber geklagt, dass Gott nicht hört, wohl aber darüber, dass er „sein Angesicht verbirgt" (Ps 13,2; 44,25) und nicht „antwortet" (*ʿnh* Ps 22,3). Gott kann dazu aufgerufen werden, einem Menschen sein O. zuzuwenden und auf ihn zu hören (Ps 17,6; 39,13). Die Erfahrung der Erhörung ist Grund zu Dank und Lobpreis (Ps 40,2; 66,19, vgl. *Abb. 53*).

II. NT: 1. Auch im NT kann mit O. (οὖς) und „hören" (ἀκούειν, vgl. ἀκροατής „Hörer", ἀκοή „H., Gehör") der gesamte Prozess von der akustischen Wahrnehmung bis zu ihrer geistigen Verarbeitung bezeichnet werden. Durch die Bildung von Komposita kann die Bedeutung eingegrenzt werden (εἰσακούειν „gehorchen", ἐπακούειν „erhören, gehorchen", παρακούειν „überhören, ungehorsam sein", παρακοή „Ungehorsam", vgl. ἐπακροᾶσθαι „zuhören", ἐνωτίζειν „aufmerken, hören").

II. 2. Das NT stellt die Bedeutung des H. auf Jesus und seine Botschaft heraus (Mk 9,7). Es fordert – ebenso wie dann das H. auf das Ev. von Jesus – heraus zu einem entsprechenden Tun (Mt 7,21; Jak 1,22) und zum → Glauben (Röm 10,14). Jesus wandte sich nach den Evv. an alle, die „Ohren haben zu hören" (Mk 4,23; vgl. Offb 2,7); er heilte aber auch Blinde (Mk 8,22ff) und Taube (Mk 7,31ff) und verlieh ihnen damit die Fähigkeit zu sehen und zu hören. Die große Menge hörte ihn gerne (Mk 12,37). Demgegenüber reflektiert Mk 4,14–20 (wohl bereits aus der Perspektive der nachösterlichen Gemeinde), dass das H. bei vielen Menschen keine nachhaltigen Wirkungen zeigt. Zur Erklärung wird einerseits auf die Bedrohung durch Verfolgungen, andererseits auf die Verführung durch das Streben nach materiellem Wohlstand verwiesen. Nach Mk 4,11f sollte die Verkündigung Jesu sogar direkt zur Verstockung derer führen, „die draußen sind" (vgl. Röm 11,8). Nach Joh 8,47 hören nur diejenigen, die „aus Gott sind", auf die Worte Gottes, die Jesus verkündigt (vgl. 1 Joh 4,6). Das Pfingstwunder machte es aber immerhin möglich, dass jeder Anwesende die → Apostel in seiner eigenen Sprache reden hörte (Apg 2,6).

Insbes. die Botschaft von der → Auferstehung Jesu ist darauf angewiesen, dass sie gehört und geglaubt wird (1 Kor 15,1–11; Lk 24,1–11). Nur

Abb. 53: Ein äg. Denkstein, den Neb-Mehit dem Gott „Amun-Re, Herr des Himmels“ zum Dank für die Erhörung seiner Bitten aufgerichtet hat.
Quelle: *O. Keel*, Bildsymbolik, Abb. 263.

ausnahmsweise wurde sie zweifelnden Jüngern durch ein Sehen des Auferstandenen bestätigt (Lk 24,13ff; Joh 20,24ff). Die Mehrheit der Späteren soll der Auferstehungsbotschaft glauben, ohne zu sehen (Joh 20,29.31). Doch ist auch dieser Glaube kein blinder Gehorsam, er kann und muss sich vielmehr in der eigenen Lebenserfahrung bewähren (Röm 6,4).
Die unterschiedlichen bibl. Aussagen über das O. und das H. machen darauf aufmerksam, dass der Mensch für seine Lebensorientierung nicht nur auf Erfahrungen („ein sehendes Auge“) und auf seine Vernunft („ein verständiges Herz“) angewiesen ist, sondern auch auf die Belehrung durch → Einsichten Anderer („ein hörendes Ohr“), die sich nicht zuletzt in kulturellen und rel. Traditionen niedergeschlagen haben. Ein Großteil dessen, was Menschen „wissen“, basiert weder auf eigenen Erfahrungen noch auf eigenen Überlegungen, sondern auf solchen gehörten (heute auch zunehmend gelesenen) fremden Einsichten, die nicht vorgängig überprüft werden, sondern sich nur in der Lebenspraxis mehr oder weniger gut bewähren können. Die Bibel bietet eine Reihe von derartigen Einsichten an, die Gehör verdienen, aber keinen blinden Gehorsam verlangen – mahnt sie doch selbst immer wieder dazu, mit Gehörtem kritisch umzugehen (vgl. Lk 17,23; Kol 2,4).

I. *J. Arambarri*, Der Wortstamm „hören“ im AT, Stuttgart 1990.
II. *K. Lammers*, Hören, Sehen und Glauben im NT, Stuttgart 1966.

Thomas Krüger

Opfer (O.)

(→ Dachartikel: Kult)

I. AT: 1. Wie in der gesamten Antike war auch im Alten → Israel das O. der wichtigste Bestandteil des → Kults. Mit ihm wurde die Gottheit genährt, gnädig gestimmt und verehrt. Oberbegriffe sind *minḥā* „Gabe“ (Gen 4,3ff), zugleich der *terminus technicus* des Speiseopfers, und im priesterlichen Sprachgebrauch *qorbān* „Darbringung“ (Lev 1,2). Die Begriffe geben hinreichend Auskunft über Sinn und Zweck des O. Die Übergabe erfolgte durch das Ausgießen des → Blutes und die Verbrennung des O., das „Räuchern“, das den „wohlriechenden Duft“ aufsteigen ließ und das Wohlgefallen der Gottheit finden sollte (Gen 8,21; 1 Sam 26,19).
Das Hauptopfer in vorexil. Zeit war das „Schlachtopfer“ (*zœbaḥ*). Es konnte ohne → Priester von jedermann zubereitet und dargebracht werden und war daher sowohl im familiären und regionalen wie auch im königlichen Kult bei den regelmäßigen → Festen und allen möglichen anderen Gelegenheiten als Dank-, Gelübde- und freiwilliges O. (Gen 31,54; 46,1; 1 Sam 1,3f.21.24f; 2,19; 9,12–14; Ps 116,17f), aber auch als Sühneleistung (1 Sam 3,14, → Sühne) verbreitet. Geschlachtet wurden Haustiere (Rinder, Schafe und Ziegen), deren Blut (1 Sam 14,32–35) und Fett auf den → Altar kamen und deren Fleisch von der versammelten Kultgemeinde gegessen wurde (1 Sam 2,15f; 9,13.19.22–24). Konstitutiv war das Opfermahl, das die Gottheit wie die Kultgemeinde nährte und → Gemeinschaft zwischen Gott und den Menschen wie auch unter den beteiligten Menschen stiftete. Bei der in Dtn 12,15f angeordneten profanierten Schlachtung sollte das Blut auf die Erde ausgeschüttet und das Fleisch allein zu Nahrungszwecken von der Dorfgemeinschaft verzehrt werden.
Für größere und bes. Anlässe war das Brandopfer (*ʿōlā*), auch „Ganzopfer“ (*kālīl*) genannt, be-

Abb. 54: Münze mit Schaubrottisch mit Broten; die Inschrift lautet: „Mattatias, der Hohepriester" (40–37 v. Chr.).
Quelle: *O. Keel*, Die Geschichte Jerusalems und die Entstehung des Monotheismus 1&2, Göttingen 2007, Abb. 681.

stimmt. Hier wurde das Tier als Ganzes, in Einzelteile zerlegt, auf dem Altar verbrannt und so der Gottheit übergeben (Ri 6,26; 13,15ff; 1 Kön 9,25; 18,21ff). Auch das Menschenopfer, das in extremen Notsituationen dargebracht wurde, gilt als eine *ʿōlā* (2 Kön 3,27; 17,31; vgl. Gen 22). Im Zusammenhang mit dem Brandopfer wird häufig das „Heils-" oder „Abschlussopfer" (*šᵉlāmīm, zœbaḥ šᵉlāmīm*) erwähnt (Ex 20,24; Ri 20,26; 21,4; 1 Sam 10,8; 13,9; 1 Kön 3,15; 9,25). Es ist ein Mahlopfer nach dem → Ritus des Schlachtopfers, mit dem es praktisch zusammenfällt (Lev 3).

Außer den tierischen O. sind auch Speise- und Trankopfer belegt. 1 Sam 1,24 spricht *pars pro toto* von „Mehl und Wein", 1 Sam 10,3 von „Brot und Wein". Zu den Speiseopfern zählen die vegetarischen Erstlinge, die ebenso wie die tierische und (durch Tiere ausgelöste; vgl. Ex 13,12f) menschliche → Erstgeburt an den Jahresfesten (Ex 22,28f; 23,18f; vgl. Dtn 14,28f; 16,16f) der Gottheit dargebracht werden sollten (vgl. Dtn 26,1–11). Des Weiteren zählen dazu die sog. Schaubrote („Brote des Angesichts"; s. *Abb. 54*), die auf dem Opfertisch im → Tempel ausgelegt wurden (1 Sam 21,7; 1 Kön 7,48; vgl. Ex 25,30; Lev 24,5–9). Nach den älteren Belegen wurden auch für das Speiseopfer gewöhnliches, verbackenes Mehl (Ri 6,19; 1 Sam 1,24) und gesäuerte Brote (1 Sam 10,3) verwendet. Nach der Opfertora in Lev 2 soll das Speiseopfer (*minḥā*) aus (rohem oder verbackenem) Feinmehl oder gerösteten Körnern bestehen, vermischt mit Öl und Weihrauch, wovon der eine Teil für die Gottheit verbrannt, der andere von den Priestern gegessen wird. Gesäuertes Brot darf nicht verwendet werden (Lev 2,11). Mit dem Speiseopfer verbindet sich das Trankopfer (*næsœk*) aus Wein (vgl. Gen 35,14; 2 Kön 16,13. 15; aus Wasser 2 Sam 23,16), das vorzugsweise als Zusatzopfer zu den Brandopfern dargebracht werden soll.

An festen Opferzeiten sind außer den jährlichen Festterminen das Morgen- und das Abendopfer belegt (1 Kön 18,29; 2 Kön 16,15). Ansonsten sind Ort, Zeit, Anlass, Subjekt und Art der Darbringung in der alten Zeit noch nicht genau festgelegt. Die O. folgten dem eingeübten Brauch, der bekannt und in vielem variabel war. Das O. wurde praktiziert und noch nicht reflektiert und systematisiert.

I. 2. Dies änderte sich in exil.-nachexil. Zeit im Rahmen der bibl. Tradition. Der Verlust des Tempels in Jerusalem ließ den Opferkult zwar nicht vollständig zum Erliegen kommen (vgl. Jer 41,5; Esra 3,2f), veranlasste aber einige Priester und Schreiber, ihre Opferpraxis aufzuzeichnen und für einen fiktiven (zukünftigen) oder den zunächst in den Trümmern des Tempels anhaltenden und sodann am zweiten Tempel praktizierten Kult programmatisch zu fixieren. Das Ergebnis ist eine ausgefeilte, ständig weiterentwickelte und im Dtn sowie in den priesterlichen Texten (Ez, P und Chr), v. a. in den Torot Lev 1–7, niedergelegte Ordnung der O. Die alte Opferpraxis wurde dabei vielfach verändert. Die einschneidendste Änderung brachte das Programm der Kultzentralisation des Dtn mit sich. Es sieht die Verlegung sämtlicher O. an das zentrale Heiligtum, die Profanierung des Schlachtopfers und die Klerikalisierung des gesamten Opferbetriebes vor (Dtn 12; vgl. 2 Kön 23). Eine dtn. Spezialität ist der Versuch, der sich allerdings nicht ganz durchsetzen konnte, das Pascha zum O. zu erklären (Dtn 16,2f).

Auf der Basis der vom Dtn geforderten Kultzentralisation regeln die vielen Sekundärschichten der P in Ex-Num (ab Ex 25) den konkreten Opfervollzug in allen Einzelheiten. Sie führen gewisse Neuerungen ein, wie z. B. das aus einer bestimmten Mischung von Aromata, darunter der zum ersten Mal in Jer 6,20 belegte Weihrauch, zusammengestellte Räucheropfer. War es vorher allenfalls im Privatkult verbreitet, soll es nun auf dem eigens dafür bestimmten Räucheraltar inmitten des Tempels, vor dem Allerheiligsten dargebracht werden (Ex 30,1–10.34–38). Das Speiseopfer erhält einen „Gedächtnisanteil" (Lev 2,2.9; vgl. 24,7) und gelangt als Abend-*minḥā* zu bes. Bedeutung (1 Kön 18,29; 2 Kön 16,15; Ps

141,2; Esra 9,5; Dan 9,21; Jdt 9,1). V. a. aber unterzieht die P den Opferkult einer tiefgreifenden Neuinterpretation, indem sie beinahe sämtliche O. dem Gedanken der → Sühne dienstbar macht. Zu diesem Zweck werden nicht nur die traditionellen O. um entsprechende Riten, v. a. den Blutritus, ergänzt (Lev 1–3), sondern es treten auch neue Opferarten, nämlich das Sünd- und das Schuldopfer, hinzu (Lev 4f). Die Rolle des Priesters wird neu definiert und aufgewertet (Lev 6–9). Das O. folgt nicht mehr dem Brauch, sondern wird von dem Priester zelebriert, weil und wie es im Gesetz geschrieben steht. Im Kult ist es vom alltäglichen Leben getrennt und beherrscht gerade auf diese Weise doch das ganze → Leben.

In eine andere Richtung geht die Entwicklung, die von der prophetischen (Jes 1,10–17; Jer 7,21f; Hos 6,6; Am 5,21–25) und weisheitlichen Opferkritik (Spr 15,8 und 21,27, zitiert in 4Q271 Frgm. 5,I,14; Spr 16,6; 21,3; vgl. auch 1 Sam 15,22; Ps 51,18f) inspiriert ist. In dieser Tradition werden nicht nur einzelne Missstände im Kultbetrieb selbst angeprangert (Jes 57,3ff; 65,2ff; Hos 4,4ff; Mal 1,6ff), vielmehr wird die rechte innere Haltung beim O. eingefordert, ohne sogleich den ganzen Opferkult in Bausch und Bogen zu verwerfen. Die den Opfergottesdienst begleitenden → Gebete und Lesungen, die Teilhabe am himmlischen Kult der → Engel und die toragemäße Lebensführung gewinnen mehr und mehr an Bedeutung. Dies alles eröffnet auch den Heiden die Möglichkeit, am Opfer teilzunehmen (Jes 56,6f), und ersetzt (endgültig in der tempellosen Zeit nach 70 n. Chr.) die O. schließlich ganz.

Die beiden Entwicklungen stehen keineswegs im Gegensatz zueinander (vgl. Sir 35). Schon in der Gemeinschaft von Qumran, die sich vom Tempel in Jerusalem gelöst hat, finden sie nebeneinander Platz: die Fortführung und Weiterentwicklung der Opfergesetze in der Tempelrolle (11QT) und dem Lehrbrief 4QMMT (4Q394–399) wie die „Spiritualisierung“ des Opferkults in den Sabbatliedern ShirShabb (4Q400–407; 11Q17) und der Substitution der O. durch die strenge, toragemäße Lebensführung, die den Mitgliedern der Gemeinschaft abverlangt wurde (vgl. 1QS 8,1–10; 9,3–5), und das Gebet (1QS 10,6.14). In ähnlicher Weise gehen auch im rabb. Judentum der tempellosen Zeit die Opfergesetze der Mischna (Qidduschin) und die Substitution durch Gebet und Fasten, Lobpreis (→ Lob) und Wohltätigkeit oder durch das reine Studium der Opfervorschriften Hand in Hand. Die Unterbrechung der täglichen, morgens und abends dargebrachten O., des Tamid (Dan 8,11.13; 11,31; 12,11; für das Morgenopfer Ez 46,13–15), unter Antiochus IV. war selbst für die Gruppe der „Frommen“ (Chasidim), die auf den eschatologischen Tempel warteten, das Signal für den geistigen und militärischen Widerstand. Im Bar-Kochba-Aufstand wurde für die Erneuerung von Tempel und O. gekämpft und noch im Achtzehnbittengebet wird täglich um den (eschatologischen) Wiederaufbau des Tempels gebetet.

II. NT: Das NT, in dem das O. meist mit dem Namen θυσία bezeichnet wird, rezipiert die prophetische Kritik (ausdrücklich Mt 9,13; 12,7) und relativiert damit das O. (Mk 7,9–13; 12,33; Mt 5,23f), obwohl davon auszugehen ist, dass sich Jesus und die frühen Christen, solange der → Tempel stand, am Opferkult beteiligten (vgl. Mk 1,44par.; Lk 1,10; 2,23f). Als Substitution nimmt Jesus selbst die Stelle des O. ein, wie aus der Deutung seines Todes als → Sühne hervorgeht (→ Abendmahl/Eucharistie). Der Gedanke wird v. a. im Hebr (Hebr 7–10) breit entfaltet, wo → Jesus Christus der Hohepriester und gleichzeitig das ein für alle Mal dargebrachte, letzte O. ist, nach dem kein zweites und auch keine kultisch-rituelle Wiederholung nötig ist (Hebr 10,23–28). Dementsprechend übernehmen auch im Christentum die Lebensführung (Röm 12,1f; Phil 2,17), hier des näheren der apostolische Dienst (Röm 15,16), → Gebet und Wohltaten (Hebr 13,15f) und der christl. Gottesdienst mit der Eucharistie im Zentrum (1 Kor 10,14–22), die Funktion des Opferkults.

I. *C. Eberhart*, Studien zur Bedeutung der Opfer im Alten Testament, Neukirchen-Vluyn 2002; *R. Rendtorff*, Studien zur Geschichte des Opfers im Alten Israel, Neukirchen-Vluyn 1967; *I. Willi-Plein*, Opfer und Kult im alttestamentlichen Israel, Stuttgart 1993.
II. *S. Brandt*, Opfer als Gedächtnis, Münster 2001.

Reinhard G. Kratz

Ordnung / Chaos (O./C.)

(→ Dachartikel: Weltbild/Kosmologie)

I. AT: 1. Für die O. der Natur wird atl. *ḥōq* („Ritzung, Festsetzung") oder *ḥuqqā* verwendet (Jer 5,24; 31,35f; 33,25; Ijob 28,26; 38,33; Ps 148,6), die auch die O. im Sinn von Verpflichtung oder Gesetz (so v. a. in der dtn.-dtr. Lit., ChrG, Ez) bezeichnen können. Die Wurzel *ḥqq* kann gebraucht werden, wenn es im Rahmen der → Schöpfung darum geht, dass Jhwh den Horizontkreis einzeichnet (Spr 8,27) oder dem → Meer Grenzen zieht (Jer 5,22; Ijob 38,10; Spr 8,29), sodass Trennungslinien (zwischen Himmelsozean und → Erde Spr 8,27; Ijob 26,10; Ps 148,6; Meer und Festland Spr 8,29; Jer 5,22; Ijob 38,10) und das Grundraster für eine bewohnbare Welt entsteht. Das Verständnis der Welt bzw. des Universums als räumliche Einheit und als ein geordneter und harmonischer Kosmos (griech. κόσμος „Ordnung"), zu dem Götter und Menschen gehören und der dem C. gegenübersteht, ist eine griech. Konzeption, die in das hell. Judentum übergegangen ist. Ein Wort für das Universum in seiner Ganzheit und Einheit oder die (geordnete) Welt kennt das Hebr. nicht, stattdessen ist von → Himmel, Erde und → Unterwelt oder in späten Texten dem Ganzen (Ps 103,19; Jes 44,24) die Rede. Das ebenfalls griech. Wort C. (χάος) bezeichnet die gähnende Leere, die am Anfang allen Seins „wurde" (ἐγένετο) und aus der Finsternis (→ Licht) und Nacht hervorgingen (Hes. theog. 116.123). In der bestehenden Welt ist das C. der Weltraum, Luftraum oder Hades (Hes. theog. 700) und als solches weiter vorhanden. Später verstand man unter C. die ungeformte Stoffmasse, aus der der Schöpfer die Welt erst formte (Ov. met. 1,5ff). In Gen 1,2f kommt die Rede von dem Tohuwabohu („Wüstes und Leeres"), der Finsternis über der Urflut (*t^ehōm*) und den Wassern dem Sachverhalt nahe, ohne ihm komplett zu entsprechen. Ein hebr. Wort für C. gibt es nicht.

I. 2. Unter O. versteht der AO die Schöpfungsordnung, die der Schöpfergott (in den verschiedenen Kulturen namentlich unterschiedlich benannt) seinem Werk zu Anbeginn der → Zeit eingestiftet hat, und die er in Folge gegen Anfechtungen jeglicher Art (Urflut, → Dämonen) garantiert. Die göttlich gestiftete Schöpfungsordnung (s. *Abb. 4; 8*), für deren Bewahrung Götter und die von ihnen beauftragten → Könige sorgen, ist das, worauf sich die Menschen verlassen können. Grundlegend ist in Mesopotamien in diesem Kontext (seit dem 3. Jt. v. Chr.) der Begriff der „me". Die „me" regeln das Verhältnis des Menschen zu den Göttern, die Beziehung des Menschen zu seinem Mitmenschen und die Position des Königs, der als Mittler zwischen den Menschen und den Göttern anzusehen ist. Aus diesen Relationen ergeben sich sowohl eine vertikale (Himmel – Erde bzw. Götter – König – Menschen) als auch eine horizontale Achse (Land – Stadt – Tempel bzw. Mensch zu Mensch), die durch die „me" bestimmt bzw. verknüpft sind. „Me" sind als gottgegebene O. die Aufbaumatrix der Zivilisation. Da sie auch ethische Normen beinhalten, geben sie auch ein Struktur- und Wertungsgitter individuellen und kollektiven Handelns. Die „me"-O. sind in allen kosmischen Bereichen anzutreffen und im → Tempel präsent. Zahlreiche Tempelnamen reflektieren diese Vorstellung (z. B. Ešumeša „Haus, in dem alle ‘me’ versammelt sind"). Sie sind die Zusammenfassung aller Bestimmungen und O., die die Götter in der Vorzeit für die Welt festgesetzt haben, die schon durch die Vergangenheit geführt hatten, die die Gegenwart gestalten und die Zukunft ermöglichen und in vertrauter und bewährter Weise regeln werden. Als solches sind sie der Ermöglichungsgrund der Überwindung aller ordnungsfeindlichen Kräfte. In Ägypten orientiert man sich zu diesem Zweck an der Maat. Nach ao. Überzeugung kann der Mensch die göttliche O. der Schöpfung erkennen, indem er die Schöpfung beobachtet. In Mesopotamien entstanden zu diesem Zweck bereits im 3. Jt. v. Chr. Listen, die versuchten, das auf der Erde Vorfindliche zu erfassen und nach Sachgruppen zu sortieren. Diese Listen waren Grundlage des Unterrichts in den Schulen und Anfang der Listenwissenschaft. Das AT hat die skizzierten Vorstellungen weitgehend rezipiert und die Aufgaben einer Ordnungsinstanz aus monotheistischer Perspektive heraus ausschließlich mit Jhwh verbunden (→ Monotheismus). Er ist es, der die Schöpfung am Anfang (durch Kampf Ps 74,13f; Ijob 7,12; Gestaltung Gen 1,6ff; Ps 74,15–17; 104,2ff; Spr 8,27–29; Weish 11,17) vollbrachte und seither erhält, u. a. indem er die latenten Kräfte chaotischer Mächte (→ Wüste, Dämonen, → Widersacher, Wassermonster und -fluten) zurückdrängt (Gen 7,11). Diese bestehen trotz seiner göttlichen Ordnungstat weiter und versuchen, ihren Einflussbereich beständig auszudehnen. Eine weitere Gefahr für die O. besteht in der → Sünde des Menschen (Gen 2f), der sich gegen den göttlichen → Willen verfehlt. Dieser ist dem Menschen in der → Tora gegeben, die wiederum in der Schöpfung kodiert und damit allen Menschen (guten Willens) zugänglich ist (Ps 19; 119; Sir 1,1–10; 16,24–17,14; 24,23). Auch im → Kult spielten O.-Vorstellungen eine zentrale Rolle, da der Tempel als Fokus der O. galt. Dies äußerte sich im ikonographischen Programm des Jerusalemer Tempels (1 Kön 6f), in den komplexen rituellen Regeln sowie an den Reinheitsgeboten, deren Ziel darin bestand, geltende O.-Konzepte (die man auf göttlichen Willen zurückführte) zu pflegen und umzusetzen. Die O. der Natur galten als ewig (Gen 8,22) und beständig. Ihre Stabilität wurde auch als göttliche Bundeszusage verstanden (Gen 9,8–17). In der späteren → Eschatologie wurde die Gewissheit der Schöpfungsordnung zum Garanten der Gewissheit des → Heils (Jer 31,35–37). Es entstand ein Zusammenwirken von Ordnungs- und Heilsdenken, das ansonsten für DtJes charakteristisch ist. Die Heilszusage erhielt dabei ihre Evidenz aus der Schöpfungsordnung. In eschatologischer → Hoffnung kann erwartet werden, dass sich das Kommende in Entsprechung zum Früheren ereignen, das Bestehende überbieten (Jes 30,26) oder gar die Schöpfungsordnung aufheben wird (Jes 60,19f; Sach 14,6f). Letzteres fand v. a. in der jüd. → Apokalyptik Zuspruch, wenn im negativen Urteil über die bestehende Welt und erste Schöpfung (die der Lüge und den Dämonen anheim gefallen sei; Jub 10,1–9; 4Esr 4) eine neue Schöpfung (Jes 65,17; 66,22) und in Ausbildung einer Zwei-Äonen-Lehre ein zukünftiger Äon erwartet wird. Erst dann werden sich Gottes O. umfassend und für alle Zeiten ungefährdet verwirklichen. Szenarien vom Zusammenbruch der Weltordnung sind allerdings weniger als Ende derselben als vielmehr als ihre Erneuerung zu verstehen.

II. NT: 1. Um die Welt zu bezeichnen, verwendet das NT hauptsächlich den Begriff des Kosmos, wenn es um die Gesamtheit der → Schöpfung (Joh 1,10; 21,25; Apg 17,24), die bewohnte → Erde (Mt 4,8; 26,13) oder die Menschheit geht (Mt 5,14; Joh 3,19; 1 Kor 4,13; Röm 3,19). Der dem griech. Begriff Kosmos eigene O.-Gedanke spielt im NT kaum eine Rolle; Apg 14,17 weist zwar auf die O. der Schöpfung hin, doch fällt der Terminus nicht.

II. 2. Der Kosmos wird ntl. ganz als Schöpfung Gottes verstanden (Mk 13,19; Apg 17,28). Er untersteht seiner → Vorsehung, ist Ort der natürlichen Gotteserkenntnis (Röm 1,19f; Apg 17,27, vgl. Weish 13,1–9), prinzipiell wesensmäßig gut und rein (1 Kor 10,26; Röm 14,14.20; 1 Tim 4,4) und endlich (Mt 13,40; 1 Kor 7,31; 1 Joh 2,17). Das NT ist weniger an den kosmologischen oder räumlichen Zusammenhängen des Universums und seiner O. interessiert als vielmehr an der zeitlich-eschatologischen Perspektive. Paulus und Joh stimmen darin überein, dass die gegenwärtige Welt bzw. der aktuelle Äon und damit auch die vorfindliche Schöpfungsordnung in die Hände des → Bösen bzw. Teufels gefallen ist (1 Kor 1,20; 2,6.12; 3,19; 5,10; 2 Kor 4,4; Röm 12,2; Joh 12,31; 16,11; 1 Joh 5,19), durch die Schuld des Menschen (Paulus) bzw. die Gottfeindlichkeit des Kosmos (Joh) korrumpiert wurde und vergehen wird (1 Joh 2,17; 1 Kor 7,31). Diese Verfallenheit wird für beide durch das → Licht Christi aufgedeckt. Mit Christus verwirklicht sich das → End-Gericht, das Ende des alten Äons, jedoch auch das → Heil der Welt, die durch ihn gerettet wird (2 Kor 5,17ff; Joh 4,42; 1 Joh 4,14). Das NT zeigt dabei kaum Interesse an einer neuen Kosmologie des Universums, sondern vielmehr an dem Reich Gottes/Christi (→ Herrschaft), das durch Christus in die Welt eingebrochen ist, und an dem der Glaubende bereits im Jetzt Teil haben kann. In eschatologischer Erwartung richtet sich der Blick auf das kommende Reich Gottes/Christi, den Platz des einzelnen Menschen darin und den Beginn einer neuen Weltzeit (Eph 1,21; Mt 21,31f; Mk 10,30) sowie auf die Schöpfung eines neuen → Himmels und einer neuen Erde, deren O. nach dem endzeitlichen Drama, wie es die Offb 21 (in Aufnahme von Jes 65,17 und Elementen der jüd. → Apokalyptik) entwirft, nie mehr durch chaotische Mächte bedrängt werden können.

I. *M. Bauks*, Die Welt am Anfang, Neukirchen-Vluyn 1997; *dies.*, „Chaos“ als Metapher für die Gefährdung der Weltordnung, in:

B. Janowski/B. Ego (Hg.), Das biblische Weltbild und seine altorientalischen Kontexte, Tübingen 2001, 431–464; *M. Douglas*, Reinheit und Gefährdung, Frankfurt/M. 1988; *B. Gladigow*, Plenitudo deorum, in: *A. Lange/H. Lichtenberger* u. a. (Hg.), Die Dämonen, Tübingen 2003, 3–22; *M. Görg*, „Chaos" und „Chaosmächte" im Alten Testament: BN 70 (1993) 48–61; *ders.*, „Chaos" in Ägyptischen und Biblischen Kosmogonien, in: *D. Kessler/R. Schulz* (Hg.), Gedenkschrift für Winfried Barta, Frankfurt/M. 1995, 159–163; *T. N. D. Mettinger*, Fighting the Powers of Chaos and Hell: StTh 39 (1985) 21–38; *S. Niditch*, Chaos to Cosmos, Chico 1985; *H. Pfeiffer*, König Jahwe und das Chaos, in: *P. Gemeinhardt/A. Zgoll* (Hg.), Weltkonstruktionen, Tübingen 2010, 65–83; *H. Rechenmacher*, Gott und das Chaos: ZAW 114 (2002) 1–20; *H.C. Schmitt*, Schöpfung und Lebensordnungen im Alten Testament: Glaube und Lernen 23 (2008) 16–27; *J. Schnocks*, Die Schöpfung und das Chaos: WuA(M) 45 (2004) 11–15; *M. Svilar/S. Kunze* (Hg.), Weltbilder, Bern 1993; *P. Weimar*, Chaos und Kosmos, in: *A. Lange/H. Lichtenberger* u. a. (Hg.), Mythos im Alten Testament und seiner Umwelt, Berlin u. a. 1999, 196–211.

II. *A. Bennafé*, Die Ordnung der Welt nach griechischer Vorstellung: Welt und Umwelt der Bibel 2 (1996) 16–19; *L. G. Bloomquist*, A Contemporary Exegesis at the Edges of Chaos: Religion and Theology 11 (2004) 1–38; *W. Kirchschläger*, Ordnung als theologische Bewältigung des Chaos: ThPQ 143 (1995) 279–284; *D. Zeller* (Hg.), Religion im Wandel der Kosmologien, Frankfurt/M. u. a. 1999.

Angelika Berlejung

Paradies / Garten / Lebensbaum (P./G./L.)

(→ Dachartikel: Weltbild/Kosmologie)

I. AT: 1. Der Begriff P. (hebr. *pardēs*, griech. παράδεισος) ist vom altiranischen *pairidaeza* „Umfriedung" abgeleitet, wo er die Königsdomäne, den umzäunten G. und Lustgarten bezeichnet. „P." kommt im AT nur in Hld 4,13; Koh 2,5 und Neh 2,8 vor und hat folglich ursprünglich nichts mit dem G. Eden von Gen 2f zu tun. Erst die LXX stellt diese Beziehung (Gen 2,8.15; 13,10) her. Eden (von nordwestsem. *ʿdn* „üppig machen") ist der Name einer idealen Landschaft, in der der G. Jhwhs lag (Gen 2,8), der folglich auch als G. Eden bezeichnet werden kann (Gen 2,15; 3,23f). Gen 2,10–14 bietet eine theol. Geographie, indem der verlorene ideale Lebensraum des Menschen verortet wird. Im G. Eden entspringt ein Urstrom/Quelle, der sich in vier Flussläufe (Pischon, Gihon, Tigris und Eufrat) teilt und die ganze → Erde bewässert. Wenn der Pischon auf den Nil und Urozean, und der Gihon auf den Jerusalemer Gihon zu beziehen ist, ergibt sich eine um Jerusalem zentrierte Weltsicht, die Ez 47,1–12 nahe steht.

I. 2. Ein G. war im Vorderen Orient ein Prestigeobjekt (2 Kön 21,18.26; Jer 39,4; 52,7; Neh 3,15f), insbes. dann, wenn sich dort Fruchtbäume und Pflanzen aus allen Gegenden der Welt fanden. Der Garteninhaber war dadurch als Herr der kultivierten und geordneten Welt gekennzeichnet, als ihr Erhalter und Versorger, sodass das Motiv des → Königs als Gärtner eines Palast- oder Tempelgartens zur äg. und vorderorientalischen Königsideologie gehörte. Da für einen G. zumeist Bewässerung notwendig war, hatten G. häufig den Bau von Kanalanlagen zur Voraussetzung. Im idealen G. entsprang eine Quelle, die ihn bewässerte. Der G. war Ort der Vitalität und Regeneration und wurde in dieser Symbolik auch im Zuge der Liebesdichtung und ihrer Metaphorik als Ort der Begegnung der Liebenden benutzt (Hld). Jes 17,10f benennt die Adonis-Gärten, deren Deutung umstritten ist.

I. 3. Der ideale G. des AT gehört allerdings Jhwh. Es ist der G. von Gen 2f, vgl. Ez 28,13, in dem der Mensch der Hüter war. In dieser idealen, schattigen, sorgenfreien und fruchtreichen Gegend lebten der Mensch und seine → Frau bzw. in der späten Stammeltern-Perspektive Adam und Eva (bzw. nach Ez 28 der König von Tyrus) bis zum Sündenfall, der ihre Vertreibung und die Aufstellung von Wächterkeruben zur Folge hatte.

I. 4. Im G. stehen der Baum der Erkenntnis und der Baum des → Lebens (Gen 2,9; 3,22.24). Letzterer besitzt in der Ikonographie des Vorderen Orients und Palästinas große Bedeutung. Verschiedentlich referieren mesopotamische, syr.-paläst. (*Abb. 49* und *55*) oder äg. Darstellungen auf den L., der aller Vitalität und Regenerationskraft zugrunde liegt und mit diversen Gottheiten (meist → Göttinnen) verbunden werden kann. Als sakraler, kosmischer Baum oder Weltenbaum, der im Urmeer wurzelt und dessen Krone bis in den → Himmel reicht, der nährt und schützt, verband er die drei kosmischen Dimensionen der vertikalen Raumebene (→ Weltbild, s. a. Ps 135,6). Er ist in Ez 31,3–9 (in allegorischer Rede) mit der Bergtanne/Zeder identifiziert, in deren Schatten das Leben gedeiht. Die Symbolik des kosmischen Baums war für das rel. Symbolsystem des Orients zentral und kam auch in der Herstellung von kultischem Equipment zum Tragen. Wenn aus dem Holz eines Baums, der als kosmischer Baum galt, Kultbilder oder Tempelausstattung (1 Kön 6,9f.15f.18.20.36; 7,2f.7.11f; 2 Sam 7,2.7) hergestellt wurden, übertrugen sich die Qualitäten des Baums bzw. Holzes auf das Produkt. Das Holz der als Weltenbaum qualifizierten Zeder war dann ein kosmisches Band zwischen der Erde, dem Himmel und dem Urmeer und bestens geeignet, kultbild- und tempeltheol. Vorstellungen (Kraft, Leben, Stärke) auszudrücken. Der numinose Weltenbaum war mit dem Gottesgarten, Gottesberg und dem Urquell verbunden. Seine irdische Entsprechung war der Tempelgarten, Tempelberg und die Tempelquelle. Der Baum (auch als Palme oder stilisiertes Gewächs) stand für die gottgewollte → Ordnung, spielte daher auch in der Tempelikonographie eine große Rolle (1 Kön 6,29.32.35; 7,36) und wurde im nachexil. Tempel in stilisierter Form zum siebenarmigen Leuchter (Menora). Der kosmische Baum mit Wurzeln im Urmeer ist auch in Qumran bekannt (1QH 14,16).

I. 5. Der G. als der ideale Lebensraum war im AT und dem Frühjudentum (1Hen 25,4f; TestLev 18,10f) Symbol künftigen → Heils, wenn sich die lebensfeindliche → Wüste wandeln wird, Quellen aufbrechen (Jes 41,18; 35,7) und auch im Tempel eine Lebensquelle entstehen wird (Ez 47,1–12). Eden wurde zum Inbegriff des Paradiesgartens und der paradiesischen Existenz (Ez 28,13; 31,9.16.18; 36,35; Joël 2,3; Sir 40,27). Auch die Symbolik des L. fand in eschatologischen Erwartungen Platz, wenn der → Messias als L. gezeichnet wird (Jes 11,1). Die theologisierte → Weisheit kann die Weisheit in den lebenschaffenden Kategorien eines L. beschreiben (Sir 14,26ff; Spr 3,18; 11,30; 13,12; 15,4).

II. NT: Im NT wird die Vorstellung des Paradiesgartens mit L. in der → Eschatologie aufgenommen, wenn er als Wohnort der Gerechten aufscheint (2 Kor 12,4; Offb 2,7; 22,2; Lk 23,43).

I. *G. Baudler,* Das Paradies und seine Zerstörung: WuA(M) 35 (1994) 159–164; *M. Dietrich,* Das biblische Paradies und der babylonische Tempelgarten, in: *B. Janowski/B. Ego* (Hg.), Das biblische Weltbild und seine altorientalischen Kontexte, Tübingen 2001, 281–323; *ders.,* Der „Garten Eden" und die babylonischen Parkanlagen im Tempelbezirk, in: *J. Hahn/C. Ronning* (Hg.), Religiöse Landschaften, Münster 2002, 1–29; *J. Ebach* (Hg.), „Schau an der schönen Gärten Zier...", Gütersloh 2007; *M. Görg,* Beobachtungen zu den biblischen Bildern vom „Garten (in) Eden": MThZ 63 (2012) 98–108; *F. Hartenstein,* Orte des Ursprungs und der Erneuerung, in: *C. Karrer/Gruber* u. a. (Hg.), Sprachen – Bilder – Klänge, Münster 2009, 35–48; *O. Keel/E. Zenger* (Hg.), Gottesstadt und Gottesgarten, Freiburg u. a. 2002; *M. Metzger,* Zeder, Weinstock und Weltenbaum, in: *D. R. Daniels* u. a. (Hg.), Ernten, was man sät, Neukirchen-Vluyn 1991, 197–229; *U. Rüterswörden,* Erwägungen zur alttestamentlichen Paradiesvorstellung: ThLZ 123 (1998) 1153–1161; *R. Scoralick,* JHWH als Quelle der Fruchtbarkeit und das Motiv vom Gottesgarten in der Prophetie, in: *H. Irsigler* (Hg.), Mythisches in biblischer Bildsprache, Freiburg 2004, 318–342; *F. Stolz,* Die Bäume des Gottesgartens auf dem Libanon: ZAW 84 (1972) 141–156; *A. van der Kooij,* The Story of Paradise in the Light of Mesopotamian Culture and Literature, in: *K. J. Dell* u. a. (Hg.), Genesis, Isaiah and Psalms, Leiden 2010, 3–22.
II. *O. Betz,* Der Garten und der Traum vom Paradies oder: Spuren des nie ganz verlorenen Paradieses: Symb. 12 (1995) 13–25; *H.-G. Gradl,* Echos aus Eden: MThZ 63 (2012) 122–133; *G. P. Luttikhuizen* (Hg.), Paradise Interpreted, Leiden u. a. 1999; *P. Morris* (Hg.), A Walk in the Garden, Sheffield 1992; *P. Wick,* Das Paradies in der Stadt, in: *R. von Bendemann* (Hg.), Das frühe Christentum und die Stadt, Stuttgart 2012, 238–250; *N. Wyatt,* „Supposing Him to be the Gardener" (John 10,15): ZNW 81 (1990) 21–38.

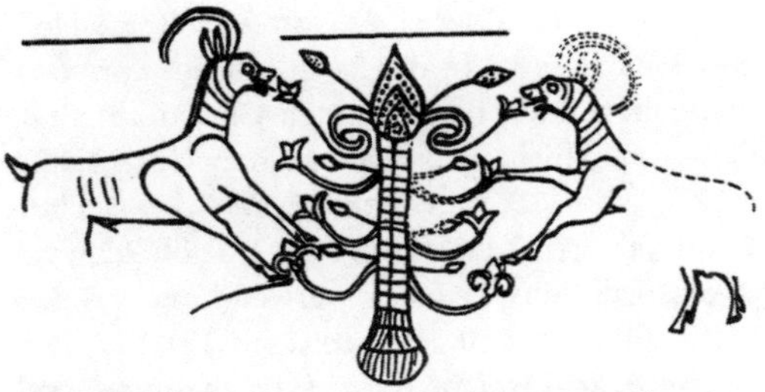

Abb. 55: Die Zeichnung auf Pithos A aus Kuntilet ʿAǧrūd zeigt einen stilisierten Lebensbaum mit Lotusblüten (s. auch Abb. 34).
Quelle: *O. Keel/C. Uehlinger,* Göttinnen, Abb. 219.

Angelika Berlejung

Parusie (P.)

(→ Dachartikel: Eschatologie)

II. NT: 1. Der Begriff P. leitet sich vom griech. Verb παρεῖναι („anwesend sein") ab und bezeichnet im nichtbibl. Sprachgebrauch die Ankunft bzw. den Besuch eines Herrschers, eines hohen Beamten oder eines Gottes (z. B. des Heilgottes Asklepios). 18 der 24 ntl. Belege von παρουσία benennen das Kommen Christi am Ende der → Geschichte als Weltenrichter (Mt 24,3.27.37.39; 1 Kor 15,23; 1 Thess 2,19; 3,13; 2 Thess 2,1.8f; Jak 5,7f; 2 Petr 1,16; 3,4.12; 1 Joh 2,28; vgl. dagegen die unspezifische Verwendung in 1 Kor 16,17; 2 Kor 7,6f; 10,10; Phil 1,26; 2,12). Ein alternativer Begriff ist ἐπιφάνεια („Erscheinung"; vgl. 2 Thess 2,8; 1 Tim 6,14; 2 Tim 1,10; 4,1.8; Tit 2,13). 2 Petr 3,12 greift dabei die atl. Vorstellung vom Tag Jhwhs auf (→ End-Gericht). Wo *Mt* παρουσία verwendet, formulieren die synopt. Seitenreferenten *Mk* und *Lk* anders, um die polit. Assoziationen (Kaiserkult) zu vermeiden.

II. 2. Mehrere Gleichnisse befassen sich mit der (verzögerten) P., u. a. Mt 24,45–51 (getreuer und schlechter Knecht); 25,1–13 (die zehn Jungfrauen); 25,14–30 (die anvertrauten Talente). Hier wird mit einer gewissen bis erheblichen, zumindest ungewöhnlich langen Zeitspanne bis zur Wiederkehr „des Herrn" gerechnet. Entscheidend für die Beurteilung der Menschen bei der P. und beim → End-Gericht ist ihr Verhalten in der Gegenwart, insbes. ist in den Hungernden, Dürstenden, Fremden, Nackten usw. die Nähe Jesu zu entdecken. Die Vision aus Dan 7,13 von einem auf den Wolken des → Himmels kommenden Wesen wird v. a. in den Synopt. als Bild für das *Kommen* des Menschensohnes aufgegriffen (vgl. Mt 24,30; 26,64; Mk 13,26; 14,62; vgl. auch Offb 1,7).

Bei *Joh* übernimmt der Paraklet (der „Beistand") die Rolle des erhöhten Jesus (vgl. z. B. Joh 14,16–18.26; 15,26; 16,7). Der Paraklet ermöglicht es, dass die Verbindung zur Grundoffenbarung Gottes im Logos → Jesus Christus aufrechterhalten bleibt (Joh 16,4–15).

II. 3. *Paulus* geht von Anfang seines missionarischen Wirkens an von einer baldigen P. Christi aus (z. B. 1 Thess 2,19; 3,13), die er wohl sogar noch zu erleben hofft (1 Thess 4,15; vgl. auch Mk 9,1; Mt 10,23). Sie kommt sehr plötzlich (wie ein „Dieb in der Nacht", vgl. 1 Thess 5,1–6; Mt 24,43; Lk 12,39; 2 Petr 3,10; Offb 3,3; 16f). Wie sich Paulus die P. vorstellt, ist aus 1 Thess 4,16f zu entnehmen; in späteren Briefen ist Paulus vorsichtiger, was die konkrete Ausmalung der P. und des End-Gerichts angeht. Jesus ist für Paulus der Mensch gewordene Sohn Gottes und der verheißene → Messias, dessen Tod und → Auferstehung das Schlüsselereignis sind – die Zeit des → Heiles hat schon begonnen (z. B. 2 Kor 6,2), und diese Überzeugung bricht das Denken des Paulus neu auf (Phil 3,7–11). Daher lebt die → Kirche nach Paulus als das endzeitliche → Volk Gottes in der Endphase der Heilsgeschichte und erwartet die endgültige Vollendung des Heils im zweiten Kommen Jesu (vgl. 1 Kor 11,26), wobei das Ziel die individuelle Auferstehung mit Christus von den Toten (Phil 3,10–14; 1 Kor 15,20–23.42–57) und die Aufrichtung der völligen → Herrschaft Gottes über die ganze → Schöpfung ist (1 Kor 15,24–28).

Nach dem Tod der wichtigsten → Apostel sowie der Zerstörung des herod. → Tempels (70 n. Chr.) blieb die P. Jesu Christi immer noch aus („Parusieverzögerung"). Dies bewirkte eine Abkehr von einer unmittelbaren Naherwartung hin zur universalen Mission. Schlüsselstelle dafür ist Apg 1,6–8. Die Gegenwärtigkeit des Heils wird stärker betont, die Erwartung der P. tritt in den Hintergrund (Joh; Eph; Kol; 2 Petr; 1–3 Joh). Ihr Zeitpunkt ist allein Gott bekannt, für den ein anderer Zeitbegriff gilt (2 Petr 3,8; vgl. auch 2 Thess 2,1–12: Die Ankunft Jesu steht noch aus, andersartige Aussagen sind eine Täuschung.). Das „Dass" der P. ist entscheidend, nicht das Wann und Wie. Offb 19f fasst Vorstellungen über das „Ende" in rätselhafte Bilder: die Erhöhung des Lammes und die tausendjährige Herrschaft eines messianischen Reiches.

C. Böttrich, Das Gleichnis vom Dieb in der Nacht, in: *ders.* (Hg.), Eschatologie und Ethik, Frankfurt a. M. 2006, 31–35; *W. Eisele*, Ein unerschütterliches Reich, Berlin/New York 2003; *K. Erlemann*, Naherwartung und Parusieverzögerung, Tübingen 1995; *E. Gräßer*, Das Problem der Parusieverzögerung in den synoptischen Evangelien und in der Apostelgeschichte, Berlin 1957; *R. Hoppe*, Parusieglaube zwischen dem ersten Thessalonicherbrief und dem zweiten Petrusbrief, in: *J. Schlosser* (Hg.), The Catholic Epistles and Traditions, Leuven 2004, 433–449; *J. Kremer*, Parusie und Weltgericht: StZ 216 (1998) 477–492; *U. B. Müller*, Parusie und Menschensohn: ZNW 92 (2001) 1–19; *C. D. Stanley*, Who's Afraid of a Thief in the Night?: NTS 48 (2002) 468–486; *N. H. Taylor*, Early Christian Expectations Concerning the Return of Jesus: JTSA 104 (1999) 32–43.

Thomas Hieke

Passion (P.)

(→ Dachartikel: Soteriologie)

Vorbemerkung: Der Begriff P. kommt aus dem Lat. und bedeutet „Leiden". Im Rahmen christl. → Soteriologie bezeichnet P. v. a. das Leiden Jesu, meist gedeutet als Sühneleiden. Die Basis für diese Deutung liegt im AT, wo es eine eigene Tradition der P. gibt.

I. AT: Hier ist zunächst auf die Pss. hinzuweisen, die von der P. des Gerechten sprechen. In vielen Anspielungen werden solche Pss. als bibl. Basis für die Deutung der P. Jesu herangezogen, wie die ntl. P.-Berichte zeigen (Ps 22; 27; 37f; 69 = LXX Ps 21; 26; 36f; 68). Atl. geht es in solchen Pss. um die Bearbeitung des Problems, dass Menschen trotz ihrer → Gerechtigkeit Unheil erfahren, womit der Tun-Ergehen-Zusammenhang (und damit die Gerechtigkeit Gottes) aufgelöst erscheint. Wichtig ist auch die P. des → Gottesknechts im Jesajabuch. Die vier nachexil. Lieder vom „Knecht (Jhwhs)" in Jes 42,1ff; 49,1–6; 50,4–9(–11?) und 52,13–53,12, in denen eine (königliche) Gestalt im Auftrag Gottes handelt, werden häufig von der Forschung als relativ selbständige lit. Einheiten angesehen, wobei allerdings die Identität des Gottesknechts unklar bleibt. Möglich ist eine kollektive Deutung auf → Israel oder eine individuelle, wobei dem ersten Lied ein Text zugrunde liegen könnte, dem der Perserkönig Kyrus als → Messias Gottes galt. Die Anonymität des Gottesknechts ist nicht aufzulösen, sondern als Textintention zu akzeptieren. Hier wird eine Rolle geschaffen, die verschieden gefüllt werden kann. Nur im dritten und vierten Lied wird die P. des Gottesknechts thematisiert. Im dritten Lied wird der Knecht geschlagen und gedemütigt (Jes 50,6), vertraut aber darauf, dass Gott ihm hilft. Im vierten Lied, das bes. Relevanz in der ntl. Deutung der P. Christi erlangte, wird der Knecht als hässlich, krank und verachtet bezeichnet (Jes 53,1–4). Er wird misshandelt, sogar getötet und begraben (Jes 53,8f). Trotzdem hat er eine → Hoffnung auf → Leben und Nachkommen (Jes 53,10ff). Immer wieder wird betont, dass sein Leiden ein stellvertretendes Leiden für „die Vielen" ist (→ Leid). Seine P. ist → Strafe, allerdings nicht (nur) für seine eigenen → Sünden, sondern für die aller. Der Gottesknecht übernimmt die Rolle des Sühnopfers (Jes 53,10). Sein stellvertretendes Leiden bewirkt → Sühne (→ Versöhnung) und → Heil.

II. NT: Auch wenn die genaue Rekonstruktion nicht möglich erscheint, wird in der Forschung meist die Existenz eines vor-synopt. P.-Berichtes angenommen, weil sich in den Evv. die Erzählung über die P. Jesu als eine in sich geschlossene Erzählfolge (Verhaftung, Verhör durch die jüd. Oberen, Verhör durch Pilatus, Verspottungen, Kreuzweg, Hinrichtung am → Kreuz, Grablegung, Entdeckung des leeren → Grabes) abhebt. Bei der Ausgestaltung dieser Elemente werden atl. Texte als bibl. Deutungsmuster benutzt: z. B. Mk 14,61/Ps 38,14f; 39,10; Jes 53,7 (Schweigen); Mk 14,55/Ps 37,32; 38,13; 54,5 u. a. (Tötungsabsicht); Mk 14,56f/Ps 27,12; 35,11 (falsche Zeugen); Mk 15,24/Ps 22,19 (Verlosen der Kleidung); Mk 15,29f/Ps 22,7f (Spott und Kopfschütteln); Mk 15,34/Ps 22,2 (Gottverlassenheit); Mk 15,36/Ps 69,22 (Essig). Durch solche Anspielungen auf Pss., die die P. des Gerechten thematisieren, wird klargemacht, dass die P. Jesu nicht als Strafe für seine → Sünden zu verstehen ist. → Jesus Christus ist trotz seiner P. ein Gerechter; die P. widerlegt ihn und seine Botschaft nicht. Gott wird seine → Gerechtigkeit wahren und den Leidenden (durch die → Auferstehung) wieder ins Recht setzen (vgl. Ps 22,23ff). Welche Bedeutung das vierte Gottesknechtslied für Jesu eigene Deutung seines → Todes hatte, ist äußerst umstritten. Die These, dass Jesus selbst seine P. als stellvertretende → Sühne des → Gottesknechts (Jes 53) verstanden hat, wird neuerdings wieder vertreten, hat aber keine breite Akzeptanz gefunden. Dass Jesus jedenfalls sein Sterben in seine Botschaft von der Königsherrschaft Gottes (→ Herrschaft) integrieren konnte, zeigt sich in Mk 14,25, wo er im Angesicht des Todes an der Gültigkeit seiner Botschaft festhält und die Gewissheit ausdrückt, dass sein Tod ihn nicht daran hindern wird, am Festmahl der vollendeten Gottesherrschaft teilzunehmen. Auch hinsichtlich der ntl. Deutungen der P. und des Todes Jesu ist die Relevanz des vierten Gottesknechtslieds umstritten. Zwar wird es mehrmals zitiert, aber nur in Lk 22,37 (Jes 53,12) mit klarem Bezug zur P. Jesu. Wichtiger sind Anspielungen und sachliche Übereinstimmungen: Röm 4,25 („hingegeben wegen unserer Übertretungen"; vgl. Jes 53,4f.12); Röm 8,32 („für uns alle hingegeben"); 1 Kor 15,3–5 („für unsere Sünden gestorben"); Mk 10,45 („sein Leben hingeben"; vgl. Jes 53,10.12); Mk 14,24 („Blut, … für viele vergossen"; vgl. Jes 53,11f). So ist die Bezugnahme ntl. Deutungen der P. Jesu auf das vierte Gottesknechtslied wohl kaum zu bestreiten. Der Text bot nicht nur die Möglichkeit, durch die Symbolkategorien „Stellvertretung" und „Sühnopfer", die P. Jesu für die → Soteriologie zu erschließen, sondern darüber hinaus erlaubte die Lebensverheißung für den Gottesknecht (Jes 53,10ff) auch die Vermittlung der P. mit der Auferweckung.

I. *M. Oeming*, „Fürwahr, er trug unsere Schuld", in: *A. Wagner* (Hg.), Sühne – Opfer – Abendmahl, Neukirchen-Vluyn 1999, 1–36; *A. Schenker*, Knecht und Lamm Gottes (Jesaja 53), Stuttgart 2001.

II. *M. Gielen*, Die Passionserzählung in den vier Evangelien, Stuttgart 2008; *H. Merklein*, Wie hat Jesus seinen Tod verstanden?, in: *ders.*, Studien zu Jesus und Paulus 2, Tübingen 1998, 174–189; *ders.*, Der Sühnetod Jesu nach dem Zeugnis des Neuen Testaments, in: ebd. 31–59.

Joachim Kügler

Person (P.)

(→ Dachartikel: Kultur und Mentalität)

Vorbemerkung: Im modernen Begriff der P. verbinden sich auf paradoxe Weise zwei Aspekte: Einerseits deutet er auf Individualität (Persönlichkeit, Subjekt-Sein), andererseits bezeichnet er den Menschen in abstrakt-allg. Weise, d. h. gerade abgesehen von jeder individuellen Besonderheit. Dieses Ineinander erklärt sich nur aus der neuzeitlichen Auffassung, dass der Mensch wesentlich durch sein P.-Sein bestimmt ist, d. h. dass das Allgemein-Menschliche gerade darin besteht, dass jeder Mensch ein (einzigartiges) Individuum und ein zu achtendes (Rechts-)Subjekt mit spezifischer Personenwürde (→ Würde) ist. Zugleich verankert der neuzeitliche Individualismus die Identität des Menschen in seiner individuellen P./Persönlichkeit. Für diesen ebenso komplexen wie schillernden Schlüsselbegriff der modernen Kultur gibt es in keiner der antiken Sprachen ein Äquivalent. Der Begriff muss daher in mehrere Aspekte unterteilt werden.

I. AT: *1. Identität.* Die Identität des Menschen wird im AT nicht an ein individuelles Selbst gebunden, sondern resultiert aus der Rolle, die jemand auf der Bühne des sozialen → Lebens spielt. Die Identität ist eine soziale Identität (→ Kultur und Mentalität). Dafür steht im AT öfters hebr. *pānīm* („Gesicht", griech. πρόσωπον) (Dtn 1,17; 10,17; 16,19; Spr 24,23). *2. Individuelle Persönlichkeit.* Den Personenkern des Menschen, d. h. sein intellektuelles und emotionales Zentrum, repräsentiert in der Bibel meist das → Herz (hebr. *lēb[āb]*, griech. καρδία). *3. Man, jemand, Mensch, Leute.* Für P. im unspezifischen Sinn stehen: *ʾādām* (nur im Sg. für „Mensch"; vgl. Lev 1,2; Neh 2,10; Jes 2,20), *ʾīš* („Mann"; Ex 21,14.33; Lev 27,2), *bāśār* (→ „Fleisch, Leib"; Lev 13,18; vgl. auch 2 Makk 8,11 σῶμα „Leib"), *næfæš* („Kehle, Atem, Vitalität, Leben, Wesen"; Gen 14,21; Lev 4,2.27; Num 19,18; vgl. auch 1 Makk 2,38 ψυχή → „Seele" als Übersetzung von *næfæš* in der LXX), *rōš* I („Kopf, Haupt" Ri 5,30; 1 Chr 12,24). Damit sind als wesentliche Aspekte und Attribute von Menschsein Vitalität und Körperlichkeit, aber auch Vergänglichkeit benannt; der Mensch ist wesentlich ein „lebendiger Leib" (Gen 2,7 *næfæš ḥajjā* „lebendiges Wesen"; → Körper). Die rabb. Lit. betont mit aram. *bīrjā* („Geschöpf, Kreatur, Mensch"; von *brʾ* = erschaffen) noch den Aspekt des Geschaffenseins. Nach außen repräsentiert v. a. das Gesicht (*pānīm*) die P. (Gen 43,3; 2 Sam 17,11).

II. NT: *1. Identität.* Erst in der christl. Spätantike entwickelt lat. *persona* die uns geläufige Bedeutung „intentionales/rationales individuelles Selbst" (Boethius, contra Eutychen et Nestorium 3). Ursprünglich ist *persona* ebenso wie das griech. Äquivalent πρόσωπον („Gesicht") die Maske des Theaterschauspielers und davon abgeleitet der (stereo-)typische (Bühnen-)Charakter. So bezeichnet *persona*/πρόσωπον gerade nicht ein „individuelles Selbst", sondern die Rolle, die jemand auf der Bühne des sozialen Lebens spielt und die definiert, „wer" er/sie ist. So begegnet πρόσωπον auch im NT (Mk 12,14par.; Apg 10,34; Röm 2,11; Eph 6,9; Jak 2,1.9). Stets geht es um die soziale P. des Menschen, nämlich das (Nicht-)Ansehen der P. (προσωπολημψία), um die (Nicht-)Bevorzugung angesehener P. Auch weil diese soziale P. des Menschen mehrschichtig und z. T. zufallsbedingt ist, kann man nicht sagen, der Mensch sei *wesentlich* (*eine*) „P." Nach Cic. off. 1,107–125 „bekleiden" z. B. vier *personae* den Menschen, nämlich die allgemein-menschliche Vernunftnatur, seine natürlichen Charakteranlagen, seine zufällig ererbte soziale Stellung (*fortuna*) und das, was er als seine Profession oder Laufbahn selbst auswählt. Sein Bestreben sollte allerdings sein, diese vier Personenkonstituenten in Einklang zu bringen, also die eigene Identität in Einklang mit der sozialen Position zu entfalten (diese „Selbstsorge"/Selbstformung in Übereinstimmung mit der „Vernunft" ist das große Thema der als „Lebenskunst" verstandenen Philos., vgl. Plat. Alk. 1). So steht *persona* für eine nicht-individualistische („dyadische") Konzeption der P. (→ Kultur und Mentalität). Die individuelle Identität kann sowohl aus der „Einbettung" des Einzelnen in übergeordnete soziale „Körper" resultieren wie auch aus dem Aufgehen im „Logos" oder in der „Substanz" einer anderen P., was voraussetzt, dass solche „Substanzen" wiederkehren bzw. andere P. gänzlich durchdringen können (vgl. Mk 8,27f.par.; Gal 2,20). *2. Individuelle Persönlichkeit.* Den Personenkern des Menschen, d. h. sein intellektuelles und emotionales Zentrum, repräsentiert auch im NT meist das → Herz (Mt 6,21; Mk 7,21f.par.), obwohl nach griech. → Anthropologie dafür eher νοῦς (→ „Geist, Sinn"), ψυχή (→ „Seele"), διάνοια („Denken, Gedanken") o. ä. stehen würde. Auch für weite Bereiche der Natur wird Personhaftigkeit bzw. personhafte Verursachung durch göttliche Wesen oder → Engel (Jub 2,2) angenommen. *3. Man, jemand, Mensch, Leute.* Für P. im unspezifischen Sinn steht außer ἄνθρωπος („Mensch"; Mk 8,27par.) und ψυχή („Seele"; Apg 2,41) noch *pars pro toto* πρόσωπον („Gesicht"; 2 Kor 1,11) und metonymisch ὄνομα (→ „Name"; Apg 1,15).

I. *C. Frevel* (Hg.), Biblische Anthropologie, Freiburg u. a. 2010; *ders./O. Wischmeyer*, Menschsein, Würzburg 2003; *B. Janowski/K. Liess* (Hg.), Der Mensch im alten Israel, Freiburg u. a. 2009; *C. A. Newsom*, Models of the Moral Self: JBL 131 (2012) 5–25; *R. A. di Vito*, Alttestamentliche Anthropologie und die Konstruktion personaler Identität, in: *B. Janowski* (Hg.), Der ganze Mensch, Berlin 2012, 129–152.

II. *K. Berger*, Historische Psychologie des Neuen Testaments, Stuttgart 1991; *C. Gill*, Personality in Greek Epic, Tragedy, and Philosophy, Oxford 1996; *B. J. Malina*, Is There a Circum-Mediterranean Person?: BTB 22 (1992) 66–87; *K. Neumann*, Der prüfende Blick, in: *B. Janowski* (Hg.), Der ganze Mensch, Berlin 2012, 289–313; *M. Sigismund*, Individuum, Familie und Gesellschaft, in: *K. Erlemann* u. a. (Hg.), Neues Testament und Antike Kultur 1, Neukirchen-Vluyn 2004, 38–48.

Klaus Neumann

Priester (P.)

(→ Dachartikel: Kult)

I. AT: 1. Das deutsche Wort für P. leitet sich von dem griech. πρεσβύτερος „Ältester, Vorsteher" ab. Im Hebr. steht dafür der Begriff *kōhēn*, im Aram. *kōmær*, im Griech. ἱερεύς. Der Begriff *kōmær* findet auch an einigen Stellen im AT (2 Kön 23,5; Hos 10,5; Zef 1,14) und darüber hinaus in Qumran (4Q372; 4Q539; PAM 43 682 fr. 24,2) Verwendung, bezeichnet hier allerdings ebenso wie in den aram. Papyri der Judäer von Elephantine (neben dem Hebraismus *kāhēn* für den Jhwh-Priester) den P. anderer Götter – im bibl. Sprachgebrauch mit, in den Papyri von Elephantine ohne polemischen Unterton. Im AO begegnet man verschiedenen Klassen von P., die mit verschiedenen Aufgaben betraut waren: Orakelpriester, Beschwörungspriester, Klagepriester, Opferpriester, Tempeldiener. Dementsprechend findet man auch im AT nicht nur eine Klasse von P.

I. 2. Die Anfänge des Priestertums in → Israel und Juda lassen sich bis in die frühe Königszeit zurückverfolgen. In der Überlieferung begegnen einzelne P. und Priesterfamilien, die den → König auf seinen Feldzügen begleiten (1 Sam 14,36f; 23,9; 30,7) und an den Heiligtümern des Landes ihren Dienst versehen (1 Sam 1ff; 2 Sam 8,17f; 20,25f; 1 Kön 1,7f; 2,26f.35; 4,2.4; 12,31). Unter ihnen ragen die Eliden von Schilo (1 Sam 1ff), die mit ihnen genealogisch verbundenen (1 Sam 14,3) P. von Nob und ihr einziger Überlebender Abjatar (1 Sam 21f; 23,6) sowie Zadok, auch er wie Abjatar der Sohn eines Ahitub (2 Sam 8,17), heraus (2 Sam 20,25; 1 Kön 4,4; vgl. 2 Sam 15,24ff; 17,15; 19,12; 1 Kön 1f). Zu den P. scheinen in alter Zeit auch, wenn nicht in erster Linie, die „Leviten" gehört zu haben (vgl. 1 Kön 12,31; in einem späten Reflex Ri 17 f.). In der Überlieferung werden sie auf den Ahnvater Jakob-Israel zurückgeführt (Gen 29,34) und zu Eltern des Mose erklärt (Ex

2,1). Doch sind sie erst in später Zeit zu der Berühmtheit gelangt, die ihnen das AT zuerkennt.
Die Weichen wurden im Dtn, der Abschiedsrede des Mose im Lande Moab, gestellt, wo der „Levit" ursprünglich das israelit. Priestergeschlecht repräsentiert, das Teil der Festgemeinde ist (Dtn 12,18; 14,27; 17,9; 18,1.6 f. und 26,11). Zwar macht das Dtn – um des Ideals der Kultzentralisation (→ Kult) willen – einen Unterschied zwischen dem „Leviten (der in deinen Toren wohnt)" und den „levitischen P." am Zentralheiligtum (Dtn 17,9, 18,1), doch setzt es voraus, dass alle P. „Leviten" sind. In der weiteren Literargesch. des Dtn erhalten die Leviten eine herausgehobene Stellung. Unzählige Zusätze schreiben ihnen immer neue Qualitäten zu, betonen ihre Aussonderung (Dtn 10,8f; 12,12.19), beteiligen sie an der Verkündigung des Buches (Dtn 27,9.14), erklären sie zu Trägern der Lade und Wahrer der → Tora (Dtn 31,25) sowie zu Kündern des → Rechts, dem auch der König unterworfen ist (Dtn 17,11.18), gestehen ihnen aufgrund ihrer → Treue ausdrücklich den Zugriff auf Urim und Tumim, das priesterliche Orakelgerät, zu (Dtn 33,8f) und stellen ihre Versorgung am Zentralheiligtum sicher (Dtn 18,1–8). Doch gelegentlich begegnen auch Einträge, die die Identität aufheben und eine Vorrangstellung der P. vor den Leviten erkennen lassen. So werden die Leviten, die keinen Landbesitz haben (Dtn 14,27; → Land, → Besitz), unter die *personae miserae* gezählt (Dtn 12,12; 14,29; 26,12f), ihre Vorzüge und Rechte auf P. übertragen (Dtn 10,6f; 17,12 und 19,15–21; 18,3.5; 21,5; 26,3f; 31,9; 33,9b.10).
Die Unterscheidung und Abstufung zwischen Leviten und P. hat in der priesterlichen Lit. ihren Ursprung und wird in Ez, den späten Schichten von P, dem chronistischen Schrifttum (Chr, Esra-Neh) sowie in Qumran überall vorausgesetzt. Zwar bleibt die Abstammung aller P. von Levi unbestritten, doch hat man sich in der jüngeren Lit. darüber Gedanken gemacht, welchem Zweig der Nachkommen Levis der Vorzug gebührt.
In Ez 44,6–31 wird zwischen Leviten und Zadokiden unterschieden. Erstere haben mit dem Volk gesündigt und werden daher für die niederen Dienste abgeordnet, letztere werden wie im Dtn als „levitische P." bezeichnet und zum Altardienst zugelassen. Die Differenzierung gipfelt in Ez 48 in einer Dreiteilung zwischen Leviten, P. und den „geheiligten P., Söhnen Zadoks". Der Stellung der Zadokiden in Ez 44 entspricht die der Aaroniden in P (Ex 28 f.). Für P ist Aaron, wie Mose, der Abstammung nach ein Levit (Ex 6,16–25; vgl. auch Ex 4,14), der erste Hohepriester (Lev 8 f.), und alle P. sind Söhne Aarons. Ihnen untergeordnet sind die Leviten (Num 3). Seither heißt es nicht mehr „die P., die Leviten", sondern „die P. und die Leviten" (Chr; Esra-Neh). Im Stammbaum der Chronik (1 Chr 5,27ff; 6,35ff) werden die verschiedenen Linien zusammengeführt: die Zadokiden gehen aus den Aaroniden und mit ihnen aus Levi hervor, der als der Stammvater aller P. (und Leviten) gilt (vgl. Mal 2,4). Über Jozadak als Sohn des letzten judäischen P. aus zadokidischem Geschlecht, Seraja (2 Kön 25,18–21), wird zudem eine Verbindung zu dem nachexil. Hohepriester Jeschua/Joschua hergestellt (Hag 1,1.12.14; 2,2.4; Sach 3; 6,11; vgl. auch Esra 7,1–5; 8,3). Weitere Priester- und Levitengeschlechter sind in den zahlreichen Listen des chronistischen Werkes verzeichnet, die P. bes. in 1 Chr 24,1–19; Esra 2,36–39/Neh 7,39–42; Neh 10,2–9; 12,1–7.10–23.
Inwieweit im Hintergrund des lit. Diskurses im Dtn und der priesterlichen Lit. hist. Vorgänge, etwa nachexil. Machtkämpfe um das Amt des Hohepriesters, stehen, ist schwer zu sagen, aber durchaus wahrscheinlich. Nur lassen sich die lit. Positionen nicht unmittelbar in soziale und hist. Konstellationen übersetzen. Greifbar werden die realgesch. Hintergründe erst in hell. Zeit.
In Sir 45,6ff; 50,1ff reicht die Sukzession der Zadokiden und „Söhne Aarons" bis Simeon II. (225–192 v. Chr.). Es folgten noch Onias III. (192–174 v. Chr.) und sein Bruder Jason (174–171 v. Chr.), der den Weg der Hellenisierung einschlug (1 Makk 1,11–14; 2 Makk 3–4; Ios. ant.Iud. 12,237–241). Von da an wurden die Zadokiden aus dem Amt des Hohepriesters verdrängt und wichen ins äg. Leontopolis aus, wo sie einen eigenen → Tempel gründeten, teilweise vermutlich auch nach Qumran (1QS 5,2; 1QSa 1,2), wo sie sich einer Gemeinschaft anschlossen, die sich selbst als Tempel verstand. Das Erbe der Zadokiden (Oniaden) traten der P. Mattatias aus dem Geschlecht des Jojarib von Modeïn (1 Chr 24,7; Neh 12,6.19) und die Hasmonäer an, die, nach dem kurzen Zwischenspiel des Aaroniden

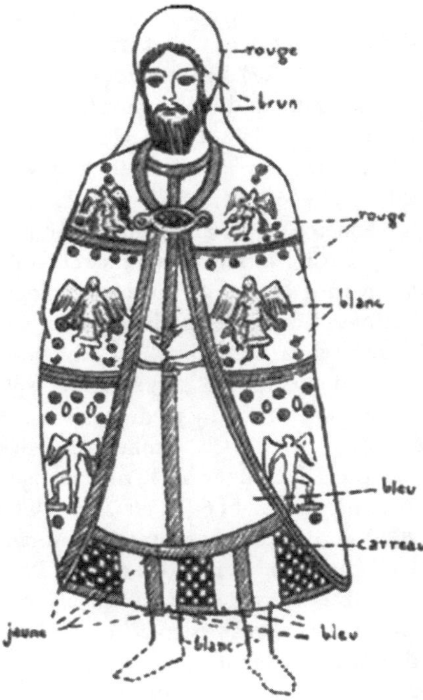

Abb. 56: Aaron im hohepriesterlichen Gewand; Wandmalerei der Synagoge in Dura Europos (3. Jh. n. Chr.; Ausschnitt). Quelle: *R. Comte du Mesnil du Buisson*, Les peintures, pl. XXVIII.

Alkimus (1 Makk 7,9.14), seit Jonatan (153 v. Chr.) bis Hyrkan II. (63–40 v. Chr.) zugleich König und Hohepriester waren. Ihnen schlossen sich die hellenisierten Zadokiden (Sadduzäer) und Teile der „Frommen“ (Chasidim), die späteren Pharisäer, an. In herod. Zeit bis zur Zerstörung des Tempels 70 n. Chr. wurde das Amt des Hohepriesters zum Spielball der Politik und verlor immer mehr an Gewicht.

I. 3. Zu den Aufgaben der P. zählte seit jeher die Erteilung des Losorakels mittels der Orakelsteine Urim und Tummim (Dtn 33,8; vgl. 1 Sam 28,6) oder des Efod (1 Sam 23,6.9; 30,7f), ebenfalls ein orakelgebender Gegenstand. Die Auskunft, die die P. auf Anfrage erteilten, heißt → Tora, „Lehre, → Weisung“ (vgl. Jer 18,18; Ez 7,26; Mal 2,7). Neben den Losorakeln zu Fragen des polit. oder persönlichen → Schicksals sind damit Auskünfte in konkreten kultischen (Ez 44,23; Hag 2,11–13; Mal 1–3) und rechtlichen (Dtn 17,8–13; 1 Sam 2,25; Ez 44,24) Belangen gemeint. Unter dem Einfluss der → Propheten ist daraus eine ethische Belehrung (Ps 15; 24,3–5) und die Unterweisung im „Gesetz“, der Tora des Mose, geworden (Dtn 33,10; 2 Chr 17,8f; 19,8–11; Esra 7–10; Neh 8).
Die Hauptaufgabe der P. war die Darbringung der → Opfer, die in alter Zeit aber nicht nur ihnen vorbehalten war. Neben oder mit ihnen zusammen konnten der König, seine Söhne, die Oberhäupter der Sippen und → Familien oder ihre Söhne priesterliche Funktionen im Haus (Gen 31,19.30ff; Ri 17) wie an den Höhenheiligtümern des Landes wahrnehmen (Gen 12,8; 13,4.18 u. a.; Ri 6,9–21; 1 Sam 1,3f; 9,12f; 2 Sam 8,18; 1 Kön 3,4). Das ist nach der „Tora des Mose“ nicht mehr erlaubt. Mit der Darbringung der Opfer steht der von der Gottheit als Gegengabe erwartete und von den P. erteilte bzw. vermittelte → Segen in Zusammenhang (vgl. Ex 20,24; 1 Chr 23,13; die Segensworte Num 6,24–26). Schließlich hatten die P. die Aufsicht über den Tempel (Jer 20,1f), eine Aufgabe, die später den Leviten zufiel (Num 1,53; 3,28.32).

I. 4. Während der P. in vorexil. Zeit ein Kultbeamter neben anderen war, gewann das Amt in der Zeit des zweiten Tempels immer mehr an Bedeutung. Das zeigt sich nicht nur an mancher Änderung in den Aufgaben, sondern ebenso an der zunehmend hierarchischen und genealogischen Gliederung der priesterlichen Funktionen: An der Spitze stand der Hohepriester, der als einziger das Allerheiligste betreten durfte (Lev 16). Zu seiner Amtseinführung wurde der königliche Akt der „Salbung“ (→ Ritus) neu eingeführt (Ex 29,7 u. a.), der das übliche „Handfüllen“ (Ri 17,5.12; Sir 45,15) überbot. Zusätzlich zum leinenen Priesterschurz (1 Sam 2,18) wurde der Hohepriester mit einer prächtigen Amtstracht ausgestattet (Ex 28; 39; Sir 45,6ff; 50; s. *Abb. 56*). Der Unterhalt der P., die von ihrem Anteil an den Opfergaben und anderen → Abgaben (Erstlinge und → Erstgeburt, Tempelsteuer, Zehnter, freiwillige Spenden) lebten (Num 18), wurde angehoben. Vorschriften für die Amtsführung sorgten dafür, dass die → Heiligkeit und → Reinheit des Priesteramtes gewahrt wurde (Lev 21f). Die große Bedeutung des Priesteramtes geht auch daraus hervor, dass dies alles in den theol. Entwürfen des AT (Dtn, P, Pentateuch, Ez 40–48; Chr, Esra-Neh) aufgezeichnet und in ein System gebracht worden ist, an dem lange gearbeitet und immer wieder nachgebessert wurde. Manches davon geht auf alte → Tradition zurück, anderes wurde ergänzt, sei es in Übereinstimmung mit der Wirklichkeit am zweiten Tempel oder sei es als Programm und eschatologische Erwartung (vgl. Jes 66,21). Das Ideal des Priestertums konnte auch auf das ganze → Volk übertragen werden (Ex 19,6).

Die Systematisierung und der Ausbau der priesterlichen Überlieferung setzten sich in den Texten der hell.-röm. Zeit und insbes. in Qumran fort. Wie die Zadokiden in Leontopolis und die Samaritaner auf dem Garizim führte auch die → Gemeinschaft von Qumran ein Eigenleben, das vom Tempelkult in Jerusalem geschieden war. Im Unterschied zu den beiden anderen Gruppierungen gründete sie jedoch keinen Tempel mit eigener Kultpraxis, sondern ersetzte die von ihr nicht anerkannten Opfer in Jerusalem durch Liturgie und → Gebet. Dennoch hielt die Gemeinde von Qumran an der Fiktion des *rite* vollzogenen Tempel- und Altardienstes fest. In ihrem → Exil entwickelten sie die Dienstordnung der P. (4Q259 und 4Q320–330), die bibl. Vorschriften (11QT) und spezielle Fragen der *Halacha* (4QMMT) weiter bis hin zu den Funktionen der P. im „heiligen → Krieg" (1QM). In allen Bereichen des Gemeindelebens (1QS; CD) wird den zadokidischen P., den Söhnen Aarons, eine führende Rolle zugeschrieben. Die Gemeinde lebt das Ideal von Ex 19,6, ein Königreich von P. und ein heiliges Volk zu sein. Mit ihren liturgischen Vollzügen partizipieren die P. am himmlischen → Kult und sind den → Engeln gleichgestellt (vgl. z. B. die Sabbatlieder ShirShabb 4Q400–407; 11Q17). Den Einfluss der P., ihres Denkens, ihrer Vorschriften und Riten auf das Geschichtsbild belegt das Jubiläenbuch (vgl. 4Q216–224), ihr Selbstverständnis TestLev (vgl. 1Q21; 4Q213–214b; 4Q540–541) sowie TestQah (4Q542).

II. NT: Ein ambivalentes Verhältnis zum Priestertum hat auch das NT. Die Evv. spiegeln die Lebenswirklichkeit Jesu und der frühen Christen wider und erwähnen nicht alle, doch die wichtigsten Priesterklassen: den gewöhnlichen P., der in regelmäßigen Abständen seinen Tempeldienst versieht (Lk 1,5.8f), den Tempelhauptmann (Apg 4,1), die Oberpriester und den Hohepriester (Mt 26,3), dazu die Gruppe der Sadduzäer und gelegentlich auch den Leviten (Lk 10,31f; Joh 1,19) und einmal einen paganen P. (Apg 14,13). Mit Ausnahme der mit dem Christentum sympathisierenden P. (Apg 6,7) stehen sie alle für die jüd. Tempelaristokratie und ihre Kultordnung, deren Geltung von den Evv. durchgehend kritisiert wird: zum einen am Beispiel von Jesu Wirken (z. B. Mk 1,40–44par.; 2,23–28par.; Lk 10,25–37), zum anderen im Zusammenhang mit Jesu → Tod in der Passionsgesch. (Mk 14f.par.; → Passion). Positiv wird das Priestertum als Typologie im Hebr rezipiert und zugleich überholt, der Christus als den (einen und einzigen) Hohepriester und das (ein für allemal dargebrachte) sühneschaffende → Opfer in einem ansieht (Hebr 4,14ff; 7–10). Auch die Christenheit versteht sich selbst als das Königtum von P. und heiliges → Volk im Sinne von Ex 19,6 (1 Petr 2,5.9; Offb 1,6; 5,10; 20,6) und ersetzt die materiellen durch die „geistigen Opfer", sprich die christl. → Ethik (1 Petr 2,5). Das „Priestertum aller Gläubigen" meint nicht, dass alle Christen geborene Theologen oder Pastoren wären, sondern qualifiziert sie als das neue Volk Gottes, das sich Gott zu seinem Eigentum erwählt hat (→ Erwählung).

I. *G. A. Anderson* (Hg.), Priesthood and Cult in Ancient Israel, Sheffield 1991; *A. H. J. Gunneweg*, Leviten und Priester, Göttingen 1965; *A. Cody*, A History of Old Testament Priesthood, Rom 1969; *H. Samuel*, Von Priestern zum Patriarchen, Berlin 2014; *J. Schaper*, Priester und Leviten im achämenidischen Juda, Tübingen 2000; *T. Willi*, Leviten, Priester und Kult in vorhellenistischer Zeit, in: *B. Ego* u. a. (Hg.), Gemeinde ohne Tempel, Tübingen 1999, 75–98.

II. *D. R. Anderson*, The King-Priest of Psalm 110 in Hebrews, New York u. a. 2001; *H. K. Bond*, Caiaphas: ET 113 (2002) 183–187; *J. P. Heil*, Jesus as the Unique High Priest in the Gospel of John: CBQ 57 (1995) 729–745; *B. Klappert*, Jesus als König, Priester und Prophet: BThZ 11 (1994) 25–41; *D. W. Rooke*, Jesus as Royal Priest: Bib. 81 (2000) 81–94; *J. M. Scholer*, Proleptic Priests, Sheffield 1991; *A. Vanhoye*, Old Testament Priests and the New Priest According to the New Testament, Petersham 1986.

Reinhard G. Kratz

Prophet (P.)

(→ Dachartikel: Kult)

I. AT: 1. Der Begriff P. ist aus dem Griech. (προφήτης) entlehnt und begegnet in der LXX als Übersetzung für das hebr. Wort *nābîʾ*. P. bezeichnet ein menschliches Medium, das göttliche Botschaften auf intuitivem Wege erhält und weitergibt. Gelegentlich sind die Grenzen zwischen der intuitiven und der induktiven, d. h. mit technischen Mitteln herbeigeführten Divination sowie zwischen Mantik und Magie fließend. Dementsprechend kommen sowohl in ao. Textzeugnissen (Mari, Ninive, Zakkur-Inschrift) als auch in der atl. Polemik (vgl. Dtn 18,10f) verschiedene andere Berufsbezeichnungen des P. wie „Ekstatiker“, „Mann Gottes“, „Seher“, „Wahrsager“, „Zauberer“ oder „(Toten-)Beschwörer“ vor.

I. 2. P. waren im AO und so auch im vorexil. → Israel und Juda eine verhältnismäßig niedrige und schlecht alimentierte Berufsgruppe, zu der auch → Frauen gehörten. Sie traten einzeln oder in Gruppen auf. Die meisten sind im Umkreis von Hof und → Tempel zu finden (2 Sam 24,11; 1 Kön 1,8; 2 Kön 22,14), andere lebten als feste Institution an Heiligtümern in den Ortschaften (Ri 4,4f; 1 Sam 9,6; 1 Kön 13,11) oder waren in ordensähnlichen → Gemeinschaften organisiert (2 Kön 2,15). Sie wurden nach Gottesbescheiden befragt, ergriffen aber auch von sich aus das Wort.

Die göttlichen Botschaften empfingen die P. in Träumen und Visionen (1 Kön 22,17.19; Jes 6,1; Jer 1) oder Auditionen (1 Sam 3; 9,15; 2 Sam 7,4). Was sie empfangen hatten, teilten sie in kürzeren oder längeren Sprüchen mit, gelegentlich begleitet von symbolischen Handlungen (1 Kön 22,11; Jes 8,1f; Jer 28,1–4.10f). V. a. von den Gruppen wird berichtet, dass sie leicht in Ekstase gerieten (1 Sam 10,5f.10–13; 19,20f; 1 Kön 18,25–29). Manchen wird die Gabe bescheinigt, → Wunder zu tun (1 Kön 18,41–46; 2 Kön 4).

Hauptadressat der prophetischen Orakel war der → König. Die P. legitimierten die herrschende Dynastie, teilten im → Krieg oder bei anderen Ereignissen von nationalem Rang gute oder schlechte Vorzeichen mit (1 Kön 20; 22; 2 Kön 3; Am 3,12; 5,2.3.18–20; Jes 7,1–9; 8,1–4; Jer 4,7.11.13.19–21) und gaben Ratschläge in kultischen (2 Sam 7; 1 Kön 13; Hos 6,6), rechtlichen (1 Kön 21; Am 5,7) und moralischen Belangen (2 Sam 11–12; Am 3,12b; 4,1). Im AO war die Prophetie ein Mittel der Politik und Propaganda. Gelegentlich mischt sich unter die meist vollmundigen → Verheißungen zwar auch leise Kritik, die den König an seine Pflichten gegenüber Göttern und Menschen erinnert, doch diente auch sie der Erhaltung des *status quo*. Das dürfte in Israel und Juda nicht anders gewesen sein. Im AT ist die Kritik jedoch in eine Antithese umgeschlagen, die das Königtum mit Gott und seinen P. in Konkurrenz treten lässt (Ri 8,23; 1 Sam 8,7f; 12). Der Grund dafür ist der Untergang der beiden Monarchien Israels (722 v. Chr.) und Judas (587 v. Chr.) sowie die Interpretation dieser Ereignisse als Tat Jhwhs und → Strafe für die → Sünden des → Volkes Israel gegen Gott.

I. 3. Diese Interpretation, die den P. eine neue, theol. reflektierte Rolle zuweist, fand in der lit. Überlieferung des AT statt. Während sich für die klassische Prophetie des AO nur durch den archäologischen Zufall bekannte schriftliche Zeugnisse in Briefen und Inschriften erhalten haben (vgl. für Juda das Ostrakon Lachisch Nr. 3), sind von einigen der israelit. und judäischen P.-Erzählungen (bes. in Sam-Kön) und unter ihrem Namen ganze Bücher überliefert (Jes, Jer, Ez, Zwölfprophetenbuch). Für beides sind anonyme, schriftgelehrte Tradenten verantwortlich, die die (für sich meist kaum verständlichen) ursprünglichen Orakel des hist. P. zusammengestellt, kommentiert und fortgeschrieben haben. Im Rahmen dieser Traditionslit. ist das Bild des bibl. P. entstanden, der in mannigfachen Variationen das bevorstehende Gericht Jhwhs ankündigt, zum Gehorsam gegen Gott und seinen → Willen (oder sein Gesetz) aufruft und vor diesem Hintergrund das künftige → Heil für ganz Israel oder nur für die Frommen in Israel und unter den Völkern in Aussicht stellt. Die P. nach ao. Muster, die es bis in nachexil. Zeit gab (vgl. Neh 6,7–10.14), sind in den bibl. Büchern nur noch in Resten zu greifen und wurden darin zu „Lügenpropheten“ (Jer 23; 27–29; Ez 13) und Götzendienern erklärt (Dtn 13; 18,9ff).

In hell.-röm. Zeit kam es etwa um 200 v. Chr. zur Kanonisierung der bibl. P. (vgl. Sir 46ff). Das Dogma vom Erlöschen des prophetischen → Geistes, der auf die Zeit zwischen Mose und Artaxerxes begrenzt wird (Ios. c.Ap. 1,37–41), lässt nur noch Raum für die Erwartung des letzten P. am Ende der → Zeiten (Mal 3,22–24; 1 Makk 4,46; 9,27; 14,41). Das religionsgesch. Phänomen der Prophetie war damit jedoch nicht verschwunden. Die prophetische Inspiration (→

Offenbarung), sofern sie nicht als „falsche Prophetie" gebrandmarkt wurde, verlagerte sich in die Auslegung der bibl. → Schriften, insbes. der Prophetenbücher (vgl. Sir 39,1 vom Schriftgelehrten; Dan 9 vom Visionär und apokalyptischen Weisen Daniel; 1QpHab 7,4f vom „Lehrer der Gerechtigkeit"). Auch die Reflexionszitate im NT, die die Heilsbedeutung Jesu aus den P. und anderen Schriften begründen, sind dafür ein Beispiel.

II. NT: Unter den frühen Christen und im NT gewann allerdings auch die Gabe der spontanen prophetischen Weissagung (wieder) sehr an Bedeutung und Einfluss. Zwischen → Aposteln und Lehrern der Gemeinde stehen die P. (1 Kor 12,28; Eph 2,20; 3,5; 4,11), deren Wirken Paulus an vielen Stellen bezeugt (Röm 12,6; 1 Kor 11,4f; 12,28f; 13,9; 14; 1 Thess 5,20). Die Prophetie zählt er zu den Charismen: Sie beruht auf Inspiration, äußert sich aber in vernünftiger Rede und ist daher, um der Auferbauung der Gemeinde willen, der ekstatischen Zungenrede vorzuziehen (1 Kor 12–14). Über die Geheimnisse, die die P. offenbaren (1 Kor 13,2), werden keine Angaben gemacht; vielleicht handelt es sich um eschatologische Voraussagen (vgl. Röm 11,25f; 1 Kor 15,51f).

Auch für die Offb kommen die P., zu denen der Verfasser sich selbst rechnet (Offb 1,9ff; 22,9), gleich nach den Aposteln und beanspruchen für sich höchste Autorität (Offb 18,20). Sie künden – wie die Offb selbst – von den letzten Dingen, die ihnen in Visionen offenbart werden (Offb 1,10; 4,2; 17,3; 21,10), wirken als Bußprediger (Offb 11,3) und Blutzeugen, die ihren Lohn im → End-Gericht erhalten (Offb 11,1ff.18; 16,6; 18,20.24).

Nach Ansicht eines großen Teils der Exegeten gehört die Vorstellung vom eschatologischen P. zum Selbstverständnis Jesu (→ Jesus Christus). Die Synopt. projizieren das bibl. Prophetenbild in das Leben Jesu, die Apg das Wirken der P. in den jungen Gemeinden (vgl. Didache) in die Zeit der Apostel. Johannes der Täufer erscheint als Gerichtsprediger und wird als der letzte P. vor dem Ende mit den Zügen Elijas ausgestattet. Auch Jesus selbst wird im Licht prophetischer Topoi (Erwartung der Wiederkunft, Jüngerberufung, → Wunder und → Zeichen, Tempelreinigung, Gerichtsansage gegen Jerusalem) gesehen; Mk 13,22 warnt vor falschen Christussen und P., die Zeichen und Wunder tun. In der Apg ist die Prophetie zu einem Stand geworden, der die vom → Geist erfüllte (Apg 2,1–13) und geleitete → Kirche repräsentiert (Apg 2,14ff; 11,27f; 13,1ff; 15,32; 21,9–11).

I. *J. Blenkinsopp*, Geschichte der Prophetie in Israel, Stuttgart u. a. 1998; *M. Köckert/M. Nissinen* (Hg.), Propheten in Mari, Assyrien und Israel, Göttingen 2003; *R. G. Kratz*, Die Propheten Israels, München 2003; *ders.*, Prophetenstudien, Tübingen 2011.

II. *D. E. Aune*, Prophecy in Early Christianity and the Ancient Mediterranean World, Grand Rapids 1983; *D. Hill*, New Testament Prophecy, London 1979; *U. B. Müller*, Prophetie und Predigt im Neuen Testament, Gütersloh 1975; *A. J. Najda*, Der Apostel als Prophet, Frankfurt/M. u. a. 2004; *F. Schnider*, Jesus der Prophet, Göttingen 1973.

Reinhard G. Kratz

Rache (R.)

(→ Dachartikel: Ethik)

Vorbemerkung: Das Verständnis des bibl. Themas R. ist durch mehrere Aspekte erschwert. Zunächst haftet R. aufgrund der Periodisierung der Zivilisations- und Rechtsgesch. das Moment des Archaischen an. R. wird den vorstaatlichen Gesellschaften zugeschrieben und damit auf einer idealtypischen Entwicklungsstufe gering angesetzt. Innerhalb dieses Systems hat R. seine Berechtigung ausschließlich in „primitiven" Gesellschaften, während sie in den späteren Entwicklungsphasen als präzivilisatorischer Rückfall bewertet wird. Dabei wird übersehen, dass die R. des Einzelnen bzw. einer Gruppe ursprünglich selbst eine akzeptierte rechtliche Reaktion auf Verletzungen der gemeinschaftlichen Ordnung (→ Gemeinschaft) war, die durch ein anderes Rechtssystem ersetzt wird und in diesem zu → Unrecht werden kann. Mithin geht es hierbei nicht nur um eine Rechtsfrage, sondern auch um eine Machtfrage. Unübersehbar prägt der Konflikt zwischen R. und staatlich verankerter rechtlicher Strafverfolgung, die über Jahrhunderte zwar das Subjekt der R. änderte, aber in Begründung und Form Elemente der R. beibehielt, auch die gesellschaftlichen und kulturellen Kontexte. Dabei entwickelte sich nicht nur eine Tabuisierung der R. als Tat, sondern auch als → Emotion.

Die je gegenwärtigen Rezeptionen bibl. Texte zum Thema R. sind daher weitgehend von kulturellen Codes geprägt, die die Bezeugung von R. in kanonischen Texten irritierend machen und nach einer Distanzierung verlangen, wie sie sich etwa in dem judenfeindlichen Konstrukt vom AT als Buch der R. gegenüber dem NT als dem Buch der → Liebe zeigt (→ Hermeneutik). AT und NT werden im Folgenden gemeinsam behandelt.

I. Die bibl. Texte belegen eine Tendenz, partielle Elemente (z. B. der Sanktion als Reaktion auf geschehenes Unrecht) in ein gesellschaftlich verankertes Rechtssystem zu transferieren und dadurch individuelle Akte der R. zu domestizieren. Sie geben damit Einblick in die Entwicklung einer Rechtsgesch. Gleichzeitig lassen sie Versprachlichungen von Emotionen, die nach R. verlangen, breiten Raum, wobei es sich hierbei um Kompensationen der R. selbst handelt, wie sich in den sog. R.-Pss. (Ps 58; 69; 83 u. ö.) zeigt. Die R. gehört in den Bereich des → Rechts. Einerseits hat sie abschreckende Wirkung (Gen 4,15), andererseits zielt sie auf eine Wiederherstellung des gestörten Zustandes der → Ordnung durch einen Akt der Vergeltung, wobei es darum geht, das angemessene Maß der Vergeltung nach dem Prinzip der Talion, das auf einen gerechten Ausgleich zielt, zu wahren. In diesem Sinne ist Ex 21,23–25 zu verstehen, weil damit Grenzen der Vergeltung aufgezeigt werden: Kompensation nicht über das Maß der Schädigung hinaus. Dass die Stellung der Geschädigten keine erkennbare Rolle spielt, ist nicht nur Ausdruck einer egalitären Haltung, sondern dient ebenfalls zum Schutz von Machtlosen. Das Lamech-Lied (Gen 4,23–24) ist als Kritik an übermäßiger R. zu verstehen, während Bestimmungen über Asylorte (Ex 21,13; Num 35,1–35; Jos 20f) insbesondere in Verbindung mit Gerichtssitzungen (Jos 20,1–6; Num 35,12; → Gericht) dazu verhelfen, die R. der Willkür Einzelner zu entziehen (Dtn 19,4–6). Das Verbot der R. innerhalb des Volkes in Verbindung mit dem Gebot der Nächstenliebe (Lev 19,18, → Nächster) bedeutet die Negation der R. als Bestandteil des sozialen Gefüges. Eine Entindividualisierung der R. findet sich bei der Vorstellung, dass der → König für das gesamte Volk (1 Sam 14,24) bzw. eine Gruppe des → Volkes (1 Makk 2,67–68) R. an den auswärtigen → Feinden nimmt. Bemerkenswerterweise hat sich die Vorstellung von → Krieg als legitimer R. bis in die Neuzeit gehalten, obwohl hier jede rechtliche Instanz fehlt.

II. Die mit der R. verbundene Vorstellung der gestörten und wieder herzustellenden Ordnung insbesondere im Falle des vergossenen → Blutes (Gen 4,8–11; Lk 11,51) verweist in letzter Konsequenz auf Gott (Neh 1,2; 1 Thess 4,6). Von ihm wird die R. als → Strafe und Restitution erwartet. Grundsätzlich ist zwischen der göttlichen R. als Strafandrohung (Lev 26,25), dem Verzicht auf eigene R. und ihre Übertragung an Gott (Dtn 32,35; Spr 20,22; Röm 12,19) und der → Hoffnung auf die R. Gottes als Wiederherstellung des Rechts von Unterdrückten und Machtlosen zu unterscheiden. Indem Gott als Rächer in eigener Sache benannt wird, wahrt er sein Recht (Ez 25,17) und erweist seine → Macht. Auf dieser Vorstellung gründet die Übereignung der R. auf Gott. Sie befreit den Einzelnen aus dem System der R., ohne einen Anspruch auf das ihm zukommende Recht infrage zu stellen. Die menschliche Bitte um R. ist ambivalent. Zunächst stellt sie eine Kritik an den herrschenden Verhältnissen dar. Die Bittenden sind machtlose Opfer, denen Unrecht widerfährt und → Gerechtigkeit verweigert wird. Damit wird die von Gott gesetzte und gewollte gesellschaftliche Solidarität im höchsten Maße verletzt. Es geht mithin auch darum, dass Gott sich sowohl den Tätern, wie auch den Opfern, deren letzte Hoffnung er ist, als der Bewahrer seiner Gebote erweist. Die Erwartung einer R. weist damit über den subjektiven Kontext hinaus auf die Frage, wie Gott sich wem als Gott erweist. Es handelt sich um „realisierte Theodizee" (E. Zenger). Gleichwohl bleibt trotz der theol. Dimension der Befund der gewalttätigen Sprache. Dabei ist jedoch nicht zu übersehen, dass die, die sie gebrauchen, aufgrund ihrer Machtlosigkeit nicht fähig sind, sie Wirklichkeit werden zu lassen. Die Gewaltphantasien verweisen daher primär auf ihren Ursprung, nämlich auf erlittenes Unrecht und → Leid. Demgemäß sind bibl. Texte, in denen der Schrei nach R. laut wird, als Zeugnisse der Realität des Leidens an der → Gewalt zu lesen. Statt einer ästhetisierenden Zensur und Umdeutung ist die in ihnen enthaltene Kritik an unterdrückerischen Strukturen ernst zu nehmen und als Handlungsanweisung zu begreifen; denn zweifelsohne kommt ihnen eben erschreckende Aktualität zu.

U. Bail, Ein Gott der Rache?: Praktische Theologie 46 (2011) 149–155; *B. Janowski*, Ein Gott, der straft und tötet?, Neukirchen-Vluyn 2013; *J. Jeremias*, JHWH – ein Gott der „Rache", in: *C. Karrer-Grube* u. a. (Hg.), Sprachen – Bilder – Klänge, Münster 2009, 89–104; *E. Zenger*, Ein Gott der Rache?, Freiburg [2]2006.

Rainer Kampling

Rat (R.)

(→ Dachartikel: Weisheit/Gesetz)

I. AT: 1. Von einer → Weisung oder Lehre unterscheidet sich ein R. v. a. durch seine geringere Verbindlichkeit. Im AT stehen dafür die hebr. Nomina *ʿēṣā* („R., Plan, auch: → Gemeinschaft?") und *mōʿēṣā* („Ratschlag, Plan") sowie das Verb *jʿṣ* („raten, beraten, planen, beschließen"). Als typische Ratgeber nennt Jer 18,18 die Weisen, Ez 7,26 die Ältesten (→ Amt). Der Einfluss polit. Berater und seine Grenzen werden deutlich in 2 Sam 15,31–17,23 oder 1 Kön 12,6–15. Ein → Volk, dem es an R. gebricht, ist nach Dtn 32,28 in einer schlechten Lage. Nach Ps 81,13 hat Jhwh einst die Israeliten damit bestraft, dass er sie ihrer Verstocktheit überließ, sodass sie nach ihrem eigenen R. wandelten (und nicht auf den → Wegen Jhwhs, V. 14). Von einem guten → König wird erwartet, dass er sich beraten lässt und dass er R. erteilen kann (Jes 9,5; 11,2). Die Fähigkeit, andere zu beraten, wird auch Jhwh zugeschrieben (Jes 28,29; den → „Götzen" wird sie dagegen abgesprochen: Jes 41,28), der aber selbst keinen Ratgeber braucht (Jes 40,13; vgl. Röm 11,34).

I. 2. Ebenso wie das Volk ist auch der einzelne Mensch für ein gelingendes → Leben auf R. angewiesen, auch wenn selbst der weiseste R. den Erfolg nicht garantieren kann (Spr 31,20). Die Weisheitslit. ermahnt deshalb dazu, auf guten R. zu hören (Spr 12,15; 20,18; Tob 4,18), da er wertvoller sei als Gold und Silber (Sir 40,25). Als vorzügliche Ratgeber gelten die Weisen (Sir 21,13) bzw. die aus ihnen sprechende → Weisheit selbst (Spr 8,14). Eine ausführliche Erörterung über gute und schlechte Ratgeber findet sich in Sir 37,7–16. Ein guter Ratgeber zeichnet sich demnach dadurch aus, dass er Gott fürchtet und seine Gebote beachtet; die besten Ratgeber eines Menschen sind aber sein → Herz (καρδία) und seine → Seele (ψυχή). Ps 119,24 betrachtet demgegenüber die göttlichen Gebote als Ratgeber.

Von den atl. Stellen, an denen *ʿēṣā* und *mōʿēṣā* in der Bedeutung „Plan, Ratschluss" gebraucht werden, sind v. a. diejenigen von theol. Interesse, an denen vom „Plan" oder „Ratschluss" Gottes die Rede ist, der – anders als menschliche Überlegungen – zuverlässig zu Stande kommt (Spr 19,21) und ewig bestehen bleibt (Ps 33,11). Dabei kann das längerfristige Geschichtshandeln Jhwhs (Jes 14,24–27) oder die gesamte → Ordnung der Welt (Ijob 38,2) im Blick sein.

II. NT: 1. In diesem Sinne spricht auch das NT öfters vom Ratschluss (βουλή) Gottes (Lk 7,30; Apg 13,37; 20,27), der unwandelbar ist (Hebr 6,17) und dem gesamten Wirken Gottes zugrunde liegt (Eph 1,11). Das Geschick Jesu wird als diesem Ratschluss entsprechend erklärt (Apg 2,23; 4,28). Menschliche Ratschläge und Beratungen werden im NT mehrfach erwähnt (z. B. Mk 3,6; Joh 18,14), einmal auch ein R. des erhöhten Christus an eine Gemeinde (Offb 3,18). So wie ein → König vor der Entscheidung, einen → Krieg zu beginnen, mit sich und anderen zu R. geht, soll nach Lk 14,28–33 auch jeder potenzielle Jünger Jesu zuvor überlegen, ob er dazu bereit und fähig ist, auf seinen ganzen → Besitz zu verzichten (→ Nachfolge). Paulus hat nach Gal 1,16 im Anschluss an seine Berufung keinen Menschen um R. gefragt.

II. 2. Die bibl. Aussagen über → Weisung/Lehre und R. machen darauf aufmerksam, dass Menschen für ein gelingendes → Leben auf Anleitung angewiesen sind, und dies nicht nur als Kinder und Jugendliche, sondern auch als Erwachsene. Quellen der Lebenslehre wie des R. in konkreten Situationen sind die kulturellen Traditionen, die Erfahrung und die göttliche → Offenbarung. Die Grundspannung lebensorientierender Lehre besteht darin, dass diese einerseits stabil genug sein muss, um lehrbar und tradierbar zu sein, andererseits aber auch flexibel genug, um Veränderungen der Lebensbedingungen Rechnung tragen zu können. Die Entwicklung der Lehre Jesu in der Bergpredigt in Anknüpfung an und Widerspruch gegen die mosaische → Tora (und bestimmte →

Traditionen ihrer Interpretation) zeigt exemplarisch die Notwendigkeit und die Möglichkeit einer kritischen Weiterentwicklung der Lehre in der Geschichte. Sie bildet ein kritisches Korrektiv zu der Tendenz einer Verfestigung der Lehre in den Past. Durchsetzen kann sich die christl. Lehre nur dadurch, dass sie einleuchtet. Darin besteht ihre „Autorität" oder „Vollmacht", die als Wirkung des → Geistes für den Menschen unverfügbar bleibt.

I. *I. Müllner*, Das hörende Herz, Stuttgart 2006.
II. *R. Riesner*, Jesus als Lehrer, Tübingen [3]1988.

Thomas Krüger

Recht (R.)

(→ Dachartikel: Weisheit/Gesetz)

I. AT: 1. Für „R." können im Hebr. bes. die beiden Nomina *mišpāṭ* und *ṣᵉdāqā* stehen.

I. 2. Das AT enthält im Pentateuch zahlreiche materielle Rechtsbestimmungen. Sie formulierten wahrscheinlich ursprünglich nicht umfassend verbindliche Rechtsnormen, sondern Grundlinien und Beispiele für die Rechtsprechung in konkreten Einzelfällen (→ Weisheit). Daneben finden sich gelegentlich auch formelle, das Verfahren der Rechtsprechung (→ Gericht) betreffende Bestimmungen. So sind etwa nach Dtn 17,6 für ein Todesurteil, nach Dtn 19,15 für jede Verurteilung mindestens zwei Tatzeugen erforderlich. Diese müssen nach Dtn 17,7 bei der Vollstreckung eines Todesurteils mitwirken. Dtn 19,16–21 regelt das Berufungsverfahren bei Verdacht auf eine falsche Zeugenaussage. Und Num 35,16–34 enthält Bestimmungen über das Verfahren bei Mord und Totschlag. Neben solchen Verfahrensregeln finden sich auch Aufforderungen, die sich auf ein Ethos der Rechtsprechung beziehen. Man soll niemanden ohne Grund verdächtigen (Lev 19,15f), unbestechlich und unparteilich sein, sich für den Schutz der sozial Schwachen einsetzen und auch seinen Prozessgegnern die elementare mitmenschliche Solidarität nicht versagen (Ex 23,1–9; Dtn 16,18–20; 24,17f).

Obwohl das AT zahlreiche Hinweise auf Rechtsprozesse enthält, lässt sich daraus nicht leicht ein deutliches Bild der gesch. Entwicklung der Rechtsinstitutionen und -verfahren im Alten → Israel gewinnen, weil es oft unklar ist, inwiefern ein Text hist. Erinnerungen enthält oder Rückprojektionen gegenwärtiger Verhältnisse bzw. Programme. Dtn 21,18ff zeigt das Bestreben, die Rechtsprechungskompetenz des Familienvorstands (vgl. Gen 38) der Kontrolle durch die Ortsgerichtsbarkeit zu unterwerfen. Diese lag in den Händen der Honoratioren („Ältesten"), die sich beim Stadttor versammelten (vgl. Rut 4; Ijob 29,7ff). Ob und in welchem Maße die Ortsgerichtsbarkeit in staatlicher Zeit vom → König kontrolliert wurde, lässt sich nicht mehr eindeutig feststellen (vgl. 1 Kön 21,8ff; 2 Chr 19 spiegelt kaum die hist. Realität wider). Texte wie 2 Sam 14,4ff; 15,2ff lassen vermuten, dass gegen Entscheidungen des Ortsgerichts an den König appelliert werden konnte (ohne dass es dafür geregelte Verfahren gegeben haben muss). Der König hatte die Aufgabe, als Stellvertreter Gottes auf Erden für R. zu sorgen (Ps 72; *Abb. 57*). Ex 22,6–10 ist ein Hinweis darauf, dass bei der Rechtsprechung lokale Heiligtümer eine Rolle gespielt haben. Ein zentrales Richteramt in vorstaatlicher Zeit (vgl. 1 Sam 7,15f; Ri) ist hist. fraglich (→ Amt). Ex 18,13ff; Dtn 1,9ff; 16,18–17,13 können als Programme für das nachstaatliche Israel der Perserzeit verstanden werden (vgl. Esra 7,25f).

Die prophetische Kritik zeigt die Anfälligkeit der Rechtsprechung für Störungen oder Missbrauch (Am 5,7.10; Mi 3,11; 7,3; Jes 5,23; 10,1f u. a.). Rechtliche Gesinnung und rechtliches Handeln sind in der atl. Rel. von zentraler Bedeutung (Am 5,15; Mi 6,8). Neben „König" und „Herr" ist „Richter" im AT eine der wichtigsten Metaphern, mit denen versucht wird, Gott und sein Handeln nach dem Modell sozialer Gegebenheiten zu begreifen (Gen 18,25; Ps 82; → Gottesbilder). Im NT wird sie dann auch auf Christus übertragen (2 Tim 4,8; vgl. Mt 25,51ff).

II. NT: Im NT lässt Matthäus Jesus in der Bergpredigt seine Jünger zum Rechtsverzicht aufrufen (Mt 5,38f). In Anbetracht des erwarteten nahen Anbruchs der Gottesherrschaft erscheint ein Engagement für R. und → Gerechtigkeit in dieser Welt nicht mehr sinnvoll; die Interessen der Jünger sollen sich auf ihren → Lohn im → Himmel richten, nicht mehr auf irdische Güter oder Privi-

Abb. 57: Der Sonnengott Šamaš gibt dem König Hammurapi von Babylonien (ca. 1792–1750 v. Chr) den Auftrag, Gesetze zu erlassen, um die Bösen zu vernichten und die Schwachen vor den Starken zu schützen.
Quelle: *O. Keel*, Bildsymbolik, Abb. 390.

legien. Auch Paulus ermahnt die Christen, auf Vergeltung von erlittenem Unrecht zu verzichten (1 Thess 5,15; Röm 12,17.19; vgl. 1 Petr 3,9). Jedenfalls aber sollen sie Rechtsstreitigkeiten innerhalb der Gemeinde lösen und nicht vor heidnische Richter bringen (1 Kor 6,1–11). Wenn Paulus in Röm 12,21 dazu aufruft, sich nicht vom Bösen überwinden zu lassen, sondern das → Böse durch das Gute zu überwinden, ist dies nicht nur vor dem Hintergrund seiner eschatologischen Erwartungen verständlich, sondern auch als Leitlinie des Einsatzes von Christen für eine rechtliche → Ordnung in dieser Welt bedenkenswert.

I. *F. Crüsemann*, Die Tora, München 1992; *B. M. Levinson/E. Otto* (Hg.), Recht und Ethik im Alten Testament, Münster 2004; *E. Otto*, Theologische Ethik des Alten Testaments, Stuttgart 1994.
II. *H. Weder*, Die „Rede der Reden", Zürich ^{3}1994.

Thomas Krüger

Rechtfertigung (R.)

(→ Dachartikel: Soteriologie)

I. AT: Die LXX verwendet R. (δικαίωσις) nur in Lev 24,22, aber im rechtlichen Sinne, als Übersetzung des hebr. *mišpāṭ*. In der hebr. Bibel fehlt eine direkte Entsprechung zum Nomen R. Der Vorgang, dass jemand für gerecht erklärt wird oder sich als gerecht erweist, gehört zwar zu den zentralen Themen atl. → Soteriologie, wird aber sprachlich anders ausgedrückt (→ Gerechtigkeit). Eine besondere Rolle spielen durch die atl. Rezeption Gen 15,6 (Röm 4,3; Gal 3,6) und Hab 2,4 (Röm 1,17; Gal 3,11).

II. NT: 1. Paulus verwendet das Nomen R. (δικαίωσις) nur in Röm 4,25; 5,18, obwohl sachlich die R. zur Mitte seiner → Soteriologie gehört. Er formuliert eher mit dem Verb δικαιόω oder spricht von der → Gerechtigkeit (δικαιοσύνη) Gottes. Mit R. wäre dann der Prozess gemeint, in dem diese Gerechtigkeit zum Menschen kommt und er für gerecht erklärt wird.

II. 2. Der → Weg der R. ist das Heilshandeln Gottes in → Jesus Christus. Im → Tod am → Kreuz nimmt Christus die → Strafe, die das Gesetz über den Sünder ausspricht, stellvertretend auf sich und wird „für uns zum Fluch" (Gal 3,13). Der Sündlose (2 Kor 5,21) nimmt die Identität des Sünders an, und indem an ihm die gerechte Strafe des Gesetzes vollzogen wird, wird der Mensch von ihr befreit. Im Sühnegeschehen macht Christus sich identisch mit dem sündigen Menschen, und so stirbt der Sünder mit Christus und ein neues → Leben in Gerechtigkeit wird möglich. Die objektiv gegebene R. wird für das Individuum zugänglich durch den → Glauben als identifizierende Übernahme des Geschicks Jesu. Wer glaubt, wird mit Christus gekreuzigt (Gal 2,19), wer getauft wird, wird mit Christus begraben (Röm 6,3ff). Der Glaube steht als Heilsweg in ausschließender Alternative zum Gesetz. Gerechtigkeit wird nicht durch das Gesetz möglich. Wenn R. durch das Gesetz möglich wäre, wäre Christus umsonst gestorben (Gal 2,21). Weil aber niemand das Gesetz erfüllt, kann es nur verurteilen. Um → Heil zu finden, muss der Mensch darauf verzichten, seine eigene Gerechtigkeit aufzurichten, muss in Reue und → Umkehr seine Identität als Sünder annehmen und im Glauben akzeptieren, dass seine Gerechtigkeit nur von Gott her kommen kann und er ganz auf die → Gnade dessen angewiesen ist, der ihm → Vergebung und → Versöhnung schenkt. R. ist keine durch Tugendstreben erreichbare Abkehr von der → Sünde, sondern eine von Gott bzw. seinem → Geist gewirkte Statusänderung. Die Sünder erhalten eine neue Identität: In der R. durch Gott werden sie zu Reinen, Heiligen und Gerechten gemacht. Trotz der Polemik, mit der Paulus im Gal judenchristl. Gegner überzieht, ist die R.-Lehre keine antijüd. Kampflehre, sondern die christologische Umsetzung der pharisäischen Vorstellung vom reinen und heiligen Gottesvolk, das Gottes → Tempel ist (1 Kor 3,16f; 6,19). Die Glaubenden erhalten Gottes Geist, werden → Kinder Gottes, sogar in gewisser Weise Christus (Gal 2,20; vgl. auch Gal 3,27). Auch wenn die R. nicht aus dem Tun des Gesetzes, sondern allein durch Gnade und Glaube kommt, stehen die Glaubenden im Einklang mit dem Gesetz (Gal 5,16–24; Röm 6,12–23) und werden durch die in der R. geschenkten Gnadengaben fähig, es zu erfüllen (Gal 5,13f; Röm 13,8ff). Deshalb brauchen die Gerechtfertigten das → End-Gericht, das nach den Werken erfolgt (2 Kor 5,10; 11,15; Röm 2,5–11), nicht zu fürchten.

I. *M. Oeming*, Der Glaube Abrahams: ZAW 110 (1998) 16–33; *J. Roloff*, Die lutherische Rechtfertigungslehre und ihre biblische Grundlage, in: *W. Kraus/K.-W. Niebuhr* (Hg.), Frühjudentum und Neues Testament im Horizont biblischer Theologie, Tübingen 2003, 275–300; *T. Staubli*, Alttestamentliche Konstellationen der Rechtfertigung vor Gott, in: *C. Frevel* (Hg.), Biblische Anthropologie, Freiburg u. a. 2010, 88–133.
II. *W. Klaiber* (Hg.), Biblische Grundlagen in der Rechtfertigungslehre, Leipzig 2012; *ders.*, Gerecht vor Gott, Göttingen 2000; *J. C. Maschmeier*, Rechtfertigung bei Paulus, Stuttgart 2012; *H. Merklein*, „Nicht aus Werken des Gesetzes …", in: *ders.*, Studien zu Jesus und Paulus 2, Tübingen 1998, 303–315; *M. Wolter*, Rechtfertigung und zukünftiges Heil, Berlin u. a. 1978.

Joachim Kügler

Reinheit / Unreinheit (R./U.)

(→ Dachartikel: Kult)

I. AT: 1. „Rein" und „unrein" sind Kategorien der Unterscheidung im Rahmen eines rel. Symbol- oder Deutungssystems zur Klassifizierung und Ordnung der Lebenswirklichkeit, die in fast allen Rel. anzutreffen sind. Im AT begegnen sie v. a. in der späten priesterlichen und davon beeinflussten dtr. und chronistischen Lit., vereinzelt auch früher. Man wird davon ausgehen können, dass die Kategorien als solche schon in vorexil. Zeit eine wichtige Rolle in der israelit.-judäischen Rel. spielten, aber erst in nachexil. Zeit aufgezeichnet und systematisiert wurden und so zum Gegenstand der theol. Reflexion und Überlieferung geworden sind.
Das Hauptkriterium zur Unterscheidung von „rein" (*ṭhr*) und „unrein" (*ṭmʾ*) ist der Kontakt mit der Gottheit, die selbst „heilig" ist und von jedem und allem, was sich ihr nähert, → Heiligkeit und R. fordert. „Rein" und „unrein" bedeuten soviel wie kultfähig und nicht kultfähig (Lev 7,19–21; Num 9,6ff). Die Entscheidung darüber obliegt dem → Priester (Lev 10,10).
I. 2. Primärer Ort der R. ist der → Tempel, nicht nur der Jerusalemer Tempel (2 Kön 23,4ff; 2 Chr 23,19; 29,15ff; 34,3ff; Ez 43,26; Ps 79,1; 1 Makk 4,36ff; 2 Makk 10,1ff), sondern auch jedes andere Heiligtum, an dem die Gottheit präsent ist oder war (vgl. 2 Kön 23,8.10.13.16). Die R. des Ortes kann aber auch auf das Kriegslager (Dtn 23,10–15), das „Zelt der Begegnung" und das „Lager" der Israeliten in der → Wüste (Num 5,2f), auf bestimmte Orte außerhalb des „Lagers" (Lev 6,4; Num 19,9) oder auf das ganze Land (Lev 18,25ff; Num 35,34; Dtn 21,23) übertragen werden. Gewisse Orte außerhalb der → Stadt (Lev 14,40f.45) oder das fremde Land gelten demgegenüber als unrein (Hos 9,3f; Am 7,17; Ez 4,13; Dan 1,8).
Den verschiedenen Bereichen entsprechend müssen sich zuallererst Priester und Leviten (Lev 21f; Num 8,5ff; Esra 6,20), des Weiteren alle Kultteilnehmer (1 Sam 20,26; Esra 6,21; für die Schlachtung aufgehoben in Dtn 12,15.22; 15,22) und schließlich ganz → Israel (Lev 11,45) in allen Lebensvollzügen an bestimmte Reinheitsvorschriften halten. Diese sind in Lev 11–15 zusammengestellt und betreffen in der Hauptsache geschlechtliche Vorgänge wie den Blutfluss der → Frau bei der → Geburt und während der Menstruation (vgl. 2 Sam 11,4) oder die Ejakulation des Mannes (vgl. 1 Sam 21,5f), diverse Hautkrankheiten (vgl. 2 Kön 5) sowie die Nahrung (vgl. Dtn 14; Ri 13,4.7.14). Hinzu kommt die Nähe oder Berührung von Toten, vor der bes. die Priester und „Geweihten" gewarnt werden (Lev 21; 22,4; Num 6,6–12; 19; Ez 39,12). Der Zustand von U. hat eine starke Ausstrahlungskraft und ist auf Personen und Gegenstände übertragbar (vgl. Lev 5,2f; Hag 2,12f). Er macht verschiedene, je nach Grad der Verunreinigung bemessene Reinigungsriten

(Waschungen, befristete oder vollständige Isolation, → Opfer, Blutriten etc.) nötig. Um die R. von Tempel und → Altar zu erhalten oder wieder herzustellen und zugleich eine kollektive → Vergebung der → Sünden zu erwirken, bedarf es nach Lev 16 des jährlichen Reinigungsritus am Versöhnungstag. Reinigung und → Sühne gehören hier u. ö. unzertrennlich zusammen.
Während sich die natürlichen Bereiche im Umfeld von → Leben, → Krankheit und → Tod als Parameter von R. und U. von selbst verstehen und einen geordneten, geschlechterspezifischen Umgang mit dem menschlichen → Körper rel. definieren, fällt die Künstlichkeit der Speisevorschriften (Lev 11; Dtn 14) aus dem Rahmen. Die Unterscheidung von reinen und unreinen Tieren stammt wohl aus dem Opferwesen (vgl. Gen 7,2; 8,20; Lev 21,17ff; Mal 1,6ff). Doch die Kategorisierung von essbaren und nicht essbaren Tieren, die auch für das Opfer gilt (Lev 27,11f), geht darüber hinaus. Man hat vermutet, dass sie den kosmologischen Räumen der → Schöpfung folge, doch ergeben sich die Kriterien und Ausnahmen bei Landtieren, Wassertieren und Vögeln nicht ohne weiteres aus der Schöpfungsgeschichte Gen 1 und werden auch in Gen 9,3f nicht erwähnt. Vielmehr scheinen kulturspezifische Gewohnheiten im Nachhinein in die Form des göttlichen Gesetzes gegossen worden zu sein.
I. 3. Die teilweise uralten, kultisch geprägten Reinheitsvorstellungen sind in der theol. Reflexion in zwei Richtungen ausgeweitet worden. Vom Standpunkt des ersten Gebots aus erscheint auch die Aufstellung und Verehrung fremder Götter und Kultbilder im Tempel zu Jerusalem (Jer 7,30; Ez 5,11; 23,38) und anderswo im Land als Verunreinigung (Gen 35,2; Jer 2,7; 19,13; Ez 20,7 u. a.; Ps 106,39). Vielfach wird der Abfall Israels von Jhwh dem Ehebruch und der Unzucht (vgl. Lev 18) gleichgesetzt (Ez 18,6; 22,11) oder als solche bezeichnet (Jer 2,23; 13,27; 32,34; Ez 23,7 u. a.; Hos 5,3; 6,10). Die Reinigung des Tempels und des Landes wie die erhoffte endzeitliche Reinigung Israels ist v. a. eine Reinigung vom Götzendienst (Jes 30,22; Jer 33,8; Ez 36,25.29.33; 37,23; Sach 13,2; Mal 3,3; → Götze). Nicht zuletzt ihr dient das mit der Sühne verbundene, auf alle Lebensbereiche ausgedehnte (und auch unabhängig vom Tempelkult geltende) Ideal der R. in der priesterlich geprägten Lit. In ihr herrscht eine Tendenz zur Absonderung von allem Fremden im fremden wie im eigenen Land (Esra 6,21; 9f; Neh 13,30; vgl. Jes 35,8; 52,1.11). Die Abgrenzung Israels durch Steigerung der R. dient der Behauptung der eigenen Identität.
Einen anderen Weg ist die theol. → Weisheit gegangen. Hier wird R. mit → Gerechtigkeit gleichgesetzt (Ijob 17,9) und die Möglichkeit der R. vor Gott (Spr 20,9; Ijob 4,17) bzw. der Unterscheidung von rein und unrein überhaupt (Koh 9,2; vgl. Ijob 14,4) in Frage gestellt. R. und U. werden so zu einer Angelegenheit des → Herzens (Spr 20,9) und betreffen das individuelle Gottesverhältnis und die → Ethik. Zur äußeren (kultischen) tritt die innere R. hinzu (Ps 51,4.9.12; vgl. Jes 6,5), wofür im Hebr. verschiedene Synonyme verwendet werden, z. B. Ps 24,4: „reine Hände und ein lauteres Herz“ (vgl. Ps 26,6; 73,13). Im Gesetzesgehorsam fallen äußerliche und innerliche R. zusammen (vgl. Ez 18,5ff), worauf auch die eschatologische Erwartung zielt (Ez 36,25ff).
I. 4. Zur Zeit der makkabäischen Krise wurden Ideal und Praxis der im Gesetz vorgeschriebenen R. für das bibeltreue Judentum auf eine harte Probe gestellt. Außer → Beschneidung und → Sabbat waren insbes. die Speisevorschriften davon betroffen (1 Makk 1,51; 2 Makk 6,5ff). Die Reinheitsgesetze spielten allerdings schon vorher im Prozess der Hellenisierung eine wichtige Rolle. Ihre Aufnahme und Weiterentwicklung lässt sich bes. in den Schriften von Qumran beobachten. Die kultische R., die mit einem realen oder fiktiven Tempelbetrieb rechnet, ist Gegenstand der Tempelrolle (11QT) und verschiedener anderer Traktate (4Q265 Frgm. 7; 4Q251 Frgm. 13; 4Q274.276–277 Tohorot; 4Q364–367 RPent; 4Q394–399 MMT; 4Q512 papRitPur; 4Q513–514 Ord^{b-c}) und → Gebete (4Q507–509). Daneben ist das Attribut der kultischen R. auf die → Gemeinschaft von Qumran selbst übergegangen, die sich als Heiligtum betrachtet (1QS; CD; vgl. 4Q284 und 284a; 4Q414; 5Q13 Frgm. 4). Wer in die Gemeinschaft eintreten und sich allmählich der „R.“ nähern will, gleicht einem Kultteilnehmer, der durch den heiligen → Geist von seinen Sünden (der „Verstocktheit des Herzens“) und durch das Reinigungswasser von seiner körperlichen U. gereinigt wird (1QS

2,26–3,12; 1Q28a 2,3ff). Die Kriegsrolle (1QM) legt nicht nur auf die R. der Krieger (1QM 5,7; 7,1–7; 9,7f; 4Q491 1,III,10; 15,8), sondern auch auf die der Materialien, aus denen die Waffen gefertigt sind, großen Wert (1QM 5,10f), entsprechend den Anweisungen zum Tempelbau in Ex 25,8ff; 1 Chr 28,17; 2 Chr 3,4 (vgl. noch 2 Chr 9,17). In den Hymnen stehen hingegen das individuelle Gottesverhältnis und die Vergebung der Sünden des (erwählten) Gerechten im Vordergrund (1QH; vgl. auch 11Q05 19,14; 11Q05 24,12; 4Q435 und 436; 4Q525, hier die „R. des Herzens": 4Q525 3(2),II,1). Äußere und innere R. der Gemeinschaft und jedes Einzelnen ihrer Glieder ist die Voraussetzung, um an dem himmlischen → Kult für den „Gott der Göttlichen und reinen → König" (4Q403 1,II,26; vgl. 4Q286 7,I,6) in den Sabbatopferlieder (4Q400–407; 11Q17) zu partizipieren. Das hell. Judentum ist den Weg der Verinnerlichung konsequent gegangen. Rationalisierung und Allegorisierung der Reinheitsgesetze lösen diese aus ihrem kultischen Kontext und machen eine Einhaltung im übertragenen (ethisch-moralischen) Sinne möglich.

II. NT: Unter den frühen Christen und im NT bricht das Problem von R. und U. (griech. καθαρός bzw. ἀκάθαρτος) an zwei Stellen auf: zum einen an dem Wirken Jesu, von dem erzählt wird, dass er den Umgang mit Aussätzigen (Mk 1,40ff.par.; Lk 17,14ff), Zöllnern und Sündern (Mk 2,13ff.par.), Besessenen (Mk 3,22ff) und einer blutflüssigen Frau (Mk 5,25ff.par.), sämtlich Personen, die nach dem jüd. Gesetz als unrein galten, nicht gescheut habe; zum anderen bei der früh einsetzenden Mission von Heiden (Apg 8,4ff; → Bote). Die faktische Aufhebung der Grenzen zwischen rein und unrein in den Wunderheilungen Jesu betrifft den einzelnen Menschen und geschah offenbar angesichts der von Jesus erwarteten, unmittelbar bevorstehenden Gottesherrschaft (Lk 11,20; → Herrschaft). Das darin liegende theol. Problem wird in der synopt. Tradition im Sinne desjenigen Zweiges der jüd. Überlieferung gelöst, der die innere R. des → Herzens über die äußere R. der Hände und der Gegenstände stellt (Mk 7,1–23par.; Mt 5,8; 23,25ff). Das bedeutete eine Radikalisierung und zugleich sehr folgenreiche Relativierung der Reinheitsgebote (vgl. Apg 10,9–16).

In der Frage der Heidenmission brach das Problem an der Tischgemeinschaft, d. h. an den Speisegesetzen, auf (Apg 10,1–11,18). Man fand zunächst einen in Jerusalem wohl auch über längere Zeit praktizierten Kompromiss, für den man sich auf Gott selbst und den heiligen → Geist berief (Apg 10,15.44–48; 11,1–18; 15,28): Die Judenchristen sollten weiterhin das ganze Gesetz, die bekehrten Heiden einige Mindestforderungen erfüllen (Apg 15). Der Kompromiss hielt der Wirklichkeit jedoch nicht lange stand und wurde schon von Paulus dahingehend interpretiert, dass im → Glauben an → Jesus Christus die Reinheitsvorschriften und mit ihnen das ganze Gesetz sowie jeglicher Unterschied zwischen Juden- und Heidenchristen aufgehoben seien (Gal 2,11–21). Diese → Freiheit erlaubt dem Christen, der allein Gott gegenüber verantwortlich ist, eine eigene, der Situation angemessene Entscheidung in Fragen des rel. → Gewissens und Anstands (1 Kor 8; 10,23ff; Röm 14,1ff; vgl. Kol 2,16ff; 1 Tim 4,1–5).

Auf der Basis der Aufhebung des Gesetzes findet schließlich auch die kultische Sprache und Vorstellungswelt der R. wieder Verwendung im NT. Die „Reinigung" geschieht durch → Taufe und Wort (Eph 5,26; Joh 15,3) und gründet in dem Heilswerk Jesu Christi, der Fußwaschung (Joh 13,8–10) und dem reinigenden Opfertod (Hebr 9,14; vgl. Tit 2,14; 1 Joh 1,7.9). Dies macht die christl. Gemeinde (wie die → Gemeinschaft von Qumran) zum → „Tempel Gottes", in dem bestimmte – ethisch interpretierte – kultisch-rituelle Reinheitsvorschriften gelten (2 Kor 6,11ff; Hebr 13,1ff.9–16).

I. *C. Frevel/C. Nihan* (Hg.), Purity and the Forming of Religious Traditions in the Ancient Mediterranean World and Ancient Judaism, Leiden 2012; *W. Paschen*, Rein und Unrein, München 1970; *E. J. Wilson*, "Holiness" and "Purity" in Mesopotamia, Neukirchen-Vluyn 1994.

II. *J. Wehnert*, Die Reinheit des „christlichen Gottesvolkes" aus Juden und Heiden, Göttingen 1997.

Reinhard G. Kratz

Rest (R.)

(→ Dachartikel: Soteriologie)

Vorbemerkung: Die Rede vom R. gehört, wenn sie sich auf Menschen bezieht, in den Bereich kollektiver → Soteriologie und setzt eine Unheilserfahrung bzw. Unheilserwartung voraus. Das Unheil besteht in der nahezu vollständigen Vernichtung, die nur einen R. übrig lässt. Der Begriff ist insofern ambivalent, als die Tatsache, dass ein R. übrig bleibt, natürlich auch die Chance auf Wiederherstellung, Erholung eröffnet.

I. AT: 1. Der Begriff „R." wird im Hebr. häufig mit *šᵉʾērīt* („das Übriggebliebene, der R.") oder *šᵉʾār* („das Übriggebliebene, das Übrige") wiedergegeben, im Griech. mit λεῖμμα („R."), ὑπόλειμμα („Überbleibsel") oder in Verwendungen mit λοιπός („übrig").

I. 2. In atl. Texten taucht die R.-Konzeption z. B. in der Josefsgeschichte im Kontext einer Hungersnot auf, die nur ein R. → Israels überleben wird (Gen 45,7), meist aber in Bezug auf das Unheil im → Krieg, das Israel auf einen R. reduziert. Dies wird als göttliche → Strafe für ein vorausgehendes Fehlverhalten des → Volkes interpretiert, so z. B. in 1 Kön 19,18, wo Jhwh dem Elija ankündigt, dass er in den kommenden Kriegen nur diejenigen, die den Baal nicht verehren, als R. übrig lassen wird. Von den vermutlich vorexil. Belegen ist auf Jes 7,3 zu verweisen. Dort wird erzählt, dass Jesaja mit seinem Sohn, der den Symbolnamen „Ein-Rest-kehrt-um" trägt, den → König Ahas aufsucht. Was der → Name des Jungen bedeuten soll, ist zwar nicht eindeutig, aber doch wohl eher Drohendes: Wenn der König nicht auf Jhwh vertraut (7,9), dann wird nur ein kümmerlicher R. aus der Vernichtungsschlacht (verstanden als göttliches Strafgericht) heimkehren. Ein solcher R. hat v. a. die Funktion, das Ausmaß der Katastrophe anzuzeigen. Negative R.-Aussagen finden sich auch bei Jer. Gott kündigt in seinem → Zorn auch die Vernichtung des R. an: „Den R. des Volkes gebe ich dem Schwerte preis vor den Augen seiner Feinde" (Jer 15,9; vgl. auch 6,9; 8,3). Trotzdem eröffnet sich noch eine Heilschance. In Jer 42 wird erzählt, dass Jeremia für die, die nach der Deportation (→ Exil) noch übrig sind („R. Judas"), → Fürbitte einlegen soll und den Gottesbescheid erhält, dass sie nicht nach Ägypten ziehen sollen. Da dieser → Rat nicht befolgt wird, wird in Jer 44 die Vernichtung dieses R. angekündigt. Während und nach dem Exil entfaltet sich ein Diskurs über die positive Bedeutung des R. Dabei wird der R. als Basis der Wiederherstellung allmählich zum „wahren Israel" und Träger der Identität des Volkes. Dem R., der in Jes 4,3 (und Mi 4,7?) sogar „heilig" genannt wird, eröffnet sich die Chance auf → Rettung und Fortschreibung der Heilsgeschichte. In Jer 50 ist die bab. Exilsgemeinde der R., dem von Gott Schuldvergebung und Heimkehr geschenkt wird (Jer 50,20). Auch bei Ezechiel gibt es neben Vernichtungsdrohung (Ez 5,10; 6,12; 9,8) auch die Erwartung von → Heil für die bab. Exilierten (Ez 6,8; 12,16; 14,22). Die Ambivalenz von Unheilsankündigung und Rettungserwartung ist charakteristisch für den späten Text Jes 10,20–23, der eine positive Deutung des Symbolnamens „Ein-Rest-kehrt-um" bietet (Jes 10,21). Im Kontext der Ankündigung des messianischen Friedensreichs in Jes 11 wird auch die Heimführung des R. verheißen (Jes 11,11.16). Für die nachexil. Restaurationsprophetie, die sich nicht nur in den Büchern Haggai und Sacharja, sondern auch in Bearbeitungen und Erweiterungen anderer Prophetenbücher dokumentiert, ist das Heil für den R., der sich jetzt als neues, mächtiges und gerechtes Israel in Jerusalem versammelt, ein wichtiges Thema (Mi 2,12; 4,7; 5,2.6f; 7,18; Zef 2,7.9; 3,13; Hag 1,12; Sach 8,6.11f; 9,7; 14,2). Auch für das Esrabuch ist klar, dass die Heimkehrer als R. aufgrund göttlichen Erbarmens die Chance haben, ein neues Israel zu bauen (Esra 9,8). Wenn sie sich freilich nicht bewähren (z. B. sich nicht von Ehefrauen aus den „Fremdvölkern" trennen), wird auch der R. vernichtet und Israel ist ganz am Ende (Esra 9,14f).

I. 3. Die nachexil. Berufung auf den R. als Basis für ein neues und wahres Israel wird frühjüd. z. B. in Qumran weitergeführt. Wie u. a. die Kriegsrolle zeigt, beruht das Erwählungsbewusstsein der Sekte darauf, den positiv verstandenen R.-Gedanken exklusiv auf die eigene Gruppe anzuwenden. Die Gemeinde versteht sich als R. (1QM 13,8; 14,8), den sich Gott als „ewiges Volk" erwählte und ins „Licht-Los" fallen ließ (1QM 13,9), wogegen alle, die nicht zur Gemeinde gehören (Fremdvölker und andere Juden), „Söhne der Finsternis" (1QM 1,7 u. a.) sind, die vom Zorn Gottes dahingerafft werden „zu Vernichtung ohne R." (1QM 14,5; vgl auch 1,6; 4,2). Auch im 4. Esrabuch gilt das Heil nicht ganz Israel. Nur ein R. wird das Heil und das Ende der Welt sehen (4Esra 6,25), wird im (Zwischen-)Reich des → Messias 400 Jahre Glück erleben (7,28). Diesem R. wird der Messias → „Freude bereiten" bis zum Tag des → End-Gerichts (12,3).

II. NT: Bei → Jesus Christus spielt die R.-Idee keine Rolle (zur Terminologie vgl. I. AT: 1.). Ganz → Israel hat versagt und ganz Israel erhält von Gott ein neues Heilsangebot. Selbst das letzte „verlorene Schaf" wird gesucht und gefunden (Mt 18,12f.par.). Im NT zeigt nur Paulus eine explizite R.-Konzeption, und zwar bei der Erörterung des → Schicksals Israels (Röm 9–11). Ausgehend von Jes 10,22f und Jes 1,9 macht er in Röm 9,25–27 klar, dass Gott in → Freiheit erwählen und verwerfen kann (→ Gnade) und bezieht diese Souveränität auch auf Israel, von dem nur ein R., und zwar allein durch das Erbarmen Gottes, gerettet wird. Der R.-Gedanke wird wieder angesprochen (Röm 11,5–7), wenn Paulus die endzeitliche → Rettung Israels als → Wunder der → Gerechtigkeit Gottes thematisiert. Dabei bezieht er sich auf 1 Kön 19,18, wo vom R., den Jhwh übrig lassen wird, die Rede ist (Röm 11,2–4). Paulus wendet dies auf das Verhalten der Juden seiner Zeit gegenüber dem Ev. an. Es ist nur ein R., der die heilsame Botschaft von der → Erlösung in Jesus Christus anzunehmen bereit ist, die übrigen sind verstockt.

Um diese R.-Theol. des Paulus nicht anti-jüd. falsch zu verstehen, muss man sich daran erinnern, dass die Grundintention des Paulus in diesem Abschnitt die ist, an der → Erwählung Israels und an der → Treue Gottes zu seinem → Volk festzuhalten. Gott hat Israel nicht aufgegeben. Zwar lehnt die Mehrheit des jüd. Volkes die Christusbotschaft ab, aber diese Ablehnung hat heilsgesch. Bedeutung, weil sie der Rettung der Heiden dient. Außerdem hat immerhin ein R. den → Glauben angenommen, und Paulus hofft auf die endzeitliche Vollendung ganz Israels (Röm 11,12.26). So kann der glaubende R. positiv verstanden werden, als Vorstufe zur endgültigen Rettung Israels aus Gottes Gnade.

I. *J. Hausmann*, Israels Rest, Stuttgart 1987; *H.-M. Pfaff*, Die Entwicklung des Restgedankens in Jesaja 1–39, Frankfurt/M. u. a. 1996; *R. Rendtorff*, Israels „Rest", in: *A. Graupner* (Hg.), Verbindungslinien, Neukirchen-Vluyn 2000, 265–279.
II. *S. Hagenow*, Heilige Gemeinde – Sündige Christen, Tübingen 2011; *W. Keller*, Gottes Treue – Israels Heil, Stuttgart 1998.

Joachim Kügler

Rettung (R.)

(→ Dachartikel: Soteriologie)

Vorbemerkung: Mit Rücksicht auf die übliche Verwendung des deutschen Begriffs wird hier R. als innerweltlicher Vorgang dargestellt und von der mehr auf Geistig-Geistl. bezogenen → Erlösung unterschieden. Hinzuweisen ist aber darauf, dass bibl. Texte diese Abgrenzung nicht kennen, weil die → Geschichte der Ort des Handelns Gottes ist.

I. AT: 1. Für die R. und Hilfe Jhwhs steht im AT bes. der Begriff *jēša*^{c}, daneben finden sich *t*^{e}*šû*^{c}*ā* sowie die Verben *nṣl* und *mlṭ*.

I. 2. Dass Jhwh rettet, gehört zu den Grundsätzen bibl. → Soteriologie. Er kann → Israel retten aus jeder Not und Gefahr (vgl. die Aufzählung in 1 Kön 8,33ff). Im R.-Handeln erweist Jhwh seine → Gerechtigkeit, weswegen im Hebr. solche Heilstaten auch als *ṣ*^{e}*dāqōt* („Gerechtigkeiten") bezeichnet werden können (Ri 5,11; Ps 103,6; Jes 45,24; Mi 6,5; Dan 9,16). Der (dtr.) Geschichtsrückblick in der „Abschiedspredigt" des Samuel stellt die R.-Taten Gottes (Befreiung aus Ägypten durch Mose und Aaron, R. durch die Richter) immer wieder dem Versagen Israels, wie es sich v. a. in der Hinwendung zu Fremdgöttern dokumentiert, gegenüber (1 Sam 12,7ff). Die primäre R.-Tat Jhwhs stellt die Befreiung aus der Sklaverei Ägyptens (→ Exodus) dar, die die Identität Israels als gerettetes → Volk und Jhwh als Gott der R. definiert. Dies wird zur Grundlage für → Hoffnung in späteren Krisen: Gott rettet sein Volk auch aus dem → Exil. Freilich erfährt Israel nicht nur kollektiv Gottes R., sondern auch das Individuum. In der persönlichen Frömmigkeit der Pss. findet sich immer wieder die Bitte um R. vor persönlichen → Feinden und Gottlosen (Ps 7; 12; 43; 86; 109). Aber auch die Erzähllit. zeigt Gottes R. Einzelner aus Kinderlosigkeit (Ri 13; 1 Sam 1) oder sogar aus dem → Tod (1 Kön 17,17ff).

II. NT: 1. Auch im NT ist nicht nur von → Erlösung, sondern auch von R. die Rede, wobei σῴζω sowie ῥύομαι (und Verwandtes) beides bezeichnen können.

II. 2. Paulus erfährt R. aus nicht näher bezeichneter Gefahr in Kleinasien (2 Kor 1,10) und hofft auf R. in Judäa (Röm 15,31; vgl. 2 Thess 3,2). Er deutet → Krankheit als Indiz für eine Störung des Gottesverhältnisses (1 Kor 11,30) und dementsprechend Genesung als R. durch göttliches Erbarmen (Phil 2,26; vgl. Jak 5,14f). Apg 27 erzählt die R. des Paulus und seiner Mitreisenden aus Seenot. → Wunder-Erzählungen thematisieren Heilung und Exorzismus (Mk 3,4; 5,28.34; 6,56; 10,52; Lk 8,36; 17,19; 18,42; Apg 4,9; 14,9 u. a.), Totenerweckung (Lk 8,49ff) und Befreiung aus der Haft (Apg 5,18f; 12,6ff; 16,25ff) als R. durch Gott.

I. *F. Crüsemann*, Rettung und Selbstverantwortung, in: *ders.*, Maßstab: Tora, Gütersloh 2003, 49–56; *T. B. Dozeman*, The Wilderness and Salvation History in the Hagar Story: JBL 117 (1998) 23–43; *M. H. Floyd*, Die Rettung der Guten und die Selbstzerstörung der Bösen: CBQ 67 (2005) 128–130; *J. Schnocks*, Rettung und Neuschöpfung, Göttingen 2009; *B. Willmes*, Hoffnung auf Rettung im Ezechielbuch, in: *F. Diedrich/ B. Willmes* (Hg.), „Ich bewirke das Heil und erschaffe das Unheil" (Jes 45,7), Würzburg 1998, 483–526.

II. *T. Holtz*, Das Gericht über die Juden und die Rettung ganz Israels, in: *K. Aland* (Hg.), Wissenschaft und Kirche, Bielefeld 1989, 119–131; *F. Schnider*, Rettung aus Seenot, in: *E. Haag* (Hg.), Freude an der Weisung des Herrn, Stuttgart 1986, 375–394.

Joachim Kügler

Ritus / Ritual (R./Rtl.)

(→ Dachartikel: Kult)

I. AT: 1. Kultische Handlungen, die nach einem vorgeschriebenen, gültigen Schema ablaufen, heißen R., die Anweisungen für den Ablauf Rtl. Für beides gibt es in den sem. Sprachen und so auch im Hebr. kein eigenes Wort. R. und Rtl. werden in verschiedenen Zusammenhängen vollzogen und nicht begrifflich definiert. Ihre Wirkung beziehen sie daher, dass sie im Auftrag der Gottheit von einem zuständigen Ritualfachmann, in der Regel einem → Priester, oder einer anderweitig autorisierten Person vollzogen werden.

Im AO sind R. und Rtl. reichlich belegt, in der bibl. Überlieferung haben sich nur ganz wenige Andeutungen und Reste erhalten. Diskutiert werden bestimmte Bräuche wie Trauerriten (→ Trauer) und Übergangsriten (z. B. → Beschneidung) sowie die Rtl. in den → Opfer- und Reinheitsvorschriften Lev 1–16 (→ Reinheit; → Taufe). Daneben bieten v. a. die Gattungen der Pss. (→ Klage; → Lob) Anlass zur Nachfrage nach den ihnen zugrunde liegenden kultischen Vorgängen. Auch die → Feste sehen einen festen Ablauf mit regelmäßig wiederkehrenden Elementen vor, bes. das Rtl. zum Pascha (Ex 12; Dtn 16). Von einer „Liturgie" kann man nach den uns erhaltenen Quellen hier aber noch nicht sprechen. Nach dem Vorbild ao. Festabläufe und -prozessionen wird man auch für → Israel und Juda mit kultischen Inszenierungen und Prozessionen zu bestimmten Anlässen (z. B. am Neujahrsfest oder Thronbesteigungsfest, → Thron) rechnen können, doch gehören die hierzu diskutierten Hypothesen, insbes. solche, die sich mit dem in seiner Funktion und Bedeutung ungeklärten Objekt der „Lade" (→ Tempel) verbinden, in den Bereich der hist. Spekulation.

I. 2. Ein R., der sakralen Charakter hat und v. a. seiner Nachgesch. wegen interessiert, ist die „Salbung", d. h. das Übergießen mit Öl nicht allein zur Körperpflege, sondern zum Zwecke der Reinigung und/oder Übertragung eines → Amtes. Wie bei den Hethitern wurden auch in Israel und Juda die → Könige bei ihrer Amtseinsetzung „gesalbt" und heißen darum „Gesalbte" (→ Messias). Die einzelnen Akte der feierlichen Königserhebung kann man in 1 Kön 1,38–40 nachlesen. Ob, wie hier, das → Volk anwesend ist und der Priester den R. vollzieht oder ein Gottesmann oder → Prophet von Jhwh damit betraut wird (1 Sam 9f; 2 Kön 9,3.6), macht keinen Unterschied. Nach dem Verlust des Königtums ging der Brauch auf die Amtseinsetzung des Hohepriesters (Ex 29,7; Lev 8,12; 21,10; Sir 45,15) und seiner Söhne (Ex 28,41; 30,30) über. Durch Salbung werden sie wie auch die Geräte zum kultischen Gebrauch geweiht (Ex 29,36; 40,9ff; Lev 8,10ff). Die königliche Tradition lebt im Messiastitel weiter. Als Inbegriff der göttlichen Beauftragung und Begabung mit dem → Geist Gottes wird er auch für Kyrus (Jes 45,1), den → Gottesknecht (Jes 61,1) und die Propheten (1 Kön 19,16; Ps 105,15 = 1 Chr 16,22; 1QM 11,7; CD 2,12) gebraucht.

II. NT: Im NT können die Einsetzungsworte des → Abendmahls als Ritualanweisung aufgefasst werden. → Taufe und Abendmahl/Eucharistie sind die beiden kultischen Begehungen, aus denen sich der christl. R. und mit der Zeit auch eine feste Liturgie gebildet haben. Die königliche Tradition der Salbung (mit dem → Geist Gottes) und der Messiastitel finden auf Jesus Anwendung (Lk 4,18 nach Jes 61,1; Apg 4,26f; 10,38; ferner Hebr 1,9). Die Geistsalbung empfangen nach 2 Kor 1,21 sowie 1 Joh 2,20.27 auch die Christen.

I. *B. Gladigow*, Ritual, Komplexes: HRWG IV (1988) 458–460; *E. Kutsch*, Salbung als Rechtsakt im Alten Testament und im Alten Orient, Berlin 1963; *P. von Mirecki/M. Meyer* (Hg.), Magic and Ritual in the Ancient World, Leiden u. a. 2002.
II. *U. Egelhaaf-Gaiser/A. Schäfer* (Hg.), Religiöse Vereine in der römischen Antike, Tübingen 2002; *W. W. Müller*, Die Salbung Christi – ein Stück vergessener Christologie?: FZPhTh 43 (1996) 420–435.

Reinhard G. Kratz

Sabbat (S.)

(→ Dachartikel: Kult)

I. AT: 1. Das Verbum *šbt* „ruhen, aufhören" begegnet in einer vorexil. Rechtsbestimmung, die nach sechs Tagen getaner → Arbeit für den siebten Tag einen wöchentlichen Ruhetag verfügt (Ex 23,12). Mit dem Festkalender (→ Fest) im selben Gesetzeskorpus, dem sog. Bundesbuch Ex 20–23 (hier 23,14–17), hat sie nichts zu tun. Erst die davon abhängige Stelle Ex 34,21 integriert das Ruhegebot in den Festkalender.

Neben dem Verbum im Ruhegebot begegnet das Nomen S. (hebr. *šabbāt*) des Öfteren in der Zusammenstellung „Neumond und S.", insbes. wenn von Festzeiten die Rede ist (2 Kön 4,23; Jes 1,13; Hos 2,13; „Festzeit" und S., Klgl 2,6). Da der Aspekt der Ruhe in diesem Zusammenhang keine Rolle spielt und die Ruhetagsverordnung umgekehrt nicht als „Festzeit" gilt, drängt sich der Schluss auf, dass man zwischen beidem unterscheiden muss. Unabhängig vom wöchentlichen Ruhetag ist der S. ursprünglich der dem Neumondtag korrespondierende, monatlich wiederkehrende Vollmondtag, der im Akkadischen *šap/battum* heißt und den 15. Monatstag bezeichnet (→ Gestirne). Die Unterscheidung hängt nicht davon ab, ob die Belege vor- oder nachexil. sind. Auch in nachexil. Zeit ist die Zusammenstellung von Neumond und S. geläufig (Ez 45,17; 46,1; Neh 10,34 u. a.). Der vorexil. Brauch, Neumond und Vollmond als Festtage zu begehen, wird nachexil. nicht aufgehört haben, auch wenn man in der bibl. Überlieferung unter dem S. mittlerweile etwas anderes verstand. Auch die inschriftlichen Belege, bes. die S.-Ostraka von Elephantine, besagen nicht mehr, als dass es einen „S." genannten Tag gab.

I. 2. Was man unter dem S. frühestens seit exil. Zeit im AT verstand, steht im → Dekalog geschrieben (Ex 20,8–11; Dtn 5,12–15). Hier ist der S. mit dem wöchentlichen Ruhetag zu einem Tag „für Jhwh" zusammengelegt. Von der älteren Fassung in Ex 20,8–10 ist die jüngere in Dtn 5 abhängig, die den ganzen Dekalog auf den S. hin strukturiert und ihn mit der Befreiung aus dem Sklavenhaus Ägypten begründet. Auch in Ex 20,11 ist eine Begründung nachgetragen, die den S. mit Gen 2,2f in der → Schöpfung der Welt verankert. Erst mit dem Dekalog ist der (wöchentliche) S. wie das erste Gebot zum Identitäts- und Bekenntniszeichen Israels geworden. Als solches hat der S. in der atl. Lit. und darüber hinaus gewirkt. Die P führt ihn auf die Schöpfung zurück (Gen 2,2f), von wo er Eingang in die Heilsgesch. (Ex 16) und in das Gesetz vom Sinai fand (Ex 31,12–17). Hier stimulierte er zu weiterer S.-Halacha (Ex 35,1–3; Num 15,32–36), zur Sabbatisierung des Festkalenders (Lev 23; vgl. auch 16,31), zur Sabbatparänese (Lev 19,3.30; 26,2) und zu entsprechenden Opferbestimmungen (Lev 24,8; Num 28,9f; vgl. auch Neh 9,14). Zur Berechnung der Jahre dient er in Lev 25; 26,34f.43 (vgl. 2 Chr 36,21). Die Belege im Verfassungsentwurf des Ezechiel (Ez 44,24; 45,17; 46,1ff), im ChrG (1 Chr 9,32; 23,31; 2 Chr 2,3; 8,13; 31,3; Neh 10,34) und in den damit verwandten Stellen in 2 Kön 11,5.7.9par.; 2 Kön 16,18 setzen diese Entwicklung voraus.

In der prophetischen Lit. fällt der S. entweder zusammen mit dem Neumond und anderen Festen unter die prophetische Kultpolemik (Jes 1,13; Hos 2,13) oder wird im Gegenteil eingeklagt (Am 8,5; Jer 17,19–27; Ez 20; 22,8.26; 23,38) und selbst den Heiden als Heilsweg verheißen (Jes 56,1–8; 58,13f; 66,23). Was die → Propheten, die sich für den S. stark machen und seine Missachtung beklagen, fordern, setzt Nehemia in Neh 13,15–22 durch.

I. 3. In hell.-röm. Zeit ist die Sabbatobservanz mehr noch als die → Beschneidung zum herausragenden Charakteristikum des Judentums geworden. Als die aufständischen Makkabäer an einem S. angegriffen wurden, nahmen sie den → Tod in Kauf, um den S. nicht brechen zu müssen. Der Angriff am S. ist ein Topos in der Geschichte des Judentums und führt hier zur Ausnahmeregelung (1 Makk 2,31–41). Die überragende Stellung des S. für das Selbstverständnis des Judentums wird in Jub deutlich, das die → Geschichte von Gen 1 bis Ex 15 in der nach S. und Sabbatjahren berechneten Zeitstruktur rekapituliert und in Jub 50 mit einer großen Sabbatparänese endet (vgl. auch Jub 2,17–33). In den Sabbatopferliedern von Qumran (ShirShabb) werden die ersten dreizehn S. des Jahres von den → Engeln im Himmelreich zelebriert, im Festkalender der Tempelrolle (11QT 18,11f) wird die strittige Stelle Lev 23,11.15f, von der die Zählung der 50 Pfingsttage abhängt, geklärt. Die Damaskusschrift enthält in CD 10f eine ausführliche S.-Halacha.

II. NT: Das NT setzt für Jesus (Mk 1,21; Lk 4,16 u. a.) und die frühen Christen (Apg 13,14; 17,2 u. a.) die Observanz des S. (griech. σάββατον) wie selbstverständlich voraus. Anders als die → Beschneidung war der S. kein Thema auf dem Apostelkonzil (Gal 2; Apg 15). Eine gewisse Relativierung erfährt er durch die Auseinandersetzungen um die Krankenheilungen Jesu am S. (Mk 3,1–6par.; Lk 13,10–17; 14,1–6; Joh 5,1–18; 7,19–24; 9). Die im Judentum durchaus üblichen „Ausnahmeregelungen" liegen auf der Linie von Mk 2,27f: Als Teil der Schöpfungsordnung ist der S. für den Menschen und nicht der Mensch für den S. da. Und als Teil der eschatologischen → Ordnung setzt auch der S. die Integrität des → Lebens voraus. Ob die Devise auf Jesus zurückgeht oder das Bemühen der frühen Christenheit spiegelt, ihre uneinheitliche Haltung in dieser – in der Christenheit selbst kontrovers diskutierten (vgl. Kol 2,16f sowie Gal 4,10; Röm 14,5) – Frage zu begründen, ist schwer zu sagen.

I. *G. Robinson*, The Origin and Development of the Old Testament Sabbath, Frankfurt/M. 1988.
II. *L. Doering*, Schabbat, Tübingen 1999.

Reinhard G. Kratz

Scham (S.)

(→ Dachartikel: Kultur und Mentalität)

Vorbemerkung: S. hat den doppelten Aspekt der (präventiven) Sorge um die eigene → Ehre (Schamhaftigkeit; Bedachtsein auf den guten Ruf) und der tatsächlich verlorenen Ehre (Schande, Bloßstellung, Beschämung). Fundamental dafür ist der Mechanismus von *Challenge* und *Response* (→ Kultur und Mentalität).

I. AT: 1. Im Vokabular der S./Schande wird zwischen der erfolglosen eigenen und der nicht abgewehrten fremden *Challenge* („Herausforderung, Anfechtung, Wettstreit") z. T. lexematisch unterschieden. Beide Aspekte verbinden sich mit der Wurzel *qll* („leicht/unbedeutend/verächtlich sein"), der semantischen Opposition zu *kbd* („schwer/bedeutsam sein"). Die misslungene *Challenge* bezeichnet v. a. die Wurzel *bōš* („beschämt sein"; davon abgel. *bōšæt* „Beschämung, Schande"; ähnlich auch *ḥpr* „sich schämen"; meist zusammen und synonym mit *bōš*), nämlich Blamage und Enttäuschung (2 Sam 19,6). Diese treten bes. dann ein, wenn sich jemand exponiert hat indem er sein Vertrauen auf etwas oder jemand gesetzt hat und damit „zuschanden"/„blamiert" worden ist, z. B. auf eine fremde Macht (Jes 20,5) oder auf Gott (in den Pss. vielfach negiert, Ps 25,2f).

Blamabel/schändlich ist für einen Mann auch die Abhängigkeit von seiner → Frau (Sir 25,22 [LXX und MS C]). Nur selten wird *bōš* im Blick auf sexuelle S. gebraucht (Gen 2,25; Hos 2,7; außerdem *m^ebūšīm* „Schamteile des Mannes", vgl. Dtn 25,11). Die (bes. weiblichen) Schamteile werden primär mit Bildungen der Wurzel *ʿrh* (Piel/Hifil „enthüllen, entblößen") bezeichnet, nämlich *ʿærwā* („Blöße, S."), *ʿærjā* („Nacktheit, Blöße") und *ma'ar* („Blöße"). Die von anderen zugefügte Demütigung (die nicht abgewehrte *Challenge*) bezeichnet die Wurzel *ḥrp* („schmähen, verhöhnen"; Derivat *ḥærpā* „Schmähung, Schmach, Schande"), z. B. die gewaltsame Entblößung der S. (Jes 47,3) und Verhöhnung (1 Sam 17,10). Darüber hinaus ist jede Abweichung von der sozialen Norm(alität) (Ehe- und Kinderlosigkeit, → Ehe mit einem Unbeschnittenen, Ehebruch) mit Schande für die Betroffenen verbunden (Gen 30,23; 34,14; Spr 6,32f; Jes 4,1).

Eine ähnliche Bedeutung hat *kelimmā* („Schimpf, Schande"; von der Wurzel *klm* Nifal „gekränkt/ beschimpft werden"), jedoch nur selten mit sexueller Konnotation. Die willentliche Überschreitung sozialer Normen, bes. fehlende → Ehrfurcht, Überheblichkeit, Zudringlichkeit und Verachtung anderer, signalisiert *nbl* („töricht sein/handeln"). Das abgeleitete Nomen *nebālā* (→ „Torheit, Schandtat") kann entsprechend eine gewaltsame und entehrende Tat bezeichnen, bes. illegitime sexuelle Handlungen (Gen 34,7; Dtn 22,21; Ri 19,23; 20,6.10; 2 Sam 13,12; Jer 29,23). Der häufige Zusatz „in/an Israel" bedeutet, dass dieser Angriff auf fundamentale Normen die → Gemeinschaft als Ganzes betrifft. Entehrung wird auch ausgedrückt durch die Wurzel *'nh* („niedrig/ elend/arm sein"; Piel „niedrig machen, demütigen"). Exemplarisch ist wieder der schändende, statuszerstörende Geschlechtsverkehr (Gen 34,2; Dtn 22,24.29; Ri 19,24; 20,5; 2 Sam 13,12; Klgl 5,11; → Sexualität; → Sozialstatus).

Dem semantischen Feld der Schande benachbart ist das der Unreinheit/Verunreinigung (*tō'ēbā* „Abscheu, Gräuel"; für sexuelle „Perversionen" und Tabuüberschreitungen Lev 18,22; 20,13; Dtn 22,5; *ṭm'* „unrein werden"; Piel „unrein machen"; von der entehrten/geschändeten Frau Gen 34,5. 13.27; Ez 18,6.11.15; → Reinheit).

I. 2. Schande ist im AT wie Ehre zuerst ein sozial wertender Begriff, der sich auf das Ansehen von → Personen bezieht, nur sekundär und davon abgeleitet eine moralische Kategorie. Unter moralischem Aspekt wird der Begriff erst in hell. Zeit syst. entfaltet (Sir 41,16–42,8). Nach dem Modell von *Challenge* und *Response* resultiert Schande/ Beschämung sowohl aus einer fehlgeschlagenen *Challenge*, d. h. dem missglückten Versuch, die eigene Ehre (auf Kosten anderer) zu vergrößern, wie daraus, eine fremde *Challenge* nicht abwehren oder angemessen erwidern zu können. Je nach Aspekt und Ausgang kann dieselbe Handlung entweder als „schändliche Tat" auf den Täter zurückfallen oder als „Schändung" den Angegriffenen ruinieren. „Schändlich" bzw. „schändend" ist jedes Eindringen → Fremder in einen normalerweise geschützten Bereich bis hin zur „Aufdeckung der S." (2 Sam 10,4f; Jes 47,3; Nah 3,5), die der Mensch seit dem Sündenfall verhüllt (Gen 3,7.21). Schamlos, u. U. auch extrem beleidigend, ist die freiwillige bzw. provozierende Exposition der Schamteile (vgl. Ios. bel.Iud. 2,224; 1QS 7,12–14). In der Nähe des Heiligen ist die S. strikt zu verhüllen (Ex 20,26; 28,42f), Nacktheit gilt als viehisch und heidnisch (Jub 3,30f und im Ansatz schon Gen 9,20–27). Entsprechend stieß die griech. Sitte, unbekleidet zu trainieren (vgl. Thuk. 1,6), bei den Juden auf größte Missbilligung und die Einrichtung eines Gymnasiums in Jerusalem in hell. Zeit konnte nur als gezielter Affront verstanden werden (1 Makk 1,14; 2 Makk 4,9–14). Nicht nur sexuell, sondern auch sozial soll der Mensch sich nicht unnötig und unaufgefordert exponieren, sondern dezent verhalten, d. h. die rechte S. walten lassen. (Ein Wort wie griech. αἰδώς für die grundsätzliche Haltung des Respekts und der Diskretion kennt das AT allerdings nicht.) Im AT wird eine sozial defensive Haltung empfohlen, d. h. das Risiko der Herausforderung anderer sollte nicht unbedacht und unnötig eingegangen werden. Dies wäre Ausdruck von Hochmut, Anmaßung und Torheit (Spr 11,2; 13,18). Weise und ehrbar ist es, seinen → Nächsten nicht unangebracht zu brüskieren (vgl. Spr 3,29–35). Bes. verwerflich ist die Provokation (Fluchen, Lästern) menschlicher Autoritäten oder gar Gottes (Ex 21,17; 22,27; Koh 10,20). Auch mangelnde Loyalität (Treulosigkeit) ist schändlich, unverdiente Loyalität (→ Vergebung) beschämt den Frevler (Ez 16,60–63).

II. NT: 1. S. (αἰδώς „Schamhaftigkeit, Ehrfurcht") ist ein Zentralbegriff altgriech. → Ethik (seltener im Hellenismus), der ganz allgemein das Gefühl für (die eigene wie die fremde) → Ehre und → Würde bezeichnet, d. h. die Haltung des respektablen Mannes. Im NT spielt der Begriff allerdings nur eine marginale Rolle (1 Tim 2,9; Hebr 12,28 Textvar.). Häufiger begegnen ἀτιμία („Unehre,

Verachtung, Schande"), αἰσχύνη („Schande, S., Schamgefühl"), αἰσχρός („hässlich, schändlich"), ἀσχημοσύνη („Schande, Unanständigkeit, Unschicklichkeit"), ὀνειδίζω („beschimpfen, schmähen"), ἐντρέπω („beschämen"; Medium „sich scheuen vor"), ἀκάθαρτος („unrein; schamlos; sittenlos") und Ableitungen davon.

II. 2. Im Griech. ist S./Schande sowohl eine sozial wertende wie eine ethisch-ästhetische Kategorie, d. h. sie es hat sowohl mit dem Status und Ansehen von → Personen wie mit der Bewertung von Handlungen zu tun, nämlich solcher, die dem Ideal des Guten und Schönen widersprechen. So hat man sich gleichermaßen für → Armut, Schwäche, Feigheit, Ungerechtigkeit und unsoziales Handeln zu schämen (vgl. Aristot. rhet. 2,6,1–27, 1383b/1384a). Einen spezifisch ntl. Diskurs über die S. bilden jene Stellen, die „(sich) schämen" in Verbindung mit dem Bekenntnis zum → Glauben bringen (vgl. schon Sir 42,1f). Sie stehen im Kontext des Diskurses „Ehre bei Gott vs. Ehre bei den Menschen" (vgl. Mk 8,38par.; Röm 1,16; Hebr 11,16). Ansonsten wird das Thema der Schande/S. weithin durch konventionelle Topoi mediterraner Mentalität und des AT bestimmt. So ist auch im NT primäres Symbol der Schande/S. die Nacktheit/Entblößung (1 Kor 12,23; Offb 3,18; 16,15). In Aufnahme der Pss. wird die Zuversicht formuliert, mit dem Vertrauen auf Gott nicht zuschanden zu werden (Röm 9,33; analog im Bezug auf Menschen 2 Kor 7,14; 2 Kor 9,3f). Konventionell ist auch, dass Zurücksetzung (Lk 14,8f), Zurückbleiben hinter sozialen Erwartungen (Kinderlosigkeit, Lk 1,25) und sozialer Abstieg (Lk 16,3) Beschämung bedeuten. Die daraus abgeleitete Mahnung, sich nicht eigenmächtig vorzudrängen (Lk 14,10), entspricht atl. Weisheitslehre. Ebenso nehmen die ntl. Lasterkataloge großenteils konventionelles Material auf, wenn sie schandbares/unschickliches Verhalten benennen. Das Vokabular der Schande begegnet dort z. T. explizit (Eph 5,3f; Kol 3,8; Röm 6,21), außerdem wird es zur Diffamierung von Gegnern gebraucht (Phil 3,19; Jud 1,13; vgl. auch Röm 2,23). Die prominenteste Rolle spielen dabei → Sünden auf sexuellem Gebiet wie Unzucht (πορνεία). Auch die Verkehrung der Geschlechterordnung ist für mediterrane Mentalität schändlich (Röm 1,26f; vgl. auch 1 Kor 11,4f). Wie im AT schließt im Bereich der → Sexualität an das semantische Feld der Schande das der Unreinheit an, wobei hier allerdings der Akzent eher auf der moralischen als der physischen „Verdorbenheit" liegt, d. h. auf der Lasterhaftigkeit und nicht dem Geschändetsein (vgl. Tit 1,15). Sexuelle → „Reinheit" („Unverdorbenheit") ist für die mediterrane → Frau das entscheidende Kriterium der Ehre, im Frühjudentum und im NT wird aber vom Mann zunehmend eine vergleichbare Reinheit gefordert (so nach dem Vorbild des keuschen Josef in Gen 39).

I. *A. Grund*, „Schmähungen der dich Schmähenden sind auf mich gefallen": EvTh 72 (2012) 174–193; *M. A. Klopfenstein*, Scham und Schande nach dem Alten Testament, Zürich 1972; *T. S. Laniak*, Shame and Honor in the Book of Esther, Atlanta 1998; *V. H. Matthews*, Honor and Shame in the World of the Bible, Atlanta 1996; *J. Stiebert*, The Construction of Shame in the Hebrew Bible, New York u. a. 2002.

II. *D. L. Cairns*, Aidōs, Oxford 1993; *B. L. Campbell*, Honor, Shame, and the Rhetoric of 1 Peter, Atlanta 1998; *J. H. Hellerman*, Challenging the Authority of Jesus: JETS 43 (2000) 213–228; *L. J. Lawrence*, An Ethnography of the Gospel of Matthew, Tübingen 2003; *J. H. Neyrey*, Honor and Shame in the Gospel of Matthew, Louisville 1998; *D. A. de Silva*, Despising Shame, Atlanta 1995.

Klaus Neumann

Schicksal (S.)

(→ Dachartikel: Kultur und Mentalität)

I. AT: 1. Zur atl. Schicksalsterminologie gehören metaphorische Ausdrücke wie *ḥēlæq* („Anteil, Geschick"), *gōrāl* („Los, Geschick"), *naḥ*ᵃ*lā* („Erb[an]teil, Geschick"), *dæræk* und *ʾōraḥ* (→ „Weg"), *ʿēt* (→ „Zeit[punkt]"), außerdem *miqræ* („Zufall, Widerfahrnis, S.") und die häufige Wendung *šūb (ʾæt-)š*ᵉ*būt* („das Geschick [eigentl. die Gefangenschaft] wenden").

I. 2. In den vormodernen Gesellschaften ist, entsprechend den begrenzten Einwirkungsmöglichkeiten auf die natürliche Umwelt und die Rahmenbedingungen des → Lebens, ein gewisser Fatalismus allgemein verbreitet. Ein geläufiges Bild für die Wechselfälle des Lebens ist der Kreislauf des Glücks oder das Rad des S. (Hdt. 1,207,2; Philo Deus 173–176; bShab 151b). Im AT zeugen weisheitliche Sentenzen und Reflexionen von einer solchen alternativlosen S.- bzw. Gottergebenheit (Ijob 1,21; 2,10; Spr 16,9; Koh 3,1–15; Jes 45,9; Jer 10,23; Am 3,6; im NT vgl. Jak 4,13–15). Dem entspricht oft auch ein theoretischer Schicksalsglaube, d. h. der → Glaube an die Vorherbestimmung aller Dinge (durch Gott oder Schicksalsmächte wie die Moiren, denen nach griech. Glauben selbst die Götter unterliegen, vgl. Aischyl. Prom. 511–525; Soph. Ant. 951–954; 1337f; Eur. Alk. 962–981; Eur. Hipp. 1256; Hdt. 1,91,1; → Vorsehung), Schicksalsfurcht (vgl. die Vorstellung vom Neid der Götter bzw. des S., Hdt. 1,32,1; 3,40,2; Eur. Or. 974; Ios. bel.Iud. 6,63) und das Vertrauen auf Orakel und Wahrsagepraktiken (vgl. im AT Gen 40f; Num 27,21; Dtn 18,10f; 1 Sam 9,9; 23,1–5; 28,6–20; Jes 8,19; Dan 1,17; 2; skeptisch Sir 34,5–7). Deshalb wird aber nicht unbedingt die naheliegende Konsequenz gezogen, die menschliche Willensfreiheit zu bestreiten (Sir 15,11–20; mAv 3,16; bBer 33b; bNid 16b; Ios. bel.Iud. 2,162f; ant.Iud. 18,13). Auch im AT stehen, bes. in der prophetischen Lit., Determinationsglaube und Appell an den menschlichen → Willen nebeneinander, d. h. unbedingt klingende Unheilsankündigungen und solche, die mit der Möglichkeit rechnen, das Unheil noch abzuwenden (vgl. Jer 19; Am 8,2; Jer 7,4–7; 26,18f; Ez 18,32; Am 5,4–6). Die Vorstellung der Determination bleibt jedenfalls dem Glauben an Jhwhs Souveränität untergeordnet (Jer 18,1–11). Jhwh ist explizit auch der Garant des Tun-Ergehen-Zusammenhangs (Dtn 28/30; Ps 37); er ist es, der die Tat zum Täter „zurückkehren lässt" (Spr 24,12; vgl. auch Spr 12,14; 13,21f; → Gerechtigkeit). Fraglich wird der Glaube an einen derart berechenbaren Tun-Ergehen-Zusammenhang in der späten → Weisheit (Ijob; Koh 2,14–17; 9,2f; vgl. auch Ps 73; im NT Lk 13,1–5; Joh 9,2f). In dieser Spätzeit, d. h. der hell. Periode, artikuliert sich unter dem Eindruck der wechselvollen polit. Geschichte der Epoche freilich generell die Empfindung der Unberechenbarkeit und Unbeständigkeit des S. (Philo Jos. 131–140). Im Gegenzug nimmt aber auch der Determinations- und Vorsehungsglaube zu (Aufkommen der → Apokalyptik; stoische Providenzlehre); die Unsicherheit evoziert die Suche nach Vorzeichen. Intensiviert wurde die Auseinandersetzung mit den Praktiken der Zukunftsdeutung und dem Schicksalsglauben aber schon durch die Konfrontation mit der bab. Orakelpraxis und Astrologie. Der bab. Schicksalsglaube (Jes 65,11) und die kultische Verehrung der → Gestirne werden im AT (für Israel) abgelehnt (Dtn 4,19; 17,3; 2 Kön 23,4f). Dagegen konnte die Astrologie (*Abb. 33*), die zumal in hell. Zeit im höchsten Ansehen einer Wissenschaft stand, in den Jhwh-Glauben integriert werden (vgl. Dan 5,11; negativ Jes 47,13; Jer 8,2), insofern die Gestirne und ihre Konstellationen nicht als Ursache, sondern als Index irdischer Ereignisse und zugleich als belebte Wesen im Dienst Jhwhs betrachtet wurden (vgl. Weish 7,17–19; 1QH 9,9–13; 4Q186; 4Q318; 4Q561; vgl. auch bShab 156a/b). Doch gibt es in der Antike auch grundsätzliche Kritik an der Astrologie (Philo prov. 1,77–88; Cic. div. 2,87–99; Plin. nat. 2,28–31). Rezipiert wurde im hell. Judentum auch der rationalisierte Schicksalsglaube der Stoiker, die das S. als umfassende Ursachenverknüpfung definierten (Philo aet. 75) und mit Gott bzw. dem Logos identifizierten, d. h. mit der alles durchwaltenden Weltvernunft bzw. der universalen göttlichen Vorsehung/Vorsorge. Die → Freiheit und → Verantwortung des Menschen besteht darin, sich dieser Allvernunft und Naturnotwendigkeit aus → Einsicht zu fügen (Sen. epist. 107,11; Epikt. ench. 53). Dem entspricht im Frühjudentum der Glaube, dass nicht der Zufall, sondern Gott bzw. die Vorsehung über das Geschick der Menschen waltet; betont werden dabei aber die Unterordnung des S. unter Gott wie auch die menschliche Willensfreiheit (Weish 14,3; 17,2; Sir 15,11–20; 39,15–35; 42,15–43,33; Philo prov.; her. 300f; mut. 135; Deus 47; Ios. bel.Iud. 6,267–270; ant.Iud. 10,277–281; 16,397f). Insbes. den Essenern wird ein starker Schicksalsglaube nachgesagt, den Sadduzäern dagegen ein („epikureischer") Antideterminismus und den Pharisäern eine vermittelnde (synergistische) Position (Ios. bel.Iud. 2,159.162–165; ant.Iud. 13,171–173; 18,12–18). Der starke (essenische?) Prädeterminationsglaube (doppelte Prädestination der Gerechten und Ungerechten) begegnet phasenweise auch in den Qumranschriften (vgl. 1QS 3,13–4,26; 11,10f; 1QH 7,12–24; 9,7–20).

II. NT: 1. Im NT findet der hell. S.- und Providenzglaube nur wenig explizite Resonanz (vgl. Apg 17,24–28). Die zentrale Begrifflichkeit (εἱμαρμένη bzw. πεπρωμένη „S."; μοῖρα „Los, S."; τύχη „Zufall, Fügung, S.") fehlt ganz. Auch πρόνοια („Fürsorge, → Vorsehung") und προνοέω („sorgen, bedacht sein") werden in Bezug auf Gott nicht gebraucht, ἀνάγκη („Zwang, Not, Notwendigkeit, Verhängnis") nur Mt 18,7 im Sinne von „unausweichliche Vorherbestimmung". Trotzdem ist die göttliche Vorsehung im Kleinen (Mt 10,29f; Apg 27,24–26) und Großen ausnahmslos vorausgesetzt (vgl. das entsprechende Vokabular: προγινώσκω „vorauswissen"; πρόγνωσις „Vorherwissen"; προοράω „voraussehen"; προορίζω „vorherbestimmen"; προτίθεμαι „im Voraus festsetzen"; δεῖ „es ist nötig"; καιρός „[richtiger] Zeitpunkt").

II. 2. Speziell im Blick auf drei Themenkreise findet die Sprache der Prädestination regelmäßig Verwendung: *a)* Der → Weg Jesu, insbes. seine → Passion, die geschehen „musste" (Mk 8,31par.; Lk 24,26f.44–47; Joh 3,14; Apg 2,23; 4,27f; 26,23; 1 Kor 2,7; Gal 4,4f). *b)* Die eschatologischen Ereignisse und Bedrängnisse, die kommen „müssen" (Mk 13,7par.; 2 Thess 2,3–8; Offb 1,1; 4,1; 22,6; vgl. schon Dan 2,28 LXX). *c)* Die Vorherbestimmung und → Erwählung der Glaubenden (Röm 8,28–30; Eph 1,4f.9–12; 2 Tim 1,9; 1 Petr 1,2.18–21). Von einer Vorherbestimmung zum Verderben ist nur selten die Rede (Röm 9,14–24; 1 Petr 2,8).

Wie die Schicksalsterminologie findet auch die Astrologie wenig explizite Resonanz (Mt 2,1–12; Gal 4,3.8–10), jedoch stehen Vorstellungen und Spekulationen über himmlische Konstellationen und astronomisch-astrologische Phänomene v. a. in der Offb im Hintergrund.

I. *J. K. Aitken*, Divine Will and Providence, in: *R. Egger-Wenzel* (Hg.), Ben Sira's God, Berlin u. a. 2002, 282–301; *B. Janowski*, Die Tat kehrt zum Täter zurück: ZThK 91 (1994) 245–271; *O. Kaiser*, Die Rezeption der stoischen Providenz bei Ben Sira, in: *ders.*, Zwischen Athen und Jerusalem, Berlin u. a. 2003, 293–303; *R. G. Kratz/H. Spieckermann* (Hg.), Vorsehung, Schicksal und göttliche Macht, Tübingen 2008.

II. *B. J. Malina*, Die Offenbarung des Johannes, Stuttgart 2002; *K. v. Stuckrad*, Frömmigkeit und Wissenschaft, Frankfurt/M. u. a. 1996; *ders.*, Geschichte der Astrologie, München 2003.

Klaus Neumann

Schönheit (S.)

(→ Dachartikel: Weisheit/Gesetz)

I. AT: 1. Die Bibel verwendet verschiedene Ausdrücke zur Bezeichnung von S. (v. a. hebr. *jph/jāfæ/jᵉfī, nʾh/nāwæ, ṭwb/ṭōb* und griech. καλός, ὡραῖος, ἀστειός, εὐπρέπεια). Dabei ist (insbes. im Falle von hebr. *ṭōb* und griech. καλός) die Grenze zwischen sinnlicher S., Brauchbarkeit für einen bestimmten Zweck, sittlicher Qualität, sozialem Ansehen u. ä. fließend. So ist es z. B. häufig nicht klar, ob bei einem als *ṭōb* bezeichnetem Haus seine S. im Blick ist oder seine solide Bauweise, seine Zweckmäßigkeit u. ä.

I. 2. Im AT wird S. meist unreflektiert positiv bewertet; nur gelegentlich finden sich kritische Überlegungen dazu. Als „schön" bezeichnet werden können der Mond (Hld 6,10), ein Land (Sach 9,17) oder eine → Stadt (Jerusalem: Klgl 2,15; → Zion: Ps 48,3; Tirza: Hld 6,4; Tyrus: Ez 27,3f), ein Götzenbild (Jer 10,4), ein Baum (Ez 31,7ff), seine Zweige (Ez 31,3) oder Früchte (Jer 11,16), Kühe (Gen 41,2), die Füße (Jes 52,7), die Wangen, der Hals (Hld 1,10), der Mund (Hld 4,13) oder die Stimme (Ez 33,32) eines Menschen oder der Mensch selbst, wobei etwa doppelt so oft → Frauen als schön bezeichnet werden als Männer (z. B. Sara: Gen 12,11; Rebekka: Gen 24,16; Abigajil: 1 Sam 25,3; Batseba: 2 Sam 11,2; Tamar: 2 Sam 13,1; Ester: Est 2,7; Judit: Jdt 8,7; Joseph: Gen 39,6; Mose: Ex 2,2; Saul: 1 Sam 9,2; David: 1 Sam 16,12; Abschalom: 2 Sam 14,25; Daniel und seine Freunde: Dan 1,4; der Schriftgelehrte Eleasar 2 Makk 6,18; der → König und seine Braut: Ps 45,3.12; der „messianische" König: Jes 33,17). Die Dichtungen des Hld lassen die kulturgesch. Prägung ihres Schönheitsideals unschwer erkennen (z. B. Hld 4,1–7).

Die S. eines Menschen kann andere zu sexuellen Übergriffen verleiten (Gen 39,6ff; 2 Sam 13,1ff). Deshalb mahnen die Weisen dazu, sich nicht von einer schönen Frau verführen zu lassen (Spr 6,25; Sir 9,8; 25,21). Nach Sir 42,12 soll jedenfalls eine unverheiratete Frau ihre S. nicht öffentlich zeigen. Die S. eines Menschen kann auch ihn selbst zum Hochmut und zur → Sünde verleiten (Jes 3,16ff; Ez 16,15; 28,17), so wie der Reichtum eines Mannes die breite Masse dazu veranlassen kann, selbst seine hässlichen Worte noch schön zu finden (Sir

13,22). Sir 11,2 mahnt dazu, einen Menschen nicht nach seiner äußeren S. zu beurteilen. Spr 11,22 stellt der S. (einer Frau) den guten Geschmack, Spr 31,30 die Jhwh-Furcht als (höhere) „innere Werte" gegenüber. Nach 1 Sam 16,7 hat Jhwh bei seiner → Erwählung Davids zum König (trotz V. 12) nicht auf den „äußeren Schein" geachtet, sondern auf das → „Herz". Der → „Gottesknecht" von Jes 52f war nach Jes 53,2f nicht schön. Wenn an diesen Stellen der Wert der S. relativiert wird, ist damit auch ein Ansatzpunkt dafür gegeben, die (nicht nur) im AT weithin unreflektiert vorausgesetzte enge Verbindung von S. mit Erfolg, → Macht, → Weisheit u. ä. kritisch in Frage zu stellen.
Weish 8,2 spricht von der S. der Weisheit. Koh 3,11 und Sir 42,15ff bezeichnen die → Schöpfung Gottes als schön (vgl. bereits Gen 1, bes. 1,31). Nach Weish 13,3 kann aber gerade die S. der Elemente und der → Gestirne zu deren Vergötzung verleiten.
II. NT: Das NT spricht nur selten von S. Das Adjektiv καλός bedeutet fast an allen Stellen eher „gut" als „schön". Als seine Jünger die S. des → Tempels rühmen, kündigt Jesus nach Lk 21,5f dessen Zerstörung an. In Mt 23,27 kritisiert er die Heuchelei der Schriftgelehrten und Pharisäer, die wie weiß getünchte Gräber von außen schön (ὡραίος), aber innen voller Unrat seien (→ Grab). Wie die Blume verwelkt und ihre S. (εὐπρέπεια) vergeht, so wird es nach Jak 1,11 auch den Reichen ergehen. Wo im NT Menschen schön genannt werden, geschieht dies in Aufnahme atl. Aussagen (vgl. Apg 7,20 und Hebr 11,23 [ἀστεῖος] in Bezug auf Mose [Ex 2,2] sowie das Zitat von Jes 52,7 [ὡραίος] in Röm 10,15). „Das Schöne (ὡραίος) Tor" (Apg 3,2.10) scheint ein traditioneller Name für ein Tempeltor gewesen zu sein, auch wenn er andernorts nicht belegt ist.
1 Tim 2,9f und 1 Petr 3,3–6 ermahnen christl. → Frauen (in Übereinstimmung mit dem zeitgenössischen griech.-röm. Ethos), sich ehrbar zu kleiden und auf äußerlichen Schmuck zu verzichten, dem „innere Werte" (→ Herz; → Geist) gegenübergestellt werden. Der Abschnitt 1 Kor 11,4–16, dessen Interpretation in den Einzelheiten umstritten ist, zeigt jedenfalls deutlich, wie kulturgesch. bedingte Schönheitsideale (etwa bzgl. der Haartracht von Männern und Frauen) als naturgegeben betrachtet und rel. überhöht werden können (vgl. Dtn 22,5).
Im Unterschied zum AT zeigt sich das NT durchgängig zurückhaltend gegenüber einer Überbewertung von S. und ihrer Verbindung mit anderen Qualitäten. Andererseits scheint es dem Sinn für die S. der Welt und alles Schöne in ihr kaum einen Wert beizumessen, was mit der Erwartung eines nahen Weltendes (→ Eschatologie; → Parusie) zusammenhängen mag.

I. *M. Augustin*, Der schöne Mensch im Alten Testament und im hellenistischen Judentum, Frankfurt/M. 1983; *J. A. Loader*, Schönheit zwischen Segen und Errettung: ZAW 124 (2012) 163–179.
II. *J. Milbank* u. a., Theological Perspectives on God and Beauty, Harrisburg u. a. 2003.

Thomas Krüger

Schöpfung (S.)

(→ Dachartikel: Gottesvorstellungen)

I. AT: 1. Außer mit dem Verb *br'* („schaffen, hervorbringen"), das ausschließlich Gottes schöpferisches Handeln bezeichnet, kann das Schöpfungshandeln Gottes noch mit verschiedenen anderen Verben aus dem artifiziellen (z. B. *bdl* Hifil „trennen, scheiden", *jsd* „gründen", *jṣr* „bilden, töpfern", *'śh* „machen" u. a.), biologischen (z. B. *jld* „zeugen, gebären") oder performativen Bereich formuliert werden (*'mr* „sagen, sprechen", *dbr* Piel „sagen, sprechen", *ṣwh* Piel „befehlen, gebieten", *qr'* Piel „rufen, nennen").
I. 2. Die Frage nach der S. von Welt (→ Weltbild) und Mensch (→ Anthropologie) umfasst die Frage nach ihrem → Anfang bzw. ihrer Grundlegung (*creatio prima*) und nach der Geltung des Anfangs für alle Folgezeit (*creatio continua*). S. bezeichnet nicht den „hist." Ursprung der Welt, sondern den Anfang und das Ziel der Wege Gottes mit den Geschöpfen (Menschen und Tiere) in der von ihm geschaffenen Wirklichkeit. Nach jüd. und christl. → Glauben ist die S. *der* Ort, an dem der richtende und rettende Gott (→ Gottesvorstellungen) offenbar wird und erfahren werden kann.
Obwohl im AT Schöpfungsaussagen in breiter Streuung begegnen, lassen sich inhaltliche Schwerpunkte in der Urgeschichte, bei DtJes, im

Abb. 58: Die Menschenschöpfung wurde auch in Ägypten recht handwerklich vorgestellt: Der äg. Gott Khnum schafft einen Menschen auf der Töpferscheibe, die er mit seinem Fuß antreibt.
Quelle: *British Museum*, A General Introductory Guide to the Egyptian Collections in the British Museum, London 1930, Abb. 109.

Psalter und in der → Weisheit erkennen. Die *nichtpriesterliche Urgeschichte* (Gen *2,4b-8,22) entfaltet mit ihrem Interesse an der Menschenschöpfung (s. *Abb. 58*), der menschlichen Daseinsgestaltung, der Erkenntnisfähigkeit und → Freiheit des Menschen sowie der → Gerechtigkeit Gottes und der → Sünde des Menschen eine weisheitliche Lehre von Gott, Welt und Mensch. Demgegenüber setzt die *priesterliche Urgeschichte* (Gen *1,1–9,29) die Akzente anders, indem sie die gesamte Welt in ihrer raumzeitlichen → Ordnung als S. Gottes, den Menschen in seiner herrscherlichen Stellung in dieser Welt als „Bild Gottes" (→ Ebenbild) und die uranfängliche Welt von Gen *1–9 als auf das Ziel der Selbstoffenbarung Gottes am Sinai bezogen (Ex *24,15b–40,33) verstehen lehrt. Die Bestimmung des Menschen kommt bes. in seiner Gottebenbildlichkeit zum Ausdruck, die als → „Herrschaft" über die Tiere qualifiziert ist (vgl. Ps 8,7) und nach Gen 9,1b–7 als begrenzte Schreckensherrschaft wieder aufgerichtet wird. Im nachsintflutlichen Äon schließt Jhwh einen → Bund mit den Menschen, der auch die Tiere einschließt (Gen 9,8–17).
Wie die P stellt auch *DtJes* eine schöpfungstheol. Antwort auf die Krisenerfahrung des → Exils dar. Jhwh ist der Schöpfer → Israels (Jes 43,1.7.15.19. 21; 44,1f u. a.), der Schöpfer der Welt (Jes 40,22. 26; 45,18 u. a.) und der Schöpfer von Welt/ Mensch und Israel (Jes 44,24.27f). Die für DtJes charakteristische Korrelation von S. und Einzigkeit Jhwhs zeigt sich nicht zuletzt am Thema S. und Chaos: Als Manifestation des Chaos ist auch die Finsternis von Gott erschaffen (Jes 45,7), und zwar von dem Gott, dem selbst der Großkönig Kyrus untersteht (Jes 45,5f). Eine mehrere Varianten aufweisende Bearbeitung des Themas „Konfrontation von S. und Chaos" begegnet bes. in den *Pss.*: Sie ist als *Kampf* gegen das Chaos (Ps 74,13f; 89,10f, vgl. Jes 51,9f, Ijob 26,12; 40f), als *Triumph* über das Chaos (Ps 93,3f u. a.) oder als *Setzungsakt* gegen das Chaos (Ps 104,5.9, vgl. Jer 5,22; Ijob 38,10f; Spr 8,29 u. a.) stilisiert. Die späte *Weisheitslit.* schließlich geht einen Schritt weiter, indem sie die Weisheit als Schöpfungsmittlerin konzipiert, in der sich Jhwh dem erkennenden Menschen erschließt (Spr 8,22–31, vgl. zum Zusammenhang von Schöpfungsordnung und Weisheit noch Ijob 28 und Sir 24).
I. 3. Die Geschichte des atl. Schöpfungsglaubens nimmt ihren Ausgang in *vorexil. Zeit* bei der Vorstellung vom welterhaltenden Wirken des Königsgottes Jhwh, wie sie sich in Hymnen (Ps 93 u. a.), Klage- und Dankliedern des Einzelnen, der älteren Spruchweisheit (Spr 10ff) sowie der nichtpriesterlichen Anthropogonie (Gen *2–4) niedergeschlagen hat. In *spätvorexil.* und *exil.-nachexil. Zeit* kommen die kosmogonischen Reflexionen (Erschaffung von → Himmel und → Erde) des DtJes, des priesterlichen Schöpfungsberichts (Gen 1,1–2,4a), aber auch einzelner Pss. und Prophetentexte hinzu. In der jüngeren Weisheit der *spätpers.* und *hell. Zeit* werden in Ijob (Theodizeefrage), Spr 1–9 (Weisheit als Schöpfungsmittlerin) und Koh (S. im Horizont des „Schicksals"glaubens; → Schicksal) verschiedene Entwürfe formuliert, die kritische Reaktionen auf die kosmogonischen Ansätze darstellen. Aus dieser Krise führen das Buch Sir (S. und → Tora) wie die → Apokalyptik (Diastase [= Trennung] zwischen dieser und der kommenden Welt) heraus.
II. NT: 1. Die ntl. Schöpfungsaussagen setzen die schöpfungstheol. Aussagen des AT als selbstverständliche Überzeugung voraus: Gott hat die Welt „erschaffen" (vgl. κτίζω und Stammverwandte; ποιέω) und erhält sie fortwährend im Dasein (Röm 4,17; Mk 13,19; Apg 17,22–34; Eph 3,9; Offb 4,11; 10,6; 1 Petr 4,19; vgl. 1 Tim 4,3f). Auf

ihn hin ist die S. ausgerichtet; in ihm vollendet sie sich (1 Kor 8,6; 15,24–28; Röm 11,36; Offb 1,8; 21,1–22,5).

II. 2. Im NT ist eine dualistische Kosmologie, die mitunter für Joh postuliert wurde, nirgends zu finden. Freilich kennt das NT die Unterscheidung zwischen der S. und dem Gott bzw. dem Ev. abgewandten Kosmos. Von Gott als Schöpfer der Welt verkündet das NT endzeitlich-rettendes → Heil in der Sendung → Jesu Christi.

In der Verkündigung Jesu gibt es eine fruchtbare Spannung von S.-Bejahung einerseits (Mt 6,25–34; 11,25; vgl. die S.-Erfahrungen aufnehmenden Gleichnisse, Bild- und Weisheitsworte) und seinem Ruf in die → Nachfolge andererseits (Mk 1,16–20; Mt 8,18–22; vgl. auch die pln. Aussagen zur Indifferenz 1 Kor 7,29–31). Für die Ablehnung der Ehescheidung (Mk 10,6–9; → Ehe) und die Reinheit der Speisen (Mk 7,15) beruft sich → Jesus explizit auf die anfängliche S.-Ordnung als Ausdruck des verbindlichen → Willens Gottes (vgl. ähnlich Mk 2,27). Das heilende Wirken Jesu zielt im Zeichen der nahen → Herrschaft Gottes auf die Befreiung und Heilung aller Geschöpfe von allen versklavenden Mächten (→ Freiheit; → Krankheit). Die Evv. deuten die Machttaten Jesu als Restitution der „guten" S. Gottes (Mk 7,37; vgl. LXX Gen 1,31; Jes 35,5f) und proklamieren die Verkündigung des Ev. an die ganze S. (Mt 28,19; Mk 16,15; vgl. Kol 1,23).

II. 3. In den pln. Briefen finden sich viele Bezugnahmen auf die S., die die S.-Theol. als zentrale Dimension der pln. Theol. zu erkennen geben: Selbstverständlich ist für ihn die Geschöpflichkeit des Menschen (1 Kor 7; 11,9) und die sich daraus ergebende geschlechtliche Identität von Mann und → Frau (die pln. Argumentation in 1 Kor 11,2–16 stimmt nicht mit Gen 1f überein). Im Kontext der universalen → Sünde und Erlösungsbedürfigkeit von Juden und Heiden argumentiert Paulus mit der Möglichkeit der natürlichen Gotteserkenntnis, die durch die Verehrung der S. statt des Schöpfers pervertiert wird (Röm 1,18–32; vgl. Weish 13,1–5). Im Licht der pln. Kreuzestheol. (→ Kreuz) erweist sich dieser → Weg zur Gotteserkenntnis freilich als faktisch begrenzt (vgl. 1 Kor 1,18–31). Ausweislich von Röm 8,19–23 rechnet Paulus mit der zukünftigen → Erlösung der ganzen S., die zur Freiheit der → Kinder Gottes berufen ist, jetzt aber noch „seufzt" und „in Geburtswehen liegt". Mit den frühesten christologischen Bekenntnisaussagen teilt Paulus die Überzeugung von der S.-Mittlerschaft Jesu Christi (1 Kor 8,6; vgl. Joh 1,3.10; Kol 1,15–17; Hebr 1,2f; 11,3), die Vorbilder in der frühjüd. Weisheitsspekulation bzw. in philonischen Logosaussagen hat. Als schon vor der S. bei bzw. in Gott Lebender geht die gesamte S. auf seinen Willen bzw. seine Absicht zurück. Anders als die eher handwerkliche Demiurgenvorstellung, die in der Gnosis reüssiert (vgl. nur die früheste Joh-Auslegung von Heracleon), betonen die ntl. S.-Aussagen das willentliche Moment des Ins-Leben-Rufens. In soteriologischer Perspektive spricht Paulus von der „neuen S." zu der alle diejenigen gehören, die durch ihren → Glauben und ihre → Taufe Anteil an Jesus Christus haben (2 Kor 4,6; 5,17; Gal 6,15). Diesen versteht er als den neuen Adam (1 Kor 15,21f; Röm 5,12–21), der den erlösungsbedürftigen ersten Adam rettet, d. h. den „neuen Menschen schafft" (vgl. Eph 2,10.15; 4,24; Kol 1,15–17; 3,9–11; Jak 1,18; → Tod).

Die Hymnen des Eph (1,3–10) und Kol (1,15–20) entfalten eine die ganze S. umfassende und zusammenschließende, kosmische Christologie. Die bei Paulus deutlich angesprochene eschatologische → Hoffnung auf die Vollendung der S. wird in 2 Petr 3,13 („neuer → Himmel und neue → Erde") und insbes. in Offb 20f (die Erwartung des „neuen Jerusalems"), den beiden letzten Kapiteln der christl. Bibel, in großartigen Hoffnungsbildern entfaltet, die zeigen, dass in der eschatologischen Vollendung der S. Gottes Schöpferwirken zum Ziel kommt.

I. *B. Janowski*, Die Welt des Anfangs, in: *ders.* u. a. (Hg.), Schöpfungsglaube vor der Herausforderung des Kreationismus, Neukirchen-Vluyn 2010, 27–53; *ders.*, Schöpfung, Flut und Noahbund: HeBAI 1 (2012) 502–521; *O. Keel/S. Schroer*, Schöpfung, Göttingen [2]2008; *K. Löning/E. Zenger*, Als Anfang schuf Gott, Düsseldorf 1997; Welt und Umwelt der Bibel 4 (1996).

II. *I. Baldermann* (Hg.), Schöpfung und Neuschöpfung, Neukirchen-Vluyn 1990; *P. Dschulnigg*, Schöpfung im Licht des Neuen Testaments: FZPhTh 40 (1993) 125–145; *M. Evang* (Hg.), Eschatologie und Schöpfung, Berlin 1997; *U. Mell*, Neue Schöpfung, Berlin 1989.

Bernd Janowski (AT) / Klaus Scholtissek (NT)

Schreiben / Schrift (S.)

(→ Dachartikel: Schrift/Schriftverständnis)

Vorbemerkung: Da es im Folgenden um grundsätzliche Aspekte geht, wird im Artikel nicht zwischen AT und NT unterschieden.

I. Um den Schreibvorgang zu bezeichnen, benutzt das AT das Verb *ktb* und für offizielle Vorgänge auch *šṭr*, für das Schriftstück *k*^{e}*tāb*, *s*^{e}*fār* oder *sifrā*; für den Schreiber wird im Hebr. meist eine Beamtenbezeichnung wie *sōfēr*, *sōfœrœt* oder *ṭifsār* benutzt. Im NT steht γράφω, καταγράφω und ἐπιστέλλω für das Schreiben, γραφή oder γράμμα für das Geschriebene.

II. Judentum wie Christentum (anders der Islam) sind keine genuinen Schriftrel. Jesus schrieb nichts. Vor jeder Verschriftlichung ging in → Israel und in der frühen → Kirche eine Phase mündlicher Verkündigung voraus (→ Evangelium). Die Schriftwerdung hat je nach lit. Gattung zu verschiedenen Zeiten eingesetzt. Umstritten ist etwa, wann Prophetensprüche, Sagen der Ur- und Vorgeschichte, Lieder, Weisheitsworte fixiert wurden. Dagegen sind etwa die pln. Briefe als genuine Schrifttexte unstrittig, enthalten jedoch ältere, wohl auch mündliche Traditionen (zu jüd. Bekenntnisformeln vgl. etwa Röm 3,30; 4,17, zu christl. etwa 1 Kor 15,3–5). Alle ntl. Texte sind traditionsgesättigt (→ Tradition). Abgesehen von den Briefen haben alle anderen einen Prozess der mündlichen Weitergabe durchlaufen.

Angesichts der Vielzahl der lit. Gattungen ist die Lage im AT komplizierter. Die Rezeption von Tradition/en mündlicher und schriftlicher Art kann durchgehend vorausgesetzt werden. Schriften, aus denen als Quelle zitiert wird, werden in Num 21,14; Jos 10,13; 2 Sam 1,18; 1 Kön 11,41; 14,19.29 eigens genannt. An anderen Stellen werden „Bücher“ vorausgesetzt. So in Gen 5,1 ein „Buch der Geschlechterfolge Adams“, in Ex 24,7; 2 Kön 23,2.21 das „Buch des Bundes“, in Dtn 28,61; 29,20; Jos 1,8; 8,34; 2 Kön 22,8.11 „das Buch des Gesetzes/der → Weisung“, in Jos 8,31; 23,6; 2 Kön 14,6; 2 Chr 25,4 „das Buch des Gesetzes des Mose“ und in Esra 6,18; Neh 3,11; 2 Chr 35,12 „das Buch des Mose“ sowie das Buch der Geschichte Salomos (1 Kön 11,41) und das sehr häufig erwähnte Buch der Könige (1 Kön 14,19.29; 15,1; 22,39; 2 Kön 10,34; 1 Chr 9,1; 2 Chr 16,11; 20,34 u. a.).

Diese Hinweise deuten auf die dogmatische Funktion der Schriften/Bücher hin (→ Normativität; → Tora): Die Fokussierung auf den Sinai und Mose ist unübersehbar. Doch geht die theol. Deutung noch tiefer: Zwar „schreibt“ als erster Mose am Sinai „alle Worte des Herrn auf“ (Ex 24,4), doch „die Schrift, die auf den Gesetzestafeln eingeschrieben war, war Gottes Schrift“, denn „die Tafeln hatte Gott selbst gemacht“ (Ex 32,16; ähnlich in Ex 31,18; 34,1; Dtn 5,22; → Dekalog) – formuliert wohl analog zur Herkunft der Hieroglyphen in Ägypten vom Gott Thot. Die Schriften Israels haben vom Ursprung her ihre theol. Würde als Offenbarungs-Schriften (→ Offenbarung). Sie galten – auch für die ntl. Schreiber – als inspiriert, sie waren heilige Schriften. Verstärkt wird diese theol. Dignität im Jahre 622 v. Chr. bei der Reform des Joschija durch den Fund eines „Tora-Buches im Haus des Herrn“ (2 Kön 22,8) bzw. eines „Bundesbuches im Hause des Herrn“ (2 Kön 23,2), d. h. im Jerusalemer → Tempel. Der → König soll eine „Zweitschrift“ haben (Dtn 17,18). Ähnlich sichert der Prophet Jeremia seine Botschaft durch eine Abschrift (Jer 36,28.32). Die Überlieferung soll durch Verschriftlichung kodifiziert werden und so theol. Autorität erhalten. Dadurch entsteht auf Dauer rel., kultische und nationale Identität (Jer 30,8: „Zeugnis für künftige Zeiten“). Jüngere Schriften (Weish, Sir) sind außerdem apologetisch in Auseinandersetzung mit griech. Philos.

III. Geschrieben wurde auf „Rollen“ (*Abb. 59*), die auch „Bücher“ genannt wurden (2 Kön 22,8.10; Jer 36; 2 Chr 34,8–28 u. a.; vgl. auch Lk 4,17.20), in der Regel auf Papyrus (nach dem Haupthandelsplatz Byblos nannten die Griechen die Buchrolle βιβλίον, „Buch“; vgl. Bibel), aber auch (ab ca. 200 v. Chr.) auf Pergament sowie auf wachsbeschichteten Holztäfelchen (Lk 1,63), auf Tonscherben, bei Staatsverträgen sogar auf Bronzetafeln (1 Makk 8,22), Weihe- und Repräsentationsinschriften wurden in Stein gemeißelt. Vom 2. Jh. v. Chr. an ist auch der beidseitig beschreibbare Kodex mit übereinander liegenden Papyrusblättern belegt, der ab dem 4. Jh. n. Chr. durch Pergament ersetzt wurde.

Den berufsmäßigen Schreiber gab es auch noch in

ntl. Zeit (vgl. Röm 16,22; 1 Petr 5,12; vgl. Jer 36,4.18; Ez 9,2f.11). Wie früh und wieweit verbreitet Schreiberschulen existierten (in Jerusalem vermutlich ab dem 8.–6. Jh. v. Chr.), wann sie aus polit. Kalkül, wann aus Kreisen der Prophetenschüler oder von Weisheitslehrern (vgl. Sir 49,10; 51,23.29) entstanden, welche Motive Ursache der Verschriftlichung waren (polit. Katastrophen, → Tod des → Propheten bzw. Lehrers), ist im Einzelnen umstritten. Die Verpflichtung auf einen fixierten Text der Tora – fälschlich „Kanonformel" genannt, besser Fixierformel oder Textsicherungsformel (Dtn 4,2; 5,32; 13,1; 17,20; 28,14; Jos 1,7) – setzt ein intensives Bemühen um Textsicherung, aber auch wohl verschiedene Abschriften voraus. Die Bibliotheken im äg. Alexandrien und in Qumran lassen für Jerusalem Ähnliches vermuten (vgl. 2 Makk 2,13ff), wofür auch Hinweise auf Bücher in Privatbesitz sprechen (Esra 7,14; 1 Makk 1,56ff; 2 Makk 4,14; Koh 12,12; für Paulus vgl. 2 Tim 4,13). Auf jeden Fall konnten die ntl. Schreiber auf eine in Rollen und Büchern fixierte schriftliche jüd. Überlieferung zurückgreifen, auch wenn diese noch nicht kanonisiert (→ Kanon) und textlich fixiert war (zur Mehrspurigkeit der Textüberlieferung vgl. den Befund in Qumran).

IV. Zur Entwicklung der S.: Ab 3500 v. Chr. entwickelten die Sumerer, etwas später die Ägypter, die Keil- bzw. Hieroglyphen-S. Als Wort- und Silben-S. kannte man in der klassischen Zeit etwa 700 verschiedene Zeichen. Wirklich vereinfacht wurde die S. durch die Erfindung der alphabetischen Buchstaben-S. mit nur 22 – 30 Zeichen. Jedem Buchstaben entsprach ein Lautwert. Während die Semiten nur die Konsonanten schrieben, fügten die Griechen ca. 850 v. Chr. Vokalzeichen hinzu. Dies ist im semantischen Bereich eine entscheidende Verdeutlichung. Älteste Belege der Alphabet-S. stammen um 1400 v. Chr. aus Ugarit (über 1000 Tafeln). Älteste Belege in Althebr., das sich aus der phön.-kanaan. S. entwickelte, dürften der sog. Kalender aus Geser, in dem landwirtschaftliche Arbeiten nach Monaten geordnet aufgeführt werden, aus dem 10. Jh. v. Chr. sein, sowie eine 2008 entdeckte Inschrift auf einer Tonscherbe aus Khirbet Qeiyafa mit einem Sozialgesetz für Ausländer, Witwen und Waisen in Israel Ab dem 6. Jh. v. Chr. wird die hebr. durch die aram. S. verdrängt, aus der sich wieder-

Abb. 59: Ein äg. Weiser studiert unter dem Schutz des Schreibergottes Thot dessen Schriften.
Quelle: *O. Keel,* Bildsymbolik, Abb. 478a.

um die sog. Quadrat-S. bzw. syr. S. entwickelte, die zur Zeit des NT die übliche war (vgl. den Hinweis in Mt 5,18 auf das Jota als kleinsten Buchstaben, was nur für die Quadratschrift zutrifft). Über den Umfang an Schreib- und Lesefähigkeit in atl. Zeit ist wenig bekannt. Nach Ri 8,14 kann ein Junge 77 Namen der Oberen und Ältesten von Sukkot aufschreiben (zu einer ähnlichen Begabung vgl. Jes 10,19). Jedoch ist an der Existenz von Schulen (→ Erziehung) schon im 3. Jt. v. Chr. in Mesopotamien und Ägypten sowie in Israel in der Königszeit nicht zu zweifeln (vgl. Jes 28,7–13; 1 Kön 12,8.10; 2 Kön 6,1ff; 12,3).

H. J. Fabry, Der Text und seine Geschichte, in: *C. Frevel* (Hg.), Einleitung in das Alte Testament, Stuttgart ^{8}2012, 37–66; *H. Graf Reventlow,* Epochen der Bibelauslegung 1, München 1990.

Hubert Frankemölle

Seele (S.)

(→ Dachartikel: Soteriologie)

Vorbemerkung: Unter S. wird üblicherweise eine dem Menschen spezifische, geistige, unsterbliche Substanz verstanden, womit dann in der Regel eine Wertung verbunden ist: Die S. des Menschen ist sein Eigentliches, wertvoller als der vergängliche Leib. Ein solcher S.-Begriff ist den bibl. Texten weitgehend fremd.

I. AT: 1. Das Wort *næfæš*, oft als S. übersetzt, kann das menschliche Subjekt als Ganzes oder die Lebensfunktion bezeichnen (→ Leben). Das gilt z. T. auch für bestimmte Körperteile wie → Herz, Nieren, Hände, Augen usw. Wenn es um die Lebensfunktion geht, kommt auch die *rūaḥ* („Atem") ins Spiel (→ Körper). Durch die Beatmung wird der Mensch von Jhwh als Schöpfer und Lebensspender zu einem lebendigen Wesen (*næfæš ḥajjā*) gemacht (Gen 2,7), wie auch die Tiere Lebewesen sind (Gen 1,20; 2,19 u. a.). Wie sehr sich der Begriff *næfæš* gegen die Gleichsetzung mit S. sperrt, zeigt sich daran, dass auch ein Leichnam als *næfæš* bezeichnet wird (Num 6,6).

I. 2. Das menschliche Leben nach dem → Tod ist in den älteren Schichten des AT keine Fortexistenz der S. Eine Gegenüberstellung von vergänglichem Leib und unvergänglicher S. fehlt. Die Vorstellung ist offensichtlich die, dass sich eine Art Schatten bildet, wenn der Körper zerfällt. Dieser Schattendoppelgänger existiert in der → Unterwelt als Machtwesen (*ᵓᵆlōhīm*; vgl. 1 Sam 28,13). Die Verehrung dieser Machtwesen im Rahmen des Ahnenkults (→ Ahnen) wird von der Allein-Jhwh-Bewegung ab dem 7. Jh. v. Chr. bekämpft, aber wohl kaum beseitigt. In späten atl. Texten sind andere Modelle feststellbar. So äußert der Beter in Ps 49,16 die → Hoffnung, dass Gott seine *næfæš* aus dem Totenhaus befreien und zu sich, also in den himmlischen Bereich, aufnehmen wird. Wenn *næfæš* hier S. meint, dann liegt eine Vorstufe der S.-Konzeption vor, wie sie im Hellenismus populär wurde. Falls *næfæš* aber einfach das postmortale Ich des Menschen (wie in Ps 73,24f?) meint, handelt es sich eher um eine Variante der Entrückungsvorstellung (→ Entrückung). Eindeutig belegt ist die S.-Vorstellung im späten Weisheitsbuch (1. Jh. v. Chr.). Hier dokumentiert sich der Einfluss populärer hell. Philos., in der die Unsterblichkeit der S. aus dem Transzendenzbezug, der den Menschen vom Tier unterscheide, erschlossen wird. Der Mensch müsse in seiner S. θεῖον πνεῦμα haben. Aus diesem göttlichen → Geist folge die Unsterblichkeit der S. Das Weisheitsbuch rezipiert solche Vorstellungen hell. → Anthropologie. So wird der Leib als Last für die S. verstanden (Weish 9,15) und sogar die Konzeption der Präexistenz der S. wird aufgegriffen. Allerdings kombiniert Weish die S.-Konzeption mit der → Eschatologie: Der paradiesische Urzustand der Unsterblichkeit der S. ist durch den Sündenfall verloren gegangen. Unsterblichkeit ist also die eschatologische Gabe Gottes. Nur „die S. der Gerechten", nicht die der Frevler, sind in „Gottes Hand" (Weish 3,1). Die Gerechten werden hinweggenommen aus der bösen Welt (Weish 4,10–14), damit ihre S. nicht verdorben wird. Entrückung/Himmelfahrt sind hier als individuelle Erhöhung der Gerechten unmittelbar nach dem Tod aufgefasst und mit dem Konzept der Unsterblichkeit der S. verbunden. Die erhöhten Gerechten werden im → Himmel als engelsgleiche Gotteskinder eingesetzt (Weish 5,5), mit → Schönheit gekrönt (Weish 5,16) und leben in → Ewigkeit. Wenn allerdings davon die Rede ist, dass die Gerechten im → End-Gericht an der göttlichen Herrscher- und Richterfunktion partizipieren (Weish 3,8), dann zeigt sich, dass die Perspektive endzeitlicher Vollendung nicht ganz aufgegeben wird. Der jüd. Theologe Philo sieht die naturgemäße Unsterblichkeit ebenfalls als verloren an. Aber die S. der Weisen, die danach streben, „dem körperlichen Leben abzusterben", erlangen „das unkörperliche und unvergängliche Leben" bei Gott, dem „Ewigen und Unvergänglichen" (Philo gig. 14). Flavius Josephus (1. Jh. n. Chr.) behauptet, auch die Essener lehrten ein jenseitiges Leben der guten S.

II. NT: 1. Meist wird ψυχή nicht in der Bedeutung S. verwendet, sondern kann wie das hebr. *næfæš* → Leben, → Geist, → Herz, Gemüt, Sinn oder die personale Identität meinen.

II. 2. Griech. → Anthropologie und mit ihr die Leib-S.-Unterscheidung sind den ntl. Texten aber bekannt. Das zeigt sich eindeutig in 1 Petr 2,11 (vgl. auch Lk 8,55; → Entrückung). Ein früherer Beleg ist die Mahnung zur Furchtlosigkeit Mt 10,28par., die von der S. spricht als etwas, was Menschen nicht töten können. Gleichzeitig wird die Wirksamkeit älterer Konzeptionen deutlich, wenn davon die Rede ist, dass Gott den ganzen Menschen mit Leib und S. in die *Gehenna* (→ Unterwelt) werfen kann. Das ebenfalls aus Q stammende Verbot des Sorgens Mt 6,25par. lässt sich ganz aus bibl. Tradition verstehen. Wenn nämlich gesagt wird, dass die S. mehr ist als die Nahrung, die sie braucht, dann ist klar, dass ψυχή hier das Leben bzw. die Lebenskraft bezeichnet. Generell lässt sich sagen, dass sich die Rezeption der S.-Konzeption meist als Integration in eschatologische Denkmuster vollzieht (Paulus, Lk und Offb). Die Entrückung der S. zu Gott leitet einen Zwischenzustand ein, welcher der → Auferstehung der Toten vorausgeht. Dann erfährt der ganze Mensch die endgültige Vollendung. Offb 21,8 rechnet auch mit der Möglichkeit des „zweiten → Todes". Die Frevler werden radikal vernichtet, wenn auch ihre S. stirbt.

I. Die Seele: Bibel heute 48 (2012); *M. Görg*, *ʾḥ* „Seele" im biblischen und nichtbiblischen Hebräisch: BN 63 (1992) 19–25; *B. Janoswki*, Die lebendige næpæš, in: *ders./C. Schwöbel* (Hg.), Gott – Seele – Welt, Neukirchen-Vluyn 2013, 12–43; *M. Rösel*, Von der Kehle zur Seele: Bibel und Kirche 67 (2012) 30–35; *M. Witte*, „Aber Gott wird meine Seele erlösen": VT 50 (2000) 540–560.

II. *O. Cullmann*, Unsterblichkeit der Seele oder Auferstehung der Toten?, Stuttgart [2]1988.

Joachim Kügler

Segen / Fluch (S./F.)

(→ Dachartikel: Gottesvorstellungen)

I. AT: 1. Zum Wortfeld von S. gehören im AT das Substantiv *b*ᵉ*rākā* (Grundbedeutung: „[heilschaffende] Kraft") und die Verbalwurzel *brk*, von der die sog. *bārūk*-Formel („gesegnet, gepriesen sei/ist") abgeleitet ist, die den Zustand des S. bzw. des Gesegnet-Seins bezeichnet (in 63 von 71 Fällen formelhaft gebraucht: 38-mal auf Gott, 25-mal auf Menschen bezogen). In semantische Nähe zum S. gehört die Seligpreisung *ʾašrē* „wohl, glücklich" (Ps 72,17 u. a.), aber auch der Lobruf *hal*ᵉ*lū(-)jāh* „lobt Jah!" (Ps 106,48; 148,1–5.7.14; 150 u. a.) und das Jawort *ʾāmēn* „wahrlich" (im Psalter nur in den Schlußdoxologien Ps 41,14; 72,19; 89,53; 106,48), das als Sprechakt der Anerkennung bzw. des Ja-Sagens zum Ausdruck des → Glaubens wird. Ikonographisch konkretisiert sich der S. in der erhobenen rechten Hand einer Gottheit, die ihren Beter grüßt und segnet (s. *Abb. 30*). Das Wortfeld des F. umfasst die Verbalwurzeln *ʾrr*, *qll* Piel/Pual u. a sowie die Substantive *ʾālā* (Dtn 29,19, Antithese zum S.), *m*ᵉʾ*ērā* (Mal 2,2, Antithese zum S.), *q*ᵉ*lālā* (Gen 27,12, Antithese zum S.) u. a. Die *ʾārūr*-Formel („verflucht sei/ist") drückt den Sprechakt der Verwünschung und den der Feststellung des F. aus (vgl. die Reihe in Dtn 27,15–26). S. und F. sind zum einen performative Sprechakte und zum anderen die/das darin zum Ausdruck kommende Gabe oder Geschick. Subjekt im Sprechakt des S. oder F. ist Gott oder ein Mensch. Dabei kann das als Wunsch oder Befehl (Jussiv: Num 6,25f u. a., Imperativ: Gen 1,22.28 u. a.) vollzogene Handeln nicht ungeschehen gemacht werden. Beides, die Segensgabe wie das Fluchgeschick, kommen von Gott, der die Wirklichkeit bestimmt und die Geschicke lenkt (Num 22,12; Dtn 23,5; 2 Sam 16,10f u. a.). Im Unterschied zum S. bedarf der F. einer Begründung oder Bedingung, die menschliches Fehlverhalten markiert.

I. 2. Als eine bes. Form der Sozialkontrolle disqualifiziert der F. gemeinschaftsschädigendes Verhalten wie die Verfluchung der Eltern (Ex 21,17; Lev 20,9; Spr 20,20), des → Königs (2 Sam 16,5–13 u. a.) oder Gottes (Lev 24,11ff u. a.). Entsprechend suchen sozial Schwache im F. Schutz gegen Unrecht, und artikulieren die *personae miserae* in den sog. Fluchpss. ihren Schrei nach → Gerechtigkeit in einer Welt voller Ungerechtigkeit (Ps 58,4–12; 59,13f; 109,17f.28 u. a.). Bes. theol. Gewicht haben im Kontext der nichtpriesterlichen Urgeschichte die Fluchworte gegen die Schlange (Gen 3,14), den Erdboden (Gen 3,17, vgl. 5,29) und Kain (Gen 4,11) sowie gegen denjenigen, der den Segensträger (!) Abraham (Gen 12,3) oder den → Bund bricht (Jer 11,3). Rechtlich bedeutsam ist schließlich der Akt der Selbstverfluchung, der zum einen die Vertragsverpflichtung ratifiziert (Gen 26,28–31; Dtn 29,10–15; Ez 16,59 u. a.) und zum anderen als Prozessmittel beim Reinigungseid (1 Kön 8,31) oder Ordal (Num 5,12–28) dient.

I. 3. Entsprechend seiner positiven Grundbedeutung besteht der S. in langem → Leben, Fruchtbarkeit von Mensch und Tier, Wohlstand und Macht (vgl. Ex 23,25–27; Dtn 15,4–6 u. a.). Der S. kann zwar von Menschen über Menschen ausgesprochen werden – von → Priestern (Gen 14,19), Königen (2 Sam 6,18), Eltern (Gen 31,55), → Propheten (Num 23,11.20.25), dem → Volk → Israel (Dtn 27,12) u. a. –, dennoch kommt er letztlich von Gott: Dieser segnet die Tiere (Vögel und Wassertiere Gen 1,22), die Menschen (Gen 1,28, vgl. 5,2), den → Sabbat (Gen 2,3, vgl. Ex 20,11), die Erzeltern (Gen 24,1 u. a.), das Volk Israel (Lev 25,21 u. a.), den König (Ps 45,3), den Gerechten (Ps 5,13) und den Gottesfürchtigen (Ps 115,13). In liturgisch dichter Sprache werden die Hauptaspekte des bibl. S. – Bewahrung, Begnadigung, Befriedung – in Num 6,22–27 gebündelt.

II. NT: 1. *Segen.* Die ntl. Verwendung von S. (εὐλογία) bzw. „segnen" (εὐλογέω, wörtlich „gut reden", „preisen/rühmen"; vgl. Lk 1,64) ist über die LXX vom atl. S.-Verständnis bestimmt. Neben dem menschlichen (Lk 2,34) bzw. familiären (Hebr 11,20f) Abschiedssegen reflektiert das NT auf den S. Melchisedeks (Hebr 7,1.6f) und die S.-Verheißung Gottes an Abraham (Apg 3,25f [Gen 12,3 u. a.]; Hebr 6,14 [Gen 22,17]), die Paulus im Sinne der Glaubensgerechtigkeit interpretiert (Gal 3,9.14; vgl. 3,6–29; Röm 4). Ursprung und Spender des S. ist immer Gott (Mt 25,34; Eph 1,3; Hebr 6,7; vgl. die *passiva divina* in Lk 1,49; Mk 11,9f), der S. vermittelnde → Boten in seinen Dienst nehmen kann (Röm 15,29). Zentrale Bedeutung kommt dem S. Jesu zu: Im Widerspruch zu seiner Umgebung segnet er in demonstrativer Weise die → Kinder, die dem Reich Gottes nahe sind (Mk 10,13–16). Nach jüd. Vorbild spricht Jesus das S.-Gebet *Beraka* über die Speisen (Mk 6,41; 8,7; 14,22; Lk 24,30; vgl. 1 Kor 10,16; im Kontext des Herrenmahls tritt wiederholt εὐχαριστέω an die Stelle von εὐλογέω, ohne letzteres zu verdrängen). Als Auferstandener segnet er die Seinen vor seiner Himmelfahrt (Lk 24,50f). In der → Nachfolge Jesu gilt sein Auftrag, in seinem → Namen selbst die → Feinde zu segnen statt ihnen zu vergelten (Lk 6,28 [vgl. Ex 23,4f u. a.]; vgl. Röm 12,14; 1 Kor 4,12; 1 Petr 3,9).

Eph 1,3 fasst das den Glaubenden zuteil gewordene → Heil segenstheol. zusammen: In ihrem Loblied „preisen" die Christen Gott für den „geistl. S." (εὐλογία πνευματική), mit dem er sie in Christus gesegnet hat.

II. 2. *Fluch.* Der Gegensatz zum S. ist ausweislich von Gen 27,12.29; Dtn 30,19 u. a. der F. (κατάρα und Stammverwandte; vgl. die Gegenüberstellungen in Röm 12,14; Jak 3,9f; Hebr 6,7f [vgl. Gen 3,17]), der für die von Gott bzw. Jesus selbst gewirkte Gottesferne stehen kann (Mt 25,41; 2 Petr 2,14). Als ein prophetisches Strafwunder ist die Verfluchung des blattlosen Feigenbaums zu verstehen, das Mk durch eine Ringkomposition sinnbildlich auf den fehlenden → Glauben im Jerusalemer → Tempel bezieht (Mk 11,12–14.15–19.20–25). Innerhalb seiner polemischen Argumentation zur → Rechtfertigung aus Glauben spricht Paulus zugespitzt vom „F. des Gesetzes", d. h. dem Verfallensein unter das Zorngericht Gottes (Gal 3,10.13; vgl. Lev 18,5; Dtn 27,15–26, bes. V. 26). Hier deutet er den stellvertretenden Sühnetod Jesu in einer spannungsvollen Dialektik von F. und S.: Damit auch die Heiden teilhaben am S. Abrahams, hat Jesus sich selbst am → Kreuz zum F. gemacht, d. h. das Gericht Gottes auf sich gezogen (vgl. Dtn 21,23; vgl. 2 Kor 5,21), um Juden (und Heiden) vom „F. des Gesetzes freizukaufen". In Gal 1,8f greift Paulus in angeschärfter Kontroverse zum Mittel der Verfluchung (ἀνάθεμα ἔστω) aller, die ein „anderes Ev." vertreten (vgl. die entgegengesetzte Perspektive in Joh 7,49: ἐπάρατος). Von einer eidlichen Selbstverfluchung handeln Mk 14,71; Röm 9,3 (F. als Christusferne) und Apg 23,12.14.21.

I. *M. Leuenberger,* Segen und Segenstheologien im alten Israel, Zürich 2008; *H.-P. Müller,* Segen im Alten Testament: ZThK 87 (1990) 1–32; *W. Schottroff,* Der altisraelitische Fluchspruch, Neukirchen-Vluyn 1969, 178–198; *K. Seybold,* Der Segen und andere liturgische Worte aus der hebräischen Bibel, Zürich 2004.

II. *M.-L. Gubler,* Segen und Fluch in der Bibel: Diak. 33 (2002) 11–17; *U. Heckel,* Der Segen im Neuen Testament, Tübingen 2002; *A. Obermann,* An Gottes Segen ist allen gelegen, Neukirchen-Vluyn 1998.

Bernd Janowski (AT) / Klaus Scholtissek (NT)

Selbsttötung (S.)

(Dachartikel: → Ethik)

Vorbemerkung: Die bibl. Texte sind gegenüber der S. indifferent (→ Tod). Eine Wertung wird weder in positiver noch negativer Hinsicht explizit ausgesprochen. Daher finden sich auch ausschließlich narrative Bezeugungen der S. AT und NT beteiligen sich nicht an den Diskursen über die S., wie sie im röm.-griech. Kulturkreis geführt wurden. Allerdings lassen atl. Texte aus hell. Zeit eine Beeinflussung möglich erscheinen.

I. AT: Die im AT berichteten S. sind in ihrer Mehrzahl im militärisch-höfischen Milieu angesiedelt und ereignen sich als Reaktion auf ausweglose Situationen; so tötet sich Saul angesichts der Niederlage selbst, sein Waffenträger folgt ihm darin, ohne dass der Text einen Grund nennt (1 Sam 31,3–6; vgl. den Tod des Abimelech, Ri 9,54). Der Kommentar in 1 Chr 10,13–14 erklärt den Tod, nicht aber die Art des Sterbens, als Folge der Verfehlungen Sauls. Aufgrund des Scheiterns seiner polit. Pläne erhängt sich Ahitofel (2 Sam 17,23). Die Notiz, dass er im → Grab seines Vaters beigesetzt wurde, lässt erkennen, dass die S. nicht als ehrmindernd angesehen wurde. Der Usurpator Simri inszeniert seine S. als Selbstverbrennung (1 Kön 16,18). Der Kommentar zu seinem Tod ähnelt dem zu Saul. Eine Ausnahme bildet der Tod Simsons, der sich selbst tötet, um die → Feinde Israels mit in den Tod zu reißen (Ri 16,30). Auch hier ist die Notiz des ehrenvollen Begräbnisses von Bedeutung. Die S. Simsons wird in keiner Weise kritisiert, sondern im Rahmen seines Richteramtes (→ Amt) gedeutet. Theol. gesch. ist Ri 16,30 bedeutsam geworden hinsichtlich der typologischen Deutung auf den Tod Jesu. Die letztlich erfolglose militärische Aktion des Eleasar Awaran (1 Makk 6,44) wird als „Hingabe zur Rettung des Volkes“ gedeutet. Die S. wird in Parallele zu hell. Ehrenvorstellungen überhöht (→ Ehre). Wegen dieser begeht auch Ptolemaios Makron, ein seleuk. Beamter, S. durch Gift. (2 Makk 10,13) Eine positive Akzentuierung nimmt der Text bei der S. des Rasi, einem der Jerusalemer Ältesten, der den Ehrennamen „Vater der Juden“ trägt, vor (2 Makk 14,37–46). Die hochdramatische Erzählung der S., die Elemente der Märtyrerberichte enthält, verbindet ein ehrenvolles Sterben mit dem Bekenntnis zu dem einen Gott (→ Monotheismus) und verleiht ihr damit einen exemplarischen Charakter.

II. NT: Die S. des Judas nach Mt 27,5 kann im Kontext als Verzweiflungstat der Reue gelesen werden. Die Ambivalenz, mit der die S. in den Texten betrachtet wird, setzt sich in der Rezeptionsgesch. fort. Eine theol. Durchdringung der Thematik der S. findet erst in kulturellen Kontexten statt, in denen die S. als eine ehrenvolle und legitime Entscheidung verbreiteter waren, als es zumindest die bibl. Texte nahelegen.

I. *J. Dietrich*, Der Tod von eigener Hand im Alten Testament und Alten Orient, in: *A. Berlejung/B. Janowski* (Hg.), Tod und Jenseits im Alten Israel und in seiner Umwelt, Tübingen 2009, 177–198; *V. Lenzen*, Selbsttötung in der Bibel: BiKi 47 (1992) 87–93.

Rainer Kampling

Sexualität (S.)

(→ Dachartikel: Anthropologie)

I. AT: 1. Eine zweckfreie, selbstbestimmte, partnerschaftliche und auf eine gleichwertige Person als Gegenüber gerichtete S. wird in beiden Testamenten als positiv, kreativ, bereichernd und lebensförderlich angesehen und gehört für die Bibel zu den Grundkonstituenten des Menschseins (Gen 2,18–25). So gehört z. B. der Beischlaf zusammen mit Kleidung und Nahrung zu den Grundrechten, die einer Nebenfrau (und in der Rechtslogik damit analog auch der Ehefrau) nicht entzogen werden dürfen (Ex 21,10). S. wird dabei weder auf den Geschlechtsakt reduziert noch vollständig reglementiert, vom → Sozialstatus abhängig gemacht oder (abgesehen von Inzest s. u.) auf bestimmte Personenkreise und Konstellationen eingeschränkt. Zur S., für die es weder im AT noch im NT einen äquivalenten Begriff gibt, gehört vielmehr der ganze Bereich der Erotik von dem begehrenden Verlangen über die zärtliche Umarmung und den Kuss bis hin zur erotischen Ausstrahlung und leidenschaftlichen, geschlechtlichen → Liebe (s. *Abb. 60*). All das wird weder für die weibliche noch die männliche S. ausgeklammert. Die S. gehört zum Menschsein und die Bibel ist weder leib- noch sexualfeindlich. Sexualkontakte werden nicht negativ bewertet und machen als solche auch nicht unrein. In kultischer Hinsicht gibt es lediglich eine Distanz gegenüber ausgetretenen Körperflüssigkeiten: Vorzeitig oder ungewollt austretender Samen macht ebenso unrein, d. h. kultunfähig wie der Beischlaf mit einer → Frau während der Regel (Lev 15,16–18.24.32f; 22,4; Dtn 23,11; → Reinheit).

I. 2. Insgesamt ist ein Grundgefälle zu beachten, das die gesamte bibl. Tradition bestimmt. Die S. von Frauen ist – was für patriarchale Gesellschaften typisch ist – deutlich stärker reglementiert als die der Männer. So kommt beispielsweise dem

Abb. 60: Bleifigürchen aus dem Palast des Tiglatpileser I. in Assur, 13. Jh. v. Chr. (Berlin).
Quelle: *O. Keel*, Geschichte, Abb. 386.

ersten Sexualkontakt einer Frau (nicht des Mannes) und dem für die Eheschließung (→ Ehe) vorausgesetzten Unberührt-Sein der Verlobten große Bedeutung zu (Dtn 22,14f; Ex 22,15). Die S. wird in der Bibel überwiegend vom Mann und seinen Ansprüchen aus definiert. Sowohl das Recht wie narrative Passagen weisen Frauen häufig passive Handlungsmuster zu und enthalten ihr die Gleichwertigkeit und häufig auch den Subjektstatus vor. Frauen scheinen in Erzählungen verfügbare Sexualobjekte zu sein (Ri 19,24; 2 Sam 13,11.14), Eigeninitiative wird eher negativ gewertet (Gen 39,10–16; Sir 26,9–12) oder bitter bestraft (Gen 34,1; Ri 11,34). So kann beispielsweise der Mann nur die fremde Ehe brechen, wenn er außereheliche Geschlechtskontakte hat, die Frau hingegen bricht immer auch die eigene Ehe. Eheliche Treue gilt als hoher Wert (Gen 12,10–20; 39,9f; Spr 5,18f; Koh 9,9; Sir 7,26; 23,22–26 u. a. bis hin zu dem problematischen Verdachtsritual Num 5,11–31) und Ehebruch wird ausgesprochen hart sanktioniert (Ex 20,14; Lev 20,10; Dtn 22,22–24; Spr 6,24–26.32, vgl. Ijob 31,9f), wobei schon das Begehren einer Verheirateten mit den Augen nach Sir 41,17 als moralisch verwerflich gilt (vgl. Sir 9,8f).

I. 3. Die Ehe ist bevorzugter, aber nicht ausschließlicher Ort der S. und die eheliche S. zielt – wenn auch nicht exklusiv (z. B. Gen 29,20.30; 1 Sam 1,5; Rut 3) – auf die Erzeugung von Nachkommenschaft. Das zeigen insbes. solche Erzählungen, in denen die sexuelle Vereinigung auch gegen geltende Normen und Werte der Erzeugung männlicher Nachkommen dient (Lots Töchter in Gen 19; Tamar in Gen 38). Weibliche Prostitution wird nicht generell verurteilt, sanktioniert oder als unmoralisch abgelehnt (vgl. Tamar Gen 38,15.21f; Rahab Jos 2,1; 6,17.22.25; Gomer Hos 1f; ferner Ri 11,1; 16,1; 1 Kön 3,16 und selbst Gen 34,31, vgl. aber die Distanz in Lev 21,7.9; Jes 1,21 oder Sir 9,6). Über männliche Prostitution sagt das AT nichts. Da die S. von Frauen stark reglementiert war, sind die Erzählungen von bes. Bedeutung, in denen Frauen initiativ gezeichnet werden und für eine selbstbestimmte S. Beispiel geben, ohne dass diese als promiskuitiv abgewertet würde (z. B. Rut 3; das Hohelied). In der Figur der „fremden Frau" hingegen wird die sexuelle Verführung durch eine Frau als Gefahr für den zu erziehenden jungen Mann gewertet (Spr 7). Hier wird ein Klischee bedient, dass v. a. das Fremde sexuell attraktiv und zugleich gefährlich ist (vgl. z. B. auch 2 Kön 9,22.30; Sir 9,3–8).

I. 4. Wie insgesamt das AT in den anthropologischen Grundfragen quantitativ wie qualitativ ein größeres Gewicht hat, ist auch der Bereich der S. weit stärker im ersten als im zweiten Teil der Bibel thematisiert. Insbes. nehmen Sexualtabus und sexualethische Reflexionen breiteren Raum ein und werden durch Beispielgeschichten erläutert (Gen 9,18–25 → „Scham"; Gen 34 „Vergewaltigung" und Endogamiegebot; 2 Sam 13 „Vergewaltigung in der → Familie"; 2 Sam 11 „im Missbrauch königlicher Macht vollzogener Ehebruch"; Dan 13 „Geilheit und Voyeurismus alter Männer"). In den Rechtsvorschriften des AT ist eine hohe soziale Reglementierung der S. zu erkennen, die sich in den Sexualtabus spiegelt und v. a. an der Aufrechterhaltung einer gesellschaftlichen → Ordnung interessiert ist. Sowohl Zoophilie (Ex 22,18; Lev 18,23; 20,15f; Dtn 27,21) als auch Inzest (Lev 18,6–18; 20,11–21; Dtn 23,1; 27,20.22f) werden streng untersagt. Die Päderastie gehört ebenso zu den tabuisierten Bereichen wie der Verkehr mit der eigenen Tochter, auch wenn beide Fälle in den Sexualkatalogen nicht ausdrücklich erwähnt werden. Es herrscht mehr als ein ausgesprochenes Misstrauen gegenüber der Aufhebung sozialer Statusmerkmale und damit jeglicher Überschreitung der Geschlechterrollen (Dtn 22,5.11; Lev 19,19). In der Verkehrung der Geschlechterrollen, die als Verlust des Sozialstatus und Gefährdung einer fiktiven Ordnung verstanden wird, ist auch der Grund zu sehen, warum der homosexuelle männliche Akt verboten wird (Lev 20,13; vgl. 18,22), homoerotische Beziehungen (1 Sam 18,1.3; 20,17; 2 Sam 1,26) aber durchaus positiv bewertet werden. Auch in den Beispielerzählungen Ri 19,22f und Gen 19,5f geht es um die eklatante Verletzung des Gastrechtes, die in der Erniedrigung der gleichgeschlechtlichen Vergewaltigung zum Ausdruck kommt. Mit der Mehrheitsmeinung der Exegese muss festgehalten werden, dass eine generelle sexualethische oder moralische Bewertung der Homosexualität als durchgehender und nicht aufhebbarer Neigung weder angezielt ist noch sich daraus ablesen lässt. Die neuzeitliche Perspektive gleichgeschlechtlicher Partnerschaften oder homosexueller Veranlagung ist im AT nicht im Blick. Wohl aber ist in den Erzählungen erkennbar, dass S. auch Machtmittel ist und als solches missbraucht wird. Sofern die → Person in ihrer → Würde dabei herabgesetzt wird, urteilt das AT scharf, insbes. bei Vergewaltigungen (Gen 34; 2 Sam 13, zur demütigenden Vergewaltigung in Kriegskontexten Klgl 1,8f; 5,11; Jer 13,22; Dtn 28,30).

I. 5. Wohltuend hebt sich davon die Poesie des Hld ab, in der die erotische, partnerschaftliche und gleichberechtigte Liebe schöpfungsgemäße, „paradiesische" und auf Erfüllung angelegte Züge trägt. Mit der Aufhebung der Restriktionen und der Lösung von reproduktiven Zielen ist das Eigentliche und Sein-Sollende der in der → Schöpfung angelegten Zweigeschlechtlichkeit zu erkennen. Allein diese Einsicht rechtfertigt unter anthropologischen Gesichtspunkten ein literales Verständnis des Hld, das damit eine daneben zu entwickelnde allegorische Deutung keineswegs ausschließt. Auch in den Schöpfungserzählungen hat die Bibel das Nicht-Sein-Sollende des Geschlechtergefälles zwischen Mann und Frau bewahrt, sowohl in Gen 1,28 als auch noch stärker in der Paradieserzählung. Der Garten ist zunächst von dem unbelasteten Gegenüber von Frau und Mann geprägt. Erst die Verkehrung der → Sünde führt zur Erkenntnis der geschaffenen Nacktheit und gegenseitigen Scham (Gen 2,25; 3,7). Die Strafsprüche beschreiben dann das Geschlechtergefälle der Realität, in der die in der Schöpfung angelegte Gleichwertigkeit nicht mehr gegeben ist (Gen 3,16). Dass die → Hoffnung auf → Erlösung auch mit der Aufhebung des im Bereich der S. bes. deutlichen Geschlechtergefälles verbunden ist, bringt Paulus in 1 Kor 11,11 und Gal 3,28 zum Ausdruck.

I. 6. Zwar ist der → Himmel ein nahezu sexualfreier Bereich (vgl. einzig die enigmatische Stelle von den Göttersöhnen und den Menschentöchtern in Gen 6,1–4 oder die ihre Scham bedeckenden Serafen in Jes 6) und gerade die späte (vom Bilderverbot beeinflusste) Stelle Dtn 4,16 sucht Gott asexuell zu definieren, aber in Sprachbildern wird diese sexuelle Abstinenz keineswegs durchgehalten. Die Liebe zu → Israel in Ez 16 wie auch Spr 8,22–36 ist nicht frei von erotischen Momenten. Problematisch an der Ehemetapher und der damit gekoppelten Rede von sexueller Unzucht des → Volkes (Hos 1,2; 4,10; Jer 2,20; 3,1.6.8; 5,7; Ez 20,30; 23,30 u. a.) ist, dass Gott auf eine Geschlechterrolle – und zwar die des durch Ehebruch in seinem Status und in seinen Rechten tangierten Ehemanns – festgelegt wird. Zudem führt die metaphorische Identifikation von kultischem und sexuellem Fehlverhalten (Num 25,1f; Ex 34,15f; Hos 4,12f) zu einer impliziten Abwertung der S. (insbes. zu Lasten der Frau), die der positiven Wertung der S. als schöpfungsgemäß entgegensteht.

S. und → Kult werden im AT durchgehend als sich ausschließende Größen betrachtet. Darin unterscheidet sich Israel auch nicht von den zeitgenössischen Nachbarkulturen. Eine kultische Überhöhung der S. in sakraler Prostitution oder der „Heiligen Hochzeit" ist der israelit. Rel. jedenfalls fremd.

II. NT: 1. Im NT, wo es ebensowenig wie im AT einen Abstraktbegriff „S." gibt, hält sich der Grundtenor einer akzeptierten und positiv bewerteten S. durch. Weder in Predigt und Verhalten Jesu noch in den Evv. ist eine Abwertung der S. zu erkennen. Von der Genesis ausgehend und darauf zurückgreifend (Gen 1,27; Mk 10,6; Mt 19,4) wird die Zweigeschlechtlichkeit und die Hinordnung der Geschlechter aufeinander (Mk 10,7f) als schöpfungsgemäß und zum Menschsein gehörend vorausgesetzt. Dieser positiven

Grundeinschätzung tut seine Auffassung von Ehelosigkeit, Ehebruch und Ehescheidung keinen Abbruch. Jesus, der wie Paulus als Charismatiker ehelos geblieben ist (1 Kor 7,7f), erkennt die Ehelosigkeit um des Himmelsreiches willen (Mt 19,12) als Möglichkeit an, fordert sie aber nicht um des Himmelsreiches willen. In der Verschärfung des Verbots der Ehescheidung und der Bewertung des Ehebruchs (Mk 10,9par.; Mt 5,32; 19,1–9; Lk 16,18; 1 Kor 7,15) wird die heterosexuelle S. weiter und noch stärker auf den ehelichen Raum eingegrenzt. Darauf zielt auch die auf das verobjektivierende Begehren gerichtete Forderung der Bergpredigt (Mt 5,28). Außerhalb der → Ehe soll es weder für den verheirateten Mann noch die verheiratete → Frau sexuelle Kontakte geben. Da die Ehe eher eine auf Zweck als eine auf → Liebe gründende → Gemeinschaft ist, ist die S. – auch wenn das nicht explizit im NT entfaltet wird – nicht ausschließlich, aber doch primär auf die Erzeugung von Nachkommenschaft gerichtet (→ Kind).

II. 2. Auch Paulus ist nicht im engen Sinne sexualfeindlich, wenn auch seine Distanz zur Leiblichkeit bereits größer ist (→ Körper). Aufgrund der Parusieerwartung (→ Parusie) fährt Paulus die Bedeutung der S. für das Menschsein zurück und wünscht sich für alle Menschen eine auf die Endzeit gerichtete sexuelle Enthaltsamkeit (1 Kor 7,7f; → Askese). Sein Zugeständnis an die sexuelle Begierde und die Aufforderung an die Eheleute, sich nicht einander vorzuenthalten (1 Kor 7,1–5), zeigt, dass seine Einschätzung der S. von Distanz, aber nicht von moralischer Abwertung getragen ist (→ Laster). Seine Forderung, den Leib nicht der Unzucht hinzugeben (1 Kor 6,18f; 1 Thess 4,3), ist als bes. Wertschätzung des Leibes, nicht als Sexualfeindlichkeit zu deuten. Mit Vehemenz wendet sich Paulus im Anschluss an das israelit. Sexualethos gegen den homosexuellen Verkehr und darüber hinaus gegen Päderastie (Röm 1,27; 1 Kor 6,9; 1 Tim 1,10), die in den antiken hell. Gesellschaften nicht negativ sanktioniert waren. Das „wider die Natur" in Röm 1,26 entspringt dabei den zeitbedingten Vorstellungen des Paulus einer vermeintlich schöpfungsgemäßen, männlich fremdbestimmten S. der Frau bzw. dem Geschlechterrollentausch im homosexuellen Akt und sollte als moralisches Urteil über homosexuelle Neigungen nicht für normativ angesehen werden.

II. 3. Auch die Vorordnung des Mannes vor der Frau (1 Kor 11; 14,34, vgl. Eph 5,24; 1 Petr 3,1), die einer gleichberechtigten und schöpfungsgemäßen S. entgegensteht, kann keine → Normativität für sich beanspruchen (vgl. dagegen 1 Kor 7,4). Gerade von Paulus aus gilt, dass die partnerschaftliche S. die → Person als Gegenüber achten muss, die Wünsche des Partners respektiert werden müssen und die sexuelle Begierde so weit begrenzt werden muss, dass die Personrechte des Partners nicht verletzt werden (1 Thess 4,3–5, vgl. 1 Kor 7,3–5).

I. *H. Haag*, Du hast mich verzaubert, Zürich [4]1990; *F.-L. Hossfeld*, Gottes Heiligkeit und die Sexualität des Menschen, in: *M. Gielen/J. Kügler* (Hg.), Liebe, Macht und Religion, Stuttgart 2003, 83–95; *W.G. Loader*, The Dead Sea Scrolls on Sexuality, Grand Rapids 2009; *Welt und Umwelt der Bibel 21 (2001)*.
II. *A. S. May*, „The Body for the Lord", London 2004; Sex und Macht: ZNT 15/30 (2012); *T. Söding*, Eros und Agape: GuL 77 (2004) 248–260; *W. T. Wilson*, Sin as Sex and Sex with Sin: HThR 95 (2002) 147–168.

Christian Frevel

Sicherheit (S.)

(→ Dachartikel: Kultur und Mentalität)

I. AT: 1. Die Begriffe für S. entsprechen im Hebr. den Wurzeln *bṭḥ* („sich sicher fühlen, [ver]trauen"; Derivate *bœṭaḥ* „S., Vertrauen"; *baṭṭūḥōt* „S."; *mibṭāḥ* „Vertrauen, S."), *šlh* („Ruhe haben, ruhig/sicher/sorglos sein"; Derivate *šalwā* „Ruhe, S."; *šālēw* „ruhig, ungestört, sorglos"), *šʾn* (Pilel „sorglos sein"; Derivat *šaʾanān* „sicher, sorglos"), *šqṭ* („ruhen, Ruhe haben, sich ruhig/untätig verhalten", Hifil „Ruhe schaffen", *hašqēṭ* „Ruhe, S."), *nūaḥ* („sich niederlassen, ruhen, ausruhen, Ruhe haben"; Derivat *menūḥā* „Ruhe").

I. 2. S./Sorglosigkeit kennzeichnet den Idealzustand ungefährdeten, dauernden Friedens und → Heils (*šālōm*), der in der prophetischen Heilsverkündigung angesagt wird (2 Sam 7,10; Jes 32,17f; 33,20; Jer 30,10; Ez 28,26; 34,25–31; Hos 2,20; Mi 4,4). Dazu gehören außer der Ruhe vor äußeren → Feinden (symbolisiert durch die → Stadt ohne Mauern bzw. mit geöffneten Toren in Jes 60,11; Sach 2,8f) der ungefährdete Genuss des eigenen

→ Besitzes und überhaupt das Freisein von Gefahr, → Krankheit und Katastrophen. Das Gegenteil davon ist → Angst und Unruhe, v. a. die Bedrohung und Unterdrückung durch äußere Feinde. In idealtypischer Weise wird (im DtrG) die salomonische Periode als → Zeit der S. und des Friedens beschrieben (1 Kön 5,4f), während die Zeit vor der Staatenbildung (im DtrG) bzw. vor der Einsetzung der geregelten Unterweisung im Gesetz durch die → Priester (im ChrG) als Zeit der Unsicherheit gezeichnet wird (2 Chr 15,3–6). Als Ort der S. und Ruhe gilt das Kulturland mit seinem Zentrum in der Stadt (zumal Jerusalem/→ Zion). Dagegen sind → Wüste und Steppe der Raum der Gefahr und Bedrohung (Ez 34,25; → Weltbild). Da nach ao. und atl. Verständnis S. aus dem Schutz der Gottheit(en) resultiert, gilt der rechte → Kult als primärer Garant der S. (vgl. die Zionspss. wie Ps 46/48). Mit vielfältigen Metaphern (Hirte, Burg, Schild, Fels etc.) besingen die Pss. die S. im Schutz Gottes (vgl. Ps 4,9; 18,3; 23; 27; 91). Im Widerspruch zum Vertrauen auf Jhwh steht das Sich-Verlassen auf die Scheinsicherheit, die eigene militärische Stärke und polit. Verbündete garantieren sollen (vgl. Ri 7; Jes 30,1–5.15–17; 31,1; 2 Makk 15,7–17). Im sozialen → Leben sind S. und Vertrauen(swürdigkeit) ähnlich konstitutiv aufeinander bezogen, da nur der Umgang mit vertrauten/vertrauenswürdigen Personen S. bietet, während es grundsätzlich gefährlich ist, → Fremden zu vertrauen (Spr 11,15). So gehört zum semantischen Feld der S. auch die Begriffsfamilie „zuverlässig sein“ (Wurzel *ʾmn* Nifal „sich als fest, zuverlässig erweisen“; Hifil „sich sicher wissen, als zuverlässig ansehen“; Derivate *ʾæmæt* „Festigkeit, Zuverlässigkeit, Beständigkeit, S., → Treue, → Wahrheit“, vgl. *šālōm wᵊʾæmæt* „Friede und S.“, 2 Kön 20,19; *ʾæmūnā* „Festigkeit, Zuverlässigkeit, Treue“). Auf dieser Linie werden im Bereich der individuellen Lebensgestaltung Aufrichtigkeit, Gottesfurcht und → Weisheit als Quelle der S. gepriesen (Spr 1,33; 3,21–26; 10,9; 14,26). Getadelt werden falsche Sorglosigkeit, Selbstsicherheit, Stolz und Überheblichkeit, die Jhwh und den Nächsten vergessen (Ps 30,7; Spr 14,16; Jes 32,9; 47,8; Ez 16,49; Am 6,1–6).

II. NT: Im philos. Diskurs der Antike meint *securitas* das Freisein von Sorge und → Angst (*se cura = sine cura = securus* = ohne Sorge; erstmals belegt bei Cicero und Lukrez im 1. Jh. v. Chr.), das auf der richtigen inneren Einstellung, nämlich der Tapferkeit/Mannhaftigkeit (*fortitudo* bzw. ἀνδϱεία) beruht (vgl. Cic. Tusc. 5,42). Das griech. Äquivalent ist ἀταϱαξία („Gemüts-/Seelenruhe“, von ταϱάσσω „verwirren, durcheinanderbringen“) bzw. ἀμέϱιμνος („sorglos, sorgenfrei“, vgl. Mt 28,14). Seit der frühen Kaiserzeit dient der ins Politische gewendete Begriff als Parole imperialer Propaganda. Die begriffliche Trias *pax, securitas, libertas* („Friede, S., → Freiheit“) glorifiziert die *pax Romana*. Das griech. Äquivalent ἀσφάλεια („S., Zuverlässigkeit“) ist als polit. Schlagwort schon im 4. Jh. v. Chr. belegt (Isokr. 7,52; vgl. auch 2 Makk 9,21). Im NT wird die Parole „Friede und S.“ mit dem Topos der falschen S./Friedensverkündigung (vgl. Jer 6,14) verbunden; 1 Thess 5,3 warnt davor, solcher Propaganda zu glauben. Den Topos der falschen S. nimmt auch die Warnung vor dem Vertrauen auf den unsicheren Reichtum auf (1 Tim 6,17). Der Stamm ἀσφαλ- bezeichnet außerdem im NT an einer Reihe von Stellen die „Sicherheitsverwahrung“ (Mt 27,64–66; Mk 14,44; Apg 5,23; 16,23f), im übertragenen Sinn die innere S. und Gewissheit (Lk 1,4; Apg 2,36; 21,34; Phil 3,1; Hebr 6,19; vgl. Xen. mem. 4,6,15; Weish 18,6).

I. *W. Dietrich*, Ungesicherter Friede: ZEE 31 (1987) 134–161; *R. Haase*, Über Bemühungen um öffentliche Sicherheit und Ordnung in keilschriftlichen Rechtscorpora und in der Torah: Zeitschrift für Altorientalische und Biblische Rechtsgeschichte 6 (2000) 61–67.
II. *E. Faust*, Pax Christi et Pax Caesaris, Fribourg u. a. 1993; *A. Janzen*, Der Friede im lukanischen Doppelwerk vor dem Hintergrund der Pax Romana, Frankfurt/M. u. a. 2002; *J. D. A. Weima*, „Peace and Security“ (1 Thess 5,3): NTS 58 (2012) 331–359; *K. Wengst*, Pax Romana, München 1986.

Klaus Neumann

Sklave (S.) / Sklavin

(→ Dachartikel: Sozialstatus/Gesellschaft und Institution)

I. AT: 1. Ein S., Untergebener, Knecht (*ʿæbæd*) oder eine Sklavin, Magd (*ʾāmā, šifḥā*) sind einem Herrn (*ʾādōn*) untergeordnet. Bei Letzterem kann es sich um einen Mitmenschen oder eine Gottheit handeln. Die hebr. Begriffe können konkret den sozialen Status bezeichnen, jedoch auch als Verhältnisbegriffe eingesetzt werden, die, je nachdem in welchem Bereich einer dem anderen vorgeordnet ist, Hierarchien anzeigen. Als Zeichen der Unterwürfigkeit (z. B. am Hof) kann man sich auch selbst als S. eines anderen bezeichnen.

I. 2. Zum patriarchalischen Haushalt gehörten auch S. und das restliche Personal. S. waren von einem Freien abhängige Menschen ohne → Rechte an der eigenen → Person und zählten zum Eigentum ihres Herrn. Das AT unterscheidet manchmal nur unscharf zwischen Frondienst (*mas, sēbæl, siblōt*) und Sklaverei. In Ex 20,2 (= Dtn 5,6) bezeichnet *bēt ᶜᵃbādīm* den Frondienst der Israeliten in Ägypten, der sonst *siblōt* genannt wird (Ex 1,11; 2,11; 5,4f; 6,6f). Die Tatsache, dass → Israel einst S. (*ᶜæbæd*) in Ägypten war, dient dem Dtn als Begründung für die gute Behandlung des S. (Dtn 15,15) und von sozial Schwachen (Dtn 24). Fronarbeit gilt nach Jes 31,8; Klgl 1,1 als Folge der Niederlage im → Krieg, woraus folgt, dass sich hinter so manchem Fronarbeiter/S. ein Kriegsgefangener verbirgt. Diese wurden vom → König erbeutet (s. *Abb. 29; 47*) und von ihm zur → Arbeit eingesetzt (2 Sam 12,31; 1 Kön 9,15ff), verliehen oder verkauft (Am 1,6.9; Dtn 17,16). Auch → Frauen gerieten mitsamt ihren → Kindern in Kriegsgefangenschaft und Sklaverei (1 Sam 30,3). Von einem Sklavenhändler (Phönizier waren als Sklavenhändler bekannt) konnte man jederzeit S. erwerben; Kinder aus im Herrenhaus geschlossenen Sklavenehen waren ebenfalls unfrei. Neben den ausländischen S. gab es auch die, die dem eigenen → Volk entstammten. Für sie kennt das AT bes. Regeln. Idealerweise sollte kein Israelit dem anderen als S. dienen (Lev 25,39ff). Als hartes → Schicksal wurde bewertet, wenn ein ehedem israelit. Freier aus Finanznot sich (Ex 21,2–6) oder ein Familienmitglied (2 Kön 4,1; Ex 21,7ff) in die Sklaverei verkaufen musste, da er gezwungen war, seinen ererbten → Sozialstatus gegen einen geringeren einzutauschen. Sein lebenslängliches Dienen wird atl. auf sechs Jahre begrenzt (Ex 21,2; Lev 25,39ff; Dtn 15,12), es sei denn, er wollte im 7. Jahr nicht freigelassen werden, sondern seinem Herrn freiwillig auf Lebenszeit untertan sein. Die zeitliche Begrenzung der Sklaverei galt für ausländische S. nicht (Lev 25,44–46) und war nach Jer 34,8ff auch für israelit. S. eher Programm als Realität. Die atl. Sklavengesetzgebung entspricht weitgehend dem ao. Gewohnheitsrecht, wie es u. a. im Kodex Hammurapi zusammengefasst ist: S. durften ihren Herrn nicht verlassen, durften von ihm verkauft, geschlagen und getötet werden (eingeschränkt: Ex 21,20f). Ex 21,26f schließt allerdings die Verstümmelung aus, die vorderorientalisch durchaus belegt ist. Flüchtige S. wurden ausgeliefert (1 Kön 2,39f; 1 Sam 30,15). Nachexil. Texte lassen ausländische S. an → Beschneidung (Gen 17,13.27), → Opfer (Dtn 12,12.18), Pascha (Ex 12,44) und Sabbatheiligung (Ex 20,10; Dtn 5,14) teilhaben. Sklaveneigentum gehörte dem Herrn (1 Sam 9,8; 2 Sam 9,10–12), doch war Selbstfreikauf möglich (Lev 25,49f). S. zählten auch zum Tempelbesitz, wenn ein Heiligtum (→ Tempel) Menschen (Num 31,32–47) als Weihgaben erhielt.

I. 3. Im übertragenen Sinn kann jeder als S. bezeichnet werden, der mit jemandem in einem Patron-Klient-Abhängigkeitsverhältnis steht. Dies galt für Untertanen und Gefolgsleute des Königs (1 Sam 8,14–17) und konnte auch das Verhältnis zwischen Jhwh (als Patron, Herr) und einem treuen und loyalen Klienten (= Diener/S.) beschreiben. Mose, Josua (Dtn 34,5; Jos 24,29), die → Väter, David, Serubbabel, Nebukadnezzar, Ijob, → Propheten (bes. in der dtr. Prophetendeutung, s. z. B. 1 Kön 14,18; 15,29; 2 Kön 17,13.23) oder Israel (in den sog. „Gottesknechtsliedern" Jes 42,1; 49,3.5.6; 50,10; 52,13; 53,11; vgl. Jes 44,1.21; 45,4; 48,20 u. a.) können als S. bzw. Knechte Jhwhs bezeichnet werden (→ Gottesknecht), wodurch u. a. zum Ausdruck kommt, dass sie in seinem Auftrag wirken.

II. NT: 1. Hauptbegriffe für S. im NT sind δοῦλος/δούλη und οἰκέτης. Δουλεύω heißt „S. sein", „als S. dienen" (auch übertragen von Abhängigkeiten aller Art). In ntl. Zeit gerieten Menschen v. a. durch Kriegsgefangenschaft in Sklaverei (δουλεία) oder wurden als → Kinder von Sklavinnen und S. unfrei geboren. Doch auch der erzwungene Verkauf verschuldeter Gläubiger und ihrer → Familie (Mt 18,25) oder Selbstverkauf aus anderen Gründen kamen vor. Das Los von S. lag völlig in den Händen ihrer Herrinnen und Herren, deren Launen sie ausgeliefert (1 Petr 2,18–21) waren, die sie strafen, misshandeln oder sogar töten konnten (Lk 12, 46f), denen sie jederzeit auch sexuell zur Verfügung stehen mussten (evtl. Lk 7,2). Von S. ausgeübte Tätigkeiten reichten von einfachen (Türhüter: Mk 13,34; Haus- und Feldarbeit: Lk 17,7f) bis hin zu verantwortlichen Aufgaben, die eine sorgfältige → Erziehung und Ausbildung voraussetzten (z. B. als *Oikonomos*, d. h. Verwalter der Besitzungen des Herrn: Lk 12,41–46; in Geldgeschäften: Mt 25,14ff; Lk 19,12ff; als Schreiber: Röm 16,22; Arzt). Große Haushaltungen in den → Städten waren genauso auf die massenweise Beschäftigung von S. angewiesen wie die Latifundien (Landgüter) der Oberschicht. Ein erheblicher Teil der Sklavenschaft v. a. in städtischen Haushalten wurde zu loyaler Haltung und verlässlicher → Arbeit durch die → Hoffnung motiviert, später freigelassen zu werden (oft nach Erreichen des 30. Lebensjahres oder durch testamentarische Verfügung). Doch erst die freigeborenen Kinder der Freigelassenen erhielten die vollen → Rechte von Freigeborenen.

II. 2. Das Urchristentum lässt von Beginn an eine zwiespältige Haltung zur Sklaverei erkennen. Einerseits wird diese als eine quasi naturgegebene → Ordnung (wie Geschlechterdifferenz und ethnische Vielfalt: Gal 3,28) akzeptiert, wie u. a. viele Vergleiche und Gleichnisse zeigen (Mt 6,24; 8,9; 18,23ff; Lk 12,41–46; 17,7–10). Andererseits wird in einer bei der → Taufe gesprochenen Formel die Überwindung der Unterschiede zwischen S. und Freien und ihre Einheit „in Christus" proklamiert (Gal 3,28; 1 Kor 12,13; Kol 3,11). Nach Paulus erforderte dies tatsächlich von Seiten des christl. Sklavenbesitzers, sein vormaliges „beseeltes Werkzeug" (Aristot. pol. 1253b 32) als „geliebten Bruder" auch in irdischen Belangen („im → Fleisch und im Herrn", Phlm 16) zu behandeln. Es scheint ernsthafte Konflikte darüber gegeben zu haben, wie die volle Teilhaberschaft am gemeinsamen → Glauben (→ Gemeinschaft) in der Praxis zu verwirklichen sei. Selbstbewusstes Verhalten von Sklavinnen und S. unter Berufung auf die Glaubensgeschwisterschaft wurde von Herrenseite als Anmaßung und Verachtung interpretiert und als Abfall vom wahren Glauben verunglimpft (1 Tim 6,2.3–5). Der mancherorts offensichtlich praktizierte Freikauf von in Sklaverei lebenden Glaubensgeschwistern wurde schon früh in einer bischöflichen Empfehlung diskreditiert: S., die dies ersehnen, erweisen sich als „S. der Begierde" (IgnPol 4,3). In den deuteropln. Haustafeln (Kol 3,18–4,1; Eph 5,21–6,9) wurde eine Lösung im Geiste der antiken Oikonomik (der Lehre, wie die staatstragende Wirtschaftseinheit, das „Haus", vom *pater familias* durch → Herrschaft über → Frauen, Kinder und S. zu leiten sei) oberflächlich christianisiert. Diensteifriges Ausfüllen der Sklavenrolle gilt nun als Christusdienst. Die Herren werden unter Berufung auf den gemeinsamen Herrn im → Himmel zu milder Behandlung ihrer S. aufgefordert. Ob diese oft als „Liebespatriarchalismus" bezeichnete Haltung vom gemeinantiken Patriarchalismus wirklich unterschieden werden und diesem gegenüber (u. a. wegen der Reziprozität der Ermahnungen) als überlegen gelten kann, darf bezweifelt werden. Denn auch die stoische Tugendlehre kannte ähnliche Ermahnungen und Begründungen gegenüber den Herren (Sen. epist. 47); auch die jüd. Paränese ermahnte bereits die untergeordneten Gruppen (Philo decal. 165–167). Unklar ist aufgrund semantischer Offenheit die Haltung des Paulus zur Freilassung. Der griech. Text von 1 Kor 7,21 lässt sowohl die Übersetzung der Lutherbibel („kannst du freiwerden, so nutze es [das Freisein] umso lieber") als auch die der Einheitsübersetzung („auch wenn du frei werden kannst, lebe lieber als S. weiter") zu.

II. 3. Auch im metaphorischen Gebrauch des Wortfeldes zeigt sich die urchristl. Ambivalenz gegenüber der Sklaverei. Einerseits partizipiert das Urchristentum an der negativen Bewertung der abhängigen Sklavenexistenz (Joh 8,33–35; 15,15; Gal 4,1ff; 2 Petr 2,19; Hebr 2,15) und teilt sogar verbreitete Vorurteile über den schlechten Charakter von Sklaven (Tit 2,9f). Andererseits wird im Unterschied zur gemeinantik rein negativ qualifizierten Wortbedeutung, jedoch in Kontinuität mit jüd. → Traditionen die bewusst übernommene Rolle eines S. oder einer Sklavin Gottes (Lk 1,38.48; Apg 2,18; 4,29; 16,17; 1 Petr 2,16) bzw. Christi (Röm 1,1; Phil 1,1) ebenso positiv bewertet wie Statusverzicht und Übernahme von dienenden Funktionen (= Sklavenrollen) in der Gemeinde, die von allen Gläubigen (Gal 5,13), bes. aber von den Leitenden gefordert wird (Mk

10,44; 1 Kor 9,19; 2 Kor 4,5). Urbild dieser Haltung ist die Menschwerdung Christi, die als Verzicht auf göttliche → Freiheit und Annahme menschlicher Sklavengestalt interpretiert wird (Phil 2,7).

I. *K. Baltzer*, Liberation from Debt Slavery After the Exile in Second Isaiah and Nehemiah, in: *P. D. Miller* (Hg.), Ancient Israelite Religion, Philadelphia 1987, 477–484; *J. Briend*, Die Sklaverei in Israel: Welt und Umwelt der Bibel 17 (2000) 68; *S. Briggs*, Slavery and Gender, in: *J. Schaberg/A. Bach* u. a. (Hg.), On the Cutting Edge, New York u. a. 2004, 171–192; *B. J. Brooten*, Der lange Schatten der Sklaverei im Leben von Frauen und Mädchen, in: *F.* und *M. Crüsemann/C. Janssen* u. a. (Hg.), Dem Tod nicht glauben, Gütersloh 2004, 488–503; *B. Lang*, Sklaven und Unfreie im Buch Amos (II,6; VIII,6): VT 31 (1981) 482–488.
II. *K. Bradley*, Slavery and Society at Rome, Cambridge 1994; *J. P. Burnside*, The Relationship Between Slavery, Homicide and Asylum in Biblical Law: Zeitschrift für Altorientalische und Biblische Rechtsgeschichte 15 (2009) 234–236; *L. Culbertson* (Hg.), Slaves and Households in the Near East, Chicago 2011; *H. Gülzow*, Christentum und Sklaverei in den ersten drei Jahrhunderten, Hamburg 1999; *J. A. Harrill*, The Manumission of Slaves in Early Christianity, Tübingen 1995; *D. B. Martin*, Slavery as Salvation: The Metaphor of Slavery in Pauline Christianity, New Haven 1990; *S. Talabardon*, Das Sklavenrecht in der Hebräischen Bibel und seine Interpretation bis zum Hochmittelalter, in: *J. Kügler* (Hg.), Bibel und Praxis, Berlin u. a. 2011, 189–221; *C. W. Weber*, Sklaverei im Altertum, Düsseldorf u. a. 1981; *A. Weiser*, Die Knechtsgleichnisse der Synoptischen Evangelien, München 1971; *M. Welker/C. Breytenbach* (Hg.), Gott und Geld: JBTh 21 (2006).

Angelika Berlejung (AT) / Annette Merz (NT)

Staat (S.)

(→ Dachartikel: Sozialstatus/Gesellschaft und Institution)

I. AT: 1. Als Staatsform kennt das AT nur das Königtum (*malkūt, mamlākā*). Allgemeiner ist → „Herrschaft“ (*mæmšālā, mimšāl*); Konzepte wie National-S. oder Demokratie sind neuzeitlich und auf → Israel und Juda nicht anwendbar.

I. 2. Der S. ist eine Lebensform, in der einige Menschen hauptberuflich alle diejenigen verwalten, organisieren und schützen, die selber produzieren, verarbeiten oder handeln. Der frühe S. war ein Stadt-S., eine Art erweiterter Palast oder → Tempel, Sitz von Herrschaft sowie Handel und theokratisch organisiert. S.-Oberhaupt war der → König, der in frühen S. Gott (z. B. Ägypten), Priesterkönig (z. B. Sumer) oder Oberpriester (z. B. Assyrien noch im 1. Jt. v. Chr.) war und seinen Beamtenapparat sukzessive ausbaute und spezialisierte. Das Herrschaftsrecht des S. und seines Oberhaupts wurde von einem meist männlichen Gott abgeleitet, der zum König ein bes. enges Verhältnis hatte. Er war Staats- und Dynastiegott. Generell sind Stadt-S. (bestehend aus einer → Stadt mit umgebendem Territorium) und Territorial-S. (bestehend aus mehreren zentral regierten Städten mit ihren Territorien) zu unterscheiden, wobei sich Letztere aus Ersteren durch Kriegserfolge und Bündnisse zu entwickeln scheinen. Als Kennzeichen territorialer Staatlichkeit gelten die Existenz einer eigenen Verwaltungssprache und -schrift, Monumentalarchitektur in Stein für staatliche Bauten, Massenproduktion von Keramik sowie die Anlage und Koordination von staatlichen Funktionalbauten in verschiedenen Ortslagen, die zentrale Organisation und ortsübergreifendes Interesse (z. B. territoriale Grenzsicherung, lokal übergreifende Vorratshaltung, überregional agierende Verwaltungszentren) erkennen lassen.

I. 3. Der Beginn der beiden eisenzeitlichen Kleinstaaten des Berglands Israel und Juda ist bibl. mit Saul und David verbunden. Nach atl. Darstellung führte die Entstehung des Königtums unter dem Heereskönig Saul bereits mit David und seinem Sohn Salomo zu *einem* Königreich, das mit Jerusalem als Hauptstadt die Stämme des Nordens und Südens (sowie nach diversen Kriegserfolgen ein Großreich) umfasst habe, das sich dann unter Jerobeam I./Rehabeam in zwei separate Königreiche gespalten hätte (1 Kön 12). Dieser Vorgang wird theol. eindeutig von judäischer Perspektive aus negativ qualifiziert, da den atl. Autoren/Redaktoren die Einheit des Königreichs unter judäisch-davidischer Führung als Ideal galt. Die hist. Vorgänge können mangels Primärquellen nicht mehr eindeutig rekonstruiert werden, doch zeigt der archäologische Befund, dass sich Nord- und Südpalästina seit dem 10. Jh. v. Chr. immer weiter auseinander entwickelten, wobei der Norden in der Entwicklung zur Staatlichkeit, in Technik und Bevölkerungsdichte den Süden überflügelte. Ergebnis der Staatenbildung im Westjordanland waren jedenfalls zwei Staaten, Israel und Juda, die in der Folgezeit miteinander kooperierten und rivalisierten. Auch atl. deutet sich zeitweise eine

Dominanz des Nordens über den Süden an (2 Kön 14).

Der Organisationsgrad der frühen S. in Palästina ist umstritten. Tendenziell wird im Königtum des Nordens mit einer größeren militärischen, wirtschaftlichen und polit. Potenz gerechnet als im südlichen Juda, das vielleicht nie den Charakter eines königlichen Stammesstaates Juda-Jerusalem der Davididen mit administrativen Ansätzen und zentralistischen Planungen aufgegeben hat. In beiden Königreichen war der S. um den König und seine Beamten herum organisiert; die → Ämter waren erblich. Bezeugt sind: Sohn und Tochter des Königs, der Diener/Minister (*ʿbd*) des Königs, Stadtkommandant (*śr hʿr*), Palastvorsteher (*ʾšr ʿl hbyt*), Fronvorsteher (*ʾšr ʿl hms*), Herold (*mzkr*), Schreiber (*spr*) und → Priester (*khn*). Die Königinmutter hatte im S. offenbar das höchste Amt inne, das einer → Frau zukommen konnte. Wirtschaftlich waren die Kleinstaaten Israel und Juda auf bäuerlicher Subsistenzwirtschaft und lokalem Kleinhandel gegründet, doch wurden Öl und Wein auch zunehmend für den Export produziert. Mit dem S. entstanden wohl auch Krongüter, d. h. königliche Besitzungen, die von Beamten verwaltet und von Fronarbeitern bewirtschaftet wurden (1 Sam 8,12). Sie dienten der Versorgung des Königs und seines Hofs (1 Kön 4,7). Dieser brauchte für seine Bauten Fronarbeiter (1 Kön 5,27–32), Architekten wie Handwerker, für sein → Heer Soldaten und Söldner. Der Fernhandel hatte seinen Sitz in den Städten und wurde staatlich dominiert (1 Kön 10,28f).

Nord- und Südreich gerieten seit dem 9. Jh. v. Chr. in die Sphären der benachbarten Großreiche Aram-Damaskus, Assyrien und Babylonien, denen sie bald Tribut abliefern mussten (2 Kön 15,19f; 16,8f.17f; 17,3), was die Bauern über die lokalen Steuern hinaus weiter belastete. Das Ende des S. Israel mit der Eroberung der Residenz Samaria 722 v. Chr., dem 587 v. Chr. das Ende des S. Juda mit der Zerstörung Jerusalems folgte, beendete die Zeit der Staatlichkeit und überführte die ehemaligen Königreiche in das Provinzialsystem der imperialen Großreiche Assyrien bzw. Babylonien. Seit der sich für die Oberschicht aus den ass. bzw. bab. Deportationen ergebenden Exilszeit (→ Exil) hatte sich die S.-Form des Königtums für manche als gescheitert erwiesen. In diesen und den nachexil. Kontext gehören die königskritischen Aussagen des AT (Ri 9; 1 Sam 8). Nach der Exilszeit war Juda/Jehud zwar immer noch Provinz, doch kam es unter pers. Herrschaft mit dem Gouverneur Serubbabel (ein Davidide) zur → Hoffnung auf die Restauration der davidischen Monarchie (Hag 2,20–23; Sach 4,6–10a), die jedoch scheiterte. Jehud wurde einem Provinzgouverneur unterstellt, der keinerlei davidische Abkunft und Ansprüche hatte (Nehemia; Neh 5,14; 12,26). Die interne Selbstverwaltung bestand aus einem priesterlichen und einem aristokratischen Leitungsgremium mit Vorsitzenden (vgl. Neh 5,7). Da der Hohepriester zunehmend königliche Funktionen übernahm, ist oft davon die Rede, dass das nachexil. Jehud als Theokratie konstituiert worden sei. Dies ist wenig wahrscheinlich, da es auch noch den Statthalter und die Ältesten als Leitungsgremien gab. Die Provinzleitung wurde nach atl. Darstellung von den aus Babylonien zurückgekehrten Exulanten dominiert. Ihr Ziel war es, Jehud als eigene Entität in Nachfolge Judas und des Nordreichs Israel und in Abgrenzung gegen die benachbarte Vielvölkerwelt zu konsolidieren. Im Zuge dieser Identitätskonstruktion als „Gottesvolk Israel“ (→ Volk) wurden die in den exil. Gemeinschaften entwickelten Abgrenzungsmechanismen (→ Beschneidung, Sabbatobservanz [→ Sabbat], Speisegebote, Mischehenverbot [→ Ehe]) importiert, die die Bewohnerschaft von Jehud zu befolgen hatte. Das Gemeinwesen stellt sich bibl. als rel. Gemeinde (→ Gemeinschaft) um den Tempel dar, doch trug es klare realpolit. Züge (z. B. Statthalter, Münzwesen, Import-Export). Zu einer neuen Staatenbildung um Jerusalem kam es erst im Anschluss an die Makkabäeraufstände, als sich 143/2–37 v. Chr. daraus der Hasmonäerstaat entwickelte, der von einer nicht-davidischen Königsdynastie, den Hasmonäern, beherrscht wurde. Sie verdankten ihren S. der Unterstützung der Seleukiden bzw. (später) der Römer.

II. NT: 1. Das Verhältnis zum röm. S. wird im NT vergleichsweise selten unter Verwendung „polit.“ Terminologie thematisiert, was an sich schon die Staatsferne der ntl. Autoren deutlich macht; theoretische Reflexion über den S. fehlt (bzw. liegt allenfalls ansatzweise in Röm 13,1–7 vor). Der Begriff πολίτευμα („Gemeinwesen, S.“) kommt nur

Phil 3,20 als Gegenbegriff zum irdischen Gemeinwesen vor: Die Christen sind Bürger eines himmlischen Staatsverbandes (vgl. das himmlische Jerusalem Gal 4,25f). Πολιτεία im Sinne von „Bürgerrecht“ kennt Apg 22,38, im Sinne von „S.“ wird es mit Bezug auf → Israel benutzt (Eph 2,12), nur um auch dort durch die neue Mitbürgerschaft (συμπολῖται) der Heiden im durch Christus erneuerten → Volk der Hausgenossen Gottes ersetzt zu werden (2,19). Das Verb πολιτεύομαι bedeutet im NT nicht „Staatsgeschäfte führen“, sondern bezeichnet den Lebenswandel vor Gott (Phil; Apg 23,1; 1,27). Der Verfasser der Offb spricht vom gehassten röm. S. meist in verschlüsselter Form (Allegorie des auf die röm. Kaiser zu deutenden Untieres aus dem Abgrund: Offb 13; die Vision von der Rom symbolisierenden Hure Babylon: Offb 17f). Obrigkeitliche Perspektive verwendet im NT gelegentlich Lk: „Im 15. Jahr der Regierung (ἡγεμονία) des Kaisers Tiberius ...“ (Lk 3,1); Lukas ist nach dem Zeugnis v. a. der Apg mit den administrativen Vorgängen der Reichsverwaltung und der städtischen Selbstverwaltung bestens vertraut. Meist kommt der S. (der Perspektive der Christen entsprechend indirekt) in der Person der verantwortlichen Staatslenker oder -beamten in den Blick. Genannt werden der über allen anderen stehende Kaiser (καῖσαρ, βασιλεύς) als Empfänger der Steuern (→ Abgabe; Mk 12,14.16f; Lk 23,2), als Gesetzgeber (Lk 2,1; Apg 17,7) und letzte Rechtsinstanz (Apg 25,8.10–12.21; 26,32; 27,24; 28,19). Weiter kommen lokale Machthaber in den Blick, die überwiegend direkt abhängig vom röm. Kaiser oder kaiserlichen Beamten sind. Zumeist geht es dabei um ihre richterlichen und für die Aufrechterhaltung der öffentlichen → Ordnung verantwortlichen Funktionen, nämlich als → König (βασιλεύς/-εῖς), Ethnarch (2 Kor 11,32), für die Provinzverwaltung zuständiger Prokonsul (ἀνθυπάτοι, Apg 13,7f.12; 18,12; 19,38), Statthalter, d. h. Präfekt oder Prokurator (ἡγεμών/-όνες, allgemein: Mk 13,9; 1 Petr 2,14; Pilatus: Mt 27,2 u. a.; Felix: Apg 23,24 u. a.; Festus: 26,30). Ferner werden verschiedenste Vertreter des röm. Militärs (→ Heer), städtische Magistrate und die Aristokratie erwähnt (Apg 13,50; 16,19f.22; 17,6.8; 19,35). Als Allgemeinbegriffe für Machthaber/Beamte begegnen nebeneinander ἐξουσίαι und ἀρχαι/ἄρχοντες (Lk 12,11; Röm 13,1.3; Tit 3,1), wobei die meisten Stellen auch eine andere Übersetzung zulassen, weil sowohl ἐξουσία als auch ἀρχή im Sg. wie im Pl. den einzelnen Beamten, aber auch die Behörde, die Obrigkeit und deren Machtbefugnis bezeichnen können (vgl. Lk 20,20; Röm 13,2).

II. 2. Kaum zufällig ist in der Mehrzahl der ntl. Belegstellen für S. vom Vorgehen staatlicher Instanzen gegen Jesus oder seine Anhänger die Rede. Das NT und röm. Autoren geben ein massives Zeugnis von der Kriminalisierung der Jesusanhänger durch röm. und städtische Behörden schon im 1. Jh. n. Chr. Man denke an die Kreuzigung Jesu, die wiederholten Geißelungen, Gefängnisaufenthalte, Bedrohungen, Ausweisungen und Fluchten des Paulus (2 Kor 1,8f; 6,5; 11,23.25; Phil 1,7.12–14.30; 2,17; Phlm 9.13; 2 Tim 2,9; 3,11; 4,6–8.16f; Apg 13,50; 14,5f.19; 16,20–40; 17,10.13f; 18,12–17; 21,33–28,31), seiner Missionarskollegen (Röm 16,4.7; Phlm 23; Kol 4,10; Apg 16,22; 19,29), die Verfolgungen seiner Gemeinden (1 Thess 1,6; 2,14; 3,3f.7; Apg 17,6f) sowie an die Hinrichtung des Paulus in Rom (vorausgesetzt in Apg 20,22f.38; 21,10–14), die Vertreibung der jesusgläubigen Juden aus Rom unter Kaiser Claudius im Jahr 49 n. Chr. (Apg 18,2; Suet. Claud. 25,4), die Hinrichtung einer großen Zahl von Jesusgläubigen wegen angeblicher Brandstiftung unter Nero (Tac. ann. 15,44), die Inhaftierungen in Smyrna und das Martyrium des Antipas in Pergamon (Offb 2,9f.13) sowie die zahlreichen anonymen vergleichbaren Vorgänge, die aus Mk 13,9.12f zu erschließen sind. Eine Reihe von Gründen für diese Kriminalisierung sind aus den Quellen zu eruieren. Da Paulus selbst in 2 Kor 6,5 ἀκαταστασίαι („Unruhen“) erwähnt, kann man davon ausgehen, dass seine Verkündigung Jesu als des auferstandenen Christus Unruhen hervorrief, woraufhin die Obrigkeit wegen Störung der öffentlichen Ordnung gegen ihn vorging. Ähnliches lässt sich für Rom auch hinter der Notiz des Sueton erschließen, Claudius habe „die Juden, die – angestiftet von Chrestus – ständig Tumulte verursachten,“ aus Rom vertrieben (Claud. 25,4). Sueton hält Chrestus (= Christus, dessen Messianität und Herrschaftsanspruch Streitgegenstand war) wohl irrtümlich für den Anführer des Konflikts. In Apg

17,6f; 24,5 wird der Vorwurf erhoben, die Christen seien Träger einer weltweiten operierenden Aufstandsbewegung gegen den Kaiser: „Diese Leute, die den Erdkreis in Aufruhr gebracht haben, sind jetzt hier (…) und sie alle verstoßen gegen die Gesetze des Kaisers und sagen, ein anderer sei König, nämlich Jesus.“ (vgl. den Vorwurf gegen Jesus in Lk 23,2f!) Umstritten ist, ob diese Interpretation der christl. Mission als Folge der Vorgänge hinter dem Claudiusedikt verständlich ist (so A. Cineira) oder eine Zuspitzung der Situation reflektiert, die erst nach dem jüd. → Krieg denkbar ist (E. W. Stegemann/W. Stegemann). In jedem Fall lief ein so formulierter Vorwurf auf einen polit. Hochverratsprozess hinaus. Die Verurteilung der Christen wegen angeblicher Brandstiftung unter Nero setzt voraus, dass sie bereits als eine mit Vorurteilen und Verbrechensvorwürfen assoziierte, abgelehnte Minderheit bekannt waren. Vorwürfe, die in diesem Zusammenhang erwähnt werden (wie Hass gegen das Menschengeschlecht, Tempelräuberei, Lästerung der Götter, vgl. Apg 19,37; Tac. ann. 15,44,4), waren zuvor auch gegenüber dem Judentum erhoben worden und sind wohl ein Erbe der Herkunft aus diesem. Aber anders als die Juden waren Heidenchristen in ihrer von der Umwelt abweichenden Lebensweise nicht durch alte Privilegien geschützt. Als weiterer zur Kriminalisierung der Christen beitragender Faktor ist ihre Nichtteilnahme an den staatstragenden → Kulten, insbes. an dem Kaiserkult, zu nennen, der den Christen den Vorwurf der Asebie (= Gottlosigkeit) einbrachte. Dies wurde bes. unter Domitian, der den Kaiserkult stark förderte und „Asebie“ sowie „jüd. Lebensweise“ von geborenen Nichtjuden als Majestätsverbrechen verfolgte, zur Gefahr. Diese Situation reflektiert die Offb in aggressiver prophetischer Polemik (13,1–4.14f), doch auch das lk. Doppelwerk bezieht bei aller apologetisch motivierten Unterstreichung der polit. Zuverlässigkeit der Christen deutlich Stellung gegenüber der Selbstapotheose von Herrschern (Apg 12,20–23; 10,25f; 14,11–18; Lk 4,5–8) und markiert damit die Grenze der polit. Loyalität. Die Verurteilung der Christen aufgrund des Christseins als solches (des *nomen ipsum*), die in der Korrespondenz zwischen Plinius dem Jüngeren und Kaiser Trajan vorausgesetzt ist (Plin. epist. 10,96f), markiert eine neue Phase des Verhältnisses von Christen zum röm. S., die im NT noch nicht reflektiert wird.

II. 3. Die Gruppe von Mahnungen zur Staatsloyalität in der ntl. Brieflit., die sich ausdrückt in Gehorsam gegenüber behördlichen Anordnungen und ruhigem, d. h. sich jeglicher Agitation enthaltendem → Leben, Steuerzahlen (→ Abgaben) sowie dem → Gebet für die Herrschenden (Röm 13,1–7; 1 Petr 2,13–17; 1 Tim 2,1f; Tit 3,1), sind vor dem beschriebenen Hintergrund weniger als von Herzen kommendes Bekenntnis zum S. zu lesen als vielmehr als ein Versuch, die gewaltigen Spannungen durch Loyalitätsbezeugung zu minimieren. Sie stehen mit all ihren Elementen in traditionsgesch. Kontinuität zu vergleichbaren Mahnungen des hell. Judentums, das in gleicher Weise auf die Situation reagiert hat, als angefeindete und teilweise kriminalisierte Minderheit im röm. S. leben zu müssen und überleben zu wollen (vgl. Spr 8,15f; Sir 10,4; 17,17; Philo legat. 236.279–280; Ios. bel.Iud. 2,140).

I. *G. W. Ahlström*, Royal Administration and National Religion in Ancient Palestine, Leiden 1982; *J. Conrad*, Überlegungen zu Bedeutung und Beurteilung der Kritik an Königtum und Staat innerhalb des Alten Testaments, in: *A. Meinhold/R. Lux* (Hg.), Gottesvolk, Berlin 1991, 91–97; *R. Eyal*, The Hasmoneans, Göttingen 2013; *R. Kessler*, Staat und Gesellschaft im vorexilischen Juda, Leiden u. a. 1992; *ders.*, Chiefdom oder Staat?, in: *C. Hardmeier/R. Kessler* u. a. (Hg.), Freiheit und Recht, Gütersloh 2004, 121–140; *R. G. Kratz*, Israel als Staat und als Volk: ZThK 97 (2000) 1–17; *N. Lohfink*, Krieg und Staat im alten Israel, Barsbüttel 1992; *H. M. Niemann*, Herrschaft, Königtum und Staat, Tübingen 1993; *W. Oswald*, Staatstheorie im Alten Israel, Stuttgart 2009; *E. Otto*, Staat – Gemeinde – Sekte: Zeitschrift für Altorientalische und Biblische Rechtsgeschichte 12 (2006) 312–343; *K.-D. Schunck*, Hoherpriester und Politiker?, in: *H. M. Niemann/M. Augustin* (Hg.), Altes Testament und Heiliges Land, Frankfurt/M. 2002, 61–71.

II. *D. Alvarez Cineira*, Die Religionspolitik des Kaisers Claudius und die paulinische Mission, Freiburg u. a. 1999; *K. Haacker*, Der Römerbrief als Friedensmemorandum: NTS 36 (1990) 25–41; *H.-J. Klauck*, Das Sendschreiben nach Pergamon und der Kaiserkult in der Johannesoffenbarung: Bib. 73 (1992) 153–182; *M. Labahn/J. Zangenberg* (Hg.), Zwischen den Reichen, Tübingen u. a. 2002; *V. Riekkinen*, Römer 13, Helsinki 1980; *E. W. Stegemann/W. Stegemann*, Urchristliche Sozialgeschichte, Stuttgart 1995; *S. Wagner-Tsukamoto*, State Formation in the Hebrew Bible: JSOT 37 (2013) 391–422.

Angelika Berlejung (AT) / Annette Merz (NT)

Stadt (S.)

(→ Dachartikel: Weltbild/Kosmologie)

I. AT: 1. Das hebr. Wort *ʿīr* (griech. πόλις) bedeutet urspr. „Burg, Festung". Die städtische Perspektive reflektiert auch *qirjā*, das die ummauerte Siedlung meint. Grundsätzlich wird derzeit diskutiert, was man unter einer S. verstehen soll. Als Kennzeichen werden genannt: Eine dauerhafte und abgeschlossene Siedlung mit größerer (nicht definierter) Bevölkerungszahl, eigener juristischer und administrativer Organisation, differenzierter Bausubstanz (Wohnhäuser, Paläste, öffentliche Gebäude), einer auf Arbeitsteilung beruhenden Gesellschaft, Handelskapazitäten und mit überregionaler Bedeutung in Sachen Kultur, Administration, → Kult und Wirtschaft.

I. 2. Die frühe S., entstanden im Mesopotamien des ausgehenden 4. Jt. v. Chr., ist charakterisiert durch die öffentlichen Bauten → Tempel und/oder Palast sowie meist durch eine Stadtmauer, die die innere, geordnete, beherrschte von der äußeren, ungeordneten, unbeherrschten („chaotischen") Welt trennt. Im polarisierten → Weltbild des Kulturlandbewohners ist die S. Zentrum der Kultur, → Ordnung, → Heimat und Ort der Gegenwart des Stadt- oder Residenzgotts, wohingegen die → Wüste/Steppe für Chaos, Aggressivität und die Gegenwart von → Dämonen steht. Die S. ist Sitz von → Herrschaft, Verwaltung sowie Dienstleistungen und ist Marktzentrum all derer, die mit der Produktion und Verarbeitung von Gütern beschäftigt sind. Als solches ist die S. Zentrum ihres Umlands, von dessen agrarischem Potential ihre Entwicklungsmöglichkeiten mit abhängen. In der S. konzentrierte sich die Oberschicht, damit Luxus und Prestige, Kunst, Musik, Fernhandel und internationales Flair. In Palästina gab es seit dem Ende des 3. Jt. v. Chr. S., die allerdings niemals den Umfang oder das Wirtschaftspotential mesopotamischer oder äg. Städte erreicht haben, weil ihr Hinterland nur aus einer kleinen Landschaftseinheit bestand. Küste und Jesreelebene boten die besten geographischen Voraussetzungen für eine S., ohne dass jemals das Potential zum Ausbau einer „Metropole" bestanden hätte. Das Bergland Palästinas eignet sich nicht für urbane Zentren, eher für lokale Verteilungszentren, in denen der landwirtschaftliche Überschuss der Region (an die nächstgelegene S.) verhandelt wurde. Waren die S. in der mittleren bis späten B-Zeit (2. Jt. v. Chr.) noch Stadtstaaten gewesen (→ Staat) so verwalteten die S. im → Israel (Megiddo, Hazor) und Juda (Lachisch) der Königszeit nicht mehr nur sich selbst und ihr Umland, sondern funktionierten innerhalb der territorialstaatlichen Hierarchie (mit klarer Unterordnung unter die Hauptstädte Jerusalem für Juda bzw. Samaria für Israel).

I. 3. Die Haltung des AT gegenüber der S. ist ambivalent: Zum einen wird Jerusalem verehrt (Ps 48; 137,5f), Hos 8,14 wirft Juda hingegen vor, S. gebaut zu haben. Für die Bibel ist Jerusalem *das* Herrschafts-, Verwaltungs- und Kultzentrum, auch wenn es in einer Landschaft lag, die von sippenbäuerlichen Dörfern geprägt und an sich (wie Samaria) eine agrarische Landstadt war. Die Burg → Zion wurde nach der Eroberung durch David (2 Sam 5,6ff) S. Davids genannt. Aufgrund des frühen Endes Samarias (722 v. Chr.) war allein noch Jerusalem Sitz der Schriftgelehrten, Weisen, → Priester und Bewahrer der lit. und rel. → Traditionen und wurde in der nachexil. Zeit zum Ort, an dem das AT maßgeblich formiert und redigiert wurde. Jerusalem gilt dem AT als S. Jhwhs (Ps 101,8; Jes 60,14), S. Gottes (Ps 46,5; 48,2.9), in dtn.-dtr. Texten als Ort der Alleinverehrung Jhwhs und sein exklusiver Wohnort und wird als heilige S. (Jes 48,2; 52,1; Neh 11,1.18) bezeichnet. Sie ist erwählt von Jhwh (1 Kön 8,16; 2 Kön 21,7), verworfen (2 Kön 23,27) und wieder erwählt (Sach 1,17; 2,16), womit sie im atl. Geschichtskonstrukt der nachexil. Zeit das Ergehen des Gottesvolks teilt. Die S. bietet ihren Bewohnern Schutz und Zuflucht, eine Aufgabe, die im AT anerkannt wird, auch wenn hervorgehoben wird, dass es nur Jhwh sein kann, der schützt (Ps 127,1; Sach 2,9). Diese Schutzfunktion kann auch metaphorisch gebraucht werden, wenn sich der Gläubige in der → Wahrheit wie in einer Festungsstadt birgt (1QH 14,25).

I. 4. In Griechenland war die S. eine polit. Einheit, in der der S.-Bewohner als Träger aller polit., rel. und kulturellen Bestrebungen, die in ihrer Einheit das griech. → Leben ausmachen, gesehen wurde. Die S. diente den Bedürfnissen des Gemeinwesens und spiegelte dies in ihrer Anlage von öffentlichen Gebäuden wider. Sie verwaltete

Abb. 61: Stadtgöttin von Gaza mit Mauerkrone auf einer Hadriansmünze (117–138 n. Chr.).
Quelle: *O. Keel/M. Küchler*, OLB 2, Abb. 64.

sich selbst und verkörperte ein Lebensgefühl, das dem Stadtbewohner Selbstbewusstsein und Selbstbestimmung vermittelte. In der hell. Zeit entfaltete sich unter den Diadochen eine Welle von S.-Gründungen, die nach dem hippodamischen Plan entworfen waren: Die Straßen schnitten sich rechtwinklig, öffentliche Gebäude (Gymnasium, Theater, Bäder, Stadion) und Marktplatz wurden geplant angelegt. Als Stadtgöttin (→ Göttin) wurde häufig die Tyche (= personifiziertes schicksalhaftes Zusammentreffen) verehrt, die mit einer Mauerkrone dargestellt wurde (*Abb. 61*). Die ca. 30 hell. S.-Gründungen in Palästina wurden überwiegend in den Ebenen und Hochebenen errichtet, während im Bergland die traditionellen Siedlungen weiter bestanden. Diese S. wurden zum Einfallstor griech. Kultur und Lebensart. Die hellenisierte Jerusalemer Oberschicht versuchte, Jerusalem in der 1. Hälfte des 2. Jh. v. Chr. zu einer hell. Polis umzuwandeln, um mehr als bisher Teil der griech. Kultur zu werden (1 Makk 1,10ff). Dies führte zusammen mit den Maßnahmen der Zwangshellenisierung durch den Seleukidenherrscher Antiochus IV. Epiphanes (Tempelentweihung; Verbot der Tora-orientierten Lebensweise) in den Aufstand der Makkabäer (167–164 v. Chr.), die die nationalkonservativen Kräfte gegen dieses Ansinnen der Akkulturation mobilisieren konnten.

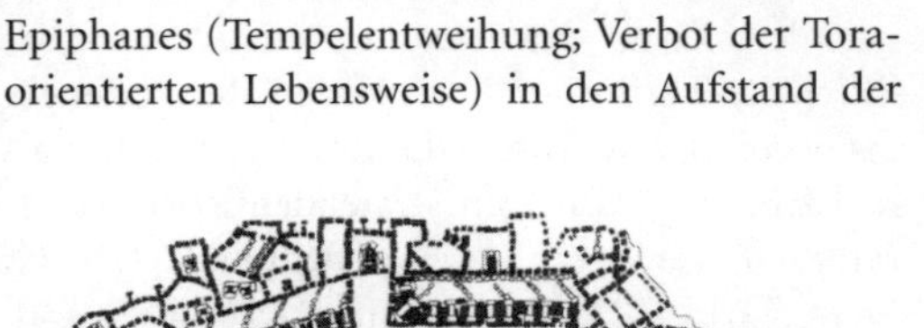

Abb. 62: Mosaik aus Madaba, das Jerusalem zeigt (6. Jh. n. Chr.).
Quelle: *H. Donner*, The Mosaic of Madaba, Kampen 1992 (Ausschnitt).

II. NT: Im röm. Reich hatte die griech. Polis ihre Selbständigkeit eingebüßt und war der imperialen Reichsidee und dem Kosmopolitismus untergeordnet. „Polis" wurde von einem polit. zu einem sozialen Begriff (Sir 10,2f). Die Idee des → Staates war nicht mehr mit der S., sondern mit dem Kaiser verbunden, dem Städteneugründungen (nun nach röm. beeinflusstem S.-Plan mit den sich kreuzenden Hauptstraßen *Cardo* und *Decumanus*, der Anlage eines *Forums*) auch verehrt werden konnten (Tiberias, Cäsarea). Jerusalem (*Abb. 62*) war zwar weiter die heilige S. (Mt 4,5), Sitz der wichtigen Jerusalemer Urgemeinde und des Kephas (Gal 1f), doch verlagerte sich der Blick auf das himmlische Jerusalem, das als bleibende S. (Hebr 11,16) des eschatologischen → Heils ein Ort wäre, an dem die Menschen mit Gott wohnen (Offb 3,12) und die idealen Lebensvoraussetzungen des → Paradieses wieder herrschen würden (Offb 21f). In der Zwischenzeit stellt die auf Christus vertrauende Gemeinde (→ Kirche) die irdische Kolonie des → Himmels dar (Phil 3,20; Gal 4,26–29; Eph 2,19f), in der Gemeinschaft mit Gott bereits möglich ist.

I. *K. Baltzer*, Stadt-Tyche oder Zion-Jerusalem, in: *J. Hausmann-Zobel* (Hg.), Alttestamentlicher Glaube und biblische Theologie, Stuttgart u. a. 1992, 114–119; *ders.*, „Die Stadt als Frau", in: *I. Fischer/K. Schmid* u. a. (Hg.), Prophetie in Israel, Münster 2003, 137–147; *F. Diedrich*, Sicht und Wertung der Stadt im Alten Testament: LS 43 (1992) 364–371; *V. Fritz*, Die Stadt im alten Israel, München 1990; *ders.*, Die Stadt als Lebensform im alten Israel, in: *C. Mayer/K. Müller* u. a. (Hg.), Nach den Anfängen fragen, Gießen 1994, 219–233; *Z. Herzog*, Archaeology of the City, Tel Aviv 1997; *E. Otto*, Stadt und Land im spätbronzezeitlichen und früheisenzeitlichen Palästina, in: *ders./S. Uhlig* (Hg.), Kontinuum und Proprium, Wiesbaden 1996, 16–29; *H. N. Rösel*, Zur Bedeutung der Stadt im alttestamentlichen Israel: BN 89 (1997) 22–26; *L. Rost*, Die Stadt im Alten Testament: ZDPV 97 (1981) 129–138; *T. Staubli*, Das Image der Stadt auf dem Lande: BiKi 47 (1992) 10–17; *G. Wilhelm* (Hg.), Die orientalische Stadt, Saarbrücken 1997.
II. *P.-R. Berger*, Die Stadt auf dem Berge, in: *W. Haubeck/M. Bachmann* (Hg.), Wort in der Zeit, Leiden 1980, 82–85; *M. Hengel*, Jerusalem als jüdische und hellenistische Stadt, in: *ders.*, Judaica, Hellenistica et Christiana 2, Tübingen 1999, 115–156; *ders./S. Mittmann* u. a. (Hg.), La cité de dieu, Tübingen 2000, 195–243; *H.-J. Klauck*, Die heilige Stadt, in: *ders.*, Gemeinde, Amt, Sakrament, Würzburg 1989, 101–129; *A. Mehl* u. a., Die antike griechische Stadt als Lebenswelt: AKuG 78

(1996) 1–66; *D. Sperber*, The City in Roman Palestine, Oxford 1998.

Angelika Berlejung

Strafe (S.)

(→ Dachartikel: Ethik)

I. AT: Für den deutschen Begriff S. und seine Konnotationen wie kontextuell bestimmten Inhalte gibt es in den bibl. Schriften kein Äquivalent. Eine Reduzierung auf eine juridische Bedeutung im Sinne des Strafrechts ist daher nicht möglich. Vielmehr ist S. im Akt der unerlaubten Handlung bereits angelegt, sodass derselbe Wortstamm die Handlung und deren Folgen bezeichnen kann (etwa das hebr. *ʿawon*, das oft mit „Schuld" übersetzt wird). In der durch das Regulativ → Gerechtigkeit bestimmten vernetzten Welt, beginnt S. zeitgleich mit dem Vergehen. Der Täter zerstört durch seine Handlung seine Beziehung zu Gott und zu den Menschen. Er schafft so einen Zustand, der als S. in dem Sinne benannt werden kann, dass der Handelnde aufgrund eigener → Verantwortung nicht mehr ein gelungenes → Leben führt (Gen 4,13; Jer 51,6). Die S. zielt damit auf eine Wiederherstellung des Zustandes vor der Tat ab, wobei der Verantwortliche in diesen Prozess hineingenommen wird. S. trägt in diesem Kontext den Aspekt der → Versöhnung zwischen Täter, Opfer, Gesellschaft und Gott. Daher ist das Begriffsfeld S. in bibl. Texten → anders als im Deutschen → auch keineswegs nur negativ besetzt. S. kann für alle Beteiligten eine heilsame Wirkung entfalten. Im Falle eines Vergehens ohne S. bleibt die entstandene Verletzung bestehen und bedroht das Verhältnis der Menschen untereinander und zu Gott. Um diese Bedrohung der Existenz abzuwenden, ist es Aufgabe der → Gemeinschaft, für die S. Sorge zu tragen.

Trotz der hohen theol. Aufladung des Themas S. in den bibl. Texten verweisen diese vielfach darauf, dass es sich bei der Durchführung eben auch um eine Machtfrage handelt. Die zur prophetischen Sozialkritik gehörende → Klage über die Vergehen der Reichen und Mächtigen (→ Propheten), die eine S. offensichtlich nicht fürchten müssen (Am 2,6; 3,10; 4,1), benennt nicht nur einen offenen Skandal, sondern evoziert auch die Vorstellung der göttlichen S., die dann jedoch die ganze Gemeinschaft treffen kann (Am 6,8–11). Die Verhängung und Durchführung von S. ist ein Gott geschuldeter Akt. Das Maß und die Form der S. spiegeln das Vergehen wider. Die Todess. antwortet auf Verbrechen am Leben Anderer und dem der gesamten Gemeinschaft (Ex 12,15.19; Num 15,35; Dtn 19,11–12). Bei Eigentumsdelikten war nicht nur eine Rückerstattung, sondern auch eine Leistung für den entstandenen Schaden als S. vorgesehen (Ex 21,18–22,16). Praktiziert wurde auch die körperliche Züchtigung als öffentlich verhängte S. (Dtn 22,18; 25,1). Diese Form der S. wurde auch in der familiären → Erziehung praktiziert (Spr 22,15). Diese Gewalttätigkeit (→ Gewalt) konnte als Akt der elterlichen → Liebe autorisiert werden (Spr 13,24). Dieser Gedanke findet seine Aufnahme in der Deutung des S.-Handelns Gottes als päd. Akt der väterlichen Liebe (Jer 30,11; Hebr 12,6–7; Offb 3,19).

II. NT: Die Vorstellung, dass Gott innergesch. S. gegen Individuen und Gruppen verhängt, entspricht einer Auffassung, die alle antiken Rel. und Kulturen teilten. Ein ungesühntes → Unrecht fordert das Handeln Gottes ein, da er sich darin als Bewahrer der → Geschichte und seiner → Macht erweist. Neben dem Erhalt der Autorität und der → Gerechtigkeit kennt die Bibel noch den → Zorn Gottes als Motivation der S. → Sünde und das Vergehen der Menschen sind Grund des Zornes, der sich in der S. dafür realisiert. Da aber durch diese S. die Sünde und ihre Folgen offengelegt werden, erweist sich der Zorn letztendlich als heilsam. Die Rede vom strafenden Zorn ist gesamtbibl. verankert. Atl. Vorstellungen (Ex 32; Num 11,1; 12,9; Dtn 1,34ff; 32,16; Ri 2,13ff; 1 Sam 15) werden ntl. rezipiert und modifiziert. Eine eigene Ausgestaltung findet das Motiv in der → Soteriologie, die davon ausgeht, dass alle Menschen als Sündigende unter dem Zorn- und S.-Gericht Gottes (→ End-Gericht) stehen und daher alle der → Erlösung durch → Jesus Christus bedürfen. Die Sündenverfallenheit als anthropologische Konstante wird verifiziert durch S., den leiblichen → Tod, der in die irdische Existenz hineinragt. Die wahrnehmbare Gestalt der Sünde ist die des Todes (Röm 5–6). Das theol. Motiv von S.

als innerweltliches Gericht Gottes hat sich unter Modifikationen bis in die Neuzeit gehalten und konnte bei individuellen (→ Krankheit, Verelendung [→ Armut]) und gesellschaftsübergreifenden Ereignissen (Naturkatastrophen, Epidemien, → Krieg) als Deutekategorie herangezogen werden. Allerdings konnte das Motiv auch als Herrschaftsinstrument funktionalisiert werden, indem einem Einzelnen bzw. einem Kollektiv unterstellt wurde, dass seine verdeckte Schuld Grund der statthabenden Katastrophen war (→ Gemeinschaft/Individuum). Die als S. interpretierten Nöte entlarven die Opfer bzw. Betroffenen als Täter. Belege für diese Darstellung finden sich bereits im AT (Jes 1,7; 1 Makk 5,28). Im NT wurde dieses Motiv benutzt, um die (nicht-messianischen) Juden als Verantwortliche für die Tötung Jesu zu identifizieren, indem die Zerstörung Jerusalems als Gottes S. gedeutet wurde (Mt 23,37–39; Lk 13,34; 19,41–44; 21, 20–24). Spätestens ab Ende des 4. Jh.s n. Chr., als versucht wurde, den gesellschaftlichen Status der Juden zu mindern, um die Unabgegoltenheit und Gültigkeit der S. evident zu machen, wird das bibl. Motiv zu einem Instrument der Ausgrenzung.

III. Die Heranziehung bibl. Texte unter Ausblendung des vergangenen und gegenwärtigen Kontexts zur Begründung inhumaner S., wie etwa der Todess., ist als Missbrauch der → Schrift zu erachten (→ Hermeneutik). Dadurch wird das bibl. Reden von S. in die polit. Beliebigkeit transferiert, da die Tiefendimension der bibl. Bestimmungen mit ihrer Sorge um den Erhalt menschlicher und göttlicher Ordnung nicht berücksichtigt wird. Die Theol. gesch. hat gezeigt, dass der Gedanke der innergesch. S. Gottes nicht mehr von der bibl. Vorstellung der Durchsetzung göttlicher → Gerechtigkeit bestimmt ist, sondern als Drohung und Entschuldigung für eigenes Versagen gebraucht wurde. Daher ist er theol. diskreditiert. Allerdings wird bibl. begründete Rede eine dem Handeln des Menschen potentiell innewohnende S. nicht aufgeben. Die ökologische und ökonomische Krise lassen die Aktualität dieses Gedankens unschwer erkennen.

I. *E. Brünenberg*, Wenn Jahwes Widerstand sich regt – Überlegungen zum alttestamentlichen Verständnis von Strafe, in: *K. Kiesow/T. Meurer* (Hg.), Textarbeit, Münster 2003, 53–74; *F. Erichsen-Wendt*, Gerichtshandeln Gottes, Frankfurt 2010; *T. Hieke*, Das Alte Testament und die Todesstrafe, in: *ders.* (Hg.), Tod – Ende oder Anfang?, Stuttgart 2005, 77–102; *E. Otto*, Gesellschaftsstruktur und Strafrecht in der Hebräischen Bibel, in: *R. Rollinger* u. a. (Hg.), Strafe und Strafrecht in den antiken Welten, Wiesbaden 2012, 233–248.
II. *R. Kampling*, Das Kreuz, die Historie und die christliche Judenfeindschaft, in: *H. Piegeler* u. a. (Hg.), Gelebte Religionen, Würzburg 2004, 97–105.

Rainer Kampling

Sühne (S.)

(→ Dachartikel: Kult)

I. AT: 1. S. (hebr. *kpr* Piel) ist eine Leistung, die jemand zu erbringen hat, der an einem anderen schuldig geworden ist. Sie besteht aus der Wiedergutmachung für ein Vergehen und bedarf der Annahme durch den Geschädigten. Der Vorgang ist ursprünglich im zwischenmenschlichen (profanen) Bereich angesiedelt. Ziel der Sühneleistung ist die Besänftigung des → Zorns und die → Versöhnung (Gen 32,21; Spr 16,6.14). Dem dient auch die Ausgleichszahlung anstelle der Todesstrafe bei Tötungsdelikten (Ex 21,30; ausgenommen Mord: 2 Sam 21,3f; Num 35,31f) und Ehebruch (Spr 6,35). Zu ihr waren aber nur die Zahlungskräftigen in der Lage (Spr 13,8) und sie diente auch der Bestechung (1 Sam 12,3; Am 5,12).

Im rel. Bereich geht es um die Besänftigung der Gottheit, mit der der Ausgleich gesucht wird. Dies geschieht im Normalfall durch ein → Opfer (1 Sam 3,14; vgl. 26,19; 2 Sam 24,18–25; 2 Kön 12,17). Aber auch → Fürbitte kann S. erwirken (Ex 32,30). Für den Fall eines unaufgeklärten Mordes empfiehlt Dtn 21,1–9 einen Reinigungsritus, den die Gottheit durch Sühnung der anonymen Schuld bestätigt. Ohne eigenes Zutun erfolgt die Sühnung des → Propheten durch einen himmlischen Abgesandten in der kultischen Reinigungsszene Jes 6,6f. Die Sühneleistung kann angenommen (Ps 65,4; 78,38; 79,9; Dtn 32,43) oder abgelehnt werden (Jes 22,12–14; Jer 18,23; Neh 3,37).

I. 2. Der Normalfall der Sühnung durch das Opfer ist in den priesterlichen Schriften der nachexil. Zeit (P, Ez, Chronik) zum Gegenstand der theol. Systematik geworden. Nahezu alle Opfer sind hier

in den Dienst der S. gestellt, das Sünd- und das Schuldopfer ausschließlich für diesen Zweck bestimmt (Lev 1,4; 4,20.31.35; 5,6.16 u. a.; Ez 45,15.17). Dazu kommen andere Kompensationsleistungen wie das „Sühnegeld" für den → Tempel (Ex 30,11–16), das Zwei-Vogel-Opfer (Lev 14,4ff.49ff), der Ziegenbock am Versöhnungstag (Lev 16,20ff), Weihrauch (Num 17,11ff), Weihgaben (Num 31,50) und der Eifer für den Herrn (Num 25,13). In alldem macht sich ein ausgeprägtes, gesteigertes Sündenbewusstsein bemerkbar, das verschiedene Arten absichtlich und unabsichtlich begangener → Sünden unterscheidet. Gesühnt, d. h. von Sünden befreit und gereinigt, werden Personen und Sachen: das Heiligtum und sein Inventar (Ez 43,20; 45,18–20; Ex 29,36f; Lev 8,15), die → Priester (Ex 29,33; Lev 8,34) und das → Volk (Ex 30,10; → Heiligkeit; → Reinheit). Alles zusammen wird einmal im Jahr am großen Versöhnungstag gereinigt und gesühnt (Lev 16).
Beim Sünd- und Schuldopfer (Lev 4f), ebenso beim Brandopfer (nach Lev 1) wie beim großen Versöhnungstag spielen zwei Riten eine wichtige Rolle: die Handaufstemmung auf das Opfertier vor seiner Schlachtung bzw. auf den Ziegenbock vor seiner Vertreibung in die → Wüste und der nach Anlass abgestufte Blutritus (bestehend aus Ausgießung und Applikation des → Blutes; → Ritus), bei dem das Blut an den → Altar und ins Innere des Tempels an das Allerheiligste, am Versöhnungstag sogar ins Allerheiligste gebracht wird. Die Handaufstemmung hat man als Identifikation des Opfernden mit dem Tier interpretiert und damit die Annahme verbunden, dass sich im → Tod des Opfertieres „real-symbolisch" der sühnewirkende Tod des Sünders vollziehe. Doch von dieser (offenkundig vom NT inspirierten) Auffassung wissen die Texte nichts. Der Gestus dient der Übereignung und soll verdeutlichen, in wessen Namen und zu wessen Gunsten das Opfer dargebracht wird (vgl. Lev 1,4). Im Ritual des Versöhnungstags dient die Handaufstemmung der (magischen) Übertragung der im Sündenbekenntnis benannten Sünden auf das Tier (Lev 16,21). Sühnende Wirkung haben hingegen die vom Priester vollzogenen Blutriten (mit Ausnahme für die Armen: Lev 5,11–13). Dem Blut wird sühnende Wirkung zugeschrieben, da es Träger des → Lebens ist (Lev 17,11). Es wird darum in der Blutausgießung am Altar der hier anwesenden Gottheit überlassen und bei der Applikation zum Zwecke der Reinigung mit Sachen und Personen in Berührung gebracht. In Verbindung mit der anschließenden kultischen Verbrennung besteht die Gabe des Opfers im Leben des Opfertieres (nicht des Sünders!) zur Auslösung des menschlichen Lebens und Befreiung aus der todbringenden Sphäre der Sünde.
Subjekt des Sühneschaffens ist in den priesterlichen Texten stets der Priester, der die Riten vollzieht. Dabei ist natürlich vorausgesetzt, dass Gott die S. gewährt und die Sünden vergibt (so Dtn 32,43; Jer 18,23; Ez 16,63; Ps 65,4; 2 Chr 30,18; unpersönlich 1 Sam 3,14; Jes 22,14; 27,9; Dan 9,24; vgl. Lev 4,20.26 u. a.).
Die priesterliche Systematik setzt sich in der Tempelrolle (11QT) fort. Andere Wege beschreiten die genuin qumranschen Schriften 1QS und CD, die die kultischen Vollzüge für die neue, vom Tempel getrennte Kultgemeinschaft durch andere Leistungen ersetzen (1QS 9,4f; CD 4,6.9f). Subjekt der S. ist Gott (1QS 11,14; CD 2,4; 3,18), Bedingung die Zugehörigkeit zur → Gemeinschaft (1QS 2,8) und der Wandel im → Geist des → Rates Gottes, der Rechtschaffenheit und der Demut (1QS 3,6.8), der der Gemeinschaft als neuem „Heiligtum" gegeben ist, um für sich selbst und für das Land S. zu erwirken (1QS 5,6; 8,6.10). Auf dieser Linie liegt die Entwicklung im Judentum der tempellosen Zeit, das → Gebet und Fasten, die Wohltätigkeit, das Torastudium und den Versöhnungstag, im Extremfall auch Leiden und Tod, v. a. anderen aber → Buße und → Umkehr an die Stelle des Opfers setzt und sich davon die Sühnung der Sünden verspricht (Tob 4,8–11; 12,8f; Sir 3,30; 29,12).
II. NT: 1. Im NT gilt der → Tod Jesu am → Kreuz als das zentrale, wenn nicht einzige Sühnemittel. Nur an wenigen Stellen steht dafür eine Ableitung des griech. Wortes für „S." ἱλασμός o. ä. (Röm 3,25; Hebr 2,17; 1 Joh 2,2; 4,10). An anderen Stellen wird von der Aufhebung der → Sünden (Hebr 9,26), ihrer Wegnahme (Hebr 9,28) oder von der Reinigung (Hebr 1,3; 9,14) und → Erlösung von Sünden (Hebr 9,15) gesprochen. Darüber hinaus ist der sühnewirkende Tod im Blick, wo vom → Blut Jesu (Mk 14,24; Mt 26,28; Lk 22,20; 1 Kor

11,25), von der Hingabe „für" andere (Röm 5,6.8; Mk 10,45 u. a.) oder „für die Sünden" anderer (Röm 4,25; 1 Kor 15,3; Gal 1,4; vgl. Hebr 5,1; 7,27; 9,7; 10,12) sowie vom (Pascha-)Lamm Gottes (1 Kor 5,7; Joh 1,29; Offb 5,6ff u. a.) die Rede ist.

II. 2. Wie die Analyse der Einsetzungsworte zum → Abendmahl und Röm 3,25 zeigen, wurde die Heilsbedeutung des Todes Jesu sehr bald in kultischen Kategorien gedeutet und als Sühnegeschehen aufgefasst. Im Unterschied zur hergebrachten Sühneauffassung ist es hier jedoch ein Mensch, dessen Blut zugunsten des Sünders bzw. stellvertretend für ihn vergossen wird. Dafür standen die stellvertretende Übernahme von Schuld und → Strafe durch den → Gottesknecht von Jes 53 (zitiert in 1 Petr 2,24) sowie der jüd.-hell. Märtyrergedanke (1 Makk 6,44; 2 Makk 7,37f) als Vorstellungshintergrund Pate. Die Ableitung aus nur einem der drei Vorstellungsbereiche greift zu kurz. In der Deutung des Todes Jesu sind S. und Stellvertretung eine unzertrennliche, singuläre Symbiose eingegangen. Sie beruht darauf, dass in dem Geschehen Gott selbst als derjenige wahrgenommen wurde, der in der Person Jesu (seinem Leben, Sterben und Auferstehen) für den sündigen Menschen eintritt und die Sühneleistung für alle Menschen vollbringt.

Die Identifizierung Gottes mit dem sündigen Menschen in → Jesus Christus hat v. a. Paulus auf den Begriff gebracht (Röm 8,3; 2 Kor 5,21; Gal 3,13). Sie begründet die Anteilhabe des sündigen Menschen an dem von Gott hingestellten Sühnemittel für die, die an Jesus Christus glauben (→ Glaube) und so durch ihn gerechtfertigt werden (Röm 3,25f; → Rechtfertigung). Sie sind mit Jesus Christus gestorben, werden in ihm zu einer neuen Kreatur und sind versöhnt mit Gott (2 Kor 5,14f.17f). Die kultischen Konnotationen des Sühnegeschehens führt der Hebr in seiner typologischen Deutung von Lev 16 aus: Nach ihm ist Jesus der Hohepriester (Hebr 2,17 u. a.) und das → Opfer in einem, die – im Unterschied zum regelmäßigen Opfer im irdischen → Kult – im himmlischen Heiligtum ein für alle Mal S. und → Versöhnung bewirken (bes. Hebr 9f). Für Joh ist der präexistente und fleischgewordene Logos (Joh 1,1ff) das Lamm, das am Rüsttag zum Pascha mit den Paschalämmern stirbt (Joh 19,14.31) und „die Sünde der Welt hinwegnimmt" (Joh 1,29). So findet im Tod Jesu nach dem NT der atl. Sühnekult sein Ende, aber auch seine Erfüllung.

I. *B. Janowski*, Sühne als Heilsgeschehen, Neukirchen-Vluyn ^{2}2000.

II. *T. Knöppler*, Sühne im Neuen Testament, Neukirchen-Vluyn 2001.

Reinhard G. Kratz

Sünde (S.)

(→ Dachartikel: Ethik)

Vorbemerkung: S. bezeichnet im theol. Sinne einen Oberbegriff für ein menschliches Fehlverhalten vor Gott. S. realisiert sich im → Bösen, in vielfältigen → Lastern, in → Gewalt und → Verbrechen. Auch wenn das AT anders als das NT keine spezifische Begrifflichkeit entwickelt hat, sind gemeinsame Grundzüge zu erkennen. S. ist ein individuelles oder kollektives Abweichen im → Willen und Tun vom Gesetz Gottes, das dem Sünder bekannt ist. Er handelt frei, eigenverantwortlich, wissentlich und in böser Absicht. Die S. bewirkt eine grundlegende Störung des Gottesverhältnisses und der zwischenmenschlichen Beziehung. → Sühne für die S. kann nur Gott gewähren.

Die menschliche Zerrissenheit und Entfremdung in Anbetracht seiner Sündenverfallenheit, die die Bibel als menschliches Drama bezeugt, zeigt eine Grunderfahrung der menschlichen Existenz auf, in der die S. als widergöttliche und widermenschliche Macht erlebt wird, die das → Leben immer wieder aufs Neue zu zerstören droht. Gerade weil der bibl. Mensch die S. als S. zu erkennen vermag, begegnet er sich als Sünder im Widerspruch zu dem als Gut Erkannten. Die S. öffnet sich damit der fundamentalen Frage nach dem menschlichen Wesen. Die häufig behauptete Ursache der S., der Mensch wolle sein wie Gott und die S. entspringe der menschlichen Überheblichkeit und Selbstüberschätzung, ist daher eine Einengung auf Gen 3,5, die dem bibl. Befund nicht gerecht wird, nach der die S. auf die Anthropodizee verweist.

I. AT: 1. Der Terminus S. kann im Hebr. mit *ḥaṭ-*

ṭāʾt („S."), *ʿāwōn* („Verbrechen, S.") und *pœšaʿ* („Frevel, Vergehen") ausgedrückt werden.

I. 2. Im Rahmen der Gottesordnung und des Gottesbundes ist jede S., auch die, die sich gegen den → Nächsten richtet, S. wider Gott (Ps 51,6). In der S., die immer Übertretung des von Gott Gewollten ist, artikuliert sich eine Verachtung Gottes, eine Infragestellung seiner Autorität. Die S. ist ein willentlicher Akt der Übertretung der von Gott geschenkten → Tora und der der → Schöpfung gegebenen → Ordnung. Diese ist durch → Weisheit und → Einsicht erfassbar. Daher kann S. auch als frevlerische → Torheit verstanden, aber nicht entschuldigt werden (Dtn 32,6; Ps 107,17f; Hos 7,11). Da das soziale und gesellschaftliche Leben unter Absehung Gottes sinnentleert ist, ist jede S. zugleich eine soziale S., insofern die S. den → Bund in Frage stellt und Gottes Gericht nach sich zieht (2 Kön 17,15). Die Wirkung der S. kann dabei generationsübergreifend gedeutet werde. Die S. schafft ein Kontinuum, in das folgende Generationen eintreten. Die vorbefindliche Situation ist von den vergangenen S. so unheilvoll belastet, dass sie als eigene Sündenschuld ertragen wird. Dabei ist nicht der Gedanke der späten → Strafe maßgeblich (Jer 31,29f; Ez 18,2–20), sondern der einer Unheils-Solidarität (Esra 9; Neh 9; Dan 9). Der S. eignet eine ihr eigene zerstörerische Kraft, die eigens den Sünder nicht verschont (Spr 11,19). Nach der atl. → Anthropologie handelt der Sünder durch die S. sich selbst zuwider (Spr 29,6), da er ein Nicht-Leben der Gottesferne führen muss (Gen 4,14.16). Die schwerste Form der S. wider Gott ist der Abfall von ihm, das Sich-Einlassen auf fremde Götter (Ex 20,3; Jer 7,9; Ps 10,4). Dieses Verlassen Gottes ist Ungehorsam und Undankbarkeit zugleich (Dtn 5,23–25; 6,14–16; 7,11; Am 2,4), da auch der Sünder sich ganz Gott verdankt. In Anbetracht der von Gott seinem → Volk geschenkten Möglichkeiten, die S. zu erkennen und sie zu meiden, mündet die prophetische Kritik in der Aussage, die S. lege offen, dass das Volk Gott nicht kennt (Hos 4,1.6; Jes 1,2f; Jer 5,4; 22,16).

II. NT: 1. Für den Terminus S. steht im NT ἁμαρτία.

II. 2. Im NT wird die S. Thema, weil sie durch → Jesus Christus als überwunden geglaubt wird. Die S. wird in der Retrospektive ihres beginnenden Endes wahrgenommen und beurteilt. Maßgeblich für die ntl. Vorstellung der S. ist Paulus. Die Logik der pln. Harmatologie (= Sündenlehre) ist ganz an den → Glauben an die geschehene → Erlösung gebunden. Sie ist bedingt und nur möglich durch die *in fide* gewonnene → Einsicht der Heilswirksamkeit des → Todes Jesu. Die soteriologische Deutung des → Kreuzes bedarf notwendig eines Gegenübers. Näherhin: Weil für Paulus durch Jesus Christus Erlösung wurde, muss es Erlösungsnotwendigkeit gegeben haben. Das Erlösungsgeschehen verweist auf die Notwendigkeit seiner selbst. Es hat damit Offenbarungsqualität, weil es die S. und die Sündenverstrickung offen legt (Röm 1,18). Die Behauptung von S. und Sündenschuld ist demnach konstitutiv für die theol. Reflexion des Paulus. Tod und → Auferstehung sind der einzige Ermöglichungsgrund für den unter der S. stehenden Menschen, ihrer → Herrschaft zu entgehen (Röm 4,25; 5,8; 1 Kor 15,3f; Gal 1,4). Die S. als Herrin besitzt den Menschen vor der → Taufe als Eigentum, der ihr nur gegen eine Auslösesumme, die ein anderer zahlen muss, entkommen kann (1 Kor 6,20).

Nicht weniger drastisch ist das Bild der Kriegsgefangenschaft, in die die S. den Menschen zwingt (Röm 7,23): Die S. ist Königin über den Sünder (Röm 6, 12) und ist zur Herrschaft (6,14) gelangt. Sie verfügt über Waffen (6,13), um diese Herrschaft zu behalten und zu bewahren. Selbst das Gesetz wird der S. zum Instrument ihrer → Macht (Röm 7,10.12); es muss vom Menschen aufgrund seiner Unfähigkeit, es zu erfüllen, übertreten werden, sodass es ihn an die S. übereignet und die Sündenverfallenheit bezeugt (Röm 3,20). Die Alternative zur Macht und Herrschaft der S. ist aber eine andere Macht und Herrschaft, nämlich die Gottes durch Jesus Christus, die den Menschen befreit.

Das zu Beschreibende wird durch die konkrete polit. Erfahrung und durch die kulturellen Vorgaben unmittelbar verständlich: Die S. begegnet dem Menschen als eine fremde Macht, der der Mensch, der sich ihr anheim gegeben hat, vollkommen machtlos gegenübersteht. Macht ist der S. nicht als wesensmäßig inhärent, sondern sie ist die Erscheinungsform der S., wie sie dem Menschen widerfährt. Denn wenn sich auch der Mensch vor der Taufe *de facto* nicht der S. erwehren kann, so übereignet er sich ihr vorgängig (Röm 2f). Die S. wird als Einwohnung eines dem Menschen Fremden dargestellt. Dabei ist es nicht die Krankheitsmetaphorik, die hier greift, sondern die der Dämonologie (→ Krankheit; → Dämon). Die S. hat vom Menschen Besitz ergriffen. Sie sitzt in seinem → Fleisch (Röm 5–7) und treibt den Menschen dazu, etwas gegen sich selbst Gerichtetes zu tun. Die S. wirft den Sünder auf sich selbst zurück, um dort wieder nur die S. zu entdecken. Der Schaden, den der Mensch durch die S. nimmt, ist nach Paulus nicht nur im Verlust der Nähe Gottes zu suchen, sondern auch im konkreten Leben der Menschen miteinander. Es begegnen sich nicht Menschen, sondern von S. bestimmte auf S. aus seiende Gefangene der S. Die S. hindert den Menschen am Menschsein, da sie ihn nur auf die Existenz verweisen kann, die aus der S. stammt und zum Tod führt.

Damit ist dann allerdings auch der Gedanke der Schöpfungsordnung berührt. Nach Paulus wird diese durch die S. dadurch zerstört, dass der Mensch nicht als Geschöpf in der Schöpfungsordnung leben kann. Obwohl er das Gute will, tut er es nicht. Es geht dabei nicht um eine Frage der Erkenntnis, sondern um eine Erfahrung des Menschen, der sich als Fremder erfährt. In Röm 7,15–24 wird diese Spaltung des Menschen dargestellt.

Die Aufgipfelung des Elends in dem Aufruf nach → Rettung greift die Gefangenschaftsmetaphorik auf. Der der S. versklavte Mensch ist sich selbst der Ort der Gefangenschaft, die zum Tod führt. Dass die S. nicht nur den Menschen von sich entfremdet, sondern auch von Gott, ist für Paulus eine theol. Selbstverständlichkeit. Die Prämisse, dass die S. von Gott trennt und dass daher jedes Leben gescheitert ist, bestimmt die Wahrnehmung und die Erfahrung. Denn die Wahrnehmung des Statthabenden gelingt demnach erst dann, wenn man auf seine Bedingtheit blickt. Die Trübsal des sündigen Menschen ist die der höchsten Not; seine → Angst ist die, die das Tier oder der Soldat empfinden, wenn sie in die Enge getrieben auf den tödlichen Stoß warten (Röm 2,9). Das ist der Mensch, wie ihn die S. zurichtet.

Auf dieser Argumentationsebene liegt es auch, wenn Paulus noch einen Schritt weitergeht. Da der Mensch unter der S. kein menschliches Leben mehr führt, sondern versklavt und gefangen sich ihrer → Gewalt anheim gibt, ist er als Lebender schon so gut wie tot. Die S. bringt den Tod in die gegenwärtige Existenz ein und macht ihn zur Signatur ihres Daseins. Da der sündengewirkte Tod aber nicht nur die leibliche Existenz, sondern auch das pneumatische Sein – auch dieses ist von der Sünde bedroht, wie die pln. Paränese zeigt – betrifft, ist der Tod aus der S. ein bleibender, der den Menschen jeder → Hoffnung beraubt.

Die allgemeine Sündenverfallenheit findet nach Paulus ihren entscheidenden und letzten Beweis im Tod. Er ist nicht nur die Chiffre schlechthin für die S., sondern der je neu erlebbare unabweisliche Beleg für ihre reale Macht über den Menschen. S. und Tod sind derart eng miteinander verwoben, dass sie zu einer Einheit verschmelzen. Die wahrnehmbare Gestalt der S. ist die des Todes (Röm 6,23). Die Befreiung von der S. durch Jesus Christus restituiert den Menschen nicht nur, sondern ermöglicht überhaupt erst ein menschliches Leben ohne den Zwang zur S. (Röm 6,17f). Gleichwohl gilt auch für das Sein in Christus, dass die S. weiterhin eine Bedrohung darstellt, der auch der Getaufte unter dem eschatologischen Vorbehalt mit Wachsamkeit begegnen muss, wie die pln. Paränese (Röm 6,12) und ihr Verweis auf die Bewährung im → End-Gericht zeigen (Röm 2,3.16; 3,6; 14,10; 1 Kor 5,13; 2 Kor 5,10; Gal 5,10.19–21).

I. *P. Fredriksen,* Sin, Princeton 2012; *C. Giraudo,* Das Sündenbekenntnis im Alten Testament: Conc. 23 (1987) 143–150; *R. Koch,* Die Sünde im Alten Testament, Frankfurt/M. u. a. 1992; *P. D. Miller,* Sin and Judgement in the Prophets, Chico 1982; *J. Sklar,* Sin, Impurity, Sacrifice, Atonement, Sheffield 2005; *K. van der Toorn,* Sin and Sanction in Israel und Mesopotamia, Assen 1985.

II. *I. Baldermann* (Hg.), Sünde und Gericht, Neukirchen-Vluyn 1994; *C. L. Blomberg,* Jesus, Sinners, and Table Fellowship: BBR 19 (2009) 35–62; *H. Frankemölle* (Hg.), Sünde und Erlösung im Neuen Testament, Freiburg 1996; *H. Giesen,* Befreiung des Gesetzes aus der Sklaverei der Sünde als Ermöglichung der Gesetzeserfüllung (Röm 8,1–4): BZ 53 (2009) 179–211; *S. Hagenow,* Heilige Gemeinde – sündige Christen, Tübingen 2011; *J. W. Johnston,* Which "All" Sinned?: NT 53 (2011) 153–164; *A. Middelbeck-Varwick* (Hg.), „So lauert die Sünde vor der Tür" (Gen 4,17), Frankfurt 2011; *G. Röhser,* Paulus und die Herrschaft der Sünde: ZNT 103 (2012) 84–110; *P. Spitaler,* Universale Sünde von Juden und Heiden?, Würzburg 2006.

Rainer Kampling

Taufe (T.)

(→ Dachartikel: Kult)

Vorbemerkung: Die T. ist ein Spezialfall der rituellen Waschungen, wie sie im ganzen AO und so auch im AT sowie vermehrt in Qumran (vgl. 1QS 3,4–12; 5,13 u. a.) für → Priester und Kultteilnehmer belegt sind und die der Erreichung der körperlichen und moralischen → Reinheit oder Unversehrtheit, kurz: der Kultfähigkeit dienen.

II. NT: 1. Auch das NT kennt die rituelle Waschung von Personen und Gegenständen (Mk 7,4; Hebr 9,10), unterscheidet davon aber den einmaligen, durch eine andere Person am Menschen vollzogenen sakramentalen Akt der T. durch Johannes den Täufer und die Jünger Jesu (→ Apostel). Der Unterschied lässt sich terminologisch an der Verwendung der Intensivform βαπτίζειν des Verbums βάπτειν („eintauchen, untertauchen") festmachen, die nur an wenigen Stellen in der LXX für rituelle Waschungen gebraucht wird (2 Kön 5,14; Sir 34,25; Jdt 12,7); eine christl. Neuschöpfung scheint das Nomen τὸ βάπτισμα zu sein. Der Titel ὁ βαπτιστής für Johannes ist außer den Synopt. auch Josephus (Ios. ant.Iud. 18,116) bekannt. Die rituelle Waschung ist hier wie bei der für das 1. Jh. n. Chr. nachgewiesenen jüd. Proselytentaufe zu einem Initiationsritus (→ Ritus) geworden, der viele religionsgesch. Analogien, aber, von der Johannestaufe abgesehen, kein spezielles hist. Vorbild hat und die → Beschneidung ersetzt.

II. 2. Der hist. Anhalt für die christl. T. ist die T. Jesu durch Johannes (Mt 3; Mk 1; nur angedeutet in Lk 3 und Joh 1) sowie der Umstand, dass die Jünger des Johannes (vgl. Mk 2,18par.; Lk 11,1) vor wie nach dessen Gefangennahme und Enthauptung (Mt 4,12; 14,1–12; Mk 6,14–29; Lk 3,19f; 9,7–9) eine Konkurrenz für die Jünger Jesu darstellten, woraus sich die Auseinandersetzungen um das Verhältnis der beiden erklären (vgl. Mt 11,1ff.par.; Mk 8,27–30par.; 11,27–33par.; Joh 1,35ff; 3,22ff; 5,33.36; 10,40f; Apg 18,25; 19,1–6). Was an den Berichten mit ihren vielen heilsgesch. Anklängen, etwa an den Durchzug → Israels durch den Jordan oder an den → Propheten Elija, hist. ist, ist schwer zu sagen, da sie durch den Filter des Osterglaubens gegangen sind und sowohl die Gestalt des Johannes als auch die Johannestaufe nach der Schrift als Vorläufer und Zeugnis für den Christus deuten. Im Kern wird es sich um eine eschatologisch motivierte, den radikalen Gehorsam gegen Gott und die → Tora fordernde Umkehrbewegung (→ Umkehr) gehandelt haben. Nach Lk 1 stammt Johannes aus priesterlichem Geschlecht; er dürfte die T., eine Immersion (Eintauchen) im Jordan, als ultimative Waschung zur Reinigung von den → Sünden (→ Reinheit) und zur Bewahrung vor dem nahenden → End-Gericht eingeführt haben. Josephus mit seiner moralischen Erklärung (Ios. ant.Iud. 18,117) trifft den hist. Sachverhalt vermutlich eher als die schriftgelehrte, christologische Interpretation des NT.

Jesus hat – trotz des späten Zeugnisses Joh 3,22.25f; 4,1, das eine Glosse in 4,2 wieder zurechtrückt – nicht selber getauft. Auch der ihm in den Mund gelegte Taufbefehl in Mt 28,19f (vgl. Mk 16,16) setzt die christl. Taufpraxis und Lehre schon voraus. Nach dem → Tod Jesu und der von einigen so erlebten → Auferstehung übernahmen die frühen Christen die T. des Johannes und gestalteten sie, der jüd. Proselytentaufe gleich, zum einmalig vollzogenen Initiationsritus um. Im Unterschied zur T. des Johannes, aber in Einklang mit der – gewissermaßen als „Kultlegende" (R. Bultmann) entworfenen – ntl. Darstellung des Täufers, geschieht die T. auf den erhöhten Herrn → Jesus Christus (Röm 6,3; 1 Kor 6,11; Gal 3,27; indirekt 1 Kor 1,13.15; vgl. Apg 2,38; 8,16; 10,48; 19,5; Mt 28,19) und ist mit der Verleihung des heiligen → Geistes verbunden (1 Kor 6,11; 12,13; vgl. Mk 1,8; Apg 1,5; 8,14–17; 9,17f; 10,44–48; Mt 28,19). Beides bewirkt die Aufnahme in die → Gemeinschaft der Heiligen, denen die Sünden vergeben sind (Röm 6,1ff; 1 Kor 6,11; vgl. Apg 2,38; 22,16), die Teil des einen Leibes Christi sind (1 Kor 12,13; vgl. Gal 3,27f) und damit ein Unterpfand der kommenden Welt besitzen (2 Kor 1,21f; 5,5; Röm 8,23).

II. 3. Die T. ist offenbar sehr bald nach Jesu Tod praktiziert worden und hat entsprechende Formeln hervorgebracht, die Paulus aufgegriffen und an den einschlägigen Stellen (Röm 6; 1 Kor 6) christologisch entfaltet hat: Die T. stellt den Getauften in den Machtbereich Jesu Christi, verleiht ihm Anteil an Tod und Auferstehung Jesu Christi und befähigt die Gemeinschaft der Getauften zu einem von der → Macht der Sünde und der Welt befreiten, vom Geist erfüllten → Leben in Antizipation des wiederkehrenden Herrn und der künftigen Auferstehung. Die Deuteropaulinen führen dies weiter und lassen die künftige Auferstehung „durch den → Glauben" schon jetzt Wirklichkeit geworden sein (Kol 2,12f; 3,1–4; Eph 2,4–7). Die Apg legt bes. Wert auf den Empfang des heiligen Geistes, der durch Handauflegung in apostolischer Sukzession verliehen wird (→ Amt) und sich rasch über die ganze Welt ausbreitet. Konstitutiv ist aber auch hier der Zusammenhang von T. „auf den Namen Jesu Christi", Sündenvergebung und Geistempfang (Apg 2,38). Die betonte Differenz von Wasser- und Geisttaufe markiert den heilsgesch. Unterschied zur Johannestaufe (Apg 1,5; 11,16; 18,25; 19,1–6). Noch stärker als die Apg unterscheidet Joh zwischen der Johannestaufe und der T. auf den → Namen Jesu Christi (Joh 3,30). Bindeglied zwischen der T. und dem Christus ist auch hier „der Geist". Die „Wiedergeburt aus Wasser und Geist" (Joh 3,5; vgl. 1 Petr 1,3.23; Tit 3,5f) eint die Taufenden und die Getauften mit dem Wirken des irdischen und erhöhten Christus, auf dem der Geist ruht (Joh 1,32f). Die Identität im Wirken des Geistes macht es möglich, die Taufpraxis bereits auf Jesus selbst zurückzuführen (Joh 3,22.25f; 4,1).

In der Praxis kristallisierten sich gewisse Rituale heraus. Die anfänglich geübte Vikariatstaufe, d. h. die stellvertretende T. für Verstorbene (1 Kor 15,29), wurde mit der Zeit überflüssig. Durchgesetzt hat sich die Handauflegung sowie eine Belehrung des Täuflings vor oder nach der T. (Hebr 6,2; Did 7,1; Mt 28,19f). Von einem Glaubensbekenntnis verlautet in früher Zeit nichts. Außer den Taufformeln „auf den Namen des Herrn Jesus" u. a. (Paulus, Apg) ist schon bald die trinitarische Formel belegt (Mt 28,19; Did 7,1.3). Ob 1 Kor 7,14 und die T. eines ganzen „Hauses" (1 Kor 1,16; Apg 16,15.30–34; 18,8) die Kindertaufe mit einschließen, ist umstritten. Deutlich wird daraus jedoch, dass die T. nicht notwendig eine individuelle Glaubensentscheidung des Täuflings voraussetzt.

G. Barth, Die Taufe in frühchristlicher Zeit, Neukirchen-Vluyn ²2002; *G. R. Beasley-Murray*, Die christliche Taufe, Kassel ²1998; *E. Geldbach*, Taufe, Göttingen 1996; *D. Hellholm/T. Vegge*, Waschungen, Initiationen und Taufe, Berlin u. a. 2011; *J. Jeremias*, Die Kindertaufe in den ersten vier Jahrhunderten, Göttingen 1958.

Reinhard G. Kratz

Tempel / Heiligtum (T./H.)

(→ Dachartikel: Kult)

I. AT: 1. Wie dem gesamten AO galt auch dem Alten → Israel der T. als Haus (*bajit*), Palast (*hēkāl*, sum. *é.gal*, akkad. *ekallu*) oder Wohnung (*miškān*) der Gottheit. Seinem Status gemäß wurde er auch als „H." (*miqdāš*) bezeichnet.

Im T. befanden sich für gewöhnlich das Kultbild (→ Bild) und andere Kultgegenstände, auf dem Tempelplatz der Opferaltar (→ Altar; → Opfer) und verschiedene Nebengebäude. Während der *Temenos* jedermann zugänglich war, durfte das Innere des T., die *Cella* mit dem Allerheiligsten (hebr. *d^ebīr*), nur von den → Priestern betreten werden, die auch den Altardienst versahen. In unmittelbarer Nachbarschaft befanden sich oft der königliche Palast und die Schreiberschulen, sodass die T. nicht nur dem → Kult dienten, sondern zugleich Orte der Traditionspflege und wichtige Wirtschaftseinheiten waren.

I. 2. Die Bauweise der T. in Syrien und Palästina ist von der mesopotamischen beeinflusst, die zwei Haupttypen kennt: den bab. Breitraumtempel mit einem direkten Zugang zu *Cella* und Götterstatue und den ass. Langraum- oder Knickachstempel, bei dem man nach Betreten des Tempelraums durch einen seitlichen Eingang eine Drehung um 90 Grad vollziehen musste, um in der Längsachse der *Cella* zu stehen und sich dem Götterbild zu nähern. Im eisenzeitlichen Syrien und Palästina hat sich der ass. Langraumtempel (*Abb. 63*) durchgesetzt, der oft mit Vorsprüngen (Anten) versehen war und daher auch Antentempel genannt wird. Die T. wurden gerne auf terrassenartigen Anhöhen erbaut. Dies weist auf ihre Funktion als Berührungspunkt von → Himmel und → Erde (vgl. Jes 6), der den gesamten Kosmos repräsentiert (→ Weltbild). In Mesopotamien wurden dafür künstliche, aus Lehmziegeln errichtete Terrassenanlagen in Form von Tempeltürmen (Ziqqurat) konstruiert, auf deren Spitze das Gotteshaus stand und in den Himmel ragte.

I. 3. In Israel und Juda sind nicht viele Heiligtümer belegt, doch gab es nicht nur eines. Am verbreitetsten waren, von den privaten Hauskulten abgesehen, die über das ganze Land verstreuten Kulthöhen (*bāmōt*), offene Baum- oder Steinheiligtümer (*Abb. 64*) mit oder ohne Altar, wie z. B. die Eiche von Sichem (Gen 12,6; Ri 9,6) oder von Ofra (Ri 6,11.24) und die Kulthöhe im Lande Zuf (1 Sam 9,12f) oder von Gibeon (1 Kön 3,4). Von ihnen haben sich natürlicherweise nur wenige archäologische Reste erhalten. Sie dienten dem lokalen Kult, insbes. den hier veranstalteten Schlachtopfer-Festen (→ Fest). 1 Sam 9,22 nennt in diesem Zusammenhang ein Gebäude, in dem das Festmahl stattfand. Das dafür gebrauchte Wort (*liškā*) bezeichnet an anderer Stelle (2 Kön 23,11; Jer 35,2.4) Anbauten zum T., sodass man fragen kann, ob es sich nicht auch hier um eine kultische Bebauung handelt. Solche Nebenräume sind für Lachisch und Megiddo archäologisch nachgewiesen. Sie sind der erste Schritt zum Ausbau einer Kulthöhe zur Tempelstätte.

An Tempelstätten sind für Israel und Juda folgende Orte lit. bezeugt: Schilo (1 Sam 1–3), Nob (1 Sam 21f), Jerusalem (1 Kön 6f und 2 Kön 11,18), Bet-El und Dan (1 Kön 12), Samaria (1 Kön 16,32). Archäologisch oder epigraphisch nachgewiesen sind ein T. in Arad (10.–8. Jh.) und in Tel Motsa westlich von Jerusalem (vgl. Jos 18,26) sowie verschiedene andere kultische Installationen aus vor- und nachexil. Zeit (*Abb. 65*). Ebenfalls nachgewiesen ist der T. der Jhwh-Verehrer von Samaria und späteren Samaritaner auf dem Garizim, der Josephus zufolge gegen Ende der pers., Anfang der hell. Zeit (vgl. Ios. ant.Iud. 11,310.321ff; 13,256), nach den neuesten archäologischen Erkenntnissen jedoch schon erheblich früher (um 450 v. Chr.) erbaut wurde. Außerhalb des Landes ist der T. auf der Nilinsel Elephantine inschriftlich bezeugt und mittlerweile auch archäologisch nachgewiesen; und um 160 v. Chr. gründete Onias IV. einen T. in Leontopolis (Heliopolis), der 73/72 v. Chr. von Vespasian zerstört wurde (Ios. bel.Iud. 1,33; 7,420–436; ant.Iud. 13,62–73).

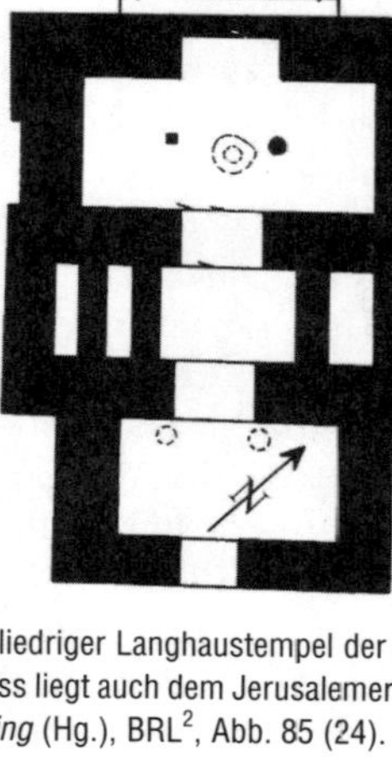

Abb. 63: Dreigliedriger Langhaustempel der SB-Zeit aus Hazor. Dieser Grundriss liegt auch dem Jerusalemer Tempel zugrunde. Quelle: *K. Galling* (Hg.), BRL², Abb. 85 (24).

Abb. 64: Münze mit Darstellung von zwei Masseben, einem Weihrauchständer, Baum und Quelle (3./4. Jh. n. Chr.) aus Tyrus. Quelle: *O. Keel/M. Küchler*, OLB 2, Abb. 151.

Die Heiligtümer in den Hauptstädten der beiden Monarchien von Israel und Juda sowie an anderen zentral gelegenen, oft militärisch genutzten Orten wurden vom → König unterhalten und unterstanden seiner Kontrolle. Im Unterschied zum privaten Hauskult und den lokalen Höhenheiligtümern dienten die T. in bes. Weise dem zentralen Reichskult. Hier wurden die königlichen Opfer dargebracht und die jährlichen Wallfahrtsfeste begangen. Die Vielfalt der H. hielt, wie der archäologische Befund beweist, auch während der nachexil. Zeit an, ausgenommen natürlich die königlichen T., die entweder in die Verantwortung der fremden Könige übergingen (2 Kön 17,24ff: Bet-El; 2 Chr 36,22f; Esra 1ff: Jerusalem) oder zu Regionalheiligtümern degradiert oder ganz aufgegeben wurden. Viel ist darüber allerdings nicht bekannt, da die bibl. Schriften mehrheitlich der Doktrin des Dtn (Dtn 12) folgen, wonach es nur einen T., den in Jerusalem (vgl. 4QMMT), geben darf. Aus diesem Grund besitzen wir auch nur im Falle Jerusalems, durch archäologisches Glück auch im Falle von Sichem (Garizim) und Elephantine, nähere Kenntnis über die Ausstattung und Geschichte der dortigen Jhwh-Tempel.

I. 4. Dem Bericht in 1 Kön 6–8 (par. 2 Chr 2–4) zufolge hat König Salomo einen T. und einen Palast in Jerusalem erbaut. Von beidem haben sich

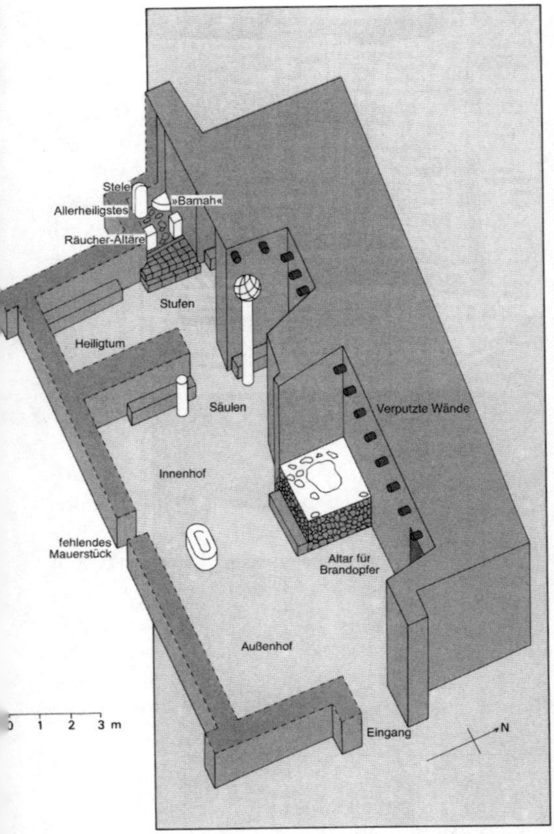

Abb. 65: Der Tempel von Arad mit Massebe und Räucheraltären. Quelle: *H. Burkhardt* u. a. (Hg.), Das große Bibellexikon, Band 1, Wuppertal 1987, 94.

keinerlei archäologische Spuren erhalten, sodass der bibl. Bericht die einzige Quelle ist. Palast und T. lagen nördlich der Davidstadt auf dem Südosthügel von Jerusalem. Sie waren von einer gemeinsamen Umfassungsmauer umgeben, aber im Inneren durch Vorhöfe und Mauern voneinander getrennt (1 Kön 6,36; 7,12) und nur durch das sog. „Läufertor" verbunden (2 Kön 11,19). Die angegebenen Maße des einräumigen Langraumtempels (60 Ellen lang, 20 Ellen breit, 30 Ellen hoch mit vorgelagerter Vorhalle von 10 Ellen Tiefe; 1 Elle ≈ 45 cm) entsprechen dem Typ des nordsyr. Antentempels. Im Innern der holz- bzw. goldverkleideten *Cella* war das hintere Drittel für das Allerheiligste reserviert. Der hölzerne, angeblich ebenfalls mit Gold überzogene Einbau war nur 20 Ellen hoch und reichte somit nicht ganz bis unter die Decke. Außen war das Tempelgebäude laut 1 Kön 6,5ff an drei Seiten mit einem dreistöckigen Umbau umgeben; die Vorhalle haben zwei Säulen geziert bzw. gestützt (1 Kön 7,15ff). Zur Ausstattung des T. gehörten neben → Altar und Schaubrottisch das „eherne → Meer" und verschiedene andere Gerätschaften (1 Kön 7,23ff). Anstelle eines Kultbildes nennt 1 Kön 6,23ff die zwei Kerubim (→ Mischwesen), die im Allerheiligsten gestanden und zusammen mit anderen, Fruchtbarkeit symbolisierenden Motiven die Wände des T. geschmückt haben. Laut 1 Kön 6,19 soll auch die „Lade" im Allerheiligsten untergebracht gewesen sein, doch besitzen wir über dieses rätselhafte, in späten Texten als Toraschrein hoch geschätzte Kultobjekt (mit Ausnahme vielleicht von 1 Sam 4,17f) keine zuverlässige Nachricht aus vorexil. Zeit. Die Könige Judas haben verschiedentlich Umbauten an der Anlage des T. vorgenommen (vgl. 2 Kön 15,35; 16,10ff; auch 12,5ff; 22,5ff). 587 v. Chr. wurde er von den Truppen Nebukadnezzars niedergebrannt (2 Kön 25,9), die Geräte wurden geplündert und nach Babylon gebracht (2 Kön 25,13ff).

I. 5. Die Genehmigung zum Wiederaufbau des T. an seiner alten Stelle soll laut 2 Chr 36,22f; Esra 1 und 6 der Perserkönig Kyrus II. erteilt haben, doch wurde erst unter Darius (vermutlich Darius I., andere vermuten Darius II. oder Artaxerxes) damit begonnen (vgl. Hag 1f sowie Esra 5f). Die Einweihung fand im Jahre 515 v. Chr. statt (Esra 6,15). Zwar stimmen die (fehlerhaft überlieferten) Maße in Esra 6,3 nicht ganz mit den Angaben von 1 Kön 6 überein, doch dürften sie denen des Salomonischen T. entsprochen haben. Auch der Brandopferaltar wurde an seiner alten Stelle wieder errichtet bzw. erneuert (vgl. Esra 3,2f.6). Dieselben Maße dürfte auch der T. auf der Nilinsel Elephantine gehabt haben, der im Jahre 410 v. Chr. auf Betreiben der benachbarten äg. Chnumpriester zerstört und durch Fürsprache der Statthalter von Juda und Samaria mit Genehmigung der pers. Behörden wieder aufgebaut wurde. Die diesbzgl. Korrespondenz der jüd. Kolonie auf Elephantine mit den staatlichen Stellen in Ägypten, Juda und Samaria gibt einen authentischen Eindruck von dem Vorgang, der in Esra 1–6 für Jerusalem in theol. Überhöhung dargestellt ist. Archäologisch haben sich von dem T. auf Elephantine Reste der Temenos-

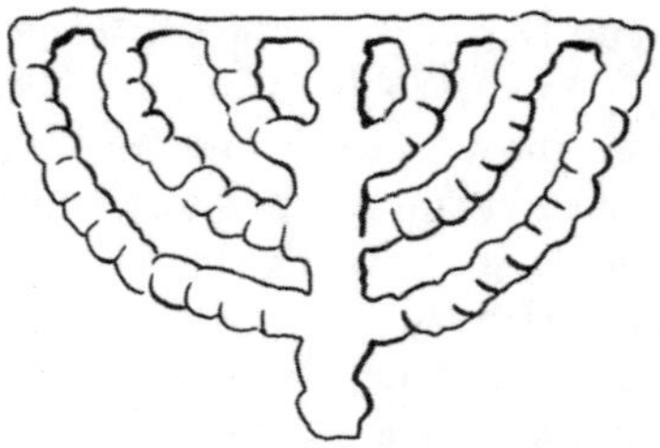

Abb. 66: Bronzene Menora aus En-Gedi.
Quelle: *O. Keel/M. Küchler,* OLB 2, Abb. 320.

mauer sowie der Grundmauern des T. gefunden. Von dem zweiten T. in Jerusalem haben sich noch weniger Spuren erhalten; lediglich einige verbaute Steine in der Ostmauer der herod. Umfassungsmauer dürften von ihm stammen.

Auch über die Ausstattung sowie Um- und Anbauten des zweiten T. von Jerusalem sind wir nur aus zweiter und dritter Hand unterrichtet, nämlich aus prophetischen (Ez 40ff) und priesterlichen Schriften (Ex 25ff; Chr; Esra-Neh; 11QT), deren theol. Programme auch gewisse, nicht immer leicht zu verifizierende hist. Details enthalten. Eines dieser Details ist jedoch unzweifelhaft belegt: Zum Inventar des zweiten T. gehörte ein siebenarmiger Leuchter (Menora, vgl. *Abb. 66*), wie er in Ex 25,31–40 beschrieben und auf dem Titusbogen in Rom als Beutestück dargestellt ist. Er stand in der *Cella* vor dem Allerheiligsten, das spätestens seit dem 3. Jh. v. Chr. durch einen Vorhang vom Hauptraum getrennt war (Sir 50,5; 1 Makk 1,22; 4,51; vgl. Ex 26,31–37; 2 Chr 3,14). Für die hell. Zeit sind Ausbesserungen unter Simeon II. (vgl. Sir 50,1–3) und Simeon III. (1 Makk 13,52; 14,15) bezeugt. Dazwischen lag die Schändung des T. durch Antiochus IV., die nach dem siegreichen Aufstand der Makkabäer wieder rückgängig gemacht wurde (1 Makk 1,21–24.54; 4,36ff). Als eine Alternative zum bestehenden T., den auch nach der makkabäischen Erhebung und Wiedereinweihung nicht alle Gruppen anerkannten (vgl. 1Hen 90,27–29; 91,13), verstand sich die → Gemeinschaft in Qumran am Toten Meer (1QS 8,5 u. a.), vermutlich weil sie mit der Besetzung des lange verwaisten → Amtes des Hohepriesters (→ Priester) und dem am Jerusalemer H. praktizierten Kult, bes. dem Kultkalender nicht einverstanden war.

I. 6. Zum dritten Mal wurde der T. in röm. Zeit neu erbaut. Dem ging keine Zerstörung voraus. Die völlige Überbauung des zweiten T. entsprang vielmehr dem Bedürfnis des Königs Herodes d. Gr., sich ein Denkmal zu setzen, und war Teil seines königlichen Bauprogramms. Die neue Anlage ist von Josephus (Ios. bel.Iud. 5 sowie ant.Iud. 15) beschrieben und kann – v. a. nach den neueren Ausgrabungen – in ihren Umrissen noch heute auf dem Tempelberg bestaunt werden. Auf sie gehen die große Umfassungsmauer im Osten, Westen und Süden sowie die darin sichtbaren Tore und der im Ansatz noch erhaltene große Treppenaufgang an der Südwestecke (Robinsonbogen) zurück. Die Ausmaße bestätigen, dass sich der Neubau v. a. auf die Vergrößerung des Tempelareals und der dort befindlichen Nebengebäude konzentrierte, wofür Fels abgetragen und Aufschüttungen in erheblichem Umfang vorgenommen wurden. Das Tempelhaus selbst hatte denselben Grundriss wie der erste und zweite T. und wies im Inneren dieselbe Aufteilung der *Cella* in Hauptraum und (als eigener Raum abgetrenntes) Allerheiligstes aus. Nur wurde es mehr in die Höhe gebaut und die Vorhalle erheblich verbreitert. Das vorgelagerte und vergrößerte Gelände war in verschiedene, ummauerte Bezirke mit von außen nach innen zunehmender → Heiligkeit untergliedert: Der äußerste Hof war allen Menschen (auch den Heiden) zugänglich, danach folgten, getrennt nach → Frauen und Männern, die Höfe für die kultfähigen Israeliten, anschließend die Bereiche, die nur noch die Priester betreten durften und wo auch der Brandopferaltar stand. An den Übergängen waren Tafeln angebracht, die Unbefugten das Betreten ausdrücklich untersagten. Eine Säulenhalle und die Nebengebäude boten genügend Raum für vielfältigen Handel und Wandel auf dem Tempelareal.

II. NT: 1. Dem hebr. AT entspricht der griech. Sprachgebrauch in der LXX und im NT, wo die Termini „H." (ἱερόν) und „Platz" (τόπος) meist für die Gesamtanlage, „Haus" (οἶκος) oder „T." (ναός) für das Tempelgebäude begegnen. Der dem T. zugehörige bes. Bezirk heißt griech. τέμενος und war in der Regel mit einer Mauer umgeben, die den heiligen Bezirk von der profanen Umgebung trennte (→ Heiligkeit).

II. 2. Die Aussagen im NT beziehen sich auf den herod. T. In der Brieflit. dominiert wie in Qumran die Übertragung des T. und all dessen, wofür er steht, auf die neue → Gemeinschaft und ihr Selbstverständnis. So gelten die christl. Gemeinde (1 Kor 3,16f; 2 Kor 6,16), der Leib (1 Kor 6,19f) und schließlich Christus selbst (Mk 15,37f; Mt 12,6; Joh 2,21; Hebr) als T. und Ort der Anwesenheit Gottes. Die christologische Neuinterpretation bestimmt die Darstellung der Evv., v. a. des Lk, vom Leben Jesu und der frühen Christen: Der T. ist die Wirkungsstätte Jesu von Kindheit an (Lk 2,41ff; vgl. Mk 11,27; 14,49) und Stätte der ersten christl. Versammlungen (Apg 2,46 u. a.). T. und → Altar gelten als heilig wie der himmlische → Thron selbst (Mt 23,16–22), man geht in den T., um zu beten (Apg 22,17), bringt → Opfer dar (Mt 5,23f) und ist auch bereit, die Tempelsteuer zu bezahlen (Mt 17,24–27; → Abgabe). Doch das alles gilt nur in christologischer bzw. eschatologischer Brechung. Die Zerstörung des T. ist vorausgesetzt und wird in der → Tradition der prophetischen Kultkritik als Gericht Gottes verstanden, so bei der Tempelreinigung (Mk 11,15–17par.) und im Tempelwort (Mk 13,1f; 14,58; ferner Lk 13,34f.par.; 19,43f). Seinen Platz nimmt → Jesus Christus selbst ein, der die Gottesgegenwart repräsentiert (Lk 13,35; Joh 2,19–22). In der Offb verbindet sich die christologische Interpretation mit der Vorstellung vom himmlischen T. Gottes (Offb 7,15; 11,19; 15,5–8) und der Erwartung des neuen Jerusalem, in dem Gott selbst und das Lamm (Christus) der T. sind (Offb 21,22).

II. 3. Der herod. T. wurde 70 n. Chr. als Antwort auf den ersten jüd. Aufstand (66–70 n. Chr.) von den Römern zerstört. Jüd. Pläne zum Wiederaufbau hatten keine Chance und haben sich nach der Niederwerfung des zweiten jüd. Aufstandes unter Bar-Kochba (132–135 n. Chr.) endgültig zerschlagen. Mit dem röm. Neubau Jerusalems unter Hadrian wurde den Juden das Betreten der → Stadt verboten. In röm. und byz. Zeit blieb der Tempelplatz weitgehend unbebaut. 638 n. Chr. fiel Jerusalem in islamische Hand. Im Laufe des 7. Jh. wurde zuerst die Moschee im Süden und unter den Omayyaden der Felsendom im Norden des Tempelbergs erbaut.

I. *B. Herr,* „Deinem Haus gebührt Heiligkeit, Jhwh, alle Tage“, Berlin 2000; *J. Kamlah* (Hg.), Temple, Building and Temple Cult, Wiesbaden 2012; *R. G. Kratz,* Der Zweite Tempel zu Jeb und zu Jerusalem: *ders.*, Das Judentum im Zeitalter des Zweiten Tempels, Tübingen [2]2013, 60–78; *P. Porzig,* Die Lade Jahwes im AT und in den Texten vom Toten Meer, Berlin 2009; *W. Zwickel,* Der Tempelkult in Kanaan und Israel, Tübingen 1994; *ders.*, Der salomonische Tempel, Mainz 1999.
II. *J. Ådna,* Jesu Stellung zum Tempel, Tübingen 2000; *D. L. Balch/A. Weissenrieder* (Hg.), Contested Spaces, Tübingen 2012.

Reinhard G. Kratz

Theophanie (T.)

(Dachartikel: → Gottesvorstellungen)

I. AT: 1. T. ist ein Begriff für eine *lit. Gattung,* die einen kausalen Zusammenhang zwischen dem Kommen eines Gottes und den Folgen in der Natur, in der → Geschichte und in der Menschenwelt beschreibt und dabei die dramatischen, erschreckenden und überwältigenden Aspekte der Gottesgegenwart betont. Ihre ursprüngliche Form geht aus der Schilderung Ri 5,4f (vgl. Dtn 33,2; Hab 3,3; Ps 68,8f) hervor, aus der sich alle anderen T.-Berichte des ATs entwickelt haben. Charakteristisch für die T.-Texte ist zum einen, dass nie von der Gestalt Jhwhs gesprochen und Jhwh nie beschrieben wird (→ Eigenschaften Gottes; → Gottesbilder), sondern nur die Art und Weise seines Kommens/Erscheinens und die schrecklichen bzw. erschütternden Folgen, die es mit sich bringt. Zum anderen gibt es mannigfaltige Verbindungen mit den Texten, die von der „→ Herrlichkeit Jhwhs“ sprechen oder die → Feuer-, Vulkan- und Gewitterphänomene ins Zentrum rücken. Für den religionsgesch. Hintergrund sind die ao. Vorstellungen vom numinosen Lichtglanz/Schreckensglanz (*melammu, puluḫtu* u. a.; → Licht) konstitutiv.

I. 2. Mit Jörg Jeremias lassen sich drei *Grundtypen von T.* unterscheiden: (a) Von einer *Gotteserscheinung an einzelne Menschen* berichten die Erzelterngeschichten (→ Verheißung an Abraham [Gen 12,7], an Isaak [Gen 26,24f], an Jakob [Gen 28,10–19; 35,1–15]), die Erzählungen von der Berufung und Beauftragung Moses (Ex 3,1ff; 33,7–11), Samuels (1 Sam 3,10.21), Salomos (1 Kön 3,5–9, vgl. 9,2), Josuas (Dtn 31,14f) oder Jesajas (Jes 6,1–7). Alle diese Berichte haben legitimierenden Charakter. – (b) Ihr Zentrum hat die atl. T.-Vorstellung in der *Sinai-T.*, die nach Ex 19,16–19 zwei Aspekte vereinigt: nach Ex 19,18 die Vorstellung von einem Vulkanausbruch mit „Rauch" (eines Schmelzofens) und „Feuer", in dem Jhwh „herabgestiegen ist" (*jārad*; vgl. Dtn 4,11f; 5,23), und nach Ex 19,16 f.19 die Vorstellung von einer Gewittert. mit „Donner", „Blitzen" und einer „schweren Wolke" (vgl. Ps 18,8ff; 29; 97,2ff). Beide Vorstellungen gehören in den Bereich der ao. Symbolsprache und sind nicht an konkrete Naturerscheinungen gebunden (der „Rauch eines Schmelzofens" Ex 19,18 dürfte auf „die Rauchsäule der ununterbrochenen Rauchopfer [hinweisen], die aus dem Jerusalemer Tempel aufsteigen" [Zenger, Exodus, 196]). Dafür spricht auch der „starke Schall des Schofar" (Ex 19,16.19). Mit Ex 19,19b erreicht die T.-Schilderung ihre Klimax, insofern hier das Wesen der T. als *Gespräch von Gott und Mensch* (Mose) bestimmt wird: „Mose redete, und Gott antwortete ihm in einer Stimme" – und nicht allein in den Begleitphänomenen des Donners, der Blitze, der schweren Wolke und des Rauchs. Wichtig bei der Betonung, dass Gott mit vernehmbarer Stimme spricht, ist der „Gedanke, dass Gottes Offenbarung in der Form menschlicher Sprache ergeht" (Dohmen, Exodus, 73). Die Tendenz, die verschiedenen T.-Phänomene zusammen zu sehen, findet sich noch ausgeprägter in Dtn 4,11 und 5,22, wo im Rückblick auf die Sinaiereignisse das „Feuer" (vgl. Ex 19,18; 24,17), die „Wolke" (vgl. Ex 19,9.16; 24,16–18) und das „Dunkel" (vgl. Ex 20,21) nebeneinander erwähnt werden. Beide Vorstellungen – Vulkanausbruch und Gewitter – treten zusammen auch in Hab 3,3–7 auf. – (c) Der dritte Grundtyp ist die Schilderung von *Jhwhs Kommen/Ausziehen/Herabsteigen als Krieger* von seinem Wohnort (Sinai, → Zion, → Himmel) mit den entsprechenden Folgen in der Natur (Ri 5,4f; Dtn 33,2 Am 1,2 u. ö.; Ps 18,8ff; 29,3ff u. ö.). Begleiterscheinungen und Zusatzaspekte sind dabei das Ertönen der göttlichen Donnerstimme (Ps 18,14; 46,7; Am 1,2 u. ö.) und die Ausgestaltung als mythischer Chaoskampf (→ Ordnung/Chaos).

I. 3. Der eigentliche *Wandel im Verständnis der T.* ereignete sich in der frühen (Am 1,2; Mi 1,3f) und späten Schriftprophetie (Nah 1,2–8) und ihrer Verbindung des T.- mit dem Gerichtsmotiv. In der Frühapokalyptik weitet sich diese Perspektive zum Weltgericht (Jes 26,21 u. ö.; → End-Gericht).

II. NT: 1. Das Wort „T." begegnet im NT (und in der LXX) nicht, wohl aber das Wort „Epiphanie" (E.). In der Umwelt des NT steht T. für den Vorstellungskomplex einer „Gotteserscheinung", konkret auch für ein Fest in Delphi, bei dem Götterstatuen dem Volk präsentiert wurden. Im hell.-röm. Staatskult ließen sich Herrscher und Kaiser als Götter verehren (vgl. Antiochus IV. Epiphanes [ca. 215–164 v. Chr.]). Es liegt nahe anzunehmen, dass die ntl. Schriftsteller das Wort „T." vermieden, um Verwechslungen und Vermischungen mit ihrer Christusverkündigung auszuschließen. Die ntl. Zeugnisse für T. bzw. E. (vgl. Mk 9,2–8par.; 13,24–27 [vgl. Jes 13,10; 34,4]; 14,62; Mt 27,51; Lk 1,79 [vgl. Jes 9,1]; 2,8–14; Apg 9,1–9) schließen *inhaltlich sowie form- und motivgesch.* wiederholt und eng an atl. Vorgaben an. Für die → Parusie des Menschensohnes greifen die ntl. Autoren wiederholt auf Dan 7,13f zurück (vgl. bes. Mk 13,26par.; 14,62par.; Offb 1,7).

Die atl. Gattung T. veranschaulicht den Zusammenhang zwischen dem Kommen bzw. Erscheinen Gottes mit den ihr eigenen Wirkungen bes. in der Natur (Unwetterphänomene, Lichtglanz, → Feuer), sowie die davon ausgelöste Furcht (→ Angst/Furcht/Mut) und das Erschrecken der Zeugen. In den genannten ntl. Perikopen begegnen zudem *auch* Gattungsmerkmale von E. der griech. Lit. (z. B. Anrede und Ermutigung). In diesem Zusammenhang ist insbesondere auf das Motivfeld der „verborgenen E." in paganen und jüd. Zeugnissen zu verweisen, das sich auch im NT niederschlägt: Freilich sind die dafür angeführten ntl. Zeugnisse (vgl. Mk 4,35–41; 9,2–11; 16,12f; Lk 24,13–35; Apg 14,8–18; 28,1–6; Joh 20,14–18; 21,1–14; Hebr 13,2) jeweils für sich genau zu betrachten.

Das epiphane Kommen Gottes zum endzeitlichen Gericht (→ End-Gericht) wird im ntl. Kontext vornehmlich auf die nahe bevorstehende Parusie und das Gericht des Kyrios bezogen (vgl. aber Jud 14 f.). Das gilt neben den Evv. insbes. für Paulus (vgl. 1 Thess 4,15–17; 1 Kor 4,4–5; Phil 3,19f). Die Feier des Herrenmahles wird bei Paulus ausdrücklich mit dem Gebetsruf „Komm, Herr Jesus!" (1 Kor 16,22; vgl. Offb 22,20) verbunden. Die Past. verwenden die Wortfamilie bzw. den Vorstellungskomplex der „E." zur Ankündigung des eschatologischen Erscheinens Jesu Christi (1 Tim 6,14; 2 Tim 1,10; 4,1.8; Tit 2,13; vgl. 2 Thess 2,8; Offb 2,20; → Eschatologie). Auch das Kommen des Erlösers in seiner irdischen Existenz wird als E. verstanden (2 Tim 1,9f; Tit 2,11; 3,4).

II. 2. Die ntl. Zeugnisse zu T. bzw. E. betonen in gefestigter bibl. Tradition Gottes Erhabenheit, seine für Menschen unerreichbare Größe, seine → Heiligkeit einerseits und sein sich selbst und seinen verbindlichen Heilswillen (→ Heil) offenbarendes Wirken in → Schöpfung und → Geschichte. Im NT tritt an die Stelle der T. Gottes die erwartete Parusie des Erlösers Jesus Christus (vgl. 1 Thess 1,9f; 2,19; 3,13). Dabei wird die E. Jesu Christi in „theophaner Manier" (A. Scriba) erwartet (vgl. Mk 9,1; 13,24–27; 14,62; Mt 24,37–41par.; Lk 17,24–34; Mt 25,31f; Joh 14,3; 1 Kor 15,52; Phil 3,20; 2 Thess 1,7; 2 Tim 4,1; Jak 5,7–11; 1 Petr 4,13; Offb 6,16; 22,7). Gottes verheißenes Kommen zum Gericht und zur Vollendung seiner Schöpfung verwirklicht sich nach ntl. Zeugnis in der Parusie des Retters → Jesus Christus. Der Parusie-Christus übernimmt als Weltenrichter und Weltenretter göttliche Attribute (→ Monotheismus).

In allen vier Evv. wird – mit je unterschiedlichen Akzenten – das „Kommen" bzw. die narrativ und kerygmatisch entfaltete → Sendung Jesu Christi als E. der erlösenden Zuwendung und → Liebe Gottes (→ Herrschaft Gottes) vor Augen gestellt. Inhaltlich theol. veranschaulichen T.-Erzählungen bzw. einzelne E.-Motive die Begegnung von Transzendenz und Immanenz bzw. Gottes → Offenbarung in Zeit und Raum, in denen seine Zeugen bzw. seine Mandatare ausgewiesen und autorisiert werden. Ntl. gilt dies in bes. Weise für Jesus Christus als die Person, in der sich Gott präsentisch-eschatologisch abschließend offenbart → als → Verheißung auf die futurisch-eschatologische Vollendung (vgl. 1 Kor 15,20–28).

I. *E. Cassin*, La splendeur divine, Paris 1968; *C. Dohmen*, Exodus 19–40, Freiburg u. a. 2004; *J. Jeremias*, Theophanie, Neukirchen-Vluyn [2]1967; *A. Scriba*, Die Geschichte des Motivkomplexes Theophanie, Göttingen 1995; *E. Zenger*, Das Buch Exodus, Düsseldorf [2]1982.

II. *M. Frenschkowski*, Offenbarung und Epiphanie, Tübingen 1995.1997; *A. Scriba*, Die Geschichte des Motivkomplexes Theophanie, Göttingen 1995.

Bernd Janowski (AT)/Klaus Scholtissek (NT)

Thron (T.)

(→ Dachartikel: Weltbild/Kosmologie)

I. AT: 1. Der T. (hebr. *kiss*ᵓ; griech. θρόνος) ist ein Herrschaftssymbol von Menschen oder Göttern, das in der Bildkunst und in lit. Quellen des AO, Israel-Palästinas und Ägyptens (seltener als Realfund) nachgewiesen ist. Der Mobilität dienten Tragethrone, die insbes. bei Prozessionen zum Einsatz kamen. Das Sitzmöbel kann – je nach Kulturraum und -zeit – sehr einfach funktional gestaltet oder unterschiedlich aufwändig dekoriert sein. Der früheste Beleg eines T. aus Çatal Hüyük zeigt die neolithische Muttergöttin auf einem Feliden-T. Tierthrone bzw. T. mit theriomorphen Elementen sind auch in Ägypten (Löwenthronstuhl mit erhöhter Lehne [ab der 4. Dynastie bis in das Neue Reich]), in Mesopotamien, Syrien und Anatolien vom 3. bis 1. Jt. v. Chr. nachgewiesen. Im syr.-paläst. Bereich sind seit dem 2. bis ins 1. Jt. v. Chr. vierbeinige Hocker mit schlichten Beinen und Querstrebe verbreitet. Auch vorderasiatische wie äg. Throntypen oder deren Kombination kommen vor. Ein syr. Spezifikum ist der seit der SB- bis in die röm. Zeit belegte Sphingen-T. (→ Mischwesen/Kerub). Er dient in der SB-Zeit (s. *Abb.* 47) dem Herrscher (→ König), im 1. Jt. v. Chr. zunehmend Gottheiten (in anthropomorpher, symbolischer Gestalt oder als reliefierte oder bildlose Stele, s. *Abb. 17* und *Abb. 67*); leer ist er archäologisch erst seit der Perserzeit belegt. Inwieweit der Siegelabdruck aus Jerusalem aus dem 9./8. Jh. v. Chr. (*Abb. 68*) einen wirklich leeren T. zeigt, kann bezweifelt werden. Unmittelbar vor dem T. steht eine Standarte mit einer Flügelsonne (→ Gestirne), die mit dem T. eine kultische Einheit der Gottespräsenz bildet und evtl. aus perspektivisch-bildtechnischen Gründen etwas vor der Sitzfläche eingezeichnet wurde. Das Einzelstück kann die Beweislast für einen genuin anikonischen → Kult des Jerusalemer Stadtgottes (→ Bilderverbot) und der Relation zu Jhwh ohnehin nicht tragen.

Abb. 67: Sphingenthron von der phön. Küste. Quelle: *O. Keel*, Geschichte, Abb. 184.

Ein T. codiert die Botschaft, dass sich der Thronende in einer Zwischenwelt befindet. Am Königs-T., Podest und Fußschemel finden sich ikonographische Elemente, die mit der Königsideologie in Zusammenhang stehen (z. B. in Ägypten das Zeichen der Vereinigung der beiden Länder; gefesselte → Feinde; loyale Untertanen). Apotropäische Symbole schützen den König. Darstellungen von Göttern und Genien am T. repräsentieren die Mächte, die den König stützen. Die Ikonographie eines Götter-T. kann das theol. Profil eines Gottes aufnehmen (z. B. Wasser, Berge, Gestirne). In allen Epochen spielen die Attributtiere der Götter eine große Rolle, die als T., Fußschemel oder T.-Träger fungieren, als Bestandteil des T. eingearbeitet sein (z. B. als Lehne) oder flankierend stehen können.

I. 2. Das AT verbindet den Königs-T. primär mit David, für dessen dynastisches Königtum in Jerusalem er steht (Ps 122,5; 2 Sam 3,10; 1 Kön 1,20.27.37 u. ö.). Königsideologische Inhalte können am T. behaftet werden (z. B. 2 Sam 7,13.16; Ps 89,15; 132,11f), später auch mit messianischen Perspektiven (Sach 6,13). Da der König als Stellvertreter Gottes auf Erden gilt, obliegt ihm die Aufgabe, → Recht zu schaffen und Mittler der göttlichen → Gerechtigkeit zu sein. Insofern kann es kaum verwundern, dass der T. der Davididen in messianischer → Hoffnung (→ Messias) zum symbolischen Haftpunkt von „Recht und Gerechtigkeit" (Jes 16,5) wurde. Der salomonische T. wird (1 Kön 10,18ff par.) als Sessel mit gerundeter Rückenlehne, Armlehnen, Stier- und Löwenikonographie mit Merkmalen äg.-phön. T. beschrieben; als Material sind Elfenbein und Gold genannt, was auf ein Kompositmöbel (Basis Holz) hinweist. Eher selten ist davon zu hören, dass auch die Königinmutter auf einem T. zur Rechten ihres Sohnes (hier Salomo) Platz nimmt (1 Kön 2,19), wenngleich dies temporär beschränkt erscheint.

I. 3. Jhwh als Kerubenthroner (1 Sam 4,4; 2 Sam 6,2 u. ö.) im Jerusalemer → Tempel setzt neben seiner → Königsherrschaft (s. Jhwh-König-Pss. Ps 24; 29; 47; 93; 96 f.; 99, aber auch Zions-Pss. Ps 46; 48; 76) den syr.-phön. Sphingen-T., ein leerer Keruben-T. (*Abb. 68* ist kein Keruben-T.). perserzeitliche Entwicklungen voraus. Schilderungen des thronenden Jhwh (Jes 6; Ps 93) können seinen T. in kosmologischen Dimensionen beschreiben, an der dieser (wie auch → Zion und Jerusalem als T., Jer 3,17; 14,21) u. a. durch die Verbindung mit der Gottesbergvorstellung (→ Berg) teilhat. Inwiefern das Königtum Jhwhs in einem T.-besteigungsfest im Herbst gefeiert wurde, ist umstritten. In Kontrast zum T. Jhwhs in Jerusalem wird der Thronwagen in Ez 10 gezeichnet, durch den mit dem Ende Judas die Loslösung des Thronenden vom Zion erreicht wird. Nach dem Ende des Jerusalemer Tempels als Ort des T. Jhwhs und im Zug eines tempelkritischen Diskurses der nachexil. Zeit wird der → Himmel zum Ort des unzer-

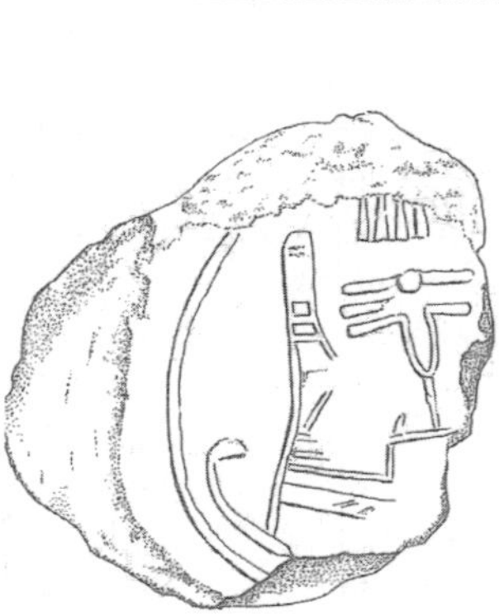

Abb. 68: Siegelabdruck aus Jerusalem des 9./8. Jh. v. Chr. Thronsessel mit hoher Rückenlehne auf dem Sonnenschiff. Davor eine Standarte mit Flügelsonne unter einer Flügelsonne, von der nur noch das Unterteil sichtbar ist.
Quelle: *O. Keel*, Geschichte, Abb. 191.

störbaren T. Jhwhs und die → Erde zu dessen Fußschemel (Jes 66,1, s. Apg 7,49), sodass sich ein über-räumliches und auch über-zeitliches Thronen Gottes ergibt.
Apokalyptische Tradition (→ Apokalyptik) beschreibt den Gottesthron mit Rädern aus → Feuer (Dan 7,9f) auf dem Gott seinen Platz für das → End-Gericht einnimmt. Weitere T. werden aufgestellt, um himmlische Wesen (→ Engel) als Thronratsversammlung (s. schon 1 Kön 22,19 par.) am richterlichen Kollegium des End-Gerichts zu beteiligen.
II. NT: 1. Das NT nimmt die atl. Vorstellung vom Thronen Gottes im → Himmel positiv auf (Mt 5,34; 23,22; Offb 4 f. u. ö.). Auch der auferstandene (→ Auferstehung) → Jesus Christus wird auf dem T. seiner → Herrlichkeit angekündigt (Mt 19,28 par. Lk 22,30; Mt 25,31), dem im Rahmen des Endzeitszenarios die zwölf → Jünger auf zwölf T. nachfolgen werden, um von dort aus die zwölf Stämme Israels zu richten (Mt 19,28par.). Auch der Hebr kennt den T. als Inventar des himmlischen → Heiligtums und → Zeichen der Königswürde: Der T. Christi (Hebr 1,8, der Platz ist aus dem „Sitzen zur Rechten Gottes" [Hebr 8,1; 12,2] zu erschließen) und der T. Gottes (4,16; 8,1; 12,2). Letzterer ist das Ziel des → Weges Jesu, der ihn durch Erniedrigung zur Erhöhung führt.
II. 2. Die Anzahl der T. wird in Offb 4,4 nochmals auf 24 verdoppelt, auf denen Älteste mit Goldkronen sitzen, sodass sich die Vorstellung von einer himmlischen Thronratsversammlung ergibt, die im AT präfiguriert ist (s. I. 3.). Diese T. umgeben (u. a.) den zentralen T. Gottes im Himmel, der von einem Regenbogen umgeben ist (Offb 4,3). Vor diesem T. Gottes wird beim → End-Gericht gerichtet (Offb 20,11f) und von dort werden auch die neue → Schöpfung (→ Alt/Neu) wie auch die Quelle lebendigen Wassers ausgehen (Offb 21f, vgl. Ez 47,1–12).

I. *S. W. Flynn*, YHWH is King: The Development of Divine Kingship in Ancient Israel, Leiden 2014; *B. Janowski*, Keruben und Zion, in: *D. R. Daniels* u. a. (Hg.), Ernten, was man sät, Neukirchen-Vluyn 1991, 231–264; *M. Leuenberger*, Konzeptionen des Königtums Gottes im Psalter, Zürich 2004; *M. Metzger*, Königsthron und Gottesthron, Münster 1985; *T. A. Rudnig*, Davids Thron, Berlin 2005.
II. *L. Gallusz*, The Throne Motif in the Book of Revelation, London/New York 2013; *M. Hengel/A. M. Schwemer* (Hg.), Königsherrschaft Gottes und himmlischer Kult im Judentum, Urchristentum und in der hellenistischen Welt, Tübingen 1991.

Angelika Berlejung

Tod (T.)

(→ Dachartikel: Anthropologie)

I. AT: 1. Mit dem T. (hebr. *māwæt*) ist ein Trennungsprozess verbunden, der in aufeinander folgenden und ineinander übergehenden Phasen stattfindet. Auf das Sterben folgen die → Trauer der Angehörigen und Freunde (s. *Abb. 69*), die Bestattung (→ Grab) und der gleitende Übergang in die → Unterwelt. Fehlt ein Auferstehungsglaube, verbleibt der Tote auf unbestimmte → Zeit in der Scheol (Unterwelt). Andernfalls wird er daraus von Gott ausgelöst und in eine nicht reduzierte, dauerhafte Existenz jenseits des irdischen Lebens überführt (→ Auferstehung).
Neben den physischen Aspekten ist in bibl.-anthropologischer Perspektive der T. eines Menschen als Wahrnehmungs- und Bindungsverlust bedeutsam. Der T. bedeutet einen tiefen Einschnitt in der sozialen Welt. Der Mensch verliert mit dem T. den Kontakt zu seiner Lebenswelt.
I. 2. → Krankheit, Schmerzen, Altersschwäche, Blindheit und körperliche Kälte gelten im AT als Anzeichen des bevorstehenden, natürlichen T. (1 Sam 3,2; Ijob 17,1; 1 Kön 1,1; Ps 71,9; 1 Kor 11,30; Gal 4,13). Das Ausfließen des → Blutes, das als Sitz des → Lebens gilt (Lev 17,11–14), ist mit dem Sterben eines gewaltsamen T. verbunden (Gen 9,5; Num 35,33; Ps 79,3 u. a.). Merkmale des ein-

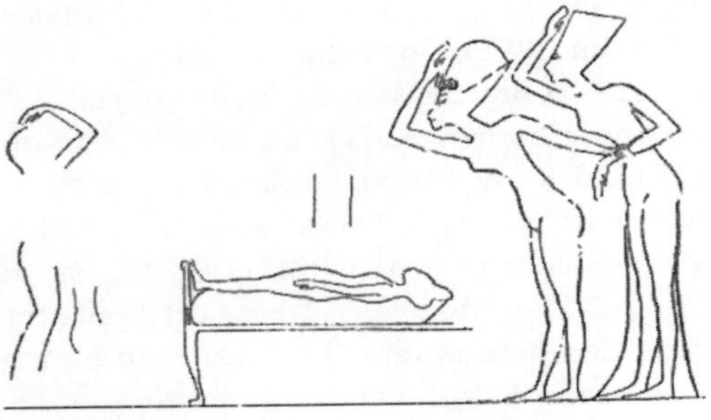

Abb. 69: Echnaton und Nofretete klagend an der Leiche ihrer Tochter Maketaton.
Quelle: *A. Erman/H. Ranke*, Ägypten, Abb. 164.

getretenen T. sind zuallererst der aussetzende Atem (Gen 35,18; 1 Kön 17,17; Ps 146,4; Ijob 11,20; Mk 15,37par.), ferner die Reaktions- und Bewegungslosigkeit (2 Kön 4,31) und die einsetzende Starre beim Erkalten des → Körpers (2 Kön 4,34).

I. 3. Nach dem Sterben heben Trauerbräuche den Schmerz und die Trennung von der Mitwelt sichtbar hervor. Die Trauernden zerreißen ihre Kleider, kleiden sich in Sackleinen und streuen sich Asche oder Staub auf das Haupt bzw. setzen sich hinein (Gen 37,29.34; 2 Sam 3,31; 13,31; Est 4,1; Apg 22,23). Derartige Klageriten wie das Fasten (1 Sam 31,13; 2 Sam 1,12; 1 Chr 10,12), das Kahlscheren (Jer 47,5; Jes 22,12; Ez 27,31; Mi 1,16), das wiederholte Schlagen auf den Kopf und die Brust (Jer 31,19; Nah 2,8; Lk 23,48) oder das Zufügen von Schnittwunden (Jer 16,6; 47,5; Mi 4,14; 1 Kön 18,28) bringen die Trauer der Trennung durch Selbstminderung zum Ausdruck. In Lev 19,28; 21,5; Dtn 14,1 wird derlei → Riten mit großer Skepsis begegnet, doch gehören sie zum festen Bestandteil des rituell vollzogenen Trennungsprozesses und in den von Gesetzen schwer erreichbaren Bereich privater Frömmigkeit. Die Familienangehörigen (Gen 23,2; 50,10; 2 Sam 1,17) halten zusammen mit Verwandten und Freunden (1 Kön 13,29f; Mk 5,38f) im Trauerhaus bzw. bei bedeutenden Personen mit der ganzen Gemeinde auf Plätzen und Straßen (1 Sam 28,3; Jer 22,18; 1 Kön 14,18; 1 Makk 2,70; Apg 8,2), z. T. mit Hilfe professioneller Klagefrauen (Am 5,16; Jer 9,16–19; Ez 32,16) und (seltener) -männer die rituelle → Klage um den Toten (s. *Abb. 71*). Diese Trauer- und Klagephase dauert in der Regel sieben Tage (Gen 50,10; Jdt 16,24; Sir 22,12), in Ausnahmefällen länger (Gen 50,3; Num 20,29; Dtn 34,8).

I. 4. Für das Begräbnis wurde der Tote von den Familienangehörigen vorbereitet, jedoch gewöhnlich nicht bes. präpariert. Erst in griech.-röm. Zeit gehört das Salben und Einwickeln in Leinentücher vor der Bestattung dazu (Mk 16,1; Joh 11,44; 19,39f; 20,5–7; Apg 9,37). Wegen der beginnenden Verwesung wurden die Toten zeitnah zum Todeszeitpunkt (meist noch am selben Tag) beigesetzt und die Trauer (am Grab) fortgesetzt (1 Sam 31,13; 2 Sam 3,32). Zwar gab es keine prinzipiellen Berührungsängste oder eine Tabuisierung von Leichen, doch bedeutete der Tote in der Welt der Lebenden die Gleichzeitigkeit eines größtmöglichen Gegensatzes, was als Gefährdung wahrgenommen wurde. Kultisch-priesterliche Systematik entwickelt daher in dem Reinigungsritual in Num 19 die Vorstellung, dass der Schnittbereich zwischen T. und Leben, die Leichenberührung, verunreinigt (Num 19,11–13, vgl. Lev 21,1–3; 22,4; Num 6,6 u. a.; → Reinheit). Auch die Vorschrift, dass der Gepfählte noch am selben Abend begraben werden soll, wird mit der Unreinheit der Leiche begründet (Dtn 21,22f). Mit der ordentlichen Bestattung wird dem Toten der problemlose Übergang in die Unterwelt ermöglicht. Der Tote tritt nicht sofort in die Unterwelt ein, sondern gleitend mit dem langsamen Verwesen des Leibes. Für die Reise in das „Land ohne Wiederkehr" (zur Lokalisierung vgl. → Unterwelt) wird der Verstorbene noch mit Nahrungsmitteln versorgt, die ihm bei der Bestattung in das Grab mitgegeben werden (Dtn 26,14; Bar 6,26).

I. 5. In der Übergangsphase sind die Toten gefährdet, weshalb sie mit Amuletten geschützt und mit den Beigaben gestärkt werden sollen. Über diese archäologisch nachgewiesene Totenversorgung hinaus hat es in → Israel/Juda außerhalb des Königskultes (vgl. 1 Sam 20,1–34) keine weitergehenden oder gar regelmäßigen kultischen Totenopfer- oder Totengedenkfeiern in Gräbern gegeben. Zwar sind einige nachexil. Stellen wie Jes 65,4; Ps 106,28; Sir 30,18 auf Totenopfermähler bezogen worden, doch ist die Deutung auf einen ausgedehnteren Totenkult zu Recht umstritten. Lediglich mit der Bestattung selbst scheinen Gemeinschaftsmähler der Hinterbliebenen verbunden zu sein (vgl. die Rede vom Trauerbrot Jer 16,7; Ez 24,17.22; Hos 9,4; Tob 4,17). Wenn auch eine regelmäßige kultische Totenpflege als Element des Totenkultes ausfällt, hat es in Israel Totenbefragungen/Nekromantie gegeben. Die Erzählung 1 Sam 28 wie die vehementen Verbote (Dtn 18,11; Lev 19,31; 20.6.27) oder Jes 8,19 zeigen, dass die Befragung der verstorbenen → Ahnen zum festen Bestandteil privater Rel. gehörte.

Voraussetzung dafür ist, dass mit dem T. nicht das vollkommene Auslöschen der Existenz verbunden ist. Während der Tote auf Erden nicht mehr existent ist, aber noch in Erinnerung und Nachkommen präsent bleibt (anders Koh 9,5f), existiert er in der Scheol in einem schlafähnlichen, reduzierten Zustand, der nicht → Leben genannt werden kann, weiter. Daher sprechen die atl. Texte vom Schatten und bezeichnen die Toten als kraftlos (Ijob 3,13–18; 14,12). In der Unterwelt ist der Tote in lokaler und sozialer Rücksicht vollständig von der Welt der Lebenden getrennt. Die Grenze zwischen Totenreich und Diesseits vermag er aus eigener Kraft nicht zu überwinden. Durch die Befragung der Totengeister (*rᵉfāʾīm*, „Heilende“, *ʾōbōt* „Ahnen“, *jᵉdaʿīm* „Wissende“ und sogar *ʾᵆlōhīm* „Götter/Göttliche“), die zumindest zum überwiegenden Teil mittels Expertinnen oder Experten vorgenommen werden, suchen die Lebenden → Rat und Hilfe bei den verstorbenen Ahnen. Wahrscheinlich sind auch die Terafim-Figuren (*tᵉrāfīm* z. B. Gen 31,19.32; 1 Sam 19,13; 2 Kön 23,24; Hos 3,4) mit den Ahnen verbunden und haben im familiären Bereich die mentale Distanz zwischen Toten und Lebenden überbrückt.

I. 6. Der Widerstand gegen jegliche Formen der Orakelpraxis, bes. aber die Befragung von Totengeistern, hängt mit der Ausweitung des Kompetenzbereiches Jhwhs auf die Scheol zusammen. Anfänglich sind beides getrennte Wirklichkeiten. Die Unterwelt ist Jhwhs Zugriff entzogen, worauf appellativ v. a. im Psalter hingewiesen wird (Ps 6,6; 88,6.11–13; 115,17; Jes 38,18). Anders als in den Mythen der Nachbarrel. lassen sich im AT keine mythologischen Vorstellungen des vergöttlichten T. (wie z. B. in Ugarit der Gott Mot), der Unterwelt oder der Unterweltsgötter mehr finden, auch wenn diese metaphorisch personifiziert werden und den T. als numinose → Macht erscheinen lassen (z. B. Jer 9,20; Ps 49,15; Hld 8,6; Ijob 18,13f; 28,22; Jes 5,14; Hos 13,14). Nach der „Entmachtung“ der Unterweltsgötter bzw. der zunehmenden Monolatrisierung der jud. Rel. im 8./7. Jh. v. Chr. ist die Unterwelt zunächst gottlos, zumindest aber ganz von Jhwh getrennt. Im Zuge der zunehmenden Solarisierung (→ Gestirne) erhält Jhwh Zugang und Zugriff zur Unterwelt (1 Sam 2,6; Spr 15,11; Weish 16,13; Tob 13,2). Jetzt wird ihm mehr und mehr zugetraut, die Toten auch wieder aus der Scheol heraufzuführen. Da vor der Herausbildung einer individuellen Auferstehungshoffnung und eines ausgeprägten Jenseitsbegriffs in frühhell. Zeit → „Erlösung“ nur im Diesseits vorstellbar ist, bedeutet Errettung vor dem T. eine gesicherte Existenz im Diesseits (→ Leben). Die Beter erwarten eine Restitution ihrer gestörten Gottesbeziehung und in Folge eine Reintegration in die Gesellschaft bzw. eine Heilung von Krankheit und eine Auflösung der lebensmindernden Umstände ihres Lebens.

II. NT: 1. Das NT hat Teil an der geschilderten Vorstellungswelt. Durchgehend ist der T. (θάνατος) in diametraler Opposition zum → Leben verstanden. Auch im NT wird der T. in mythischen, quasipersonalen Metaphern (vgl. 1 Kor 15,26; Offb 6,8; 20,14) in Verbindung mit dem Teufel (Hebr 2,14) beschrieben. Der natürliche T. nach einem erfüllten Leben wird wie im AT meist neutral als Lebensende bewertet. Die Erwartung der → Erlösung ist mit der auf die Gottesnähe zielenden Aufhebung des Todesschattens verbunden (Mt 4,16; Lk 1,79).

II. 2. In Jesu Handeln, das von der angebrochenen Gottesherrschaft Zeugnis gibt, wird in den Auferweckungserzählungen exemplarisch der T. als totale Lebensminderung und Trennung von Gott aufgehoben. Ähnlich wie die vom T. erretteten Psalmbeter oder die von Elija und Elischa erweckten Knaben (1 Kön 17,23; 2 Kön 4,36f) leben die Auferweckten ihr „zweites“ Leben bis zu ihrem natürlichen T. nach einem erfüllten, langen Leben bzw. bis zur → Parusie und Erlösung der Welt weiter. In Mk 9,1; Mt 16,28; Lk 9,27 ist die mit dem Auftreten Jesu verbundene Naherwartung so stark, dass die → Hoffnung auf Erlösung aus dem Leben besteht. Der T. spielt als anthropologisches Grunddatum in der Verkündigung Jesu keine bes. Rolle.

II. 3. Bei Paulus hingegen wird der T. in die anthropologisch-soteriologische Grundlagenreflexion einbezogen. Paulus versteht den negativ bewerteten T. als entmachtete, universale und transpersonale → Macht. Das entfaltet er am deutlichsten in der Adam-Christus-Typologie. Den Grund für die Sterblichkeit des Menschen sieht er im Anschluss an die Paradieserzählung (Gen 3) und deren frühjüd. Rezeption (vgl. z. B. Sir 25,24) in der „Tat Adams“ (Röm 5,12). Der T. ist demnach nicht natürlich-widernatürlich (Röm 5,14–18), sondern → „Lohn der → Sünde“ (Röm 6,23). Da alle Menschen Sünder sind, sind auch alle sterblich. Da das Gesetz dem Sünder seine Sünde aufzeigt, werden Gesetz und T. kausal miteinander verknüpft, ohne dass damit eine Negativwertung des Gesetzes einherginge (Röm 8,2; 1 Kor 15,56 neben Röm 7,12). Durch Christus, der als einziger dem Gesetz gehorsam ist, wird der T. entmachtet (Röm 5,21). In Jesu T. und → Auferstehung (Phil 3,10) bzw. in der → Taufe auf seinen T. (Röm 6,3f) finden alle Gerechtfertigten zum ewigen Leben, so wie alle Sünder in Adam zum T. gefunden haben (1 Kor 15,21f). Sein Tun am → Kreuz erwirkt stellvertretend → Sühne für die Schuld aller, auf denen die Todesstrafe lastet (Gal 3,13). Damit ist der T. besiegt (Röm 6,9.23; 1 Kor 15,55, vgl. 2 Tim 1,10; Hebr 2,14). In der joh. Lit. erscheint dies ebenfalls in scharfer Opposition zwischen T. und Leben. Die im Glauben begründete → Gemeinschaft bedeutet Leben, dem der T. nichts mehr anhaben kann (Joh 5,24; 6,50; 11,25f).

I. *C. Barth*, Die Errettung vom Tode, Stuttgart u. a. 1997; *A. Berlejung/B. Janowski* (Hg.), Tod und Jenseits im alten Israel und in seiner Umwelt, Tübingen 2009; BiKi 61 (2006); *S. Schroer*, Häusliche und außerhäusliche religiöse Kompetenzen israelitischer Frauen, in: *E. Klinger* u. a. (Hg.), Haushalt, Hauskult, Hauskirche, Würzburg 2004, 9–34.

II. *F. Crüsemann* u. a. (Hg.), Dem Tod nicht glauben, Gütersloh 2004; *O. Kaiser/E. Lohse*, Tod und Leben, Stuttgart u. a. 1977; *T. Nicklas/F. V. Reiterer* (Hg.), The Human Body in Death and Resurrection, Berlin 2009; Welt und Umwelt der Bibel 27 (2003).

Christian Frevel

Tora (T.)

(→ Dachartikel: Schrift/Schriftverständnis)

I. AT: 1. Der hebr. Begriff *tōrā* bedeutet ursprünglich mündliche → „Weisung, Lehre" durch Vater oder Mutter (Spr 1,8; 4,1; 6,20–23), durch eine weise → Frau oder einen weisen Mann (Spr 13,14; 31,26), durch → Propheten (Jes 8,16) oder → Priester (Dtn 17,11; 33,10; Jer 18,18; Ez 7,26). Im Kontext der neueren Versuche, die Stellen aus ihrem jeweiligen sozialen und gesch. Zusammenhang zu deuten, ist bis heute umstritten, ob der priesterliche, sakral-kultische, der profan päd. oder der prophetische Begriff am Anfang steht oder ob unabhängig voneinander – gleiches Alter vorausgesetzt – eine parallele Entwicklung angenommen werden darf. Die Antwort hängt auch davon ab, ob man gewillt ist, die weisheitliche → Tradition als andersartige, aber gleichberechtigte Theol. zu deuten (was im ev. Raum bis heute schwer zu fallen scheint), und ob man die Trennung zwischen profan und rel., die es im masor. Text und in der LXX nicht gibt, aufzugeben bereit ist (zur rel. Dimension in weisheitlicher T. vgl. Spr 28,4f.9).

I. 2. Auf welche Größe sich der Begriff außerhalb des Pentateuchs bezieht, ist nicht immer klar. Sicher scheint, dass die Referenz vom → Dekalog zum Dtn über die mit der Mosebiographie verknüpften Bücher auf den gesamten Pentateuch hin anwächst. Die bei Christen beliebte Identifizierung der T. mit νόμος („Gesetz") ist in dieser undifferenzierten Form unzutreffend. Sie trifft nicht einmal auf jene gesch. Entwicklung zu, als die T. schriftlich fixiert wurde (Ex 24,12; Hos 8,12). Semantisch ist T. auch hier keine feststehende Größe, sie bedarf vielmehr der ständigen Aktualisierung (vgl. die zwei Dekalog-Fassungen). Dennoch hat T. für alle jüd. → Schriften, einschließlich der Propheten, normativen und autoritativen Charakter.

Wie immer man das bis heute umstrittene Wachstum der frühjüd. Traditionen deutet, die Behauptung eines eigenen T.-Wissens der Priester zur Unterscheidung von heilig und profan (→ Heiligkeit) sowie rein und unrein (→ Reinheit) ist unübersehbar (Lev 10,10f; 11,46f; 12,7f; 14,57). Priester geben dem Volk „Weisung" u. a. zum → Sabbat (Ez 22,26), Pascha (Ex 12, 48f), → Opfer (Lev 6,2.7.18), Aussatz (Lev 13,59), → Tempel (Ez 43,12). Sie behaupten Zuständigkeit für alle Fragen des → Rechts und der → Ethik (Dtn 17,11), v. a. des Tempels (vgl. die sog. T.-Pss. 15 und 24). Ihre T. sei identisch mit „T./Wort Jhwhs".

Wohl als Kritik an diesem Anspruch ist die prophetische T.-Theol. und deren Begriff „T. Jhwhs" zu deuten. T. meint hier nicht die einzelne, nomistisch leicht misszuverstehende Weisung, sondern die gesamte, lebensspendende Willensoffenbarung Jhwhs (Hos 4,6; 8,1.12; Jes 5,24; 8,20; 30,9). Sie bereitet → Freude und Lust (Ps 1; 19; 119). Polemik gegen Priester findet sich etwa in Jer 6,19; 8,8; 31,33.

Im dtn. und chr. Geschichtswerk bezeichnet T. im Kontext von Jhwhs gesch. → Offenbarung nicht mehr die Einzelweisung, sondern zielt auf seine gesamte Willensoffenbarung in ihrer → Einheit. Wendungen wie „diese/ganze T." (Dtn 1,5; 4,8; 17,18f; 31,9–11; 32,46), „das Buch dieser T." (Dtn 28,61; 29,20; 30,10; 31,26), „die/alle Worte dieser T." (Dtn 17,19; 27,3.8.26; 28,58; 29,28; 31,12.24) belegen diesen entscheidenden Wandel zur Stiftung der ethnischen Identität durch einen schriftlich fixierten Text. Verstärkt wird dies durch die hist. Fixierung als „T. des Mose" (Dtn 1,5; 4,8.44; 31,9), der als Mittler der „T. Jhwhs" geglaubt wird. In Dtn 32,46 fasst der Begriff T. Dtn 1–32 zusammen. Zur Wendung „Buch der T." vgl. Esra 3,2; 7,6; 2 Chr 23,18; 25,4 u. a., zu „T. Jhwhs" vgl. Esra 7,10; Neh 8,8; 10,29; 1 Chr 16,40 u. a.

Zielt Dtn 32,46 nur auf die Einheit von Dtn 1–32, so die Wendung „T. des Mose" (Esra 3,2; 7,6; 2 Chr 23,18; 25,4; 30,16) vermutlich bereits auf eine Textversion des Pentateuch, wobei dieser Begriff erst im 2. Jh. n. Chr. belegt ist (1 Chr 16,40; 2 Chr 17,9; 23,18; 31,3). Zu nennen ist hier auch die Auffindung des „Buches der T." unter Joschija (2 Kön 22–23; 2 Chr 34,8–28) und ihre Funktion als Bundesbuch zur Neukonstituierung des → Volkes.

I. 3. Eine dreifache semantische Nachgeschichte lässt sich feststellen: 1. Die im Begriff T. angelegte Reduzierung auf einzelne Weisungen bzgl. ganz konkreter Fragen (da wir Menschen in der Regel konkrete Handlungsanweisungen brauchen) kann zu Kasuistik führen (im strengen Pharisäismus und in rabb. Theol. ebenso wie im Christentum). 2. Die bei den Propheten (Hos, Jes) und bes. im Dtn sich entwickelnde Bestimmung des T.-Begriffs auf die gesamte gnädige Willensoffenbarung Gottes bzgl. → Schöpfung und Sozialordnung führt zur jüd. (auch in Qumran belegten) und christl. Bezeichnung T. für den Pentateuch. In ihr geht es um eine zielgerichtete → Geschichte mit der Überzeugung, dass sie ihrer Erfüllung (in apokalyptischer Lit. nach einer von Gott herbeigeführten Katastrophe) zustrebt, → Israel im Halten der T. an dieser Erfüllung partizipiert. 3. Da in die T. nicht nur unterschiedliche, sondern sich auch ausschließende Traditionen Eingang gefunden haben, zudem aufgrund neuer Lebensumstände nicht alle Probleme in der T. angesprochen waren, stand die T. von Anfang an in einem Prozess der Auslegung und Aktualisierung. Daraus entwickelte sich im Judentum (bes. seit 70 n. Chr.) die Vorstellung von der schriftlichen und mündlichen T., die ebenfalls als Sinai-Offenbarung verstanden wird, da sie in kontinuierlicher Lehre tradiert wurde.

II. NT: Im NT leidet der Apostel Paulus unter dem Spagat der unerfüllbaren Einzelweisungen und der „T. Gottes". Vertrat er selbst (wie die von ihm später bekämpften Judenchristen) in seiner torazentrischen Zeit die Erfüllung aller Einzelweisungen (Gal 1,13f), so vertritt er in seiner christozentrischen Zeit als → Apostel auch für alle Nichtjuden den „νόμος τοῦ Θεοῦ als heilig, gerecht und gut" (Röm 7,12.22) und eine → Rechtfertigung wie Abraham (Gen 15,6; Hab 2,4) allein durch → Glauben (Röm 4; 1,17), nicht durch die Sinai-T., was die Verpflichtung zu einem durch Tun beglaubigten Glauben keineswegs ausschließt (Gal 5,6 und die vielen Paränesen in den pln. Briefen). Auch dieses pln. Ev. ist „gemäß den → Schriften" (vgl. Röm 1,1f; 3,21; 16,26 und die vielen eingespielten Zitate), begründet in der von der T. freien Bundeskonzeption der P (→ Bund, vgl. auch die Gnaden-Theol. in Dtn 4; 7,6–11.32, dies in explizitem T.-Zusammenhang).

Dieses pln. „Leiden" an der T. ist weder in den vier Evv., noch in ihren → Traditionen (Q, vormk. Traditionen) festzustellen und folglich auch für Jesus auszuschließen. Sie alle sind wie die sonstigen jüd. Toratheologen nicht auf die Auslegung der T. fixiert, sondern auf deren Aktualisierung. Entsprechend der jeweiligen Gemeinde-Situation geht es allen um eine Fortschreibung des überlieferten Wortlauts. Eine bes. Souveränität Jesu, wie sie früher im Vergleich zu rabb. Auslegungen aus der nach-ntl. Zeit postuliert wurde, ist im vielfältigen Kontext des Judentums im 1. Jh. v. und im 1. Jh. n. Chr. sowie im Vergleich zur von → Propheten behaupteten Souveränität (zu Paulus vgl. Gal 1) nicht festzustellen. Alle sind darum bemüht, dass das Wort Gottes in der T. „lebendig" bleibt, was Transformierungen und Aktualisierungen einschließt.

I. *F. Crüsemann*, Die Tora, München 1992.
II. *E. Zenger* (Hg.), Die Tora als Kanon für Juden und Christen, Freiburg 1996.

Hubert Frankemölle

Torheit / Irrtum (T./I.)

(→ Dachartikel: Weisheit/Gesetz)

I. AT: 1. Das atl. Hebr. verfügt über eine Reihe von Ausdrücken zur Bezeichnung von T. oder I. (vgl. für „T., Dummheit, Einfalt“: *ᵓiwwælæt, hōlēlōt, kæsæl,* k^{e}*sīlūt,* n^{e}*bālā, sækæl, siklūt, pœtī,* für „töricht, dumm, einfältig“: ᵓ^{æ}*wīl, baᶜar,* k^{e}*sīl, sākāl, pœtī,* für „töricht, dumm sein“: *bᶜr, ksl, nbl, skl,* für I.: m^{e}*šūgā,* š^{e}*gāgā,* toh^{o}*lā,* für „irren“: *šgh, tᶜh*). Dabei wird sprachlich nicht genau unterschieden zwischen T. und I. auf den Gebieten der Erkenntnis, der → Ethik und der Rel.

I. 2. *Torheit* ist Gegenbegriff zu → Klugheit oder zu → Weisheit. Dementsprechend kann eine einzelne Handlung (Ps 38,6; 69,6) oder die Haltung bzw. der Charakter eines Menschen (Spr 1,7) als töricht bezeichnet werden. Die T. einer Handlung kann darin bestehen, dass zur Erreichung eines bestimmten Ziels ungeeignete Mittel eingesetzt werden (Koh 10,10.15), oder darin, dass Ziele und Zwecke verfolgt werden, die gängigen ethischen oder rel. Überzeugungen widersprechen (Ps 69,6). Bei den atl. Aussagen über habituelle T. ist meist weniger ein Mangel an Intelligenz im Blick (Spr 14,1; 21,20) als eine Lebensorientierung, die unter ethischen und rel. Gesichtspunkten als verfehlt angesehen wird (Jes 32,6).

V. a. die Weisheitslit. zeichnet ein stereotypes Bild des Toren, der Ratschläge und Warnungen missachtet, weil er sich selbst für klug und weise hält (Spr 12,15; 23,9; 28,26), der aus Fehlern nichts lernt (Spr 26,11), aufdringlich (Spr 12,23; 13,16), unbeherrscht (Spr 14,29; 17,12) und faul ist (Koh 4,5) und durch sein Verhalten seine Mitmenschen und die Gesellschaft schädigt (Spr 10,18.23). Sie bringt zugleich die Überzeugung zum Ausdruck, dass diese Verhaltensweisen auf lange Sicht für den Toren ruinös sind (Ijob 5,2ff; Spr 10,8; dazu kritisch Koh 2,13–16). T. kann des Weiteren darin gesehen werden, dass man ein Gebot Jhwhs nicht befolgt (1 Sam 13,13), dass man in der Außenpolitik auf die Hilfe von Großmächten vertraut statt auf Jhwh (2 Chr 16,9), dass man meint, es gebe keinen Gott (Ps 14,1; 15,2) oder keine jenseitige Vergeltung (Weish 1–5; aus diesem [späten] Blickwinkel müssen dann freilich ältere „Weise“ wie Koh oder Sir als „Toren“ erscheinen).

I. 3. Törichte Handlungen können zurückgeführt werden auf den törichten Charakter eines Menschen (Spr 10,23) oder darauf, dass er – etwa unter dem momentanen Druck der Begierde (→ Laster) – ohne vernünftige Überlegung agiert (2 Sam 13,12f). Sie können aber auch darauf zurückgehen, dass sich ein Mensch im *Irrtum* befindet über die Vorzugswürdigkeit von Handlungszielen, über die Eignung von Mitteln, um bestimmte Ziele zu erreichen (2 Sam 13,12f), oder über die Konsequenzen bzw. Begleiterscheinungen seines Tuns (Spr 7,22f). Solche Irrtümer können durch (falsche) → Propheten (Jer 23,13.32) oder schlechte Herrscher (Jer 50,6) befördert werden. Aber auch Gott kann Menschen „betören“ (1 Kön 22,20–22; Ez 14,9).

Nach Num 15,22–31 können Vergehen gegen die Gebote Jhwhs nur dann kultisch gesühnt werden, wenn sie versehentlich oder irrtümlich begangen werden, während vorsätzliche Vergehen grundsätzlich mit dem → Tod bestraft werden (vgl. Lev 4f). Das kann dazu führen, dass auch vorsätzliche Vergehen als „Versehen“ deklariert werden, um ihre kultische Sühnung zu ermöglichen (vgl. Lev 5,20ff). Demgegenüber fordert Koh 5,5 dazu auf, zu seiner Schuld zu stehen und sie nicht verharmlosend als I. oder „Versehen“ zu deklarieren.

Ein Mensch kann es kaum vermeiden, dass ihm in Einzelfällen I. und Fehler unterlaufen (Ps 19,13; Sir 19,16; Koh 7,20). Deshalb ist er darauf angewiesen, dass Gott ihm hilft, I. zu erkennen und zu vermeiden (Ps 25,8; Jes 29,24). Die → Tora (Ps 19,8) wie auch die Lehren der Weisheit (Spr 1,4) machen Einfältige weise. Nach Ijob 11,12 kann auch ein Hohlkopf noch Verstand annehmen. Ps 49,11 und 73,22 verweisen auf entsprechende Erfahrungen. Dagegen scheinen eine Reihe von Aussagen der Spr die Toren für unbelehrbar zu halten (z. B. Spr 1,7.22; 18,2; 27,22), sodass empfohlen werden kann, sie mit → Gewalt in ihre Grenzen zu verweisen (Spr 10,13; 19,29). Hier wird die Gefahr eines elitären Bildungskonzepts erkennbar, über der Intensivierung der „Weisheit“ weniger Weiser die Bekämpfung der „T.“ durch Breitenbildung zu vernachlässigen (→ Erziehung). Darauf macht Koh 10,1 ironisch aufmerksam: Wenig T. (bei der breiten Masse) ist wertvoller als viel Weisheit (bei einem kleinen Kreis von Weisen).

II. NT: 1. Im NT ist von T. (μωρία „T.“, μωραίνειν

„töricht sein; töricht machen", μωρός „töricht, unsinnig", ἄφρων „unverständig", ἀφροσύνη „Unverstand, T.") und I. (πλάνη „I., Täuschung", ἀποπλανᾶν „irreführen, täuschen, verführen", πλάνος „irreführend, täuschend") mit einer ähnlichen Bedeutungsbreite wie im AT die Rede.

II. 2. Jesus warnte nach Mt 5,22 davor, andere Menschen als *Toren* zu beschimpfen, bezeichnete aber nach Mt 23,17; Lk 11,40 selbst die Pharisäer und Schriftgelehrten als Toren. Töricht ist nach Mt 7,24–27, wer die Worte Jesu nicht befolgt, nach Mt 25,1–13, wer sich nicht angemessen auf das Kommen der Gottesherrschaft (→ Herrschaft) vorbereitet, und nach Lk 12,20, wer meint, sein Leben durch eigene Vorsorge sichern zu können.

Paulus stellt in 1 Kor 1–3 der → „Weisheit" der Welt die „T." der Predigt vom → Kreuz gegenüber. → Tod und → Auferstehung Jesu zeigen, dass gängige menschliche Ansichten über Weisheit und T., Stärke und Schwäche angesichts des Wirkens Gottes versagen: „Das (vermeintlich) Törichte von Seiten Gottes ist weiser als die Menschen und das (vermeintlich) Schwache von Seiten Gottes stärker als die Menschen" (1 Kor 1,25). Deshalb kann Paulus in paradoxer Formulierung dazu auffordern, (nach menschlichen Maßstäben) töricht zu werden, um (in Wahrheit) weise zu werden (1 Kor 3,18), und die → Apostel als (vermeintliche) Toren um Christi willen bezeichnen (1 Kor 4,10). Hier wird – wohl in der Auseinandersetzung mit Gegnern in der korinthischen Gemeinde, die sich selbst für „weiser" als Paulus hielten – die kulturelle und gesch. Bedingtheit und Begrenztheit des Verständnisses von „Weisheit" und „T." deutlich. Ebenfalls polemisch und ironisch spricht Paulus in 2 Kor 11,1.16f.21 von seiner T., sich selbst zu rühmen, zu der er sich durch Angriffe von Gegnern gedrängt fühlt.

Demgegenüber ist in späteren Schriften wieder ungebrochen von T. die Rede, wenn etwa Eph 5,15.17 dazu auffordert, sich nicht unweise (ἄφρονος) und töricht (ἄσοφος) zu verhalten, oder wenn vor törichten Streitfragen (2 Tim 2,23; Tit 3,9) und dummem Geschwätz (Eph 5,4) gewarnt wird (vgl. 2 Tim 3,8f). 1 Petr 2,15 ermahnt die Christen dazu, durch ihren vorbildlichen Lebenswandel der Unwissenheit der törichten Menschen den Mund zu stopfen.

II. 3. Jesus wirft den Sadduzäern vor, bei ihrer Ablehnung der Auferstehungshoffnung im Blick auf die → Schrift und im Blick auf die → Macht Gottes im I. zu sein (Mk 12,24). In seinen Reden über die Endzeit warnt er mehrfach vor der Gefahr, durch falsche Behauptungen oder Ankündigungen irregeführt zu werden (Mk 13,5f; Lk 21,8). In den Briefen werden die Gegner der Apostel wiederholt des I. bezichtigt (2 Petr 2,15; Jud 11.13). Vor der Verführung durch Irrlehrer (1 Tim 4,1f), falsche Propheten (Offb 2,20) und den Antichristus (Offb 13,14; 19,20) wird gewarnt. Das eschatologische → End-Gericht Gottes wird der Verführung ein Ende machen (Offb 20,3.10).

Nach Hebr 5,2 sind freilich Unwissenheit und I. Folgen der menschlichen Schwachheit, für die auch Verständnis aufzubringen ist. Die Bekehrung zum christl. → Glauben kann dementsprechend als Übergang vom I. zur → Wahrheit begriffen werden (Eph 4,14f; Tit 3,3; 1 Petr 2,25). Nun kommt es darauf an, nicht erneut I. zu verfallen (1 Kor 6,9; 15,33; Gal 6,7: „Irrt euch nicht!").

Das NT weist auf die Verführungskraft von T. und I. hin, scheint aber zugleich davon auszugehen, dass es Menschen (mit Gottes Hilfe) möglich ist, sich dieser Verführungskraft zu entziehen. In den späteren Schriften wird die Gefahr erkennbar, dass T. und I. zu Schlagworten werden, die v. a. der Bewahrung einer „reinen Lehre" dienen. Demgegenüber stellen die Reflexionen in 1 Kor 1–3 über das Wort vom Kreuz, durch das die Unterscheidung von Weisheit und T. kritisch gebrochen wird, ein wichtiges Korrektiv dar.

I. *T. Krüger*, „Wertvoller als Weisheit und Ehre ist wenig Torheit" (Koh 10,1): BN 89 (1997) 62–75; *A. Lange*, Weisheit und Torheit bei Kohelet und in seiner Umwelt, Frankfurt/M. 1991.

II. *M. Konradt*, Die korinthische Weisheit und das Wort vom Kreuz: ZNW 94 (2003) 181–214; *M. Sasse*, Weisheit und Torheit im Kontext frühchristlichen Taufverständnisses, in: *A. von Dobbeler* u. a. (Hg.), Religionsgeschichte des Neuen Testaments, Tübingen 2000, 255–261; *G. Schwarz*, Er „wird einem klugen/törichten Mann ähnlich werden"? (Mt 7,24b.26b): BN 68 (1993) 24–25; *U. Wilckens*, Weisheit und Torheit, Tübingen 1959.

Thomas Krüger

Tradition (T.)

(→ Dachartikel: Schrift/Schriftverständnis)

I. Der Mensch ist ein gesch. Wesen und somit in die Identität der eine Gruppe stiftenden T. hineingeboren. Dies gilt trotz aller Individualität auch in der Neuzeit, umso mehr in der Antike. Die → Freiheit des Einzelnen auch gegen bestimmte T. seiner Gruppe ist davon nicht tangiert, wie in der Bibel die theol. Identität der → Propheten, Jesu (vgl. Mk 7,5–13) oder des Paulus (in seiner Wende von der radikalen Sinai-Theol. zur priesterschriftlichen Gnadentheol. gemäß Gen 12–18) belegen kann.
T. als Begriff ist semantisch diffus. Der entsprechende ntl. Begriff ist παράδοσις (nicht das statische παραθήκη = anvertrautes Gut), was traditionelle „Regelung, Überlieferung" bedeutet (vgl. Mk 7,1–13; Gal 1,14; 1 Kor 11,2–16; 2 Thess 2,15; 3,16). Das Verbum παραδίδωμι kommt dem deutschen Substantiv entgegen, ist aber zugleich im Passionskontext *terminus technicus* für die Überlieferung/Auslieferung Jesu geworden.
Die Sache ist nicht an den Begriff T. gebunden, wie die gesamte Bibel belegt, deren Texte bes. im AT ohne längere T.-Prozesse nicht zu erklären sind. Ohne *traditio* (Überlieferung) vorgegebener *tradita* (Überliefertes) in ständiger Aneignung und Transformation in der *receptio* (Rezeption) aufgrund neuer gesch. (polit., kulturell-sprachl., rel.) Erfahrungen und deren Deutung im Lichte der T. konnte weder → Israel und das Frühjudentum noch die frühe → Kirche in der T. Jesu existieren (vgl. etwa die Uminterpretation des Zentralbegriffs der Verkündigung Jesu von der „Gottesherrschaft" [→ Herrschaft] durch die pln. → „Rechtfertigung" oder die joh → „Liebe").
II. Die Korrelation in Kontinuität und Diskontinuität von theol. T. und neuer gesch. Erfahrung belegt auch durchgehend das AT (vgl. die *relecture* in 1–2 Chr, Jes 40–55 und die vielfältige Rezeption schöpfungs- und geschichtstheol. T.). Ohne die Rezeption von vielfältigen T. ist kein Text im AT zu verstehen. Eine unveränderliche T. der *tradita* im Sinne der überholten Kanonisierung des Bestehenden in der Rezeption, wie vielfach in der Hochblüte der hist.-kritischen → Exegese und in der kirchenamtlichen sowie syst. Theol. angenommen wurde, ist linguistisch ausgeschlossen (→ Intertextualität; → Hermeneutik). Weitergabe der T. ist ein kommunikativer Prozess. Auch die kath. Kirche betont im II. Vatikanum, dass es nicht nur um eine Weitergabe der abgeschlossenen, textlich vorliegenden T. geht, vielmehr gibt es „unter Beistand des heiligen Geistes einen Fortschritt" und „die Kirche strebt im Gang der Jahrhunderte ständig der Fülle der göttlichen Wahrheit entgegen" (Dei Verbum [DV] 8; zur bibl. Begründung vgl. etwa Joh 16,12f). Dabei wird der „Fortschritt" ausdrücklich durch „das Nachsinnen und Studium der Gläubigen, [...] durch innere Einsicht, die aus geistl. Erfahrung stammt" (DV 8), dann selbstverständlich auch durch Verkündigung der Bischöfe gewährleistet. Diese Bestimmung fängt den Reichtum bibl. Überlieferung angemessen ein, wobei → Jesus Christus in prophetischer T. (vgl. Hebr 1,1f) für die Christen einzigartiger Exeget (vgl. Mt 11,25–27; Joh 1,1.14.18) der → Offenbarung Gottes und der schriftlichen T. Israels sowie seiner mündlichen Überlieferungen ist (→ Geist; → Wahrheit). Ohne die Kontinuität zu den jüd. T. ist Jesus nicht zu denken, ebenso sind es nicht die ntl. Christologien, da in ihnen Gottes Handeln „gemäß den Schriften" behauptet wird (vgl. etwa 1 Kor 15,3–5; 2 Kor 1,20; Röm 1,2; 3,21; 16,26). Bei aller innerjüd. Neuakzentuierung verstehen ntl. Theologen (vgl. die spezifisch mt. „Erfüllungszitate", das lk. „musste" in Lk 9,22; 24,7.26.44 oder das lk. „heute" in Lk 2,11; 3,22; 4,21 u. a. gemäß den Vorlagen im Dtn) ihren → Glauben an Gottes Handeln in Jesus Christus als traditionell theozentrisch strukturierten jüd. Glauben, der eine neue, eschatologisch qualifizierte Enthüllung erfährt. In der T. Jesu und der ntl. Theologen müssten für Christen die heiligen → Schriften Israels verbindliche T. mit kritischem theol. Eigenwert sein bzw. werden.
Die bibeltheol. Rückbesinnung der ev. Kirchen in der Reformation im 16. Jh., der kath. Kirche im 20. Jh. als gezielte Besinnung auf T. wäre verstärkt nicht nur im liturgischen Bereich analog zu jüd. Vorgaben (vgl. Dtn 4; 6,20; 26,1–15; 32,7) auch in die christologisch strukturierte Theol. bzw. in die theozentrisch strukturierte Christologie zu integrieren. Die Frage nach der jüd. T. im NT gehört in die → Mitte des christl. Glaubens (vgl. 1 Kor

4,6; Lk 2,41–51), ebenso ist die heilige Schrift des AT und NT gemäß dem II. Vatikanum „Seele der Theologie" (DV 24; Optatam totius 16) und das „geschriebene Wort Gottes" ist wie ein „bleibendes Fundament, in dem die heilige Theologie sichere Kraft gewinnt und sich ständig verjüngt" (DV 24).

R. Kampling, Tradition: NHbth 4 (2005) 329–341; *H. Graf Reventlow,* Epochen der Bibelauslegung 1, München 1990.

Hubert Frankemölle

Abb. 70: Klagefrauen auf dem Ahirom-Sarkophag aus Byblos mit zerrissenem Gewand.
Quelle: *S. Schroer,* Trauerriten und Totenklage im Alten Israel, in: *A. Berlejung/B. Janowski* (Hg.), Tod und Jenseits im alten Israel und in seiner Umwelt, Tübingen 2009, 299–321, hier Abb. 3.

Trauer (T.)

(→ Dachartikel: Kult)

Vorbemerkung: Während der → Tod im Rahmen des Tempelkults in Hymnen und → Gebeten (→ Klage; → Lob) theol. verarbeitet ist, gehören Beerdigung und T. (hebr. *ʾēbœl* u. a., griech. λύπη) um den Verstorbenen in den Bereich der Familienrel. und privaten Frömmigkeit (→ Grab). Hier hat der praktische Umgang mit dem Tod seinen Ort. Da es sich um ein gesamtbibl. Phänomen handelt, ist eine Trennung des Artikels in AT und NT nicht sinnvoll.

I. Die Toten wurden in einer Familiengruft (Patriarchen und → Könige), in der Erde oder in Felsgräbern beigesetzt. Eine bes. Präparierung war, von Ausnahmen abgesehen (Gen 50,2.26), nicht üblich. Archäologisch sind Grabbeigaben nachgewiesen (Nahrung, Schuhe, Amulette, Figurinen), die den Weg des Verstorbenen in die → Unterwelt begleiten und sichern sollten.

In ntl. Zeit wurde der Leichnam bald nach dem Tod gewaschen und mit Öl gesalbt (Mk 16,1; Joh 19,39f; Apg 9,37), in Tücher eingewickelt (Joh 11,44; 20,5–7) und öffentlich zu Grabe getragen (Lk 7,12). Nicht ordentlich beerdigt zu werden galt als große Schande.

Die Bestattung war von verschiedenen Trauerzeremonien begleitet. Die Trauerzeit betrug in der Regel sieben Tage (Gen 50,10; 1 Sam 31,13; Ijob 2,13; Sir 22,12), in Ausnahmefällen länger (Gen 50,3; Num 20,29; Dtn 34,8).

Während dieser Zeit wurde die T. durch Trauergesten öffentlich zur Schau gestellt: Man weint und zerreißt die Kleider, legt Kopfschmuck und Schuhe ab, zieht ein Trauergewand (s. *Abb. 70*) an und verhüllt das Antlitz, wälzt sich in Staub und Asche und streut beides auf sein Haupt, fastet, schlägt sich auf die Brust und an die Lenden, rauft sich die Haare, schert sich eine Glatze und fügt sich Verletzungen zu (Gen 37,34; 1 Sam 31,13; 2 Sam 1,2.11f; 3,31f.35; 12,16f; 19,5.25; 2 Kön 6,30; Jes 22,12; 32,11f; Jer 4,8; 6,26; 7,29; Ez 24,17.23; 27,30f; Am 8,10; Ijob 1,20; 2,12; Mt 11,17; Lk 23,48). Es handelt sich um (Selbst-)Minderungsriten (→ Ritus), denen eine apotropäische und eine soziale Komponente eignen. Die Riten unterscheiden sich nicht von denen der Nachbarn → Israels (Jes 15,2f; Jer 48,37; Jona 3,6), werden aber in der → Tora etwas eingeschränkt (Lev 19,27f; Dtn 14,1).

Ihren sprachlichen Ausdruck fand die T. um den Toten im Wehe-Ruf (1 Kön 13,30) und in der Totenklage (2 Sam 1,19ff; 3,33f; Am 5,16f; 2 Chr 35,25; Apg 8,2). Die Gattung begegnet vielfach in der prophetischen Lit., wo sie auf den Untergang Israels angewendet wird (Am 5,1; Ez 19,1ff; 27,1ff; vgl. Lk 6,24f). Die Totenklage konnte musikalisch unterlegt sein (Mt 9,23) und wurde nicht selten von professionellen „Klagefrauen" übernommen (Jer 9,16–21; Ez 32,16; Am 8,3; 2 Chr 35,25; vgl. Mt 9,23; Lk 23,27f; *Abb. 71*). Die Trauerfeierlichkeiten sahen darüber hinaus den Besuch im Trauerhaus und einen Leichenschmaus vor (Jer 16,5–7; Ez 24,17.22; Ijob 2,11–13).

II. Katastrophen von nationalem Rang, Naturkatastrophen (Jer 14; Joël 1), Zerstörungen (Klgl) und Verfolgung (Est) waren der Anlass für eine kollektive T.- oder Klagezeremonie. Vielfach be-

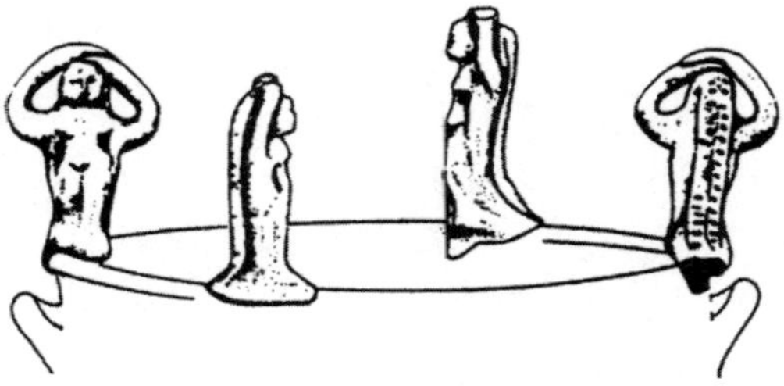

Abb. 71: Klagefrauen schlagen die Hände über dem Kopf zusammen und „gillen".
Quelle: *O. Keel/C. Uehlinger,* Göttinnen, Abb. 150.

legt ist das kollektive Fasten, bei dem sich die üblichen Trauerriten mit der Volksklage (→ Buße) verbinden (Ri 20,26; 1 Sam 7,6; 1 Kön 21,9.12; Jes 58,3ff; Jer 14,12; 36,6.9; Joël 1,14; 2,12.15). Ursprünglich wird es v. a. darum gegangen sein, Jhwh günstig zu stimmen und zum Einschreiten zu bewegen, wie es etwa aus dem Gesuch der Judenschaft von Elephantine um den Wiederaufbau ihres → Tempels hervorgeht, das sehr eindrücklich die Trauerriten anlässlich seiner Zerstörung schildert. In den bibl. Texten der exil.-nachexil. Zeit schieben sich das Sündenbekenntnis des Volkes, die Rekapitulation der Heils- und Unheilsgesch. und der Gedanke der Buße in den Vordergrund. An festen Buß- und Fastentagen sind in der Überlieferung erwähnt: der Versöhnungstag (Lev 16,29–31), die in Sach 7,3; 8,19 genannten Termine im vierten, fünften, siebten und zehnten Monat zur Erinnerung an die Belagerung und Zerstörung Jerusalems durch die Babylonier (und Römer) sowie an die Ermordung Gedaljas und der Vorabend des Purimfests (Est 4,16; 9,31). Ein wöchentliches Fasten am Montag und Donnerstag bzw. Mittwoch und Freitag wurde sowohl im Judentum (Lk 18,12) wie im frühen Christentum (Did 8,1) begangen.

In der eschatologischen Heilszeit soll es damit ein Ende haben. Die Prophetie kündigt die Umwandlung der T. in ewige → Freude an (Jes 61,1–3; 66,10; Sach 8,19). Die Bergpredigt verheißt den Weinenden, dass sie lachen, und den Trauernden, dass sie getröstet werden (Lk 6,21; Mt 5,4). Die Osterbotschaft hebt die T. auf (Mk 16,10) und wandelt sie in Freude (Joh 16,20.22). Doch bis es soweit ist, wird empfohlen, sich vor falscher Freude zu hüten (Lk 6,25) und sich auch in T. und Demut zu üben (Jak 4,9f).

E. S. Gerstenberger/W. Schrage, Leiden, Stuttgart 1977; *X. H. T. Pham,* Mourning in the Ancient Near East and the Hebrew Bible, Sheffield 2000; *T. Podella,* Sôm-Fasten, Neukirchen-Vluyn 1984.

Reinhard G. Kratz

Treue (T.)

(→ Dachartikel: Ethik)

Vorbemerkung: T. ist einer der zentralen Begriffe in der Bibel, um die Erfahrung der Menschen mit dem Gott Israels zu beschreiben. T. ist eine Kurzformel, mit der die gesamte → Geschichte Gottes und der Menschen in den Blick genommen wird (Ex 34,6; 1 Thess 5,24). Insofern diese T. Wesensmerkmal allen göttlichen Tuns ist (Ps 145,17; → Eigenschaften Gottes), ist sie nicht gesch. gebunden, sondern entgrenzt, und kann je neu erfahren werden. AT und NT werden im Folgenden gemeinsam behandelt.

I. T. verbindet sich mit → Wahrheit, Beständigkeit, Zuverlässigkeit und ist damit eher als summarischer, denn als konkreter Begriff zu verstehen. In der T. realisiert Gott seine ungeschuldete → Gnade gegenüber den Menschen. Daher ist sie weder kausal, noch konditional von menschlichem Verhalten abhängig (Röm 3,3). Die T. Gottes ist konstitutiv für die Beziehung zu seinem → Volk und ereignet sich als relationales Geschehen. Dass der Mensch auf die T. Gottes vertrauen kann, ist in bibl. Perspektive der Letztgrund des → Glaubens und der Ermöglichungsgrund menschlicher T., die an der T. Gottes ausgerichtet ist und von hier her ihre ethischen Maßstäbe bezieht. Ort der Wirklichkeit der T. ist der → Bund (Dtn 7,9) bzw. die → Kirche (1 Kor 1,9). Die Zugehörigkeit verdankt sich der T. Gottes und fordert vom Menschen ein adäquates Verhalten gegenüber Gott und den Mitmenschen. T. bezeichnet daher einen programmatischen Entwurf eines ethisch verantworteten → Lebens.

II. Die T. des Menschen geschieht durch die Einhaltung der Gebote Gottes (Ps 103,17–18; 119,138), dessen T. sie zugleich ermöglicht (Spr 3,3; 1 Kor 10,13; 2 Kor 1,18; 2 Thess 3,3). Wer sich darin als treu erweist, kann als Vorbild in rel. und ethischer Hinsicht gelten: Abraham (Neh 9,8;

1 Makk 2,52), Moses (Num 12,7; Hebr 3,5), David (1 Kön 11,6), Hiskija (2 Kön 18,6), → Jesus Christus (Hebr 3,6; Offb 1,5). Von Gott und seinen Geboten abzuweichen ist Bruch der T. und kann in das Bild der Hurerei (Lev 17,7; Num 14,33; Hos 1,2; 2,4; Jes 1,21; Ez 16,23) oder des untreuen Vasallen (Jos 22,16.18–20) gefasst werden. Obgleich diese T. vom ganzen Volk zu erwarten ist, ist sie Kennzeichen des Königtums (1 Kön 2,4) und der im → Kult Tätigen (Lev 5,15; 1 Chr 9,26). Da die Gebote auch das zwischenmenschliche Agieren bestimmen, erweist sich der Mensch hier Gott und dem Mitmenschen gegenüber treu (Lev 5,21; 26,40; Num 5,6). Daher gehört T. als wesentliches Element zum sozialen Leben hinzu und umfasst alle Bereiche, in denen Zuverlässigkeit, Wahrhaftigkeit, Beständigkeit (Spr 18,24; 20,28; 2 Kön 12,16; Lk 16,10) gefordert sind, insbesondere in Krisensituationen, in denen der Mensch auf die T. Anderer verwiesen ist (Spr 29,14). Ntl. wird der zweifache Bezug der T. dahingehend modifiziert, dass sich die T. gegenüber Gott in der gegenüber dem Wort der Verkündigung und im Dienst an der Gemeinschaft erweist (1 Kor 4,2 benennt die T. im ökonomischen Bereich als Beispiel). Deren T. ist Voraussetzung ihres Tuns (1 Tim 1,12; 2 Tim 2,2) und hat wiederum Vorbildcharakter (1 Kor 4,17; Eph 6,21; Kol 1,7; 1 Petr 5,12; 3 Joh 5) für die Gläubigen. T. umfasst deren Lebensform des Aushaltens und Wartens in Hoffnung und Beständigkeit auf die verheißene Vollendung (Röm 5,22; 1 Petr 4,19). Daher ist T. von eschatologischer Bedeutung (Offb 2,10).

M. Blum, Von der Treue und Gnade Gottes: BiKi 62 (2007) 160–166; *M. D. Hooker*, From God's Faithfulness to Ours, in: *T. J. Burke* u. a. (Hg.), Paul and the Corinthians, Leiden 2003, 233–239; *M. Mark*, Ewiger Bund als radikalisierte Treue, in: *F. Sedlmeier*, (Hg.), Gottes Wege suchend, Würzburg 2003, 203–251.

Rainer Kampling

Trost (T.)

(→ Dachartikel: Anthropologie)

Vorbemerkung: T. ist eine Stärkung, die durch Verlust erfahrenes → Leid abmildert oder zu lindern sucht, indem sie den Leidenden emotional aufrichtet. Tröstung kann durch Worte als „Zuspruch“, durch Gesten als „Zuwendung“ oder durch Nähe als „Beistand“ erfolgen. Als T. kann auch etwas bezeichnet werden, das dem Trauernden oder Leidenden als Bezugspunkt dient und ihm dadurch neuen emotionalen Halt gibt oder ihn aufrichtet. T. besteht nicht im Ersetzen des Verlorenen oder in der Beseitigung der Ursache des Leids, sondern in einer empathischen Hilfestellung zur Verarbeitung des Verlustes. Wie → Segen ist T. etwas, was man sich nicht selbst spenden kann, sondern wozu es ein Gegenüber braucht, das eine empathische Beziehung zu dem Trauernden hat. Die Mutter gilt dabei als bevorzugte Trösterin (Jes 66,13; Tob 7,16). Wird das Verb reflexiv gebraucht („sich trösten“), bezeichnet es die Überwindung einer emotionalen Krisensituation (→ Gefühl) wie der → Trauer angesichts eines Verlustes: So tröstet sich beispielsweise Isaak mit der Liebe zu Rebekka über den Tod seiner Mutter (Gen 24,67) oder David über den Verlust seines Sohnes Amnon (2 Sam 13,39).

I. AT: 1. Das im Hebr. für die Tröstung verwendete Verb *nḥm* hat die Grundbedeutung „bereuen“ und unterstreicht so das Moment der Wandlung und Veränderung, das mit dem gespendeten T. verbunden ist. Während das Hebr. mit einer Verbalwurzel auskommt, benutzt die LXX eine Vielzahl von Verben. In den atl. Belegstellen steht zunächst der T. als Teil des Trennungsprozesses beim → Tod eines nahestehenden Menschen im Vordergrund. Dabei handelt es sich weniger um ein → Ritual als einen sozialen Brauch: Nach einer angemessenen Frist der → Trauer wird der oder die Trauernde von Verwandten, Freunden oder Bekannten besucht, die durch ihre Anwesenheit oder ihre Worte T. zu spenden versuchen (Gen 37,35; 2 Sam 10,2f; 1 Chr 7,22; Ijob 2,11). Möglicherweise ist dieser „Beileidsbesuch“ mit einem gemeinsamen Mahl verknüpft (Jer 16,7 erwähnt neben dem Trauerbrot einen „Trostbecher“, vgl. Ijob 42,11). Um die Unausweichlichkeit des Todes zu betonen, empfiehlt Sir 38,17 in eigenartiger, oft kritisierter Weise, nach zwei Tagen heftiger Trauer „sich zu trösten“ und die Trauer zu unterdrücken. Die Erinnerung an den Tod und den Toten (wohl den exemplarischen Sünder) soll nicht mehr im Vordergrund stehen

(Sir 38,20–23). Vielmehr soll der T. das → Herz wieder aufrichten und den Trauerndem dem → Leben und der → Weisheit zuwenden. Die Empfehlung ist daher eher mit 1 Thess 4,13 zusammen zu sehen und nicht als Herzenshärte oder zynische Verdrängung der Trauer zu interpretieren.

Neben der Tröstung, die den um einen Verstorbenen Trauernden gilt, spricht das AT von T. im Kontext von individuellem oder kollektivem Leid. So lautet die volksetymologische Deutung des Namens Noach in Anspielung an Gen 3,17 „er wird uns trösten über unserer Arbeit und über der Mühsal unserer Hände von dem Erdboden, den Jhwh verflucht hat" (Gen 5,29). Rut bedankt sich bei Boas für die ermutigende Tröstung (Rut 2,13) und Kohelet beklagt doppeldeutig, dass die wirtschaftlich Ausgebeuteten nicht einmal über den Verlust getröstet werden und auch die Unterdrücker keinen T. finden (Koh 4,1).

Ijob klagt, dass Gott sein Leid vergrößert und ihm keinen T. spendet (Ijob 7,13f). Seine Freunde wollen ihm nach stiller Anteilnahme (Ijob 2,11–13) durch ihre erklärende Rede beistehen, doch ihre weisheitliche, theol. Argumentation wird als schwacher T. bezeichnet (Ijob 16,2; 21,2.34). Deutlich ist, dass die impliziten und expliziten Vorwürfe an Ijob, sein Leid sei selbstverursacht, keinen T. spenden.

I. 2. Gott wird bes. in den Pss. als Tröster und Beistand beschrieben (Ps 23,4; 71,21; 86,17; 94,19; 119,76.82). Das Ausbleiben des T. wird beklagt (Ps 69,21). Schon in Ps 119,50 sind Gottes Worte und sein Zuspruch (vgl. Ps 119,52) T., was in 1 Makk 12,9 auf die gesamte Schrift bezogen wird. Die „heiligen Bücher" werden als T. bezeichnet. Eine besondere Rolle nimmt das Motiv in DtJes ein, das mit der Aufforderung „Tröstet, tröstet mein Volk" (Jes 40,1) beginnt und dann den erwählenden Gott als denjenigen herausstellt, der → Zion/Jerusalem nachhaltig tröstet (Jes 49,13; 51,3.12.19; 52,19; 61,2; vgl. schon 12,1). Entsprechend ist das Motiv des fehlenden Trösters im ersten Klagelied (Klgl 1,2.9.16 f.21) auf die Situation Jerusalems nach der Eroberung und Zerstörung 586 v. Chr. zu beziehen. Der Stadtgott Jhwh soll sich Jerusalem wieder zuwenden, es trösten und ihm Beistand leisten (vgl. auch Sach 1,17; Bar 4,30).

II. NT: 1. Die beiden Grundlinien, der T. der Trauernden beim Tod eines Verwandten (Mt 2,18; Joh 11,19.31) und der tröstende Beistand in Situationen der Bedrängnis (Lk 16,25; Röm 12,8; Phil 1,7; 2 Tim 1,16) finden sich auch im NT, wo das Trösten und der T. vornehmlich durch παραμυθέομαι/παραμυθία/παραμύθιον und bes. παρακαλέω/παράκλησις/παράκλητος ausgedrückt wird. Der auf die Stärkung und Ermutigung gerichtete verbale Zuspruch steht damit semantisch im Vordergrund. Das gilt bes. für die zweite Seligpreisung, die die Trauernden seligpreist und ihnen Tröstung verheißt (Mt 5,4). Sie steht im Anschluss an das atl. Tröstungsmotiv und greift insbes. die Erlösungsperspektive (→ Erlösung) von Jes 61,2f auf. Daher darf sie nicht vorschnell ethisiert werden (sodass die über ihre → Sünde Trauernden gemeint sind), was nicht zuletzt auch die Parallele Lk 6,21 verwehrt. Die Tröstung der Leidgeprüften wird von Paulus als → Tugend empfohlen (2 Kor 2,7).

II. 2. Paulus greift auch auf das Gottesbild des Trösters explizit zurück: Gott ist der Vater des Erbarmens (→ Barmherzigkeit; → Eigenschaften Gottes) und der Gott allen T. (2 Kor 1,3; vgl. 2 Thess 2,15f). Angesichts von Bedrängnis und → Leiden bieten das Christusereignis und die Botschaft davon T. in der Endzeit. Am Ende (→ Anfang/Ende; → Eschatologie) wird keine → Trauer und endgültiger T. sein, was die Offenbarung in dem aus Jes 25,8 aufgenommenen kräftigen Bild des Abwischens aller Tränen (Offb 7,17; 21,4) zum Ausdruck bringt. Der in Joh verheißene Paraklet (Joh 14,16.26; 15,26; 16,7, Luther: „der Tröster") ist Beistand und T. für die von Christus bis zur → Parusie Getrennten (→ Geist). Weil → Ermahnung und T. in dem griech. παρακαλέω zusammenfließen, kann Paulus vom T. der → Schriften sprechen (Röm 15,9) und spenden die Briefe (Apg 15,31; 1 Petr 5,12; Hebr 13,27) wie schon die Heiligen Schriften (1 Makk 12,9) T. 1 Thess 4,17 fordert die Adressaten am Ende des Briefes sogar auf: „Tröstet also einander mit diesen Worten!"

I. La consolation: Foi et Vie 108,4 (2009); *M. Oeming*, „Ihr habt nicht recht zu mir geredet" (Hiob 42,7): Lebendige Seelsorge 57 (2006) 2–6; *P. Riede*, Gott, der Tröster: ThQ 188 (2008) 205–228.

II. *M. Crüsemann*, Trost, charis und Kraft der Schwachen, in:

ders./C. Jochum-Bortfeld (Hg.), Christus und seine Geschwister, Gütersloh 2009, 111–137; *T. Popp*, Die konsolatorische Kraft der Wiederholung, in: *G. Van Belle/M. Labahn* (Hg.), Repetitions and Variations in the Fourth Gospel, Leuven 2009, 523–587; *G. Theißen*, Trost ohne Vertröstung, in: *ders.*, Erlösungsbilder, Gütersloh 2002, 148–151.

Christian Frevel

Tugend (T.)

(→ Dachartikel: Ethik)

Vorbemerkung: Das christl. Verständnis von T. basiert nicht primär auf der bibl. Überlieferung, sondern auf einer Rezeption antiker Ethikvorstellungen durch die griech. und lat. Patristik. AT und NT werden daher im Folgenden gemeinsam behandelt. Der griech. Begriff ἀρετή kann die Bedeutung „Tüchtigkeit" tragen; so kann man von der T. einer Berufsausübung, einer Sache oder eines Tieres sprechen. Als moralische Kategorie wird T. von Plato und Aristoteles etabliert. T. meint ein sittliches Gut, das durch → Einsicht gewonnen und in der Praxis realisiert wird. Der so Handelnde besitzt T. In der stoischen Philos. hat T. einen bes. Rang. Die T. stellt das höchste Gut des Menschen dar; durch sie konstituiert sich das menschliche Glück; die T. entfaltet sich in Wissen/→ Klugheit, Tapferkeit, Mäßigung und → Gerechtigkeit (die Kirchenschriftsteller ergänzen → Glaube, → Liebe, → Hoffnung: 1 Kor 13,13). Diese T. befreit den Menschen von seinen Abhängigkeiten an Unwichtigstes, → Leidenschaft und Begierde nach äußeren Gütern. Dieses Verständnis der T. gehört in die Lehre vom Glück; es ist anthropozentrisch orientiert und setzt voraus, dass der Mensch durch Einsicht und Wissen T. lernen kann. Diese Konzeption ist mit der Theonomie des bibl. Glaubens nicht vereinbar, zumal Glück keine bibl. Kategorie ist. Das Vermögen zum Gutsein und Tun des Guten ist nach bibl. Auffassung durch Gott ermöglicht, der durch die → Tora den → Weg zum gelungenen → Leben weist bzw. durch das Pneuma (→ Geist) den Menschen zur gottgewollten Praxis befähigt (Gal 5,22). Der Mensch ist Antwortender, nicht aus sich selbst Handelnder. Wie sehr sich die Bedeutungsinhalte unterscheiden, kann man an 2 Makk 6,31; 4Makk 7,22; 9,8.18; 10,10 ablesen: Zwar wird hier T. benützt, bedeutet jedoch Glaubenstreue (→ Treue). Im NT kommen als Belege für T. nur Phil 4,8; 2 Petr 1,5 vor; hier trägt der Begriff eine ethische Bedeutung, ist aber eingebettet in einen theol.-christologischen Zusammenhang. Wenn man von bibl. T. spricht, ist demnach zu beachten, dass diese einen eigenen Charakter tragen und in Konkurrenz zum philos. System stehen.

I. Dieses zeigt sich insbes. an der bibl. Kategorie der *Demut*. Während es sich im gesellschaftlichen Kontext um einen negativ besetzten Begriff handelt, ist er im Rahmen des bibl. Glaubens und seiner Praxis positiv bestimmt als die angemessene Haltung Gott gegenüber, die seine → Macht, → Herrlichkeit und Fürsorge anerkennt (Lev 16,29–31; 23,27–32; Num 29,7; 1 Kön 21,29; 2 Kön 22,19; 2 Chr 7,14; 12,5–12; 32,26; 33,11–13; 34,27; Esra 8,21; Ps 131,1; Jer 9,23; 44,10f; Mi 6,8; Zef 2,3). In der Demütigung vor Gott findet der Mensch zu einer gelungenen Existenz durch die Hilfe Gottes (2 Sam 22,28; Ps 76,9; 149,4; Spr 3,34; 11,2; 15,33; 22,4; 29,23; Jes 29,17; Dan 10,12). Nach Lk 1,46–54 entdeckt der Mensch seine Niedrigkeit im Sinne einer Umwertung der Kategorien als Ort der Annahme durch Gott. Für das NT ist das Beispiel Christi maßgeblich: Die *Kenosis* (Entäußerung) des Sohnes Gottes (Phil 2,6–11) ist unüberbietbarer Erweis der Demut nicht als einer entehrenden Haltung, sondern als einer, in der der Mensch Gott die → Ehre gibt und sich seiner → Würde bewusst wird. Demut konkretisiert sich im Dienst füreinander (Röm 12,10.16; Kol 3,12–14; Eph 4,2–4; 1 Petr 3,8–10).

II. Demut korrespondiert mit *Gehorsam*. Im dialogischen Verhältnis zwischen Gott und seinem → Volk ist der Gehorsam auf das Wort Gottes die dem Volk zukommende Reaktion. Dieser Gehorsam vollzieht sich in einem freiwilligen Akt der Liebe zu und Ehrfurcht vor Gott (Ex 20,6; Dtn 6,4–6; 10,12f), wie sich an den Erzeltern beispielhaft erweist. Ungehorsam gegenüber Gott ist Verfehlung an der Existenz als Gottesvolk und zieht Gottes → End-Gericht nach sich, ohne dass er seine Bundestreue aufgäbe (Num 20,10.24; 27,14; Dtn 1,26.43; 8,20; 9,7.24; Jos 1,18; 1 Sam 12,14f; Ps 78,8; 106,7; 107,11; Jes 30,9; 50,5; 59,13; 65,2; Jer 3,22). Seltener spricht das AT von einem Gehorsamsverhältnis zwischen Menschen, wobei die Eltern-Kind-Beziehung eine Ausnahme darstellt (Dtn 21,18–20; 1 Sam 20,30). Der Gehorsam gilt Mose, Josua (Jos 1,17) und dem → König (1 Sam 22,14; 1 Chr 29,23). Freilich wird man in dieser geringen Thematisierung keinen latenten Anarchismus sehen dürfen; die sozialen hierarchischen Verhältnisse waren vielmehr eindeutig und bedurften einer Problematisierung nur dann, wenn das → Recht Gottes bedroht war (→ Sozialstatus). Der Befund für das NT ist ähnlich: Die sozialen Gehorsamsstrukturen werden vorausgesetzt, Gehorsamkeit gegenüber Eltern als → Kind, gegenüber Herren als → Sklave, gegenüber dem → Staat als Bürger (Röm 13,1–7; Eph 6,1–5; Kol 3,20–22; 1 Petr 2,13–16). Eingeschränkt wurde dieser Gehorsam durch den Gehorsam auf Gott und seinen Christus hin (Apg 4,19; 5,29; die Thematisierung des Elterngebots Mk 7,10–12; 10,19.29 verweist auf einen Konflikt, der sich aus der Aufkündigung familiärer Bande ergab). Im Hören und in der Annahme des → Heil schaffenden Ev. vollzieht sich ein Akt des Gehorsams, der alle anderen Verpflichtungen als nebensächlich erscheinen lässt (Röm 10,16; 2 Kor 10,5; 1 Thess 2,13; Jak 4,7f; 1 Petr 1,1f). Von hierher ergibt sich auch die Widerstandskraft des bibl. Gehorsams: Das Bestehende, die Macht, der Staat, die Gesellschaft tragen in sich schon das → Zeichen ihres Endes. Die sichere → Hoffnung des Kommens der guten → Herrschaft Gottes relativiert sie bereits jetzt. Ihnen eignet keine Würde, sondern nur noch eine Scheinexistenz (Offb). Dieses kritische Potential des Ev. ist nicht dadurch erledigt, dass es zeitweilig auch und gerade von Christen vergessen wurde.

III. Ebenfalls ein Begriff der Umwertung ist der der *Sanftmut*. Das deutsche Wort gibt das Gemeinte treffend wieder: Der Habitus der Sanftmut ist einer, der sich nicht zu → Torheit, Ungehorsam, → Sünde und → Zorn hinreißen lässt, sondern seinen festen demütigen Stand vor Gott hat. Der Sanftmütige weiß um seine Verwiesenheit auf Gott und lebt aus ihr (Sir 4,7f; Zef 3,12f). In der Weisheitslit. wird der Sanftmütige zum Idealtypus des Frommen, der das bevorzugte Objekt des Gnadenhandelns Gottes wird (Ijob 24,4; 36,15; Sir 10,14) und auf dem sein Wohlgefallen ruht (Spr 3,34; Sir 1,27). Sanftmut ist ein Gegenentwurf zu → Gewalt und zu der sich selbst absolut setzenden Macht. Die messianische → Zeit wird vom König bis zum Volk eine Zeit der Sanftmut sein (Sach 9,9f; Jes 11,4; 61,1; Zef 3,12). In der Christologie wird diese messianische Zeit auf Jesus übertragen (Mt 11,29; 21,5), der den Sanftmütigen die Teilhabe an der eschatologischen Herrschaft verheißt (Mt 5,5; vgl. Ps 37,11). Die Gemeinde ist der Ort, an dem die Sanftmut als pneumatische Gabe gelebt wird und die Praxis bestimmt (2 Kor 10,1; Gal 5,22; 6,1; Eph 4,2; Kol 3,12; 1 Tim 6,11; 2 Tim 2,25; Tit 3,2; Jak 1,21; 3,13; 1 Petr 3,16). In einer waffenstarrenden Zeit wie dem Imperium Romanum ist Sanftmut eine kritische Infragestellung der Wirklichkeit, die auf sich selbst vertraut.

IV. *Ehelosigkeit* ist kein bibl. Ideal; sie widerspricht der Vorstellung, dass → Ehe und → Familie der Schöpfungsordnung eingeschrieben sind (Gen 2,24; Mk 10,7). Als Ideal begegnet Ehelosigkeit erst im hell. Judentum unter Einfluss der paganen → Askese (Philo cont. 68). Die Ehelosigkeit in *Qumran* ist als Folge der Adaption der levitischen Reinheitsvorschriften (→ Reinheit) zu erklären; damit wird sie nicht zu einem Wert an sich. Die Aufgabe der ehelichen Gemeinschaft in der → *Nachfolge Jesu* bedeutet eine temporäre und partielle Ehelosigkeit. Dass es zu Scheidungen gekommen sein sollte, ist angesichts der Haltung Jesu zur Scheidung (Mk 10,9–12; 1 Kor 7,10) undenkbar (1 Kor 9,5). Auch bei *Paulus* ist die Ehelosigkeit (noch) kein Ideal; Paulus vertritt vielmehr den Gedanken der funktionalen Ehelosigkeit. Sie ermöglicht ihm einen ungehinderten Einsatz für das Ev. (1 Kor 7,8.32–34). In Gegenwart der nahen Endzeit ist die Ehelosigkeit wie jeder andere Verzicht auf Bindung das Angeratene, ohne dass es zu einem Gebot wird (1 Kor 7,26). Paulus bereitet freilich mit seiner Haltung das spätantike Ideal der Ehelosigkeit aufgrund ihres Verweischarakters auf die Beziehung mit Christus vor.

W. P. Brown (Hg.), Character and Scripture, Grand Rapids 2002; *D. J. Harrington/J. F. Keenan* (Hg.), Jesus and Virtue Ethics, Lanham 2002.

Rainer Kampling

Umkehr (U.)

(→ Dachartikel: Kultur und Mentalität)

Vorbemerkung: Im Deutschen gehört U. zu einem Wortfeld, das – positiv wie negativ konnotiert – mit Richtungsänderung und Transformation zu tun hat („Kehre", „verkehren", „verkehrt", „Abkehr", „Umkehr", „Umkehrung", „Rückkehr", „Bekehrung" etc.). Sachlich hängen auch in der Bibel „Verkehrung", „Umkehr" und „Umkehrung" im Rahmen einer „großen Erzählung" von (Ab-)Fall und Restitution zusammen, allerdings bilden die ursprachlichen Begriffe nicht notwendig eine Wortfamilie. AT und NT werden im Folgenden gemeinsam behandelt.

I. So bedeutet die hebr. Verbalwurzel *šûb* nur „(sich) wenden, (sich) drehen, zurückkehren, umkehren", d. h. sie zeigt eine Umkehrung der bisherigen Bewegungsrichtung an, was nicht zwingend eine Rückkehr zum Ausgangspunkt sein muss; die Konnotation kann sowohl positiv wie negativ sein (vgl. Jer 8,4, wo die Wurzel einmal „irre gehen, vom Weg abkommen", das andere Mal „zurückkehren" bedeutet). Der theol. Gehalt der Wurzel bezieht sich auf die → Buße, die Rückkehr zu Gott (wie auch die Abkehr vom → Bösen, bes. bei Ez, z. B. 18,21), die auf eine U. Gottes hoffen lässt (vgl. Joël 2,14; Jona 3,8–10; Sach 1,3; Mal 3,7; 2 Chr 30,6). Der Buße der Menschen korrespondiert auf Seiten Gottes dann ein „Wenden" des Geschicks (→ Schicksal) und ein „Zurückbringen" der Exilierten (beides nebeneinander in Jer 30,3). Der Topos der „U." spielt v. a. in der (spät-)dtr. und nachdtr. Lit. (DtrG, ChrG, Fortschreibung der Prophetenbücher) eine Rolle, er hängt hist. mit der Erfahrung und Verarbeitung des → Exils zusammen. Die U. ermöglicht (neues) → Leben, ihre Verweigerung (vgl. den Topos der „Verstockung") oder ihr leichtfertiges Aufschieben (Sir 5,5–7; Röm 2,3–8) bedeutet Gericht (→ End-Gericht) und → Tod.

II. Ein breiteres Bedeutungsspektrum als *šûb* hat das griech. Verb στρέφω („wenden, drehen; umwandeln"), das durch eine Vielzahl von Vorsilben spezifiziert werden kann. Hier sind bes. ἐπιστρέφω („hinwenden; sich umwenden, umkehren, zurückkehren; sich bekehren", meist positiv, vgl. z. B. 1 Thess 1,9 „sich bekehren", aber auch für die Rückwendung zum früheren Leben/→ Glauben: Gal 4,9; 2 Petr 2,22) und ἐπιστροφή („Bekehrung", im NT nur Apg 15,3) zu nennen. Überwiegend negativ gebraucht werden ἀποστρέφω („[sich] abwenden", aber auch positiv für die Abkehr vom Bösen: Apg 3,26) und διαστρέφω („verdrehen, verkehren", vgl. bes. die Rede vom „verkehrten Geschlecht" in Dtn 32,5 [in V. 20 in gleicher Bedeutung ἐκστρέφω] LXX, Mt 17,17par.; Lk 9,41; Phil 2,15). Auch ὑποστρέφω („zurückkehren, abkehren") ist im Kontext von 1 Petr 2,21 negativ konnotiert. Zum Wortfeld der „U." gehören außerdem μετανοέω („den Sinn ändern; Buße tun, sich bekehren") und μετάνοια („Sinnesänderung; Buße, Bekehrung").

III. Der Ruf zur U. kann sich sowohl an ein Kollektiv und speziell an dessen Führer (Israel im DtrG und ChrG, z. B. 1 Kön 8,33f; 2 Kön 17,13) wie an jeden einzelnen richten (so v. a. bei Jer und Ez, vgl. exemplarisch Ez 18). Er setzt immer die Wahrnehmung einer Störung (im Gottesverhältnis oder/und im zwischenmenschlichen Bereich) voraus. Unterschiedlich ist, als wie fundamental diese Störung empfunden wird: Einerseits kann die U. der Menschen innerweltlich zur Wiederherstellung der gestörten → Ordnung führen (vgl. exemplarisch Dtn 30,1–10), die Störung kann aber auch als so schwerwiegend wahrgenommen werden, dass nur noch die Möglichkeit einer U. und → Rettung aus der „verkehrten" und dem Gericht verfallenen Welt heraus bleibt (– Apokalyptik; vgl. etwa 1 Thess 1,9f). Die Wiederherstellung der abgefallenen → Schöpfung wird dann als Akt Gottes erwartet, der zugleich die Umkehrung der jetzt herrschenden Ordnung bedeutet (vgl. Mt 5,3–12; Lk 6,20–26). In diesem Sinne verbindet sich die U.-Predigt (→ Ermahnung) bei Johannes dem Täufer und Jesus mit der Erwartung von Gottes endzeitlichem Handeln (*scil.* eines kommenden „Stärkeren" [Mt 3,1f.7–12; Lk 3,7–9.16 f.] bzw. des „Reiches Gottes"). Die U. setzt dementsprechend einen Statusverzicht in der gegenwärtigen Welt voraus (vgl. Mt 18,3: „umkehren und werden wie die Kinder"; generell ist U. als Unterwerfung und Anerkennung eigenen Fehlverhaltens nur möglich unter Verzicht auf Status und → Ehre, in der Bibel wird daraus aber ein komplexes Spiel von [Selbst-]Erniedrigung und Erhöhung/Aufrichten/→ Heilung [durch Gott], vgl. Stellen wie 2 Chr 7,14; Jak 4,4–

10; 1 Petr 5,5f; im apokalyptischen Weltbild wird die [Wieder-]Erhöhung allerdings erst in der „kommenden Welt“ erwartet).

IV. Bei Johannes und Jesus richtet sich die U.-Forderung wie bei den atl. → Propheten (und in der Qumrangemeinde) an die Glieder des Gottesvolkes (→ Volk) und ist also eine Rückkehr zum Gottesbund (→ Bund; allerdings kommt an den Rändern des AT auch eine U. der Völker in den Blick, vgl. Jer 18,7f; Jona 3,5–10; 4,2; Mt 12,41; Lk 11,32; hier wird die → Gnade, → Geduld und „U.-Bereitschaft“ Gottes (→ Eigenschaften Gottes), die in Bezug auf → Israel in Joël 2,12–14 ausgesagt wird, universalisiert, dies dann explizit in Weish 11,22–24; Röm 2,4; 2 Petr 3,9). Paulus, der wie Johannes und Jesus von einem apokalyptischen Szenarium ausgeht, weiß sich hingegen zu den Völkern gesandt. Hier nimmt die U. dann die Gestalt einer Bekehrung zum Gott Israels und zu → Jesus Christus an (1 Thess 1,9f; vgl. auch Apg 11,18.21; 1 Petr 2,25; Hebr 6,1–6). Einen ähnlich fundamentalen Übergang und eine ähnliche Trennung vom Bisherigen (Modell dafür ist der Auszug Abrahams, Gen 12,1) bedeutete bereits der Übertritt der Proselyten zum Judentum (vgl. insbes. die lit. Schilderung der Bekehrung Asenats in der romanhaften Erzählung JosAs 10–17). Die Konversion als Annahme einer neuen Rel. (→ Kultur und Mentalität VI) und sozialen Identität scheint gerade keine Rückkehr zu sein. Sie lässt sich als Identitätswechsel und ontologische Erneuerung vielmehr nach dem Modell der Initiation bzw. des Passageritus verstehen und kann eine „neue Geburt“ genannt werden (vgl. JosAs 8,10f[9]; 15,5; 27,10). Typisch für den Konversionsdiskurs ist dementsprechend die Kontrastrhetorik von „jetzt“ vs. „einst“, „gut“ vs. „böse“, → „Wahrheit“ vs. „Lüge“, → „Licht“ vs. „Finsternis“, „Leben“ vs. „Tod“ etc. (vgl. Apg 26,18; 2 Kor 6,14–17; Eph 5,8; 1 Petr 2,9f.25; JosAs 8,10[9]; vgl. auch schon in Platons Höhlengleichnis die Rede von der „Wendung“ [περιαγωγή] von der Welt der Schatten zum Licht für die Bekehrung zur Philos., Plat. rep. 518c/d). Doch für die bibl. Autoren ist die Bekehrung der Heiden trotzdem zugleich eine Rückkehr zum wahren Gott und Weltschöpfer, wie die Ausführungen des Paulus über die Verfehlung der rechten Gotteserkenntnis und -verehrung in Röm 1,18–25 zeigen. Als Vorwegnahme der eschatologischen neuen Schöpfung hat sie Anteil an der Dialektik von „alt“ und „neu“ (vgl. [ohne das Stichwort „U.“] 2 Kor 5,17; → Eschatologie; → alt/neu; → Anfang/Ende).

V. Die Metapher des Umkehrens verweist außerdem auf das übergeordnete Bildfeld des → Weges und des Wandelns (spez. griech. ἀναστρέφω/„umkehren; wandeln, sich betragen“, z. B. 1 Petr 1,17; ἀναστροφή/„Lebensart, Lebenswandel“, z. B. Gal 1,13). Das Bild vom Gehen auf den Wegen Gottes in Verbindung mit der Wahl zwischen Leben und Tod folgt in Dtn 30,16 auf die U.-Mahnung in Dtn 30,1ff (vgl. bes. 30,2 f.8.10). Damit verwandt ist das Bild von zwei Wegen, das sich an vielen anderen Stellen im AT findet (z. B. Ps 1,1.5; 139,24; Spr 2,13; Jer 21,8 [„Weg des Lebens“ vs. „Weg des Todes“]; vgl. auch „verkehrte Wege“ in Spr 11,20 LXX). Im Frühjudentum und im Urchristentum wird dieses Bild, vielleicht unter Einfluss der griech. Fabel von Herakles am Scheideweg (Xen. mem. 2,1,21–34 u. a.), zur Zwei-Wege-Lehre ausgebaut, in der die zwei Wege jeweils für umfassende Lebensentwürfe stehen (1QS 3,13–4,26; TestAss 1,3–5; 1Hen 91,18f; 94,1–4; 2Hen 30,15; TestAbr A 11/B 8; Mt 7,13f; Did 1,1–6,1; Barn 18–20). Aus der Alternative von „Gut“ und „Böse“ ergibt sich von selbst die Forderung der U. vom Bösen (z. B. 1QS 5,1) und hin zum Guten (vgl. 1QS 5,8: „umzukehren zur Tora des Mose“). Die Zwei-Wege-Lehre bedient sich also derselben dualistischen Kontrastrhetorik wie der Bekehrungsdiskurs. Es ist daher nicht verwunderlich, dass diese Lehre in der frühen Christenheit (und vielleicht schon im Diasporajudentum) einen Sitz im Leben in der präbaptismalen (= vor der → Taufe) Katechese hatte (Did 7,1). Die U. realisiert und bewährt sich dann in der → Nachfolge (vgl. Mk 1,14–17par.; Lk 5,27–32). Auch die Glaubenden stehen freilich noch in der Gefahr abzuirren und müssen dann zur U. bewegt werden (Jak 5,19f). So soll die U. das ganze Leben prägen und kann als Lebensstil propagiert werden (vgl. bShab 153a, wo aus der Forderung, am Tag vor dem Tod umzukehren [mAv 2,10], die Notwendigkeit der täglichen U. gefolgert wird; vgl. auch die qumranischen Selbstbezeichnungen „Bund der U.“ in CD 19,16 und „Umkehrende Israels“ CD 4,2 u. ö., wobei hier U. wohl nicht als

Buße zu verstehen ist, sondern die Annahme der qumranischen Torainterpretation meint [vgl. dazu insbes. 4QMMT]; vgl. in diesem Sinne auch den rabb. Terminus technicus „Halakha" [von der Wurzel *hlk*, „gehen, wandeln"], der die Ordnungen eines Lebens in Übereinstimmung mit der → Tora bezeichnet).

B. Biberger, Umkehr als Leitthema im Zwölfprophetenbuch: ZAW 123 (2011) 565–579; *E. Busch*, Umkehr, in: *C. Bizer/ J. Cornelius-Bundschuh/H.-M. Gutmann* (Hg.), Theologisches geschenkt, Bovenden 1996, 40–49; *Z. A. Crook*, Reconceptualising Conversion, Berlin/New York 2004; *E. K. Dietrich*, Die Umkehr (Bekehrung und Buße) im AT und im Judentum bei besonderer Berücksichtigung der neutestamentlichen Zeit, Stuttgart 1936; *J. Ebach*, Umkehr, in: *K. Schiffner/K. Wengst/W. Zager* (Hg.), Fragmentarisches Wörterbuch, Stuttgart 2007, 393–402; *H.-J. Fabry*, Die Wurzel ŠÛB in der Qumran-Literatur, Köln/Bonn 1975; *B. R. Gaventa*, From Darkness to Light, Philadelphia 1986; *M. Kim-Rauchholz*, Umkehr bei Lukas, Neukirchen-Vluyn 2008; *D. Lambert*, Was the Dead Sea Sect a Penitential Movement?, in: *T. H. Lim/J. J. Collins* (Hg.), The Oxford Handbook of the Dead Sea Scrolls, Oxford 2010, 501–513; *H. Merklein*, Die Umkehrpredigt bei Johannes dem Täufer und Jesus von Nazaret: BZ 25 (1981) 29–46; *C. Wetz*, Eros und Bekehrung, Göttingen 2010; *H. W. Wolff*, Das Thema „Umkehr" in der alttestamentlichen Prophetie, in: *ders.*, Gesammelte Studien zum Alten Testament, München 1973, 130–150; *J. K. Zangenberg*, Josef und Asenet, in: *E. Bons* (Hg.), Der eine Gott und die fremden Kulte, Neukirchen-Vluyn 2009, 95–120.

Klaus Neumann

Abb. 72: Die Tore der Unterweltstadt bilden die Säulen der Oberwelt auf diesem Kudurru aus Susa.
Quelle: *O. Keel*, Bildsymbolik, Abb. 41.

Unterwelt (U.) / Jenseits / Hölle / Scheol

(→ Dachartikel: Weltbild/Kosmologie)

I. AT: 1. Die U. wurde mit den Begriffen „Scheol" (*š*^{e}*ʾōl*), „Land" (*ʾæræṣ*; 1 Sam 28,13), „Land der Dunkelheit und Finsternis" (Ijob 10,21), „Schweigen" (Ps 94,17; 115,17), „Land des Vergessens" (Ps 88,13), „Tiefen der → Erde" (Jes 44,23; Ps 63,10; Ez 26,20; 32,18.24), „Finsternis" (Ps 88,13), „Sammelstätte aller Lebenden" (Ijob 30,23), „Vernichtung(splatz)" (Ijob 26,6; Ps 88,12), „Ewigkeit/[Haus der] Ewigkeit" (*ʿōlām*; Ez 26,20; Ps 49,12 [Wortspiel], ein zeitlicher Begriff, der lokal gebraucht wurde), „Trümmerstätte" (Ez 26,20) oder auch → „Grab" (*qæbær*; Ps 88,12), „Staub" (*ʿāfār*; Ijob 17,16), „Loch, Zisterne" (*bōr*; Ez 26,20; Jes 14,15; Ps 88,7) oder „Grube" (*šaḥat*; Jona 2,7) bezeichnet und als Wohnort der Toten unterhalb der Erde lokalisiert. Mit 66 Belegen im AT (inkl. Jes 7,11) ist Scheol der häufigste Begriff. Die Etymologie ist umstritten, am plausibelsten erscheint die Ableitung von *šʾl* „fragen" (mit Bezug zu Nekromantie) oder von *šʾh* „öde liegen" (mit *-l* als Bildungselement). In der LXX wird meist ᾅδης („Hades") übersetzt. U. und → Himmel bilden ein Gegensatzpaar und können gemeinsam die Randpunkte des → Weltbildes und damit den gesamten Kosmos umreißen.

I. 2. In der Finsternis, im Grab (Ps 88,4–13), im Ozean rings um den Erdkreis (Ps 18,5f.17; 69,3.15f; Jona 2,3–6), in der Steppe (→ Wüste) und an den Grenzen des Gebirges (Jona 2,7) war die U. bedrohlich gegenwärtig, da in diesen Bereichen die Zugänge zum Totenreich angesiedelt wurden. Analog zu Mesopotamien und Ägypten findet sich im AT die Vorstellung von den Toren der U. (Jes 38,10; Ps 9,14; 107,18; Ijob 38,17; Weish 16,13), die dieselbe mit ihren Riegeln von der Welt der Lebenden trennten. Die Tore zeigen an, dass man wie in Mesopotamien (s. z. B. die

Abb. 73: Szene aus dem äg. Totengericht, das Abwägen des Herzens vor Osiris (18. Dynastie).
Quelle: *A. Erman/H. Ranke*, Ägypten, Abb. 157.

Mythen von Nergal und Ereškigal, Ištars Höllenfahrt) auch hier an eine U.-Stadt dachte, deren Türme zugleich die Säulen bzw. Fundamente der Oberwelt waren (Dtn 32,22; Ps 75,4; 18,8; 82,5; *Abb. 72*). Der Eintritt in die U. war irreversibel; erst in späten Texten findet sich die Vorstellung von der Möglichkeit einer → Auferstehung der Toten (Dan 12,1ff), die von Gerichtsvorstellungen (→ End-Gericht) begleitet sein konnte (s. *Abb. 73*). Ebenso wie in Mesopotamien gehörten zu den Charakteristika der U. Staub (Ijob 17,16), Finsternis (Ijob 17,13; Ps 49,20) und Stille (Ps 94,17; 115,17). Sie galt als Ort, an dem alle Menschen gleich behandelt wurden (Ez 32,18–32; 31,14–18; Ijob 3,13ff; Ps 49,11ff; Jes 14,10ff) und in der der Tote eine kraftlose Existenz (Jes 14,10; Ps 88,5) in Zeitlosigkeit und Gottesferne fristete. Über die genaue Organisation der U.-Stadt gibt es anders als in Ägypten und Mesopotamien keine Belege. Jhwh besaß dort anscheinend keinen Wohnsitz (nur im → Tempel und Himmel) und nach einzelnen späten Belegen allenfalls Einfluss- oder Zugriffsmöglichkeiten (Ps 139,8; Spr 15,11; Am 9,2; Ijob 26,6) und tritt daher immer nur von außen an das Jenseits heran. Einige Belege personifizieren die U. (Jes 5,14; 14,9; 28,15; Spr 27,20; 30,16; Hos 13,14) wie auch den → Tod, sodass diese als Herrscher des Totenreiches in Frage kommen. Die Toten bleiben personal vorgestellte Wesen, die sich als → Ahnen und Totengeister auf der Erde zeigen konnten und dabei schädliche wie auch positive Kräfte ausüben konnten, die man sich in nekromantischen Ritualen (→ Ritus), die im AT jedoch als illegitim verurteilt und verboten werden (Dtn 18,11; Lev 19,31; 20,6.27; Jes 8,19; 65,4), zunutze machte. Auch Totenopfer werden im AT abgelehnt (Dtn 26,14) und mit Fremdgötterdienst assoziiert (Ps 106,28; Sir 30,18f [LXX]). Archäologisch sind Installationen für Nekromantie und Totenopfer im Juda der E-Zeit nicht eindeutig nachzuweisen. Außerbibl. ist Jhwh im Kontext von Grab und Tod zum ersten Mal in Ḫirbet el-Kōm (Ende 8. Jh. v. Chr.; Juda; Renz/Röllig, Inschriften I.1, 202–211) belegt, wo er und seine Partnerin, die → Göttin Aschera, in der Inschrift im Grabinnenraum genannt werden. Ob die Inschrift Wirkungsmöglichkeiten Jhwhs und Ascheras in der U. voraussetzt, lässt sich aufgrund des Textes nur schwer entscheiden, da man die Zeilen als Rede von → Segen und → Rettung des Grabherrn im Rückblick auf sein → Leben, mit Bezug auf seine sichere Grabruhe oder auch auf eine zukünftige Dimension hin interpretieren könnte. Die viel späteren Grabamulette aus Ketef Hinnom (frühestens 5. Jh. v. Chr.; Renz/Röllig, Inschriften I.1, 447–456) bei Jerusalem, die den solar konnotierten Jhwh nennen, hatten zu dem persönlichen Besitz ihrer Träger im Leben gehört und sollten ihre schützende Funktion im Tode weiterführen.

II. NT: 1. Die U. kommt im NT selten vor; sie wird meist (wie in der LXX) als ᾅδης bezeichnet (Mt 16,18).

II. 2. Die im AT und in der zwischentestamentlichen Lit. vorgezeichneten Linien werden im NT fortgeführt: Während die U. in Mt 11,23par. zusammen mit dem → Himmel die äußersten Grenzen des Kosmos beschreibt, unterstreicht Mt 16,18 ihre bedrohliche → Macht. In Mt 22,13; 25,30 ist sie ein Ort der „äußersten Finsternis" (τὸ σκότος τὸ ἐξώτερον), 2 Petr 2,4 spricht von den Abgründen der U. (σειραῖς ζόφου). Als Aufenthaltsort der Toten (Offb 20,13) und als eschatologischer Strafort des → End-Gerichts wird die

U. in Lk 16,23ff mit qualvollen Leiden (→ Leid) als Sündenstrafen (→ Strafe) verknüpft. Z. T. synonym zur U. steht die γέεννα „Hölle“, die als Ort des → Feuers (Mt 18,9 u. a.) die Frevler nach dem Gericht aufnimmt, sodass dort „Heulen und Zähneknirschen“ herrschten (Mt 13,42.50). Tiefste Finsternis und unauslöschliches Feuer (Mt 5,22 u. a.) verschmelzen in der Vorstellung zu einer unwirtlichen, chaotischen und bedrohlichen Gegenwelt. Während die unterirdische U. ansonsten topographisch unbestimmt bleibt, hat die Gehenna-Hölle ihren Ort im Hinnom-Tal in Jerusalem. Dieses Tal ist als eschatologischer Strafort und Ort des End-Gerichts durch die dort im 1. Jt. v. Chr. nachgewiesene Bestattungspraxis, den damit gegebenen Konnex zu → Tod und Verderben in Jer 19,2ff sowie durch die Rezeption von Jes 66,24 vorgezeichnet. Die negative Konnotation wurde durch die Verbindung mit Moloch und Kinderopfer (2 Kön 23,10; Jer 7,31f u. a.) weiter ausgeführt. Der zeitbegrenzte Abstieg Christi in die U. ist in Mt 12,40; Apg 2,24.31; Röm 10,7; Hebr 13,20; 1 Petr 3,19 angedeutet und Voraussetzung der Auferweckung. Als Überwinder des Todes ist der Auferstandene und in den Himmel Erhöhte Schlüsselhalter und Herrscher der U. (Offb 1,18).

I. *J. Assmann/R. Trauzettel* (Hg.), Tod, Jenseits und Identität, Freiburg u. a. 2002; *C. Barth*, Die Errettung vom Tode, Stuttgart u. a. 1997; *A. Berlejung*, Tod und Leben nach den Vorstellungen der Israeliten, in: *B. Janowski/B. Ego* (Hg.), Das biblische Weltbild und seine altorientalischen Kontexte, Tübingen 2001, 465–502; *dies./B. Janowski* (Hg.), Tod und Jenseits im alten Israel und in seiner Umwelt, Tübingen 2009; *K. Bieberstein*, Die Pforte der Gehenna, in: *B. Janowski/B. Ego* (Hg.), Das biblische Weltbild und seine altorientalischen Kontexte, Tübingen 2001, 503–539; BiKi 61 (2006); *A. A. Fischer*, Tod und Jenseits im Alten Orient und im Alten Testament, Neukirchen-Vluyn 2005; *E. Gönke*, JHWH und die Unterwelt, Tübingen 2007; *C. B. Hays*, Death in the Iron Age II and in First Isaiah, Tübingen 2011; *J. F. Healey*, Das Land ohne Wiederkehr: ThQ 177 (1997) 94–104; *J. Renz/W. Röllig*, Handbuch der althebräischen Epigraphik, Darmstadt 1995.

II. *D. J. Kyrtatas*, The Origins of Christian Hell: Numen 56 (2009) 282 – 297; *M. Labahn/M. Lang* (Hg.), Lebendige Hoffnung – ewiger Tod?!, Leipzig 2007; *L. Triebel*, Jenseitshoffnung in Wort und Stein, Leiden u. a. 2004; *J. Zangenberg*, Zwischen Welt und Unterwelt: Welt und Umwelt der Bibel 27 (2003) 40–46.

Angelika Berlejung

Väter (V.)

(→ Dachartikel: Geschichte/Geschichtsdarstellung/Heilsgeschichte)

I. AT: 1. In den Einleitungsreden des Dtn (Dtn 1–11) sind die V. (*ʾābōt*) die in der → Wüste verstorbenen Zeugen des → Exodus und die Vorgänger-Generation des zum Einzug in Kanaan aufmarschierten (Kriegs-)Volkes (→ Volk; → Erde). Mit der Situation → Israels unmittelbar vor der „Landnahme“ konnten sich die Judäer im → Exil, die der nahe bevorstehenden „Heimkehr“ entgegensahen oder entgegensehen sollten, ebenso identifizieren wie die rel. zu sozialisierenden Heranwachsenden im Lande (vgl. Dtn 6,20–25).

I. 2. Innerhalb der → Tora, dem grundstiftenden Text der Identität Israels, bilden die V. Abraham, Isaak, Jakob und Josef einen eigenen und eigenständigen Überlieferungsblock, in dem Abraham und Jakob die Traditionskerne bilden. In Ex 3,6.15 offenbart sich Gott als „Gott Abrahams, Isaaks und Jakobs“ – ein Grunddatum atl. Rede von Gott (vgl. noch Mk 12,26; Apg 3,13; 7,32). Eine eigenständige Isaak-Tradition hat es freilich kaum gegeben, abgesehen von der Möglichkeit, dass Juda eine Zeitlang ebenso unter dem → Namen „Isaak“ bekannt war wie Edom unter der Bezeichnung „Esau“ (vgl. die geographisch von Nord nach Süd begradigte Genealogie Israel/Jakob – Isaak/Juda – Edom/Esau, vgl. auch Am 7,9.17). Die jetzigen Isaak-Rebekka-Erzählungen in Gen 24; 26; 27 dienen lediglich der Verknüpfung von Abrahams- und Jakobstradition. Die Josefsgeschichte ist eine → Diaspora-Novelle, ihr Einbau in die Tora höchstwahrscheinlich nachpriesterschriftlich.

Die Jakobsgeschichte auf der Ebene der Haran-Rezension (nach der Heimat seiner aram. Verwandtschaft, Gen 29–31,18) in Gen (27).28–35* ist ein tribalistischer Gegenentwurf zum Exodus als Ursprungsmythos Israels (Hos 12*). Von der älteren Gilead-Schicht (greifbar in Gen 31,25–55), die vor dem Untergang Israels 722/720 v. Chr. aufgekommen sein wird, sei hier abgesehen. Nicht darin, dass Jhwh das Volk aus Ägypten heraus- und nach Kanaan hineingebracht hat, soll sich nach der Haran-Rezension das Selbstverständnis des samarischen Israel unter ass. Herrschaft (im 7. Jh. v. Chr.) gründen, sondern auf die

Abstammung vom Erzvater Jakob, dem Jhwh das Land versprochen hat. In die ass. Zeit verweist Haran als Reiseziel Jakobs auf seinem Weg in das Exil. Haran war der Sitz des Gottes Sîn, auch nach ass. Auffassung der Herr des Westens, dessen Symbole – und nicht etwa die des Gottes Assur – im 7. Jh. v. Chr. als Ausdruck der Loyalität zu Assur in ganz Syrien-Palästina stark verbreitet waren. Mit der Laban-Jakob-Konstellation vertritt der Jakob-Zyklus des 7. Jh. das Programm von „Widerstand durch Kollaboration".

Die Abrahams-Geschichte (Gen 12f*.18f*) drückte nach 597 v. Chr. das erwachende Selbstbewusstsein der Landjudäer gegenüber der bereits angeschlagenen → Stadt Jerusalem aus sowie, gegenüber der *Gola* von 597 v. Chr., den Anspruch auf den → Besitz des Landes Juda anstelle der mit der Exodus-Landgabe-Tradition argumentierenden Exulanten, wie aus der Polemik Ez 33,24–29 hervorgeht. Die Verschmelzung von Abrahams- und Jakobstradition wohl noch im Laufe des 6. Jh. v. Chr. in Bet-El mit ihrem Bekenntnis zu den Grenzen der Provinz Jehud als dem Abraham (und Jakob) verheißenen Land (Gen 13,14–17) dient der Selbstbehauptung der im Lande verbliebenen Mehrheit gegenüber den Besitzansprüchen (und Restitutionsträumen) der Exilierten. Die Verbindung von V.- und Exodusgeschichte in der Tora setzt einen „hist. Kompromiss" zwischen den beiden Interessengruppen voraus, präfiguriert durch die Integration von Abrahams- und Exodus-Tradition in Jes 41,8f; 51,1f (apokalyptisch transzendiert in Jes 63,16–19).

II. NT: 1. Die Erzväter (πατέρες, πατριάρχαι) blieben, neben Mose und den legendären → Königen David und Salomo, auch in zwischentestamentlicher Zeit sowohl lit. als auch theol. die zentralen Kristallisationspunkte der Traditionsbildung und -fortschreibung des Judentums (vgl. die vielfältigen, einem der V. zugeschriebenen Werke und ihre Funktion als Träger von → Segen und → Offenbarung), wobei in der Rezeption atl. Konzeptionen jeweils eigenständige Akzente gesetzt und inhaltlich unterschiedliche Themen („Heilsgüter") mit den einzelnen V. verknüpft werden konnten. Wie auch bereits zuvor assoziiert man mit V. auch in ntl. Zeit – und zwar in der jüd. wie nichtjüd. Welt – nicht nur einzelne „Individuen" im modernen Sinn einer unverwechselbaren Persönlichkeit, sondern im Anschluss an antik-patriarchalisches Denken das beschützende, nährende und helfende Oberhaupt einer Gruppe (Haus, → Familie) wie auch den Ahnherrn, der die aktuell existierende Gruppe mit der identitätsstiftenden Vergangenheit verbindet, ihre Heilsgaben kanalisiert und die Gruppe selbst repräsentiert. Daher verwundert nicht, dass einzelne V. immer wieder auch metaphorisch im Sinne der *„corporate personality"* für das sich auf sie berufende Kollektiv stehen können (vgl. → Israel). Insofern die Jesusbewegung und das früheste Christentum als innerjüd. messianische Reformbewegung entstanden sind, begegnet auch hier die Auseinandersetzung mit den Erzvätertraditionen, um die eigene Position zu formulieren und in Konkurrenz zu anderen, sich auf die bibl. → Traditionen berufenden Gruppen (Juden, Samaritaner) zu behaupten.

II. 2. Eine bes. Rolle spielen die *Erzväter*generationen Abraham, Isaak, Jakob und die 12 πατριάρχαι (Apg 7,8f, vgl. Hebr 7,4) auch im Geschichtsrückblick von Apg 7 (vgl. Apg 3,13). Wie auch in jüd. Tradition werden zentrale „Heilsgüter" wie → Beschneidung, Landgabe, Gesetz und → Kult mit den V. verbunden (vgl. Joh 4,20). Während Jakob/Israel v. a. als Ahnherr der 12 Stämme rezipiert wird (Joh 4,5.12; „Haus Israel" Lk 1,33; Apg 7,46; Röm 11,26 unter Aufnahme von Jes 59,20) und Isaak im NT im Unterschied zum Judentum kaum eigenständige Bedeutung zukommt (vgl. Joh 4,12; Röm 9,10; Hebr 11,18. 20; Jak 2,21), steht Abraham immer wieder im Zentrum ntl. Nachdenkens über die eigene Identität.

Dass die → Erwählung des jüd. → Volkes auf *Abraham* zurückgeht, ist Allgemeingut des Judentums in ntl. Zeit. Nur so lässt sich die durch praktisch alle Traditionsstränge des NT hindurch ziehende Diskussion um *Abrahamsverheißung* und *Abrahamskindschaft* verstehen. Bereits bei Johannes dem Täufer steht die Berufung auf die Abrahamskindschaft in Anknüpfung an prophetische Vorbilder in der Kritik (Mt 3,9). → Kind Abrahams zu sein ohne umzukehren und rechte Frucht zu bringen, wird nicht vor dem kommenden Gericht (→ End-Gericht) retten. Jesus verweist auf die Offenbarung des lebendigen Gottes an Abraham, Isaak und Jakob (Ex 3,6.15) und findet darin einen Hinweis auf die → Auferstehung der Toten „wie die → Engel im → Himmel" (Mk 12,18–27par.). Lk 16,19–31 lässt den „Vater" Abraham in der → Unterwelt auftreten und stilisiert ihn als mahnenden Anwalt für Jesus, für den das Gesetz und die → Propheten zeugen. Mt 8,11 relativiert die ursprünglich rein auf Israel bezogene Heilsfunktion Abrahams, Isaaks und Jakobs und erweitert sie auf die hin, die der Einladung Jesu zum Gastmahl folgen und „von Osten und Westen, Norden und Süden kommen". Interessant ist die Stelle v. a. deshalb, weil die Erzväter hier dem „realen Israel" kontrastierend gegenübergestellt werden (vgl. Johannes den Täufer) und ihre Segenssphäre (Gen 12,3) auf Fernstehende (Sünder in Israel oder Nichtjuden) ausgeweitet wird. Abraham, Isaak und Jakob nehmen also „neue Kinder" in ihre Familie auf, ein Punkt, der v. a. bei Paulus eine Rolle spielt.

II. 3. Aufgrund der zahlreichen Bezüge auf die Abrahamstradition in den pln. Briefen entsteht hier ein bes. komplexes und differenziertes Bild des Umgangs eines frühchristl. Schriftstellers mit den Heilstraditionen seiner Bibel und des zeitgenössischen Judentums. Zunächst ist es auch für den Christen Paulus selbstverständlich, dass er sich im Gespräch mit judenchristl. Adressaten und Gegnern auf seine Abstammung von Abraham berufen kann (2 Kor 11,22; Röm 1,11; vgl. Phil 3,5): Er steht ihnen also in nichts nach. Entscheidend für Paulus ist aber die Differenzierung, dass nicht alle, die von Abraham abstammen, deshalb schon seine „Kinder" sind (Röm 9,7). Damit stellt sich die Frage, wem die an Abraham, Isaak und Jakob gerichteten → Verheißungen tatsächlich gelten. Diese Frage diskutiert Paulus ausführlich in Gal 3 und Röm 4. Neu ist dabei, dass der vorbildhafte → Glaube Abrahams ganz grundsätzlich und nicht mehr nur konditional (Johannes der Täufer!) gegen seine Bedeutung als Stammvater des konkreten Volkes Israel gerichtet wird, was bei Paulus damit zusammenhängt, dass für ihn Glaube stets auf das eschatologische Handeln Gottes an Christus gerichtet ist. Somit verbindet nur der Glaube, der dem Wort von Christus gilt, mit dem Glauben Abrahams an die Verheißungen Gottes, in die alle kommenden Generationen von wahren „Abrahamskindern" einbezogen sind. So wenig diese Gedanken ohne einen intensiven Gebrauch atl.-jüd. Theologumena formulierbar gewesen wären (und so sehr Paulus sich in wirklicher Kontinuität zum Sinn der bibl. Texte sieht), so stark ist doch der Gegensatz zum Selbstverständnis und zur Praxis des nicht an Jesus glaubenden Judentums. Da Paulus im Unterschied zu anderen frühchristl. Schriftstellern aber weiterhin an der Zusage und → Treue Gottes auch zu seinem in „Irrung" verharrenden Volk festhält, entwindet er Abraham nicht völlig dem Judentum, sondern erhofft die Anerkennung der neuen Tat Gottes durch seine „Brüder und Schwestern im → Fleische" im Eschaton (Röm 9–11). Bis zu dieser Zeit aber steht der Zugang zu den mit Abraham verbundenen Verheißungen für all die offen, die glauben. Damit rückt der allein sündenvergebende Glaube, der inhaltlich durch das Bekenntnis zu Christus als dem Herrn qualifiziert ist, an die Stelle des alten mit Abraham verknüpften Bundeszeichens, der Beschneidung (diese empfing Abraham nach Paulus ja erst, *nachdem* er geglaubt hatte: Röm 4,9–12 mit Zitat von Gen 17,17; vgl. Röm 5,13f). Abraham wird nun erst wirklich zum „Vater vieler Völker" (Röm 4,16f; Gal 3,8f), da der Glaube allein Sündenvergebung und → Gerechtigkeit vor Gott schafft (Röm 4,22 mit Verweis auf Gen 15,5; vgl. aber Jak 2,20–24).

II. 4. Auch in Joh 8 wird der grundsätzliche Unterschied zwischen den echten, allein freien Kindern Abrahams und seinem „ethnischen" Samen, der der → Sünde unterworfen ist, pointiert herausgestellt. Neben der auch aus Paulus bekannten Funktion Abrahams als Spender gruppenbezogener Identität betont Joh zugleich Abrahams Rolle als Zeuge für die Messianität Jesu, der über Abraham steht, weil er vor ihm war (Joh 8,58). Eine formal ähnliche, aber inhaltlich völlig anders ausgestaltete Doppelung der Funktion Abrahams begegnet auch im Hebr. Eine durchweg modellhafte Bedeutung besitzt Abraham v. a. im langen Midrasch über den Glauben (Hebr 11). Sein Gehorsam, sein Ausharren in der Fremde und geduldiges Warten auf die von Gott selbst gebaute → Stadt, seine Bereitschaft zur Hingabe Isaaks (vgl. auch Röm 8,32 unter Aufnahme von Gen 22,17) sind paradigmatisch. Indem Abraham das Priestertum Melchisedek aberkennt, wird er zudem zum erstrangigen Zeugen Christi (Hebr 7,1–

10 mit Bezug auf Ps 110,4) und Vorbild für alle Glaubenden (Hebr 6,13–17).

Mt und Lk unterstreichen die Bedeutung Jesu gleich zu Beginn ihrer Evv. durch zwei Stammbäume, in denen (wie auch immer ihr sachliches und lit. Verhältnis zu bestimmen ist) V. die entscheidende Rolle spielen. Während Lk 3,23–38 Jesu Genealogie über den Vater Josefs bis zu Adam und letztlich bis zu Gott selbst zurückführt, beginnt Mt 1,1–17 bei Abraham und endet ebenfalls bei Josef. Der mt. Stammbaum zeichnet sich zudem dadurch aus, dass er neben V. explizit auch Mütter aufführt, die interessanterweise jeweils Fremdlinge waren.

I. *A. C. Hagedorn/H. Pfeiffer* (Hg.), Die Erzväter in der biblischen Tradition, Berlin u. a. 2010; *E. A. Knauf*, Der Umfang des verheißenen Landes nach dem Ersten Testament: BiKi 55 (2000) 152–155; *T. Römer*, Israels Väter, Fribourg u. a. 1990; *K. Schmid*, Erzväter und Exodus, Neukirchen-Vluyn 1999.

II. *K. Berger*, Abraham in den paulinischen Hauptbriefen: MThZ 17 (1966) 47–89; *M. R. Whitenton*, Rewriting Abraham and Joseph: NT 54 (2012) 149–167; *J. Wöhrle*, Isaak und Ismael: EvTh (2011) 115–132.

Ernst Axel Knauf (AT) / Jürgen Zangenberg (NT)

Verantwortung (V.)

(→ Dachartikel: Ethik)

Vorbemerkung: Der Begriff V. ist im Deutschen seit dem 15. Jh. belegt; er entstammt der Rechtssprache und bezeichnet dort die Verteidigung einer stattgehabten Handlung. Im 20. Jh. wird V. auch in den ethischen Diskurs eingeführt. Sachlich und sprachlich muss zwischen „V. übernehmen" und „V. haben/tragen" unterschieden werden, da das eine einen Akt der Freiwilligkeit, das andere eine Bringschuld bezeichnet, die eingefordert werden kann. Ausdrücklich ist darauf zu verweisen, dass V. von Pflicht zu unterscheiden ist. Wenn es auch hermeneutisch schwierig bleibt, die Bibel auf einen in ihr nicht vorgegebenen neuzeitlichen Begriff hin zu befragen, so ist hier das Gemeinte durchaus zu finden. Näherhin wäre zu fragen, ob der Begriff V. ohne eine theol. Konnotation entstehen konnte.

I. AT: Eingedenk der theol. möglichen Kritik ist zunächst einmal darauf zu verweisen, dass die Selbstmitteilung Gottes als der sorgende, barmherzige, daseiende Schöpfer Elemente enthält, die zu einer Verantwortungsübernahme *Gottes* für seine → Schöpfung tendieren. In Absehung der Schöpfungserzählung, die gleichsam eine Grundverantwortung Gottes enthält, ist hier der noachitische → Bund zu nennen. In Gen 8,21f; 9,11–17 wird in einem Akt der Selbstverpflichtung Gottes zugleich die V. Gottes für seine Schöpfung sichtbar, die er erhalten und bewahren wird. Noch weiter geht Ijob. Hier wird die Frage nach der V. des Menschen zu einer nach der Gottes, der dann dem Menschen sogar antwortet (Ijob 38,1). Ähnlich radikal ist die Frage Gideons, die positiv akzentuiert ist, nach der Sorge Gottes um sein → Volk (Ri 6,13). Die Frage nach dem Ausbleiben der Hilfe Gottes in den Pss. (Ps 6,4; 13,2; 35,17; 74,10; 79,5; 80,5; 89,47; 94,3; 119,84) ist als eine Erinnerung an die V. Gottes für seine Schöpfung zu lesen. Dabei geht es nie um eine unerlaubte Inanspruchnahme Gottes, sondern um die Wahrnehmung einer von Gott selbst eröffneten Möglichkeit, die in Erinnerung der Taten Gottes je neu hoffen lässt (Ps 121).

Im Hinblick auf den *Menschen* und seine V. ist die Schöpfungsgeschichte grundlegend. Wenn dem Menschen die Schöpfung zur Herrschaft anvertraut wird (Gen 1,28–30), so ist diese nicht eine der Ausbeutung, sondern eine gute → Herrschaft, die zur Wohlfahrt dienen muss, wie implizit aus der Ebenbildlichkeit (→ Ebenbild) hervorgeht (Gen 1,26f). Die Beauftragung zu diesem Herrscher- und Wächteramt des Menschen durch Gott nimmt ihn in die V. für das Werk Gottes. Dem Menschen als von Gott zur → Freiheit geschaffenem Wesen eignet V. für sein verfehltes Tun (→ Böse). Dies gilt für Adam und Eva nach dem Sündenfall ebenso wie für Kain; sie müssen, von Gott direkt angesprochen, über ihr Tun Auskunft geben und tragen V. für dessen Folgen, die in die Generationen dauern. Näherhin entspricht die geforderte V. der → Würde des Menschen als eigenverantwortliches freies Gegenüber Gottes.

II. NT: Das Prinzip des Dialogs, der von Gott ausgehend den Menschen erreicht, entlässt den Menschen nicht in die Beliebigkeit seiner selbst, sondern vergegenwärtigt ihm die Dimension seiner Existenz. Von hierher wird die Kritik der → Propheten zu einer Aufforderung, seiner V. ins Gesicht zu sehen. Ähnliches gilt für die Thematik des Gerichts: Hier wird die V. zu einer bleibenden, die den Menschen in die eschatologische Existenz führt (Mt 25,31–46; 1 Kor 3,13–15; Hebr 10,26–31; → End-Gericht). Der Mensch hat seine V., die von ihm auch dann eingefordert wird, wenn er sich selbst als verstrickt vorfindet in Gottgewirktem, wie sich an Judas ablesen lässt (Mk 14,21). Hier wird nochmals die Frage Ijobs laut. Darauf kann es die Antwort geben, die die Frage vom Geheimnis und der Souveränität Gottes beantwortet (Röm 9,18–21).

I. *R. Burggraeve*, „Am I My Brother's Keeper?": EThL 84 (2008) 341–361; *G. Fischer/K. Backhaus*, Sühne und Versöhnung, Würzburg 2000; *P. M. Joyce*, Ezekiel and Individual Responsibility, in: *J. Lust* (Hg.), Ezekiel and His Book, Leuven 1986, 317–321; *J. S. Kaminsky*, Corporate Responsibility in the Hebrew Bible, Sheffield 1995; *H.-P. Mathys*, Verantwortungsethik im Alten Testament?, in: *ders.*, Vom Anfang und vom Ende, Frankfurt/M. u. a. 2000, 256–266; *P. J. Nel*, Social Justice as Religious Responsibility in Near Eastern Religions: JNWSL 26 (2000) 143–153; *H. H. Schmid*, Anspruch und Grenze der Verantwortung, in: *A. Meinhold/R. Lux* (Hg.), Gottesvolk, Berlin 1991, 136–142. II. *J. Eckert*, Glaube und Weltverantwortung im frühen Christentum, in: *W. Seibel/G. Wenz* (Hg.), Was schulden die Christen der Welt?, Regensburg 1998, 36–57; *H. Jonas*, Das Prinzip Verantwortung, Frankfurt/M. 1979; *B. S. Rosner*, Coroporate Responsibility in 1 Corinthians 5: BTS 38 (1992) 470–473; *H. Schürmann*, Christliche Weltverantwortung im Lichte des Neuen Testaments, in: *T. Söding* (Hg.), Studien zur neutestamentlichen Ethik, Stuttgart 1990, 345–375.

Rainer Kampling

Verbrechen / Unrecht (V./U.)

(→ Dachartikel: Ethik)

Vorbemerkung: Im Gegensatz zum → Bösen bezeichnet V. konkrete Handlungen, die anders als → Laster einen öffentlichen Charakter haben, da sie die gesellschaftliche → Ordnung durch Handlungen stören, die strafbewehrt sind. Sie können als U. qualifiziert werden, weil sie gegen bestehende Rechtsnormen verstoßen, aufgrund deren dann die → Strafe erfolgt. Hinsichtlich der Beurteilung von V. teilt das AT weitgehend die Anschauungen seiner Nachbarkulturen, was sich in inhaltlichen Entsprechungen der verschiedenen Rechtstexte darlegt. In → Israel hat der Rechtsbruch freilich eine deutlich theol. Dimension: Der Gesetzgeber ist nicht ein → König, sondern Gott selber, der seinem → Volk das Gesetz gibt. Eine Trennung zwischen gesellschaftlichem und rel. Bereich ist daher nicht möglich. Das Ziel der Strafe war Ausgleich für den entstandenen Schaden und die Bestrafung des Verbrechers. Ob die Strafen tatsächlich immer im angegebenen Umfang vollzogen wurden, muss freilich offen bleiben. AT und NT werden im Folgenden gemeinsam dargestellt.

I. Im Falle von *Betrug* vor → Gericht in Form des falschen Zeugnisses wird das Prinzip des Ausgleichs deutlich: Dem Falschzeugen wird die Strafe auferlegt, die er seinem Opfer zugedacht hat (Dtn 19,18). Der Betrug vor Gericht war für den Angeklagten eine große Gefahr (Spr 12,17.20; 14,25; 24,28; Hab 1,4). Ein Mann, der die → Ehre seiner → Frau öffentlich fälschlich in Frage stellt, indem er ihre voreheliche Jungfräulichkeit bestreitet, wird zu einer körperlichen und finanziellen Strafe verurteilt. Seiner Frau kann er den Status der Ehefrau nicht entziehen (Dtn 22,13–21).

II. Der *Handel* bot eine andere Möglichkeit zum Betrug am → Nächsten; es ging dabei um minderwertige Ware oder falsche Gewichte (Lev 25,14.17; Hos 12,7; Paulus muss davor warnen, dass sich Christen untereinander betrügen: 1 Thess 4,6).

III. Der Dieb muss damit rechnen, dass er mit seinem eigenen Leben für den *Diebstahl* haften muss, wenn er nicht in der Lage ist, das gestohlene Gut zu ersetzen. Im anderen Fall hat er den Ausgleich zu leisten (Ex 22,3f). Wie sehr der Diebstahl als ein die Ordnung störendes Verhalten gedeutet wurde, kann man an einer Sonderregelung der Blutschuld sehen: Ein Dieb, der beim Einbruch des Nachts erschlagen wird, „hat kein → Blut", d. h. sein → Tod ist kein Rechtsbruch (Ex 22,2). Menschenraub mit dem Zweck, das Opfer in die Sklaverei zu verkaufen, zieht dagegen den Tod nach sich, weil das Opfer seine Existenz als Freier verliert (→ Sklave), zumal wohl an den Verkauf an Nicht-Israeliten gedacht ist (Dtn 24,7; Ex 21,16).

IV. Das größte V. ist für das AT wie für alle anderen Kulturen seiner Umwelt der *Mord*, die absichtliche Tötung eines Menschen. Diese Tat greift weit in die Schöpfungsordnung ein und beleidigt in letzter Konsequenz den Schöpfer selbst (Gen 9,5f). Exemplarisch wird der Mord an den

Anfang der Menschheitsgeschichte gesetzt. Die → Sünde bringt den Menschen die → Gewalt und den Brudermord (Gen 4,4–17). Die Wendung vom Schrei des Blutes (Gen 4,10) verweist auf die Vorstellung der Schädigung der Schöpfungsordnung durch Mord; sie ist erst wieder hergestellt, wenn die Tat gesühnt ist. Der Mord bewirkt eine Verunreinigung (→ Reinheit), die nur durch das Blut des Täters aufgehoben werden kann (Num 35,33; Dtn 19,13; unter Umständen ist auch die Hinrichtung der Söhne Sauls als Reinigungsritual zu deuten: 2 Sam 21). Eine finanzielle Schadensersatzleistung ist daher nicht erlaubt (Num 35, 31f), obwohl sie praktiziert wurde (Ex 21,30). Nun stellt die Todesstrafe, die durch den Bluträcher, einen Sohn oder männlichen Verwandten des Opfers, vollzogen wurde (Num 35,24; Dtn 19,6; 19,12; Jos 10,1–9; 2 Sam 14,11), wiederum vor das Problem, dass auch hier Blut vergossen wird. Daher kam es in Verbindung mit der Hinrichtung zu einem Sühneritual der Beteiligten, die mit der Formel „sein Blut auf ihm" (Lev 20,9.11–13.16.27; Jos 2,19; Ez 18,13) ihre Unschuld beteuerten, um sich aus der Sphäre der Blutrache zu entziehen und um sie nicht zu perpetuieren. Dadurch trägt der Mörder auch noch die Schuld an seinem eigenen Blut.

V. Die *sexuelle Gewalttat* an einer Frau wird im AT zum Thema einer Erzählung über Dina, der Tochter Jakobs (Gen 34), und über Tamar, der Schwester des Abschalom (2 Sam 13). In beiden Geschichten kommt es als Rache für die Vergewaltigung zum Mord. In Gen 34 ist das Massaker, das die Söhne Jakobs anrichten, nicht im Interesse des Opfers, sondern der verletzten Ehre. Die Rechtsregelung für eine Vergewaltigung berücksichtigt den Tathergang und den Status des Opfers. Wird eine verlobte Frau in den Stadtmauern vergewaltigt, wird ihr unterstellt, dass sie, da sie nicht um Hilfe gerufen hat, der Vergewaltigung zugestimmt habe. Der Fall wird dann wie ein Ehebruch gehandhabt und beide, Opfer und Täter, werden gesteinigt (Dtn 22,23f). Geschieht die Tat jedoch auf offenem Feld, dann gilt der Tatbestand der Vergewaltigung als erwiesen und der Täter muss sterben, da die Vergewaltigung in diesem Fall die Qualität des Mordes hat. Wenn es sich bei dem Opfer um eine unverlobte Jungfrau handelt, muss durch die Entrichtung einer Entschädigung an den Vater der Frau und die Eheschließung die Tat gesühnt werden. Erkennbar ist hier der Konflikt zwischen Opfer und dem Familieninteresse. Denn obwohl die Tat als einem Mord gleichwertig angesehen werden kann, geht es eben auch darum, den Schaden für den Familienverband gering zu halten.

VI. Die *Strafvorstellung* des AT ist stark vom Gedanken der Ordnung bestimmt. Sie gilt es wieder herzustellen, wenn möglich im Sinne des Ausgleichs. Zivilisatorisch stellt das gegenüber einer ungebundenen und ungezügelten → Rache einen Fortschritt dar. Die harten Strafen sind in ihrem hist. Kontext zu betrachten; auch für Paulus ist es selbstverständlich, dem → Staat das → Recht auf Strafe, auch der Todesstrafe, zuzugestehen (Röm 13,4). Allerdings kann man aus diesem bibl. Befund keine Legitimation für bestimmte Strafarten gewinnen. Gleichwohl aber kann man erwägen, wie die Verletzung der Opfer geheilt werden kann.

U. Bail, Gegen das Schweigen klagen, Gütersloh 1998; *M. J. M. Coomber*, Re-Reading the Prophets Through Corporate Globalization, Piscataway 2010; *C. D. Marshall*, Beyond Retribution, Cambridge 2001.

Rainer Kampling

Vergebung (V.)

(→ Dachartikel: Soteriologie)

I. AT: 1. Wo die gerechte → Ordnung (*šālōm*) einer → Gemeinschaft durch kollektive oder individuelle Schuld gestört oder zerstört ist, hat V. eine heilsame Funktion, um → Erlösung zu wirken und → Heil wieder zu ermöglichen. Im Bereich der → Soteriologie ist die göttliche V. (*slḥ*) menschlicher Schuld von bes. Bedeutung.

I. 2. Wenn Gott V. gewährt, tut er dies in souveräner → Freiheit. Er erweist seine → Gerechtigkeit und offenbart sich → Israel und dem Einzelnen als „ein barmherziger und gnädiger Gott" (Ex 34,6; Ps 103,8 u. a.). Voraussetzung der Bitte um V. (vgl. z. B. Num 14,19f; Jes 64,8; Hos 14,3; Ps 25; 65,3f; Dan 9,19f) sind Reue, Schuldbekenntnis (Ps 32,1–5) und → Umkehr (Jer 36,3; Ez 18,27–32; 2 Chr 7,14). Sie können aber V. nicht erzwingen. Eine wichtige Rolle können Mittler (z. B.

Mose: Ex 32; Num 14; 21 u. a.) spielen, die für andere → Fürbitte leisten. Im → Kult wird V. mit → Versöhnung und → Sühne verbunden (vgl. z. B. Lev 4f; Num 15; 19). Am → Opfer wird stellvertretend die Schuld gestraft und so V. ermöglicht. Auch im kultischen Umfeld ist V. immer ein Akt göttlicher → Gnade, die erst die Möglichkeit zum Opfer gibt. Das späte Sirachbuch warnt davor, die → Barmherzigkeit Gottes als Freibrief zur → Sünde zu deuten (Sir 5,5–7) und verbindet zwischenmenschliche und göttliche V. (Sir 28,2–5).

II. NT: 1. Im NT wird V. bes. mit dem Verb ἀφίημι („fortlassen, erlassen, vergeben") und dem Nomen ἄφεσις („Freilassung, Befreiung, Vergebung") formuliert.

II. 2. Bei → Jesus Christus kommt der V. eine wichtige Rolle zu. Die bes. Sorge um Sünder ist in der Jesustradition fest verankert (vg. Mk 2,15–17; Lk 7,34.36–50; 19,1–10 u. a.). Im Unterschied zu Johannes dem Täufer ist bei Jesus die V. nicht an vorhergehende Umkehr gebunden. Jesu Umgang mit Sündern (bis hin zur Tischgemeinschaft) verdeutlicht als Realsymbol die V.-Dynamik des Gottesreiches. In der → Gemeinschaft mit Sündern wird jene eschatologische V. sichtbar, mit der Gott in souveräner und unverdienter Güte ganz → Israel von seiner Schuld befreien will. In der → Soteriologie der synopt. Evv. wird die V. der → Sünden zum Hauptinhalt des Heilsgeschehens. In Mk 2,1–12par. wird die V. mit der Heilung verbunden und damit ein ganzheitliches Heilskonzept festgehalten. Mt deutet sogar den → Namen „Jesus" von der Sünden-V. her (Mt 1,21) und legt in der Deutung des → Todes Jesu bes. Wert auf die V. der Sünden (Mt 26,28), während er sie bei der Johannestaufe nicht erwähnt. Auch im lk. Doppelwerk ist die V. der Sünden ein wesentliches Element der Sendung Jesu (vgl. Lk 7,36–50; Apg 5,31; 13,38). Dementsprechend werden dann auch → Glaube und → Taufe als Zugang (auch der Heiden!) zur V. verstanden (Lk 24,47; Apg 2,38; 10,48; 13,38f; 26,18). Die synopt. Jesustradition ist zudem durch eine strikte Verbindung von göttlicher und menschlicher V. geprägt (Lk 11,4par.; Mt 18,21–35; Lk 6,37; vgl. Sir 28,2–5!). In Joh 20,23 ist die Vollmacht zur Sünden-V. die österliche Gabe des Auferstandenen an seine Jünger. Paulus spricht selten (nur Röm 3,25; 4,7) von der V. der Sünden. Aus Röm 4,7 ist aber zu schließen, dass die Sünden-V. ein zentrales Element der → Rechtfertigung der Sünder darstellt. V. fehlt also bei Paulus nur terminologisch, nicht aber inhaltlich. Er thematisiert die Vernichtung der Sünde öfter in kultischer Metaphorik als → Versöhnung.

I. *C. Houtman*, Wer kann Sünden vergeben außer Gott allein?: BN 95 (1998) 33–44; *A. Schüle*, An der Grenze von Schuld und Vergebung, in: *J. Luchsinger/H. P. Mathys* (Hg.), „... der seine Lust hat am Wort des Herrn!", Münster 2007, 309–329.

II. *G. Fischer/K. Backhaus*, Sühne und Versöhnung, Würzburg 2000; *H.-J. Klauck*, Eine Frage von Tod und Leben: Diak. 27 (1996) 86–94; *S. von Stemm*, Der betende Sünder vor Gott, Leiden u. a. 1999; *C.-H. Sung*, Vergebung der Sünden, Tübingen 1993.

Joachim Kügler

Verheißung – Erfüllung (V. – E.)

(→ Dachartikel: Geschichte/Geschichtsdarstellung/Heilsgeschichte)

I. AT: 1. Heilvolle Zukunftsaussagen kennt das AT in den verschiedensten Zusammenhängen. Bereits die Vätererzählungen (→ Väter) kennen die V. des → Segens an das → Volk (Mehrung und Bewahrung) im verheißenen Land (Gen 15,13–15; 22,15–18; 28,13–16). Bereits hier ist auch das Moment der „Zerdehnung" (H. D. Preuß) gegeben: V. sind auf die Zukunft gerichtet und ergehen oft gegen jede gegenwärtige Realität (Gen 11,30; 18,9–15). Seitens der Menschen entspricht ihnen eine Haltung der hoffenden und in Gehorsam handelnden Zuversicht (Dtn 28), ihr Eintreffen wird mit Dank und → Lob gepriesen. Die Verlässlichkeit göttlicher Zusagen wird im AT oft dadurch unterstrichen, dass sie mit dem hebr. Verb *šbᶜ* Nifal („schwören") verbunden werden; ein spezielles Wort für V. gibt es im AT nicht.

I. 2. Mit dem Hinweis, „von → Anfang an" die Zukunft vorausgesagt zu haben, argumentiert Gott in Jes 44,6–8 für seine Einzigkeit (vgl. Jes 41,22f.26–28; 43,9; 44,26; 45,21; 46,10; 48,3–6.16). Gott kündigt an, was er zu tun gedenkt, und führt aus, was er angekündigt hat, ohne dass es eine → Macht gäbe, die ihn daran hindern kann. Gegen die Generalisierung dieser Aussage protestiert der Jona-Autor (Gott kann seine Absicht ändern, auch wenn dies dem → Propheten nicht gefällt; → Freiheit; → Gnade) und in gewisser Weise auch die betende Person, die sich dem ihr unbekannten Gotteswillen überantwortet (2 Chr 20,12; Mt 6,10).

Das Schema von V.-E. gehört nicht zur Ebene der → Geschichte (als der Summe aller vergangenen Zustände der realen Welt), sondern zur Ebene der Geschichts*deutung* und -strukturierung und unterliegt der Gefahr, dass derartige Deutungen schon in der nahen Zukunft des Deutenden falsifiziert werden können.

In der P dient die Entsprechung von Befehl und Ausführung bzw. E. (vgl. Gen 1,28 [9,1.7 10*] > Ex 1,7 > Jos 18,1) der Deutung der Weltgeschichte, insbes. der letzten beiden Jh., aus der Retrospektive der nachexil. Tempel-Gemeinde. Diese Deutung dominiert die nachexil. Schichten im Enneateuch (den Büchern Gen bis 2 Kön: Gen 17,4–8 > Ex 1,7 > Ex 40,34 > Jos 18,1).

Während pharisäische (und apokalyptische) Kreise in „Tora und Propheten" einen „Verheißungsüberschuss" ausmachen konnten (Eschaton, neuer Himmel und neue Erde, → Eschatologie) – eine Auffassung, die vom Christentum geerbt wurde – konnten Sadduzäer darauf bestehen, dass in der → Tora nichts verheißen wird (→ Israel wird ein Volk, wird Gottes Volk und bekommt Israels Land), was nicht bereits in Erfüllung gegangen ist.

II. NT: 1. Das Verhältnis von AT und NT als das von V. und E. zu beschreiben, durchzieht weite Teile christl. Theol. und geht bereits auf ntl. Denkmodelle zurück (Röm 9,4 ἐπαγγελίαι; 11,28). Auch im NT steht die Verlässlichkeit göttlicher Zusagen fest. Ihre bes. Prägung erhält die Rede von V. im NT aber dadurch, dass für ntl. Autoren die Sendung, das Werk und Geschick Jesu die E. der göttlichen V. darstellen (Mt 2,23 u. a.; Lk 24,25–27 u. a.), was nicht zuletzt auch die Rezeption der Ersten Bibel als „Altes Testament" wesentlich bestimmt.

II. 2. Gleichwohl ist ein starres Modell von V. – E. seit der Krise der urchristl. Naherwartung (Lk 21,22 im Kontext von 21,5–28) in mehrfacher Hinsicht problematisch. Zum einen ist das „Erfüllungsbewusstsein" immer in Gefahr, die V. als obsolet geworden anzusehen. Zum anderen bleibt aber zu konstatieren, im Rahmen des Verständnisses der → Auferstehung Christi als Anbruch des Eschatons, dass die Menschheit seitdem noch keineswegs auf einer „neuen → Erde" und unter einem „neuen → Himmel" lebt: Einem „Verheißungsüberschuss" des AT korrespondiert ein „Erfüllungsdefizit" im NT (und der seitherigen Kirchen- und Weltgeschichte); doch fragt sich dann, ob dieser „Verheißungsüberschuss" wirklich zur Basis gegenwärtiger verantwortlicher Theol., Politik und → Ethik gemacht werden kann. Zum dritten basiert ein „prophetisches Globalverständnis" des AT auf der Integration des Tora-Vermittlers Mose in die Reihe der → Propheten (Dtn 18,15.18; vgl. auch Ios. c.Ap. 1,37–43; Mk 9,2–10par.) und nivelliert die kanonische Differenz von → Tora und Propheten, wie sie Dtn 34,10–12 markiert. Die *particula veri* des Konzeptes von V. im AT – E. im NT kann darin gesehen werden, dass → Kreuz und Auferstehung Christi ohne den vom AT bereitgestellten Interpretationsrahmen kontingente Ereignisse und damit damals wie heute unverständlich blieben (vgl. Lk 16,31). Eine alternative Verhältnisbestimmung von AT und NT wäre aus der Kanongeschichte zu gewinnen, wenn die auf einem Missverständnis von 2 Kor 3,7–18 (der „neue → Bund" besteht im → Geist und durch ihn, er hat im Gegensatz zum „alten Bund" nicht Schriftcharakter!) beruhende, von der Schlussredaktion der christl. Bibel im 2. Jh. n. Chr. geschaffene Dichotomie zweier „Testamente" aufgehoben werden könnte. Das NT wäre dann nach Propheten und Schriften die dritte Fortschreibung und Ergänzung der Tora, in der der Gott der Tora sich den „Völkern" erschließt.

I. *C. Dohmen*, Vom Umgang mit dem Alten Testament, Stuttgart 1995; *ders./G. Stemberger*, Hermeneutik der Jüdischen Bibel und des Alten Testaments, Stuttgart 1996; *E. A. Knauf*, Die Mitte des Alten Testaments, in: *M. Weippert/S. Timm* (Hg.), Meilenstein, Wiesbaden 1995, 79–86; *E. Zenger*, Das Erste Testament zwischen Erfüllung und Verheißung, in: *K. Richter/B. Kranemann* (Hg.), Christologie der Liturgie, Freiburg 1995, 31–56; *ders.* (Hg.), Die Tora als Kanon für Juden und Christen, Freiburg 1996.

II. *J. Kegler*, Verheißung und Erfüllung, in: *I. Kottsieper/R. Schmitt* (Hg.), Berührungspunkte, Münster 2008, 345–366; *M. Konradt*, Die vollkommene Erfüllung der Tora und der Konflikt mit den Pharisäern im Matthäusevangelium, in: *D. Sänger/M. Konradt* (Hg.), Das Gesetz im frühen Judentum und im Neuen Testament, Göttingen 2006, 129–152; *W. Rebell*, Erfüllung und Erwartung, München 1991; *M. Vogel*, Das Heil des Bundes, Tübingen 1996.

Ernst Axel Knauf (AT) / Jürgen Zangenberg (NT)

Versöhnung (V.)

(→ Dachartikel: Soteriologie)

Vorbemerkung: Schuld und → Sünde zerstören den geordneten Zusammenhang einer → Gemeinschaft. Hier hat V. eine heilsame Funktion, um das Netz der Beziehung zwischen Menschen und v. a. zwischen Mensch und Gott wieder herzustellen.

I. AT: 1. Der Akt des Versöhnens wird im AT bes. mit dem Verb *kpr* Piel („sühnen, versöhnen") ausgedrückt.

I. 2. V. ist aktives Handeln, das die schädlichen oder gar tödlichen Folgen der Sünde repariert. V. ist nicht menschliche Leistung, sondern göttliche Gnadengabe. Subjekt der V. ist immer Jhwh. Er nimmt die Last der Sünde weg (Ps 64,5), wischt sie ab (Jer 18,23) und macht rein (2 Chr 30,18ff). Wenn Gott V. vollzieht, dann hört die Sünde auf zu existieren und → Heil wird wieder möglich, als → Rettung → Israels oder des Einzelnen (Ps 79,9). Auch dort, wo menschliches Tun bei der V. ins Spiel kommt, bleibt die theol. Zentrierung erhalten: Der → Gottesknecht gibt sein → Leben als Schuldopfer (*ʾāšām*) und trägt die Schuld der Vielen (Jes 53,1–12), aber Gott ist es, der ihn als seinen Knecht erwählt hat (Jes 52,13; 53,11) und die Schuld auf ihn überträgt (Jes 53,4–6). Auch die Möglichkeit des rituellen Vollzugs von V. im → Kult ist Gnadengabe Gottes. Wenn der → Ritus (v. a. des V.-Tages; vgl. Lev 16) durch den stellvertretenden → Tod des → Opfers → Sühne und V. bewirkt und so das Leben des sündigen Menschen gerettet wird, dann hat Jhwh dafür den Grund gelegt: Er hat den Menschen das → Blut als Mittel der V. gegeben (Lev 17,11).

II. NT: 1. Der Akt des Versöhnens wird im NT bes. mit dem Verb καταλλάσσω („versöhnen") und dem Nomen καταλλαγή („Versöhnung") formuliert.

II. 2. Obwohl bei Jesus nicht explizit von V. die Rede ist, vollzieht er in Wort und Praxis die barmherzige Zuwendung Gottes zum Menschen, bes. zu den Sündern. Hier wie auch sonst im NT ist V. entsprechend atl. Tradition Handlung Gottes, die vom Menschen nicht erwirkt werden kann. D. h. allerdings nicht, dass menschliches Tun überflüssig wäre. Die V. Gottes soll von den so befreiten Menschen in V.-Handeln weitergeschenkt werden (Mt 5,24; Lk 12,58; 1 Kor 7,11). Bei Paulus wird die atl. V.-Konzeption christologisch weitergeführt. → Jesus Christus wird in kultischer Metaphorik (vgl. Jom Kippur; → Fest) als Ort der V. (Röm 3,25) gedeutet. Wie auf das Opfertier wird auch auf Jesus stellvertretend die → Sünde übertragen (2 Kor 5,21). In seinem → Tod vollzieht Gott V. als Vernichtung der Sünde und schenkt dem Sünder → Rechtfertigung. Paulus begreift sein Apostolat als Dienst an dieser V. (2 Kor 5,18–20). In der deuteropln. → Soteriologie gewinnt V. kosmische Qualität. Gott versöhnt durch das → Blut Christi das All (Kol 1,20–22). Eph 2,14–16 deutet V. als Tötung der Feindschaft in der Person Christi, wodurch die Grenze zwischen Juden und Heiden überwunden wird. Frucht dieser entgrenzenden V. ist die → Kirche. In 1 Joh 2,2; 4,10 (Gott schenkt Jesus als Sühnopfer und offenbart so seine → Liebe) und v. a. im Hebr wird die Jom-Kippur-Tradition zur Deutung der Heilswirkung des Todes Jesu herangezogen. Im Blut des Hohepriesters Jesus wird V. bewirkt und Gottes → Gnade und → Barmherzigkeit offenbar (Hebr 2,17; 9,12–15).

I. *R. Albertz*, Kult, Konflikt und Versöhnung, Münster 2001; *T. Hieke/T. Nicklas* (Hg.), The Day of Atonement, Leiden 2011.
II. *G. Fischer/K. Backhaus*, Sühne und Versöhnung, Würzburg 2000; *T. Knöppler*, Sühne im Neuen Testament, Neukirchen-Vluyn 2001; *U. Mack*, Versöhnung, Stuttgart 2010.

Joachim Kügler

Versuchung (V.)

(→ Dachartikel: Ethik)

Vorbemerkung: Der Begriff der V. ist in der öffentlichen Sprache als ethischer Terminus weitgehend durch Verharmlosung erledigt. Bibl. dagegen kommt ihm im Spannungsfeld von → Anthropologie und Theol. ein hoher Stellenwert zu: Die V. ist als eine existentielle Prüfung der Glaubenden auf die Festigkeit ihres → Glaubens hin zu verstehen, die von Gott ausgehen kann. V. trifft nicht den Sünder, sondern den Gerechten, der aus und durch die V. in → Sünde fallen kann. Zeichen der Unkenntnis Gottes ist es, wenn der Mensch Gott versucht/prüft, d. h. letzthin sich so verhält, dass er sich als Gott erweisen müsse (Ex 17,2.7; Num 14,22; Dtn 6,16; 9,22; Ps 78; 106,14). Hier finden sich Ungehorsam und Selbstüberhebung zusammen. Das Verständnis der V. als „Zunder der Sünde“ begegnet in Spr 7,6–23, einer Beispielerzählung, in der die sexuelle V. durch eine → Frau mit der Versuchung der fremden → Weisheit verglichen wird.

I. AT: 1. Im AT findet der Begriff V. (*massā* = „Prüfung, V.“) keine häufige Verwendung.

I. 2. Als das hervorragende Beispiel und Vorbild eines Frommen, der von Gott versucht und dem die Prüfung zum Erweis seines Glaubens und zum → Segen wird (Gen 22,1.12), gilt dem Judentum Abraham (Sir 44,20; Jdt 8,25f; 1 Makk 2,52; vgl. auch Philo Abr. 52–54; Hebr 11,17). Die Erzählung lässt keinen Zweifel daran, dass die Forderung Gottes schrecklich ist (Gen 22,16), aber Abraham dennoch in freier Entscheidung gehorcht. V. bedeutet demnach, insofern sie von Gott gewirkt wird (Ex 15,25; 16,4; Dtn 8,2.16; 13,4; 33,8; Ri 2,22; 3,1.4; Ps 26,2; Ijob 1,11f; 2,5f; 7,18; 2 Chr 32,31), eine Situation der vermeintlichen Gottesferne, in die der Mensch gestellt wird, um frei über seine Gottesbeziehung zu entscheiden. Da es evident ist, dass Gott dieser Prüfung nicht bedarf, um zur Erkenntnis des Menschen zu gelangen – Gott macht keine Tests; man sollte die Theologen des AT nicht unterschätzen, weil ihre Rezipienten nicht immer auf der gleichen theol. Höhe waren –, ist der Aspekt der menschlichen → Freiheit für den Gedanken der V. konstitutiv: Der Mensch findet sich in einer Krise vor, die er als Gottverlassenheit deuten kann; im Bestehen dieser Krise als Glaubender, der an Gott festhält und sich ihm anheim gibt, erweist sich die in Freiheit getroffene Entscheidung, die sich in der Anerkenntnis des → Willens Gottes vollzieht (Ijob 42,2) als die für das → Leben gültige.

In der Weisheitslit. wird diese Konzeption entradikalisiert; V. wird hier als päd. Maßnahme verstanden, durch die dem Menschen dazu verholfen werden soll, sein Leben besser zu meistern (Spr 3,11f; Weish 3,5; 11,9f; Sir 2,1–5; 4,17; 33,1). Dieser „schwarzen Päd.“ geht es freilich auch darum, Gott als den Verursacher der V. zu negieren; die V. ist im Menschen selbst angelegt (Sir 15,11–20) bzw. wird von anderen an den Menschen herangetragen (1 Chr 21,1; Dtn 13,2–11; 1 Kön 21,25; 2 Kön 21,9.11; Neh 13,26).

II. NT: 1. Im NT wird für den Begriff V. der griech. Terminus πειρασμός („V., Anfechtung“) verwendet.

II. 2. Jak 1,13–15 verwirft die Vorstellung, Gott könne den Menschen versuchen, als eine dem Wesen Gottes völlig entgegengesetzte. Die V. ist ein Instrument der dem Menschen innewohnenden Begierde (→ Laster), um ihn so zum Sünder zu machen. Da die Folge der → Sünde der → Tod ist (Jak 1,15), geht es auch hier um eine existentielle Frage des Menschen. Paulus kennt die Vorstellung des Satans (→ Widersacher) als Versucher (1 Thess 3,15; vgl. Offb 12,9), kann aber auch Gott als Verursacher benennen, dann freilich mit der Versicherung, dass Gott den Menschen nicht über das Maß dessen, was er ertragen kann, versucht (1 Kor 10,13; vgl. 2 Petr 2,9). Die Mahnung, der V. durch Wachen und Beten zu widerstehen, verweist auf einen apotropäischen Hintergrund, also auf den Satan oder einen → Dämon als Versucher (Mk 14,38par.). Die Bitte, nicht von Gott in V. geführt zu werden (Mt 6,13; Lk 11,4), gilt nicht den V. der Endzeit und ist auch nicht allgemein zu fassen, sondern ist Ausdruck der Sorge, in Krisensituationen, etwa einer Verfolgung oder gesellschaftlichen Ächtung, im → Glauben nicht bestehen zu können.

I. *R. P. Gordon*, “Couch” or “Crouch”?, in: *J. K. Aitken* (Hg.), On Stone and Scroll, Berlin u. a. 2011, 195–209; *K. Nielsen*, Satan – the Prodigal Son?, Sheffield 1998; *G. Steins*, Die Versuchung Abrahams (Gen 22,1–19), in: *A. Wénin* (Hg.), Studies in the Book of Genesis, Leuven 2001, 509–519.

II. *J. A. Fitzmyer*, And Lead Us Not Into Temptation: Bib. 84 (2003) 259–273; *M. Gielen*, „Und führe uns nicht in Versuchung“: ZNW 89 (1998) 201–216; *A. Herrmann*, Versuchung im Markusevangelium, Stuttgart 2011; *S. Laeuchli/E. Rothchild-Laeuchli*, Jesus und der Teufel, Neukirchen-Vluyn 1992; *C. Markschies*, Die neutestamentliche Versuchungsgeschichte in der Auslegung der Kirchenväter: ThZ 62 (2006) 193–206; *M. Pesthy-Simon*, Die Theologie der Versuchung im frühen Christentum, Bern 2011.

Rainer Kampling

Verwerfung (V.)

(→ Dachartikel: Eschatologie)

Vorbemerkung: Die Verwendung des Begriffs V. lässt sich im bibl. Sprachgebrauch in zwei Hauptrichtungen fassen: die V. einer oder mehrerer Alternativen in einem Auswahl- oder Entscheidungsprozess einerseits, die V. als Rückgängigmachung einer vorausgehenden → Erwählung andererseits. Allerdings sind die Grenzen zwischen beiden Verwendungsbereichen fließend.

I. AT: 1. Der Hauptbegriff für V. ist *m'*s („verachten, verschmähen, verwerfen", 1 Sam 15,23.26; 16,1; vgl. Apg 13,22). In verschiedenen Aussagekontexten finden sich folgende Zielpunkte der V. durch Gott: das Heiligtum von Schilo in Ps 78,60 (formuliert mit *nṭš*, „hin-, verwerfen"); Efraim in Hos 8,5; 9,10–17 (formuliert mit *m's* und *znḥ*, „verwerfen") bzw. das Nordreich in 2 Kön 17,20 (*m's*); das Südreich, das Haus Davids bzw. der Gesalbte (Ps 89,39), Jerusalem (2 Kön 23,27); das ganze → Volk in Dtn 32,19 (*n'ṣ*, „verschmähen, verwerfen") oder näher differenziert die Helden, der → König, die → Priester (Klgl 1,15; 2,6; Hos 4,6; formuliert mit *slh* Piel, *n'ṣ* und *m's*); ferner alle, auf die das Volk vergeblich vertraut (Jer 2,37).

I. 2. Die V. durch Gott ist zunächst mit der Erwählung verbunden: z. B. wird Jakob vor Esau erwählt, was später als V. Esaus bzw. Edoms gedeutet wird (z. B. Mal 1,3; Hebr 12,17); weniger spektakulär ist bei der Salbung Davids dessen Erwählung und die V. der älteren Brüder ausgedrückt (1 Sam 16,7). Meistens jedoch handelt es sich bei der V. durch Gott um das Revidieren einer vorausgehenden Erwählung. So verwirft Gott den zunächst erwählten König Saul, da dieser in dreifacher Hinsicht versagte: Es gelang ihm durch sein fehlendes Vertrauen auf Gott nicht, → Israel militärisch zu retten; Saul handelt gegenüber David mehrfach als ungerechter Richter; und schließlich missachtet Saul mehrmals klare Bestimmungen der → Tora (z. B. durch die Befragung des toten Samuel 1 Sam 28,3–25; vgl. Dtn 18,9–14). Die Botschaft dieser nachexil., geradezu paradigmatischen Darstellungsweise ist klar: die → Ermahnung zum Vertrauen auf Gott, die Wahrung der → Gerechtigkeit, die Befolgung der Tora. Wer dem nicht entspricht, fällt der V. anheim.

Der V. durch Gott geht immer ein deutlich ausgesprochenes Fehlverhalten der Verworfenen voraus, das mitunter auch so formuliert werden kann, dass das Volk Gott verworfen hat (z. B. Dtn 31,20; 1 Sam 8,7; 10,19; 2 Kön 17,15; Jer 8,9; 15,6; Hos 8,3). Damit ist die V. durch Gott stets als eine angemessene → Strafe z. B. für den Abfall zu fremden Göttern oder die Missachtung der → Weisung Gottes dargestellt. Das Konzept, dass menschliches Fehlverhalten den göttlichen → Zorn hervorruft, was wiederum Strafe und V. nach sich zieht, ist religionsgesch. sehr weit verbreitet.

Dass für Israel die V. durch Gott als eine angemessene Strafe erscheint, gilt insbes. für die Katastrophen von 722 und 597/587 v. Chr. Die Darstellung des Untergangs Israels und Judas als V. macht es möglich, darin nicht die Ohnmacht des Gottes Israels zu sehen, sondern im Gegenteil die je größere Wirkmächtigkeit Gottes in der Gesch. herauszustellen und die Erneuerung des → Bundes nicht auszuschließen. So äußert sich in Klgl 3,31 die → Hoffnung, dass Gott nicht für immer verwirft, und in heilsprophetischer Wendung gibt Jer 33,24–26 die Verheißung kund, dass Gott die Nachkommen Jakobs und Davids nicht verwerfen wird.

Jenseits der polit. Ebene der Erwählung und V. Israels als Volk Gottes findet sich auch der Gedanke der V. Einzelner aufgrund bestimmten Fehlverhaltens. Die Pss. bezeugen dies mehrfach: Ps 15,4 (man soll sich nicht auf die Seite des Verworfenen stellen); Ps 51,13 (Bitte); 53,6 (Feststellung); 60,3.12; 88,15 (→ Klage); 119,118 (Warnung; vgl. auch 1 Chr 28,9; Sir 4,19); vgl. auch 1 Kor 9,27. Dem entspricht die Überzeugung Elihus, dass Gott nicht grundlos verwirft (Ijob 36,5).

II. NT: 1. Die V. durch Gott wird im NT meist mit dem Verb ἀποδοκιμάζω beschrieben.

II. 2. Von den atl. Texten, die von der V. durch Gott sprechen, gibt es im NT Anspielungen auf Saul in Apg 13,22 und Esau in Hebr 12,17. V. durch Gott im Kontext des Gerichts ist Thema in der Rede Jesu vom → End-Gericht in Mt 25,41–46; die Symbolhandlung der Verfluchung des Feigenbaums (Mt 21,18–22par.) deutet den Ernst des Gerichts an. In den Ausführungen im Röm, in denen Paulus um das Verhältnis der Christen zu → Israel ringt (Röm 9–11), betont Paulus, dass Israel *nicht* verworfen ist (Röm 11,1f).

Das NT befasst sich auch mit der V. Jesu durch die Menschen. Dieser Gedanke findet sich einerseits in den Leidensankündigungen (Mk 8,31/Lk 9,22; Lk 17,25), andererseits in der breiten Rezeption von Ps 118,22: „Der Stein, den die Bauleute verworfen haben, ist zum Eckstein geworden" (Mt 21,42par.; Apg 4,11; 1 Petr 2,4.7).

I. *U. Berges*, Die Verwerfung Sauls, Würzburg 1989; *J. Jeremias*, Der Zorn Gottes im Alten Testament, Neukirchen-Vluyn 2009.

II. *V. Jegher-Bucher*, Erwählung und Verwerfung im Römerbrief?: ThZ 47 (1991) 326–336.

Thomas Hieke

Volk (V.)

(→ Dachartikel: Sozialstatus/Gesellschaft und Institution)

I. AT: 1. Im AT finden sich die Begriffe *ʿam* (LXX meist λαός) und *gōj* (LXX meist ἔθνος). Sie bezeichnen eine geschlossene Abstammungs-, Sprach-, Kult- oder Kulturgemeinschaft und sind nicht immer scharf voneinander abzugrenzen. *ʿam* ist ursprünglich ein Verwandtschaftsbegriff (Ahn, Vaterbruder), bezeichnet folglich primär Abstammungsgemeinschaften (Ex 1,9) bzw. das V. als eine solche. Im Plural steht *ʿammīm* für „Volksgenosse" oder auch „Verwandter". *ʿam* wird weiter für kultische, militärische oder polit. Kollektive (Dtn 18,3; 1 Sam 14,28ff; 1 Kön 20,8), allgemein für „Leute" (2 Kön 4,41) oder die Bürgerversammlung (Rut 4,4.9) verwendet. Vor dem Hintergrund des Gedankens, dass das Gottesvolk wie eine → Familie um Jhwh als Hausvorstand organisiert ist, kann *ʿam* auch bevorzugt für das V. → Israel gebraucht werden und gewinnt als V. Jhwhs (Dtn 7,6; Ri 5,11; 1 Sam 2,24) und Glaubensgemeinschaft theol. Bedeutung. Das Gottesvolk Israel konnte folglich auch als → Kind bzw. Sohn oder → Erstgeburt Jhwhs bezeichnet werden, was die intime Beziehung zwischen Jhwh und seinem V. ausdrückt. Demgegenüber werden die Heiden atl. zumeist als *gōjīm* geführt. Im Kontext des → Bundes hat Israel die Wahl (Dtn 26,16ff), für Jhwh ein heiliges V. (Dtn 7,6; 14,2.21; 26,19; 28,9), auserwähltes „Eigentumsvolk" (Dtn 14,2) oder „Erbvolk" Gottes (Dtn 4,20) zu werden (→ Erwählung). Dies ist an den Gehorsam des V. und die Haltung der Gebote Jhwhs gebunden (Dtn 28,9). Im Heiligkeitsgesetz und der priesterlichen Lit. ist zwar nicht vom heiligen V. die Rede, doch werden alle Israeliten heilig (*qᵉdōšīm*) genannt, was von der → Heiligkeit Jhwhs her begründet wird. Der Heiligkeit auf göttlicher Seite entspricht die Heiligkeit des V., die sich durch entsprechende Lebensführung zu äußern hat (Lev 19,2; 20,26; 22,16). Auch wenn Israel *gōj* genannt werden kann (Gen 12,2; Ex 19,6; Dtn 4,6; Jes 1,4), bezeichnet der Begriff meist fremde Völkerschaften, die Staatsform, Territorium, Sprache und → Recht gemeinsam haben (Gen 10,20; Dtn 30,1; Jer 29,14), sodass sich die prophetischen Fremdvölkersprüche an sie richten (Jes 14,6), sie zunehmend das V. Israel konstrastieren (Ps 2,1; Sach 1,15) und außerhalb des Jhwh-Glaubens stehen (2 Kön 17,33; 18,33; Jer 9,25; 31,10). Nach Gen 17,4f; 35,11 werden aus den Erzeltern eine Menge *gōjīm* entstehen und in eschatologischer Erwartung werden sie alle der Gemeinde Jhwhs beitreten (Jes 49,6; Mi 4,2; Sach 2,15; 8,22f). Der *ʿam hāʾārœṣ* („Volk des Landes") bezeichnet vorexil. die ländliche Oberschicht Judas, die auf die Politik der Residenz Einfluss hatte (2 Kön 11,14.18–20; Jer 34,19). In nachexil. Zeit werden so aus der Perspektive der Rückkehrer aus dem → Exil die Landesbewohner Palästinas benannt, denen man die Kontinuität zum vorexil. Juda absprach, unorth. Jhwh-Verehrung vorwarf und sie damit vom → Kult in Jerusalem ausgrenzte (Esra 4,4; 9,1f; Neh 10,31).

I. 2. Der Begriff V. oder Ethnos bezeichnet eine → Gemeinschaft und ist als solches ein soziales Konstrukt. Während man früher aufgrund holistischer Kultur- und Gesellschaftsvorstellungen davon ausging, dass sich „Stämme", „Völker" oder „Kulturen" unproblematisch und eindeutig anhand von objektiv feststellbaren kulturellen Inventaren definieren und voneinander abgrenzen lassen (z. B. Sprache), so hat sich dies spätestens seit der Mitte des 20. Jh. geändert. Es wurde deutlich, dass diese Abgrenzbarkeit höchst problematisch ist. In der Ethnologie ist man daher dazu übergegangen, immer weniger von „Stämmen" oder „Völkern" und stattdessen von „ethnischen Gruppen" zu sprechen, um deutlich zu machen, dass Grenzen zwischen Gruppen weniger eine Frage objektiver Kulturunterschiede als eine Funktion ethnischer Identität sind. Eine ethnische Gruppe/Ethnos ist folglich eine Gruppe, die sich eine bestimmte Identität konstruiert und den Prozess der ethnischen Identitätsbildung vorantreibt. Dies impliziert, dass es bei Ethnizität und ethnischer Identität um „subjektive" Grenzziehungsprozesse (der Gruppenmitglieder) und nicht um objektive Grenzen geht. Die Definition der Gruppengrenzen gehört in die Deutungs- und Handlungskompetenz der Akteure selbst, wobei es neben Selbst- auch Fremdzuschreibungen gibt. Diese Grenzziehungsprozesse durch Gruppen sind Ergebnis der konstruktiven Kraft sozialen Handelns, das konstituierend wirkt. Wesentlich ist dabei die soziale Praxis des Unterscheidens, des Unterschiede-Machens, aus der heraus die Gruppenidentitäten konstituiert werden. Es ist die gesellschaftliche Konstruktion von Grenzen, die Ethnizität schafft und aufrechterhält. Ethnizität ist also nicht (primordial, d. h. uranfänglich) gegeben, sondern wird nur unter bestimmten Bedingungen als Kategorie mobilisiert, sie ist Teil der Sozialstruktur. Als Produkt der Gesellschaft (→ Sozialstatus) ist die kollektive Identität einer ethnischen Gruppe Gegenstand einer gewissen Theoriebildung, wobei die Theorien zur Identität in eine allgemeine Interpretation der Wirklichkeit, in die symbolische Sinnwelten, Plausibilitätsstrukturen und Legitimationsstrukturen eingebettet sind (und institutionell gepflegt werden). Dabei spielt die Konstruktion einer eigenen gemeinsamen → Geschichte und eines gemeinsamen kollektiven → Gedächtnisses einer früheren Verbundenheit (primordiale Einheit oder gemeinsame Abstammung; „Ursprungsmythos") eine bes. Rolle. Primordiale und zeit-, geschichts- sowie ereignisgebundene Züge, selbstzugeschriebene und fremdzugewiesene Elemente werden integriert, um den Prozess der ethnischen Identitätsbildung voranzutreiben.

I. 3. Gegenüber der ethnologischen Einsicht, dass der Begriff V. ein gesellschaftliches Konstrukt und damit gesch. Dynamiken unterworfen ist, gehen die atl. Autoren/Redaktoren z. T. von einer primordialen Konzeption des V.-Begriffs aus: In P werden die damals bekannten 71 (in der LXX sind es 73) V. in der Völkertafel von Gen 10 als eine Familie konstruiert, die nach genealogischem Prinzip auf die drei Söhne Noachs (Sem, Ham und Jafet) zurückgeführt werden, sodass sich für die diversen V. eine weltübergreifende Abstammungsgemeinschaft ergibt. Ist hier die primordiale → Einheit aller V. vorausgesetzt, so wird in der vorliegenden Abfolge in Gen das V. Israels ausdifferenziert und durch die Erzelternerzählungen auf eine gemeinsame Abstammungslinie (Abraham) zurückgeführt. Für die Konstruktion des kollektiven Gedächtnisses des einen Gottes-V. Israel werden im Duktus von Gen bis 2 Kön diverse zeit-, geschichts- und ereignisgebundene Züge (gemeinsames Leiden und Befreiung aus Ägypten, → Exodus, Verpflichtung am Sinai/Horeb (→ Bund), Landnahme, Landbesitz, Entwicklung eines Königreichs, Spaltung desselben, Landverlust) integriert, sodass die Identitätsbildung des einen Gottes-V. so konstruiert ist, dass es grundlegende kulturelle, soziale und rel. Unterschiede zwischen dieser Gruppe und den als fremd ausgegrenzten gibt. Verschiedene Konzeptionen sind atl. greifbar, die die Besonderheit des Gottesvolks gegenüber den anderen V. kennzeichnen und nachexil. Teil des kollektiven Gedächtnisses werden. Neben der gemeinsamen Abstammung und Geschichte sind v. a. die Inhalte der Erwählungs- und Bundestheol., die prophetischen → Verheißungen der exil. Zeit, deren Einlösung nachexil. erwartet wurde, die → Tora-Zentrierung und die priesterliche Heiligkeitskonzeption zu nennen. Nach Letzterer sollte sich das Gottesvolk durch das konsequente Umsetzen kultischer Reinheitsvorstellungen (Lev) von anderen unterscheiden (→ Reinheit).

In Qumran wurde die → Heiligkeit des erwählten V. hervorgehoben und dieses V. mit den Gerechten und den Söhnen des → Lichts (= der Qumrangemeinschaft) identifiziert. Das V. Gottes war dessen Armee, die in der finalen Entscheidungsschlacht gegen die Finsternis und das → Böse kämpfte (1QM 3,13).

II. NT: 1. Im NT werden v. a. drei Begriffe verwendet, um das V. bzw. Völker zu bezeichnen: ὄχλος („Volksmenge"), ἔθνος („V., Pl. Völker, Heiden") und λαός („V., Gottesvolk").

II. 2. ὄχλος (175-mal, nur Evv., Apg, Offb) bezeichnet die Volksmenge im Gegensatz zu den führenden Kreisen (Joh 7,49). Diese Menge ist häufig neben den Jüngern als Adressat der Lehre Jesu (Mt 4,25–5,1; Mk 3,9.20; 6,34; 8,34) und Zeuge seiner Wundertaten (Mk 5,21.24.27.30; 8,1f; 9,14f.17.25; 10,1) genannt, steht ihm überwiegend positiv gegenüber und bietet eine Öffentlichkeit, die Jesus vor dem Zugriff der Mächtigen schützt (Mk 11,18.32; 12,12.37). In der Passionsüberlieferung bekommt Jesus auch mit feindlichen Mengen zu tun, er wird von einem bewaffneten Haufen (Mk 14,43) gefangengenommen und ein Teil der Stadtbevölkerung lässt sich von der Tempelaristokratie aufhetzen und fordert seine Hinrichtung (Mk 15,8.11.15; Mt 27,24f neben dem heilsgeschich. beladenen λαός).

II. 3. Die Bedeutung von ἔθνος (162-mal, v. a. Apg und pln. Briefe) erschließt sich aus dem Kontext und den jeweils leitenden semantischen Oppositionen. Das Wort kann neutral für jedes V. (einschließlich das jüd.: Lk 7,5; 23,2) verwendet werden. Nach Lk stammen alle V. von einem Menschen (Adam) ab (Apg 17,26, vgl. Lk 3,38), aus dieser universalistischen Perspektive lässt sich die universalistische christl. Heilsbotschaft bruchlos ableiten: „Nun erfahre ich in → Wahrheit, dass Gott die → Person nicht ansieht, sondern in jedem V. ist ihm willkommen, wer ihn fürchtet und recht tut" (Apg 10,34f). Es ist umstritten, ob ein solcher → Israel einschließender Begriff von ἔθνος auch in Mt 21,43 zugrunde gelegt werden kann („Das Reich Gottes wird euch [d. h. nach Mt 21,45 den Hohepriestern und Pharisäern] weggenommen und einem ἔθνος gegeben, das seine Früchte bringt") sowie in anderen mt. Belegstellen (Mt 24,14; 25,32; 28,19). Häufig sind τὰ ἔθνη „Heiden" im Sinne des aus der LXX stammenden jüd. Sprachgebrauchs die V. im Unterschied zu Israel (Gegenbegriff ist dann λαός für das „V. Gottes"). Heiden „kennen Gott nicht" (1 Thess 4,5), sind *per definitionem* „Sünder", der Unzucht und dem Götzendienst ergeben (Gal 2,15; 1 Kor 5,1; 12,2). Von diesen Heiden grenzt sich die aus Juden- und Heidenchristen bestehende Gemeinde ab (Mt 5,47; 6,7.32; 18,17; Lk 12,30; 1 Petr 2,12). Dieser Sprachgebrauch setzt voraus, dass der heidenchristl. Teil die Zugehörigkeit zu dieser Gruppe als Teil einer abgeschlossenen Vergangenheit betrachtet. Die Gemeinde aus Juden und Heiden beginnt als eigenständiges Sozialgebilde neben Juden und Heiden wahrnehmbar zu werden (1 Kor 1,23f; 10,32). Doch eine einheitliche Sprachregelung geht damit nicht einher, Paulus kann von Heidenchristen ohne negative Obertöne als ἔθνη sprechen (Röm 11,13; Gal 2,12).

II. 4. Auch λαός (142-mal, v. a. in Lk, Apg) hat je nach Kontext verschiedene Bedeutungen. Es kann wie ὄχλος das gewöhnliche V. bezeichnen (Lk 7,24; 8,42), auch im Gegensatz zu seinen Führern (Lk 7,29f; 22,2). Als Parallelbegriff zu ἔθνος bezeichnet es Nationen (Lk 2,31; Offb 7,9 u. a.). Meist aber kennzeichnet λαός in Aufnahme der in der LXX durchgängig gebrauchten Terminologie das auserwählte Gottesvolk, sei es absolut (Apg 3,23; 7,17; 28,17), in Verbindungen wie „V. Gottes" (Lk 1,68; Hebr 11,25), „V. Israel" (Mt 2,6; Lk 2,32) oder im Verband mit theol. Begriffen wie → Tempel, Gesetz u. a. (Apg 21,17.28). Die christl. Gemeinden sehen sich selbst als legitimes V. Gottes, das sich, wie in den → Schriften für die Heilszeit vorhergesagt, für die Heiden geöffnet hat (z. B. Apg 15,16f = Am 9,11f). Sie beziehen daher diesen Würdetitel auf sich, sei es explizit (Apg 15,14: Gott selbst wollte „aus den Heiden ein V. für seinen Namen gewinnen"; Lk 1,17; 1 Petr 2,9f; Tit 2,14 u. a.), sei es durch Übertragung atl. Zitate auf die Gemeinde (Apg 3,23; Hebr 4,9; 10,30; Offb 18,4; 21,3). Das wirft natürlich das theol. Problem auf, wie der Titel „V. Gottes" der Christen sich dazu verhält, dass der größte Teil der Juden sich nicht zum → Glauben an → Jesus Christus bekehrte. Im lk. Doppelwerk wird die sukzessive Selbstausschließung der größten Teile Israels vom V. Gottes erzählt (beginnend in der Vorgeschichte Lk 2,34 bis zur letzten Predigt des Paulus in Apg 28,26f). Paulus ringt schwer mit diesem Problem, was sich schon daran zeigt, dass er den Terminus „V. Gottes" ausschließlich in Schriftzitaten verwendet (Röm 9,25f = Hos 2,25; Röm 10,21 = Jes 65,2; Röm 11,1f = LXX Ps 93,14; Röm 15,10 = Dtn 32,43; 1 Kor 10,7 = Ex 32,6), wobei nur in 2 Kor 6,16 (= Lev 26,12) in wahrscheinlich traditionellem Material die Gemeinde gemeint ist, sonst immer das Israel der Vergangenheit und Gegenwart. Doch steht für ihn die heilsgesch. Kontinuität zwischen dem Israel der → Väter und der → Kirche keinesfalls in Frage (vgl. 1 Kor 10,1–13; Röm 4; Gal 3), ja die Argumentation in Gal 3f scheint tatsächlich auf eine konsequente Substitution des V. Israel durch die Kirche als V. Gottes hinauszulaufen. Doch das letzte Wort des Paulus zu dieser Frage steht in Röm 9–11: Hier verneint er explizit, dass Gott sein V. verstoßen habe (11,1) und verkündet in 11,25–32 das Geheimnis seiner noch ausstehenden → Rettung.

Nachdem die Fülle der Heiden zum → Heil gelangt ist, wird auch ganz Israel durch den zur → Parusie erscheinenden Erlöser aus → Zion (Jes 59,20f; 27,9) gerettet werden.

I. *R. Albertz*, Ethnische und kultische Konzepte in der Politik Nehemias, in: *F.-L. Hossfeld/L. Schwienhorst-Schönberger* (Hg.), Das Manna fällt auch heute noch, Freiburg u. a. 2004, 13–32; *F. Barth*, Ethnic Groups and Boundaries, Boston 1969; *U. F. Bauer*, Israel und die Völker in der Hebräischen Bibel: Kul 12 (1997) 148–160; *E. Blum*, Volk oder Kultgemeinde?: Kul 10 (1995) 24–42; *M. G. Brett* (Hg.), Ethnicity and the Bible, Leiden u. a. 1996; *F. Crüsemann*, Human Solidarity and Ethnic Identity, in: *M. G. Brett* (Hg.), Ethnicity and the Bible, Leiden u. a. 1996, 57–76; *ders.*, Menschheit und Volk, in: *ders.*, Kanon und Sozialgeschichte, Gütersloh 2003, 13–27; *S. Jones*, The Archaeology of Ethnicity, London 1997; *R. G. Kratz*, Israel als Staat und als Volk: ZThK 97 (2000) 1–17; *B. McKay*, Ethnicity and Israelite Religion, Toronto 1997; *D. A. Nestor*, Cognitive Perspectives on Israelite Identity, London u. a. 2010; *J. C. Salzmann*, Wer gehört zu Gottes Volk?: LuThK 25 (2001) 175–190; *W. H. Schmidt*, „Volk" Gottes, in: *K. Wengst/G. Saß* (Hg.), Ja und nein, Neukirchen-Vluyn 1998, 211–222; *E.-J. Waschke*, Ein Volk aus vielen Völkern, in: *ders.*, Der Gesalbte, Berlin u. a. 2001, 235–252.
II. *C. Frevel*, Die gespaltene Einheit des Gottesvolkes: BiLi 66 (1993) 80–97; *W. Kraus*, Das Volk Gottes, Tübingen 1996; *J. Roloff*, Die Kirche im Neuen Testament, Göttingen 1993.

Angelika Berlejung (AT) / Annette Merz (NT)

Vorsehung (V.)

(→ Dachartikel: Geschichte/Geschichtsdarstellung/Heilsgeschichte)

I. AT: 1. Im Hebr. kommt der Begriff „Plan" (*ʿēṣā*) als Plan Gottes dem deutschen Wort V. am nächsten.

I. 2. In Zeiten der „Gottesfinsternis" ist die Vorstellung tröstlich, dass Gott einen Plan habe und daher schon wissen werde, wie es weitergeht (Jes 46,10f; vgl. auch Jes 5,19; 14,26; 19,17; 25,1 – diese Stellen sind sämtlich nachexil.; vorexil. ist hingegen noch Jes 30,1, wo göttliche und menschliche Pläne einander widerstreben). Aufgrund dieser Vorstellung ist unter dem Einfluss mechanistischer Weltanschauungselemente des Hellenismus das apokalyptische Konzept entstanden, dass der Weltenlauf seit dem Beginn der → Schöpfung festgelegt sei, eine gigantische Uhr, an der → Propheten bzw. Weise ablesen können, „welche → Zeit" es ist (Dan 2,28–45; 7,15–27; 8,13f.20–26; 9,24–27; 11,2–12,13). Nicht zufällig verbindet sich mit dem apokalyptischen → Weltbild die Auferstehungsvorstellung (zumindest der Frommen: Dan 12,13; Ps 49,16; 73,24; → Auferstehung), da nur in ihrem Rahmen die Gläubigen der Jetztzeit am → Heil der Endzeit Anteil erlangen und durch die Teilhabe an der kommenden „guten Zeit" für ihr Leiden (→ Leid) in der gegenwärtigen „bösen Zeit" (Am 5,13) entschädigt werden können. Dem Geschichtsdeterminismus der → Apokalyptik entspricht auf der individuellen Ebene die Überzeugung von der persönlichen Fürsorge Gottes für die Frommen (Ps 34,21; 127,2; 139,2–4 u. a.; Offb 7,1–10; 10,7; 20,15; 22,10); dieser Ansicht tritt der Ijob-Dichter mit den Gottesreden (Ijob 38–41) entgegen: Gott, der Erhalter der Welt, hat nicht immer Zeit, sich um jeden Einzelnen zu kümmern; wenn es Ijob schlecht geht, dann muss Gott nicht persönlich schuld daran sein. Koh teilt die Ansicht, dass es einen schöpfungsimmanenten Wechsel der Zeiten gäbe (Koh 3,1–8), ist aber vor jeglichem Determinismus durch das Konzept des Zufalls (*miqrœ*) (Koh 2,14f; 3,19; 9,2f) gefeit und bestreitet explizit, dass die Schöpfungs- und damit auch Zeiten-Ordnung (kosmologische Zeit, → Ewigkeit) für die Menschen anders als rudimentär zu erkennen sei (Koh 3,11). Die Textstellen Koh 5,6; 6,12; 7,14; 8,7; 10,13f lassen sich als Polemik gegen die (Proto-)Apokalyptik lesen. Im NT spielt auch außerhalb von gattungsmäßig als „apokalyptisch" zu bezeichnenden Texten (Mk 13,3–37par.; Offb) dieses Gedankengut eine konstitutive Rolle (Mk 1,15; Lk 1,20; Röm 9–11; Gal 4,4; Eph 1,10; Heb 1,2), die im theol. Diskurs der Gegenwart dringend zu problematisieren wäre.

II. NT: 1. Eine regelrechte Lehre von der V. (der zugrundeliegende Begriff griech. πρόνοια, lat. *providentia* stammt aus der griech., v. a. stoischen Philos.) existiert im NT nicht, wohl aber die Auffassung, dass Gott Welt und → Geschichte regiert und bewahrt und insbes. für die Seinen sorgt (→ Erwählung).

II. 2. Bes. die älteste Jesustradition ist von der Zuversicht getragen, dass man sich nicht um den nächsten Tag zu sorgen braucht, da jeder Tag „seine eigene Plage" hat und Gott ohnehin weiß, was der Mensch braucht (Mt 6,19–34). Zu viel „Vorsorge" widerspricht Gottes V. (vgl. Mk 10,17–31: Reichtum und Reich Gottes [→ Herrschaft] sind unvereinbar). Doch ist das Vertrauen auf Gottes Fürsorge nicht mit Indifferenz zu verwechseln und fordert sogar zum beharrlichen → Gebet heraus: Mit Mt 6,11 kann und soll der Mensch sehr wohl um das bitten, was er braucht, denn das Gebet ehrt den Geber aller Gaben und bewahrt den Menschen vor Überheblichkeit (Mt 6,5–15 und 7,7–11; vgl. Lk 18,1–8). Sorge verdient allein das Reich Gottes, für das sich der Mensch nach den Synopt. mit ganzem Einsatz und vollem Risiko einsetzen soll (Lk 16,1–13).

Überhaupt bewirkt das nahe Kommen des Reiches eine völlige Verschiebung der Prioritäten. Paulus ruft in Röm 8,28 ebenso zur Gelassenheit auf im Vorgriff darauf, dass die gegenwärtigen Nöte nichts bedeuten im Vergleich mit der kommenden → Herrlichkeit (Röm 8,18–30) und mit dem Wissen, dass den Christen nichts von der → Liebe Gottes trennen kann. Auch bei Joh ist der Gedanke zentral, dass sich Gott bzw. Christus für die Seinen einsetzt, die in der Welt in → Angst und Bedrängnis sind (Joh 16,33). Für das ntl. Verständnis von V. ist bezeichnend, dass der Gedanke v. a. im Kontext von → Trost und Aufmunterung begegnet. Der Gedanke der göttlichen V. ist gleichsam das seelsorgerliche Pendant zum Verständnis Gottes als des Schöpfers der Welt und Lenkers der Geschichte und die „Anwendung" des Erwählungsgedankens im Bereich der Paränese.

I. *J. A. Clines*, Predestination in the Old Testament, in: *ders.*, On the Way to the Postmodern 2, Sheffield 1998, 524–541; *F.-L. Hossfeld*, Wie sprechen die Heiligen Schriften, insbesondere das Alte Testament, von der Vorsehung Gottes?, in: *Th. Schneider/L. Ullrich* (Hg.), Vorsehung und Handeln Gottes, Freiburg 1988, 72–93; *O. Kaiser*, Die Rezeption der stoischen Providenz bei Ben Sira: JNSL 24 (1998) 41–54; *R. G. Kratz/H. Spieckermann* (Hg.), Vorsehung, Schicksal und göttliche Macht, Tübingen 2008; *U. Wicke-Reuter*, Göttliche Providenz und menschliche Verantwortung bei Ben Sira und in der frühen Stoa, Berlin u. a. 2000.

II. *C.-H. Cosgrove*, The Divine „dei" in Luke Acts: NT 26 (1984) 168–190; *D. Ritschl*, Anmerkungen zur Providentia-Lehre, in: *W. Brändle/R. Stolina* (Hg.), In Geist und Kirche, Frankfurt/M. 1995, 209–229; *S. Schulz*, Gottes Vorsehung bei Lukas: ZNW 54 (1963) 104–116.

Ernst Axel Knauf (AT) / Jürgen Zangenberg (NT)

Wahrheit (W.)

(→ Dachartikel Schrift/Schriftverständnis)

Vorbemerkung: Da das Verständnis und die Bedeutung des atl. und ntl. an den Begriff der W. geknüpften Konzeptes eng beeinander liegen, werden im Folgenden AT und NT nicht voneinander getrennt.

I. Dem Begriff W. entspricht im NT ἀλήθεια, im AT der hebr. Begriff *ʾᵆmæt*. Verstanden Griechen W. als ontologischen und erkenntnistheoretischen Begriff, so betonen bibl. Theologen primär die Bedeutung „Zuverlässigkeit, Vertrauen, → Treue" (in der LXX wird in den Pss. auch *ʾᵆmūnā*, das in der Regel mit πίστις übersetzt wird, mit ἀλήθεια wiedergegeben). Es geht um eine W., der man vertrauen kann. Entsprechend bedeutet das Adjektiv ἀληθινός „wahr, wahrhaftig, zuverlässlich, wirklich" – bezogen auf Sachverhalte, Realitäten, aber auch auf Denken und Reden. Die Erfahrung bestätigt, ob etwas der W. entspricht. Einen Beweis für W. gibt es weder im AT (vgl. 1 Kön 22,5–28 zu Micha; Jer 28 zu Hananja und Jeremia) noch in Jesu Worten und in seinem heilenden Tun (vgl. die Ablehnung des geforderten → Zeichens in Mk 8,11–13par.; Mt 12,38–42par.).

II. Prophetische Worte gelten dann als wahr und als → Gotteswort, wenn sie erfüllend eintreten (Dtn 18,21f). Da sich die Unheilsworte der zu ihrer → Zeit verlachten, verdächtigten und verfolgten → Propheten im → Exil bestätigen, ist die W. ihrer Worte enthüllt, ebenso ist die dauerhafte Akzeptanz ihrer → Schriften begründet. Der W. unter den Menschen ist man sich nicht sicher (Jer 9,4; Mi 7,5) ganz im Gegensatz zur W. Gottes: „Du bist der einzige Gott, deine Worte sind wahr" (2 Sam 7,28), er ist „Gott der W." (Ps 30,5), „deine → Weisung ist W." (Ps 119,142; ähnlich 111,7; 119, 151.160; Jer 42,5).

Der anthropologische Aspekt beim spezifisch bibl. Begriff der W. zeigt sich bes. in der Wendung der LXX „die W. tun" (Gen 47,29; Jos 2,14; Ri 16,19; 2 Kön 2,6; 15,20; 2 Chr 31,20; Jes 26,10; Tob 4,6; 13,6), d. h. wenn Gläubige gemäß den Weisungen Gottes leben, die wahr sind, sind sie in der W. Auch die Lit. in Qumran belegt diese Wendung (1QS 1,5; 5,3; 8,1–3; 1QpHab 7,11f), ebenso die Testamentslit. (TestBen 10,3). Im NT findet

sich dieser pragmatische Aspekt nur in Joh 3,21 („Wer die W. tut“) und in 1 Joh 1,6 (vgl. 1,8; 2,4), was das sem. Profil dieses Theologen belegt.
Der theozentrische Aspekt wird nach Joh christologisch aufgeladen, da der präexistente Logos Gottes (Joh 1,1ff) die personale, inkarnierte (Joh 1,14) W. Gottes ist (Joh 14,6: „Ich bin die W. …“). Er bestätigt zwar die → Tora des Mose, für den Logos aber behauptet Joh die Vermittlung von → „Gnade und W.“ (Joh 1,17). Als Logos Gottes ist er die W. im Bezeugen der → Offenbarung (Joh 8,40f.45; 16,7; 18,37) und daher in → Person. Metaphorisch gesprochen ist er daher „das wahre → Licht“ (Joh 1,9), „das wahre Brot vom → Himmel“ (Joh 6,32.55) und „der wahre Weinstock“ (Joh 15,11). Annehmen kann diese Deutung nur, wer am Licht partizipiert (Joh 1,9.12.14b; 8,47; 18,37).
In der pln. Tradition wurde zuvor diese Christo-Theozentrik mit dem Begriff → Evangelium (konzentriert auf → Tod und Auferweckung Jesu) verbunden: Paulus kämpft für „die W. des Ev.“ (Gal 2,5.14), er interpretiert die W. „gemäß den Schriften“ als Wort Gottes (2 Kor 4,2; 6,7), da es in den heiligen Schriften von Gott im voraus verkündet worden war (Röm 1,2; 3,21; 16,26), und zwar als reine Gnadentheol. aufgrund des → Glaubens gemäß Gen 12–18 (vgl. Röm 1,16f und Abraham in Röm 4). Kol 1,5f spricht von „Wort der W. des Ev.“ (vgl. auch Eph 1,13). Hier bestätigt sich, dass W. im Sinne der Bibel nicht als lehrbuchmäßig dogmatische Sätze zu verstehen ist. W. ist ein Relationsbegriff – im Verhältnis Gottes zu → Schöpfung, → Israel und → Kirche und der Menschen untereinander wie zu den Weisungen Gottes.
Es geht gemäß dem II. Vatikanum um die W., „die Gott um unseres Heiles willen in den heiligen Schriften aufgezeichnet haben wollte“ (DV 11, in fast wörtlicher Anlehnung an Thomas von Aquin, De veritate q. 12,a.2). Es geht nicht um Irrtumslosigkeit, sondern positiv um die W. zu unserem → Heil. Gemäß Joh 16,13 werden die Glaubenden durch den Parakleten, „den → Geist der W. in die ganze W.“ eingeführt. Daher bekräftigt das II. Vatikanum in Dei Verbum 8 zu Recht die Überzeugung, dass es „in der Kirche unter dem Beistand des heiligen Geistes einen Fortschritt“ gibt: „Es wächst das Verständnis“ der → Traditionen. Dabei ist – dies ist ein weiteres wichtiges hermeneutisches Prinzip – auf die „Rangordnung oder ‚Hierarchie‘ der Wahrheiten innerhalb der katholischen Lehre“ zu achten, „je nach der verschiedenen Art ihres Zusammenhangs mit dem Fundament des christl. Glaubens“ (Unitatis Redintegratio 11).

F. Crüsemann, Das Alte Testament als Wahrheitsraum des Neuen, Gütersloh 2011; *B. J. Diebner,* „Ich habe erwählt den Weg der Wahrheit“: DBAT 26 (1989/90) 259–274; *C. Landmesser,* Wahrheit als Grundbegriff neutestamentlicher Wissenschaft, Tübingen 1999; *H.-P. Müller,* Das Problem der Rede von Gott im Licht der Frage „Was ist Wahrheit?“, in: *M. Lutz-Bachmann* (Hg.), Und dennoch ist von Gott zu reden, Freiburg 1994, 56–68; *J. Schreiner,* Das Alte Testament verstehen, Würzburg 1999, 105–143.

Hubert Frankemölle

Weg (W.)

(→ Dachartikel: Weisheit/Gesetz)

Vorbemerkung: Um von einem Ort an einen anderen zu gelangen, ging man im antiken Palästina in der Regel zu Fuß. Ggf. konnte man auch ein Reittier (etwa einen Esel) benutzen oder einen Wagen, vor den ein (oder mehrere) Zugtier(e) (etwa Rinder oder seltener Pferde) gespannt waren. Dabei bewegte man sich bes. außerhalb der Ortschaften meist nicht auf ausgebauten und befestigten Straßen, sondern auf W. oder Pfaden, die durch wiederholten Gebrauch entstanden und bisweilen nicht leicht zu erkennen waren. Um den richtigen W. zu seinem Ziel zu finden, war man auf gute Ortskenntnisse oder auf die Auskunft von Ortskundigen angewiesen. Unterwegs drohten vielfältige Gefahren durch wilde Tiere oder Räuber, in unwirtlichen Gegenden auch durch Wasser- und Nahrungsmangel (vgl. Ps 107,4–7).

I. AT: 1. Dieser Erfahrungshintergrund spiegelt sich wider in der Vielfalt von Ausdrücken zur Bezeichnung von Pfaden, W. und Straßen innerhalb und außerhalb von Ortschaften im AT (*dæræk, ʾōraḥ, hᵃlīkā, nātīb, nᵉtībā, šᵉbīl, maʿgāl, mᵉsillā, maslūl, šūq, ḥūṣ*) und in ihrem vielfältigen metaphorischen Gebrauch.

I. 2. Im AT kann W. nicht nur den Pfad oder die Straße bezeichnen, auf der man sich fortbewegt

(z. B. Ex 13,17f; Dtn 1,2), sondern auch den Vorgang der Reise (Ex 13,21; 1 Kön 19,4), die Bewegung eines Schiffes (Spr 30,19), der → Gestirne (Ri 5,20; Hab 3,6) oder eines Tiers (Spr 30,19) sowie das Tun und das Ergehen von Menschen (Spr 30,19f) oder die Handlungsweise Gottes (Ez 18,25.29; Jes 55,8f). Sind die Monatsblutung als „W. der → Frauen“ (Gen 18,11; 31,35) oder der sexuelle Verkehr (Gen 19,31) und der → Tod als „W. aller Welt“ (Jos 23,14; 1 Kön 2,2) Rahmenbedingungen des → Lebens, die für alle Menschen bzw. alle Frauen gleichermaßen gelten, wird unter dem W. eines Menschen sonst häufig sein Lebensweg verstanden. Von Gott wird erhofft, dass er den Menschen auf seinem W. durchs Leben begleitet und beschützt (vgl. Ps 23; 121) und ihm hilft, auf einem guten W. zu gehen (Ps 18,33; 139,24). Dabei kommt neben dem ungestörten Vorankommen (ohne vom W. abzukommen oder auf dem W. zu straucheln, Spr 3,23) auch das Ziel des W. (Erfolg oder Misserfolg, Glück oder Unglück, Spr 3,17) in den Blick sowie seine ethische Qualität: Der W. eines Menschen kann „krumm“ (Spr 2,14) und „verkehrt“ (Spr 14,2) sein oder „gerade“ (Spr 23,19) und „befestigt“ (Spr 4,26).

I. 3. Wird das Leben des Menschen als ein W. verstanden, kann dies zum Ausdruck bringen, dass der Mensch sein Leben nicht völlig frei nach eigenem Gutdünken gestalten kann. Grundlegende Rahmenbedingungen des Lebens (wie der „W. aller Welt“) können nicht verändert werden. Die Entscheidungen eines Menschen, seine Handlungen und sein Ergehen werden mitbestimmt von den Menschen, mit denen er zusammenlebt. Menschen können sich auf dem gemeinsamen Lebensweg gegenseitig fördern und unterstützen (Koh 4,9–12), aber auch korrumpieren und ins Verderben führen (Spr 1,8–19; 5,1–8). In ihrer Lebensgestaltung orientieren sie sich an guten oder schlechten Vorbildern. So ist der W. Davids Vorbild für seine Nachfolger (1 Kön 8,25; 9,4); → Israel soll nicht nach den W. der → Völker leben (Jer 10,2; Mi 4,5). In einer → Kultur, die der Einbindung des einzelnen Menschen in die → Gemeinschaft und der Orientierung an überkommenen → Traditionen einen hohen Stellenwert beimisst, kann die menschliche Lebensführung geradezu als Wahl zwischen vorgegebenen Modellen verstanden werden. In diesem Sinne können der W. der Gerechten und der W. der Frevler (Spr 4,18f; Ps 1,6) oder der W. der → Weisheit und der W. der → Torheit (Spr 4,11; 12,15) einander gegenübergestellt werden.

Das Verständnis des Lebens als W. kann weiter deutlich machen, dass die Entscheidungen und Handlungen eines Menschen Konsequenzen für sein zukünftiges Ergehen haben. Wer einen W. einschlägt, wird dann auch von diesem W. in eine Richtung geführt, die seinen ursprünglichen Absichten und Zielen möglicherweise nicht entspricht. So begibt sich etwa ein Mensch, der auf (unrechten) Gewinn aus ist, auf einen W., der ihm kurzfristig Erfolg bringen mag, ihn aber langfristig sein Leben kostet (Spr 2,19). Dagegen entgeht ein einsichtiger Mensch auf seinem Lebensweg dem (vorzeitigen) Tod (Spr 15,24). Die Grenzen dieser häufig als „Tun-Ergehen-Zusammenhang“ bezeichneten Überzeugung werden in den Büchern Ijob und Koh deutlich herausgestellt (vgl. Ijob 21; Koh 8,10–14; 9,2f). Gleichwohl behält sie als Hinweis auf die (begrenzte) → Verantwortung des Menschen für seinen Lebensweg ihren Wert.

Neben dem Problem der Entsprechung von Tun und Ergehen wird im AT auch die Frage diskutiert, in welchem Maße der Mensch überhaupt frei ist, sein Leben zu gestalten (→ Vorsehung). So vertritt etwa Jer 10,23 die Ansicht, der Mensch sei nicht in der Lage, seinen W. zu bestimmen und seinen Schritt zu lenken (vgl. Spr 16,9; 20,24). Angesichts dieser Grenzen seiner Fähigkeit zur Lebensgestaltung ist der Mensch auf die Hilfe Gottes angewiesen. Gott muss den Menschen nicht nur auf dessen Lebensweg beschützen und unterstützen, sondern ihm überhaupt erst den rechten W. zeigen (Ps 143,8), der dann als „W. Gottes“ bezeichnet werden kann (Ps 25,4; 27,11) und v. a. durch die als Wegweisung verstandenen Gebote der → Tora markiert wird (Dtn 10,12f; 1 Kön 3,14; Jes 2,3). Ein notwendiges Gegengewicht zu einer sich ganz an den Geboten Gottes orientierenden Lebensführung (vgl. Ps 119) bildet der Appell an die ethische Urteilskraft des Menschen, wie ihn Mi 6,8 formuliert (vgl. auch die Erwartung einer Einschreibung der Tora in das menschliche → Herz in Jer 31,31–34).

Im Blick auf die → Freiheit des Menschen zur

Gestaltung seines Lebens stellt sich weiter die Frage, inwiefern der Mensch dazu in der Lage ist, einen verfehlten Lebensweg zu korrigieren. Nach Jer 18,1–11 haben Völker wie einzelne Menschen die Möglichkeit, auf ihrem Lebensweg „umzukehren", ihre W. und ihre Taten zu bessern, wenn sie – aufgrund der prophetisch vermittelten Zurechtweisung durch Gott – erkannt haben, dass diese nicht recht sind (vgl. Ez 18). Der folgende V. 12 stellt aber fest, dass die Zeitgenossen Jeremias wegen der „Verstocktheit ihres bösen Herzens" zu einer solchen → Umkehr nicht willens (und nicht in der Lage?) waren. Während Ez 18,30f die Israeliten dazu auffordert (und es ihnen zutraut) umzukehren und sich ein neues Herz und einen neuen → Geist zu schaffen, erwartet Ez 36,26 einen Eingriff Gottes, durch welchen den Israeliten eine solche Umorientierung allererst ermöglicht wird (vgl. Ez 11,19; Jer 24,7; 32,39). Die in Jer 31,18 formulierte Bitte an Gott „Lass mich umkehren, dass ich umkehre!" begreift Umkehr zugleich als göttliches und als menschliches Handeln.

II. NT: 1. Auch das NT kennt eine Vielfalt von Ausdrücken zur Bezeichnung von Pfaden, W. und Straßen (ὁδός, τρίβος, φραγμός, διέξοδος, πλατεῖα, ἄμφοδον, ῥύμη).

II. 2. Das NT spricht ähnlich wie das AT von W. im konkreten und im übertragenen Sinn (W. als Lebenswandel, z. B. 1 Kor 4,17, „W. Gottes" im Sinne seiner Handlungsweise, z. B. Röm 11,33, und im Sinne seiner Wegweisung für den Menschen, Mt 22,16). Johannes der Täufer wird in Mt 3,1–12par. (mit Rückgriff auf Ex 23,20; Mal 3,1 und LXX Jes 40,3) als Wegbereiter des Kommens Gottes (und Jesu) dargestellt, der die Menschen zur → Umkehr aufruft.

In der Apostelgeschichte wird „der W." zur Bezeichnung der Lehre und des → Lebens der Christen (Apg 9,2; 19,9.23; 22,4; 24,14.22; vgl. 18,25f: „der W. des Herrn/Gottes"). Der W. ihrer Ausbreitung von Jerusalem bis an das Ende der → Erde (Apg 1,8) wird dort nachgezeichnet. 2 Petr bezeichnet das Christentum als den „W. der → Wahrheit" (2 Petr 2,2) bzw. „der → Gerechtigkeit" (2 Petr 2,12). 1 Kor 12,31–13,13 beschreibt die christl. Lebensweise als W. der → Liebe. Mt 7,13f stellt den breiten W. zum Verderben dem schmalen W. zum Leben gegenüber. Leben und Verderben sind dabei nicht mehr innerweltlich gedacht, sondern als Folgen des endzeitlichen Urteils Gottes über einen Menschen.

Die synopt. Evv. zeichnen den W. Jesu von Galiläa nach Jerusalem als W. seiner Lebenshingabe bis zum → Tod am → Kreuz nach. Auf diesem W. sollen seine Jünger ihm nachfolgen (Mk 8,31–34par.). Nach Hebr 9,8; 10,19f hat Jesus durch seinen (hier als → Sühne verstandenen) Tod den Christen Zutritt in das himmlische Heiligtum verschafft und damit den W. zu einer direkten Gottesbeziehung gebahnt. Nach Joh ist Jesus nicht nur seinen Jüngern den W. zum Vater (Gott) vorausgegangen (Joh 14,1–4), sondern kann auch selbst als der W. zum Vater bezeichnet werden (V. 6) – ja, in ihm ist der Vater den Jüngern bereits gegenwärtig (V. 7–11). Der Lebensweg der Christen wird damit als W. zur → Gemeinschaft mit Gott verstanden. Bestimmt ist dieser W. von der in Christus erfahrenen Liebe Gottes und der von den Christen geübten Liebe zu Gott und untereinander (Joh 14,15–24; 15,9–17).

In diesem Verständnis des christl. Lebenswegs sind göttliches und menschliches Handeln eng miteinander verbunden. Der W. der Christen ist ihnen von Gott eröffnet worden, Gott selbst hat sie auf diesen W. gebracht und führt sie auf diesem W. zur Gemeinschaft mit ihm – aber nicht mit Zwang, sondern so, dass sie diesen W. aus → Einsicht und in → Freiheit selbständig gehen. Das kann auch so zum Ausdruck gebracht werden, dass die christl. Lebensführung beschrieben wird als ein „gehen" oder „wandeln" (περιπατεῖν) im → Licht nach dem Vorbild Jesu (1 Joh 1,6f; 2,6), in der Wahrheit entsprechend dem Liebesgebot (2 Joh 4–6), in Christus (Kol 2,6), im → Geist (Gal 5,16) und in der Liebe (Eph 5,2). Bes. deutlich wird die enge Verbindung von göttlichem und menschlichem Handeln in Gal 5,25: „Wenn wir durch den Geist leben, dann lasst uns auch im Geist wandeln (στοιχεῖν)" (vgl. Phil 2,12f).

I. *M. Zehnder*, Wegmetaphorik im Alten Testament, Berlin u. a. 1999.

II. *J.-A. Bühner*, Der Gesandte und sein Weg im 4. Evangelium, Tübingen 1977; *E. Repo*, Der „Weg" als Selbstbezeichnung des Urchristentums, Helsinki 1964.

Thomas Krüger

Weisung (W.)

(→ Dachartikel: Weisheit/Gesetz)

Vorbemerkung: Im heutigen Deutsch wird der Ausdruck „W." hauptsächlich noch in den Bereichen des Rechts und der Verwaltung verwendet. Der bibl. Begriff von W. hingegen zielt stärker auf gelingendes → Leben und die Anleitung dazu, welche sich aus kulturellen Traditionen, der Erfahrung und der göttlichen → Offenbarung speist. Der W. kommt dabei gegenüber dem → Rat ein höherer Grad an Verbindlichkeit zu.

I. AT: 1. Als Übersetzung des hebr. Nomens *tōrā* („W., Belehrung, Gesetz") hat W. einen viel weiteren Sinn. → Tora kann im AT zunächst eine Anweisung für das Verfahren in einem konkreten Einzelfall bezeichnen, etwa das (durch → Priester und/oder Richter gefällte) Urteil über einen schwierigen Rechtsfall (Dtn 17,11) oder die Entscheidung eines Priesters, ob ein Gegenstand als heilig oder als profan, als rein oder als unrein zu gelten hat (Ez 22,26). Nach Jer 18,18 (vgl. Ez 7,26) erteilen Priester W., während Weise (bzw. Älteste) Ratschläge geben und → Propheten Worte (bzw. Visionen) kundtun. Offenbar wurden also bes. priesterliche Anweisungen als *tōrā* bezeichnet (vgl. 2 Kön 17,27f). Für wiederkehrende Vorgänge wie die Darbringung verschiedener Opferarten konnten die Anweisungen auch schriftlich festgehalten werden (vgl. Lev 6,2.7.18 u. a.); ironisch gebrochen wird dieser Gebrauch von *tōrā* in Jes 1,10ff.

I. 2. V. a. in der Weisheitslit. bezeichnet *tōrā* die umfassende Belehrung von → Kindern, Jugendlichen und Erwachsenen über eine gute und erfolgreiche Lebensführung (→ Erziehung). Solche Lehren können erteilt werden durch Weise (Spr 13,14), Lehrer (Spr 5,13), Väter (Spr 4,1f), Mütter (Spr 1,8) oder → Frauen, die einem Haushalt vorstehen (Spr 31,26). Ein Weiser nimmt solche Lehren an, während ein Tor sie missachtet (Spr 28, 7.9). V. a. dieser weisheitliche Gebrauch von *tōrā* scheint im Hintergrund zu stehen, wenn die von Jhwh erlassene, von Mose vermittelte und in den Gesetzen des Pentateuch fixierte, umfassende Lebensordnung → Israels (zuerst im Dtn?) als „W." oder „Belehrung" bezeichnet und interpretiert wird (vgl. Ex 13,9: *tōrā* Jhwhs; Neh 10,28f: *tōrā* Gottes; Mal 3,22: *tōrā* Moses; 1 Kön 22,8; Neh 8,8: Buch der *tōrā* [Gottes]). Neben der (bzw. im Gegensatz zur) rechtlichen Funktion dieser Gesetze wird damit ihre ethische Bedeutung für die Lebensorientierung der → Gemeinschaft wie des einzelnen Menschen hervorgehoben (vgl. Ps 1; 19; 119).

Nach Jes 42,1–4 soll der → „Gottesknecht" durch seine *tōrā* das Recht zu allen → Völkern bringen und bei ihnen aufrichten. Nach Jes 51,4f wird Jhwh selbst bei den Völkern durch seine *tōrā* und sein → Recht → Gerechtigkeit schaffen. Jes 2,3 und Mi 4,2 erwarten, dass die *tōrā* vom → Zion ausgehen und Jhwh unter den Völkern Gerechtigkeit und Frieden schaffen wird. Inwiefern in diesen Texten bei *tōrā* jeweils auch die Gesetze des Pentateuch im Blick sind, lässt sich kaum entscheiden. Dtn 4,6–8 geht jedenfalls davon aus, dass die → Weisheit und die Gerechtigkeit der Bestimmungen der *tōrā* allen Völkern einleuchten müssten (wobei mit *tōrā* wohl nicht nur das Dtn, sondern der gesamte Pentateuch im Blick ist). Sir 24 identifiziert dementsprechend Weisheit und Tora, was dazu führt, dass die Bedeutung der Gesetze des Pentateuch weisheitlich ausgeweitet wird: Als überfließende Quelle der Belehrung kann sie von niemandem abschließend erfasst und begründet werden. Demgegenüber dient die Identifikation von Weisheit und Tora in Bar 3,9–4,4 umgekehrt der Eingrenzung der Weisheit durch ihre Rückbindung an die Gesetze des Pentateuch: Weisheit ist nur für Israel zu finden, und für Israel ist sie nur in der Tora zu finden. Diese Verengung des Tora- und Weisheitsverständnisses geht wohl auf die Erfahrungen der Religionsverfolgung unter Antiochus IV. zurück, in der sich Juden zum Martyrium für die Tora genötigt sahen (2 Makk 6,28).

I. 3. Im → Kanon der Hebr. Bibel wird die *tōrā* als dessen erster Teil durch Jos 1,7f und Mal 3,22 programmatisch mit den „(Vorderen und Hinteren) Propheten" und durch Ps 1,2 mit den → „Schriften" verbunden. Damit wird eine sachliche Zusammengehörigkeit der drei Kanonteile behauptet, aber nicht unbedingt auch eine theol. Überordnung der *tōrā*. Sachlich fällt jedenfalls sowohl von der Prophetie als auch von der Weisheit aus *auch* ein kritisches Licht auf die *tōrā*. So wendet sich z. B. Jes 8,8 gegen ein falsches Vertrauen auf die *tōrā* und behauptet, diese sei vom „Lügengriffel der Schreiber" verfälscht worden. Und Jer 31,33f hofft darauf, dass Jhwh den Israeliten seine *tōrā* auf ihr → Herz schreiben und damit jegliche rel. Belehrung überflüssig machen werde. Des Weiteren stehen die zahlreichen kult- und opferkritischen Aussagen der Propheten (z. B. Jes 1,10–17; Mi 6,6–8) in Spannung zu den einschlägigen Bestimmungen des Pentateuch. Nach Jes 8,16 ist das prophetische Zeugnis selbst *tōrā*. Spr 3,1–8 stellt die weisheitliche *tōrā* der mosaischen *tōrā* als gleichwertig zur Seite (vgl. Dtn 6,6–9), und nach Koh 11,9 erwartet Gott vom Menschen, dass er zu seiner Orientierung im → Leben von seinen Wahrnehmungen und seiner Vernunft Gebrauch macht (vgl. demgegenüber Num 15,39f).

II. NT: 1. Im Anschluss an die Wiedergabe von *tōrā* mit νόμος in der LXX versteht das NT die atl. → Tora als „Gesetz". Damit wird sie auch theol. neu interpretiert. (Unter-)Weisung und Lehre spielen aber (mit unterschiedlicher Terminologie) im NT eine wichtige Rolle. So hat Jesus nach der Darstellung der Evv. selbst mit bes. Autorität (Mk 1,22; Lk 4,32) gelehrt, im Gegensatz zu den Schriftgelehrten und Gesetzeslehrern seiner Zeit (Lk 2,46; 5,17). Nach Joh 8,28 wurde Jesus diese Autorität von seinem himmlischen „Vater" verliehen. Hauptgegenstände der Lehre Jesu sind die Gottesherrschaft (→ Herrschaft), der → Wille Gottes und (bes. bei Joh) seine eigene Person. Matthäus fasst die Lehre Jesu in der Bergpredigt zusammen (Mt 5–7; s. 5,2; 7,28). Jesu Jünger sollen nach Mt 28,19f seine Lehrtätigkeit fortsetzen, sich aber nach Mt 23,10 nicht Lehrer nennen lassen. Nach der Erhöhung Jesu werden die Christen vom Heiligen → Geist belehrt (Lk 12,12; Joh 14,26).

II. 2. Röm 12,7 sieht in der Fähigkeit zur Lehre eine Gabe Gottes. 1 Kor 12,28 nennt → Apostel, → Propheten und Lehrer als wichtigste Funktionsträger der Gemeinde (vgl. Eph 4,11; → Kirche). Dabei werden die Lehrer nach Jak 3,1 von Gott im → End-Gericht bes. streng beurteilt. Nach 1 Tim 3,2 gehört das Lehren zu den Aufgaben eines „Bischofs" (ἐπίσκοπος, vgl. Tit 1,9). → Frauen sollen nach 1 Tim 2,12 nicht lehren, während Tit 2,3 immerhin die Aufgabe älterer Frauen darin sieht, jüngere Frauen zu lehren (→ Amt). In den Past. gewinnt die Verteidigung der reinen Lehre gegenüber Irrlehren an Bedeutung (1 Tim 1,3ff; 2 Tim 3,10ff; Tit 1,9ff; vgl. 2 Joh 7ff).

I. *F. Crüsemann*, Die Tora, München 1992; *C. Frevel*, Lernort Tora, in: *N. Mette/M. Sellmann* (Hg.), Religionsunterricht als Ort der Theologie, Freiburg u. a. 2012, 109–137; *J. Taschner*, Weisung für Israel: BiKi 65 (2010) 24–27.
II. *S. Byrskog*, Jesus the Only Teacher, Stockholm 1994; *R. Riesner*, Jesus als Lehrer, Tübingen [3]1988; *V. Tropper*, Jesus Didáskalos, Frankfurt 2012.

Thomas Krüger

Widersacher / Satan / Teufel (W./S./T.)

(→ Dachartikel: Weltbild/Kosmologie)

I. AT: 1. *śāṭān* bedeutet im Hebr. nur „W., Ankläger", gehört in den Kontext des → Gerichts und ist als solches für Menschen und seltener für übernatürliche Wesen in dieser Funktion belegt (Num 22,22–35; Sach 3,1f; 1 Chr 21,1; Ijob 1,6–2,7). Belial/Beliar ist ein Wort bislang ungeklärter Etymologie, das am ehesten mit „Nichtsnutzigkeit" bzw. personifiziert als „Nichtsnutz" zu übersetzen ist (Dtn 13,14; Nah 2,1). Die Grundausrichtung des Begriffs als Lebens- und Ordnungsfeindlichkeit prädestinierte ihn in frühjüd. Zeit dazu, den eschatologischen Anführer der → Feinde des Gottesvolks Beliar zu nennen (1QM 1,1–13; 1QH 10,16.22; 1QS 1,18.24). Als W. Gottes, Herr der Welt und Finsternis erscheint er in TestXII, Jub 1,20 und MartJes 1,8f; 2,4 u. a. sowie in 2 Kor 6,15 als Synonym für den T.

I. 2. Der S. ist zum ersten Mal nachexil. in Sach 3,1f als himmlischer Ankläger belegt, während er in Ijob 1,6–2,7 zu den Gottessöhnen gehört und Jhwh untersteht. Nur in 1 Chr 21,1 erscheint S. als Eigenname und Versucher der Menschen, wodurch (vgl. 2 Sam 24,1) Jhwh (wie schon Ijob 1f) von menschenfeindlichen Zügen entlastet werden soll. Seit hell. Zeit wird der S. (wohl unter zoroastrischem Einfluss) zunehmend zum eigenständigen W. Gottes und Anführer der → Dämonen. Er wird für Katastrophen aller Art verantwortlich gemacht. S. wird zum „Durcheinanderwerfer" (griech. διάβολος), der dem Kosmos/der → Ordnung entgegensteht. In Qumran kämpfen der S. (auch als Beliar, Mastema, Beelzebul) und seine Helfershelfer, die Dämonen, im dualistischen

Weltszenario am Ende der → Zeiten auf der Seite der Finsternis (1QM 1,1–13; 13,1–11). Die Ordensregel (1QS 3,13–4,26) versucht, im Anschluss an Jes 45,7, den Ausgleich zwischen dem Dualismus → Licht/Finsternis und dem → Monotheismus zu finden, indem Licht(erfürst) und Finsternis(engel) Geschöpfe Gottes sind. Für das Frühjudentum war der T. (im Anschluss an Gen 6,1–4) ein gegen Gott rebellierender → Engel (2Hen 7) und daher der „Fürst der Auflehnung" (Jub 10,1.14; 1Hen 6–16; 4Q201–202.204). In jüd. Traditionsbildung gibt es zahlreiche Namen und Aktivitäten des W., der u. a. als Beliar (MartJes; TestXII), Fürst der Finsternis bzw. Anfeindung (Mastema; Jub und Qumran) oder Melkira (= „König des → Bösen"; MartJes) bezeichnet werden kann.

II. NT: 1. Während das NT in Sachen Σατᾶν(ας) (gräzisiert) und dem bereits in der LXX verwendeten διάβολος („Durcheinanderwerfer"; lat. *diabolus*, woraus „Teufel" entstand) an atl.-jüd. Traditionen anschloss, ist der Antichrist (2 Joh 2,18.22; 2 Joh 7) eine spezifisch christl. → Tradition, die sich im Laufe des 1. und 2. Jh. n. Chr. ausbildete und den paradigmatischen Gegner des Christus bezeichnet. Lucifer = „Lichtbringer" entstand aus der Kombination von Lk 10,18 mit Jes 14,12. Weitere Namen des S./T. (ohne Bedeutungsunterschied) sind: Verderber (1 Kor 10,10), → Feind (Mt 13,25.39), Abaddon/Apollyon (Offb 9,11), Fürst der/dieser Welt (Joh 12,31; 14,30; 16,11), Beliar (2 Kor 16,15) und der Böse (ὁ πονηρός; Mt 6,13; 13,19; Eph 6,11.16). Nach Offb 12,9 ist er der Drache und die alte Schlange des Sündenfalls (Gen 3). Beelzebul (Mt 10,25; Mk 3,22ff.par.) ist (nur) ein Oberdämon des T.

II. 2. Auch das NT führt (wie das Judentum) die Existenz des S. und der → Dämonen als Geschöpfe Gottes auf den Engelsturz von Gen 6,1–4 zurück (Lk 10,18ff; Jud 6; 2 Petr 2,4). In den ntl. Schriften gilt S. als W. Gottes und Jesu, den er in der → Wüste erfolglos (Mk 1,12f.par.) versuchte. In dualistischer Weltsicht sind er und sein dämonisch-finsteres → Heer Gegenspieler Jesu, Gottes, der → Engel und des → Lichts (Joh 3,19; Röm 13,12), deren Kampf endzeitlich in einer finalen Schlacht entschieden werden wird (Offb 4; 9; 12; 20f; Jud 9). Der S. ist Feind der Menschen, denen er durch → Krankheiten und → Tod (Lk 13,16; 1 Kor 5,5; Hebr 2,14) schadet. Schwerer noch wiegt, dass er die Menschen von Gott trennen will und in Gegensatz zu Gottes Heilsplan steht (Mk 4,15par.; Lk 4,13; 2 Kor 2,9–11; 1 Joh 3,8; 1 Tim 5,15). Er ist Herr eines Reichs der Finsternis (Mk 3,23f; Apg 26,18) und auch Beherrscher der gegenwärtigen, der → Sünde verfallenen Welt (Joh 12,31; 14,30; 16,11). Seine → Herrschaft ist mit der Ankunft Jesu und der damit angebrochenen Gegenwart des Reichs Gottes dem Ende geweiht (1 Joh 3,8; Joh 12,31), was sich in den Evv. an Jesu Exorzismen (Mk 1,21–28par.; 3,22–27par.), seiner erfolglosen → Versuchung durch den T. und den Heilungswundern erweist, die Lebensfülle und Gottgemeinschaft schenken. Daran ändert auch nichts, dass der Verrat des Judas durch den S. (Lk 22,3; Joh 13,2.27) motiviert wird, da dieser Verrat zum göttlichen Heilsplan gehört (Mk 14,21par.), sodass der S. damit Gottes Befehlen folgt. Die Gläubigen entgehen dem T. durch ihre Konversion (Apg 26,18) und den → Glauben an Christus, während Apostaten ihm wieder anheim fallen (1 Tim 1,20). War Jesu Leben bereits der Einbruch des Gottesreichs in die Welt, so ist christologisch die → Auferstehung des Christus schon jetzt der Sieg über den T. (1 Kor 15; Eph 1,20–22), dessen endgültige Vernichtung jedoch erst eschatologisch erwartet wird (Röm 16,20; 2 Thess 2,3–12), sodass er die Gemeinden und Gläubigen weiter bedrohen und verführen kann (1 Thess 2,18; Apg 5,3; Offb 2,9.13.24). Im Kontext der Parusieverzögerung bleibt ihm also weiter Zeit, Menschen zu versuchen. In der apokalyptischen Szenerie der Offb 20 wird der S. für 1000 Jahre gefesselt, danach für die letzte Schlacht befreit, in der er unterlegen sein wird. Es erwartet ihn dann nur noch das Ende in ewigem → Feuer, in das ihn die von ihm verführten und im letzten Gericht (→ End-Gericht) verworfenen (Mt 25,41) (zur ewigen → Strafe) Auferstandenen begleiten.

I. *D. R. Brown*, The Devil in the Details: Currents in Biblical Research 9 (2011) 200–227; *H.-J. Fabry*, „Satan", in: *A. Lange/H. Lichtenberger* u. a. (Hg.), Die Dämonen, Tübingen 2003, 269–291; *D. E. Gershenson*, The Name Satan: ZAW 114 (2002) 443–445; *M. Görg*, Der „Satan" – der „Vollstrecker" Gottes?: BN 82 (1996) 9–12; *H. Haag*, Der Teufel im Judentum und Christentum: Saec. 34 (1983) 248–258; *M. Küchler*, Der Antichrist in der frühjüdischen Apokalyptik, in: *M. Delgado/V. Leppin* (Hg.), Der Antichrist, Fribourg u.a. 2011, 53–64;

M. Martinek, Wie die Schlange zum Teufel wurde, Wiesbaden 1996; *S. H. T. Page*, Powers of Evil, Grand Rapids 1995.
II. *R. Girard*, How Can Satan Cast out Satan?, in: *G. Braulik/ W. Groß* u. a. (Hg.), Biblische Theologie und gesellschaftlicher Wandel, Freiburg 1993, 125–141; *B. Kowalski*, Der Antichrist im Neuen Testament, in: *M. Delgado/V. Leppin* (Hg.), Der Antichrist, Fribourg u.a. 2011, 65–99; *M. Mach*, Enwicklungsstadien des jüdischen Engelsglaubens in vorrabbinischer Zeit, Tübingen 1992; *E. Pagels*, The Social History of Satan, the „Intimate Enemy": HThR 84 (1991) 105–128; *W. Speyer*, Fluchmächte und Dämonen, in: *ders.*, Frühes Christentum im antiken Strahlungsfeld 2, Tübingen 1999, 51–68; *W. E. Sproston*, Satan in the Fourth Gospel, in: *E. A. Livingstone* (Hg.), Studia Biblica 1978/2, Sheffield 1980, 307–311; *S. Vollenweider*, „Ich sah den Satan wie einen Blitz vom Himmel fallen" (Lk 10,18), in: *ders.* (Hg.), Horizonte neutestamentlicher Christologie, Tübingen 2002, 71–87; *A. Steudel*, Der Teufel in den Texten aus Qumran, in: *J. Frey/M. Becker* (Hg.), Apokalyptik und Qumran, Paderborn 2007, 191–200; *L. Wehr*, Funktion und Erfahrungshintergrund der Satansaussagen des Paulus: MThZ 52 (2001) 208–219.

Angelika Berlejung

Wille (W.)

(→ Dachartikel: Anthropologie)

Vorbemerkung: Unter W. wird der initiative, auf einer freien Entscheidung beruhende, entweder auf eine Handlung bzw. deren Unterlassung oder auf einen Zustand gerichtete Antrieb verstanden. Zwar ist damit das philos. und neurobiologisch diskutierte Problem des freien W. berührt, doch spielt dieses in den bibl. Schriften keine Rolle. Berührt ist auch das Problem von → Freiheit und Determinismus, das mit dem W. Gottes in den Blick kommt, der vom menschlichen W. zu unterscheiden ist. Viele der im Folgenden für das AT gemachten Aussagen gelten gleichermaßen für das NT, was durch Stellenangaben und Querverweise angezeigt ist.

I. AT: 1. Bibl. wird der W. nicht im Kopf, sondern im → Herzen verortet. Im Hebr. gibt es kein direktes semantisches Äquivalent zu dem, was im Lat. mit *voluntas* und im Griech. mit den in der LXX und im NT gleichwertigen und nahezu synonymen Worten βουλή, βούλομαι und θέλημα, θέλω für „W." bezeichnet wird. Der W. wird am ehesten durch das Verbum *ʾbh* („wollen") oder durch die Nomina *ḥēfæṣ* und *rāṣōn* zum Ausdruck gebracht. Beide bezeichnen primär eine emotionale Zuneigung, das (Wohl-)Gefallen, dann aber auch einen Wunsch, das Begehren, ein Ziel oder den W. (→ Gefühle). Daneben gibt es ein breites Spektrum von Begriffen (und für die 1. Person als grammatische Form den Kohortativ), die das Begehren oder das zielgerichtete Wollen und die Absicht, etwas zu tun oder zu lassen, zum Ausdruck bringen. W. ist demnach etwas, das sich der Mensch identifizierend zu Eigen macht und das ihn auf ein Ziel ausrichtet (Gen 16,6; 22,5; 24,8.58; Rut 1,10; Spr 21,1 u. a.). Fehlender W. wird durch einfache Negation (1 Sam 15,9) ausgedrückt, als Weigerung (Wurzel *mʾn*) oder Starrsinn/Verstockung (*šᵉrīrūt*/Wurzel *qšh*) aufgefasst (Ex 7,14; Dtn 25,7; 29,18; Jer 3,17; 7,24; Ez 3,7; Ps 81,13 u. a.).

I. 2. Grundüberzeugung in beiden Testamenten ist die Annahme der zweiten Schöpfungserzählung, dass Gott den Mensch mit einem W. und sittlicher Autonomie ausgestattet hat, dass er sich frei für oder gegen Gott bzw. die → Sünde entscheiden kann (Gen 2f; Sir 15,11–20). Orientierung bietet der offenbare und geoffenbarte W. Gottes, an dem sich der Mensch orientieren kann und soll (Ps 40,9; 103,21; 143,1). Der gebietende W. Gottes ist so eines der Synonyme für die → Tora und die darin enthaltene → Weisung bzw. auch für den in der Prophetie bezeugten und geoffenbarten W. Gottes (Mi 6,8). Auch in die → Schöpfung hat Gott seine → Ordnung eingestiftet (Gen 1; Offb 4,11 setzt W. und Wort *de facto* gleich; Jes 45,12). Es entspricht folglich dem W. Gottes, wenn der Mensch diese Ordnung aufrechtzuerhalten sucht.

I. 3. Außer in sittlicher Hinsicht ist in beiden Testamenten aber v. a. dann vom W. Gottes die Rede, wenn der göttliche Heilsratschluss oder sein universaler Heilsplan angesprochen werden. Gottes souveräne Freiheit schließt seinen absoluten und bleibenden W. ein, der durchgehend auf → Heil, → Segen und → Erlösung zielt und zu dem zuallererst die → Liebe zu → Israel gehört. Unter der Voraussetzung des → Monotheismus und der Schöpfungstheol. wird der W. Gottes als lenkender Grund der universalen → Geschichte v. a. in der frühnachexil. Prophetie reflektiert (Jes 19,17; 44,28; 46,10f; Jer 50,45, vgl. Ps 33). In der → Weisheit wächst die Erkenntnis, dass der W. Gottes für den Menschen nicht vollständig durchschaubar ist (Koh 3,11; Ijob 38–40), sodass der Rückgriff auf den gebietenden W. als „Lösung“ bleibt, da dieser dem universalen Heilsratschluss Gottes entspricht.

II. NT: 1. Beide Formen des Gotteswillens sind auch im NT zu finden. Paulus fordert zur Angleichung an den *guten* und *vollkommenen* W. Gottes auf (Röm 12,2), ebenso wie er seine Mission dem göttlichen W. zuordnet (2 Kor 8,5; Röm 15,32). In der Zurückweisung des Petrus in Mk 8,33; Mt 16,23 wird deutlich, dass das Schicksal Jesu dem göttlichen W., d. h. seinem Heilsplan entspricht (vgl. Gal 1,1; Apg 4,28). Entsprechend ordnet sich Jesus am Ölberg dem W. Gottes vollständig unter (Mt 26,42; Lk 22,42).

II. 2. Im Anschluss an das Ethos der → Tora als W. Gottes betont v. a. Mt den gebietenden W. des Vaters (θέλημα τοῦ πατρός μου, Mt 7,21; 12,50; 21,31). Damit stellt sich für die dritte Vaterunserbitte das Problem der Deutung des göttlichen „W. auf Erden“ (Mt 6,10, die dritte Bitte fehlt in der lk. Fassung), je nachdem in welchem Kontext man sie versteht. Entweder geht man davon aus, dass die ersten Bitten des Vaterunsers synonym sind und versteht die Bitte als *eschatologische* Durchsetzung des W. Gottes oder man interpretiert sie eher von der mt. → Ethik her als *präsentisches* Tun des W. Gottes. Das „wie im Himmel“ zielt dann auf die Tora als schöpfungsgemäße grundlegende göttliche → Ordnung. Daneben ist die Deutung auf den präexistenten Heilsplan Gottes sinnvoll (→ Vorsehung). Die Bitte zielt dann auf das Gelingen des göttlichen Wollens in der Gesch. Geht man davon aus, dass die dritte Bitte *nicht* jesuanisch ist und zum mt. Sondergut gehört, liegt die Deutung vom Handeln des Menschen her näher.

I. *T. Fretheim*, Art. Will of God (OT): ABD VI (1992) 914–920; *A. A. di Lella*, Free Will in the Wisdom of Ben Sira 15:11–20, in: *I. Fischer/U. Rapp* u. a. (Hg.), Auf den Spuren der schriftgelehrten Weisen, Berlin 2003, 253–264.

II. *B. Dressler*, Dein Wille geschehe, wie im Himmel so auf Erden, in: *A. Stimpfle* (Hg.), Pater Noster – oder mit sieben Bitten auf in den Himmel, Münster 2010; *G. Lohfink*, Der präexistente Heilsplan, in: *ders.*, Studien zum Neuen Testament, Stuttgart 1989, 49–75; *L. Wehr*, Hat der Mensch einen freien Willen?, in: *T. Schmaller* (Hg.), Neutestamentliche Exegese im 21. Jahrhundert, Freiburg 2008, 394–409.

Christian Frevel

Witwe (W.)

(→ Dachartikel: Sozialstatus/Gesellschaft und Institution)

I. AT: 1. W. (*ʾalmānā*) zu werden war nicht nur ein persönlicher Schicksalsschlag, sondern auch eine soziale Krisensituation.

I. 2. Die geschlechtsspezifische Rolle der → Frau im Nahen Osten sah nicht vor, dass diese ohne einen männlichen Vorstand leben und ihre eigenen Interessen wahrnehmen sowie ihre → Ehre selbst vertreten konnte. So versuchte man, eine Frau, die ihren Mann verloren hatte, möglichst schnell wieder in einen patriarchalen Familienverband (→ Familie) einzugliedern, sei es dadurch, dass sie zu ihren Eltern zurückkehrte (Gen 38,11) oder dass man sie entsprechend der Bestimmungen der Schwagerehe (→ Ehe) möglichst umgehend wieder verheiratete. Die Schwagerehe galt jedoch nur für die kinderlose W.: Der Bruder des verstorbenen Ehemannes (oder ein anderer berechtigter Verwandter, s. Rut) sollte demnach die W. ehelichen, um Nachkommen zu schaffen und so die Familien- und Erblinie zu erhalten (Dtn 25,5–10; Gen 38,6–30; Rut 1–4). War beides nicht möglich und kam eine Frau in die Situation, allein „auf sich“ gestellt zu sein, so war sie ohne Rechtsbeistand und den Mitmenschen ausgeliefert, hatte jedoch zugleich die Möglichkeit der Selbstbestimmung, was erneute Eheschließungen, Besitzverwaltung (so vorhanden) oder das Ergreifen eines Berufs betraf. Die wirtschaftliche Absicherung einer alleinlebenden W. hing von den Erbschaftsregelungen ihres Ehemannes, dessen → Sozialstatus und der Anzahl und dem Verhalten ihrer Söhne ab, die als Erwachsene im Optimalfall für sie sorgten. Waren ihre Söhne selbst noch versorgungsbedürftig, so waren sie (wie die Töchter) Waisen (*jātōm*), die wie die W. (und auch der → Fremde) in der menschlichen Gesellschaft bes. gefährdet waren und im AT wie im gesamten Vorderen Orient unter göttlichem Schutz standen (Dtn 10,18; 24,17; 27,19; Ex 22,21). Wer sie benachteiligte, galt als Frevler (Jes 10,2; Ez 22,7; Ijob 24,3.21), wer sie unterstützte, war gerecht und gottesfürchtig (Ijob 29,13; 31,16). Der Schutz der W. und Waisen gehörte zu den Idealen der korrekten Amtsführung von Richtern und → Königen (bzw. deren Beamten). W. vermögender

Männer mit Kleinkindern übernahmen das Eigentum ihres Ehemannes bis zur Volljährigkeit des erstgeborenen Sohns, der anschließend Hausvorstand wurde. Der armen W. und anderen Unterprivilegierten (Leviten/Fremden/Waisen) werden in der dtn. Gesetzgebung Vergünstigungen zur Linderung elementarer Not (im Sinne der Symptom-, nicht der Ursachenbekämpfung) eingeräumt, wenn sie bei der Ernte Nachlese halten dürfen (Dtn 24,19–21), an der Festfreude durch Speise- und Weinspenden teilhaben (Dtn 16,11.14) und sich bei → Abgabe des Zehnten satt essen sollen (Dtn 14,29; 26,12f). Bildlich kann im AT auch eine zerstörte und geplünderte → Stadt als W. bezeichnet werden (Klgl 1,1). Im Anschluss an die Ehemetaphorik mit der Rollenverteilung des Gottesvolks → Israel als Braut/Ehefrau mit Jhwh als Gatten kann die → Zeit des → Exils, in der Gott sein → Volk und Jerusalem verließ, als Zeit der Witwenschaft interpretiert werden (Jes 54,4).

II. NT: 1. Auch ntl. zählt die W. (χήρα bezeichnet meist die W., auch die ohne Mann lebende geschiedene/verstoßene → Frau) neben den Waisen typischerweise zu den Bettelarmen der Gesellschaft, ohne familiären Schutz ist sie rechtlicher Willkür und Übergriffen auf ihr Vermögen ausgesetzt (Mk 12,40f; Lk 18,1ff). Ihr beizustehen gilt als gottgefällig (Lk 7,11ff; Jak 1,27). Die W. von Jerusalem sind die ersten bekannten Empfänger gemeindlich organisierter Sozialfürsorge (Apg 6,1ff). Schon früh ist das Zusammenleben von W. im Haus von sie versorgenden Gläubigen bezeugt (1 Tim 5,16; Apg 9,39). Bemerkenswert ist, dass W. als traditionell besitz- und machtlose, passive Versorgungsempfänger im Urchristentum zum Vorbild für eine aktive Haltung werden, die in beharrlichem → Gebet von Gott → Gerechtigkeit erfleht (Lk 18,1–7) und bereit ist, rückhaltlos allen → Besitz für ihn zu opfern (Mk 12,42f).

II. 2. Die verwitwete Prophetin Hanna (Lk 2,36–38), die in 1 Tim 5,3ff besprochenen W. und wohl auch die W., Unverheirateten und → Jungfrauen von 1 Kor 7,8.32–34.39f sind vor dem Hintergrund eines schon in Jdt 8,4–7; 9,4.9–11 bezeugten pneumatischen Witwenideals zu verstehen, das Nähe zu Gott (bzw. zum Kyrios) aufgrund von gesteigerter Hingabe in Fasten und Gebet bewirkt verstand. Eine solche „W." war nicht notwendig arm, sie konnte auch geschieden (zu [γυνή] ἄγαμος in 1 Kor 7,32.34 vgl. 7,11) oder niemals verheiratet gewesen sein. (Die πρώτη πίστις von 1 Tim 5,11f setzt ein Jungfräulichkeitsgelübde voraus. „Jungfrauen, genannt W.", kennt IgnSm 13,1.) Beständiges Gebet (Lk 2,37; 1 Tim 5,5) ist Zeichen einer (durch Sexualaskese beförderten) pneumatischen Existenz (→ Askese), die sich dann auch in prophetischer Rede (Lk 2,38; vgl. 1 Kor 11,5) und Übernahme von Aufgaben im Bereich der gemeindlichen Verkündigung äußert (in 1 Tim 5,13 noch in polemisch verzerrter Weise erkennbar; → Amt).

II. 3. In 1 Tim 5,3ff ist eine Witwenregel verarbeitet, die die Institutionalisierung des spiritualisierten Witwenideals in einem Witwenamt voraussetzt und vorsah, W. (wie Presbyter: 5,17f) durch die Gemeinde zu ehren (τιμᾶν), d. h. zu bezahlen. → Tradition und Bearbeitung der Regel sind nicht sicher voneinander zu trennen. Deutlich ist aber, dass der Verfasser der Past. eine drastische Einschränkung der Zahl der aufzunehmenden W. erreichen möchte und seinem konservativen Frauenideal entsprechende neue Akzente setzt. Das Ideal der alleinlebenden, ganz der Beziehung zu Gott gewidmeten W. stand im Gegensatz zur augusteischen Ehegesetzgebung, die standesgemäße Wiederheirat Verwitweter und Geschiedener durch empfindliche Sanktionen zu erzwingen suchte mit dem Ziel, die Kinderzahl zu erhöhen und die patriarchale Großfamilie zu stärken. In diesem Sinne verpflichtet 1 Tim 5,9.11–14 alle Frauen unter 60 Jahren zu → Ehe, Kindergebären und Haushaltsführung. 1 Tim 5,4.7f zwingt alle Frauen mit noch lebenden Nachkommen dazu, ihre Frömmigkeit durch stilles → Leben in dieser → Familie statt durch Übernahme eines öffentlichen Gemeindeamtes zu demonstrieren. Als Aufnahmekriterium für eine Gemeindewitwe wird 1 Tim 5,10 ein Zeugnis guter Werke verlangt, das im Einklang mit der üblichen Frauenrolle steht (→ Kinder aufziehen, gastfrei und Bedürftigen gegenüber wohltätig sein), ergänzt durch das christl. Spezifikum, den Heiligen, wohl christl. (männlichen) Gemeindeleitern, in demonstrativer Demut die Füße gewaschen zu haben. Gelegentlich wird auch im NT das in der Umwelt verbreitete Negativstereotyp der sich sinnlichen Genüssen (1 Tim 5,6; vgl. Tit 2,3) und ungehemmter

→ Sexualität (Offb 17–19) hingebenden W. aufgegriffen.

I. *P. Galpaz-Feller*, The Widow in the Bible and in Ancient Egypt: ZAW 120 (2008) 231–253; *H. K. Havice*, The Concern for the Widow and the Fatherless in the Ancient Near East, Ann Arbor 1978; *J. J. Pilch/B. J. Malina* (Hg.), Handbook of Biblical Social Values, Peabody [2]1998; *A. Schellenberg*, Hilfe für Witwen und Waisen: ZAW 124 (2012) 180–200; *W. Schottroff*, Die Armut der Witwen, in: *F. Crüsemann/R. Kessler* u. a. (Hg.), Gerechtigkeit lernen, Gütersloh 1999, 134–164; *D. E. Weisberg*, The Widow of Our Discontent: JSOT 28 (2004) 403–429; *H.-J. Zobel*, Das Recht der Witwen und Waisen, in: *P. Mommer/W. H. Schmidt* u. a. (Hg.), Gottes Recht als Lebensraum, Neukirchen-Vluyn 1993, 33–38.
II. *G. Theißen*, Die Witwe als Wohltäterin, in: *M. Küchler/P. Reindl* (Hg.), Randfiguren in der Mitte, Luzern u. a. 2003, 171–182; *H. Roose*, The Fall of the „Great Harlot" and the Fate of the Aging Prostitute, in: *A. Weissenrieder/F. Wendt* u. a. (Hg.), Picturing the New Testament, Tübingen 2005, 228–252; *U. Wagener*, Die Ordnung des „Hauses Gottes", Tübingen 1994.

Angelika Berlejung (AT) / Annette Merz (NT)

Würde (W.)

(→ Dachartikel: Anthropologie)

Vorbemerkung: Der bibl. Mensch erfährt sich in der Spannung zwischen Hoheit und Niedrigkeit, W. und Elend, als → König und Wurm gleichermaßen. Eine anthropologische Konzeption einer unveräußerlichen W. des einzelnen Menschen, deren Wurzeln in der Regel bei Cicero und Seneca gesehen werden, findet sich in der Bibel nur implizit. Die neuzeitliche, unlösbare Koppelung von Menschenwürde und universalen Menschenrechten ist noch nicht gegeben, der Bibel aber, wie die am Konzept der W. festgemachte bioethische Grundlagendiskussion, auch nicht fremd.

I. AT: 1. Für W., selbst ein offener Begriff, dessen Denotate von „Wert" bis → „Ehre" und „Anerkennung" reichen, steht im Hebr. das Wort *kābōd*, das wörtlich „Schwere" bedeutet und auch für „Ansehen", „Gewichtigkeit", → „Herrlichkeit", „Pracht" und „Ehre" verwandt wird. Dem entspricht das griech. δόξα („Schein", „Glanz", „Herrlichkeit"), z. T. auch τιμή, das für den Wert einer Sache und für den Ehrerweis steht. Nur selten werden diese Worte mit dem Menschen in einen direkten Zusammenhang gebracht, viel eher kommen sie Gott (1 Chr 29,11; Ps 57,6; Lk 2,14; Röm 1,23; 1 Tim 1,17 u. a.) bzw. im AT bes. dem König (2 Chr 18,1; 32,27; Ps 21,6; Dan 11,21), im NT bes. dem Menschensohn zu (Mt 19,28; Mk 13,26; Lk 21,27, vgl. Joh 1,14; 2,11; 5,41; Hebr 2,7.9). Die Suche nach der Menschenwürde in der Schrift darf sich daher nicht auf diese Begriffe beschränken, findet dort aber erste Anknüpfungspunkte.

I. 2. Durchgehende Auffassung ist, dass der Mensch von Gott in eine unveräußerliche W. hinein geschaffen ist. W. kommt dem Menschen im bibl. Denken, also zuerst nicht von Natur aus, sondern von Gott her zu. In der Ebenbildlichkeitsaussage (Gen 1,26f, → Ebenbild) werden königliche Attribute der W. und Hoheit auf den Menschen übertragen. Das macht auch Ps 8,6 deutlich, wo der Mensch mit Hoheit (*kābōd*) und Pracht (*hādār*) *gekrönt* ist. In beiden Spitzentexten wird durch die dem Menschen zugewiesene W. eine bes. Beziehung zum göttlichen Ursprung begründet („Repräsentationsbild Gottes", „nur wenig geringer als Gott"). Von den Schöpfungstexten her macht sich die W. des Menschen nicht in einer Eigenschaft (Vernunft, → Freiheit o. ä.) fest, sondern in seiner Aufgabe und → Verantwortung. Der Mensch realisiert die W. im Gebrauch seiner Freiheit unter Wahrung der Gottähnlichkeit und damit in der Verantwortung gegenüber der → Schöpfung als Stellvertreter Gottes. Die dem Menschen zugesprochene W. kommt wie die Freiheit universal allen Menschen zu, insofern sie Menschen sind, unabhängig von ihrer konkreten Verfasstheit als Säugling, → Kind und Erwachsener, als Magd oder → Sklave, als kranker, alter oder behinderter Mensch. Die geschöpfliche W. der Ebenbildlichkeit begründet die prinzipielle Unantastbarkeit der → Person (Gen 9,6) bis zum → Tod und darüber hinaus (2 Sam 21,10; 1 Kön 13; Tob 1,17).

I. 3. In weisheitlichen Texten verlagert sich das Gewicht menschlicher W. durch den Kontext der → Klage. Auch hier dient die Vorstellung individueller Menschenschöpfung zur Formulierung einer W. (vgl. Ps 22,11; 71,6; 139,13ff), die die Unantastbarkeit der Person von Anfang an mit einschließt. Wenn der Mensch in → Krankheit und → Leid erniedrigt ist, ist er in seinem innersten Menschsein angetastet und in Frage gestellt. „Ich aber bin ein Wurm und kein Mensch" formuliert der Beter von Ps 22,7, „meiner Ehre hat er mich entkleidet, die Krone mir vom Haupt genommen" klagt Ijob 19,9. W. erscheint hier als flüchtige Eigenschaft des Menschseins. „Zum Grausen hat sichs mir gewandelt, windgleich verjagts meine Würde (*n*ᵉ*dībā*), gleich einer Wolke zog meine Freiheit hinweg" (Ijob 30,15 nach Buber/Rosenzweig). Trotz aller Flüchtigkeit im entwürdigenden Elend gibt es eine W. der von Gott abhängigen Kreatur, die vom Menschen gegenüber Gott einforderbar bleibt. Die W. des Menschseins konkretisiert sich im Respekt der sozialen Gemeinschaft vor der Person und ihrer Integrität (Ijob 29,20; Ps 22,7f; Jer 30,19; Klgl 4,2; Ijob 17,6; Jes 52,14). In der Klage erhebt der Beter Einspruch gegen die Aufhebung seiner W. im Elend. Insofern letztlich Gott für die Minderung des Menschseins in Krankheit, → Schicksal und Leid verantwortlich gemacht wird, wird von ihm die Restitution der W. eingefordert. Insbes. Ijob leitet aus dem in der Schöpfung begründeten personalen Verhältnis zwischen Mensch und Schöpfer eine einklagbare Verantwortung Gottes für die Wahrung der W. des Menschen ab (Ijob 7,1–21; 10,8–22; 19,9; u. a.). Folgerichtig wird aus der Geschöpflichkeit aller Menschen auch deren Gleichheit vor Gott abgeleitet. Sozial in niedrigerem Rang Stehenden ist mit gleicher Achtung zu begegnen, weil allen die gleiche geschöpfliche W. zukommt (Ijob 31,15, vgl. 34,19; Spr 14,31; 17,5; 22,2; 29,13). Die Wurzeln der Konzeption einer universalen, unveräußerlichen und unverletzbaren Personwürde und daraus abgeleiteter Menschenrechte liegen nicht nur in der Stoa, bei Cicero und Seneca, sondern auch im AT. Die patr. Rezeption hat insbes. die Gottebenbildlichkeit und die damit verbundene Sonderstellung des Menschen aufgegriffen und weitergeführt.

II. NT: 1. Wie in anderen anthropologischen Grundlagenfragen tritt das NT in der konzeptionellen Bedeutung gegenüber dem AT zurück. Zwar wird auch in den Evv. der unverlierbare Wert des Menschen vorausgesetzt (Mt 6,26; 10,31; 12,12) und am exemplarischen Menschen Jesus die Infragestellung der W. in der Erniedrigung der Kreuzigung (Mk 15,16–20par.) thematisiert, doch fehlt die Dichte der Reflexion der Spitzentexte (Gen 1; Ps 8; Ijob 10) über die unverlierbare, geschöpfliche W. des Menschen.

II. 2. In der soteriologischen → Anthropologie bei Paulus und den Deuteropaulinen gewinnt der Mensch die im Widerspruch zu Gott verlorene ebenbildliche W. durch die Angleichung an Christus zurück (vgl. 1 Kor 15; 2 Kor 4; Phil 3,21; Hebr 2 u. a.). Dabei wird die Gleichheit aller Menschen nicht mehr ausdrücklich in der Geschöpflichkeit, sondern *in Christus* betont (Gal 3,27f; Eph 6,8; Kol 3,11; Jak 2,1).

I. *I. Baldermann* (Hg.), Menschenwürde, Neukirchen-Vluyn 2000; *C. Frevel*, Gottesebenbildlichkeit und Menschenwürde, in: *A. Wagner* (Hg.), Anthropologische Aufbrüche, Göttingen 2009, 255–274; *E. Herms* (Hg.), Menschenbild und Menschenwürde, Gütersloh 2001; *F. Sedlmeier*, „Vom Mutterschoß her bin ich geworfen auf dich" (Ps 22,11), in: *C. Frevel* (Hg.), Biblische Anthropologie, Freiburg 2010, 300–316.
II. *M. Gielen*, Von Herrlichkeit zu Herrlichkeit, in: *R. Kampling* (Hg.), Herrlichkeit, Paderborn 2008, 79–122; *H. Schürmann*, Menschenwürde und Menschenrechte im Lichte der „Offenbarung Jesu Christi", in: *T. Söding* (Hg.), Studien zur neutestamentlichen Ethik, Stuttgart 1990, 269–286.

Christian Frevel

Wüste / Steppe (W./S.)

(→ Dachartikel: Weltbild/Kosmologie)

I. AT: 1. Geographisch bildet Palästina einen ca. 120 km breiten Kulturlandstreifen zwischen dem Mittelmeer im Westen und der syr.-arab. Wüstensteppe im Osten; im Süden geht das Land in die W. des Negeb und der Sinaihalbinsel über. Die an sich allgemeine Bezeichnung *(ham)midbār* (griech. ἐρῆμος) bezieht sich oft auf die judäische W. (Jos 12,8; 15,61), während *ʿArābā* (griech. Ἀραβά) den südlichen Jordangraben meint (Dtn 1,7).

I. 2. Die W. ist im → Weltbild der Kulturlandbewohner des Orients ein Bereich mit stark herabgesetzter → Ordnung, der von den Göttern nur in Ausnahmefällen betreten wird. Obwohl er u. U. nur wenige Meter von der Siedlung entfernt ist, ist er als Wohnsitz für Menschen und Götter gleichermaßen ungeeignet und kommt nur als unkultiviertes, ungeordnetes und dämonisiertes Land in den Blick. Er ist ein Gelände, das gegenüber der → Unterwelt durchlässig ist. Daher halten sich hier die → Dämonen auf, die jedem Menschen schaden, auch wenn er nur auf der

Durchreise ist. Hier ist der Ort, an dem Gefährdungen ihren Ausgangspunkt nehmen können. Die das Kulturland umzingelnde, allseits präsente S. steht für die dauernde Gefährdung von → Kultur und Ordnung durch Chaos und Untergang. Da im Regelfall die Götter einer → Stadt oder eines Landes dieselben schützen, sind sie vor dem Einbruch der S. und der Unordnung sicher. Wenn allerdings der göttliche Zorn dazu führt, dass eine Gottheit ihren Wohnort verlässt, gerät dieses Gleichgewicht außer Kontrolle, sodass eine Stadt der ständigen Bedrohung unterliegt und selbst zur W. wird (Jer 50,39; Jes 34,11ff; Zef 2,13–15). Die Ordnungen werden dann außer Kraft gesetzt, sodass die Dämonen und Wildtiere sich auch hier frei bewegen können. Da außenpolit. → Feinde die Stadt jeweils vom Gebirge und von der S. aus angreifen, wird dieses Gelände als der Ausgangspunkt und geradezu als „Nest" ständiger Gefährdung und Feindschaft erlebt, das den Frieden der Stadt und des Kulturlands bedroht. W. und S. stehen folglich im vertikalen Weltbild für die Unterwelt, im horizontalen hingegen für Außenbereich/Peripherie, Unordnung und Chaos, Gefahr, Feinde, Dämonen und → Krieg, während der Gegenpol der „Stadt" im vertikalen Weltbild mit → Himmel/→ Erde/Unterwelt, im horizontalen Weltbild mit Innenbereich/Zentrum, Ordnung und Kultur, → Sicherheit, → Heimat, Göttern sowie Frieden verbunden wurde. Die Wüstentiere (Schakal, Strauß, Eule, Skorpion, Löwe, Schlange, Heuschrecke) galten als Exponenten der Kulturfeindlichkeit der W. und wurden, so sie innerhalb des Kulturlands angetroffen wurden, als Einbruch des Chaos in die Ordnung gedeutet (Jes 13,21–23; 34,11ff). Diese negative Sicht der W. und ihrer Bewohner ist dem Vorderen Orient und Ägypten gemeinsam. Alles, was für die Kultur gefährlich war (Dämonen, Unreines, Gesellschaftsfeinde), versuchte man dorthin zu entsorgen. Dies zeigt sich atl. in der W. als dem Bereich, in den der Sündenbock im Rahmen des Eliminationsritus (→ Ritus) gegen den göttlichen → Zorn (oder Asasel) mit seiner gefährlichen Last getrieben wird (Lev 16). Auch Menschen, die das soziale Gefüge gefährden, herausfallen oder hinausgetrieben werden (Flüchtlinge, Verbrecher), finden in der W. Zuflucht (Ex 2,15; 1 Makk 2,29f), was jedoch ohne Jhwhs Unterstützung zur Todesfalle werden kann (Gen 16,7; 21,14ff; 1 Kön 19,4f; Offb 12,6). Ist die W. Ort der Gefährdung und Lebensfeindlichkeit, so ist neben der Stadt auch der kultivierte und bewässerte Garten (→ Paradies) ihr Gegenpol. Folglich kann in eschatologischer → Hoffnung erwartet werden, dass sich die W. durch Jhwh in einen Garten verwandelt (Jes 41,18f; 43,19f), sodass dieser Hort paradigmatischer Gefahr in der Heilszeit außer Kraft gesetzt ist. Für den AO ungewöhnlich findet sich im AT auch die Vorstellung von der W. als dem Ort der Läuterung und der idealen Begegnung des Gottesvolks mit Jhwh (Hos 13,5–8; Ex 15,22-Num 21,20; Jer 2,2f). Als solches wird die W. zum idealen Ort der Läuterung, an dem sich das → Volk auf seine Ursprünge rückbesinnen kann und wo die → Herrschaft Jhwhs ihren Ausgang nehmen wird (Jes 40,3 zitiert in 1QS 8,13f).

II. NT: An der Tradition der W. (zum Begriff s. o.) als Ort der Gottesbegegnung und Läuterung sowie Ausgangspunkt des Gottesreichs knüpfte ntl. auch Johannes der Täufer an, der (vgl. Jes 40,3) in der W. den „Weg des Herrn" bereiten wollte (Mk 1,3f.par.; Joh 1,23). An derselben Tradition versuchten anscheinend in ntl. Zeit auch diverse Messiasanwärter anzusetzen (Apg 21,38). Exorzierte Dämonen flüchten in die W. (Mt 12,43par.), kehren jedoch von dort immer wieder gern in komfortablere Gefilde zurück. Die W. als Heimat des personifizierten Lebensfeindlichen (vgl. auch Offb 17,3) steht hinter der dortigen Begegnung Jesu mit dem → Widersacher/Teufel (Mk 1,12f.par.). Da Jesus dort ungefährdet mit den Wüstentieren Gemeinschaft hielt, zeigt sich hier bereits exemplarisch sein Sieg über Satan, Dämonen und Chaos.

I. *T. M. Meier*, Wüste in der Bibel und der jüdischen Tradition: Entschluss 54 (1999) 6f; *M. Neubrand*, Die Wüste, in: *B. Mayer* (Hg.), Jericho und Qumran, Regensburg 2000, 89–110; *N. Wyatt*, Sea and Desert: UF 19 (1987) 375–389.
II. *M. Tilly*, Was seid ihr hinausgegangen in die Wüste zu sehen?: rhs 35 (1992) 271–281.

Angelika Berlejung

Wunder (W.)

(→ Dachartikel: Soteriologie)

Vorbemerkung: Neuzeitlich wird W. oft als Durchbrechung der Naturgesetze verstanden. Dieses Verständnis darf auf bibl. Texte nicht angewendet werden, weil ihnen der zugrunde liegende Naturbegriff fremd ist. Deswegen gibt es weder im Hebr. noch im Griech. einen einzelnen Ausdruck, der dem Begriff W. genau entspricht. Das bedeutet nicht, dass die Wahrnehmung geregelter, erwartbarer Abläufe fehlte, aber die bibl. Texte sprechen mythologisch von Welt und Gesch., d. h. als gedeutete, sinnhafte Größen. Es geht nicht um die Gegenüberstellung von Natur und W., sondern um die theol. Deutung der Welt. Sie wird als Kommunikationszusammenhang verstanden, der Gott als Handlungsträger einbezieht. Auch „natürliche" Ereignisse (wie Entstehung und → Geburt eines → Kindes) können direkt auf göttliches Wirken zurückgeführt werden. Der Begriff W. bleibt aber sinnvoll im Hinblick auf bes. Taten Gottes, die das Erwartbare, üblicherweise für möglich Gehaltene, auffällig übersteigen.

I. AT: 1. Erzählungen von W. Gottes in diesem Sinne sind zahlreich. Je nach theol. oder lit. Intention können verschiedene Aspekte des W. betont werden, z. B. das Erstaunlich-Unerwartete (*niflāʾōt*), das Furchterregende (*nōrāʾōt*) oder das Zeichenhafte. → Zeichen (*ʾōtōt/mōfēt*) weisen allgemein auf Gottes → Gerechtigkeit, Größe, → Macht und Anspruch oder auf konkrete Aussageabsichten hin.

I. 2. Der kranke → König Hiskija bekommt ein göttliches Zeichen (rückwärts laufender Schatten) für seine baldige Heilung (2 Kön 20,8f; Jes 38,7f). König Ahas wird aufgefordert, sich von Jhwh ein Zeichen zu erbitten. Als er dies ablehnt, kündigt Jesaja dem König die Geburt des *Immanuël* als Zeichen an (Jes 7,10ff; → Jungfrau). Taten Gottes im Umfeld der Befreiung → Israels aus Ägypten werden oft in der Kombination *ʾōtōt ūmōf^etīm* (nach der LXX: σημεῖα καὶ τέρατα) thematisiert (Ex 7,3; Dtn 4,34; 6,22; 7,19; 26,8; 29,2; 34,11; Neh 9,10; LXX Est 10,3f; Ps 135,9; Jer 32,20f; Weish 10,16; Bar 2,11). In dem gesch. Rückblick des Lehrgedichts Ps 78 wird greifbar, was unter solch zeichenhaften (Ps 78,43; vgl. Ps 105,27), aber auch erstaunlichen (Ps 78,4.11f.32) Taten zu verstehen ist, nämlich die äg. Plagen (78,43–51; vgl. Ps 105,28–36), die → Rettung durch das Rote Meer, dessen Wasser wie Mauern stehen (Ps 78,13 vgl. Ex 14,22.29), Wasser aus dem Felsen (Ps 78,15f; vgl. Ps 105,41), Ernährung durch Manna und Wachteln (78,23–29; vgl. Ps 105,40). Die soteriologische Relevanz dieser W. besteht in der Absicht, → Glauben an Gott und Gehorsam gegen seine heilsame → Weisung zu wecken. So nennt Ps 78 an der Spitze der W. die Gabe des Gesetzes (78,4–6). Dieser W.-Begriff unterscheidet sich vom neuzeitlichen ebenso wie der von Ps 136, der das Handeln Gottes an Israel seit dem → Exodus (136,10–24) und das göttliche Wirken in der → Schöpfung (136,5–9.25f) verbindet und beides als staunenswertes W. preist.

In Jes 8,18 wird die Wendung *ʾōtōt ūmōf^etīm* auf den → Propheten und seine Kinder angewandt. Auch die individuellen Dankpss. (Ps 9; 31; 107 u. a.) beziehen sich z. T. auf Erfahrungen, die vom neuzeitlichen W.-Verständnis nicht erfasst werden. Aus der Unvergleichlichkeit seiner W. kann Jhwhs Einzigartigkeit bzw. Einzigkeit erschlossen werden (Ex 15,11; Ps 72,18; 89,6f; 136,4). Gott kann seine W. direkt oder durch Propheten wirken. Der Akteur der W. von Mose und Aaron im Umfeld des Exodus ist Gott, wie die heilsgesch. Rückverweise betonen. In den Erzählungen selbst wird der W.-Täter ebenfalls als Werkzeug Gottes dargestellt. Aaron handelt im Auftrag Gottes, wenn er die Stechmückenplage hervorruft (Ex 8,12–15). Die äg. Magier deuten sein Tun zutreffend als „Finger Gottes" (Ex 8,15). Auch die W., die Elija (1 Kön 17–19; 2 Kön 1; s. *Abb. 74*) und bes. Elischa (2 Kön 2–8) wirken, geschehen im Auftrag Jhwhs, sind also letztlich *seine* W. In der Auseinandersetzung mit anderen Göttern sollen die „Großtaten" (2 Kön 8,4: *g^edōlōt*) Jhwhs Einzigkeit erweisen und zeigen, dass die Propheten in seinem Auftrag handeln (1 Kön 18,36). Einigen Elischa-Erzählungen aber scheint die Überhöhung des W.-Täters wichtiger als die theol. oder soteriologische Relevanz des W. (vgl. z. B. 2 Kön 6,1–7; 13,21).

II. NT: Die W.-Erzählungen des NT werden von der Forschung fast durchweg als fiktiv eingestuft. Trotzdem wird an der Historizität der charismatischen Heilungen und Exorzismen Jesu festgehalten. Im antiken Umfeld geht es hier um die Medizin der „kleinen Leute" (→ Krankheit). Im Vor-

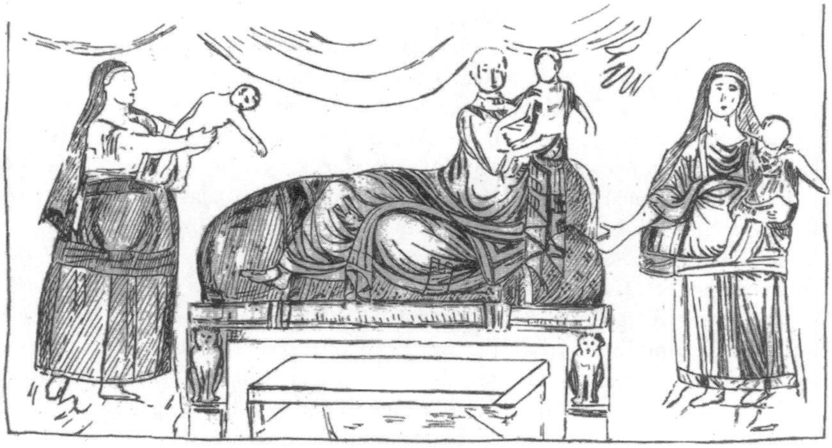

Abb. 74: Elija erweckt den toten Sohn der Witwe (1 Kön 17,17ff) zum Leben. Über dem Propheten und dem lebenden Jungen die Hand Gottes. Malerei in der Synagoge von Dura Europos (3. Jh. n. Chr.).
Quelle: *R. Comte du Mesnil du Buisson*, Les peintures, pl. L.

dergrund des Interesses stehen Heilung und → Rettung, nicht die neuzeitliche Frage nach einem Durchbrechen der Naturgesetze. Die soteriologische Dimension der Heilungen Jesu litte deshalb auch nicht unter einer medizinischen (etwa psychosomatischen) Erklärung. Für Jesus sind Heilungen und Exorzismen performative → Zeichen („Sakramente") für die Nähe des Gottesreiches (→ Herrschaft). In solchen W. wird das ganzheitliche → Heil der gegenwärtigen Königsherrschaft Gottes für die Einzelnen punktuell und situativ erfahrbar, wobei Jesus sich als Mittler, nicht aber als den eigentlichen Akteur sieht: „Wenn ich mit dem Finger Gottes (s. o. zu Ex 8,15!) die → Dämonen austreibe, dann ist das Reich Gottes zu euch gekommen" (Lk 11,20). Von den (erschließbaren) vorsynopt. W.-Sammlungen bis hin zu den Evv. ist das W. der Krankenheilung ganz wesentlich für das Jesusbild. Lk lässt außerdem die → Apostel das heilende Wirken Jesu fortführen. Selbst der Schatten des Petrus wirkt W. (Apg 5,15). In der erzählten Welt der W.-Geschichten kommen zu den Heilungen und Exorzismen (Mk 3,4; 5,28.34; 6,56; 10,52; Lk 8,36; 17,19; 18,42; Apg 4,9; 14,9 u. a.) W.-Gattungen, die z. T. deutlich auf atl. Vorbilder rekurrieren, hinzu: Natur-W. (Mk 6,45–52; Joh 6,16–21), Geschenk-W. (Mk 6,32–44; 8,1–10; Joh 2,1–11; 6,1–15), Totenerweckungen (Mk 5,22–43; Lk 7,11–17; s. *Abb. 75*), W. der Rettung und Befreiung (Mk 4,35–41; Apg 5,18f; 12,6ff; 16,25ff; 27). Im Rahmen ntl. → Soteriologie sollen sie nicht nur eschatologische Heilserfahrungen erzählen, sondern sind als exemplarische Glaubens- und Nachfolge-Erzählungen auch Metaphern für die soteriologische Bedeutung Jesu und des → Glaubens an ihn. Am weitesten fortgeschritten ist diese Metaphorisierung in der joh. W.-Konzeption. Das W. vermittelt kein Heil („ewiges Leben"), sondern weist nur darauf hin. Es ist gerade keine sakramentale Vergegenwärtigung, sondern bloßes Zeichen (σημεῖον). Deshalb steht nicht mehr die Heilung als individuelle Erfahrung des Heils im Mittelpunkt, sondern der Hinweis auf die → Herrlichkeit Gottes und seines Mensch gewordenen Sohnes (Joh 2,11; 11,4). Jesus eilt nicht zum kranken Freund (Joh 11,6). Lazarus mag sterben, dadurch wird nur das W. größer, das Jesus an ihm wirken kann, um seine Herrlichkeit zu offenbaren und Glauben zu wecken (Joh 11,11–15).

I. *J. C. Cavadini* (Hg.), Miracles in Jewish and Christian Antiquity, Notre Dame 1999; *F.-E. Wilms*, Wunder im Alten Testament, Regensburg 1997.

II. *S. Bieberstein*, Wundergeschichten einst und heute: Katechetische Blätter 135 (2010) 242–248; *R. von Haehling*, Der römische Kaiser – ein Wunderheiler?, in: *F. R. Prostmeier* u. a. (Hg.), Jesus als Bote des Heils, Stuttgart 2008, 226–236; *B. Kollmann*, Neutestamentliche Wundergeschichten, Stuttgart [3]2011; *J. Winkel*, Der kommende Mensch, Würzburg 2011; *R. Zimmermann* u. a., Kompendium der frühchristlichen Wundererzählungen, Gütersloh 2013.

Joachim Kügler

Zeichen (Z.)

(→ Dachartikel: Eschatologie)

I. AT: 1. Die große Bedeutungsvielfalt des Begriffs Z. (hebr. *ʾōt*; griech. σημεῖον) in der bibl. Lit. versuchen folgende Beispiele annähernd zu umreißen: → Gestirne als Z. für Festtage (Gen 1,14; Sir 43,6; Ps 104,19), Schutz-Z. (Gen 4,15; Ex 12,13), Z. für den → Bund (z. B. Gen 9,12; 17,11; Dtn 29,11; Ez 20,12.20); verbotene rel. Z. (Lev 19,28); Weihe-Z. (Num 6,7); Signal-Z. (z. B. Num 10,2); mahnende Z. (z. B. Num 17,3.5); Z. zum Gedenken oder zur Erinnerung (z. B. Ex 13,9.16; 39,7; Num 31,54; Dtn 6,8; 11,18; → Gedächtnis); Z., die sich als Bestätigung für eine Ankündigung erfüllen (z. B. Ex 3,12 und 19,1; 2 Kön 20,8f; Jes 7,11–14; Lk 2,12); Z. als Orientierungspunkte für die → Rettung der → Völker bzw. → Israels (Jes 11,10.12); prophetische Z.-Handlungen (z. B. die → Ehe des → Propheten Hosea in Hos 1–3; vgl. Ez 4f).

I. 2. Die prophetischen Z.-Handlungen dienen zur Veranschaulichung einer prophetischen Botschaft, sie wirken mitunter auch wie modernes „Straßentheater". Einige Beispiele: Jeremia zerbricht einen Krug, um die Zerstörung Jerusalems anzukündigen (Jer 19,1–20,6). Er trägt ein Jochholz, um die Unterjochung durch den Feind zu versinnbildlichen (Jer 27). Ezechiel zeigt in mehreren *Performances* den Ernst der Bedrohung Jerusalems auf (Ez 4f). In der Apg deutet der Prophet Agabus mit einem Gürtel die Verhaftung des Paulus an (Apg 21,10f). Die Ehe des Propheten Hosea mit einer untreuen → Frau wird als Gleichnis des Verhältnisses zwischen Gott und dem untreuen Volk gedeutet. Jeremia sieht (in einer Vision) Feigen unterschiedlicher Qualität und erhält als Deutung, dass Gott sich den ihm treuen Judäern in der Verbannung zuwenden, den treulosen Oberen des Volkes in Jerusalem aber den Untergang bringen wird (Jer 24).

Bes. dominant sind die Bestätigungs- und → Wunder-Z., die beim Auszug aus Ägypten (→ Exodus) von Gott durch Mose gewirkt werden (Ex 3–11). Auf diese „Z. und Wunder in Ägypten" wird innerbibl. sehr häufig Bezug genommen (z. B. Ex 13,9.16; Num 14,22; Dtn 4,34; 6,22; 11,3; 26,8; 34,11; Neh 9,10; Ps 78,43; 105,27; 135,9; Weish 10,16; Sir 45,3; Jer 32,20–21; Bar 2,11; Apg 7,36). Sie sind Sinnbild für die Wirkmächtigkeit Gottes in der → Gesch. (z. B. Sir 36,6 im → Gebet um Rettung), entsprechend erschauern die Völker vor diesen Z. Gottes (Ps 65,9), das Volk beklagt das Ausbleiben solcher Z. (Ps 74,9), der Einzelne erhofft sich ein Z. zu seinem Glück (Ps 86,17), für die Zukunft werden Z. für die Rettung des Volkes verheißen (z. B. Jes 55,13; 62,10). Auch fremde → Könige müssen diese Wirkmacht Gottes anhand der Z. anerkennen (z. B. Dan 3,99f; 6,28). In der Apg knüpfen die „Z. und Wunder" (σημεῖα καὶ τέρατα), die durch die → Apostel geschehen (z. B. Apg 2,43; 4,30; 5,12; 6,8; 8,13; 14,3; 15,12; Röm 15,19; 2 Kor 12,12; Hebr 2,4), an dieses Motiv der Wirkmächtigkeit Gottes an und

Abb. 75: Auferweckung des Lazarus. Katakombenmalerei St. Calixtus in Rom. Quelle: *F. X. Kraus/I. Spencer Northcote/W. R. Brownlow,* Roma Sotterranea: die römischen Katakomben, Freiburg 1873, Fig. 41.

bestätigen durch diese subtile „Verlängerung in die Kirchengeschichte“ den Wahrheitsanspruch der apostolischen Verkündigung.
Die Endzeit, das Gericht, der Tag des Herrn (→ End-Gericht) werden durch kosmische Z. am → Himmel angekündigt: Joël 3 nennt neben der Geistausgießung über alles → Fleisch Begriffe wie → Blut, → Feuer, Rauchsäulen, Sonnenverfinsterung, blutroter Mond (rezipiert in Apg 2,19; Offb 6,12). Von kosmischen Veränderungen sprechen z. B. auch Jes 13,10; 34,4; Joël 2,10; Hag 2,6.21. In diesen Texten zeigt sich die menschliche Sehnsucht nach klaren Indikatoren der Endzeit.
II. NT: 1. Auch Jesus wird mehrfach nach einem Z. (vom → Himmel) gefragt. Nach Mk 8,11f lehnt Jesus die Z.-Forderung kategorisch ab, nach Mt 12,38f; 16,1.4par. parallelisiert sich Jesus mit Jona, der auch kein Z. wirkte, sondern (wie Jesus) nur predigte, sodass sich die Niniviten bekehrten – „diese Generation“ jedoch nicht, obwohl Jesus mehr als Jona ist. Mt 12,40 identifiziert das Z. des Jona mit dem Aufenthalt im Fisch, was allegorisch auf Jesu Begräbnis angewendet wird. Im Kontext der Zeichenforderung von Lk 11,16, die in Jesu Verteidigungsrede gegen den Vorwurf, die → Dämonen mit Hilfe von Beelzebul auszutreiben, eingebettet ist, steht der Satz: „Wenn ich aber die Dämonen durch den Finger Gottes austreibe, dann ist doch das Reich Gottes schon zu euch gekommen“ (Lk 11,20). Daran kann abgelesen werden, dass die Heilungen Jesu, insbes. die Dämonenaustreibungen, Zeichencharakter im Blick auf die kommende Gottesherrschaft haben.
Die Z. für das Hereinbrechen der Endzeit erörtert Jesus in Mk 13par. → Kriege, Erdbeben, Hungersnöte, Verfolgung und weitere, nicht näher bestimmte Nöte gehen dem Kommen des Menschensohnes zum Gericht voraus. Diese Erwartung geht auf die Vision von Dan 7,13 zurück und ist mit kosmischen Umwälzungen der → Gestirne verbunden, in Mt 24,30 auch mit einem (nicht näher beschriebenen) „Z. des Menschensohnes“. Die Parallele in Lk 21,25–28 führt noch das Tosen des → Meeres an und betont tröstend die Nähe der → Erlösung. Ein weiteres Z., das der Endzeit vorausgeht und vor dem eindringlich gewarnt wird, ist das Auftreten falscher → Messiasse und falscher → Propheten, die sogar trügerische Z. und → Wunder tun (Mk 13,22par.; 2 Thess 2,9; Offb 19,20). Die Ereignisse beim → Tod Jesu am → Kreuz (z. B. das Zerreißen des Tempelvorhangs; Mt 27,51–54par.) bestätigen hingegen als Gerichts-Z., dass Jesus der Messias, der Sohn Gottes ist (vgl. Bekenntnis des Hauptmanns!).
Joh konzipiert eher eine realisierte oder präsentische → Eschatologie. Hier dienen die Z., die Jesus tut, seiner Beglaubigung als des von Gott Gesandten (z. B. Joh 2,11.23; 3,2; 4,54; 6,2.14; 12,18). Zugleich aber lösen sie Kontroversen aus (z. B. Joh 6,30; 7,31; 9,16; 11,47) und dokumentieren den Unglauben der Gegner Jesu (Joh 12,37). Die Leserinnen und Leser des Joh jedoch sollen durch die aufgeschriebenen Z. zum → Glauben an Jesus, den Messias und Sohn Gottes, gelangen (Joh 20,30f).
II. 2. Die Offb (→ Apokalyptik) versteht sich insgesamt von ihrem Eröffnungsvers her als Z. für das, was bald geschehen muss. Insofern sind alle vorkommenden Bilder und Symbole Z. für das kommende Ende bzw. die → Parusie des Menschensohnes (vgl. Dan 7,13 in Offb 1,7.13 u. a.). Vieles davon ist den eschatologischen Texten des AT entnommen, z. B. die kosmischen Veränderungen aus Joël 3,4; Jes 13,10; 34,4 in Offb 6,12–14 oder die Rede vom Tag des Zorns aus Joël 2,11 und Nah 1,6 in Offb 6,17. Ferner werden immer wieder Elemente der „Z. und Wunder“ des → Exodus-Geschehens aufgegriffen (z. B. Offb 8,8/Ex 7,20f; Offb 9,2/Ex 19,18; Offb 9,3/Ex 10,12; Offb 11,6/Ex 7,17; Offb 16,1–21), was zeigt, dass die äg. Plagen und die Theophanietexte (→ Theophanie) nicht (nur) als ferne Vergangenheit gelesen wurden, sondern als überzeitliche Machtdemonstrationen Gottes, die am Ende der → Zeiten wiederkehren werden. Die Offb erwähnt auch „falsche“ (Wunder-)Zeichen, ausgeübt von monströsen Tieren, Dämonen oder vom falschen Propheten (Offb 13,13f; 16,14; 19,20), die die Menschen verwirren und verführen. Diese Erkenntnis zeugt von dem Bewusstsein, dass Z. alleine grundsätzlich vieldeutig sind und auch missbraucht werden können bzw. der rechten Deutung bedürfen. Ausdrücklich als „großes Z. am Himmel“ werden die mit Sonne, Mond und Sternen bekleidete → Frau als Symbol für das neue Gottesvolk in Offb 12,1 und ihr Widerpart, der monströse Drache in Offb 12,3, sowie die sieben

→ Engel mit den sieben Plagen in Offb 15,1 genannt. Der Seher projiziert an den Himmel, was er täglich erlebt – die Auseinandersetzung der verfolgten Christengemeinden mit der als feindlich empfundenen Umwelt bzw. polit. Gesellschaft – und was er eschatologisch-kosmisch als Vorzeichen der Endzeit deutet. Was aber letztlich bleibt von all den gesehenen Z., ist der schriftliche Bericht des Sehers, der *nicht* versiegelt (gegen Dan 12,4.9), sondern offen verkündet wird (Offb 22,10). Durch die Verschriftung der Z. in den „prophetischen Worten dieses Buches" wird das durch die Z. Bezeichnete allen Menschen zugänglich, sodass die christl. Bibel mit dem Gnadenwunsch an alle schließen kann.

I. *K. G. Friebel*, Jeremiah's and Ezekiel's Sign-Acts, Sheffield 1999; *H. Irsigler*, Zeichen und Bezeichnetes in Jes 7,1–17: BN 29 (1985) 75–114; *K. Ott*, Die prophetischen Analogiehandlungen im Alten Testament, Stuttgart 2009; *W. M. Ritter/M. Albrecht* (Hg.), Zeichen und Wunder, Göttingen 2007.
II. *W. J. Bittner*, Jesu Zeichen im Johannesevangelium, Tübingen 1987; *H. Gollinger*, Das „Große Zeichen": BiKi 39 (1984) 66–75; *H.-C. Kammler*, Die „Zeichen" des Auferstandenen, in: *O. Hofius/H.-C. Kammler*, Johannesstudien, Tübingen 1996, 191–211; *B. Kowalski*, „Lichtfrau, Drache, Zornesschalen …": EThL 78 (2002) 358–384; *C. Welck*, Erzählte Zeichen, Tübingen 1994.

Thomas Hieke

Zeit (Z.)

(→ Dachartikel: Geschichte/Geschichtsdarstellung/Heilsgeschichte)

I. AT: 1. Die hebr. Termini für Z. (*ʿēt, jōm/jāmīm, ʿōlām*) stehen für eine soziokulturelle (und soziolinguistische) Größe, die sich in keiner vergangenen oder gegenwärtigen Gesellschaft mit der physikalischen Z. deckt. Einen von Gott unabhängigen, etwa physikalisch bestimmten Zeitfluss kennt die Bibel nicht. Sucht man in der hebr. Bibel nach Entsprechungen für das Wort Z. in deutschen Übersetzungen, findet man *ʿēt* (Z.), eine Konstruktion mit *jōm* „Tag" oder mit *ʾāz* „damals" und oft auch gar keine wörtliche Entsprechung.

I. 2. In Gen 1 wird die → Schöpfung der Z. nicht beschrieben, sondern durch die Abfolge von Schöpfungswerken und Tagen erzählt. Das Grundelement der „bibl." Z. ist der Wechsel von Tag und Nacht (Gen 1,4; Ps 104,20–23), aus dem sich der beide umfassende „Kalendertag" (Gen 1,5) ergibt, ergänzt um die Kategorien von Mond-Monat und Sonnen-Jahr (Gen 1,14f; Ps 104,19). Niedergelegt wird Z. in Kalendern, die zuerst dem agrarischen Jahresablauf folgen (Geser-Kalender), stets aber auch kultische Bedeutung (→ Kult) haben, insofern das Feiern der Menschen der göttlichen → Ordnung der Schöpfung entspricht. Im nachexil. Judentum bis hinein in ntl. Z. konkurrieren ein wesentlich nach dem Sonnen- und ein nach dem Mondjahr strukturierter Kalender.

Die Vorstellung angehaltener Z. (Jos 10,13b.14) oder gar rückläufiger Z. (Jes 38,8; 2 Kön 20,9–11) war möglich, da die Z. von den Himmelskörpern in ihren regelmäßigen Bahnen angezeigt, wenn nicht „gemacht" wurde. Die polit. Z. maß sich vom Regierungsantritt des jeweiligen Herrschers an. Eine Ära gab es für → Israel erst seit 198 v. Chr. durch die Einführung der seleuk. Ära (Jahr 1 = 312 v. Chr.).

Z. ist im AO und im AT nicht losgelöst von dem zu betrachten, was in ihr geschieht (Koh 3,1–8). Dementsprechend gibt es „gute" und „schlechte" Z. (Jer 2,27f; 11,12.14; 15,11; Am 5,13; Mi 2,3; Ps 37,19; Koh 9,12). Deren Abfolge kann zyklisch sein (vgl. das Richterbuch mit dem – an sich offenen – Schema: Abfall – Bedrückung – Rettung – Ruhe – Abfall) oder rein zufällig (Koh 3,1–8, wegen des Zufalls-Konzeptes; auch nach Koh ist das Inventar aller in der Welt möglichen Ereignisse geschlossen, es ist aber nicht möglich vorherzusagen, welches als nächstes eintritt). Die Opposition von guter und schlechter Z. kann auf das Verhältnis von Vergangenheit und Gegenwart (Ps 44) wie auf das Verhältnis von Gegenwart und Zukunft appliziert (oder projiziert?) werden (Ps 84,7f) bzw. eine Triade bilden: gute Vergangenheit – schlechte Gegenwart – gute Zukunft (Ps 85). Dieser Triade folgt das Geschichtsbild der Vorderen und Hinteren → Propheten: → Heil (Josua) – Niedergang (Richter), Heil (David und z. T. Salomo) – Niedergang (von Salomo bis zum → Exil) – gegenwärtiges Unglück als Folge vergangener Schuld – das endzeitliche als bleibendes Heil. Das chronistische Geschichtswerk mit Esra-Neh konzipiert eine Triade mit genealogischer Vorhalle

(Heil) – Unheil – Heil. Für Koh gibt es neben der Menschenzeit (ʿēt) auch die Gotteszeit (ʿōlām) (→ Ewigkeit), die außerhalb menschlicher Erkenntnis liegt.

I. 3. Die P hat die wohl differenzierteste Epochengliederung unter den innerbibl. Beiträgen zur Geschichtsphilos.: Die Extratemporalität des Chaos (Gen 1,2) – von Adam bis Noach (Lebensalter von 969 bis 777 Jahren; Gen 5; 9,28f) – von Sem bis Terach (Lebensalter von 600 bis 205 Jahren; Gen 11,10–32) – von Abraham bis Josua (Lebensalter von 175 bis 110 Jahren, Mose 120 Jahre; Dtn 34,7). Diese insgesamt als „Ur- und Vorgeschichte" Israels aufzufassende Komposition schafft durch diese Lebensalter-Klassen einen graduellen Übergang von der mythischen Z. der Schöpfung bis zur Jetzt-Z., die für Israel mit der Existenz im Land angebrochen ist und in der die menschliche Lebenszeit maximal 80 Jahre beträgt (Ps 90,10; Sir 18,9: 100 Jahre). Zugleich liegt hier einer der ersten Entwürfe einer universalen, entstaatlichten und entpolitisierten Chronologie vor, die freilich erst im Mittelalter Grundlage der jüd. Zeitrechnung nach „Jahren seit der Schöpfung" geworden ist.

I. 4. In der → Apokalyptik (Dan; Henochtradition) mischen sich Beobachtung der Zeitläufe und weisheitliche Spekulation über den Kosmos und den Ablauf der → Gesch. mit der aus prophetischer Tradition stammenden Erwartung eines von Gott gewirkten, mit → End-Gericht und Restitution verbundenen Endes. Die Apokalyptik steigert damit das Bewusstsein, dass Gott Herr über die Z. ist.

II. NT: 1. Das NT differenziert zwischen den Begriffen χρόνος („Z.", „Zeitlauf") und καιρός („Zeitpunkt", „Gelegenheit", „Ereignis") und zeigt, dass Z. für das NT wie für antike Menschen insgesamt stets eine „subjektive" Komponente besitzt. Z. ist kein objektiv ablaufender Vorgang, sondern wird empfunden. In vielen Bereichen schließt sich das NT ferner an das atl. und jüd. Zeitverständnis an, wobei die Konzeption der „Wende der Z." eine bes., zusätzlich qualifizierende Rolle spielt (→ Geschichte; → Ewigkeit). „Das neutestamentliche Zeit- und Geschichtsverständnis ist teleologisch ausgerichtet, es geht von einem göttlichen Auftrag aus und rechnet mit einem von Gott gewirkten Ziel. (…) Zeit wird im Neuen Testament als von Gott genutzte und dem Menschen geschenkte Zeit zum Handeln verstanden. Sie hat in der Sendung Jesu Christi ihren innergeschichtlichen Wendepunkt erreicht" (K. Erlemann). Bei der Einteilung der „profanen" Z. lassen sich im NT hingegen keine auffälligen Akzente erkennen; gesch. Ereignisse werden ganz nach antikem Vorbild nach Herrschern datiert (bes. Lk 3,1f), zyklische Elemente wie etwa periodisch wiederkehrende → Feste werden in das teleologische Zeitempfinden eingeordnet.

II. 2. Im NT verstehen Jesus (vgl. Gleichnisse wie Lk 13,18–21!) und Paulus (Röm 9–11) die eigene Z. als (Anbruch der) Endzeit (wie andere jüd. → Propheten und Prediger ihrer Z., z. B. Johannes d. Täufer). Lukas macht daraus, Augustin präfigurierend, einen drei-, implizit aber fünfgliedrigen Geschichtsentwurf: → Schöpfung (→ Heil) – die Z. der Propheten (Heil und Unheil) – die Z. Jesu (Heil und Unheil) – die Z. der → Kirche (Heil und Unheil) – das endzeitliche Heil. Die „Z. der Geschichte" zwischen Schöpfung und (Vollendung der) → Erlösung ist durch das Ineinander von göttlichem Heilswillen als Vorbereitung, → Offenbarung und Ausbreitung des Ev. und menschlichem Unheilswirken charakterisiert. In bes. Maße bedingt die verbliebene Z. zwischen dem ersten Kommen des göttlichen → Boten und seiner Wiederkunft Bedrängnis (Mk 13,1–13) und fordert Wachsamkeit (Röm 13,11–14; 1 Thess 5,1–11) und ein auf das eigene Auskommen im Eschaton gerichtetes Verhalten (Lk 16,1–13; Mt 25,14–30; Gal 6,10; Jak 4,15 *conditio Iakobaea*). Nach Mk 13,20–22 verkürzt der Herr die Z. um der Auserwählten willen (um sie nicht weiterer Verführung auszusetzen), nach 2 Thess 2,1–12 kommt das Ende erst, wenn der beseitigt ist, der die Gesetzlosigkeit „niederhält" (κατέχον, Deutung umstritten). Während eine eindeutige Terminsetzung für das Eintreten des Eschaton in der Generation der ersten Zeugen nur in Mk 9,1; 13,30; 1 Thess 4,15 festzustellen ist, finden sich zahlreiche Aussagen, die mit einer Dehnung der Z. rechnen (Lk 17,20–37; 2 Petr 3,2–14; 2 Thess 2,6 spricht noch von der „festgesetzten Z.", hält aber deren Eintreten offen). Dennoch lassen sich stark „präsentische" Aussagen über das Eschaton nicht generell von „futurischen" trennen, da es sich dabei im Wesentlichen lediglich um zwei

Aspekte des einen Zeitverständnisses handelt. Bes. wichtig ist die Komplementarität der beiden Zeitaspekte für das Verständnis des Joh, da sich für Joh das Ergehen im erwarteten Gericht schon „jetzt" daran entscheidet, ob man Jesus als den legitimen, von Gott gesandten Boten aufnimmt und seinem „neuen Gebot" folgt. Insofern ist die gegenwärtige Z. eine Z. der κρίσις („Entscheidung") (Joh 1; 5,24–30; 8). Für das NT insgesamt gilt: Durch die Ansage des „nahen" Endes „erhält das Verhalten in der verbleibenden Zeit die Qualität besonderer Dringlichkeit und Tragweite"; ntl. → Ethik ist in weiten Teilen „Durchhalteethik" (vgl. bes. die Offb), deren Ernst eschatologisch begründet wird (K. Erlemann).

I. *M. Cwik-Rosenbach*, Zeitverständnis und Geschichtsschreibung in Mesopotamien: ZRGG 42 (1990) 1–20; *C. Dohmen*, Offenbarung der geschaffenen Zeit: LebZeug 55 (2000) 5–9; *Hedwig-Jahnow-Forschungsprojekt* (Hg.), Zeit wahrnehmen, Tübingen 2010; *K. Koch*, Qädäm, in: *ders.*, Spuren des hebräischen Denkens, Neukirchen-Vluyn 1991, 248–280; *ders.*, Vor der Wende der Zeiten, Neukirchen-Vluyn 1996; *I. Willi-Plein*, Am Anfang einer Geschichte der Zeit: ThZ 53 (1997) 152–164.
II. *J. Ebach*, Vergangene Zeit und Jetztzeit: EvTh 52 (1992) 288–309; *W. Eisele*, Chronos und Kairos: Early Christianity 3 (2012) 468–491; *K. Erlemann*, Art. Zeit IV: Neues Testament: TRE 36 (2004) 516–533; *M. R. Salzman*, On Roman Time, Berkeley 1990; *T. Schmidt*, Das Ende der Zeit, Bodenheim 1996.

Ernst Axel Knauf (AT) / Jürgen Zangenberg (NT)

Zion (Z.)

(→ Dachartikel: Weltbild/Kosmologie)

I. AT: 1. Hebr. *Ṣijjōn* (Etymologie umstritten), griech. Σιών, ist ursprünglich der Eigenname des Akropolishügels von Jerusalem, der von David (2 Sam 5,6ff) erobert wurde. Im Anschluss daran wurde dieser Teil Jerusalems → Stadt Davids genannt (1 Kön 8,1), wo sich auch die (bislang nicht lokalisierten) Königsgrabstätten befanden. In Folge wurde der Name zur Bezeichnung der ganzen Stadt Jerusalem (Jes 4,3; 30,19; Jer 14,19) oder auch des Tempelbergs (Mi 3,12 = Jer 26,18; Jes 2,2f = Mi 4,1f; Sach 8,3), mit dem sich als → Berg Jhwhs zahlreiche theol. Vorstellungen (greifbar in den Zionsliedern Ps 46; 48; 87; 11Q05 22) und eschatologische Erwartungen verbanden. Der Begriff ist hauptsächlich in Jes, Ps, Jer und Klgl belegt.

I. 2. Z. bezeichnet im kultischen Sprachgebrauch Jerusalem als die Stadt Jhwhs und seinen Wohnsitz, den → Tempel, der als auf einem heiligen Berg angesiedelt gedacht wird. Hier ist (nach atl. Darstellung seit der Überführung der Lade und dem salomonischen Tempelbau) der Ort, an dem Jhwh wohnt und als → König thront (Jes 8,18; Ps 2,6; 9,12; 74,2; 110,2; 146,10), von wo aus er das Wohl seiner Stadt, seines Königshauses (Davids), Judas und des Landes garantiert (Ps 110; 134,3). So ist Jerusalem Stadt Gottes oder Stadt Jhwhs (Jes 60,14) und heilige Stadt (Jes 48,2; 52,1; Neh 11,1.18). Der Z. ist erwählt (Ps 68,17f; 78,68; 132,13), Ausgangspunkt der → Theophanie Jhwhs (Jes 31,9), seines rettenden Eingreifens (Ps 14,7; 20,3; 134,3), jedoch auch seines → End-Gerichts (Am 1,2). Mit Z. verbanden sich Motive der ao. Tempeltheol., wenn dort (entgegen der tatsächlichen Gegebenheiten) der Götterberg des Nordens (in Ugarit Zafon, vgl. Ps 48,3; Jes 2,2 = Mi 4,1), der kosmische Weltberg mit Weltenachse und Weltfundament (Jes 14,32; 28,16; Ps 78,68f; Ez 5,5) und das Entspringen des Paradiesstroms (Ps 46,5; Ez 47; Sach 13,1; 14,8) angesiedelt, und er als Zentrum der Welt angesehen (Ps 48,3; 50,2) wurde. Auch die theol. Geographie des → Paradieses zentriert sich um ihn. Hier können das → Volk und der Einzelne Gott begegnen (Ps 42,3; 84,3.8). Heiligtum und → Thron Jhwhs ragen hier in den → Himmel, sodass sich die Raumachsen kreuzen: Der Z. bzw. der Tempel sind der irdische Himmel (Jes 6; Ps 78,68f). Die Z.-Tradition, die Jerusalem (evtl. im Anschluss an die als → Wunder gedeutete Verschonung durch den Assyrerkönig Sanherib 701 v. Chr.) den Schutz Jhwhs zusagt (Jes 14,32) wird in ihrer uneingeschränkten Gültigkeit relativiert, wenn die göttliche Schirmzusage nur gilt, wenn sich die Jerusalemer dem → Willen Jhwhs entsprechend verhalten (Jes 1,8f.21–28; 10,32ff), sodass die Zerstörung der Stadt (587 v. Chr. durch die Babylonier) der Frevelhaftigkeit ihrer Bewohner zuzuschreiben war (s. schon Mi 3,10ff, rezipiert in Jer 26,18). Die Klgl sind Klagen über den zerstörten Z., die evtl. bei der Wiedereinweihung des Tempels (515 v. Chr.) zum Einsatz kamen. Die Heilsverkündigung DtJes kündigte dem zerstörten Z. und Jerusalem (Jes 40,9; 41,27; 46,13; 51,3; 52,7ff) umfassende Wiederherstellung und paradiesische Zustände an, die sich nachexil. nicht realisierten, auch wenn sich Jhwhs Wohnen auf dem Z. (Sach 2,14; 8,2f) und die Wiederaufnahme der davidischen Dynastie (Sach 9,9) anfänglich durch die Statthalterschaft des Davididen Serubbabel sowie den Wiederaufbau von Stadt und Tempel als Möglichkeiten andeuteten. Der Z. wurde folglich zum Fokus diverser eschatologischer Themen wie der prophetischen Zukunftserwartung in Form der Völkerwallfahrt zum Z. (Jes 2,2ff; 18,7; 1QM 12,13; 19,5), des erfolglosen Völkeransturms gegen den Z. (Jes 17,12–14; 29,5–8), der eschatologischen → Rettung am Z. (Jes 25,6f; 33) und der eschatologischen Vision des himmlischen Jerusalem.

I. 3. Eng verbunden mit dem Z. ist auch die Rede von der Tochter Z., bei der es sich um die Personifikation der Stadt Jerusalem als junge → Frau handelt (Jes 1,8; 52,2; 62,11; Mi 1,13; Klgl 2,1ff). Der religionsgesch. Hintergrund ist in der (ao. und griech.) gängigen Vorstellung von der Stadtgöttin zu suchen, die ao. Partnerin des Stadtgottes war und in hell. Zeit als Stadt-Tyche verehrt wurde (→ Göttin). Sie garantierte das Wohl der Stadt, in der sie präsent war. Die Rede von Z. als Tochter erlaubt es, die Beziehung zwischen Jhwh und seiner Stadt in einem gängigen, engen und personalen Interpretationsmuster vorzustellen, in dem Z. als der schutzbefohlene Teil figuriert; durch die Metapher der → Ehe zwischen Jhwh und Z. wird das dauernde Treueverhältnis zwischen beiden Partnern geltend gemacht (→ Treue) (Jes 49,18; 54,1.5). Z. wird folglich von der Mutter zur → Witwe oder von der Ehefrau/Braut zur ehrlosen Hure (Jes 1,21), wenn sie ihre Verpflichtung gegen ihren Eheherrn Jhwh bricht (Klgl 1,1). In ihrem Werdegang von ihrer anfänglichen Lieblichkeit, über das sich aus ihrer Untreue ergebende Unheil bis zu ihrer anschließenden Wiederherstellung durch Jhwh ist Z. mit der → Geschichte des Gottesvolks, wie sie das AT entwirft, engstens verknüpft.

II. NT: Z. spielt im NT (zum Begriff s. o.) keine herausragende Rolle. Die wenigen Belege zitieren das AT (Mt 21,5; Joh 12,15; Röm 9,33; 11,26; 1 Petr 2,6), ziehen einen antithetischen Vergleich zur Gottesoffenbarung am Sinai (Hebr 12,22) oder beziehen sich auf Z. als den Ausgangspunkt der eschatologischen Ereignisse (Offb 14,1).

I. *B. Ego*, Vom Völkerchaos zum Völkerkosmos, in: *A. Grund* u. a. (Hg.), Ich will dir danken unter den Völkern, Gütersloh 2013, 123–141; *F. Hahn/F.-L. Hossfeld* u. a. (Hg.), Zion, Frankfurt/M. 1993; *F. Hartenstein*, „Wehe, ein Tosen vieler Völker …“ (Jesaja 17,12), in: *ders.*, Das Archiv des verborgenen Gottes, Neukirchen-Vluyn 2011, 127–174; *H.-J. Hermisson*, „Die Frau Zion“, in: *J. van Ruiten/M. Vervenne* (Hg.), Studies in the Book of Isaiah, Leuven 1997, 19–39; *R. S. Hess/G. J. Wenham* (Hg.), Zion, City of Our God, Grand Rapids u. a. 1999; *B. Janowski*, Keruben und Zion, in: *D. R. Daniels* u. a. (Hg.), Ernten, was man sät, Neukirchen-Vluyn 1991, 231–264; *C. Maier*, Tochter Zion im Jeremiabuch, in: *I. Fischer/K. Schmid* u. a. (Hg.), Prophetie in Israel, Münster 2003, 157–167; *K. Koch*, Tausend Jahre Tempel Jahwäs in Jerusalem, in: *M. Bauks* (Hg.), Was ist der Mensch, dass du seiner gedenkst? (Psalm 8,5), Neukirchen-Vluyn 2008, 251–270; *T. N. D. Mettinger*, The Name and the Glory: The Zion-Sabaoth Theology and Its Exilic Successors: JNWSL 24 (1998) 1–24; *O. H. Steck*, Zion als Gelände und Gestalt: ZThK 86 (1989) 261–281; *D. Stoltmann*, Jerusalem – Mutter – Stadt, Altenberge 1998; *M. Weinfeld*, Zion and Jerusalem as Religious and Political Capital: Ideology and Utopia, in: *R. E. Friedman* (Hg.), The Poet and the Historian, Chico 1983, 75–115; *M. Wischnowsky*, Tochter Zion, Neukirchen-Vluyn 2001.

II. *R. Bergmeier*, „Jerusalem, du hochgebaute Stadt“: ZNW 75 (1984) 86–106; *O. Böcher*, Die heilige Stadt im Völkerkrieg, in: *ders.*, Kirche in Zeit und Endzeit, Neukirchen-Vluyn 1983, 113–132; *P. R. Davies*, From Zion to Zion, in: *T. L. Thompson* (Hg.), Jerusalem in Ancient History and Tradition, London u. a. 2003, 164–170; *B. Ego*, „Zion aber nenne ich Mutter“: Welt und Umwelt der Bibel 16 (2000) 15–19; *T. Pilger*, Zion, Leipzig 2013; *P. Söllner*, Jerusalem, die hochgebaute Stadt, Tübingen 1998; *K. H. Tan*, The Zion Traditions and the Aims of Jesus, Cambridge u. a. 1997.

Angelika Berlejung

Zorn

(→ Dachartikel: Anthropologie)

Vorbemerkung: Die als Z. bezeichnete starke emotionale Regung wird in den Bibelübersetzungen weder terminologisch noch sachlich von den → Emotionen Wut und Ärger unterschieden; dieselben Ausgangstermini werden kontextuell anders übersetzt. Der Z. gehört zu den stärksten Gefühlsregungen des Menschen; beschreibt aber ein breites Spektrum von Gefühlen von der verärgerten Verstimmung bis zum affektiven Verlust der Handlungskontrolle. Z. hat anthropologische, theol., soziale und polit. Dimensionen, die wie die Folgen des Z. bereits in der bibl. und außerbibl. Lit. reflektiert werden. In der Bibel ist weit häufiger vom göttlichen Z. als von menschlichem Z. die Rede. Das ist nicht als Beleg dafür zu werten, dass der bibl. Gott gewalttätig, impulsiv, unberechenbar o. Ä. ist, sondern dass die immer neu ausgehandelte Spannung von → Gerechtigkeit und → Barmherzigkeit im Gottesbild in das Zentrum der bibl. → Gottesvorstellungen und damit der Bibl. Theol. gehört. Die über weite Strecken in der Theol. zu findende Verdrängung der „dunklen Seiten Gottes" zugunsten eines (nur) lieben Gottes, ist eine Verharmlosung, in der Gottes Gerechtigkeit nicht wirklich Platz hat. Der Z. Gottes ist theol. unverzichtbar, auch wenn er eine bleibende Ambivalenz im Gottesbild festhält.

I. AT: 1. Die Rede vom „Ausbrechen" des Z. entspricht nicht der bibl. Redeweise, wo Z. als „heiße" Gefühlsregung aufgefasst wird und infolgedessen vom „Entbrennen" des Z., der „Hitze" oder „Glut" des Z. die Rede ist. Die Terminologie ist ungewöhnlich vielfältig, ohne dass immer Nuancen der Semantik erkennbar wären. Neben *ḥemā* „Hitze, Z.", *ḥārôn* „Glut, Z.", *qæṣæp* „Z.", *zaʾam* „Verwünschung, Z.", *zaʾap* „Wut, Z.", *regaz* „Toben, Z.", *ʾnp* „zornig werden" und *kʿs* „(zum Z.) reizen" ist *ʾāp* der häufigste Begriff für Z. Das Wort bezeichnet primär die Nase, was bereits deutlich macht, wo die atl. Körpersprache (→ Körper) den Z. verortet: in der schnaubenden, aufgeblähten, durch die verstärkte Durchblutung verfärbten Nase. Das plötzliche Entbrennen des Z. lässt ebenso wie die Rede vom „Ausbrechen" an das sog. Gefäßmodell denken, nach dem Gefühle sich im Menschen sammeln und aus ihm dann herausbrechen, wenn eine bestimmte Grenze überschritten ist. Auch die Redeweise einiger Stellen aus der Weisheitslit. deutet in diese Richtung, wenn man sich die wörtlichen Formulierungen vergegenwärtigt: etwa, dass eine sanfte Antwort die Hitze (d. h. die Erregung, die Wut, den Z.) „zurückkehren lässt", Kränkungen aber den Z. „heraufsteigen lassen" (Spr 15,1). Ein verborgenes Geschenk „bedeckt" (LXX „beschwichtigt") nach Spr 15,1 den Z., d. h. verhindert den Ausbruch. Spr 30,33 führt den Z.-Ausbruch auf eine äußere Einwirkung zurück: „denn stößt man Milch, kommt Butter heraus, stößt man die Nase, kommt Blut heraus, stößt man den Z., kommt Streit heraus" (wobei für „Nase" und „Z." das gleiche Lexem verwendet ist, aber zur Unterscheidung bei Z. in den Dual gesetzt ist). Auch mit der im AT singulären Formulierung vom „überschäumenden" Z. reflektiert Spr 27,4 über die unberechenbaren Folgen des Z., ordnet ihn dabei aber als weniger gemeinschaftsschädigend ein als die unkontrollierte Eifersucht. Die starke emotionale Regung entspricht nicht dem weisheitlichen Ideal der Mäßigung der Gefühle, v. a. nicht der Ataraxie der hell. Popularphilos., weshalb der menschliche Z. in der späten → Weisheit durchgehend negativ gesehen wird. Wütender Z. bringt zu Fall, während die Gottesfurcht (→ Ehrfurcht) den Z. abwendet (Sir 1,21f). Z. ziemt sich nicht (Sir 10,18). Z. und Wut sind so abscheulich, dass sich sogar der Sünder bemüht, sie zu kontrollieren (Sir 27,30). Dennoch gibt es auch den gerechten Z. (Sir 26,28), weshalb auch Gottes Z. in der → Geschichte wie im → End-Gericht grundsätzlich anders bewertet wird (Sir 5,6–8; 18,24; 36,8).

I. 2. In den narrativen Texten hingegen gilt der menschliche Z. nicht unbedingt als verwerflich, zumindest in vielen Situationen als verständlich: etwa wenn Jakob Esau betrügt (Gen 27,45), Jakob sich mit dem Todeswunsch Rahels wegen der Kinderlosigkeit konfrontiert sieht (Gen 30,2), Jakobs Söhne sich wegen Hamors Umgang mit Dinas düpiert sehen (Gen 34,11, vgl. aber die Kritik an der Maßlosigkeit ihres Z. Gen 49,6f), Bileam nicht das tut, was Balak von ihm erwartet (Num 24,10), Saul von den Unsitten des Ammoniters Nahasch erfährt (1 Sam 11,6) oder er sich von den Frauen oder Jonatan gegenüber David zurückgesetzt sieht (1 Sam 18,8; 20,30). Auffallend ist, dass bibl. überwiegend von Z. von Männern die Rede ist und so der Eindruck entsteht, dass Z. eine männliche und *raḥamîm* „Erbarmen" oder „Mutterschößigkeit" (von *ræḥæm* „Mutterschoß") eine weibliche Eigenschaft ist (→ Frau/Mann). Das liegt aber eher daran, dass generell weniger von Frauen und ihren Emotionen erzählt wird. Vielleicht auch daran, dass von Frauen in der Öffentlichkeit noch größere emotionale Zurückhaltung und Apathie gefordert war. Sir 25,15 jedenfalls bewertet den Z. von Frauen ausgesprochen negativ.

I. 3. Häufiger als vom menschlichen Z. ist bibl. vom Z. Gottes die Rede. Die anthropomorphe Rede vom Z. Gottes gehört damit neben derjenigen von der Gerechtigkeit, Barmherzigkeit, →

Gnade und → Liebe Gottes zu den wichtigsten Theologumena, die → Gottes Eigenschaften beschreiben. Der Z. Gottes ist kein unberechtigter Gefühlsausbruch eines (dem Klischee entsprechenden) launischen und unberechenbaren „Alten“, sondern eine *Reaktion* Gottes und theol. Deutekategorie. Anders als in Bezug auf die Barmherzigkeit und Gnade, gehört es *nicht* zum Wesen Gottes, zornig zu sein. Die in AT und NT am häufigsten zitierte Grundaussage, die sog. Gnadenformel (Ex 34,6f) hält im Gegenteil fest, dass Gott kein jähzorniger Hitzkopf ist (Jes 48,9; Jona 4,2; Nah 1,3), sondern wörtlich „langnasig“ (*ʾæræk ʾappajîm*), was meist zu Recht als „langmütig“ oder „langsam zum Z.“ übersetzt wird. Gott liebt es, gnädig zu sein (Mi 7,18). Daher kann man als Grundbekenntnis der Bibel Israels festhalten, dass „Jhwh barmherzig und gnädig ist, langmütig und reich an Güte“ (Ps 103,8). Während aber seine Gnade niemals endet, ist sein Z. zeitlich begrenzt (Jes 56,7f; Ps 30,6). Theol. gesprochen ist es die Selbstbeschränkung Gottes zur Gnade hin (Ex 33; Hos 11,8f; Ps 78,38), die bes. in der → Umkehr Gottes in der Fluterzählung (Gen 9) deutlich wird. Der Z. Gottes kann unterschiedlich erregt werden: Z. B. wenn die Grenzen des Heiligen in einem liminalen Tabubruch verletzt, unbefugt oder mutwillig durchbrochen werden, lösen sie den Z. Gottes aus (Lev 10,6; Num 1,53; 18,3; 2 Sam 6,6f). Der Z. schützt so die → Heiligkeit Gottes und heiliger Gottesräume. Eng verbunden mit der Vorstellung von Gottes Gerechtigkeit ist er in nahezu allen anderen Kontexten: → Unrecht und soziale Benachteiligung lösen den gerechten Z. Gottes aus (Ex 22,23; Jes 5,25; Sach 7,10–12). Der bibl. Gott lässt sich affizieren, nimmt Anteil und hat Mitleid mit den Schwachen. Sehr häufig wird der Z. Gottes durch eklatantes individuelles oder kollektives Fehlverhalten ausgelöst, durch das Murren (Num 11,1.10.33; Neh 13,18), konkrete kultische Verfehlungen, den Bruch seines → Gesetzes oder den Abfall von der ausschließlichen Verehrung (Dtn 29,25–27; 2 Kön 13,2; 22,17; Jdt 11,11). Ijob beklagt, dass der Zusammenhang von Gerechtigkeit und Z. Gottes aufgegeben wurde und so der Z. unverständlich geworden ist (Ijob 14; 21), was die Freunde bestreiten (Ijob 4,19; 15,13). Im Z. wendet sich Gott ab (Sir 18,24), er verdunkelt in seinem Z. (Klgl 2,1) und entzieht seine Gegenwart, bzw. wendet sich in lebensbedrohlicher Weise strafend (→ Strafe) zu. Der Gerichtsz. Gottes ist eine der wichtigsten theol. Deutungskategorien der Geschichtstheol., in der erlittene Katastrophen auf ein Handeln Gottes zurückgeführt werden, das in seinem berechtigten Z. seinen Ursprung hat (Ez 5,15; 13,13; Jer 15,15). Das in der Herkunft ungeklärte Motiv vom Zornes- oder Taumelbecher, den es auszutrinken gilt (Jes 51,17.22; Jer 25,21; Ez 23,32; Hab 2,15; Klgl 4,21; Offb 14,8.10; 16,19), markiert ebenfalls den Gerichtskontext (→ End-Gericht). In der prophetische Gerichtseschatologie (→ Eschatologie) erwächst auch die Vorstellung vom Tag des Z. (*dies irae,* Zef 1,15; 3,8; Jes 13,13; Ez 22,22), der zum Synonym für das Gericht Gottes wird (Spr 11,4; Ijob 21,3; Sir 5,8). Entsprechend bitten die Psalmbeter, der Z. Gottes möge die → Feinde vernichten (Ps 7,7). Mit der Universalisierung des Gerichts ist auch die Universalisierung des Z. Gottes verbunden, die mit stark gewaltbehafteten Bildern (Ez 24,8; Klgl 3,43) nachgezeichnet wird. Dies wie auch die Genugtuung Gottes in der Ausübung seines Z. (Ez 16,42), lassen Gründe für die fehlende Akzeptanz der Vorstellung des göttlichen Z. in vielen modernen Theol. erkennen, die aber oft den Z. Gottes als Hass missverstehen. Der Z. Gottes darf jedoch nicht von der Vorstellung der übergeordneten göttlichen Gerechtigkeit abgelöst werden.

II. NT: 1. Auch wenn das NT eine weit weniger differenzierte Zornesterminologie kennt und nahezu ausschließlich die griech. Termini ὀργή und θυμός benutzt, ist die menschliche Regung (→ Gefühle) des Z., die auch hier von Wut, Grimm etc. nicht streng geschieden wird, auch dem NT nicht unbekannt (Mt 2,16; 18,34; Lk 14,21; 15,28; Apg 5,33). Auch die Distanz gegenüber überzogenem Z., der Beziehungen zerstört, ist wie im AT gegeben (2 Kor 12,20; Jak 1,19; Eph 6,4). Das ist in besonderer Weise in der ersten Antithese Mt 5,21f betont, wo die extremste Folge menschlichen Z., die Tötung des Gegenübers, in der Wurzel verhindert werden soll. Die Vermeidung des Z. wird als → Tugend empfohlen, da dieser zur → Sünde verführt (Eph 4,26; Jak 1,20, Röm 2,8), der → Liebe entgegensteht (1 Kor 13,5) und von Gott entfernt (1 Tim 2,8): „Jede Art von Bitterkeit,

Wut, Z., Geschrei und Lästerung und alles Böse bannt aus eurer Mitte“ (Eph 4,31; vgl. Kol 3,8).

II. 2. Auch die Vorstellung vom Z. Gottes wurzelt in den atl. Konzeptualisierungen und schreibt diese größtenteils fort. Dabei steht die Gerichtsmetaphorik (→ End-Gericht) im Vordergrund (Mt 18,34; Lk 21,23; Offb 6,17). Schon Johannes der Täufer betont in seiner Predigt die Unausweichlichkeit des Gerichts (Q Lk 3,7; Mt 3,7). Der Zusammenhang vom Z. Gottes und göttlicher → Gerechtigkeit wird bes. von Paulus im Römerbrief betont (Röm 1,18; 2,5; 3,5) und an dem Grundsatz der Vorordnung göttlicher → Gnade vor seiner Gerechtigkeit festgehalten (Röm 9,22f). Weil nur durch das → Gesetz die Übertretung offenbar wird, bewirkt es – obwohl heilig, gerecht und gut (Röm 7,12) – Gottes Z. (Röm 4,15). Die durch → Jesus Christus ermöglichte → Rechtfertigung bewahrt vor dem göttlichen Gerichtsz. (Röm 5,9; vgl. 1 Thess 1,10; 5,9; Joh 3,36), da dieser aber gewiss ist, darf nicht selbst das Gericht vollzogen werden: „Übt nicht selbst Rache, meine Geliebten, sondern gebt dem Z. Raum! Denn es steht geschrieben: Mein ist die Rache, ich werde Vergeltung üben, spricht der Herr“ (Röm 12,19; vgl. Dtn 32,35). Der Zusammenhang des göttlichen Z. mit der menschlichen Sünde wird in Kol 3,6 betont.

II. 3. Schwierig bleibt die wohl polemische Aussage des Paulus in 1 Thess 2,15f, dass „der ganze Z.“ – und gemeint sein dürfte der Z. Gottes – schon auf die Juden gekommen sei, weil sie den Herrn Jesus Christus getötet hätten. Vor dem Hintergrund des Vorwurfs, die Heidenmission würde verhindert, versucht Paulus (und nicht ein Interpolator) die Gemeinde von Thessaloniki durch den Hinweis auf die Verfolgung der Gemeinden in Judäa zu stärken und bedient sich dazu vermutlich auch abgewandelter Klischees des paganen Antijudaismus („und allen Menschen feind“, „sie missfallen Gott“), was die Aussagen bis heute so problematisch macht. „Die Aussage richtet sich kommunikativ nicht ‚nach außen‘, sondern soll die bedrängte → Gemeinde bestärken. Generell ist auch zu berücksichtigen, dass heftige Polemik auch in frühjüd. Texten keineswegs ungewöhnlich und nicht an neuzeitlichen Postulaten polit. Korrektheit zu vermessen ist.“ (R. von Bendemann, Art. Z. Gottes, Wibilex, Zugriff: 11.4.2013). D. h. dass aus dem „sie missfallen Gott“ keinesfalls gegen Röm 9–11 abgeleitet werden darf, dass Paulus den Juden die → Erwählung absprechen würde. Dass mit dem Z. ein konkretes gesch. Ereignis gemeint ist und nicht der vorweggenommene endzeitliche Gottesz. im Gericht, ist in der Auslegungsgesch. immer wieder vorgebracht worden. Eine eindeutige Klärung der notorisch schwierigen Stelle gelingt nicht.

I. *W. Gross*, Zorn Gottes – ein biblisches Theologumenon, in: *W. Beinert* (Hg.), Gott – ratlos vor dem Bösen?, Freiburg u. a. 1999, 47–85; *J. Jeremias*, Der Zorn Gottes im Alten Testament, Neukirchen-Vluyn 2009; *R. G. Kratz/H. Spieckermann* (Hg.), Divine Wrath and Divine Mercy in the World of Antiquity, Tübingen 2008; *S. H. Wälchli*, Gottes Zorn in den Psalmen, Fribourg/Göttingen 2012.

II. *R. von Bendemann*, Art. Zorn Gottes, Wibilex (www.bibelwissenschaft.de Zugriff 11. 4. 2013); *R. Miggelbrink*, Der zornige Gott, Darmstadt 2002; *M. Theobald*, Zorn Gottes, in: *ders.*, Studien zum Römerbrief, Tübingen 2001, 68–100.

Christian Frevel

Zweifel (Z.)

(→ Dachartikel: Weisheit/Gesetz)

Vorbemerkung: Unter Z. versteht man zum einen die *Unsicherheit* und Unentschiedenheit in der Beurteilung der → Wahrheit oder Richtigkeit einer Behauptung, der Zuverlässigkeit einer Wahrnehmung oder der Vertrauenswürdigkeit und Verlässlichkeit einer → Person, zum anderen die *kritische Prüfung* entsprechender Ansprüche oder Vermutungen. Die dem Z. im zweiten Sinn zugrundeliegende Haltung kann als *Skepsis* (im weiteren Sinne) bezeichnet werden.

I. AT: Im AT ist mehrfach von Z. an Behauptungen im zwischenmenschlichen Bereich die Rede (z. B. Gen 45,26; Jer 40,14; Tob 2,14). Theol. sind v. a. die Z. an Gottes → Macht und an seinen → Verheißungen von Interesse. So zweifelt etwa Sara in Gen 18,12 aus verständlichen Gründen an der göttlichen Verheißung eines Sohnes; sie wird dafür von Gott kritisiert, aber nicht verurteilt. Gideon zweifelt in Ri 6,11–21 an den Verheißungen des → Engels für → Israel; seine Z. werden durch ein → Zeichen überwunden. Ebenso werden in Ex 4 Z. der Israeliten an der Sendung Moses durch Wundertaten ausgeräumt. Anders ist es dann, wenn die Israeliten nach der erfahrenen Befreiung, → Rettung und Bewahrung durch Jhwh vor dem Einzug in das verheißene Land (→ Exodus) erneut an der Macht und an den guten Absichten Gottes zweifeln. Nun wird ihr mangelndes Vertrauen kritisiert und sanktioniert (Num 13f; Dtn 1,19–33; Ps 106,24; 78,22.32; vgl. auch Moses Z. an der Wundermacht Jhwhs in Num 11,21f). So zieht auch später in der Verkündigung Jesajas das mangelnde Vertrauen auf Jhwh Unheil nach sich (Jes 7,9). In der prophetischen Überlieferung werden Z. an der Zuverlässigkeit der prophetischen Ankündigungen kritisiert (Jes 5,19; Jer 17,15; Ez 12,22). Doch wird auch zu einer kritischen Haltung gegenüber prophetischen Ansprüchen aufgerufen (z. B. Jer 23,9–40; 27f). Verschiedentlich werden Z. am Wirken Gottes für eine gerechte Weltordnung kritisiert (Mal 2,17; 3,14f; Weish 2,22). Ps 73 stellt dar, wie ein Frommer seine Z. überwunden hat. Ijob trägt solche Z. selbst vor (bes. Ijob 21,17; 22,13f).

In der atl. Weisheitslit. wird mehrfach dazu aufgefordert, Behauptungen und Ratschläge (Ijob 12,11; 34,2; Sir 11,7; 19,15) sowie die Vertrauenswürdigkeit von Menschen (Sir 6,7) kritisch zu prüfen. In Spr 10ff werden Weisheitssprüche, die zueinander in Spannung stehen oder einander direkt widersprechen, so zusammengestellt, dass die Leser zu einer kritischen Prüfung jedes einzelnen Spruches herausgefordert und angeleitet werden. Das Buch Ijob stellt (im Munde seiner Protagonisten und im Ablauf der Erzählung) verschiedene Antworten auf das Problem des unverschuldeten Leidens (→ Leid) Ijobs vor, ohne am Ende eine dieser „Lösungen“ zu bevorzugen. So geht z. B. Gott in seiner abschließenden Rede in Ijob 38–41 mit keinem Wort auf die himmlischen Hintergründe der Leiden Ijobs ein, die Ijob 1f enthüllte, was Skepsis gegenüber beiden Erklärungsversuchen weckt. Koh zweifelt daran, dass es den Menschen nach ihrem → Tod anders ergeht als den Tieren (Koh 3,21), und stellt kritisch die Ansprüche von „Weisen“ in Frage, die behaupten, das Tun Gottes begreifen (Koh 8,16f) und dem Menschen Auskunft über seine Zukunft (Koh 3,22; 6,12) und gute Ratschläge für seine Lebensführung (Koh 6,11f) geben zu können. Dabei argumentiert er aber selbst keineswegs voraussetzungslos, sondern auf der Grundlage von Überzeugungen über das Schöpfungshandeln Gottes (z. B. Koh 3,11: Gott hat alles so gemacht, dass es schön ist zu seiner → Zeit; Koh 3,14f: in der → Schöpfung Gottes wiederholt sich immer wieder Gleichartiges) und über die Evidenz des Guten für den Menschen (z. B. Koh 3,12f: Es gibt nichts Besseres für den Menschen als Gutes zu tun und Gutes zu genießen), die selbst nicht mehr begründet werden, sich aber in der Deutung der Erfahrungswirklichkeit bewähren können. Hier zeigt sich, dass die skeptische Bereitschaft, alles kritisch zu prüfen, nicht alles zugleich in Frage stellen kann.

II. NT: 1. Ein eigenes Wort für den Z. (im Sinne der Unsicherheit) kennt nur das NT: Das Verb διακρίνειν kann im Medium neben „streiten“ oder „zögern“ auch „zweifeln“ bedeuten. Es bezeichnet v. a. ein fehlendes oder zu geringes Vertrauen auf die → Verheißung Gottes (Röm 4,19–21), die Wunderkraft Jesu (Mt 14,31; → Wunder), die eigene Fähigkeit zu Wundertaten (Mt 21,21; Mk 11,23) und die Erhörung von → Gebeten (Jak 1,6–8). Weiter bezieht es sich auf Unsicherheit bzgl. der Zuverlässigkeit eigener Wahrnehmungen (des auferstandenen Jesus, Mt 28,17), bzgl. des Erlaubtseins von Speisen (Röm 14,23) oder bzgl. nicht konkret genannter Glaubensinhalte (Jud 22). (Ein positives Gegenbild ist vielleicht die → „Weisheit von oben“ in Jak 3,17, wenn ἀδιάκριτος hier nicht im Sinne von „unparteiisch“, sondern im Sinne von „frei von Z.“ zu verstehen ist.)

II. 2. Der Sache nach ist von Z. aber noch häufiger die Rede (dabei ist es im Einzelfall freilich nicht immer eindeutig, ob „nicht glauben“ u. ä. eine Unsicherheit oder ein Überzeugtsein von der Unrichtigkeit meint). So ist etwa von Z. an der Bekehrung des Paulus (Apg 9,26) oder an einer Blindenheilung durch Jesus (Joh 9,18) die Rede. Zacharias zweifelt an der Verheißung eines Sohnes durch einen → Engel (Lk 1,5–25). Einige Jünger zweifeln an der Nachricht von der → Auferstehung Jesu (Joh 20,24–29; Lk 24,11–35) oder an der Zuverlässigkeit ihrer eigenen Wahrnehmung des Auferstandenen (Lk 24,41). Paulus setzt sich in 1 Kor 15,12ff mit Z. an (oder mit einer Bestreitung?) der Erwartung einer Auferstehung der Toten auseinander. 2 Petr 3,3ff argumentiert gegen Z. an (oder Bestreitungen?) der Verheißung des Wiederkommens Christi.

Das NT kritisiert Z. im Sinne eines mangelnden → Glaubens, wobei das Vertrauen auf Gott und auf Jesus im Blick sein kann oder das Überzeugtsein von bestimmten Einsichten. In den Evv. tadelt Jesus den Z. seiner Jünger, verurteilt sie deshalb aber nicht, sondern vermittelt ihnen neue Erfahrungen, welche ihnen den Z. nehmen (z. B. Joh 20,24–29). In der Brieflit. wird Z. an bestimmten Glaubensinhalten mit Argumenten begegnet (1 Kor 15; 2 Petr 3; Jud 22). Auf Z. an der Erlaubtheit von Speisen soll nach Röm 14 in der Gemeinde Rücksicht genommen werden. Z. werden also, sofern sie zentrale Bereiche des Glaubens betreffen, im NT weder banalisiert noch dämonisiert. Der christl. Glaube geht über den Bereich dessen hinaus, was durch Erfahrungen und Überlegungen „abgesichert" werden kann (Joh 20,29; Hebr 11,1), aber er setzt das Überzeugtsein durch bestimmte Erfahrungen und Überlegungen voraus; ein Glaube gegen die eigenen Überzeugungen wäre ein Widerspruch in sich (Röm 14,23). Deshalb können Z. nicht anders überwunden werden als durch Überzeugungsversuche. Zwischen christl. Glauben und kritischem Denken besteht nach dem NT kein Widerspruch. Vielmehr entwickelt sich der Glaube in kritischer Selbstprüfung (1 Kor 11,28; 2 Kor 13,5) und in der kritischen Prüfung gerade auch „spiritueller" Erfahrungen und Einsichten (1 Thess 5,19–21; 1 Joh 4,1).

Auch die Zusammenstellung verschiedener Schriften mit z. T. einander widersprechenden theol. Perspektiven im AT, im NT und in der christl. Bibel als Ganzem fordert dazu heraus, jeden einzelnen Text im Horizont anderer Texte und im Horizont des Ganzen (sowie jede Vermutung über die Bedeutung des Ganzen im Blick auf dessen Teile) kritisch zu überprüfen.

I. *R. Davidson*, The Courage to Doubt, London ²1986; *K. J. Dell*, The Book of Job as Sceptical Literature, Berlin u. a. 1991.

II. *M. D. Hay*, Job and the Problem of Doubt in Paul, in: *J. T. Carroll* u. a. (Hg.), Faith and History, Atlanta 1990, 208–222; *U. Poplutz*, Verunsicherter Glaube, in: *A. Dettwiler/U. Poplutz* (Hg.), Studien zu Matthäus und Johannes, Zürich 2009, 29–47; *K. Schiffner*, „Wer bin ich, dass ich...?!" (Ex 3,11), in: *dies./S. Leibold* (Hg.), Fragen wider die Antworten, Gütersloh 2010, 222–239.

Thomas Krüger

Glossar

(Jan Dietrich)

Dieses Glossar enthält nur die häufiger in den Artikeln des HGANT vorausgesetzten, aber nicht eigens als Artikel aufgeführten Fachbegriffe.

Apokryphen (griech. „die Verborgenen"): im allgemeinen Sinne jene jüdischen und christlichen Schriften, die zur Zeit der Kanonisierung in Umlauf waren, aber trotz ihres Anspruches und ihres zum Teil hohen Ansehens nicht in den jüdischen bzw. christlichen Kanon aufgenommen wurden. Konfessionelle Sprachunterschiede kommen mit der Reformation auf: Die katholische Kirche bezeichnet als *Apokryphen* jene Schriften, die nicht in ihren Kanon integriert wurden, und als *Deuterokanonische Schriften* jene alttestamentlichen Bücher und Buchteile, die nicht in der hebräischen Bibel stehen, aber in den katholischen Kanon aufgenommen wurden. Hierzu gehören Tob, Jdt, Bar, Weish, Sir, 1/2 Makk sowie Zusätze zu den Büchern Dan und Est. Die evangelischen Kirchen bezeichnen diese Bücher als *Apokryphen* und jene, die nicht im Kanon der katholischen Kirche stehen, als *Pseudepigraphen.*

Ätiologie (griech. „Lehre von den Ursachen"): bezeichnet ein in verschiedensten Literaturgattungen auftretendes Motiv, das bestehende Sachverhalte durch Ereignisse in der geschichtlichen oder mythischen Vergangenheit erklärt und so der Kontingenz des Sachverhaltes Kontinuität und Bedeutung verleiht.

Babylonisches Exil: im engen Sinne Ort und Zeit der in Babylon lebenden Juden von der Deportation großer Teile der judäischen Oberschicht nach Babylon durch Nebukadnezzar II. 597, 587 und 582 v. Chr. bis zur einsetzenden Rückkehr eines Teils der Bevölkerung unter Kyros II. ab 538 v. Chr.

Bundesbuch: ein aufgrund von Ex 24,7 so bezeichnetes Rechtskorpus, das Ex 20,22 – 23,33 umfasst und die älteste in der Bibel überlieferte Rechtssammlung darstellt. Der ältere kasuistische Teil spiegelt eine dörfliche Bauern- und Hirtenkultur, während eine spätere Redaktion dieses kasuistische Rechtsbuch durch einen Rahmen sowie soziale und sakrale Gebote als Gottesrecht theologisiert.

Chronistisches Geschichtswerk (ChrG): ein von der alttestamentlichen Forschung postuliertes zusammenhängendes Literaturwerk aus nachexilischer Zeit, das die Bücher 1/2 Chr und möglicherweise Esra/Neh umfasst und die Geschichte des Volkes Israel von Adam bis zum Edikt des Kyros (1/2 Chr) bzw. bis zur Durchsetzung des Gesetzes in der nachexilischen Gemeinde (Esra/Neh) beschreibt. Die Existenz eines ChrG als ursprünglich einheitliches Literaturwerk ist in der jüngsten Forschung umstritten.

Deuterojesaja (Dtjes): die von der alttestamentlichen Forschung so bezeichneten Kapitel Jes 40 – 55, deren Redeeinheiten auf einen im babylonischen Exil wirkenden anonymen Propheten, auf eine von diesem beeinflusste exilische Schule und auf spätere Redaktionen in Jerusalem zurückzuführen sind. Die historischen Zusammenhänge dieser Bücher mit dem sog. Protojesaja (Jes 1 – 39) und dem sog. Tritojesaja (Jes 56 – 66) sind ebenso umstritten wie die Existenz eines Tritojesaja überhaupt.

Deuterokanonische Schriften: katholische Bezeichnung für jene alttestamentlichen Schriften, die nicht in der hebräischen Bibel stehen, aber in den Kanon der katholischen Kirche aufgenommen wurden. Hierzu gehören Tob, Jdt, Bar, Weish, Sir, 1/2 Makk sowie Zusätze zu den Büchern Dan und Est. Die evangelischen Kirchen bezeichnen diese Bücher als *Apokryphen* und jene, die nicht in den Kanon der katholischen Kirche aufgenommen wurden, als *Pseudepigraphen.*

Deuteronomistisches Geschichtswerk (DtrG): ein von der alttestamentlichen Forschung als ursprünglich selbstständig postuliertes Literaturwerk aus exil. und nachexil. Zeit, das die Bücher Dtn bis 2 Kön umfasst und die

Geschichte des Volkes Israel von der Übergabe der Tora bis zum Untergang Israels und Judas nach dem Schema Tora-Gehorsam (Heil) und Tora-Ungehorsam (Unheil) in einer typischen, paränetisch geprägten Sprache beschreibt. Als 'deuteronomistisch' bezeichnet man jene Textschichten auch außerhalb des DtrG, die in Geist und Sprache diesem Werk entsprechen und möglicherweise derselben Schule angehören. Die Existenz eines DtrG als ursprünglich selbständiges Literaturwerk ist in der jüngsten Forschung umstritten.

Deuteropaulinische Briefe: diejenigen neutestamentlichen Briefe, die den Anspruch erheben, von Paulus zu sein, tatsächlich jedoch nicht von Paulus, sondern von einer 'paulinischen Schule' verfasst sind, die ihre Briefe und deren Inhalte der Autorität des Paulus zuschrieb, um sie als in der Tradition des Paulus stehend zu legitimieren. Hierzu gehören Kol, Eph, 2 Thess, 1 Tim, 2 Tim, Tit.

Didache (griech. „Lehre, Unterweisung"; Did): eine aus dem frühen 2. Jh. n. Chr. stammende christliche Gemeindeordnung in griechischer Sprache, die eine Zwei-Wege-Lehre, Ritualvorschriften über Taufe, Eucharistie, Gebet und Fasten sowie Vorschriften über die Ausübung verschiedener Gemeindeämter enthält.

Dichotomisches („zweigeteiltes") Menschenbild: bezeichnet v. a. den auf Platon zurückgehenden Leib-Seele-Dualismus, der zwischen dem vergänglichen Leib und der unsterblichen Seele unterscheidet, sowie im Christentum die Gegenüberstellung von Körper und Geist. Trichotomische („dreiteilige") Vorstellungen kennzeichnen neben dreiteiligen Seelenvorstellungen v. a. bei Plato (begehrend, muthaft, vernünftig) und Aristoteles (vegetativ, sensitiv, vernünftig) die bes. im Christentum und in der Gnosis anzutreffende Unterscheidung zwischen Körper, Seele und Geist. Derart systematisierte und z. T. antagonistische Menschenbilder finden sich in den bibl. Schriften, die sehr viel stärker von einem in Beziehungen lebenden, ganzheitlichen Menschenbild ausgehen, nur ansatzweise und hier v. a. in hell. geprägten Texten des AT und NT.

Doxa (griech. „Ansehen, Ehre"): in der *Septuaginta* Übersetzung des hebräischen Begriffes *kābōd*, das vor allem das Gewicht von Ansehen, Ehre, Würde und Macht eines Menschen oder Gottes bezeichnet. Im NT im Anschluss an die „Herrlichkeit Jhwhs" (*kābōd Jhwh*) bei Ezechiel vor allem Bezeichnung für den „Machtglanz" und die „Herrlichkeit", mit der sich Gott bzw. Christus offenbaren.

Doxologie (griech. „Verherrlichungsrede"): im engen Sinne ein Begriff der Form- und Gattungsgeschichte, der formelhafte Sätze und Wendungen (z. B. „gepriesen sei Jhwh"; „Halleluja"; „Amen, Amen") in Gottesdienst und Gebet bezeichnet, mit denen die Ehre Gottes gepriesen wird. Im weiten Sinne kann jede mündliche oder schriftliche Form des Lobpreises, die Gott verherrlicht, als Doxologie bezeichnet werden.

Epikureismus: Bezeichnung für eine philosophische Richtung, die ihren Ausgang nimmt von einer 306 v. Chr. von Epikur von Samos (342/41–271/70 v. Chr.) in Athen gegründeten Philosophenschule, die das Glück des Einzelnen (Eudaimonia) in den Vordergrund stellt. Dieses Glück wird durch ein Zusammenspiel von Vernunft und Lust erreicht sowie durch ein Leben in Zurückgezogenheit und in der gelassenen Ruhe des Geistes, die von der Furcht vor den Göttern und dem Tod befreit ist.

Essener: Bezeichnung für eine im 2. Jh. v. Chr. entstandene frühjüdische Gruppe, die sich durch eine strenge Beachtung „priesterlicher" Reinheit sowie einzelner ritueller Normen, ein Leben in Gütergemeinschaft, eine besondere Beachtung des Kalenders, die Existenz von Geheimschriften sowie die Erwartung des endzeitlichen Gerichts von den übrigen jüdischen Gruppen als das „wahre" Israel abgrenzte und ihre Schriften möglicherweise (auch) in *Qumran* sammelte. Der historische Zusammenhang zwischen den Essenern und der Gemeinde von *Qumran* ist umstritten.

Hapaxlegomenon (griech. „einmal Gesagtes"): Bezeichnung für ein Wort, das in den Texten einer alten Sprache nur einmal belegt ist und dessen Bedeutung durch Etymologisierung, Sprachvergleich und kontextuelle semantische Einordnung oft nur hypothetisch erschlossen werden kann.

Hasmonäer: die von Flavius Josephus verwendete Bezeichnung für die Dynastie der Könige, die sich aus dem Aufstand der *Makkabäer* entwickelte. Sie konnte von 142 bzw. 134 bis zur römischen Eroberung 63 v. Chr. über einen unabhängigen jüdischen Staat herrschen und das Amt des Hohepriesters mit dem des politisch-militärischen Führers vereinigen. Zwischen 63 und 40 v. Chr. verfügten die Hasmonäer als Ethnarchen nur noch über eine Herrschaft von Roms Gnaden, zwischen 40 und 37 v. Chr. erneut über die Königswürde. 37 v. Chr. etablierte Herodes der Große die Dynastie der Herodianer.

Heiligkeitsgesetz: ein aufgrund der paränetischen Aufforderung in Lev 19,2; 20,7.26 so bezeichnetes Rechtskorpus, das Lev 17–26 umfasst und dessen Recht und Ethik ein Verhalten fordern, das der Heiligkeit Jhwhs entspricht. Es spiegelt priesterliche Theologie und ist entweder als eigenständige Quelle in die *Priesterschrift* eingearbeitet worden oder als späte redaktionelle Erweiterung der Priesterschrift entstanden.

Hypostase (griech. „Darunterstehendes, Grundlage"): bei den Stoikern das 'Sein' (οὐσία), insofern es sich in den Einzeldingen zeigt. Im Neuplatonismus die Verwirklichung des Einen (ἕν) in Geist und Seele. In der jüdisch-hellenistischen Religionsphilosophie geistig-himmlische Wesen, die zwischen Gott und der Welt vermitteln. In der christlichen Trinitätslehre wird das gemeinsame Sein des dreieinigen Gottes als „ein Wesen" (μία οὐσία) von der Unterscheidung in drei Personen oder Hypostasen (τρεῖς ὑποστάσεις) abgegrenzt. Als *Hypostasierung* wird seit Immanuel Kant (1724–1804) ein Denkvorgang bezeichnet, bei dem einer Idee gegenständliche Realität zugesprochen wird. In der Religionswissenschaft Bezeichnung für die Konkretisierung göttlicher Qualitäten und Wirkungsweisen als (relativ) eigenständige Wesenheiten oder Personen.

Johanneische Schriften/Corpus Johanneum: Bezeichnung für die drei Johannesbriefe und das Johannesevangelium aufgrund von Gemeinsamkeiten in der Sprache und Theologie. Diese Gemeinsamkeiten werden meist dahingehend erklärt, dass eine 'johanneische Schule' in Kleinasien (wahrscheinlich Ephesus) im späten 1. Jh. n. Chr. diese Schriften verfasst hat. Der Zusammenhang mit der Offenbarung des Johannes ist umstritten.

Jom Kippur (hebr. „Versöhnungstag"): der auf Lev 16 zurückgehende höchste jüdische Feiertag, an dem der Tempel mit Blutriten gereinigt sowie das Volk durch Sündopfer, Sündenbockritus und Brandopfer mit Gott versöhnt wird. Im heutigen Judentum wird dieser Feiertag nach 10 Bußtagen mit zum Teil eigens für diesen Tag vorgesehenen Gebeten und Ritualen begangen.

Katholische Briefe: die seit Euseb so bezeichneten Briefe Jak, 1 Petr, 2 Petr, 1 Joh, 2 Joh, 3 Joh und Jud. Die drei johanneischen Briefe werden von der neutestamentlichen Forschung nicht mehr als katholische Briefe behandelt, sondern als den *johanneischen Schriften* zugehörig.

Kerygma (griech. „Verkündigung"): im Neuen Testament sowohl die jesuanische Verkündigung von der nahenden Königsherrschaft Gottes als auch die paulinische und nachpaulinische Verkündigung von Jesus als dem Christus. In Mt 12,41 wird der Begriff zur Kennzeichnung der Gerichtsverkündigung des Propheten Jona verwendet.

Ketubim (hebr. „Schriften"): der dritte Kanonteil der hebräischen Bibel, der die drei Weisheitsschriften Ps, Ijob, Spr, die fünf Festrollen (Rut, Hld, Koh, Klgl, Est) sowie Dan, Esra, Neh und 1/2 Chr umfasst. Die Einordnung in diesen Kanonteil erfolgte aufgrund der relativ späten Entstehung oder Endfassung der Bücher.

Kyrios (griech. „Herr"): in der *Septuaginta* die Übertragung des hebräischen Gottesnamens Jhwh ins Griechische, um diesen nicht aussprechen zu müssen. Im Neuen Testament wird der Begriff neben der Bezeichnung für Gott insbesondere zu einem Hoheitstitel Jesu.

Logienquelle (Q): eine von der neutestamentlichen Forschung rekonstruierte Quelle, die um 50 n. Chr. als griechische oder aramäische Sammlung von hauptsächlich Jesus zugeschriebenen Worten (Logien/„Sprüchen") in ihrer Endfassung vorlag und sowohl von dem Verfasser des Matthäus- als auch von dem des Lukasevangeliums verwendet worden ist. Von daher erklären sich die Parallelen, die Matthäus und Lukas gegen Markus gemeinsam haben.

Logos (griech. „Wort, Rede, Vernunft"): als theologischer Begriff in der *Septuaginta* und im Neuen Testament das wirkmächtige Wort Gottes. Durch *Hypostasierung* in der jüdisch-hellenistischen Philosophie des Philo von Alexandrien (25 v. Chr.–50 n. Chr.) der wirkmächtige Mittler zwischen Gott und Welt. Im Johannesprolog bezeichnet der Begriff Christus als das göttliche, präexistente und fleischgewordene Wort Gottes, das als Schöpfungs-, Offenbarungs- und Heilsmittler dem Menschen Gnade und Wahrheit schenkt.

Lukanisches Geschichtswerk: ein aufgrund von Lk 1,3 und Apg 1,1 sowie sprachlichen und theologischen Gemeinsamkeiten zwischen dem Lukasevangelium und der Apostelgeschichte so bezeichnetes zusammengehöriges Werk, das gegen Ende des 1. Jh. n. Chr. von einem unbekannten Verfasser geschrieben wurde.

Makkabäer: bezeichnet als Beiname „der Hammer" den ersten bedeutenden Führer Judas Makkabäus im ursprünglich religiös motivierten Befreiungskampf der nicht-hellenisierten Juden gegen die seleukidische Herrschaft ab 167 v. Chr. sowie die sich von diesem herleitende Dynastie der *Hasmonäer*, die von 142 bzw. 134 bis 63 v. Chr. über einen unabhängigen jüdischen Staat herrschen und für den eigenen Machterhalt das Amt des Hohepriesters mit dem des politisch-militärischen Führers vereinigen konnte.

Masoretischer Text: bezeichnet eine Textfamilie, von der die sog. Ben-Ascher-Tradition den Ausgaben der hebräischen Bibel zugrunde liegt. Er enthält den im Judentum seit dem 2. Jh. n. Chr. als autoritativ anerkannten Konsonantenbestand sowie die in den folgenden Jahrhunderten hinzugefügte Masora, die Vokale, Akzente, paratextliche Elemente sowie den masoretischen Apparat mit großer Masora (Anmerkungen am oberen und unteren Textrand) und kleiner Masora (Anmerkungen neben dem Text) ergänzt.

Midrasch (hebr. „Forschung, Studium"): im engen Sinne die mündliche und schriftliche Auslegung der hebräischen Bibel im rabbinischen Judentum sowie die daraus entstandene Literatur. Diese lässt sich in einen Auslegungs-Midrasch, der entweder als 'halachischer Midrasch' gesetzliche Erläuterungen zu den Büchern Ex bis Dtn enthält oder als 'haggadischer Midrasch' erzählende Auslegungen bietet, und in einen Homilien-Midrasch, der sich auf den Lesezyklus der Tora im Synagogengottesdienst bezieht, unterteilen.

Mischna (hebr. „Wiederholung"): bezeichnet die jüdische Sammlung religionsgesetzlicher Vorschriften aus tannaitischer Zeit (1./2. Jh. n. Chr.), die zusammen mit der Gemara, den Kommentaren und Anthologien zur Mischna aus amoräischer Zeit (3.–5. Jh. n. Chr.), den Talmud bilden.

Nebiim (hebr. „Propheten"): der zweite Kanonteil der hebräischen Bibel, der die 'Vorderen Propheten' (Jos bis 2 Kön) und die 'Hinteren Propheten' (die drei großen Prophetenbücher Jes, Jer, Ez sowie die zwölf kleinen Propheten Hos bis Mal) umfasst. Das Buch Dan gehört aufgrund seiner späten Entstehung dem dritten Kanonteil (*Ketubim*) an.

Neuplatonismus: Bezeichnung für eine spätantike philosophische Richtung (Hauptvertreter: Plotin 203/204–269/270 n. Chr.), die die platonische Philosophie mit vielen anderen damaligen philosophischen Strömungen sowie mit griechischer, christlicher und orientalischer Religion und Mystik verband. Der platonische Dualismus, der zwischen der sinnlichen Welt der Erscheinungen und der geistigen Welt der Ideen unterscheidet, wird zu einem ontologischen Stufensystem ausgebaut, das von der höchsten Idee des Einen (Gott) bis zur Materie hinunterreicht. Ziel des Menschen ist es, die Seele mit der Gottheit durch mystische Erkenntnis zu vereinigen.

Neupythagoreismus: Unter dem ungenauen Begriff *Neupythagoreismus*, der keine einheitliche philosophische Richtung bezeichnet, werden die Gedanken bzw. Praktiken der sehr unterschiedlichen Schriften und Personen zusammengefasst, die in der römischen Kaiserzeit Anleihen am *Pythagoreismus* suchten. Neben der Philosophie der Zahlen tritt die Verknüpfung von Philosophie und Magie hervor.

Ostraka (griech. „Scherben"): Bezeichnung für Gefäßscherben aus gebranntem Ton, die mit schwarzer Tinte beschrieben oder eingeritzt wurden und im gesamten vorderorientalischen Raum der einfachen Korrespondenz dienten (Briefe, Lieferlisten, Schulübungen). Im antiken Athen diente seit den Reformen des Kleisthenes (508/507 v. Chr.) das sog. „Scherbengericht" (Ostrakismos) dazu, unbeliebte Politiker für 10 Jahre in die Verbannung zu schicken. Die Bürger stimmten mit *Ostraka* ab, auf die der Name des zu verbannenden Politikers eingeritzt wurde.

Paraklet (griech. „Fürsprecher, Beistand"): im Johannesevangelium der heilige Geist, der die Gemeinde nach Jesu Tod leiten soll, im ersten Johannesbrief der erhöhte Christus, der dem einzelnen Sünder wie der sündigen Welt beisteht. Umstritten ist, ob der Ursprung der Parakleten-Gestalt im Alten Testament, in zwischentestamentlichen jüdischen Schriften oder in gnostischen Lehren liegt.

Parallelismus membrorum: bezeichnet die in der hebräischen Poesie typische, meist zweigliedrige Kunstform, bei der zwei Glieder so miteinander in Beziehung gesetzt werden, dass die symmetrische Form eine inhaltliche Ganzheit ausdrückt. Der Parallelismus membrorum kann in einen synonymen (z. B. Jes 1,3a.b), antithetischen (z. B. Jes 1,2b), synthetischen (z. B. Jes 1,2aα) und klimaktischen (z. B. Jes 1,4b) unterschieden werden.

Pascha: das auf Ex 12 zurückgehende Familienfest, das in Erinnerung an den Auszug aus Ägypten begangen wird und die kollektive Identität Israels als eines von Gott befreiten und geführten Volkes verbürgt. Es besteht aus einem apotropäischen Blutritus, bei dem ein Lamm geschlachtet und während einer Mahlfeier gegessen wird, und dem Fest der ungesäuerten Brote (Mazzotfest). Seit Dtn 16 sind Paschalamm und Mazzotfest miteinander verbunden. Das Pascha ist noch heute eines der Hauptfeste im Judentum, und auch das christliche Osterfest legt das Ostergeschehen im Lichte des Pascha aus: Jesus als Paschalamm und das Abendmahl als Paschamahl.

Pastoralbriefe: Bezeichnung für die drei *deuteropaulinischen* Briefe 1 Tim, 2 Tim und Tit, die sich um 100 n. Chr. an die paulinischen Missionsgemeinden des westlichen Kleinasien richten. Ihr Ziel sind die Ausgestaltung der Kirchenämter, die Abgrenzung von gnostischen Irrlehren und die Sicherstellung des Einflusses paulinischer Theologie.

Paulinische Briefe: diejenigen Briefe, die nach den Erkenntnissen der neutestamentlichen Forschung Paulus selbst verfasst hat. Hierzu gehören 1 Thess, 1 Kor, 2 Kor, Gal, Röm, Phil, Phlm. Umstritten sind 2 Thess und Kol.

Pentateuch (griech. „das Fünfgefäßige“): aus dem Griechischen stammende Bezeichnung für die fünf Bücher Mose. Die Bezeichnung rührt daher, dass der Text auf fünf Rollen aufgeteilt niedergeschrieben und in fünf Gefäßen aufbewahrt wurde.

Pescharim (hebr. „Deutungen“): exegetische Literatur aus *Qumran*, die sich selbst als inspirierte Auslegung eines autoritativen Textes versteht und die Auslegung mit einer im Einzelnen variablen Formel einleitet, die um das Wort *pēšœr* („Deutung“) kreist. Es lassen sich fortlaufende Pescharim, die Prophetenbücher und Psalmen fortlaufend auslegen, und thematische Pescharim, die ihre Deutungen um ein Thema gruppieren, unterscheiden.

Peschitta (syr. „die Einfache“): die im 1. oder 2. Jh. n. Chr. angefertigte Übersetzung der hebräischen Bibel ins Syrische. Umstritten ist, ob sie in christlichen oder jüdischen Gemeinden entstanden ist.

Pharisäer (hebr. „Abgesonderte"): die Anhänger einer konservativen frühjüdischen Laienbewegung und Religionspartei, die sich durch eine genaue Auslegung und Einhaltung sowohl der geschriebenen Gesetze der Tora als auch der mündlichen Überlieferung auszeichneten, rituelle Reinheit im Alltag betonten und an die Existenz von Engeln, die Auferstehung der Gerechten, die Vergeltung im Endgericht sowie das Kommen des Messias glaubten. Die Herkunft der Pharisäer von den sog. Chasidim („Frommen“) sowie die Beziehung zu den „Schriftgelehrten“ sind nicht genau rekonstruierbar.

Platonismus: im engen Sinne Bezeichnung für eine philosophische Richtung, die auf Platon (427–347 v. Chr.) zurückgeht, der 385 v. Chr. in Athen eine philosophische Akademie gründete, die bis 529 n. Chr. Bestand hatte. Grundlegend ist ein ontologischer Dualismus, der zwischen der geistigen Welt der Ideen und der sinnlichen Welt der Erscheinungen als einem Verhältnis von Urbild und Abbild unterscheidet und als höchste Idee die Idee des Guten (Gott) annimmt. Die Unsterblichkeit der Seele sucht Platon dadurch zu beweisen, dass sie an den Ideen durch Begriffsbildung Anteil hat. Der „mittlere Platonismus“ (ab dem Ende des 2. Jh. v. Chr.) versucht, die platonische Philosophie mit der Metaphysik des Aristoteles zu verbinden. Er wird im 3. Jh. n. Chr. vom *Neuplatonismus* abgelöst. Im weiten Sinne kann jede Anleihe an platonischer Philosophie in Literatur, Kunst und Musik als Platonismus bezeichnet werden.

Pneuma (griech. „Hauch, Wind, Atem“): als theologischer Begriff im Neuen Testament der „heilige Geist“ als eine Wirkkraft Gottes, die sowohl den Einzelnen erfüllt und mit charismatischen Fähigkeiten begabt als auch in der Kirche als lenkende Kraft gegenwärtig ist.

Priesterschrift (P): eine von der alttestamentlichen Forschung rekonstruierte Quelle aus spätexilischer oder frühnachexilischer Zeit, die mit dem ersten Schöpfungsbericht einsetzt (Gen 1,1–2,4a), bis zum Heiligtumsbau am Sinai (Ex 40,16.17a.33b) oder bis zum Tod des Mose/Nachfolge des Josua (Dtn 34,7f bzw. 9) reicht und sich durch ein besonderes Interesse am Kult sowie eine typische Formelsprache auszeichnet. Häufig wird zwischen einer Priestergrundschicht mit hauptsächlich narrativen Texten (P^g) und einer späteren Erweiterung mit (sakral)rechtlichen Bestimmungen (P^s) unterschieden. Das Ende der Priesterschrift und ihr Charakter als ursprünglich selbständiges Werk sind in der Forschung umstritten.

Proselyt (griech. „Hinzugekommener“): Bezeichnung für einen Nichtjuden, der zum Judentum konvertiert. In der hellenistisch-römischen Zeit galten Beschneidung, Opfer (bis 70 n. Chr.), Tauchbad (ab dem späten 1. Jh. n. Chr. bezeugt) und die Übernahme der jüdischen Lebensweise als Bedingungen für die Konversion. Die „Gottesfürchtigen“ sind keine Proselyten, sondern Sympathisanten des jüdischen Glaubens, die sich einer jüdischen Gemeinde anschließen und am jüdischen Gottesdienst sowie an wichtigen jüdischen Lebensweisen (Sabbat, Speisegebote, Feste) teilnehmen, ohne formal zum Judentum überzutreten.

Pseudepigraphen: Bezeichnung für antike Schriften, die ihre Herkunft in „vortäuschender Weise“ der Autorschaft einer berühmten Persönlichkeit zuschreiben, um sich so zu legitimieren. In den evangelischen Kirchen Bezeichnung für jene Schriften, die weder in der hebräischen Bibel stehen noch in den Kanon der römisch-katholischen Kirche aufgenommen wurden.

Pythagoreismus: Bezeichnung für eine philosophische Richtung, die auf Pythagoras von Samos (6. Jh. v. Chr.) zurückgeht. Dieser gründete Mitte bis Ende des 6. Jh. v. Chr. in Kroton (Unteritalien) eine philosophische Schule, die sich als abgeschlossene Gemeinschaft mit strengen asketischen Regeln gibt, Seelenwanderung und Wiedergeburt lehrt sowie Mathematik, Metaphysik und Musik verbindet. Da alles nach Zahlenproportionen aufgebaut ist, entspricht die Harmonie der Musik der Sphärenmusik des Kosmos.

Qumran: Bezeichnung einer südlich von Jericho am Westufer des Toten Meeres gelegenen Ruinenstätte, die vom späten 2. Jh. v. Chr. bis 68 n. Chr. von einer wirtschaftlich aktiven jüdischen Gemeinde besiedelt war. In nahegelegenen Höhlen hat man eine große Anzahl biblischer und nicht-biblischer Texte und Textfragmente gefunden, die zum Teil in Qumran selbst angefertigt wurden, zum Teil von außerhalb stammen und sich durch eine erhebliche Textvielfalt auszeichnen.

Sadduzäer: die Anhänger einer besonders in der Oberschicht und in der Tempelaristokratie vertretenen liberalen frühjüdischen Religionspartei, die für eine gemäßigte hellenistische Reform des Judentums eintraten, ausschließlich die geschriebenen Gesetze der Tora anerkannten und die Idee der Auferstehung sowie die Existenz von Engeln leugneten. Mit der Zerstörung des Jerusalemer Tempels durch die Römer und der Einrichtung Judäas als kaiserliche Provinz (70 n. Chr.) geht diese an den Tempel und die Selbständigkeit Judäas gebundene Religionspartei unter.

Samaritaner: nach der Hauptstadt des Nordreichs Israel so bezeichnete und bis heute existierende Glaubensgemeinschaft, die sich in persischer Zeit vom Judentum trennte. Sie erkennt ausschließlich den Pentateuch, geschrieben in paläohebräischer Schrift, als kanonisch an, obwohl sie mit den „samaritanischen Chroniken" auch über andere Schriften verfügt, die Parallelen zu den hist. Büchern der Hebräischen Bibel enthalten. Anstelle des Jerusalemer Tempels wird der Tempel auf dem Garizim (gegründet um 450 v. Chr.) südlich von Sichem als religiöses Zentrum angesehen. Dementsprechend werden die Textstellen, die in den Pentateuchschriften der hebräischen Bibel auf Jerusalem oder andere wichtige Stätten verweisen, im samaritanischen Pentateuch durch „Berg Garizim" oder entsprechende Anspielungen ersetzt (z. B. Dtn 27,4).

Septuaginta (LXX) (griech. „siebzig"): bezeichnet sowohl die älteste, sukzessiv entstandene Übersetzung der biblisch-hebräischen Bücher ins Griechische (Anfänge im 3. Jh. v. Chr.), die der Legende des Aristeasbriefes nach von 72 Ältesten in Alexandrien angefertigt wurde, als auch die Sammlung der griechischen Übersetzungen einschließlich ihrer späteren griechischen Revisionen.

Sitz im Leben: ein Begriff der Form- und Gattungsgeschichte, der die soziokulturellen Lebensbereiche bezeichnet, die Inhalt und Form einer mündlichen oder schriftlichen Gattung dauerhaft prägen.

Sondergut: bezeichnet als lukanisches und matthäisches Sondergut die Traditionen, die sich entweder nur bei Matthäus oder nur bei Lukas finden. Diese Besonderheiten werden dahingehend erklärt, dass die beiden Evangelisten nicht nur auf Markus und die *Logienquelle*, sondern auch auf mündliche Traditionen zurückgegriffen haben, die jeweils nur ihnen vorlagen.

Stoa (griech. „Säulenhalle"): Bezeichnung für eine um 300 v. Chr von Zenon von Zypern (336–264 v. Chr.) in Athen gegründete Philosophenschule, deren Name auf ihren ursprünglichen Versammlungsort zurückgeht und die im 1. Jh. n. Chr. zu einer vorherrschenden Geisteshaltung der Griechen und Römer wurde. Der Mensch soll gemäß seiner vernünftigen Natur sowie gemäß dem vernünftigen, den Kosmos durchwaltenden und stofflich gedachten Weltgesetz (*Logos*) leben und sich von allen Affekten und der Fixierung auf gleichgültige Dinge wie Besitz, Ehre, Gesundheit freimachen, um zu Gemütsruhe und Gelassenheit zu finden. Die Lehre von der Würde des Einzelnen geht mit der Idee des Weltbürgers, die auch Sklaven und Barbaren einschließt, zusammen.

Synedrium (griech. „Versammlung"): bezeichnet die höchste Behörde der jüdischen Selbstverwaltung in Palästina, die sich aus *Sadduzäern* und Schriftgelehrten mit dem Hohepriester an der Spitze zusammensetzte, bis zur Einrichtung Judäas als kaiserliche Provinz (70 n. Chr.) Bestand hatte und über politische und richterliche Kompetenzen verfügte. Umstritten ist, ob sie eine permanente Institution darstellt, das Recht der Kapitalgerichtsbarkeit besaß und in rabbinischer Zeit fortgeführt wurde.

Synoptische Evangelien: die drei Evangelien Markus, Matthäus und Lukas, die auffällig viele Gemeinsamkeiten gegenüber Johannes haben. Die neutestamentliche Forschung erklärt diese Gemeinsamkeiten dahingehend, dass Matthäus und Lukas neben jeweiligem *Sondergut* zwei Quellen benutzten (Zwei-Quellen-Theorie): zum einen Markus als ältestes der drei Evangelien, zum anderen die *Logienquelle*.

Targum (aram. „Erklärung, Übersetzung"): im engen Sinne die ursprünglich mündliche, später schriftlich fixierte Übersetzung der hebräischen Bibel ins Aramäische, die Alltagssprache Palästinas zur Zeit des zweiten Tempels.

Theodizee: Der auf das gleichnamige Werk von Gottfried Wilhelm Leibniz (1646–1716) zurückgehende Begriff bezeichnet im engeren Sinne die vernunftmäßige und argumentativ reflektierte Rechtfertigung Gottes angesichts der Übel der Welt. Gemessen an dieser engen Definition findet sich in den biblischen Schriften nur eine funktional ähnliche, erfahrungs- und glaubensbezogen argumentierende, implizite Theodizee.

Thomasevangelium (EvThom): eine nach 70 n. Chr. und vor 140 n. Chr. in Syrien entstandene außerkanonische Spruchsammlung, die 1945 in einer koptischen Version entdeckt wurde und ausschließlich Jesus zugeschriebene Worte, aber keine Erzählungen enthält.

Trishagion (griech. „dreimal heilig"): Bezeichnung für

die Akklamation Jhwhs als den dreimal Heiligen in der Berufungsvision des Jesaja (Jes 6,3): „Heilig, heilig, heilig ist Jhwh Zebaoth."

Tun-Ergehen-Zusammenhang: bezeichnet die Vorstellung im Alten Israel, nach der das Tun des Menschen auf diesen selbst in Form von positivem oder negativem Ergehen zurückfällt. Umstritten ist, ob sich dieser Vorgang wie in einem natürlichen Prozess selbstwirksam einstellt („schicksalwirkende Tatsphäre") oder durch reziproke soziale Interaktion göttlicher und menschlicher Handlungsträger durchgesetzt werden muss („konnektive Gerechtigkeit").

Vulgata (lat. „die Allgemeine"): die von Hieronymus 390 bis 405 n. Chr. angefertigte Übersetzung der hebräischen Bibel ins Lateinische, die weite Verbreitung erfuhr. Während die frühere Vetus Latina (3. Jh. n. Chr.) eine Tochterübersetzung der griechischen *Septuaginta* ins Lateinische darstellt, strebte Hieronymus mit seiner Übersetzung eine Orientierung an der „hebräischen Wahrheit" ('hebraica veritas') an.

Zeloten (griech. „Eiferer"): im engen Sinne Bezeichnung für eine gesetzestreue, nationalistische und antirömische jüdische Gruppe, die als Widerstandsbewegung im Jüdischen Krieg (66–74 n. Chr.) aktiv war und zeitweilig Jerusalem und den Tempel besetzt hielt. Sie könnte durch die Lehre des Judas Galilaios beeinflusst sein, der die direkte Steuer an die Römer ablehnte und zur aktiven Mithilfe an der Durchsetzung der Alleinherrschaft Gottes gegen die Römer aufforderte. Im weiten Sinne Bezeichnung für alle gewaltbereiten jüdischen Widerstandskämpfer des 1. Jh. n. Chr. gegen die römische Besatzung.

Autorenverzeichnis

Die Herausgeber:

Prof. Dr. Angelika Berlejung (1961) ist Professorin für Alttestamentliche Theologie: Schwerpunkt Geschichte und Religionsgeschichte Israels und seine Umwelt an der Ev.-Theologischen Fakultät der Universität Leipzig, Otto-Schill-Str. 2, D-04109 Leipzig, E-Mail: berlejung@uni-leipzig.de

Prof. Dr. Christian Frevel (1962) ist Professor für Altes Testament an der Katholisch-Theologischen Fakultät der Ruhr-Universität Bochum, Universitätsstr. 150, Gebäude GA 7/149, D-44780 Bochum, E-Mail: christian. frevel@rub.de

Autoren:

Prof. Dr. Jan Dietrich (1974) ist Associate Professor für Altes Testament am Department of Culture and Society der Universität Aarhus (Dänemark), Jens Chr. Skous Vej 3, building 3130, DK-8000 Aarhus C, E-Mail: jad@teo.au.dk

Prof. Dr. Hubert Frankemölle (1939) ist em. Professor für Exegese des Neuen Testaments am Institut Katholische Theologie der Universität Paderborn. Helmarshauser Weg 2, D-33098 Paderborn, E-Mail: Hubert.Frankemoelle@arcor.de

Prof. Dr. Thomas Hieke (1968) ist Professor für Altes Testament an der Katholisch-Theologischen Fakultät der Johannes Gutenberg-Universität Mainz, Forum 5, D-55128 Mainz, E-Mail: th@thomashieke.de

Prof. Dr. Bernd Janowski (1943) ist em. Professor für Altes Testament an der Evangelisch-Theologischen Fakultät der Universität Tübingen, Liebermeisterstr. 12, D-72076 Tübingen, E-Mail: bernd.janowski@uni-tuebingen.de

Prof. Dr. Rainer Kampling (1953) ist Professor für Biblische Theologie: Schwerpunkt Neues Testament am Seminar für Katholische Theologie der Freien Universität, Schwendenerstr. 31, D-14195 Berlin; E-Mail: kampling@zedat.fu-berlin.de

Prof. Dr. Ernst Axel Knauf (1953) lehrt Altes Testament und Biblische Umwelt an der Theologischen Fakultät der Universität Bern, Länggassstrasse 51, CH-3012 Bern, E-Mail: axel.knauf@theol.unibe.ch

Prof. Dr. Reinhard G. Kratz (1957) ist Professor für Altes Testament an der Georg-August-Universität Göttingen, Platz der Göttinger Sieben 2, D- 37073 Göttingen, E-Mail: reinhard.kratz@theologie.uni-goettingen.de

Prof. Dr. Thomas Krüger (1959) ist Professor für Alttestamentliche Wissenschaft und Altorientalische Religionsgeschichte an der Theologischen Fakultät der Universität Zürich, Kantonsschulstrasse 1, CH-8001 Zürich, E-Mail: thomas.krueger@uzh.ch

Prof. Dr. Joachim Kügler (1958) ist Ordinarius für Neutestamentliche Wissenschaften an der Geistes- und Kulturwissenschaftlichen Fakultät der Universität Bamberg, An der Universität 2, D-96047 Bamberg, Email: nt@uni-bamberg.de

Dr. Annette Merz (1965) ist Dozentin für Neues Testament in seiner jüdischen und hellenistischen Umwelt an der Theologischen Fakultät der Universität Utrecht. Postadresse: Faculteit Godgeleerdheid, Postbus 80105, NL-3508 TC Utrecht, E-Mail: amerz@theo.uu.nl

Dr. Klaus Neumann (1964) ist Pfarrer in der Evang.-Luth. Kirche in Bayern, z. Zt. an der Augustana-Hochschule Neuendettelsau, Waldstr. 11, D-91564 Neuendettelsau, E-Mail: Klaus_Neumann_Pfr@t-online.de

PD Dr. Klaus Scholtissek (1962) ist Privatdozent für Neutestamentliche Exegese an der Theologischen Fakultät der Universität Jena, Pohliggrund 22, 07929 Saalburg-Ebersdorf, E-Mail: scholti-kl@web.de

Prof. Dr. Jürgen Zangenberg (1964) ist Inhaber des Lehrstuhls für Exegese des Neues Testaments und frühchristliche Literatur am Institut für Religionswissenschaften der Universität Leiden (Niederlande), Witte Singel-complex, Matthias de Vrieshof 1, NL-2311 BZ Leiden, E-Mail: j.k.zangenberg@religion.leidenuniv.nl

Abkürzungen

1. Allgemeines Abkürzungsverzeichnis

Abb.	Abbildung
äg.	ägyptisch
akkad.	akkadisch
AO	Alter Orient
ao.	altorientalisch
apokr.	apokryph
arab.	arabisch
aram.	aramäisch
ass.	assyrisch
AT	Altes Testament
äth.	äthiopisch
atl.	alttestamentlich
bab.	babylonisch
bes.	besonders
bibl.	biblisch
biogr.	biographisch
byz.	byzantinisch
B-Zeit	Bronzezeit
bzgl.	bezüglich
bzw.	beziehungsweise
ca.	circa
ChrG	Chronistisches Geschichtswerk
christl.	christlich
d. Gr.	der Große
d. h.	das heißt
Dat.	Dativ
ders.	derselbe
dies.	dieselbe
DtJes	Deuterojesaja
dtn.	deuteronomisch
dtr.	deuteronomistisch
DtrG	Deuteronomistisches Geschichtswerk
ebd.	ebenda
engl.	englisch
etc.	et cetera
ev.	evangelisch
Ev(v).	Evangelium/Evangelien
evtl.	eventuell
exil.	exilisch
E-Zeit	Eisenzeit
f(f)	folgend(e)
FB-Zeit	Frühbronzezeit
Frgm.	Fragment
geistl.	geistlich
Gesch.	Geschichte
gesch.	geschichtlich
ggf.	gegebenenfalls
gnost.	gnostisch
griech.	griechisch
hasm.	hasmonäisch
hebr.	hebräisch
hell.	hellenistisch
herod.	herodianisch
Hg.	Herausgeber
hist.	historisch
insbes.	insbesondere
israelit.	israelitisch
Jh.	Jahrhundert
joh.	johanneisch
Jt.	Jahrtausend
jüd.	jüdisch
kanaan.	kanaanäisch
kath.	katholisch
kopt.	koptisch
lat.	lateinisch
Lit.	Literatur
lit.	literarisch
lk.	lukanisch
luth.	lutherisch
LXX	Septuaginta
masor.	masoretisch
MB-Zeit	Mittelbronzezeit
mk.	markinisch
mt.	matthäisch
n. Chr.	nach Christus
N.N.	nomen nominandum („der zu nennende Name“)
NT	Neues Testament
ntl.	neutestamentlich
o. ä.	oder ähnlich
ökum.	ökumenisch
orth.	orthodox
P	Priesterschrift
Päd.	Pädagogik
päd.	pädagogisch
paläst.	palästinisch
par(r).	und Parallelstelle(n)
Past.	Pastoralbriefe

patr.	patristisch
pers.	persisch
Philos.	Philosophie
philos.	philosophisch
phön.	phönizisch
pln.	paulinisch
polit.	politisch
prot.	protestantisch
Pss.	Psalmen
Q	Logienquelle
rabb.	rabbinisch
ref.	reformiert
Rel.	Religion/en
rel.	religiös
röm.	römisch
S.	Seite
s.	siehe
s. a.	siehe auch
s. o.	siehe oben
s. u.	siehe unten
SB-Zeit	Spätbronzezeit
scil.	scilicet
seleuk.	seleukidisch
sem.	semitisch
sog.	sogenannt
Synopt.	Synoptiker
synopt.	synoptisch
syr.	syrisch
syst.	systematisch
Theol.	Theologie
theol.	theologisch
u. a.	und anderes, unter anderem
u. ä.	und ähnlich
u. ö.	und öfter
u. v. a.	und viele andere
usw.	und so weiter
V.	Vers
v. a.	vor allem
v. Chr.	vor Christus
vgl.	vergleiche
vs.	versus
wiss.	wissenschaftlich
wörtl.	wörtlich
z. B.	zum Beispiel
z. T.	zum Teil

2. Abkürzungen biblischer Schriften

Altes Testament
(Kursiv: deuterokanonische bzw. apokryphe Bücher, → Kanon, Schrift)

Gen	Das Buch Genesis / 1. Buch Mose
Ex	Das Buch Exodus / 2. Buch Mose
Lev	Das Buch Levitikus / 3. Buch Mose
Num	Das Buch Numeri / 4. Buch Mose
Dtn	Das Buch Deuteronomium / 5. Buch Mose
Jos	Das Buch Josua
Ri	Das Buch der Richter
Rut	Das Buch Rut
1 Sam	Das erste Buch Samuel
2 Sam	Das zweite Buch Samuel
1 Kön	Das erste Buch der Könige
2 Kön	Das zweite Buch der Könige
1 Chr	Das erste Buch der Chronik
2 Chr	Das zweite Buch der Chronik
Esra	Das Buch Esra
Neh	Das Buch Nehemia
Tob	*Das Buch Tobit*
Jdt	*Das Buch Judit*
Est	Das Buch Ester
1 Makk	*Das erste Buch der Makkabäer*
2 Makk	*Das zweite Buch der Makkabäer*
Ijob	Das Buch Ijob
Ps	Das Buch der Psalmen
Spr	Das Buch der Sprichwörter
Koh	Das Buch Kohelet
Hld	Das Hohelied
Weish	*Das Buch der Weisheit*
Sir	*Das Buch Jesus Sirach*
Jes	Das Buch Jesaja
Jer	Das Buch Jeremia
Klgl	Die Klagelieder / Threni
Bar	*Das Buch Baruch*
Ez	Das Buch Ezechiel
Dan	Das Buch Daniel
Hos	Das Buch Hosea
Joël	Das Buch Joel
Am	Das Buch Amos
Obd	Das Buch Obadja
Jona	Das Buch Jona
Mi	Das Buch Micha
Nah	Das Buch Nahum
Hab	Das Buch Habakuk
Zef	Das Buch Zefanja
Hag	Das Buch Haggai
Sach	Das Buch Sacharja
Mal	Das Buch Maleachi

Neues Testament

Mt	Das Evangelium nach Matthäus
Mk	Das Evangelium nach Markus
Lk	Das Evangelium nach Lukas

Joh Das Evangelium nach Johannes
Apg Die Apostelgeschichte
Röm Der Brief an die Römer
1 Kor Der erste Brief an die Korinther
2 Kor Der zweite Brief an die Korinther
Gal Der Brief an die Galater
Eph Der Brief an die Epheser
Phil Der Brief an die Philipper
Kol Der Brief an die Kolosser
1 Thess Der erste Brief an die Thessalonicher
2 Thess Der zweite Brief an die Thessalonicher
1 Tim Der erste Brief an Timotheus
2 Tim Der zweite Brief an Timotheus
Tit Der Brief an Titus
Phlm Der Brief an Philemon
Hebr Der Brief an die Hebräer
Jak Der Brief des Jakobus
1 Petr Der erste Brief des Petrus
2 Petr Der zweite Brief des Petrus
1 Joh Der erste Brief des Johannes
2 Joh Der zweite Brief des Johannes
3 Joh Der dritte Brief des Johannes
Jud Der Brief des Judas
Offb Die Offenbarung des Johannes / Johannes-Apokalypse

3. Abkürzungen frühjüdischer und frühchristlicher Schriften

Außerkanonische Schriften neben dem Alten Testament (einschließlich Qumrantexten)

ApkAbr Apokalypse des Abraham
ApkEl Apokalypse Elijas / Sefer Eliahu
ApkMos Apokalypse des Mose
ApkPetr Apokalypse des Petrus
ApkPl Apokalypse des Paulus
AscJes Ascensio Jesaiae / Himmelfahrt des Jesaja
AssMos Assumptio Mosis / Himmelfahrt des Mose
2Bar syrischer Baruch
3Bar griechische Baruch-Apokalypse
4Bar Paralipomena Jeremiae / Chronik Jeremias
CD Damaskus-Dokument / Damaskusschrift
3Esr drittes Buch Esra
4Esr viertes Buch Esra / Apokalypse des Esra
Hen Henoch / Henochtradition
1Hen äthiopisches Henochbuch
2Hen slavisches Henochbuch
3Hen hebräisches Henochbuch
JosAs Josef und Asenet
Jub Jubiläenbuch
3Makk drittes Makkabäerbuch
4Makk viertes Makkabäerbuch
MartJes Martyrium des Jesaja
Ord Ordonances (4Q513), Vorschriften, Qumran
PAM 43.682 unidentifiziertes Fragment aus Höhle 4, Qumran
papRitPur Papyrus Rituel de Purification (4Q512), Papyrus mit rituellen Vorschriften, Qumran
PsSal Psalmen Salomos
1QH Hodayot / Hymnenrolle, Qumran
1QM Kriegsregel / Kriegsrolle, Qumran
1QpH Pesher Habakuk / Habakuk Kommentar, Qumran
1QS Sektenregel, Qumran
1QSa Gemeinschaftsregel (1Q28a), Qumran
4QMMT *Miqṣat ma'aśē hattôrā* „Ein Stückchen vom Tun des Gesetzes" (4Q394–4Q399), ein Lehrschreiben aus Qumran
4QpHab Pesher Habakuk, Auslegung des Buches Habakuk aus Höhle 4, Qumran
11QPs[a] Psalmenrolle aus Höhle 11, Qumran
11QT Tempelrolle, Qumran
RPent Reworked Pentateuch. Penateuchparaphrasen (4Q158, 364–367), Qumran
Sib Sibyllinen
ShirShabb Sabbatlieder, Qumran
TestAbr Testament Abrahams
TestAss Testament Aschers
TestBen Testament Benjamins
TestDan Testament Daniels
TestHiob Testament Ijobs
TestIss Testament Issachars
TestJud Testament Judas
TestLev Testament Levis
TestQah Testament Qahats (= Qumran 4Q542)
TestSeb Testament Sebulons
TestXII Testament der zwölf Patriarchen

Außerkanonische Schriften neben dem Neuen Testament

Barn Barnabasbrief
Did Didache
Diog Diognet
1Clem 1. Clemensbrief
2Clem 2. Clemensbrief
EvThom Thomasevangelium
Herm Hirte des Hermas
IgnEph Brief des Ignatius an die Epheser
IgnMagn Brief des Ignatius an die Magnesier
IgnPhld Brief des Ignatius an die Philadelphier
IgnSm Brief des Ignatius an die Smyrnäer
IgnPol Brief des Ignatius an Polykarp

Jüdische Schriften

BerR	Bereschit Rabba / Midrasch zur Genesis
bBer	Babylonischer Talmud, Traktat Berakot („Segen")
bGit	Babylonischer Talmud, Traktat Gittin („Scheidebriefe")
bJev	Babylonischer Talmud, Traktat Jevamot („Schwagerehen")
bNid	Babylonischer Talmud, Traktat Nidda („Unreinheit")
bSan	Babylonischer Talmud, Traktat Sanhedrin („Gerichtshof")
bShab	Babylonischer Talmud, Traktat Shabbat („Sabbat")
bSota	Babylonischer Talmud, Traktat Sota („Die des Ehebruchs Verdächtige")
bTaan	Babylonischer Talmud, Traktat Taʿanit („Fasten")
jNed	Jerusalemer Talmud, Traktat Nedarim („Gelübde")
mAv	Mischna, Traktat Avot („Väter")
SifDev	Sifre Devarim / Auslegung zum Buch Deuteronomium
Sifra	Sifre zu Levitikus / Auslegung zum Buch Levitikus
WaR	Wajjikra Rabba / Midrasch zum Buch Levitikus

4. Abkürzungen der klassischen Autoren

Aischyl. Prom.	Aischylos, Prometheus
Arat.	Aratos, Phainomena
Aristot. metaph.	Aristoteles, Metaphysika
Aristot. NE	Aristoteles, Nicomachea ethica
Aristot. poet.	Aristoteles, De arte poetica
Aristot. pol.	Aristoteles, Politica
Aristot. rhet.	Aristoteles, Ars rhetorica
Cic. div.	Cicero, De divinatione
Cic. leg.	Cicero, De legibus
Cic. off.	Cicero, De officiis
Cic. Rab. Post.	Cicero, pro C. Rabirio Postumo
Cic. rep.	Cicero, De republica
Cic. Tusc.	Cicero, Tusculanae disputationes
Claud.	C. Suetonius Tranquillius, Divus Claudius
Demokr.	Demokrites
Diog. Laert.	Diogenes Laertios, De clarorum philosophorum vitis
Epikt.	Epiktetos
Epikt. ench.	Epiktetos, Encheiridion
Eur. Alk.	Euripides, Alkestis
Eur. Hipp.	Euripides, Hippolytos
Eur. Or.	Euripides, Orestes
Hdt.	Herodotos, Historiae
Hes. erg.	Hesiodos, Erga
Hes. theog.	Hesiodos, Theogonia
Hom. Il.	Homeros, Ilias
Hor. carm.	Q. Horatius Flaccus, Carmina
Ios. ant. Iud.	Iosephus, Antiquitates
Ios. bel. Iud.	Iosephus, Bellum Iudaicum
Ios. c. Ap.	Iosephus, Contra Apionem
Iren. adv. haer	Irenaios, Adversus haereses
Isokr.	Isokrates, Orationes
Iust. Mart. apol.	Iustinus Martyr, Apologiae
Iust. Mart. dial.	Iustinus Martyr, Dialogus cum Tryphone
Liv.	T. Livius, Ab urbe condita
Lucr.	Lucretius Carus, De rerum natura
Ov. met.	Ovidius, Metamorphoses
Philo Abr.	Philo, De Abrahamo
Philo aet.	Philo, De aeternitate mundi
Philo apol.	Philo, Apologia pro Judaeis
Philo Cher.	Philo, De Cherubim
Philo conf.	Philo, De confusione linguarum
Philo cont.	Philo, De vita contemplativa
Philo decal.	Philo, De decalogo
Philo det.	Philo, Quod deterius potiori insidiari soleat
Philo Deus	Philo, Quod Deus sit immutabilis
Philo gig.	Philo, De gigantibus
Philo her.	Philo, Quis rerum divinarum heres sit
Philo Jos.	Philo, De Josepho
Philo LA	Philo, Legum allegoriae
Philo legat.	Philo, Legatio ad Gajum
Philo migr.	Philo, De migratione Abrahami
Philo Mos. II	Philo, De vita Mosis, Buch II
Philo mut.	Philo, De mutatione nominum
Philo opif.	Philo, De opificio mundi
Philo prob.	Philo, Quod omnis probus liber sit
Philo prov.	Philo, De providentia
Philo somn.	Philo, De somniis
Philo spec.	Philo, De specialibus legibus
Philo virt.	Philo, De virtutibus
Plat. Alk.	Platon, Alkibiades
Plat. Krit.	Platon, Kriton
Plat. leg.	Platon, Leges
Plat. polit.	Platon, Politikos
Plat. rep.	Platon, De re publica (Politeia)
Plat. Tim.	Platon, Timaios
Plin. epist.	Plinius d. J., Epistulae
Plin. nat.	Plinius d.Ä., Naturalis historia

Sen. benef.	Seneca d. J., De beneficiis
Sen. epist.	Seneca d. J., Epistulae ad Lucilium
Soph. Ant.	Sophokles, Antigone
Suet. Aug.	C. Suetonius Tranquillus, Divus Augustus
Suet. Claud.	C. Suetonius Tranquillus, Divus Claudius
Tac. ann.	Cornelius Tacitus, Annales
Tac. hist.	Cornelius Tacitus, Historiae
Thuk.	Thukydides, Historiae
Xen. mem.	Xenophon, Memorabilia
Xenoph.	Xenophanes

5. Abkürzungen der Nachschlagewerke, Serien, Zeitschriften und Dokumente

ABD	Anchor Bible Dictionary
AKuG	Archiv für Kulturgeschichte
ANRW	Aufstieg und Niedergang der römischen Welt
AnzSS	Anzeiger für die Seelsorge
ArztChr	Arzt und Christ
AuA	Antike und Abendland
Bib.	Biblica
BiKi	Bibel und Kirche
BiLe	Bibel und Leben
BiLi	Bibel und Liturgie
BiRe	Bible review
BN	Biblische Notizen
BRL	*K. Galling* (Hg.), Biblisches Reallexikon, Tübingen ²1977
BTB	Biblical theology bulletin
BThZ	Berliner theologische Zeitschrift
BTS	Bible et terre sainte
BZ	Biblische Zeitschrift
CBQ	Catholic biblical quarterly
Conc.	Concilium. Internationale Zeitschrift für Theologie
CP	Classical philology
CV	Communio viatorum
DBAT	Dielheimer Blätter zum Alten Testament
Diak.	Diakonia (Der Seelsorger)
DV	Dei Verbum. Dogmatische Konstitution über die göttliche Offenbarung
ErIs	Eretz-Israel
ET	The Expository times
EThL	Ephemerides theologicae Lovanienses
EvErz	Der evangelische Erzieher
EvTh	Evangelische Theologie
FZPhTh	Freiburger Zeitschrift für Philosophie und Theologie
GGB	Geschichtliche Grundbegriffe
GuL	Geist und Leben. Zeitschrift für Askese und Mystik
HeBAI	Hebrew Bible and Ancient Israel
HlD	Heiliger Dienst
HRWG	Handbuch religionswissenschaftlicher Grundbegriffe
HThR	Harvard theological review
HUCA	Hebrew Union College annual
IKaZ	Internationale Katholische Zeitschrift
Interp.	Interpretation. A Journal of Bible and Theology
JAC	Judaism and Christianity
JBL	Journal of biblical literature
JBTh	Jahrbuch für Biblische Theologie
JETS	Journal of the Evangelical Theological Society
Jetzt	Jetzt – Frauen auf dem Weg des Evangeliums
JJS	Journal of Jewish studies
JK	Junge Kirche
JNWSL	Journal of Northwest Semitic Languages
JRS	Journal of Roman Studies
JSJ	Journal of the study of Judaism in the Persian, Hellenistic and Roman period
JSNT	Journal for the study of the New Testament
JSOT	Journal for the study of the Old Testament
JSPE	Journal for the study of the pseudepigrapha
JThS	Journal of theological studies
JTSA	Journal of theology for Southern Africa
KuI	Kirche und Israel
LebZeug	Lebendiges Zeugnis
LuThK	Lutherische Theologie und Kirche
Mansi	J. D. Mansi (Hg.), Sacrorum conciliorum nova et amplissima collectio, 31 Bde., Florenz–Venedig 1759–1798
MThZ	Münchener theologische Zeitschrift
Neotest.	Neotestamentica
NT	Novum Testamentum. An International Quarterly for New Testament and Related Studies
NTS	New Testament Studies
OLB	*O. Keel/M. Küchler*, Orte und Landschaften der Bibel. 1 & 2, Zürich u. a. 1982
OTE	Old Testament Essays
PBK	Päpstliche Bibelkommission
PRSt	Perspectives in religious studies
rhs	Religionsunterricht an höheren Schulen
RLA	Reallexikon der Assyriologie

RoczOr	Rocznik orientalistyczny
RU	Religioni dell'umanità
SJOT	Scandinavian journal of the Old Testament
SNTU.A	Studien zum Neuen Testament und seiner Umwelt. Serie A
StTh	Studia theologica. Scandinavian Journal of Theology
StZ	Stimmen der Zeit
TeKo	Texte und Kontexte
THAT	Theologisches Handwörterbuch zum Alten Testament
ThGl	Theologie und Glaube
ThLZ	Theologische Literaturzeitung
ThPh	Theologie und Philosophie
ThPQ	Theologisch-praktische Quartalsschrift
ThQ	Theologische Quartalschrift
ThR	Theologische Rundschau
ThZ	Theologische Zeitschrift
TRE	Theologische Realenzyklopädie
TThZ	Trierer theologische Zeitschrift
TUAT	Texte aus der Umwelt des Alten Testamentes
UF	Ugarit-Forschungen
VF	Verkündigung und Forschung
VT	Vetus Testamentum
WA	*M. Luther*, Werke. Kritische Gesamtausgabe („Weimarana"), Weimar 1883ff
WuA(M)	Wort und Antwort (Mainz)
WuD	Wort und Dienst
ZAH	Zeitschrift für Althebraistik
ZAW	Zeitschrift für alttestamentliche Wissenschaft
ZDPV	Zeitschrift des Deutschen Palästina-Vereins
ZEE	Zeitschrift für evangelische Ethik
ZNW	Zeitschrift für neutestamentliche Wissenschaft
ZRGG	Zeitschrift für Religions- und Geistesgeschichte
ZThK	Zeitschrift für Theologie und Kirche

Abbildungsnachweis

Geschichte

Abb. 1: Der kriegerische Month-Onuris als „schlagender Gott". (Megiddo 7. Jh. v. Chr.).
Quelle: O. Keel/C. Uehlinger, Göttinnen, Götter und Gottessymbole, Freiburg u. a. [5]2001, Abb. 340b.

Gottesvorstellungen

Abb. 2: Der kämpferische Gott Baal-Seth.
Quelle: O. Keel/S. Schroer, Schöpfung, Fribourg 2002, Abb. 117.

Abb. 3: Beamtensiegel mit Flügelsonne (8. Jh. v. Chr.; s. auch *Abb.* 12).
Quelle: O. Keel/C. Uehlinger, Göttinnen, Abb. 263b.

Abb. 4: Der äg. Sonnengott als Hüter der Weltordnung.
Quelle: O. Keel/S. Schroer, Schöpfung, Abb. 116.

Abb. 5: Der mesopotamische Sonnengott Šamaš bei seinem Aufgang im Himmelstor.
Quelle: O. Keel/S. Schroer, Schöpfung, Abb. 50.

Kultur und Mentalität

Abb. 6: Mythologische Repräsentation der „Rekonstellation" des Verstorbenen. Vignette aus dem spätäg. Papyrus Jumilhac.
Quelle: J. Assmann, Tod und Jenseits im Alten Ägypten, München 2001, 32.

Sozialstatus

Abb. 7: Die Elfenbeine aus Samaria (8. Jh. v. Chr.).
Quelle: *O. Keel/C. Uehlinger,* Göttinnen, Abb. 260.

Weltbild

Abb. 8: Das altorientalische Weltbild. © Berlejung

Abb. 9: Karte: Palästina und seine Regionen.
Quelle: W. Zwickel, Einführung in die biblische Landes- und Altertumskunde, Darmstadt 2002, Abb. 8.

Abb. 10: Chronologische Tabelle © Berlejung/Frevel

Altar

Abb. 11: Rekonstruierter Hörneraltar aus Beërscheba.
Quelle: O. Keel/M. Küchler, Orte und Landschaften der Bibel. Band 2, Zürich u. a. 1982, Abb. 164.

Amt

Abb. 12: Beamtensiegel des 8. Jh. v. Chr.
Quelle: O. Keel/C. Uehlinger, Göttinnen, Abb. 263a.

Angst

Abb. 13: Umzeichnung der Motive auf einem Tonbecher aus dem späten 1. Jh. v. Chr.
Quelle: K. Vierneisel (Hg.), Römisches im Antikenmuseum, Berlin 1978, S. 197.

Auferstehung

Abb. 14: Die Vision von Ez 37. Malerei der Synagoge von Dura Europos (3. Jh. n. Chr.).
Quelle: R. Comte du Mesnil du Buisson, Les peintures de la synagogue de Doura-Europos: 245–256 après J.-C., Rom 1939, pl. XLII und XLIII (zusammengeführt und bearbeitet von Felix Hagemeyer).

Beschneidung

Abb. 15: Auch im alten Ägypten war die Beschneidung üblich.
Quelle: O. Keel/M. Küchler, OLB 2, Abb. 356.

Bild

Abb. 16: Wegführung von Götterbildern nach der Eroberung einer Stadt (Gaza?) durch Tiglatpileser III. (745–727 v. Chr.).
Quelle: A. H. Layard, The Monuments of Nineveh from Drawings Made on the Spot, London 1849, pl. 65.

Abb. 17: Terrakotte aus Tell Bet Mirsim.
Quelle: O. Keel/C. Uehlinger, Göttinnen, Abb. 395.

Bund

Abb. 18: Kalksteinstele, Ras Shamra/Ugarit, 14. Jh. v. Chr. *Quelle: O. Keel*, Die Welt der altorientalischen Bildsymbolik und das Alte Testament am Beispiel der Psalmen, Göttingen [5]1996, Abb. 122.

Dämon

Abb. 19: Der mesopotamische Dämon Pazuzu.
Quelle: O. Keel, Bildsymbolik, Abb. 93.

Ebenbild

Abb. 20: Sandalen aus dem Grab Tutanchamuns (ca. 1330 v. Chr.).
Quelle: S. Schroer/T. Staubli, Die Körpersymbolik der Bibel, Darmstadt 1998, Abb. 91.

Ehre

Abb. 21: Relief aus Ninive, 7. Jh. v. Chr.
Quelle: O. Keel, Bildsymbolik, Abb. 360a.

Erde

Abb. 22: Die Muttergöttin als Steinfigur aus MunHāta.
Quelle: H. Weippert, Palästina in vorhellenistischer Zeit, München 1988, Abb. 2.24.

Exodus

Abb. 23: Der Herr der Strauße.
Quelle: O. Keel/C. Uehlinger, Göttinnen, Abb. 162c.

Abb. 24: Wagen und Rosse Pharaos über den besiegten Feinden.
Quelle: O. Keel/C. Uehlinger, Göttinnen, Abb. 60.

Familie

Abb. 25: Echnaton und seine Familie beim Opfer für den Sonnengott.
Quelle: A. Erman/H. Ranke, Ägypten und ägyptisches Leben im Altertum, Tübingen 1923, Abb. 149.

Abb. 26: Judäische Pfeilerfigurine aus Lachisch, die eine Göttin zeigt.
Quelle: O. Keel/C. Uehlinger, Göttinnen, Abb. 321.

Feind

Abb. 27: Vertreter unterworfener Fremdvölker fallen vor dem Pharao (nicht im Bild) nieder.
Quelle: A. Erman/H. Ranke, Ägypten, Abb. 188.

Fest

Abb. 28: Elfenbein aus Megiddo (SB-Zeit), das eine Festszene zeigt.
Quelle: O. Keel/C. Uehlinger, Göttinnen, Abb. 67.

Fremder

Abb. 29: Tempel des Ramses III., Medinet Habu.
Quelle: H. H. Nelson (Hg.), Medinet Habu I: Earlier Records of Ramses III, Chicago 1930, pl. 42 (Ausschnitt).

Gebet

Abb. 30: Anbetungsszene auf einer äg. Situla.
Quelle: M. Lichtheim, Situla No. 11 395 and Some Remarks on Egyptian Situlae, JNES 6.3 (1947), 169–179, pl. 5.

Geburt

Abb. 31: Darstellung einer Gebärenden. Tempel von Hathor in Dendera (4. Jh. v. Chr.); Ägyptisches Museum Kairo JE 40627.
Quelle: Umzeichnung von A. Berlejung auf der Basis des Photos in *J. F. Nunn,* Ancient Egyptian Medicine, Norman, OK 2002, Fig. 9.1 unten. © Berlejung

Gestirne

Abb. 32: Kult vor der Mondsichelstandarte, dem Symbol des Mondgottes.
Quelle: O. Keel/C. Uehlinger, Göttinnen, Abb. 300.

Abb. 33: Tierkreismosaik aus der Synagoge von Bet Alfa.
Quelle: H.–P. Kuhnen, Palästina in griechisch-römischer Zeit, München 1990, 332.

Abb. 34: Die Flügelsonne.
Quelle: O. Keel/C. Uehlinger, Göttinnen, Abb. 294.

Göttin

Abb. 35: Terrakotte einer „nackten Göttin“ aus Revadim, SB-Zeit.
Quelle: O. Keel/C. Uehlinger, Göttinnen, Abb. 82.

Grab

Abb. 36: Dekoriertes jüdisches Ossuarium aus Kalkstein,wohl 1. Jh. v. Chr.
Quelle: R. P. Vincent, Ossuaires Juifs: Revue Biblique (1907) 410–414, hier Abb. 4.

Heer/Militär

Abb. 37: Relief der Schlacht des Assyrerkönigs Sanherib gegen Lachisch (701 v. Chr.).
Quelle: A. Berlejung, Bilder von Toten – Bilder für die Lebenden, in: *A. Berlejung/B. Janowski* (Hg.), Tod und Jenseits im alten Israel und in seiner Umwelt, Tübingen 2009, 199–253, Abb. 10 nach *R. D. Barnett/E. Bleibtreu/G. Turner,* Sculptures from the Southwest Palace of Sennacherib at Nineveh II. (Plates), London 1998, pl. 330 (Ausschnitt).

Himmel

Abb. 38: Die äg. Himmelsgöttin Nut. Relief aus Philae (Ptolemäus IX, ca. 107–88 v. Chr.).
Quelle: O. Keel, Bildsymbolik, Abb. 30.

Kind

Abb. 39: Eine judäische Familie zieht ins Exil (Relief aus Ninive um 700 v. Chr.).
Quelle: O. Keel/M. Küchler, OLB 1, Abb. 22.

König

Abb. 40: Reliefausschnitt. Die einzige Abbildung eines israelitischen Königs zeigt Jehu, der sich vor dem assyrischen Großkönig Salmanassar III. niederwirft.
Quelle: Calwer Bibellexikon, Stuttgart [4]1985, 94.

Körper

Abb. 41: Spätbronzezeitliche Bronzefigurine aus Megiddo.
Quelle: O. Keel/C. Uehlinger, Göttinnen, Abb. 57.

Krankheit/Heilung

Abb. 42: Kalkstein-Stele aus Ägypten aus der 18. Dynastie.
Quelle: O. Keel, Bildsymbolik, Abb. 270a.

Leben

Abb. 43: Ein Beispiel regenerativer Lebenssymbolik: Eine Lotusgirlande aus Elfenbein, Samaria 8. Jh. v. Chr.
Quelle: H. Weippert, Palästina, 656.

Licht/Finsternis

Abb. 44: Die Göttin Ištar im Strahlenglanz.
Quelle: O. Keel/C. Uehlinger, Göttinnen, Abb. 287.

Meer/Flut/Urflut

Abb. 45: Rekonstruktion des „ehernen Meeres".
Quelle: Jewish Encyclopedia, New York 1906, S. 358 (public domain resource).

Mischwesen/Kerub

Abb. 46: Uräus mit vier Flügeln auf einem Siegelabdruck aus Lachisch.
Quelle: O. Keel/C. Uehlinger, Göttinnen, Abb. 274c.
Abb. 47: Elfenbein aus Megiddo aus der SB-Zeit.
Quelle: O. Keel/C. Uehlinger, Göttinnen, Abb. 65.
Abb. 48: Elfenbein aus Samaria (9./8. Jh. v. Chr.).
Quelle: O. Keel/C. Uehlinger, Göttinnen, Abb. 232b.
Abb. 49: Kultständer aus Taanach (10. Jh. v. Chr.).
Quelle: O. Keel/C. Uehlinger, Göttinnen, Abb. 184.
Abb. 50: Felsrelief bei Jerusalem.
Quelle: K. Galling (Hg.), Biblisches Reallexikon, Tübingen ^{2}1977, Abb. 54 (3).
Abb. 51: Der falkenköpfige Sphinx auf einem Skaraboiden aus Sichem (8. Jh. v. Chr.).
Quelle: O. Keel/C. Uehlinger, Göttinnen, Abb. 285c.

Monotheismus

Abb. 52: Schaubild. © Bernd Janowski.

Ohr

Abb. 53: Ein ägyptischer Denkstein.
Quelle: O. Keel, Bildsymbolik, Abb. 263.

Opfer

Abb. 54: Münze mit Schaubrottisch mit Broten.
Quelle: O. Keel, Die Geschichte Jerusalems und die Entstehung des Monotheismus 1&2, Göttingen 2007, Abb. 681.

Paradies

Abb. 55: Die Zeichnung auf Pithos A aus Kuntilet ʿAğrûd.
Quelle: O. Keel/C. Uehlinger, Göttinnen, Abb. 219.

Priester

Abb. 56: Aaron im hohepriesterlichen Gewand; Wandmalerei der Synagoge in Dura Europos (3. Jh. n. Chr.; Ausschnitt).
Quelle: R. Comte du Mesnil du Buisson, Les peintures, pl. XXVIII.

Recht

Abb. 57: Der Sonnengott Šamaš gibt dem König Hammurapi von Babylonien (ca. 1792–1750 v. Chr) den Auftrag, Gesetze zu erlassen.
Quelle: O. Keel, Bildsymbolik, Abb. 390.

Schöpfung

Abb. 58: Der ägyptische Gott Khnum schafft einen Menschen auf der Töpferscheibe.
Quelle: British Museum, A General Introductory Guide to the Egyptian Collections in the British Museum, London 1930, Abb. 109.

Schreiben/Schrift

Abb. 59: Ein ägyptischer Weiser studiert unter dem Schutz des Schreibergottes Thot dessen Schriften.
Quelle: O. Keel, Bildsymbolik, Abb. 478a.

Sexualität

Abb. 60: Bleifigürchen aus dem Palast des Tiglatpileser I. in Assur, 13. Jh. v. Chr. (Berlin).
Quelle: O. Keel, Geschichte, Abb. 386.

Stadt

Abb. 61: Stadtgöttin von Gaza mit Mauerkrone (117–138 n. Chr.).
Quelle: O. Keel/M. Küchler, OLB 2, Abb. 64.
Abb. 62: Mosaik aus Madaba, das Jerusalem zeigt (6. Jh. n. Chr.).
Quelle: H. Donner, The Mosaic of Madaba, Kampen 1992 (Ausschnitt).

Tempel

Abb. 63: Dreigliedriger Langhaustempel der SB-Zeit aus Hazor.
Quelle: K. Galling (Hg.), BRL^{2}, Abb. 85 (24).
Abb. 64: Münze aus Tyrus.
Quelle: O. Keel/M. Küchler, OLB 2, Abb. 151.
Abb. 65: Der Tempel von Arad mit Massebe und Räucheraltären.
Quelle: H. Burkhardt u. a. (Hg.), Das große Bibellexikon, Band 1, Wuppertal 1987, 94.
Abb. 66: Bronzene Menora aus En-Gedi.
Quelle: O. Keel/M. Küchler, OLB 2, Abb. 320.

Thron

Abb. 67: Sphingenthron von der phönizischen Küste.
Quelle: O. Keel, Geschichte, Abb. 184.

Abb. 68: Siegelabdruck aus Jerusalem des 9./8. Jh. v. Chr.
Quelle: O. Keel, Geschichte, Abb. 191.

Tod

Abb. 69: Echnaton und Nofretete klagend an der Leiche ihrer Tochter Maketaton.
Quelle: A. Erman/H. Ranke, Ägypten, Abb. 164.

Trauer

Abb. 70: Klagefrauen auf dem Ahirom-Sarkophag aus Byblos mit zerrissenem Gewand.
Quelle: S. Schroer, Trauerriten und Totenklage im Alten Israel, in: *A.* Berlejung/B. Janowski (Hg.), Tod und Jenseits im alten Israel und in seiner Umwelt, Tübingen 2009, 299–321, hier Abb. 3.

Abb. 71: Klagefrauen schlagen die Hände über dem Kopf zusammen und „gillen".
Quelle: O. Keel/C. Uehlinger, Göttinnen, Abb. 150.

Unterwelt

Abb. 72: Kudurru aus Susa.
Quelle: O. Keel, Bildsymbolik, Abb. 41.

Abb. 73: Szene aus dem äg. Totengericht (18. Dynastie).
Quelle: A. Erman/H. Ranke, Ägypten, Abb. 157.

Wunder

Abb. 74: Elija erweckt den toten Sohn der Witwe (1 Kön 17,17ff) zum Leben. Malerei der Synagoge von Dura Europos (3. Jh. n. Chr.).
Quelle: R. Comte du Mesnil du Buisson, Les peintures, pl. L.

Abb. 75: Auferweckung des Lazarus. Katakombenmalerei St. Calixtus in Rom.
Quelle: F. X. Kraus/I. Spencer Northcote/W. R. Brownlow, Roma Sotterranca: die römischen Katakomben, Freiburg 1873, Fig. 41.

Namensregister

Sachregister